PAUL JOHNSON (Manchester, 1928-2023) fue uno de los historiadores, periodistas y escritores más renombrados del Reino Unido. Educado en Oxford, Johnson fue autor de docenas de libros sobre historia, arte, religión, arquitectura y de un par de novelas. Prestigioso periodista, fue durante seis años editor de *The New Statesman*. Entre sus libros de mayor éxito se encuentran *Tiempos modernos, La historia del cristianismo* y *La historia de los judíos*.

MAXI

Papel certificado por el Forest Stewardship Council®

MIXTO
Papel | Apoyando la
silvicultura responsable
FSC® C117695

Penguin
Random House
Grupo Editorial

Título original: *A History of the Jew*

Primera edición con esta encuadernación: julio de 2023

© 1987, Paul Johnson
© 2017, 2023, Penguin Random House Grupo Editorial, S. A. U.
Travessera de Gràcia, 47-49. 08021 Barcelona
© Aníbal Leal, por la traducción
Diseño de la cubierta: Penguin Random House Grupo Editorial / Scarlet Perea
Fotografía de la cubierta: © ISTOCK BY Getty Images

Printed in Spain – Impreso en España

ISBN: 978-84-1314-766-6
Depósito legal: B-9.501-2023

Impreso en Liberdúplex
Sant Llorenç d'Hortons (Barcelona)

BB 4 7 6 6 6

La historia de los judíos

Paul Johnson

Traducción de Aníbal Leal

MAXI

*Dedico este libro
a la memoria de Hugh Fraser,
auténtico caballero cristiano
y amigo de toda la vida de los judíos.*

Agradecimientos

Ésta es una interpretación personal de la historia judía. Las opiniones expresadas (y los posibles errores) me pertenecen. Pero la deuda que he contraído con muchos estudiosos resultará evidente para quien examine las notas referidas a las fuentes. Estoy especialmente agradecido a los directores de la *Encyclopaedia Judaica*, que ha constituido una guía indispensable, y a la valiosa compilación realizada por H. H. Ben Sasson, *La historia del pueblo judío*. Mi comprensión del tema se ha visto facilitada por los estudios monumentales de S. W. Baron, S. D. Goitein y G. G. Scholem, y he contado con la importante ayuda de obras de historiadores como Cecil Roth, Alexander Marx, Alexander Altmann, Hyam Maccoby, Jonathan I. Israel, Michael Marrus, Ronald Sanders, Raul Hilberg, Lucy Davidowicz, Robert Wistrich y Martin Gilbert. He comprobado la especial utilidad de las obras de Samuel Belkin, Arthur A. Cohen y Meyer Waxman en lo relativo a las creencias y las opiniones judías. Hyam Maccoby y Chaim Raphael tuvieron la generosidad de leer el texto completo y realizaron numerosas sugerencias y rectificaciones útiles. También he contraído una deuda de gratitud con el revisor del texto, Peter James, y con mi hijo, Daniel Johnson, que trabajaron con el material, y especialmente con mi revisora de Weidenfeld & Nicolson, Linda Osband, que en ésta como en ocasiones anteriores ha prestado servicios de valor inestimable a mi obra. Finalmente, debo agradecer a lord Weidenfeld el coraje que demostró y que me permitió abordar esta tarea de enormes proporciones.

Prólogo

¿Por qué he escrito una historia de los judíos? Existen cuatro razones. La primera responde a la mera curiosidad. Cuando estaba trabajando en mi *Historia del cristianismo*, caí en la cuenta de la magnitud de la deuda que el cristianismo tiene con el judaísmo. El Nuevo Testamento no sustituyó al Antiguo, como me habían enseñado a creer, sino que el cristianismo aportó una nueva interpretación a una antigua forma del monoteísmo, transformándola gradualmente en una religión distinta, pero conservando gran parte de la teología moral y dogmática, la liturgia, las instituciones y los conceptos fundamentales de su antepasada. Decidí entonces que, si se me presentaba la oportunidad, escribiría acerca del pueblo que había originado mi fe, exploraría su historia hasta los orígenes y después hasta el presente, y forjaría mis propias ideas acerca de su papel y su significado. El mundo tendía a ver a los judíos como un pueblo que se había autogobernado en la Antigüedad y escrito su propia historia en la Biblia; que había quedado relegado durante muchos siglos; que finalmente había emergido, para ser masacrado por los nazis; y, por fin, que había creado su propio estado, controvertido y asediado. Pero éstos eran apenas los episodios más destacados. Deseaba unirlos, hallar y estudiar las porciones faltantes, reunirlas en un todo, y conferirles un sentido.

Mi segunda razón ha sido el entusiasmo que me provocaba la amplitud misma de una historia que, desde los tiempos de Abraham hasta el presente, abarca casi cuatro milenios. Es decir, más de tres cuartas partes de la historia de la civilización. Soy un historiador que cree en la continuidad y que se complace en rastrearla. Los judíos construyeron una identidad propia antes que casi todos los restantes pueblos que aún sobreviven. La han mantenido, en medio de abrumadoras adversidades, hasta el momento actual. ¿Cuál es el origen de esa entereza extraordinaria? ¿Qué particular fuerza alentó la idea que hizo a los judíos diferentes y mantuvo su homogeneidad? ¿Su persistente poder reside en su inmutabilidad esencial, en su capacidad de adaptación, o en ambas cosas? Éstas son arduas cuestiones con las que es preciso lidiar.

Mi tercera razón es que la historia judía no sólo abarca amplios periodos, sino también enormes áreas. Los judíos han penetrado en muchas sociedades y han dejado su impronta en todas. Escribir una historia de los judíos es casi como escribir una historia del mundo, pero desde una perspectiva sumamente peculiar. Se trata de una historia del mundo observada desde el punto de vista de una víctima culta e inteligente. De manera que el esfuerzo de aprehender la historia desde el punto de vista de los judíos produce percepciones esclarecedoras. Dietrich Bonhoeffer observó el mismo efecto cuando se hallaba recluido en una prisión nazi: «Hemos aprendido —escribió en 1942— a ver los grandes acontecimientos de la historia del mundo desde abajo, desde la perspectiva de los excluidos, los sospechosos, los maltratados, los impotentes, oprimidos y despreciados; en resumen, los que sufren.» Le pareció, dijo, «una experiencia de valor inestimable». El historiador observa un mérito análogo cuando relata la historia de los judíos, porque ésta aporta la nueva y reveladora dimensión del oprimido.

Finalmente, el libro me ha ofrecido la oportunidad de reconsiderar objetivamente, a la luz de un estudio que abarca casi cuatro mil años, el más difícil de todos los interrogantes humanos: ¿para qué estamos sobre la Tierra? ¿Es la historia una simple serie de hechos cuya suma carece de significado?

¿No existe una diferencia moral esencial entre la historia de la raza humana y la historia de, por ejemplo, las hormigas? ¿O existe un plan providencial del cual somos, aunque humildemente, los agentes? Ningún pueblo ha insistido con más firmeza que los judíos en que la historia tiene un propósito y la humanidad un destino. En una etapa temprana de su existencia colectiva, los judíos creían que habían descubierto un plan divino para la raza humana, de la cual su propia sociedad debía ser el piloto. Desarrollaron ese papel con minucioso detalle. Se aferraron a él con heroica persistencia frente a sufrimientos atroces. Muchos de ellos aún creen en esa misión. Otros lo convirtieron en una sucesión de actividades prometeicas destinadas a elevar nuestra condición por medios puramente humanos. La concepción judía se convirtió en prototipo de muchos grandes designios análogos aplicados a la humanidad, tanto de procedencia divina como humana. Por consiguiente, los judíos están en el centro mismo del permanente intento de conferir a la vida humana la dignidad de un propósito. ¿Sugiere su propia historia que vale la pena realizar esos esfuerzos? ¿O revela su esencial futilidad? Abrigo la esperanza de que el relato que sigue, resultado de mi propia investigación, ayude a los lectores a responder por sí mismos a tales interrogantes.

1

Los israelitas

Los judíos son el pueblo más tenaz de la historia, y Hebrón es buena prueba de ello. Se encuentra a unos treinta kilómetros al sur de Jerusalén, a mil metros de altura, en las montañas de Judea. Allí, en la cueva de Macpelá, están las Tumbas de los Patriarcas. De acuerdo con una antigua tradición, un sepulcro, de mucha antigüedad, contiene los restos de Abraham, patriarca de los judíos y fundador de su religión. Junto a su tumba está la de su esposa Sara. En el interior del edificio se encuentran las tumbas gemelas de su hijo Isaac y su esposa Rebeca. Al otro lado del patio interior se hallan otro par de sepulcros, el de Jacob, nieto de Abraham, y el de su esposa Lía. Fuera del edificio, la tumba de José, hijo de Jacob y Raquel.[1] Allí es donde comenzó la historia de cuatro mil años de los judíos, hasta donde es posible situarla en el tiempo y el espacio.

Hebrón posee una belleza venerable. Transmite la paz y la quietud característica de los antiguos santuarios; sin embargo, sus piedras son testigos mudos de luchas constantes y de cuatro milenios de disputas religiosas y políticas. Ha sido sucesivamente un santuario hebreo, una sinagoga, una basílica bizantina, una mezquita, una iglesia de los cruzados y, después, de nuevo una mezquita. Herodes el Grande la rodeó con un majestuoso muro, que aún existe, y se eleva a doce metros de altura; está formado por grandes piedras talladas, algunas de las cuales tienen siete metros de longitud.

Saladino adornó el santuario con un púlpito. Hebrón refleja la larga y trágica historia de los judíos y su inigualable capacidad para sobrevivir al infortunio. Allí se ungió rey a David, monarca de Judá (2 Samuel 2:1-4) y después de todo Israel (2 Samuel 5:1-3). Cuando Jerusalén cayó, los judíos fueron expulsados y el lugar fue poblado por Edom. Fue conquistado por Grecia, después por Roma, convertido, saqueado por los zelotes, incendiado por los romanos y ocupado sucesivamente por árabes, francos y mamelucos. A partir de 1266 se prohibió a los judíos entrar a orar en la cueva. Únicamente se les permitía ascender siete peldaños por el lado de la pared oriental. En el cuarto peldaño introducían sus peticiones a Dios en un orificio de dos metros de profundidad perforado en la piedra. Se utilizaban palos para empujar los pedazos de papel, hasta que caían en la cueva.[2] Incluso así, los que pedían corrían peligro. En 1518 se produjo una terrible masacre otomana de los judíos de Hebrón. Tras ella se reorganizó una comunidad de eruditos piadosos, que llevó una existencia insegura, y estuvo formada, en distintas ocasiones, por talmudistas ortodoxos, estudiosos de la cábala mística e incluso por judíos ascetas, que se flagelaban cruelmente hasta que la sangre salpicaba las piedras veneradas. Después, los judíos habrían de dar la bienvenida al falso Mesías, Shabbetái Zevi, en la década de 1660, y también llegaron los primeros peregrinos cristianos modernos en el siglo XVIII, colonos judíos seculares un siglo después y los conquistadores británicos en 1918. La comunidad judía, nunca muy numerosa, fue atacada violentamente por los árabes en 1929 y otra vez en 1936, cuando prácticamente la exterminaron. Cuando los soldados israelíes entraron en Hebrón, durante la guerra de los Seis Días de 1967, hacía una generación que no vivía allí un solo judío. No obstante, en 1970 se restableció un modesto asentamiento que, a pesar de los graves temores y la incertidumbre, ha florecido.

De modo que cuando el historiador visita hoy Hebrón, se pregunta dónde están todos esos pueblos que otrora ocuparon el lugar. ¿Dónde los cananeos? ¿Dónde los idumeos?

¿Dónde están los antiguos helenos y los romanos, los bizantinos, los francos, los mamelucos y los otomanos? Se han desvanecido irrevocablemente en el tiempo. Pero los judíos continúan en Hebrón. Hebrón es, por lo tanto, un ejemplo de la obstinación judía a lo largo de cuatro mil años. También ilustra la extraña ambivalencia de los judíos hacia la posesión y la ocupación de la tierra. Ningún pueblo ha mantenido durante un periodo tan prolongado un vínculo tan emotivo con determinado rincón del planeta. Y al mismo tiempo, ningún otro pueblo ha exhibido un instinto tan enérgico y persistente hacia la emigración, tanto coraje y habilidad para arrancar y volver a plantar sus raíces. No deja de ser curioso que, durante más de tres cuartas partes de su existencia como pueblo, la mayoría de los judíos hayan vivido fuera de la tierra que consideran suya. Y hoy la situación es la misma.

Hebrón es protagonista de la primera adquisición de tierras registrada. El capítulo 23 del Génesis cuenta que Abraham, después de la muerte de su esposa Sara, decidió comprar la cueva de Macpelá y las tierras que la rodeaban para sepultar allí a su esposa y, en última instancia, ser enterrado él mismo. El fragmento es uno de los más importantes de toda la Biblia y condensa una de las tradiciones judías más antiguas y más tenazmente conservadas, sin duda muy querida y de capital importancia para este pueblo. Es quizás el primer pasaje de la Biblia que registra un hecho concreto, presenciado y descrito a través de una extensa cadena de recitaciones orales, y por lo tanto un documento que preserva detalles auténticos. Se describen minuciosamente la negociación y la ceremonia de la compra. Abraham era lo que ahora podría denominarse un extranjero, aunque hacía mucho que residía en Hebrón. Para poseer bienes raíces en el lugar, se necesitaba, además de poder adquisitivo, el consentimiento público de la comunidad. La tierra era propiedad de un dignatario llamado Efrón el Hitita, un semita occidental y habiru de origen hitita.[3] Abraham necesitaba obtener primero el consentimiento formal de la comunidad, «los hijos de

Het», «el pueblo de la tierra», para consumar la transacción; después, negociar el precio con Efrón, 400 siclos (es decir, monedas) de plata; después, tener las monedas, dinero «corriente de mercader», pesado y entregado en presencia de los ancianos de la comunidad.

Fue un episodio memorable en una pequeña comunidad, que implicaba la transferencia de la propiedad y un cambio de posición social: las reverencias rituales, los disimulos y las falsas cortesías, la firmeza y el regateo, son todos hechos que aparecen reflejados con brillantez en la narración bíblica. Pero lo que más impresiona al lector, lo que queda grabado en la memoria, son las conmovedoras palabras con que Abraham comienza la transacción: «Soy un extranjero y un hombre de paso entre vosotros»; y después, una vez concluido el episodio, la afirmación repetida de que la tierra «fue asegurada como posesión de Abraham» por la gente del lugar (Génesis 23:20). En el primer episodio auténtico de la historia judía, se manifiestan de manera impresionante las ambigüedades y preocupaciones de este pueblo.

¿Quién era este Abraham, y de dónde venía? El Libro del Génesis y los pasajes bíblicos relacionados son la única prueba de que existió, y el material fue recogido por escrito unos mil años después de su vida. El valor de la Biblia como registro histórico ha sido tema de intensa discusión durante más de doscientos años. Hasta aproximadamente el año 1800, la opinión que prevalecía tanto entre los eruditos como entre los legos era que las narraciones bíblicas estaban inspiradas por la divinidad y eran ciertas en el conjunto y en el detalle; pese a que muchos estudiosos, tanto judíos como cristianos, habían sostenido durante siglos que, sobre todo, los primeros libros de la Biblia contenían muchos pasajes que no debían interpretarse literalmente, sino como símbolos o metáforas. Desde las primeras décadas del siglo XIX, un nuevo enfoque, cada vez más profesional y «crítico», obra sobre todo de los estudiosos alemanes, desechó el Antiguo Testamento como registro histórico y clasificó como mito religioso extensos fragmentos del material. Los primeros cinco libros de la Biblia, el Pentateuco, fueron presentados entonces como una leyenda transmitida oralmente y originada en varias tribus hebreas, las cuales le dieron forma escrita sólo después del Exilio, durante la segunda mitad del I milenio a. C. Estas leyendas, decía la argumentación, estaban cuidadosamente manipuladas, armonizadas y adaptadas con el fin de aportar justificación histórica y sanción divina a las creencias, las prácticas y los ritos religiosos del sistema israelita del postexilio. Los individuos descritos en los primeros libros no eran personas reales, sino héroes míticos o figuras que representaban a tribus enteras.[4]

De este modo, no sólo Abraham y los otros patriarcas, sino también Moisés y Aarón, Josué y Sansón, se disolvieron en el mito y se convirtieron en figuras que no eran más concretas que Hércules y Perseo, Príamo y Agamenón, Ulises y Eneas. Bajo la influencia de Hegel y sus seguidores, la revelación cristiana y judía, según aparece en la Biblia, fue reinterpretada como un proceso sociológico determinista que partía de la superstición tribal primitiva para llegar a la eclesiología urbana culta. El papel único y divinamente establecido de los judíos pasó a segundo plano, se debilitaron progresivamente los resultados obtenidos por el monoteísmo mosaico, y la reelaboración de la historia del Antiguo Testamento se vio impregnada de cierto antijudaísmo sutil, teñido incluso de antisemitismo. El trabajo colectivo de los estudiosos bíblicos alemanes se convirtió en ortodoxia académica y alcanzó un elevado nivel de persuasión y complejidad en las enseñanzas de Julius Wellhausen (1844-1918), cuya notable obra, *Prolegomena zur Geschichte Israels* [Prolegómenos a la historia de Israel], fue publicada en 1878.[5] Durante medio siglo Wellhausen y su escuela dominaron el planteamiento de los estudios bíblicos, y muchas de sus ideas continúan influyendo aún hoy en la lectura que el historiador hace de la Biblia. Algunos destacados estudiosos del siglo XX, entre ellos M. Noth y A. Alt, conservaron este planteamiento esencialmente escéptico, catalogando de míticas las tradiciones del periodo precedente a la conquista y argumentando que los israelitas se convirtieron en pueblo en la tierra de Canaán, y no antes del siglo XII a. C.; la conquista misma fue también sobre todo un mito, pues se trató principalmente de un proceso de infiltración pacífica.[6] Otros propusieron buscar los orígenes de Israel en el retiro de una comunidad de fanáticos religiosos que se apartaron de una sociedad cananea a la que consideraban corrupta.[7] Éstas y otras teorías desecharon toda la historia bíblica anterior al Libro de los Jueces como obras básica o totalmente de ficción, y a Jueces como una mezcla de ficción y realidad. Se arguyó que la historia israelita no adquiere una base sustancial de verdad hasta la época de Saúl y David, cuando el texto bíblico comienza a reflejar la realidad de las historias y los registros de la corte.

Lamentablemente, los historiadores rara vez son tan objetivos como ellos mismos desean. La historia bíblica, que para los cristianos, los judíos y los ateos por igual implica creencias o prejuicios que llegan a la raíz misma de nuestro ser, es una esfera en la cual la objetividad es harto difícil, cuando no del todo imposible. Además, las distintas ramas del estudio arrastran sus propias deformaciones profesionales. Durante el siglo XIX y gran parte del XX, la historia bíblica estuvo dominada por los especialistas en los textos, que por instinto y formación tendieron y tienden a fragmentar las narraciones bíblicas, identificar las fuentes y los motivos de quienes las agruparon, seleccionar sobre esta base los pocos fragmentos auténticos y después reconstruir los hechos a la luz de la historia comparada. Sin embargo, con el desarrollo de la arqueología científica moderna se ha manifestado una fuerza contraria, pues la inclinación de los arqueólogos es la de utilizar como guías los textos antiguos y buscar la confirmación en los restos físicos. En Grecia y Asia Menor, el descubrimiento y la excavación de Troya, de Cnosos y otros asentamientos minoicos en Creta, y de las ciudades micénicas del Peloponeso, así como la exhumación y el desciframiento de antiguos registros de la corte hallados en algunos de estos lugares, han rehabilitado los relatos homéricos como registros históricos y permitido a los estudiosos percibir elementos de realidad bajo la leyenda. Así, en Palestina y Siria, la investigación de antiguos lugares y la recuperación y traducción de un gran número de registros legales y administrativos han contribuido a restaurar en gran medida el valor histórico de las narraciones de los primeros libros bíblicos. Sobre todo, las obras de W. F. Albright y Kathleen Kenyon nos han aportado renovada confianza en la existencia real de los hechos y los lugares descritos en los primeros libros del Antiguo Testamento.[8] No menos importante es el descubrimiento de archivos contemporáneos de los milenios II y III a. C., que han vertido nueva luz sobre fragmentos bíblicos hasta la fecha oscuros. Hace cincuenta años un fragmento temprano de la Biblia merecía el calificativo de mítico o simbólico, ahora en cambio, la carga de la prueba se ha desplazado y cada vez hay más estudiosos que parten de la base de que el texto contiene por lo menos un germen de verdad y consideran que su tarea es cultivarlo. Todo esto no ha simplificado la interpretación histórica de la Biblia. Tanto el planteamiento fundamentalista como el «crítico» tenían elementos de una sencillez reconfortante. Ahora, vemos en nuestros textos bíblicos guías muy complejas y ambiguas para llegar a la verdad; pero guías al fin y al cabo.

Por consiguiente, los judíos son el único pueblo del mundo moderno que posee un registro histórico, por oscuro que sea en determinados episodios, que les permite rastrear sus orígenes hasta épocas muy remotas. Los judíos que dieron a la Biblia una forma similar a la actual pensaron sin duda que su pueblo, aunque fundado por Abraham, podía remontar sus antepasados incluso más lejos, hasta el primer progenitor humano: Adán. En el estado actual del saber, debemos suponer que los capítulos iniciales del Génesis son esquemáticos y simbólicos, más que descripciones concretas. Los capítulos 1-5, con su identificación de conceptos como el saber, el mal, la vergüenza, los celos y el delito, son explicaciones más que episodios reales, aunque en ellos aparecen vestigios de recuerdos reales. Por ejemplo, cuesta creer que la historia de Caín y Abel no tenga ninguna base real; la respuesta de Caín: «¿Acaso soy el guardián de mi hermano?», tiene el timbre de la verdad, y la noción del hombre avergonzado y perseguido, con la marca de la culpa, es tan intensa que sugiere un hecho histórico. Lo que impresiona en la descripción judía de la creación y el hombre primitivo, comparada con las cosmogonías paganas, es la falta de interés en la mecánica del modo en que el mundo y sus criaturas aparecieron, un aspecto que condujo a los narradores egipcios y mesopotámicos a tan extrañas deformaciones. Los judíos sencillamente suponen la preexistencia de un Dios omnipotente, que actúa pero al que nunca se describe ni caracteriza, y por lo tanto tiene la fuerza y la invisibilidad de la naturaleza misma: es significativo que el primer capítulo del Génesis, a diferencia de las restantes cosmogonías antiguas, armonice perfectamente, en esencia, con las explicaciones científicas modernas del origen del universo, y entre ellas con la teoría de la Gran Explosión.

No decimos que el Dios judío se identifica de ningún modo con la naturaleza, todo lo contrario. Aunque nunca es visible, se presenta muy enfáticamente a Dios como persona. Por ejemplo, el Deuteronomio se esfuerza por distinguir entre los despreciados pueblos paganos, que veneran a la naturaleza y a los dioses naturales, y los judíos, que veneran al Dios persona, y advierte: «Y al alzar tus ojos al cielo, al sol, a la luna, a las estrellas y a las demás huestes del cielo, no seas inducido a adorarlos o servirlos.»[9] Más aún, desde el principio, este Dios personal establece distinciones morales perfectamente claras, que sus criaturas deben respetar, de modo que en la versión judía del hombre primitivo las categorías morales aparecen y son imperativas desde el comienzo mismo. También este aspecto la diferencia nítidamente de todos los relatos paganos. Por lo tanto, las partes prehistóricas de la Biblia constituyen una suerte de cimiento moral, sobre el cual descansa la estructura de los hechos relatados. Incluso en sus antecedentes más primitivos, se presenta a los judíos como gentes capaces de percibir diferencias absolutas entre el bien y el mal.

El concepto de un universo moral superpuesto al físico determina el enfoque del primer episodio auténticamente histórico de la Biblia, la descripción del Diluvio Universal en el capítulo 6 del Génesis. Ahora ya no se duda de que hubo una enorme inundación en Mesopotamia. La primera confirmación de la versión bíblica llegó en 1872, cuando George Smith, del Museo Británico, descubrió una narración del Diluvio en las tablillas cuneiformes encontradas por Austen Henry Layard en 1845-1851 en Quyunyik (Nínive), en la biblioteca del palacio de Senaquerib, lo que se vio confirmado por otras tablillas encontradas en el palacio de Assurbanipal.[10] En realidad, ésta era una versión asiria tardía, interpolada al final de una narración épica muy anterior llamada *Gilgamesh*, que se refiere a un antiguo gobernante sumerio de Uruk, en el IV milenio a. C. Antes de los asirios, tanto los babilonios como los lejanos sumerios conservaron recuerdos de un gran diluvio. En la década de 1920, sir Leonard Woolley descubrió y excavó Ur, importante ciudad sumeria de los milenios IV y III a. C., mencionada en la Biblia hacia el final de su parte prehistórica.[11] Mientras investigaba los estratos arqueológicos más antiguos de Ur, Woolley se empecinó en hallar pruebas de la existencia de una inundación de enormes proporciones. Descubrió un depósito aluvial de 2,40 metros y lo situó entre los años 4000 a 3500 a. C. En Shuruppak encontró otro impresionante depósito aluvial, y otro de 45 centímetros en un estrato similar de Kish. Pero estas fechas y las de Ur no concuerdan.[12] Después de reseñar los diferentes sitios que habían sido explorados a principios de 1960, sir Max Mallowan llegó a la conclusión de que, en efecto, se había producido una inundación gigantesca.[13] Después, en 1965, el Museo Británico realizó otro descubrimiento en sus depósitos: dos tablillas referentes al Diluvio, escritas en la ciudad babilónica de Sippar, durante el reinado del rey Ammisaduqa, 1646-1626 a. C.

La importancia de este último descubrimiento consiste en que nos permite centrar la atención en la figura del propio Noé, pues nos relata cómo el dios, habiendo creado la humanidad, se arrepintió y decidió destruirla mediante la inundación; pero Enki, el dios del agua, reveló el plan de la catástrofe a cierto rey-sacerdote llamado Ziusudra, que construyó una embarcación y así sobrevivió.[14] Es indudable que Ziusudra existió en realidad, fue rey de la ciudad babilónica meridional de Shuruppak alrededor de 2900 a. C., y así consta en la primera columna de la lista de reyes sumerios. En la propia Shuruppak se hallan pruebas de que existió una inundación fenomenal, aunque la fecha no se corresponde con la inundación de Ur que ofrece Woolley.[15] La figura salvadora de Ziusudra, presentada en la Biblia como Noé, proporciona, por consiguiente, la primera confirmación independiente de la existencia real de un personaje bíblico.

Existe, no obstante, una diferencia fundamental entre la explicación bíblica del Diluvio y la narración épica babilónico-sumeria. A diferencia de Ziusudra, Noé es una persona moral, arraigada firmemente en la escala de valores que el Génesis reconoce desde el principio mismo. Además, mientras la versión de *Gilgamesh* relata episodios aislados y carece de un contexto moral e histórico unificador, la versión judía percibe cada hecho como un trasunto de cuestiones morales y testimonio colectivo de un plan providencial. Es la diferencia entre la literatura secular y la religiosa, y entre el mero folclore y la historia consciente y determinista.

Además Noé no es sólo el primer hombre real de la historia de Israel: su relato anticipa elementos importantes de la religión judía. Está presente la obsesión del dios judío por el detalle, en la construcción y carga del arca. También el concepto del hombre virtuoso. Lo que es incluso más importante, está la tendencia judía a subrayar el valor supremo de la vida humana, a causa de la relación imaginaria del hombre con Dios, que aparece en el fundamental versículo 6 del capítulo 9 del Génesis: «El que vertiere sangre de hombre, por otro hombre será su sangre vertida, porque Dios hizo al hombre a su imagen.» Podría afirmarse que éste es el postulado fundamental de la fe judía, y resulta significativo que aparezca en relación con el Diluvio, el primer hecho histórico para el cual existe una confirmación no bíblica.

Los pasajes que tratan del Diluvio también contienen la

primera mención de una alianza y la más antigua referencia al país de Canaán.[16] Pero estos temas se repiten con mucho más énfasis cuando recorremos las listas de reyes que siguieron al Diluvio y llegamos a los patriarcas. Ahora podemos retornar a nuestro interrogante acerca de la identidad y la procedencia de Abraham. En los capítulos 11-25 del Génesis, la Biblia afirma que Abraham, inicialmente Abram, descendía de Noé, que emigró de «Ur de los caldeos», primero a Harán y después a varios lugares de Canaán, viajó a Egipto en tiempos de hambre, pero retornó a Canaán y terminó sus días en Hebrón, donde realizó su primera compra de tierras. El fundamento de este relato bíblico es historia. La referencia a los caldeos es anacrónica, pues los caldeos no penetraron en Mesopotamia meridional antes de fines del II milenio a. C., y se asigna a Abraham una fecha muy anterior, más próxima al inicio del milenio. Se mencionó a los caldeos para identificar a Ur a los ojos de los lectores de la Biblia en el I milenio a. C.[17] Sin embargo, no hay motivo para dudar de que Abraham vino de Ur, como afirma la Biblia, y esto ya nos dice mucho acerca de su persona, gracias al trabajo de Woolley y sus seguidores. En primer lugar, lo asocia con una ciudad importante, no con el desierto. Los hegelianos como Wellhausen y su escuela, con su concepto de la progresión determinista de lo primitivo a lo refinado, del desierto a la ciudad, percibieron inicialmente a los hebreos como sencillos pastores. Pero la Ur excavada por Woolley tenía un grado relativamente elevado de cultura. Éste encontró allí, en la tumba de «Meskalamdug, Héroe de la Buena Tierra», un soberbio yelmo de oro macizo trabajado en la forma de una peluca, los rizos del cabello en relieve, y un estandarte religioso para procesiones, adornado con conchas y lapislázuli. Encontró también un zigurat gigante, el templo elevado sobre plataformas múltiples que, cabe conjeturarlo, inspiró la historia de la torre de Babel. Éste fue el trabajo de Ur-Nammu, de la Tercera Dinastía (2060-1950 a. C.), un gran legislador y constructor, que dejó su retrato en una estela, uno de cuyos fragmentos ha llegado a nosotros, en la forma de un trabajador que lleva una pica, una paleta y un compás de agrimensor.

Es probable que Abraham saliera de Ur después de la época de este rey, y que llevase consigo a Canaán relatos acerca del zigurat que se elevaba hasta el cielo y de la historia muy anterior del Diluvio. ¿Cuándo realizó este viaje? Atribuir fechas a los patriarcas no es una tarea tan insoluble como se creía otrora. Por supuesto, en el Génesis las fechas antediluvianas son esquemáticas, pero no deben menospreciarse las genealogías, como tampoco las restantes listas de reyes primitivos. Las listas de faraones suministradas por fuentes como Manetón, un sacerdote egipcio que vivió en los tiempos helenísticos, hacia 250 a. C., nos permiten asignar fechas a la historia egipcia con razonable seguridad, por lo menos hasta la Primera Dinastía, hacia 3000 a. C. Beroso, un sacerdote babilónico que coincide más o menos con Manetón, nos aporta una lista análoga de reyes para Mesopotamia, y la arqueología ha exhumado a otros. Si examinamos las listas de nombres ante y posdiluvianos en el Génesis, encontramos dos grupos con diez nombres en cada uno, aunque las fechas varían como entre el casi original texto masorético hebreo, la versión griega de los Setenta y el Pentateuco samaritano. Estos agrupamientos son similares a los registros literarios no bíblicos, y las fechas más antiguas de la Biblia son análogas a las vidas de los reyes sumerios antes de la inundación de Shuruppak. La más antigua lista de reyes consigna sólo ocho reyes antediluvianos, pero Beroso menciona diez, lo cual concuerda con el esquema del Génesis. El nexo de los dos quizá sea Abraham, portador de la tradición.

Es difícil situar la lista de reyes mesopotámicos, como la de los egipcios, en fechas absolutas, pero ahora hay consenso en situar a Sargón y el periodo acadio antiguo hacia 2360-2180 a. C., al legislador Ur-Nammu y la Tercera Dinastía de Ur, hacia el fin del II milenio y el comienzo del I, y a Hammurabi, sin duda un estadista y codificador de leyes auténtico, que reinó entre 1793 y 1750 a. C. Las pruebas disponibles indican que las narraciones de los patriarcas del Génesis pertenecen al periodo entre Ur-Nammu y Hammurabi, o sea entre 2100 y 1550 a. C., es decir, la Edad del Bronce Medio. Ciertamente, no pueden ser posteriores, esto es, de la Edad del Bronce Tardío, porque eso los asignaría al periodo egipcio del Imperio Nuevo, y los pasajes patriarcales no mencionan una presencia imperial egipcia en Canaán. Albright lidió con el problema del periodo que podía asignarse a Abraham durante la mayor parte de su vida profesional, y lo llevó hacia adelante y hacia atrás, entre el siglo XX a. C. y el XVII a. C., y finalmente llegó a la conclusión de que no pudo haber vivido antes del XX ni después del XIX. Esos límites parecen razonables.[18]

La posibilidad de asignar fechas aproximadas a los patriarcas nos permite relacionarlos tanto con los registros arqueológicos como con los diferentes archivos escritos de la Siria y Mesopotamia de la Edad del Bronce recientemente descubiertos. Estos últimos son importantes porque posibilitan no sólo confirmar, sino también explicar, episodios de las historias patriarcales. Entre los hallazgos arqueológicos destaca la investigación de Kathleen Kenyon de las tumbas encontradas en las márgenes de los caminos en las afueras de Jericó, que se asemejan a los sepulcros en cuevas descritas en Génesis 23 y 35:19-20, y la investigación arqueológica del Néguev realizada por Nelson Glueck, que reveló muchos asentamientos de tipo patriarcal en la Edad del Bronce Medio.[19] Glueck observó que muchos de esos asentamientos fueron destruidos cierto tiempo después de 1900 a. C., lo cual confirma los episodios de destrucción que hallamos en Génesis 14.

Los hallazgos de material escrito son muy considerables y sin duda invitan a la reflexión. En 1933, A. Parrot excavó la antigua ciudad de Mari (actualmente Tell Harari) a orillas del Éufrates, unos 27 kilómetros al norte de la frontera entre Siria e Irak, y descubrió un depósito de 20.000 tablillas.[20] A esto siguió la transcripción de un archivo análogo de tablillas de arcilla en la antigua Nuzi, cerca de Kirkuk, la ciudad de los horeos, que formaban parte del reino de Mitanni.[21] Un tercer archivo de 14.000 tablillas fue descubierto en Ebla (hoy Tell Mardij), al norte de Siria.[22] Estos archivos abarcan un periodo considerable; los de Ebla son anteriores al tiempo de los patriarcas; los de Nuzi, de los siglos XVI y XV a. C., un poco posteriores, pero en cambio las tablillas de Mari, de fines del siglo XIX a mediados del siglo XVIII a. C., se ajustan al periodo más probable. En conjunto, nos ayudan a organizar una imagen de la sociedad patriarcal que ilumina el texto bíblico. Una de las objeciones más enérgicas a la afirmación de Wellhausen en el sentido de que los primeros libros de la Biblia se compilaron y arreglaron para acomodarlos a las creencias religiosas de una etapa muy posterior ha sido siempre que muchos de los episodios narrados no cumplen esa función. Estos episodios mencionan costumbres que sin duda eran extrañas e inexplicables para los compiladores ulteriores del I milenio a. C., quienes, en su reverencia por el texto y las tradiciones, se inclinaron ante ellas y sencillamente las copiaron, sin realizar ningún intento de racionalización. Algunos pasajes continúan siendo misteriosos para nosotros, si bien ahora muchos son explicables a la luz de las tablillas.

Así, tanto las tablillas de Ebla como las de Mari contienen documentos administrativos y legales referidos a personas con nombres de estilo patriarcal, como Abram, Jacob, Lía, Labán e Ismael; también hay muchas expresiones que llaman a la reflexión, así como préstamos lingüísticos del hebreo.[23] Más aún, estos anónimos litigantes de principios del II milenio a. C. afrontaban exactamente el mismo género de dificultades, originadas en la falta de hijos, el divorcio, la herencia y los derechos de primogenitura, que sus homónimos bíblicos. El desesperado plan de Abraham, dirigido a convertir en heredero a un miembro de su entorno por falta de hijos propios, y su propuesta de adoptar a Eleazar como presunto heredero reflejan las prácticas de Nuzi. Nuzi ofrece también paralelismos precisos de las relaciones de Abraham con su esposa Sara y de su utilización de la doncella Hagar como concubina autorizada en vista de la incapacidad de Sara para darle un hijo, y ciertamente, de las lamentables consecuencias domésticas que siguieron. En efecto, los contratos matrimoniales de Nuzi contemplaban específicamente estas contingencias. Una tablilla de Nuzi atestigua la venta del derecho de primogenitura de un hermano mayor a otro menor a cambio de tres ovejas, exactamente como Esaú transfirió los suyos a Jacob por un plato de lentejas.[24] Una tablilla de Nuzi también presenta un caso de la validez del traspaso oral de la propiedad, en la forma de una bendición en el lecho de muerte, lo cual ilumina la notable escena del capítulo 27 del Génesis, en que Jacob y su madre Rebeca conspiran para engañar al padre de Jacob, es decir Isaac, y consiguen que al morir lo designe heredero. Lo que resulta quizá más sorprendente, los archivos de Nuzi explican la desconcertante versión bíblica de las relaciones de Jacob con Labán, las cuales, según sabemos ahora, fueron un problema habitual de adopción. Labán, que no tenía heredero, adoptó a Jacob como hijo, y también como yerno; después, tuvo hijos propios. Una tablilla de Nuzi dice así:

> Tablilla de adopción de Nashwi, hijo de Arshenni. Adoptó a Wullu, hijo de Pohishenni. [...] Cuando Nashwi fallezca, Wullu será heredero. Si Nashwi tiene un hijo, dividirá por partes iguales con Wullu, pero el hijo de Nashwi tomará los dioses de Nashwi. Pero si no hay hijos de Nashwi, entonces Wullu tomará los dioses de Nashwi. Y Nashwi ha dado a su hija Nuhuya como esposa a Wullu. Y si Wullu toma otra esposa, renuncia a la tierra y las casas de Nashwi.[25]

Las tablillas de Nuzi demuestran que los dioses de la familia eran como títulos de propiedad, dotados de valor legal simbólico: ahora comprendemos que Raquel robara los *terafim* de Labán para corregir lo que ella consideraba una cláusula legal injusta. Las tablillas de Mari también proporcionan ejemplos del rito legal de confirmar un acuerdo sacrificando un animal, igual que Abraham confirmó su acuerdo con Dios en Génesis 15:9-10.[26]

De este modo, podemos comenzar a situar a Abraham y sus descendientes en su auténtico contexto histórico. Hacia el fin del III milenio a. C., la sociedad civilizada se vio conmovida por las incursiones procedentes del este. Esos invasores provocaron graves dificultades en Egipto; y en el Asia poblada, la arqueología revela una quiebra absoluta de la continuidad en ciudades como Ugarit, Biblos, Meguiddó, Jericó y la antigua Gaza, signos inequívocos de pillaje y abandono.[27] Estos pueblos, que se desplazaron de Mesopotamia hacia el Mediterráneo, hablaban lenguas semíticas occidentales, entre las cuales se integra el hebreo. En las tablillas y las inscripciones mesopotámicas se menciona un grupo concreto con el ideograma SA.GAZ, o como *hapiru, habiru*. Las fuentes egipcias de la Edad del Bronce Tardío también se refieren a *abiru* o *habiru*. Con estos términos no se referían a los beduinos o habitantes del desierto, que ya existían entonces, pues usaban un término diferente para designarlos. *Habiru* fue al parecer un término despectivo aplicado a las gentes no urbanas difíciles y destructivas que se desplazaban de lugar en lugar. No eran tribus de hábitos regulares, que emigrasen periódicamente con los rebaños según los ciclos de las estaciones, como todavía hoy hacen algunas en regiones de Asia Menor e Irán. Su cultura era superior a la de la mayoría de las tribus del desierto. Precisamente porque no era fácil clasificarlas, desconcertaban e irritaban a las autoridades egipcias conservadoras, que sabían muy bien cómo tratar a los auténticos nómadas. A veces servían como mercenarios. Algunos ocupaban empleos en el gobierno. Eran servidores, o caldereros y buhoneros. Usaban asnos que se desplazaban en caravanas, o eran mercaderes. A veces adquirían considerable riqueza en la forma de rebaños y seguidores: en ese caso, quizás intentaran acercarse, obtener tierras y formar pequeños reinados.

Cada grupo de habiru tenía un jeque o jefe guerrero, que a veces podía desencadenar ataques incluso con dos mil hombres. Cuando se les ofrecía la oportunidad de asentarse y construir viviendas, el líder se autoproclamaba rey, y todos se adherían al gran rey de la región. Fuera de Egipto, una autocracia centralizada de antigüedad inmemorial ya incluso en el siglo XIX a. C., ningún rey era poderoso por derecho propio. Hammurabi de Babilonia siempre tenía un séquito de diez o quince reyes. Era cuestión de criterio, en el caso del monarca regional, decidir si permitiría la instalación de reyes habiru que se convertían (de hecho) en feudatarios, o si los rechazaba.[28]

El mismo dilema afrontaban los pequeños reyes locales, ya instalados, que habían formado parte de una oleada anterior de inmigrantes. Abraham era el jefe de uno de estos grupos habiru inmigrantes, un jefe importante, con «trescientos dieciocho servidores instruidos que habían nacido en su casa». En el capítulo 12 del Génesis lo vemos tratando con una autoridad importante, es decir, Egipto; en el capítulo 14 él y sus hombres sirven como mercenarios del insignificante rey de Sodoma. Sus relaciones con las autoridades constituidas, grandes o pequeñas, siempre contienen un ingrediente de incomodidad y se caracterizan por los engaños, así como por la repetida ficción de Abraham de que su esposa Sara es su hermana: ahora sabemos por las tablillas que una esposa con la condición legal de hermana obtenía más protección que una esposa común.[29] Los pastos eran limitados; el agua a menudo escaseaba. Si un grupo de habiru prosperaba en su asentamiento, su propia riqueza se convertía en motivo de conflicto: un presagio casi sobrecogedor de los ulteriores problemas judíos en la diáspora. Génesis 13:6-11 muestra a Abraham y a su sobrino Lot obligados a separarse: «Ya la tierra no les permitía vivir, porque su hacienda se había multiplicado, de modo que no podían vivir juntos.» En Génesis 21:22-31 se nos muestra a Abraham en Beer-Sheva, enredado en una disputa por los derechos del agua con los hombres de Abimelec, el rey local; la diferencia se resolvió mediante un acuerdo sellado por el sacrificio de un animal. La relación de Abraham con Abimelec, aunque a veces tensa y siempre legalista, era pacífica. A veces convenía a los reyes asentados mostrarse tolerantes con los habiru, que eran una fuente de mercenarios. Pero si los «extranjeros y viajeros» se hacían demasiado numerosos y fuertes, el rey local tenía que pedirles que se marchasen, pues corría el riesgo de verse él mismo desbordado. Así, vemos que Abimelec dice a Isaac, hijo de Abraham: «Apártate de nuestro lado, porque te has hecho mucho más poderoso que nosotros.»[30]

Todo este material del Génesis relacionado con los problemas de la inmigración, los pozos de agua y los contratos y derechos de primogenitura es fascinante, porque sitúa firmemente a los patriarcas en su contexto histórico y atestigua la gran antigüedad y la autenticidad de la Biblia. Pero está mezclado con otros dos tipos de material, que constituyen el verdadero propósito de las narraciones bíblicas: la descripción de individuos, los antepasados del pueblo, en un contexto moral, y, lo que es todavía más importante, el origen y desarrollo de su relación colectiva con Dios. La vivacidad y el realismo con que se describe a los patriarcas y sus familias en estos relatos antiguos es quizás el aspecto más notable de la obra y no tiene correlato en la literatura de la antigüedad remota. Hay arquetipos de humanidad, como Ismael —«Y será hombre indómito entre los hombres. Su mano será contra todos, y la mano de todos será contra él»—[31] pero no hay estereotipos; cada personaje emerge con fuerza del texto.

Todavía más notable es la atención consagrada a las mujeres, el papel principal que a menudo representan, su vivacidad y su poder emocional. Sara, la esposa de Abraham, es la primera persona histórica a quien se muestra riendo. Cuando en la ancianidad se le dice que tendrá el tan ansiado hijo, no lo cree y en cambio «rió para sus adentros, y dijo: Ahora que estoy pasada, ¿sentiré el placer, y además con mi marido viejo?» (Génesis 18:12). Su risa es agridulce, melancólica, irónica, incluso cínica, un anticipo de tantas risas judías a través de los tiempos. Pero cuando nació el hijo, Isaac, Sara dijo: «Dios me ha dado de qué reír, todo el que lo oiga se reirá conmigo», y su risa alegre y triunfal nos comunica su placer a través de cuatro milenios. Después, está la historia del modo en que Isaac, un hombre gentil y reflexivo, que amaba profundamente a su madre, consiguió una esposa que ocupase el lugar de Sara: la tímida pero bondadosa y cariñosa Rebeca; y éste es el primer relato de la Biblia que nos conmueve. Aún más emocionante, aunque en rigor no pertenece al periodo de los patriarcas, es el Libro de Rut, que describe el afecto y la devoción de dos mujeres doloridas y solitarias, Noemí y su nuera Rut. Sus emociones están expresadas tan tierna y fielmente que uno instintivamente cree que una mujer escribió esta descripción. Ciertamente, el cántico de Débora, que constituye el capítulo 5 del Libro de los Jueces, con su multitud de imágenes femeninas y su triunfal reivindicación de la fuerza y el coraje de la mujer, seguramente es la obra lírica de una mujer. Y sin embargo, pruebas internas demuestran claramente que fue una de las primeras partes escritas de la Biblia, y parece que alcanzó más o menos su forma actual a lo sumo alrededor de 1200 a. C.[32] Estos registros iniciales de la Biblia demuestran el papel creador representado por las mujeres en la formación de la sociedad hebrea, en su vigor intelectual y emocional, y en su elevada seriedad.

Sin embargo, la Biblia primitiva es sobre todo un enunciado teológico: un relato de la relación directa, a menudo íntima, entre los jefes del pueblo y Dios. Aquí, el papel representado por Abraham es decisivo. La Biblia lo presenta como el patriarca del pueblo hebreo y el fundador de una nación. También es el ejemplo supremo del hombre bueno y justo. Ama la paz (Génesis 13:8-9), aunque también está dispuesto a luchar por sus principios y se muestra magnánimo en la victoria (14:22), es un hombre consagrado a su familia y hospitalario con los forasteros (18:1), preocupado por el bienestar de sus semejantes (18:23), y sobre todo es un ser temeroso de Dios y obediente al mandato divino (22:12; 26:5). Pero no es un dechado de virtudes. Tiene una personalidad profundamente humana y realista, a veces temerosa, dubitativa, incluso escéptica, aunque en definitiva siempre fiel y dispuesta a cumplir las órdenes de Dios.

Si Abraham fue el fundador de la nación hebrea, ¿fue también el fundador de la religión hebrea? En el Génesis parece inaugurar una relación especial de los hebreos con un

Dios que es único y omnipotente. No está claro si cabe calificarle del primer monoteísta. Podemos desechar los conceptos hegelianos de Wellhausen sobre los judíos, simbolizados en Abraham, que abandonan su primitivo pasado desértico. Abraham es un hombre familiarizado con las ciudades, los conceptos legales complejos y las ideas religiosas que, en su tiempo, constituían la cultura. El gran historiador judío Salo Baron lo percibe como un protomonoteísta, que llegó de un centro donde el floreciente culto a la luna estaba convirtiéndose en una forma rudimentaria de monoteísmo. Los nombres de muchos miembros de su familia, por ejemplo Sara, Mica, Téraj, Labán, estaban asociados con el culto a la luna.[33] En el Libro de Josué hay una referencia críptica a los antecesores idólatras de Abraham: «Al otro lado del Río habitaban antaño vuestros padres, Téraj, padre de Abraham y de Najor, y servían a otros dioses.»[34] El Libro de Isaías, que reproduce una antigua tradición por lo demás omitida en la Biblia, dice que Dios «rescató a Abraham».[35] Los movimientos de los pueblos semíticos hacia el oeste, sobre el arco del Creciente Fértil, aparecen generalmente como el resultado de la presión de las fuerzas económicas. Pero es importante advertir que la iniciativa de Abraham fue religiosa: respondía a un impulso que él creía originado en un Dios grande, ubicuo y todopoderoso. Cabe argüir que, aunque el concepto monoteísta no estaba del todo desarrollado en su mente, Abraham era un hombre que tendía hacia él, y que abandonó la sociedad mesopotámica precisamente porque ésta había llegado a un *impasse* espiritual.[36]

Quizá sea más exacto afirmar que Abraham era henoteísta: creyente en un solo Dios, adherido a determinado pueblo, un hombre que de todos modos aceptaba la adhesión de otras razas a sus propios dioses. Con esta salvedad, es el fundador de la cultura religiosa hebrea, pues inaugura sus dos características destacadas: la alianza con Dios y la donación de la Tierra. El concepto de la alianza es una idea extraordinaria, sin análogo en el Oriente Próximo antiguo. Es cierto que la alianza de Abraham con Dios, por ser personal, no ha alcanzado el refinamiento de la alianza de Moisés en nombre de un pueblo entero, pero los elementos esenciales están ahí: un contrato de obediencia a cambio de un favor especial, lo cual implica por primera vez en la historia la existencia de un Dios ético que actúa como una suerte de monarca constitucional benigno obligado por sus propios acuerdos virtuosos.[37]

El relato del Génesis, con sus diálogos intermitentes entre Abraham y Dios, sugiere que Abraham llegó gradualmente a comprender y aceptar las consecuencias trascendentes de su trato, un ejemplo del modo en que la voluntad de Dios a veces se revela en etapas progresivas. La verdad finalmente fue ofrecida a Abraham, según se describe en el capítulo 22 del Génesis, cuando Dios lo pone a prueba ordenándole que sacrifique a su único hijo, Isaac.[38] Este pasaje constituye un hito importante en la Biblia, además de ser uno de los más dramáticos y desconcertantes de la historia entera de la religión, porque por primera vez propone el problema de la teodicea, del sentido de la justicia de Dios. Muchos judíos y cristianos han considerado objetable este pasaje, por cuanto se ordena a Abraham algo que no sólo es cruel en sí mismo, sino contrario a lo que constituye la piedra angular de la ética hebrea y de todas las formas ulteriores del culto judeocristiano: el repudio del sacrificio humano. Los grandes filósofos judíos se han esforzado en lograr que el episodio se ajuste a la ética judía. Filón arguyó que demostraba cómo Abraham se había separado de la costumbre o de cualquier otra pasión dominante que no fuera el amor de Dios, y su reconocimiento de que debemos dar a Dios lo que más apreciamos, en la confianza de que, siendo Dios justo, no lo perderemos. Maimónides convino en que esto representaba una prueba de los límites extremos del amor y temor que Dios con derecho reclama. Nahmánides lo consideró el primer caso de la compatibilidad de la presciencia divina y el libre albedrío humano.[39] En 1843 Søren Kierkegaard publicó su estudio filosófico sobre este periodo, titulado *Temor y temblor*, donde describe a Abraham como a un «caballero de la fe», que tiene que renunciar por el bien de

Dios no sólo a su hijo, sino a sus ideales éticos.[40] La mayoría de los teólogos morales judíos y cristianos rechazan esta posición y hablan de la existencia de un conflicto inaceptable entre la voluntad de Dios y los ideales éticos, aunque otros coincidirán en que el episodio constituye una advertencia en el sentido de que la religión no refleja necesariamente la ética naturalista.[41]

Desde el punto de vista de un historiador, el relato tiene cabal sentido, porque Abraham, según sabemos por los archivos contemporáneos, provenía de un medio legal donde era obligatorio sellar un contrato o alianza con un sacrificio animal. La alianza con Dios era de tan enorme trascendencia que exigía algo más: un sacrificio del bienamado en el más cabal sentido de la expresión, aunque puesto que el objeto del sacrificio era un ser humano, se frustró, de modo que fue un acto válido, pero formal y ritual más que real. Se eligió a Isaac como ofrenda no sólo porque era la posesión más preciada de Abraham, sino porque, al amparo del acuerdo, era un don especial de Dios y continuaba perteneciendo al Creador, lo mismo que el resto de los dones ofrecidos al hombre. Este aspecto subraya el propósito entero del sacrificio, un recordatorio simbólico de que todo lo que el hombre posee viene de Dios y puede retornar a él. Por eso Abraham denominó montaña del Señor al lugar de este acto de suprema obediencia y abortado sacrificio, como presagio del Sinaí y de un contrato más importante.[42] Refleja la importancia del hecho el que, por primera vez, las narraciones bíblicas introduzcan el concepto de universalismo en las promesas de Dios. Éste no sólo decide multiplicar la progenie de Abraham, sino que ahora también agrega: «Por tu descendencia se bendecirán todas las naciones de la tierra.»[43]

Ahora estamos cerca del concepto de pueblo elegido. Es importante señalar que el objeto principal del Antiguo Testamento no es la justicia como concepto abstracto, sino la justicia de Dios, que se manifiesta por sus decisiones. En el Génesis tenemos varios ejemplos del «hombre justo», incluso el único hombre justo: en la historia de Noé y el Diluvio, o por ejemplo en la historia de la destrucción de Sodoma. Abraham es también un hombre justo, pero no se sugiere que Dios lo eligiera a causa de sus méritos. La Biblia no es una obra de razón, es una obra de historia, que alude a hechos que para nosotros son misteriosos e incluso inexplicables. Se ocupa de las decisiones trascendentales que Dios quiso adoptar.[44] Es esencial para la comprensión de la historia judía percibir la importancia que los judíos han atribuido siempre al hecho de que la Creación es obra exclusiva de Dios. Muchas creencias judías están destinadas a representar este hecho básico. El concepto de un pueblo elegido forma parte del propósito divino de subrayar su posesión de todo lo creado. Abraham es una figura fundamental en este sentido. Los sabios judíos enseñaban: «Cinco posesiones tiene el Santo, bendito sea, y son especialmente suyas. Éstas son: la Torá, el Cielo y la Tierra, Abraham, Israel y el Santo Santuario.»[45] Los sabios creían que Dios ofrecía generosamente su creación, pero retenía (por así decirlo) el dominio de todo y, en especial, establecía una relación posesiva con elementos seleccionados. Así vemos:

El Santo, bendito sea, creó los días, y tomó para Sí el *Shabbat*; él creó los meses, y tomó para sí los festivales; él creó los años, y eligió para sí el Año Sabático; él creó los años Sabáticos, y eligió para sí el Año del Jubileo; él creó las naciones, y eligió para Sí a Israel [...]. Él creó los países, y tomó para sí la Tierra de Israel como un sacrificio de las restantes tierras, según está escrito: «La tierra con toda su abundancia es del Señor.»[46]

La elección de Abraham y sus descendientes para representar un papel especial en la providencia divina, así como la donación de la tierra, son inseparables en la presentación bíblica de la historia. Además, ambos dones son préstamos, no bienes raíces: los judíos han sido elegidos, y la tierra les pertenece por gracia y favor siempre revocables. Abraham es al mismo tiempo un ejemplo real y un símbolo perpetuo de cierta fragilidad y cierta ansiedad en la posesión judía. Es un «extraño y un viajero» y continúa siéndolo incluso después de elegido por Dios, incluso después de realizar una cuidadosa adquisición de la cueva de Macpelá. Esta incertidumbre de la propiedad se transmite a todos sus descendientes: la Biblia nos lo recuerda repetidas veces. Así, Dios dice a los israelitas: «La tierra no puede venderse para siempre, ya que vosotros sois para mí como forasteros y huéspedes»; o también, el pueblo confiesa: «Porque forasteros y huéspedes somos delante de ti, como todos nuestros padres»; y en los Salmos, el rey David dice: «Pues soy un extranjero junto a ti, un huésped como todos mis padres.»[47]

E incluso así, la promesa de la tierra a Abraham es muy concreta y aparece en el estrato más antiguo de la Biblia: «A tu descendencia di esta tierra, desde el río de Egipto hasta el gran río Éufrates: los cenizeos, los cadmoneos, los jeteos, los perezeos, los refaítas, los amorreos, los cananeos, los guergueseos y los jebuseos.»[48] Hay cierta confusión acerca de las fronteras, pues en un pasaje posterior Dios promete sólo una parte de la dádiva más general: «Yo te daré a ti y a tu simiente después de ti la tierra de tus peregrinaciones: toda la tierra de Canaán.»[49] Por otra parte, este último don será una «posesión perpetua». La consecuencia, aquí como en los fragmentos posteriores, es que la elección de Israel nunca puede ser revocada, aunque sí suspendida a causa de la desobediencia humana. Como la promesa del Señor es irrevocable, la tierra en definitiva revertirá a Israel incluso si la pierde durante un tiempo.[50] El concepto de la Tierra Prometida es peculiar de la religión israelita, y para los israelitas, y más tarde los judíos, fue el más importante elemento individual del asunto. Es significativo que los judíos convirtieran los cinco primeros libros de la Biblia, el Pentateuco, en el núcleo de su Torá o fe, porque se referían a la Ley, la promesa de la tierra y su cumplimiento. Los libros posteriores, pese a todo su brillo y amplitud, nunca adquirieron el mismo significado fundamental. No constituyen una revelación sino un comentario de la misma, dominado por el tema de la promesa cumplida.[51] La tierra es lo que más importa.

Si fue Abraham quien estableció estos principios, correspondió a su nieto Jacob dar existencia a un pueblo diferenciado, Israel, en el cual su nombre y su pueblo se relacionan inextricablemente.[52] El modo de denominar a los antepasados de los judíos siempre ha supuesto un problema. Hebreos es insatisfactorio, aunque a menudo es necesario usarlo, pues el término *habiru*, del cual cabe presumir que deriva, describía más un modo de vida que a un grupo étnico determinado. Más aún, era peyorativo. *Hebreos*, en efecto, aparece en el Pentateuco, y significa «los hijos de Israel», pero sólo cuando lo usaban los egipcios o los propios israelitas en presencia de egipcios. Desde aproximadamente el siglo II a. C., cuando fue usado así por Ben Sira, la palabra *hebreo* fue aplicada al lenguaje de la Biblia y a todos los trabajos posteriores escritos en ese idioma. Como tal, perdió gradualmente su matiz peyorativo, de modo que tanto a los propios judíos como a los gentiles que simpatizaban con ellos, a veces les pareció preferible al término *judío* como denominación racial. Por ejemplo, en el siglo XIX fue muy usado por el movimiento reformista en Estados Unidos, y así tenemos instituciones como el Colegio de la Unión Hebrea y la Unión de Congregaciones Hebreoamericanas. No obstante, los antepasados de los judíos nunca eligieron autodenominarse hebreos. Cuando cobraron conciencia de una identidad nacional, el término que usaban, normativo en la Biblia, es el de *israelitas* o *hijos de Israel*, y esto es lo que confiere a Jacob su significado principal.

Sin embargo, es extraño, y característico de las dificultades que siempre rodearon la identidad y la nomenclatura judías, que la primera mención del término, cuando Jacob fue rebautizado por mandato divino con el nombre de Israel —por así decirlo, el momento en que nació la nación—, aparece en lo que es quizás el pasaje más misterioso y oscuro de la Biblia, es decir la lucha de Jacob con el ángel, que se prolonga toda la noche. El término *Israel* tal vez signifique «el que lucha contra los Dioses», «el que lucha por Dios», «aquel a quien Dios combate», o «a quien Dios mata», «el virtuoso de Dios» o «Dios es virtuoso». No hay acuerdo. Tampoco nadie ha dado una interpretación satisfactoria del significado del incidente. Es evidente que los más antiguos compiladores y copistas de la Biblia tampoco lo entendían. No obstante, lo reconocían como un momento importante de su historia, y lejos de adaptarlo de tal modo que se acomodase a su comprensión religiosa, lo reprodujeron textualmente porque era parte de la Torá, y por lo tanto sagrado. En el Génesis se describe muy extensamente la vida de Jacob, que en efecto fue notable. Era muy distinto de su abuelo Abraham: un hombre disimulado, maquiavélico, estratega más que luchador, manipulador tanto como soñador y visionario. Jacob prosperó mucho y se convirtió en un hombre más acaudalado que Abraham o su padre Isaac. A su tiempo, ordenó que lo sepultaran junto a las tumbas de sus antepasados, pero antes erigió columnas y construyó altares en una amplia extensión del territorio. Todavía se lo describe como un «extranjero» en Canaán, a semejanza de su padre.[53] Ciertamente, todos sus hijos, excepto el último, llamado Benjamín, parecen haber nacido en Mesopotamia o Siria. Pero precisamente en el curso de su vida se cortaron finalmente estos nexos con el este y el norte, y sus seguidores comenzaron a verse vinculados de un modo más o menos permanente con Canaán, de modo que incluso cuando iban a Egipto en periodos de hambre, el mandato divino era que regresaran inexorablemente.

En cuanto jefe nacional epónimo, Jacob-Israel fue también el padre de las doce tribus que en teoría formaban este pueblo. Esas tribus, Rubén, Simeón (Leví), Judas, Isacar, Zabulón, Benjamín, Dan, Neftalí, Gad, Aser, Efraím y Manasés, descendían todas de Jacob y sus hijos, según la tradición bíblica.[54] Pero en el cántico de Débora, que, como hemos observado, es muy antiguo, se mencionan sólo diez tribus: Efraím, Benjamín, Machir, Zabulón, Isacar, Rubén, Galaad, Dan, Aser y Neftalí. El contexto es belicoso, y es posible que Simeón, Leví, Judas y Gad no fuesen mencionados por Débora porque no tenían que intervenir en la lucha.

Quizás el número doce es una convención: se utiliza el mismo número para los hijos de Ismael, Najor, Yoqtán y Esaú.[55] Los grupos de doce tribus (a veces seis) eran usuales en el Mediterráneo oriental y Asia Menor hacia fines de la Edad del Bronce. Los griegos las llamaban *anfictionías*, palabra derivada de un término que significa «morar en». Quizás el factor unificador no era el linaje común, sino la devoción común a determinado santuario. Muchos estudiosos de los textos durante los siglos XIX y XX desecharon la noción de una descendencia común a partir de Jacob y prefirieron ver a los grupos tribales de orígenes lejanos y heterogéneos organizándose como anfictionías alrededor de los santuarios israelitas creados en esta época.[56] Pero todos estos grupos semíticos occidentales que entraron en Canaán contaban con orígenes comunes y estaban interrelacionados; compartían recuerdos, tradiciones y antepasados reverenciados. Desentrañar las historias tribales particulares de todos los grupos mencionados en la Biblia sería de una complejidad abrumadora, incluso si existiesen los datos.[57] El hecho destacado es que Jacob-Israel está asociado con el momento en que los israelitas cobraron conciencia de su identidad común por primera vez, aunque en el marco estructural de un sistema tribal, que ya era antiguo y al que consideraban valioso. Los nexos religiosos y de familia eran igualmente sólidos, e inextricables en la práctica, como lo serían a lo largo de toda la historia judía. En tiempos de Jacob, los hombres aún transportaban con ellos los dioses del hogar, pero ya era posible pensar también en términos de un Dios nacional. Abraham tenía sus propias creencias religiosas, pero como era un «extraño y un viajero», cortésmente rendía tributo a las deidades locales, denominadas genéricamente «El». Así, pagaba diezmo a El Elyon en Jerusalén y reconocía a El Shadday en Hebrón y El Olán en Beer-Sheva.[58] La adopción por Jacob del nombre de Israel señala el punto en que el Dios de Abraham se instala en el suelo de Canaán, se identifica con la progenie de Jacob, los israelitas, y pronto se convierte en el todopoderoso Yahvé, el dios del monoteísmo.

El dominio de Yahvé como centro supremo de la religión israelita —el prototipo del único «Dios» al que todos los judíos, los cristianos y los musulmanes rinden culto hoy— se vio confirmado lentamente durante la fase siguiente de la historia del pueblo, el éxodo hacia Egipto y la dramática fuga de la servidumbre egipcia. La narración bíblica, que termina el Génesis con la muerte de José y después vuelve al relato de sus desastrosas consecuencias, al principio del Libro del Éxodo, parece sugerir que la nación en su conjunto fue a Egipto. Pero esto es engañoso. Es muy evidente que incluso en tiempos de Jacob muchos de los habiru o hebreos, a quienes ahora debemos llamar israelitas, estaban comenzando a asentarse de manera permanente en Canaán, e incluso a adquirir territorios mediante la fuerza. En el Génesis, capítulo 34, leemos que los hijos de Jacob, Simeón y Leví, atacaron violentamente y con éxito al rey y la ciudad de Siquem, y ello sugiere la primera posesión israelita de una ciudad importante, que bien podría haberse convertido en la sede más antigua del Dios nacional.[59] Siquem ya era una ciudad durante el siglo XIX a. C., pues se la menciona en un documento egipcio del reinado de Sesostris III (1878-1843 a. C.) y más tarde incorporó unos muros ciclópeos. De hecho, es la primera ciudad de Canaán mencionada en la Biblia (Génesis 12:6-7), y Abraham recibió allí la promesa divina. Siquem está cerca de la moderna Nablús, un nombre derivado de la nueva ciudad, Neápolis, que Vespasiano fundó en 72 d. C., después de la reconquista de Palestina. Podemos identificar el lugar por las referencias contenidas en Josefo, que escribió alrededor de 90 d. C., y Eusebio, que escribió antes de 340 d. C., y dice que la antigua Siquem está en las afueras de Neápolis, cerca del pozo de Jacob. Es evidente que Siquem no fue sólo tomada, sino que permaneció en manos de la familia de Jacob, pues en su lecho de muerte él se la legó a su hijo José: «Además te doy una porción más que a tus hermanos, la que tomé de manos de los amorreos con mi espada y con mi arco.»[60]

No cabe duda de que un elevado número de israelitas permaneció en Canaán, y hay confirmación externa de que se mostraban activos y belicosos. Los documentos egipcios denominados las Cartas de Amarna —que pueden ser fechadas con precisión entre los años 1389-1358 a. C., el periodo en que los faraones del Imperio Nuevo egipcio dominaban nominalmente en Palestina, aunque su poder estaba debilitándose— se refieren a los vasallos locales y a sus enemigos en la región. Algunas aluden a un hebreo llamado Labaya u Hombre León; otras fueron escritas por él. Labaya provocó graves dificultades a las autoridades egipcias y a sus aliados; como en el caso de otros habiru, desde el punto de vista egipcio, controlarlo era difícil y constituía una molestia. Finalmente tuvo una muerte violenta durante el reinado del faraón Ajenatón. Pero mientras vivió, pudo controlar un pequeño reino alrededor de Siquem, y los hijos heredaron sus posesiones.

En realidad, hasta donde sabemos, los israelitas-hebreos ejercieron el control de Siquem durante el periodo en que sus hermanos estaban sometidos a los egipcios. No se menciona que la ciudad fuese tomada durante la conquista de Josué, y sin embargo apenas los invasores israelitas llegaron a las colinas que estaban al norte de Jerusalén, llevaron a cabo o repitieron la ceremonia de la alianza en Siquem, el lugar donde Abraham la protagonizó por primera vez.[61] La deducción es que ya estaba, y había estado durante mucho tiempo, en manos de personas a quienes ellos reconocían como correligionarios y parientes de raza. Por lo tanto, en cierto sentido Siquem fue el primer santuario central y la capital del Canaán israelita. El tema es importante, pues la existencia permanente de una población israelita considerable en Palestina a lo largo del periodo que transcurre entre la llegada original de los abrahamitas y el retorno de Egipto hace que el Libro del Éxodo, que sin duda describe sólo a una parte del pueblo, y la conquista narrada en el Libro de Josué, sea mucho más verosímil.[62] Los israelitas de Egipto siempre supieron que tenían una patria a la cual retornar, donde residía parte de la población que era su aliada natural; y esta quinta columna en el país, hizo a su vez que el intento de apoderarse de Canaán por la acción de una banda errabunda fuese una aventura menos descabellada.

Así, el viaje a Egipto y el Éxodo, y la travesía del desierto que siguió, implicó sólo a una parte de la nación israelita. De todos modos, esta fase tuvo una importancia fundamental en la evolución de su religión y su cultura ética. Ciertamente, se trata del episodio fundamental de su historia, y los judíos siempre le asignaron ese carácter, pues entonces surgió por primera vez, en su trascendente esplendor, el carácter del Dios único al que veneraban, su poder de liberarlos del principal imperio terreno, y de concederles su propio y próspero país; y también reveló la multitud de sus severas exigencias que ellos debían satisfacer como compensación. Antes de ir a Egipto, los israelitas eran un pueblo pequeño, como casi todos los restantes, aunque se les había prometido la grandeza. Después del retorno, eran un pueblo con una finalidad y un mensaje al mundo.

El periodo comienza y concluye con dos de los personajes más sugerentes de la historia de los judíos, José y Moisés, arquetipos de hombres cuyas virtudes y actos habrían de iluminar con frecuencia la historia judía. Ambos eran hijos menores, parte de ese grupo —Abel, Isaac, Jacob, David y Salomón fueron otros ejemplos— que, según parece, la Biblia se propone exaltar de un modo muy especial. La Biblia muestra a la mayoría de los jefes nacidos sin lugar ni poder, pero encumbrados por sus propios esfuerzos, porque ellos mismos son el producto de actos de la gracia divina.[63] La Biblia percibe una virtud peculiar en la ausencia de poder, algo conveniente para un pueblo que rara vez lo ha tenido, y que ha sufrido mucho como consecuencia de su ejercicio; pero también percibe virtud en el éxito, y en el éxito como signo de la virtud, especialmente en el caso de los que antes fueron débiles y se vieron humillados. Tanto José como Moisés carecían de derechos de primogenitura y les costó sobrevivir a una infancia o juventud difíciles; pero ambos poseían las cualidades otorgadas por Dios que debían llevarlos a la grandeza gracias a sus propios esfuerzos.

Pero allí termina la semejanza. José fue el gran ministro-estadista de un gobernante extranjero, el modelo de muchos judíos en el curso de los tres mil años posteriores. Era sagaz, agudo, observador, imaginativo; un soñador, pero, más que un soñador, un hombre que poseía la capacidad creadora necesaria para interpretar fenómenos complejos, para pronosticar y prever, para planear y administrar. Discreto, trabajador, capaz en todos los asuntos económicos y financieros, dueño también de muchas formas del conocimiento arcano, sabía bien cómo servir al poder y aprovecharlo en beneficio de su pueblo. Como le dijo el faraón, «no hay entendido ni sabio como tú».[64] José ocupa mucho espacio en el Génesis, y es evidente que fascinó a los escribas primitivos que primero seleccionaron estos muchos relatos y después los combinaron con arte y simetría considerables. Pero no cabe duda acerca de su historicidad. En efecto, algunos de los episodios más románticos de su vida hallan eco en la literatura egipcia. El intento de seducción por la esposa de Putifar, que enfurecida ante el rechazo de José recurre a la calumnia y después consigue que lo encarcelen, está en la antigua narración egipcia titulada *Relato de los dos hermanos*, que alcanzó por primera vez forma escrita en un manuscrito sobre papiro que se remonta a 1225 a. C. Los extranjeros con frecuencia alcanzaban altos cargos en la corte egipcia. En el siglo XIV a. C., la trayectoria de José tuvo su analogía en la de un semita llamado Yanhamu, gobernante egipcio en época del faraón Ajenatón. Más tarde, en el siglo XIII, el mariscal de la corte del faraón Menefta fue un semita llamado Ben Ozen.[65] La mayoría de los detalles egipcios de la narración de José parecen auténticos.

Que los semitas occidentales llegaron a Egipto en elevado número es seguro. Comenzaron a penetrar en el delta del Nilo a fines del III milenio a. C. Estos inmigrantes solían llegar pacíficamente; a veces lo hacían de buena gana, buscando comerciar y trabajar; otras veces, los empujaba el hambre —pues el Nilo era con mucho el proveedor más regular de excedentes de grano—, y a veces como esclavos. Hay un famoso pasaje en un papiro egipcio, el Anastasi VI, en que los guardias fronterizos egipcios comunican al palacio el paso de una tribu que llega buscando pastos y agua. El papiro n.º 1116a, que se conserva en San Petersburgo, muestra a un amable faraón que dona raciones de trigo y cerveza a varios jefes a quienes identifica como provenientes de Ashkelón, Jatsor y Meguiddó. Ciertamente, durante un tiempo, entre los siglos XVIII y XVI a. C., Egipto tuvo una dinastía de gobernantes extranjeros, los hicsos. Algunos de sus nombres eran semitas; por ejemplo, Jian, Yakubher. En el primer siglo de nuestra era el historiador judío Josefo, en su intento de confirmar la historia del Éxodo, citó a Manetón, y la relacionó con la expulsión final de los hicsos a mediados del siglo XVI. Pero los elementos egipcios de la Biblia concuerdan más exactamente con un periodo ulterior.

En efecto, pruebas convincentes apuntan que el periodo de la presión egipcia, que finalmente empujó a los israelitas a la rebelión y la fuga, sobrevino hacia el último cuarto del último milenio a. C., y casi seguramente durante el reinado del famoso Rameses II (1304-1237 a. C.). Al comienzo del Libro del Éxodo, se afirma de los egipcios: «Les impusieron, pues, capataces para aplastarlos bajo el peso de duros trabajos; y así edificaron ciudades de almacenamiento para el faraón, a saber, Pitom y Rameses.»[66] Rameses II, el principal constructor de los gobernantes de la decimonovena dinastía del Imperio Nuevo —de hecho, el constructor más prolífico desde los creadores de pirámides del Imperio Antiguo— inició colosales obras de construcción en Pitom, la actual Tell er-Rataba en el Uadi Tummilat, y en el lugar que llamó, en recuerdo de sí mismo, Rameses o Pi Ramesu, la moderna San el-Hagar, sobre el brazo tanático del Nilo.[67] Estos faraones de la Decimonovena Dinastía provenían de esa región del delta, a la que trasladaron el gobierno central, cerca del país bíblico de Gosén. Se utilizaron los servicios de gran número de trabajadores forzados o esclavos. Un papiro del reinado de Rameses II, el Leiden 348, dice: «Distribúyanse raciones de grano a los soldados y a los habiru que transportan piedras al gran pilón de Rameses.»[68] Sin embargo, no es probable que el éxodo mismo se produjese durante el reinado de Rameses. Parece más probable que los israelitas se levantaran en tiempos de su sucesor Menefta. Una estela triunfal de este faraón ha sobrevivido, y lleva la fecha de 1220 a. C. Afirma que ganó una batalla más allá del Sinaí, en Canaán, y denomina «Israel» a los derrotados. Es posible que no venciera, pues los faraones a menudo describían sus derrotas como triunfos, pero es evidente que tuvo cierto tipo de encuentro con los israelitas fuera de su propio territorio, de modo que ellos ya se habían marchado. Es la primera referencia no bíblica a Israel. Considerada juntamente con otras pruebas, por ejemplo los cálculos basados en 1 Reyes 6:1 y Jueces 11:26,[69] podemos llegar a la razonable certeza de que el Éxodo se produjo durante el siglo XIII a. C. y había terminado alrededor de 1225 a. C.

Los relatos acerca de las plagas de Egipto, y los restantes milagros y maravillas que precedieron a la huida israelita, han dominado de tal modo nuestra lectura del Éxodo que a veces perdemos de vista el mero hecho físico de la rebelión y la fuga exitosas de un pueblo esclavo, el único caso registrado en la Antigüedad. El episodio se convirtió en un recuerdo abrumador para los israelitas que participaron en él. Para los que lo oyeron, y más tarde leyeron acerca del asunto, el Éxodo reemplazó poco a poco a la Creación misma como el hecho fundamental y determinante de la historia judía. Algo sucedió, en las fronteras de Egipto, que persuadió a los testigos oculares de que Dios había intervenido directa y decisivamente en su favor. El modo de relatarlo y describirlo convenció a las generaciones posteriores de que esta demostración única del poder de Dios en su beneficio era el acontecimiento más notable de toda la historia de las naciones.

Pese a las intensas investigaciones realizadas a lo largo de muchos años, en realidad no tenemos idea del lugar en que la mano del Señor salvó a Israel del ejército del faraón.[70] La frase en discordia es «en el mar de cañas» o «en el mar». Tal vez es una alusión a uno de los lagos de sal, o al extremo norte del golfo de Suez, o incluso al extremo del golfo de Aqaba; otra alternativa es el lago de Sirbón, al norte del Sinaí, el cual, en efecto, es un brazo del Mediterráneo.[71] Lo que sí sabemos es que la frontera estaba fuertemente protegida en ciertos lugares y vigilada en toda su extensión. El episodio que salvó a los israelitas de la furia del faraón, y al que consideraron una forma de redención divina, fue tan prodigioso, que se convirtió para ellos y su progenie en la fuerza dinámica de toda su existencia espiritual. Preguntaos vosotros mismos, les decía Moisés, «si ha habido algo parecido a esta gran cosa o se ha oído hablar de algo semejante» desde el día en que Dios creó al hombre. «Qué otro Dios ha tomado para Sí un pueblo de en medio de otro pueblo mediante pruebas, signos, prodigios y acciones de guerra, con mano poderosa, brazo extendido y gran terror en el enemigo, como hizo contigo el Eterno, tu Dios en Egipto ante tus ojos?» En el Éxodo, Moisés muestra a Dios mismo señalando la portentosa maravilla de sus actos y revela de qué modo se relacionan con los planes que les asigna en tanto que pueblo: «Vosotros visteis lo que hice a Egipto y cómo los traje con alas de águila ante mí. Escuchad ahora mi voz y guardad mi alianza. Seréis para mí propiedad preciada entre todos los pueblos, porque mía es toda la tierra; seréis para mí un reino de sacerdotes y un pueblo santo.»[72]

Este hecho abrumador tuvo su correlato en el hombre extraordinario que se convirtió en el jefe de la rebelión israelita. Moisés es la figura esencial de la historia judía, la bisagra sobre la cual gira todo. Si Abraham fue el patriarca, Moisés fue la fuerza esencialmente creadora, quien moldeó el pueblo; con él y por medio de él se convirtieron en un pueblo peculiar, con un futuro nacional. Era un arquetipo judío, como José, pero muy distinto y mucho más formidable. Era profeta y jefe; un hombre de actos decisivos y presencia electrizante, capaz de mostrar enorme cólera e implacable decisión; pero también un hombre de intensa espiritualidad, que amaba la comunión solitaria consigo mismo y con Dios lejos de las ciudades, con visiones y epifanías y apocalipsis; y sin embargo, no era un ermitaño ni un anacoreta, sino una fuerza espiritual activa en el mundo, un ser que odiaba la injusticia, buscaba fervientemente crear una utopía, un hombre que no sólo actuaba como intermediario entre el Dios y el hombre, sino que trataba de adaptar el idealismo más intenso a las medidas del estadista práctico, y los conceptos nobles a la vida cotidiana. Sobre todo, era legislador y juez, el creador de una estructura poderosa destinada a encerrar en un marco de rectitud todos los aspectos de la vida privada y pública, es decir, un totalitario del espíritu.

Los libros de la Biblia que relatan su obra, especialmente Éxodo, Deuteronomio y Números, presentan a Moisés como un gigantesco canal a través del cual el resplandor y la ideología divinas se volcaron en los corazones y en la mente del pueblo. Pero debemos también ver a Moisés como una persona de una gran originalidad, que se convirtió progresivamente —a través de experiencias que resultaron al mismo tiempo espantosas y ennoblecedoras— en una poderosa fuerza creadora, que revolucionó el mundo al abordar conceptos cotidianos aceptados irreflexivamente por un sinfín de generaciones y transformándolos en algo completamente nuevo, logrando así convertir el mundo en un lugar muy distinto e imposibilitando el retorno a los antiguos modos de ver las cosas. Moisés ilustra el hecho, reconocido siempre por los grandes historiadores, de que la humanidad no progresa siempre por pasos imperceptibles, sino que a veces da un salto gigantesco, a menudo impulsada de manera dinámica por una personalidad solitaria y formidable. Por eso la afirmación de Wellhausen y su escuela en el sentido de que Moisés fue una ficción ulterior y la ley mosaica una invención de los sacerdotes que siguieron al Exilio en la segunda mitad del I milenio a. C. —un concepto sostenido todavía por algunos historiadores modernos— es escepticismo llevado hasta el extremo del fanatismo, una forma de destruir el registro de la experiencia humana. Moisés estaba más allá del poder de invención de la mente humana, y su fuerza brota de una narración bíblica que se impuso a un pueblo conflictivo y dividido, poco más que una turba asustada.

Sin embargo, es importante señalar que, aunque se trata de una figura de gran envergadura, Moisés de ningún modo era un ser sobrehumano. Los escritores y los sabios judíos, que lucharon contra la acusada tendencia de la Antigüedad a endiosar a las figuras fundadoras, a menudo se esforzaron por destacar las debilidades y los defectos humanos de Moisés. Pero no era necesario; está todo registrado. Quizás el aspecto más convincente de la exposición bíblica sea el modo en que muestra a Moisés vacilante e inseguro casi hasta el extremo de la cobardía, errado, obcecado, absurdo, irritable y, lo que es todavía más notorio, amargamente consciente de sus propios defectos. Es sin duda muy raro que un gran hombre confiese: «Soy torpe de boca y de lengua.»[73] La falta de expresividad es en cierto modo el defecto que un legislador y estadista está menos dispuesto a reconocer. Aún más sorprendentes son las imágenes de Moisés como figura aislada, más bien desesperada e ineficaz, que se debate bajo la carga de un enorme papel que ha aceptado de mala gana, pero que intenta representar hoscamente. El Éxodo, en el capítulo 18, lo muestra como juez concienzudo, oyendo los casos que le trae la gente desde la mañana hasta la noche. En el curso de una visita, su suegro Jetró pregunta indignado: «¿Por qué te sientas tú solo haciendo que todo el pueblo tenga que permanecer delante de ti desde la mañana hasta la noche?» Moisés replica fatigado: «Es que el pueblo viene a mí para consultar a Dios. Cuando tienen un pleito, vienen a mí; yo dicto sentencia entre unos y otros, y les doy a conocer los preceptos de Dios y sus leyes.» A lo cual Jetró replica: «No está bien lo que estás haciendo. Acabarás agotándote, tú y este pueblo que está contigo.» Y así propone la creación de un cuerpo judicial estable y bien preparado, y Moisés, que en muchos aspectos es un hombre modesto, con la magnanimidad necesaria para solicitar y seguir un buen consejo, hace lo que el anciano propone.[74]

Moisés, según la imagen que nos ofrece la Biblia, es una mezcla profundamente atractiva de lo heroico y lo humano, que lidió en un marco de tremenda certidumbre que disimulaba toda suerte de dudas y a veces el desconcierto liso y llano. A causa de su posición, tenía que mostrar una fachada de omnisciencia; puesto que necesitaba mantener unida a su díscola horda, estaba obligado a hablar a voz en cuello y mostrándose siempre seguro de sí mismo e implacable, aunque él no fuera así en su fuero interno. Por eso su imagen era severa, y su consigna «Que la Ley someta a la montaña». Sin duda, es verdadera la antigua tradición aggádica de que Aarón era más popular que su hermano, mucho mayor: cuando Aarón murió, todos lloraron; pero cuando Moisés murió, sólo los hombres guardaron luto.[75] Gracias a los datos contenidos en la Biblia, los lectores quizá tengan hoy una imagen más cabal de la personalidad de Moisés que la que tuvieron los hombres y las mujeres que lo siguieron realmente.

Moisés no sólo fue el más influyente de todos los judíos de la Antigüedad antes de Cristo, sino también el único que influyó considerablemente sobre el mundo antiguo. Los griegos lo refundieron con sus propios dioses y héroes, especialmente con Hermes y Museo; se le atribuyó la invención de la escritura hebrea, considerada como el preludio de la escritura fenicia y, por lo tanto, de la griega. Eupólemo dijo que era el primer sabio de la historia de la humanidad. Artapanos le atribuyó la organización del sistema de gobierno egipcio y la invención de toda clase de máquinas guerreras e industriales. Aristóbulo creía que tanto Homero como Hesíodo se habían inspirado en los trabajos de Moisés, y muchos escritores antiguos adoptaron la postura de que la humanidad en su conjunto, y la civilización griega en particular, debían mucho a sus ideas.[76] No sorprende que los escritores judíos de la Antigüedad apoyasen esta tradición que muestra a Moisés como uno de los principales arquitectos de la cultura antigua. Josefo afirma que incluso inventó la palabra «ley», entonces desconocida en griego, y que fue el primer legislador de la historia mundial.[77] Filón reprochó a los filósofos y a los legisladores de robar o copiar las ideas de Moisés, y en este sentido Heráclito y Platón serían los principales acusados.[78] Aún más sorprendente es la afirmación del escritor pagano Numenio de Apamea (siglo II d. C.) en el sentido de que Platón fue sólo un Moisés que hablaba griego.[79] Los escritores antiguos no sólo estaban convencidos de la existencia de Moisés, sino que lo consideraban una de las figuras formadoras de la historia mundial.

También en los escritores paganos se manifestó, a partir de la segunda mitad del I milenio a. C., la tendencia de percibir a Moisés como una figura odiosa, el creador de una forma de religión que era extraña, estrecha, exclusiva y antisocial. Moisés aparece fuertemente relacionado con los primeros movimientos del antisemitismo sistemático. Hecateo de Abdera (s. IV a. C.), que escribió una historia de Egipto (ahora perdida), lo acusó de separar a sus seguidores de los restantes hombres, y de fomentar la xenofobia. Manetón (aprox. 250 a. C.) fue el primero que enunció la extraordinaria y persistente leyenda de que Moisés no era en absoluto judío, sino egipcio, un sacerdote renegado de Heliópolis, que ordenó a los judíos matar todos los animales sagrados egipcios e imponer el dominio extranjero.[80] El concepto del sacerdote egipcio rebelde, a la cabeza de una rebelión de proscritos que incluía leprosos y negros, se convirtió en la matriz fundamental del antisemitismo, el libelo de Ur, adornado y repetido a través de los siglos con persistencia extraordinaria. Se lo reproduce, por ejemplo, dos veces en pasajes antisemitas de cartas de Karl Marx a Engels.[81] Es extraño, también, que Sigmund Freud, que ciertamente no era antisemita, basara su última obra, *Moisés y la religión monoteísta*, en la versión de Manetón de que Moisés era egipcio y sacerdote, y agregara la conjetura común de que sus ideas religiosas derivaban del culto solar monoteísta de Ajenatón, y muchos disparates seudofácticos inventados por él mismo.[82]

Sea cual fuere la fuente de la cual Moisés extrajo sus ideas, religiosas o legales (y por supuesto, las dos categorías eran inseparables en su mente), ciertamente no las halló en Egipto. En efecto, la obra de Moisés puede concebirse como un repudio total de cuanto representaba el antiguo Egipto. Como en el caso de la migración de Abraham, que pasó de Ur y Harán a

Canaán, no debemos suponer que el éxodo israelita de Egipto estuviera determinado exclusivamente por motivos económicos. No fue tan sólo un modo de huir de las privaciones; de hecho, en la Biblia hay menciones de que las privaciones eran soportables y la horda de Moisés a menudo añoraba los «cuencos llenos de Egipto». Durante todo el II milenio a. C., la vida en Egipto fue más grata (por regla general) que en cualquier otra región del antiguo Oriente Próximo. El motivo del Éxodo ciertamente fue político. En Egipto los israelitas eran una minoría numerosa e inquietante, que estaba creciendo. El inicio del Éxodo muestra al faraón diciendo «a su pueblo» que los israelitas «son un pueblo más numeroso y fuerte que nosotros. Tomemos precauciones contra él para que no siga multiplicándose».[83] El temor egipcio al número de israelitas fue el principal motivo de su opresión, destinada específicamente a limitar su número. La esclavitud faraónica era un siniestro presagio del programa de trabajo forzado de Hitler, e incluso del Holocausto. Las analogías son inquietantes.

De modo que el Éxodo fue un acto de separación y resistencia políticas; pero fue también, y sobre todo, un acto religioso, porque los israelitas eran diferentes, y los egipcios los veían y temían como tales, precisamente porque rechazaban la totalidad del extraño y numeroso panteón de dioses egipcios, y todo el sentido de la espiritualidad egipcia, que a su modo era tan intensa y penetrante como la naciente religión de Israel. Así como Abraham sentía que en Ur la religión había llegado a un callejón sin salida, también los israelitas y su jefe Moisés, que tenía una visión más amplia que el resto, llegaron a la conclusión de que el mundo de la creencia y las prácticas religiosas egipcias era asfixiante, insufrible, odioso y perverso. Salir de allí implicaba no sólo acabar con la esclavitud física, sino con una cárcel espiritual sofocante: los pulmones de Israel en Egipto ansiaban el oxígeno de la verdad y un modo de vida más puro, libre y responsable. La civilización egipcia era muy antigua y muy infantil, y el alejamiento de los israelitas debe interpretarse como un gesto en pos de la madurez.

En este proceso de maduración, por supuesto, los israelitas actuaban pensando a largo plazo, no sólo en beneficio propio, sino en favor del conjunto de la humanidad futura. El descubrimiento del monoteísmo, y no sólo del monoteísmo, sino de un dios único y omnipotente, movido por principios éticos y dedicado metódicamente a imponerlos a los seres humanos, es uno de los momentos cruciales y determinantes de la historia, cuya grandeza se entiende si consideramos la concepción del mundo egipcio rechazada por los israelitas. Los egipcios eran sumamente hábiles con las manos, y poseían un gusto visual impecable, pero sus conceptos intelectuales resultaban extremadamente arcaicos. Les parecía difícil o imposible aprehender conceptos generales, tenían escaso sentido del tiempo acumulativo, contrapuesto al repetitivo, y por lo tanto no poseían una verdadera noción de la historia. El concepto del progreso lineal les resultaba incomprensible. Sus distinciones conceptuales entre la vida y la muerte, entre los mundos humano, animal y vegetal, eran frágiles y vacilantes. Sus creencias tenían más puntos en común con las religiones cíclicas y animistas del Oriente y África que con todo lo que estamos acostumbrados a denominar religión en Occidente. El cielo y la tierra eran diferentes por el grado, no por la naturaleza, y el cielo estaba gobernado por un rey en quien encarnaban el creador y de quien el faraón era la manifestación terrena. La sociedad tanto celestial como terrenal era estable y estática, y era inevitable que así fuese, y todo lo que representase el cambio era aberrante y perverso. Característico de esta sociedad estática era la ausencia del sentido de la ley impersonal, y por ende de una ley codificada o escrita. El faraón era la fuente y el amo de la ley, y sus jueces —por supuesto, había tribunales— actuaban como vicarios para aplicar los juicios arbitrarios del monarca.

La visión del mundo de las culturas mesopotámicas de los milenios III y II a. C. era muy distinta, mucho más dinámica, pero también más confusa. Se rechazaba el concepto de un solo dios como fuente última del poder. A diferencia de los egipcios, que constantemente sumaban nuevos dioses a su panteón si se suscitaban dificultades teológicas, pensaban que todos los dioses principales habían sido creados. La comunidad de estos dioses ejercía la autoridad última, elegía al jefe del panteón (por ejemplo, Marduk) y determinaba que los humanos fuesen inmortales cuando eso era deseable. Por lo tanto, el cielo se hallaba en un permanente estado de perturbación, lo mismo que la sociedad humana. En realidad, una era la réplica del otro, y el zigurat constituía el nexo de unión. Pero el monarca humano no tenía carácter divino —en las sociedades mesopotámicas de esta etapa no es común la creencia en los reyes-dioses— ni tampoco autoridad absoluta; debía responder ante los dioses.[84] El monarca no podía sancionar o dictar arbitrariamente la ley. De hecho, el individuo estaba protegido por una ley cósmica inalterable.[85]

Dado su carácter dinámico, que por lo tanto sugería el concepto de progreso, las ideas corrientes en la sociedad mesopotámica antigua eran muy preferibles a la persistente opresión de Egipto. Ofrecían esperanzas, en contraposición con la resignación o el fatalismo de las normas afroasiáticas, ejemplificadas de un modo tan notable en Egipto. Mientras la pirámide era la tumba de un rey-dios muerto, el zigurat-templo constituía un nexo vivo entre la tierra y el cielo. Por otra parte, estas ideas no proporcionaban una base ética a la vida, y originaban numerosas incertidumbres acerca de lo que los dioses representaban o deseaban. Su placer y su cólera eran arbitrarios e inexplicables. El hombre buscaba interminable y ciegamente el modo de ganárselos mediante sacrificios.

Un aspecto importante de estas sociedades mesopotámicas, que se extendían hacia el oeste, era su progresiva sofisticación. Estaban creando formas de escritura mucho más eficaces que el jeroglífico egipcio y sus derivados, y con razón veían esta invención como una fuente de poder. Por lo tanto, creían que la anotación de una ley acrecentaba su fuerza y le confería un carácter espiritual. Desde fines del III milenio en adelante los sistemas legales adquirieron más densidad y complejidad, y se reflejaron no sólo en montones de documentos legales individuales, sino en los códigos legales escritos, y la difusión de la escritura y la lengua acadias alentó a los gobernantes a compilar sus leyes en sociedades tan distantes unas de otras como Elam y Anatolia, entre los hurritas y los hititas, en Ugarit y en el litoral del Mediterráneo.

Por lo tanto, la versión primera de la ley mosaica, que suponemos fue promulgada hacia el 1250 a. C., formaba parte de una tradición que ya era antigua. El primer código, descubierto entre varios textos del Museo de Oriente Antiguo de Estambul, data de aproximadamente 2050 a. C., y fue obra de Ur-Nammu, «rey de Sumer y Akad», de la Tercera Dinastía de Ur. Afirma, entre otras cosas, que el dios Nanna eligió a Ur-Nammu con el fin de que gobernase, y éste se desembarazó de los funcionarios deshonestos y fijó pesos y medidas justos. Abraham seguramente estaba familiarizado con las disposiciones de este texto. Otro código, que posiblemente Abraham también conoció, data de alrededor de 1920 a. C.: dos tablillas que ahora están en un museo de Irak, pertenecientes al antiguo reino de Eshnunna y escritas en acadio, enumeran alrededor de sesenta normas aplicables a la propiedad, formuladas por el dios Tiskpak y transmitidas por medio del rey local. Mucho más amplias son las tablillas de principios del siglo XIX a. C., la mayoría guardadas en la Universidad de Pensilvania, que reproducen el código del rey Lipt-Ishtar de Id y fueron escritas (como en el caso de Ur-Nammu) en sumerio. El material más impresionante de todos, el código de Hammurabi, fue hallado en 1901 en Susa, al este de Babilonia. Está escrito en acadio sobre un bloque de diorita de un metro ochenta de altura, corresponde a los años 1728-1686 a. C. y se conserva en el Louvre.[86] Entre otros códigos posteriores destacan un conjunto asirio medio de tablillas de arcilla exhumadas por arqueólogos alemanes durante los años que precedieron a la Primera Guerra Mundial en Qalat Shergat (antigua Asur). Probablemente se remontan al siglo XV a. C., y son, quizá, los materiales que más se aproximan en el tiempo al código mosaico original.[87]

Por consiguiente, en su labor de recopilación y codificación de la ley israelita, Moisés tenía sobrados precedentes. Se había educado en la corte y era hombre instruido. La formulación de la ley por escrito, su tallado en piedra, fue parte del acto liberador de la huida de Egipto, donde no existía ley formal, a Asia, donde por esa época ya era costumbre. De todos modos, aunque la ley mosaica era en este sentido parte de una tradición del Oriente Próximo, sus diferencias con todos los restantes códigos antiguos son tantas y tan fundamentales que lo convierte en un cuerpo completamente nuevo. En primer lugar, los otros códigos legales, pese a la afirmación de que responden a la inspiración de Dios, provienen de reyes individuales, como Hammurabi o Ishtar; por lo tanto, son revocables, modificables y esencialmente seculares. En la Biblia, en cambio, sólo Dios formula la ley —la legislación del Pentateuco le pertenece en exclusiva—, y ningún rey israelita pudo o intentó siquiera establecer un código legal. Moisés (y mucho más tarde Ezequiel, transmisor de las reformas legales) fue un profeta, no un rey, y un médium divino, no un legislador soberano. Por lo tanto, en su código no se distingue entre lo religioso y lo secular —ambos son uno—, o entre el derecho civil, penal y moral.[88]

Esta indivisibilidad tuvo importantes consecuencias prácticas. En la teoría legal mosaica, todo lo que implique incumplimiento de la ley ofende a Dios. Todos los delitos son pecados, del mismo modo que todos los pecados son delitos. Las infracciones son yerros absolutos, y el hombre sin ayuda no puede perdonarlos ni expiarlos. Reparar el daño sufrido por el mortal ofendido no basta; también Dios exige expiación, y ésta puede implicar un castigo drástico. La mayoría de los códigos legales del Oriente Próximo antiguo están orientados hacia la propiedad, y las personas mismas son formas de propiedad cuyo valor puede ser estimado. La ley mosaica está orientada a Dios. Por ejemplo, en otros códigos un esposo puede perdonar a la esposa adúltera y al amante. En cambio, la ley mosaica insiste en que ambos deben morir.[89] Asimismo, mientras los restantes códigos incluyen el derecho real de perdonar incluso en los casos capitales, la Biblia no ofrece tal posibilidad. De hecho, en los casos capitales repudia el concepto de la «ley del rico»: un asesino, por rico que sea, no puede evitar la ejecución pagando, incluso si su víctima es un simple servidor o un esclavo; y existen muchos otros delitos en que la cólera de Dios es tan grande que la compensación financiera no permite apaciguar la ira divina. No obstante, donde la intención no es herir ni matar ni pecar gravemente, y la lesión es la consecuencia involuntaria de la mala conducta, Dios se ofende menos, y son aplicables las leyes de la compensación. En ese caso, el infractor «pagará según decidan los jueces». Esto se aplicaba, establecía el código mosaico, en el caso en que un hombre golpeara a una mujer causándole un aborto o cuando la muerte seguía a un accidente culpable, y en todos los casos menores, «ojo por ojo, diente por diente, mano por mano, pie por pie»,[90] un pasaje a menudo mal interpretado, y que significa sencillamente que debe pagarse rigurosa compensación por la lesión. En cambio, donde el grado de culpabilidad por una lesión, aunque accidental, tiene carácter criminal, la ley fundamental debe seguir su curso. Así, se procede sencillamente a confiscar el buey que mata a un hombre, y no se castiga al propietario; pero si él sabe que su animal es peligroso, y no ha adoptado medidas apropiadas, y como consecuencia muere un hombre, el propietario debe sufrir la pena capital.[91]

Esta última cláusula, denominada «ley del buey corneador», atestigua la enorme importancia que el código mosaico atribuye a la vida humana. Aquí hay una paradoja, lo mismo que en todas las aplicaciones éticas de la pena capital. En la teología mosaica, el hombre está hecho a imagen de Dios, y por lo tanto su vida no sólo es valiosa, sino sagrada. Matar a un hombre supone una ofensa tan grave contra Dios que su consecuencia debe ser el castigo definitivo, la pérdida de la vida; el dinero no basta. El hecho horrible de la ejecución subraya de ese modo la santidad de la vida humana. Por lo tanto, bajo el imperio de la ley mosaica murieron muchos hombres y mujeres a quienes los códigos seculares de las sociedades vecinas sencillamente habrían permitido compensar a las víctimas o a las familias de las víctimas.

Sin embargo, mientras otros códigos contemplaban la pena de muerte por delitos contra la propiedad, por ejemplo el saqueo durante un incendio, la entrada con violencia en una casa, el allanamiento grave durante la noche o el robo de una esposa, en la ley mosaica un delito contra la propiedad no es capital. La vida humana es demasiado sagrada allí donde sólo se violan los derechos de la propiedad. También repudia el castigo sustitutivo: los crímenes de los padres no deben castigarse mediante la ejecución de los hijos o las hijas, o el delito del esposo mediante la entrega de la esposa a la prostitución.[92] Más aún, no sólo es sagrada la vida humana, sino que la persona humana (creada a imagen de Dios) es preciosa. Mientras, por ejemplo, el código asirio medio enumera una grave serie de castigos físicos, que incluyen la mutilación facial, la castración, el empalamiento y la flagelación hasta la muerte, la ley mosaica trata con respeto el cuerpo. La crueldad física se reduce al mínimo. Incluso la flagelación se limitaba a cuarenta azotes, y debía ejecutarse «en presencia» del juez, «no sea que al golpearle más sea excesivo el castigo, y cometas una vileza contra tu prójimo».[93] En realidad, la ley mosaica era mucho más humana que otra cualquiera, porque al centrarse en Dios, automáticamente también se centraba en el hombre.

El núcleo del código mosaico era el Decálogo, las declaraciones de Dios relatadas por Moisés (Deuteronomio 6:6-18) y titulados «las diez Palabras» (Deuteromio 4:13). Las presuntas versiones originales de estos mandatos aparecen en Éxodo 20:2-14. Hay muchos problemas sin resolver y pasajes oscuros en los textos. Parece probable que en su forma original los mandamientos eran sencillos, incluso breves, y que sólo más tarde fueron desarrollados. La forma más antigua, formulada directamente por Moisés, ha sido reconstruida del siguiente modo y se divide naturalmente en tres grupos, entre los cuales los mandamientos del uno al cuatro abarcan las relaciones entre Dios y el hombre, del seis al diez se refieren a las relaciones entre hombres y el quinto, que cumple la función de puente entre los dos grupos, trata de los padres y los hijos. Así tenemos: «Yo soy el Eterno, tu Dios; no tendrás otros dioses fuera de mí; no crearás una imagen grabada; no mencionarás en vano el nombre del Eterno; recuerda el *shabbat*; honra a tu padre y a tu madre; no matarás; no cometerás adulterio; no robarás; no prestarás falso testimonio; no codiciarás.»[94] Algunas de estas normas éticas son comunes a otras civilizaciones del Oriente Próximo antiguo: por ejemplo, hay un documento egipcio llamado las «Protestas de Inocencia», en que una alma muerta, en el juicio final, recita una lista de delitos que no cometió.[95] Pero como resumen global de la conducta apropiada ante Dios y el hombre, ofrecida a los corazones de un pueblo entero, aceptado por éste y grabado en sus corazones, en la Antigüedad no hay nada que pueda compararse ni remotamente con los Diez Mandamientos.

El Decálogo fue la base de la alianza con Dios, concertada inicialmente por Abraham, renovada por Jacob y confirmada, de un modo solemne y público, por Moisés y todo el pueblo. La investigación moderna muestra que la alianza mosaica, formulada brevemente en Éxodo 19:24, y de nuevo con más detalle en el Libro del Deuteronomio, se atiene a la forma de un tratado del Oriente Próximo antiguo, por ejemplo los que elaboraron los hititas. Contiene un prolegómeno histórico, que delinea el propósito, y sigue con el carácter del compromiso, los testigos divinos, los beneficios y las maldiciones, el texto y el depósito de las tablillas sobre las cuales está escrito.[96] Pero la alianza mosaica es única porque no constituye un tratado entre estados, sino una alianza entre Dios y el pueblo. De hecho, en él la antigua sociedad israelita fusionó sus intereses con los de Dios y lo aceptó, a cambio de protección y prosperidad, como a un gobernante totalitario cuyos deseos regían todos los aspectos de sus vidas. Así, el Decálogo es simplemente el centro de un complicado sistema de leyes divinas formuladas en los libros del Éxodo, el Deuteronomio y los Números. En la Antigüedad tardía, los eruditos judaicos organizaron las leyes en seiscientos trece mandamientos, constituidos por doscientos cuarenta y ocho mandamientos obligatorios y trescientas sesenta y cinco prohibiciones.[97] Este material legal mosaico abarca una inmensa diversidad de temas. De ningún modo la totalidad se remonta a la época de Moisés, y mucho menos en la forma con que ha llegado hasta nosotros. Parte se refiere, por ejemplo, a la agricultura estable y probablemente del periodo que siguió a la conquista de Canaán. Se conjetura que este material sencillamente fue tomado de la ley cananea, en definitiva de origen sumerio, babilonio, asirio e hitita.[98] Pero los israelitas ya estaban convirtiéndose en un pueblo que tenía muy presente la ley, perfectamente capaces de innovar o de transformar los conceptos que hallaban cerca hasta convertirlos en novedad. La antigua teoría de que la mayor parte del material mosaico deriva de los tiempos que siguieron al Éxodo puede ahora desecharse. El libro técnico del Levítico, muy ritualista y fuente de la base legal de la vida religiosa y cívica organizada de los israelitas, armoniza muy bien con lo que sabemos de la historia política de éstos durante los siglos XIII y XII a. C. Lo mismo puede afirmarse del Deuteronomio, que es una exposición popular, para un público general, de los escritos sacerdotales del Levítico. El material aborda cuestiones como la dieta, la medicina, la ciencia rudimentaria y la práctica profesional, además de la ley. Gran parte es muy original, pero todo él concuerda con el material no bíblico, que abarca temas análogos, y que fue compuesto en el Oriente Próximo durante la Edad del Bronce Tardío o que ya había estado circulando durante siglos.

Pero aunque en ciertos aspectos los israelitas del tiempo de Moisés eran típicos de su época, comenzaban a perfilarse algunas características notorias. Las leyes mosaicas eran muy rigurosas en las cuestiones sexuales. Por ejemplo, las leyes ugaríticas, reveladas en las tablillas de Ras Shamra, permitían la fornicación, el adulterio, el bestialismo y el incesto en determinadas circunstancias.[99] Los hititas permitían algunas formas de bestialismo (aunque no el incesto). Los egipcios consideraban que la consanguinidad era relativamente secundaria. En cambio, los israelitas prohibían todos los usos sexuales irregulares, y tenían una lista de grados conyugales prohibidos, que prohibían no sólo la consanguinidad, sino también la afinidad.[100]

Los israelitas parecen haber sacado de los egipcios algunas de sus leyes dietéticas, aunque había muchas diferencias. A los israelitas, como a los egipcios, se les prohibían las criaturas marinas que no tenían aletas o escamas. Los egipcios piadosos, por su parte, no debían comer ningún pescado. En cambio podían consumir, y lo hacían, muchos tipos de aves acuáticas, que estaban prohibidas a los israelitas. Pero éstos, lo mismo que los egipcios, podían comer palomas, pichones, gansos y otras aves domésticas, así como perdices y codornices. Al parecer, la mayoría de las reglas mosaicas se sustentaban en cierta base científica tosca, más que en la mera superstición. Se consideraba que los animales depredadores y carnívoros eran peligrosos, y se los prohibía; en general, los animales «limpios» eran exclusivamente herbívoros, de pezuña hendida y rumiantes: buey, carnero, cabra, ciervo, gacela, gamo, cabra montés, antílope, búfalo, gamuza. Se prohibía el cerdo porque era peligroso cuando se lo ingería mal cocido, pues tenía parásitos. Los israelitas no tocaban las aves de presa ni los buitres. Clasificaban como animal sucio al camello porque era valioso, aunque cuesta más entender por qué prohibían las liebres y los conejos.

Las leyes higiénicas israelitas generalmente se ajustaban a la práctica egipcia. Hay mucho material médico en los escritos mosaicos, y gran parte del mismo proviene de Egipto, que tenía una tradición médica que se remontaba por lo menos a Imhotep, alrededor de 2650 a. C. Cuatro de los papiros médicos egipcios más importantes, incluso en las copias que han llegado a nosotros, fueron anteriores a la época mosaica o contemporáneos de la misma. El empirismo médico a menudo aparecía sancionado en antiguos códigos legales del II milenio a. C.; por ejemplo, en el código de Hammurabi, escrito unos quinientos años antes de Moisés. En cambio, la famosa sección de la Biblia referida a la lepra, que establece el diagnóstico y las obligaciones terapéuticas de una categoría especial de sacerdotes, es original.

Lo que también es original, y ya en tiempos mosaicos tenía una larga historia, es la insistencia israelita en la circuncisión. Esta práctica no era usual entre los cananeos, los filisteos o los asirios y babilonios. Los edomitas, los moabitas y los amonitas la usaban, y también lo hacían los egipcios. Sin embargo, ninguna de estas sociedades atribuía una importancia trascendente a esta costumbre, y uno tiene la impresión de que en general estaba extinguiéndose en el II milenio a. C. Este hecho atestigua la antigüedad de la costumbre israelita, mencionada por primera vez como un acto realizado por Abraham en cuanto parte de su alianza original. El gran estudioso francés Père de Vaux creía que los israelitas la utilizaron en primera instancia como rito de iniciación antes del matrimonio.[101] Para las sociedades antiguas que la aplicaban, ésta era su función, y se practicaba la intervención alrededor de los trece años. Sin embargo, el hijo de Moisés fue circuncidado al nacer por su madre Séfora (Éxodo 4:24-26), y la eliminación ceremonial del prepucio el octavo día después del nacimiento se incorporó después a la legislación mosaica (Levítico 12:3). Así, los israelitas separaron el rito de su vínculo con la pubertad masculina y, en concordancia con su ya acusada tendencia a conferir carácter histórico a la costumbre, convirtieron éste en símbolo indeleble de una alianza histórica y de la pertenencia a un pueblo elegido.[102] Conservaron la tradición, que se remontaba a los tiempos de Abraham, del uso de antiguos cuchillos de pedernal.[103] Se conservó la ley de la circuncisión mucho después de que todas las restantes sociedades primitivas la hubieran abandonado, como signo indeleble de la unidad entre el pueblo y sus creencias. No era sólo, según se burlaba Tácito, para diferenciar a los judíos. Pero, por supuesto, también produjo ese efecto, y fue otro elemento que se agregó a la pauta cada vez más acentuada del antisemitismo.[104]

El *shabbat* fue la otra antigua y gran institución que distinguió a los israelitas de otros pueblos, y también fue la simiente de su futura impopularidad. La idea parece haber derivado de la astronomía babilonia, pero en los Libros del Éxodo y el Deuteronomio aparecen diferentes justificaciones racionales: la conmemoración del descanso de Dios después de la Creación, la liberación de Israel de la esclavitud egipcia y la necesidad humanitaria de conceder cierto descanso a los trabajadores, sobre todo a los esclavos y a las bestias de carga. El día de descanso es una de las grandes contribuciones judías al bienestar y la alegría de la humanidad. No obstante, era un día sagrado tanto como un día de descanso, pues en la mente de la gente se asociaba cada vez más con la creencia en la nación elegida por Dios, de modo que más tarde Ezequiel representó a Dios como el origen de un día destinado a diferenciar a los judíos de otros: «Y les di además mis sábados como señal entre ellos y yo, para que supieran que yo soy Yahvé, que los santifico.»[105] De modo que también esto se convirtió en un elemento de la creencia de otros pueblos de que los judíos se mantenían separados del resto de la humanidad.

Los israelitas ya estaban convirtiéndose en personas muy peculiares, y en ciertos aspectos fundamentales estaban espiritualmente adelantados a su tiempo. Sin embargo, seguían siendo un pueblo primitivo si se juzgaban por las normas de las sociedades avanzadas de 1250 a. C. Incluso en su espiritualidad conservaban muchos elementos atrasados, y así continuaron durante siglos. En efecto, dadas sus tendencias historicistas y legalistas, se inclinaban a formalizar las antiguas supersticiones y se aferraban a ellas. Había muchos tabúes, por ejemplo referidos al sexo, la sangre y el combate.[106] La creencia en la magia era general y estaba institucionalizada. Moisés no sólo hablaba cara a cara con Dios y presidía portentosos milagros, sino que también ejecutaba trucos mágicos. Las varas y los cayados que se convertían en serpientes, el recurso trillado de la magia del Oriente Próximo antiguo, eran parte también de la religión israelita y se vieron santificados a partir de la época de Moisés y Aarón. Por lo menos de los profetas más antiguos se esperaba que representasen estos actos, y así a menudo desplegaban los recursos del mago. Leemos acerca de capas o mantos carismáticos, usados por Elías y heredados por Eliseo. Sedecías se fabricó un par de cuernos mágicos de hierro.[107] Sansón ilustró la creencia de que los cabellos eran una fuente de poder, y este concepto se reflejó en la tonsura ritual.[108] Los profetas eran dados a los estados extáticos, y es posible que recurrieran al incienso y los narcóticos para obtener efectos impresionantes.[109] Es suficiente un libro de la Biblia para confeccionar una lista de actuaciones, que incluyen el truco del imán, el truco del agua, el acto de provocar la enfermedad, su curación, un antídoto contra el veneno, la resucitación, atraer el rayo, acrecentar el contenido de una jarra de aceite y alimentar una multitud.[110]

De todos modos, los israelitas fueron el primer pueblo que aplicó sistemáticamente la razón a los temas religiosos. A partir de la época de Moisés y a lo largo de su historia, el racionalismo fue un factor fundamental de la creencia judía. En cierto sentido, es el factor fundamental, pues el monoteísmo es en sí mismo una racionalización. Si existe un poder sobrenatural y ultraterreno, ¿cómo es posible que, por así decirlo, irradie de los bosques y los arroyos, los ríos y las piedras? Si es posible predecir y medir los movimientos del Sol y la Luna y las estrellas, y por lo tanto obedecer las leyes regulares, ¿cómo pueden ser ellos la fuente de una autoridad no natural, porque también son sin duda parte de la naturaleza? Entonces, ¿de dónde viene el poder? Así como un hombre aprende a ejercerlo sobre la naturaleza, animal e inanimada, ¿el poder divino, *a fortiori*, no debe de ser un poder vivo y personal? Y si Dios vive, ¿cómo es posible que su poder sea arbitrario y esté dividido desigualmente entre los miembros de un panteón de deidades? La idea de un dios limitado es una contradicción. En cuanto el proceso de la razón se aplica a la divinidad, se desprende naturalmente la idea de un solo Dios, omnipotente y personal, que siendo infinitamente superior al hombre por su poder, y por lo tanto su virtud, se ve consecuentemente guiado en sus actos por principios éticos sistemáticos. Al contemplarlo desde la perspectiva del siglo XXI, vemos el judaísmo como la religión más conservadora. Pero en sus orígenes fue la más revolucionaria. El monoteísmo ético inició el proceso en virtud del cual se llegó a la destrucción de la cosmovisión de la Antigüedad.

Aceptado el concepto de un Dios único y omnipotente, los israelitas dedujeron con razón que no podía ser, como era el caso de los dioses paganos, parte del mundo o ni siquiera el todo; no era una de las fuerzas que sostenían el universo, ni siquiera su totalidad. Sus dimensiones eran infinitamente más grandes: el universo entero era simplemente su creación. Así, los israelitas atribuyeron a Dios mucho mayor poder y más distancia que otra religión cualquiera de la Antigüedad. Dios es la causa de todas las cosas, desde los terremotos hasta los desastres políticos y militares. No existe otra fuente de poder, pues los demonios son activados por Dios; la divinidad es indivisible, única, sola. Y como Dios no sólo es más grande que el mundo, sino infinitamente más grande, la idea de representarlo es absurda.[111] Es lógico suponer, entonces, que tratar de hacer una imagen de él es insultante. La prohibición israelita aplicada a las imágenes, aunque no es la parte más antigua de su religión, es muy antigua y se manifestó poco después de afirmarse el culto del monoteísmo. Se convirtió en el fiero símbolo de los fundamentalistas puritanos de la religión, el aspecto que, según comprobaron, era más difícil imponer al conjunto de la nación, la diferencia más obvia y visible entre la religión israelita y todas las restantes, y el dogma que el resto del mundo miraba con más hostilidad, pues significaba que los israelitas estrictos, y más tarde los judíos, no podían honrar a los restantes dioses. Estaba estrechamente vinculada no sólo con el exclusivismo israelita, sino con la agresión, pues se les decía no sólo que desecharan las imágenes, sino que las destruyeran:

Sus altares destruiréis, sus estatuas quebrantaréis y sus árboles de adoración talaréis.

No te postrarás ante otros dioses, porque el Eterno es celoso de su Nombre. Es Dios celoso para que no te alíes con el morador de la tierra (que tomarás), ni te prostituyas tras sus dioses, ni les ofrezcas sacrificios, ni aceptes invitaciones a comer de los sacrificios de ellos, ni tomares sus hijas para tus hijos, pues al prostituirse sus hijas tras sus dioses, harán prostituir a tus hijos tras ellas.

Este pasaje del Éxodo refleja un miedo y un fanatismo terribles.[112]

Además, los israelitas se equivocaban al suponer —si eso creían— que el empleo de imágenes era una forma de infantilismo religioso. La mayoría de las religiones antiguas de Oriente Próximo no creían que los ídolos de madera o piedra o bronce fueran dioses en sí mismos. Consideraban que la imagen era un modo práctico gracias al cual el feligrés común y sencillo puede visualizar a la divinidad y alcanzar con ella una comunión espiritual. Ésa ha sido siempre la justificación católica romana del uso de imágenes, no sólo de Dios, sino de los santos. Al apartarse del paganismo, los israelitas sin duda tenían razón en insistir en una intelectualización más notoria de la deidad, en una traslación hacia lo abstracto que formaba parte de su revolución religiosa. Sin embargo, la intelectualización es difícil, y los propios israelitas no desprecian las ayudas visuales, aunque se trate de imágenes verbales. La Biblia abunda en el antropomorfismo de la deidad.

No es la única contradicción. ¿Cómo es posible que el hombre esté hecho a imagen de Dios, si la imagen de Dios es inimaginable, y por lo tanto está prohibida? Sin embargo, la idea del hombre concebido según la imagen divina es tan fundamental para la religión como la prohibición de los ídolos. En cierto modo, constituye el cimiento de su moral, pues se trata de un principio que lo abarca todo.[113] Como el hombre está hecho a imagen de Dios, pertenece a Dios; el concepto ayuda al hombre a percibir que él no posee una propiedad real y permanente ni siquiera sobre su propia persona, y mucho menos sobre otras cosas cualesquiera que recibe de la generosidad de

Dios. Su cuerpo lo tiene prestado; es responsable ante Dios por lo que le hace y por lo que hace con él. Pero en principio significa también que el cuerpo —el hombre— debe ser tratado con respeto e incluso dignidad. El hombre tiene derechos inalienables. Ciertamente, el código mosaico es un código no sólo de obligaciones y prohibiciones, sino también, en forma embrionaria, de derechos.

Es más: es una declaración primitiva de igualdad. No sólo el hombre, como categoría, ha sido creado a imagen de Dios, sino que todos y cada uno de los hombres han sido creados a imagen de Dios. En este sentido todos son iguales. Y esta igualdad no es conceptual; es real en un sentido que tiene suprema importancia. Todos los israelitas son iguales ante Dios, y por consiguiente iguales ante su ley. La justicia es para todos, al margen de otras desigualdades posibles. Todos los tipos de privilegio están implícitos y explícitos en la ley mosaica, pero en las cuestiones esenciales esa ley no distingue entre las diversas variedades de fieles. Además, todos compartían la aceptación de la alianza; era una decisión popular, incluso democrática.

Así, los israelitas estaban creando un nuevo tipo de sociedad. Josefo la definió más tarde como una teocracia, que «deposita toda la soberanía en manos de Dios».[114] Los sabios habrían de afirmar que «soportaba el yugo del Reino del Cielo».[115] Los israelitas podían tener magistrados de diferentes clases, pero su poder era delegado, pues Dios dictaba la ley e intervenía constantemente para asegurar que se lo obedeciera. El hecho de que Dios gobernase significaba que en la práctica su ley gobernaba. Y como todos estaban igualmente sometidos a la ley, el sistema fue el primero en recoger el doble mérito del imperio de la ley y la igualdad ante la ley. Filón lo denominó «democracia» y afirmó que era «la mejor constitución y la que estaba más sujeta a la ley». Pero por democracia no entendía el gobierno de todo el pueblo, sino que la definía como una forma de gobierno que «honra la igualdad y se somete a la ley y la justicia».[116] Habría sido más exacto calificar al sistema judío de «teocracia democrática», porque en esencia eso era.[117]

Por lo tanto, en la época de Moisés los israelitas estaban fortaleciendo y confirmando una tendencia que, como ya señalamos, venía a subvertir el orden vigente. Era un pueblo servil que se alzaba contra su amo egipcio, la monarquía más antigua y autocrática del mundo. Huían al desierto y recibían sus leyes en una asamblea popular masiva, no en una ciudad creada hacía mucho tiempo, sino en la ladera desnuda de la montaña, de labios de un jefe salvaje que ni siquiera se autodenominaba rey. No sabemos dónde estaba el monte Sinaí de Moisés. Es posible que fuera un volcán todavía activo. El actual monasterio del Sinaí fue siempre un lugar cristiano; se remonta con seguridad al cuarto siglo de nuestra era, quizás incluso al segundo. Pero eso fue mil cuatrocientos cincuenta años después de que Moisés descendiera de la montaña. Es probable que, después de que los israelitas se asentaron en Canaán, el Sinaí mosaico continuara siendo durante generaciones un lugar de peregrinación. No obstante, la tradición se interrumpió con el tiempo, y el lugar no quedó registrado en la memoria, y es muy improbable que los primeros cristianos fuesen al verdadero sitio. De todos modos, este dramático lugar, con su fiera y terrible belleza, posee espíritu poético. Es el marco apropiado para el acto formativo de un pueblo revolucionario que no reconocía las ciudades, el poder ni la riqueza contemporáneos, y que podía percibir la existencia de un orden moral superior al orden mundano. Más tarde, en un fragmento dramático, el Deutero-Isaías expresaría la exaltación judía de la ausencia de poder en la persona del servidor doliente del Señor, el cual al final se impone victorioso; y aún después, un sectario judío, san Pablo, preguntaría: «¿Acaso no entonteció Dios la sabiduría del mundo?», y citaría las Escrituras: «Porque dice la Escritura: "Destruiré la sabiduría de los sabios, e inutilizaré la inteligencia de los inteligentes."»[118] Pero la primavera de esta tradición se inauguró en el Sinaí.[119]

A pesar de que, con su larga experiencia de extranjeros y viajeros, el éxodo de Egipto y sus vagabundeos por el país desértico y la región montañosa del Sinaí no eran nada nuevo para los israelitas, este episodio, que abarcó quizá medio siglo, tendió a confirmar su circularidad, su antinomianismo, su separación. Es extraño, como destacó el historiador judío Salo Baron, que el Dios a quien veneraban, pese a su revelación en el monte Sinaí, siguiera siendo portátil, como en los tiempos de Abraham: moraba en el Arca, una especie de perrera amplia y trabajada, o estaba presente en el tabernáculo, o actuaba mediante los adivinadores Urim y Tummin.[120] Este núcleo móvil se mantuvo incluso durante el periodo del Templo, y la idea de que Dios carece de morada fija no tardó en recuperarse después de la caída del Templo y ha prevalecido desde entonces en el judaísmo. Se trata de una idea que armoniza con el concepto judío del Dios universal y ubicuo, pero invisible, y refleja también una extraordinaria adaptabilidad del pueblo, una gran destreza para arraigar rápidamente, desarraigarse y establecerse de nuevo en otro lugar, una admirable tenacidad de propósito al margen del ambiente. Como ha dicho Baron: «El poder religioso y étnico de la perseverancia, más que el poder político de la expansión y la conquista, se convirtió en la piedra angular de la creencia y la práctica judías.»[121]

De todos modos, debe subrayarse nuevamente que los israelitas, aunque inclinados a la movilidad, no eran nómadas del desierto, ni por origen ni por inclinación. Ni siquiera sus travesías por el Sinaí fueron realmente nómadas. La parte principal de las narraciones del Éxodo, que abarcan unos treinta y siete años, se centran en la conquista de Qadesh: un lugar rico y con buena provisión de agua, que fue arrebatado a los amalecitas allí asentados. Si bien otros asentamientos mencionados en el Éxodo han sido identificados provisionalmente, establecer en el mapa estos movimientos es un trabajo entretenido, pero que a lo sumo puede aportar conjeturas.[122] Una teoría interesante es que la tribu levita, a la cual pertenecía el propio Moisés y que pronto reclamó el derecho exclusivo al sacerdocio, fue la primera que se instaló en Qadesh, y allí desarrolló la nueva religión. Las otras tribus ya estaban en Canaán. La última que se abrió paso hacia la Tierra Prometida fue la tribu de José, proveniente de Egipto, y los levitas de Qadesh, que habían sido reformados por Moisés como instrumento consagrado al culto ferviente de Yahvé. Bajo este impulso dinámico, nació la nueva sociedad israelita, cuyo catalizador fue la religión.[123] Es plausible, pero indemostrable.

Con la entrada en Canaán y su conquista, el esquema de los hechos históricos comienza a aclararse, y se acrecienta paulatinamente el caudal de pruebas arqueológicas que confirman o iluminan los relatos bíblicos. El Libro de Josué, llamado así por el primer gran comandante militar de los israelitas, ahora puede ser considerado esencialmente como una narración histórica, aunque con importantes salvedades. Josué, hijo de Nun, de la tribu de Efraím, era el lugarteniente de Moisés, y fue su guardaespaldas en el Sinaí y el comandante de la guardia de la tienda. Afirmó su reputación militar durante la travesía del desierto en un encarnizado encuentro que se libró en Refidim con un grupo mandado por el jeque Amalec. Moisés ordenó a Josué salir a combatir contra Amalec, mientras él mismo estaba «en la cima del monte, con el cayado de Dios en mi mano». Aarón y Jur sostenían las manos del anciano profeta para alentar a los guerreros, «y así resistieron sus manos hasta la puesta del sol. Josué derrotó a Amalec y a su pueblo a filo de espada».[124] Poco antes de su muerte, Moisés transfirió la jefatura a Josué y «lo puso sobre la congregación» en una solemne ceremonia pública. De este modo, se convirtió en profeta además de general: «Josué, hijo de Nun, estaba lleno del espíritu de sabiduría, porque Moisés le había impuesto las manos.»[125]

Así, Josué inició y en medida considerable coronó la conquista de Canaán. Quizá no mandó a todos los israelitas, por lo menos al principio. Tampoco dirigió una invasión a gran escala. Gran parte de la ocupación fue un proceso de infiltración o refuerzo de tribus aliadas que, como hemos visto, ya ocupaban ciudades como Siquem. Pero hubo muchas escaramuzas y varios asedios espectaculares. Los cananeos tenían una civilización material superior a la de los israelitas y seguramente poseían armas mucho mejores, además de ciudades de piedra fuertemente protegidas. Hay una atmósfera de desesperación en la conquista de los israelitas, y eso ayuda a explicar por qué se mostraban tan crueles cuando ocupaban una ciudad.

El primer lugar ocupado, después de cruzar el Jordán, fue Jericó, una de las ciudades más antiguas del mundo. Las excavaciones de Kathleen Kenyon y la determinación de la antigüedad mediante la prueba del carbono demuestran que se remonta al VII milenio a. C. Tenía enormes muros durante la Edad del Bronce Antiguo y Medio, y la fuerza de sus defensas originó uno de los pasajes más vívidos de la Biblia. El profeta-general Josué ordenó que los sacerdotes pasearan el Arca en torno a la ciudad, con sus trompeteros de cuerno de carnero, seis días consecutivos; y al séptimo, cuando «los sacerdotes tocaron la trompeta», ordenó a todo el pueblo: «Lanzad el grito de guerra, porque Yahvé os ha entregado la ciudad.» Entonces, «el pueblo prorrumpió en un gran clamor, y el muro se vino abajo» y la gente entró en la ciudad.[126] A causa de la erosión, las investigaciones de Kenyon no consiguieron aclarar de qué modo cayeron los muros; ella cree que puede haber sido un terremoto, atribuido por los israelitas a la intervención divina. La narración bíblica dice: «Y destruyeron totalmente cuanto había en la ciudad, hombre y mujer, joven y viejo, y buey y oveja y asno, con el filo de la espada.» Kenyon descubrió que, en efecto, la ciudad fue quemada por esta época, y que además no volvió a ser ocupada hasta mucho tiempo más tarde, lo que coincide con la decisión de Josué de que nadie la reconstruyera, y con su amenaza: «Maldito sea delante de Yahvé el hombre que se levante y reconstruya esta ciudad de Jericó.»[127]

Josué no tomaba por asalto una ciudad si podía evitarlo. Prefería negociar una rendición o mejor aún una alianza y un asentamiento pacífico. Eso fue lo que sucedió, por ejemplo, en Gabaón. Pero descubrió que los habitantes lo habían engañado acerca de los términos del acuerdo, y aunque él los salvó de la venganza israelita, «los puso como leñadores y aguadores de la comunidad».[128] Gabaón, dice la Biblia, fue una «ciudad grande, como una ciudad real». Su lugar exacto finalmente fue aclarado después de la Segunda Guerra Mundial por el arqueólogo estadounidense James Pritchard. Hay por lo menos cuarenta y cinco referencias a Gabaón en la Biblia, y Pritchard logró confirmar muchas de ellas. Fue el centro de una fértil región productora de lino, y la ciudad tenía bodegas subterráneas para almacenar vino en recipientes de cuarenta litros. Sobre las asas de por lo menos veinticinco de ellos Pritchard encontró las letras *gb'n*: Gabaón.[129] La pérdida de la ciudad fue considerada tan importante que cinco reyes de ciudades amorreas trataron de recuperarla. Josué acudió en su auxilio desde Guilgal, «con toda la gente de guerra y todos los guerreros valientes» —a la sazón contaba con un pequeño ejército regular—, y derrotó a los amorreos en una dura batalla librada durante una tormenta de granizo: «Y fueron más los que murieron por las piedras que los que sucumbieron por la espada de los hijos de Israel.» Siguió una escena dramática, según la versión de la Biblia. Josué necesitaba la luz diurna para completar la destrucción del ejército amorreo, de modo que rogó al Señor que mejorase el tiempo: «"Sol, detente en Gabaón, y tú, Luna, en el valle de Ayyalón." Y el Sol se detuvo, y la Luna se quedó donde estaba, hasta que la nación se hubo vengado de sus enemigos.»[130]

Después, Josué obtuvo una victoria todavía más importante sobre Yabín, rey de Jatsor, que había intentado crear una coalición en la región septentrional de Canaán para impedir el paso de los intrusos israelitas. Reunió un enorme ejército, «mucha gente, tanto como la arena que está en la playa del mar», y el Señor le ordenó quemar con fuego sus carros. Después, Josué «se volvió y tomó Jatsor, e hirió a su rey con la espada [...]. E hirieron a todas las almas que estaban allí a filo de espada, con destrucción total. No quedó nadie que respirara; y quemó Jatsor con fuego».[131] Jatsor fue minuciosamente excavada por el arqueólogo-general israelí Yigael Yadín, quien entre 1955 y 1959 encontró una enorme y espléndida ciudad, con un sector inferior de ochenta hectáreas y una ciudadela de doce hectáreas, donde probablemente residían más de cincuenta mil personas. Había sólidas puertas y paredes macizas. También aquí la prueba del incendio y la destrucción durante el siglo XIII a. C., el periodo de la conquista israelita, concuerda por completo con la relación bíblica. Entre los restos, Yadín halló una estela religiosa, mutilada intencionalmente, del dios-luna Baal Hamman, con las manos alzadas que simbolizaban a su esposa Tanit; de modo que es evidente que los hombres de Josué atendieron a la exhortación de «derribar sus altares».[132]

A pesar de las espectaculares victorias de Josué, la conquista de Canaán en modo alguno había concluido a la hora de su muerte. La consolidación de los asentamientos israelitas, la conquista de las ciudades restantes y la ocupación definitiva de la costa llevó más de dos siglos, de 1200 a 1000 a. C., y no se cumplió hasta el nacimiento del reino unificado de Israel, al fin del milenio. Las diferentes tribus israelitas actuaban de forma independiente unas de otras, y a veces luchaban entre sí. Tenían diferentes enemigos: los enclaves cananeos, las tribus beduinas que incursionaban, la nueva amenaza de los filisteos que presionaban desde la costa. También tenían que asumir las responsabilidades que antes atendían los cananeos a quienes habían derrotado, restaurar las ciudades y trabajar la tierra. En el Libro de Josué, Dios les dice: «Os he dado una tierra que no os ha costado fatiga, unas ciudades que no habéis construido, y en las que sin embargo habitáis, viñas y olivares que no habéis plantado y de los que os alimentáis.»[133] Las excavaciones confirman sobradamente que los israelitas eran muy inferiores a sus predecesores cananeos por lo que respecta a la tecnología civil, y sobre todo a la construcción y la alfarería.[134] Los hijos de Israel tenían mucho que aprender.

Además Palestina, aunque es un país pequeño, tiene un paisaje muy variado y está dividido en cuarenta unidades geográficas y climáticas distintas.[135] Este hecho contribuye a conferir a la región su fascinación y su belleza extraordinarias, pero también tendía a perpetuar las divisiones tribales y estorbar la unidad. La firmemente arraigada tradición israelita de igualdad, discusión comunitaria, polémica y argumentación agrias los hacía hostiles a la idea de un Estado centralizado, que debía imponer elevados impuestos para costear un ejército permanente de profesionales. Preferían las levas tribales, que implicaban servir sin pago. El Libro de los Jueces, que abarca los dos primeros siglos de la ocupación, suscita la impresión de que los israelitas tenían más liderazgo de lo que de hecho estaban dispuestos a tolerar. Los «jueces» no eran gobernantes nacionales, que se sucedían en el poder. Normalmente dirigían sólo una tribu cada uno, y es posible que algunos fuesen contemporáneos. Así, cada coalición militar tenía que ser negociada *ad hoc*. En palabras de Baraq, el jefe de los Quedesh de Neftalí, a Débora, la guerrera-profetisa: «Si vienes tú conmigo, voy. Pero si no vienes conmigo, no voy.»[136] El Libro de los Jueces, aunque es sin duda un documento histórico, y un material colmado de fascinante información acerca de Canaán en la Edad del Bronce Tardío, está adornado por material y fantasías míticas y expuesto de un modo confuso, de manera que resulta difícil establecer una historia consecutiva del periodo.

Puede que esto no importe mucho, pues lo que el Libro de los Jueces sí expresa es mucho más importante. En primer lugar, ilumina el carácter esencialmente democrático y meritocrático de la sociedad israelita. Se trata de un libro de héroes carismáticos, la mayoría de origen humilde, que ascienden gracias a su propia energía y a sus cualidades, que se destacan por obra del favor y la voluntad divinos. Así, cuando Eglón, rey de Moab, el jeque del oasis que «tomó la ciudad de las Palmeras», oprimió a los benjaminitas, «el Eterno les envió un salvador» en la forma de Ehud, «hombre zurdo», lo cual siempre suponía una grave desventaja en esos tiempos, sobre todo en un hombre pobre. Ehud era demasiado humilde para tener un arma. De modo que «hizo un puñal de dos filos, de un codo de largo, se lo ciñó debajo de la ropa [...] y presentó el tributo a Eglón». Eglón era un «hombre muy grueso», que estaba «sentado en su cámara alta de verano». Ehud extrajo su arma de fabricación casera, la hundió en el vientre del rey «y la grasa se cerró sobre la hoja, pues Ehud no le sacó el puñal del vientre». Este asesinato político exitoso, ejecutado con mucha audacia y gran habilidad, convirtió a Ehud en comandante local, que después consiguió someter a Moab: «Y el país quedó tranquilo ochenta años.»[137]

No sólo los hombres pobres y zurdos, sino incluso las mujeres se elevaron al plano del heroísmo y, por lo tanto, al mando. Débora, otra figura de la región de los oasis, era una áspera mística religiosa, que profetizaba y cantaba. «Se sentaba bajo la palmera» y la gente del lugar acudía a ella «en busca de justicia». Esta mujer extraordinaria casó con un tal Lappidot (aunque nada sabemos de él), organizó una coalición militar contra Yabín, uno de los principales reyes de Canaán, y destruyó su ejército. Como si esto no hubiese sido suficiente, el derrotado general cananeo Sísara se refugió en la tienda de Yael, una israelita todavía más feroz, «esposa de Jéber el cainita». Yael le ofreció un lecho, esperó a que se durmiera y después arrancó una clavija de la tienda, «tomó el martillo en su mano, se le acercó callando y le hincó la clavija en la sien hasta clavarla en la tierra».[138] Tras lo cual, Débora, con el canturreo especial que era la marca del profeta, entonó un himno de victoria, un poema salvaje y bello que exalta este terrible y traicionero acto de violencia.

Y también Jefté, el más bajo de todos, hijo de una prostituta, que fue expulsado de la casa de su padre, cuando aún era pequeño, por los hermanos mayores, a causa del oficio de su madre. Jefté no tuvo más alternativa que vivir en las tierras bajas y formar una banda: «Se le juntó una banda de gente miserable, que hacía correrías con él.»[139] Cuando los amonitas atacaron, este jefe de bandidos, en una inversión del orden natural que estaba convirtiéndose en episodio típico de la historia israelita, fue buscado por los hombres eminentes de la jerarquía israelita local, que le pidieron que se convirtiese en su jefe militar. Aceptó, con la condición de que continuaría siendo el jefe también en tiempos de paz. Después de un sorprendente intento de negociar un acuerdo pacífico —los relatos del Libro de los Jueces nunca carecen de sesgos desusados, y este pasaje contiene un panorama fascinante de los procedimientos diplomáticos y religiosos de la época—, Jefté prestó un gran juramento al Señor para solicitar su ayuda. Después de recibirla, derrotó en batalla al enemigo y tomó veinte ciudades y «los amonitas fueron humillados». Pero los términos de su juramento le imponían sacrificar al Señor a quien saliera de su casa para recibirlo cuando retornara al hogar, y resultó ser su único descendiente, su hija, que «salía a su encuentro al son de las panderetas». Así, en esta extraña y horrible historia, Jefté se siente obligado a cumplir su voto y sacrificar a su hija, quien acepta sumisamente su suerte y pide sólo un plazo de dos meses «para ir a vagar por las montañas y llorar con mis compañeras mi virginidad».[140] Ni siquiera conocemos el nombre de esta inocente y trágica criatura.

Los más extraños son los tres capítulos del Libro de los Jueces que describen el ascenso, la caída y la muerte de mártir de Sansón. Era otro miembro bajo de la sociedad, un nazareno, de cabellos desordenados y largos, consagrado, de un modo que hasta ahora no se ha aclarado, al servicio divino. Es indudable que Sansón, a pesar de los elementos míticos de la narración, que lo convierte en un Hércules israelita, es una persona real, una extraña mezcla de delincuente juvenil y héroe, un hombre fuerte y medio estúpido, con una veta paranoica de violencia, cierto amor al vandalismo y al incendio intencionado, y también cierto gusto por las orgías de baja estofa y las mujeres perversas. Es el ejemplo más destacado de la idea de que el Libro de los Jueces expresa una y otra vez, a saber, que el Señor y la sociedad a menudo utilizan los servicios de tipos semicriminales, proscritos e inadaptados, que gracias a sus hazañas se convierten en héroes populares, y después, con el tiempo, en héroes religiosos. Israel era, por su naturaleza religiosa, una sociedad puritana, pero es notable con cuánta frecuencia el Señor se vuelve hacia los pecadores o responde generosamente cuando éstos se vuelven hacia él. Así, Sansón, caído en desgracia, cegado y con grilletes de bronce, clama al Señor: «Oh Dios Eterno, acuérdate de mí, te lo ruego, hazme fuerte sólo una vez más, oh Dios, para que por esta sola vez pueda vengarme de los filisteos por mis dos ojos.»[141] Parece que Dios respondió, aunque la Biblia en realidad no lo afirma. Algunas de las hazañas de Sansón son los datos menos plausibles anotados en el Libro de los Jueces, pero el trasfondo del relato es auténtico. La presión que los filisteos ejercían desde la costa estaba comenzando a notarse, pero no había guerra entre ellos y los israelitas, y Sansón no encabezaba un ejército. Por el contrario: hay contactos y comercio constantes, incluso matrimonios mixtos, como atestiguan los datos arqueológicos, por ejemplo los objetos filisteos hallados en la ciudad israelita de Betshán.[142] Las maravillas de los Jueces siempre se apoyan en un sustrato de verdad.

Esto trae a colación el segundo punto acerca del periodo. Los israelitas estaban ampliando los dones imaginativos que ya hemos observado, y, visto desde esta perspectiva, el Libro de los Jueces es una de las mayores recopilaciones de relatos breves en todo el universo de la literatura mundial. Hay una unidad temática subyacente, pero una sorprendente diversidad de incidentes. La economía de medios es admirable. En una frase o dos se delinean caracteres vivaces y se diría que emergen de la página; un detalle ingeniosamente elegido infunde vida al ambiente; la narración es rápida y hábil.

Hay también un rasgo de la Biblia que advertimos aquí por primera vez: el detalle superfluo pero inolvidable. Así, en el capítulo 12 se nos dice que obligaban a los efraimitas que huían y eran apresados durante el paso del Jordán a decir la palabra *shibbólet* [espiga], porque los galaaditas sabían que no podían pronunciar la *sh* sibilante; de modo que cuando decían *sibbólet*, eran identificados y degollados.[143] El detalle carece absolutamente de importancia para el relato, pero impresionó tan intensamente al narrador —como nos impresiona a nosotros mismos— que no pudo dejar de incluirlo. Hallamos nuevamente este instinto en la historia del joven

David, en el primer Libro de Samuel, cuando comparece ante el rey Aquís de Gat fingiendo locura, de modo que «arañaba las puertas de la entrada y dejaba que la saliva le corriese sobre la barba», lo cual indujo a Aquís a hacer este furioso comentario: «¿Me faltan acaso locos, que me habéis traído a éste para que haga el loco en mi presencia?»[144] O también, podemos señalar que el brillante escritor responsable del Segundo Libro de Samuel considera que tiene que ofrecernos algunos detalles fascinantes acerca de Benaya, oficial de Salomón e hijo de Joiada, «hijo de un valiente de Cabzel, que había hecho proezas notables, hirió a dos gigantes de Moab. También bajó y mató a un león en el medio de un pozo en época de nieve; y mató a un egipcio, hombre de mucha fuerza que tenía una lanza en la mano, pero él bajó a su encuentro con un palo, le arrancó la lanza al egipcio y lo mató con ella».[145]

Este instinto no era sólo ni principalmente literario: era histórico. La intensidad del amor israelita por el pasado llenaba sus narraciones de información pintoresca, incluso cuando el propósito didáctico era confuso o inexistente. Los relatos contenidos en el Libro de los Jueces y en Samuel no son sólo narraciones breves, son historia. Ciertamente, en los libros de Samuel comienzan a ser gran historia. En la literatura judeoisraelita de este periodo no se observa la falta de propósitos del mito y la crónica paganos. La narración se desarrolla con una intención muy ostensible, la de relatar la historia, al mismo tiempo edificante y amenazadora, de la relación de un pueblo con Dios, y como el propósito es tan serio, la historia debe ser exacta, es decir, en su fuero interno el escritor debe creer en ella. De modo que es historia, y como se refiere a la evolución de las instituciones, así como a la guerra y la conquista, a nuestros ojos es una historia particularmente instructiva.

Ciertamente, el Libro de los Jueces, aunque ingenuo en algunos aspectos, en otros es un ensayo acerca del desarrollo constitucional, pues muestra cómo los israelitas se vieron obligados por la dura realidad a modificar su teocracia democrática, hasta el punto de crear una monarquía limitada. Al principio del libro, en los capítulos 6-8, nos relata la historia de Gedeón, otro hombre pobre y de baja extracción que «estaba majando trigo» y fue formado por Dios para ser un «valiente guerrero». Gedeón fue inicialmente un comandante de poca categoría, con apenas trescientos hombres, pero el éxito que alcanzó fue tan grande que, por primera vez en la historia de Israel, se le ofreció el trono hereditario: «Los hombres de Israel dijeron a Gedeón: "Reina sobre nosotros tú, y tu hijo, y también el hijo de tu hijo, porque nos has librado de la mano de Midián."» Gedeón replicó: «No seré yo el que reine sobre vosotros ni mi hijo; el Eterno será vuestro rey.» Este hombre bueno y humilde, al rechazar la corona, estaba subrayando que Israel todavía era una teocracia.

Incluso así, algunos historiadores creen que la casa de Gedeón de todos modos se habría convertido en la estirpe real de Israel si Abimelec, hijo de Gedeón, no se hubiese convertido en un monstruo y cometido uno de los crímenes más desconcertantes de toda la Biblia, con la masacre de setenta de los hijos varones de su padre.[146] Así se vio excluida la trágica casa de Gedeón, pero gran parte del resto del Libro de los Jueces revela por implicación el carácter insatisfactorio del sistema tribal desunido, con la repetida moraleja: «En aquel tiempo no había rey en Israel y hacía cada uno lo que le parecía bien.» La historia de Jefté concluye en un breve y violento episodio de la guerra civil israelita. Los tres últimos capítulos del libro narran el atroz rapto y asesinato de la concubina del levita en la ciudad benjaminita de Guibeá, un episodio que conduce a una disputa desesperadamente cruel entre los benjaminitas y las restantes tribus, una especie de guerra de Troya en miniatura. Y entretanto, mientras las tribus de Israel luchaban entre ellas, la amenaza filistea se incrementaba. El modo de exposición de los hechos puede ser, como sostienen algunos estudiosos, propaganda monárquica ex *post facto*, pero los hechos mismos eran bastante claros. Un enemigo exterior promovió la unión de las tribus, e Israel adoptó un sistema de mando centralizado para afrontar la guerra, porque no tenía alternativa.

Los filisteos eran un antagonista mucho más formidable que los cananeos indígenas, a quienes los israelitas estaban desposeyendo o convirtiendo en ilotas. Ciertamente, en la Biblia hay repetidos indicios de que los israelitas abrigaban sentimientos de culpa por la ocupación de la tierra de los cananeos,[147] un extraño presagio de los remordimientos israelíes hacia los árabes palestinos desterrados a fines del siglo XX. Los israelitas, sin embargo, disimulaban sus remordimientos, en la creencia de que la conquista era un acto piadoso, porque «sólo por la perversidad de estas naciones las desaloja el Eterno tu Dios ante ti».[148] En cambio, los filisteos eran agresores ellos mismos; no había lugar a dudas. Eran parte de la raza más agresiva de la Edad del Bronce Tardío, los llamados pueblos del mar, que destruyeron lo que quedaba de la civilización minoica en Creta y estuvieron a un paso de apoderarse de Egipto. Cuando Rameses III, el gran faraón de la Decimonovena Dinastía, los expulsó de la región del Nilo —en las batallas descritas con grandiosos perfiles en Karnak—, estos *pulesti* viraron hacia el noreste y se asentaron sobre la costa que todavía lleva su nombre: Palestina. Las cinco grandes ciudades que construyeron allí —Ascalón, Asdod, Ecrón, Gat y Gaza— no han sido excavadas sistemáticamente, y aunque todavía queda mucho por aprender acerca de su cultura no cabe duda de que eran un pueblo guerrero. Ya contaban con armas de hierro y estaban organizados con firme disciplina bajo el mando de una aristocracia feudal-militar. Alrededor de 1050 a. C., después de exterminar a los cananeos de la costa, comenzaron un movimiento a gran escala contra la región montañosa interior, a la sazón ocupada principalmente por israelitas. Al parecer, conquistaron la mayor parte de Judá, en el sur, pero no ocuparon territorios al este del Jordán ni en la Galilea septentrional. La tribu de Benjamín fue la principal perjudicada y encabezó la resistencia.[149]

El periodo que comienza con la campaña nacional contra los filisteos aporta una documentación excepcionalmente amplia. Por esta época los israelitas ya habían adquirido la pasión por escribir historia. La mayor parte de este material ha desaparecido definitivamente. El Libro de los Jueces contiene tentadoras referencias a las crónicas perdidas, y menciona el Libro de las crónicas de los reyes de Israel, los Libros de las crónicas de los reyes de Judá, el Libro de los hechos de Salomón y muchas otras obras. Pero los que sobreviven, sobre todo los dos libros de Samuel y los dos libros de los Reyes, son historia a gran escala y se cuentan entre las obras más importantes de toda la Antigüedad. En ciertos pasajes incorporan materiales de los archivos reales, por ejemplo las listas de los funcionarios oficiales y de los gobernadores provinciales, e incluso los menús de las cocinas reales.[150] A partir de esta época podemos establecer sincronismos entre las listas de reyes incluidas en la Biblia y las fuentes no bíblicas, por ejemplo los cánones faraónicos egipcios y los *limmu* o listas de epónimos asirios. De este modo, podemos fijar fechas exactas. En el periodo monárquico temprano, el margen de error puede ser de aproximadamente diez años, pero después disponemos de fechas casi exactas. Así, podemos tener la casi total certeza de que Saúl fue muerto alrededor de 1005 a. C., de que David reinó hasta aproximadamente 966, y de que Salomón murió en 926 o 925 a. C.

Las relaciones bíblicas también nos proporcionan retratos sorprendentemente vívidos de los principales protagonistas del drama nacional, retratos que rivalizan e incluso superan a los que hallamos en los mejores historiadores griegos más de medio milenio después. Estos personajes se encuentran firmemente situados en un medio ético consecuente. Sin embargo, en estas moralidades históricas no se trata sólo del bien y el mal; hallamos todos los matices de la conducta, y sobre todo patetismo, una tristeza intensa, el amor humano en toda su complejidad, sentimientos que nunca antes el hombre había expresado verbalmente. También existe cierta veneración por las instituciones abstractas, un sentido de las decisiones nacionales y cuestiones de carácter constitucional.

Lo que se desprende de la crónica es que si bien los israelitas se inclinaron por la monarquía, respondiendo a la amenaza de destrucción por parte del poder filisteo, lo hicieron de muy mala gana, y por medio de una institución anterior: la de los profetas. Abraham había sido profeta; Moisés fue el más grande de los profetas. Era el oficio más antiguo que tenían los israelitas, y a sus ojos era esencial, pues en una teocracia como la que habían organizado el medio que Dios utiliza para difundir sus mandatos, el profeta, ocupaba un lugar fundamental en la sociedad. Los orígenes de la palabra, *nabhi*, son oscuros; puede haber significado «aquel que recibe la llamada» o «aquel que farfulla». Un texto importante de Samuel dice: «Aquel a quien ahora se denomina *nabhi*, antes recibía el nombre de *roé* [vidente].» Ciertamente, se juzgaba a los profetas de acuerdo con su capacidad de predicción. Hombres así aparecían por doquier en el Oriente Próximo antiguo. Una de las grandes vetas de la historia antigua egipcia, desde el principio del III milenio en adelante, es el papel de los oráculos y las profecías. De Egipto pasó a los fenicios, y por consiguiente a los griegos. De acuerdo con el Fedro de *Platón*, el razonamiento humano no era necesario en la profecía, pues el hombre poseído por un dios era un simple agente: se decía que su estado era de «entusiasmo» o divina locura. Los profetas israelitas también actuaban como médiums. En estado de trance o frenesí describían sus visiones divinas en un canturreo, a veces un alarido. La música podía inducir esos estados. Samuel describe el proceso: «tropezarás con un grupo de profetas que bajan del alto con un salterio, y un tímpano, y una flauta y una arpa, y estarán profetizando».[151] También Eliseo reclamaba música: «"Traedme, pues, un tañedor." Y sucedió que mientras tocaba el tañedor, vino sobre él la mano del Eterno.»[152] Pero los profetas también usaban y a veces abusaban del incienso, los narcóticos y el alcohol, como señala Isaías: «Sacerdotes y profetas desatinan por el licor, se ahogan en vino, divagan por causa del licor, desatinan en sus visiones, titubean en sus decisiones.»[153]

En la sociedad israelita el profeta era mucho más que un hombre que se entregaba al éxtasis y trataba de pronosticar el futuro. El profeta cumplía toda suerte de funciones espirituales. Eran jueces religiosos, como Moisés y Débora. Organizaron colegios anexos a los santuarios, como el de Silo, donde el pequeño Samuel fue depositado por su madre Ana. Allí estaba al servicio del Señor, «ataviado con efod de lino», de hecho, exactamente como un sacerdote. «Su madre le hacía un pequeño manto y se lo traía todos los años, cuando subía con su marido para ofrecer el sacrificio anual.»[154] Así, en muchos santuarios los sacerdotes y las corporaciones de profetas trabajaban unos al lado de otros, y no siempre se suscitaban conflictos entre ellos. Casi desde el principio, los profetas atribuyeron más importancia al contenido que a las formas de la religión, y así inauguraron uno de los grandes temas de la historia judía, e incluso del mundo. Como dijo el propio Samuel: «Mejor es obedecer que sacrificar, mejor la docilidad que la grasa de los carneros.»[155] Defendían los elementos puritanos y fundamentalistas de la religión, en contraposición a las ceremonias vacías y los interminables sacrificios de los sacerdotes. Pero así como los sacerdotes tendían a caer en la religión mecánica, los profetas podían derivar hacia el sectarismo. En efecto, tanto Samuel como Sansón pertenecían a la secta de los nazarenos, hombres de aspecto agreste, que no se cortaban los cabellos y vestían escasas ropas. En ocasiones estas sectas evolucionaban hacia la herejía o incluso hacia una religión completamente nueva. Los nazarenos tenían muchas cosas en común con los sumamente rigurosos y feroces recabitas, que masacraban a los apóstatas siempre que se les presentaba la oportunidad. Ambas sectas representaban a los monoteístas e iconoclastas más extremos y tendían a caer en la vida seminómada en las proximidades del desierto, un lugar sin rasgos distintivos que facilitaba el monoteísmo riguroso. En este escenario nació el islam, la más importante de todas las herejías judías de carácter sectario.[156]

Por lo tanto, había multitudes de profetas, muchos falsos, como la Biblia destaca a menudo. Para influir, un profeta tenía que evitar los extremos del sectarismo y mantener el contacto con la corriente principal de la vida israelita. Su función más importante era actuar como intermediario entre Dios y la gente, y para lograrlo tenía que mezclarse con las masas. Al alcanzar la edad adulta, Samuel recorrió el país entero actuando como juez.[157] Cuando las poderosas fuerzas filisteas atacaron el corazón de los asentamientos israelitas y les infligieron humillantes derrotas —e incluso llegaron a capturar el Arca misma y (según parece) a destruir el santuario de Silo—, el pueblo se volvió hacia Samuel de forma natural, y él representó el papel protagonista en la decisión de si los israelitas, en su desesperación, debían optar por la monarquía, y en cómo tenían que hacerlo.

El Primer Libro de Samuel nos ofrece sugerentes imágenes de los ansiosos debates constitucionales mantenidos en relación con este asunto. Había un candidato obvio: Saúl, capitán de la guerrilla benjaminita y ejemplo arquetípico de los líderes israelitas carismáticos que surgen de la nada, movidos por su propia energía y el favor divino. Sin embargo, Saúl era del sur y carecía de las cualidades diplomáticas necesarias para ganarse a la gente del norte, cuyo apoyo total nunca consiguió. Su carácter triste y taciturno aparece descrito con brillantez en la Biblia: era un bandido-potentado oriental imprevisible, que oscilaba entre la generosidad súbita y la cólera irrefrenable, quizás un maníaco depresivo, siempre valeroso e inteligente, pero a menudo al borde de la locura y a veces sobrepasando ese límite. A Samuel no le faltaban motivos para vacilar ante la perspectiva de ungir a este hombre. También recordó al pueblo que nunca habían tenido rey —una de las funciones de los profetas era dar sermones populares acerca de temas históricos— y que, siendo una teocracia, que Israel decidiese gobernarse con un rey implicaba rechazar el gobierno de Dios, lo cual, por tanto, era pecaminoso.[158] «Samuel dictó al pueblo el fuero real y lo puso por escrito, depositándolo delante del Eterno», es decir, lo depositó en un santuario.[159] Estaba dispuesto a ungir a Saúl como líder carismático o *naguid*, vertiendo aceite sobre su cabeza, pero vaciló ante la idea de convertirlo en *melek* o rey hereditario, lo cual conllevaba el derecho de ordenar la leva tribal.[160] Previno al pueblo de todas las desventajas de la monarquía: los ejércitos profesionales, los impuestos punitivos, el trabajo forzado. Al parecer, cambió de opinión varias veces acerca de las atribuciones exactas que se conferirían a Saúl. Pero en definitiva las primeras victorias de Saúl y su impresionante apariencia —era excepcionalmente alto y apuesto— hicieron que la voluntad popular fuese irresistible, y Samuel la acató de mala gana, invocando la guía divina: «Pero el Eterno dijo a Samuel: "Hazles caso y ponles un rey."»[161]

Este primer experimento constitucional con la monarquía acabó en desastre. Un año después de la coronación de Saúl, el gran ejército filisteo entró por la llanura de Esdrelón y destruyó al nuevo ejército real en el monte Guilboa; Saúl y su hijo Jonatán fueron muertos. Quedó en evidencia que Saúl carecía del temperamento necesario para unificar a su país, aunque la verdadera razón de su fracaso fue la falta del apoyo militar necesario. Saúl no era más que un jefe de la resistencia en pequeña escala, y aunque en su condición de rey comenzó a reclutar un ejército mercenario, sin duda la tarea de dirigir grandes fuerzas regulares sobrepasaba sus cualidades. Pero incluso antes del último desastre Saúl había perdido el apoyo del clero y la confianza de Samuel. En el capítulo 15 del Primer Libro de Samuel hay una vívida y desgarradora escena en que el viejo profeta se vuelve contra el rey por ciertos actos de desobediencia religiosa relacionados con el botín de guerra; el rey, aunque, avergonzado, reconoce su pecado, ruega a Samuel que lo apoye en presencia del pueblo. Samuel así lo hace, pero dominado por la cólera y la frustración, se vuelve contra un infeliz prisionero real, el rey Agag de los amalecitas, que «vino a él encadenado y dijo: "De verdad la amargura de la muerte está cercana."»[162] Y Samuel «degolló a Agag» en Guilgal. Siempre había existido una veta fanática en Samuel, sobre todo contra los amalecitas, cuyo exterminio reclamaba. Se negó a ver nuevamente al rey Saúl. De todos modos, agrega la crónica, cuando Saúl fue muerto, Samuel lo lloró; «y el Eterno se arrepintió de haberlo hecho rey de Israel».

Entre los mercenarios reclutados por Saúl estaba David; era la política de Saúl: «En cuanto Saúl veía a un hombre fuerte y valeroso, se lo incorporaba.»[163] No obstante, el texto bíblico confunde dos etapas distintas de la carrera militar de David. Fue inicialmente pastor, descendiente de la humilde y encantadora Rut la moabita. Cuando por primera vez se lo incorporó al servicio, no sabía nada de armas. «Ciñó a David la espada sobre su armadura y éste intentó caminar, pero no pudo porque no estaba acostumbrado.»[164] David usó un arma más primitiva, la honda, para realizar su primera gran hazaña, la muerte de Goliat, el campeón filisteo. Pero otra versión afirma que David atrajo la atención de Saúl porque era «fuerte en valor, buen guerrero, y discreto en el hablar, de gallarda apostura y el Eterno es con él».[165] La verdad parece ser que David sirvió a Saúl en diferentes periodos, pero su entrenamiento militar profesional lo realizó como mercenario al servicio de los propios filisteos. Aprendió sus métodos de guerra, incluso el empleo de las nuevas armas de hierro, y prosperó hasta el extremo de que el rey Aquís de Gat le concedió un dominio feudal. Es posible que se identificara completamente con los filisteos, pero al final eligió el trono de Judá. Parte como comandante filisteo, y parte como líder que se oponía al torpe Saúl, organizó un grupo de jinetes y soldados profesionales que le juraron fidelidad, estaban unidos personalmente a él y esperaban ser recompensados con tierras. Ésta fue la fuerza que le permitió convertirse en rey de Judá después de la muerte de Saúl. Más tarde, esperó a que estallasen disensiones en el reino septentrional, es decir, Israel, y a que fuese asesinado Ishbaal, sucesor de Saúl. Entonces, los ancianos de Israel le ofrecieron el trono del norte mediante una alianza constitucional. Es importante advertir que el reino de David no fue, por lo menos inicialmente, una nación coordinada, sino dos entidades nacionales distintas, cada una de las cuales mantenía un contrato personal con él.[166]

David se convirtió en el rey más carismático y popular que tuvo jamás Israel, el rey y gobernante arquetípico, de modo que durante más de dos mil años después de su muerte los judíos recordaron su reinado como una edad de oro. Pero en su época su dominio fue siempre precario. Sus fuerzas más leales no eran en absoluto israelitas, y estaban formadas por su guardia personal de mercenarios extranjeros: los quereteos y peleteos. Su poder se apoyaba en un ejército profesional, cuyos oficiales tenían que ser recompensados con tierras que a su vez ellos convertían en dominios feudales para sostener a sus hombres. Pero para entregar la tierra primero había que tomarla, y esto no siempre podía hacerse mediante la conquista. De ahí la serie de revueltas y conspiraciones contra el gobierno de David, la más grave de ellas encabezada por su propio hijo Absalón. Las tribus aún eran separatistas por instinto. Les irritaba el costo de las campañas de David, quizás aún más que las tendencias centralizadoras que él impulsó, así como la estructura de monarquía oriental que David inició: una cancillería y secretariado, un harén, la corvea, una corte refinada. Estos hombres toscos sentían que nada tenían que ver con el estado de nuevo estilo y se hicieron eco del grito angustiado de Sheva, el benjaminita que «hizo sonar el cuerno y dijo: "No tenemos parte con David, ni tenemos heredad con el hijo de Jesé. ¡Que cada cual vaya a su tienda, oh Israel."»[167] Todas estas rebeliones fueron sofocadas, gracias a la estructura militar de David; pero el reinado de cuarenta años nunca fue pacífico, y las intrigas de harén en relación con la sucesión —un fenómeno inseparable de la poligamia monárquica— continuaron hasta el fin.[168]

De todos modos, David fue un gran rey, y por tres motivos. Primero, unió las funciones reales y sacerdotales de un modo que nunca estuvo al alcance de Saúl. Samuel no tenía sucesor inmediato, y gran parte de su autoridad espiritual recayó en David. Éste, a pesar de su perversidad ocasional, era sin duda un hombre de profundos sentimientos religiosos. Como su hijo y heredero Salomón, tenía muchas cualidades, entre ellas una fértil imaginación artística; la tradición de que era músico, poeta y salmista es demasiado sólida para que la rechacemos. La Biblia señala que intervenía personalmente en la danza ritual. Al parecer transformó un trono creado por una necesidad militar en una institución esplendorosa que combinaba la sanción religiosa, el lujo oriental y nuevos niveles de cultura. Es posible que los jefes toscos y conservadores no se sintieran complacidos, pero a los ojos de las masas populares era un espectáculo sugestivo y satisfactorio.

En segundo lugar, la posición de David como rey-sacerdote pareció haber recibido la bendición divina, pues sus resultados puramente militares no tuvieron parangón. Derrotó con contundencia a los filisteos, y los obligó a encerrarse de manera permanente en una estrecha franja costera. Saúl había contribuido mucho a reducir los restantes enclaves cananeos en el área de los asentamientos israelitas, pero David completó el proceso. Después, avanzó hacia el este, el sur y el norte, y afirmó su autoridad sobre Ammón, Moab, Edom, Aram-Zobar e incluso Aram-Damasco, en el extremo noreste. Sus éxitos militares se vieron coronados por alianzas diplomáticas y matrimonios dinásticos. En cierto sentido, este naciente y pequeño Imperio israelita dependió de un accidente de la historia. El imperio que se extendía hacia el sur, Egipto, había retrocedido; los imperios del este, Asiria y Babilonia, aún no se habían desarrollado. El reino de David floreció en este vacío. Sin embargo, su propia capacidad y su experiencia, sus vastos conocimientos, sus viajes y su dominio de las cuestiones económicas también facilitaron las expansiones. David comprendió la importancia de afirmar su autoridad sobre las grandes rutas comerciales de la región y estableció contactos económicos y culturales con la rica ciudad-reino de Tiro. Fue un internacionalista, allí donde todos los anteriores jefes israelitas habían sido regionalistas intolerantes.

En tercer lugar, David creó una capital nacional y religiosa que fue también su conquista personal. Los israelitas no habían podido apoderarse de Jerusalén en más de doscientos años, a pesar de que era la ciudad interior de mayor importancia estratégica: «Pero los hijos de Judá no pudieron expulsar a los jebuseos que ocupaban Jerusalén. Por eso los jebuseos han seguido habitando en Jerusalén junto a los hijos de Judá hasta el día de hoy.» Jerusalén controlaba la principal ruta norte-sur del interior; más aún, era la confluencia natural del norte y el sur. La imposibilidad de ocuparla fue una de las razones más importantes por las cuales se formaron dos agrupamientos israelitas separados, lo que más tarde llegó a denominarse el reino de Israel, en el norte, y el reino de Judá, en el sur. Al apoderarse de Jerusalén, David consideró que podía unir en una sola entidad las dos mitades, y es evidente que el sitio fue un movimiento político intencionado tanto como una maniobra militar. Sólo se usaron en la empresa «el rey y sus hombres» —los soldados profesionales de su casa, no las levas tribales—, y ello permitió a David afirmar que la ciudad era su conquista personal. De hecho, después se la conoció siempre como «la ciudad de David». Ocupó la plaza gracias a un gesto muy audaz, en que su general Joab fue el héroe. La Ciudad Vieja de Jerusalén, según la conocemos hoy, se levanta sobre tres valles, el de Hinnom (oeste), el de Cedrón (este) y el de Tiropeón (centro), que confluyen hacia el sur en el arroyo Cedrón. La ciudad jebusea, mucho más pequeña, cubría sólo el borde oriental, el único que tenía un suministro de agua fiable, proveniente del arroyo Guihón. Gracias a las excavaciones de Kathleen Kenyon, y al Segundo Libro de Samuel, sabemos exactamente lo que sucedió durante el sitio de David. Los jebuseos, lo mismo que los ciudadanos de otras ciudades palestinas de la época, por ejemplo Guézer, Gabaón y Meguiddó, habían construido un túnel secreto que conectaba el interior de la ciudad con el arroyo, de modo que tenían provisión de agua segura incluso durante un sitio. Creían que este recurso era su fuerza, y tanta confianza tenían de que podrían desafiar a David que organizaron un desfile ritual mágico de los ciegos, los cojos y otras personas deformes, para irritar a los israelitas. Pero ese aspecto, en definitiva, fue su debilidad, pues el rey estaba al corriente de la existencia del túnel y pidió voluntarios. «Y dijo David aquel día: "Quien hiera a los jebuseos y pase por la zanja, y se lleve a los cojos y a los ciegos, aborrecidos del alma de David."»[169] Joab y sus hombres ejecutaron esta hazaña, llegaron al conducto de agua y así pasaron al lado interior de los muros y tomaron por sorpresa la ciudad.[170]

El comportamiento posterior de David en Jerusalén confirma la opinión de que la ciudad tenía mucha importancia política para él. No masacró a los habitantes ni los expulsó. Por el contrario, parece que se mostró ansioso por convertirlos en sus fieles partidarios personales. Reparó los muros y el sistema de terrazas, o Millo, ocupó la ciudadela, o Sión, como se la denominaba, construyó cuarteles para sus «hombres fuertes», un palacio para él mismo, y compró al último gobernante de la ciudad la tierra sobre la cual podría levantarse un santuario central para todo el pueblo israelita. Después trajo el Arca, que era la reliquia más preciosa que los israelitas poseían y el símbolo de su unidad, y la depositó en su ciudad bajo la protección de su trono y su ejército personal. Todos estos gestos debían fortalecer su posición personal e identificar la religión nacional, y al pueblo entero, así como la corona, con él mismo y su linaje.

Pero lo que no hizo fue tan importante como lo que hizo. Parece que David tenía mucha más conciencia de la naturaleza de la religión y la comunidad israelitas que Saúl o cualquiera de sus propios sucesores. Como Gedeón, advirtió que era, en efecto, una teocracia, y no un estado normal. Por lo tanto, el rey nunca podía ser un gobernante absoluto al estilo de los esquemas orientales acostumbrados. Y ciertamente, tampoco podía ser absoluto el Estado, cualquiera que fuese la forma de gobierno. Un hecho inherente del derecho israelita, incluso en esta etapa, era que, aunque todos asumían responsabilidades y tenían deberes frente a la sociedad en general, la sociedad —o su representante, el rey o el Estado— de ningún modo podía ejercer autoridad ilimitada sobre el individuo. Eso sólo estaba al alcance de Dios. Los judíos, a diferencia de los griegos y más tarde los romanos, no reconocían conceptos como la ciudad, el Estado o la comunidad como abstracciones dotadas de personalidad, derechos y privilegios legales. Uno podía cometer pecados contra el hombre, y por supuesto contra Dios; y esos pecados eran delitos; pero no había nada parecido a un delito o pecado contra el Estado.[171] Esta cuestión plantea un dilema fundamental acerca de la religión israelita, más tarde judaica, y su relación con el poder temporal. El dilema puede formularse de un modo muy simple: ¿cabía que las dos instituciones coexistieran, sin que una debilitase fatalmente a la otra? Si se imponían las exigencies de la religión, el Estado dispondría de muy escaso poder para funcionar. En cambio, si se permitía que el Estado se desarrollase normalmente, de acuerdo con su naturaleza, éste absorbería parte de la esencia de la religión y la esterilizaría. Cada entidad manifestaba una tendencia intrínseca a parasitar a la otra. Si los israelitas trataban de sobrevivir simplemente como una comunidad religiosa, sin Estado, tarde o temprano se verían atacados, dispersados y absorbidos por los paganismos locales. Así, el culto de Yahvé sucumbiría al ataque externo. Por supuesto, eso fue lo que casi sucedió durante la invasión filistea, y habría sucedido si los israelitas no se hubiesen vuelto hacia la salvación secular de la monarquía y un estado unido. Por otra parte, si la monarquía y el Estado cobraban carácter permanente, sus características y necesidades inevitables presionarían sobre la religión, y el culto de Yahvé sucumbiría a la corrupción interna. El dilema no se resolvió en el curso de las comunidades primera y segunda, y todavía hoy continúa sin resolver en Israel.

Una solución consistía en que los israelitas adoptaran la monarquía y el Estado sólo en momentos de grave peligro, como durante la invasión filistea. Los datos disponibles apuntan que David habría deseado adoptar este criterio, pero finalmente lo consideró poco práctico. Para defender a su pueblo y la fe, para garantizar su seguridad frente a los enemigos externos, necesitaba no sólo crear un estado-reino, sino también inmovilizar a los pueblos circundantes. Ello significaba que tenía que fundar y consolidar la casa de David, y que Jerusalén tenía que ser su capital y el santuario central. Pero es evidente que no consideraba que su monarquía fuese algo normal. Comprendía la religión de Yahvé; se veía en el papel de hombre religioso; asumía un papel adicional en su carácter de profeta-sacerdote y a menudo actuaba como tal en su música, sus escritos y sus danzas. Resulta significativo que crease una monarquía hereditaria sin apoyar la primogenitura. Tres de sus hijos mayores que podrían haberlo sucedido —Absalón, Amnón y Adonías—, rompieron todos con él y murieron violentamente. En su ancianidad, David designó al sucesor. El hijo elegido, Salomón, no era un general en activo, sino un juez-erudito de la tradición mosaica, el único de los hijos que podía cumplir los deberes religiosos de la monarquía, el único que David sin duda consideraba esencial para preservar el equilibrio constitucional israelita.

También es significativo que David, si bien trasladó el Arca a Jerusalén para conferir a su capital el sello de la sanción religiosa, no construyera un templo grandioso, asociado con su corona y su estirpe real, para albergarla. El Arca era un humilde mueble religioso que originalmente contuvo la propia alianza. Era apreciada por los israelitas, porque les recordaba sus orígenes humildes y representaba la ortodoxia prístina y la pureza de su credo teocrático. El relato bíblico ofrece ulteriores justificaciones para la actitud de David de no acometer la construcción del Templo: Dios no se lo permitía, y él era sobre todo un guerrero, un «hombre de sangre»; también se dijo que estaba demasiado atareado haciendo la guerra.[172] La primera excusa ciertamente es falsa, pues la guerra y la religión israelita estaban estrechamente relacionadas. Los sacerdotes tocaban con sus cuernos llamamientos bélicos especiales; el Arca podía ser llevada, y a veces se llevaba, al campo de batalla como emblema de guerra; las guerras de David contaron con la aprobación divina.[173] La segunda excusa es más plausible, aunque David reinó en Jerusalén treinta y tres años, muchos de ellos pacíficos, y si hubiese deseado construir un templo, le habría asignado elevada prioridad en su programa de amplias actividades de construcción. Lo más probable es que no deseara modificar el carácter y el equilibrio de la religión israelita, y creyese que un templo real de carácter central produciría exactamente ese efecto.

En los viejos tiempos, el Arca había sido el centro físico del culto israelita. Era un símbolo de la democracia teocrática. Cuando se establecieron en Canaán, los israelitas dieron gracias y sacrificaron en altares abiertos erigidos en las colinas y las montañas, o en santuarios históricos más trabajados, donde se levantaron edificios techados o templos. Sabemos de una docena, poco más o menos: Silo, Dan, Betel, Guilgal, Mispá, Belén, Hebrón y cinco más pequeños. Su distribución seguía el recorrido de la columna vertebral del país, de norte a sur. Garantizaba cierto elemento de descentralización del culto israelita, así como la continuidad con el pasado, pues todos estos santuarios-templos sugerían connotaciones importantes para los que practicaban el culto en ellos. Es probable que David, aunque ansiaba garantizar una centralización suficiente de la comunidad que permitiese una defensa eficaz, no quisiera mutilar aún más su base democrática. De ahí su renuncia a imitar a los restantes déspotas reales de su tiempo y a convertir Israel en un estado-templo real. De ahí también, cabe sospecharlo, su recomendación en el lecho de muerte al heredero designado, el sabio Salomón, de que se ajustase a la ley mosaica en toda su pureza: «Y haz lo que te ordene el Eterno tu Dios, siguiendo sus caminos, observando sus preceptos y sus mandamientos, sus prescripciones y sus testimonios, según está escrito en la ley de Moisés.» Ése, agregó, era el único modo en que el trono podía sobrevivir: garantizando que la plenitud y el rigor de la ley equilibrasen las exigencias del nuevo estado.[174] Las generaciones posteriores percibieron la profundidad del impulso religioso de David, que iluminó su trayectoria de estadista. Ésta es quizá la razón esencial por la cual veneraron su memoria y desearon retornar a su gobierno; y no es casual que él ocupe en el Antiguo Testamento más espacio que ningún otro soberano. En cambio, Salomón, heredero de David, tenía un perfil completamente distinto. Donde David era apasionado, áspero, caprichoso, pecador pero arrepentido, consciente del pecado, en último término de corazón puro y temeroso de Dios, Salomón era un hombre secular: un hombre de su mundo y su época hasta el fondo del corazón, en el supuesto de que tuviese corazón. Los salmos atribuidos a David son esencialmente espirituales por el tono y el contenido: están cerca del núcleo de la religión de Yahvé. En cambio, la literatura bíblica relacionada con Salomón, los sabios proverbios y la voluptuosa poesía del «Cantar de Salomón», aunque excelentes en su género, están mucho más cerca de los restantes escritos del Oriente Próximo de este periodo; carecen del trascendentalismo y la conciencia de Dios propia de los judeoisraelitas.

En realidad, Salomón se convirtió en un monarca de Oriente Próximo caracterizado por su notable habilidad. No obstante, su reputación de saber se basaba en la disposición a mostrarse severo. Aunque invitado a ser monarca en vida de su padre, cuando la muerte de David lo convirtió en gobernante único, señaló el cambio de régimen y orientación eliminando a todos los antiguos ministros de su padre, a algunos mediante el asesinato. También introdujo cambios importantes en la política militar. Al describir la rebelión de Absalón contra David, el Segundo Libro de Samuel distingue entre las antiguas levas tribales o «los hombres de Israel», que apoyaron al hijo, y los mercenarios, o «veteranos de David», que naturalmente defendieron al rey.[175] Estos mismos «veteranos» fueron los que aseguraron la sucesión exclusiva de Salomón y le permitieron eliminar a sus antagonistas desde el inicio mismo de su reinado. David, si bien organizó una tropa de mercenarios, aún utilizaba a los «hombres de Judá», es decir, la leva tribal del sur, como núcleo de su ejército principal. Pero las levas tribales del norte, u «hombres de Israel», se mantuvieron neutrales u hostiles a la corona, y Salomón resolvió abolirlas por completo.

En su lugar, introdujo la corvea, o trabajo forzado, que se aplicó a las áreas cananeas y a la región septentrional del reino; Judá se vio eximida. Como forma de servicio nacional, el trabajo forzado era menos honroso que la leva, y más arduo; por consiguiente, provocaba más hostilidad. Salomón lo utilizó ampliamente para cumplir sus programas de construcción. El Primer Libro de los Reyes, que utiliza los registros oficiales, dice que había ochenta mil hombres en las canteras, dirigidos y vigilados por tres mil trescientos encargados, y que setenta mil hombres transportaban las piedras a los lugares y treinta mil hombres, enviados en tandas rotativas de diez mil cada una, marchaban al Líbano para cortar madera destinada a las vigas.[176] El trabajo de construcción consistía en la ampliación y magnificación del plan un tanto elemental de David, que era convertir a Jerusalén en un centro real nacional y religioso. Pero también implicaba construir tres nuevas ciudades-fortaleza reales en distintos lugares del país: «Y ésta es la relación de la leva que impuso el rey Salomón para construir la casa del Eterno, y su propia casa, y la fortaleza [el Millo], y la muralla de Jerusalén, Jatsor, Meguiddó y Guézer.»[177]

Estas tres últimas ciudades, situadas estratégicamente, fueron reconstruidas por Salomón casi desde cero, utilizando israelitas para el trabajo pesado, pero albañiles traídos de fuera para las tareas especializadas. La excavación muestra un nivel general de artesanía más elevado que el que los israelitas habían demostrado hasta ese momento; también revela que el principal propósito de las ciudades era militar: proveer de bases al nuevo ejército de carros de Salomón.[178] David nunca había poseído una fuerza de carros, signo de un poder importante durante este periodo. Salomón tuvo unos mil quinientos carros y cuatro mil caballos en sus diferentes establos.[179] En Meguiddó, que desde el punto de vista estratégico era la plaza más importante, y dominaba lo que después recibiría el nombre de llanura de Harmaguedón, construyó un fuerte real, con una entrada imponente y edificios con capacidad para alojar ciento cincuenta carros y cuatrocientos caballos. Jatsor, una ciudad abandonada, también acogió un cuartel real, con su puerta de entrada, los muros y los enormes establos. Guézer, ciudad que Salomón recibió a través de una dote, y que controlaba la ruta a Egipto, fue transformada en otra ciudad real y base de carros.[180] La existencia misma de estos cuarteles reales muy bien defendidos, y que se elevaban sobre las casas comunes de la ciudad, constituía una afrenta para la teocracia democrática israelita. Salomón necesitaba estas fuerzas de carros cuidadosamente distribuidas para proteger sus rutas comerciales y defender el reino de los ataques externos. No obstante, es evidente que su propósito fue también mantener el orden interno, misión que cumplieron con mucha eficacia, pues las tribus carecían de carros.

Para ejecutar sus ambiciosos planes, Salomón necesitaba dinero además de la fuerza de trabajo. De modo que gravó también a las tribus. David había preparado el camino mediante la realización de un censo, pero esta iniciativa le acarreó críticas feroces, pues se la consideró contraria a la religión israelita, de modo que él tuvo que reconocer su pecado. El episodio es característico de su vacilación y su ambivalencia en la organización del Estado a costa de la fe. Salomón no demostró tales escrúpulos. Partiendo de los resultados del censo, dividió al país en doce distritos impositivos y decretó otra leva con el fin de obtener suministros para sus ciudades que eran base de carros y para otros depósitos reales.[181] Aun así, los recursos del reino no bastaron. De modo que Salomón impuso cierto orden racional a las conquistas de su padre y se retiró de Damasco, cuya defensa era muy costosa, y cedió otros territorios del noroeste a Hiram, rey de Tiro, a quien convirtió en firme aliado, a cambio de artesanos especializados y suministros. Pero también fomentó el comercio y traficó ampliamente por cuenta propia a través de «mercaderes del rey», y alentó a los comerciantes tanto nacionales como extranjeros a que usaran sus caminos, para poder aplicarles impuestos.

La economía de Oriente Próximo estaba entrando plenamente en la Edad del Hierro —más o menos por esta época hallamos las primeras hojas de hierro usadas para arar— y el mundo estaba enriqueciéndose. Salomón aseguró mediante sus actividades que su casa real recibiera una gran porción de esta nueva prosperidad. Amplió el comercio desposando a hijas de todos los príncipes vecinos, de acuerdo con el lema de que «el comercio sigue a la esposa». Se «acercó al rey faraón de Egipto» contrayendo matrimonio con su hija; de ese modo Guézer pasó a sus manos. La Biblia nos habla de otras alianzas matrimoniales, pues dice que Salomón «amó a muchas mujeres extranjeras, además de la hija del faraón, mujeres de los moabitas, los amonitas, los edomitas, los sidonias y los jeteos».[182] Su diplomacia y su comercio se entrecruzaban. La visita de la reina de Saba, que llegó de Arabia meridional, estuvo relacionada con el comercio, pues Salomón controlaba el tráfico árabe, principalmente de mirra, incienso y especias. Josefo nos cuenta que Salomón celebraba concursos de acertijos con Hiram de Tiro, otro gran monarca dedicado al comercio. Ésta no era una forma desusada de intercambio diplomático al principio de la Edad del Hierro, e implicaba fuertes apuestas en efectivo —a veces ciudades— y era parte del proceso de regateo. Hiram y Salomón administraban conjuntamente una flota de naves que partía de Etsión-Guéver, en el sur, para llegar a Ofir, el nombre que daban a África oriental. Los dos reyes comerciaban en animales raros y aves, madera de sándalo y marfil. Además, Salomón era comerciante de armas. Compraba caballos de Cilicia y los vendía a Egipto a cambio de carros, que después revendía a los reinos que estaban más al norte. De hecho, Salomón fue el proveedor de armas de una parte considerable de Oriente Próximo. Cerca de su puerto de Etsión-Guéver, el arqueólogo norteamericano Nelson Glueck descubrió la refinería de cobre construida por Salomón, en la isla de Hirbet el-Jeleifé, donde los fuertes vientos que allí predominaban avivaban los primitivos hornos. De este modo se refinaba no sólo el cobre, sino también el hierro, y se obtenían artículos terminados.[183]

Gran parte de la riqueza que Salomón obtuvo del comercio y los impuestos revirtió en la capital real, donde construyó un suntuoso palacio, con una gran sala hipóstila que seguía las líneas de los palacios del faraón en Menfis, Luxor y otros lugares, con un techo de cedro sostenido por cuarenta y cinco enormes columnas de madera, lo que la Biblia denomina «la casa Bosque del Líbano». Se construyó otro palacio para su esposa principal, la egipcia, pues ella conservaba su propia fe pagana: «No debe habitar mujer mía en la casa de David, rey de Israel, porque esos lugares son santos, ya que de ahí vino el Arca del Eterno.»[184] El palacio y la residencia reales, los cuarteles y las fortificaciones interiores estaban cerca de un nuevo lugar sagrado, o templo, y el conjunto obligó a ampliar la ciudad de David unos 200 metros hacia el este.

Ahora nada perdura de la Jerusalén de Salomón, pues quedó sumergida bajo el enorme templo que más tarde erigió Herodes el Grande, y los materiales fueron aprovechados por los romanos.[185] Dependemos completamente de las fuentes literarias, los capítulos 6-7 del Primer Libro de los Reyes, para contar con una descripción del Templo de Salomón. Los detalles proporcionados por esas fuentes muestran que era análogo a los templos cananeos de la Edad del Bronce Tardío en Laquís y Betshán, y al templo del siglo IX a. C. excavado en Tell Tainet, Siria. Como éstos, el de Salomón tenía tres salas, cada una de diez metros de ancho, dispuesta sobre un eje: el Ulam o porche, de cinco metros, el Hekal o salón santo, de más de veinte metros de longitud, y el sanctasanctórum, un cuadrado de diez metros de lado, mantenido completamente a oscuras, como el santuario interior de un templo egipcio.

Este edificio se levantó y equipó de un modo completamente ajeno al estilo de los israelitas. Los albañiles fenicios trabajaron los sillares de piedra. Hiram de Tiro envió un experto en el trabajo del bronce, un individuo de su mismo nombre, cuya misión fue fundir los recipientes ceremoniales del Templo, entre los que había una «basa sobre ruedas», y sobre cada basa había un recipiente, análogo a los objetos paganos hallados en Meguiddó y en Chipre, y el gran «mar de bronce fundido», que contenía dos mil baños de agua y era usado por los sacerdotes en sus abluciones presacrificiales, y que descansaba sobre doce bueyes de bronce. Dos pilares de bronce, Boaz y Yajín, cada uno de casi doce metros de altura, que quizá correspondían a los monolitos erectos de los cananeos, protegían un altar revestido de oro con diez candelabros del mismo metal. La pantalla del sanctasanctórum también estaba formada por cadenas de oro colgantes. La madera de cedro revestía el suelo y los muros. El sanctasanctórum, con su querubín de madera como protector, revestido de oro, fue construido para contener las veneradas reliquias del culto de la antigua religión del Eterno: el Arca de la Alianza, como primera y principal reliquia, y (de acuerdo con la tradición talmúdica) el cayado de Moisés, la vara de Aarón, el jarro de maná y el almohadón sobre el cual descansó la cabeza de Jacob cuando tuvo su sueño de la escala.[186] Por la época de la caída de Jerusalén, en 587 a. C., todas estas cosas habían desaparecido hacía mucho tiempo, y cabe dudar que incluso existieran inicialmente.

Es evidente que el Templo de Salomón, por sus dimensiones y su magnificencia, y el lugar que ocupaba al amparo de los muros fortificados de una ciudadela real o acrópolis, tenía muy poco que ver con la religión pura de Yahvé que Moisés había traído del desierto. Aunque los judíos terminaron por ver en el Templo de Salomón una parte esencial de la fe primitiva, seguramente no fue así como lo vieron entonces los hombres piadosos que no pertenecían al círculo real. Como la corvea, los distritos impositivos, los carros, era una cosa nueva, y en muchos aspectos simplemente copiaba los rasgos de las culturas paganas más avanzadas de la costa del Mediterráneo o el valle del Nilo. ¿Estaba Salomón abrazando el paganismo junto con sus esposas extranjeras, con la monarquía centralizada y su cruel actitud frente a las antiguas tribus? ¿Su templo era un lugar idólatra donde se profesaba el culto de los objetos? El Arca misma seguramente pareció fuera de lugar en este grandioso entorno. Era simplemente un cajón de madera, de un metro veinte metros de alto y setenta y cinco centímetros de profundidad, sostenido por varas que atravesaban anillos dispuestos a cada lado. Dentro estaban las Tablas de la Ley. Según la creencia israelita rigurosa, el Arca era simplemente un depósito para los mandamientos de Dios. No era un objeto de culto que mereciese veneración. Sin embargo, tenían una visión confusa de esta cuestión, del mismo modo que estaban confundidos con su creencia de que Dios, aunque irrepresentable, había creado al hombre a su imagen y semejanza. Uno de los antiguos templos primitivos de Dan tenía, de hecho, una estatua de Dios.[187] Aunque se construyó el Arca para guardar las tablas, parece que los israelitas asignaban cualidades divinas a las palabras de Dios, de modo que en cierto sentido creían que la deidad vivía en el Arca. Relataban partes de los años en el desierto de acuerdo con la misma línea de pensamiento: «Cuando movían el Arca, decía Moisés: "Levántate, oh Eterno, y haz que tus enemigos se dispersen, y quienes te aborrezcan huyan ante ti." Y cuando el Arca se posaba decía: "Vuélvete, oh Eterno, hacia las miríadas de Israel."»[188]

Salomón aprovechó esta confusión para promover su reforma religiosa orientada hacia el absolutismo real, en cuyo marco el rey controlaba el único santuario donde en efecto podía venerarse a Dios. En el capítulo 8 del Primer Libro de los Reyes, Salomón subrayó que Dios estaba en el Templo: «Ciertamente te he construido una casa para que mores, un lugar dado para que residas por siempre.» Pero Salomón no era un pagano puro, como podría sugerir este fragmento, porque en ese caso no se habría molestado en excluir su vida pagana del área sagrada. Comprendía la teología de su religión, pues preguntó: «Pero ¿acaso Dios ciertamente habitará en la Tierra? Si el cielo y el cielo de los cielos no pueden contenerte, ¿cuánto menos esta casa que yo he construido?» Concertó un compromiso entre sus necesidades oficiales y su interpretación del monoteísmo israelita y consiguió una presencia no física, sino simbólica, del Todopoderoso: «Que Tus ojos estén abiertos hacia esta casa noche y día, o sea hacia el lugar del cual has dicho: "Mi nombre estará allí."» Ése fue el modo en que las generaciones posteriores incorporaron el Templo a la fe; la presencia sólo del nombre de Dios en el sanctasanctórum originaba una poderosa irradiación divina, denominada *shekiná*, que podía destruir a la persona que se aproximase sin autorización.

En esa época, el concepto de un templo central y real era objetable para muchos puristas israelitas, que formaron la primera de las muchas sectas separatistas originadas por la religión de Yahvé, es decir, los recabitas.[189] Muchos habitantes de la región septentrional también veían con malos ojos la concentración de la religión en Jerusalén y su Templo real, pues el sacerdocio que servía allí pronto planteó exigencias absolutistas, afirmó que sólo sus ceremonias eran válidas, y que los altares y los templos más antiguos, los lugares sagrados y los altares venerados desde los tiempos patriarcales eran focos de heterodoxia y perversidad. Estas afirmaciones prevalecieron finalmente y se convirtieron en la ortodoxia bíblica. Pero en su época tropezaron con la resistencia del norte.

Esta hostilidad a las modificaciones religiosas introducidas por Salomón se combinó con sus actitudes absolutistas y sus exacciones, de modo que el reino unificado que su padre había construido a la larga se hizo insostenible. La habilidad y el éxito de Salomón mantuvieron su unidad, pero hubo signos de tensión incluso durante los últimos años de su reinado. Para los israelitas, que consideraban muy real el pasado, el sistema de corveas era especialmente odioso, porque les recordaba la servidumbre egipcia. La libertad y la religión eran entidades inseparables en sus espíritus. Al concentrar el culto en Jerusalén, Salomón degradó los santuarios septentrionales como Siquem, lugar asociado con Abraham, o Betel, asociado con Jacob. De modo que a los ojos de los norteños, Salomón y su linaje aparecieron cada vez más como destructores espirituales, y no sólo como opresores seculares.

Así que cuando Salomón falleció, en 926-925 a. C., los norteños rechazaron la coronación de su sucesor Roboam en Jerusalén e insistieron en que se dirigiese al norte, es decir, a

Siquem, para ser coronado rey. Los hombres que habían huido al exilio durante el mandato de Salomón, por ejemplo Jeroboam, regresaron y reclamaron el gobierno constitucional, y sobre todo la eliminación de las levas de trabajos forzados y los elevados impuestos: «Ahora tú aligera la dura servidumbre de tu padre y el pesado yugo que puso sobre nosotros, y te serviremos.»[190] Parece que se celebró una cumbre política muy importante en Siquem, y allí Roboam, después de consultar a los antiguos asesores de su padre, rechazó sus recomendaciones conciliadoras y adoptó una línea dura, apoyado por sus jóvenes caballeros. Dijo a los norteños: «Mi padre hizo pesado vuestro yugo, pero yo lo haré más pesado aún. Mi padre os azotó con látigos, mas yo lo haré con escorpiones.»[191]

Este notable error de juicio destruyó la unidad del reino. Roboam carecía de los medios militares y la habilidad necesarios para mantenerlo agrupado por la fuerza, de modo que los norteños se separaron y regresaron a su propia casa real, y en una época de imperios ascendentes —el babilonio primero y el asirio después— los dos pequeños reinos, Judá en el sur e Israel en el norte, fueron por separado al desastre.

Sin embargo, este proceso de decadencia abarcó varios siglos, y en el curso del mismo la cultura religiosa israelita sufrió cambios importantes. En primera instancia, el reino septentrional floreció. Estaba más poblado que el meridional, tenía más tierras fértiles y se hallaba más cerca de los centros comerciales de aquel tiempo. Liberado del yugo sureño, su prosperidad aumentó y, paradójicamente, siguió el esquema del desarrollo constitucional y religioso que Salomón había considerado necesario y que, cuando quisieron imponerlo los sureños, la región había rechazado. A semejanza de la casa de David, la casa septentrional de Omri adoptó una actitud centralista e imitó los modelos políticos y culturales de los exitosos estados vecinos. El propio Omri fue un rey formidable, cuyas hazañas aparecen relatadas pesarosamente en una tablilla destinada al Dios moabita Jemosh, que fue descubierta en 1866 y recibe el nombre de la Piedra Moabita: «Omri, rey de Israel [...] oprimió muchos días a Moab porque Jemosh estaba irritado con su país. Y su hijo lo sucedió, y también él dijo: "Oprimiré a Moab."»

A semejanza de Salomón, Omri consolidó su poder mediante juiciosos matrimonios con extranjeras. Desposó a su hijo Ajab con Jezabel, hija del rey de Sidón, y de ese modo vinculó su reino interior con el mar y sus rutas comerciales. Como Salomón, fue un gran constructor. Sobre una montaña de Samaria, desde la cual puede verse el mar a una distancia de treinta kilómetros, fundó y construyó una nueva ciudad: incluso podemos afirmar fechar su fundación aproximadamente en 875 a. C. Como las ciudades reales de Salomón, tenía una acrópolis real fortificada. Ajab también fue un gran constructor. En Samaria construyó lo que la Biblia denomina una «casa de marfil», es decir, un palacio con una sala del trono revestida con marfil tallado en bajorrelieve, un lujo sólo al alcance de los reyes más ricos de la época. Cuando Samaria fue excavada en 1931-1935, entre los escombros se hallaron fragmentos de estos adornos de marfil. Ajab, como su padre, fue un rey-guerrero que reinó veinticinco años y dos veces derrotó al rey de Damasco, hasta que, como dice la Biblia, durante un combate de carros «un hombre disparó el arco al azar» y su flecha se hundió entre las uniones de la armadura de Ajab y lo hirió mortalmente.[192]

Pero la casa de Omri, mundana y exitosa como Salomón, también suscitó agrio resentimiento social y moral. Las grandes fortunas y las propiedades se acumularon. Se incrementó la distancia entre ricos y pobres. Los campesinos se endeudaron, y cuando no podían pagar, se los expropiaba. Esta medida contrariaba el espíritu de la ley mosaica, aunque no contradecía taxativamente su letra, pues a decir verdad insiste sólo en que uno no debe desplazar los mojones de un vecino.[193] Los reyes se opusieron a la opresión de los pobres por la elite, porque necesitaban de los hombres pobres para sus ejércitos y sus cuadrillas de trabajo; sin embargo, las medidas que adoptaron fueron débiles. Los sacerdotes de Siquem, Betel y otros santuarios eran asalariados, que se identificaban estrechamente con la casa real, se preocupaban por las ceremonias y los sacrificios y no demostraban interés —según afirmaban sus críticos— por la angustia del pobre. En estas circunstancias, los profetas reaparecieron para expresar la conciencia social. Como a Samuel, les inquietaba la institución de la monarquía en su conjunto y la percibían como intrínsecamente incompatible con la teocracia democrática. Durante el gobierno de la casa de Omri, la tradición profética se fortaleció súbitamente en el norte gracias a la sorprendente figura de Elías. Provenía de un lugar no identificado llamado Tishbé, en Galaad, al este del Jordán, en el borde del desierto. Era un recabita, miembro de esa secta ultraaustera, áspera y fundamentalista, «un hombre velludo y ataviado con una faja de cuero alrededor de los riñones». Como casi todos los héroes judíos, era de origen pobre y hablaba por ellos. La tradición afirmó que vivía cerca del Jordán, y que los cuervos lo alimentaban.[194] Sin duda, no parecía muy diferente de Juan el Bautista, que apareció mil años después. Hacía milagros en beneficio de los pobres y se mostró sumamente activo en periodos de sequía y hambre, cuando las masas sufrían.

Por supuesto, Elías, como otros adoradores estrictos de Yahvé, tenía una actitud crítica frente a la casa de Omri, no sólo por razones sociales, sino sobre todo por motivos religiosos, ya que Ajab descuidó el culto de Yahvé y se deslizó hacia el culto de Baal, profesado por su esposa: «Nadie hubo como Ajab, que se entregó a la perversidad a los ojos del Eterno, incitado por Jezabel, su mujer. Y procedió de manera muy abominable al adorar a los ídolos.»[195] Jezabel fue también quien incitó a Ajab a apoderarse del viñedo de Nabot mediante un acto de poder despótico. Nabot fue ejecutado, y ese acto constituyó un crimen contra toda la ética de la teocracia israelita.

Es evidente que Elías pudo conquistar a una audiencia masiva, sobre todo en tiempos de privación, cuando no había lluvia. Era un formidable predicador. El capítulo 18 del Primer Libro de los Reyes describe la escena dramática en que reunió a una inmensa multitud de israelitas en el monte Carmelo y desafió a los sacerdotes de Baal y a «los profetas de las aseras, quienes comen a la mesa de Jezabel» a una competencia para hacer llover.

Su propósito era definir de una vez para siempre la religión del pueblo. Dijo a la asamblea: «¿Cuánto tiempo vacilaréis entre dos opiniones? Si el Eterno es Dios, seguidlo; pero si es Baal, seguidlo a él.» Los sacerdotes de Baal repitieron todos sus ritos, «se sajaban según su costumbre con espadas y lancetas, hasta que la sangre brotaba de ellos»; pero no sucedió nada. Entonces, Elías construyó su altar y ofreció el sacrificio a Yahvé, e inmediatamente «el fuego del Señor cayó y consumió el sacrificio quemado». Y después todo el pueblo «se postró rostro a tierra y dijo: "El Eterno es Dios, el Eterno es Dios."». Elías y su turba llevaron a los sacerdotes paganos al arroyo Cisón, «y allí los masacraron», y después de otra plegaria en la cumbre del Carmelo, Elías convocó a «una nube del mar, tan pequeña como la mano de un hombre»; poco después, «el cielo se oscureció de nubes y vientos, y hubo una gran lluvia».

A pesar de su triunfal vindicación, Elías fue incapaz de erradicar el paganismo o destruir la casa de Omri, aunque predijo su caída. Era una figura solitaria, un hombre carismático capaz de conmover a una enorme multitud, pero no de organizar un partido o una facción cortesana. Representaba la conciencia individual y quizá fue el primer hombre en la historia judía que asumió ese papel; Dios le hablaba, no con el trueno de la era mosaica, sino con una «vocecilla queda». Cuando maldice a la estirpe de Ajab por la muerte de Nabot, sostiene el principio de que el comportamiento de un rey no debe distinguirse de la conducta de un hombre cualquiera: debe regirse por los principios morales. La política se relaciona con el derecho, no con el poder. Sin embargo, aunque fue el primer líder profético de la oposición, Elías no tuvo los rasgos propios de un político. Fue un fugitivo durante buena parte de su vida y pasó sus últimos días en el desierto. El capítulo 2 del Segundo Libro de los Reyes nos explica cómo Elías ungió a su sucesor, Eliseo, antes de ser arrastrado por un remolino y llevado al cielo por un carro de fuego, dejando detrás, para que lo vistiese su heredero, el manto sagrado.

Pero Eliseo tenía rasgos diferentes. La narración bíblica lo muestra ejecutando actos notables: cuando unos «niños pequeños» (o quizás adolescentes) se burlaron de él cerca de Betel, llamó a dos osas, que despedazaron a por lo menos cuarenta y dos de los insolentes.[196] Claro que Eliseo no actuaba solo. Creó un grupo organizado de partidarios, un colegio de profetas, y colaboró con elementos del régimen secular para promover las reformas religiosas que Elías había reclamado. Ajab había mantenido y ampliado las ciudades de Salomón en el norte que eran bases de carros. Él y sus sucesores contaron con un nutrido ejército profesional, fuente tanto de fuerza como de debilidad. Entre los exitosos generales de la fuerza de carros estaba Jehú [Yehú], hijo de Nimshí, que avanzaba furiosamente. Eliseo concertó con Jehú una conspiración religioso-militar, lo ungió futuro rey y así desencadenó uno de los golpes más sangrientos de la historia.[197] Jehú ordenó que los eunucos arrojasen a Jezabel por la ventana de su palacio, «y parte de su sangre se derramó sobre los muros y los caballos; y él la pisoteó». Los setenta hijos de Ajab fueron degollados y sus cabezas fueron puestas en cestas. Jehú masacró toda la casa real de Ajab, «a todos sus magnates, sus familiares, sus sacerdotes, sin dejar ni uno con vida». Después, reunió y masacró a todos los sacerdotes de Baal, «derribaron la columna de Baal, y derribaron la casa de Baal, que quedó convertida en casa de letrinas hasta el día de hoy».[198]

Es posible que esta feroz purga religiosa haya restablecido el culto oficial y exclusivo durante un tiempo, pero no resolvió el perenne conflicto entre la necesidad de mantener la ortodoxia religiosa —la unión del pueblo— y la necesidad de adaptarse al mundo y mantener el Estado. Como era previsible que sucedería, Jehú pronto comenzó a comportarse de un modo tan arbitrario como se había visto en la casa de Omri; más aún, prácticamente todos los reyes de Israel rompieron tarde o temprano con los puristas religiosos. Para preservar su poder, un rey, por lo menos eso parecía, tenía que hacer cosas que un auténtico seguidor de Yahvé no podía tolerar.

El episodio del viñedo de Nabot fue un caso concreto, un símbolo del conflicto entre lo espiritual y lo secular. Hay un famoso pasaje en que Dios induce a Elías a decir a Ajab: «¿Has matado y también te has apoderado?»; y Ajab contesta: «Has vuelto a encontrarme, enemigo mío.»[199] El mero hecho de reemplazar a los hijos de Ajab por Jehú y sus hijos no resolvió el problema. Reaparece, en una forma un tanto distinta, en el Libro de Amós, del siglo VIII. Este libro es contemporáneo de *Los trabajos y los días* de Hesíodo, en la Grecia posthomérica, y muestra una preocupación similar por la justicia abstracta, aunque en el caso de Amós, ésta se relaciona directamente con el culto de Yahvé. Amós era un sureño de Judá, un cultivador de sicomoros, que llegó a Israel a predicar la justicia social. Hacía todo lo posible para destacar que no era un profeta de cuna y que no pertenecía a ninguna institución: era nada más que un sencillo trabajador que veía la verdad. Protestó ante las complicadas ceremonias realizadas por los sacerdotes en el santuario septentrional de Betel y afirmó que era una burla, cuando los pobres se veían humillados y estaban hambrientos. Ponía en boca de Dios estas palabras: «Yo odio, desprecio vuestras festividades [...] ¡Quita de mi lado el ruido de tus cánticos. No quiero oír la melodía de tus salterios. Pero que la justicia suba como las aguas, y la rectitud como una impetuosa corriente.»[200] Amasías, sumo sacerdote de Betel, se oponía firmemente a las actividades de Amós. Decía que el santuario era la capilla del rey, parte de la corte real, y que los sacerdotes tenían la obligación de atender con el debido decoro a la religión oficial, y no les correspondía hacer política e interferir en los procesos económicos. Dijo a Amós: «Oh, tú que eres vidente, huye a la tierra de Judá y come allí pan y profetiza allí.» Amasías se quejó ante el rey porque Amós de hecho había levantado una conspiración contra el monarca en el santuario real y agregó, en una frase significativa: «La tierra no puede soportar todas sus palabras.»[201]

El debate era importante, y de hecho lo sigue siendo. Los posteriores videntes judíos, y a su vez la mayoría de los teólogos morales cristianos, han apoyado la opinión de Amós. El Talmud afirmó: «El mandamiento de la virtud se impone a todos los mandamientos reunidos.»[202] Pero los talmudistas no tenían la responsabilidad de mantener unido el estado; todo eso pertenecía al pasado, y ellos podían permitirse el lujo del absolutismo moral. Pero en tiempos de Amasías, el compromiso entre las autoridades seculares y las espirituales era esencial si se quería que el estado sobreviviese. Si se permitía que los profetas del sur anduviesen fomentando la guerra de clases en nombre de Dios, la comunidad se vería fatalmente debilitada y quedaría a merced de sus enemigos externos, que destruirían por completo el culto de Yahvé. Eso era lo que Amasías quería decir cuando afirmó que la tierra no podía soportar las agrias palabras de Amós.

A lo largo del siglo IX el poder de Asiria no dejó de crecer. El Obelisco Negro de Salmanasar muestra que, incluso en tiempos de Jehú, Israel se había visto obligado a pagar tributo. Israel mantuvo su autonomía pagando a los asirios o formó coaliciones con otros estados pequeños para contener su avance. Pero en 745 a. C. el cruel Tiglatpileser III ascendió al trono asirio y convirtió a su guerrera raza en una nación de imperialistas. Inauguró una política de deportación masiva en los territorios conquistados. En 740 sus anales registran: «Respecto a Menájem [rey de Israel], el terror lo abrumó [...] huyó y me presentó [...] plata, prendas de lana de color, prendas de hilo [...] yo lo recibí como su tributo.» En 734 el monarca asirio se abrió paso hacia la costa y después descendió hasta «el Arroyo de Egipto». Toda la elite, los ricos, los mercaderes, los artesanos y los soldados fueron deportados a Asiria y establecidos allí; en su lugar se instalaron miembros de tribus caldeas y arameas de Babilonia. Después, Tiglatpileser continuó avanzando hacia el interior y el reino septentrional de Israel, debilitado internamente por las divisiones religiosas y sociales, no pudo resistir. En 734-733 Tiglatpileser conquistó Galilea y Transjordania, dejando sólo Samaria. Tiglatpileser murió en 727, pero su sucesor, Salmanasar V, se apoderó de Samaria en el invierno de 722-721, y en el año siguiente su sucesor, Sargón II, continuó la destrucción del reino septentrional, desterró a toda la elite y envió colonos: «Asedié y capturé Samaria —anota Sargón en los Anales de Jorsabad—, y me llevé a 27.290 de las personas que moraban allí.» El Segundo Libro de los Reyes nos trae un eco doloroso: «Así fue llevado Israel desde su tierra hasta Asiria, hasta el día de hoy. Y el rey de Asiria trajo hombres de Babilonia, y de Kutá, y de Avvá, y de Jamat, y a sefarvitas, y los estableció en las tierras de Samaria en el lugar de los hijos de Israel, y se posesionaron de Samaria y moraron en sus ciudades.»[203] Hay abundante confirmación de la catástrofe en la crónica arqueológica. En Samaria, la residencia real fue destruida totalmente. Meguiddó fue arrasada y sobre los escombros se levantaron nuevas construcciones de estilo asirio. Los muros de Jatsor fueron demolidos. Siquem desapareció por completo. Lo mismo sucedió con Tirza.

Así se desencadenó la primera gran tragedia masiva de la historia judía. Fue también una tragedia que no tuvo la compensación del renacimiento definitivo. El holocausto y dispersión del pueblo septentrional de Israel fue total. Al iniciar su último y obligado viaje a Asiria, las diez tribus del norte salieron de la historia y entraron en el mito. Vivieron en la leyenda judía posterior, pero en realidad sencillamente fueron asimiladas por la población aramea circundante y perdieron su fe y su idioma; y la difusión del arameo hacia el oeste, como lengua común del Imperio asirio, contribuyó a ocultar su desvanecimiento. En Samaria, permanecieron campesinos y artesanos israelitas y concertaron matrimonios mixtos con los nuevos colonos. El capítulo 17 del Segundo Libro de los Reyes, que registra estos tristes acontecimientos, dice que mientras la elite exiliada en Asiria continuaba venerando a Yahvé, enviaron de regreso a uno de sus sacerdotes con el fin de que se instalase en Betel y enseñase al pueblo sin jefes.

Pero agrega: «Sin embargo, cada nación fabricó sus propios dioses, y los instaló en las casas de los lugares altos construidos por los samaritanos», y después pinta un terrible cuadro del confuso paganismo en que había caído el reino septentrional. El modo en que el norte había venerado a Yahvé siempre había sido sospechoso en Judá. Esta duda acerca de la ortodoxia septentrional reflejaba la división de los israelitas, que se manifestó al tiempo de la entrada en Egipto, y que en realidad nunca se vio superada después del Éxodo y la conquista de Canaán. A los ojos de Jerusalén y sus sacerdotes, los norteños siempre habían tenido tratos con los paganos. La caída y la dispersión del reino septentrional, y los matrimonios de los restantes con extranjeros, fueron elementos usados para negar a los samaritanos su herencia israelita original. A partir de este momento, su pretensión de ser parte del pueblo elegido, y de habitar con absoluto derecho de posesión la Tierra Prometida, nunca volvió a ser reconocida por los judíos.

Sin embargo, el norte dejó un legado al sur, que fue el de proporcionar el germen de la nueva fase de la religión de Yahvé, que floreció en el sur durante los últimos días de la antigua Jerusalén. Cuando Samaria cayó, algunos refugiados cultos evitaron las deportaciones y fueron al sur, donde se los recibió y reasentó en Jerusalén. Uno de ellos llevó consigo los escritos de un oscuro profeta llamado Oseas, a los cuales después dio forma una mano sureña.[204] Oseas había estado profetizando y escribiendo en vísperas de la destrucción del reino septentrional. Fue el primer israelita que percibió claramente que el desastre militar y político era un castigo inevitable aplicado al pueblo elegido por Dios a causa de su paganismo y sus defectos morales. En un texto escrito con brillantez y a menudo poético, predijo la caída de Samaria. Dios destruiría sus ídolos: «Los que siembran el viento, cosecharán el torbellino.» Y advierte a todos los pecadores devotos de Yahvé: «Habéis arado maldad, iniquidad habéis segado.»[205]

Oseas es una figura misteriosa, y en ciertos aspectos su

escrito es uno de los más impenetrables de toda la Biblia. Su tono es a menudo oscuro y pesimista. Tenía el poder, que habría de ser característico de tantos autores judíos, de expresar el sentido del sufrimiento, pero dando a entender que conservaba una inextinguible chispa de esperanza. Es posible que fuese un bebedor y mujeriego reformado. Se lamenta de que la prostitución y el vino hacen perder el juicio.[206] La sexualidad, en particular, suscita su aversión. Dice que Dios le ordenó desposar a la prostituta Gómer y tener hijos con ella; Gómer representa tanto a las prostitutas rituales de los templos paganos como a la propia Israel, que abandonó a su verdadero esposo, Yahvé, para fornicar con Baal. Denuncia a todas las instituciones del norte; más aún, cree que el norte jamás debió existir, pues Israel y Judá en rigor eran una sola entidad. Las soluciones políticas eran inútiles; la purga de Jehú, perversa. El sacerdocio organizado era un escándalo: «Como emboscada de bandidos es la pandilla de sacerdotes; asesinan por el camino de Siquem, y cometen infamia.» Los colegios de profetas, en los santuarios reales y otros lugares, no eran mejores: «También el profeta tropezará contigo en la noche [...] ¡El profeta es un necio, un loco el hombre del espíritu!»[207]

De modo que Israel, con sus propias instituciones, estaba condenado, y sería llevado al exilio. Sin emabargo, a la larga eso no importaba, porque Dios amaba a su pueblo. Castigaba, pero perdonaba: «Él que hirió en castigo, nos vendará.» Después, en una frase sorprendentemente profética, añade: «Al día tercero nos levantará para que vivamos en su presencia.»[208] Lo que importaba no era la preparación material, sino un cambio en los corazones humanos. El amor a Dios, la respuesta al amor que Dios nos profesa es lo que aseguraría la redención de Israel y permitiría que un residuo purgado y purificado mantuviese la fe en el futuro.

Este notable mensaje en que por primera vez un pensador israelita parece concebir una religión del corazón, separada de un estado concreto y una sociedad organizada, fue recibida en una Judá que estaba aterrorizada por el derrumbe de su vecino septentrional y temía un destino análogo. Judá era más pobre que el norte, más rural, estaba menos dominada por la política del poder militar y se hallaba más cerca de las raíces del culto de Yahvé, aunque tanto la narración bíblica como la excavación de Jerusalén en 1961-1967 aportan pruebas de un retroceso hacia el paganismo. La gente común de la tierra, los *am ha-arets*, eran importantes allí. Aparecieron por primera vez en la historia en 840 a. C., cuando derrocaron a la despótica reina viuda Atalía, que se apoderó del trono e introdujo en el Templo el culto de Baal. El Segundo Libro de los Reyes aclara que, en la restauración constitucional que siguió, se renovó el concepto de la democracia teocrática. Fue un hombre de religión, Joiadá, quien encabezó el alzamiento popular e insistió en que debía reconocerse al pueblo como una fuerza política y constitucional: «Joiadá hizo una alianza entre el Eterno, el rey y el pueblo, para ser el pueblo del Eterno. Entre el rey y el pueblo también hizo pacto.»[209] En ninguna otra región del Oriente Próximo de esa época, ni tampoco en Grecia mucho tiempo después, podría haberse elaborado un acuerdo tan novedoso. En efecto, a medida que las sombras del imperialismo cayeron también sobre Judá, los *am ha-arets* recibieron el derecho concreto de elegir al rey si la sucesión en el trono era dudosa.

Cuando cayó Israel, Ezequías, rey de Judá, cuyo ejército profesional era reducido y muy inferior al antiguo ejército de carros del norte, usó el apoyo de los *am ha-arets* para volver a fortificar Jerusalén, construyendo una nueva muralla sobre la loma occidental: él «cobrando ánimo, reparó toda la muralla que estaba derribada, alzando torres sobre la misma, levantó otra muralla exterior». También se preparó contra un sitio asirio perforando el túnel de Siloam, de modo que llevó el agua del arroyo Guihón a una cisterna excavada en la piedra; después, un canal transportaba el excedente al arroyo Cedrón. La ciudad tenía acceso a esta amplia cisterna sin que los sitiadores supiesen lo que se había hecho. También esto se describe en la Biblia,[210] y fue sorprendentemente confirmado cuando se exploró el túnel en 1867-1870. Una inscripción en hebreo de la época, que registra la terminación de la obra, fue hallada sobre los muros:

> Ésta es la historia de la perforación: mientras [los excavadores levantaban] el pico, cada uno hacia sus compañeros, y mientras [aún restaban] tres codos por perforar, [se oyó] la voz de un hombre que llamaba a su compañero, pues había una grieta sobre la roca a la derecha y a [la izquierda]. Y el día de la perforación, los excavadores golpearon, cada uno en dirección a su compañero, pico contra pico. Y el agua empezó a fluir de la fuente al estanque, mil doscientos codos.[211]

De hecho, Jerusalén sobrevivió a un fiero sitio del rey asirio Senaquerib en 701 a. C. El instrumento salvador no estuvo representado tanto por los nuevos muros y la cisterna, como por un violento episodio de peste bubónica, llevada por ratones, que asoló el campamento asirio, un episodio al que el historiador griego Heródoto se refirió más tarde. En el Segundo Libro de los Reyes se describe el episodio como un hecho milagroso: «Y sucedió aquella noche que vino el ángel del Eterno e hirió en el campamento de los asirios a ciento ochenta y cinco mil de ellos, y cuando se despertaron por la mañana los hombres no había más que cadáveres.»[212] Los gobernantes de Judá también buscaron la seguridad en distintas alianzas con pequeños estados vecinos, e incluso con el extenso y débil Egipto, «la caña rota, que penetra y traspasa la mano del que se apoya sobre ella»,[213] según se burlaban los asirios.

No obstante, cada vez más los gobernantes y los pueblos de Judá comenzaron a relacionar su destino político y militar definitivo con su ideología y su comportamiento moral. Al parecer se difundió el concepto de que el pueblo podía salvarse únicamente mediante la fe y las obras, si bien el concepto de una solución religiosa para el problema nacional de la supervivencia —precisamente la idea opuesta a la que llevó a Israel a la monarquía en tiempos de la invasión filistea—

orientó a su vez a Judá en dos direcciones divergentes. ¿Cuál era el modo más eficaz de apaciguar a Yahvé? Los sacerdotes del Templo de Jerusalén arguyeron que podía obtenerse ese resultado únicamente destruyendo, de una vez para siempre, las prácticas sospechosas del culto de los antiguos lugares sagrados y los templos provinciales, y concentrando el culto exclusivamente en Jerusalén, donde podía mantenerse toda la pureza de la ortodoxia. El proceso se aceleró en 622 a. C., cuando, durante las reparaciones en el Templo, el sumo sacerdote Jilquías descubrió un libro de antiguos escritos, quizás el texto original del Pentateuco, tal vez sólo el Libro del Deuteronomio, que reproducía el pacto entre Dios e Israel y culminaba en las terroríficas maldiciones del capítulo 28. Este descubrimiento provocó pánico, porque parecía confirmar las advertencias proféticas de Oseas y sugería que el destino del norte estaba a un paso de repetirse en el sur. El rey, Josías, se rasgó las vestiduras y ordenó la reforma total del culto. Se procedió a la destrucción de todas las imágenes, se cerraron todos los altos, hubo una masacre de sacerdotes paganos, heterodoxos y heréticos, y la reforma fundamentalista culminó en una solemne celebración nacional de la Pascua, en una forma nunca vista antes en Jerusalén.[214] De modo que, por una extraña paradoja, el principal beneficiario de este retorno a las raíces del pasado religioso de la nación fue el Templo de Jerusalén, introducido como una innovación casi pagana por Salomón. El poder de sus sacerdotes aumentó bruscamente, y el Templo se convirtió en el árbitro nacional —o, en todo caso, oficial— de toda la verdad religiosa.

Fue durante este periodo agobiado por la desgracia que comenzó a manifestarse una segunda línea de pensamiento, distinta de la oficial. Apuntaba a la salvación de un modo muy diferente, que a la postre se reveló como el verdadero. Oseas había escrito acerca del poder del amor y reclamado un cambio en los corazones de los hombres. Uno de sus contemporáneos más jóvenes, un sureño, profundizó en estas ideas. Isaías vivió en la época en que sobre el reino septentrional pendía la sentencia de muerte. A diferencia de la mayoría de las figuras heroicas de la Biblia, no nació pobre: de acuerdo con la tradición del Talmud babilónico, fue el sobrino del rey Amasías de Judá.[215] Pero sus ideas eran populistas o democráticas. No confiaba en los ejércitos ni en las murallas, los reyes o los templos grandiosos. Su obra señala el momento en que la religión israelita comenzó a espiritualizarse, a pasar de un lugar concreto en el espacio y el tiempo para alcanzar el plano universal. El Libro de Isaías se divide en dos partes: los capítulos 1 a 39 tratan de su vida y sus profecías en el periodo 740-700 a. C.; los capítulos 44-66, o Deutero-Isaías, son de una época muy posterior, y la relación histórica entre las dos partes no ha sido aclarada, aunque el desarrollo de las ideas muestra bastante lógica.

Isaías no sólo fue el más notable de los profetas, sino el escritor más grande, con mucho, del Antiguo Testamento. Era sin duda un magnífico predicador, aunque es probable que pusiera por escrito sus palabras. En todo caso, es seguro que sus manifestaciones adoptaron la forma escrita desde muy temprano y continuaron siendo uno de los escritos sagrados más populares: entre los textos hallados en Qumrán después de la Segunda Guerra Mundial, había un rollo de cuero, de siete metros de longitud, que reproduce toda la obra de Isaías en cincuenta columnas de hebreo; es el manuscrito bíblico antiguo mejor conservado y más extenso que poseemos.[216] Los judíos antiguos amaban su prosa chispeante con sus brillantes imágenes, muchas de las cuales después pasaron a la literatura de todas las naciones civilizadas. Pero más importante que el lenguaje era el pensamiento: Isaías estaba impulsando a la humanidad hacia nuevos descubrimientos morales.

Todos los temas de Isaías están interrelacionados. A semejanza de Oseas, le importa advertir de la catástrofe. «Centinela, ¿qué hay de la noche?», pregunta. Los necios no se dan por enterados. Dicen: «Comamos y bebamos, que mañana moriremos.» O confían en las fortificaciones y las alianzas. En cambio, deberían obedecer el mandato del Señor:

«Haz testamento, porque muerto eres y no vivirás.» Esta posición supone un cambio moral de los sentimientos, una reforma interior tanto de los individuos como de la comunidad. La meta ha de ser la justicia social. Los hombres deben cesar de buscar la riqueza como el propósito principal de la vida: «¡Ay de los que añaden una casa a otra, y agregan un campo a otro campo, hasta que no queda más lugar! Han de ser obligados a vivir solos en medio de la tierra.» Dios no tolerará la opresión de los débiles, «"porque aplastasteis a mi pueblo y machacasteis el rostro de los pobres?", dice el Señor, el Eterno de los ejércitos».[217]

El segundo tema de Isaías es el arrepentimiento. Si hay un cambio de los sentimientos, el Señor siempre se muestra compasivo. «"Venid ahora y entendámonos juntos", dice el Eterno. "Aunque vuestros pecados sean como la grana, tornáranse tan blancos como la nieve."» Lo que Dios reclama del hombre es un reconocimiento y una reciprocidad hacia su santidad —«Santo, santo, santo es el Eterno de los ejércitos. La tierra toda está pletórica de su gloria»—, e Isaías imagina a los ángeles rozando los labios de los hombres con un carbón encendido para destruir el pecado. Y cuando el pecador cambia de actitud y no busca la riqueza y el poder, sino la santidad, Isaías presenta el tercer tema: la idea de una era de paz, en la cual los hombres «forjarán de sus espadas azadones, y de sus lanzas podaderas. No levantará espada nación contra nación, ni se ejercitarán más en la guerra». En esta era de paz, que «el desierto y el sequedal se alegren, regocíjese la estepa y florezca como flor».[218]

Pero Isaías no se limita a predicar un nuevo código ético. Como proviene de un pueblo preocupado por la historia, percibe la voluntad de Dios, la causa y el efecto, el pecado y el arrepentimiento, desarrollándose en una dirección lineal definida. Ofrece una visión del futuro, y es una visión poblada por personajes perfilados. En este punto introduce su cuarto tema: la idea no sólo de una colectividad que se aparta del pecado, sino la de la figura concreta de un salvador: «He aquí que una doncella está encinta y va a dar a luz un hijo, y le pondrá por nombre Imanuel.» Este niño especial será un agente activo en la era de la paz: «Serán vecinos el lobo y el cordero, y el leopardo se echará con el cabrito, el novillo y el cachorro pacerán juntos, y un pequeño los conducirá.» Pero será también un gran gobernante: «Porque una criatura nos ha nacido, un hijo se nos ha dado. Estará el señorío sobre su hombro, y su nombre es "Consejero es Dios Todopoderoso, Padre Eterno, Príncipe de la Paz".»[219]

Isaías no sólo escribió, sino que predicó en el Templo. Sin embargo, no hablaba de una religión del culto oficial, de interminables sacrificios y ceremonias sacerdotales, sino de una religión ética del corazón: por encima de las cabezas de los sacerdotes, se dirigía al pueblo. Una sólida tradición talmúdica dice que fue asesinado durante el reinado del rey Manasés, adorador de ídolos; pero tampoco era bien visto por el sacerdocio ortodoxo, el régimen asentado en el Templo. El martirio era el tema que comenzaba a delinearse cada vez con más insistencia en los escritos israelitas. En la segunda parte de Isaías surge un nuevo personaje, que parece relacionado con la figura del salvador de la primera: el Servidor Doliente, que sobrelleva los pecados de la comunidad entera, y que gracias a su sacrificio los expía, y que también personifica y dirige a una conclusión triunfal la misión nacional.[220] El Servidor Doliente es el eco de la voz y el destino del propio Isaías, y las dos partes del libro poseen cierta unidad, a pesar de que es posible que estén separadas en su redacción hasta por dos siglos. En conjunto, el Libro de Isaías señala una notable maduración de la religión de Yahvé. Ahora se preocupa por la justicia y el juicio: el juicio de las naciones y el juicio del alma individual. Sobre todo en el Deutero-Isaías, se destaca al individuo como portador de la fe, al margen de las pretensiones de la tribu, la raza y la nación. No sólo Elías, sino todos y cada uno de nosotros llevamos dentro la «voz queda y pequeña» de la conciencia. Es parte del descubrimiento del individuo, un paso gigantesco hacia el autoconocimiento humano. Los griegos pronto avanzarían en la misma dirección. Pero los israelitas, o como pronto los denominaremos, los judíos, fueron los precursores.

Además, a diferencia de los griegos, los israelitas, inspirados por Isaías, estaban avanzando hacia un monoteísmo puro. En las partes más antiguas de la Biblia hay muchos pasajes en los que se ve a Yahvé no tanto como el único Dios, sino como el más poderoso, que puede actuar en los territorios de otros dioses.[221] Pero en el Deutero-Isaías se niega la existencia de otros dioses, no sólo en la práctica, sino en la esfera de la teoría ideológica: «Yo soy el primero y el último, fuera de mí, no hay ningún dios.»[222] Más aún, ahora se afirma claramente que Dios es universal, ubicuo y omnipotente. Dios es la fuerza motriz, y la única fuerza motriz de la historia. Él creó el universo; lo dirige; le pondrá fin. Israel es parte de su plan, pero también son parte de su plan todos los demás. De modo que si los asirios atacan, lo hacen por mandato de Dios; y si los babilonios exilian a la nación entera, ésa es también la voluntad de Dios. La religión mosaica del desierto comienza a convertirse en una refinada fe universal, hacia la cual la humanidad entera puede volverse en busca de respuestas.[223]

Es indudable que el mensaje de Isaías penetró en la conciencia del pueblo antes de la caída de Jerusalén. Pero durante las últimas décadas que precedieron a la catástrofe, otra voz viva, menos poética pero igualmente penetrante vino a unirse a su potente voz. Sabemos de Jeremías más que de ningún otro de los autores que precedieron al Exilio, porque dictó sus sermones y su autobiografía a su alumno escriba Baruc.[224] Su vida está íntimamente entrelazada con la historia trágica de su país. Era benjaminita, de una familia de sacerdotes, oriunda de una aldea que se encuentra al noreste de Jerusalén. Comenzó a predicar en 627 a. C., siguiendo la tradición de Oseas y hasta cierto punto la de Isaías. Veía en la nación una colectividad terriblemente pecadora, que marchaba hacia su destrucción: «Este pueblo tiene un corazón traidor y rebelde.» A semejanza de Oseas, no se interesaba en el régimen religioso, formado por los sacerdotes, los escribas, los «sabios» o los profetas del templo: «Los profetas profetizaron con mentira, y los sacerdotes dispusieron a su guisa. Pero mi pueblo lo prefiere así. ¿Adónde vais a parar?»[225] Juzgó que la gran reforma religiosa favorable al Templo, realizada bajo Josías, era un fracaso total, y poco después de la muerte del rey en 609 a. C., fue al Templo y predicó un sermón colérico, diciendo precisamente eso. Como resultado de su discurso, casi fue muerto y se le prohibió estar cerca del distrito del Templo. Su propia aldea, incluso su familia, se volvió contra él. No pudo o no quiso casarse. Afectado por el aislamiento y la soledad, en sus escritos muestra signos de paranoia, como ahora la denominaríamos: «¡Maldito el día en que nací!», escribe. Y de nuevo: «¿Por qué ha resultado mi penar perpetuo, y mi herida irremediable, rebelde a la medicina?» Sentía que estaba rodeado por enemigos que «contra mí tramaban maquinaciones», y que «era como cordero manso llevado al matadero».[226] Había cierta verdad en todo esto: no sólo se prohibió predicar a Jeremías, sino que se procedió a quemar sus escritos.

Esta impopularidad era comprensible. En momentos en que el «enemigo del norte», como él mismo llamaba a Nabucodonosor y su ejército, era cada vez más amenazador, y todo el reino trataba de hallar un modo de evitar el desastre, parecía que Jeremías predicaba el derrotismo. Afirmaba que el pueblo y sus gobernantes eran ellos mismos los autores del peligro, a causa de su maldad. El enemigo no era más que el instrumento de la cólera de Dios, y por lo tanto debía prevalecer. Esa actitud tenía el aspecto del más sombrío fatalismo: de ahí la idea de la «jeremiada». Lo que sus contemporáneos no percibieron fue la otra parte del mensaje, las razones que justificaban la esperanza. Porque Jeremías estaba diciendo que la destrucción del reino no importaba. Israel continuaba siendo el elegido del Señor. Podía cumplir la misión que Dios le había asignado, y hacerlo tanto en el exilio y la dispersión como en los límites de su pequeño estado-nación. El nexo de Israel con el Señor sobreviviría a la derrota porque era intangible, y por lo tanto indestructible. Jeremías no predicaba la desesperación; al contrario, preparaba a los israelitas para afrontar la desesperación, y superarla. Trataba de enseñarles el modo de convertirse en judíos: de someterse al poder conquistador y adaptarse a él, de extraer el mejor partido de la adversidad, y de apreciar en sus corazones la certidumbre general de la justicia divina.

La lección era necesaria, pues el fin de la primera comunidad estaba a la vista. Tres años antes de que Jeremías predicase su sermón del Templo, el Imperio asirio se derrumbó súbitamente y el nuevo poder de Babilonia ocupó el vacío que aquél dejó. En 605 a. C., Babilonia ganó la decisiva batalla de Karjemish y destruyó al ejército egipcio, la «caña rota». Jerusalén cayó en 597 a. C., y la Crónica Babilonia, que ahora está en el Museo Británico, observó: «En el séptimo año, y en el mes de Kislev, [Nabucodonosor] reunió sus tropas, y habiendo marchado al país de Hatti, sitió la ciudad de Judá, y el segundo día del mes de Adar se apoderó de la ciudad y capturó al rey. Designó después un rey que él eligió, recibió su elevado tributo y lo envió a Babilonia.» Así, tenemos la fecha exacta, el 16 de marzo. El Segundo Libro de los Reyes agrega que Joaquín, rey de Judá, fue llevado a Babilonia con «todo Jerusalén, todos los príncipes, todos los hombres valientes, diez mil cautivos en total, y a todos los artesanos y los herreros»; permaneció allí únicamente «la gente pobre del país».[227]

No fue éste el fin de los sufrimientos de Judá. Bajo Sedecías, el gobernador israelita designado por los babilonios, y que les había jurado fidelidad, la ciudad se rehizo y de nuevo fue asediada. En 1935, el arqueólogo J. L. Starkey excavó la puerta de Laquís, y allí descubrió ostracas inscritas, que ahora reciben el nombre de Cartas de Laquís. Son despachos de un puesto avanzado a un oficial superior de Laquís que se remontan al otoño de 589 a. C. y abarcan la última fase de la libertad de Jerusalén. Una alude a un «profeta», quizás el propio Jeremías. Otra dice que Jerusalén, Laquís y Azeká son los únicos enclaves israelitas que perduran. En 587-586, las murallas de Jerusalén fueron derribadas, y la ciudad se rindió por hambre. En una escena impresionante, asesinaron a los hijos de Sedecías en presencia del padre, y después de obligarlo a ver este terrible espectáculo, le arrancaron los ojos, el castigo usual aplicado al vasallo que faltaba a su juramento. El Templo fue demolido, y destruidas las murallas, se derribaron las grandes casas de la ciudad, y la antigua ciudad de Millo, que se remontaba a un periodo anterior a la conquista de David, fue enviada al fondo de la hondonada.[228]

Pero hubo una diferencia fundamental entre la conquista babilonia de Judá y el ataque asirio al norte. Los babilonios eran mucho menos crueles. No colonizaban. No se procedió al traslado de tribus extrañas desde el este, para cubrir la Tierra Prometida con santuarios paganos.

La gente pobre, los *am ha-arets*, perdieron a sus jefes, pero en cierto modo pudieron aferrarse a su religión. Además, los benjaminitas, que parecen haberse sometido en 588 a. C., no fueron exiliados, y sus ciudades de Gabaón, Mispá y Betel permanecieron intactas. De todos modos, hubo una gran dispersión de la nación. Fue una diáspora al mismo tiempo que un exilio, pues muchos huyeron hacia el norte, a Samaria, o a Edom y Moab. Algunos pasaron a Egipto. Entre ellos estaba el propio Jeremías, que se había comportado con mucha tenacidad y valor en los últimos días de Jerusalén, insistiendo en que la resistencia era inútil, y en que Nabucodonosor era el agente del Señor, enviado a castigar a Judá por su perversidad. De modo que lo detuvieron. Después de la caída de la ciudad, quiso permanecer allí y compartir la vida de los pobres; pero un grupo de ciudadanos lo obligó a marchar con ellos y a instalarse del otro lado de la frontera egipcia, donde continuó, en edad avanzada, denunciando los pecados que habían acarreado la venganza del Señor, y depositando su fe en «sólo unos pocos» que veían sus palabras justificadas por la historia. Después, la voz de este primer judío se hundió en el silencio.[229]

2

El judaísmo

En el primer grupo de la elite obligada a marchar al exilio babilonio en 597 a. C. había un sacerdote sabio llamado Ezequiel. Su esposa había fallecido durante el último sitio de la ciudad, y él vivió y falleció en solitario exilio, junto al canal de Kebar, cerca de Babilonia.[1] Sentado en la orilla, dominado por la amargura y la desesperación, tuvo una visión divina: «Un viento tormentoso que venía del norte, una gran nube, con un fuego que resplandecía de modo que había una refulgencia en derredor, y de en medio del fuego un brillo como de bronce fundente.»[2] Fue la primera de una serie de notables experiencias visuales, únicas en la Biblia por los colores intensos y la luz deslumbrante que Ezequiel vio y anotó, valiéndose de todo su vocabulario para hallar palabras que le permitiesen la descripción: los colores son los del topacio, los zafiros, los rubíes, la luz es deslumbrante y radiante, centellea y resplandece y enceguece y quema con su intenso calor. El extenso libro de Ezequiel es confuso y confunde, e incluye secuencias oníricas e imágenes terroríficas, amenazas, maldiciones y violencia. Es uno de los grandes escritores de la Biblia, y uno de los más populares en su propio tiempo y después. Pero se rodea de misterios y enigmas, casi contra su voluntad. ¿Por qué, pregunta, siempre tengo que hablar en enigmas?

Pero en esencia este hombre extraño y apasionado necesitaba transmitir un mensaje firme y enérgico: la única salvación era la que se obtenía mediante la pureza religiosa. Los estados, los imperios y los tronos a la larga no importaban. Perecerían por el poder de Dios. Lo que importaba era la criatura que Dios había creado a su propia imagen: el hombre. Ezequiel explica que Dios lo llevó a un valle lleno de huesos y le preguntó: «Hijo de hombre, ¿podrán vivir estos huesos?» Y entonces, ante sus ojos aterrorizados, los huesos comenzaron a entrechocarse y sacudirse y unirse: Dios les dio tendones, carne y piel, y finalmente les insufló su aliento, «y vivieron y se irguieron, y formaron un ejército numerosísimo».[3] Los cristianos habrían de interpretar después esta terrible escena como una imagen de la Resurrección de los muertos, pero, a juicio de Ezequiel y su público, era un signo de la resurrección de Israel, aunque de un Israel más cercano que nunca a Dios y más dependiente que nunca de Él, un Israel en que cada hombre y cada mujer habían sido creados por Dios, y cada uno era individualmente responsable ante Él, y cada uno estaba comprometido desde la cuna a obedecer durante toda la vida el mandato de sus leyes. Si Jeremías fue el primer judío, Ezequiel y sus visiones fueron el factor que confirió el impulso dinámico a la formulación del judaísmo.

El Exilio supuso necesariamente una ruptura con el pasado tribal. Más aún, diez de las tribus ya habían desaparecido. Ezequiel insistió, como Oseas, Isaías y Jeremías, en que las calamidades que recaían sobre los judíos eran el resultado directo e inexorable del incumplimiento pecaminoso de la Ley. Pero mientras que las historias y las profecías anteriores habían hecho hincapié en el sentimiento de culpabilidad colectiva, y atribuido a los reyes y los jefes la perversidad que había determinado que la cólera divina recayese sobre todos, los judíos desterrados sólo podían culpar cada uno a su propio yo individual. Dios, escribió Ezequiel, ya no castigaba colectivamente al pueblo por los pecados de sus jefes, o a la generación actual por las faltas de aquellas que la precedieron. El antiguo proverbio israelita: «Los padres han comido uvas agrias, y los hijos tienen dentera» ya no era válido. Era anticuado, había que desecharlo. «Atención, todas las almas son mías», dijo Dios a Ezequiel, y cada uno era individualmente responsable ante él: «el alma que pecare ha de morir».[4] La idea del individuo, que por supuesto siempre se había manifestado en la religión mosaica, pues era inherente a la creencia de que cada hombre y cada mujer estaban creados a imagen de Dios, se había visto enérgicamente reforzada por las afirmaciones de Isaías. Con Ezequiel, esta idea adquirió carácter supremo, y en adelante la responsabilidad individual se convirtió en la esencia misma de la religión judía.

Muchas consecuencias se desprendieron de esta supremacía. Entre 734 y 581 a. C. hubo seis deportaciones diferentes de israelitas, y otros huyeron voluntariamente a Egipto o a distintas regiones del Oriente Próximo. A partir de este periodo, una mayoría de judíos viviría siempre fuera de la Tierra Prometida. Así pues, dispersos, sin jefes, sin Estado ni ningún otro aspecto de la estructura normal de apoyo proporcionada por su propio gobierno, los judíos se vieron forzados a hallar otros medios para preservar su identidad especial. De modo que dirigieron la atención hacia sus propios escritos: sus leyes y las crónicas de su pasado. A partir de este periodo tenemos más noticias de los escribas. Los que hasta entonces habían sido simples secretarios que, como Baruc, transcribían las palabras de los grandes, se convirtieron en una casta importante, dedicada a redactar las tradiciones orales, a copiar los rollos preciosos traídos del Templo destruido, a ordenar, a compilar y racionalizar los archivos judíos. En efecto, durante un tiempo fueron más importantes que los sacerdotes, que carecían de un templo que destacase su gloria y su carácter indispensable. El exilio favoreció el esfuerzo de los escribas, pues los judíos fueron bastante bien tratados en Babilonia. Las tablillas halladas cerca de la puerta de Ishtar de la antigua ciudad enumeran las raciones entregadas a los cautivos, entre ellos a «Yaujín, rey de la tierra de Yahud», es decir, Joaquín. Algunos judíos se convirtieron en mercaderes. Aparecieron las primeras anécdotas de éxito de la diáspora. La riqueza mercantil financió el esfuerzo de los escribas y la tarea de mantener la fe de los judíos. Si el individuo asumía la responsabilidad de obedecer la Ley, debía saber qué era la Ley. De modo que no bastaba con anotar y copiar la Ley; había que enseñarla.

Así, fue precisamente durante el Exilio cuando se impuso por primera vez a todos los judíos la práctica regular de su religión. Se insistió rigurosamente en la circuncisión, que los distinguía de manera inequívoca de los paganos, y el acto se convirtió en una ceremonia, y por lo tanto en parte del ciclo vital y la liturgia de los judíos. El concepto del *shabbat*, intensamente reforzado por lo que aprendieron de la astronomía babilonia, llegó a ser el foco de la semana judía, y Shabbetái fue el nuevo nombre más popular inventado durante el Exilio. El año judío empezó a quedar marcado por las festividades regulares: la Pascua celebraba la fundación de la nación judía; Pentecostés, la entrega de las leyes, es decir la fundación de su religión; los Tabernáculos, las andanzas por el desierto, el momento en que la nación y la religión confluyeron; y a medida que la conciencia de la responsabilidad arraigó en sus corazones, los judíos comenzaron a celebrar también el Año Nuevo en memoria de la Creación, y el Día del Perdón en anticipación del Juicio. También en esto la ciencia y los conocimientos babilonios acerca del calendario contribuyeron a regularizar e institucionalizar el marco religioso anual. En el exilio las normas de la fe comenzaron a parecer elementos de suprema importancia: las normas de pureza, de limpieza, de dieta. Se estudiaban las leyes, se las leía en voz alta y se las memorizaba. Probablemente a esta época corresponde la exhortación deuteronómica: «Y llevarás dentro del corazón estos mandamientos que hoy te doy. Y los inculcarás a tus hijos y hablarás de ellos cuando estés en tu casa, cuando viajes, cuando te acuestes y cuando te levantes. Y los tendrás atados como señal en tu mano y serán como frontales entre tus ojos. Y los tendrás escritos en las jambas de las puertas de tu casa y en los portales de la ciudad.»[5] En el exilio, privados de un estado, los judíos se convirtieron en una nomocracia, se sometieron voluntariamente al gobierno basado en una Ley que podía aplicarse sólo por consentimiento. Nunca antes había ocurrido algo semejante.

Teniendo en cuenta que el Exilio fue breve, en el sentido de que duró sólo medio siglo después de la caída definitiva de Judá, su fuerza creadora fue abrumadora. Llegamos aquí a un aspecto importante de la historia judía. Como ya hemos observado, existe un conflicto inherente entre la religión y el estado de Israel. Desde el punto de vista religioso, hubo cuatro grandes periodos formadores en la historia judía: el de Abraham, el de Moisés, el del Exilio y la primera parte del postexilio, y el de después de la destrucción del Segundo Templo. Los dos primeros produjeron la religión de Yahvé, los dos segundos la desarrollaron y refinaron en el judaísmo. Pero en ninguno de estos periodos los judíos poseyeron un estado independiente, aunque es cierto que, durante el periodo mosaico, realmente no fueron gobernados por terceros.

A la inversa, llama la atención que en el momento en que los israelitas, y después los judíos, alcanzaron una situación de gobierno propio, estable y próspero surgieron extraordinarias dificultades para mantener pura e incorrupta su religión. La decadencia se inició rápidamente después de la conquista de Josué; se repitió bajo Salomón, y se manifestó de nuevo en los reinos septentrional y meridional, sobre todo bajo el mandato de los reyes ricos y poderosos y cuando los tiempos eran buenos; exactamente el mismo esquema se repetiría otra vez bajo los Asmoneos y durante el gobierno de potentados como Herodes el Grande. En las etapas de autogobierno y prosperidad, los judíos siempre parecieron atraídos por las religiones vecinas, fueran éstas la cananea, la filisteo-fenicia o la griega. Sólo en la adversidad se aferraron decididamente a sus principios y desarrollaron su extraordinaria capacidad de imaginación religiosa, su originalidad, su claridad y su celo. Así pues, quizás estaban mejor sin su propio estado, porque se sentían más inclinados a obedecer la Ley y experimentar temor de Dios, mientras otros afrontaban los deberes y las tentaciones que acompañaban al gobierno. Jeremías fue el primero que percibió la posibilidad de que la impotencia y la bondad estuviesen más o menos relacionadas, y de que el gobierno extranjero fuese preferible al gobierno propio, acercándose de este modo al concepto de que el Estado era intrínsecamente perverso. Estas ideas tenían raíces profundas en la historia israelita y se remontaban a los nazarenos y los recabitas. Eran inherentes a la propia religión de Yahvé, pues Dios, y no el hombre, es el gobernante. Hay pasajes en que la Biblia parece sugerir que el propósito general de la virtud es derrotar el orden vigente, de creación humana: «Los valles serán levantados, y las montañas y colinas bajadas, y lo rugoso será alisado, y los lugares escarpados serán llanos.»[6] En el capítulo 2 del Primer Libro de Samuel, su madre Ana entona un himno triunfal a la subversión en nombre de Dios, es decir, a la revolución divina: «Levanta al pobre del polvo, levanta al necesitado del muladar, para hacerlos sentar con príncipes»;[7] y la Virgen María más tarde se haría eco del mismo tema en el Magnificat. Los judíos eran la levadura, que provocaba la descomposición del orden vigente, eran el agente químico del cambio social; por lo tanto, ¿cómo podían ser ellos el orden y la sociedad?[8]

A partir de este momento advertimos la existencia de una mentalidad del exilio y la diáspora en los judíos. El Imperio babilónico pronto fue reemplazado por la alianza de persas y medos creada por Ciro el Grande, que no alentaba deseo alguno de mantener en custodia a los judíos. Sin embargo, muchos de ellos, quizá la mayoría, prefirieron permanecer en Babilonia, que se convirtió en un gran centro de la cultura judía durante mil quinientos años. Otras comunidades judías se asentaron en Egipto, no sólo en la frontera, como hizo Jeremías, sino en el curso del Nilo, hasta lugares tan alejados como la isla de Elefantina, cerca de la primera catarata: allí, entre otros documentos, ha sobrevivido una carta escrita sobre papiro en que la comunidad judía solicita permiso para reconstruir su templo.[9] Incluso entre los que sí regresaron a Judá, había un elemento orientado hacia el exilio, que los llevaba a adoptar la opinión de Jeremías de que el Exilio representaba una virtud positiva en espera de la pureza perfecta.

Vivían a orillas del desierto y se veían como exiliados interiores, en lo que denominaban «el país de Damasco», un símbolo de la deportación, donde Yahvé tenía su santuario; aguardaban la señal de Dios, cuando una estrella y un jefe santo los conducirían de nuevo a Jerusalén. Estos partidarios del exilio eran descendientes de los recabitas y precursores de la secta de Qumrán.[10]

Ciertamente, es posible que el rey persa Ciro el Grande fuese el instigador del Retorno. La fe de la clase gobernante persa era ética y universalista, a diferencia del nacionalismo intolerante y estrecho de los poderes imperiales anteriores. El propio Ciro profesaba el culto de Zoroastro y creía en un ser único, eterno y benéfico, «creador de todas las cosas por medio del espíritu santo».[11] Durante el reinado de Ciro, los persas desarrollaron una política religiosa imperial completamente distinta a la que habían aplicado los asirios y los babilonios. Respetaban las creencias religiosas de los pueblos sometidos, siempre que fuesen compatibles con la aceptación de su autoridad. Ciertamente, parece que Ciro consideró un deber religioso revocar las perversas deportaciones y las destrucciones de templos acometidas por sus predecesores. En el cilindro de Ciro, descubierto en las ruinas del palacio de Babilonia durante el siglo XIX, y que ahora se encuentra en el Museo Británico, expresó su política: «Yo soy Ciro, el rey del mundo [...] Marduk, el gran dios, se regocija con mis actos piadosos [...] yo reuní a todo su pueblo y lo llevé de regreso a sus moradas [...] y a los dioses [...] por orden de Marduk, el gran señor, ordené instalarlos complacidos en sus santuarios [...] Que todos los dioses a quienes llevé de regreso a sus ciudades oren [diariamente] pidiendo que mis días sean largos.»[12] De acuerdo con el Deutero-Isaías, compilado más o menos por esta época, el Señor ordenó esta restauración emprendida por Ciro, a quien denomina «el ungido del Señor».[13] En el Libro de Esdras el Escriba, al relatar el retorno, Ciro dice a los judíos babilónicos: «Todos los reinos de la Tierra me los ha dado el Eterno, Dios del Cielo, y Él me ha encargado que Le construyera una casa en Jerusalén, que está en Judea. Quienquiera que haya entre vosotros de todo Su pueblo, sea su Dios con él, suba a Jerusalén, que está en Judea, y construya la casa del Eterno, el Dios de Israel, el Dios que está en Jerusalén.»[14]

A pesar del apoyo y el mandato de Ciro, el primer regreso en 538 a. C., bajo el mando de Senazar, hijo del antiguo rey Joaquín, fracasó, pues los judíos pobres que habían quedado detrás, los *am ha-arets*, se opusieron e impidieron, unidos con los samaritanos, los edomitas y los árabes, que los colonos levantaran murallas. En 520 a. C. se realizó otro intento, con el respaldo pleno de Darío, hijo de Ciro, y bajo el mando de un jefe oficial llamado Zorobabel, cuya autoridad como descendiente de David fue reforzada con su designación para el cargo de gobernador persa de Judá. La Biblia anota que 42.360 exiliados regresaron con él, y que la cifra incluía un elevado número de sacerdotes y escribas. Este movimiento supuso la entrada en el escenario de Jerusalén de la nueva ortodoxia judía, que giraba alrededor de un solo templo centralizado y su legítima adoración. El trabajo en el Templo comenzó inmediatamente. Se lo erigió en un estilo más humilde que el de Salomón, como aclara Ageo 2:2, aunque de nuevo se usaron cedros del Líbano. Los samaritanos y otros judíos considerados heréticos no pudieron participar en el trabajo. Se les dijo: «Nada tenéis que ver con nosotros.»[15] Quizás a causa del exclusivismo de los exiliados que regresaban, la colonia no prosperó. En 458 a. C. fue reforzada por una tercera ola, dirigida por Esdras, sacerdote y escriba de mucho saber y gran autoridad, que intentó, sin lograrlo, resolver los problemas legales provocados por la heterodoxia, los matrimonios mixtos y las disputas acerca de la propiedad de la tierra. Finalmente, en 445 a. C., se unió a Esdras un nutrido contingente encabezado por un destacado judío y prominente funcionario persa llamado Nehemías, a quien se asignó el cargo de gobernador de Judá y se le otorgó la autoridad necesaria para convertirla en una comunidad política independiente en el marco del imperio.[16]

Esta cuarta oleada consiguió al fin estabilizar el reasentamiento, principalmente porque Nehemías, hombre de acción tanto como diplomático y estadista, reconstruyó con encomiable rapidez los muros de Jerusalén, y así creó un enclave seguro desde el cual pudo dirigirse el trabajo de reasentamiento. Nehemías describió su propio comportamiento en sus memorias, un ejemplo brillante de escrito histórico judío. Se nos habla de la primera inspección de las murallas en ruinas, en secreto, durante la noche; la lista de honras de los que participaron y los que construyeron; los desesperados intentos de los árabes, los amonitas y otros para impedir el trabajo; su continuación bajo guardia armada y la vuelta a la ciudad todas las noches («nadie de nosotros se quitaba la ropa, y cada cual iba con su arma hasta el agua»)[17] y el final triunfal. Nehemías dice que el trabajo se completó en cincuenta y dos días. La ciudad reconstruida era más pequeña que la de Salomón, era pobre y ante todo estaba menos poblada. «La ciudad es extensa y grande —escribió Nehemías—, pero las personas que allí estaban eran pocas y no se habían construido casas.» Pero se trajeron familias, elegidas al azar, de todo el territorio de Judá. La energía y la inventiva de Nehemías serían una inspiración cuando Palestina fuese ocupada de nuevo por activistas judíos durante el siglo XX. Pero con la finalización de su obra, se estableció una súbita calma y un silencio absoluto.

Los años 400-200 a. C. son los siglos perdidos de la historia judía. No hubo grandes episodios ni calamidades que ellos consideraran conveniente registrar. Quizá se sentían felices. En todo caso, es evidente que los judíos simpatizaron con los persas más que con cualesquiera otros gobernantes. Nunca se alzaron contra ellos; al contrario, algunos mercenarios judíos los ayudaron a sofocar la rebelión egipcia. Los judíos tenían libertad para practicar la religión en su propio país de Judá, o en otro lugar del Imperio persa, y pronto comenzaron a aparecer asentamientos judíos en una amplia región: un eco de esta diáspora es el Libro de Tobías, compuesto en Media alrededor del siglo V a. C. Otro es la colección de seiscientos cincuenta documentos comerciales en escritura cuneiforme, escritos entre 455 y 403 en la ciudad de

Nippur, cerca de donde vivía Ezequiel: el ocho por ciento de los nombres incluidos en estos textos son judíos.[18] Han sobrevivido de la colonia de Elefantina los archivos de dos familias judías, que arrojan luz sobre la vida y la religión en ese lugar.[19] La mayoría de los judíos de la diáspora acerca de quienes se habla parece haber prosperado y practicado fielmente su religión. Más aún, era la religión de la nueva ortodoxia: el judaísmo.

Ciertamente, los doscientos años perdidos, aunque callados, no fueron improductivos. Asistieron a la aparición del Antiguo Testamento más o menos como lo conocemos. Esto fue necesario a causa de la naturaleza de la nueva versión judaica de la fe israelita establecida por Nehemías y Esdras en la reconstrucción de Jerusalén. El capítulo 8 del Libro de Nehemías explica que todos los ciudadanos se reunieron cerca de la compuerta para oír una serie de lecturas del «libro de la ley de Moisés». Las dirigió Esdras el Escriba, de pie «sobre un púlpito de madera, que habían fabricado con ese fin». A la luz de las lecturas, que provocaron intensa emoción, se concertó un nuevo y solemne pacto, firmado y aceptado por todos los que, hombres y mujeres, sus hijos y sus hijas, se consideraban ortodoxos, «todos los que tenían inteligencia para aprender».[20]

En resumen, el nuevo pacto, del cual puede afirmarse que inauguró oficial y legalmente el judaísmo, no se basaba en la predicación o la revelación, sino en un texto escrito. Es decir, una versión oficial, autorizada, exacta y comprobada. Y eso, a su vez, implicaba clasificar, seleccionar y compilar la nutrida literatura de historia, política y religión que los judíos ya habían acumulado. Conocían la escritura desde una etapa muy temprana de su historia. El Libro de los Jueces nos dice que cuando Gedeón estaba en Sukkot, se apoderó de un muchachito y lo interrogó acerca del lugar, y el jovencito le escribió los nombres de todos los terratenientes y los ancianos locales, que eran «setenta y siete hombres».[21] Es probable que la mayoría de los campesinos supiese leer un poco.[22] En las ciudades, el nivel de alfabetización era elevado y gran número de personas escribía y anotaba narraciones que había escuchado, o sus propias aventuras y experiencias, espirituales y seculares. Centenares de profetas pusieron por escrito sus proverbios. El número de historias y crónicas era inmenso. El pueblo de Israel no tenía grandes artesanos, ni pintores o arquitectos. Pero escribir era su inclinación nacional, casi su obsesión. Probablemente produjeron, ya sólo por lo que hace a la cantidad misma, la literatura más grande de la Antigüedad, de la cual el Antiguo Testamento es apenas un pequeño fragmento.

Pero los judíos veían la literatura como una actividad didáctica, con un propósito colectivo. No era un acto de autocomplacencia personal. A la mayoría de los libros de la Biblia se les atribuye una autoría individual, pero los propios judíos otorgaban la aprobación comunitaria y conferían autoridad a los libros que merecían su aprobación. El núcleo de su literatura siempre era público y estaba sujeto al control social. En su apología de la fe judía, *Contra Apión*, Josefo describe este enfoque:

> Entre nosotros no está al alcance de todos escribir las crónicas. [...] Sólo los profetas tenían ese privilegio, y recibían el saber de la historia más remota y antigua gracias a la inspiración que debían a Dios, y se comprometían a escribir una versión clara de los hechos de su propio tiempo a medida que ocurrían. [...] No poseemos multitud de libros inconsecuentes, que se contradicen unos con otros. Nuestros libros, los justamente acreditados, son veintidós y contienen el registro de todos los tiempos.[23]

Con la expresión «justamente acreditados», Josefo quiere decir «canónicos». La palabra *canon* es muy antigua, y es un término sumerio que significa «caña», de donde derivó su sentido de recto o justo; para los griegos significaba una regla, un límite o una norma. Los judíos fueron los primeros que lo aplicaron a los textos religiosos. Para ellos, indicaba las declaraciones divinas de indudable autoridad o los escritos proféticos de inspiración divina. De ahí que cada libro, para ser aceptado en el canon, debía tener como autor acreditado a un profeta auténtico y reconocido.[24] El canon comenzó a surgir cuando los cinco primeros libros, o libros mosaicos, el Pentateuco, a los que más tarde los judíos denominaron la Torá, alcanzaron la forma escrita. En su versión más primitiva, el Pentateuco probablemente se remonta a los tiempos de Samuel, pero la forma en que poseemos el texto es una compilación de cinco y posiblemente más elementos: una fuente meridional, que denomina Yahvé a Dios y se remonta a los escritos mosaicos originales; una fuente septentrional, que denomina Elohim a Dios, y que también es muy antigua; el Deuteronomio, o parte del mismo, el libro «perdido» que fue hallado en el Templo en tiempos de la reforma de Josué; y dos códigos adicionales distintos, denominados por los eruditos el Código Sacerdotal y el Código de la Santidad, ambos correspondientes a los tiempos en que el culto religioso había llegado a formalizarse más y la casta sacerdotal estaba rigurosamente disciplinada.

Por consiguiente, el Pentateuco no es una obra homogénea. Pero tampoco es, como han sostenido algunos eruditos de la tradición crítica alemana, una falsificación intencionada de los sacerdotes de después del Exilio, que intentaron imponer al pueblo sus creencias religiosas egoístas atribuyéndolas a Moisés y su época. No debemos permitir que los prejuicios académicos alimentados por la ideología hegeliana, el anticlericalismo, el antisemitismo y las modas intelectuales del siglo XIX deformen nuestra visión de estos textos. Toda la evidencia interna demuestra que quienes escribieron y unieron estos escritos, y los escribas que los copiaron cuando se estructuró el canon después del retorno del Exilio, creían absolutamente en la inspiración divina de los antiguos textos y los transcribieron con veneración y con el más elevado nivel posible de exactitud, incluyendo muchos pasajes que evidentemente no entendían. Más aún, el texto del Pentateuco hace dos veces recomendaciones solemnes, derivadas de Dios mismo, contra la manipulación: «No añadiréis ni quitaréis palabra de cuanto os prescribo, sino que guardaréis los mandatos del Eterno, vuestro Dios.»[25]

Todo indica que los copistas o escribas —la palabra en hebreo es *sofer*— eran individuos de elevada profesionalidad, que desempeñaban con mucha seriedad sus obligaciones. La palabra se utiliza por primera vez en el antiguo Canto de Débora, y pronto comienza a hablarse de corporaciones de escribas de carácter hereditario, lo que el Primer Libro de las Crónicas denomina «familias de escribas»,[26] cuyo deber más honroso era preservar el canon en toda su sagrada integridad.

Comenzaron con los textos mosaicos que, para mayor comodidad, fueron transcritos en cinco rollos distintos: de ahí su nombre (aunque la palabra *Pentateuco* es griega, lo mismo que los nombres individuales de los libros). A éstos se agregó la segunda división de la Biblia, los Profetas, en hebreo *Neviim*. Éstos están formados por los «Profetas Anteriores» y los «Profetas Posteriores». Los primeros consisten principalmente en obras narrativas e históricas —Josué, Jueces, Samuel y Reyes— y los últimos son los escritos de los oradores proféticos, que a su vez se dividen en dos secciones, los tres profetas mayores, Isaías, Jeremías y Ezequiel —el término indica duración, no importancia— y los doce menores, es decir: Oseas, Joel, Amós, Abdías, Jonás, Miqueas, Nahum, Habacuc, Sofonías, Ageo, Zacarías y Malaquías. Después, están las obras de la tercera división, los *Ketuvim* o «escritos», a menudo denominados hagiografías. Éstos son los Salmos, los Proverbios, el Libro de Job, el Cantar de los Cantares, Rut, Lamentaciones, Eclesiastés, Ester, Daniel, Esdras, Nehemías y los dos libros de las Crónicas.

La división tripartita no refleja una clasificación intencionada, sino más bien un proceso histórico. A medida que las lecturas públicas se convirtieron en parte integral de los servicios judíos, se agregaron más textos, y los escribas los copiaron debidamente. El Pentateuco o Torá fue canonizado ya en 622 a. C. Gradualmente se añadieron otros libros, y el proceso se completó alrededor de 300 a. C. Salvo en el caso de la Torá, desconocemos los criterios que rigieron la compilación del canon. Pero el gusto popular, así como el criterio sacerdotal y erudito parecen haber representado cierto papel. Los cinco rollos denominados *Meguilot*, o Cánticos, eran leídos en público en las grandes festividades, el Cantar de Salomón en Pascua, Rut en Pentecostés, el Eclesiastés en los Tabernáculos, Ester en Purim y las Lamentaciones en la conmemoración de la Destrucción de Jerusalén. Por consiguiente, se popularizaron, y por ello se los incluyó en el canon. Al margen de su relación con un gran rey, el Cantar de Salomón es sin duda una antología de poemas de amor, y no existe una razón intrínseca que justifique su inclusión. La tradición rabínica afirma que en el Concilio de Yabné, en la era cristiana primitiva, cuando se determinó finalmente el canon, el rabino Akivá dijo: «Porque en el mundo entero no hay nada igual al día en que el Cantar de los Cantares fue dado a Israel, pues todos los escritos son santos, pero el Cantar de los Cantares es el Santo de los Santos.» Pero después agregó, como advertencia: «Quien por entretenimiento cante el canto como si fuese un canto profano, no tendrá un lugar en el más allá.»[27]

La inclusión en el canon era el único modo cierto de garantizar que sobreviviese una obra literaria, pues en la Antigüedad, a menos que un manuscrito fuese recopiado constantemente, tendía a desaparecer sin dejar rastro en el lapso de una generación o poco más. Por lo tanto, las familias de escribas garantizaron la supervivencia de los textos bíblicos durante al menos mil años, y a su debido tiempo fueron reemplazadas por familias de masoretas, o escribas eruditos, que se especializaban en la escritura, la ortografía y la vocalización de los textos bíblicos. Ellos compusieron la versión canónica oficial, denominada texto masorético.

Sin embargo, hay más de un canon, y por lo tanto más de un texto antiguo. Los samaritanos, separados de Judá a mediados del milenio I a. C., conservaron sólo los cinco libros mosaicos, pues no se les permitió intervenir en la canonización de escritos ulteriores, y por lo tanto no los reconocieron. Además, está el Libro de los Setenta, la versión griega del Antiguo Testamento, que fue compilada por miembros de la diáspora judía en Alejandría durante el periodo helenístico. Incluyó todos los libros de la Biblia hebrea, pero los agrupó de distinto modo, y también incluyó libros de los apócrifos y seudoepígrafes, por ejemplo 1 Esdras, el llamado Sabiduría de Salomón, la Sabiduría de Ben Sira o Eclesiástico, Judit, Tobías, Baruc y los libros de los Macabeos, todos rechazados por los judíos de Jerusalén como impuros o peligrosos. Además, tenemos ahora los rollos preservados y copiados por la secta de Qumrán y hallados en cuevas próximas al mar Muerto.

Los rollos del mar Muerto atestiguan en general la exactitud con que se copió la Biblia a través de los tiempos, si bien aparecen muchos errores y variaciones. Los samaritanos afirmaban que su texto se remontaba a Abihú, bisnieto de Aarón, y sin duda el material es muy antiguo y notablemente incorrupto, aunque en ciertos pasajes refleja la tradición samaritana, contrapuesta a la judía. Difiere del texto masorético del Pentateuco en unos seis mil casos, y de éstos coincide con la versión de los Setenta en unos mil novecientos. También hay variaciones en los textos masoréticos. De los textos más antiguos que se han conservado, la sinagoga caraíta de El Cairo tiene un códice, un libro encuadernado, de los profetas, que fue copiado en 895 de nuestra era por Ben Aser, jefe de una de las más famosas familias masoréticas. El texto completo de Aser, en el cual la familia trabajó durante cinco generaciones, fue copiado alrededor de 1010 por un masoreta llamado Samuel ben Jacob, y ahora está en Leningrado. Otro famoso texto masorético, de la familia de Ben Naftalí, sobrevive en una copia fechada en 1105, denominada Codex Reuchlin, y ahora está en Karlsruhe. La versión cristiana más antigua que se ha conservado es el Codex Vaticanus, del siglo IV d. C., que está en el Vaticano; el Codex Sinaiticus, un material incompleto del siglo IV, y el Codex Alexandrinus, del siglo V, estos dos últimos en el Museo Británico. Hay también una versión siríaca y un manuscrito fechado en 464 d. C. Los manuscritos bíblicos más antiguos son los que se encontraron entre los rollos del mar Muerto en 1947-1948, que incluyen fragmentos hebreos de los veinticuatro libros del canon, excepto Ester, y el texto entero de Isaías, más algunos de los fragmentos del Libro de los Setenta.[28] Es muy posible que se descubran textos más antiguos, tanto en el desierto de Judea como en Egipto, y no cabe duda de que la búsqueda de los textos perfectos continuará hasta el fin de los tiempos.

La atención dispensada a la Biblia, en la búsqueda del texto auténtico, en el campo de la exégesis, la hermenéutica y el comentario, supera de lejos la que ha merecido cualquier otra obra de la literatura. No puede afirmarse que este interés sea desproporcionado, pues ha sido el libro más influyente. Los judíos tenían dos características originales como escritores antiguos. Fueron los primeros en crear la historia discursiva, sustancial e interpretativa. Se ha argüido que aprendieron el arte de la historia de los hititas, otro pueblo de mentalidad histórica, pero es obvio que se sintieron fascinados desde muy temprano por su propio pasado. Sabían que eran un pueblo especial que se había desarrollado no simplemente a partir de un pasado no escrito, sino que había recibido la existencia, para ciertos propósitos definidos, por una serie concreta de actos divinos. Consideraban que su meta colectiva era determinar, registrar y comentar estos actos, y reflexionar acerca de ellos. No hay otro pueblo que haya demostrado, sobre todo en esa etapa remota, un afán tan firme de explorar sus propios orígenes. La Biblia ofrece ejemplos constantes del espíritu histórico de investigación: ¿por qué, por ejemplo, había una pila de piedras ante la ciudad de Ai? ¿Cuál era el sentido de las doce piedras de Guilgal?[29] Esta pasión por la etiología, la búsqueda de explicaciones, se amplió para convertirse en la costumbre más general de ver el presente y el futuro por referencia al pasado. Los judíos deseaban saber acerca de ellos mismos y su identidad. Ansiaban saber acerca de Dios y sus intenciones y deseos. Como Dios, en su teología, era la causa única de todos los hechos —como dijo Amós: «¿Acaso el mal recae sobre una ciudad si Yahvé no lo quiere?»— y, por lo tanto, el autor de la historia, y como ellos eran los actores elegidos de sus grandes dramas, el registro y el estudio de los hechos históricos era la clave de la comprensión tanto de Dios como del hombre.

De ahí que los judíos fueran sobre todo historiadores, y la Biblia sea esencialmente una obra histórica de principio a fin. Los judíos adquirieron la capacidad de escribir narración histórica concisa y dramática medio milenio antes que los griegos. Y como acrecentaron constantemente sus registros históricos, adquirieron un profundo sentido de la perspectiva histórica que siempre faltó en los griegos. También en la descripción del carácter, los historiadores bíblicos adquirieron un nivel de percepción y fidelidad que no pudieron alcanzar nunca ni siquiera los mejores historiadores griegos y romanos. En Tucídides no hay nada que iguale a la magistral presentación del rey David, redactada evidentemente por un testigo ocular de su corte. La Biblia abunda en personajes nítidamente perfilados, a menudo figuras secundarias puestas en el centro de la escena por una sola frase. Pero la importancia atribuida a los actores nunca desdibuja la constante progresión del gran drama humano-divino. Los judíos, como todos los buenos historiadores, mantienen cierto equilibrio entre la biografía y la narración. La mayoría de los libros de la Biblia se ajustan al marco histórico, y todo está relacionado con el marco más amplio, que podría titularse «Una historia de Dios en sus relaciones con el hombre». Pero incluso los que no tienen una evidente intención histórica, incluso la poesía, por ejemplo los Salmos, contienen constantes alusiones históricas, de modo que la marcha del destino, que avanza inexorablemente de la creación al «fin de los días», siempre aparece como trasfondo.

La antigua historia judía es al mismo tiempo intensamente divina e intensamente humanista. La historia fue forjada por Dios, operando independientemente o por intermedio del hombre. Los judíos no estaban interesados en las fuerzas impersonales, y no creían en ellas. Sentían menos curiosidad por la física de la creación que la que se manifiesta en cualquier otra raza culta de la Antigüedad. Dieron la espalda a la naturaleza y se desentendieron de sus manifestaciones, excepto en la medida en que reflejaban el drama divino-humano. El concepto de las grandes fuerzas geográficas o económicas que determinan la historia era completamente ajeno a ellos. Hay muchas descripciones naturales en la Biblia, algunas de sorprendente belleza, pero constituyen la escenografía del drama histórico, un mero fondo para los personajes. La Biblia es vibrante porque se refiere toda ella a las criaturas vivas; y como Dios, aunque ser vivo, no puede ser descrito o siquiera imaginado, la atención se concentra constantemente en el hombre y la mujer.

De aquí surge la segunda característica original de la antigua literatura judía: la exposición verbal de la personalidad humana en toda su gama y complejidad. Los judíos fueron la primera raza que halló palabras para expresar los más profundos sentimientos humanos, especialmente los que se originan en el sufrimiento corporal y mental, la angustia, la desesperación espiritual y la desolación, y los remedios aplicables a estos males originados y producidos por el ingenio humano: la esperanza, la resolución, la confianza en la asistencia divina, la conciencia de la inocencia o la virtud, la penitencia, el pesar y la humildad. Alrededor de cuarenta y cuatro de los ciento cincuenta poemas breves, o salmos, que componen la obra canónica que es el Libro de los Salmos corresponden a esta categoría.[30] Algunos son obras maestras, que arrancan ecos en los corazones de todos los tiempos y lugares: el Salmo 22, que clama pidiendo ayuda; el Salmo 23, con su sencilla confianza; el 39, epítome de la angustia; el 51, que ruega compasión; el 91, gran poema de la seguridad y el consuelo; el 90, el 103 y el 104, que celebran el poder y la majestad del Creador y los vínculos entre Dios y el hombre; y los salmos 130, 137 y 139, que sondean las profundidades del sufrimiento humano y ofrecen mensajes de esperanza.

La penetración judía de la psique humana halló una expresión en estos poemas apasionados, pero también se reflejó en la vasta cantidad de elementos de la filosofía popular, algunos de los cuales se incorporaron al canon. Aquí los judíos se mostraron menos originales, pues los proverbios y las expresiones de sabiduría adoptaron forma escrita en el Oriente Próximo antiguo desde el milenio III en adelante, sobre todo en Mesopotamia y Egipto, y parte de esta literatura de la sabiduría alcanzó categoría internacional. Los judíos seguramente estaban familiarizados con el famoso clásico egipcio, *La sabiduría de Amenope*, pues parte de esta obra fue incorporada directamente al Libro de los Proverbios.[31] Sin embargo, los textos sapienciales producidos por los judíos son de un nivel en general más elevado que el de sus precursores y modelos, pues observan mejor la naturaleza humana y tienen más consistencia ética. El Eclesiastés, escrito por Qohélet o «predicador», es una obra brillante, sin parangón en el mundo antiguo. Su tono frío y escéptico, que a veces roza el cinismo, y contrasta tan intensamente con la sinceridad apasionada de los Salmos, ilustra la gama extraordinaria de la literatura judía, con la cual sólo los griegos podían competir.

Sin embargo, ni siquiera los griegos produjeron un documento —es difícil saber en qué categoría conviene incluirlo— tan misterioso y desgarrador como el Libro de Job. Este gran ensayo de teodicea y acerca del problema del mal ha fascinado y desconcertado a los estudiosos y al lector común durante más de dos milenios. Carlyle afirmó que era «una de las cosas más grandiosas escritas nunca con la pluma», y de todos los libros de la Biblia es el que ha influido más sobre otros escritores. Pero nadie sabe qué es, de dónde proviene o cuándo fue escrito. En esta obra hay más de cien palabras que no aparecen en otros trabajos, y es evidente que ese rasgo planteó dificultades insuperables a los antiguos traductores y escribas. Algunos eruditos creen que proviene de Edom; pero sabemos muy poco acerca de la lengua edomita. Otros han sugerido Harán, cerca de Damasco. Hay ligeras semejanzas con la literatura babilónica. En el siglo IV d. C. el sabio cristiano Teodoro de Mopsuestia sostuvo que derivaba del drama griego. Se ha afirmado también que es una traducción del árabe. La diversidad de orígenes y de influencias propuestos atestiguan de un modo paradójico su universalidad. Porque, al fin y al cabo, Job expresa el interrogante fundamental que ha desconcertado a todos los hombres y especialmente a los de fe vigorosa: ¿por qué Dios nos hace estas cosas terribles? Job es un texto de la Antigüedad y también de la modernidad, un texto consagrado especialmente a ese pueblo elegido y maltratado, los judíos; es, sobre todo, un texto para el Holocausto.[32]

Job es una obra formidable de la literatura hebrea. Con excepción de Isaías, ningún texto de la Biblia está escrito con tan sostenido impulso de poderosa elocuencia. Es lo que armoniza con el tema, la justicia de Dios. Como obra de teología moral, el libro es un fracaso, porque el autor, como todos los demás, está desconcertado por el problema de la teodicea. Pero al fracasar, amplía la cuestión y propone ciertos interrogantes acerca del universo y del modo en que el hombre debe verlo. El Libro de Job rebosa de historia natural en forma poética, ofreciendo un fascinante catálogo de fenómenos orgánicos, cósmicos y meteorológicos. Por ejemplo, en el capítulo 28 hay una descripción extraordinaria de la minería en el mundo antiguo. Por medio de esta imagen, se expone un cuadro del potencial científico y tecnológico casi ilimitado de la raza humana, y después se compara esto con las cualidades morales incorregiblemente débiles del hombre. Lo que el autor de Job está diciendo es que hay dos órdenes en la creación: el orden físico y el moral. Comprender y dominar el orden físico del mundo no basta: el hombre debe llegar a aceptar el orden moral y debe atenerse a él, y para lograrlo, debe adquirir el secreto de la Sabiduría, y este saber es de un tipo completamente distinto de, por ejemplo, la tecnología minera. El saber le llegó al hombre, como Job percibe oscuramente, no porque intentara penetrar en el razonamiento y los motivos de Dios cuando éste inflige sufrimiento, sino únicamente mediante la obediencia, el auténtico cimiento del orden moral: «Y dijo al hombre: "Cuidado, el temor del Señor es sabiduría; y apartarse del mal es comprensión."»

La idea fue formulada nuevamente por Ben Sira en el capítulo 24 de su poema acerca de la sabiduría, el Eclesiástico, donde dice que, después de la Caída, Dios concibió un nuevo plan y asignó a este secreto suyo una morada en Israel.[33] Los judíos debían hallar la sabiduría por medio de la obediencia a Dios y enseñar a la humanidad a hacer otro tanto. Debían derrocar el orden mundanal vigente y físico, y reemplazarlo por el orden moral. De nuevo la idea tiene un eco potente y paradójico en san Pablo, judío herético, que en el dramático comienzo de su Primera Epístola a los Corintios, cuando cita al Señor dice: «Destruiré la sabiduría de los sabios y reduciré a nada la comprensión del prudente»; y agrega: «Porque la insensatez de Dios es más sabia que los hombres; y la debilidad de Dios más potente que los hombres... [por lo tanto] Dios ha elegido las cosas necias del mundo para avergonzar a los sabios; y Dios ha elegido las cosas débiles del mundo para avergonzar a las cosas que son poderosas.»[34] Así, en la oscuridad y confusión de Job hallamos otro enunciado del papel divino de los judíos, que es derrocar el orden vigente y el modo mundano de ver las cosas.

Por consiguiente, Job era parte de la corriente principal de la filosofía judía: y esa corriente principal se había convertido en un torrente poderoso. La transformación del judaísmo en la primera «religión del Libro» tardó dos siglos. Antes de 400 a. C. no hay indicios de un canon. Hacia 200 a. C. ya ha aparecido. Por supuesto, el canon no estaba terminado ni era definitivo. Pero comenzaba a consolidarse rápidamente. Este hecho tuvo varias consecuencias. En primer lugar, se procedió a desalentar los añadidos. La profecía y los profetas cayeron en el descrédito. En el 1 Macabeos hay una referencia al «día en que los profetas cesaron de aparecer».[35] Se rechazó como falsos a los que intentaron profetizar. Cuando se designó jefe a Simón Macabeo, se declaró que su ejercicio del cargo era indefinido, «hasta que aparezca un auténtico profeta». El Libro de Zacarías contiene una diatriba contra los profetas: «Si un hombre continúa profetizando, sus padres, su propio padre y su madre, le dirán: "No debes continuar mintiendo, pues has hablado falsamente en nombre del Señor."» Los profetas estaban «educados en la lascivia».[36] El filósofo judío Ben Sira, que escribió poco después de 200 a. C., se vanaglorió: «Verteré de nuevo la doctrina como profecía y la legaré a las generaciones futuras.»[37] Pero los judíos no lo incorporaron al canon. Daniel, que escribió poco después (hacia 168-165 a. C.), también fue excluido. La canonización también desalentó la composición histórica. No extirpó del todo la pasión judía. Aún habría algunas tremendas invectivas; por ejemplo, los Libros de los Macabeos y la gran obra de Josefo. Pero la gran fuerza dinámica estaba agotándose, y cuando al fin el canon fue santificado, al principio de la era cristiana, la historia judía, una de las glorias de la Antigüedad, cesaría durante un milenio y medio.

Pero si un efecto de la canonización fue contener la capacidad creadora de la literatura sagrada judía, otro fue aumentar enormemente el conocimiento y la influencia de los textos aprobados sobre la población judía. Los libros, autorizados, reproducidos y distribuidos en gran número, fueron objeto ahora de una enseñanza sistemática. Los judíos comenzaron a ser un pueblo educado, como exigía efectivamente su papel divino de sacerdotes de las naciones. Apareció una institución nueva y revolucionaria en la historia de la religión: la sinagoga —prototipo de la iglesia, la capilla y la mezquita—, donde se leía y enseñaba sistemáticamente la Biblia. Es posible que tales lugares existieran incluso antes del Exilio, como resultado de la reforma de Josías; ciertamente, se desarrollaron durante los años del Exilio, en que la elite judía carecía de Templo; y al regreso, cuando toda la actividad religiosa se centralizó rigurosamente en el Templo de Jerusalén, y los templos provinciales y los lugares altos al fin desaparecieron, las sinagogas se impusieron y enseñaron la ortodoxia del Templo, contenida en la Biblia canónica.[38]

Este hecho tuvo otra consecuencia importante. Ahora que la literatura sagrada estaba resumida en un canon, y se enseñaba sistemáticamente éste desde un foco central, el judaísmo se convirtió en una entidad mucho más homogénea. Y era una homogeneidad con un marcado sabor puritano y fundamentalista. En la historia de los judíos, los rigoristas tienden a imponerse. Moisés, el severo purista legal, fue quien impuso su religión de Yahvé a los restantes grupos tribales. Los rigoristas también se impusieron en tiempos de la reforma de Josías. Fue la rigurosa Judá, y no la Israel dispuesta al compromiso, la que sobrevivió al ataque de los imperios; y la comunidad rigorista de Babilonia, que retornaba del exilio, impuso su voluntad a todos los judíos, excluyendo a muchos y obligando a otros a adaptarse. El canon y la sinagoga se convirtieron en instrumentos de este rigor, que habría de cosechar muchas victorias más. El proceso, que se manifiesta y se repite en la historia judía, puede ser enfocado de dos modos: como la perla del judaísmo purificado que surge de la ostra descompuesta del mundo y la mundanidad. O como los extremistas que imponen el exclusivismo y el fanatismo al resto.

Pero sea cual fuere el enfoque, esta tendencia del judaísmo al rigorismo planteó problemas cada vez más graves tanto a los propios judíos como a sus vecinos. Bajo el gobierno benévolo de los persas, que merecieron sólo elogios en los textos de los judíos, éstos comenzaron a recobrarse y prosperar. Esdras dice que 42.360 judíos, más 7.337 servidores varones y mujeres y 200 «cantores y cantoras», volvieron del Exilio. La población total de la refundación de Judá no pudo haber sobrepasado la cifra de 70.000 almas. Sin embargo, hacia el siglo III a. C., sólo la población de Jerusalén era de 120.000 personas.[39] Con su firme sentido religioso y su respeto por la ley, los judíos formaban un pueblo disciplinado y laborioso. Se extendieron hacia los territorios que limitaban con Judá, sobre todo Galilea, Transjordania y la costa. La diáspora se ensanchó constantemente. Los judíos atrajeron a conversos. Comenzaban a ser una fuerza proselitista. De todos modos, eran un pueblo pequeño en una era de imperios, una unidad religioso-cultural inflexible en un mundo ancho y doloroso.

Los problemas comenzaron a manifestarse a partir de 332 a. C., cuando Alejandro de Macedonia aplastó al Imperio persa como si hubiera sido un huevo podrido. Fue la primera invasión europea auténtica de Asia. En el milenio III y durante la mayor parte del segundo a. C., la división entre los continentes no existía: el mar era una fuerza unificadora para lo que constituía en medida considerable una cultura internacional común. Pero después siguió la anarquía bárbara de los siglos XII a XI a. C., y una prolongada Edad Oscura. Cuando el mundo volvió a emerger en la civilización de la Edad del Hierro, comenzó a manifestarse la división entre Oriente y Occidente, y del lado occidental surgió una de las fuerzas culturales más poderosas que el mundo ha visto jamás: la civilización de la *polis*, la ciudad-estado griega.

Los griegos producían un permanente excedente demográfico. Crearon un comercio marítimo omnipresente. Fundaron colonias en todo el Mediterráneo. En tiempos de Alejandro presionaron sobre Asia y África, y los sucesores de este monarca formaron con los territorios de su imperio reinos pujantes: Tolomeo en Egipto, Seleuco en Siria y Mesopotamia, y más tarde Atalos en Anatolia. De 332 a 200 a. C. los judíos fueron gobernados por los Tolomeos; después, por los seléucidas. Los nuevos gobernantes inspiraban angustia y terror en los judíos. Los griegos tenían entonces el arma temible de la falange. Construyeron máquinas de guerra cada vez más poderosas, altos artefactos de asedio, enormes buques de guerra y fuertes colosales. Daniel transmite la imagen judía del militarismo griego: «Una cuarta bestia, impresionante y terrible, y sumamente poderosa. Y tenía grandes dientes de hierro, y devoraba y descuartizaba, y aplastaba los restos con sus pies.»[40] Los judíos conocían muy bien el militarismo griego, porque servían como mercenarios de este pueblo, del mismo modo que habían servido a los persas. La instrucción militar griega comenzaba en el gimnasio, el principal instrumento educativo de la *polis*. Pero ésa no era su única función. Su propósito principal era promover la cultura griega, y lo mismo cabía decir de las restantes instituciones existentes en cada *polis*: el estadio, el teatro, el odeón, el liceo, el ágora. Los griegos eran arquitectos soberbios. Eran escultores, poetas, músicos, dramaturgos, filósofos y polemistas. Organizaban representaciones maravillosas. También eran excelentes comerciantes. A su sombra, floreció la economía y se elevó el nivel de vida. El Eclesiastés lamenta la manía de la riqueza durante el dominio griego. ¿De qué sirve, pregunta, la acumulación de inmensas fortunas?[41] Pero la mayoría de los hombres creía que de todo ello podían derivarse muchas cosas buenas, si la fortuna les pertenecía. La economía y la cultura griegas atraían intensamente a las sociedades menos cultas de Oriente Próximo, más o menos como Asia y África en el siglo XIX consideraron irresistible el progreso occidental.

Se produjo un flujo de colonos griegos hacia Asia occidental, donde construyeron por doquier sus ciudades, y se les unieron los habitantes locales que deseaban compartir su riqueza y su modo de vida. Siria y Palestina fueron áreas de intensa colonización griega y sus habitantes, sobre todo en la costa, fueron rápidamente helenizados. Los gobernantes griegos concedieron libertades y privilegios generosos a ciudades del estilo de las *polis*, por ejemplo, Tiro, Sidón, Gaza, Torre de Estratón (Cesarea), Biblos y Trípoli, y éstas, a su vez, promovieron la fundación de ciudades satélite en el interior. Había una en Siquem, otra en Marisa, al sur, otras en Filadelfia (Ammán) y Gamal, cruzando el Jordán. Pronto un anillo de estas ciudades, muy pobladas por griegos y semigriegos, rodeó a la Samaria y la Judá judías, lugares considerados montañosos, rústicos y atrasados. La órbita griega tenía una serie de esos extraños «estados-templo», supervivientes anacrónicos que pronto se verían barridos por la irresistible corriente de modernidad de las ideas y las instituciones helénicas.

¿Cómo debían reaccionar los judíos frente a esta invasión cultural, que era simultáneamente oportunidad, tentación y amenaza? La respuesta es que reaccionaron de diferentes modos. Aunque la tendencia rigorista triunfó antes del exilio, y durante el mismo y después, y se mantuvo gracias a la enseñanza del canon, hubo, como ya hemos observado, una fuerza contraria en la importancia cada vez mayor que se atribuyó a la conciencia individual. El individualismo espiritual engendró la discrepancia y fortaleció el sectarismo, que siempre se había mantenido latente y a veces se había mostrado activo en el judaísmo. En un extremo, la llegada de los griegos empujó a más fundamentalistas hacia el desierto, donde se unieron a los grupos absolutistas que mantenían las tradiciones recabitas y nazarenas, y que consideraban que Jerusalén era un lugar irremediablemente corrompido. Los textos más antiguos hallados en la comunidad de Qumrán datan de alrededor de 250 a. C., cuando la soga de ciudades griegas comenzó a apretarse alrededor de Judá. La idea era retirarse al desierto, recuperar el prístino entusiasmo mosaico y después volcarse de nuevo en las ciudades. Algunos, como los esenios, creían que este plan podía ejecutarse pacíficamente, mediante la palabra, y predicaban en las aldeas que estaban en el límite del desierto: Juan el Bautista pertenecería después a esa tradición. Otros, como la comunidad de Qumrán, confiaban en la espada: se organizaron para la guerra, utilizando una estructura simbólica de doce tribus, y planeaban, cuando un signo determinara el fin de sus años en el desierto, lanzar una invasión al estilo de Josué sobre las áreas urbanas, más o menos como un movimiento guerrillero moderno.[42]

En el extremo opuesto había muchos judíos, incluso algunos piadosos, que odiaban el aislacionismo y a los fanáticos que éste engendraba. Incluso contribuyeron al canon, en la forma del Libro de Jonás, una obra que a pesar de sus absurdos y confusiones es un alegato en favor de extender la tolerancia y la amistad a los extranjeros. Dios cierra el libro proponiendo a Jonás una pregunta retórica: ¿No es justo ser compasivo con Nínive y sus numerosos habitantes, «que no pueden distinguir entre su mano derecha y su izquierda» y cuyo único pecado es la ignorancia?[43] Esto era un presagio de Cristo —«Perdónalos, Padre, porque no saben lo que hacen»— y una invitación a llevar la Torá al extranjero, a conquistar prosélitos. Esta actitud ciertamente era la opinión de muchos, quizá de la mayoría de los judíos observantes de la diáspora. Estos judíos de la diáspora aprendían griego como un hecho rutinario para atender sus negocios. A su debido tiempo, tradujeron las Escrituras al griego —la versión de los Setenta— y éste fue el principal medio para obtener conversos o «judaizantes». Por ejemplo, en Alejandría el gimnasio griego, organizado inicialmente para impedir que los colonos helenos degenerasen y abrazaran las lenguas y las costumbres locales, fue abierto a los no griegos residentes (aunque no a los egipcios), y los judíos se apresuraron a aprovechar la situación; más tarde, el filósofo judío Filón dio por hecho que los hijos de los mercaderes judíos acaudalados asistirían al gimnasio.[44] Los judíos helenizaron sus nombres, o usaban dos nombres, uno helénico para los viajes y los negocios y otro hebreo en los servicios religiosos y en el hogar.

La misma tendencia se manifestaba en el judaísmo de Palestina. La helenización de los nombres judíos hebreo-arameos se refleja en las inscripciones. Muchos de los hebreos más educados consideraban profundamente atractiva la cultura griega. El Qohélet, redactor del Eclesiastés, aparece dividido entre las nuevas ideas extranjeras y su piedad heredada, entre el espíritu crítico y el conservadurismo. El influjo de la helenización sobre los judíos educados fue en muchos aspectos análogo al influjo de la Ilustración sobre el gueto en el siglo XVIII, pues despertó al estado-templo de su ensueño y fue una fuerza desestabilizadora en el ámbito espiritual, y sobre todo se convirtió en una fuerza materialista secularizadora.[45]

En Palestina, como en el caso de otras conquistas griegas, las clases superiores, los ricos y los sacerdotes fueron quienes se sintieron más tentados de imitar a sus nuevos gobernantes. Es una experiencia usual en las colonias del mundo entero. La adquisición de la cultura griega era un pasaporte para la ciudadanía de primera clase, el mismo papel que más tarde representaría el bautismo. Hubo algunos notables éxitos judíos. Así como José había sido ministro del faraón, ahora los judíos inteligentes y emprendedores alcanzaban altas posiciones en la burocracia imperial. Un texto del siglo II a. C., incorporado a la obra *Antigüedades judaicas* de Josefo, explica cómo José, hijo de la encumbrada familia de Tobías (su madre era hermana del sumo sacerdote), acudió a la subasta de la concesión de la recaudación de impuestos celebrada por los Tolomeos en Alejandría: «Y sucedió que en este tiempo todos los hombres y gobernantes principales acudieron a las ciudades de Siria y Fenicia a pujar por los impuestos; pues cada año el rey los vendía a los hombres de cada ciudad.» José se impuso al acusar a sus rivales de formar un cártel para rebajar el precio; retuvo el contrato durante veintidós años «y arrancó a los judíos de la pobreza y la miseria y les dio una vida mejor». José llegó más lejos que su homónimo de la época del faraón. Se convirtió en otro arquetipo: el primer banquero judío.[46] En ese sentido, representó el principio helenizante en la Judá del siglo II a. C.

Entre los aislacionistas, por una parte, y los helenizantes, por otra, había un amplio grupo de judíos piadosos que pertenecían a la tradición de Josías, Ezequiel y Esdras. Muchos de ellos no se oponían en principio al dominio griego, del mismo modo que no se habían opuesto a los persas, pues tendían a aceptar los argumentos de Jeremías de que la religión y la piedad florecían más cuando los paganos debían atender a la actividad corruptora del gobierno. No tenían inconveniente en pagar los impuestos exigidos por el conquistador, si les dejaban practicar en paz su religión. Más tarde esa política fue preconizada explícitamente por los fariseos, que surgieron de esta tradición. Hasta cierto punto, los judíos piadosos estaban dispuestos a aprender de los griegos y asimilaron ideas helénicas en proporción mucho mayor de lo que estaban dispuestos a reconocer. Siempre había existido un factor racionalizador en la teología y el legalismo mosaicos, y esta actitud se reforzaba casi inconscientemente por obra del racionalismo griego. Así fue cómo los fariseos crearon la Ley Oral, que era esencialmente racionalista, con el fin de aplicar la arcaica ley mosaica al mundo moderno real. Es significativo que sus enemigos, los saduceos, que se atenían rígidamente a la ley escrita y no aceptaban la casuística, dijeran que la lógica de los fariseos debía llevarlos a respetar más «el libro de Homero» (con lo cual aludían a la literatura griega) que las «Sagradas Escrituras».[47] Sin embargo, la posibilidad de que los griegos y los judíos conviviesen en razonable armonía se vio truncada por el ascenso de un movimiento reformista judío que deseaba acelerar el ritmo de la helenización. Este movimiento, acerca del cual sabemos poco porque su historia fue escrita por sus enemigos fundamentalistas triunfantes, tenía más fuerza en la clase gobernante de Judá, que ya estaba semihelenizada, y que deseaba incorporar a la modernidad al pequeño estado del Templo. Sus motivaciones eran esencialmente seculares y económicas. Pero entre los reformadores había también intelectuales religiosos cuyas metas eran más elevadas —en ciertos aspectos afines a los cristianos del siglo I d. C.—. Deseaban mejorar el judaísmo, impulsarlo por el camino lógico que según parecía ya estaba recorriendo. El universalismo está implícito en el monoteísmo. El Deutero-Isaías había manifestado explícitamente ese estado de cosas. En el monoteísmo universal los judíos tenían una idea nueva y tremenda que ofrecer al mundo. Los griegos también tenían una gran idea general que proponer: la cultura universalista. Alejandro había creado su imperio como ideal: deseaba fusionar las razas y «ordenó a todos los hombres que considerasen que el mundo era su patria [...], que los hombres virtuosos eran sus compatriotas, y los viles eran extranjeros». Y Sócrates sostuvo que «la designación de "heleno" ya no es cuestión de descendencia, sino de actitud»; creía que los griegos por educación tenían mejores títulos para aspirar a la ciudadanía que los «griegos de cuna».[48] ¿No era posible que el concepto griego de *oikumene* unificada, es decir, la civilización mundial, se conjugara con el concepto judío del Dios universal?

Éste era el objetivo de los intelectuales reformistas. Releyeron las escrituras históricas y trataron de despojarlas de su provincialismo. A decir verdad, Abraham y Moisés, esos «extranjeros y viajeros», ¿no eran en realidad grandes ciudadanos del mundo? Abordaron la primera crítica bíblica: la Ley, según estaba escrita en ese momento, no era muy antigua, y ciertamente no se remontaba a Moisés. Arguyeron que las leyes originales eran mucho más universalistas. De modo que el movimiento de reforma se convirtió inevitablemente en un ataque a la Ley. Los reformadores descubrieron que la Torá estaba repleta de fábulas, y de exigencias y prohibiciones imposibles. Sabemos de sus ataques gracias a las quejas y las maldiciones ortodoxas. Filón denuncia a los «que expresan su desagrado con las normas dictadas por sus antepasados y sin descanso censuran la ley»; los videntes agregaban: «Maldito sea el hombre que cría un cerdo y malditos aquellos que instruyen a sus hijos en el saber griego.»[49] Los reformadores no deseaban abolir por completo la Ley, sino depurarla de los elementos que prohibían la participación en la cultura griega —por ejemplo, la prohibición de la desnudez, que mantenía a los judíos piadosos alejados del gimnasio y el estadio— y reducirla a su núcleo ético, para universalizarla. Para alcanzar su meta definitiva, que era una religión mundial, deseaban una unión inmediata entre la *polis* griega y el Dios moral judío.

Por desgracia, había una contradicción intrínseca. Los griegos no eran monoteístas, sino politeístas, y en Egipto aprendieron el sincretismo, es decir, la racionalización de innumerables deidades parcialmente superpuestas mediante su unión en polidioses sintéticos. Uno de estos mutantes fue Apolo-Helios-Hermes, el dios-sol. Fusionaron sus propios ritos dionisíacos con el culto egipcio de Isis. Su dios de la curación, Asclepios, se conjugó con el Imhotep egipcio. Zeus, el dios superior, era idéntico al Amón egipcio, el Ahura-Mazda persa y el Yahvé judío. No es necesario destacar que los judíos piadosos no aceptaban en modo alguno este punto de vista. Por supuesto, la verdad era que la idea griega de la deidad era muy inferior al concepto judío de poder ilimitado. Los judíos distinguían absolutamente entre lo humano y lo divino. Los griegos elevaban constantemente lo humano —eran prometeicos— y rebajaban lo divino. Para ellos, los dioses no eran mucho más que antepasados reverenciados y eficaces; la mayoría de los hombres tenían su origen en los dioses. Por lo tanto, no les costaba mucho endiosar a un monarca, y comenzaron a hacerlo apenas abrazaron el Oriente. ¿Por qué un hombre del destino no podía merecer la apoteosis? Aristóteles, el tutor de Alejandro, argumentó en su *Política*: «Si existe en un estado un individuo tan prominente por su virtud que ni la virtud ni la capacidad política de todos los restantes ciudadanos puede compararse con la suya [...] un hombre así merece que se le considere un dios entre los hombres.» No es necesario decir que tales conceptos eran completamente inaceptables para todos los judíos. En efecto, jamás existió la posibilidad de una confluencia del judaísmo y la religión griega como tal; lo que los reformadores deseaban era que el judaísmo se universalizara asimilando la cultura griega; y eso significaba abrazar la *polis*.

En 175 a. C. el movimiento judío de reforma halló un aliado entusiasta pero peligroso en Antíoco Epífanes, el nuevo monarca seléucida. Este rey ansiaba acelerar la helenización de sus dominios como cuestión de política general, pero también porque creía que de ese modo podría aumentar los ingresos en concepto de impuestos; y en efecto, padecía una crónica escasez de dinero para emprender sus guerras. Apoyó sin reservas a los reformadores y reemplazó al sumo sacerdote ortodoxo Onías III por Jasón, cuyo nombre, helenización de Josué, ya proclamaba su posición. Jasón comenzó la transformación de Jerusalén en una *polis*, la rebautizó con el nombre de Antioquía y construyó un gimnasio al pie del monte del Templo. El Segundo Libro de los Macabeos registra encolerizado que los sacerdotes del Templo «cesaron de demostrar interés en los servicios del altar; despreciando el Templo y descuidando los sacrificios, se apresuraban a intervenir en los ejercicios ilegales del campo de entrenamiento».[50] La etapa siguiente consistió en desviar los fondos del Templo, apartados de los interminables y costosos sacrificios, para canalizarlos en actividades de la *polis*, como los juegos internacionales y las competiciones teatrales. El sumo sacerdote controlaba los fondos públicos, pues a él se le pagaban impuestos, y de él pasaban a los recaudadores (que estaban todos unidos por lazos matrimoniales); de ese modo el tesoro del Templo era una especie de banco oficial de depósitos para la población. Antíoco se sintió tentado de presionar a sus aliados helenizantes que controlaban el Templo, con el fin de que le entregasen cada vez más dinero para construir trirremes y máquinas bélicas; y cedió a ese impulso. Así, los reformadores se vieron identificados no sólo con el poder de ocupación, sino también con los impuestos opresores. En 171 a. C. Antíoco consideró necesario sustituir al sumo sacerdote Jasón por Menelao, un hombre aún más favorable a los griegos, y reforzó el poder griego en Jerusalén construyendo una fortaleza-acrópolis que dominaba el Templo.[51]

En 167 a. C. el conflicto culminó con la publicación de un decreto que abolía la ley mosaica en la forma que entonces adoptaba y la reemplazaba por la ley secular al mismo tiempo que rebajaba el Templo a la categoría de lugar ecuménico de culto. Esta medida implicó incorporar la estatua de un dios intercongregacional, las letras de cuyo nombre griego, Zeus Olímpico, fueron revueltas por los judíos rigoristas de modo que significara «La Abominación de la Desolación». Es improbable que el propio Antíoco fuese el patrocinador de este decreto. No le interesaba el judaísmo, y era poco usual que un gobierno griego la tomara con determinado culto. La evidencia sugiere que la iniciativa provino de los reformadores judíos extremos, encabezados por Menelao, que consideraron que esta drástica iniciativa era el único modo de acabar, de una vez para siempre, con el oscurantismo y el absurdo de la Ley y el culto del Templo. No fue tanto una profanación del Templo por el paganismo como una exhibición de racionalismo militante, más o menos como las demostraciones anticristianas de los deístas republicanos en la Francia revolucionaria. Existe un relato rabínico acerca de Miriam, que provenía de la misma familia sacerdotal que Menelao, y que se había casado con un oficial seléucida; Miriam entró violentamente en el Templo, «golpeó con su sandalia sobre la esquina del altar y dijo: "Lobo, lobo, has despilfarrado las riquezas de Israel."».[52]

Pero tanto los griegos como el propio Menelao sobreestimaron el apoyo con que contaban. Sus actividades en el Templo provocaron un escándalo. Los sacerdotes estaban divididos. Los escribas se adhirieron a sus antagonistas ortodoxos. La mayoría de los judíos piadosos o *jasidim* adoptaron la misma actitud. Había una amplia categoría de judíos que podía haber apoyado a los reformadores. Eran los *am ha-arets*, la gente común y pobre del país. Habían sido las víctimas principales después del retorno de la elite judaica llegada del Exilio, cuando Esdras había impuesto el rigor religioso, respaldado por todo el poder del Imperio persa. Esdras había establecido una altiva distinción entre el «pueblo del Exilio», los *bnei ha-golá*, temerosos de Dios y virtuosos, y los *am ha-arets*, que apenas eran judíos, pues a su juicio en muchos casos habían nacido de matrimonios impropios. Esdras no tuvo escrúpulos en castigarlos severamente[53] y después, como la mayoría eran analfabetos y desconocían la Ley, habían sido tratados como ciudadanos de segunda clase o los habían expulsado directamente. Habrían sido los primeros en beneficiarse si los rigoristas hubiesen perdido y se hubiese racionalizado la Ley. Pero ¿cómo podían los reformadores, que eran esencialmente un partido de los acomodados y los funcionarios, apelar al pueblo común pasando por encima de los rigoristas? Y sobre todo, ¿cómo podían abrigar la esperanza de hacerlo con éxito cuando se los identificaba con los altos impuestos, que infligían mayores sufrimientos precisamente a los pobres? Estos interrogantes carecían de respuesta, y por lo tanto se perdió la oportunidad de instalar el universalismo sobre una base popular.

En vez de ello, Menelao trató de imponer la reforma desde arriba, mediante el poder estatal. Para que los decretos se cumpliesen, no bastaba con interrumpir los antiguos sacrificios en el Templo —algo que muchos habrían visto con buenos ojos—, también era necesario obligar a los judíos piadosos a realizar otro tipo de sacrificios simbólicos en altares que ellos consideraban paganos. Los *jasidim* desecharon el argumento de los reformadores en el sentido de que estos ritos significaban la ubicuidad del Dios único, a quien no podía encerrarse en determinado lugar erigido por seres humanos; para los piadosos, no había diferencia entre el nuevo universalismo y el antiguo culto de Baal, condenado tantas veces en sus Escrituras. De modo que rehusaron someterse, y estaban dispuestos a morir por ello. Los reformadores se vieron obligados a crear mártires, por ejemplo Eleazar, de noventa años, descrito como «uno de los escribas principales», que fue golpeado hasta morir; o los siete hermanos, cuya terrible masacre aparece descrita en el Segundo Libro de los Macabeos. Ciertamente, a partir de este momento aparece el concepto del martirio religioso, y en los escritos de los Macabeos, en los cuales los sufrimientos de los fieles contribuían a la propaganda de la pureza religiosa y el nacionalismo judío, hallamos los primeros martirologios.

De modo que no fueron los reformadores, sino los rigoristas, los que pudieron apelar al instinto bíblico profundamente arraigado que inducía a derrocar el orden vigente, y los que transformaron una disputa religiosa en una rebelión contra el poder de ocupación. Como la mayoría de las luchas anticoloniales, no comenzó con un ataque a la guarnición, sino con el asesinato de un partidario local del régimen. En la ciudad de Modín, al pie de las montañas de Judea, unos diez kilómetros al este de Lod, un reformador judío, que estaba supervisando la nueva ceremonia oficial, fue asesinado por Matatías Asmón, jefe de una antigua familia sacerdotal del Templo «Centinela de Yehoyarib». Los cinco hijos del anciano, encabezados por Judas Macabeo (Martillo), desencadenaron después una campaña de guerrillas contra las guarniciones seléucidas y sus partidarios judíos. En el lapso de dos años, de 166 a 164 a. C., expulsaron a todos los griegos de la región que circunda Jerusalén. En la ciudad misma encerraron a los reformadores y los seléucidas en el Acra y limpiaron el Templo de sus sacrilegios, reconsagrándolo a Yahvé en un servicio solemne celebrado en diciembre de 164 a. C., un episodio que los judíos todavía celebran en la festividad de la Janukká, o Purificación.

Los seléucidas, que tenían sus propios y numerosos problemas, entre ellos el creciente poder de Roma, reaccionaron más o menos como las potencias coloniales modernas hicieron a mediados del siglo XX, vacilando entre la represión feroz y la concesión de cuotas cada vez más elevadas de gobierno propio, a lo cual los nacionalistas insurgentes respondían reclamando más. En 162 a. C. Antíoco V, hijo y sucesor de Epífanes, se volvió contra Menelao, «el hombre responsable de todas las dificultades», y que de acuerdo con las palabras de Josefo «había persuadido a su padre de que obligase a los judíos a renunciar a su culto tradicional», y lo ejecutó.[54] La familia asmonea respondió en 161 a. C. firmando una alianza con Roma, y ese pacto les asignó el carácter de familia gobernante de un estado independiente. En 152 a. C., los seléucidas abandonaron su intento de helenizar Judá mediante la fuerza y reconocieron a Jonatás, ahora cabeza de la familia, como sumo sacerdote, cargo que los asmoneos retendrían durante ciento quince años. En 142 a. C., prácticamente reconocieron la independencia de Judea al eximirla de los gravámenes, de modo que Simón Macabeo, que había sucedido a su hermano en el cargo de sumo sacerdote, se convirtió en etnarca y gobernante: «Y el pueblo de Israel comenzó a acrecentar sus documentos y contratos, "En el año uno de Simón, gran sumo sacerdote, comisario militar y jefe de los judíos".»[55] Así, Israel recobró la independencia después de cuatrocientos cuarenta años, aunque sólo al año siguiente los desesperados judíos reformistas de la ciudadela de Acra finalmente se vieron obligados a rendirse por hambre y fueron expulsados. Después, los Asmoneos entraron en la fortaleza, «llevando palmas, al son de arpas, timbales y cítaras, cantando himnos y cánticos, pues un gran enemigo había sido destruido y expulsado de Israel».[56]

En esta avalancha de sentimiento nacionalista, los temas religiosos habían pasado a segundo plano. Pero la prolongada lucha para independizarse del universalismo griego dejó una huella indeleble en el carácter judaico. Pasaron treinta y cuatro amargos y sangrientos años entre el ataque a la Ley y la expulsión definitiva de los reformadores encerrados en el Acra. El celo y la intensidad del ataque a la Ley provocaron un celo análogo en favor de la Ley, estrechando la visión de los líderes judíos y empujándolos todavía más hacia una religión centrada en la Torá.[57] Con su fracaso, los reformadores desacreditaron la idea misma de la reforma, o incluso todo lo que significara una discusión del carácter y la orientación de la religión judía. En adelante, todos los textos oficiales denunciaron ese tipo de expresión como nada menos que una forma de apostasía total y de colaboración con la opresión extranjera, de modo que para las diferentes corrientes moderadas o para los predicadores de espíritu internacional, llegó a ser difícil elevar la mirada más allá del estrecho enclave del judaísmo ortodoxo para obtener un público. Los Asmoneos reflejaron un espíritu profundamente reaccionario en el seno del judaísmo. Su fuerza residía en el atavismo y la superstición y se alimentaba del remoto pasado israelita de tabúes y brutal intervención física de la deidad. En adelante, toda manipulación externa del Templo y sus santuarios levantaba instantáneamente en Jerusalén a una turba feroz de extremistas religiosos engrosada por la muchedumbre alterada. Desde ese momento, la turba se convirtió en parte importante de la escena de Jerusalén e hizo que fuese extremadamente difícil que alguien gobernase la ciudad, y por lo tanto la totalidad de Judea; y esto era válido para los griegos o los helenizantes, los romanos o sus tetrarcas, e incluso para los propios judíos.

Sobre este trasfondo de terror intelectual promovido por la turba religiosa, el espíritu secular y la libertad intelectual que florecían en las academias y los gimnasios griegos se vieron desterrados de los centros judíos del saber. En su lucha contra la educación griega, los judíos piadosos comenzaron, desde fines del siglo II a. C., a desarrollar un sistema nacional de educación. A las antiguas escuelas de escribas se sumó gradualmente una red de escuelas locales donde, por lo menos en teoría, todos los niños judíos aprendían la Torá.[58] Esta novedad tuvo mucha importancia en la difusión y la consolidación de la sinagoga, en el nacimiento del fariseísmo como movimiento arraigado en la educación popular y, a su tiempo, en el ascenso de los rabinos. La educación impartida en estas escuelas era totalmente religiosa y rechazaba cualquier forma de conocimiento que estuviese al margen de la Ley. Pero por lo menos estas escuelas enseñaban la Ley con un espíritu relativamente humano. Se ajustaban a antiguas tradiciones inspiradas en un oscuro texto del Deuteronomio —«ponlo en sus bocas»—,[59] que afirmaba que Dios había dado a Moisés, además de la Ley escrita, una Ley Oral, en virtud de la cual los ancianos cultos podían interpretar y complementar los mandamientos sagrados. La práctica de la Ley Oral posibilitó que el código mosaico se adaptase al cambio de las condiciones y fuese aplicado con realismo.

En cambio, los sacerdotes del Templo, dominados por los saduceos, o descendientes de Zadoq, el sumo sacerdote de los tiempos de David, insistían en que toda la ley debía ser escrita e inalterable. Tenían su propio texto adicional, llamado Libro de los Decretos, que establecía un sistema de castigo: a quiénes debía lapidarse, o quemarse, o decapitarse, o estrangularse. Y estas normas estaban escritas y eran sagradas: los sacerdotes no admitían que la enseñanza oral pudiese someter la Ley a un proceso de desarrollo creador. Con su rígida adhesión a la herencia mosaica, su concepto del Templo como la única fuente y centro del gobierno judaico, y su propia posición hereditaria en virtud de las funciones que cumplían, los saduceos eran naturalmente aliados de los nuevos sumos sacerdotes asmoneos, pese a que estos últimos no tenían un derecho riguroso al cargo por herencia. Los saduceos pronto se identificaron con el gobierno asmoneo en un rígido sistema de administración del Templo, en que el sumo sacerdote hereditario cumplía las funciones de un gobernante secular, y un comité de ancianos, el Sanedrín, se ocupaba de las obligaciones religiosas y legales. Para destacar la supremacía del Templo, Simón Macabeo no sólo destruyó las murallas del Acra, sino que decidió (de acuerdo con Josefo) «arrasar la colina misma donde se había levantado la ciudadela, con el fin de que el Templo alcanzara mayor altura».

Simón fue el último de los hermanos Macabeos. Los Macabeos eran hombres valerosos, desesperados, fanáticos, obstinados y violentos. Creían que estaban viviendo de nuevo el Libro de Josué, reconquistando la Tierra Prometida de manos de los paganos, con la ayuda del Señor. Vivieron por la espada y murieron por ella en un espíritu de implacable religiosidad. La mayoría tuvo un fin violento. Simón no fue excepción, pues los Tolomeos lo asesinaron a traición, lo mismo que a dos de sus hijos. Simón era un hombre sangriento, pero a su modo honorable, y no era egoísta. A pesar de su triunfal instalación como sumo sacerdote y etnarca, conservó el espíritu del jefe guerrillero religioso; tenía el carisma de la religiosidad heroica.

El tercer hijo de Simón, Juan Hircán, que lo sucedió y reinó entre 134 y 104 a. C., era muy diferente: era un gobernante nato. Acuñó sus propias monedas, con la inscripción «Yehohanán, Sumo Sacerdote, y la Comunidad de los Judíos», y su hijo Alejandro Janneo, 103-76 a. C., incluso se autotituló «Rey Jonatán» en sus monedas. La reconstrucción del estado y el reino, inicial y ostensiblemente basada en un mero fundamentalismo religioso —la defensa de la fe—, pronto resucitó todos los problemas de la monarquía anterior, y sobre todo el conflicto irresoluble entre los propósitos y los métodos del Estado y el carácter de la religión judía. Este conflicto se reflejó en la historia personal de los propios asmoneos, y la crónica de su ascenso y su caída constituye una lección memorable de la ambición de poder. Comenzaron en el papel de vengadores de los mártires; acabaron ellos mismos en el papel de opresores religiosos. Llegaron al poder al frente de una entusiasta banda guerrillera; terminaron rodeados de mercenarios. Su reino, fundado en la fe, se disolvió en la impiedad.

Juan Hircán estaba imbuido del concepto fundamentalista de que la voluntad de Dios era restablecer el reino de David. Fue el primer judío que buscó inspiración militar y guía geopolítica en los antiguos textos históricos de la Biblia, y con ese fin investigó los libros de Josué y Samuel. Aceptó como verdad literal que la totalidad de Palestina era la herencia divina de la nación judía, y que él tenía no sólo el derecho, sino el deber de conquistarla. Con ese propósito, creó un ejército moderno de mercenarios. Más aún, la conquista, como en el caso de Josué, debía extirpar los cultos extranjeros y las sectas heterodoxas, y si era necesario, masacrar a quienes los apoyaban. El ejército de Juan arrasó Samaria y destruyó el templo samaritano del monte Garizim. Después de un año de asedio, tomó por asalto la propia ciudad de Samaria y «la demolió completamente, y desvió arroyos para ahogarla, pues cavó zanjas para convertirla en un espejo de agua; incluso arrancó las marcas mismas que mostraban que allí había existido una ciudad».[60] Del mismo modo saqueó y quemó la ciudad griega de Escitópolis. Las guerras a sangre y fuego de Juan se caracterizaron por las matanzas de poblaciones urbanas cuyo único delito era que hablaban griego. La provincia de Idumea fue conquistada y los habitantes de sus dos ciudades principales, Adora y Marisa, fueron convertidos por la fuerza al judaísmo o masacrados si se negaban.

Alejandro Janneo, hijo de Juan, llevó aún más lejos esta política de expansión y conversión forzosa. Invadió el territorio de la Decápolis, la liga de diez ciudades de habla griega agrupadas alrededor del Jordán. Entró en Nabatea y se apoderó de Petra, la «ciudad rojo-rosada casi tan vieja como el tiempo». Se internó en la provincia de Gaulanitis. Los Asmoneos avanzaron hacia el norte, para entrar en Galilea y Siria, al oeste en dirección a la costa, al sur y al este hacia el desierto. Al abrigo de sus fronteras eliminaron las bolsas de habitantes no judíos mediante la conversión, la carnicería o la expulsión. Así, la nación judía se expandió amplia y rápidamente en cuanto a territorio y población, pero al proceder así, asimiló a gran número de personas que, aunque nominalmente judías, también estaban medio helenizadas y en muchos casos eran esencialmente paganas o incluso salvajes.

Más aún, al convertirse en gobernantes, reyes y conquistadores, los Asmoneos sufrieron las corrupciones del poder. Al parecer, Juan Hircán conservó una reputación bastante elevada en la tradición judía. Josefo dice que Dios lo consideró «digno de los tres privilegios más elevados: el gobierno de la nación, la dignidad del sumo sacerdocio y el don de la profecía».[61] Pero Alejandro Janneo, de acuerdo con los datos disponibles, se convirtió en un déspota y un monstruo, y entre sus víctimas estuvieron los judíos piadosos que otrora habían formado la fuente de la fuerza de su familia. Como otros gobernantes de Oriente Próximo de la época, sufrió la influencia de las formas griegas dominantes y llegó a despreciar alguno de los aspectos más exóticos, bárbaros a los ojos de los griegos, del culto de Yahvé. En su condición de sumo sacerdote, que celebraba la festividad de los Tabernáculos en Jerusalén, rehusó realizar la ceremonia de la libación, según la costumbre ritual, y los judíos piadosos lo bombardearon con limones. «Ante esto —escribió Josefo—, montó en cólera y mató a alrededor de seis mil de ellos.» En realidad, a semejanza de sus odiados predecesores, Jasón y Menelao, Alejandro se vio obligado a enfrentarse con una rebelión interna de rigoristas. Josefo dice que la guerra civil duró seis años y costó cincuenta mil vidas judías.

A esta época corresponde la primera mención de los *perushim* o fariseos, «los que se han separado», un partido religioso que repudiaba al régimen religioso real, con su sumo sacerdote, los aristócratas saduceos y el Sanedrín, y asignaba a la observancia religiosa preeminencia sobre el nacionalismo judío. Las fuentes rabínicas se hacen eco de la lucha entre el monarca y este grupo, que fue una disputa social y económica tanto como un choque religioso.[62] Como observó Josefo, «los saduceos reclutan a sus partidarios sólo entre los ricos, y el pueblo no los apoya; en cambio, los fariseos tienen aliados populares». Afirma que, al fin de la guerra civil, Alejandro regresó triunfante a Jerusalén, con muchos enemigos judíos entre sus cautivos, y entonces «ejecutó uno de los actos más bárbaros del mundo [...], pues mientras festejaba con sus concubinas, a la vista de toda la ciudad, ordenó que unos ochocientos de ellos fuesen crucificados, y cuando aún vivían, ordenó que ante la vista de los condenados degollaran a sus hijos y sus esposas».[63] En uno de los rollos de Qumrán se alude a este sádico episodio: «el león de la cólera [...] que cuelga vivos a los hombres».

De modo que, cuando Alejandro murió en 76 a. C., tras (de acuerdo con Josefo) «enfermar por el exceso de bebida», el mundo judío estaba agriamente dividido, y aunque era mucho más extenso, incluía un gran número de «medio judíos» cuya devoción a la Torá era selectiva y sospechosa. El estado asmoneo, como su prototipo el reino de David, había prosperado en el interregno que separaba a dos imperios. Pudo expandirse durante el periodo en que el sistema seléucida había iniciado una irremediable decadencia, pero antes de que Roma adquiriese fuerza suficiente para reemplazar a los griegos. Sin embargo, al tiempo de la muerte de Alejandro el Imperio romano en ascenso casi asomaba en el horizonte judío. Roma había sido aliada de los judíos cuando éstos luchaban contra el antiguo Imperio griego, y aquélla toleraba la existencia, incluso la independencia relativa, de los estados pequeños y débiles. Pero un reino judío irredento que adoptaba una actitud expansiva, y que mediante la fuerza convertía a sus vecinos a su propia fe exigente e intolerante, no era aceptable para el Senado romano. Roma esperó hasta que el estado judío llegó a ser vulnerable a causa de las divisiones internas, como había sido el caso del Imperio seléucida. Advertida de esta situación, Salomé, viuda de Alejandro, que reinó un tiempo después de la muerte de su esposo, trató de restablecer la unidad nacional incorporando al Sanedrín a los fariseos y decretando que su Ley Oral fuese aceptable en el ámbito de la justicia real. Pero falleció en 67 a. C., y sus hijos se disputaron la sucesión.

Hircán, uno de los pretendientes, tenía un poderoso primer ministro llamado Antípatro, un idumeo procedente de una familia a la que los Asmoneos habían obligado a convertirse. Era medio judío y medio helenizante. Para hombres como él era natural llegar a un acuerdo con esa nueva superpotencia que era Roma, y que combinaba la tecnología militar irresistible con la cultura griega. A juicio de Antípatro, el acuerdo con Roma, que permitía que su familia y otros notables floreciesen bajo la protección romana, era con mucho preferible a la guerra civil. De modo que en 63 a. C. concertó un acuerdo con el general romano Pompeyo, y Judea se convirtió en un estado cliente romano. El hijo de Antípatro, que se convirtió en Herodes el Grande, unió firmemente a los judíos con el sistema administrativo del Imperio romano.

El reinado de Herodes, que fue el verdadero gobernante de Judea y muchos territorios más desde 37 a. C. hasta su muerte, cuatro años antes de la era cristiana, es un periodo de la historia judía sobre el cual a los historiadores judíos les ha costado ponerse de acuerdo. Herodes era simultáneamente judío y antijudío; partidario y benefactor de la civilización grecorromana, y al mismo tiempo un bárbaro oriental capaz de cometer crueldades inenarrables. Fue un político brillante y en ciertos aspectos un estadista sabio y lúcido, generoso, constructivo y muy eficaz; pero también ingenuo, supersticioso, burdamente autocomplaciente, y un individuo que estaba al borde de la locura... y a veces traspasaba ese límite. Combinaba en su persona la tragedia de Saúl con el eficaz materialismo de Salomón, que sin duda era su ídolo; y debemos lamentar profundamente que no tuviese cerca a nadie que explicase su carácter y su carrera con el mismo brillo que observamos en el autor del Primer Libro de los Reyes.[64]

Herodes alcanzó notoriedad durante el periodo en que su padre fue gobernador de Galilea. Allí, en el verdadero espíritu del dominio romano, destruyó una banda de guerrilleros semirreligiosos, encabezados por un hombre llamado Ezequías, y ordenó la ejecución de los jefes, sin recurrir a forma alguna de proceso religioso judío y exclusivamente por razón de su autoridad. Esta actitud era un delito capital bajo la ley judía, y Herodes compareció ante el Sanedrín: sólo la presencia de sus guardias, que intimidaron a la corte, impidió que se lo procesara y sentenciara. Cuatro años más tarde, en 43 a. C., Herodes cometió un delito religioso análogo al ejecutar a otro judío fanático llamado Malico, que había envenenado a su padre. Por supuesto, la familia de Herodes apoyaba a la fracción asmonea encabezada por Hircán II, y el propio Herodes se unió a la familia al desposar a Mariamne. Pero en 40 a. C. la facción rival, encabezada por un sobrino llamado Antígono, se apoderó de Jerusalén con ayuda de los partos. Fasael, hermano de Herodes y gobernador de Jerusalén, fue arrestado y se suicidó en la prisión, e Hircán no pudo ser elegido sumo sacerdote porque su propio sobrino Antígono le arrancó las orejas a mordiscos.

Herodes salvó la vida a duras penas, pero se dirigió a Roma y defendió su situación ante el Senado. Los senadores respondieron convirtiéndolo en un rey-títere, con el título formal de *rex socius et amicus populi Romani*, «rey aliado y amigo del pueblo romano». Después, volvió a Oriente a la cabeza de un ejército romano de treinta mil infantes y seis mil hombres de caballería, recuperó Jerusalén e instaló un régimen completamente nuevo. Su política tuvo tres aspectos. En primer lugar, utilizó sus grandes dotes políticas y diplomáticas para asegurarse el respaldo de quien ejercía el poder en Roma. Cuando Marco Antonio prosperó, él y Herodes fueron amigos y aliados; cuando Marco Antonio cayó, Herodes se apresuró a concertar la paz con Octavio César. Durante el periodo imperial de Augusto, Herodes fue el más fiel y leal de los reyes orientales satélites de Roma, combatió a los piratas y los bandidos con implacable eficacia y apoyó a Roma en todas sus campañas y conflictos. Fue también el más recompensado, y con el apoyo de Roma extendió el reino hasta los límites asmoneos, e incluso más lejos, y lo gobernó con seguridad mucho mayor.

En segundo lugar, hizo todo lo posible para exterminar a los Asmoneos. Entregó a Antígono al poder de los romanos, que lo ejecutaron. Según afirmó Josefo, sentía una celosa pasión por su esposa Mariamne, biznieta de Alejandro Janneo, y con el tiempo se volvió contra ella y todos sus parientes. Ordenó que Aristóbulo, hermano de Mariamne, fuese ahogado en una piscina de Jericó. Acusó a la propia Mariamne de intentar envenenarlo, consiguió que un tribunal formado por miembros de la familia del propio Herodes la condenase, y la ejecutó. Después acusó de alta traición a Alejandra, madre de Mariamne, y también ella fue ejecutada. Finalmente, acusó a los dos hijos que había tenido con Mariamne de conspiración para asesinarlo, y también ellos fueron juzgados, condenados y estrangulados. Josefo escribió: «Si alguna vez un hombre se vio colmado por el afecto a su familia, fue Herodes.» Eso era cierto por lo que se refería a su propio linaje, pues fundó ciudades bautizadas con los nombres de su padre, su madre y su hermano. Pero frente a los Asmoneos, o a quien alentase aspiraciones ancestrales que amenazaran las posesiones de Herodes —por ejemplo, los miembros de la casa de David—, se comportó con suspicacia paranoica e inflexible brutalidad. El relato de la matanza de los Inocentes, aunque exagerado, tiene cierta base histórica en los actos del propio Herodes.

El tercer aspecto de la política de Herodes fue castrar el poder destructivo del judaísmo rigorista separando el Estado y la religión, y promoviendo a los judíos de la diáspora. Su primer acto al asumir el poder en Jerusalén en 37 a. C., fue ejecutar a cuarenta y seis miembros destacados del Sanedrín que, en su propio caso y en otros, habían intentado sostener la ley mosaica en los asuntos seculares. En adelante, fue sólo un tribunal religioso. Herodes ni siquiera intentó ocupar el cargo de sumo sacerdote y lo separó de la corona al convertirlo en un puesto oficial, designando y despidiendo a los sumos sacerdotes por su propia prerrogativa, y eligiéndolos sobre todo entre los judíos de la diáspora egipcia y babilónica.

Como la mayoría de los judíos, Herodes tenía conciencia de la historia, y es evidente que se atuvo al modelo de Salomón. Su objetivo fue perpetuar su memoria con construcciones y legados colosales, con gastos grandiosos de interés público y con inauditos actos de beneficencia. Por consiguiente, fue el arquetipo de otro espécimen judío, el filántropo codicioso. Su vida estuvo consagrada a acumular y gastar en escala gigantesca. Como Salomón, aprovechó su posición en la proximidad de las rutas comerciales para gravar el comercio, y él mismo se dedicó a la manufactura. Alquiló al emperador Augusto las minas de cobre de Chipre y absorbió la mitad de sus productos. Recaudaba los impuestos de una dilatada región y compartía los beneficios con Roma. Josefo dice que sus gastos excedían sus medios y que por eso se mostraba duro con sus súbditos; y en efecto, amasó una enorme fortuna personal principalmente gracias a la confiscación de la propiedad de aquellos a quienes declaraba enemigos del estado, y por supuesto sobre todo de los Asmoneos. Pero el nivel general de la prosperidad palestina se elevó durante su reinado, gracias a la paz externa, el orden interno y la expansión del comercio. El número de judíos, nativos y conversos, aumentó por doquier, de modo que, de acuerdo con una tradición medieval, en tiempos del censo de Claudio en 48 d. C., había 6.944.000 judíos en el imperio, más lo que Josefo denomina las «miríadas y miríadas» de Babilonia y otros lugares aún más alejados. Se calcula que durante el periodo de Herodes había alrededor de ocho millones de judíos en el mundo, y que, de ellos, entre 2.350.000 a 2.500.000 vivían en Palestina; por lo tanto, los judíos formaban alrededor del diez por ciento del Imperio romano.[65] Esta nación dinámica y la próspera diáspora eran la fuente de la riqueza y la influencia de Herodes.

En efecto, en la base de la política de Herodes estaba la conciencia del movimiento ascendente de los judíos y el judaísmo, sus sentimientos de orgullo racial y religioso. Más o menos como los judíos helenizantes antes que él, se veía en el papel de un reformador heroico, que trataba de llevar a un pueblo conservador y obstinado del Oriente Próximo al círculo ilustrado del mundo moderno. El poder de Roma y la reciente unidad alcanzada bajo su primer emperador posibilitaban una nueva era de paz internacional y comercio universal, fundamentos de una edad de oro económica, y Herodes deseaba que su pueblo participase en este proceso. Si quería que los judíos ocupasen el lugar al que tenían derecho en un mundo mejor, necesitaba destruir los elementos debilitadores de su pasado, y sobre todo desembarazar a la sociedad y la religión judías de la egoísta oligarquía de familias que explotaban ambas cosas. Lo hizo con sus solas fuerzas, y en su paranoia y su crueldad había también un sólido ingrediente de idealismo.

Herodes también deseaba mostrar al mundo que los judíos contaban con muchas personas de talento y civilizadas, que podían realizar una importante aportación al nuevo y dinámico espíritu de la civilización del Mediterráneo. Para alcanzar esta meta, elevó la mirada más allá de Jerusalén, con sus turbas y fanáticos, para posarla en los judíos de la diáspora. Herodes era íntimo amigo de Agripa, el general en jefe de Augusto, y esta relación permitió extender la protección especial de Roma sobre las grandes comunidades judías, dispersas y a veces amenazadas, que estaban en la órbita romana. Los judíos de la diáspora veían en Herodes a su mejor aliado. Era también el más generoso de los mecenas. Suministraba fondos para las sinagogas, las bibliotecas, los baños y los organismos de beneficencia, y alentaba a otros a hacer lo mismo, y así, en tiempos de Herodes, los judíos alcanzaron fama por los estados del bienestar en miniatura que organizaron en sus comunidades de Alejandría, Roma, Antioquía, Babilonia y otros lugares, en un sistema que atendía a los enfermos y los pobres, las viudas y los huérfanos, organizaba visitas a los encarcelados y enterraba a los muertos.

Herodes no fue tan insensato como para convertir a los judíos de la diáspora en los únicos destinatarios de su generosidad. Fue el benefactor de muchas ciudades multirraciales en la región oriental del imperio. Apoyó y financió todas las instituciones de la cultura griega, entre ellas el estadio, pues era un deportista entusiasta, un cazador y jinete incansable, un hábil lanzador de jabalina y arquero, un entusiasta espectador. Con su dinero, su capacidad de organización y su energía, rescató los Juegos Olímpicos de la decadencia y aseguró que se celebraran regularmente y con honrosa pompa, con lo cual su nombre fue reverenciado en muchas pequeñas islas y ciudades griegas, que le concedieron el título de presidente vitalicio. Con fines cívicos y culturales donó elevadas sumas a Atenas, Licia, Pérgamo y Esparta. Reconstruyó el templo de Apolo en Rodas. Levantó nuevamente las murallas de Biblos, construyó un foro en Tiro y otro en Beirut, dio un acueducto a Laodicea, construyó teatros en Sidón y Damasco, dio gimnasios a Tolemaida y Trípoli y proporcionó una fuente y baños públicos a Ascalón. En Antioquía, entonces la ciudad más grande de Oriente Próximo, pavimentó la calle principal, de cuatro kilómetros de longitud, y ordenó levantar columnatas en toda su extensión, para proteger a sus ciudadanos de la lluvia, y coronó esta gran obra con mármol pulido. En casi todos estos lugares había residentes judíos que se deleitaban con el esplendor que emanaba de su generoso hermano en la religión de Yahvé.

Herodes trató de aplicar esta política generosa y universalista en la propia Palestina, incorporando a elementos proscritos o heterodoxos en su panjudaísmo. Samaria, la ciudad arrasada e inundada por Juan Hircán, fue reconstruida con la ayuda de Herodes, y bautizada Sebaste, por el nombre griego de Augusto, protector de Herodes. Le dio un templo, levantó murallas y torres y construyó una calle con columnatas. Construyó otro templo, de granito egipcio, en Baniyas, en la costa. También en la costa, en el asiento de la Torre de Estratón, creó la gran ciudad nueva de Cesarea. De acuerdo con Josefo, esta iniciativa incluyó la construcción de un puerto artificial, «más grande que el Pireo» de Grecia, y los ingenieros de Herodes cerraron el lugar sumergiendo «en 20 brazas de agua bloques de piedra que tenían casi todos 15 metros de longitud, tres de ancho y casi otro tanto de profundidad, y que a veces eran incluso más grandes». Éste fue el cimiento de un gigantesco rompeolas de 60 metros de ancho. La ciudad, con una superficie de 80 hectáreas, tenía un teatro, un mercado y una casa de gobierno, todo de piedra caliza, con un hermoso anfiteatro donde se celebraban juegos cada cuatro años. Allí, Herodes levantó una gigantesca figura de César que, de acuerdo con la versión de Josefo, no era inferior al Zeus Olímpico, una de las siete maravillas del mundo antiguo. Este lugar se convirtió en la capital administrativa romana de Judea cuando a la muerte de Herodes su imperio se derrumbó. Las fortalezas y los palacios de Herodes salpicaban el territorio de Palestina. Entre ellos cabe mencionar la fortaleza Antonia (defensa de la ciudadela) de Jerusalén, levantada sobre el fuerte asmoneo de Baris, construido por Jonatán el Macabeo, pero en el auténtico estilo de Herodes, el nuevo puerto fue más grande, más sólido y más suntuoso. Otros eran el Herodium; Cipros, cerca de Jericó, denominado así por su madre; Maqueronte, en el lado oriental del mar Muerto, y su villa-fortaleza, cortada en la roca, de Masada, con su panorama espectacular del desierto.

Para Herodes, la construcción de la fortaleza Antonia en Jerusalén formaba parte de un objetivo político, casi geopolítico. Después de ocupar por primera vez la ciudad, en 37 a. C., con la fuerza de las legiones, con mucha dificultad convenció a sus aliados romanos de que no expulsaran a todos sus habitantes y destruyesen el lugar, pues aquéllos ya habían llegado a la conclusión de que se trataba de una ciudad ingobernable. Herodes propuso internacionalizar la ciudad, traer nuevos judíos para corregir los errores de los antiguos, y convertir a la ciudad en capital, no sólo de Judea, sino de toda la raza judía. Consideraba a los judíos de la diáspora más ilustrados que los palestinos, más receptivos a las ideas griegas y romanas, y con más probabilidades de promover en Jerusalén formas de culto compatibles con el mundo moderno. Otorgó cargos públicos de la capital a judíos de la diáspora y quiso reforzar su autoridad induciendo a otros judíos de la diáspora a acudir regularmente. En teoría, la Ley exigía que los judíos realizaran una peregrinación al Templo tres veces al año, en Pascua, la Festividad de las Semanas y la de los Tabernáculos.[66] Herodes decidió fomentar esta práctica, especialmente en los judíos de la diáspora, incorporando a Jerusalén todas las comodidades de una moderna ciudad grecorromana, y sobre todo reconstruyendo el Templo como un monumento espectacular que justificara la visita. Herodes era no sólo un notable filántropo; era también un propagandista inspirado y un gran talento del espectáculo. Ejecutó su programa para Jerusalén, la ciudad más suspicaz y nerviosa del mundo, con sistema y previsión. La construcción de la fortaleza Antonia le otorgó el dominio físico, y Herodes fortaleció su control levantando tres torres poderosas, la Fasael (más tarde llamada «torre de David»), la Hippicus y la Mariamne (terminada antes de que asesinara a su esposa). Hecho esto, consideró que no había riesgo en construir un teatro y un anfiteatro, aunque tales instalaciones fueron levantadas juiciosamente fuera del área del Templo. Después, en 22 a. C., convocó a una asamblea nacional y anunció la obra de su vida: la reconstrucción del Templo, en escala grandiosa, que superaba incluso la gloria de Salomón. Se dedicaron los dos años siguientes a reunir y adiestrar una fuerza de diez mil trabajadores y mil sacerdotes supervisores, que también trabajaban como artesanos constructores en las áreas prohibidas. Estos complicados preparativos eran necesarios para convencer a los judíos de Jerusalén de que la destrucción del antiguo Templo era el preludio de la erección de otro nuevo y mejor.[67] Herodes puso muchísimo cuidado en evitar la más mínima ofensa a los escrúpulos religiosos de los rigoristas: por ejemplo, en el altar y su acceso se usaron piedras sin tallar, con el fin de que no tuviesen contacto con el hierro. La creación del Templo como lugar funcional de sacrificio sólo duró dieciocho meses, y durante ese periodo una cuidadosa cobertura evitó que las miradas profanas se posaran en el santuario. Pero la totalidad de la vasta construcción exigió cuarenta y seis años, y los artesanos continuaron completando las decoraciones hasta poco antes de que los romanos lo arrasaran en 70 d. C., no dejando piedra sobre piedra.

Tenemos descripciones del Templo de Herodes en las *Antigüedades judaicas* y *La guerra de los judíos*, de Josefo,[68] y en los tratados talmúdicos *Middot*, *Tamid* y *Yoma*. Estos materiales han sido completados por la arqueología reciente. Para alcanzar los efectos grandiosos que él deseaba, Herodes duplicó la extensión del monte del Templo erigiendo enormes muros de contención y llenando los huecos con escombros. Alrededor del amplio patio delantero creado de ese modo, erigió pórticos y los unió con puentes a la ciudad alta. El santuario, sobre un extremo de la plataforma, estaba a mucha mayor altura y era más ancho que el de Salomón (100 codos en lugar de 60), pero como Herodes no pertenecía a una familia sacerdotal y por lo tanto no podía entrar ni siquiera en el patio interior, gastó poco en el interior, y el sanctasanctórum, aunque revestido de oro, era un lugar austero. En cambio, se gastó muchísimo dinero en el exterior, y las puertas, los accesorios y los adornos estaban recubiertos de láminas de oro y plata. Josefo dice que la piedra era «excepcionalmente blanca», y el resplandor de la piedra y los destellos del oro —que se reflejaban a muchos kilómetros de distancia cuando les daba el sol— fueron la causa de que el Templo impresionara tanto a los viajeros que por primera vez lo veían desde lejos.

La prodigiosa plataforma, con una extensión de 14 hectáreas y un kilómetro y medio de perímetro, tenía doble altura de lo que se ve hoy desde el fondo del valle, pues las hileras inferiores de grandes bloques de piedra están cubiertas por los desechos de siglos. Josefo dice que algunos de estos bloques tenían «45 codos de longitud, 10 de altura y 6 de ancho», y que el acabado fue obra de artesanos importados de nivel excepcionalmente elevado. Los 13 metros superiores de la plataforma cubrían corredores abovedados, y sobre éstos, en la plataforma misma, se hallaban los claustros, con centenares de columnas corintias de 9 metros de altura y tan gruesas, dice Josefo, que tres hombres con los brazos extendidos apenas podían abarcarlas. Asegura que el edificio era tan alto que uno se mareaba cuando miraba hacia abajo desde los claustros.

Los peregrinos de Palestina entera y la diáspora, que afluían a la ciudad por centenares de miles en las grandes festividades, ascendían de la ciudad a la plataforma siguiendo una amplia escalinata y atravesando el puente principal. El patio exterior, al abrigo de las murallas, estaba abierto a todos, y en sus puertas y claustros los cambistas de dinero canjeaban monedas de todo el mundo por los «siclos santos» usados para pagar las tasas del Templo —estos hombres fueron los que provocaron la furia de Jesús—, y también se vendían palomas para los sacrificios. Un muro y una entrada mostraban advertencias en griego y latín talladas en la piedra, que prohibían a los que no eran judíos continuar avanzando, so pena de muerte; esa muralla cercaba el patio de las Mujeres, con rincones especiales para los nazarenos y los leprosos, y aún más adentro estaba el patio de los Israelitas para los judíos varones. Cada uno de los patios interiores se elevaba, de modo que se llegaba mediante una escalera, y otro tramo de peldaños aún más alto conducía al sector de los sacrificios o patio de los Sacerdotes, y al santuario que allí había.

Muchos miles de sacerdotes, levitas, escribas y judíos piadosos trabajaban en el área del Templo y sus alrededores. Los sacerdotes eran responsables de los ritos y las ceremonias, los levitas eran los coristas, los músicos, los encargados de la limpieza y el mantenimiento. Se dividían en veinticuatro grupos de vigilancia o turnos, y durante la frenética actividad de las grandes festividades estaban reforzados por hombres de cuna sacerdotal o levítica venidos de Palestina entera y la diáspora. El principal deber de los sacerdotes era el cuidado del santuario. Los judíos habían tomado de los egipcios el concepto del fuego perpetuo en el altar, y ello suponía mantener siempre encendidas las lámparas del santuario y llenarlas constantemente. También tomaron de Egipto la costumbre de quemar regularmente incienso en los lugares más sombríos y secretos. El Templo consumía 270 kilos de costoso incienso cada año, un producto fabricado con una receta secreta por la familia sacerdotal Avtina, cuyas mujeres tenían prohibido usar perfume para evitar las acusaciones de corrupción. En realidad, se fabricaba con conchas marinas molidas, sal de Sodoma, un ciclamen especial, mirra (resina de goma de alcanfor), olíbano (resina de goma de terebinto), canela, casia, aceite vegetal, azafrán, bálsamo de resina y una misteriosa sustancia llamada *maalá ashan*, que hacía que el humo se elevase de un modo impresionante.

También se realizaban los sacrificios normales, dos corderos al alba diariamente y otros dos al atardecer, y en cada ceremonia intervenían trece sacerdotes. Por supuesto, los judíos varones comunes no podían entrar en el santuario, pero durante el servicio se mantenían abiertas las puertas, de modo que pudiesen ver. Cada servicio concluía con una libación ritual de vino, la lectura de la escritura y el canto de himnos y salmos. Los coristas cantaban acompañados por una orquesta formada por una flauta doble, un arpa de doce cuerdas, una lira de diez cuerdas y timbales de bronce, y la trompeta de plata y el *shofar* o cuerno de morueco se utilizaban para marcar las etapas de la liturgia. Los ritos del sacrificio suscitaban en los visitantes la sensación de un espectáculo exótico, incluso bárbaro, pues la mayoría de los forasteros llegaban en tiempos de festividad, cuando la cantidad de sacrificios era enorme. En tales ocasiones, el Templo interior era un lugar sobrecogedor, los chillidos y mugidos de los animales aterrorizados se mezclaban con los gritos y los cantos rituales y los tremendos sonidos del cuerno y la trompeta; y todo estaba manchado de sangre. El autor de la Carta de Aristeas, un peregrino judío de Alejandría, afirma que vio a setecientos sacerdotes ejecutando sacrificios, trabajando en silencio pero manipulando con habilidad profesional los pesados cuerpos y disponiéndolos exactamente en el lugar apropiado del altar.

A causa del enorme número de animales, la matanza, el desangrado y el descuartizamiento de los cuerpos debía hacerse deprisa; y para desembarazarse de la copiosa cantidad de sangre, la plataforma no era sólida, sino hueca, de modo que constituía un gigantesco sistema de limpieza. Contenía treinta y cuatro cisternas, y la mayor, o Gran Mar, contenía más de ocho millones de litros. En invierno, almacenaban el agua de lluvia, y en verano se traían suministros adicionales mediante un acueducto que iba desde el estanque de Siloé hacia el sur. Innumerables tuberías subían el agua hasta la superficie de la plataforma, y una multitud de conductos desaguaban los torrentes de sangre. Aristeas escribió: «Hay muchas salidas de agua en la base del altar, invisibles para todos excepto los que presiden los sacrificios, de modo que toda la sangre se recoge en grandes cantidades y se la elimina en un abrir y cerrar de ojos.»

El Templo era una masa agitada de personas los días de fiesta, y era necesario abrir la puerta a partir de la medianoche. Sólo el sumo sacerdote podía penetrar en el sanctasanctórum, una vez por año, el Día del Perdón, pero en las festividades se levantaba la cortina de modo que los peregrinos judíos de sexo masculino, observando a través de las puertas del santuario, pudiesen ver el interior, y además se sometían a inspección los vasos sagrados. Cada peregrino ofrecía por lo menos un sacrificio individual —de ahí el gran número de animales—, y este privilegio se concedía también a los gentiles. Según la versión de Josefo, el Templo de Herodes era mundialmente famoso y gozaba de gran estima, y había gentiles importantes que ofrecían sacrificios por razones piadosas así como para ganarse a la opinión judía. Por ejemplo, en 15 a. C., Marco Agripa, amigo de Herodes, realizó el gran gesto de ofrecer una hecatombe (cien animales).[69]

El Templo era prodigiosamente rico, por lo menos cuando no sufría el saqueo. Los reyes y estadistas extranjeros, de Artajerjes al emperador Augusto, le donaron grandes cantidades de vasos de oro, que fueron almacenados en cámaras acorazadas especiales que se hallaban en las entrañas del lugar. Los judíos de todos los rincones de la diáspora aportaban dinero y vajilla, más o menos como ahora contribuyen en favor de Israel, y Josefo afirma que el lugar se convirtió en «la tesorería general de toda la riqueza judía». Por ejemplo, Hircán, jefe de la acaudalada familia Tobiad, dedicada a la recaudación de impuestos, «depositó allí toda la riqueza de su casa».[70] Pero la principal fuente permanente de ingresos era un impuesto de medio siclo aplicado a todos los varones judíos mayores de veinte años.

Herodes fue excepcionalmente generoso con el Templo, pues pagó de su propio pecunio todo el trabajo en el edificio nuevo. Al menoscabar la importancia del sumo sacerdote, que era un saduceo odiado, Herodes elevó automáticamente la importancia de su representante, el *segan*, es decir, un fariseo que ejercía el control de todas las funciones regulares del Templo y se aseguraba que incluso los sumos sacerdotes saduceos practicasen la liturgia de un modo farisaico. Como Herodes estaba en relativamente buenos términos con los fariseos, en general conseguía evitar los conflictos entre el Templo y su gobierno. Sin embargo, esta alianza se quebró durante sus últimos meses, cuando puso un águila dorada sobre la entrada principal del Templo como parte de la decoración. Los judíos de la diáspora se sintieron complacidos con esto, pero los judíos piadosos de la capital, incluso los fariseos, se opusieron enérgicamente, y un grupo de estudiantes de la Torá trepó y destruyó el águila. Herodes ya estaba enfermo, en su palacio próximo a Jericó, pero actuó con su energía e implacabilidad características. El sumo sacerdote fue destituido del cargo. Los estudiantes fueron identificados, detenidos, arrastrados con cadenas a Jericó, juzgados en el teatro romano que allí había y quemados vivos. Cuando el humo de este sacrificio a su generosidad y dignidad lastimadas aún flotaba en el aire, Herodes fue llevado en litera a los manantiales termales de Callirrhoe, donde murió en la primavera de 4 a. C.

Las disposiciones de Herodes relacionadas con su reino no fueron ejecutadas, porque sus herederos, los hijos que había tenido con Doris, su primera esposa nabatea, carecían de fibra. Arquelao, a quien dejó Judea, tuvo que ser depuesto por los romanos en 6 d. C. Después, la provincia fue gobernada directamente por procuradores romanos de Cesarea, responsables a su vez ante el legado romano de Antioquía. Herodes Agripa, nieto del anciano rey, era un hombre capaz, y en 37 d. C. los romanos le entregaron Judea. Pero falleció en 44 d. C., y Roma no tuvo más alternativa que imponer de nuevo el gobierno directo. Así pues, la muerte de Herodes el Grande terminó con la última fase del gobierno judío estable en Palestina hasta mediados del siglo XX.

El periodo que siguió estuvo marcado por una tensión cada vez más notable, algo inusual bajo el régimen romano. Los romanos dirigían un imperio liberal y respetaban las instituciones religiosas, sociales e incluso políticas de cada región, en la medida en que eso no contrariaba sus intereses. Es cierto que los alzamientos esporádicos eran reprimidos con mucha fuerza y severidad, pero la mayoría de los pueblos del Mediterráneo y Oriente Próximo prosperaron bajo el dominio romano y lo consideraban la mejor opción. Ésa era la opinión de los seis millones o más de judíos de la diáspora, que nunca causaron problemas a las autoridades, excepto una vez en Alejandría por el impacto de los acontecimientos de Palestina. Es probable que incluso en su patria muchos judíos, quizá la mayoría, no considerasen a los romanos como opresores o enemigos de la religión. Pero una importante minoría de Palestina se mostró irreconciliable con los *kittim* (romanos) y ocasionalmente se manifestó dispuesta a afrontar los feroces castigos que conllevaba el desafío violento. Hubo un alzamiento, encabezado por Judas de Gamala, en 6 d. C., como protesta ante el gobierno directo impuesto después de la muerte de Herodes el Grande. Hubo otro, por razones análogas, cuando se restableció el gobierno directo después de la muerte de Herodes Agripa, en 44 d. C., dirigido por un hombre llamado Teudas, que descendió por el valle del Jordán al frente de una turba. Hubo un tercero en tiempos del procurador Félix (52-60 d. C.), y esta vez cuatro mil personas se reunieron en el monte de los Olivos, con la esperanza de que las murallas de Jerusalén cayeran, como las de Jericó. Finalmente, cabe mencionar los grandes alzamientos de 66 d. C. y 135 d. C., que tuvieron enorme magnitud y convulsionaron el Imperio oriental. No hay analogía con esta secuencia de hechos en otro cualquiera de los territorios gobernados por Roma.

¿Por qué eran los judíos un pueblo tan turbulento? No porque formaran una sociedad difícil, belicosa, tribal y esencialmente atrasada, como los partos, que provocaban constantes dificultades a los romanos en la frontera oriental, de un modo similar a como los patanes y los afganos preocuparon siglos después a los británicos en la frontera noroeste de la India. Al contrario, el verdadero problema con los judíos era que se trataba de un pueblo demasiado avanzado, dotado de una excesiva conciencia intelectual que no le permitía considerar aceptable el dominio extranjero. Los griegos, que habían afrontado el mismo problema con Roma, lo resolvieron sometiéndose físicamente y dominando intelectualmente a los romanos. Desde el punto de vista cultural, el Imperio romano era griego, sobre todo en Oriente. La gente educada hablaba y pensaba en griego, y las formas griegas determinaron las normas en arte y arquitectura, en el teatro, la música y la literatura. De este modo, los griegos nunca se sintieron culturalmente sometidos a Roma.

Ésa fue la dificultad con los judíos. Poseían una cultura más antigua que la de los griegos, y aunque no podían equipararse a éstos en arte y en otras esferas, su literatura era superior en varios aspectos. Había tantos judíos como griegos en el Imperio romano, y una proporción más elevada de los mismos era culta. Sin embargo, los griegos, que controlaban la política cultural del Imperio romano, no reconocieron en absoluto el idioma y la cultura hebreos. Cabe destacar que los griegos, que se mostraron muy inquisitivos acerca de la naturaleza, y muy dispuestos a incorporar tecnologías y técnicas artísticas extranjeras, demostraron escasa curiosidad en relación con los idiomas ajenos. Estuvieron un milenio en Egipto, pero jamás se molestaron en aprender nada salvo el demótico relacionado con el comercio; parece que Pitágoras fue el único estudioso griego que comprendía los jeroglíficos. Mostraron la misma ceguera frente al hebreo, a la literatura hebrea y la filosofía religiosa judía, que sólo llegaron a conocer de oídas y mal. Este menosprecio cultural por parte griega, y la relación de amor-odio que algunos judíos cultos tenían con la cultura griega, fueron fuentes de tensión permanente.

En cierto sentido, la relación entre griegos y judíos en la Antigüedad se pareció a las relaciones entre los judíos y los alemanes durante el siglo XIX y principios del XX, aunque la comparación no debe exorbitarse. Griegos y judíos tenían muchos puntos en común —por ejemplo, sus concepciones universalistas, el racionalismo y el empirismo, la conciencia del ordenamiento divino del cosmos, su sentido ético, el absorbente interés en el hombre mismo—, pero finalmente las diferencias, exacerbadas por los malentendidos, llegaron a ser más importantes.[71] Tanto los judíos como los griegos afirmaban creer y pensaban que creían en la libertad, pero mientras para los griegos la libertad era un fin en sí mismo, alcanzado en la comunidad libre y autónoma que elegía sus propias leyes y sus dioses, para los judíos no era más que un medio, que impedía las interferencias en las obligaciones religiosas establecidas por mandato divino y que no podían ser modificadas por el hombre. Los judíos habrían podido reconciliarse con la cultura griega únicamente si se hubieran adueñado de ella; como en definitiva hicieron, en la forma del cristianismo.

Por lo tanto, es importante comprender que la aparente rebelión judía contra Roma en el fondo era un choque entre las culturas judía y la griega. Más aún, el choque se originaba en los libros. Había entonces sólo dos grandes literaturas, la griega y la judía, pues los textos latinos, que se atenían al modelo de los griegos, apenas comenzaban a formar un corpus. El acceso a la cultura se fue extendiendo, sobre todo entre los griegos y los judíos, que tenían escuelas elementales. Los escritores comenzaban a manifestarse como personalidades: conocemos los nombres de por lo menos mil autores helenísticos, y también los escritores judíos comenzaban a identificarse. Había grandes bibliotecas, oficiales y privadas; la de Alejandría tenía más de setecientos mil rollos. La griega era la literatura de la sociedad internacional civilizada, pero los judíos mostraban mucha mayor disciplina en el copiado, la difusión, la lectura y el estudio de sus propios textos sagrados. Ciertamente, en numerosos aspectos la literatura hebrea era mucho más dinámica que la griega. Los textos griegos, a partir de Homero, fueron guías de la virtud, el decoro y los modos de pensamiento; pero los textos hebreos mostraban una notoria tendencia a convertirse en planes de acción. Además, este factor dinámico estaba adquiriendo más importancia. La intención era propagandística, el tono polémico y completamente xenófobo, con una especial animosidad dirigida contra los griegos. Se hace hincapié en el martirio, como consecuencia de las luchas de los Macabeos. Una obra típica, escrita por un judío llamado Jasón de Cirene, originariamente en cinco volúmenes, sobrevive en un epítome denominado Segundo Libro de los Macabeos. Aunque utiliza todos los recursos retóricos de la prosa griega, es una diatriba antigriega además de un martirologio incendiario.

Aún más importante que las historias de mártires fue el nuevo recurso literario del relato apocalíptico, que desde los tiempos de los Macabeos colmó el vacío dejado en la conciencia judía por la decadencia de la profecía. La palabra significa «revelación». Los textos apocalípticos intentan expresar misterios que superan los límites del conocimiento o la experiencia de humanos normales, a menudo utilizando los nombres de profetas muertos para conferir autenticidad. Desde el siglo II a. C., durante la crisis de los Macabeos, se concentran abrumadoramente en los temas escatológicos: proyectan sobre el futuro la obsesión judía por la historia y pronostican lo que sucederá cuando llegue «el fin de los días», cuando Dios cierre el periodo histórico y la humanidad entre en la era de las cuentas definitivas. Este momento se caracterizará por las grandes convulsiones cósmicas, la batalla definitiva del Apocalipsis y, como dice uno de los rollos de Qumrán, «la hueste celestial hablará con voz potente, se conmoverán los cimientos del mundo, y una guerra de los poderosos de los cielos se extenderá por todo el mundo».[72] Estos hechos se caracterizan por la violencia extrema, las divisiones absolutas entre el bien (los judíos piadosos) y el mal (los griegos, más tarde los romanos), y por indicios de un desenlace inminente.

De estas obras, el Libro de Daniel, que data de los primeros tiempos asmoneos, fue la más influyente, porque se incorporó al canon y porque se convirtió en modelo de muchos otros. El libro utiliza ejemplos históricos, extraídos de los tiempos asirios, babilónicos y persas, para agitar el odio contra el imperialismo pagano en general y el dominio griego en particular, y predice el fin del imperio y la aparición del reino de Dios, posiblemente bajo la égida de un libertador heroico, un Hijo del Hombre. El libro vibra de xenofobia y de invitaciones al martirio.

Los libros apocalípticos podían leerse, y fueron leídos, en diferentes planos de realidad. Daniel prometió a los judíos piadosos de actitud moderada —muy probablemente la mayoría, que habían tendido a aceptar desde los tiempos de Jeremías y Ezequiel que su religión podía practicarse, y quizá mejor, bajo un gobierno extranjero más o menos liberal—, no una restauración del reino histórico y físico, como el de David, sino un episodio final de un carácter completamente distinto: la resurrección y la inmortalidad personal. Lo que impresionó especialmente a los fariseos fue la afirmación que aparecía al final del Libro de Daniel de que al final de los días «tu pueblo ha de ser librado [...] Y muchos de los que duermen en el polvo de la tierra despertarán, algunos para gozar de la vida eterna, y otros para vergüenza y desprecio permanentes».[73] Esta idea del Libro de Daniel se vio reforzada por el llamado Libro Etíope de Enoc, escrito a principios del siglo I d. C., que alude al «último día» y al «día del juicio», cuando los «elegidos» se verán favorecidos y llegarán a su reino.

La idea del juicio tras la muerte y la inmortalidad conforme al mérito había sido desarrollada en Egipto más de un milenio antes. No era judía, porque no estaba en la Torá, y los saduceos, que se aferraban a sus textos, al parecer negaron por completo la vida ultraterrena. Pero la idea aparece embrionariamente en Isaías, y los fariseos se apoderaron con entusiasmo de este aspecto del Apocalipsis, porque apelaba a su intenso sentido de la justicia ética. Es posible que, como había demostrado Job, no existiera una respuesta terrena a la teodicea; pero si no había justicia en este mundo, ciertamente la habría en el otro, cuando los justos fuesen recompensados por el juez divino, y los perversos condenados. La idea de un juicio final armonizaba con el concepto judaico total del imperio de la Ley. Precisamente porque enseñaban esta doctrina, unida a un enfoque racionalista de la observancia de la Ley, que posibilitaba la salvación, los fariseos concitaron tanto apoyo, sobre todo en los pobres piadosos, que sabían por amarga experiencia que era muy poco probable que alcanzaran la felicidad en este mundo.[74]

Pero si los fariseos distinguían (como más tarde haría san Agustín) entre el reino celestial y el terrenal, otros daban una interpretación más literal a la versión apocalíptica. Creían que el reino de la virtud era físico, real e inminente, y que ellos estaban destinados a apresurar su aparición. Las fuerzas de ocupación romana denominaron sicarios a los integrantes del grupo más violento. Los sicarios llevaban dagas ocultas y solían asesinar a los colaboracionistas judíos, sobre todo aprovechando las multitudes que se reunían durante las festividades. Sin embargo, los sicarios no eran nada más que la periferia terrorista y ultraviolenta de un movimiento autodenominado de los zelotes. El nombre proviene de la historia de Pinjás narrada en el Libro de los Números. Pinjás salvó a Israel de la plaga matando a un hombre perverso y a su esposa con una jabalina, y así se dijo que había demostrado «celo por su Dios».[75] De acuerdo con Josefo, el movimiento fue fundado en 6 d. C. por Judas el Galileo, cuando organizó un alzamiento contra el gobierno directo y los gravámenes romanos. Al parecer, Judas fue una especie de rabino temprano, que enseñaba la antigua doctrina de que la sociedad judía era teocracia y reconocía únicamente el gobierno de Dios.

Josefo distingue entre los zelotes, que predicaban y practicaban la violencia, y lo que él denomina las tres restantes sectas principales, es decir, los fariseos, los saduceos y los esenios, que aparentemente aceptaban en general el dominio extranjero.[76] El hecho de que Sadoq, representante de Judá, fuese fariseo indica que no era posible trazar líneas divisorias definidas, y a medida que avanzó el siglo I d. C., un número cada vez más elevado de judíos piadosos, entre ellos los fariseos, aceptaron que la violencia era inevitable en ciertas circunstancias. Sin embargo, se trata de una zona oscura, pues Josefo, que es nuestra principal autoridad, era parte interesada. Consideraba que el término *zelote* era un título honroso, y dejó de usarlo cuando llegó a la conclusión de que las actividades de esa gente eran terroristas o antisociales. La legitimidad del terrorismo cuando otras formas de protesta fracasan fue entonces, como hoy, tema de acalorados debates, y el papel exacto representado por los zelotes y los sicarios, que participaron en todos los alzamientos violentos del siglo, es tema para la conjetura erudita.[77]

Es aún más acentuada la controversia de las diferentes sectas milenaristas que existían en el borde del desierto, y a las que Josefo (así como Filón y Plinio) agruparon bajo la denominación común de esenios. En realidad, pertenecían a muchas categorías distintas. Los más conocidos son los monjes de Qumrán, porque su monasterio del mar Muerto fue excavado por G. L. Harding y Père de Vaux en 1951-1956, y sus muchos escritos están siendo analizados y publicados íntegramente. En verano vivían en tiendas, y en invierno se refugiaban en cuevas. En sus edificios centrales tenían complicadas cañerías destinadas a facilitar sus abluciones rituales, y hemos descubierto su cocina, la panadería, el comedor y el taller de alfarería, así como un salón de reuniones. La secta muestra la importancia de la literatura en estos grupos extremistas, pues había un *scriptorium* muy trabajado y una nutrida colección de libros, depositados para mayor seguridad en altas tinajas ocultas en las cuevas próximas cuando la comunidad se vio amenazada por los romanos en la rebelión de 66 d. C. Pero este rasgo también ilustra el modo en que la literatura apadrinó la violencia, pues además de los textos canónicos con implicaciones apocalípticas (por ejemplo Isaías), los monjes también redactaron sus propios escritos escatológicos, de carácter revolucionario e incluso militar. Uno de estos documentos, que conocemos con el título de «La guerra de los hijos de la luz contra los hijos de la oscuridad», no era imprecisamente apocalíptico, sino que constituía una detallada guía de entrenamiento para una batalla que creían inminente. El campamento tenía una disposición defensiva y contaba con una torre de vigía, y en efecto parece que fue atacado y destruido por los romanos cuando el «fin de los días» llegó en 66-70 d. C.[78]

Pero los monjes militantes de Qumrán fueron sólo una de muchas comunidades del tipo de los esenios. Todas sufrieron la influencia de los textos apocalípticos, pero no todas eran violentas, y unas pocas adoptaban una actitud completamente pacífica. Algunos eran ermitaños que moraban en cuevas, por ejemplo los terapeutas, que provenían de Egipto, donde habían existido comunidades en el desierto desde hacía por lo menos dos mil años. Los marguerianos de Siria también eran trogloditas monásticos. Otros monjes de las cavernas eran los monjes bautistas que vivían cerca del Jordán, entre los cuales Juan el Bautista y sus partidarios son los más conocidos.

Juan el Bautista vivió y trabajó casi siempre en Galilea y Perea, territorio que entonces era abrumadoramente judío, pero que había sido anexionado a Judea mediante el fuego y la espada —y a menudo la conversión forzosa— en tiempos de los Macabeos. Era una región de fiera ortodoxia y variada heterodoxia, y llena de fermento religioso y político. Gran parte de esta área había sido devastada durante los alzamientos que siguieron a la muerte de Herodes y en el año 6 d. C., y Herodes Antipas, hijo del gran hombre, designado gobernador por los romanos, trató de reconstruirla levantando nuevas ciudades al estilo griego. Entre 17 y 22 d. C. fundó un nuevo centro administrativo en Tiberíades, a orillas del lago de Galilea, y para poblarlo, obligó a los judíos del campo circundante a abandonar sus fincas y vivir allí. También reclutó a pobres y esclavos. Así, el lugar se convirtió en una extraña anomalía: era la única ciudad griega con mayoría de judíos. Antipas se granjeó críticas por otras razones. Su judaísmo era sospechoso porque su madre era samaritana; y quebrantó la ley mosaica al desposar a la mujer de su hermano. Juan el Bautista predicó contra este pecado, lo que le costó su encarcelamiento y decapitación.[79] De acuerdo con Josefo, Antipas creyó que el grupo de partidarios del Bautista estaba creciendo de tal modo que inevitablemente desembocaría en la rebelión.

El Bautista creía en lo que los judíos denominaban el Mesías, cuya misión se explicaba en dos libros: Isaías y Enoc. No era ermitaño, ni separatista, ni tampoco se orientaba hacia una actitud de exclusión. Por el contrario: predicaba a todos los judíos que el día del ajuste de cuentas se aproximaba. Todos debían confesar sus pecados, arrepentirse y recibir el bautismo del agua como símbolo de expiación, y así prepararse para el Juicio Final. Su tarea era responder a la exhortación contenida en Isaías: «Preparad en el desierto un camino para nuestro Dios»,[80] y proclamaba la llegada del fin de los tiempos y el advenimiento del Mesías, que sería el Hijo del Hombre descrito por Enoc. De acuerdo con el Nuevo Testamento, el Bautista estaba emparentado con Jesús de Nazaret, a quien bautizó e identificó como el Hijo del Hombre. Poco después de la ejecución del Bautista, Jesús comenzó su propia misión. ¿En qué consistía esta misión, y qué creía ser Jesús?

La doctrina judía del Mesías nacía de la creencia de que el rey David había sido ungido por el Señor, de modo que él y sus descendientes reinarían sobre Israel hasta el fin de los tiempos y dominarían a los pueblos extranjeros.[81] Después de la caída del reino, esta creencia se había transformado en una expectativa profética en el milagroso restablecimiento del dominio de la casa de David.[82] En esto se cimentaba la descripción de Isaías de este futuro rey como dispensador de justicia, y éste era quizás el elemento más importante de la creencia, porque Isaías parece haber sido, de todos los libros de la Biblia, el más difundido y admirado, y en todo caso el mejor escrito. Durante los siglos II y I a. C., esta reencarnación dispensadora de justicia del gobernante davídico armonizó con los conceptos expuestos en el Libro de Daniel, el Libro de Enoc y otras obras apocalípticas de un fin de los tiempos y de las Cuatro Últimas Cosas: la muerte, el juicio, el infierno y el cielo. En esta etapa relativamente tardía, la figura carismática elegida por la divinidad fue denominada por primera vez el Mesías o «el [rey] ungido». La palabra era originariamente hebrea, después fue aramea, y sencillamente se transliteró al griego para convertirse en *messias*; pero la palabra griega que significa «el ungido» es *christos*, y es significativo que el título atribuido a Jesús fuese el griego, y no el hebraico.

En vista de sus orígenes complejos e incluso contradictorios, la doctrina mesiánica provocó mucha confusión en la mente de los judíos. Pero parece que la mayoría supuso que el Mesías sería un jefe político-militar, y que su llegada inauguraría un estado terrenal y físico. En los Hechos de los Apóstoles hay un fragmento importante que describe cómo Gamaliel el Viejo, nieto de Hillel y antes presidente del Sanedrín, disuadió a las autoridades judías de la intención de castigar a los primeros cristianos, argumentando que la autenticidad de su Mesías se vería demostrada por el éxito de su movimiento. Conocemos, dijo, el caso de Teudas, «que se ufanó de ser alguien», pero había sido muerto, «y todos, los muchos que le obedecieron, se dispersaron y no llegaron a nada». Después, había venido Judas el Galileo, «en tiempos de los impuestos», y «también él pereció; y todos, incluso los muchos que le obedecieron, se dispersaron». Sostuvo que los cristianos debían quedar librados a su suerte, porque si su misión carecía de la aprobación divina, «quedará en nada».[83]

Los restantes ancianos judíos fueron persuadidos por la argumentación de Gamaliel, pues también ellos pensaban en términos de un alzamiento destinado a modificar el gobierno. Cuando Herodes el Grande supo que había nacido el Mesías o Cristo, reaccionó violentamente, como ante una amenaza a su dinastía. El judío que escuchaba a un hombre que realizaba afirmaciones mesiánicas, sobreentendía que el individuo en cuestión había concebido algún tipo de programa político y militar. El gobierno romano, el Sanedrín judío, los saduceos e incluso los fariseos suponían que un Mesías debía modificar el orden vigente, del cual todos formaban parte. La población pobre de Judea y Galilea también creía que un Mesías que predicaba cambios fundamentales no se refería a cuestiones espirituales y metafísicas, o por lo menos no sólo a ellas, sino a las realidades del poder: el gobierno, los impuestos, la justicia.

Ahora resulta obvio, a partir de los datos disponibles, que Jesús de Nazaret no se ajustaba a ninguno de estos esquemas mesiánicos. No era un nacionalista judío. Por el contrario, era un universalista judío. Como el Bautista, estaba influido por las enseñanzas de las corrientes esenias pacíficas, pero, a semejanza del Bautista, creía que el programa de arrepentimiento y renacimiento debía llegar a la multitud, como se preveía en el capítulo 53 de Isaías. La tarea del hombre que venía a enseñar la virtud no era ocultarse en el desierto o en cuevas, ni tampoco ocupar los asientos de los poderosos, como el Sanedrín. Su misión era predicar a todos, y hacerlo con un espíritu de humildad ante Dios, que podía llegar a exigir sufrimientos extremos. La persona acerca de quien Isaías había escrito tenía que ser la «planta tierna», el «despreciado y rechazado por los hombres», el «varón de dolores», que sería «herido por nuestras iniquidades, lastimado por nuestra transgresión», «oprimido y afligido, incluso si no abría la boca». Este «doliente servidor» de Dios sería «arrancado de la prisión y el juicio», «llevado como un cordero al matadero», sepultado con los malvados e «incluido entre los transgresores». Este Mesías no era un líder de turbas ni un demócrata ni un jefe guerrillero, y mucho menos un futuro rey terrenal y soberano mundial. Era más bien un teólogo y una víctima propiciatoria, un maestro con la palabra y el ejemplo, y con su vida y su muerte.[84]

Si Jesús era un teólogo, ¿qué era y de dónde provenía su teología? Su base era el judaísmo heterodoxo y la creciente helenización de Galilea. Su padre, que era carpintero, falleció antes de que Jesús se bautizara, en 28-29 d. C. En el Nuevo Testamento griego José tiene un nombre hebreo, pero la madre de Jesús se llamaba María, forma griega de Miriam. Dos de los hermanos de Jesús, Judas y Simón, tenían nombres hebreos, pero otros dos, Santiago (en hebreo Jacob) y Joses (en hebreo José) no los tenían, y Jesús era la forma griega del hebreo Josué. La familia afirmaba descender de David, y es posible que fuese esencialmente conformista, pues el Nuevo Testamento alude a tensiones de familia provocadas por la enseñanza de Jesús. Pero después de su muerte, la familia aceptó su misión. Su hermano Santiago se convirtió en jefe de la secta en Jerusalén, y después del martirio de Santiago por los saduceos, le sucedió Simón, primo de Jesús; los nietos de su hermano Judas fueron jefes de la comunidad cristiana galilea durante el reinado de Trajano.

Las pruebas que poseemos demuestran que, aunque Jesús sufrió la influencia de las enseñanzas esenias, e incluso es posible que pasara un tiempo viviendo con ellos, y pese a que personalmente estaba relacionado con la secta bautista, en las cuestiones esenciales era uno de los *jakamim*, los judíos piadosos que vivían en el mundo. Estaba más cerca de los fariseos que de ningún otro grupo. Esta afirmación puede provocar confusión, pues Jesús criticó abiertamente a los fariseos, especialmente por su «hipocresía». Pero si se realiza un examen atento, se advierte que la condenación de Jesús de ningún modo es tan severa o tan amplia como da a entender la narración evangélica en la cual aparece; y en esencia, es análoga a las críticas hechas a los fariseos por los esenios, y por los sabios rabínicos ulteriores, que distinguieron claramente entre los *jakamim*, a quienes consideraban sus precursores, y los «falsos fariseos», a quienes veían como enemigos del auténtico judaísmo.[85]

Parece ser que Jesús era parte de una polémica que se desarrollaba rápidamente en el seno de la comunidad judía piadosa, y que incluía a fariseos de distintas tendencias. El propósito del movimiento jakámico era promover la santidad y generalizarla. ¿Cómo podía llegarse a esto? La discusión giraba en torno a dos cuestiones: el carácter central e indispensable del Templo, y la observancia de la Ley. En el primer punto, Jesús se adhirió claramente a los que consideraban que el Templo era un obstáculo para la difusión general de la santidad, pues la concentración en la estructura física, con sus jerarquías, sus privilegios (la mayoría hereditarios) y la riqueza, era una forma de separarse del pueblo, una muralla que le cerraba el paso. Jesús utilizó el Templo como foro de predicación; pero lo mismo habían hecho otros que también se oponían al Templo, entre los que cabe destacar a Isaías y Jeremías. La idea de que los judíos podían prescindir del Templo no era nueva. Por el contrario, era muy antigua, y podía argüirse que la auténtica religión judía, mucho antes de la construcción del Templo, era universalista y carecía de localización. Como muchos otros judíos piadosos, Jesús percibía la santidad como una actitud que se extendía al pueblo entero por medio de las escuelas elementales y las sinagogas. Pero llegó más lejos que la mayoría de esos judíos al afirmar que el Templo era una fuente del mal y predecir su destrucción, y al tratar con silencioso desprecio a las autoridades del Templo y a todo el sistema central de la administración y la ley judaicas.[86]

En la segunda cuestión, el grado en que debía obedecerse la Ley, la discusión original entre los saduceos, que admitían únicamente el Pentateuco escrito, y los fariseos, que enseñaban la Ley Oral, se había ampliado en tiempos de Jesús con otra discusión entre los *jakamim* y los fariseos. Una escuela, encabezada por Shammái el Viejo (hacia 50 a. C.-hacia 30 d. C.), adoptaba una posición rigorista, sobre todo en las cuestiones relativas a la limpieza y la suciedad, un tema explosivo, pues estorbaba gravemente la capacidad de la gente común y pobre de alcanzar la santidad. Ciertamente, el rigorismo de la escuela de Shammái con el tiempo haría que sus descendientes y partidarios se alejasen totalmente de la tradición rabinicojudaica y desapareciesen como los propios saduceos. Por otra parte, estaba la escuela de Hillel el Viejo, contemporáneo de Shammái. Hillel provenía de la diáspora, y más tarde se lo denominó «Hillel el Babilonio».[87] Trajo consigo conceptos más humanos y universalistas aplicados a la interpretación de la Torá. A juicio de Shammái, la esencia de la Torá estaba en su detalle; a menos que uno puntualizara exactamente el detalle, el sistema carecía de sentido y no se sostenía. Para Hillel, la esencia de la Torá era su espíritu: si uno acertaba en la cuestión del espíritu, el detalle vendría por sí solo. La tradición comparaba la cólera y la pedantería de Shammái con la humildad y la humanidad de Hillel, pero lo que mejor se recordaba era el ansia de Hillel por lograr que la obediencia de la Ley fuese posible para todos los judíos y los conversos. Se cuenta que a un pagano que dijo que se convertiría en judío si podía enseñarle la Torá mientras se sostenía sobre un pie, Hillel le contestó: «No hagas a tu prójimo lo que es odioso para ti: eso es toda la Torá. El resto es comentario... ve y estúdialo.»[88]

Jesús era miembro de la escuela de Hillel, y es posible que lo escuchara, pues Hillel tuvo muchos alumnos. Repitió esta famosa frase de Hillel, y es posible que utilizara otras sentencias, pues Hillel era un aforista famoso. Pero por supuesto, tomada literalmente, la afirmación de Hillel acerca de la Torá es falsa. Proceder como desearías que procedieran contigo no es toda la Torá. La Torá es un código ético sólo en parte. Es también, y en esencia, una serie de mandatos divinos absolutistas que abarcan una gran diversidad de actividades, muchas de las cuales nada tienen que ver con las relaciones entre los hombres. No es cierto que «todo el resto es comentario». Si así hubiera sido, otros pueblos, y sobre todo los griegos, hubiesen tropezado con dificultades mucho menores para aceptarla. «Todo el resto», de la circuncisión a la dieta, a las normas de contacto y limpieza, lejos de ser comentarios fueron mandatos de gran antigüedad que constituyeron los grandes obstáculos entre los judíos piadosos y el resto de la humanidad. Allí está el gran obstáculo, no sólo para la universalización del judaísmo, sino incluso para lograr que su práctica esté al alcance de todos los judíos.

El desarrollo de las enseñanzas de Jesús lo llevó a convertir el aforismo de Hillel en un sistema de teología moral y, al proceder así, a despojar a la Ley de todos los elementos que no fueran morales y éticos. No se trataba de que Jesús adoptase una actitud laxa. Todo lo contrario. En ciertos aspectos era más riguroso que muchos sabios. Por ejemplo, no aceptaba el divorcio, una postura que más tarde llegaría a ser, y es todavía hoy, de enorme importancia. Pero del mismo modo que Jesús no aceptaba el Templo cuando se interponía entre Dios y la búsqueda humana de la santidad, también desechaba la Ley cuando estorbaba en lugar de allanar el camino hacia Dios.

El rigorismo con que Jesús llevó las enseñanzas de Hillel a su conclusión lógica hizo que dejara de ser un sabio ortodoxo en cualquiera de los sentidos en que esta denominación podía tener significado, e incluso hizo que dejara de ser judío. Creó una religión que tiene un carácter *sui generis*, y con razón recibe el nombre de cristianismo. Incorporó a este judaísmo ético un conjunto impresionante de elementos escatológicos hallados en Isaías, Daniel y Enoc, y también lo que consideró útil de los esenios y el Bautista, de modo que pudo ofrecer una clara perspectiva de la muerte, el juicio y el más allá. Y ofreció esta nueva teología a todos los que estaban en el ámbito de su misión: los judíos piadosos, los *am ha-arets*, los samaritanos, los impuros, incluso los gentiles. Pero, a semejanza de muchos innovadores religiosos, tenía una doctrina pública para las masas y otra confidencial para sus seguidores inmediatos. Esta última se centraba en lo que le sucedería a él mismo como persona, en la vida y en la muerte, y ahí residía su pretensión de ser el Mesías; no sólo el doliente servidor, sino alguien que tenía un significado mucho mayor.

Cuanto más se examinan las enseñanzas y las actividades de Jesús, más evidente parece que atacaban al judaísmo en una serie de aspectos fatales, que hicieron inevitable su detención y proceso por decisión de las autoridades judías. Su hostilidad al Templo era inaceptable incluso para los fariseos liberales, que concedían al culto del Templo cierto carácter central. Su rechazo de la Ley era fundamental. Marcos relata que, después de «convocar a todo el pueblo», Jesús afirmó solemnemente: «Nada hay fuera del hombre que al entrar en él pueda contaminarlo; sino que las cosas que salen de él son las que contaminan al hombre.»[89] Esta afirmación implicaba negar la importancia y el carácter instrumental de la Ley en el proceso de salvación y justificación. Jesús estaba afirmando que el hombre podía mantener una relación directa con Dios, aunque fuese pobre, ignorante y pecador; e inversamente, que la obediencia de la Torá no era el factor que origina la respuesta de Dios, y que debe buscarse éste en la gracia que Dios dispensa a los hombres, o en todo caso a quienes le profesan una fe que los lleva a cumplir los mandamientos.

Para la mayoría de los judíos cultos, ésta era una doctrina falsa, porque Jesús estaba desechando la Torá como algo sin importancia al insistir en que, a medida que se aproximaba el Juicio Final, lo que se necesitaba para salvarse no era la obediencia a la Ley, sino la fe. Si Jesús se hubiese mantenido en las provincias, nada le habría sucedido. Al llegar a Jerusalén con un cortejo y enseñar públicamente, provocó la detención y el juicio, sobre todo debido a su actitud frente al Templo; y en este punto se concentraron los esfuerzos de sus enemigos.[90] Los falsos maestros normalmente eran desterrados a un distrito lejano. Pero con su comportamiento y su juicio, Jesús se expuso a un castigo mucho más grave. El capítulo 17 del Deuteronomio, especialmente los versículos 8 a 12, parece afirmar que, en cuestiones de controversia legal y religiosa, debía realizarse una investigación completa y obtenerse un veredicto mayoritario, y que si cualquiera de los comprometidos rehusaba aceptar la decisión, sería condenado a muerte. En un pueblo tan dado a las discusiones y obstinado como los judíos, que vivía bajo el imperio de la Ley, esta cláusula, denominada la ofensa del «sabio rebelde», era considerada esencial para mantener la unidad social. Jesús era un hombre culto; por eso Judas, poco antes de su detención, lo llamó «rabino». De ahí que, cuando se lo obligó a comparecer ante el Sanedrín —o cualquiera que fuera el tribunal—, apareció como un anciano rebelde; y al negarse a alegar, cometió desacato contra el tribunal, y así, con su silencio se convirtió en culpable. Sin duda, los sacerdotes del Templo y los fariseos shammaítas así como los saduceos, fueron quienes se sintieron más amenazados por la doctrina de Jesús y quisieron que se lo ejecutase de acuerdo con las Escrituras. Pero Jesús no podía haber sido culpable de este delito, tal como lo definió más tarde Maimónides en su código judaico. De cualquier forma, no estaba claro que los judíos tuviesen el derecho de ejecutar la sentencia de muerte. Para eliminar estas dudas, Jesús fue enviado al procurador romano Pilato y lo acusaron de delitos contra el Estado. No había pruebas contra él en relación con esta acusación, fuera del supuesto de que los hombres que afirmaban ser el Mesías tarde o temprano se rebelaban; los aspirantes a la condición de Mesías generalmente eran remitidos a las autoridades romanas si provocaban excesivas dificultades. Pilato era reacio a emitir un fallo condenatorio, pero lo hizo por razones políticas. De ahí que Jesús no fuera lapidado con arreglo a la ley judía, sino crucificado por Roma.[91] Las circunstancias del juicio o juicios de Jesús parecen irregulares, según se las describe en los evangelios del Nuevo Testamento.[92] Pero por otra parte, poseemos escasa información acerca de los juicios en este periodo, y todos parecen irregulares.

Lo que importaba no eran las circunstancias de su muerte, sino el hecho de que un círculo cada vez más amplio de personas creía obstinadamente que había resucitado. Este aspecto confería enorme importancia no sólo a su enseñanza moral y ética, sino también a su afirmación de que era el doliente servidor y a su escatología especial. Los discípulos próximos a Jesús percibieron la importancia de su muerte y su resurrección como un «nuevo testamento» o testimonio del plan divino, la base sobre la cual un individuo podía concertar un nuevo acuerdo con Dios. Pero todo lo que podían hacer para promover este evangelio era repetir las palabras de Jesús y relatar la historia de su vida. El verdadero trabajo evangélico fue realizado por Pablo de Tarso, un judío de la diáspora originario de Cilicia, cuya familia provenía de Galilea, y que retornó a Palestina y estudió con Gamaliel el Viejo. Poseía la educación farisaica necesaria para comprender la teología de Jesús y comenzó a explicarla en cuanto se convenció de que la resurrección era un hecho, y de que las afirmaciones de Jesús en el sentido de que era Cristo tenían validez. A menudo se ha dicho que Pablo «inventó» el cristianismo al adoptar las enseñanzas éticas de Cristo e insertarlas en una nueva teología, cuyos conceptos intelectuales fueron extraídos de la diáspora helenística. Su distinción entre «la carne» y «el espíritu» ha sido comparada con la dicotomía cuerpo-alma de Filón.[93] También se sostiene que al hablar de «Cristo», Pablo tenía en mente algo semejante al «logos» de Filón. Pero Filón trataba de abstracciones. Para Pablo, Cristo era una realidad.[94] Con las palabras *cuerpo* y *alma*, Filón se refería a la lucha interior que se libraba en la naturaleza del hombre. Con las palabras *espíritu* y *carne*, Pablo se refería al mundo exterior: el hombre era carne, el espíritu era Dios... o Cristo.[95]

Parece ser que tanto Jesús como Pablo tenían sus raíces en el judaísmo palestino. Ninguno de los dos estaba incorporando conceptos de la diáspora helenística. Ambos predicaban una nueva teología, y era esencialmente la misma. Jesús profetizó un nuevo testamento mediante el derramamiento de su sangre «por muchos» y su resurrección.[96] Pablo enseñó que la profecía se había cumplido, que el Cristo se había encarnado en Jesús, y que, por lo tanto, una Nueva Alianza había llegado y se ofrecía a quienes depositaban su fe en él.

Ni Jesús ni Pablo negaron el valor moral o ético de la Ley. Se limitaron a liberar de su contexto histórico la esencia de la misma, porque entendieron que esa estructura estaba envejecida. Es una tosca esquematización afirmar que Pablo predicó la salvación por la gracia en contraposición a la salvación por las obras (es decir, la observancia de la Ley). Lo que Pablo dijo fue que las obras buenas eran la condición que permitía ser elegido para participar en la Nueva Alianza, pero que en sí mismas no bastaban para asegurar la salvación, que se obtiene mediante la gracia. Tanto Jesús como

Pablo eran auténticos judíos en cuanto veían la religión como una procesión histórica de hechos. Cesaron de ser judíos cuando añadieron un nuevo hecho. Como dijo Pablo, cuando Cristo se encarnó en Jesús, se vio anulada la base de la Torá. Antes, el pacto judío original era el medio que permitía alcanzar la gracia. Eso, afirmó Pablo, ya no era cierto. El plan de Dios había cambiado. El nuevo mecanismo de la salvación era el Nuevo Testamento, la fe en Cristo. Las promesas hechas a Abraham y contenidas en la Alianza ya no se aplicaban a los descendientes del momento, sino a los cristianos: «Y si vosotros sois la progenie de Cristo, sois la progenie de Abraham, herederos de acuerdo con la promesa.»[97] Lo que Jesús cuestionó y Pablo negó taxativamente fue el proceso fundamental de salvación del judaísmo: la elección, el pacto, la Ley. Eran elementos inoperantes, superados, acabados. El complejo proceso teológico puede resumirse sencillamente: Jesús inventó el cristianismo, y Pablo lo predicó.

Así, Cristo y los cristianos tomaron del judaísmo su potencial y su herencia universalistas. El propio Jesucristo había tratado de cumplir la misión divina de acuerdo con la profecía: «En ti serán benditas todas las familias de la Tierra.» Pablo llevó este evangelio a los últimos rincones de la comunidad judía de la diáspora y a las comunidades gentiles que vivían cerca de aquélla. No sólo aceptó la lógica del universalismo palestino de Jesús, y lo transformó en un universalismo general, sino que negó la existencia de las antiguas categorías. Se «desechó» al «hombre viejo con sus hechos», a la antigua elección y a la Ley; se «instalaron» la Nueva Alianza y su nuevo elegido, el «hombre nuevo», formado a imagen de Dios y limitado sólo por eso. Los hombres eran elegibles para la fe y la gracia exclusivamente por su condición humana, «en la cual no hay griego ni judío, circunciso o incircunciso, bárbaro, escita, esclavo o libre; sino que Cristo es todo y está en todos».[98]

De modo que aquí, en un sentido hallamos el programa de reforma universalista de los reformadores helenísticos de los tiempos seléucidas. Pero mientras Menelao y sus aliados intelectuales habían tratado de universalizar desde arriba, en alianza con el poder y la riqueza, los ejércitos y los recaudadores de impuestos —y por lo tanto inevitablemente habían empujado a la mayor parte de la comunidad, y naturalmente a los pobres, hacia los brazos de los rigoristas de la Torá—, Jesús y Pablo universalizaron desde abajo. Jesús era un judío culto que afirmaba que el saber no era necesario, que entendía que el espíritu, y no la letra, era la esencia de la Ley, y que por lo tanto acogía a los incultos, los ignorantes, los despreciados, los *am ha-arets*, y los convertía en su electorado especial. Pablo llevó el mensaje a los que estaban completamente al margen de la ley. Ciertamente, a diferencia de los reformadores helenizantes, pudo aprovechar una emoción que calaba profundamente en el judaísmo, y en la antigua religión de Yahvé, una fuerza que era casi la quintaesencia de la fe de la Alianza: la idea de que Dios derrocaría el orden vigente en el mundo, haría ricos a los pobres y fuertes a los débiles, preferiría a los inocentes antes que a los sabios y elevaría a los degradados y los humildes. Ningún judío, ni siquiera Jesús, desarrolló con más elocuencia que Pablo este tema. Así, la religión que él predicó era no sólo universalista, sino revolucionaria; aunque se trataba de una revolución espiritualizada y no violenta.

La porción de la humanidad que estaba preparada para recibir este mensaje y que lo esperaba era enorme. La diáspora, a través de la cual Pablo y otros viajaron sin descanso, era muy extensa. El geógrafo romano Estrabón afirmó que los judíos eran una potencia en todo el mundo habitado. Había un millón sólo en Egipto. En Alejandría, quizá la ciudad más importante del mundo después de Roma, eran la mayoría en dos de cinco distritos. Eran numerosos en Cirene y Berenice, en Pérgamo, Mileto, Sardes, en la Apamea frigia, Chipre, Antioquía, Damasco y Éfeso, y en ambas orillas del mar Negro. Habían estado en Roma doscientos años, donde formaban una importante colonia, y desde allí se habían extendido por toda la Italia urbana, y después habían pasado a Galia e Hispania y cruzado el mar para llegar al noroeste de África. Muchos de estos judíos de la diáspora eran escrupulosamente piadosos, y habrían de continuar siendo firmes observantes de la Torá en su rigor esencial. En cambio, otros esperaban que se los convenciera de que podía mantenerse la esencia de su fe, o incluso cabía reforzarla, abandonando la circuncisión y la multitud de antiguas leyes mosaicas que tanto dificultaban la vida en la sociedad moderna. Todavía más dispuesto a la conversión estaba el gran número de gentiles piadosos, cercanos a las comunidades judías de la diáspora, pero hasta entonces separados de ella precisamente porque no podían aceptar las reglas que los cristianos ahora decían que eran innecesarias. Así, se aceleró la lenta difusión de la nueva religión. El monoteísmo ético era una idea cuyo tiempo había llegado. Era una idea judía. Pero los cristianos la llevaron a todo el mundo, y así despojaron a los judíos de su primogenitura.

La bifurcación del cristianismo y el judaísmo fue un proceso gradual. Hasta cierto punto estuvo determinado por los actos de los propios judíos. La consolidación del judaísmo alrededor de la aplicación rigurosa de la ley mosaica, como consecuencia del aplastamiento del programa reformista por los Macabeos, fue el núcleo esencial del origen y el ascenso del cristianismo judío. Asimismo, la inclinación del rigorismo judío hacia la violencia, y la colisión frontal con el mundo grecorromano que siguió inevitablemente durante 66-70 d. C., separó finalmente la rama cristiana del judaísmo de su tronco judío. Es indudable que los primeros partidarios de Jesucristo en Jerusalén se consideraban judíos. Incluso Esteban, el más extremista de todos, no iba más allá de resucitar algunos de los principios intelectuales del antiguo programa reformista. En el extenso discurso de defensa que pronunció ante el Sanedrín, se hizo eco de la opinión de los reformadores en el sentido de que no era posible localizar a Dios en el Templo: «El Altísimo Supremo no mora en los templos levantados con las manos; como dijo el profeta: "El Cielo es mi trono y la Tierra es mi escabel; ¿qué casa me construiréis?", dijo el Señor, "o ¿cuál será mi lugar de descanso? ¿Acaso mi mano no creó todas estas cosas?"» Pero un momento después decía de sus acusadores que eran «incircuncisos de corazón y de oídos» —es decir, malos judíos—, y tanto su ataque como su lapidación se ajustan al marco del judaísmo.[99] El capítulo 15 de los Hechos de los Apóstoles indica claramente que durante la misión temprana de Pablo los cristianos de Jerusalén incluían a muchos fariseos, que estaban seguros de que incluso los conversos gentiles debían someterse a la circuncisión; y así, con bastante dificultad, Pablo consiguió que se eximiera a su rebaño.[100] En Judea, los partidarios judíos de Cristo —como sin duda ellos se habían autodenominado— continuaron siendo circuncidados y observando muchos aspectos de la ley mosaica hasta la catástrofe de 66-70 d. C.

Las dos grandes rebeliones judías contra el dominio romano no deben interpretarse como meros alzamientos de un pueblo colonizado que responde a la inspiración del nacionalismo religioso, sino como un conflicto racial y cultural entre judíos y griegos. La xenofobia y el antihelenismo, que fueron una característica definitoria de la literatura judía a partir del siglo II a. C., fueron cabalmente retribuidos. Es incongruente hablar de antisemitismo en la Antigüedad, pues el término mismo no fue acuñado hasta 1879. Sin embargo, de hecho, aunque no se nombre el antisemitismo, éste existió sin duda, y cobró una importancia cada vez mayor. Desde la Antigüedad más temprana los «hijos de Abraham» habían sido «extraños y viajeros», y se habían visto a ellos mismos en ese papel. Había muchos grupos de este carácter —los habirus, que incluían a los israelitas, eran sólo uno de ellos—, y todos eran impopulares. Pero la hostilidad concreta hacia los judíos, que comenzó a manifestarse hacia la segunda mitad del milenio I a. C. fue una consecuencia del monoteísmo judío y sus repercusiones sociales. Los judíos no podían reconocer ni reconocieron la existencia de otras deidades, ni les demostraron respeto. Incluso en 500 a. C. la fe judía era muy antigua y conservaba prácticas y tabúes ancestrales que habían sido abandonados en otros lugares, pero que los judíos, impulsados por sus dirigentes cada vez más rigurosos, observaban fielmente. La circuncisión los separó de los restantes pueblos y fue considerada por el mundo grecorromano como una costumbre bárbara y repugnante. Al menos, la circuncisión no impedía la relación social. Las antiguas leyes judías de tipo dietético e higiénico sí. Esto, quizá más que otro factor cualquiera, concentró la hostilidad sobre las comunidades judías. En una palabra, el «distanciamiento» estuvo en el origen del antisemitismo de la Antigüedad: los judíos no sólo eran inmigrantes, sino que se mantenían separados.[101]

Así, Hecateo de Abdera, que escribió antes de fines del siglo IV a. C. —ciento cincuenta años antes del choque con los seléucidas—, en muchos aspectos aprobaba a los judíos y el judaísmo, pero criticaba su modo anormal de vida y lo denominaba «una forma de vivir inhóspita y antihumana».[102] A medida que se difundieron las ideas griegas acerca de la unicidad de la humanidad, la tendencia judía a tratar a los que no eran judíos como seres ritualmente impuros, y a prohibir el matrimonio con ellos, provocó hostilidad porque se la consideró antihumanitaria; a menudo se usó la palabra *misántropo*. Es notable que en Babilonia, donde las ideas griegas no habían penetrado, el distanciamiento de la nutrida comunidad judía no provocara resentimiento; Josefo dijo que el sentimiento antijudío no existía allí.[103] Los griegos veían su *oikumene*, es decir, el universo civilizado allí donde prevalecían sus ideas (en contraposición al *chaos* que estaba más allá de sus fronteras), como una sociedad multirracial y multinacional, y los que rehusaban aceptarla eran enemigos del hombre. En su gran ofensiva contra el judaísmo mosaico, Antíoco Epífanes juró revocar las leyes judías «hostiles hacia la humanidad» y sacrificó un cerdo sobre los libros sagrados judíos.[104] En 133 a. C., el gobernante seléucida Antíoco Evergetes Sidetes recibió de sus asesores la recomendación de que destruyese Jerusalén y aniquilase al pueblo judío, porque era el único pueblo sobre la tierra que rehusaba asociarse con el resto de la humanidad.

Gran parte del sentimiento antisemita que se volcó en la

literatura fue una reacción a lo que se percibía como la agresiva exposición judía de su propia historia religiosa. En el siglo III a. C., Manetón, un sacerdote egipcio de habla griega, escribió una historia de su país, y algunos de sus pasajes sobreviven en la obra *Antigüedades judaicas*, de Josefo, y en ellos se ataca la versión judía del Éxodo. Es evidente que Manetón y otros intelectuales egipcios consideraron que esa versión era profundamente ofensiva, y respondieron a ella debidamente. De acuerdo con Manetón, el Éxodo no fue una huida milagrosa, sino la expulsión de una colonia de leprosos y de otros grupos contaminados. Manetón reflejó los conceptos griegos acerca de los judíos como seres misántropos en su acusación de que Moisés (a quien presenta como Osarsif, un sacerdote egipcio renegado) ordenó que los judíos «no tuvieran relación con personas que no fueran miembros de su propia confederación», pero es evidente que el antisemitismo egipcio es anterior a la conquista griega. De la época de Manetón provienen las primeras calumnias e invenciones antisemitas. Varios escritores griegos se hicieron eco de las mismas y cargaron todavía más las tintas al afirmar que los judíos recibían de las leyes mosaicas el mandato concreto que les imponía abstenerse de demostrar buena voluntad a los hombres, pero especialmente a los griegos. El volumen de las críticas a los judíos aumentó mucho con la creación del reino asmoneo y su opresión religiosa impuesta a las ciudades grecopaganas. Se difundieron los libelos egipcios, y se alegó que los judíos no tenían verdadero derecho sobre Palestina: siempre habían sido vagabundos sin hogar y su estancia en Judea era nada más que un episodio. Como respuesta, los judíos afirmaron que la tierra de Israel era el don de Dios a los judíos: el capítulo 12 de la Sabiduría de Salomón, una obra apócrifa escrita en el siglo I a. C., afirma que los habitantes originales eran infanticidas, caníbales y asesinos, culpables de prácticas indescriptibles, una «raza maldita desde el comienzo mismo.»[105]

Como en la época moderna, se elaboraban mejor o peor las fábulas acerca de los judíos, y después se las repetía interminablemente. La afirmación de que los judíos adoraban a los asnos, y de que en su Templo tenían una cabeza de asno, se remonta por lo menos al siglo II a. C. Apolonio Molón, el primero que escribió un ensayo dirigido exclusivamente contra los judíos, también la utilizó, y después apareció en Posidonio, Demócrito, Apión, Plutarco y Tácito, quien la repitió, aunque sabía muy bien que los judíos nunca adoraban imágenes de ningún género.[106] Otra fábula era que los judíos realizaban sacrificios humanos secretos en su Templo y que por eso no se permitía entrar en ellos. Evitaban la carne de cerdo porque tenían más propensión a enfermar de lepra (un eco de la calumnia de Manetón).

Más aún, como en los tiempos modernos, el antisemitismo se alimentó no sólo con el rumor vulgar, sino con la propaganda intencionada de los intelectuales. Ciertamente, en el siglo I d. C. el sentimiento antijudío, que se acentuó paulatinamente, fue en medida considerable obra de los escritores, la mayoría griegos. Los romanos, antes aliados de los judíos, al principio otorgaron privilegio a las comunidades judías en las grandes ciudades; por ejemplo, el derecho de abstenerse de trabajar en *shabbat*.[107] Pero con la fundación del imperio y la adopción del culto al emperador, las relaciones no tardaron en deteriorarse. La negativa judía a practicar las formalidades del culto oficial fue vista no sólo como característica del exclusivismo y la grosería judías —las acusaciones que los griegos siempre habían lanzado contra ellos—, sino como una actitud activamente desleal. La hostilidad romana oficial fue avivada con fervor por los intelectuales griegos. Alejandría, donde la comunidad judía era muy numerosa, y las relaciones entre griegos y judíos tensas, fue un centro de propaganda antisemita. Lisímaco, director de la biblioteca de Alejandría, fue un notable promotor de desórdenes. Después de un disturbio allí, el emperador Claudio, aunque confirmó los derechos judíos, advirtió públicamente a éstos que debían mostrarse más razonables hacia las religiones de otros pueblos.[108] Ha sobrevivido uno de sus edictos destinado a Alejandría, escrito sobre papiro. Les dice que si se muestran intolerantes, los tratará como a un pueblo que difunde «una peste general en todo el mundo», otro eco de Manetón.[109] Los intelectuales griegos antisemitas no sólo difundieron acusaciones, como hizo Apión, sino que envenenaron sistemáticamente la mente de los gobernantes. Por ejemplo, el emperador Nerón no demostró hostilidad personal a los judíos, y una tradición talmúdica incluso lo muestra como prosélito; pero su tutor griego Queremón era un destacado antisemita.

Desde la muerte de Nerón, las relaciones entre los judíos y Roma no cesaron de deteriorarse, y el gobierno de su nieto en Judea no fue más que una breve pausa en la espiral descendente. Es posible que la rebelión hubiese estallado durante el reinado de Calígula (37-41 d. C.), que deseaba imponer el culto completo al emperador, de no haber sido por su bienvenido asesinato. El ascenso del nacionalismo judío apocalíptico fue sin duda un factor, como afirma explícitamente Tácito: «La mayoría de los judíos tenían la convicción de que estaba escrito en los antiguos textos sacerdotales que en esos tiempos el Oriente acrecentaría su poder y los que viniesen de Judea se adueñarían del mundo.»[110] Pero la misma importancia tuvo el odio cada vez más notorio entre griegos y judíos. Los gentiles helenizados eran la elite de Palestina. Ellos, más que los judíos, integraban la clase de los ricos y mercaderes. Constituían el funcionariado local y el grupo de recaudadores de impuestos. La mayoría de los soldados de las guarniciones romanas eran gentiles reclutados en ciudades helenizadas como Cesarea y la Sebaste samaritana. A semejanza de los griegos de Alejandría, los helenos de Palestina destacaban por su antisemitismo: algunos personajes de habla griega de Yabné y Ascalón indujeron a Calígula a adoptar sus medidas antijudías.[111] En una actitud absurda, Roma insistió en reclutar sus procuradores para Judea en las áreas gentiles de habla griega, y el último y más insensible de todos fue Gesio Floro, proveniente del Asia Menor griega. El dominio romano en la Palestina del siglo I d. C. fue torpe e ineficaz. También se mostró crónicamente insolvente, y las incursiones en la tesorería del Templo para cobrar impuestos presuntamente impagados fueron un motivo de agravio. Había muchas bandas impunes de bandidos, que engrosaban con la incorporación de los insolventes y los descontentos políticos. Muchos campesinos estaban irremediablemente endeudados. En las ciudades habitadas por poblaciones mixtas griegas y judías la atmósfera solía ser tensa.

La revuelta misma comenzó en 66 d. C., no en Jerusalén, sino en Cesarea, después de una disputa legal entre griegos y judíos, que fue ganada por los griegos. Celebraron el resultado con un pogromo en el barrio judío en el que la guarnición romana, de habla griega, no intervino. La noticia provocó escándalo en Jerusalén, y los sentimientos se excitaron todavía más cuando Floro eligió ese momento para llevarse dinero del tesoro del Templo. Comenzó la lucha, las tropas romanas saquearon la Ciudad Alta, los sacerdotes del Templo suspendieron los sacrificios en honor del pueblo y el emperador de Roma, y estallaron furiosas discusiones entre los judíos moderados y los militantes. Jerusalén estaba recibiendo una considerable afluencia de refugiados judíos coléricos y vengativos procedentes de otras ciudades, donde la mayoría griega había invadido los barrios judíos y quemado sus casas. Esta aportación inclinó la balanza en favor de los extremistas, y la guarnición romana fue atacada y masacrada. De modo que la Gran Revuelta fue una guerra civil y racial entre griegos y judíos. Pero fue también una guerra civil entre judíos, porque —como en tiempos de los Macabeos— se identificó a la clase alta judía, considerablemente helenizada, con los pecados de los griegos. Cuando los nacionalistas radicales se apoderaron de Jerusalén, se volvieron contra los ricos. Uno de sus primeros actos fue quemar los archivos del Templo, con el propósito de destruir todos los registros referidos a las deudas.

La gran sublevación de 66 d. C. y el sitio de Jerusalén constituyen uno de los episodios más importantes y terribles de la historia judía. Por desgracia, la documentación es escasa. Tácito dejó una extensa reseña de la guerra, pero sobreviven apenas algunos fragmentos. Las versiones rabínicas están formadas por anécdotas desprovistas de un contexto histórico claro, o por meras fantasías. Existen muy escasas pruebas epigráficas o arqueológicas.[112] De hecho, la única autoridad utilizable en relación con la guerra es Josefo, y este autor se muestra tendencioso, contradictorio y completamente indigno de confianza. El perfil general de los hechos fue el siguiente. Después de la matanza de la guarnición en Jerusalén, Cestio Galo, legado romano en Siria, reunió una importante fuerza en Acre y marchó sobre la ciudad. Cuando llegó a las afueras, se desalentó ante la fuerza de la resistencia judía y ordenó una retirada que se convirtió en fuga. Entonces, Roma se hizo cargo de la situación y reaccionó con enorme fuerza, y concentró por lo menos cuatro legiones (la V, X, XII y XV) en Judea, al mando de Tito Flavio Vespasiano, uno de los más experimentados generales del imperio. Vespasiano se tomó su tiempo y se abstuvo de atacar a Jerusalén hasta que limpió la costa y aseguró sus comunicaciones, sometió a la mayoría de las fortalezas ocupadas por los judíos y pacificó el campo. En 69 d. C. Vespasiano fue proclamado emperador y a fines de ese año viajó a Roma, dejando a su hijo mayor, Tito, de veintinueve años, al cargo de la última fase de la campaña, es decir, el asedio y la toma de Jerusalén, que se prolongó de abril a septiembre de 70 d. C.

Josefo representó un papel destacado en estos hechos y dejó dos crónicas diferentes. *La guerra de los judíos*, que describe detalladamente los años 66 a 70 y está precedida por una historia de los judíos en Palestina a partir de los Macabeos, fue escrita sobre todo mientras Tito, que sucedió a Vespasiano, aún vivía. Después, unos veinte años más tarde, Josefo terminó sus *Antigüedades judaicas*, que abarcaban la historia entera, desde la Creación en adelante (sobre la base principal de la Biblia), y terminaba en el año 66, pero incluía como apéndice una *Vita* autobiográfica. Hay muchas discrepancias entre *La guerra* y la *Vita*.[113] La mayoría de los historiadores de la Antigüedad escribían impulsados por motivos tendenciosos. El inconveniente de Josefo es que sus motivaciones variaron de un libro al siguiente. Por ejemplo, en su *Vita* respondía a un ataque a su persona del escritor judío Justo de Tiberíades.[114] Pero la razón principal de su cambio de enfoque consistió en que él era un paradigma de un fenómeno judío que llegó a ser muy común en el curso de los siglos: un joven inteligente que, en la juventud, aceptó el modernismo y el refinamiento contemporáneos, y después, al alcanzar la edad madura, retornó a sus raíces judías. Comenzó su carrera de escritor como apologista de Roma y la terminó en una postura que se acercaba a la de un nacionalista judío.

Por lo tanto, como ha señalado un reciente analista de Josefo, es fácil destruir la confianza en su versión, pero casi imposible reemplazarla por otra más veraz.[115] Entonces, ¿qué luz proyecta sobre este trágico capítulo de la historia judía? La impresión abrumadora es que los judíos estaban irreconciliablemente divididos en muchas facciones. La masacre original de la guarnición fue obra de una pequeña minoría. Sólo cuando Cestio Galo fue rechazado y su fuerza destruida, el sector aristocrático decidió reclutar tropas, e incluso entonces obedeció a motivos contradictorios. Parece que su propósito fue mantener el gobierno y esperar acontecimientos. Así, se acuñaron monedas de bronce: siclos, medios siclos y monedas fraccionarias menores. Josefo, que era un sacerdote importante vinculado a la casa de uno de los aristócratas, Eleazar ben Ananías, fue enviado a Galilea con dos sacerdotes más, con el objetivo de preparar a la población para el conflicto. Descubrió que la mayoría de los habitantes se oponían a la guerra. Los campesinos odiaban a los bandidos (incluidos los nacionalistas ultrajudíos) y sentían animadversión por las ciudades. Tampoco simpatizaban con los romanos, pero no tenían muchos deseos de luchar contra ellos. De las ciudades, Séforis era prorromana; Tiberíades estaba dividida; Gadara apoyaba a Juan de Giscala, uno de los líderes insurgentes. Josefo afirma que fracasó en su intento de unir a las ciudades, los campesinos y los bandidos; los campesinos no estaban dispuestos a incorporarse, y cuando se los reclutaba, se apresuraban a desertar. De modo que Josefo se retiró a la antigua fortaleza de Herodes en Jotapata y, después de una resistencia simbólica, se rindió a Vespasiano. En adelante, sirvió a los romanos, primero como intérprete durante el sitio de Jerusalén, y más tarde como propagandista. Adoptó el mismo criterio que Jeremías cuando Jerusalén cayó por primera vez: todo era la voluntad de Dios, y los romanos eran Sus instrumentos; por lo tanto, combatir a los romanos no sólo era absurdo, sino perverso.[116]

Josefo probablemente acertaba cuando veía en esta guerra larga, salvaje y desastrosa la obra de pequeñas y perversas minorías de ambos bandos. Después, llegó a comprender la fuerza de la reclamación judía de derechos religiosos y políticos, a respetar hasta cierto punto a los Macabeos y a sentir orgullo y placer en el particularismo judío. Sin embargo, su afirmación inicial, en el sentido de que la resistencia de Jerusalén era irrazonable, conserva su validez. Tito tenía sesenta mil hombres y los recursos más modernos. Podía confiar en que el hambre y las divisiones entre los judíos harían su trabajo. Los defensores tenían unos veinticinco mil combatientes, divididos en grupos: los zelotes, al mando de Eleazar ben Simón, ocupaban la fortaleza Antonia y el Templo; el extremista Simeón ben Giora y sus sicarios dominaban la ciudad alta; y había idumeos y otros guerrilleros a las órdenes de Juan de Giscala. La masa de ciudadanos y refugiados eran prisioneros impotentes de estos militares. Josefo describió con horroroso detalle las etapas finales del sitio. Los romanos se abrieron paso combatiendo. Tomaron por asalto la Antonia y después ocuparon el Templo, que fue incendiado; un mes después, cayó la ciudadela de Herodes. Los habitantes fueron vendidos como esclavos, o masacrados, o se los preservó para morir en las arenas de Cesarea, Antioquía y Roma. Simeón ben Giora fue capturado vivo, llevado a Roma para participar en el desfile triunfal de Tito y después ejecutado en el Foro. El arco de Tito continúa en pie, y sobre su piedra está tallada la *menorá* del Templo que él tomó. También conservó en su palacio la cortina que protegía el

Santo de los Santos y una copia de las Escrituras... ¡Ojalá hubiese sobrevivido!

Después de la caída de Jerusalén quedaban sólo tres centros judíos de resistencia: Herodio, que fue ocupada poco después; Maqueronte, tomada en 72 d. C.; y Masada, el espectacular peñasco de cuatrocientos metros de altura, al borde del desierto de Judea, convertido por Herodes en una gran fortaleza en 37-31 a. C. Podía llegarse allí siguiendo lo que Josefo llamó «un sendero sinuoso». Cayó en manos de los judíos en el año 66 mediante «una estratagema», y el héroe del episodio fue Menájem, hijo de Judas el Galileo, fundador zelote y revolucionario que murió en el patíbulo.[117] Pero Menájem fue asesinado durante una de las muchas disputas por el poder en Jerusalén, y el mando de Masada recayó en su sobrino Eleazar. Cuando el general romano Flavio Silva la sitió, a fines de 72 d. C., en la fortaleza había novecientos sesenta insurgentes y refugiados, hombres, mujeres y niños. En 1963-1965 el lugar fue minuciosamente excavado por Yigael Yadín con un enorme grupo de arqueólogos y millares de voluntarios del mundo entero. Los detalles del sitio fueron reconstruidos vívidamente. Silva tenía la legión X, además de auxiliares e innumerables prisioneros de guerra judíos que aportaban su trabajo. La ocupación del lugar era esencialmente un problema de estrategia militar, algo en lo que Roma destacaba. La caída era inevitable, y cuando eso se hizo evidente, Eleazar forzó o convenció a los defensores restantes a suicidarse en masa. Josefo reproduce lo que, según se afirma, fue su último discurso. Dos mujeres y sus cinco hijos sobrevivieron ocultándose en una cueva. Los restos de ropas, las sandalias, los huesos, algunos esqueletos completos, los canastos, los fragmentos de pertenencias personales —almacenes dejados intactos para demostrar a los romanos que el suicidio en masa no había sido determinado por el hambre—, las monedas nacionalistas, las piezas de armadura y las flechas son testigos mudos del sitio. Demuestran el valor desesperado de los defensores con elocuencia mucho mayor que la intensa descripción de Josefo. Entre los ostraca hallados se incluyen las que parecen ser las suertes usadas por los últimos diez supervivientes para determinar quién mataría a los nueve restantes y después se suicidaría. Las muchas pruebas de los servicios celebrados en la sinagoga del fuerte y algunos fragmentos de catorce rollos de libros bíblicos, sectarios y apócrifos, indican que ésta era una guarnición de militantes temerosos de Dios, influidos profundamente por la terrible energía de la literatura judía.[118]

Después del sitio, Jerusalén era una ciudad en ruinas, con el Templo destruido y las murallas reducidas a escombros. Pero la terrible experiencia de estos siete años sangrientos no terminó con el enfrentamiento entre griegos y judíos, ni agotó la capacidad del sentimiento religioso para impulsar a los judíos piadosos, jóvenes y viejos, a la defensa violenta de su fe, por desesperado que fuese el intento. El sentimiento antisemita continuó difundiéndose. La caída de Jerusalén fue citada como prueba de que Dios odiaba a los judíos. Filóstrato afirmó en su *Vida de Apolonio de Tiana* que cuando Elena de Judea ofreció a Tito una corona triunfal después de la ocupación de la ciudad, él la rechazó afirmando que carecía de mérito vencer a un pueblo abandonado por su propio Dios. La veracidad de la anécdota parece muy improbable por tratarse de un comandante profesional que había librado una guerra muy difícil contra un enemigo muy decidido, pero es una muestra característica de la propaganda antisemita que entonces se difundía por doquier. Horacio y Marcial formularon críticas discretas, pero Tácito resumió todas las calumnias griegas. A partir de 100 d. C. los judíos fueron atacados con mayor fiereza todavía, porque se afirmó que subvertían a las clases inferiores e introducían ideas nuevas y destructivas, una acusación que habría de repetirse en el curso de los tiempos.[119] De modo que hubo desórdenes constantes en las ciudades de la diáspora, especialmente durante los años 115-117.

Los últimos alzamientos judíos se desencadenaron como consecuencia de una oleada de hostilidad oficial hacia los judíos bajo el emperador Adriano, que estuvo en Oriente en

128-132. Aunque inicialmente tenía una actitud de simpatía hacia el judaísmo, más tarde se mostró hostil, posiblemente bajo la influencia del círculo de Tácito. Llegó a profesar antipatía a las religiones orientales en general y mostró un rechazo especial hacia la circuncisión, a la que incluyó en la misma categoría que la castración, una forma de automutilación prohibida so pena de muerte. Adriano introdujo en todo el Oriente las medidas panhelenísticas, y uno de sus proyectos fue erigir una nueva *polis* pagana sobre las ruinas de Jerusalén, con un templo romano consagrado a Júpiter en el monte del Templo.

Dión Casio, el historiador romano que es nuestra fuente principal en lo referente a estos años, asegura que los judíos no se atrevieron a rebelarse mientras Adriano estaba en Oriente, aunque en secreto se armaron y construyeron fortificaciones ocultas. Había dos legiones destacadas en la región, pero en cuanto Adriano partió, los judíos de Judea atacaron, y, según dice Dión, «los judíos del mundo entero también se alzaron y se unieron a aquéllos y provocaron muchas dificultades a los romanos, secreta o abiertamente, e incluso muchos gentiles los ayudaron».[120] La rebelión duró cuatro años. Dión afirma que las bajas romanas fueron elevadas. Fue necesario llevar a Palestina legiones de todo el imperio, incluso de Bretaña y el Danubio, de modo que a su tiempo los judíos se encontraron frente a doce legiones. De nuevo los métodos romanos fueron lentos, pero sistemáticos y seguros, y consistieron en dividir y aislar a las fuerzas rebeldes, obligar a las bolsas periféricas a rendirse por hambre, y después cercar gradualmente los restantes centros de resistencia. Los judíos ocuparon un tiempo Jerusalén, pero la ciudad carecía de murallas y su defensa resultaba imposible. Retuvieron varias fortalezas y se han excavado los túneles que ellos construyeron, por ejemplo en Herodio. Al parecer, establecieron su cuartel general en lo que era entonces la ciudad de Betar, en las colinas de Judea, al suroeste de la capital, y este último baluarte cayó en manos de los romanos en 135 d. C.

La amplitud y el éxito inicial de la rebelión fueron posibles porque esta vez los judíos, o por lo menos sus elementos militantes, estaban unidos y respondían a la dirección de una sola y fuerte personalidad. Simón bar Kojba o Koziba es una de las personalidades más enigmáticas de la historia judía, y su nombre o nombres han provocado acaloradas discusiones académicas, pero con resultados poco concluyentes. Los más dinámicos rebeldes judíos, por ejemplo Judas de Galilea, se autodenominaban Mesías —la razón principal que movió a los romanos a crucificar a Jesucristo— para obtener más apoyo. De acuerdo con el obispo Eusebio, que es una fuente cristiana hostil, Simón formuló pretensiones mesiánicas y su nombre de Kojba o «estrella» aludía a la profecía de Números: «De Jacob vendrá una estrella y en Israel surgirá un cetro, y aplastará los rincones de Moab y destruirá a todos los hijos de Set.»[121] Una fuente rabínica afirma que lo reconoció como Mesías el más grande erudito de la época, el rabino Akivá ben Yosef (hacia 50-135 d. C.).[122] Akivá es un caso social interesante, pues provenía de un grupo muy humilde, los *am ha-arets*, sin tradición de cultura, y durante mucho tiempo (como él mismo dice) odió el saber y trabajó como pastor. Con el tiempo llegó a ser un individuo prodigiosamente culto, pero conservó una inquietud apasionada por los pobres, y es posible que ésta sea la razón por la cual se unió a la rebelión (si en efecto hizo tal cosa: se ha discutido la tradición). Pero otros rabinos no lo acompañaron. De acuerdo con el Talmud de Jerusalén, cuando Akivá dijo de Simón: «Éste es el rey Mesías», el rabino Yohanán ben Torta replicó: «Oh, Akivá, la hierba crecerá entre tus mandíbulas y el Hijo de David aún no habrá llegado.»[123]

Simón no se autodenominaba «estrella», y las monedas que acuñó no mencionan al Mesías, y lo llaman «Simón Nasí [príncipe] de Israel». Su principal consejero espiritual no fue Akivá, sino Eleazar de Modín, cuyo nombre también figura en algunas monedas. Pero en las últimas etapas de la rebelión los dos hombres se enfrentaron, y Eleazar fue asesinado por su sobrino.[124] A juzgar por los escasos datos disponibles, parece que Simón recibió muy poco apoyo de los judíos instruidos, y al final perdió el que tenía. Durante los años 1952-1961, algunos arqueólogos que trabajaban en el desierto de Judea hallaron en varios lugares objetos relacionados con la rebelión, y especialmente en lo que se denomina «la Cueva de las Cartas». Muchos de estos documentos, en hebreo, arameo y griego, fueron escritos y firmados con el nombre de Simón. Estos descubrimientos demuestran que los hombres que participaron en la rebelión eran judíos ortodoxos que se esforzaban mucho, a pesar de las circunstancias desesperadas, por observar la ley mosaica; por ejemplo, el *shabbat*, las festividades, las obligaciones sacerdotales y levíticas. Pero no hay pruebas de que Simón se atribuyese el carácter de Mesías, de ungido o de jefe espiritual en cualquier otro sentido. Las cartas revelan que gobernaba un amplio territorio y abordan temas como los arriendos agrarios, los suministros agrícolas, la movilización del campo con el fin de procurarse hombres y alimentos para su guerra. Era en todo sentido un gobernante secular, un *nasí*, como él mismo se denomina en sus cartas, duro, práctico, inflexible y cruel: «Pongo al Cielo por testigo [...] de que te cargaré de cadenas»; «si no haces esto, serás castigado»; «estás viviendo bien, comiendo y bebiendo de la propiedad de la casa de Israel, y nada te importan tus hermanos».[125] Las leyendas rabínicas posteriores tejidas en torno al «Hijo de una Estrella» al parecer no tienen base concreta. Simón era más bien el prototipo de un moderno luchador sionista: poco romántico y muy profesional, un hombre que vivió y murió como guerrillero y nacionalista.

Simón fue muerto en Betar. Akivá fue capturado, encarcelado y finalmente torturado hasta morir, arrancándole la carne del cuerpo «con peines de hierro». Dión dice que de los rebeldes «muy pocos se salvaron». La venganza romana fue sobrecogedora. Se procedió a la destrucción de cincuenta fuertes donde los rebeldes habían resistido, y de novecientas ochenta y cinco ciudades, aldeas y asentamientos agrícolas. Dión afirma que quinientos ochenta mil judíos murieron en la lucha, «e innumerables más de hambre, y por el fuego y la espada. Casi todo el país de Judá fue asolado».[126] A fines del siglo IV d. C., san Jerónimo informó desde Belén acerca de una tradición según la cual, después de la derrota, había tantos esclavos judíos en venta que el precio descendió a menos de un caballo.

Adriano completó inexorablemente su plan de transformar la Jerusalén en ruinas en una *polis* griega. Para nivelar el lugar, llenó con escombros las depresiones de la vieja ciudad. Fuera de los límites, removió los restos para llegar a la roca y excavarla con el fin de obtener los enormes sillares destinados a los edificios públicos que levantó sobre el terreno nivelado. La nueva ciudad fue la primera que se construyó aproximadamente sobre el plan de la actual Ciudad Vieja de Jerusalén. El camino principal que venía del norte entraba por la actual puerta de Damasco; la principal puerta al este era la que después recibió el nombre de puerta de San Esteban, dominada por un arco de triunfo cuyas ruinas perduran. La ciudad que él levantó recibió el nombre de Aelia Capitolina. Se trajeron habitantes de habla griega para poblarla y se prohibió a los judíos que entrasen en el lugar so pena de muerte. Es posible que esta norma no fuese aplicada rigurosamente y se anuló a mediados del siglo IV, en tiempos del emperador Juliano, reincidente en el paganismo. De todos modos, los judíos se las arreglaron para visitar un sector de las viejas ruinas, lo que ahora se denomina el muro de las Lamentaciones, en el aniversario de la destrucción de la ciudad. En su Comentario acerca de Sefanías, Jerónimo describe un cuadro que es conmovedor y cruel al mismo tiempo:

En el aniversario de la Destrucción de Jerusalén, podemos ver a esta triste gente que viene de visita, mujercillas decrépitas y ancianos cargados de harapos y años, que muestran en sus cuerpos y su atuendo la ira del Señor. Una multitud de lamentables criaturas se reúne bajo el esplendente patíbulo del Señor y su luminosa resurrección, y ante un brillante estandarte con una cruz, que ondea desde el monte de los Olivos, gimen sobre las ruinas del Templo. Y sin embargo, no son dignos de compasión.[127]

Estas dos catástrofes, la de 70 y la de 135 d. C., terminaron efectivamente con la historia del estado judío en la antigüedad. Hubo dos consecuencias inmediatas de gran importancia histórica. La primera fue la separación definitiva del judaísmo y el cristianismo. Pablo, que escribió alrededor de la década de 50 d. C., había rechazado explícitamente la ley mosaica como mecanismo de justificación, y en esto (como hemos visto) su actitud fue consecuente con las enseñanzas de Jesús. En una reunión con los jefes judeocristianos de Jerusalén, había obtenido el derecho de eximir a sus conversos gentiles de las exigencias religiosas judías. Pero nada de todo esto significaba necesariamente que los judíos y los cristianos debieran considerar sus respectivas creencias como ideas que se excluían mutuamente, y a sus respectivos partidarios como enemigos unos de otros. El Evangelio de Lucas, escrito hacia la década del 60, se asemeja en ciertos aspectos a los escritos de los judíos helenísticos de la diáspora y está dirigido a potenciales conversos al judaísmo. Al parecer, el propósito de Lucas fue resumir y simplificar la Ley, a la que consideraba un conjunto de costumbres judías que resumían la ética de un pueblo. La devoción era la misma en los judíos y los gentiles: ambos eran los medios gracias a los cuales el alma se preparaba para recibir el evangelio. Los gentiles tenían también sus costumbres dignas de elogio, y Dios no discriminaba a quienes no poseían la Ley, es decir, las costumbres judías. Dios tampoco discriminaba a los judíos. Las dos categorías se salvaban mediante la fe y la gracia.[128]

La idea de que los gentiles y los judíos podían adherirse ambos al cristianismo como una especie de macrorreligión no sobrevivió a los hechos de los años 66-70, que destruyeron definitivamente la antigua Iglesia judeocristiana de Jerusalén.[129] Es muy probable que la mayoría de sus miembros pereciera. Los supervivientes se dispersaron y su tradición dejó de ser la corriente principal del cristianismo y sobrevivió apenas como una secta inferior, los ebionitas, que más tarde fueron declarados heréticos. En el vacío creado de este modo, la cristiandad helenística floreció y ocupó todo el espacio disponible. El efecto fue una concentración todavía mayor de los cristianos en la explicación paulina de la muerte y la resurrección de Cristo como mecanismo de la salvación —todo lo cual estaba claramente anticipado en las enseñanzas de Jesús— y en la naturaleza de este salvador ungido. ¿Qué pretendía hacer Jesús? La expresión que él mismo usó con más frecuencia, y que otros usaron para referirse a él, fue la de «Hijo de Hombre». Puede haber significado mucho; o poco o incluso nada: simplemente que Jesús era un hombre o el hombre destinado específicamente a esta misión.[130] Puede argumentarse que Jesús sólo se consideraba un *jasid* judío carismático.[131] Pero la idea de que Jesús era divino —implícita en su resurrección, en su profecía de este milagro y en sus revelaciones posteriores— aparece desde los comienzos mismos de la cristiandad apostólica. Más aún, aparece acompañada por la creencia igualmente temprana de que él había instituido la ceremonia de la eucaristía —anticipándose a su muerte y resurrección para la expiación del pecado—, en la que su carne y su sangre (la sustancia del sacrificio) adoptaban la forma del pan y el vino. La aparición de la eucaristía, «el sacrificio sagrado y perfecto», como sustituto cristiano de todas las formas judías de sacrificio, confirmó la doctrina de la apoteosis de Jesús. A la pregunta de si Jesús era Dios u hombre, los cristianos respondían que era ambas cosas. Después de 70 d. C. la respuesta que ofrecieron fue unánime y cada vez más enérgica. De este modo la ruptura total con el judaísmo fue inevitable. Los judíos podían aceptar la descentralización del Templo: muchos lo habían hecho desde un periodo muy anterior, y pronto todos se verían obligados a adoptar la misma actitud. Podían aceptar una visión diferente de la Ley. Lo que no podían aceptar era la anulación de la distinción absoluta que siempre habían establecido entre Dios y el hombre, porque ésa era la esencia de la teología judía, la creencia que los separaba de los paganos más que ninguna otra. Al eliminar esa distinción, los cristianos se apartaron irremediablemente de la fe judaica.

Más aún, lo hicieron de un modo que hizo que el antagonismo entre las dos formas de monoteísmo fuese inevitable, irreconciliable y agrio. Los judíos no podían aceptar la divinidad de Jesús como hombre creado por Dios sin rechazar el postulado básico de su creencia. Los cristianos no podían admitir que Jesús fuera algo menos que Dios sin rechazar la esencia y el propósito de su movimiento. Si Cristo no era Dios, el cristianismo no era nada. Si Cristo era Dios, el judaísmo era falso. En este punto no podía existir absolutamente ningún compromiso. Por lo tanto, cada fe representaba una amenaza para la otra.

La disputa fue tanto más agria cuanto que, aun discrepando en lo esencial, las dos religiones coincidían prácticamente en todo el resto. Los cristianos tomaron del judaísmo el Pentateuco (incluso su moral y su ética), los libros de los profetas y el saber, y una porción de los escritos apócrifos superior a lo que los propios judíos estaban dispuestos a canonizar. Incorporaron la liturgia, pues incluso la eucaristía tenía raíces judías. Aceptaron el concepto del día sabático y los días festivos, el incienso y las lámparas encendidas, los salmos, los himnos y la música coral, las vestiduras y los rezos, los sacerdotes y los mártires, la lectura de los libros sagrados y la institución de la sinagoga (transformada en la iglesia). Incorporaron incluso el concepto de autoridad eclesiástica —que los judíos pronto modificarían— en la forma del sumo sacerdote convertido por los cristianos en los patriarcas y los papas. En la iglesia temprana no hay nada, fuera de su cristología, que no estuviese contenido en el judaísmo.

Lo que es más, los cristianos nacieron de la tradición literaria judía, y por lo tanto heredaron, entre otras cosas, la polémica sagrada judía. Como hemos visto, éste fue un legado de los martirologios macabeos y un elemento muy importante de la escritura judaica durante el siglo I d. C. Los escritos cristianos más antiguos adoptan el tono hostil con que los sectarios judíos se trataban. Cuando la ruptura entre el cristianismo y el judaísmo llegó a ser insalvable, la única forma de relación entre ellos fue la polémica. Los cuatro evangelios, que pronto se convirtieron en la Torá del cristianismo, incorporaron la tradición judía polémico-sectaria. Su lenguaje, en este aspecto, es muy parecido al de algunos de los manuscritos del mar Muerto y, lo mismo que los rollos, podía considerárselos una expresión de la discusión interna entre los judíos. La expresión «los judíos» aparece cinco veces en cada uno de los evangelios de Mateo y Lucas, seis en Marcos y sesenta y una en Juan. Ello no responde necesariamente al hecho de que el de Juan alcanzara más tarde la forma escrita, y por lo tanto se mostrase más hostil al judaísmo. Incluso es posible que en su forma original el de Juan haya sido el más antiguo de los evangelios. En Juan, «los judíos» al parecer significa muchas cosas diferentes —los saduceos, los fariseos, o ambos a la vez, la policía del Templo, la organización judía, el Sanedrín, la clase gobernante judía—, pero también el pueblo. El sentido más común es el de «opositores a la enseñanza de Jesús».[132] El Evangelio de Juan es sencillamente una polémica acerca de la herejía. Cuando los monjes de Qumrán escriben acerca de «los hijos de Belial» están refiriéndose a sus antagonistas en el seno del judaísmo y formulando exactamente la misma idea que Juan: «Perteneces a tu padre el demonio.» Asimismo, el Documento de Damasco hallado en Qumrán utilizó las expresiones «los judíos», «el país de Judá» y «la casa de Judá» exactamente del mismo modo que Juan para aludir a sus antagonistas judíos que en ese momento prevalecen.[133] El fragmento más ofensivo e hiriente de los evangelios en realidad aparece en Mateo, y a veces se lo cita como el texto más «projudío» del Nuevo Testamento. Es el pasaje en que, después de que Pilato se lava las manos, «el pueblo» exclama: «¡Su sangre sobre nosotros y sobre nuestros hijos!»,[134] porque aquí los judíos aparecen explícitamente aceptando la muerte de Jesús como una carga que su progenie tendrá que soportar. Este incidente se destaca todavía más en la narración de la pasión contenida en el «Evangelio de Pedro», un escrito apócrifo.[135]

Por desgracia, esta polémica religiosa profesional, estos ejercicios literarios de *odium theologicum* fueron separados de su contexto histórico y se convirtieron en la base de una acusación cristiana general al pueblo judío. Erasmo señalaría más tarde que es necesario evitar la polémica, «porque una guerra de palabras y escritos que se prolonga desemboca en golpes». La acusación de culpabilidad colectiva en Mateo y la acusación que alude a los «hijos del demonio» en Juan se unieron para formar el núcleo de una rama específicamente cristiana del antisemitismo, que se superpuso a la antigua y ramificada tradición antisemita pagana y se combinó con ella para formar con el tiempo un poderoso mecanismo de odio.

El derrumbe de la Iglesia judeocristiana después de 70 d. C., y el triunfo del cristianismo helenístico indujo, a su vez, a los judíos a reprobar a los cristianos. Las oraciones judías cotidianas contra los herejes y los enemigos datan del programa de la reforma helenística del siglo II a. C.; el Eclesiástico, la polémica acerca del saber desarrollada por el rigorista Ben Sira (que estaba con los sicarios en Masada), pedía a Dios: «Despierta tu furor y derrama tu ira, extermina al adversario, aniquila al enemigo.»[136] La plegaria contra los herejes, denominada inicialmente «la Bendición a Aquel que humilla al arrogante», se integró en el servicio diario, o amidá, como la Duodécima Bendición. En cierto momento se orientó específicamente contra los saduceos. Bajo el gobierno de Rabán Gamaliel II (hacia 80-hacia 115 d. C.), la Duodécima Bendición o *Birkat ha-Minim* («bendición acerca de los herejes») fue reformulada para aplicarla a los cristianos, y parece que éste fue el momento en que los partidarios judíos de Cristo que quedaban en la sinagoga fueron expulsados. Por la época del alzamiento del año 132, se veía a los cristianos y los judíos como antagonistas declarados, e incluso enemigos. Ciertamente, las comunidades cristianas de Palestina solicitaron a las autoridades romanas que les concediesen un estatus religioso separado del que correspondía a los judíos, y el escritor cristiano Justino Mártir (hacia 100-hacia 165), que vivía en Neápolis (Nablus), informó de que los partidarios de Simón bar Kojba masacraban a las comunidades cristianas tanto como a las griegas. En este periodo la polémica anticristiana comienza a aparecer en los comentarios bíblicos judíos.

La segunda consecuencia del fracaso definitivo del judaísmo oficial fue un profundo cambio en el carácter y el alcance de las actividades judías. A partir de 70 d. C., y aún más después de 135 d. C., el judaísmo cesó de ser una religión nacional en cualquiera de los sentidos físicos y visibles, y los judíos se vieron expatriados. En cambio, tanto la comunidad judía como el judaísmo llegaron a ser coextensivos con el estudio y la observancia de la Torá. Es difícil situar la historia judía en una taxonomía general del desarrollo nacional y religioso, porque se trata de un fenómeno original. Ciertamente, el historiador de los judíos afronta constantemente el problema de la clasificación de un proceso que no responde a ejemplos de otros lugares. La concentración del judaísmo y la nación judía en la Torá había avanzado constantemente desde la última fase del reino de David. Las reformas de Josías, el Exilio, el Retorno del Exilio, la obra de Esdras, el triunfo de los Macabeos, el ascenso del fariseísmo, la sinagoga, las escuelas, los rabinos: son todo ello procesos que primero determinaron, y después consolidaron paulatinamente, el dominio absoluto de la Torá en la vida religiosa y social judía. En ese movimiento, castraron a las instituciones del judaísmo y la comunidad judía. Después de 135 d. C., su dominio fue total, porque no quedaba otra cosa. Los rigoristas, en parte respondiendo a un propósito consciente, y en parte por las catástrofes que ellos mismos habían provocado, eliminaron todo el resto.

Una cuestión que se plantea es si se trata de un hecho providencial. En la perspectiva inmediata del siglo II d. C., los judíos daban la imagen de haber sido un poderoso grupo nacional y religioso que había cortejado su propia ruina y la había conseguido. Durante la mayor parte del siglo I, los judíos no sólo constituían la décima parte del imperio, y una proporción mucho más elevada en ciertas grandes ciudades, sino que estaban expandiéndose. Tenían la nueva idea trascendente de la época: el monoteísmo ético. Casi todos eran personas instruidas. Contaban con el único sistema de bienestar existente. Atraían a conversos de todos los grupos sociales, incluso de los más elevados. Es posible que uno o más de los emperadores Flavios fuera judío, del mismo modo que Constantino sería cristiano doscientos cincuenta años después. Josefo tenía derecho a vanagloriarse: «No hay una sola ciudad, griega o bárbara, ni una sola nación en que no se observen la costumbre del séptimo día, en la que descansamos de todos los trabajos, y los fastos y la iluminación de las velas [...] y así como Dios penetra el universo, también la Ley se ha abierto paso en los corazones de todos los hombres.» Un siglo después, el proceso entero se había invertido. Jerusalén ya no era una ciudad judía. Alejandría, donde otrora un cuarenta por ciento de los habitantes era judío, perdió por completo su voz judía. Las enormes cifras de bajas citadas por autores como Josefo, Tácito y Dión para las dos rebeliones (Tácito sostiene que 1.197.000 judíos fueron muertos o vendidos como esclavos solamente en la lucha de los años 66-70) pueden ser exageraciones, pero es evidente que la población judía de Palestina disminuyó deprisa por esta época. En la diáspora, las dinámicas comunidades cristianas no sólo se apoderaron de las mejores ideas teológicas y sociales judías, y por lo tanto del papel de «luz de los gentiles», sino que avanzaron cada vez más entre las propias masas judías, de modo que los judíos de la diáspora fueron una de las fuentes principales de conversos cristianos.[137]

Si por una parte la población judía disminuyó de manera espectacular tanto en Palestina como en la diáspora, por otra hubo un estrechamiento igualmente espectacular del horizonte judío. En la época de Herodes el Grande los judíos comenzaban a representar un papel destacado en la vida económica y cultural del nuevo imperio. Un hombre como Filón Judeo (hacia 30 a. C.-hacia 45 d. C.), miembro de una de las más ricas y cosmopolitas familias de la diáspora de Alejandría, un hombre que se sentía cómodo en todo el ámbito de la literatura griega, historiador y diplomático, e importante filósofo secular por derecho propio, fue al mismo tiempo un judío piadoso y un comentarista que escribió mucho acerca de todos los libros del Pentateuco y el cuerpo entero de la ley judía.[138] Filón expresó la mejor tradición del racionalismo judío. Más tarde, los eruditos cristianos contraerían con él una importante deuda, porque les permitió ampliar su comprensión del Antiguo Testamento, sobre todo en un sentido alegórico. La exposición del espíritu del judaísmo en Filón es profunda, original y creadora, y el hecho de que al parecer no supiera hebreo indica la medida en que los judíos cultos, al principio de la era cristiana, se habían convertido en parte de la civilización internacional y la cultura secular sin renunciar a ningún aspecto esencial de su fe. Pero hacia mediados del siglo II un hombre de la amplitud de miras de Filón no podría haberse adaptado a la comunidad judía. Ésta había cesado de escribir historia. Ya no se dedicaba a ninguna forma de la filosofía especulativa. Había abandonado todas sus formas tradicionales: el saber, la poesía, la salmodia, la alegoría, la narración histórica, los escritos apocalípticos. Se había consagrado, con concentración y sinceridad apasionadas, a una forma solitaria de labor literaria: el comentario de la ley religiosa. Y continuó esta tarea, desentendida de su fecundo pasado, ajena a todos los fermentos intelectuales del mundo exterior durante siglos.

Pero esta concentración del judaísmo en sí mismo, culminación lógica de siete siglos de creciente rigorismo, fue probablemente la condición de su supervivencia, y de la supervivencia del pueblo judío como entidad diferenciada. Los judíos no desaparecieron sencillamente de la crónica histórica, como le sucedió a tantos pueblos en los amplios y convulsivos movimientos demográficos del final de la Antigüedad. No perdieron su identidad en su relación con las comunidades en ascenso de la Alta Edad Media, como los romanos y los helenos, los galos y los celtas, o incluso como los millones de judíos de la diáspora que se convirtieron en cristianos. El judaísmo y el residuo judío se preservaron en el ámbar de la Torá. Tampoco puede afirmarse que esa preservación y esa supervivencia fuesen un capricho inexplicable de la historia. Los judíos sobrevivieron porque el periodo de introspección intensa permitió que sus jefes intelectuales ampliasen la Torá para convertirla en un sistema de teología moral y en una ley comunitaria de extraordinaria coherencia, consecuencia lógica y fuerza social. Habiendo perdido el Reino de Israel, los judíos convirtieron la Torá en una fortaleza de la mente y el espíritu, donde podían morar seguros e incluso satisfechos.

Esta gran empresa de metafísica social comenzó de un modo bastante humilde en las postrimerías de la caída de Jerusalén, en 70 d. C. Las familias sacerdotales hereditarias y la tradicional clase alta judía perecieron todos en las ruinas de la ciudad. En adelante, los judíos formaron una catedrocracia: fueron gobernados por la cátedra del maestro. Esto siempre había sido un aspecto inherente al judaísmo, ¿acaso los profetas no eran instrumentos mediante los cuales Dios enseñaba a su pueblo? Pero ahora se convirtió en algo explícito. La tradición afirma que el rabino fariseo Yohanán ben Zakkai, segundo miembro del Sanedrín, fue sacado a escondidas de la asediada Jerusalén en un ataúd. Se había opuesto a la rebelión y había hablado en nombre de la antigua corriente del judaísmo que creía que Dios y la fe podían obtener un mejor servicio sin la carga y la corrupción del Estado. Obtuvo permiso de las autoridades romanas para organizar un centro destinado a regir la religión judía en Yabné, cerca de la costa occidental de Jerusalén. Allí, el Sanedrín y el Estado hallaron su fin, y en su lugar se reunió un sínodo de rabinos, en un viñedo próximo a un palomar o en la habitación alta de una casa. El rabino y la sinagoga se convirtieron en las instituciones normativas del judaísmo, que a partir de este momento fue esencialmente la fe de una congregación. La academia de Yabné, que se ocupaba de realizar los cálculos anuales del calendario judío, completó la canonización de la Biblia. Dictaminó que, pese a la caída del Templo, debían realizarse regularmente ciertas ceremonias, entre ellas la comida solemne de Pascua. Definió la forma de las oraciones comunitarias y trazó reglas referidas al ayuno y la peregrinación. El nuevo espíritu del judaísmo mostraba una marcada reacción contra la exaltación violenta de los zelotes y los nacionalistas. «No te apresures a derribar los altares de los gentiles —se afirma que dijo el rabino Jonatán—, no sea que te veas obligado a reconstruirlos con tus propias manos.» O también: «Si estás plantando árboles y alguien te dice que ha llegado el Mesías, asegura primero el renuevo, y después ve a dar la bienvenida al Mesías.»[139] En Yabné olvidaron la espada y gobernó la pluma. El sistema era una oligarquía autoperpetuada, y la academia elegía u «ordenaba» nuevos rabinos sobre la base del saber y el mérito. Pero la autoridad tendía a concentrarse en las familias que se distinguían por su erudición. A su debido tiempo, la progenie del rabino Jonatán fue desplazada por el rabino Gamaliel II, hijo del hombre que había enseñado a san Pablo. Los romanos lo reconocieron como *nasí* o patriarca.

En conjunto, estos eruditos rehusaron unirse a la revuelta de Bar Kojba. Pero por supuesto, ese movimiento los afectó. Los estudiosos a menudo tenían que reunirse en secreto. La propia Yabné llegó a ser insostenible y, después de la derrota de la rebelión, las autoridades rabínicas se trasladaron a la ciudad de Usha, en Galilea occidental. La mayoría de los rabinos eran pobres. Trabajaban, generalmente con las manos. La reconstrucción de la historia judía de esta época es difícil, pues los propios judíos habían dejado de escribirla, y la información biográfica y de otros géneros aparece incidentalmente y sin referencia a la cronología, a partir de fragmentos de los *halajot* o dictámenes legales, o en los relatos y las leyendas del *aggadá*. La sociedad académica judía no siempre era homogénea ni estaba bien definida. Eliseo ben Avuyá, uno de los más grandes eruditos de Yabné, se convirtió en herético, pero uno de sus alumnos, el rabino Meir, el mejor de los estudiosos del siglo II, posiblemente haya sido un converso. Las mujeres también tenían su papel. Bruria, esposa de Meir, se convirtió en una importante autoridad en el *halajá*. A veces, las autoridades imperiales molestaban o incluso perseguían a los judíos. Otras, se los dejaba en paz. En ocasiones trabajaban armoniosamente con Roma. Sus jefes recibían concesiones de tierras imperiales y se les permitía ejercer amplios poderes judiciales. El erudito cristiano Orígenes (185-254) dice que el *nasí* incluso imponía sentencias de muerte. En todo caso, tenía derecho a recaudar impuestos. El rabino Yehudá ha-Nasí, o Yehudá el Príncipe, que vivió durante la segunda mitad del siglo II y a principios del siglo III, era un individuo rico que contaba con guardias y gobernaba a la comunidad judía tanto de Galilea como del sur casi como un potentado secular. Casi, pero no del todo: dedicaba su riqueza a apoyar a los estudiosos, y de éstos, los mejores comían a la mesa que presidía su sala; eximió de los impuestos a los eruditos, a costa de los trabajadores; y en tiempos de escasez alimentaba a los estudiosos, pero no a los incultos, con sus reservas de alimentos. Se afirma que incluso su criada sabía hebreo y podía explicar el significado de palabras desusadas. Yehudá era un elitista intelectual de los más inflexibles. Solía decir hoscamente: «Los ignorantes son quienes provocan problemas en el mundo.»[140]

Hubo dinastías de eruditos incluso en el periodo de la segunda comunidad, cuando se los denomina *zugot* o «pares». Hubo cinco pares de eruditos principales, el último de los cuales fue el formado por el famoso Hillel, maestro de Cristo, y su antagonista Shammái. Sus descendientes y partidarios, y otros estudiosos que se incorporaron a la elite, reciben la denominación de *tannaím*. Gamaliel el Viejo, nieto de Hillel, fue el primero de seis generaciones, y Yehudá ha-Nasí el último. La generación siguiente, que comenzó con el rabino Hiyya Rabbá, hacia el 220 d. C., inauguró la era de los *amoraím*, que duró cinco generaciones en Judea, hasta fines del siglo IV, y ocho generaciones en Babilonia, hasta fines del V. Por supuesto, habían existido nutridas comunidades judías en Babilonia y sus alrededores desde el Exilio. El contacto era permanente, pues la comunidad judía babilonia aceptaba los cálculos del calendario realizados por las autoridades de Jerusalén, y después por las de Yabné. Los judíos babilonios también acudían a Jerusalén en peregrinación cuando eso era posible. El judaísmo fariseo rabínico llegó a Babilonia como resultado directo de la rebelión de Bar Kojba, cuando los eruditos que huían de Judea crearon academias en lo que era entonces el territorio de los partos. Estas escuelas se centralizaron en Sura, al sur de lo que es ahora Bagdad, y en Pumbedita, al este, donde prosperaron hasta el siglo XI. El lugar en que se instalaron las academias occidentales en Palestina varió. En tiempos de Yehudá ha-Nasí, éste concentró todo el saber en Bet Shearim, pero después de su muerte hubo academias importantes en Cesarea, Tiberíades y Lod.

Los restos físicos de este periodo de la historia judía no son impresionantes. Por supuesto, los arqueólogos judíos no han podido explorar los asentamientos de Irak. El asentamiento judío en Sura había desaparecido por completo ya en la década de 1170, cuando el viajero judío Benjamín de Tudela visitó el lugar. Según escribió, la ciudad estaba en ruinas. En cambio, halló una comunidad importante en Pumbedita, pero ésta es la última vez que oímos hablar de ella. Por otra parte, las excavaciones realizadas en 1932 descubrieron, en el puesto romano de caravanas de Dura Europos, a orillas del Éufrates, los restos de una sinagoga que se remonta a 245 d. C., con inscripciones en arameo, griego, y palevi-parto. Según parece, esa colonia judía se remontaba a la destrucción y el exilio del Reino Septentrional, pero se vio reforzada por otra afluencia de judíos ortodoxos después de las rebeliones de 66-70 y 132-135. Incluso así, era una comunidad heterodoxa, como quizá sucedía con muchas en esa época. La arquitectura era helenística, como cabía esperar, pero lo que sorprendió fue la aparición de unos treinta paneles pintados (que ahora pertenecen al Museo Nacional de Damasco) y que ilustran el tema del Retorno Mesiánico, la restauración y la salvación. Hay imágenes de los patriarcas, de Moisés y el Éxodo, de la pérdida del Arca y su recuperación, de David y Ester. Los eruditos relacionan estos cuadros con las Biblias ilustradas, que, según se cree, existieron durante los siglos II y III d. C., y que indican que el arte cristiano también tuvo origen judío. Es evidente que la norma acerca de las imágenes no se observaba rigurosamente, por lo menos en todos los círculos judíos.[141]

En Palestina han sobrevivido varias sinagogas y tumbas de los tiempos de los sabios. En Tiberíades, a orillas del lago de Galilea, la sinagoga del siglo IV también tiene imágenes humanas y animales en su piso de mosaico, junto con signos del zodíaco. Sobre la colina, cerca de la ciudad, está la tumba del mártir, el rabino Akivá, y la de Yohanán ben Zakkai; a unos tres kilómetros siguiendo el curso del lago, se encuentra la tumba del rabino Meir. Cafarnaúm, donde el centurión a cuyo criado curó Jesús construyó una sinagoga, fue excavada entre 1905 y 1926 y se descubrieron tallas del *shofar* y la *menorá*, el jarro de maná, la palmera y el escudo del rey David. Se han desenterrado tres sinagogas en Siria y el norte de Israel, y junto al camino entre Nazaret y Haifa está el centro académico de Yehudá ha-Nasí, en Bet Shearim, con su sinagoga, las catacumbas y el cementerio; este último, repleto de expresiones de arte figurativo, oculta en algún lugar la tumba del propio Yehudá.[142]

A pesar de lo expuesto, los principales elementos conmemorativos de esta era de erudición colectiva e individual son los propios escritos sagrados. La erudición sagrada judía debe ser concebida como una serie de estratos, cada uno de los cuales depende de su predecesor. El primero es el propio Pentateuco, que en lo principal fue completado antes del Exilio, aunque es evidente que se realizaron ciertos retoques después del retorno. Es el cuerpo fundamental de la ley judía escrita, y sobre él descansa todo el resto. Después, tenemos los libros de los profetas, los salmos y la literatura sapiencial, cuya canonización fue terminada, como hemos visto, bajo el rabino Yohanán ben Zakkai, entre los años 70 y 132 d. C. A este material se agregaron varias obras no canónicas esenciales para el estudio de la religión y la historia no judías: la traducción griega de la Biblia, o Versión de los Setenta; las obras de Josefo, los Apócrifos y varios papiros.

El estrato o capa siguiente fue la clasificación y redacción de la Ley Oral, que había venido acumulándose durante siglos. Fue una práctica denominada Mishná, que significa «repetición» o «estudio», pues inicialmente se la memorizaba y recapitulaba. La Mishná consistía en tres elementos: el *midrash*, que es el método de interpretación del Pentateuco para aclarar puntos legales; el *halajá* (plural *halajot*), cuerpo de fallos legales aceptados generalmente en relación con determinados puntos; y las *aggadot* u homilías, que incluyen anécdotas y leyendas utilizadas para transmitir la comprensión de la Ley a la gente común. Poco a poco, en el curso de muchas generaciones, estas interpretaciones, dictámenes e ilustraciones pasaron a la forma escrita. Tras la rebelión de Bar Kojba, y culminando con la obra del rabino Yehudá ha-Nasí y su escuela, a fines del siglo II d. C., este material fue compilado en un libro llamado Mishná, compendio de la «repetición». Tiene seis órdenes, cada uno dividido en una serie variable de tratados. El primero es *Zera'im*, con once tratados, que se refieren a las bendiciones, las ofrendas y los títulos. *Mo'ed*, con doce tratados, abarca el *shabbat* y las festividades. *Nashim* (siete tratados) trata del matrimonio y el divorcio. *Nezikim* (diez) se ocupa de los delitos o perjuicios civiles, los jueces, los castigos y los testigos. *Kodashim* (once) aborda los sacrificios y los sacrilegios, y hasta cierto punto se superpone con el primer orden. Finalmente, *Teharot* (doce) se refiere a la impureza y los ritos.[143] Además de la Mishná, hay una recopilación de dichos y fallos de los *tannaím*, de cuádruple volumen, denominada *Tosefta*. La fecha, la composición y el origen exactos del *Tosefta* —y su relación precisa con la Mishná— han sido temas de disputa erudita no resuelta durante más de mil años.[144]

Por supuesto, en cuanto se completó la Mishná, otras generaciones de eruditos —que, como se recordará, determinaban la teoría legal a la luz de casos reales— comenzó a comentarla. Por esta época, como los métodos rabínicos se habían extendido a Babilonia, había dos centros de comentarios, en Erets Yisrael y en las academias babilonias. Ambos produjeron volúmenes del Talmud, palabra que significa «estudio» o «aprendizaje», y que fueron compilados por las diferentes generaciones de *amoraím*. El Talmud de Jerusalén, más propiamente denominado Talmud del Oeste, se completó a fines del siglo IV d. C., y el Talmud babilonio, un siglo después. Cada uno de ellos incluye folios de comentarios referidos a los tratados de la Mishná. Fue el tercer estrato. Después, se agregaron otros estratos: *Perushim*, o comentarios, acerca de ambos Talmudes, y cuyo ejemplo sobresaliente fue el de Rashi acerca del Talmud babilonio en el siglo XI; y *Hiddushim* o apologistas, que compara y reconcilia distintas fuentes, y así origina nuevos dictámenes o *halajot*; los apologistas clásicos se relacionan con el Talmud de Babilonia durante los siglos XII y XIII. Hubo otro estrato de *responsa prudentium (She'elot u-Teshuvot)* o respuestas escritas de eruditos destacados a los interrogantes que se les proponían. El último de los estratos consistió en intentos de simplificar y codificar esta enorme masa de material, y en esto trabajaron destacados eruditos como Isaac Alfasi, Maimónides, Jacob ben Asher y Yosef Caro, entre los siglos XI y XVI. Entre los siglos V y XI, lo que se conoce como la era de los *gaonim*, los eruditos trabajaron para elaborar compilaciones y dictámenes colectivos que tenían la autoridad de las academias. Después, en lo que se denomina la época rabínica, se procedió a descentralizar los dictámenes, y los eruditos individuales dominaron la evolución de la Ley. Como epílogo, entre los siglos XVI y fines del siglo XVIII, llegó la época de los *aharonim* o eruditos ulteriores.

Durante todo este tiempo, las comunidades judías, distribuidas por todo el territorio de Oriente Próximo y el Mediterráneo, y más tarde por la mayor parte de Europa central y oriental, resolvieron la mayoría de sus problemas legales mediante sus propios tribunales religiosos, de modo que este cuerpo de varios estratos de escritos fue no sólo una obra de investigación permanente sobre el verdadero sentido de la Biblia, sino un cuerpo vivo de derecho comunitario, referido a casos reales y personas concretas. Desde el punto de vista occidental, era derecho natural, el derecho de la Biblia, el código de Justiniano, el derecho canónico, el derecho consuetudinario inglés, el derecho civil europeo, los reglamentos parlamentarios, la Constitución estadounidense y el Código Napoleónico todo en uno. Sólo durante el siglo XIX, periodo en que muchos judíos se habían emancipado y ya no disfrutaban de autonomía judicial, el estudio del *halajá* judío comenzó a cobrar un perfil académico; e incluso entonces continuó rigiendo el derecho matrimonial judío en las sociedades avanzadas y en muchos otros aspectos de la vida en las sociedades atrasadas.

Por lo tanto, no existe en la historia del mundo un sistema que haya tratado durante tanto tiempo de combinar la enseñanza moral y ética con el ejercicio práctico de la jurisprudencia civil y penal. Sin embargo, el sistema siempre tuvo muchos inconvenientes y por eso los cristianos judíos sólo pudieron alcanzar el plano del universalismo rompiendo con él. Finalmente, en la Ilustración, muchos judíos educados, así como la sociedad no judía, llegaron a considerarlo irremediablemente atrasado, e incluso decididamente detestable. Pero el sistema también tenía notables virtudes y aportó a los judíos una cosmovisión moral y social que es civilizada y práctica, y que se ha mostrado sumamente duradera.

La idea del carácter sagrado de la vida humana, porque ha sido creada a imagen de Dios, fue el precepto fundamental de la ética judía y, como hemos visto, determinó las cláusulas de los códigos penales judíos desde los tiempos más antiguos. Los sabios y sus sucesores desarrollaron con ingenioso detalle las consecuencias de esta doctrina. Todo provenía de Dios, y el hombre simplemente gozaba del uso temporal de estos dones: por lo tanto, debía trabajar industriosamente la tierra y hacerlo teniendo en cuenta su aprovechamiento por las generaciones futuras. Pero estos dones incluían el cuerpo del hombre mismo. Hillel el Viejo enseñó que el hombre tenía la obligación de mantenerse sano y en buenas condiciones físicas. Filón, como muchos autores influidos por las ideas griegas, separó el cuerpo y el alma en términos morales, e incluso aludió al cuerpo como un «conspirador» emocional e irracional contra el alma racional. No obstante, el judaísmo rabínico de la corriente principal rechazó la dicotomía de cuerpo y alma, del mismo modo que rechazó los poderes del bien y el mal del gnosticismo. Enseñó que el cuerpo y el alma eran solidaria y mancomunadamente responsables del pecado, y en consecuencia debían ser castigados de manera simultánea. Ésta llegó a ser una diferencia importante entre el cristianismo y el judaísmo. La idea cristiana de que al debilitar el cuerpo mediante la mortificación y el ayuno se fortalecía el alma fue anatema para los judíos. Éstos mantuvieron sectas ascéticas durante el siglo I d. C., pero en cuanto el judaísmo rabínico consolidó su dominio, los judíos volvieron definitivamente la espalda al monasticismo, la vida ermitaña y el ascetismo. Podían imponerse ayunos públicos como símbolos de expiación pública, pero los ayunos privados eran pecaminosos y estaban prohibidos. Abstenerse del vino, como hacían los nazarenos, era pecado, porque significaba rechazar los dones que Dios había suministrado para satisfacer las necesidades del hombre. Rara vez se alentaba el vegetarianismo, y tampoco el celibato, otra diferencia importante con el cristianismo. La actitud rabínica era: «¿Las prohibiciones de la Torá no te bastan, que quieres agregar otras?» En todas las cosas, el cuerpo creado a imagen de Dios debía comportarse y ser tratado con moderación. En toda la gama del proceder humano, la consigna judía era la continencia o la temperancia, no la abstinencia.[145]

Como el hombre pertenecía a Dios, el suicidio era sacrilegio, y era pecaminoso arriesgar innecesariamente la vida. Por tratarse de un pueblo que carecía de la protección de un Estado, y que vivía en constante peligro de persecución, eran éstas cuestiones importantes, que llegaron a adquirir rango supremo durante el Holocausto, dos milenios más tarde. Los sabios dictaminaron que un hombre no tenía derecho a salvar su vida provocando la muerte de otro y tampoco se le exigía sacrificar su vida para salvar otra. Durante la persecución de Adriano, los sabios de Lod dictaminaron que, para salvar su vida, un judío podía violar todos los mandamientos salvo tres: los que se oponían a la idolatría, al adulterio-incesto y al asesinato. Cuando se trataba de la vida humana, los factores cuantitativos carecían de valor. Así, un individuo inocente no podía ser sacrificado para salvar la vida de un grupo. Un principio importante de la Mishná era que cada hombre es un símbolo de toda la humanidad, y quien destruye a un hombre destruye en cierto sentido el principio de la vida, del mismo modo que, si salva a un hombre, rescata a la humanidad.[146] Al parecer, el rabino Akivá creía que matar era «renunciar a la Semejanza», es decir, apartarse de la raza humana. Filón afirmó que el asesinato es el peor de los sacrilegios, así como con mucho el más grave acto criminal. «El rescate —escribió Maimónides— nunca es aceptable, incluso si el asesino está dispuesto a pagar todo el dinero del mundo, e incluso si el demandante acepta dejar libre al asesino. Pues la vida de la persona asesinada es [...] la posesión del Santo Bendito sea.»[147]

Como Dios posee a todos y a cada uno, es la parte ofendida en todos los delitos contra los semejantes. Un pecado contra Dios es grave, pero un pecado contra un semejante es más grave aún, porque también ofende a Dios. Dios es «el Tercero Invisible». Por lo tanto, si Dios es el único testigo de una transacción, la negación falsa de la misma es más perversa que si se tratara de una transacción por escrito; el robo manifiesto es menos perverso que el robo secreto, pues quien perpetra el segundo muestra que profesa más respeto al poder terrenal del hombre que a la venganza divina.[148]

Los hombres, que han sido todos creados igualmente a imagen de Dios, tienen los mismos derechos fundamentales. No es casual que la esclavitud entre los judíos desapareciese con la segunda comunidad, en coincidencia con el ascenso del fariseísmo, porque los fariseos insistían en que, como Dios era el juez verdadero, allí todos eran iguales: el rey, el sumo sacerdote, el hombre libre y el esclavo. Ésta fue una de sus principales diferencias con los saduceos. Los fariseos rechazaban el punto de vista de que un amo era responsable por los actos de sus esclavos, así como de su ganado, pues el esclavo, como todos los hombres, tenía su propio espíritu. Eso le confería estatus jurídico ante el tribunal, y una vez que él tenía estatus legal, la esclavitud perdía vigencia. Cuando controlaron el Sanedrín, los fariseos también insistieron en que el rey era responsable ante ese organismo y debía comparecer en su presencia: uno de los motivos de los agrios conflictos entre el Sanedrín, por una parte, y los Asmoneos y Herodes, por otra. Estos reyes violentos podían imponerse en la práctica al tribunal, y lo hacían, pero la teoría perduró y triunfó por completo cuando la práctica del *halajá* judío fue recopilada en la Mishná, de modo que la igualdad ante la ley se convirtió en un axioma judío incuestionable. Aquí se suscitaba un conflicto entre el concepto del rey judío como «el ungido del Señor», utilizado por los teóricos cristianos ulteriores para desarrollar la doctrina del derecho divino de la realeza, pero los judíos nunca aceptaron las consecuencias legales de la unción. Todos los actos del poder arbitrario de David fueron claramente condenados en la Biblia, y la actitud de Ajab, que se apoderó del viñedo de Nabot, aparece explicada como un delito monstruoso. Había razones que explicaban por qué la monarquía no armonizaba con el judaísmo: los judíos querían un rey con todas las obligaciones y ninguno de los derechos de la realeza. Más aún, en su fuero interno, muchos nunca creyeron en la unción, sino en la elección, que parecía precederla. En favor de la eligibilidad de los reyes, los jueces u otras autoridades, Filón citó el Deuteronomio: «Pondrás a un gobernante sobre ti mismo, no un extranjero, sino uno de tus hermanos.»[149] Josefo adoptó la opinión de Gedeón de que Dios y nadie más gobernaba, aunque si se consideraba necesaria la presencia de los reyes, éstos debían pertenecer a la raza judía y someterse a la Ley.

Lo cierto es que los auténticos gobernantes de la comunidad judía, como era natural que sucediera en una sociedad sometida al derecho divino, fueron los tribunales. Mencionamos el tribunal, y no al juez, pues uno de los axiomas más importantes era que los hombres no podían designar jueces solitarios: «No juzgues solo, pues nadie salvo Uno puede juzgar solo.»[150] El fallo provenía de la mayoría, y en los casos capitales se exigía por lo menos una mayoría de dos personas. El mismo principio de la mayoría se aplicó a la interpretación de la Torá. Una razón por la cual el judaísmo se mantuvo unido a lo largo de siglos fue su adhesión a las decisiones de la mayoría y la gran severidad con que castigó a quienes se negaban a acatarlas una vez que se habían decretado con justicia. Al mismo tiempo, los discrepantes que se sometían tenían el derecho de reclamar que se anotaran sus opiniones, una práctica importante establecida por la Mishná. En los tribunales y los organismos eruditos se aplicaba la cooptación más que la elección, pues el saber era necesario, y sólo los que sabían estaban en condiciones de juzgar —la sociedad judía fue la primera que asignó un privilegio a la calificación intelectual—, aunque en la práctica: «No designamos a un funcionario de la comunidad a menos que primero consultemos con ella.»[151] No sólo los tribunales, sino también la Ley, tenían una base democrática subyacente. Se utilizaba un organismo no muy diferente del posterior jurado anglosajón para determinar cuál era la práctica de cierta comunidad, de modo que los fallos legales pudiesen tener en cuenta este aspecto. El principio de que la Ley debe ser aceptable para la comunidad en su conjunto estaba implícito en la jurisprudencia judaica, y a veces adoptaba forma explícita: «Un decreto que el tribunal impone a la comunidad, y que la mayoría de la comunidad no acepta, carece de fuerza.»[152]

Se veía al hombre como individuo, con derechos, y a la vez como miembro de una comunidad, con obligaciones. Ningún sistema judicial de la historia ha realizado esfuerzos más tenaces, y en general exitosos, para reconciliar la función individual y la social; otra razón por la cual los judíos pudieron mantener su cohesión en presencia de presiones que en otras condiciones habrían resultado intolerables. La sociedad exigía que hubiese igualdad ante la Ley —la principal de todas las salvaguardas posibles del individuo—, pero la sociedad, y especialmente la que sufría constante persecución, tenía sus propias prioridades en el marco de esa igualdad general. Una notable serie de dictámenes de los sabios dice:

La salvación de la vida de un hombre tiene prioridad sobre la de una mujer [...] Cubrir la desnudez de una mujer tiene prioridad sobre la de un hombre. El rescate de una mujer tiene prioridad sobre el de un hombre. Un hombre que corre peligro de ser forzado a la sodomía tiene prioridad sobre una mujer que corre peligro de violación. El sacerdote tiene prioridad sobre el levita, el levita sobre el israelita, el israelita sobre el bastardo, el bastardo sobre el *natín* [descendiente gibeonita], el *natín* sobre el prosélito, el prosélito sobre el esclavo [...] Pero si el bastardo conoce la Ley y el sumo sacerdote desconoce la Ley, el bastardo tiene prioridad sobre el sumo sacerdote.[153]

Un erudito era más valioso para la sociedad que, por ejemplo, uno de los *am ha-arets*, un individuo ignorante. Por lo tanto, el erudito tenía derecho de sentarse cuando estaba ante el tribunal. Pero si la otra parte en el juicio pertenecía al *am ha-arets*, el principio de la igualdad individual reclamaba que también él se sentara. Los sabios fueron los primeros jurisconsultos que concedieron a todos los hombres el derecho a su dignidad. Dictaminaron: «Si un hombre hiere a su semejante, por eso mismo es culpable de cinco faltas: la herida, el dolor, la curación, la pérdida de tiempo y la indignidad infligida.» Pero la pérdida de dignidad era evaluada jerárquicamente en relación con la posición en la comunidad.[154]

El hombre no sólo era igual ante la Ley, sino que físicamente era libre. Los sabios y los rabinos mostraron suma renuencia a utilizar la prisión como castigo (en oposición a la reclusión previa al juicio), y el concepto del derecho fundamental del hombre a desplazarse libremente tenía raíces muy profundas en el judaísmo, otro de los motivos por los cuales fue la primera sociedad antigua que rechazó la esclavitud. Pero si un hombre tenía libertad física, ciertamente no poseía libertad moral. Por el contrario, asumía toda suerte de obligaciones hacia la comunidad, y no era la menor el deber de obediencia a las autoridades debidamente constituidas. El derecho judío no tenía compasión con el rebelde, cuyo castigo podía ser la muerte. En la Antigüedad tardía, cada comunidad judía se gobernaba, en efecto, a modo de congregación, con una junta de siete personas, que fijaba los salarios, los precios, los pesos y las medidas, así como los reglamentos, y tenía la atribución de castigar a los infractores. La obligación de pagar impuestos comunitarios era religiosa tanto como social. Más aún, la filantropía era también una obligación, pues la palabra *zedaká* significaba tanto caridad como virtud. El estado de bienestar judío de la Antigüedad, prototipo de todos los restantes, no era voluntario; un hombre tenía que aportar al fondo común en proporción con sus medios, y los tribunales imponían el cumplimiento de este deber. Maimónides incluso dictaminó que el judío que evitaba contribuir de acuerdo con su riqueza debía ser considerado rebelde y castigado en concordancia. Otras obligaciones comunitarias incluían el respeto a la intimidad, la necesidad de exhibir una conducta de buen vecino (es decir, conceder a los vecinos la primera opción cuando se ponía en venta una parcela) y exhortaciones rigurosas contra el ruido, los olores, el vandalismo y la contaminación.[155]

Es necesario comprender las obligaciones comunitarias en el marco de los supuestos de la teología judía. Los sabios enseñaban que un judío no podía considerar como cargas estas obligaciones sociales, sino como los modos suplementarios en que los hombres demostraban su amor a Dios y su virtud. A veces se acusa a los judíos de no haber entendido la libertad tan bien como los griegos, pero la verdad es que la comprendían mejor, pues percibían la idea de que la única libertad verdadera es una buena conciencia, concepto que san Pablo llevó del judaísmo al cristianismo. Los judíos pensaban que el pecado y la virtud eran colectivos tanto como individuales. De hecho, la Biblia demostraba con insistencia que una ciudad, una comunidad o una nación conquistaban tanto el mérito como el castigo a causa de sus actos. La Torá unía a los judíos en un solo cuerpo y una sola alma.[156] Así como el individuo se beneficiaba con el valor de su comunidad, también estaba obligado a contribuir a acrecentarlo. Hillel el Viejo escribió: «No te separes de la comunidad y no confíes en ti mismo hasta el día de tu muerte.» Incluso un liberal como Maimónides advirtió que un judío que se distanciaba de la comunidad, aunque fuese un individuo temeroso de Dios en otros aspectos, no tendría un lugar en el otro mundo.

En la Biblia está implícito el concepto holístico de que el pecado de un hombre, por leve que sea, afecta al mundo entero, aunque sea imperceptiblemente, y viceversa. El judaísmo nunca permitió que el principio de la culpabilidad y el juicio individuales, por importantes que fuesen, se impusieran completamente al principio más primitivo del juicio colectivo y, al agrupar los dos, creó una refinada y duradera doctrina de responsabilidad social que es una de sus principales contribuciones a la humanidad. Los perversos son la vergüenza de todos, los santos son nuestra alegría y nuestro orgullo. En uno de sus fragmentos más conmovedores, Filón escribe:

> El hombre sensato es el rescate del necio, que no duraría una hora si el sabio no lo preservase mediante la compasión y la previsión. Los sabios son como médicos, que combaten las enfermedades del doliente [...] Por eso, cuando oigo decir que un sabio ha muerto, mi corazón se apena. Naturalmente, no por él, pues vivió en la alegría y murió en el honor. No, se apena por los sobrevivientes. Sin el fuerte brazo protector que les daba seguridad, están abandonados a los sufrimientos que son su destino, y que pronto sentirán, a menos que la Providencia les aporte un nuevo protector que sustituya al antiguo.[157]

Un sabio debe ofrecer su sabiduría a la comunidad, del mismo modo que un rico debe entregar parte de su riqueza. Así, es pecado negarse a servir cuando tal cosa se requiere.

Rezar por otros es un deber. «Quien puede rogar la compasión de Dios para sus semejantes y no lo hace es un pecador.» Cada judío es la seguridad de los restantes. Si ve pecando a un semejante, debe reprenderlo y, si es posible, impedirlo; de lo contrario, también él peca. La comunidad es responsable del hombre que hace el mal públicamente. Un judío siempre debe atestiguar y protestar contra el mal, y sobre todo contra los grandes pecados públicos de los poderosos que claman por la venganza de Dios. Pero precisamente porque el deber de protestar contra el pecado de otro es tan importante, las acusaciones falsas y maliciosas son sobremanera aborrecibles. Destruir caprichosa e injustamente la reputación de un hombre es uno de los peores pecados. La «caza de brujas» es un gran mal colectivo.

La Torá y su superestructura de comentarios formaron una teología moral además de un sistema práctico de derecho civil y criminal. De ahí que si bien era muy concreta y legalista en determinados puntos, siempre buscaba reforzar la autoridad temporal de los tribunales mediante referencias a los factores y sanciones espirituales. El concepto de justicia estricta nunca fue suficiente. Los judíos fueron los primeros que incorporaron el concepto de arrepentimiento y expiación, que se convirtió también en un tema cristiano esencial. La Biblia alude con frecuencia al «cambio de corazón»: «Vuélvete hacia mí con todo tu corazón», como dice el Libro de Joel, y «Entregad vuestros corazones y no vuestras vestiduras». En el Libro de Ezequiel la exhortación es: «Hazte un nuevo corazón.» La Ley y los tribunales trataban de sobrepasar la frontera del castigo para promover la reconciliación entre las partes en litigio. La meta era siempre mantener la cohesión de la comunidad judía. De modo que la Ley y los dictámenes de los sabios debían obtener resultados efectivos en la promoción de la armonía y preventivos en lo referente a la eliminación de las posibles fuentes de fricción. Era más importante promover la paz que dictar una justicia nominal. En los casos dudosos, los sabios solían citar la frase de los Proverbios acerca de la sabiduría: «Sus caminos son caminos dichosos, y todas sus sendas son de paz.»[158]

La idea de la paz como un estado positivo, un noble ideal que es también una condición humana viable, es otra aportación judía. Constituye uno de los grandes motivos de la Biblia, especialmente de Isaías, el mejor de sus libros. La Mishná decía: «Tres cosas sostienen la existencia del mundo: la justicia, la verdad y la paz.» Y las palabras finales de la obra son: «Dios no concedió a Israel bendición mayor que la paz, pues está escrito: "El Señor dará fuerza a su pueblo, el Señor bendecirá con la paz a su pueblo."»[159]

Los sabios sostenían que una de las grandes funciones de la erudición era utilizar la Ley para promover la paz entre el marido y la mujer, los padres y los hijos, y después en el marco más amplio de la comunidad y la nación. La plegaria por la paz era una de las principales bendiciones, y los judíos piadosos la elevaban tres veces al día. Los sabios citaban a Isaías: «Cuán bellos sobre las montañas son los pies de aquel que trajo buenas nuevas, que difundió la paz.»[160] Y afirmaban que la primera acción del Mesías sería declarar la paz.

Uno de los procesos más importantes en la historia de los judíos, uno de los modos en que el judaísmo discrepó más notablemente de la religión israelita primitiva, fue esta tendencia cada vez más marcada a destacar la importancia de la paz. En efecto, después de 135 d. C., el judaísmo renunció incluso a la violencia legal —como implícitamente renunció al Estado— y depositó su confianza en la paz. El valor y el heroísmo judíos pasaron a segundo plano como tema nacional permanente; el irenismo judío pasó a primer plano. Para innumerables generaciones de judíos, lo que sucedió en Yabné, donde el erudito finalmente desplazó al guerrero, fue mucho más importante que lo que sucedió en Masada. En efecto, la fortaleza perdida pasó de hecho al olvido hasta que, en las llamas terribles del Holocausto del siglo XX, se convirtió en un mito nacional, desplazando al mito de Yabné.

La concentración en la paz externa y la armonía interna, y el estudio de los medios que permitían la promoción de ambas, eran esenciales para un pueblo vulnerable que carecía de la protección del Estado, y fueron sin duda uno de los principales propósitos del comentario de la Torá. En esto tuvo un éxito brillante, casi podría decirse milagroso. La Torá se convirtió en una gran fuerza colectiva. Ningún pueblo fue jamás mejor servido por su derecho público y su doctrina. A partir del siglo II d. C., el sectarismo que había sido un rasgo de la segunda comunidad, prácticamente desapareció, en todo caso a nuestros ojos, y todas las antiguas facciones se vieron absorbidas en el judaísmo rabínico. El estudio de la Torá continuó siendo escenario de ásperas discusiones, pero todo sucedió en el marco de un consenso sostenido por el principio de la mayoría. La ausencia del Estado fue una enorme bendición.

Pero la misma importancia tuvo otra característica del judaísmo: la relativa ausencia de una teología dogmática. Casi desde el principio el cristianismo se vio en graves dificultades en relación con el dogma, a causa de sus orígenes. Creía en un Dios, pero su monoteísmo estaba condicionado por la divinidad de Cristo. Para resolver este problema, desarrolló el dogma de los dos caracteres de Cristo, y el dogma de la Trinidad, tres personas en un solo Dios. A su vez estas soluciones originaron más problemas, y a partir del siglo II provocaron innumerables herejías, que convulsionaron y dividieron al cristianismo durante toda la Alta Edad Media. El Nuevo Testamento, con las enigmáticas declaraciones de Jesús, y las oscuridades paulinas —sobre todo en la Epístola a los Romanos— se convirtieron en un campo minado. Así, la institución de la Iglesia de Pedro, con su axioma de la autoridad central, provocó interminables controversias y una ruptura definitiva entre Roma y Bizancio en el siglo XI. El sentido exacto de la eucaristía dividió todavía más el tronco romano en el siglo XVI. La producción de una teología dogmática —es decir, lo que la Iglesia debía enseñar acerca de Dios, de los sacramentos y de sí misma— se convirtió en la preocupación principal de la intelectualidad cristiana profesional, y ha continuado en la misma situación hasta hoy, de modo que a principios del siglo XXI los obispos anglicanos continúan discutiendo entre ellos acerca del Nacimiento de la Virgen.

Los judíos evitaron este calvario. Su visión de Dios es muy sencilla y clara. Algunos estudiosos sostienen que de hecho hay abundancia de dogmas en el judaísmo, lo cual es cierto, en el sentido de que hay muchas prohibiciones, principalmente contra la idolatría. Pero los judíos generalmente evitaron los dogmas positivos que la vanidad de los teólogos tiende a crear y que son la fuente de tantas dificultades. Por ejemplo, nunca adoptaron la idea del pecado original. De todos los pueblos antiguos, los judíos fueron quizá los que demostraron menos interés en la muerte, y esto les ahorró multitud de problemas. Es cierto que la creencia en la resurrección y el más allá fue el principal rasgo distintivo del fariseísmo, y por lo tanto un fundamento del judaísmo rabínico. Además, el primer enunciado dogmático definido en todo el judaísmo, en la Mishná, dice así: «Israel entero tiene un lugar en el mundo futuro, excepto aquel que afirma que la resurrección no tiene su origen en la Ley.»[161] Pero los judíos tenían un modo de concentrar la atención en la vida y de relegar a un segundo plano a la muerte y sus dogmas. La predestinación, simple y doble, el purgatorio, las indulgencias, los rezos por los muertos y la intercesión de los santos, todas estas irritantes fuentes de la discordia cristiana provocaron escasas dificultades, o quizá ninguna, a los judíos.

En efecto, es significativo que mientras los cristianos comenzaron a elaborar formulaciones del credo en una etapa muy temprana de la historia de la Iglesia, el credo judío más temprano, que enuncia diez artículos de fe, fue formulado por Saadías Gaón (882-942), en un momento en que la religión judía ya tenía una antigüedad superior a los dos mil quinientos años. Todavía pasó mucho tiempo antes de que los trece artículos de Maimónides se convirtieran en un enunciado definitivo de la fe, y no hay pruebas de que jamás se los discutiese ni de que fuesen confirmados por un organismo autorizado. La formulación original de los trece puntos, incluida en el comentario de Maimónides al décimo capítulo de la Mishná, en el tratado del Sanedrín, enumera los siguientes artículos de fe: la existencia de un Ser perfecto, autor de toda la creación; la unidad de Dios; su incorporeidad; su preexistencia; el culto sin intermediarios; la creencia en la verdad de la profecía; el carácter único de Moisés; la Torá en su totalidad es un don divino; la Torá es inmodificable; Dios es omnisciente; Él castiga y recompensa en el más allá; la venida del Mesías; la resurrección. Este credo, reformulado bajo la forma del *Ani ma'amin* («yo creo»), y que aparece impreso en el libro de rezos judío, ha provocado escasa controversia. Ciertamente, la formulación del credo no ha sido una preocupación importante de los eruditos judíos. El judaísmo no trata tanto de la doctrina —se la considera sobrentendida— como de la conducta.

Por lo tanto, el logro duradero de los sabios fue transformar la Torá en una guía universal, atemporal, integral y coherente aplicable a todos los aspectos de la conducta humana. Junto con el propio monoteísmo, la Torá se convirtió en la esencia de la fe judía. Incluso en el siglo I, Josefo había de escribir, con apenas una proporción perdonable de exageración, que si bien la mayoría de las razas no sabían mucho acerca de sus leyes hasta que tropezaban con ellas, «si se pregunta a uno cualquiera de nuestra nación acerca de nuestras leyes, las repetirá tan fluidamente como si mencionara su propio nombre. El resultado de nuestra educación integral en nuestras leyes desde el primer chispazo de inteligencia es que, por así decirlo, están grabadas en nuestras almas. De ahí que faltar a ellas sea desusado, y que nadie pueda evitar el castigo mediante la excusa de la ignorancia».[162] Esta posición se vio reforzada en la época de las academias y los sabios, de modo que conocer a Dios por intermedio de la Ley se convirtió en la condensación del judaísmo. Determinó que el judaísmo volviese los ojos hacia su propio interior, pero le infundió la fuerza necesaria para sobrevivir en un mundo hostil.

La hostilidad variaba con los tiempos y lugares, pero tendía a acentuarse. Los judíos más afortunados de la Alta Edad Media vivían en Babilonia, gobernados por exilarcas. Estos príncipes, más poderosos y seculares que los *nasí* palestinos, afirmaban descender directamente de David, a través de los reyes de Judá, y vivían con cierta ceremonia en sus palacios. Además, en tiempos de los partos, el exilarca era de hecho un alto funcionario del Estado. Los rabinos permanecían de pie en su presencia, y si recibían un trato de favor, cenaban a su mesa y enseñaban en su patio. Con la llegada de la dinastía sasánida, a principios del siglo III, y el consecuente renacimiento de la religión nacional de Zoroastro, que ella impulsó, la presión religiosa sobre las comunidades judías se acentuó. El poder del exilarca decayó, y al mismo tiempo aumentó la influencia de los eruditos. En la academia de Sura, en el siglo III d. C., hubo hasta mil estudiosos, y este número se elevó durante los meses de escaso trabajo en el ciclo agrícola. Como habían evitado las terribles consecuencias de las rebeliones judías contra Roma, las comunidades babilonias adquirieron niveles de erudición más elevados. En todo caso, la comunidad judía de Babilonia siempre había considerado que ella era la depositaria de la más rigurosa tradición judía, y que por sus venas corría la sangre más pura. El Talmud de Babilonia afirmaba: «Todos los países son masa comparados con la [levadura de la] tierra de Israel, e Israel es masa comparado con Babilonia.»[163] Es cierto que Babilonia dependía de las decisiones adoptadas en el Oeste respecto al calendario, y una cadena de faros de señales conectaba las academias con Jerusalén para recibirlas. Pero el Talmud de Babilonia es más detallado que el de Jerusalén —ninguno de los dos ha sobrevivido íntegro— y durante mucho tiempo se lo consideró más autorizado. Fue la fuente principal de instrucción de los judíos del mundo (con la única excepción de Palestina) durante la Edad Media.

Pero Babilonia no era un lugar seguro para los judíos. Hay muchos relatos de persecuciones y mártires bajo los Sasánidas, pero las pruebas documentales son escasas y poco fiables. En 455 Tazdigar III abolió por decreto el *shabbat*, y (de acuerdo con una carta del rabino Sherirá Gaón) «los rabinos proclamaron un ayuno, y el Santo, bendito sea, le envió un cocodrilo en la noche, que se lo tragó mientras yacía acostado en su diván, y se anuló su decreto». Pero Sherirá, director de la academia de Pumbedita, vivió hacia 906-1006, y escribía cuatrocientos cincuenta años después del episodio. La tradición judía denomina Firuz el Perverso al hijo y heredero de Tazdigar, y lo acusa de martirizar al exilarca. A su muerte, hubo un periodo de anarquía, en que el exilarca judío Mar Zutra II (hacia 496-520), con cuatrocientos guerreros, consiguió organizar un estado independiente, con capital en Mahoza; pero siete años más tarde su inmoralidad llevó a una victoria persa, y el exilarca fue ejecutado. Hubo otro estallido de persecución en 579-580, pero algunos monarcas persas favorecieron a los judíos, y es significativo que los judíos recibieran cálidamente a los persas cuando éstos invadieron Palestina y ocuparon Jerusalén en 624.[164]

Este hecho no es sorprendente, pues en Palestina y la diáspora occidental la posición de los judíos era mucho más difícil. En 313 el emperador Constantino se había convertido en catecúmeno cristiano y había terminado la persecución oficial. Siguió un breve periodo de tolerancia general. Pero a partir de la década de 340, el cristianismo comenzó a adoptar algunas de las características de una Iglesia oficial. Los primeros edictos contra el culto pagano datan de esta época. Hubo una breve reacción pagana durante el reinado del emperador Juliano en la década de 360, seguida por una campaña dura y sistemática para eliminar totalmente el paganismo. El cristianismo era una religión de masas. En el Mediterráneo oriental era a menudo también una religión de turbas. Los líderes religiosos populares celebraban grandes asambleas a la luz de antorchas, y allí se entonaban lemas coléricos: «¡Al patíbulo con el Iscariote!», «¡Ibas ha corrompido la verdadera doctrina de Cirilo!», «¡Abajo con el judeófilo!» Si bien estas turbas se formaron inicialmente para amenazar a los participantes en los concilios de la Iglesia no resultaba difícil desviarlas hacia la destrucción de los ídolos y la quema de templos paganos. Fue sólo cuestión de tiempo que se volvieran también contra los judíos. El cristianismo se convirtió en norma en todo el Imperio romano a fines del siglo IV, y el paganismo comenzó a desaparecer. En ese momento, los judíos comenzaron a atraer la atención: formaban una minoría considerable, bien organizada, relativamente acaudalada, bien educada y sumamente religiosa, que rechazaba el cristianismo no por ignorancia, sino por obstinación. Para la cristiandad se convirtieron en un «problema» que era preciso «resolver». Eran impopulares a los ojos de la turba, que creía que los judíos habían ayudado a las autoridades cuando los emperadores perseguían a los cristianos. Los judíos habían recibido con alivio el renacimiento pagano bajo Juliano, conocido en su tradición no como el Apóstata, sino como «Juliano, el Heleno». Durante la década de 380, bajo el emperador Teodosio I, la uniformidad religiosa se convirtió en la política oficial del imperio, y una multitud de reglamentos y normas comenzó a llover sobre los herejes, los paganos y todos los tipos de inconformistas. Al mismo tiempo, los ataques de las turbas cristianas a las sinagogas se generalizaron. Estos episodios contrariaban la política pública del imperio, pues los judíos constituían un sector valioso y respetable de la sociedad, que apoyaba firmemente la autoridad debidamente constituida. En 388 una muchedumbre cristiana, instigada por el obispo local, quemó la sinagoga de Calínico, a orillas del Éufrates. Teodosio I decidió hacer un ejemplo del episodio y ordenó que se reconstruyese la sinagoga a costa de los cristianos. La decisión fue ardientemente denunciada por el obispo Ambrosio de Milán, el más influyente de todos los prelados cristianos, quien en una carta advirtió a Teodosio que el decreto real perjudicaba mucho el prestigio de la Iglesia: «¿Qué es más importante —preguntaba—, la exhibición de disciplina o la causa de la religión? El mantenimiento de la ley civil es algo secundario comparado con el interés religioso.» Ambrosio predicó un sermón en presencia del emperador desarrollando este argumento, y el decreto fue vergonzosamente anulado.[165]

A fines del siglo IV y durante el V, los judíos que vivían en las sociedades cristianas perdieron la mayoría de sus derechos comunitarios y todos sus privilegios. Se los excluyó de los cargos oficiales y el ejército. El proselitismo y el matrimonio mixto con cristianos podía ser castigado con la muerte. El objetivo de los jefes cristianos responsables nunca fue extirpar el judaísmo mediante la fuerza. San Agustín (354-430), el más influyente de los teólogos latinos, sostuvo que con su mera existencia los judíos eran parte del plan de Dios, puesto que eran testigos de la verdad del cristianismo, y su fracaso y su humillación simbolizaban el triunfo de la Iglesia sobre la sinagoga. Por lo tanto, la política de la Iglesia consistía en permitir la supervivencia de pequeñas comunidades judías en condiciones de degradación e impotencia. Pero la Iglesia griega, que había heredado el cuerpo entero del antisemitismo helenístico y pagano, adoptaba una actitud emocionalmente más hostil. A principios del siglo V, el principal teólogo griego, Juan Crisóstomo (354-407), pronunció ocho «Sermones contra los judíos» en Antioquía, y éstos se convirtieron en el esquema general de las diatribas antijudías, que usaron (y abusaron de) los pasajes fundamentales contenidos en los evangelios de san Mateo y san Juan. Así, un antisemitismo específicamente cristiano, que mostraba a los judíos como asesinos de Cristo, vino a unirse a la hirviente masa de las calumnias y rumores paganos, y las comunidades judías se vieron amenazadas en todas las ciudades cristianas.

En Palestina, desde las primeras décadas del siglo IV, Jerusalén y los otros lugares relacionados con Jesús fueron cristianizados y se fundaron iglesias y monasterios. Las pequeñas comunidades judías sobrevivieron; especialmente en Galilea, donde el Talmud de Occidente fue terminado por la época de san Jerónimo (342-420), que organizó su propio círculo monástico en Jerusalén y fue testigo de la pobreza y la miseria de los judíos. Poco después de su muerte, una banda de monjes sirios dirigidos por el fanático Barsauma desató una serie de pogromos contra la Palestina judía, quemando sinagogas y aldeas enteras. Palestina se empobreció cada vez más y se despobló como resultado del conflicto religioso de la Alta Edad Media. El pelagianismo, el arrianismo y más tarde las controversias monofisitas dividieron a los propios cristianos. Cada tendencia perseguía a las restantes con celo feroz cuando se adueñaba del poder oficial. En el siglo IV, los samaritanos tuvieron cierta reacción: por esta época se erigieron por lo menos ocho sinagogas. Pero el aumento de su número atrajo la atención hostil de las autoridades bizantinas. En 438, el emperador Teodosio II les aplicó las normas antijudías. Unos cuarenta y cinco años después esta población organizó una rebelión, masacró a las comunidades cristianas y quemó iglesias. Los ejércitos bizantinos reprimieron el alzamiento, y en la represión los judíos perdieron su antiguo santuario del monte Garizim, que se convirtió en la basílica de la Virgen Bendita. Bajo el emperador Justiniano (527-565), un gobernante de ortodoxia todavía más rigurosa, que otorgaba la ciudadanía sólo a los bautizados y perseguía incluso a los cristianos si éstos no se sometían a las decisiones del Concilio de Calcedonia —así como a todos los demás—, los samaritanos se alzaron de nuevo. La venganza que siguió fue tan sangrienta que éstos prácticamente desaparecieron como nación y como fe. Los judíos tuvieron una actitud pasiva en este momento, y ciertamente no ayudaron a los samaritanos. Pero en la primera mitad del siglo VII, los emperadores Focio y Heraclio, presionados por fanáticos de órdenes monásticas que vaticinaban que el imperio se vería destruido por los circuncisos, trató de imponer el bautismo a los judíos recurriendo a la fuerza.

El Imperio bizantino, debilitado por sus múltiples disputas religiosas, tentaba a los invasores. La primera invasión llegó en 611, cuando los persas irrumpieron en Palestina y se apoderaron de Jerusalén tres años más tarde, después de un asedio de veinte días. Se acusó a los judíos de haberles ayudado. Pero si, como afirmaron los cristianos, los persas habían hecho a cambio la promesa de devolver la ciudad a los judíos, ciertamente no cumplieron su palabra. Sea como fuere, Heraclio tomó la ciudad en 629 y a ello siguió una matanza de judíos. Pero éste fue el último gesto del poder griego en Palestina. El mismo año, Mahoma completó la conquista de La Meca. Los bizantinos fueron derrotados decisivamente en la batalla del Yarmuk, en 636, y en el lapso de cuatro años los musulmanes ocuparon la totalidad de Palestina y también la mayor parte de Siria. Calcedonios y monofisitas, nestorianos y coptos, seléucidas y armenios, latinos y griegos, samaritanos y judíos, se vieron todos sepultados colectivamente bajo la marea del islam.

Como el cristianismo, el islam fue originariamente un movimiento heterodoxo en el seno del judaísmo, que se separó hasta el extremo de convertirse en una religión distinta y después desarrolló rápidamente su propia dinámica y sus características. La presencia judía en Arabia es muy antigua. En el sur, en lo que es ahora Yemen, los intereses comerciales judíos se remontan al siglo I a. C., pero en el norte o Hiyaz, son mucho más antiguos. Una leyenda árabe afirma que la instalación judía en Medina se realizó bajo el rey David, y otra la remonta a Moisés. Las inscripciones babilonias descubiertas en 1956 sugieren que las comunidades religiosas judías llegaron al Hiyaz en el siglo VI a. C., y que es posible que estuviesen allí incluso desde una época anterior.[166] Pero la primera confirmación definida, en la forma de nombres judíos en inscripciones de tumbas, no va más allá del siglo I a. C. Sea como fuere, durante la era cristiana primitiva, el judaísmo se difundió en Arabia septentrional, y algunas tribus se judaizaron totalmente. Hay pruebas de que los poetas judíos florecieron en la región de Medina en el siglo IV d. C., e incluso es posible que existiera un estado gobernado por judíos durante esta época. De acuerdo con las fuentes árabes, unas veinte tribus en Medina y sus alrededores eran judías.

Estas tribus asentadas en los oasis eran comerciantes además de pastoras, y el islam fue desde el principio una religión de mercaderes semiurbanos más que del desierto. Pero el desierto era importante, porque los judíos que vivían en su periferia, o que se internaban en él para huir de las corrupciones de la vida urbana, como los nazarenos, siempre habían practicado una forma más rigurosa de judaísmo, y sobre todo habían mantenido un monoteísmo inflexible. Eso fue lo que atrajo a Mahoma. La influencia de la cristiandad, que a sus ojos no se atenía a un riguroso monoteísmo, fue muy superficial, por lo menos en esta etapa inicial. Lo que al parecer quiso hacer él fue destruir el paganismo politeísta de la cultura de los oasis, ofreciendo a los árabes el monoteísmo ético judío en un lenguaje que ellos pudieran entender y en términos adaptados a sus costumbres. Aceptó el Dios judío y a sus profetas, la idea de la ley fija reflejada en la escritura —el Corán como sustituto árabe de la Biblia— y el agregado de una Ley Oral aplicada en los tribunales religiosos. Como los judíos, los musulmanes al principio se resistieron a poner por escrito la Ley Oral. Como los judíos, más tarde lo hicieron. A semejanza de los judíos, desarrollaron la práctica de someter aspectos de la ley a sus rabinos o muftíes, solicitando un *responsum*, y los más antiguos *responsa* parecen haber adoptado conscientemente una forma judaica. Lo mismo que los judíos, los musulmanes aceptaban códigos rigurosos y complicados relativos a la dieta, la pureza ritual y la limpieza.

Mahoma comenzó a desarrollar una religión distinta cuando comprendió que los judíos de Medina no estaban dispuestos a aceptar su arbitraria versión árabe del judaísmo. Si Mahoma hubiese poseído la capacidad y la paciencia necesarias para elaborar un *halajá* árabe, el resultado podía haber sido distinto. Pero tal cosa es improbable. Una de las características más sólidas del judaísmo es la capacidad de las comunidades judías para subsistir en áreas lejanas sin necesidad de un proceso de aculturación. Sea como fuere, Mahoma se vio desairado, y en adelante imprimió un sesgo distinto al monoteísmo islámico. Modificó el carácter del *shabbat* y lo pasó al viernes, y cambió la orientación de las plegarias, de Jerusalén a La Meca. Asignó una fecha diferente a la festividad principal. Lo que es más importante, declaró que la mayoría de las leyes dietéticas judías eran sencillamente el castigo de los yerros anteriores de los judíos, y por lo tanto las abolió, aunque conservó la prohibición aplicada al cerdo, la sangre y los esqueletos, y algunas de las normas vigentes en la matanza de los animales. Todos estos cambios imposibilitaron promover la fusión de las comunidades judías e islámicas, por mucho que pudieran coincidir en los aspectos fundamentales éticos y dogmáticos; pero además, el islam pronto adquirió un dinamismo dogmático propio, y el debate teológico —que condujo al sectarismo violento— pronto comenzó a representar un papel fundamental en el islam, como en la cristiandad.

El hecho más determinante fue que el islam no tardó en crear una teoría y una práctica de la conversión forzosa, como los judíos habían hecho en tiempos de Josué, David y los Asmoneos, pero a la que el judaísmo rabínico había renunciado de un modo implícito y concluyente. El islam se difundió con sorprendente velocidad, y cubrió el Oriente Próximo, todo el Mediterráneo meridional, España y amplias regiones de Asia. A principios del siglo VIII las comunidades judías, que aún conservaban precarios puntos de apoyo en los mundos griego y latino, se encontraron rodeadas por una vasta teocracia islámica, en cierto sentido incubada por ellos, y que tenía la clave de su supervivencia misma. A estas alturas, ya habían desarrollado su propio sistema vital, el Talmud, y su fórmula única de gobierno: la catedrocracia.

3

La catedrocracia

En el año 1168 un viajero judío llegado de España —probablemente un mercader de piedras preciosas— visitó la gran capital bizantina de Constantinopla. Apenas sabemos nada de Benjamín de Tudela, salvo que escribió un *Libro de viajes* en el que narra sus extensos recorridos por el Mediterráneo septentrional y Oriente Próximo durante los años 1159-1172. El suyo es el más sagaz, objetivo y fidedigno de todos los libros de viajes escritos durante la Edad Media. Fue publicado en 1556 y, traducido a casi todas las lenguas europeas, se convirtió en una fuente fundamental para los estudiosos del periodo.[1]

Benjamín recogió anotaciones cuidadosas acerca de las comunidades judías en todas las escalas de su viaje, pero al parecer permaneció más tiempo en Constantinopla que en ningún otro lugar, y su descripción de esta gran ciudad, entonces la más importante del mundo con diferencia, es particularmente detallada. Descubrió que allí residían unos dos mil quinientos judíos, divididos en dos comunidades diferentes. La mayoría, unas dos mil personas, estaba formada por judíos de la tradición rabínica, que aceptaban la Mishná, el Talmud y sus múltiples comentarios. Las quinientas restantes eran caraítas, que aceptaban únicamente el Pentateuco, rechazaban la Ley Oral y todo lo que de ella se derivaba. Se habían organizado en un cuerpo diferente desde el siglo VIII y, en toda la extensión de la diáspora, los judíos rabínicos los miraban con tanta hostilidad que, dice Benjamín, una alta empalizada dividía los dos sectores del barrio judío.

Benjamín escribió que los judíos eran «artesanos de la seda» y mercaderes de todos los ramos. Entre ellos había «muchos hombres ricos». Pero la ley no permitía que ninguno montase a caballo, «excepto el rabino Salomón el Egipcio, que es el médico del rey. Gracias a él, los judíos ven muy aliviada su opresión, pues viven en condiciones muy duras». El código de Justiniano y las leyes complementarias proporcionaban a los judíos de Bizancio una posición legal de la que no gozaban los paganos ni los herejes. Por lo menos en teoría, las sinagogas eran lugares de culto protegidos legalmente. El Estado también reconocía a los tribunales judíos, y sus magistrados velaban por el cumplimiento de las resoluciones adoptadas. Los judíos que emprendían negocios legítimos estaban supuestamente a salvo, pues la ley prohibía de forma explícita los actos antisemitas y afirmaba que «no se atropellará al judío por ser judío ni sufrirá afrenta por su religión [...] la ley prohíbe la venganza privada».[2] De todos modos, los judíos eran ciudadanos de segunda clase; de hecho, apenas podían considerarse ciudadanos. En 425 perdieron por completo el derecho de desempeñar funciones en el gobierno, aunque se vieron forzados a actuar de decuriones en los consejos de las ciudades, porque esto costaba dinero. No se permitió que los judíos construyesen nuevas sinagogas. Tuvieron que cambiar la fecha de su Pascua de modo que siempre la celebraran después de la Pascua cristiana. Era delito que los judíos insistieran en la lectura en hebreo de sus escrituras, incluso en el seno de sus propias comunidades. La ley facilitaba la conversión de los judíos, aunque en la fórmula bautismal el converso tenía que afirmar que no actuaba inducido por el miedo o la esperanza de obtener ventajas. Se quemaba vivo al judío a quien se sorprendía molestando a un converso y se trataba como hereje al judío converso que retornaba a su fe.[3]

Sin embargo, Benjamín sugiere que la hostilidad popular hacia los judíos se debía tanto a lo profesional como a lo religioso: «El odio hacia ellos es sobre todo consecuencia de la actitud de los curtidores que vuelcan agua sucia frente a sus propias casas y así manchan el barrio judío. Por eso, los griegos odian a los judíos, buenos o malos, y les imponen un pesado yugo. Los golpean en las calles y los maltratan.» De todos modos, concluía Benjamín, «los judíos son ricos, bondadosos y caritativos. Observan los mandamientos de las Escrituras y soportan con buen ánimo el yugo de su opresión».[4]

Benjamín de Tudela recorrió el noreste de España, Barcelona, Gerona, la Provenza, y después Marsella y Pisa, para llegar a Roma. Visitó Salerno, Amalfi y otras ciudades italianas meridionales, y luego cruzó a Grecia por Corfú, y, después de conocer Constantinopla, atravesó el Egeo en dirección a Chipre, entró en Palestina desde Antioquía y pasó por Alepo y Mosul para llegar a Babilonia y Persia. Visitó El Cairo y Alejandría, y regresó a España por Sicilia. Observó con atención las condiciones en las que vivían los judíos y sus profesiones, y aunque describe una colonia agrícola judía en Crisa, sobre el monte Parnaso, su retrato corresponde al de un pueblo abrumadoramente urbano: trabajadores del vidrio en Alepo, tejedores de la seda en Tebas, curtidores en Constantinopla, tintoreros en Brindis, mercaderes y tratantes por doquier.

Siempre hubo muchos judíos urbanos, pero en la Alta Edad Media casi todos ellos lo eran. Su establecimiento en las ciudades europeas data de muy antiguo. El Primer Libro de los Macabeos proporciona una lista de colonias judías distribuidas alrededor del Mediterráneo. Tal y como lo expresó el historiador Cecil Roth, desde el punto de vista cultural podría decirse que los judíos fueron los primeros europeos.[5] En los albores del Imperio romano hubo comunidades marcadamente judías tan al norte como Lyon, Bonn y Colonia, y tan al oeste como Cádiz y Toledo. Durante la Alta Edad Media se extendieron más al norte y el este; hacia el Báltico y Polonia, y también por Ucrania. Los judíos estaban muy dispersos, pero no eran muy numerosos. De alrededor de ocho millones en tiempos de Cristo, que representaban el 10 % del Imperio romano, en el siglo X habían descendido a un número que oscilaba entre un millón y un millón y medio. Por supuesto, la población de todos los antiguos territorios romanos descendió durante este periodo, pero en el caso judío el descenso fue comparativamente mucho mayor que el del conjunto. Por ejemplo, durante el mandato de Tiberio había de cincuenta mil a sesenta mil judíos solamente en Roma, de una población total de un millón, y otros cuarenta asentamientos judíos en Italia. En el imperio tardío, el número de judíos italianos descendió bruscamente, y hacia 1638 no había más de veinticinco mil, es decir, sólo un 0,2 % de la población. Estas pérdidas respondieron sólo en parte a factores económicos y demográficos generales. En todas las regiones y en todos los periodos, los judíos estaban siendo asimilados y se mezclaban con los habitantes de su medio.[6]

Sin embargo, la importancia social de los judíos, especialmente en la Alta Edad Media, era mucho mayor de lo que sugiere su reducido número. Dondequiera que sobrevivieran ciudades o se formaran comunidades urbanas, tarde o temprano se instalaban los judíos. La desaparición casi total de la comunidad judía palestina en el siglo II d. C., convirtió a los supervivientes de las comunidades rurales en residentes urbanos marginales. Después de la conquista árabe, en el siglo VII, las grandes comunidades judías de Babilonia se vieron paulatinamente desintegradas por los elevados impuestos, de modo que también allí los judíos emigraron a las ciudades y se convirtieron en artesanos, comerciantes y mercaderes. Estos judíos urbanos, la gran mayoría de los cuales sabía leer y calcular, consiguieron establecerse por doquier, salvo cuando lo impidieron las leyes penales o la violencia física.

Ciertamente, en Europa los judíos representaron un papel importante en la Alta Edad Media. Es difícil reunir pruebas, pero pueden extraerse muchos elementos de los *responsa*. En muchos aspectos, los judíos fueron el único nexo real entre las ciudades de la antigüedad romana y las nacientes comunas urbanas de principios de la Edad Media; más aún, se ha argüido que la palabra misma *comuna* es una traducción del hebreo *qahal*.[7] Los judíos aportaban ciertos conocimientos básicos: la capacidad de calcular tasas de cambio, de redactar una carta comercial y, lo que es quizá más importante, la capacidad de enviarla a su destino utilizando sus amplias redes de parientes y correligionarios. A pesar de las muchas e incómodas prohibiciones, la religión fue sin duda un factor que facilitó la vida económica de los judíos. La antigua religión israelita siempre había promovido el esfuerzo. Cuando maduró para convertirse en judaísmo, la importancia asignada al trabajo aumentó. Con el ascenso del judaísmo rabínico, después de 70 d. C., se incrementó la influencia económica de la religión. Los historiadores han observado con frecuencia, en diferentes periodos y en distintas sociedades, que el debilitamiento del clericalismo tiende a fortalecer el dinamismo económico. Durante el siglo II d. C., el clericalismo prácticamente desapareció de las sociedades judías. Los sacerdotes del Templo, los saduceos, antiguos servidores de una religión apoyada por el Estado, desaparecieron por completo. Los rabinos, que reemplazaron a los clérigos, no eran una casta parasitaria. Es cierto que la comunidad mantenía a algunos eruditos, pero incluso a éstos se los animaba a aprender un oficio. En general, se exhortaba específicamente a los rabinos a adoptar esa actitud. Más aún, los rabinos fueron a menudo los comerciantes más asiduos y eficientes. Las rutas que utilizaban para comunicar sus decisiones y *responsa* eran también rutas comerciales. El judaísmo rabínico fue un evangelio del trabajo, porque exigía que se aprovecharan de manera exhaustiva los dones divinos. Exigía que los aptos y los capaces se mostrasen industriosos y fecundos, entre otras cosas porque así podían afrontar sus obligaciones filantrópicas. El enfoque intelectual se orientaba en la misma dirección. El progreso económico es el producto de la racionalización. El judaísmo rabínico es, en esencia, un método en virtud del cual se adaptan las leyes antiguas a condiciones modernas y diferentes mediante un proceso de racionalización. Los judíos fueron los primeros grandes racionalizadores de la historia del mundo. Este fenómeno tuvo todo género de consecuencias, pero una de las más antiguas, en un sentido mundano, fue convertirlos en hombres de negocios metódicos, dispuestos a resolver problemas. Durante la Edad Media, gran parte del saber legal judío estuvo consagrado a lograr relaciones comerciales justas, honestas y eficientes.

Uno de los grandes problemas era la usura, o mejor dicho, el préstamo de dinero con interés. Fue un problema que provocaron los mismos judíos, y al que también contribuyeron las dos grandes religiones surgidas del judaísmo. La mayoría de los sistemas religiosos tempranos del antiguo Oriente Próximo, y los códigos emanados de ellos, no prohibían la usura. Estas sociedades creían que la materia inanimada tenía vida, como las plantas, los animales y la gente, y que podía reproducirse. Por lo tanto, si uno prestaba «alimentos» o símbolos monetarios de cualquier género era legítimo cobrar interés.[8] Los préstamos en forma de aceitunas, dátiles, simientes o animales se remontan al año 5000 a. C., o incluso más. Las tablillas cuneiformes demuestran que los préstamos por sumas fijas en la forma de letras de cambio eran actividades conocidas por lo menos desde los tiempos de Hammurabi; los acreedores usuales eran los templos y los funcionarios reales. Los registros babilonios indican tasas de interés del 10 al 25 % para la plata, y del 20 al 35 % para los cereales. Entre los mesopotamios, los hititas, los fenicios y los egipcios, el interés era legal y con frecuencia lo fijaba el propio Estado. En cambio, los judíos veían el asunto de distinto modo. Éxodo 22:25 decía: «Si prestas dinero a un pobre de mi pueblo, no le exigirás la devolución por la fuerza, ni pondrás sobre él interés.» Se trata evidentemente de un texto muy antiguo. Si se hubiera redactado la ley judía durante las épocas más desarrolladas del reino, no se habría prohibido el interés. Pero la Torá era la Torá, y su validez se extendía a toda la eternidad. Levítico 25:36 refuerza el texto del Éxodo: «No le prestarás [a tu hermano] a interés»; y lo aclara Deuteronomio 23:21: «A un extranjero podrás prestarle a interés, pero a tu hermano no.»

Así, los judíos soportaban la carga de una ley religiosa que les prohibía prestar con interés entre ellos, pero se lo permitía con los extranjeros. Al parecer, la cláusula estaba destinada a proteger y mantener unida a una comunidad pobre, cuya meta principal era la supervivencia colectiva. Por lo tanto, el préstamo correspondía al ámbito de la filantropía; pero uno no estaba obligado a ser caritativo hacia aquellos a quienes no conocía o no le importaban. Por consiguiente, el interés era sinónimo de hostilidad. Por supuesto, en su condición de comunidad estable de Palestina, los judíos necesitaban, como todo el mundo, prestarse unos a otros. El registro bíblico muestra que constantemente se burlaba la ley.[9] Los papiros de la comunidad judía de Elefantina recogen la misma historia. Aun así, las autoridades religiosas trataban de aplicar la ley con todo rigor. Establecían que no sólo los participantes principales de una transacción usuraria, sino todos los cómplices, cometían pecado. El interés disimulado también era pecado. Las instalaciones gratuitas proporcionadas por los prestatarios, los regalos, la información útil, todo esto recibía el nombre de «polvo del interés» y estaba prohibido; los dictámenes talmúdicos revelan sorprendentes esfuerzos, en el curso de los años, para evitar las argucias concebidas por los usureros astutos o los posibles y desesperados prestatarios.[10]

Simultáneamente, los casuistas talmúdicos se esforzaron por posibilitar las relaciones comerciales equitativas que a su juicio no violaban la Torá. Entre las soluciones halladas estaban el aumento del precio del reembolso, las asociaciones comerciales que incluían el pago de un sueldo al prestamista, o le concedían una parte de los beneficios, o las estratagemas que permitían que un prestamista prestase dinero a quien no era judío, para que a su vez éste lo prestara a un judío. Sin embargo, los tribunales judíos que descubrían una transacción en la que quedaba en evidencia el cobro de intereses podían anular la deuda de capital e intereses y multar al prestamista. Además, los prestamistas no podían testificar ante el tribunal y se los amenazaba con el infierno.[11]

Cuanto más rigurosa e inteligente era la aplicación de la ley y la obediencia a la misma, más calamitosas eran para los judíos las relaciones con el resto del mundo. En una situación en la que los judíos formaban comunidades pequeñas y dispersas en un universo gentil, la ley no sólo permitía a los judíos ser prestamistas para los no judíos, sino que en cierto sentido los alentaba a representar ese papel. Es cierto que algunas autoridades judías percibieron el peligro y lucharon contra él. Filón, que comprendía muy bien por qué un código legal primitivo distinguía entre hermanos y extranjeros, arguyó que la prohibición de la usura se aplicaba a todos los miembros de la misma nación y la misma ciudadanía, al margen de la religión.[12] Un dictamen señaló que, si era posible, los préstamos sin interés debían concederse tanto a los judíos como a los gentiles, aunque los judíos debían tener prioridad. Otro elogió a un hombre que no aceptó recibir interés de un extranjero. Un tercero desaprobó el cobro de interés a extranjeros y dijo que era legal sólo cuando un judío no podía vivir de otro modo.[13]

En cambio, ciertas autoridades subrayaron la diferencia entre judíos y no judíos. Una interpolación en el texto del Deuteronomio, probablemente escrita por el rabino nacionalista Akivá, parecía sugerir que los judíos estaban obligados a cobrar interés a los extranjeros. Leví ben Guershón, judío francés del siglo XIV, coincidió con este punto de vista: era un mandamiento concreto cobrar interés al gentil, «porque uno no debe beneficiar a un idólatra [...] y es necesario causarle el mayor daño posible sin desviarse de la rectitud»; otros adoptaron este criterio. Pero la justificación más usual fue la económica:

Si ahora permitimos cobrar intereses de los que no son judíos lo hacemos a causa del yugo y la carga que los reyes y los ministros nos imponen, y sólo cobramos lo mínimo necesario para nuestra subsistencia; y de todos modos, estamos condenados a vivir en las naciones y no podemos ganarnos la vida de otro modo que no sea los tratos de dinero con ellos; por lo tanto, no debe prohibirse cobrar interés.[14]

Éste era el argumento más peligroso, porque la opresión económica de los judíos tendía a manifestarse en las zonas donde se les profesaba más antipatía, y si los judíos reaccionaban concentrando esfuerzos en el préstamo de dinero a gentiles, la impopularidad —y por lo tanto la presión— se incrementaba. Los judíos se convirtieron de este modo en un elemento de un círculo vicioso. Sobre la base de las afirmaciones bíblicas, los cristianos condenaban con firmeza el cobro de intereses, y a partir de 1179 se excomulgó a quienes incurrían en esta práctica. Los cristianos, por su parte, también imponían a los judíos las cargas financieras más pesadas. Los judíos reaccionaron dedicándose a la actividad en la que las leyes cristianas de hecho discriminaban en su favor, y así se identificaron con el odiado comercio del préstamo de dinero. El rabino Yosef Colon, que conoció tanto Francia como Italia durante la segunda mitad del siglo XV, escribió que los judíos de ambos países apenas se dedicaban a otras profesiones.[15]

En los territorios árabes musulmanes —que a principios de la Edad Media comprendían la mayor parte de España, la totalidad del norte de África y el Oriente Próximo al sur de Anatolia—, en general, la situación de los judíos era más cómoda. La ley islámica aplicable a los no musulmanes se basaba en los arreglos concertados por Mahoma con las tribus judías del Hiyaz. Cuando éstas se negaron a reconocer la misión profética de Mahoma, él aplicó el principio de lo que denominó la *yihad*. De acuerdo con este principio, el mundo se divide en el *dar al-islam*, el territorio pacífico del islam, donde prevalece la ley, y el *dar al-harb*, el «territorio de guerra», controlado provisionalmente por los no musulmanes. La *yihad* es el estado de guerra necesario y permanente contra el *dar al-harb*, que sólo puede acabar cuando el mundo entero se someta al islam. Mahoma emprendió la *yihad* contra los judíos de Medina, los derrotó, decapitó a sus hombres (salvo a uno, que se convirtió) en la plaza pública, y dividió las mujeres, los niños, los animales y la propiedad entre sus partidarios. Otras tribus judías fueron tratadas con más benignidad, pero a discreción de Mahoma, pues Dios le había conferido derechos absolutos sobre los infieles, más o menos como Yahvé permitió a Josué que tratase a las ciudades cananeas como estimara conveniente. Pero Mahoma a veces consideraba una cuestión política el establecimiento de un tratado, o *dimma*, con sus enemigos derrotados, y de acuerdo con los términos del pacto les perdonaba la vida y les permitía continuar cultivando sus oasis, con la condición de que le entregasen la mitad de los ingresos. A su tiempo, el *dimma* adoptó una forma más refinada, el *dimmi*, es decir, la situación del individuo que se sometía, de modo que se le otorgaba el derecho a la vida, a la práctica de su religión, e incluso protección, a cambio de impuestos especiales: el *jaraq* o impuesto sobre la tierra al gobernante, el *yizya* o capitación, impuestos comerciales y de viaje superiores a los que pagaban los creyentes de ese pueblo, e impuestos especiales a discreción del gobernante. Además, la situación siempre era inestable, pues el *dimma* a lo sumo suspendía el derecho natural del conquistador a matar al conquistado y confiscar su propiedad; por lo tanto, podía revocárselo de manera unilateral cuando el gobernante musulmán lo deseaba.[16]

En teoría, la situación del *dimmi* judío sometido a la norma musulmana era peor que la del sometido a los cristianos, pues su derecho de practicar la religión e incluso su derecho a la vida podía ser anulado arbitrariamente en cualquier momento. No obstante, en la práctica, los guerreros árabes que conquistaron la mitad del mundo civilizado con tal rapidez durante los siglos VII y VIII no deseaban exterminar a las comunidades judías cultas e industriosas que les aportaban impuestos seguros y los servían de muchos modos. Los judíos, así como los *dimmi* cristianos, formaban una parte considerable de la intelectualidad administrativa de los nuevos y extensos territorios árabes. Los musulmanes árabes tardaron en concebir sentimientos de hostilidad religiosa contra los judíos. A ojos de los musulmanes, los judíos habían pecado al rechazar las pretensiones de Mahoma, pero no lo habían crucificado. El monoteísmo judío era tan puro como el islámico. Los judíos no formulaban dogmas ofensivos. Sus leyes acerca de la dieta y la limpieza eran análogas en muchos aspectos. De ahí que se observe muy escasa polémica antijudía en los escritos religiosos islámicos. Además, los árabes no habían heredado el amplio *corpus* de antisemitismo griego y pagano. Finalmente, el judaísmo, a diferencia del cristianismo, nunca constituyó una amenaza política y militar para el islam, como fue el caso del Oriente bizantino y más tarde del Occidente latino. Por todas estas razones, los judíos comprobaron que era más sencillo vivir y prosperar en los territorios islámicos. Y en ocasiones lo consiguieron. En Irak, además de impulsar las grandes academias, los judíos formaron un distrito acomodado en la nueva ciudad de Bagdad, fundada por la dinastía abasí en 762 para convertirla en capital de su reino. Los judíos suministraban a la corte médicos y funcionarios. Aprendieron a hablar y escribir en árabe, primero como un recurso comercial, y después como lengua del saber, e incluso del comentario sagrado. Las masas judías hablaban árabe, del mismo modo que antes habían aprendido a hablar arameo, aunque cierto grado de conocimiento del hebreo se conservaba en casi todas las familias judías.

En todo el mundo árabe los judíos eran comerciantes. Entre los siglos VIII y principios del XI, el islam fue la principal economía internacional, y los judíos formaron una de sus grandes redes. De Oriente importaron sedas, especias y otros artículos escasos. De Occidente trajeron esclavos paganos, capturados por los cristianos y llamados «cananeos» por los judíos, que los vendían en el islam: en 825 el arzobispo Agobardo de Lyon afirmó que el tráfico de esclavos estaba dirigido por los judíos. Tanto las fuentes musulmanas como los *responsa* judíos muestran que, por esta época, los mercaderes judíos actuaban en la India y China, de donde llegaban la mayoría de los artículos de lujo. A partir del siglo X, especialmente en Bagdad, actuaron como banqueros de las cortes musulmanas. Aceptaban depósitos de los traficantes judíos, y después prestaban grandes sumas al califa. Dada la vulnerabilidad de los *dimmi* judíos, era un negocio peligroso. Un soberano musulmán no se avergonzaba si creía conveniente negarse a reconocer sus deudas o incluso decapitar a sus acreedores, como sucedió a veces. Pero era más provechoso mantener a los banqueros en actividad. Algunos beneficios de los bancos contribuyeron al sostén de las academias, manipuladas discretamente entre bambalinas por los directores de la banca. Los judíos tenían mucho peso en la corte. Su exilarca recibía honores de los árabes, que lo llamaban «Nuestro Señor, el Hijo de David». Cuando Benjamín de Tudela llegó a Bagdad en 1170, descubrió, según dijo, a cuarenta mil judíos que vivían allí seguros, con veintiocho sinagogas y diez *yeshivot* o lugares de estudio.

Otro centro de la prosperidad judía fue Kairuán, en Túnez, fundada en 670 y sucesivamente capital de las dinastías aglabí, fatimí y zirí. Es posible que inicialmente se poblase la ciudad con el traslado de familias judías, así como cristianas coptas provenientes de Egipto, pues durante la Alta Edad Media y principios de la Baja Edad Media, los comerciantes y mercaderes judíos fueron con mucho los colonos urbanos más eficientes tanto en la región del Mediterráneo como en Europa septentrional y occidental. Durante el siglo VIII se fundó en la ciudad una academia por iniciativa de eruditos descontentos procedentes de Babilonia, y durante los doscientos cincuenta años siguientes Kairuán fue uno de los grandes centros del saber judío. Constituyó asimismo un importante puente comercial entre Oriente y Occidente, y también en este caso los comerciantes judíos ricos posibilitaron una fecunda vida académica. Los judíos también proporcionaban a la corte médicos, astrónomos y funcionarios.

De todos modos, entre los siglos VIII y XI la región donde más prosperaron los asentamientos judíos fue la península ibérica. Las comunidades judías habían progresado allí durante la época del Imperio romano, y hasta cierto punto bajo el dominio bizantino, pero con los reyes visigodos se aplicó una política teocrática de antisemitismo sistemático. Una sucesión de concilios eclesiásticos reales en Toledo, apartándose de la política cristiana ortodoxa, decretó el bautismo forzoso de los judíos o prohibió la circuncisión, los ritos judíos y la observancia del *shabbat* y las festividades. A lo largo del siglo VII los judíos fueron flagelados y ejecutados, vieron cómo se les confiscaban sus propiedades y se les aplicaban impuestos abusivos. También se les prohibió el ejercicio del comercio y a veces se los arrastró hasta la pila bautismal. Muchos fueron obligados a aceptar el cristianismo, pero en la intimidad continuaron observando las leyes judías. Así apareció en la historia el judío en secreto, más tarde denominado *marrano*, un motivo de permanente preocupación para España, para la cristiandad española y para el judaísmo español.[17]

De modo que cuando los musulmanes invadieron la península en 711, los judíos los ayudaron a dominarla, y a menudo formaron la guarnición de las ciudades capturadas, mientras los ejércitos árabes continuaban su avance. Así sucedió en Córdoba, Granada, Toledo y Sevilla, donde pronto se establecieron nutridas y acaudaladas comunidades judías. Y en efecto, más tarde los geógrafos árabes aluden a Granada, así como a Lucena y Tarragona, denominándolas «ciudades judías». Córdoba se convirtió en la capital de la dinastía omeya, cuyos miembros se autodesignaron califas y trataron a los judíos con gran favor y tolerancia. Allí, como en Bagdad y Kairuán, los judíos no sólo eran artesanos y comerciantes, sino también médicos. Durante el reinado del gran califa omeya Abderramán III (912-961), Hisdai ibn Shaprut, que era su médico judío en la corte, trajo a la ciudad eruditos, filósofos, poetas y científicos judíos, y convirtió Córdoba en el principal centro de la cultura judía en el mundo. Había comunidades judías importantes y acomodadas por lo menos en cuarenta y cuatro ciudades de la España omeya, y muchas tenían su propia *yeshivá*. La relación que la comunidad judía educada estableció con los califas liberales recordó la época de Ciro y originó en la comunidad judía española un modo de vida amable, fecundo y satisfactorio, que los judíos no volverían a encontrar en ningún otro lugar hasta el siglo XIX.

La situación encerraba, no obstante, cierto grado de amenaza. La dinámica de la política islámica era el conflicto de las grandes dinastías religiosas, exacerbado por las disputas doctrinales acerca del rigor y la pureza. Cuanto más rica y liberal era una dinastía musulmana, más vulnerable se hacía a la envidia y el fanatismo de una secta fundamentalista. Si la dinastía caía, los judíos sometidos a ella se veían inmediatamente expuestos a la lógica perversa de su condición de *dimmi*. Los primitivos musulmanes beréberes se apoderaron de Córdoba en 1013. Los Omeyas desaparecieron. Los judíos prominentes fueron asesinados. En Granada hubo una masacre de judíos. Los ejércitos cristianos avanzaban hacia el sur y, presionados por ellos, los musulmanes tendieron a confiar en los guerreros duros y combativos más que en los benignos protectores de la cultura. Durante las últimas décadas del siglo XI la España meridional estuvo dominada por otra dinastía beréber, los Almorávides, cuyos gobernantes fueron violentos e imprevisibles. Amenazaron a la extensa y rica comunidad judía de Lucena con la conversión forzosa, y finalmente los aceptaron a cambio de una suma enorme. Los judíos eran hábiles en la tarea de desviar a los musulmanes con sobornos y negociaciones. Tenían mucho que ofrecer a cada nueva oleada de conquistadores en términos de conocimientos financieros, médicos y diplomáticos. Sirvieron a los nuevos amos como recaudadores de impuestos y asesores, además de médicos. Pero a partir de ese momento, los judíos a veces se sintieron más seguros en España bajo los gobernantes cristianos. Sucedía lo mismo en Asia Menor, donde los bizantinos podían ofrecer a las comunidades judías más seguridad de la que hallaban en la condición de *dimmi*.

A principios del siglo XII apareció una nueva oleada de fundamentalismo musulmán en las montañas del Atlas, creando una dinastía de fanáticos, los Almohades. Su propósito era destruir la corrupción y la degeneración islámicas. Pero en este proceso eliminaron a comunidades cristianas que habían vivido en el noroeste de África a lo largo de casi un milenio. También a los judíos se les dio a elegir entre la conversión y la muerte. Los Almohades llevaron su fanatismo a la península a partir del año 1146. Se procedió a clausurar las sinagogas y las *yeshivot*. Como bajo el gobierno de los cristianos visigodos, muchos judíos convertidos a punta de espada practicaban en secreto su religión y se ganaban la desconfianza de los musulmanes. Se les obligó a usar una túnica azul especial con mangas absurdamente anchas, y en lugar de un turbante, un largo gorro azul que tenía la forma de una barda de burro. Si se les permitía prescindir de este atuendo, y de un signo especial de infamia denominado *shikla*, sus prendas, aunque de corte normal, debían ser amarillas. Se les prohibía comerciar, salvo en pequeña escala. Los espléndidos asentamientos judíos de España meridional no sobrevivieron a esta persecución, o al menos no lo hicieron con la dignidad y la grandeza de épocas anteriores. Muchos judíos huyeron al norte, hacia el territorio cristiano. Otros se trasladaron a África, en busca de gobernantes musulmanes más tolerantes.

Uno de los refugiados era un joven y brillante estudioso llamado Moshé ben Maimón, más conocido como Maimónides, o entre los judíos como Rambam, por el acrónimo *Rabino Moshé ben Maimón*. Nació en Córdoba el 30 de marzo de 1135 y fue hijo de un erudito. Cuando los Almohades se apoderaron de la ciudad, tenía sólo trece años y era un prodigio que ya poseía un saber sorprendente. Él y su familia erraron por España, y posiblemente también por la Provenza, hasta que finalmente se establecieron en Fez en 1160. Cinco años más tarde, una nueva campaña de conversión forzosa los indujo a volver a trasladarse, primero por mar a Acre, desde donde Maimónides realizó una visita a los Santos Lugares, y después a Egipto, donde se instalaron en Fustat, la ciudad vieja de El Cairo. Allí, Maimónides fue adquiriendo reputación mundial como médico y filósofo. Se lo reconoció como jefe de la comunidad de Fustat en 1177, fue designado médico de la corte en 1185 y llegó a ser, en palabras de un cronista musulmán, «muy grande en la sabiduría, el conocimiento y la jerarquía». Su producción erudita fue de una inmensa variedad, y es impresionante tanto por la cantidad como por la calidad. Contó con el apoyo de su hermano comerciante, David, que trataba principalmente con joyas, y, a la muerte de éste, comerció por cuenta propia o vivió de sus honorarios médicos. Cuando falleció, el 13 de diciembre de 1204, obedeciendo a sus instrucciones los restos fueron llevados a Tiberíades, donde su tumba es todavía lugar de peregrinación de los judíos piadosos.

Es interesante profundizar en la vida de Maimónides, no sólo a causa de su importancia intrínseca, sino también porque nadie ilustra mejor el supremo valor del saber en la sociedad judía medieval. Fue el arquetipo y al mismo tiempo el más grande de los catedrócratas. El gobierno y el saber se asociaban íntimamente en el judaísmo rabínico. Por supuesto, por saber se entendía esencialmente el conocimiento de la Torá. La Torá no era sólo un libro acerca de Dios. Preexistía a la Creación, del mismo modo que Dios. De hecho, era el plan de la Creación.[18] El rabino Akivá la consideraba «el instrumento de la Creación», como si Dios hubiera leído en él del mismo modo que un mago lee en su libro. Simeón ben Lakish afirmaba que precedió al mundo en dos mil años, y por su parte Eleazar ben Yosé enseñaba que había descansado en el seno divino durante novecientas setenta y cuatro generaciones antes de que Dios la utilizara para crear el universo. Algunos sabios creían que había sido propuesta simultáneamente a setenta naciones distintas en setenta idiomas, pero todas la habían rechazado. Sólo Israel la había aceptado. De ahí que en cierto sentido la Torá no sólo era la Ley y la religión, sino también la sabiduría de Israel, y la clave para el gobierno de los judíos. Filón aseguraba que era la ley ideal de los filósofos, del mismo modo que Moisés era el legislador ideal. La Torá, escribió Filón en su libro acerca de Moisés, estaba «señalada con los sellos de la naturaleza» y era «el cuadro más perfecto del cuerpo político del cosmos».[19] De todo esto se deducía que cuanto más profundo era el conocimiento de la Torá, mayor era el derecho de gobernar, especialmente a los judíos.

Por lo tanto, en términos ideales, toda personalidad pública debía ser un erudito distinguido, y todos los eruditos debían ayudar a gobernar. Los judíos nunca adoptaron el criterio —preferido por la mente anglosajona— de que la capacidad intelectual, la pasión por los libros y la lectura debilitaban a un hombre para desempeñar un cargo. Todo lo contrario. Tampoco veían en el conocimiento de la Torá, como tendían a hacer los extraños, un contenido seco y académico, alejado de la vida real. La Torá era para los judíos un factor que promovía precisamente el tipo de saber necesario para gobernar a los hombres, al tiempo que inculcaba las virtudes de la humildad y la piedad que prevenían las corrupciones del poder. Citaban los Proverbios: «Mío es el consejo, y la sana sabiduría. Soy la inteligencia, el poder es mío.»[20]

El problema, según lo veían los judíos, era cómo combinar el estudio con el ejercicio del gobierno. Durante la persecución de Adriano, cuando los sabios de Lod se reunieron para discutir los problemas y peligros más apremiantes que afrontaba la comunidad, uno de los que estaban a la cabeza de la lista era: «¿Es más importante el estudio o la acción?» Después de escuchar los argumentos, los sabios votaron unánimemente en favor de la opinión del rabino Akivá, en el sentido de que el estudio debía prevalecer, pues el «estudio lleva a la acción». En términos de mérito espiritual, adquirir sabiduría mediante el estudio y aplicarla a las necesidades comunitarias fueron considerados actos igualmente meritorios. Pero los sabios dijeron que si una viuda o un huérfano acudían a uno de ellos en busca de consejo, y él replicaba que estaba tan atareado que no podía darlo, Dios se irritaría y diría: «Te condeno como si hubieses destruido el mundo.» Al estudioso que enterraba la nariz en su libro se lo acusaba de «provocar la destrucción del mundo»; porque los judíos creían que el mundo sin el saber aplicado se desintegraría. Un levita podía retirarse de la vida activa a los cincuenta años y limitarse a estudiar, pero un estudioso importante debía continuar disponible hasta su muerte. Filón escribió seriamente acerca de las exigencias antagónicas del estudio y el servicio público. Su vida era un ejemplo oportuno, pues además de sus abundantes escritos tuvo que servir como líder comunal y actuó por lo menos en una embajada ante Roma. Un erudito tan destacado, y sobre todo uno que gozaba de tan amplia reputación, recibía una corriente interminable de visitantes que pedían consejo. Por fortuna, Filón podía atender estas obligaciones compartiéndolas con su hermano Alejandro, uno de los hombres más ricos de la diáspora, a quien Josefo denomina Alabarjes.[21]

La noción de dos hermanos que se ayudan para resolver las exigencias antagónicas del estudio y el comentario, por una parte, y la administración judicial y demás deberes públicos, por otra, es una de las razones por las cuales la catedrocracia judía fue generalmente un asunto de familia. Las dinastías escolásticas surgieron originariamente de las estirpes de escribas, y ya eran un rasgo de la vida judía en el siglo II a. C. En ciertas sociedades judías se prolongaron hasta la Primera Guerra Mundial, e incluso más.

En Babilonia, el exilarca tenía que provenir de la familia de David, pero todos los hombres importantes en las academias y las *yeshivot* eran elegidos entre los miembros de un grupo reconocido de familias académicas. No pertenecer a las familias eruditas sino a los mercaderes implicaba rechazo, y eso pese a que el dinero de éstos permitía el mantenimiento de las academias. En Babilonia, el *gaón* o director de cada academia tenía que ser miembro de un reducido grupo de seis familias, y en Palestina tenía que descender de Hillel, Esdras el Escriba o el propio David. Un extraño de saber colosal podía ser aceptado, pero era desusado. Asimismo, en los niveles jerárquicos de la academia la cuna acostumbraba a ser decisiva. Por supuesto, las academias principales o ecuménicas no eran tanto lugares donde se inscribía a los jóvenes, cuanto consejos; el término *yeshivá* es la versión hebrea del *synedrion* griego o Sanedrín. De hecho, a principios de la Edad Media aún se las denominaba «Gran Sanedrín» en los documentos oficiales de la Torá. La academia de Palestina también se autodenominaba la Corporación Virtuosa. Eran lugares donde los estudiosos de la ley se reunían para elaborar dictámenes autorizados: academia, parlamento y tribunal supremo todo en uno.

Un estudioso de una de las academias de Babilonia, que escribió en Egipto poco antes de la época de Maimónides, describió así la jerarquía del saber. Las masas judías instruidas aprendían los cinco libros de Moisés y el libro de plegarias, que también contenía material acerca de la ley oral, el *shabbat* y las festividades. Además, los eruditos deben haber asimilado el resto de la Biblia, así como las «ordenanzas» y la ley codificada. Los doctores tenían que conocer, además, la Mishná, el Talmud y los comentarios. Un erudito podía pronunciar un sermón, escribir una epístola explicativa y actuar como juez auxiliar, pero sólo un doctor, con el título de Miembro de la Academia, comprendía las fuentes de la Ley y las obras que la exponía y podía emitir un juicio cabal.[22]

Los doctores y los eruditos más antiguos formaban la academia. En Babilonia, el triunvirato gobernante era el *gaón*, el presidente del tribunal, que actuaba como su ayudante, y el escriba, que redactaba los fallos. El cuerpo de la academia se sentaba frente al *gaón*, en siete filas. Cada fila tenía diez lugares, y el sabio más distinguido de cada fila recibía el nombre de *rosh ha-séder*, jefe de la fila. Cada miembro de la academia tenía un lugar fijo por orden de precedencia, determinado generalmente por la cuna. Pese a que uno podía ser ascendido o degradado de acuerdo con su actuación, y su estipendio variaba en concordancia, para la mayoría, la pertenencia a la academia no era una actividad de dedicación plena. Servían a la comunidad como funcionarios o se ganaban la vida en los oficios y el comercio. La academia completa se reunía dos veces al año, durante un mes en cada ocasión, a fines del verano y a fines del invierno. La sesión plenaria, o *kalá*, que se celebraba a principios de la primavera, analizaba y emitía dictámenes acerca de cuestiones enviadas desde el exterior, de modo que las respuestas podían ser llevadas por los mercaderes que partían inmediatamente después de la Pascua. Ambos plenarios incluían también sesiones de enseñanza, y en ellas el propio *gaón* explicaba partes del Talmud a dos mil estudiantes puestos en cuclillas, y su intérprete, o trujamán, actuaba como portavoz. Había diferentes categorías de docentes, la más baja de las cuales era la de los «repetidores», a menudo ciegos de nacimiento, que aprendían a repetir de memoria larguísimos pasajes de las Escrituras. Un doctor perplejo ante un texto en disputa podía convocar a un repetidor, que lo entonaba exactamente. Gran parte de este aprendizaje público se realizaba de memoria, en la forma de estridentes coros. Era el método aplicado por las universidades musulmanas, por ejemplo la al-Azhar de El Cairo, hasta hace una generación. De hecho, hasta hace poco los escolares judíos de Marruecos podían recitar de memoria extensos fallos legales en una mezcla de hebreo y arameo, e incluso hoy los judíos yemeníes poseen una tradición de repetición oral que les ha permitido conservar la pronunciación exacta del antiguo texto, perdida hace tiempo por los judíos europeos.[23]

Las academias babilonias, con sus jerarquías hereditarias de sabios cuidadosamente clasificados, habían asimilado gran parte de la atmósfera y el ceremonial obsequioso de la corte oriental. Se inspiraban en el exilarca, que era, por así decirlo, el brazo ejecutor de las academias. El cronista hebreo Yosef ben Isaac Sambari (1640-1703) cita una tradición del siglo X y ofrece esta descripción del *nasí*:

> Domina ampliamente a todas las comunidades judías con la autoridad del Comandante de los Creyentes. Tanto los judíos como los gentiles se ponen de pie ante él y lo saludan. Quien no se pone de pie ante él recibe cien latigazos, pues así lo ha ordenado el califa. Siempre que acude a una audiencia con el califa, lo acompañan jinetes judíos y musulmanes que cabalgan por delante gritando en árabe: «Abrid paso a Nuestro Señor, el Hijo de David.» Él también va montado, y viste una túnica de seda bordada y está tocado con un gran turbante, del cual cuelga un pañuelo blanco con una cadena. Cuando llega

a la corte del califa, los eunucos reales salen a saludarlo y corren delante de él hasta que alcanza el salón del trono. Un sirviente precede al *nasí* llevando una bolsa con oro que él distribuye en honor del califa. En presencia del califa, el *nasí*, a su vez, se postra y después se pone de pie, para demostrar que es humilde como un esclavo. Después, el califa ordena con un gesto a sus eunucos que sienten el *nasí* sobre la silla que está más cerca, del lado izquierdo, y el *nasí* presenta su petición. Hecho esto, de nuevo se levanta, bendice al califa y parte. Recauda de los mercaderes un impuesto anual fijo y recibe también los regalos que ellos le traen de los confines de la tierra. Ésta es la costumbre que siguen en Babilonia.[24]

Los *gaonim* académicos y sus doctores de más elevada jerarquía exigían un trato análogo. Se les asignaba sonoros títulos, y pronunciaban complicadas bendiciones y maldiciones. Formaban una nobleza sacroacadémica de carácter hereditario, no muy diferente de la de los mandarines chinos.

En la Alta Edad Media, esta catedrocracia babilónica fue también un sistema judicial hereditario, el último tribunal de apelación de toda la diáspora. En rigor, carecía de poder físico de coerción; no tenía ejército, a lo sumo una policía local. Pero poseía el poder de la excomunión, una ceremonia impresionante, incluso terrorífica, que se remontaba por lo menos a los tiempos de Esdras. Tenía también la autoridad de su saber. Pero en la práctica, el poder de los catedrócratas de Babilonia duró sólo mientras se mantuvo unido el dilatado Imperio musulmán. Cuando el dominio territorial del califa de Bagdad se redujo, sucedió lo mismo con el ámbito en que los catedrócratas prevalecían. En España y el norte de África surgieron centros locales de saber autorizado alrededor de los eruditos que habían emigrado de las viejas academias. Por ejemplo, hacia 1060 El Cairo se convirtió en un centro halájico, gracias a la llegada de Nahrái ben Nissim, proveniente de Kairuán, y de Yehudá ha-Kohen ben Yosef, el famoso Rav. En la siguiente generación, la autoridad de estos hombres recayó sobre Isaac ben Samuel, un estudioso originario de España, «en cuyas manos —de acuerdo con un documento de la época— descansa la autoridad sobre Egipto entero». Estos hombres generalmente afirmaban descender de los *gaón* de una de las grandes academias. Además, a menudo eran comerciantes de éxito o estaban emparentados con ellos. Sin embargo, una familia académica importante no conservaba su prestigio, por rica que fuese, si no podía producir una cuota regular de estudiosos distinguidos. En la práctica, una comunidad judía no podía autogobernarse si no contaba con el beneficio de los fallos regulares halájicos, aceptados como fallos autorizados precisamente porque provenían de hombres de saber incuestionable. En resumen, como lo expresó un historiador, para adquirir autoridad, la familia importaba y el éxito comercial era útil, pero el saber era esencial.[25]

Maimónides contaba con estos tres factores. En una de sus obras, su comentario acerca de la Mishná, enumeró siete generaciones de antepasados. La mayoría de los judíos podían hacer lo mismo, y esa práctica se ha conservado hasta hoy en muchas familias judeoyemeníes, incluso en algunas muy pobres. El propósito de estas listas era llamar la atención sobre los antepasados académicos, y por eso mismo solían comenzar con el nombre de un erudito distinguido. No se incluía a las mujeres, pero se transcribían sus genealogías si eran lo bastante distinguidas. Así, en el caso del suegro de Maimónides, el linaje materno se remontaba a catorce generaciones, y en cambio se enunciaban sólo seis correspondientes al padre, aunque éstas eran impresionantes. Podía conquistarse fama de diferentes modos, pero la erudición era el talismán. La fe de los judíos en el saber era inconmovible. Sobrevive una observación del tiempo de Maimónides: «Este documento debe ser correcto, pues el padre de quien lo escribió era hijo de la hija del director de la *yeshivá*.»[26] El propio Maimónides podía sentirse satisfecho con su estirpe: esas siete generaciones habían incluido cuatro importantes jueces eruditos.

Maimónides también provenía de una familia capaz de

sostenerse con sus propios recursos y mantener, gracias a su habilidad en el comercio, a sus miembros dedicados al estudio. En general, nuestro conocimiento de individuos judíos e incluso de sociedades judías enteras, desde el siglo II hasta los comienzos de los tiempos modernos, es fragmentario. Los judíos habían cesado de escribir historia, y su existencia irregular, errabunda y a menudo sometida a la persecución hizo que sobreviviesen pocos documentos. De todos modos, sabemos mucho acerca de Maimónides y sus antecedentes en la comunidad judía egipcia del siglo XII. Todas las sinagogas tenían una habitación denominada *guenizá*. Ésta servía para almacenar antiguos objetos rituales y los libros de rezos que ya no eran utilizables pero que, de acuerdo con la ley judía, no podían ser destruidos, porque contenían el nombre de Dios. En ciertos casos estos depósitos semisagrados también contenían infinidad de documentos, entre ellos algunos de carácter secular. La humedad y el moho hacían que una generación o dos fuesen ilegibles. Pero Egipto, con su clima asombrosamente seco, es famoso entre los estudiosos por su propensión a preservar fragmentos de papel y papiro que se remontan al milenio I a. C. y a épocas aún más antiguas. En Fustat, Maimónides practicó el culto y enseñó en la sinagoga de Esdras, construida en 882 sobre las ruinas de una iglesia copta vendida a los judíos. Su *guenizá* estaba en el desván, y allí una gran cantidad de documentos medievales permanecieron prácticamente intactos hasta fines del siglo XIX, cuando el gran estudioso judío Solomon Schechter comenzó su recuperación sistemática. Unas cien mil páginas fueron a parar a la Biblioteca de la Universidad de Cambridge, y otras cien mil están depositadas en centros académicos de todo el mundo. La información que revelan es casi inagotable. El gran estudioso S. D. Goitein la ha utilizado ya con resultados brillantes para recrear la sociedad de los siglos XI y XII, que fue el marco del trabajo y las ideas de Maimónides.[27]

La *guenizá* de El Cairo contiene por lo menos mil doscientas cartas comerciales completas, que demuestran que los judíos egipcios, entre ellos David, hermano menor de

Maimónides, recorrían distancias inmensas y comerciaban con una notable diversidad de productos. Los tintes eran una especialidad comercial judía, pero también se dedicaban a los textiles, los medicamentos, las piedras preciosas y los metales, así como a los perfumes. El área inmediata de comercio era el Alto y el Bajo Egipto, la costa de Palestina y Damasco, en Siria. Un gran mercader de Fustat, Moisés ben Jacob, que comerciaba en frutos secos, papel, aceite, hierbas y monedas, recorría con tanta frecuencia esta región que se lo llamaba «el Viajero». Una nota manuscrita de Abraham, hijo de Maimónides, revela que los mercaderes de Fustat llegaban incluso hasta Malasia, y él también atendió el caso de un hombre que falleció en Sumatra. También la magnitud de los negocios podía ser impresionante: Yosef ibn Avkal, el gran mercader del siglo XI, atendió un envío de ciento ochenta pacas, y su red le permitió actuar como representante oficial de las dos grandes academias babilonias y llevar sus dictámenes a todo el mundo judío. Así, una pequeña comunidad judía de las Indias podía mantenerse en contacto, aunque el dictamen tardase mucho tiempo (de El Cairo a Sumatra había cuatro meses de viaje).[28]

David Maimónides estaba realizando uno de estos largos viajes cuando falleció. Nos ha llegado una carta que envió a su hermano mayor en la que relata diferentes infortunios en el Alto Egipto, de donde viajaba directamente al mar Rojo para embarcarse rumbo a la India. Después: silencio. Maimónides escribió:

> La peor desgracia de toda mi vida, peor que cualquier otra cosa fue la muerte del santo (bendita sea su memoria), que se ahogó en el Índico, con mucho dinero mío, suyo y de otros, y dejándome una hijita y su viuda. El día en que recibí esa terrible noticia enfermé y permanecí en cama alrededor de un año, soportando un doloroso forúnculo, y fiebre y abatimiento, y casi renuncié a la lucha. Han pasado unos ocho años, pero todavía lo lloro y no encuentro consuelo. ¿Y cómo podría consolar-

me? Creció sobre mis rodillas, era mi hermano, mi alumno, comerciaba en los mercados y ganaba dinero, y yo podía sentarme tranquilamente en casa. Conocía bien el Talmud y la Biblia, y la gramática [hebrea], y mi alegría en la vida era mirarlo [...] Cuando veo su escritura o una de sus cartas, se me oprime el corazón y retorna todo mi dolor. En resumen: «¡Descenderé por mi hijo desolado a la sepultura!»[29]

Esta carta es muy característica por la calidez de los sentimientos y la melancolía. Podemos desechar la afirmación de Maimónides de que pasó un año en cama. Tendía a exagerar sus dolencias y debilidades físicas, pero en realidad era un hombre hiperactivo que producía una prodigiosa cantidad de trabajo. No sabemos qué aspecto tenía Maimónides, que fue el más grande de los judíos medievales: el retrato utilizado en el primer volumen de sus obras completas, publicadas en 1744 —aunque reimpresas muchas veces desde entonces—, es mera invención. Pero sus cartas y libros y el material hallado en la *gueniza* nos dicen bastante acerca de su persona. Fue parte del gran prerrenacimiento del siglo XII, que señaló la primera superación real de la Alta Edad Media, y que afectó a la comunidad judía tanto como al mundo árabe y la Europa cristiana. Era cosmopolita. Escribía en árabe, pero estaba familiarizado con otras lenguas, y generalmente contestaba a los corresponsales en el idioma que éstos usaban. Y a lo largo de su vida fue un lector voraz. En una carta afirma haber leído todos los tratados conocidos de astronomía, y en otra, que no hay nada en la idolatría con lo cual él no esté familiarizado.[30]

Maimónides desarrolló muy joven la capacidad de asimilar grandes cantidades de material difícil, sagrado y profano, y también muy pronto tomó la decisión de representar ese material para el mundo judío de una forma ordenada y racional. Aún no tenía dieciséis años cuando concluyó su *Tratado de lógica*. Después, en 1158, llegó una obra astronómica, *Tratado del calendario*. Cuando tenía veintidós años comenzó su primera obra importante, el *Comentario acerca de la Mishná*, terminado en Fustat en 1168. Fue el equivalente de las *summae* de los escolásticos cristianos e incluyó mucho material secular acerca de los animales, las plantas, las flores y la historia natural, así como la psicología humana. Gran parte de esta obra fue escrita mientras él y su familia trataban de hallar un lugar seguro donde vivir: «Fui llevado de un extremo del mundo al otro —escribe— [...] Dios sabe que he explicado algunos capítulos mientras erraba, y otros a bordo de un barco.»[31] Después, abordó la tarea fundamental de codificar la ley talmúdica, la *Mishná Torá*, en catorce volúmenes, trabajo que le llevó diez años y concluyó en 1180. Para entonces, la muerte de David lo había obligado a emprender la práctica de la medicina. Era también un juez activo, y a su debido tiempo se convirtió en jefe de la comunidad judeoegipcia, aunque nunca asumió el título oficial de *naguid*. Muchísimas personas de todo el mundo judío lo consultaban por carta, y se han impreso más de cuatrocientos de sus *responsa* en hebreo. Pero en 1185 halló tiempo para iniciar su obra más famosa y notable, los tres libros de la *Guía de los perplejos*, que explica la teología y la filosofía fundamental del judaísmo, y que fue terminada alrededor de 1190.

Maimónides se tomó muy en serio su carrera médica, y en el mundo no judío fue su principal título para la fama. Escribió ampliamente acerca de las dietas, los medicamentos y el tratamiento: nos han llegado diez de sus obras y es posible que haya más. También pronunció conferencias acerca de fisiología y terapéutica, y de la religión y la ley judaicas. Cuidaba de al-Fadi al-Baisami, visir de Saladino, quien le pagaba una renta anual; y más tarde atendió al hijo de Saladino, que llegó a ser sultán en 1198. Rechazó una invitación para desempeñar la función de médico de la corte del «rey franco» (Ricardo Corazón de León de Inglaterra o el rey Amalric de Jerusalén). Las fuentes árabes indican muy claramente que se lo consideraba uno de los principales médicos del mundo, dotado de una habilidad especial para tratar los casos psicosomáticos. Circulaba un comentario árabe: «La medicina de Galeno es sólo para el cuerpo, pero la de [Maimónides] es para el cuerpo y el alma.»[32]

Llevó una vida de heroica laboriosidad y servicio público, pues visitaba a los pacientes en los grandes hospitales públicos, además de recibirlos en su casa. Escribió a su alumno favorito, Yosef ibn Aknín:

He conquistado elevada reputación entre los grandes, por ejemplo el cadí supremo, los emires, la casa de al-Fadr y otros nobles de la ciudad, que no pagan mucho. La gente común considera que les queda demasiado lejos venir a verme a Fustat, de modo que tengo que pasar mis días visitando a los enfermos en El Cairo y, cuando vuelvo a casa, estoy demasiado cansado para continuar mis estudios con los libros médicos; ya conoces cuánto tiempo necesita en nuestro arte un hombre concienzudo para verificar sus fuentes, de modo que pueda tener la certeza de que todas sus afirmaciones tienen el apoyo de la argumentación y la autoridad correspondientes.

En 1199 escribió a otro corresponsal, Samuel ibn Tibbon:

Resido en Fustat y el sultán está en El Cairo, y la distancia entre los dos lugares es una doble jornada de *shabbat* [es decir, 2,5 kilómetros]. Mis obligaciones con el sultán son gravosas. Debo visitarlo temprano todas las mañanas. Si está enfermo, o uno cualquiera de sus hijos o un miembro de su harén están enfermos, no me retiro de El Cairo, sino que paso la mayor parte del día en palacio. Si alguno de los funcionarios de la corte está enfermo, permanezco allí el día entero [...], aunque no haya nada, no regreso a Fustat hasta la tarde. A esa hora estoy cansado y hambriento, y descubro que el patio de mi casa está lleno de personas, poderosas y humildes, gentiles, teólogos y jueces, que esperan mi regreso. Desmonto, me lavo las manos y les ruego que esperen mientras como, la única comida en las veinticuatro horas. Después, atiendo a los pacientes. Forman fila hasta la caída de la noche, a veces hasta las dos de la madrugada. Les hablo recostado, porque estoy débil. Cuando cae la noche, a veces estoy demasiado fatigado para hablar. De modo que los israelitas no pueden mantener conmigo una conversación privada hasta el *shabbat*. Entonces, todos vienen a verme después de los servicios, y yo les aconsejo qué hacer durante la semana siguiente. Después, estudian un poco hasta el mediodía, y parten. Algunos regresan y estudian de nuevo hasta las oraciones vespertinas. Ésta es mi rutina.[33]

Un año después de escribir esto, Maimónides comprobó que ya no podía continuar visitando personalmente al sultán, de modo que impartió instrucciones por escrito a los médicos del soberano. Pero continuó atendiendo su corte médica, judicial y teológica hasta su muerte, en 1204, cuando contaba setenta años.

Maimónides consagró su vida al servicio de la comunidad judía y, en menor medida, a la comunidad humana en general. Esta actitud armonizaba con el postulado social básico del judaísmo. Sin embargo, ayudar a la comunidad de Fustat, o incluso a la aún mayor comunidad gentil de El Cairo, no bastaba. Maimónides sabía que poseía grandes cualidades intelectuales y, algo no menos importante, la energía y la concentración necesarias para utilizarlas y obtener resultados fecundos. Los judíos habían sido creados para iluminar a los gentiles. Carecían de poder oficial, de fuerza militar o de amplios territorios. Pero tenían cerebro. El intelecto y el proceso de razonamiento eran sus armas. Por consiguiente, el erudito ocupaba un lugar destacado en su sociedad y asumía responsabilidades especiales; el erudito destacado afrontaba las obligaciones más severas que cabía imaginar: debía tomar la iniciativa de convertir un mundo salvaje e irracional en otro razonable, adaptándose al intelecto divino y perfecto.

El proceso judío de racionalización había comenzado con la introducción del monoteísmo y la vinculación de éste con la ética. Ésta fue esencialmente la tarea de Moisés. Maimónides no sólo atribuyó a Moisés un papel original —arguyó que era el único profeta que se había comunicado directamente con Dios—, sino que lo vio como una gran fuerza intelectual ordenadora, capaz de imponer la ley al caos. Sin duda, la permanente función de los judíos era hacer avanzar las fronteras de la razón, agregando cada vez más territorio al reino divino de la mente. Filón, que fue precursor de Maimónides en muchos sentidos, veía del mismo modo el propósito de la erudición judía. Ante todo, era un escudo protector para los judíos —pues éstos pertenecían a la «raza de los suplicantes», que intercedía ante Dios en nombre de la humanidad—, y en segundo lugar era el medio que permitiría civilizar a un mundo terriblemente irracional. Filón tenía una visión sombría de la condición humana irredenta. Había vivido la persecución de los judíos en Alejandría, y lo describió en sus obras históricas: *In Flaccum* y un trabajo fragmentario, *Legatio in Gaium*. La sinrazón podía convertir a los hombres en monstruos, peores que los animales. El antisemitismo era una especie de paradigma de la perversidad humana, no sólo porque en sí mismo era irracional, sino porque constituía una forma de rechazar a Dios, el paradigma de la locura. Pero con sus escritos, los intelectuales judíos podían combatir la locura. Por eso en su *De Vita Mosis*, intentó explicar la racionalidad judía a un lector gentil, y en su *Legum Allegoriarum*, trató de racionalizar, mediante el empleo de la alegoría, algunos de los elementos más extraños del Pentateuco para los lectores judíos.[34]

Maimónides estaba a mitad de camino entre Filón y el mundo moderno. Como Filón, no se hacía ilusiones con la humanidad en su estado irracional y carente de Dios. No tenía conocimiento directo de la persecución cristiana, pero había tenido una experiencia amarga y de primera mano del salvajismo islámico, e incluso en su tranquilo refugio de Fustat sus corresponsales —por ejemplo, los de Yemen— le recordaban que constantemente se perpetraban atrocidades contra los judíos; su carta a los yemeníes refleja su profundo desprecio por el islam como respuesta a la sinrazón del mundo.[35] A diferencia de Filón, no pudo utilizar la amplia colección del racionalismo griego contenida en la gran biblioteca alejandrina. Pero el aristotelismo comenzaba a difundirse nuevamente a través de intermediarios árabes: Avicena (980-1035) y Averroes (1126-1198), contemporáneo español de Maimónides aunque mayor que él. Además, éste era el heredero de mil años de comentario judaico, gran parte del cual constituía otra forma de racionalismo.

Maimónides era racionalista por temperamento. Como Filón, sus escritos exudan cautela, moderación y desconfianza frente al entusiasmo. Siempre trataba de evitar las riñas, y sobre todo el *odium theologicum*: «Cuando los hombres me insultan, no me importa, y respondo cortésmente con palabras amistosas o guardo silencio.» Era un poco vanidoso, pero no orgulloso: «No afirmo que nunca cometa errores. Por el contrario, cuando descubro uno, o si otros me convencen de mi error, estoy dispuesto a cambiar lo que sea en mis escritos, en mis actitudes e incluso en mi carácter.» En una carta famosa de respuesta a los comentarios acerca de su *Mishná Torá* realizados por estudiosos del sur de Francia, reconoce errores, asegura que ya ha incorporado algunas rectificaciones y que añadirá otras, e insiste en que ellos hacen bien en cuestionar su obra: «No os humilléis. Tal vez no seáis mis maestros, pero sois mis iguales y amigos, y todas vuestras preguntas eran valiosas.»[36] Por supuesto, era elitista. Dijo que prefería complacer a un hombre inteligente que a diez mil necios. Pero también era tolerante: pensaba que todos los hombres piadosos se salvarían, al margen de su fe. Era maravillosamente urbano, sereno y juicioso. Sobre todo, era hombre de ciencia, buscaba la verdad y confiaba en que al final ésta prevalecería.

Maimónides tenía una imagen clara de lo que sería la sociedad veraz y racional, y por lo tanto divina. No consistiría en la satisfacción física o material. La felicidad definitiva reside en la existencia inmortal del intelecto humano que contempla a Dios.[37] En el último capítulo de la *Mishná Torá* describe la sociedad mesiánica: «Su dominio se asentará firmemente, y entonces los sabios serán libres para estudiar la Ley y su sabiduría, y en esos tiempos no habrá hambre ni guerra, odio ni rivalidad [...] ni trabajos sobre la tierra, salvo para el conocimiento exclusivo del Señor.» La garantía de la sociedad perfecta es la ley divina. Por definición, un Estado bueno es el que se somete al imperio de la ley; el Estado ideal se somete a la ley divina.[38]

Por supuesto, había que esperar a la llegada del Mesías, y Maimónides, científico cauto, era el hombre menos indicado para proponer visiones escatológicas. Pero entretanto, la ley podía promover la formación de sociedades buenas. En su *Guía de los perplejos*, expone su visión marcadamente racionalista de la Torá: «En conjunto, la ley apunta a dos cosas: el bienestar del alma y el bienestar del cuerpo.» El primero consiste en el desarrollo del intelecto humano, el segundo, en el desarrollo de las relaciones políticas mutuas de los hombres. La Ley alcanza este propósito definiendo las opiniones verdaderas, que elevan el intelecto, y elaborando normas destinadas a regir el comportamiento humano. Ambos aspectos interactúan. Cuanto más estable y pacífica es nuestra sociedad, más tiempo y energía tienen los hombres para mejorar su mente, de modo que a su vez disponen de la capacidad intelectual para impulsar nuevos progresos sociales. Y así continúa el proceso, un círculo virtuoso, en lugar del círculo vicioso de las sociedades carentes de ley.[39] Uno se siente tentado a conjeturar que Maimónides veía la llegada del Mesías, no como un hecho repentino, entre relámpagos y truenos, sino como resultado del perfeccionamiento progresivo y escasamente milagroso de la racionalidad humana.

Por consiguiente, el mejor modo de perfeccionar la condición humana —y en particular asegurar la supervivencia de la vanguardia judía— era difundir el conocimiento de la Ley, porque la Ley representaba la razón y el progreso. Maimónides era elitista, pero pensaba en una elite cada vez más amplia. Cada hombre podía ser un erudito de acuerdo con sus luces. Tal cosa no era imposible en una sociedad en la que los libros estaban muy presentes. Era un axioma judío: «Uno debería vender todo lo que posee y comprar libros, pues, como dicen los sabios: "Quien aumenta el número de sus libros, aumenta su saber."» Un hombre que prestaba sus libros, sobre todo a los pobres, ganaba mérito a los ojos de Dios. «Si un hombre tiene dos hijos, uno a quien le desagrada prestar sus libros y otro que ansía hacerlo, debe dejar toda su biblioteca al segundo, aunque sea más joven», escribió Yehudá de Ratisbona, contemporáneo de Maimónides. Los judíos piadosos veían el cielo como una gran biblioteca, en la cual el arcángel Metatrón era el bibliotecario: los libros de los estantes se comprimían para dejar lugar al recién llegado. Maimónides desaprobaba este sinsentido antropomórfico, pero convenía en la idea de que el mundo futuro era una versión abstracta de una academia celestial. También habría aceptado las exhortaciones prácticas de Yehudá de que un hombre nunca debía arrodillarse sobre un gran infolio para ajustarse las hebillas, o utilizar las plumas para señalar las páginas, o emplear los libros mismos como proyectiles o instrumentos destinados a castigar a los eruditos; y con la espléndida máxima del propio Yehudá: «Un hombre debe demostrar consideración al honor de sus libros.»[40] Maimónides, moderado en todas las cosas salvo el saber, tenía pasión por los libros y deseaba que todos los judíos la compartiesen.

La expresión «todos los judíos» incluía a las mujeres y a los trabajadores. Maimónides decía que no se exigía a una mujer que estudiase, pero que acrecentaba su mérito si lo hacía. Cada individuo debía estudiar de acuerdo con su capacidad: así, un artesano inteligente podía consagrar tres horas a su oficio, reservando nueve para la Torá —«tres a estudiar la Ley escrita, tres a la Ley Oral, y tres a reflexionar sobre el modo de deducir una norma de otra»—. Este pequeño análisis, al que denominó «el principio del aprendizaje», aporta indicios acerca de sus normas de laboriosidad.[41]

Pero no era muy útil exhortar a estudiar al pueblo judío si al mismo tiempo no se hacía todo lo posible para conseguir que ese estudio fuese fecundo. Convencido como estaba de que la razón y la Ley eran las únicas defensas reales que tenía un judío, y el único medio que permitiría que el mundo se convirtiese en un lugar más civilizado, Maimónides también tenía dolorosa conciencia de que la Ley misma, después de mil años de agregados legales y comentarios sin coordinación, se encontraba en un estado lamentable de confusión y se hallaba saturada de elementos extremadamente irracionales. Por consiguiente, la obra de su vida fue doble: imponer orden en la Ley, y representarla sobre una base completamente racional. Para realizar el primer objetivo, escribió su comentario de la Mishná, que por primera vez aclaró los principios subyacentes de la legislación mishnaica, y codificó la ley talmúdica, con el propósito, según él mismo dijo, de obtener rápida y fácilmente un fallo «en el mar de la Torá». Maimónides observó: «Uno escribe o un comentario, o un código; cada tarea es diferente.» Como él era un gigante del intelecto, abordó las dos cuestiones. Escribió con un sentimiento de apremio, sobre un trasfondo (según él veía el asunto) de peligro para los judíos: «En tiempos de persecución como éstos —dijo—, la gente carece de la ecuanimidad mental necesaria para consagrarse a estudios complejos y casi todos tropiezan con graves dificultades para extraer una decisión clara de las obras de los codificadores anteriores, cuya organización es tan asistemática como el propio Talmud. Y es aún menor el número de personas que pueden deducir la ley directamente de las fuentes talmúdicas.» El trabajo que él realizó fue claro, ordenado, conciso y sin el estorbo de los interminables enunciados de fuentes. Como él esperaba que sucediese, no fue definitivo. A semejanza de otro intento cualquiera de decir la última palabra acerca de la Ley, simplemente desencadenó otra enorme avalancha de tomos; en 1893, se compiló una lista (a su vez incompleta) de doscientos veinte comentarios fundamentales al Código de Maimónides.[42] Pero fue sumamente eficaz. Un contemporáneo español dijo que los jueces se oponían a la obra precisamente porque permitía que los legos verificasen las decisiones que aquéllos adoptaban. Era precisamente lo que Maimónides quería, que la Ley, espada y escudo de los judíos, se convirtiera en propiedad práctica de todos. En cada etapa del código y el comentario, Maimónides racionalizó. Pero además escribió su *Guía de perplejos* para demostrar que las creencias judías no eran sólo un conjunto de asertos arbitrarios impuestos por el mandato divino y la autoridad rabínica, sino que cabía deducirlos y demostrarlos también con la razón. En esto seguía los pasos de Saadías ben Yosef (882-942), el famoso y controvertido *gaón* de la academia de Sura, primer filósofo judío después de Filón, que intentó afirmar el judaísmo sobre una base racional. Maimónides no coincidió con todo el contenido del *Libro de creencias y opiniones* de Saadías Gaón, pero la obra lo alentó a unir la fe y la filosofía judías. Avicena y Averroes habían cumplido la misma tarea dentro del islam, y Tomás de Aquino pronto lo haría para el cristianismo. Pero Maimónides fue el más grande de todos los racionalistas. En la cuestión clave de la profecía, por ejemplo, utilizó la metáfora, la analogía y la parábola para explicar las comunicaciones de los profetas con Dios y sus milagros como «naturales». Tenía una teoría de las emanaciones divinas, utilizadas por los profetas. Los así llamados ángeles que ayudaban a provocar la visión eran la facultad de imaginación del profeta; utilizó la palabra *querubín* para referirse al intelecto.[43]

No obstante, hubo un punto en que el racionalismo de Maimónides se detuvo. Intuyó que tenía que diferenciar entre Moisés y los restantes profetas. Desechó estos últimos por anfibológicos o analógicos, pero Moisés, «a diferencia de los restantes profetas, no profetiza mediante parábolas»; él habló realmente con Dios «como una presencia frente a otra presencia, sin intermediario». Trató de explicar la originalidad de Moisés argumentando que el más alto grado posible de perfección natural de la especie humana debe manifestarse en un individuo, y Moisés era ese hombre. Lo que Maimónides estaba haciendo, en efecto, era estrechar el área de la irracionalidad en el judaísmo, pero sin eliminarla: aisló ciertas áreas esenciales de la creencia que no podían explicarse mediante la razón, aunque se mostró renuente a reconocerlo. Sin embargo, estaba dispuesto a conceder que ciertas cuestiones sobrepasaban la capacidad de raciocinio del hombre. En relación con el aparente conflicto entre el libre albedrío y la predestinación, citó al Eclesiastés —«las mayores honduras, ¿quién puede sondearlas?»—[44] y en sus escritos hay fragmentos que apoyan tanto la libertad absoluta de la voluntad para obedecer o desobedecer a la Ley, como el determinismo riguroso. Atacó a los astrólogos, pues ellos hacían inútil la Ley. En cambio, el primero de sus trece principios de la fe dice: «Sólo Dios ejecutó, ejecuta y ejecutará todos los actos.»[45] Es posible destacar otras contradicciones en su vasta obra, aunque es sorprendente lo escasas que son.

Lo que Maimónides intentaba hacer era fortalecer la fe despojándola de la superstición y reforzando con la razón el resto. Pero por supuesto, al proceder así introdujo y popularizó un enfoque crítico de los misterios, que a su tiempo tentaría a los hombres a llegar más lejos. Una vez que sale del frasco de la fe pura, la razón adquiere vida y voluntad propias. Maimónides fue un gran presagio del futuro judío; más aún, del futuro humano. Su *Guía de perplejos* continuó conmoviendo durante siglos las mentes judías, no siempre en la dirección que él deseaba. En cierto sentido, él representó en el judaísmo el mismo papel que Erasmo en la cristiandad: plantó semillas peligrosas que brotaron más tarde. Aportó a la ciencia médica la doctrina judaica de la unicidad del cuerpo y el alma, la mente y la materia, y obtuvo de ella importantes ideas acerca de las enfermedades de la psique, con lo cual se anticipó a Freud. A la teología le aportó cierta confianza en la compatibilidad de la fe y la razón, lo cual armonizaba con su base propiamente serena y majestuosa, pero que con el tiempo haría que Spinoza se alejase del judaísmo.

Por esa época había muchos judíos cultos que temían la dirección en que Maimónides estaba llevando al judaísmo.

En Provenza, donde el cristianismo se vio desgarrado por la herejía albigense, y donde se estaba forjando la nueva Inquisición dominica para imponer la ortodoxia, muchos rabinos deseaban que las autoridades judaicas adoptasen un enfoque análogo. Detestaban la explicación alegórica de la Biblia que hacía Maimónides y deseaban que se prohibiesen sus libros. En 1232 los dominicos intervinieron en la disputa interna de los judíos y, en efecto, quemaron los libros. Pero por supuesto, esta actitud provocó el contraataque de los racionalistas. «Los corazones del pueblo —escribieron los partidarios de Maimónides— no pueden ser apartados de la filosofía y de los libros consagrados a ella mientras tengan un alma en el cuerpo [...] se proponen luchar por el honor del Gran Rabino y sus libros, y consagrarán su dinero, su progenie y sus espíritus a sus sagradas doctrinas mientras persista en ellos un hálito de vida.»[46]

A pesar de este despliegue de ataques verbales, hubo escasas agresiones de carácter físico. En teoría, la ley judía se mostraba severa frente a la heterodoxia —si dos judíos atestiguaban que habían visto a un tercero adorando una imagen, el acusado podía ser sentenciado a muerte—, pero en la práctica, como se trataba de una catedrocracia, no una autocracia, admitía diferentes opiniones en un ámbito de sorprendente amplitud. Ni siquiera a quienes se consideraba herejes se les aplicaban castigos físicos, a menos que intentasen convertir a otros sistemáticamente. De ahí que el racionalismo y la superstición continuaran coexistiendo en una suerte de armonía inestable, a veces en la misma persona.

Teniendo presente el sufrimiento y el temor en que los judíos a menudo tenían que vivir, la persistencia del irracionalismo no era sorprendente. Maimónides consideró que el intelecto y la razón eran las mejores armas del judío, y en efecto lo eran... en el caso de la elite, segura de sí misma. En la masa de judíos comunes y corrientes, los relatos de los milagros pasados, la esperanza de los futuros, eran un confortamiento más seguro en tiempos de penurias. La literatura sagrada judía satisfacía ambas necesidades, pues al lado del método de los comentarios, que satisfacían el intelecto, estaba la gran masa de relatos agádicos, el *piyyut* o poesía, y las infinitas y extrañas supersticiones que los niños aprendían de sus padres. Cuando se agravó la persecución y la angustia económica de los judíos, éstos se inclinaron más que nunca a los cuentos fantásticos de carácter sacro. «Hubo un tiempo —expone un *midrash*—, cuando el dinero no escaseaba, en que la gente ansiaba escuchar la Mishná, el *halajá* y el Talmud. Hoy el dinero escasea y, lo que es peor, la gente gime en la esclavitud y sólo desea escuchar bendiciones y consuelos.»[47]

Los judíos padecieron gravemente bajo el islam y la cristiandad. Quizás era cierto, como observó con envidia uno de los alumnos de Abelardo, que: «Un judío, por pobre que sea, si tiene diez hijos, los consagrará todos a las letras, no para obtener beneficios, como hacen los cristianos, sino para llevarlos a la comprensión de la ley de Dios; y no sólo a sus hijos, sino también a sus hijas.»[48] Pero el tipo de racionalismo judaico que Maimónides preconizaba en realidad sólo era posible en la clase alta, y en general continuó siendo privativo de la misma. Como lo demuestran los documentos de la *guenizá*, la religión popular que él detestaba y criticaba floreció bajo sus propias narices en Fustat. Los judíos practicaban tanto la magia blanca como la negra. Ejecutaban trucos con el fuego, lograban que las aves suspendiesen el vuelo y después volviesen a volar, conjuraban a los buenos y a los malos espíritus en ceremonias que a veces duraban la noche entera, y después celebraban sesiones de fumigación para librarse de ellos. Entraban en trance. Celebraban sesiones. Había conjuros del tipo abracadabra para obtener protección en los viajes, limpiar de piojos al caballo, conseguir que los hombres y las mujeres se enamorasen o «conjurar a los ángeles». Incluso había manuales secretos, escritos en judeoarábigo, que pretendidamente guiaban a los judíos por el camino que llevaba a los tesoros guardados en las tumbas de los antiguos egipcios.[49]

Este enfoque irracional de la religión no estaba limitado

a las masas judías. Atraía también a las clases altas, y en ellas adoptaba la forma del misticismo. La esposa del propio Maimónides era una creyente emocional procedente de un extenso linaje de pietistas místicos. Abraham, hijo y heredero de Maimónides, tendió a adoptar la actitud de su madre más que la de su padre. Aunque, según parece, profesaba devoción a la memoria de su padre y defendía celosamente las opiniones que él había formulado, su propia *opus magnum*, un tomo gigantesco denominado *La guía completa de los piadosos*, expone el pietismo o *jasidut* como un modo de vida, una contraciencia con relación al racionalismo.[50] Llegó a conocérselo como el *rosh kol ha-jasidim*, el «jefe de todos los pietistas», y recibió cartas y atrajo discípulos de todo el mundo judío. Estos devotos ayunaban el día entero y rezaban toda la noche. Abraham incluso admiró a los místicos musulmanes, o sufíes, y dijo que eran discípulos más dignos de los profetas de Israel que los judíos de su tiempo.[51] Esta afirmación habría irritado a su padre, que deseaba desterrar las obras de los místicos judíos, y con mayor razón las musulmanas.

Lamentablemente para los racionalistas, el misticismo tenía raíces profundas en el judaísmo; más aún, podría afirmarse que tenía sus raíces en el culto de Yahvé. Era conveniente para las autoridades religiosas aceptar el concepto de que, además de la Ley escrita del Pentateuco dada por Dios a Moisés, Dios también le había entregado la Ley Oral. Pero también era muy peligroso, pues llevaba a la creencia de que existía un cuerpo de conocimiento especial acerca de Dios, transmitido oral y secretamente, al que podían llegar sólo unos pocos privilegiados. En el Talmud la palabra *kabbala* significa sencillamente «[doctrina] recibida» o «tradición», la parte final de la Biblia, después del Pentateuco y la enseñanza oral. Pero poco a poco comenzó a significar el saber esotérico, que permitía a la minoría privilegiada mantener una comunión directa con Dios o adquirir el conocimiento de Dios por medios no racionales. El capítulo 8 de los Proverbios y el capítulo 28 del Libro de Job, que utilizan la metáfora y el saber por analogía como una fuerza viva creadora, que proporciona la clave de Dios y el universo, parecen conferir autoridad a la idea. En épocas ulteriores, cuando un judío racionalista intentaba atacar el misticismo, comprobaba que los defensores de éste siempre podían citar pasajes de la Biblia. Y con mayor razón aún podían citar el Talmud, porque a esa altura de los acontecimientos el judaísmo había incorporado una multitud de elementos esotéricos. Algunos estudiosos opinan que fueron tomados de Persia, durante el Exilio; otros, afirman más plausiblemente que provinieron del gnosticismo griego. El gnosticismo, o saber de los sistemas de conocimiento secreto, es una excrecencia parasitaria sumamente insidiosa que se adhiere como una enredadera venenosa al tronco saludable de una gran religión. En la cristiandad, los primeros padres de la Iglesia tuvieron que luchar desesperadamente contra él para impedir que destruyese la fe. Atacó también al judaísmo, sobre todo en la diáspora. Filón, en *De Vita Contemplativa*, escribió acerca de una secta denominada Los Fieles de Dios, que había desarrollado la teoría de la Torá como un cuerpo vivo, es decir, un típico concepto gnóstico.[52] Esta corriente penetró en algunos círculos de Palestina que normalmente ofrecían más resistencias a las ideas griegas: los fariseos, los esenios, la secta de Qumrán y más tarde los *tannaím* y los *amoraím*. Josefo dice que los esenios tenían una literatura mágica. Su primer florecimiento real fue en la apocalíptica.

Estos libros, cuyos verdaderos autores ocultaban su identidad tras los nombres de Enoc, Moisés, Noé, Baruc y otras grandes figuras históricas, eran xenófobos, nacionalistas e incendiarios, como ya hemos visto; eran el refugio irritado y agrio de un pueblo oprimido que pedía que sobre sus enemigos armados hasta los dientes cayesen cataratas y huracanes. Escribían de los ángeles, los demonios, el infierno, el cielo, las tormentas de fuego y el fin de los tiempos, cuando los griegos y los romanos serían destruidos. Estos textos se ocupaban del saber secreto, negado a todos salvo a los judíos más dignos y celosos —era típico de los fieros monjes de Qumrán que tuviesen el Libro de Enoc tanto en hebreo como en arameo—, y aludían a escondidas fuentes de poder, que podían ser conjuradas para abrumar a los *kittim* y a otros odiados enemigos de Dios. El capítulo 14 del Libro de Enoc, que trata de los misterios del Trono, situado en su carro —sugerido a su vez por el capítulo 1 de Ezequiel—, condujo a la aparición de una escuela entera de místicos de la *Merkabá* (carro). Descargaban sobre los judíos crédulos montones de información acerca de los ángeles que «se alzaban ante el carro», el descenso del fuego que venía de lo alto y el ascenso del alma piadosa al carro gracias al éxtasis. A diferencia de la enseñanza de la Torá, realizada públicamente mediante cánticos ruidosos, el conocimiento del carro tenía carácter clandestino, se enseñaba en murmullos a alumnos especialmente elegidos que tenían que acreditar ciertas cualidades éticas especificadas, poseer ciertas características raciales y tener palmas que satisficieran a los quirománticos. Los expositores de este saber a veces aparecían rodeados de fuego, o de un nimbo, o entraban en trance. Entraban milagrosamente en el paraíso, como Elías —uno «miró y murió», otro «miró y fue destruido», un tercero «ascendió en paz y descendió en paz»—.[53] Los aspirantes al estado extático hundían la cabeza entre las rodillas y recitaban cánticos acerca del Trono de la Gloria o los primitivos poemas sacros.

Además de la magia práctica de la comunión directa con Dios mediante los estados místicos, los libros esotéricos del siglo I en adelante aportaron un torrente de información acerca de la deidad y el paraíso. Como la Torá era sagrada, las letras eran sagradas; lo mismo cabía decir de los números; si se hallaba la clave, podía alcanzarse el conocimiento secreto. Una clave era Salmos 147:5: «Grande es nuestro Señor, e inmenso en poder», que se usaba para indicar las dimensiones de la divinidad, utilizando el código de letras y cifras, es decir, 236 multiplicado por 10.000 leguas celestiales, para obtener las medidas básicas de la cabeza y los miembros, y sus nombres secretos. Estos nombres secretos de Dios —Adiriron, Zavodiel, Ajtriel, Tazash, Zoharariel, entre otros— eran importantes porque formaban santos y señas que permitían que los porteros celestiales permitiesen la entrada del alma ascendente a la fantástica serie de ocho palacios que conducían al paraíso. Ocho era el número mágico tomado de los gnósticos griegos, y el carro, el poder y la emanación de Dios eran el equivalente del eón griego. Pero veintidós, las letras del alfabeto hebreo, era también un número mágico, pues la Creación misma se llevó a cabo mediante combinaciones de letras hebreas y, una vez descubiertos, estos códigos revelaban los secretos del universo.

Los sabios se sentían al mismo tiempo fascinados y repelidos por esta grandiosa superstición. El antropomorfismo de las medidas corporales de Dios se oponía a la enseñanza judaica básica de que Dios es un ser no creado e incognoscible. Los sabios aconsejaban a los judíos que mantuviesen los ojos firmemente fijos en la Ley y que no explorasen los misterios peligrosos: «Quien cavile acerca de cuatro cosas más le valiera no haber nacido: lo que está arriba, lo que está abajo, lo que está antes del tiempo y lo que seremos después.» Pero después, procedían a hacer precisamente eso ellos mismos y, siendo elitistas, tendían a adherirse a la idea del saber especial transmitido a los elegidos: «La historia de la Creación no debe ser expuesta ante dos personas, y el capítulo acerca del carro ni siquiera ante una, a menos que sea un sabio y ya posea una comprensión independiente del tema.» Eso era el Talmud; en efecto, el Talmud y otros escritos sagrados contenían abundante cantidad de este material sospechoso.

Por lo tanto, los racionalistas como Maimónides se sentían avergonzados, incluso exasperados, por muchos de los elementos que hallaban en el Talmud. Por ejemplo, estaba el *Shi'ur Qoma* o medida del cuerpo divino, que interpretaba el Cantar de los Cantares como una divina alegoría del amor de Dios por Israel, y que ofrece sorprendentes y detalladas dimensiones de los miembros de Dios, así como de sus nombres secretos. Los caraítas, que rechazaban totalmente el judaísmo talmúdico, se burlaban de este texto y lo usaban para atacar a los rabinos. Afirmaban que medía la cara de Dios, hasta la punta de la nariz, y que obtenía la cifra de 5.000 anas. Era una invención; pero en el libro había elementos igualmente malos. También los musulmanes lo usaron para atacar a los judíos y justificar la persecución. Un comentarista posterior trató de justificar el asunto diciendo que las cifras eran en realidad las dimensiones del universo. Es fácil imaginar el desagrado que sintió Maimónides al verse obligado a lidiar con ese texto. Al principio se refugió en la frase: «Se necesitarían cien páginas para analizar el tema.» Después lo tachó —el manuscrito de su comentario de la Mishná en que hizo esto ha llegado hasta nosotros—. Más tarde se autoconvenció de que todo el asunto era obra «de uno de los predicadores bizantinos, y nada más», y lo denunció como falsificación.[54]

El racionalismo defendido por Maimónides era en parte una reacción ante el auge de la literatura esotérica y su penetración en la vida intelectual judía. Y el racionalismo sí tuvo cierto efecto. Durante los siglos XII y XIII obligó a los principales místicos, o en todo caso a los que afirmaban poseer respetabilidad intelectual, a refinar su literatura y el conjunto de sus creencias, a depurarla de sus excrecencias mágicas y de los agregados gnósticos de siglos, y a convertirla en un sistema coherente. La cábala superior, como podríamos denominarla, comenzó a perfilarse en la Francia provenzal durante la segunda mitad del siglo XII. Se formó con muchos elementos. Uno era la poesía, y sobre todo los poemas del gran lírico español Yehudá ha-Leví (1075-1141), cuyos ochocientos poemas conocidos incluyen trescientos cincuenta *piyyutim*. Ha-Leví fue un sionista religioso, una actitud desusada en ese momento, y su grupo más famoso, formado por treinta y cuatro poemas, se denomina *Poemas de Sión*. Creía que la vida en España, por grata que pudiera considerársela entre los estallidos de la persecución, era una forma de esclavitud comparada con la auténtica existencia judía en Palestina, y más tarde viajó a ese país. Vio a los judíos como un pueblo trágico y agraviado, y denominó a su única obra filosófica, que es una apología del judaísmo, un libro «en defensa de la fe despreciada». Era un ataque a la racionalidad aristotélica, así como a la cristiandad y el islam, y el autor defendió enérgicamente la postura de que, para la humanidad sufriente, y sobre todo para los judíos tratados con crueldad, el razonamiento deductivo, por deseable que fuese en un mundo perfecto, no podía reemplazar a la experiencia directa de Dios.[55] Se trataba de un interrogante de difícil respuesta incluso para un judío acaudalado y muy culto en tiempos de persecución, y no cabe duda de que el misticismo suscitó una atracción más intensa dondequiera que la red cristiana o islámica se cerró con más fuerza sobre los judíos.

Los místicos provenzales también bebieron del neoplatonismo y elaboraron imponentes teorías filosóficas propias; incluso Maimónides se vio forzado a reconocer que algunos de ellos eran individuos cultos. Uno de estos hombres, Abraham ben David, o Rabad, escribió una obra erudita en la cual atacaba la *Mishná Torá*, de Maimónides. Isaac el Ciego (h. 1160-1235), hijo de Abraham, creó un cuerpo más o menos parecido a un sistema coherente de cábala, sobre la base de las diez *sefirot* o atributos de Dios, y la teoría de la creación entera era y es un mero proceso lingüístico, la materialización del discurso divino. Este enfoque utiliza el concepto neoplatónico del *logos* (como al comienzo del Evangelio de San Juan), pero lo reformula en función del estudio de la Torá y la plegaria. Desde Narbona, donde vivía Isaac, la cábala mística se extendió al sur, atravesó los Pirineos y llegó a Gerona, Burgos y Toledo. Su posición mejoró enormemente gracias a la protección del rabino Moshé ben Nahmán, conocido como Nahmánides o Ramban (1194-1270), que se convirtió al sistema en la juventud y más tarde llegó a ser la principal autoridad judicial de España.

Nahmánides produjo por lo menos cincuenta obras, la mayoría comentarios halájicos y talmúdicos, y en su ancianidad escribió un famoso comentario de la Torá. Ninguna de estas obras es específicamente cabalística, pero a lo largo de la misma hay indicios del sistema, sobre todo en el comentario de la Biblia, y el resultado fue incorporar la Cábala a la corriente principal de la erudición judía ortodoxa, sobre todo en España. Nahmánides posibilitó que los cabalistas se presentasen como los conservadores, remontando el origen de sus ideas a la Biblia y el Talmud, y defendiendo las mejores y más antiguas tradiciones judías. Los racionalistas eran los innovadores, pues incorporaban al estudio de la Torá las ideas paganas de los antiguos griegos. En este sentido, podríamos afirmar que la campaña contra las ideas de Maimónides fue el último estertor de los antihelenistas.

Nahmánides nunca se incorporó a la caza de brujas contra el racionalismo —al contrario, se opuso—, pero permitió que los cabalistas evitasen acusaciones análogas de herejía, las cuales de hecho habrían tenido mucha más base. Pues la Cábala no sólo incorporó conceptos gnósticos que eran completamente extraños al monoteísmo ético de la Biblia, sino que en cierto sentido era una religión completamente distinta: el panteísmo. Tanto su cosmogonía —su versión del modo en que la Creación fue concebida en palabras de Dios— como su teoría de las emanaciones divinas condujo a la deducción lógica de que todas las cosas incluyen un ingrediente divino. En la década de 1280, un importante cabalista español, Moshé ben Shem Tov de León, produjo un compendio del saber cabalístico, el *Séfer ha-Zóhar*, denominado generalmente *Zóhar*, que se convirtió en el tratado más conocido acerca del tema. Gran parte de esta obra es explícitamente panteísta: insiste con frecuencia en que Dios «es todo» y todo está unido en Él, «como lo saben los místicos». Pero si Dios está en todo, y todo está en Dios, ¿cómo es posible que Dios sea un solo ser determinado, increado y absolutamente separado de la Creación, como había insistido siempre y enfáticamente el judaísmo ortodoxo? No hay respuesta a esta pregunta, excepto la muy sencilla de que el *Zóhar-qabbala* es una herejía del tipo más pernicioso. Sin embargo, es un hecho que este tipo de panteísmo místico ejerce una extraña fascinación en personas muy inteligentes, cuyo enfoque usual del pensamiento se caracteriza por la equilibrada racionalidad. Por una notable paradoja, la corriente especulativa que habría de separar del judaísmo a Spinoza también lo llevó al panteísmo, de modo que fue el producto final tanto del racionalismo de Maimónides como del antirracionalismo de sus antagonistas.

Pero eso estaba reservado al futuro: en la comunidad judía medieval, con su amplia dispersión de la autoridad religiosa, estas corrientes rivales pudieron coexistir. En un mundo difícil, los pobres buscaban consuelo en la superstición y la religión popular; los ricos, si tenían la fuerza espiritual necesaria, en el racionalismo, o bien en la Cábala mística. El judaísmo tenía excesivo número de enemigos externos para arriesgar su armonía interna imponiendo una uniformidad que nadie deseaba realmente. En efecto, uno advierte que el judaísmo medieval es en esencia un sistema destinado a mantener unidas a las comunidades judías en presencia de muchos peligros: el desastre económico, las plagas, el gobierno arbitrario y sobre todo el ataque de dos grandes religiones imperialistas.

El Estado, cristiano o islámico, en general no era el enemigo principal. En efecto, a menudo era el mejor amigo. Los judíos se mostraban inconmoviblemente fieles a la autoridad debidamente constituida, por razones religiosas y por evidente interés propio: eran una minoría que dependía de la protección del gobernante. Los documentos de la *gueniza* correspondientes a 1127-1131 demuestran que los judíos ofrecían plegarias públicas regulares por los gobernantes islámicos doscientos años antes de que el texto apareciese en el libro de rezos judío. En contraste con las fuentes musulmanas del mismo periodo, la *gueniza* no contiene ninguna crítica a la autoridad. Los gobernantes actuaban recíprocamente. Veían a los judíos como un factor comunitario excepcionalmente respetuoso de la ley y productor de riqueza. Cuanto más firme era la autoridad, más probable era que los judíos estuvieran a salvo. Las dificultades aparecían, tanto en los países cristianos como en los musulmanes, durante las oleadas de entusiasmo religioso, cuando los fundamentalistas desbordaban al gobernante o, peor todavía, lo convertían en un converso fanático.

Los judíos nunca podían saber cuándo sobrevendrían episodios de este carácter. Se preparaban para ellos. En el siglo II habían renunciado a la resistencia mediante la fuerza, y no volvieron a ese método hasta el siglo XX, en Palestina. Pero había otras formas de resistencia. Una consistía en que los miembros más capaces adoptasen profesiones que los convertían en individuos útiles para las comunidades que los albergaban, pero que también les daban movilidad. En el islam esto generalmente no era difícil. Los judíos más aptos se convirtieron en médicos. Los gobernantes islámicos utilizaban cotidianamente sus servicios; lo mismo hacía la gente humilde cuando podía, y los consultaba incluso por dolencias menores, como el estreñimiento y la diarrea, como lo demuestran las recetas que llegaron a nosotros de entre el muestrario de la *guenizá*. En Egipto había un médico judío en cada ciudad, y a menudo en cada aldea en las áreas de asentamiento judío. Los médicos judíos eran populares. Atendían en los grandes hospitales públicos, y con frecuencia tenían pequeños establecimientos privados que les pertenecían. Podían ir a todas partes y tenían acceso a todos. De modo que casi siempre eran los jefes de la comunidad judía. La primera familia de *naguidim* egipcios estuvo formada totalmente por médicos. La medicina era la profesión no sólo de Maimónides, sino de su hijo, probablemente de su nieto y de su biznieto. La familia al-Amman estuvo formada por médicos durante ocho generaciones, y en una de ellas el padre y los cinco hijos pertenecían a la profesión. Ocasionalmente sucedía lo mismo con las hijas, en todo caso como oculistas. Yehudá ha-Leví era médico. También Nahmánides. Estas familias de médicos además comerciaban con productos afines: drogas, opio, plantas medicinales, perfumes, libros científicos. Las redes comerciales que se desarrollaban de este modo permitían que una familia de médicos pasara de un país a otro cuando se cernía la amenaza de la persecución. Los médicos judíos eran bien recibidos por doquier, excepto en los periodos de frenesí religioso, durante los cuales, incluso se los acusaba de envenenamiento.[56]

El mantenimiento de la unidad de las familias extendidas era la mejor defensa judía. La familia extendida era mucho más importante que la familia nuclear. Los documentos hallados en la *guenizá* muestran que la fidelidad principal se sentía hacia los padres, los hijos y las hermanas, no hacia los cónyuges. Las cartas entre hermanos y hermanas eran mucho más usuales que entre maridos y mujeres. Un proverbio utilizado por las mujeres decía: «Puedo conseguir marido, puedo engendrar hijos, pero ¿dónde puedo hallar un hermano noble?»[57] Los testamentos demuestran que cuando un hombre moría sin descendencia, la propiedad pasaba a su hermano, o al miembro más cercano de la «Casa del Padre», no a la esposa, que recibía sólo su propia dote. Como decía un escrito, «el saldo de la propiedad retorna a la casa de mi padre».[58]

Con el fin de conservar la fuerza de la familia, el matrimonio era obligatorio para los hombres, y para las mujeres en edad de concebir: los documentos de la *guenizá* no mencionan a las solteras. Un gran factor de la fuerza económica y social del judaísmo, en contraposición al islam, fue su rechazo de la poligamia. El Pentateuco en realidad no la prohibía, pero Proverbios 31:10-31 parecía defender la monogamia, y ésta fue norma desde los tiempos que siguieron al Exilio; a partir de la época del rabino Guershón (960-1028), la bigamia y la poligamia fueron castigadas con la excomunión más severa en la comunidad judía europea.[59] La bigamia conducía a la excomunión también en Egipto, aunque en el caso del matrimonio obligatorio de la ley mosaica, Maimónides aprobó la bigamia, con la condición de que las esposas recibiesen el mismo trato: «una noche con ésta, una noche con aquélla».[60] El varón se convertía en adulto a los trece años, cuando podía contribuir al *minián* (*quorum*) en los servicios y usar las filacterias, y a partir de principios del siglo XIII esta cuestión fue señalada por el *bar-mitsvá*, que significaba que en adelante estaba sometido al yugo de los mandamientos.[61] Después, se le casaba en cuanto era conveniente; Maimónides fue un caso insólito, pues no se casó hasta cumplidos los treinta años. El matrimonio era una transacción social y comercial destinada a preservar la cohesión de la sociedad, de modo que el contrato o *ketubbá* se redactaba como un acuerdo de asociación para evitar disputas, o facilitar la disolución, y se leía en la ceremonia. Éste es un contrato caraíta fechado el 26 de enero de 1028:

> Yo, Ezequías, el esposo, le proveeré de vestido, techo y comida, le proporcionaré todo lo que ella necesite y desee de acuerdo con mi capacidad y en la medida en que pueda permitírmelo. Me comportaré con ella mostrando verdad y sinceridad, amor y afecto, y no la reprenderé ni oprimiré, y le permitiré tener comida, vestido y relaciones conyugales en la medida habitual en los hombres judíos [...]. Sarna, la esposa, oyó las palabras de Ezequías y aceptó casarse con él y ser su esposa y compañera en pureza, santidad y temor de Dios, escuchar sus palabras, honrarlo y amarlo, ser su ayudante y hacer en su casa lo que se espera de una mujer judía virtuosa, tratarlo con amor y consideración, acatar su dominio y poner en él su deseo.[62]

La Biblia decía que Dios odiaba el repudio (es decir, el divorcio),[63] pero la defensa de la familia extendida, en contraposición a la nuclear, exigía que el divorcio fuese fácil, siempre que el contrato estuviera bien redactado. Las fuentes de la *guenizá* demuestran que era más usual en Egipto que en las familias judías europeas o norteamericanas hasta la segunda mitad del siglo XX.[64] En el divorcio, la Mishná favorecía al hombre: «Una esposa se divorcia sea cual fuere su voluntad, pero el marido se divorcia sólo cuando él lo desea.»[65] Las mujeres judías eran menos consideradas en el islam africano y asiático que en la Europa cristiana, pero los registros de la *guenizá* indican que con frecuencia tenían más poder de lo que sugerían sus derechos formales. Si se las golpeaba, podían acudir a los tribunales, y a veces un marido tenía que requerir la protección de un tribunal frente a una esposa dominante. Muchas cartas revelan que las esposas atendían los negocios del marido cuando él estaba comerciando en el extranjero. Eran usuales las representantes y las intermediarias. Una mujer que figura en los registros tenía, en efecto, el apodo de «la Intermediaria»; regentaba un negocio, fue expulsada de una sinagoga, pero figuró en una lista de suscripción pública, y murió rica.[66]

Las mujeres también representaban un papel en el sistema educativo, que era el auténtico aglutinador del mundo judío. Tenían sus propias clases exclusivamente femeninas —donde generalmente enseñaban eruditos ciegos— y no eran pocas las que enseñaban la Biblia. Una mujer también podía dirigir una escuela, aunque esto no era frecuente. A pesar de esto, se confiaba el principal esfuerzo educativo a hombres sostenidos por la comunidad. De hecho, la definición legal judía de un pueblo en contraposición a una aldea era que tenía por lo menos diez *batlanim*, es decir «personas que no trabajan», y que renunciaban a la utilidad privada para estudiar en beneficio de la comunidad. Hacia fines del siglo XI había veintinueve *batlanim* en Fustat y catorce en El Cairo, que incluían al *rayyis* o jefe de los judíos (bajo los Fatimíes), el *rabbenu* (maestro), que era el principal erudito y autoridad religiosa, dos jueces, cinco estudiosos de la *yeshivá*, tres *ravim* o maestros, seis cantores, un educador y cinco bedeles.[67]

La comunidad giraba alrededor del complejo formado por la escuela y la sinagoga. El Cairo-Fustat era considerado un lugar laxo, incluso lujurioso. Maimónides, que detestaba la música, desaprobaba el canto de los *piyyutim* durante los servicios, en cambio, el pueblo los amaba, y él dictaminó que provocaría excesiva acritud la suspensión de los mismos. Su hijo Abraham deploró el uso de enormes almohadones y reclinatorios en la sinagoga, pero también en este caso la voluntad popular prevaleció. No obstante, incluso en la laxa Fustat había tres servicios diarios y cuatro el *shabbat*.[68] El *shabbat* y las normas dietéticas conservaron todo su rigor. La ley judía era estricta, y este fenómeno originaba la pérdida de miembros en favor de las comunidades anfitrionas, un fenómeno constante pero que en general no aparece anotado en los registros. La disciplina era también el factor que mantenía unidos a los judíos y que sostenía el sentimiento de su propia dignidad. *Shabbat* significa «cesar». Se prohibía absolutamente el trabajo, y el Éxodo prohibía concretamente encender fuego, y por su parte la Mishná enumeraba treinta y nueve categorías de esfuerzo para encenderlo. El principio de la Ley Oral de erigir «empalizadas alrededor de la Ley», para impedir incluso las infracciones accidentales, extendió todavía más el área de la prohibición. Así, del mismo modo que no se podía quebrar una rama para encender fuego, no se podía montar un caballo, aunque no perteneciera al jinete (los animales que uno poseía debían descansar durante el *shabbat*), pues uno podía verse obligado a quebrar una rama para usarla como fusta. Como Jeremías 17:21 prohibía transportar cargas durante el *shabbat*, la Mishná consagró dos capítulos a los mínimos cuantitativos, y una gran proporción de comentarios analizó la diferencia entre un lugar privado donde se permitía cierto transporte, y otro público. Como Éxodo 16:29 establecía que un hombre «permanezca en su lugar el día séptimo», había un enorme volumen de comentarios acerca de los paseos.[69]

Había funcionarios públicos que cobraban para supervisar estas prohibiciones y que cumplían un papel aún más importante en el área de las leyes dietéticas. Dado que la alimentación era parte de la religión y comer implicaba una comunión con Dios, el alimento tenía que proceder de una especie permitida y debía darse una bendición durante la matanza, la cual debía ejecutarse de acuerdo con la forma reglamentada. Debía cortarse el esófago y la tráquea de los animales y las aves con un cuchillo pasado tres veces sobre el dedo y tres veces sobre la uña para asegurarse de que estaba afilado y sin mellar. Después de la matanza, se examinaba la carne en busca de indicios de enfermedad, sobre todo en los pulmones, y después se retiraban las venas que contenían sangre, así como la grasa y los tendones prohibidos de los cuartos traseros. El *shojet* o matarife ritual oficial era designado por los rabinos, y una carta de la *guenizá* muestra que lo examinaban de tres cosas: la religiosidad, la buena conducta y el saber; un buen ejemplo, como ha observado Goitein, de la tendencia de los oficios judíos a ascender en la jerarquía académica.[70] Después de ejecutar su trabajo, que incluía la eliminación de toda la sangre, un guardia verificaba que no se tocase la carne hasta que estuviese lista para la cocción, momento en el cual se dejaba en agua durante treinta minutos, se salaba y se dejaba una hora, con el fin de garantizar que no quedara sangre. El guardia también supervisaba el ordeño y la fabricación de queso, regidos por normas de pureza. Para ser *kosher*, un huevo no debía mostrar manchas de sangre, debía tener un extremo redondo y otro ovalado, y la yema estar rodeada por la clara. Como la Biblia prohibía hervir a un cabrito en la leche de su madre, los comentaristas interpretaron esta fórmula como la prohibición de ingerir conjuntamente alimentos cárnicos y lácteos, a menos que cada uno guarde con el otro la proporción de más de sesenta por uno. Lo cual, a su vez, condujo al empleo de dos juegos de vajilla y enseres de cocina.[71]

La matanza comunitaria contribuyó a consolidar la comunidad judía. Además, aunque un judío pobre quizá tenía que mostrarse estricto en lo que ingería, sabía que nunca le faltaría alimento, pues cada viernes podía recibir dinero suficiente (o su equivalente) para cubrir catorce comidas de su familia. Desde los tiempos del Templo, el *kuppá*, o cepillo de la recaudación, era uno de los ejes sobre los que giraba la comunidad de bienestar judío, y Maimónides afirmó: «Jamás hemos visto u oído hablar de una comunidad judía que no tenga un *kuppá*.»[72] Había tres fideicomisarios, ciudadanos solventes, para cada *kuppá*, y como la caridad era imperativa en la ley judía, disponían del poder necesario para requisar bienes de los que no contribuían. Había formas cuidadosamente graduadas de bienestar social, cada una con su propio fondo y sus administradores: vestidos, escuelas para los pobres, dotes para las jóvenes pobres, alimento y vino para la Pascua de los pobres, los huérfanos, los ancianos y los enfermos, entierros para los pobres, los prisioneros y los refugiados. El concepto de cada uno según su capacidad, a cada cual según su necesidad fue una fórmula adoptada por los judíos antes del nacimiento de Cristo, y practicada siempre, incluso cuando el conjunto de la comunidad afrontaba dificultades. Un judío solvente tenía que aportar al *kuppá* a partir de un mes de residencia en la comunidad, al fondo de la cocina a partir de tres, al fondo del vestido después de seis y al fondo de entierros después de nueve.[73] Pero como ayudar a los pobres era un modo de demostrar gratitud a Dios, un sustituto de los sacrificios del antiguo Templo, el judío piadoso daba más del mínimo obligatorio, y las listas extensas y cuidadosamente escritas de contribuyentes colgaban de las paredes de la sinagoga de Fustat, de modo que Dios y los hombres las viesen. Los judíos detestaban depender de la beneficencia. Citaban la Biblia: «Debes ayudar al pobre en proporción con sus necesidades», pero agregaban: «No estás obligado a enriquecerlo.»[74] La Biblia, la Mishná, el Talmud y los comentarios abundaban en exhortaciones a trabajar para alcanzar la independencia. La oración después de la comida rogaba: «Te imploramos, oh Dios de nuestros padres, que no nos lleves a necesitar de los dones de la carne y la sangre [...] y que dependamos sólo de tu mano, que está colmada, y se muestra abierta, santa y amplia, de modo que no nos avergoncemos.» Y Los sabios ordenaban: «Despelleja una res en el mercado si es necesario, recibe tu salario y no digas: "Soy un gran hombre, y no corresponde a mi dignidad hacer tal cosa."»[75]

En cambio, los documentos de la *guenizá*, por ejemplo las listas de beneficiarios y donantes, muestran que en la práctica la ayuda debía distribuirse en gran escala. Por la época en que Maimónides llegó a Fustat (hacia 1150-1160), de tres mil trescientos judíos, quinientos se ganaban su pan y había ciento treinta hogares que dependían de la caridad; en el periodo 1140-1237 había un promedio de un beneficiario por cada cuatro donantes.[76] La pobreza a menudo era inevitable. Por ejemplo, en 1201-1202 el hambre y la enfermedad redujeron a la mitad la población de Fustat, dejando en la miseria a las viudas y los niños. Los documentos de la *guenizá* demuestran que la *yizya* o capitación, el peor aspecto del dominio musulmán, era el verdadero terror de los pobres; se aplicaba de un modo feroz e implacable, los viajeros debían mostrar certificados de pago del impuesto antes de partir y se consideraba responsables de los morosos a los parientes. En el trasfondo estaba siempre la amenaza del antisemitismo. En los documentos de la *guenizá* se lo describe con la palabra *sinut*, odio. La peor persecución real sobrevino bajo al-Hakim, un califa fatimí fanático o loco, a principios del siglo XI. Al-Hakim atacó primero a los cristianos, y después a los judíos. Otro gobernante fanático fue al-Malik, sobrino de Saladino, que se autodenominaba califa del Yemen (1196-1201); una carta de agosto de 1198 escrita en Yemen relata cómo se convocó a los judíos al salón de audiencias del gobernante y se los convirtió por la fuerza: «Así todos apostataron. Algunos de los piadosos, que [después] desertaron del islam, fueron decapitados.» Algunas regiones del islam eran mucho peores que otras para los judíos. En Marruecos imperaba el fanatismo y también en el norte de Siria. Las normas contra los *dimmi*, por ejemplo las leyes suntuarias, a menudo se aplicaban de forma estricta para extraer contribuciones financieras a la comunidad judía. Un documento de la *guenizá* correspondiente a 1121 describe los decretos dictados en Bagdad que obligaban a los judíos a usar:

dos distintivos amarillos, uno sobre el tocado y otro sobre el cuello. Además, cada judío debe colgarse alrededor del cuello un pedazo de plomo que pesaba [unos 3 gramos] con la palabra *dimmi*. También tiene que usar un cinturón alrededor de la cintura. Las mujeres tienen que usar un zapato rojo y otro negro y colgarse del cuello o los zapatos una campanilla [...] El visir designaba a varones musulmanes brutales para supervisar a los hombres judíos, y a mujeres musulmanas brutales para vigilar a las mujeres, y los ofendía con maldiciones y humillaciones [...] Los musulmanes se burlaban de los judíos, y la turba y los jóvenes los golpeaban por todas las calles de Bagdad.[77]

Durante la mayor parte de este periodo, Egipto fue un lugar relativamente seguro para los judíos, aunque Alejandría conservó su antigua tradición de antisemitismo, que se remontaba a los tiempos helenísticos. El autor de una carta hallada en la *guenizá*, al describir un brote de antisemitismo cuando se acusó falsamente de violación a un anciano judío, decía: «El antisemitismo adopta constantemente formas nuevas, y en la ciudad todos se han convertido en una especie de inspector de policía que se vuelve hacia los judíos para expresar su *sinut*.»[78] Pero los documentos de la *guenizá* revelan que en Fustat y en El Cairo los judíos, los cristianos y los musulmanes convivían y participaban en sociedades comerciales comunes. Goitein llega a la conclusión de que los datos disponibles no confirman la idea de que, por lo menos en Egipto, el antisemitismo fuera endémico o grave. Por otra parte, bajo los Fatimíes y los Ayubíes, Egipto fue un refugio para los judíos (y otros) perseguidos de todo el mundo.

Si el trato dispensado a los judíos en el islam variaba de un lugar a otro y de un periodo a otro, siempre fue hostil bajo el dominio bizantino. En la cristiandad latina el trato fue tolerable hasta la predicación de la primera cruzada, en 1095; después, la posición de los judíos se deterioró casi por doquier. Como en el islam, los gobernantes siempre favorecían a los judíos, a igualdad de las restantes condiciones. Los judíos eran los mejores pobladores urbanos, tenían útiles redes comerciales, capacidades desusadas, acumulaban riqueza con rapidez y era fácil gravarlos. Prosperaron bajo los Carolingios. Alrededor de 825 el emperador Ludovico Pío les concedió una serie de fueros para inducirlos a establecerse. Las cartas de Agobardo de Lyon muestran que no sólo gozaban de la protección imperial, sino que se les permitía construir sinagogas. No obstante, periódicamente había dificultades; por ejemplo, persecuciones en Francia en 1007, conversiones forzosas en Maguncia en 1012. Pero en general, las comunidades judías prosperaban y se extendían, especialmente en la cuenca renana, y desde el curso inferior del Rin hasta Inglaterra después de 1066. Incluso en 1084 el obispo de Speyer les otorgó una serie de privilegios, entre los cuales estaba el derecho de levantar un muro defensivo alrededor de su distrito, para inducirlos a establecerse en la ciudad; y en 1090 el emperador Enrique IV renovó esta carta y les concedió otra en Worms.

La ambivalencia en la actitud oficial frente a los judíos fue haciéndose cada vez más manifiesta. Los señores seculares tendían a tratar a los judíos como propiedad personal, que podía ser explotada; podían apoderarse no sólo de los ingresos, sino, en caso de necesidad, también del capital. Los señores eclesiásticos, como los gobernantes de la ciudad, apreciaban el valor económico de la presencia judía; como eclesiásticos la aborrecían. El papa Gregorio Magno (que reinó entre 590 y 604) protegió a los judíos de Roma; pero al mismo tiempo creó la ideología del antijudaísmo cristiano, que conduciría a agresiones a los judíos. De hecho, argüía que los judíos no estaban ciegos a las afirmaciones de la cristiandad. Sabían que Jesús era el Mesías, que era el Hijo de Dios, pero lo habían rechazado, y continuaban rechazándolo porque tenían los corazones corruptos. Siempre había sido así, y la prueba contra los judíos estaba en la Biblia, escrita por ellos mismos.[79] Por supuesto, el argumento representaba un problema terrible para los judíos. Uno de sus principales talentos era la facultad crítica que siempre habían tenido. Era la fuente de su racionalidad, uno de los factores que los había conducido inicialmente al monoteísmo, pues su sentido crítico no les permitía aceptar los absurdos del politeísmo. Pero no sólo tenían una actitud crítica, sino que eran, sobre todo, autocríticos. Y eran, o por lo menos habían sido en el pasado, notables historiadores. Veían la verdad, a veces de perfiles horribles, acerca de ellos mismos, y la decían en la Biblia. Mientras otros pueblos elaboraban su épica nacional para respaldar y promover su autoestima, los judíos deseaban descubrir dónde estaba el error en su propia historia, tanto como determinar dónde estaba el acierto. Por eso la Biblia está sembrada de pasajes en que los judíos aparecen como un pueblo pecador, a menudo excesivamente perverso u obstinado para aceptar la ley de Dios, aunque la conozcan. De hecho, los judíos aportaron las pruebas utilizadas para acusarlos.

En general, los apologetas cristianos no creían que debiera castigarse a los judíos por el delito que sus antepasados habían cometido al matar a Cristo. Planteaban una idea distinta. Los contemporáneos judíos de Jesús habían presenciado sus milagros, asistido al cumplimiento de las profecías y habían rehusado reconocerlo porque era pobre y humilde. Ahí residía el pecado. Pero después, una generación tras otra de judíos habían demostrado el mismo espíritu de obstinación, como en la Biblia. Constantemente ocultaban la verdad, la manipulaban o suprimían la prueba. San Jerónimo los acusó de eliminar las referencias a la Trinidad contenidas en los profetas. San Justino decía que en Esdras y Nehemías había indicios que ellos habían omitido. Los antiguos rabinos que habían compilado el Talmud conocían la verdad, e incluso la habían incorporado de manera disimulada, por eso los polemistas cristianos trataban de usarla en su argumentación. Incluso el historiador judío Josefo había escrito la verdad acerca de Jesús (en realidad se trata de una evidente interpolación cuando la cadena de manuscritos quedó bajo control cristiano), pero los judíos se opusieron. No era ignorancia. Era malicia. Éste es un comentario de Geraldo de Gales, historiador del siglo XII:

> ni siquiera aceptan acerca de Cristo el testimonio de su historiador, cuyos libros tienen en hebreo y a los cuales consideran auténticos. Pero el maestro Robert, prior de San Frideswide en Oxford, a quien hemos visto y que era anciano y digno de confianza [...] conocía bien las Escrituras y sabía hebreo. Envió mensajeros a diferentes pueblos y ciudades de Inglaterra donde residían judíos, y de ellos obtuvo muchos libros de Josefo escritos en hebreo [...] y en dos halló este testimonio acerca de Cristo, completo y por extenso, pero como si poco antes hubiese sido borrado; pero en todo el resto, eliminado antes, fue

como si nunca hubiese estado allí. Y cuando esto se mostró a los judíos de Oxford convocados con ese fin, se sintieron condenados y confusos ante esta malicia fraudulenta y esa mala fe hacia Cristo.[80]

La tragedia de esta línea argumental cristiana era que conducía directamente a un nuevo tipo de antisemitismo. Que los judíos pudieran conocer la verdad de la cristiandad y aun así rechazarla parecía una conducta tan extraordinaria que mal podía ser humana. De ahí el concepto de que los judíos eran completamente distintos de las personas comunes y corrientes, idea reforzada por sus leyes acerca de la comida, la matanza de animales, la cocina y la circuncisión. Circulaban historias en el sentido de que los judíos tenían colas ocultas, estaban aquejados de una secreción sangrienta y tenían un olor peculiar, que desaparecía instantáneamente cuando se bautizaban. A su vez, estas historias originaron versiones en el sentido de que los judíos servían al demonio —lo cual explicaba todo— y comulgaban con él en ceremonias secretas y perversas.

Parece que hubo cierta acumulación de sentimientos antijudíos antes de que la desatara la predicación de la primera cruzada en Clermont-Ferrand, en 1095. La oleada de fervor por la cruzada había respondido a los innumerables relatos de maltrato a los cristianos en Tierra Santa. Los musulmanes eran los principales villanos de estas narraciones, pero a menudo se incluía a los judíos como auxiliares traicioneros. Era una época de fundamentalismo cristiano, en la que se produjo la reforma del papado y la creación de órdenes rigoristas como los cistercienses. Muchos creían que el fin del mundo y el Segundo Advenimiento eran inminentes. Los hombres deseaban obtener urgentemente la gracia y la remisión del pecado. La reunión de una multitud de hombres armados en el noroeste de Europa creó oportunidades para todos los tipos de comportamiento antinómico y provocó la quiebra del orden normal. Los hombres vendían sus pertenencias para pagar los gastos de la participación en la cruzada. O tomaban dinero prestado. Suponían que las deudas serían pagadas. Los judíos, uno de los pocos grupos que disponían de capital —dinero en efectivo—, estaban en una posición arriesgada. Vale la pena señalar que ni siquiera los cruzados fervientes no atacaban a los judíos en sus propios pueblos, porque sabían que eran gente común como ellos mismos. En cambio, una vez que iniciaban la marcha, a menudo atacaban a los judíos de otras ciudades, y a veces los habitantes cristianos de éstas, arrastrados por el frenesí y el ansia de saqueo, se les unían. Los gobernantes locales se veían sorprendidos por estos episodios de súbita furia y perdían el control.

Nos ha llegado un relato de las masacres escrito por el rabino Salomón ben Sansón, cronista judío del siglo XII.[81] Los pogromos comenzaron en Ruán, Francia, y en la primavera de 1096 se extendieron a las ciudades renanas. Cuando se formaba la hueste que marchaba a la cruzada, y que a menudo no era más que una turba, las comunidades judías que estaban en el trayecto se veían amenazadas. El obispo de Speyer frenó pronto los disturbios usando la fuerza y colgando a los cabecillas. «Pues era un hombre virtuoso entre los gentiles, y el Todopoderoso le otorgó el mérito de nuestra liberación por su intermedio.»[82] El arzobispo de Colonia hizo otro tanto. En cambio, en Maguncia el arzobispo tuvo que huir para salvar la vida. Los judíos trataron de luchar, pero fueron desbordados. Masacraron a los varones o los obligaron a convertirse. Los niños fueron muertos para impedir que se los criase como cristianos, y las mujeres, encerradas en el castillo del arzobispo, se suicidaron en masa; en total, perecieron más de mil personas. Las antiguas, ricas y populosas comunidades judías de Renania fueron destruidas, y la mayoría de los judíos murió o fue arrastrada hasta la pila bautismal. Otros, desalentados por este súbito e inexplicable odio de sus conciudadanos, se dispersaron. Habían aprendido que los fueros que los protegían no eran más útiles que (como ellos mismos dijeron) «pergamino para tapar las jarras».

La ideología y el folclore antisemitas que ayudaron a detonar los disturbios de la primera cruzada en definitiva no fueron más que la columna sobre la cual se levantó una amplia superestructura de mitos y rumores hostiles. En 1144 hubo un incidente ominoso en Norwich, East Anglia, por entonces la región más rica y poblada de Inglaterra. En la Inglaterra anglosajona había pocos judíos, si es que había. Llegaron, lo mismo que muchos otros inmigrantes flamencos, con la invasión de Guillermo el Conquistador. La mitad se instaló en Londres, pero se formaron comunidades judías en York, Winchester, Lincoln, Canterbury, Northampton y Oxford. No había barrios judíos, pero generalmente había dos calles judías, una para los judíos acomodados, la otra para los pobres: así, en Oxford, cerca de Saint Aldates, estaba la Gran Calle de la Judería y el Pequeño Camino de la Judería.[83] Los judíos construyeron casas sólidas, a menudo de piedra por razones de seguridad. En efecto, en Lincoln perduran dos casas judías del siglo XII (una utilizada quizá como sinagoga), las cuales se cuentan entre las construcciones más antiguas de Inglaterra que han llegado hasta nosotros.[84] Norwich, donde fueron a vivir algunos judíos renanos, no tenía una comunidad importante, a lo sumo, doscientos, de una población judía que en Inglaterra no llegó a sobrepasar las cinco mil almas. Pero sus actividades han sido minuciosamente exploradas por las investigaciones de V. D. Lipman.[85] En Norwich los judíos vivían cerca del mercado y el castillo (por razones de seguridad), pero estaban mezclados con los cristianos. Su principal actividad era el préstamo de dinero con la garantía de las tierras y las rentas. También eran prestamistas sobre prendas. Algunos judíos ingleses eran médicos.[86] Como en otras ciudades inglesas del siglo XII pobladas por judíos, había una familia de considerable riqueza, los Jurnet, cuyos antepasados pueden rastrearse a lo largo de cinco generaciones. Los Jurnet tenían socios comerciales en Londres, viajaban, trabajaban en todo el país y manejaban sumas muy grandes. Su gran residencia de piedra en King Street estaba separada de las casas de los restantes judíos. Protegían a los estudiosos del Talmud e incluso algunos de sus miembros eran eruditos.[87]

En 1144 esta pequeña comunidad fue el blanco de una terrible acusación. El 20 de marzo, poco antes de la Pascua cristiana y la Pascua judía, desapareció un niño llamado William, hijo de un acaudalado granjero y aprendiz de un curtidor. Se lo vio por última vez entrando en la casa de un judío. Dos días después, el miércoles de Semana Santa, hallaron su cuerpo al este de la ciudad, en Thorpe Wood, «vestido con su chaqueta y calzado con sus zapatos, y con la cabeza afeitada y herida por innumerables cuchilladas». Nuestro conocimiento de los detalles proviene básicamente de una hagiografía, *The Life and Miracles of St William of Norwich* [La vida y milagros de san Guillermo de Norwich], compilada poco después por Thomas de Monmouth, un monje del priorato de Norwich.[88] De acuerdo con Thomas, Elvira, madre del niño, y un sacerdote local llamado Godwin acusaron de asesinato a los judíos de Norwich y afirmaron que el crimen era una repetición de la pasión de Cristo. Más tarde, algunos criados cristianos que trabajaban en una casa judía dijeron que el niño había sido secuestrado después del servicio en la sinagoga, lo habían amordazado y atado con cuerdas, y le habían clavado espinas en la cabeza. Después lo habían atado como si estuviese sobre una cruz, clavándole la mano y el pie izquierdos, atravesándole el costado y vertiendo agua hirviendo sobre el cuerpo; afirmaron que habían visto todo esto por una grieta en la puerta. Un grupo de judíos fue acusado del sacrilegio ante un tribunal eclesiástico, pero el alguacil local afirmó que eran propiedad del rey, se negó a permitir que afrontasen el juicio y se apresuró a llevarlos a la seguridad del castillo de Norwich.

En ese momento comenzaron los primeros milagros relacionados con el cuerpo del niño. Al principio, las autoridades eclesiásticas locales, lo mismo que las seculares, se mostraron hostiles a todo el asunto. Pero dos años después un monje que favorecía ese culto fue designado obispo de Norwich, y es significativo que su elección formal para el priorato fuera la ocasión de una manifestación antijudía. El mismo año Eleazar, prestamista judío local, fue asesinado por los criados de cierto sir Simon de Nover, que le debía dinero. La leyenda se difundió poco a poco. El asesinato ritual de un sustituto de Cristo en Pascua armonizaba con la opinión oficial de que los judíos conocían la verdad pero la rechazaban. Después, se señaló que el día del descubrimiento del asesinato, el 22 de marzo, era el segundo día de la Pascua judía. Como era bien sabido, para esta ocasión los judíos preparaban un pan especial sin levadura. Un relato antisemita decía que todos los judíos padecían hemorroides desde el día en que habían dicho a Pilato: «¡Su sangre sobre nosotros y sobre nuestros hijos!» Sus sabios les habían dicho que podían curarse sólo mediante «la sangre de Cristo» —es decir, abrazando el cristianismo—, pero habían interpretado literalmente el consejo. Para obtener la sangre necesaria con la cual preparar el pan curativo de la Pascua, cada año tenían que matar a un sustituto de Cristo. Cierto Teobaldo de Cambridge, converso proveniente del judaísmo, ratificó esta versión del asesinato de William y afirmó que cada año un congreso de judíos reunido en España designaba la ciudad donde debía realizarse el asesinato ritual, y que en 1144 la suerte había recaído en Norwich.[89] Así, de este crimen derivaron dos acusaciones diferentes pero relacionadas contra los judíos: la acusación de asesinato ritual y el libelo acerca de la sangre.[90]

Este episodio fue particularmente perjudicial para la seguridad judía, porque, precisamente por el carácter mismo de su muerte ritual, se confirió a William parte de la santidad de Cristo y el poder de hacer milagros. Y éstos llegaron, y cada uno era una nueva prueba de la malicia judía. La canonización, que todavía no estaba centralizada en Roma, se otorgaba por aclamación popular. Y como el cuerpo de un santo así aportaba riqueza a la iglesia que lo poseía, dado que atraía peregrinos, donaciones y regalos, se manifestó la tendencia a formular acusaciones de asesinato ritual allí donde un niño moría en circunstancias sospechosas cerca del lugar en que residían judíos; por ejemplo, Gloucester en 1168, Bury Saint Edmunds en 1181 y Bristol en 1183. La predicación de una nueva cruzada siempre ponía al rojo vivo el sentimiento antisemita. La tercera cruzada, en 1189-1190, en la que Inglaterra representó un papel importante porque la encabezó Ricardo Corazón de León, excitó la furia de las turbas, que ya había despertado a causa de las acusaciones de asesinato ritual. Una delegación de judíos acaudalados que asistió a la coronación de Ricardo en 1189 fue atacada por la multitud, y después hubo una agresión contra la comunidad judía londinense. Cuando al año siguiente se aproximó la Pascua, estallaron los pogromos, y los más graves fueron en York, donde la rica comunidad judía fue masacrada, a pesar de que se refugió en el castillo. Por supuesto, Norwich fue una de las víctimas, y un cronista anotó: «Muchos de los que se preparaban para ir a Jerusalén decidieron alzarse primero contra los judíos [...]. De modo que el 6 de febrero todos los judíos que fueron hallados en sus casas de Norwich fueron muertos; algunos se habían refugiado en el castillo.»[91]

Éste fue un hito más en la destrucción de la comunidad judía latina. El ascenso de la herejía organizada durante el siglo XII originó un papado cada vez más autoritario y triunfalista, que miraba con sospecha todas las formas heterodoxas de la actividad religiosa, entre ellas el judaísmo. El más grande de los centralizadores medievales, Inocencio III (papa entre 1198 y 1216), sancionó una serie de decretos antijudíos en el cuarto concilio de Letrán de 1216 y aprobó la creación de dos órdenes predicadoras, los dominicos y los franciscanos, a quienes se encargó específicamente el fortalecimiento de la fe ortodoxa en las ciudades. Además, se encomendó a los dominicos la destrucción de la herejía mediante la investigación de las prácticas dudosas, el interrogatorio y juicio de los sospechosos y su entrega al poder secular, que debía castigar a los culpables.

Como manifestación adicional de la cristología, Inocencio promovió un nuevo culto de la eucaristía. A su vez, esta iniciativa originó otro estrato de antisemitismo. En 1243, cerca de Berlín, se acusó a los judíos de robar una hostia consagrada y usarla para sus propios y perversos propósitos. Esta práctica también armonizaba con la opinión cristiana de que los judíos conocían la verdad pero luchaban contra ella. En efecto, creían que la hostia era el cuerpo de Cristo: por eso la robaban y la maltrataban, con lo cual renovaban los sufrimientos de Jesús, del mismo modo que robaban niños cristianos y los asesinaban en malignos ritos. Como con todas las teorías de la conspiración, una vez dado el primer salto con la imaginación, el resto se desprende con embriagadora lógica. Después de 1243, se informó acerca de casos de robo de hostias en todo el territorio de Europa latina. Según las actas de los tribunales, salían a la luz pública porque en su sufrimiento la hostia producía milagros: se elevaba en el aire, originaba terremotos, se convertía en mariposas que curaban a los tullidos, desprendía ángeles y palomas o —lo que era más usual— aullaba de dolor o gritaba como un niño.[92] Jamás hubo pruebas plausibles que justificaran estas calumnias. Es posible que ciertas acusaciones fuesen la consecuencia de un malentendido auténtico. Por ejemplo, en 1230 se acusó a los judíos de circuncidar por la fuerza a un niño de cinco años en Norwich. Se encarceló y multó a los judíos cuando al fin se ventiló el caso en 1234, y parece que al año siguiente el episodio provocó un ataque violento de los ciudadanos a los judíos de Norwich. Alrededor de 1240 varios judíos fueron ahorcados en relación con este caso. La explicación más probable es que algunos miembros de la misma familia judía estuviesen recuperando para su comunidad al hijo de un converso.[93] Pero la mayoría de las acusaciones formuladas contra los judíos eran meras invenciones, y siempre que se realizaba una investigación eclesiástica auténtica, los resultados exculpaban a la comunidad judía.[94]

Por supuesto, las calumnias deben examinarse sobre el trasfondo del préstamo de dinero por los judíos. Esta práctica afectaba a un espectro social muy amplio. Los datos obtenidos de Perpiñán, en el sur de Francia, durante el siglo XIII muestran que los aldeanos formaban el 65 % de los prestatarios, aunque sólo recibían en préstamo el 43 % de las sumas totales; los habitantes de las ciudades, el 30 % y el 41 % respectivamente; los caballeros y los nobles el 2 % y el 9 %; el clero el 1 % y el 5 %.[95] En Inglaterra el esquema era más o menos el mismo. Las grandes casas religiosas y la alta nobleza utilizaban los servicios de los judíos, pero en escala relativamente reducida. En los dos países los grandes prestatarios eran los miembros de la pequeña nobleza, la clase que tenía más probabilidades de encabezar una oleada de activismo antisemita. Un caballero rural con apellido y prestigio pero sin dinero, y que estaba a un paso de perder sus tierras, era el hombre más apropiado para agitar a una turba. La historia entera enseña que el préstamo de dinero provoca dificultades en las sociedades rurales. Un contrato matrimonial judío de la Inglaterra del siglo XIII muestra que el dinero prestado a interés solía rendir por lo menos el 12,5 % anual.[96] Esta cifra no parece una tasa muy elevada, si se la juzga según las normas medievales. Por desgracia, como lo señala Lipman, los prestamistas realizaban entre ellos transacciones muy complejas, y a menudo formaban sindicatos, con distintos niveles de préstamo; y todas las actividades se complicaban a causa de las normas judías, de los esfuerzos para evitarlas, de las normas cristianas y de los esfuerzos para evitar también éstas. El efecto total era elevar la tasa definitiva de interés que el prestatario debía pagar y sobre todo crear una situación legal tan compleja que las acusaciones de robo surgían con mucha frecuencia en caso de disputa. Los tribunales internos judíos y los cristianos atendían estas cuestiones. Las actas dicen: «Judas, judío de Bristol, debe dos onzas de oro destinadas a una investigación realizada en un capítulo de los judíos, para establecer si un judío debe soportar usura de un judío»; o también: Abraham ben Josué de York dijo a los «jueces de los judíos» que «un judío puede soportar usura de una mano cristiana, y si esto parece injusto a la parte contraria, que ésta vaya ante los maestros de su ley reunidos en capítulo y allí lo acuse, porque las cuestiones de esta clase referidas a su ley no deben ser corregidas en otro lugar».[97] Un mercader urbano podía entender estas cosas, pero ése no era el caso de un caballero rústico.

En teoría, y a menudo en la práctica, los reyes debían beneficiarse enormemente con la presencia de una comunidad judía numerosa y activa. En la Inglaterra del siglo XII los reyes angevinos sin duda aprovecharon bien la actividad de los ricos prestamistas judíos. Había un tesorero especial para los judíos, que administraba en cada ciudad el fondo de la comunidad judía. Cada tesorería era administrada por dos judíos y dos cristianos, que llevaban registro de todas las deudas documentadas. En la sede central había un juez judío, un juez cristiano y un rabino que asesoraba.[98] De hecho el rey recibía una parte de todas las transacciones comerciales judías y necesitaba saber quién debía a qué judío cuánto dinero. Cuando Aarón de Lincoln, el más próspero financiero judío de la Inglaterra medieval, falleció en 1186, se organizó una oficina especial que debía ocuparse de sus propiedades. Por una de esas ironías que se observan a lo largo de toda la historia judía, Aarón había financiado el vasto programa de expansión de los cistercienses, una orden ultrarrigorista, pues les había prestado la suma entonces colosal de 6.400 marcos a cambio de hipotecas. El rey heredó sus deudas, algunas de las cuales fueron revendidas a su hijo Elías.[99]

Si regalos como éste hubiesen ocurrido con más frecuencia, los reyes de Inglaterra ciertamente habrían asegurado la existencia de las comunidades judías. Pero la prosperidad de Aarón es anterior a los grandes brotes antisemitas de la década de 1190, que destruyeron la comunidad en York y en otros lugares.[100] Después, fue cada vez más difícil para los judíos ingleses amasar dinero. El código antijudío del concilio de Letrán de 1215 agravó la carga. En Inglaterra el arzobispo de Canterbury, Stephen Langton, uno de los artífices de la Carta Magna, que también incluía una cláusula antijudía, trató de organizar un boicot contra los negocios judíos. Los judíos entraron en una espiral de decadencia económica en Inglaterra a lo largo del siglo XIII. Aarón de York, que dijo al cronista Matthew Paris que había pagado al rey más de 30.000 marcos, murió empobrecido en 1268.[101] La decadencia se aceleró durante el reinado de Eduardo I, antiguo cruzado, martillo de los celtas y hombre con una insaciable necesidad de dinero. Hasta cierto punto, el papel de los judíos como prestamistas de los grandes había sido asumido por los caballeros templarios de Jerusalén y sus comandancias europeas, que fueron los primeros banqueros cristianos auténticos. Los judíos habían sido degradados al nivel de los pequeños préstamos, el cambio de moneda y el préstamo con prendas. Para Eduardo, ya no era bastante provechoso exprimir sistemáticamente a los judíos. Se sintió tentado de acabar de una vez y de apoderarse rápidamente de los activos de la comunidad. En 1275 dictó un decreto antijudío, y en él declaraba ilegal la usura; el delito después fue relacionado con la blasfemia, un delito todavía más grave. En 1278 algunos grupos de judíos fueron detenidos en todo el país y muchos de ellos fueron llevados a la Torre de Londres. Un cronista asegura que trescientos fueron ahorcados. La propiedad de esta gente pasó a la corona, y la suma obtenida indujo a Eduardo a seguir adelante. La etapa siguiente fue acusar a los judíos de mermar la moneda de forma habitual. Por este delito se ahorcó a una docena en Norwich. Finalmente, a fines de la década de 1280, Eduardo comprobó que necesitaba una elevada suma en efectivo para pagar el rescate de su primo Carlos de Salerno. Confiscó la propiedad de sus judíos gascones y en 1289 los expulsó a todos. Al año siguiente, alegando el incumplimiento general de la ley contra la usura, los expulsó también de Inglaterra y se apoderó de todos sus activos. El judío más rico de Norwich aportó 300 libras esterlinas. Los judíos de once ciudades diferentes produjeron un total de 9.100 libras, y de esa suma dieciocho familias suministraron alrededor de 6.000 libras. Era una cosecha decepcionante, pero a estas alturas la comunidad judía se había reducido a la mitad de su magnitud máxima, sólo restaba expulsar a dos mil quinientos.[102]

Por esta época, los gobiernos cristianos medievales se vieron ante un «problema judío», y la expulsión era una «solución final». Se había ensayado antes: en parte de la Renania en 1012, en Francia en 1182, en la alta Baviera en 1276. Este método bien o mal funcionó en Inglaterra, a causa del obstáculo que representaba el canal de la Mancha, pero en Europa continental, con sus millares de señoríos diversos, era difícil aplicar el decreto de expulsión. De todos modos, los gobiernos estaban sometidos a constantes presiones ideológicas que los inducían a adoptar medidas antijudías. Inocencio III había sostenido en sus decretos de Letrán que, los judíos, al emplear sin escrúpulos el poder financiero, habían trastrocado el orden natural —el cristiano libre se había convertido en servidor del esclavo judío—, y que el gobierno debía restablecer lo que era natural imponiendo incapacidades.[103] Fue lo que intentaron los gobiernos. A partir del siglo XII los judíos se hicieron menos útiles para los príncipes, porque sus cualidades comerciales y financieras habían sido asumidas por los cristianos. La época se destacó por la fundación de ciudades nuevas, pero los judíos ya no eran necesarios como colonos urbanos. De modo que la autoridad miró con menos complacencia la presencia judía que, gracias a los libelos acerca de la sangre y los asesinatos rituales, se convirtió en motivo de frecuentes disturbios. Además, la autoridad comenzó a temer la contribución judía a la difusión de ideas perturbadoras. Hacia fines de la Edad Media la herejía se relacionaba a menudo con el extremismo. Los herejes a veces mantenían relación con judíos eruditos, que discutían con ellos los textos de las Escrituras y les prestaban libros. Los judíos siempre tenían libros, con frecuencia obras consideradas subversivas por las autoridades. Cuando la Iglesia los secuestraba, los judíos pagaban rescate por sus volúmenes, como si éstos fueran esclavos. Cuando la comunidad de York fue masacrada en 1190, sus miembros consiguieron enviar sus libros a Colonia, para ser vendidos a los judíos que allí vivían.[104]

Los judíos, aunque en teoría, estaban excluidos de las universidades, tanto por la ley cristiana como por la suya propia, se congregaban en las ciudades universitarias. Como siempre, los estudiantes marchaban a la vanguardia del antisemitismo. En Turín tenían el derecho, con la primera nevada del invierno, de bombardear a los judíos con bolas de nieve, a menos que las víctimas pagaran un rescate de veinticinco ducados; en Mantua la «multa» estaba formada por dulces y papel para escribir, en Padua era un capón gordo. En Pisa, en la festividad de Santa Catalina, los estudiantes ponían en la balanza al judío más gordo que podían hallar y «multaban» a la comunidad con su peso en dulces. En Bolonia los judíos tenían que ofrecer un banquete a los estudiantes. Donde había una escuela de medicina, los judíos tenían que suministrar cadáveres o pagar dinero, y esta costumbre a veces llevaba a la profanación de los cementerios judíos.[105] Todo esto indica que los judíos eran un sector aceptado, aunque impopular, de la comunidad universitaria. Con frecuencia enseñaban. Por ejemplo, en 1300 Jacob ben Machir fue decano de la facultad de medicina de Montpellier. A principios del siglo XV el maestro Elías Sabot enseñó medicina en Pavía (y fue llamado a Inglaterra para tratar a Enrique IV, que estaba enfermo). Los judíos conversos se destacaron en los claustros de toda la cristiandad. A veces, como veremos, los conversos fueron los azotes de sus ex correligionarios; con más frecuencia, sobre todo si se los obligaba, constituyeron un factor crítico, indagador y perturbador en el seno de la intelectualidad. La Iglesia no andaba desencaminada cuando identificaba influencias judías en el movimiento albigense o en los husitas de la Bohemia del siglo XV. Los judíos se mostraron activos y en cierto modo fueron el catalizador de las dos fuerzas que finalmente quebraron el monopolio de la Iglesia: el Renacimiento y la Reforma. Las acusaciones populistas lanzadas contra los judíos en la Edad Media fueron todas y sin excepción mera fantasía. En cambio, la afirmación de que los judíos constituían un sector intelectualmente subversivo tenía un ingrediente de verdad. La idea fue formulada por el novelista judeovienés Jakob Wasserman, en su famosa autobiografía, titulada *Mein Weg als Deutscher und Jude* [Mi camino como alemán y judío]:

El hecho desafortunado es que no puede negarse la verdad de que los perseguidores, tanto los agentes inducidos como los voluntarios, tienen algo en qué apoyarse. Cada incidente iconoclasta, cada convulsión, cada desafío social ha visto y todavía ve a judíos en primera línea. Siempre que se plantea la demanda perentoria de una limpieza total, siempre que la idea de la metamorfosis gubernamental se convierte en acción con frenético entusiasmo, los judíos han sido y todavía son los líderes.[106]

El estado latino medieval no les concedió el lujo del liderazgo, pero no pudo negarles por completo el papel de mentores.

De ahí que, durante la segunda mitad de la Edad Media, los eclesiásticos idearan instrumentos destinados a combatir lo que ellos percibían como la subversión judía. El principal de ellos estuvo representado por los frailes. Los dominicos y los franciscanos llegaron a dominar la universidad durante el siglo XIII y también se apoderaron de importantes obispados. Supervisaron todos los aspectos de la vida judía en los países latinos. Adoptaron la posición de que la actitud relativamente tolerante de san Agustín, en virtud de la cual se preservaba a los judíos como «testigos» y se les permitía practicar su fe, ya no era admisible; deseaban anular todos los derechos judíos.[107] En 1236 el papa Gregorio IX fue convencido de la necesidad de condenar el Talmud, y esto ocasionó de hecho, ya que no de intención, un cambio decisivo en relación con la tolerancia agustiniana.[108] Los frailes no comenzaron como antisemitas. San Francisco no manifestaba animosidad hacia los judíos, y de acuerdo con el testimonio presentado en el proceso de su canonización, santo Domingo «amaba a todos, a los ricos y a los pobres, a los judíos y los gentiles».[109] Al principio, concentraron la atención en asuntos rigurosamente teológicos e incluso trataron de desalentar las acusaciones por asesinato ritual.

Sin embargo, el ambiente urbano en que estaban concentrados radicalizó a los frailes. Eran proselitistas agresivos con los cristianos desviados, los heterodoxos y, por supuesto, con los judíos. Enviaban «misiones» a las ciudades, y en ellas pregonaban a bombo y platillo de la ortodoxia y el fanatismo y excitaban el entusiasmo rigorista. Tendían a instalar sus conventos en el barrio judío o las cercanías, como bases desde las cuales presionaban. Los judíos aprendieron a temerles más que a otro grupo cristiano cualquiera. Los veían como la encarnación del azote con que había amenazado Moisés en Deuteronomio 32:21, «los que no son un pueblo».[110] Su política varió gradualmente, de modo que la meta fue convertir a los judíos o expulsarlos. En Inglaterra, los franciscanos estuvieron detrás de un decreto real que arrebató a los judíos el derecho de adquirir propiedades urbanas, y es posible que influyesen para obtener la expulsión.[111] Pronto se volcaron hacia el antisemitismo liso y llano. En 1247 dos franciscanos colaboraron en la difusión de un libelo de sangre en Valréas, y este panfleto provocó un sangriento pogromo. En 1288, después de un libelo de sangre en Troyes, los dominicos y los franciscanos unieron fuerzas para provocar una matanza de judíos locales.

También en Italia, donde las actitudes frente a los judíos fueron más o menos tolerantes incluso en la Baja Edad Media, los franciscanos fueron una fuerza perniciosa. Allí, los municipios permitían que los judíos fundasen bancos sometidos a normas, y a cambio de sumas globales o de un impuesto anual. Los judíos sobrevivieron porque sus tasas de interés, del 15 al 20 %, eran menores que las cristianas. Los franciscanos se especializaban en los problemas urbanos y mercantiles, y se interesaron especialmente en el préstamo monetario. Vigilaban de cerca a los judíos y los perseguían sin piedad a la menor infracción de las normas. Los franciscanos predicaban el amor, pero no aplicaban sus conceptos a los judíos como pueblo: «Por lo que se refiere al amor abstracto y general —puntualizó el fraile Bernardino de Siena— se nos está permitido amarlos. Pero no puede haber amor concreto hacia ellos.»[112] Los franciscanos organizaron boicots y fundaron «montes de piedad» para debilitar a los judíos y expulsarlos de la actividad comercial; después, podían suscitar reclamación general de su expulsión. Algunos franciscanos antisemitas, como Juan de Capistrano, actuaron en una enorme extensión, a ambos lados de los Alpes, y la predicación de este fraile ante congregaciones masivas al aire libre a menudo desembocó en pogromos. Su discípulo Bernardino de Feltre, agitador franciscano de tercera generación, encabezó una misión que fue a Trento en 1475 y que formuló acusaciones en el sentido de que los judíos habían asesinado a un niño de dos años. En el clamor que esto provocó, toda la comunidad judía fue detenida, muchos fueron torturados y ejecutados, y el resto expulsado.

En toda Europa, el comienzo de la peste negra, que se difundió hacia el norte desde el Mediterráneo, agregó otro estrato universal a la superestructura antisemita. Sus causas no fueron comprendidas, y sus efectos sin precedentes —mató entre una cuarta parte y la mitad de la población— inspiraron la creencia de que era una *pestis manufacta*, una enfermedad difundida por la malicia humana. La búsqueda se concentró en los judíos, sobre todo después que algunos judíos aterrorizados confesaron bajo tortura. En septiembre de 1348 en el castillo de Chillon, a orillas del lago Leman, varios judíos reconocieron que la plaga era obra de cierto Juan de Saboya, a quien los rabinos habían dicho: «Mira, te doy un paquetito de medio palmo que contiene una preparación de ponzoña y veneno en una bolsita estrecha de cuero. Lo distribuirás en los pozos, las cisternas y las fuentes alrededor de Venecia, y en los restantes lugares adonde vayas.»[113] La fantasía se difundió rápidamente, sobre todo cuando otros judíos confesaron bajo tortura; por ejemplo, en Friburgo un judío reconoció que el motivo era «que vosotros los cristianos habéis destruido a tantos judíos [...] y también porque queremos ser señores, porque vosotros habéis dominado demasiado tiempo». Por doquier se acusó a los judíos de envenenar los pozos. El 26 de septiembre de 1248 el papa Clemente VI emitió una bula en Aviñón refutando la afirmación e imputándola al demonio: sostuvo que los judíos sufrían tan intensamente como cualquier otro sector de la comunidad. El emperador Carlos IV, el rey Pedro IV de Aragón y otros gobernantes hicieron declaraciones análogas. De todos modos, la principal oleada de antisemitismo desde 1096 abarcó a más de trescientas comunidades judías, sobre todo en Alemania, Austria, Francia y España. Según fuentes judías, seis mil perecieron en Maguncia y dos mil en Estrasburgo.[114] Carlos IV comprobó que tenía que perdonar a las ciudades que asesinaban a sus judíos: «Se otorga el perdón por todas las infracciones que impliquen la muerte de judíos, y que hayan sido cometidas sin el conocimiento real de los principales ciudadanos, o en su ignorancia, o de cualquier otro modo.» Este perdón data de 1350, cuando ya era sabido generalmente que los judíos no eran responsables. Por desgracia, el antisemitismo perduraba allí donde se difundía; cuando un vecindario aprendía a tratar con violencia a los judíos, lo probable era que el episodio se repitiese. La peste negra estableció precedentes por doquier, y sobre todo en los países de habla alemana.

En la Alta Edad Media, e incluso todavía a principios del siglo XIV, la península ibérica era el territorio latino más seguro para los judíos. Durante mucho tiempo fue un lugar donde los judíos y los cristianos tenían más probabilidades de reunirse para debatir que de liarse a golpes. Ello no quiere decir que el concepto de la reunión de los expertos cristianos y judíos en la disputa erudita fuese español. Gracias a la obra de Hyam Maccoby ahora se comprende mejor la compleja historia de los debates.[115] El proceso del debate público comenzó en París en 1240 como resultado directo de la prohibición del Talmud por el papa Gregorio IX. En su carta a los príncipes europeos, les pidió que se apoderasen de todos los libros condenados el primer sábado de la Cuaresma, «mientras los judíos están reunidos en la sinagoga», y que pusieran los materiales secuestrados «bajo la custodia de nuestros queridos hijos, los frailes dominicos y franciscanos».[116] Luis IX de Francia, cruzado y antisemita, fue el único monarca que cooperó con la campaña de Gregorio. Por consiguiente, la confrontación de 1240 no fue un debate —Luis dijo cierta vez que el mejor modo de discutir con un judío era hundirle una espada—, sino más bien un juicio contra el Talmud; el acusador fue Nicolás Donín, un judío convertido en fanático franciscano, que incitó a Gregorio a promover la campaña. El rabino Yejiel, portavoz judío, de hecho era el testigo de la defensa, y el «debate» consistió en el interrogatorio a que se lo sometió. Como Donín conocía bien el Talmud, pudo llevar al rabino por todos los pasajes del Talmud —apenas una minúscula proporción del total— que los cristianos podían objetar u objetaban: los que insultaban a Cristo (es decir, describían a Jesús en el Infierno sumergido en excremento hirviente), o blasfemaban contra Dios Padre (mostrándolo mientras gemía o callaba por la fuerza de los argumentos contrarios) o prohibían que los judíos alternasen con cristianos. En este último punto, Yejiel pudo demostrar que la ley cristiana era la que en realidad impedía la relación, aunque era cierto que la mayoría de los judíos en su fuero interno consideraban bárbaros a los latinos. Yejiel insistió: «Vendemos ganado a los cristianos, nos asociamos con cristianos, nos permitimos estar solos con ellos, damos nodrizas cristianas a nuestros niños y enseñamos la Torá a cristianos, pues ahora hay muchos sacerdotes cristianos que saben leer los libros hebreos.»[117] De todos modos, los libros fueron debidamente quemados en 1242. La política oficial reconocía que el Talmud no era herético en general, sino que contenía algunos fragmentos blasfemos, por lo cual merecía la censura más que la destrucción. Las ideas formuladas por Donín pronto se convirtieron en munición de rutina para el antisemitismo clerical.[118]

En España, por lo menos durante cierto tiempo, los debates fueron más auténticos y abarcaron una amplia esfera. ¿Eran las catedrales mejores que el Templo? ¿Los sacerdotes y rabinos debían casarse? «¿Por qué hay más gentiles blancos y apuestos, y en cambio la mayoría de los judíos son negros y feos?», a lo cual los judíos replicaron que las mujeres cristianas mantenían relaciones sexuales durante la menstruación, y así transmitían el rojo de la sangre al cutis de sus hijos, y también que cuando los gentiles practicaban el sexo, «están rodeados de hermosos cuadros y dan a luz seres semejantes».[119] El rey español, o más bien el rey Jaime I de Aragón, organizó en Barcelona los días 20-31 de julio de 1263 el que fue, con diferencia, el mejor de los debates. La idea se originó nuevamente en un ex judío, Pablo Cristiano (muchos conversos judíos elegían el nombre de Pablo), y contó con el apoyo de Raimundo de Peñafort, jefe de la Inquisición dominica en Aragón y Maestro de la Orden, y de Pedro de Janua, general de los franciscanos españoles. Los judíos tenían un solo portavoz, pero era el mejor: Nahmánides, un hombre culto, dotado de facilidad de palabra, de buena cuna y seguro de sí mismo. Nahmánides aceptó viajar a Barcelona para participar porque conocía al rey Jaime, que empleaba a muchos judíos como funcionarios, tenía buena disposición y en todo caso le garantizaba absoluta libertad de palabra. Jaime era un hombre abierto, que tenía muchas amantes e hijos ilegítimos, que había irritado al Papa al repudiar a su primera esposa y que no había vacilado cuando llegó el momento de arrancar la lengua al obispo de Gerona. El rey no hizo caso de las exigencias papales de desembarazarse de sus burócratas judíos.

El desarrollo exacto del debate no es claro, pues las versiones cristiana y judía del mismo se contradicen. La versión cristiana muestra a Nahmánides sorprendido en contradicciones, derrotado en la argumentación, reducido al silencio y finalmente huyendo. La versión del propio Nahmánides es más clara y está mucho mejor expuesta. El ataque cristiano estuvo concebido para demostrar, sobre la base de los fragmentos agádicos y homiléticos del Talmud, que el Mesías en efecto había aparecido, que era simultáneamente humano y divino y había muerto para salvar a la humanidad, y que en consecuencia el judaísmo había perdido su razón de ser. Nahmánides replicó cuestionando el significado atribuido a esos pasajes, negando que los judíos estuviesen obligados a aceptar el *aggadá* e insistiendo en que la doctrina del Mesías no tenía importancia suprema para los judíos. Contraatacó arguyendo que la creencia en Jesús había sido desastrosa. Roma, otrora dueña del mundo, había decaído desde el momento en que aceptó el cristianismo, «y ahora los partidarios de Mahoma tienen territorios más extensos que los cristianos». Además, agregó, «desde la época de Jesús hasta el presente, el mundo se ha visto lleno de violencia y de injusticia, y los cristianos han derramado más sangre que todos los restantes pueblos». Acerca de la Encarnación dijo: «La doctrina en que creéis, el fundamento de vuestra fe, no puede ser aceptada por la razón, la naturaleza no aporta bases para ella, y los profetas tampoco la han expresado jamás.» Dijo al rey que sólo el adoctrinamiento llevado a cabo durante una vida entera podía persuadir a una persona racional de que Dios había nacido de un vientre humano, que había vivido en la Tierra, había sido ejecutado y después devuelto a su lugar de origen.[120] De acuerdo con la versión judía, el clero cristiano, al advertir que el debate lo perjudicaba, se ocupó de que las sesiones concluyesen sin llegar a ningún resultado. El *shabbat* siguiente el rey asistió a la sinagoga, pronunció un discurso, escuchó la respuesta de Nahmánides y lo envió de regreso a su casa con una bolsa con 300 sueldos.

Es probable que las dos versiones contrarias expusieran lo que cada bando habría deseado decir, más que lo que en efecto dijo.[121] Algunos eruditos judíos han sostenido que la versión de Nahmánides es una obra de propaganda, y además insincera, pues en sus propios escritos él atribuyó a las interpretaciones agádicas mucho más peso de lo que reconoció en el debate. De acuerdo con este concepto, Pablo tenía cabal conciencia del conflicto judío interno entre racionalistas y antirracionalistas; el programa del debate fue hábilmente preparado para aprovechar esta circunstancia, y atrapar a Nahmánides en contradicciones u obligarlo a negar opiniones precedentes.[122] Pero como señala Maccoby, gran parte del debate fue un diálogo de sordos. Había tal diversidad de opiniones acerca del Mesías en el judaísmo que era casi imposible adoptar una actitud herética en relación con el tema.[123] El judaísmo se centraba en la Ley y su observancia; el cristianismo, en la teología dogmática. Un judío podía verse en dificultades a propósito de un delicado detalle de la observancia del *shabbat* que parecía ridículo a un cristiano. En cambio, a un cristiano lo podían quemar vivo por afirmar una opinión de Dios que a los ojos de todos los judíos era tema de opinión y controversia legítimas. En Barcelona quedó patente la dificultad que los cristianos y los judíos afrontaban si deseaban debatir sinceramente el punto fundamental que dividía sus concepciones religiosas, porque no podían coincidir en cuál era exactamente ese punto.

Los judíos habían aprendido, gracias a una larga experiencia, a identificar los signos del peligro inminente. Nahmánides se mostró reticente a intervenir en el debate: el hecho mismo de que se celebrara ya era ominoso, puer tales debates nada podían ofrecer a los judíos. En cambio, eran importantes para el clero cristiano, como ejercicios de propaganda para sus propios fanáticos y, a la vez, como maniobras exploratorias destinadas a descubrir las debilidades dialécticas judías o los puntos vulnerables cuya existencia no conocían antes. El año que siguió a la disputa, Raimundo de Peñafort dirigió una comisión que examinó los ejemplos de blasfemia en el Talmud, y en 1265 intervino en el proceso que se siguió contra Nahmánides por haber publicado su propia versión del debate. El sabio judío fue condenado y, aunque el rey le aplicó apenas un leve castigo, decidió salir definitivamente de España para instalarse en Palestina. De ese modo, desapareció un gran sostén del judaísmo español.

En tiempos de Nahmánides los judíos de España aún podían considerarse con razón una comunidad intelectualmente superior. Sus conocimientos aún eran sumamente útiles, cuando no totalmente indispensables para los gobernantes cristianos. No obstante, los cristianos estaban alcanzándolos rápidamente, y hacia fines del siglo XIII habían asimilado el aristotelismo, redactado sus propias *summae*, y en el comercio y la administración estaban en el nivel de lo que los judíos podían aportar. Durante el siglo XIV los judíos estaban ya en una permanente decadencia relativa, incluso en

España. Su posición económica se veía debilitada por las leyes antisemitas. Su número disminuía a causa de las conversiones forzosas. Más aún, por primera vez pareció lógico que un judío ambicioso e inteligente aceptara el bautismo para incorporarse de este modo a una cultura más amplia y progresista. El resto de los judíos se refugió en la Cábala, los relatos agádicos, la superstición y la poesía. Era el triunfo de la irracionalidad. Las obras de Maimónides y otros racionalistas no fueron quemadas, pero se convirtieron en trabajos marginales. En el periodo que siguió a la peste negra y las innumerables atrocidades cometidas contra los judíos, se convirtió en la moda de los círculos ortodoxos imputar la culpa de estas calamidades al racionalismo y a otros pecados contra Dios.

Así, el judaísmo, que durante los siglos XI y XII había marchado a la vanguardia del intelecto, se recogió en sí mismo. Maimónides había incluido la creencia en el Mesías como un artículo de fe judío, pero siempre había deplorado la apocalíptica y el mesianismo como el «mito de la chusma». «No penséis —escribió en su *Mishná Torá*— que el Mesías tendrá que producir señales y milagros [...], la Torá, con todas sus leyes y sus ordenanzas, es eternamente válida, y nada se le agregará ni se le quitará.» No debía haber «modificación del curso normal de las cosas o cambios del orden establecido»; todas las sugerencias contrarias contenidas en la Biblia eran meras «figuras retóricas».[124] A medida que se agravó el sufrimiento de las comunidades judías, comenzaron a revivir la apocalíptica y el mesianismo. Se multiplicaron los ángeles y los demonios. Lo mismo sucedió con los escrúpulos y las devociones extrañas. El rabino Jacob ben Yakar solía limpiar con su barba un espacio frente al Arca; el rabino Shalom de Austria comía los platos de carne en una habitación y los alimentos lácteos en otra, e insistía en que los gentiles que le traían agua vistieran túnicas blancas. Existía la creencia general de que la piedad apresuraría la llegada del Mesías, y así destruiría a las legiones de opresores. Los judíos promovieron una caza de brujas interna contra los informantes, a quienes se maldecía en el *shabbat* y a veces se ejecutaba cuando eran descubiertos. Continuaron mostrándose notablemente tolerantes en ciertos aspectos: en las comunidades más pequeñas, el judío que se sentía agraviado podía provocar lo que se denominaba «un escándalo autorizado», interrumpiendo los rezos o la lectura de la Torá. Pero se recurría cada vez más a las excomuniones. Había diferentes grados de castigo: el *nazifá*, una mera exclusión de siete días; el *niddui*, que aislaba al individuo de la comunidad; el *herem*, una forma aún más drástica de excomunión, que podía acarrear la intervención de los funcionarios reales cristianos y el secuestro de los bienes del ofensor. Maimónides había enumerado las veinticuatro ofensas que, según afirmaban los sabios, merecían el *niddui*, y que formaban una gama que iba desde el insulto a un erudito (incluso después de muerto) a la tenencia de perros peligrosos. Pero a medida que avanzó la Edad Media, los castigos llegaron a ser más complejos y severos, y bajo la influencia de los procedimientos cristianos la propia excomunión se convirtió en una ceremonia dramática y terrible. Se dictaba un severo *herem* en la sinagoga en presencia del Arca abierta, o mientras se sostenía un rollo de la Torá, al son del *shofar*; una vez pronunciada la sentencia, se anatematizaba y maldecía al culpable, y se apagaban todas las velas.

Pero la disciplina interna no pudo contener la hemorragia de conversos, a medida que se acentuó la presión cristiana. Hacia fines del siglo XII los propios obispos de los reyes cristianos de Aragón los denunciaban a Roma porque favorecían a los judíos o no los reprimían con suficiente dureza. En 1282 el infante Sancho, príncipe coronado que se rebeló contra su padre, jugó la carta antisemita para poner al clero de su lado.[125] Poco a poco se eliminó a los judíos del servicio real. Después de los desórdenes de la peste negra, la posición de los judíos en España comenzó a deteriorarse con mucha rapidez, a medida que los libelos de sangre y otros relatos antisemitas penetraron en el pueblo. Por ejemplo, en Sevilla hubo disturbios antisemitas en 1378 y un gran brote de antisemitismo en 1391.

A menudo se atribuye la responsabilidad de estos disturbios al gran predicador dominico Vicente Ferrer (h. 1350-1419), más tarde canonizado. Pero su papel fue mucho más sutil, y más siniestro desde el punto de vista de los judíos. En efecto, contribuyó al desarrollo de un esquema de antisemitismo que habría de retumbar como un trueno durante el siglo XX. Es cierto que sus predicaciones públicas con frecuencia aparecían asociadas con la histeria y los ataques antisemitas, pero no fomentó los disturbios; al contrario, los deploró. Condenó públicamente los disturbios de 1391. Creía perverso y anticristiano que la turba se tomase la justicia por su mano. En cambio, el deber del Estado era actuar, y hacerlo legalmente. Los disturbios demostraban claramente que los judíos representaban un «problema» para la sociedad, y que era necesario hallar una «solución». Por lo tanto, Ferrer y sus colegas clericales fueron los responsables de una serie de medidas antijudías aprobadas por Benedicto XIII, el antipapa apoyado por los españoles, y de la elección de Fernando I como rey de Aragón, que comenzó a aplicar aquellas decisiones. La guerra contra los judíos fue retirada de las manos de la turba y convertida en la actividad oficial de la Iglesia y el gobierno.[126]

Sobre este fondo se realizó en Tortosa en 1413-1414 el último de los grandes debates judeocristianos. No fue un auténtico debate, sino más bien un espectáculo público, incluso un juicio-espectáculo. Ferrer no participó oficialmente, pero actuó entre bambalinas. Su propósito parece haber sido avivar el entusiasmo popular por el cristianismo como única religión válida, destruir las pretensiones del judaísmo en un gran espectáculo público, y después obtener una conversión masiva con el apoyo de la Iglesia, el Estado y el pueblo, y gracias a la desmoralización de los judíos. Aunque los jefes judíos no querían tener nada que ver con el asunto, en muchos casos los rabinos no tenían más remedio que asistir. El antipapa, a quien Ferrer más tarde desautorizaría, presidió el episodio. Fernando, el rey coronado por Ferrer, controló el marco político. Se prepararon setenta asientos para los cardenales, los obispos y otros personajes. Benedicto anunció desde el principio que el plan no era celebrar una discusión entre iguales, sino demostrar la verdad del cristianismo basándose en las fuentes talmúdicas. En efecto, la religión judía se vio sometida a juicio. El acusador fue Josué Lorki, uno de los conversos de Ferrer, rebautizado Jerónimo de Santa Fe. Asistieron unos veinte participantes judíos, incluso el destacado filósofo y apologista Yosef Albo, que más tarde escribió un famoso tratado acerca de los principios religiosos judíos, el *Séfer ita-Ikkarim*, o *Libro de los principios*. Pero los judíos no gozaron en absoluto de la libertad que al parecer tuvo Nahmánides en Barcelona. Desde el principio mismo se vieron amenazados por Jerónimo, tanto por su «obstinación judía» como, de un modo ingenioso, por herejía contra su propia religión, una falta que podía someterlos al poder de la Inquisición.[127]

La temática abordada fue principalmente la ya conocida, que era demostrar a partir de las fuentes judías que Jesús era el Mesías, aunque el pecado original y las causas del Exilio también fueron examinados, y del lado cristiano se suscitaron muchos interrogantes técnicos acerca de los textos judíos. Los cristianos ya estaban bien informados para este tipo de ejercicio, y Jerónimo era un individuo culto e inteligente. Hubo un total de sesenta y nueve sesiones, a lo largo de veintiún meses, y mientras los rabinos estaban en Tortosa, Ferrer y sus frailes recorrían las comunidades judías desprovistas de jefes, y ganaban conversos. En ciertos casos los conversos fueron llevados a Tortosa con fines de exhibición, y para poner un triunfal contrapunto a la propaganda cristiana en el marco de la disputa. El rabino Astruk ha-Leví protestó vigorosamente cuando los debates se prolongaron:

Estamos lejos de nuestros hogares. Nuestros recursos han disminuido hasta agotarse casi por completo. En nuestra ausencia se ha infligido grave daño a nuestras comunidades. Desconocemos la suerte de nuestras esposas y nuestros hijos. Aquí carecemos de mantenimiento adecuado, e incluso nos falta el alimento. Nos han obligado a realizar gastos extraordinarios. ¿Por qué la gente que padece tales aprietos debe ser responsable de sus argumentos, cuando discute con Jerónimo y otros que viven en la mayor prosperidad y con gran lujo?[128]

El rabino Astruk afirmó que se había llegado al punto en que no tenía sentido repetir los viejos argumentos, todo dependía de lo que cada hombre creía. ¿Qué demostraba un debate amañado como espectáculo sobre un fondo de hostilidad? «Un cristiano que viva en el país de los sarracenos —dijo— puede ser derrotado por los argumentos de un pagano o un sarraceno, pero de ello no se deduce que su fe haya sido refutada.»[129] Durante las últimas etapas de la disputa los judíos afirmaron que no entendían las preguntas, y trataron, siempre que tal cosa era posible, de mantener un silencio digno.

De todos modos, Tortosa fue una derrota propagandística para el judaísmo, y hasta cierto punto también una derrota intelectual. Por primera vez en España podía verse a la comunidad judía como un enclave del oscurantismo y el atraso irracional, en presencia de una cultura superior. Esto, tanto como la presión legal y económica, y el temor generado por las campañas de conversión bajo presión desarrolladas por los frailes, ocasionó una estampida de conversos. De modo que, en considerable medida, Ferrer logró su propósito. Por desgracia, la conversión de judíos no resolvía «el problema judío». Lo que conseguía, como descubrieron rápidamente las autoridades españolas, era conferirle una forma nueva y mucho menos tratable, pues el problema adquirió una dimensión racial que vino a sumarse a la cuestión religiosa. La Iglesia siempre había presentado a los judíos como un peligro espiritual. Desde el siglo XII, la superstición popular los había mostrado también como un peligro social y físico. Al menos los judíos en sí mismos eran un peligro visible y público: se los conocía, vivían en comunidades identificables, estaban obligados a usar señales y atuendos diferenciados. En cambio, se convirtieron en conversos, o como los llamaba el pueblo, marranos,[130] se transformaron en un peligro oculto. Los habitantes de las ciudades y los pueblos españoles sabían que muchos de los conversos, quizá la mayoría, mostraban una actitud renuente. Cesaban formalmente de ser judíos por temor o para adquirir ventajas. Como judíos padecían graves incapacidades legales. Como conversos, en teoría tenían los mismos derechos económicos que otros cristianos. Por lo tanto, un marrano era mucho más impopular que un judío practicante, porque era un intruso en el comercio y la artesanía, así como una amenaza económica; y puesto que probablemente se mantenía fiel al judaísmo en secreto, también era un hipócrita, y además un subversivo oculto.

Los fieles rabinos advirtieron lo que sucedería. El rabino Yitsjak Arama dijo a los conversos: «No encontraréis descanso entre los gentiles, y vuestra vida penderá de un hilo.» De los *anusim* (conversos por la fuerza) profetizó: «Un tercio, quemado por el fuego, un tercio, huyendo para esconderse y los que queden, viviendo en temor mortal.»[131] El rabino Yehudá ibn Verga vio a los *anusim* como tres parejas de tórtolas: la primera pareja permanecería en España y sería «desplumada», es decir, perdería su propiedad, sería asesinada o quemada; la segunda pareja también sería desplumada —perdería sus bienes—, pero salvaría los cuerpos huyendo cuando llegasen los malos tiempos; la tercera, que «será la primera en huir», salvaría tanto el cuerpo como los bienes.[132]

Esta visión pesimista pronto se vio confirmada por los hechos. El judío español comprobaba que no podía evitar la hostilidad antisemita mediante la conversión. Si se trasladaba a otra ciudad, como hacían muchos, su cristianismo era incluso más sospechoso. El perseguidor cristiano cambiaba de táctica. Con la conversión, el antisemitismo cobró un carácter racial más que religioso, pero los antisemitas descubrieron, como les sucedería a sus sucesores en la Alemania nazi, que era sumamente difícil identificar y aislar a los judíos apelando a criterios raciales. Se vieron obligados a volver, como sería el caso de los nazis, a los antiguos criterios religiosos. En la España del siglo XV, no era posible perseguir a un judío por razones religiosas, porque había nacido judío o porque lo eran sus padres; había que demostrar que aún practicaba el judaísmo en alguna forma secreta. Se afirma que el rey castellano Alfonso VII dictaminó que: «No se permitirá que un converso de origen judío ocupe cargos públicos o goce de ningún beneficio en Toledo o su jurisdicción, pues su fidelidad a Cristo es sospechosa.»[133]

¿Cómo podría demostrarse esta sospecha? La situación de los conversos en Ciudad Real ha sido examinada minuciosamente por el historiador Jaím Beinart, y la primera acusación de que un «cristiano nuevo» estaba cumpliendo con los *mitsvot* data de 1430. Los ex judíos generalmente eran laboriosos, deseaban progresar y a menudo se mostraban inteligentes; acumulaban riqueza y ascendían en el servicio público, y las dificultades se agravaban *pari passu*. En la década de 1440, estallaron en Toledo los primeros disturbios contra los conversos. En 1449 se prolongaron durante dos semanas en Ciudad Real. Los conversos lucharon a su vez, organizaron un grupo armado de trescientos hombres y mataron a un cristiano viejo; en la lucha, veintidós personas fueron muertas y muchas casas incendiadas. En 1453 Constantinopla cayó en poder de los turcos y desapareció Bizancio, la antigua enemiga de los judíos; muchos judíos creyeron entonces en la próxima llegada del Mesías, y algunos conversos juzgaron que pronto podrían retornar a su antigua religión.[134] Incluso se propusieron viajar a Turquía y vivir públicamente como judíos. Estallaron desórdenes en Ciudad Real en 1464, 1467 y 1474, el último especialmente grave y quizá promovido por un grupo semiprofesional de antisemitas, que se trasladaban de una ciudad a otra y se alojaban en casas de religiosos amigos. En 1474 los conversos de Ciudad Real perdieron sus casas y muebles, los rebaños que tenían en las afueras, las tiendas y mercancías que tenían en la ciudad. Cuando los promotores de los disturbios descubrían listas de deudores, invariablemente las destruían. Los conversos, asustados, huyeron buscando la protección del corregidor o gobernador de la ciudadela, pero (explica la declaración oficial), «los alborotadores entraron por la fuerza, destruyeron la torre central y mataron a muchos; el corregidor y muchos de los conversos fueron expulsados; la ciudad les cerró sus puertas y no se permitió que ninguno volviese a entrar».[135] Algunos buscaron la protección de un bondadoso noble de Palma, cerca de Córdoba, donde permanecieron tres años.

Los disturbios contra los conversos desencadenaban la misma secuencia de episodios que los disturbios contra los judíos. El Estado estaba aterrorizado ante los disturbios, porque los consideraba un síntoma de la inquietud popular. No podía impedirlos, ni tampoco castigar eficazmente a los participantes, de modo que trató de eliminar la causa atacando a los conversos. Eso no fue difícil. Muchos, en efecto, eran judíos en secreto. Una versión judía contemporánea dice que los que huyeron a Palma observaban los *mitsvot* en público, respetaban el *shabbat* y las festividades, ayunaban y rezaban en Yom Kippur, celebraban la Pascua y otras festividades, «no menos que los judíos y no peor que ellos». Alfonso de Espina, un fanático franciscano y también converso, o hijo de un converso, compiló un volumen titulado *Fortalitium Fidei*, que enumeraba, entre otras cosas, veinticinco «transgresiones» que permitían identificar a los conversos traidores. La lista incluía no sólo las prácticas judías secretas, sino, quizá el rasgo que podía observarse más fácilmente, la prueba de un cristianismo defectuoso: evitar los sacramentos, trabajar los domingos, evitar hacer el signo de la cruz, no mencionar jamás a Jesús o a María, o la asistencia meramente formal a la misa. A éstos agregó todos los delitos (por ejemplo, robar la hostia), atribuidos popularmente a los judíos, así como otros nuevos, por ejemplo, la «celebración de discusiones filosóficas». Reaparece el temor al judío, especialmente cuando adopta la forma oculta del converso, porque se le atribuyen el desorden, el desacuerdo y la duda en la sociedad.

Fray Alfonso fue el ideólogo de la siguiente fase del antisemitismo. Después de demostrar que, en efecto, era posible identificar al judío secreto no a partir de una base racial, sino a partir de la conducta religiosa, preconizó la solución: el aislamiento y la disgregación. El pueblo debía evitar a los conversos sospechosos y el Estado tenía que levantar obstáculos físicos entre ellos y la población realmente cristiana. Al mismo tiempo, tanto la Iglesia como el Estado debían unir fuerzas para identificar y destruir a los conversos que legalmente eran herejes por practicar el judaísmo. Fray Alfonso explicó con mucho detalle los métodos y los castigos que debían utilizarse, y que se basaban en la antigua Inquisición del siglo XIII, pero propuso la creación de una nueva forma de Inquisición, adaptada a las peculiares necesidades nacionales de España.[136]

El Estado adoptó el programa de fray Alfonso. En 1480 las Cortes de Toledo decretaron la segregación. Al mismo tiempo estaba creándose una Inquisición española de carácter especial. Los primeros inquisidores, incluso el vicario general de los dominicos, fueron designados con el propósito de practicar una investigación central en Andalucía, con sede en Sevilla. La Inquisición comenzó su trabajo en enero de 1481 y durante los ocho años siguientes ordenó quemar a más de 700 personas en la hoguera. Algunas fuentes afirman que la cifra se elevó a 2.000.[137] El mismo año, la Inquisición nacional reemplazó a la tradicional, subordinada al Papa, en Aragón; y a partir de febrero de 1483 toda la organización se subordinó a un control central, y su jefe real fue un sacerdote dominico, Tomás de Torquemada. En menos de doce años la Inquisición condenó a unos 13.000 conversos, hombres y mujeres, acusados de practicar en secreto el judaísmo. La Inquisición persiguió a todos los tipos de víctimas, pero los judíos secretos estaban entre los principales. En el curso de toda su existencia acumuló un total de aproximadamente 341.000 víctimas. De ellas, más de 32.000 murieron en la hoguera, 17.659 fueron quemadas en efigie y 291.000 recibieron castigos menores. La gran mayoría de los que fueron muertos, alrededor de 20.226, perecieron antes de 1540, durante el régimen de los primeros cinco inquisidores generales, y la mayoría eran de origen judío. Pero el auto de fe continuó reclamando víctimas hasta 1790.[138]

Torquemada había llegado a ser confesor de la reina Isabel de Castilla en 1469, el año en que ella contrajo matrimonio con el rey Fernando de Aragón, lo que condujo a la unificación de los dos reinos en 1479. La política antijudía fue hasta cierto punto creación personal de estos dos monarcas. La Inquisición que ellos promovieron tuvo muchos enemigos, internos y externos. Uno fue Hernando del Pulgar, secretario de la reina y también converso. En una carta dirigida al primado, cardenal arzobispo de Toledo Pedro González de Mendoza, y destinada a la publicación, Hernando del Pulgar se quejó de los decretos de segregación que impedían a los conversos vivir en Guipúzcoa y celebrar matrimonios mixtos con los habitantes del lugar; reconoció que algunos conversos volvían a la fe original, pero señaló que, por ejemplo, en Andalucía había diez mil mujeres jóvenes que eran conversas y que nunca habían abandonado el hogar de sus padres, de modo que se limitaban a imitar las actitudes de aquéllos; quemarlas era extremadamente cruel y simplemente lograría que se viesen forzadas a huir. Los colaboradores de Torquemada replicaron que era mejor quemar a algunos inocentes que permitir la difusión de la herejía: «Es mejor que un hombre entre en el cielo con un ojo, a que vaya al infierno con los dos.» El único resultado de la gestión fue que Hernando del Pulgar se vio degradado de la condición de secretario real a la de cronista.[139]

El papado también se opuso a la Inquisición, en parte porque era un instrumento real y nacional al margen del poder papal, y en parte porque agraviaba claramente la justicia natural. En abril de 1482, Sixto IV reclamó que se otorgase a Roma el derecho de escuchar apelaciones, que se revelase a los acusados los nombres de los testigos hostiles, y que se descalificara como tales a los enemigos personales y los ex criados, que se permitiese la confesión a los herejes arrepentidos y que recibiesen la absolución en lugar de afrontar el juicio, además, el Papa demandaba que se les otorgase el derecho de elegir defensor. Fernando rehusó rotundamente hacer nada de todo esto, y en su respuesta insistió en que era esencial que él designase inquisidores, porque cuando el sistema había sido administrado exclusivamente por la Iglesia, la herejía había florecido. Los papas continuaron oponiéndose, pero con escaso resultado.[140]

Tanto Fernando como Isabel afirmaron que actuaban exclusivamente por fervor ortodoxo y católico. Ambos rechazaron enérgicamente la acusación, formulada entonces por sus enemigos y después por los historiadores, de que deseaban confiscar la propiedad de los herejes convictos. En una nota dirigida a sus agentes en Roma, Isabel protestó diciendo que ella jamás había tocado «un solo maravedí» de la propiedad confiscada, que parte del dinero había ido a formar un fondo de dotes para los hijos de las víctimas de la Inquisición, y que mentía quien afirmara que ella había actuado por motivos económicos. La reina se vanaglorió de que, gracias a su apasionada devoción a la fe, había provocado la ruina de varias ciudades reales, vaciándolas de habitantes y hundiendo en la desolación regiones enteras.[141] Fernando también destacó las pérdidas que había sufrido el tesoro real, pero dijo que se habían sopesado cuidadosamente todos los factores antes de lanzar a la Inquisición a una campaña nacional, y que ellos habían «puesto el servicio a Nuestro Señor Dios por encima de nuestro propio servicio [y] antes que toda otra consideración».[142] Lo más plausible es que ambos monarcas actuaran impulsados por una mezcla de motivos religiosos y financieros, y también, lo que es más importante, por el deseo de imponer una unidad emocional centralizadora a sus territorios heterogéneos y divididos. Pero, sobre todo, fueron arrastrados por la lógica siniestra e impersonal del propio antisemitismo. La historia demuestra constantemente que el antisemitismo tiene un poder y un impulso propios.

El estudio de Ciudad Real realizado por Jaím Beinart revela un lamentable estado de degradación humana. Se ocultaban los nombres de los testigos hostiles para evitar venganzas entre familias, pero este aspecto confería a la Inquisición su perfil más perverso, en especial porque muchos informantes estaban motivados por la malicia, sobre todo contra los ricos o los individuos destacados. Por ejemplo, Juan González Pintado, que había sido secretario de los reyes, naturalmente tenía enemigos: por eso fue quemado vivo. Aún más perverso era el testimonio de los maridos contra las esposas, y viceversa, de los hijos contra los padres, de los hermanos contra las hermanas. Uno de los peores informantes fue Hernán Falcón, que atestiguó en el proceso póstumo de su propio padre, que, según parece, era el jefe de la comunidad criptojudía local. «Todo lo que se afirma contra él en la acusación es cierto, y todavía más, suficiente para llenar una hoja entera.» Falcón fue testigo en todos los juicios de Ciudad Real de 1483 a 1485, y su frase destructiva favorita acerca de un acusado era que se trataba de «un judío en todos los sentidos». De una mujer, Carolina de Zamora, dijo «que se ocuparía de que la quemaran, aunque él tuviese que dar treinta vueltas en el infierno»; en realidad, el testigo que más perjudicó a la mujer fue su propio hijo, un monje, que juró que lograría que la quemasen, aunque en definitiva se la castigó únicamente con la flagelación. Muchas de las personas acusadas eran instruidas además de piadosas. Leonor González consiguió huir a Portugal. El tribunal otorgó a su hijo, Juan de la Sierra, la autoridad necesaria para ir a Portugal y convencerla de que regresara. De la Sierra fue a buscarla, ella retornó, fue juzgada, condenada y quemada viva. Algunos escapaban. Otros lo intentaban y se los detenía. Sancho de Ciudad, el converso más rico del lugar, trató de huir a Valencia, pero todos fueron detenidos y quemados en Toledo. Los evadidos que lograban huir eran juzgados y quemados en efigie. Si se condenaba póstumamente a un hombre, se exhumaban los restos y también se los quemaba, en un símbolo de lo que supuestamente le sucedía en el infierno.[143]

Algunos fueron exculpados, pero generalmente las pruebas eran abrumadoras. En Ciudad Real, durante este periodo, bastaba apelar dos veces a la tortura. Muchos de los convictos sin duda eran judíos de observancia estricta. A una mujer la atraparon porque la vieron encendiendo una vela la víspera del *shabbat* para evitar encenderla al día siguiente; a otra, porque rehusó beber de la misma copa de una persona que había comido cerdo; el acatamiento riguroso a las leyes de la matanza ritual llevó a muchos a la hoguera. No todos recibían sentencias de muerte. El converso que abjuraba podía sufrir un periodo de prisión —o a veces condena perpetua—, que en ocasiones se conmutaba por el pago de una multa si el individuo era rico. Además, el convicto tenía que vestir una túnica con dos cruces amarillas por lo menos durante un año, a veces para siempre, y si no cumplía esa norma, se le tachaba de relapso y se le quemaba. También tenía la obligación especial de informar a la Inquisición, y si no lo hacía, se lo consideraba «rebelde contra la Iglesia», y se le quemaba. La lista de castigos impuestos a un condenado era enorme: estaba excluido de todos los beneficios y los cargos hasta el nivel de pregonero, no podía practicar la profesión de médico, de abogado o de notario, portar armas, recibir dinero o mercancías, tallar la piedra, poseer una taberna, montar a caballo o viajar en carro o carruaje, usar oro, plata, perlas, joyas de cualquier tipo, vestir seda y brocado, o dejarse barba.[144] Estas prohibiciones pasaban a los hijos: mujeres hasta la primera generación, varones hasta la segunda.[145]

Esta persecución feroz se prolongó doce años en la campaña inicial y se extendió a todas las comunidades judías de España. El sufrimiento y las pérdidas fueron abrumadores, pero en definitiva los resultados solamente consiguieron revelar la magnitud del «problema judío» a los ojos de la autoridad. El episodio coincidió con la fase definitiva de la conquista del antiguo reino moro de Granada y la entrada triunfal de los Reyes Católicos en la ciudad el 2 de enero de 1492. El desastre agregó otras comunidades judías, además de las musulmanas, a España. Lidiar con los judíos, francos o secretos, casi se convirtió a partir de entonces en la actividad principal del gobierno. Todas las prisiones estaban repletas. Decenas de miles de personas se vieron sometidas a arresto domiciliario y al hambre. Desesperando de la posibilidad de suspender la relación entre conversos y judíos apelando a los medios convencionales de la investigación inquisitorial, y acicateados por los partidarios rapaces ansiosos de botín, los reyes decidieron encontrar una «solución final». El 31 de marzo firmaron un Edicto de Expulsión, promulgado un mes más tarde, que expulsó físicamente de España a todos los judíos que no aceptaran la conversión inmediata.

Había entonces alrededor de doscientos mil judíos que aún vivían en el reino. Un indicio de la desmoralización de la comunidad judía —y también del apego que de todos modos los judíos sentían por España, el país donde anteriormente habían gozado de más comodidad y seguridad— es el hecho de que un número muy elevado, incluido el gran rabino y la mayoría de las familias importantes, prefiriese aceptar el bautismo. Alrededor de cien mil atravesaron la frontera en dirección a Portugal, de donde a su vez fueron expulsados cuatro años después. Unos cincuenta mil cruzaron el estrecho y llegaron al norte de África, o se embarcaron rumbo a Turquía. Hacia finales de julio de 1492 la expulsión era un hecho consumado.

La destrucción de la comunidad judía española fue el episodio más trascendente de la historia judía desde mediados del siglo II d. C. En España habían residido judíos desde los tiempos clásicos tempranos, quizás incluso desde la época de Salomón, y la comunidad había adquirido características muy particulares. En la Alta Edad Media, los judíos dispersos tendieron a dividirse en dos grupos principales: los que estaban relacionados con las academias babilonias y los que mantenían vínculos con Palestina. Había dos comunidades de este tipo, cada una con su sinagoga, en la Fustat de Maimónides (y una tercera sinagoga para los caraítas). Sin embargo, a partir del siglo XIV es más preciso hablar de judíos españoles o sefardíes —el término es una corrupción de un antiguo nombre de España— y asquenazíes o judíos alemanes, cuyo centro de influencia estaba en Renania.[146] Los sefardíes crearon su propio idioma judeoespañol, el ladino, antaño escrito con letras cursivas rabínicas, en contraposición a la cursiva hebrea moderna (originalmente asquenazí). Eran personas cultas, de letras, ricas, inmensamente orgullosas de su estirpe, mundanas, a menudo amantes del placer y no demasiado rigurosas, que se atenían a la codificación liberal de Yosef Caro. Eran una cabeza de puente del mundo latino en la cultura árabe, y viceversa, así como vehículos de la ciencia y la filosofía clásicas. Los sefardíes fueron artesanos brillantes en metales y piedras preciosos, matemáticos, fabricantes de instrumentos de precisión, dibujantes de mapas exactos y creadores de tablas de navegación.

Esta comunidad numerosa e inteligente se dispersó por todo el Mediterráneo y el mundo musulmán, y desde Portugal, en una segunda diáspora sefardí, pasó a Francia y el noroeste de Europa. Muchos abrazaron el cristianismo y dejaron su huella. Por ejemplo, Cristóbal Colón fue legalmente genovés, pero no escribía italiano, y es posible que proviniese de una familia española de origen judío. El apellido Colón era usual entre los judíos que vivían en Italia. Colón se enorgullecía de sus vínculos con el rey David, le gustaba la sociedad judía y marrana, estaba influido por las supersticiones judías, y sus protectores en la corte aragonesa eran sobre todo cristianos nuevos. Usaba las tablas confeccionadas por Abraham Zacuto y los instrumentos perfeccionados por José Vecinho. Incluso su intérprete, Luis de Torres, era judío, aunque se había bautizado poco antes de embarcar para América. De modo que los judíos, después de perder España en el viejo mundo, ayudaron a recrearla en el nuevo.[147] Los sefardíes también fueron a Francia, y una expresión característica del influjo que allí ejercieron fue el deslumbrante, pero cortés, Michel de Montaigne, cuya madre, Antoinette de Louppes (López), era descendiente directa de judíos españoles.[148] Lo que España perdió otros lo ganaron; y a la larga, la diáspora sefardí demostraría un perfil sumamente creador y sería un factor de importancia fundamental en el desarrollo judío. Pero en aquel momento pareció un desastre sin atenuantes para los judíos.

No fue el único. Hacia el fin de la Edad Media europea

—la Edad Media judía no concluiría hasta las últimas décadas del siglo XVIII—, los judíos habían dejado de realizar, al menos por el momento, una contribución importante a la economía y la cultura europeas. Habían llegado a ser prescindibles, y por lo tanto estaban siendo rechazados. Las expulsiones españolas estuvieron precedidas por muchas otras en Alemania e Italia. Los judíos fueron expulsados de Viena y Linz en 1421, de Colonia en 1424, de Augsburgo en 1439, de Baviera en 1442 (y de nuevo en 1450) y de las ciudades reales de Moravia en 1454. Se los expulsó de Perusa en 1485, de Vicenza en 1486, de Parma en 1488, de Milán y de Luca en 1489 y, con la caída de los Médicis filosemitas, de Florencia y Toscana entera en 1494. Hacia fines de la década habían sido obligados a salir también del reino de Navarra.

Una expulsión provocaba otra, porque los refugiados afluían a ciudades que ya tenían más judíos de los que sus gobernantes deseaban. En Italia, la única función que cumplían los judíos a fines del siglo XV era la de conceder pequeños préstamos a los pobres. Incluso en Roma el papel de los banqueros judíos estaba declinando.[149] Los banqueros y los artesanos cristianos lograban que se prohibiese la actividad de los judíos en cuanto sus corporaciones tenían poder suficiente. En Italia, en Provenza y en Alemania los judíos habían sido prácticamente eliminados del comercio y la industria en gran escala hacia el año 1500. De modo que se trasladaron hacia los territorios menos desarrollados que estaban más al este; primero a Austria, Bohemia, Moravia, Silesia, y después a Polonia, a Varsovia y Cracovia, Lvov, Brest-Litovsk y Lituania. El eje demográfico de la comunidad asquenazí se desplazó varios cientos de kilómetros hacia Europa centro-oriental y oriental. También allí hubo dificultades: estallaron disturbios antijudíos en Polonia en 1348-1349, en 1407 y en 1494. Al año siguiente los judíos fueron expulsados de Cracovia y Lituania. Todos estos movimientos y expulsiones estaban interrelacionados. Pero como los judíos eran más necesarios en el este, consiguieron permanecer; hacia el año 1500 se consideraba que Polonia era el país más seguro de

Europa para los judíos, y pronto se convirtió en el centro de los asquenazíes.

Habría podido suponerse que la degradación y el empobrecimiento de los judíos en Europa, el hecho de que su contribución a la economía y la cultura fuesen marginales hacia el fin de la Edad Media, debilitaría o incluso destruiría el muro de odio levantado alrededor de ellos. Pero no fue así. Como otras formas de la conducta irracional, el antisemitismo no se sometió a las leyes de la economía. Al contrario, como un virus maligno, originó nuevas mutaciones de su propia cepa. Sobre todo en Alemania, comenzó a crear su propia y repulsiva iconografía: el *Judensau*.

La mente medieval se complacía en reducir a imaginería todos los aspectos del universo. El conflicto entre la cristiandad y el judaísmo había sido parte del amplio panorama de la vida que se manifestaba, por ejemplo, en las paredes de las catedrales. Pero los escultores habían representado el asunto en términos meramente teológicos. La pareja favorita de imágenes, a veces plasmada con notable elegancia, estaba formada por la Iglesia triunfante y la sinagoga sufriente. El escultor medieval nunca abordó temas antisemitas; jamás representó al judío como usurero, como una criatura diabólica que envenenaba los pozos de agua, asesinaba a los niños cristianos o maltrataba la hostia.

En las artes había otras imágenes usadas para representar a los judíos: el becerro de oro, la lechuza, el escorpión. En Alemania, a finales del periodo medieval, comenzó a aparecer uno nuevo: la cerda. El motivo no fue concebido inicialmente con carácter polémico, pero poco a poco vino a simbolizar a todas las personas sucias, los pecadores, los herejes y sobre todo los judíos.[150] Aunque parece haberse limitado casi exclusivamente a las regiones afectadas por la cultura alemana, en ellas se convirtió en el más usual de todos los motivos que representaban al judío, y en uno de los estereotipos insultantes más poderosos y duraderos.[151] Se mostraba a los judíos venerando a la cerda, chupando de sus mamas, abrazando sus cuartos traseros, devorando sus excrementos.

La imagen ofrecía sobradas oportunidades al tipo más grosero de artista popular, porque le proponía un tema al que no se aplicaba ninguna de las normas usuales del buen gusto y el decoro, y en el que la obscenidad más torpe no sólo era aceptable, sino declaradamente meritoria. De hecho, es evidente que la brutal indecencia de la imagen fue la principal razón de su popularidad durante más de seiscientos años. Con la invención de la imprenta, el motivo no tardó en proliferar y se hizo omnipresente en Alemania. No sólo aparecía en los libros, sino también en innumerables grabados, óleos y acuarelas, en los mangos de los bastones, en cerámicas y porcelanas. Su interminable repetición contribuyó a un proceso que en Alemania tendría una importancia grande y trágica: la deshumanización del judío. El concepto de que el judío conocía la verdad, pero la rechazaba y prefería tratar con las fuerzas de la oscuridad —y por lo tanto, no podía ser humano en el sentido en que lo eran los cristianos—, ya estaba consolidado. Las relaciones antinaturales e inhumanas del judío con la *Judensau* lo afirmaron todavía con más fuerza en la mente popular alemana. Y si determinada categoría de personas no era humana, ciertamente podía excluírsela de la sociedad. En efecto, eso era lo que ya estaba sucediendo. Pues las murallas del odio, lejos de desaparecer, estaban siendo reemplazadas por otras reales, en el momento en que aparecía el gueto europeo.

4

El gueto

La gran diáspora sefardí, que comenzó en España en 1492, y en Portugal en 1497, movilizó a los judíos del mundo entero, pues la llegada de un elevado número de refugiados generalmente provocaba otras expulsiones. Muchos judíos, condenados casi a la indigencia, y a quienes se les prohibía entrar en las ciudades de las cuales ya se había expulsado a los judíos, se convirtieron en vendedores ambulantes. No es coincidencia que la leyenda del Judío Errante se desarrollase precisamente por esta época. La historia de un judío que había golpeado a Cristo durante su *via dolorosa*, y por eso estaba condenado a vagar hasta el Segundo Advenimiento, apareció por primera vez en una crónica boloñesa de 1223; Roger de Wendover la recogió cinco años más tarde en sus *Flowers of History* [Flores de Historia]. Pero en las primeras décadas del siglo XVI el Judío Errante se convirtió en Asuero, el típico buhonero judío, viejo, barbudo, raído, lamentable, un presagio de la calamidad.[1] El obispo de Schleswig afirmó haberlo visto en una iglesia de Hamburgo en 1542, y, según el centenar o más de versiones populares difundidas por la imprenta, se lo vio en repetidas ocasiones: en Lübeck en 1603, París en 1604, Bruselas en 1640, Leipzig en 1642, Múnich en 1721, Londres en 1818. Se convirtió en el tema de una nutrida literatura. Por supuesto, había innumerables y auténticos judíos errantes: durante el Renacimiento y después, les tocó a los judíos convertirse de nuevo en «extranjeros y viajeros», como Abraham.

Uno de estos individuos errantes fue Shlomó ibn Verga (hacia 1450-hacia 1525), natural de Málaga, expulsado de España y después de Portugal, que llegó a Italia en 1506 y recorrió el país. No sabemos dónde se estableció finalmente, ni si lo hizo, pero es seguro que pasó un tiempo en Roma. Escribió un libro titulado *Shevet Yehudá (La vara de Yehudah [Yehudá])*, en el que se preguntaba: ¿Por qué los hombres odian a los judíos? Este ensayo tiene cierto derecho al título de primera obra de historia judía desde las *Antigüedades* de Josefo, mil cuatrocientos años antes, pues Ibn Verga describe por lo menos sesenta y cuatro persecuciones de judíos. Con este trabajo dio el primer signo, aunque débil, de la autoconciencia histórica judía.

Un reflejo de la lamentable situación judía en la Europa cristiana fue el hecho de que Ibn Verga no pudo conseguir en vida la publicación de su libro, y que se lo imprimió por primera vez alrededor de 1554 en Turquía. De todos modos, Ibn Verga era un hombre del Renacimiento, racionalista y escéptico, y una mente independiente. Su actitud frente al Talmud era de enérgica crítica, se burlaba de Maimónides y parodiaba las opiniones de Yehudá ha-Leví. Utilizando el método de los diálogos imaginarios, se rió de gran parte de la erudición judía. Si los judíos sufrían humillación, ello era en medida considerable por su propia culpa. Eran orgullosos, pero al mismo tiempo demasiado pasivos y excesivamente confiados en Dios; se mostraban optimistas y muy obedientes, descuidaban tanto la ciencia política como la militar, y así estaban «doblemente desnudos». Ni los judíos ni los cristianos admitían la validez de las creencias rivales, y ambos se apoyaban en supersticiones y leyendas. Si los cristianos eran intolerantes, los judíos se mostraban poco dispuestos a adaptarse. Señaló además que, en general, «los reyes de España y Francia, la nobleza, los individuos cultos y todos los hombres dignos se mostraban amistosos con los judíos»; el prejuicio provenía principalmente de los pobres ignorantes e incultos. «Jamás he visto a un hombre razonable odiar a los judíos —son las palabras que pone en boca de un hombre sabio— y solamente los odia el pueblo bajo. Hay una razón que explica esta actitud: el judío es arrogante y siempre quiere gobernar; uno jamás pensaría que son exiliados y esclavos empujados de un pueblo a otro. Más bien intentan mostrarse como señores y amos. Por eso las masas los envidian.»[2] ¿Por qué los judíos no intentaron destruir el prejuicio comportándose con más modestia y humildad, y predicando la tolerancia y la comprensión religiosas?[3]

Ibn Verga escribió en hebreo, y sin duda se dirigía a lectores judíos educados, capaces de reconocer la justicia de sus críticas. Por lo tanto, cabe atribuir cierto peso a sus acusaciones. Pero las pruebas que han llegado a nosotros no sugieren que una arrogancia dominante fuese la principal razón de los ataques a los judíos. La causa usual de los problemas era una afluencia de judíos extranjeros, que elevaba el número de la comunidad judía estable por encima del nivel crítico. Por ejemplo, en Venecia, que había sido un importante estado comercial desde el siglo X, y que era un lugar que se prestaba naturalmente al asentamiento de judíos, éstos tropezaron con cierta resistencia. En el siglo XIII se los reunió en la isla de Spinalunga, la Giudecca; en otras ocasiones se los obligó a vivir en Mestre, que estaba en tierra firme. Tuvieron que usar un distintivo circular amarillo, después un sombrero amarillo y posteriormente un sombrero rojo. Pero siempre había judíos que prosperaban y realizaban contribuciones importantes a la economía veneciana, entre otras cosas con el pago de impuestos, regidos por una ley o *Condotta*, confirmada repetidas veces.

En mayo de 1509 las fuerzas de la Liga de Cambrai derrotaron al ejército veneciano en Agnadello, y hubo una fuga, provocada por el pánico, de la *terra firma* a las islas principales. Entre los refugiados había más de cinco mil judíos, muchos de ellos emigrados de España y Portugal. Dos años después comenzó la agitación en favor de la expulsión de los judíos, desencadenada por los sermones de los frailes. Culminó en 1515-1516, con la decisión oficial de confinar a toda la comunidad judía en un sector apartado de la ciudad.

El lugar elegido fue una antigua fundición de cañones, llamada *ghetto nuovo*, en las islas centrales más alejadas de la plaza de San Marcos. La nueva fundición se convirtió en una isla mediante canales, se levantaron altos muros, todas las ventanas que daban al exterior fueron tapiadas, y se dispusieron dos entradas vigiladas por cuatro guardias cristianos; seis guardias más debían tripular dos naves patrulleras, y los diez eran pagados por la comunidad judía, a la cual también se ordenó que concertase el arriendo perpetuo de la propiedad a un precio que estaba un tercio por encima de su valor.[4]

El concepto de un distrito especial para los judíos no era nuevo. Se remontaba a la Antigüedad. La mayoría de las grandes ciudades islámicas tenían uno. En la Europa de la Alta Edad Media los judíos a menudo habían reclamado la segregación y la construcción de muros como condición para instalarse en una ciudad. Sin embargo, se opusieron enérgicamente a la propuesta veneciana, visiblemente ideada con el fin de obtener la máxima ventaja económica de la presencia judía (incluso los impuestos especiales), al tiempo que garantizaba que los judíos tuviesen el mínimo contacto social con el resto de la población. En efecto, se les permitía realizar sus transacciones de día, a una distancia incómoda, y se los encerraba por la noche. Pero Venecia insistió, y de hecho el sistema probablemente impidió que se aceptaran nuevas propuestas, como la expulsión total. El *ghetto nuovo* original albergaba a los judíos italianos que eran principalmente de origen alemán. En 1541 los judíos de Levante fueron trasladados a la fundición vieja, o *ghetto vecchio*, que estaba cerca. Finalmente, en 1633 se amplió todavía más el sector agregando el *ghetto novissimo*, para albergar a los judíos occidentales.[5] Por esta época (1632) había 2.412 judíos en el gueto, con una población veneciana total de 98.244 personas. En el espacio suplementario, el gueto pudo alojar a casi cinco mil judíos hacia 1655.[6] Para vivir encerrados de este modo, los judíos pagaban no sólo impuestos ordinarios y derechos de aduana, sino un impuesto anual especial de diez mil ducados y gravámenes forzosos, durante el primer siglo del gueto, de por lo menos sesenta mil ducados; en total, por lo menos doscientos cincuenta mil ducados.[7]

¿Por qué se sometían tan pacientemente los judíos a este tipo de opresión? En un libro acerca de los judíos de Venecia, Simjá Luzzatto (1583-1663), que fue su rabino durante cincuenta y siete años, arguyó que la pasividad judía, que tanto irritaba a Ibn Verga, era asunto de fe: «Pues creen que cualquier cambio identificable que los afecta [...] proviene de una causa superior, y no del esfuerzo humano.»[8] Muchos judíos se sentían turbados por esa época ante la incapacidad de la comunidad española, enorme y otrora rica y poderosa, para ofrecer resistencia a su cruel expulsión. Algunos señalaban el contraste con la belicosidad judía de la Antigüedad; ¿por qué los judíos ya no podían ser como su antepasado Mardoqueo? Citaban el Libro de Ester: «Y todos los servidores del rey, que estaban al servicio de la puerta real, se inclinaban y reverenciaban a Hamán [...]. Pero Mardoqueo no se inclinó ni lo reverenció.»[9] Pero el mismo texto —favorito de los judíos, entonces y ahora— proponía otra orientación. ¿Acaso Ester, por consejo de Mardoqueo, no había ocultado su condición de judía? Ella «no había revelado ni su pueblo ni su linaje», como señalaban muchos marranos. El judío oculto y secreto, así como el judío pasivo, eran tan antiguos como la Biblia, y también estaba Naamán, que «se inclinó en la casa de Rimmon». Pero los judíos sabían que el Libro de Ester contenía una advertencia, pues el malvado Hamán había propuesto una masacre general de judíos al rey Asuero. En su comentario acerca de Ester publicado en Bolonia en 1538, el rabino Yosef ibn Yahya destacó que el razonamiento de Hamán —que como los judíos estaban «esparcidos por el extranjero y dispersos entre la gente» no podían ofrecer resistencia— se aplicaba con la misma validez a los judíos de su tiempo.[10]

La verdad es que las comunidades judías aceptaban la opresión y la condición de ciudadanos de segunda clase si había normas definidas que no variaban constante y arbitrariamente sin advertencia previa. Lo que detestaban más era la incertidumbre. El gueto ofrecía seguridad e incluso cierto tipo de comodidad. Hacía que la observancia de la Ley fuese mucho más fácil en muchos aspectos, pues permitía concentrar y aislar a los judíos. Si, como afirmaba la Iglesia, la segregación salvaguardaba a los cristianos de los perversos contactos judíos, igualmente protegía a los judíos de la secularidad. El código legal de Yosef Caro (1488-1575), que se convirtió en el texto halájico autorizado para muchas generaciones de judíos ortodoxos, podría haber sido concebido para el aislamiento y la introspección causados por el gueto. En el gueto, los judíos podían desarrollar una vida cultural intensa, aunque aislada. Pero había muchos contactos entre las religiones. Por la época en que se estableció el gueto, el impresor cristiano Daniel Bomberg abrió en Venecia una imprenta para textos en hebreo. Cristianos, judíos y conversos colaboraron en la producción de una grandiosa edición de los dos Talmudes (1520-1523), cuya paginación se convirtió en un estándar. Los tipógrafos y los lectores de pruebas judíos fueron autorizados a prescindir del sombrero amarillo. Aparecieron otras imprentas de textos en hebreo. Así se imprimieron no sólo los clásicos religiosos, sino también las obras judías de la época. En Venecia se publicó el resumen popular que preparó Caro de su gran código, el *Shuljánn Aruj*, y en 1574 apareció en una edición de bolsillo, «de modo que —dice la portada— pueda llevarse junto al pecho para consultarlo donde y cuando uno desee, mientras descansa o viaja».[11]

A pesar de las exacciones oficiales, la comunidad veneciana prosperó. Se dividía en tres naciones, los ponentinos de España, los levantinos, que eran súbditos turcos, y la *nazione tedesca* o judíos de origen alemán, el sector más antiguo, más numeroso y menos acaudalado. Sólo ellos podían dedicarse al préstamo de dinero, y además hablaban italiano. No obstante, no se les concedió la ciudadanía veneciana; incluso a fines del siglo XVIII la ley establecía que «los judíos de Venecia y del estado u otro judío cualquiera no pueden reclamar ningún derecho de ciudadanía, ni gozar de sus ventajas».[12] Shakespeare dijo la verdad cuando señaló este aspecto en *El mercader de Venecia*. También su versión es plausible cuando pone en labios de Jessica la afirmación de que la casa de su padre Shylock está colmada de tesoros. Los prestamistas judíos exitosos a menudo acumulaban cantidades de objetos dejados en prenda o como garantía, sobre todo joyas. Se sancionaron leyes suntuarias locales para impedir que usaran esas prendas; más aún, los judíos establecieron sus propias prohibiciones respecto de los artículos suntuarios, para desviar «la envidia y el odio de los gentiles, que fijan su mirada en nosotros».[13]

Pero a pesar del atuendo restrictivo, en el gueto veneciano no faltaba la alegría. Un contemporáneo describió las ceremonias del Regocijo de la Ley:

Esa noche se celebra una suerte de medio carnaval; pues muchas doncellas y esposas se enmascaran, para no ser reconocidas, y visitan todas las sinagogas. En un día así hay multitud de damas y caballeros cristianos acuden por curiosidad [...]. Están presentes todas las naciones, los españoles, los levantinos, los portugueses, los alemanes, los griegos, los italianos y otros, y cada uno canta de acuerdo con su propio uso. Como no emplean instrumentos, algunos baten palmas sobre la cabeza, otros se golpean los muslos, algunos imitan las castañuelas con los dedos, y los hay que fingen tocar la guitarra rascando su jubón. En resumen, actúan de tal modo con estos ruidos, saltos y danzas, con extrañas contorsiones de la cara, la boca, los brazos y todos los restantes miembros, que parece la mímica del carnaval.[14]

La falta de instrumentos musicales respondía totalmente a la oposición de los rabinos. Muchos se oponían a todos los tipos de música artística, con el argumento de que implicaba la repetición excesiva de las palabras sagradas de las oraciones, y sobre todo del nombre de Dios; aducían, de manera no muy convincente, que la música podía llevar a las gentes sencillas a creer que había dos o más dioses. (En la Inglaterra de los siglos XVI y XVII los puritanos esgrimieron argumentos análogos contra la música polifónica e insistieron en que hubiese una sola nota para cada sílaba de la plegaria.) En Senigallia, cerca de Ancona, ha sobrevivido la crónica de una furiosa disputa entre el rabino local y el *maestro di capella*, Mordejái della Rocca; el rabino insistía, con la ayuda de voluminosas citas del Talmud y las fuentes cabalísticas, en que la música existía sencillamente para destacar el significado del texto, y que todo el resto era «mera payasada».[15] De todos modos, el gueto veneciano ciertamente tuvo una academia de música desde principios del siglo XVII. Los estudios de la comunidad judía de la Venecia renacentista realizados por Cecil Roth demuestran que los rigoristas a menudo se quejaban del lujo y la mundanidad de la vida del gueto, y de la preferencia por el italiano antes que por el hebreo, al extremo de que se reclamaba el uso del vernáculo en la plegaria. Los judíos escribieron piezas teatrales, y obras de matemática, astronomía y economía, todo en italiano. También elaboraron ingeniosos argumentos para justificar el uso de las góndolas en *shabbat*.[16] Tenían sus propias escuelas en el gueto, aunque se les permitía asistir a la facultad de medicina que estaba en la cercana Padua y licenciarse allí. Muchos rabinos habrían deseado elevar aún más los muros del gueto.

En efecto, aunque las relaciones entre los judíos y el mundo exterior tienden a ser la sustancia de la historia, los judíos casi siempre estaban más preocupados por sus propios asuntos, que a veces eran tormentosos. Por la época en que se creó el gueto de Venecia, la judería italiana estaba convulsionada por los intentos de llamar al orden a Emmanuel ben Noé Rafael da Norsa, un hombre rico que gobernaba la comunidad de Ferrara como un tirano, y que contaba con la ayuda de su propio y domesticado rabino, David Piazzighettone, para obtener decisiones que lo favorecían. Solía decir: «Aquí estoy en mi ciudad, en medio de mi gente, y quien tenga alguna reclamación contra mí que se acerque para llevarme a juicio.» Se decía que tanto los cristianos como los judíos se inclinaban ante él. Sus actividades salieron a la luz pública cuando Abraham da Finzi —que afirmaba que Norsa le había estafado cinco mil florines de oro, un rubí y una esmeralda— lo demandó ante el tribunal rabínico de Bolonia. El hijo de Norsa afirmó que su padre estaba ausente, y rehusó aceptar el mandamiento, diciendo: «Fuera de aquí, *fresca di merda*.» El rabino domesticado también se negó a actuar, y exclamó: «¿Qué tengo que ver con vos, *putto di Haman*?» El caso recorrió media docena de tribunales rabínicos de Italia entera, y aunque la mayoría tomó partido contra Norsa, éste tenía un firme defensor en Abraham Mintz, cuyo padre, el rabino Yehudá Mintz, había sido director de la *yeshivá* de Padua, y que más tarde fue rabino en Mantua. Se procedió a destruir las cartas y las citaciones del rival; se amenazó a los rabinos con ponerlos en la picota y con la denuncia ante los tribunales cristianos. Cada grupo rabínico insultaba al otro aduciendo su falta de linaje y saber; cada uno se vanagloriaba de su propia genealogía y su capacidad erudita, y además la polémica se envenenaba a causa de la división entre sefardíes y asquenazíes. Mintz acusó al rabino Abraham Cohen de Bolonia de ser «un sefardí de lengua meliflua [...] el Satán del caso». Cohen replicó: «Llamáis sacerdotes disputadores a mis antepasados [...]. Estoy orgulloso de ese nombre [sefardí] porque nosotros los sefardíes santificamos el divino nombre ante el mundo entero, y yo entre ellos, y soportamos las peores tentaciones [...]. Sois un canalla, un inútil, un mentiroso y un estafador [...] tonto ignorante, estúpido, absurdo e insensato.» Afirmó que Mintz siempre se había ganado la vida mediante el robo y la estafa, y que era «conocido de un extremo al otro del mundo como villano y tramposo». Se dijo también que Mintz había sucedido a su padre sólo porque tocaba bien el *shofar*. En definitiva, más de cincuenta rabinos, algunos residentes fuera de Italia, se vieron enredados en el asunto, y Norsa tuvo que ceder. La acusación contra él tenía mal aspecto, si bien la versión que ha sobrevivido fue compilada por los rabinos que eran sus enemigos; los rabinos de ambas partes estaban unidos por vínculos de matrimonio, y los puntos legales y doctrinales se

veían complicados por disputas dinásticas que se remontaban a varias generaciones.[17] El caso Norsa muestra la existencia de un numeroso grupo de comunidades judeoitalianas
que eran muy capaces de defenderse. Los judíos tendían a
prosperar gracias a su capacidad, como otro ciudadano
cualquiera. En la Italia del siglo XVI hubo algunos notables
casos de éxito judío. Por ejemplo, el sabio Abraham Colorni, que nació en Mantua en 1540 y conquistó sorprendente reputación como ingeniero al servicio de los duques de
Ferrara. Como Leonardo da Vinci, se especializó en artefactos militares, e ideó minas, explosivos, pontones, botes
plegables, escalas de sitio plegadizas y fuertes. Fabricó una
ametralladora primitiva y produjo dos mil arcabuces cada
uno de los cuales podía disparar diez tiros con un solo cebo.
Pero era también un matemático distinguido, y compiló tablas e ideó un nuevo método de espejos para medir distancias. Era un brillante especialista en evasiones. Se ocupó de
la escritura secreta y denunció el arte de la quiromancia.
Además, era un notable prestidigitador y se especializó en
trucos con los naipes. No es sorprendente, por lo tanto, que
fuese invitado a la deslumbrante corte de Praga, donde rei-
naba Rodolfo II, el mago-emperador.[18]

Pero en el otro extremo del espectro estaban los desgra-
ciados judíos que caían víctimas de la guerra general aunque
intermitente entre los cristianos y los turcos en el Mediterráneo y eran vendidos como esclavos. La política judía consistía en mantener buenas relaciones con ambas partes. Los judíos que huyeron de España y Portugal en la década de 1490
fueron bien recibidos en Constantinopla, y a cambio contribuyeron a crear allí una industria armamentista. Reforzaron
la comunidad judía existente en la Salónica otomana, hasta
que se convirtió en una de las principales del mundo; hacia
1553 allí vivían más de veinte mil judíos. Había comerciantes judíos en todo el Levante, el Egeo y el Adriático, y en
ocasiones los judíos de Venecia, gracias a sus relaciones con
los Balcanes y los territorios situados más al este, pudieron
dominar gran parte del comercio oriental de la ciudad. Los

judíos operaban desde otros puertos italianos, especialmente Ancona, Liorna, Nápoles y Génova. Pocas eran las naves comerciales que no llevaban a bordo un comerciante judío, pero todas ellas afrontaban el riesgo de los buques de guerra y los corsarios otomanos y cristianos. Se apreciaba particularmente el valor de los judíos como cautivos, porque se creía, en general con acierto, que aunque fueran pobres podría convencerse a una de tantas comunidades judías para que pagase el correspondiente rescate.

Si los turcos se apoderaban de un judío que viajaba en un barco cristiano, su libertad generalmente se negociaba desde Constantinopla. En Venecia, las comunidades judías levantinas y portuguesas crearon una organización especial para redimir a cautivos apresados por los cristianos en barcos turcos. Los mercaderes judíos pagaban un impuesto especial aplicado a todas las mercancías para formar el fondo común, que era una forma de seguro, puesto que todos podían ser víctimas. Los principales depredadores eran los Caballeros de San Juan, que convirtieron su base de Malta en el último centro europeo del tráfico de esclavos. Siempre prestaban atención a los judíos y los apresaban incluso en los barcos cristianos, con el argumento de que eran súbditos otomanos. Los caballeros mantenían a sus cautivos en barracas de esclavos y los vendían periódicamente a especuladores, que pagaban por los judíos un precio superior a la tasa corriente; se daba por descontado que todos los judíos eran ricos y que se pagaría el correspondiente rescate. Los judíos venecianos tenían en Malta un agente que observaba la llegada de cautivos judíos y arreglaba su liberación si había fondos disponibles. Los propietarios cristianos aprovechaban el sistema judío de auxilio para exigir precios exorbitantes. Cierto Yehudá Surnago, de setenta y cinco años, fue encerrado desnudo en un sótano durante dos meses, de modo que quedó ciego y no podía sostenerse. El propietario dijo que le arrancaría la barba y las pestañas y lo cargaría de cadenas a menos que el agente judío pagase 200 ducados. Así se hizo, pero el agente rehusó pagar 600 ducados por Aarón Afia, de

Rodas, que también fue maltratado por su dueño, que era especulador, pues señaló que si el pobre desgraciado moría en cautividad, el dueño perdería su capital. Es lo que sucedió en el caso de Yosef Levy, castigado por su propietario para obtener un precio más elevado, que falleció bajo el látigo.[19]

Este vergonzoso negocio continuó durante trescientos años. En 1663 el antiguo cromwelliano Philip Skippon describió la prisión de esclavos de Malta y observó: «Aquí hay esclavos judíos, moros y turcos, y se les vende públicamente en el mercado [...]. Los judíos se distinguen del resto por un pedacito de lienzo amarillo aplicado a los sombreros o los gorros, etcétera. Vimos a un rico judío que fue apresado más o menos un año atrás y vendido en el mercado por 400 escudos la mañana que visitamos la prisión. Creyéndose libre, gracias a un pasaporte otorgado por Venecia, golpeó al mercader que lo compró. De modo que se le encarceló de nuevo, le afeitaron la barba y los cabellos, le pusieron una gruesa cadena en las piernas y lo castigaron con cincuenta azotes.»[20] Todavía en 1768 la comunidad judía de Londres envió 80 libras esterlinas para ayudar a rescatar a un grupo de esclavos judíos retenidos en Malta, y pasaron otros treinta años antes de que Napoleón liquidase este tráfico.

Muchos italianos consideraban enemigos a los judíos a causa de los vínculos de éstos con los otomanos, establecidos tras la dispersión de la comunidad judía española. Ésa era otra de las razones del sistema de segregación de los guetos. Por ejemplo, el pueblo suponía que habían tratado de ayudar a los turcos a apoderarse de Malta durante el gran sitio de 1565. Sin embargo, el factor principal que afectó a los destinos judíos en la Europa del siglo XVI fue la Reforma. A la larga, el ascenso del protestantismo benefició enormemente a los judíos. Al quebrar la unidad monolítica de la Europa latina, truncó las aspiraciones cristianas de crear una sociedad con una sola fe. Así concluyó el peligroso aislamiento de los judíos como único grupo inconformista. En extensas regiones europeas la Reforma trajo consigo la desaparición de los frailes, los más odiados enemigos de los judíos, así como el fin de instituciones como el celibato clerical y el monasticismo, factores ambos que perjudicaban de manera notoria los intereses judíos.

La Reforma, que se basó en el trabajo de los eruditos renacentistas, también renovó el interés por los estudios hebreos y sobre todo por el Antiguo Testamento. Muchos apologetas católicos acusaron a los judíos, y aún más a los marranos, de ayudar e inspirar a los pensadores protestantes. Los judíos mismos difundieron versiones de acuerdo con las cuales ciertos cristianos poderosos, incluido el rey de España, descendían de marranos y trabajaban en secreto por la destrucción de la cristiandad; por ejemplo, sus cronistas atribuyeron el ascenso del protestantismo en Navarra al factor marrano. Pero no existen muchas pruebas de que el interés de los reformadores en un Antiguo Testamento los indujese a una actitud explícitamente projudía. Hebraístas cristianos como Pico della Mirandola (1463-1494), Johannes Reuchlin (1455-1522), Sebastian Münster, profesor de hebreo en Basilea después de 1528, y Philipp Melanchthon (1497-1560) se oponían al judaísmo con la misma energía que cualquier dominico, aunque, por ejemplo, Melanchthon criticaba el libelo de sangre y otros excesos antisemitas. Rechazaban la Mishná y el Talmud, e incluso todos los comentarios judíos, excepto partes de la Cábala. Erasmo, que era el más importante de todos, rechazaba también la Cábala y consideraba que el saber judío era sumamente peligroso, más destructivo para la fe que el oscurantismo de los escolásticos medievales: «Nada más contrario y enemigo de Cristo que esta peste.»[21] Escribió al inquisidor de Colonia: «¿Quién de entre nosotros no odia a esta raza de hombres? [...]. Si es cristiano odiar a los judíos, aquí todos somos sobradamente cristianos.»[22]

Es cierto que, al principio mismo, los judíos dieron la bienvenida a la Reforma porque dividía a sus enemigos. También es cierto que, sobre todo, Lutero buscó el apoyo de los judíos en su nueva interpretación de la Biblia y su rechazo a las pretensiones papales. En su panfleto de 1523, *Das*

Jesus Christus ein geborener Jude sei [Jesucristo nació judío] arguyó que ya no había motivo que justificara la negativa de los judíos a abrazar a Cristo, y en una actitud absurda esperaba una conversión masiva y voluntaria. Cuando los judíos replicaron que el Talmud representaba una comprensión de la Biblia mejor aún que la del propio Lutero y le devolvieron la invitación a convertirse, Lutero los atacó primero por su obstinación (1526), y en 1543 se volvió enfurecido contra ellos. Su panfleto *Von den Juden und ihren Lügen* [Acerca de los judíos y sus mentiras], publicado en Wittenberg, puede ser considerado como la primera obra del antisemitismo moderno, y un gigantesco paso adelante por el camino que llevó al Holocausto. «En primer lugar —señaló— habría que incendiar sus sinagogas, y lo que reste debería ser enterrado en el polvo, de modo que jamás nadie pueda reconocer una piedra o una pavesa.» Había que destruir los libros de oraciones judíos y prohibir la predicación de los rabinos. Después, debía tratarse la situación del pueblo judío, «aplastando y destruyendo» sus casas y poniendo a los que residían en ellas «bajo un techo o en un establo como gitanos, para enseñarles que no son señores en nuestra tierra». Había que excluir de los caminos y los mercados a los judíos, confiscar sus propiedades para después incorporar a esos «gusanos ponzoñosos y envenenados» al trabajo forzado y obligarles a ganar su pan «con el sudor de sus narices». Finalmente, sólo quedaría expulsarlos «de manera definitiva».[23] En su parrafada contra los judíos, Lutero se concentraba en el papel que representaban como prestamistas e insistía en que su riqueza no les pertenecía, pues había sido «arrancada mediante la usura». El usurero, alegaba Lutero,

es un ladrón y un asesino empedernido [...]. Quien devora, contamina y roba el alimento de otro comete un crimen tan grave (hasta donde puede) como quien hace que un hombre muera de hambre o lo asesina. Eso hace un usurero, y se sienta allí, seguro sobre su taburete, cuando debería colgar del patíbulo y ser devorado por tantos cuervos como florines robó [...]. Por lo tanto, sobre la tierra no hay peor enemigo del hombre, después del Demonio, que un devorador de dinero y usurero, pues quiere ser Dios sobre todos los hombres [...]. La usura es un monstruo grande y enorme, como un hombre lobo [...]. Y así como quebramos sobre la rueda y decapitamos a los salteadores, los asesinos y los ladrones, ¡con cuánta mayor razón deberíamos quebrar sobre la rueda y matar [...] perseguir, maldecir y decapitar a todos los usureros!

Lutero no se satisfizo con el ataque verbal. Incluso antes de escribir su panfleto antisemita consiguió que los judíos fuesen expulsados de Sajonia en 1537, y durante la década de 1540 los eliminó de muchas ciudades alemanas; intentó sin éxito conseguir que el elector los expulsara de Brandemburgo en 1543. Sus seguidores continuaron bramando contra los judíos: saquearon la sinagoga de Berlín en 1572 y al año siguiente se salieron por fin con la suya, y los judíos fueron expulsados de toda la región. En cambio, Juan Calvino estaba mejor dispuesto hacia los judíos, en parte porque tendía a coincidir con ellos en la cuestión del préstamo a interés; reseñó objetivamente en sus escritos los argumentos judíos, e incluso fue acusado de ser un judaizante por sus enemigos luteranos.[24] De todos modos, algunos judíos fueron expulsados de las ciudades calvinistas y del Palatinado calvinista.[25]

A causa de la hostilidad protestante, los judíos se vieron arrojados en brazos del emperador. Cuando actuaba como monarca español, Carlos Quinto no era amigo. Logró que el papado organizara una inquisición en Portugal en 1543, siete años después expulsó de Lisboa a muchos marranos, obligó a los judíos a salir de Nápoles en 1541 y los eliminó de algunos de sus territorios en Flandes. En cambio, en Alemania llegó a la conclusión de que los judíos eran aliados útiles, y en las dietas de Augsburgo (1530), Speyer (1544) y Ratisbona (1546) su protección impidió que los expulsaran. Los príncipes-obispos católicos también hallaron en los judíos un aliado útil contra sus burgueses protestantes, aunque no estuvieron dispuestos a reconocerlo en público; de ahí que en la Paz de Augsburgo se conviniera eximir a los estados eclesiásticos de su cláusula fundamental, *cuius regio, eius religio* (la religión se ajusta a la fe del príncipe), y esta actitud permitió que los judíos permanecieran en Alemania. Yosel de Rosheim, gran rabino de Alsacia, que actuó como portavoz judío en este tenso periodo, denunció a Lutero como un «rufián» y dijo que el emperador Carlos era «un ángel del Señor». Los judíos oraban por el éxito del ejército imperial en sus sinagogas, y le donaban dinero y provisiones, todo lo cual creó un nuevo e importante patrón de supervivencia de los judíos.[26]

De todos modos, la Contrarreforma trató duramente tanto a judíos como a protestantes. Era tradicional que los papas, como otros príncipes, utilizaran y protegieran a los judíos. Había cincuenta mil judíos en Italia incluso antes de las expulsiones españolas, y el número se acrecentó rápidamente con refugiados. El éxodo provocó dificultades, como en Venecia, pero en general la política papal continuó siendo benigna. Pablo III (1534-1549) incluso alentó el asentamiento de judíos expulsados de Nápoles (1541) y seis años más tarde aceptó también a los marranos y prometió que los protegería de la Inquisición. Su sucesor Julio III ratificó estas garantías. Pero en mayo de 1555 el cardenal Caraffa, gran inquisidor y azote de los judíos, los disidentes y los herejes, se convirtió en Papa con el nombre de Pablo IV y modificó inmediatamente la política. No sólo en Ancona, sino en muchas otras ciudades italianas, papales o no, los cristianos y los judíos se mezclaban libremente, y Pablo IV adoptó el criterio de Erasmo, según el cual la influencia del judaísmo era una amenaza mortal para la fe. Dos meses después de su elección, con la bula *Cum nimis absurdam*, aplicó la solución veneciana en Roma, donde los judíos de la ciudad fueron llevados a la margen izquierda del Tíber, donde se erigió un muro. En Ancona, por la misma época, realizó una purga de marranos y quemó públicamente a veinticinco. El gueto se extendió rápidamente a todas las ciudades de los Estados Pontificios, y a partir de 1562 la palabra *gueto* se convirtió en el término oficial utilizado en las leyes antijudías. Hubo grandes quemas de libros hebreos, no sólo en Roma y Bolonia, sino también en Florencia. Pío V (1566-1572) se mostró todavía más duro, y con su bula *Hebraeorum Gens* (1569) expulsó a las comunidades judías, algunas de las cuales habían vivido allí de forma permanente desde la Antigüedad. Los papas que siguieron cambiaron de actitud, pero la política papal continuó siendo encerrar en guetos a los judíos de los Estados Pontificios y presionar a otros gobernantes para que hicieran lo mismo. Así, el gueto apareció en Toscana en 1570-1571, en Padua en 1601-1603, en Verona en 1599 y en Mantua en 1601-1603. Los duques de Ferrara rehusaron imitar el ejemplo, pero aceptaron interrumpir la impresión de libros judíos.[27] En definitiva, Liorna fue la única ciudad que no creó cierta forma de gueto.

El papado no fue la única institución que se volvió contra los judíos. Las monarquías más sólidas, que tradicionalmente habían sido las más firmes y eficaces protectoras de las comunidades judías, fueron también las que adoptaron una actitud más vehemente contra la herejía. En extensas regiones europeas, la Contrarreforma fue una gran reacción contra las ideas perturbadoras que se habían difundido durante la primera mitad del siglo, un retorno al equilibrio y el orden, dirigido desde arriba pero con amplio apoyo popular. Fue una ofensiva contra el racismo, la subversión y todas las formas innovadoras. Los judíos fueron vistos como un factor en general perturbador, especialmente en la forma de los marranos. Estos conversos a la fuerza y sus descendientes, separados de la disciplina de la ortodoxia judía, tendían a volver los ojos hacia otra doctrina cualquiera, incluso el anabaptismo —una denominación genérica para la insubordinación religiosa—, precisamente lo que la autoridad detestaba más. Muchos marranos elaboraron extrañas mezclas de creencias cristianas y judías. Se mostraban escépticos, se burlaban de la Virgen María y los santos, se reían de las imágenes y las prácticas piadosas. Oponían su criterio individual a todo lo que fuese autoridad. Se consideraba que los marranos eran posibles traidores al Estado además de herejes; la autoridad podía citar como ejemplo un útil blanco del odio, la figura de João Miguez, duque de Naxos, el más poderoso de todos los judíos ex cristianos, que asesoraba al propio sultán.

La Contrarreforma, tanto clerical como secular, se mostraba muy suspicaz frente a los inmigrantes, uno de cuyos sectores estaba formado por los marranos. La autoridad aprendió por experiencia que el movimiento significaba dificultades. No le preocupaban tanto los judíos de antiguo arraigo como los forasteros que traían ideas peligrosas. Este temor se manifestaba en muchos planos. El gremio de panaderos de Venecia denunció públicamente a sus jornaleros inmigrantes: «Siguen los pasos de los luteranos y, mientras se vanaglorian de haber provocado la confusión en la mayor parte de la Alemania cristiana [...] ahora no escatiman esfuerzos para arruinar aquí al gremio de panaderos.» En la cumbre, el embajador de Carlos Quinto ante Venecia advertía a la república de que, al abstenerse de destruir la herejía, provocaría «la enemistad de los príncipes en el intento de ganar la amistad de los pueblos [...], pues éstos desean que ningún vasallo obedezca a su príncipe e intentan destruir todo lo que sea dominio y libertar a los pueblos».[28] El nuncio de Pío V en Venecia, Giovanni Antonio Facchinetti, no vaciló en atribuir los fracasos militares de Venecia en su guerra con los turcos a su culpable incapacidad para eliminar a los judíos y los herejes: era Dios mismo, más que los turcos, quien estaba haciendo la guerra a la república, y sus gobernantes debían plantearse esta pregunta: «¿Por qué la majestad de Dios se siente ofendida por este estado?»[29] La autoridad apreciaba al judío como creador de riqueza, pero lo detestaba como promotor de ideas.

Sin embargo, las dos actividades eran diferentes caras de la misma moneda humana. La experiencia demostraba que el judío desplazado, el que tenía más probabilidades de aportar ideas perturbadoras, era también el que tenía más probabilidades de introducir modos nuevos o más eficientes de acrecentar la riqueza de una nación. La historia nos enseña constantemente que el hecho mismo del desplazamiento y el reasentamiento produce un efecto vigorizador sobre las ideas y modos de hacer las cosas, y por eso mismo convierte al emigrante en un animal económico más eficiente. Ya durante los siglos VIII y VII a. C., los empobrecidos pastores y cultivadores de olivos griegos que dejaron su antiguo terruño, se convirtieron en eficaces colonos-mercaderes a lo largo del Mediterráneo. En el siglo XIX, los miembros de los clanes que habían pasado hambre en las Highlands, los desdichados irlandeses en Clare y Kerry, los semisiervos de Polonia, los campesinos sin tierra del Mezzogiorno se transformaron en ciudadanos emprendedores de Ontario y Nueva Zelanda, de Boston, Nueva York y Chicago, del Medio Oeste, Argentina y Nueva Gales del Sur. En nuestros propios días hemos visto constantemente el efecto casi milagroso de los desplazamientos, cuando los chinos continentales se instalan en Hong Kong y Taiwan, los vietnamitas viajan a California y Australia, y los cubanos a Florida.

La Reforma, la Contrarreforma y las guerras de religión fueron un puntapié al hormiguero europeo, y dispersaron en todas direcciones a una serie de industriosas y pequeñas comunidades. A veces, para evitar el hostigamiento y la persecución, estas comunidades se trasladaban dos o tres veces antes de asentarse. Casi invariablemente, las regiones que por fin les concedían refugio, prosperaban. Solía argüirse, en las obras de Max Weber y R. H. Tawney, que el capitalismo moderno fue el producto de ciertos conceptos religiosos denominados según el caso la «ética protestante» y el «pánico salvacionista» calvinista, que inculcaron un espíritu de trabajo esforzado y acumulación. Pero a esta teoría se oponen muchas objeciones irrefutables, y ahora parece más probable que el desplazamiento, y no la convicción sectaria, fuera el común denominador. El impulso dinámico aplicado a las economías nacionales, especialmente en Inglaterra y los Países Bajos, y más tarde en América del Norte y Alemania, fue proporcionado no sólo por los calvinistas, sino también por los luteranos, los católicos de Italia septentrional y, no menos importantes que los anteriores, los judíos.[30]

Lo que compartían estas comunidades desplazadas no era la teología, sino la renuencia a vivir bajo la regimentación oficial de las ideas religiosas y morales subordinadas a los regímenes clericales. Todas repudiaban las jerarquías clericales y apoyaban el gobierno religioso por parte de la comunidad y la conciencia privada. En todos estos aspectos, los judíos fueron los más característicos de los distintos grupos de emigrantes. Habían rechazado el clericalismo desde la destrucción del Segundo Templo, habían adoptado el congregacionalismo mucho antes que cualquiera de las sectas protestantes. Sus comunidades elegían sus propios rabinos, y esta forma restituida de la autoridad era viable gracias a la ausencia de la teología dogmática y al espíritu de tolerancia intelectual. Eran sobre todo colonos expertos, que llevaban desplazándose desde el comienzo de su historia. Eran extranjeros y viajeros desde sus orígenes más remotos y, en el curso de muchas generaciones y en una infinita diversidad de situaciones distintas, habían perfeccionado muchas artes propias de los inmigrantes, sobre todo la habilidad para concentrar su riqueza, de modo que fuera posible retirarla de un lugar de peligro y llevarla a una región de reasentamiento. Sus artes y oficios, su cultura popular y sus leyes se combinaban para contribuir a su movilidad creadora.

Ésta fue una de las razones por las cuales los recién llegados judíos, cualquiera que fuese su infortunio, siempre parecían tener acceso al capital circulante. Lo cual a su vez hacía que en general fuesen bien acogidos. Como dijo Manasés ben Israel, un apologista judío, a mediados del siglo XVII:

> Por lo tanto, puede verse que Dios no nos ha abandonado; pues si uno nos persigue, otro nos recibe amable y cortésmente; y si este príncipe nos trata mal, otro nos trata bien; si uno nos destierra de su país, otro nos

invita con mil privilegios; como han hecho diferentes príncipes italianos, el muy eminente rey de Dinamarca y el poderoso duque de Saboya. ¿Y acaso no vemos que esas repúblicas que admiten a los israelitas en efecto florecen y acrecientan mucho el comercio?[31]

Además de sus inclinaciones generales, los judíos podían realizar aportaciones concretas al espíritu de innovación e iniciativa económicas. Como hemos visto, en la Edad Media las comunidades cristianas circundantes asimilaron gradualmente las cualidades urbanas, comerciales y financieras de los judíos; después, como los judíos ya no eran tan útiles en la esfera social y económica, a menudo se los invitó a partir o se los discriminó. Podían trasladarse a una región menos desarrollada, donde sus cualidades todavía eran necesarias, pero la alternativa era idear nuevos métodos, y los judíos también eran expertos en eso. Se mantenían un paso por delante de la competencia, fuese porque aumentaban la eficacia de los métodos existentes, y así bajaban las tasas y los precios, o porque inauguraban otros nuevos. Cuando se trasladaban a otra región, su espíritu innovador se destacaba más que nunca, en general porque era el momento en que una nueva generación se hacía cargo de las cosas. Y no menos importante, los judíos reaccionaban con rapidez frente a fenómenos y situaciones completamente nuevas. Su religión les enseñaba a racionalizar. En todas las etapas de su desarrollo, el capitalismo ha avanzado racionalizando y potenciando el caos de los métodos existentes. Los judíos podían afrontar esta tarea, porque, aunque por regla general eran conservadores en el marco de su mundo estrecho y aislado, no participaban de la sociedad, ni estaban vinculados emocionalmente a ella, por lo tanto podían contemplar sin estremecerse cómo se destruían antiguas tradiciones, métodos e instituciones; más aún, podían representar un papel importante en el proceso de la destrucción. Por consiguiente, eran empresarios capitalistas por naturaleza.

Esta relativa libertad para seguir la lógica de la razón, que en el caso de los judíos provenía de su condición de extraños al medio, se demostró con particular eficacia en su actitud frente al dinero. Una de las principales contribuciones de los judíos al progreso humano consistió en obligar a la cultura europea a reconciliarse con el dinero y su poder. Las sociedades humanas siempre han demostrado una extraordinaria reticencia a desmitificar el dinero y a verlo como lo que es: un artículo como otro cualquiera, cuyo valor es relativo. De hecho, se tiende a atribuir valores absolutos a todas las mercancías —sin advertir que el valor de una cosa varía en el tiempo y el espacio— y sobre todo al dinero, porque tiene un valor aparente fijo. Además, se confieren matices morales especiales al dinero. ¿Por qué dijo san Pablo, y millones de personas lo repiten irreflexivamente: «El amor al dinero es la raíz de todo mal»? ¿Por qué no el amor a la tierra o a los rebaños o los caballos? ¿O a las casas o los cuadros? ¿O sobre todo, el amor al poder? No hay motivo discernible que justifique considerar con tal oprobio el dinero. Es más, la distinción moral entre el dinero y todas las restantes mercancías se extendió al concepto de inversión, de modo que fue extraordinariamente difícil organizar un marco ético favorable al ahorro y el desarrollo económico. Los hombres criaban ganado con honra; sembraban grano y lo cosechaban meritoriamente. Pero si lograban que el dinero trabajase para ellos, eran parásitos y vivían de un «incremento no ganado», como llegó a denominárselo.

Los judíos fueron inicialmente víctimas de esta falacia como cualquier otro grupo. De hecho, la inventaron ellos. Sin embargo, su técnica de la racionalización religiosa y su difícil situación como comerciantes con el tiempo hicieron que se mostrasen dispuestos a afrontar el problema, y a resolverlo. Como hemos visto, comenzaron elaborando una norma doble para los asuntos de dinero con los judíos y con los gentiles. Algunos elementos de esta actitud perduran todavía hoy: muchos bancos judíos de Israel (y otros lugares) exhiben anuncios que insisten en que los préstamos entre judíos se atienen a las leyes religiosas. Pero desde fines del siglo XV los racionalizadores judíos intentaron despojar al dinero de su magia. En una disputa mantenida en Ferrara en 1500, el rabino Abraham Farissol de Aviñón, utilizando un argumento conocido (y un tanto deshonesto) de los innovadores, insistió en que las cosas habían cambiado desde los tiempos bíblicos, y en que el dinero se había convertido en una mera mercancía:

> Esto ha creado una nueva situación y nuevas obligaciones. [Es natural dar algo por nada a un pobre en nombre de la compasión, pero] en otros casos, cuando un hombre necesita algo de lo cual su camarada tiene abundancia [...] lo compra por un precio. De ahí [...] la práctica establecida de pagar por el alquiler de casas y trabajadores [...] todos los cuales tienen su precio [...]. Pues si la naturaleza y la sabiduría exigieran que se prestase ayuda a quien la necesita para satisfacer sus necesidades, y que el dinero se prestase sin interés a los que necesitan dinero, la naturaleza también requeriría que si alguien necesita que le sean suministrados una casa o un caballo o trabajo, se le proporcionen sin pago.[32]

Farissol creía que un acuerdo concertado de precios, salarios y tasas de interés era socialmente beneficioso, pues contribuía a regular amistosamente las relaciones económicas en una sociedad ordenada. Obtener un ingreso con la posesión de dinero no era ni más ni menos oprobioso que ganarlo por poseer tierra u otra mercancía cualquiera; «se deduce, en armonía con la práctica y la naturaleza, que quien se beneficia con el dinero de su compañero está obligado a pagarle algo en compensación». Más o menos por la misma época, Isaac Abravanel elaboró una línea de defensa análoga en su comentario al texto del Deuteronomio, publicado por primera vez en 1551: «No hay nada indigno en el interés [...], porque es justo que la gente obtenga un beneficio de su dinero, su vino y su cereal, y si alguien desea el dinero de otro [...] ¿por qué un agricultor [que] recibe trigo para sembrar su campo no dará al prestador el diez por ciento si tiene éxito, como suele suceder? Es una transacción comercial común y válida.» Y agregaba que una transacción sin cobro de intereses estaba reservada para aquellos a quienes debemos especial bondad, por ejemplo un correligionario necesitado.[33]

La disposición a aceptar de pleno el concepto del dinero, a tratarlo con honestidad y racionalmente, tenía raíces profundas en el judaísmo bíblico y en el rabínico. El judaísmo no polarizaba la piedad y la prosperidad. Elogiaba al pobre, deploraba la avaricia, pero también sugería constantemente vínculos entre las cosas buenas de la vida y el mérito moral. Hay un bello pasaje del Deuteronomio en que Moisés subraya la abundancia que Dios concederá a los que respetan su Ley: «Y te amará, te bendecirá y te multiplicará. También bendecirá el fruto de tu vientre, y el fruto de tu tierra, tu trigo, tu vino y tu aceite, la cría de tus vacadas y de tus rebaños, en la tierra que a tus padres juró darte.»[34] El propio Israel será rico: «Prestarás a muchas naciones, pero no tomarás prestado.»[35] «A los que buscan al Señor —dicen los Salmos— no les faltarán cosas buenas.»[36] Los Salmos y los Proverbios, la Sabiduría de Salomón, el Eclesiastés, el Libro de Ben Sira abundaban en tales sentimientos. El Talmud se hace eco: «En tiempos de escasez un hombre aprende a apreciar mejor la riqueza.» «Hay siete características que son "apropiadas para los virtuosos y apropiadas para el mundo". Una de ellas es la riqueza.» El *halajá* judío siempre había abordado directamente los problemas comerciales concretos, y no sólo los teóricos, partiendo del supuesto de que el comercio honestamente realizado no sólo era plenamente compatible con la moralidad rigurosa, sino también positivamente virtuoso, pues posibilitaba las buenas obras y la caridad sistemática, alrededor de las cuales giraba la comunidad judía. La catedrocracia había dictaminado y escrito con realismo acerca del comercio, porque muchos de sus miembros se dedicaban a esa actividad. Hombres como Maimónides y Nahmánides nunca habían adoptado el supuesto, tan característico de la intelectualidad cristiana, de que hay una distinción absoluta entre leer libros y escribirlos, por una parte, y llevar libros (ser contable), por otra. El judaísmo rabínico decía acerca de los negocios cosas que, según saben todos los hombres razonables, son válidas y justas, pero que la convención normalmente excluye del dominio del discurso religioso.

Por eso mismo, los judíos estaban bien preparados para aprovechar el crecimiento de la economía mundial que caracterizó al siglo XVI; más aún, a causa de su expulsión de la península ibérica y del trato que se les dispensó en la Europa de la Reforma y la Contrarreforma, no tenían más alternativas que extender la diáspora y buscar nuevos canales para sus cualidades comerciales. Hacia el oeste, los viajes de Colón no fueron los únicos que contaron con el apoyo financiero y tecnológico de los judíos y los marranos. Los judíos expulsados que fueron a las Américas estuvieron entre los primeros comerciantes. Organizaron factorías. Por ejemplo, en Santo Tomás se convirtieron en los primeros propietarios de plantaciones en gran escala. Las leyes españolas que prohibían a los judíos emigrar a las colonias fueron ineficaces, y en 1577 se las derogó. Los judíos y los marranos desarrollaron especial actividad en la colonización de Brasil. El primer gobernador general, Tomás de Souza, enviado en 1549, ciertamente era de origen judío. Los judíos fueron propietarios de la mayoría de las plantaciones de azúcar y controlaron el comercio de piedras preciosas y semipreciosas, hasta que, expulsados de Brasil en 1654, ayudaron a crear la industria azucarera en Barbados y Jamaica. Las nuevas colonias británicas de Occidente les dieron la bienvenida. El gobernador de Jamaica, al rechazar la petición de que se los expulsara, en 1671, escribió que «él opinaba que Su Majestad no podía tener súbditos más provechosos que los judíos y los holandeses; poseen muchas existencias y correspondencia». El gobierno de Surinam declaró: «Hemos comprobado que la nación hebrea [...] ha demostrado su utilidad y su provecho para la colonia.»[37] En el este, los judíos se habían mostrado activos en los territorios de la región fronteriza rusa, sobre todo a orillas del mar Negro, por lo menos desde los tiempos helenísticos. En efecto, las leyendas relacionan la llegada de los judíos a Armenia y Georgia con las Diez Tribus Perdidas del asolado territorio septentrional de Israel. Durante la primera mitad del siglo VIII, el kanato de los jázaros se había convertido al judaísmo. Desde principios de la época medieval los judíos habían desarrollado actividades en una amplia franja de territorio de Eurasia meridional, en el papel de comerciantes y propagandistas. Durante la década de 1470, en el principado de Moscú, que estaba ensanchándose rápidamente, las actividades judías originaron la aparición de una secta semisecreta denominada por las autoridades los judaizantes, y se realizaron esfuerzos feroces para eliminarla. Iván Vasílievich, el zar Iván el Terrible (1530-1584), ordenó ahogar a los judíos que rehusaran abrazar el cristianismo, y se los excluyó oficialmente del territorio ruso hasta la partición de Polonia, a fines del siglo XVIII.

El obstáculo ruso a una mayor penetración en el este originó un intenso proceso de colonización judía en Polonia, Lituania y Ucrania. Como en Europa occidental durante la Alta Edad Media, los judíos fueron elemento clave de un amplio proceso de colonización, caracterizado por la rápida expansión de la economía agrícola y comercial, y un formidable aumento de la población. Alrededor de 1500 había sólo de veinte mil a treinta mil judíos en Polonia, de una población total de cinco millones. Hacia 1575, mientras la población total se había elevado a siete millones, el número de judíos había subido a ciento cincuenta mil, y después el ascenso fue aún más veloz. En 1503 la monarquía polaca designó «rabino de Polonia» a Ya'akov Polak, y la aparición de un gran rabinato apoyado por la corona permitió el desarrollo de una forma de autogobierno que los judíos no habían conocido desde el fin del exilarcado. A partir de 1551, el gran rabino fue elegido por los propios judíos. Por supuesto, se trataba de un gobierno más oligárquico que democrático. El rabinato tenía amplias atribuciones sobre la ley y las finanzas, y la designación de jueces y de gran diversidad de funcionarios. Cuando compartía sus poderes con los consejos locales, sólo del uno al cinco por ciento de los jefes de familia judíos tenía derecho de voto.[38] Naturalmente, el propósito real de la restitución de poder a los judíos fue el interés propio. Había considerable hostilidad polaca hacia los judíos. Por ejemplo, en Cracovia, donde la clase mercantil local era fuerte, generalmente se excluía a los judíos. Los reyes comprobaron que podían obtener dinero de los judíos vendiendo a ciertas ciudades y pueblos, por ejemplo Varsovia, el privilegio de non tolerandis Judaeis. Pero podían obtener todavía más permitiendo el desarrollo de las comunidades judías, y explotándolas. El rabinato y los consejos judíos locales eran esencialmente agencias recaudadoras de impuestos. Sólo el treinta por ciento de lo que recaudaban se invertía en actividades de bienestar y sueldos de los funcionarios; el resto pasaba a manos de la corona a cambio de la protección.

La asociación del rabinato con la financiación comunitaria, y por lo tanto con los asuntos comerciales de los que tenían que proveerla, llevó a los judíos orientales o asquenazíes a superar incluso a los italianos de principios del siglo XVI en la obtención de la aprobación del halajá a los nuevos métodos de crédito y financiación. Los judíos polacos que operaban cerca de las fronteras de la civilización mantenían vínculos con empresas de familias judías en los Países Bajos y Alemania. Apareció un nuevo tipo de instrumento crediticio, el mamram, y obtuvo la aprobación de los rabinos. En 1607 las comunidades judías de Polonia y Lituania también fueron autorizadas a usar el heter iská, un sistema de préstamos entre judíos que permitía que un judío financiase a otro a cambio de un porcentaje. Esta racionalización de la Ley con el tiempo indujo incluso a las autoridades conservadoras, entre ellas el famoso rabino Yehudá Loew, maharal de Praga, a aprobar el préstamo por interés.

Como tenían acceso fácil al crédito, los primeros colonos judíos representaron un papel importante en el desarrollo de Polonia oriental, el interior de Lituania y Ucrania, especialmente a partir de la década de 1560. La población de Europa occidental se expandía rápidamente. Necesitaba importar cantidades cada vez mayores de grano. Los ambiciosos terratenientes polacos deseaban vivamente satisfacer esa necesidad, y se asociaron con empresarios judíos para crear nuevas áreas de cultivo de trigo con el fin de abastecer el mercado, llevar el grano río abajo hasta los puertos del Báltico y después embarcarlo en dirección a Occidente. Los magnates polacos —los Radziwill, los Sovieski, los Zamojki, los Ostrogski y los Lubomirski— poseían o conquistaban la tierra. Los puertos estaban bajo la administración de luteranos alemanes. Los calvinistas neerlandeses eran propietarios de la mayoría de las naves. Pero los judíos hacían el resto. No sólo administraban las propiedades, sino que en ciertos casos retenían los títulos de propiedad como garantía del capital circulante. A veces ellos mismos arrendaban las propiedades. Cobraban los peajes. Construían y administraban molinos y destilerías. Eran dueños de las embarcaciones fluviales, que llevaban el trigo y traían vino, telas y artículos de lujo, que ellos vendían en sus tiendas. Producían jabón, vidrio, cueros curtidos y pieles. Fundaron pueblos y aldeas *(shtetlaj)*, donde ellos residían en el centro, mientras los campesinos (católicos en Polonia y Lituania, ortodoxos en Ucrania) vivían en los suburbios.

Antes de 1569, el año en que la Unión de Brest-Litovsk posibilitó la colonización polaca de Ucrania, había en la región sólo 24 asentamientos judíos, con cuatro mil habitantes; hacia 1648 eran 115, con una población registrada de 51.325 personas, y el total era mucho más elevado. La mayoría de estos lugares eran propiedad de nobles polacos, terratenientes absentistas, y los judíos actuaban como intermediarios ante los campesinos, un papel preñado de peligros futuros. Con frecuencia los judíos eran también los magnates. Por ejemplo, a fines del siglo XVI Israel de Zloczew arrendó una región entera de centenares de hectáreas a un consorcio de nobles, a quienes pagaba la enorme suma anual de 4.500 zlotys. Subarrendó los peajes, las tabernas y los molinos a sus parientes más pobres.[39] De Europa entera llegaron judíos para participar en este proceso de colonización. En muchos lugares eran la mayoría de los habitantes, de modo que por primera vez fuera de Palestina dominaron la cultura local. Pero eran importantes en todos los planos de la sociedad y la administración. Recaudaban los impuestos y los derechos aduaneros. Asesoraban al gobierno. Y cada magnate polaco tenía un consejero judío en su castillo, para llevar los libros de cuentas, escribir cartas y dirigir la actividad económica.

Ciertamente, hacia fines del siglo XVI había pocos hombres importantes en Europa centrooriental que «no conocieran a Yosef». Al fin había nacido un gran arquetipo judío. Hacia el último cuarto del siglo, el impulso ideológico de la Contrarreforma se había agotado. Felipe II de España fue el último de los reyes comprometidos, y actuaba en estrecha relación con el papado. En su ancianidad, fiel al espíritu de Pablo IV, expulsó a los judíos de su ducado de Milán (1597). Otros monarcas respaldaron la causa católica, o incluso la protestante, por motivos interesados. O se convirtieron en políticos y concertaron arreglos. El poder y la influencia de la Iglesia decayeron y aumentó la autoridad del Estado. Los escritores más influyentes en los temas jurídicos y políticos —Montaigne, Jean Bodin, Richard Lipsius, Francis Bacon— preconizaron un enfoque secular de la política pública. Las querellas religiosas no debían perturbar y dividir a las naciones. La función del Estado era alcanzar acuerdos razonables y promover la unidad y la prosperidad. En esta nueva atmósfera de tolerancia y *realpolitik* se daba la bienvenida por sus méritos a los judíos educados.[40]

Así, la República de Venecia, desde 1577 en adelante, autorizó al marrano dálmata Daniel Rodríguez la construcción del nuevo puerto de Spalato, como parte de una nueva política, en la cual los judíos representaban un papel notable que consistía en la reorientación del comercio por los ríos balcánicos.[41] El duque de Toscana concedió derechos a los judíos de Liorna. El duque de Saboya promovió los asentamientos judíos en Niza y Turín. Los reyes de Francia dieron cartas de protección a los mercaderes judíos. Enrique IV incluso jugó a los naipes con uno de ellos, Manoel de Pimentel, a quien denominó «el Rey de los Jugadores». En Amsterdam, las autoridades calvinistas no investigaban las opiniones religiosas de los marranos ni de los judíos sefardíes que llegaron en la década de 1590, o incluso de los colonos asquenazíes que aparecieron desde más o menos 1620. Estos grupos judíos celebraban sus servicios al principio en la intimidad. A partir de 1616 organizaron una escuela de la Torá, y a partir de la década de 1620 imprimieron sus propios libros. A los ojos de los holandeses, eran un agregado útil y de buena conducta a la comunidad mercantil.[42] En Fráncfort, la comunidad llegó a prosperar tanto que allí se celebraron sínodos rabínicos generales en 1562, 1582 y 1603.

Las ciudades y los principados de habla alemana que habían expulsado a los judíos en un periodo anterior del siglo volvieron a aceptarlos. El emperador habsburgo Maximiliano II permitió que los judíos regresaran a Bohemia y en 1577 su sucesor Rodolfo II les otorgó una carta de privilegios. Se reconstituyó la antigua comunidad judía de Viena, y en Praga, donde Rodolfo había establecido su corte, residían tres mil judíos hacia fines del siglo. Algunos rabinos famosos consagrados a la enseñanza, por ejemplo el maharal, Efraím Salomón ben Aarón de Luntschits y Yitsjak ben Avraham ha-Leví Horowitz, vivían en el distrito judío, junto a príncipes del comercio como Jacob Bassevi von Treuenberg, Mordecai Zemah Cohen y Marcus Meisel. Rodolfo celebró una famosa entrevista con el maharal en su palacio, y protegió a toda suerte de judíos de talento, desde astrónomos hasta orfebres. No obstante, comprobó que los judíos eran útiles sobre todo como financieros. Convirtió a Meisel en el primer «judío cortesano», un arquetipo que habría de dominar las finanzas oficiales en gran parte de Europa central durante ciento cincuenta años, y que conservaría cierta importancia hasta 1914.

La gran virtud judía era la capacidad de aprovechar rápidamente las oportunidades nuevas, de identificar una situación sin precedentes cuando surgía y de idear métodos para resolverla. Hacía mucho que los cristianos sabían cómo abordar los problemas financieros clásicos, pero se mostraban conservadores y lentos en su reacción frente a la novedad. Hacia fines del siglo XVI la principal novedad era la escala cada vez más amplia y el costo de la guerra. Meisel suministró a Rodolfo, que era un importante coleccionista, diferentes *objets d'art* e instrumentos científicos, pero su función principal fue ayudar a financiar la guerra contra Turquía. Por su lado, el emperador le permitió prestar dinero no sólo a cambio de prendas, por ejemplo joyas, sino también de pagarés y tierras. La relación entre los dos hombres —el judío sagaz y devoto y el Habsburgo egoísta y autocomplaciente— inevitablemente tuvo carácter de explotación por ambas partes. Cuando Meisel falleció en 1601, dejando más de medio millón de florines, el Estado confiscó sus propiedades con el argumento de que las transacciones realizadas, pese a la autorización imperial, eran ilegales. Pero Meisel, que sin duda preveía este desenlace, ya había gastado grandes sumas en la comunidad de Praga. Construyó una sinagoga, a la que Rodolfo otorgó el privilegio de negar la entrada a la policía, y en ella se exhibía la estrella de David y la exención impositiva; asignó fondos a un cementerio judío; fundó un hospital; incluso pavimentó las calles del barrio judío. Financió a las comunidades judías de Polonia, y contribuyó a toda la gama de fondos judíos, incluso los de Palestina. El epitafio grabado en su lápida de Praga (que se ha conservado) sin duda dice la verdad: «Ninguno de sus contemporáneos lo igualó en actos de caridad.»[43] En la práctica, para los principales miembros de la comunidad judía la explotación practicada por la corona era beneficiosa, siempre que fuese la única y los protegiese de otros depredadores.

Por lo menos durante este periodo los Habsburgos cumplieron su parte del acuerdo. Cuando en 1614 la turba de Francfort, encabezada por Vincent Fettmilch, atacó el barrio judío de la ciudad y expulsó a sus habitantes y saqueó sus casas, el emperador Matías declaró rebeldes y proscritos a los insurgentes y dos años más tarde ahorcó a sus jefes. Los judíos volvieron a sus hogares, con ceremonia imperial y nuevos privilegios, un episodio sumamente satisfactorio que ellos celebraron año tras año como los «Purim de Vincent». A su vez, los judíos ayudaron a los Habsburgo. En 1618 estalló en Alemania la guerra de los Treinta Años, y en su fase inicial los Habsburgo estuvieron al borde de la destrucción. Los judíos, y sobre todo el financiero Jacob Bassevi von Treuenberg, les permitieron resistir. De modo que cuando la marea cambió, en la batalla de la Montaña Blanca, y los ejércitos imperiales reconquistaron la ciudad (1620), el barrio judío fue el único que se salvó del saqueo. El propio emperador Fernando II regaló a Bassevi dos de las más hermosas casas protestantes confiscadas.

Este terrible conflicto, que arruinó a Alemania, impulsó a los judíos hacia el centro mismo de la economía europea. Fue necesario mantener enormes ejércitos durante varios años seguidos, y a menudo a lo largo de todo el invierno. La red de aprovisionamiento que los judíos tenían en Europa oriental les permitió suministrar comida y forrajes. Los judíos montaron fundiciones y fábricas de pólvora y recorrieron Europa en busca de armas. Sobre todo, obtuvieron liquidez, a menudo descubriendo nuevos métodos de explotar los lentos activos imperiales. Bassevi fue el hombre que en 1622 fundó un consorcio, con el príncipe Liechtenstein y el general imperial Wallenstein, para arrendar la acuñación imperial de monedas de plata. El emperador recibió una enorme suma para financiar la guerra, y Bassevi y sus colegas recuperaron el monto devaluando la moneda. Bassevi fue llamado *Judenfürst* (judío principesco) por su comunidad y se lo elevó a la jerarquía de par imperial. Sin embargo, su propiedad fue confiscada en 1631, y cuando falleció en 1634, poco después del asesinato de su protector Wallenstein, se anularon todos sus privilegios. La vida de un financiero judío en tiempos de guerra era vulnerable. Pero ¿cuándo no había sido vulnerable la vida de un judío?

Al llegar la guerra, y sobre todo el nuevo tipo de guerra

total inaugurado por Wallenstein y Gustavo Adolfo, la necesidad de ganarla —o simplemente de sobrevivir— tuvo precedencia sobre la ideología, la religión, la raza y la tradición. Los judíos, con su extraordinaria capacidad para echar mano de los suministros escasos y obtener dinero líquido en un mundo sombrío y hostil, pronto se hicieron indispensables para todos los bandos. Cuando los suecos hicieron retroceder la marea católica, y la mayoría de los judíos alemanes se vio sometida al dominio luterano, al principio se castigó a los judíos con préstamos forzosos, pero al cabo de un año los judíos estaban trabajando como contratistas principales del ejército sueco. Como habían hecho con los Habsburgo, suministraban alimentos, municiones y sobre todo caballos. Los comandantes luteranos descubrieron, como había sido el caso de los Habsburgo católicos, que puesto que los judíos eran ciudadanos de segunda clase y solían formar una minoría perseguida, se contentaban con recibir el pago en créditos, protección y privilegios, y esto último les permitía obtener por sí solos el dinero en efectivo necesario. Cada vez más potencias europeas intervinieron en la lucha, y al final los judíos de Renania y Alsacia, de Bohemia y Viena abastecían a todos. En Emmerich, ocupada por tropas holandesas, Solomon Gomperz se enriqueció vendiéndoles alimentos y tabaco. En Alsacia, los judíos vendían caballos y forraje para el ejército del cardenal Richelieu. Todos estos servicios llevaban a su vez a la conquista de una posición privilegiada. Richelieu, que controlaba todo el esfuerzo marítimo de Francia, concedió a los marranos portugueses una situación especial en los puertos, pese a que era obvio que se trataba de judíos, y no de cristianos. En 1636 Fernando II ordenó a sus comandantes que no se sometiese a los judíos de Worms a préstamos forzosos o al reclutamiento, ni se los molestase de ningún modo. En realidad, era desusado que cualquiera de los bandos incorporase judíos al servicio. No sólo los comandantes imperiales, sino también los suecos y los luteranos prohibían rigurosamente el saqueo de los barrios judíos. Así, asistimos al hecho extraño de que durante la guerra de los Treinta Años por primera vez en su historia los judíos fueron tratados mejor, y no peor, que el resto de la población. Mientras Alemania sufría el peor tormento de su historia, los judíos sobrevivían e incluso prosperaban. Como dijo el historiador Jonathan Israel: «No hay la menor prueba que demuestre que la comunidad judía de Europa central disminuyó en número durante la guerra de los Treinta Años.»[44]

Durante las etapas finales de la guerra, los judíos de la corte trabajaron como proveedores y contratistas de ejércitos enteros, si bien los primeros contratos efectivos de este género datan sólo de la década de 1650. Además, se comprobó que eran tan útiles en la paz como en la guerra, de manera que se convirtieron en parte permanente del Estado principesco absolutista: recaudaron el dinero necesario para los gigantescos palacios barrocos y planificaron las ciudades que serían capitales y se convertirían en rasgos distintivos de cada reino; también promovieron las medidas económicas mercantilistas que mantuvieron la solvencia oficial. Los préstamos judíos financiaron la gran Karlskirche de Viena y el espléndido palacio Schönbrunn de los Habsburgo. Algunos judíos actuaron casi como primeros ministros de los príncipes alemanes y les ayudaron a obtener la concentración del poder político y económico en el palacio, de todo lo cual se beneficiaron tanto los judíos como los soberanos. Hubo una veintena o más de dinastías famosas de judíos de la corte. Tres generaciones de la familia Gomperz sirvieron a los príncipes-obispos de Münster, cinco a los Hohenzollern. Los Behrend sirvieron a la corte de Hanover, los Lehmann a la de Sajonia. De otra familia de cortesanos profesionales, los Fuerst, Samuel Fuerst fue judío cortesano de sucesivos duques de Schleswig-Holstein; Jeremiah Fuerst, del duque de Mecklemburgo, e Israel Fuerst, de la corte de Holstein-Gottorp. Los Goldschmidt sirvieron a varios príncipes alemanes y también a la familia real danesa. En efecto, los judíos alemanes, tanto sefardíes como asquenazíes, se mostraron activos en las cortes escandinavas: las familias de Lima y de Casseres sirvieron a los daneses; los Sampaio, a los suecos. Los reyes de Polonia utilizaron a los Lehmann y los Abensur; los reyes de Portugal, a los Da Costa; los reyes de España, a los Bocarro.[45]

La habilidad de los judíos para recaudar y utilizar enormes sumas de dinero en efectivo desempeñó un papel decisivo en dos de las principales confrontaciones militares de la segunda mitad del siglo XVII: la eficaz resistencia de los Habsburgo al avance de Turquía en Europa y su ulterior contraofensiva; la gran coalición que contuvo el intento de dominar el continente realizado por Luis XIV. Samuel Oppenheimer (1630-1703) fue protagonista en ambos casos. Fue proveedor imperial de guerra de la monarquía austriaca durante la lucha de 1673-1679 contra Francia, y en la lucha de Austria contra Turquía, a partir de 1682, obtuvo un contrato de exclusiva para proporcionar suministros militares. Fabricó los uniformes y sirvió las raciones para la tropa; pagó los salarios, suministró los caballos y el forraje, administró los hospitales para los heridos e incluso construyó balsas para transportar los cañones, caballos y hombres por las redes fluviales. Él, tanto como cualquier otro, salvó a Viena durante el frenético asedio de 1683, cuando el emperador huyó; él representó un papel decisivo en el sitio y la captura de Budapest (1686) y Belgrado (1689-1698). En 1688 Oppenheimer fue convocado para asignarle la misión de equipar y pagar a los ejércitos reclutados con el fin de resistir la invasión del Palatinado por parte de Luis XIV, de modo que durante algunos años administró las finanzas de una guerra en dos frentes y organizó los recursos de una amplia red de familias judías dedicadas a las finanzas y residentes en Alemania y los Países Bajos.

Los judíos cortesanos tenían toda clase de títulos *Hoffaktor*, *Hofjude*, *Hofprovediteur*, *Hofagent*, *Kabinettfaktor*, *Kommenzienrat*, *Generalprovediteur* y muchos otros; parece que el gran Oppenheimer recibía el título de *Oberhoffaktor* en la paz y de *Oberkriegsfaktor* en la guerra. Los judíos cortesanos gozaban de grandes privilegios: fácil acceso al soberano, el derecho de viajar adonde lo desearan y cuando quisieran; estaban exentos de la obligación de comparecer ante los tribunales judíos, y generalmente también ante los tribunales locales, y en cambio se hallaban sometidos a la jurisdicción de la corte principesca, la Hofgericht. Formaban una clase diferenciada, no sólo en general, sino también en la sociedad judía: era difícil que los judíos de la corte contrajesen matrimonio con personas de otros círculos, con lo cual casi todos estaban emparentados. Estas alianzas no siempre eran eficaces. Samson Wertheimer, sobrino de Oppenheimer, se convirtió en su principal rival y enemigo. Pero en general los vínculos de familia eran el factor que determinaba la extraordinaria eficiencia del sistema judío de recaudación y transferencia de grandes sumas.

Los principios de la familia también tendían a reforzar los principios judíos en la vida de estos hombres que tenían un pie en cada mundo. El judío cortesano sentía la tentación de asimilarse a las deslumbrantes sociedades aristocráticas a las que servía. A algunos se les concedió el derecho de tener escudo de armas además de los títulos oficiales. Podían llevar espada o pistola, montar a caballo y mantener carruajes. Ellos y sus mujeres podían vestir como les placiera. Podían comprar una casa fuera del barrio judío o incluso en una ciudad de la cual los judíos estaban desterrados. Fue así como Oppenheimer obtuvo el derecho de vivir en Viena, no sólo para sí mismo, sino para un total calculado en un centenar de familias emparentadas con él o dependientes de su persona. Pero pocos de estos hombres, por lo menos en el siglo XVII, demostraron verdadero interés en alejarse de la comunidad judía. Aunque su modo de vida podía estar alejado del gueto, servían a los restantes judíos con su dinero y su capacidad de negociación. Sabían que la red de las familias y el apoyo judío era el único refugio que podían tener en momentos difíciles. No podían confiar en la ley cristiana. La turba cristiana siempre estaba dispuesta a atacar. Los príncipes eran volubles e infieles. Incluso si uno se mostraba leal, podía morir, y entonces los enemigos del judío cortesano caían sobre él como lobos.

La experiencia de Oppenheimer fue instructiva. Nadie prestó jamás servicios más importantes a los Habsburgos. Pero cuando la Paz de Nimega (1679) le dejó con una deuda de doscientos mil florines, el Tesoro austríaco se negó a pagar, e incluso una apelación personal al emperador consiguió a lo sumo un reembolso parcial. En 1692, cuando ya se le debían setecientos mil florines, el Tesoro lo acusó falsamente, y Oppenheimer se vio forzado a comprar su libertad mediante la entrega de medio millón. Dos años después se le debía la suma colosal de cinco millones, y esta cifra más tarde incluso se incrementó. Pero durante la breve paz de 1698 a 1702, cuando sus servicios ya no eran tan necesarios, se permitió que el populacho atacase y saqueara su residencia de Viena. Las autoridades actuaron finalmente y ahorcaron a dos de los alborotadores, pero en 1703, cuando el anciano falleció, el Estado se negó a pagar sus deudas. Como Oppenheimer a su vez había pedido enormes préstamos para financiar el crédito que otorgaba, este episodio suministró a Europa un regusto de su primera crisis financiera moderna, y los Habsburgos tuvieron que acercarse humildemente a Wertheimer, el competidor de Oppenheimer, para salir del embrollo que ellos mismos habían creado. Aun así jamás se pagó a los herederos, y la propiedad tuvo que ser subastada sesenta años después.[46]

Otro miembro de la familia, Joseph Oppenheimer (hacia 1698-1738) —que a partir de 1733 trató de ayudar al nuevo duque de Württemberg a organizar un Estado autoritario basado en el control ducal de la economía—, fue una víctima trágica cuando el duque falleció repentinamente, cuatro años más tarde. Oppenheimer fue detenido el mismo día, acusado de subvertir los derechos de la comunidad y malversar sus ingresos. Fue condenado y ahorcado y su cuerpo se exhibió públicamente en una jaula de hierro. El ascenso y la caída de Oppenheimer, también conocido como Süss o Jud [Judío] Süss, fue una advertencia a los judíos que confiaban en los gentiles, y más tarde se convirtió en el tema de una famosa novela de Leon Feuchtwanger.

Es significativo que Oppenheimer, que prácticamente había cesado de ser judío durante su prosperidad, retornó a la ortodoxia rigurosa durante su encarcelamiento, rehusó el bautismo como condición de la absolución y murió declarando su fe. Un grabado contemporáneo lo muestra con la cara afeitada. Otros judíos cortesanos se afeitaban la barba, pero la mayoría rehusaban hacerlo. Un elector de Sajonia, que empleaba unas veinte familias judías en su corte, ofreció cinco mil táleros a un patriarca si se afeitaba la barba. El hombre rehusó la oferta, y el elector, enfurecido, pidió tijeras y se las cortó él mismo. Samson Oppenheimer no sólo conservaba la barba, sino que vestía (como afirmaban los cortesanos) «como un polaco». La mayoría de los judíos cortesanos, aunque sólo se casaban entre ellos, servían a sus comunidades judías locales y a menudo desempeñaban las funciones de *shtadlan* (negociador oficial). El gran Samuel Oppenheimer tenía agentes que recorrían Hungría, Eslovaquia y los Balcanes, pagando rescate por los judíos pobres capturados en las guerras austroturcas y reasentándolos en comunidades seguras. El judío de la corte, por acaudalado o poderoso que fuese, sabía que nunca estaba realmente seguro, y no necesitaba buscar mucho para hallar judíos que se encontraran en gravísimas dificultades.

En 1648-1649, los judíos de Polonia suroriental y Ucrania se vieron afectados por la catástrofe. Como veremos, este episodio tuvo mucha importancia en la historia judía por varias razones, pero su resultado inmediato fue recordar a los judíos de todo el mundo la fragilidad de su posición y el poder y la furia de las fuerzas que podían golpearlos sin previo aviso. La guerra de los Treinta Años había ejercido cada vez más presión sobre los recursos de exportación de alimentos de Polonia. Precisamente, los contratistas judíos que abastecían a los diferentes ejércitos habían realizado un trabajo extraordinariamente eficaz gracias a sus redes polacas. Sin embargo, los principales beneficiarios habían sido los terratenientes polacos, y los principales perjudicados, los campesinos polacos y ucranianos, que habían visto cómo una proporción cada vez más elevada de las cosechas que ellos recogían llegaban al mercado y se vendían con enorme ganancia a los ejércitos hambrientos. La nobleza polaca no sólo arrendaba las tierras, sino todos los activos físicos, por ejemplo los molinos, las destilerías, las posadas y los peajes a los judíos, a cambio de pagos fijos, los judíos habían florecido y su población, crecido rápidamente. Pero el sistema era intrínsecamente inestable e injusto. Los terratenientes, absentistas y a menudo derrochadores, presionaban constantemente sobre los judíos elevando el precio cada vez que se renovaba un arriendo; a su vez, los judíos presionaban a los campesinos.

En Ucrania la injusticia irritaba especialmente, pues los dos grupos de opresores, los nobles católicos y los intermediarios judíos, pertenecían a religiones distintas de la que profesaba el campesinado ortodoxo. Algunos líderes judíos se mostraban sensibles a los agravios contra los campesinos y tenían conciencia del peligro que amenazaba a su propia comunidad. En un concilio de rabinos y jefes comunales celebrado en Volinia en 1602, por ejemplo se rogó a los arrendatarios judíos que otorgasen a los campesinos, como signo de buena voluntad, el *shabbat* libre, lo mismo que otras festividades judías: «Que [los judíos] no se muestren desagradecidos para con el Dador de la bonanza, que a través de ellos se ensalce el nombre del Señor.»[47] Pero muchos judíos no estaban en condiciones de demostrar benevolencia, pues eran subarrendatarios y arrendatarios de los subarrendatarios, obligados a oprimir a los campesinos para pagar sus propias rentas, de modo que depositaron su confianza en las armas. Tanto los judíos como los polacos fortificaron las ciudades; las sinagogas tenían troneras y cañones emplazados sobre el techo.

Los campesinos ucranianos finalmente se alzaron a fines de la primavera de 1648, encabezados por un pequeño aristócrata llamado Bogdan Chmielnicki, con la ayuda de los cosacos del Dniéper y los tártaros de Crimea. El levantamiento estaba dirigido sobre todo contra el dominio polaco y la Iglesia católica, y entre las víctimas hubo muchos nobles y clérigos polacos. Pero la mayor animosidad tuvo por objetivo a los judíos, con quienes los campesinos habían mantenido más contacto; además, cuando la situación se agravó, los polacos abandonaron a sus aliados judíos para salvarse ellos mismos. Miles de judíos de las aldeas y los *shtetlaj* buscaron la seguridad de las grandes plazas fortificadas, que se convirtieron en verdaderas trampas mortales. En Tulchin, las tropas polacas entregaron los judíos a los cosacos a cambio de su propia vida; en Tarnopol, la guarnición negó la entrada a los judíos. En Bar, la fortaleza cayó y todos los judíos fueron masacrados. Hubo otra cruel matanza en Narol. En Nemírov, los cosacos entraron en la fortaleza disfrazados de polacos «y mataron alrededor de seis mil almas en la ciudad», según afirma la crónica judía; «ahogaron a varios centenares y mataron a otros mediante toda suerte de crueles tormentos». En la sinagoga utilizaron los cuchillos rituales para matar judíos, y después quemaron el edificio, rasgaron los libros sagrados y los pisotearon y usaron como sandalias las encuadernaciones de cuero.

No sabemos exactamente cuántos judíos murieron. Las crónicas judías hablan de cien mil muertos y trescientas comunidades destruidas. Un historiador moderno cree que la mayoría de los judíos escapó, y que las matanzas fueron «no tanto un momento de decisivo cambio en la historia de la judería polaca, como una interrupción brutal pero relativamente breve de su crecimiento y expansión permanentes».[48] Las cifras de los cronistas son ciertamente exageradas, pero los relatos de los refugiados causaron un profundo impacto emocional, no sólo en los judíos polacos, sino en las comunidades judías del resto del mundo.[49]

Como en periodos anteriores, el efecto de la calamidad fue reforzar los elementos irracionales y apocalípticos del judaísmo, y sobre todo suscitar en los judíos una actitud hipersensible ante los signos de una liberación mesiánica. El optimismo racionalista del siglo XII reflejado en las obras de Maimónides había desaparecido considerablemente hacia fines del siglo XIV, a medida que las comunidades judías de casi todos los lugares se veían presionadas. En las clases altas judías, el misticismo cabalístico incrementó su dominio. La destrucción y la dispersión de la gran comunidad española a partir de la década de 1490 reforzó de dos modos definidos la tendencia al irracionalismo. En primer lugar, democratizó la Cábala. Después de ser una ciencia esotérica enseñada oralmente en el ámbito de una elite educada o difundida secretamente por medio de manuscritos, se convirtió en propiedad pública. Un elevado número de manuscritos que contenían porciones del *Zóhar* o antologías cabalísticas circulaban en las comunidades judías del mundo entero. El desarrollo de la imprenta judía tuvo un efecto de resonancia. En 1558-1560 se imprimieron en Cremona y Mantua, en una suerte de competencia, dos versiones completas del *Zóhar*. Después, hubo otras impresiones en toda la extensión de la diáspora judía, en Liorna y Constantinopla, en Esmirna, Salónica y especialmente en Alemania y Polonia.[50] En sus versiones populares, la Cábala se combinaba con las supersticiones populares y los relatos agádicos vulgarizados, que siempre habían constituido una parte fundamental de la religión cotidiana del pueblo judío. Después de una generación o dos, era imposible separar una tradición de la otra: se fusionaban en una enredada masa de saber mágico y místico.

En segundo lugar, las expulsiones de judíos españoles determinaron que la Cábala misma tuviera un carácter dinámico, pues añadieron un elemento escatológico concentrado sobre el concepto de Sión y el advenimiento del Mesías. La Cábala y su volumen cada vez más amplio de agregados supersticiosos dejaron de ser simplemente un modo místico de conocer a Dios, y se convirtieron en una fuerza histórica, un medio de acelerar la redención de Israel. Pasaron al centro mismo de la creencia judaica y adoptaron algunas de las características de un movimiento de masas.

Contribuyó a este proceso el movimiento de judíos exiliados a Palestina y el desarrollo de una escuela de estudios cabalísticos en Safed, Galilea septentrional. El primer erudito notable de esta escuela fue David ben Shlomó ibn abi Zimra, que se trasladó de Egipto a Safed, y fue conocido por el nombre de Radbaz. Moshé ben Jacob Cordovero, o Remak (1522-1570), proporcionó la primera teología completa y sistemática de la Cábala. Pero el verdadero genio del movimiento fue Isaac ben Salomón Luria (1534-1572), conocido como Ha-Ari, el León. Su padre fue un asquenazí de Europa centrooriental que fue a Jerusalén y se casó con una joven sefardí. De modo que en la transmisión de la cultura cabalística, Luria representó el papel de un puente entre las dos comunidades. Fue criado en Egipto por un tío que era recaudador de impuestos. Se dedicó al comercio y se especializó en la pimienta y el trigo. Luria fue un espléndido ejemplo de la tradición judía de acuerdo con la cual los negocios no son incompatibles con la vida intelectual, ni siquiera con la más intensa especulación mística. Comerció y estudió la vida entera. Un signo de la democratización de la Cábala es el hecho de que Luria asimiló sus leyendas en la infancia, aunque en su juventud se convirtió en experto en el *halajá* ortodoxo, no místico. Una de sus cualidades fue reconciliar los dos aspectos y pasar con desenvoltura de uno al otro. Escribió muy poco. Su única obra conocida es un comentario acerca del *Zóhar*, el *Libro de los esplendores*. Se trasladó a Safed hacia el fin de su vida, después de pasar los años 1569-1570 meditando acerca del *Zóhar* en una isla del Nilo. Pero cuando llegó a Safed, ejerció un efecto hipnótico sobre el amplio círculo de alumnos que reunió alrededor de su persona. Ellos memorizaban sus enseñanzas y más tarde las anotaron (como los alumnos del filósofo Wittgenstein en la década de 1930). Irradiaba no sólo santidad, sino poder y autoridad. Algunos pensaban que podía ser el propio Mesías. Parecía comprender el lenguaje de las aves. A menudo hablaba a los profetas. Se paseaba por Safed con sus alumnos, señalando a partir del conocimiento intuitivo las tumbas anónimas de los santos. Después, volvía al comercio de exportación e importación. Anotó la última serie de cuentas apenas tres días antes de su muerte. Su fallecimiento temprano originó relatos en el sentido de que había ascendido al cielo, y pronto se atribuyeron milagros a su persona.[51]

Luria conquistó su influencia inicial enseñando a sus alumnos el modo de alcanzar estados intensos de meditación gracias a la concentración absoluta en las letras de los Nombres Divinos. Como la mayoría de los cabalistas, creía que las letras de la Torá, y los números que ellas simbolizaban, ofrecían el medio de llegar directamente a Dios: un brebaje muy poderoso cuando uno empieza a beberlo. Pero Luria también tenía una teoría cósmica que influyó de manera inmediata y directa en la creencia en el Mesías, y que continúa siendo la más influyente de todas las ideas místicas judías. La Cábala enumeraba los diferentes estratos del cosmos. Luria postuló la idea de que los sufrimientos judíos eran un síntoma de la descomposición del cosmos. Sus esquirlas, o *klippot*, aunque perversas, contienen minúsculas chispas *(tikkim)* de la luz divina. Esta luz aprisionada es el Exilio de los judíos. Incluso la propia *shekiná* divina es parte de la luz atrapada y sometida a perversas influencias. El pueblo judío tiene un doble significado en este cosmos roto, como símbolos y como agentes activos. Como símbolos, las heridas que les infligen los gentiles muestran cómo el mal hiere a la luz. Pero como agentes afrontan la tarea de restaurar el cosmos. Gracias a la observación más rigurosa de la Ley, pueden liberar las chispas de luz atrapadas en las esquirlas cósmicas. Una vez realizada esta restitución, el Exilio de la Luz acabará, llegará el Mesías y asistiremos a la Redención.

El atractivo que esta teoría ejercía sobre los judíos comunes era que les permitía creer que tenían cierta intervención en su propio destino. En la Antigüedad habían combatido a los gentiles y al mal, y habían perdido. En la Edad Media habían aceptado pasivamente los agravios que se les infligían, y no había sucedido nada; sus dificultades se habían agravado. Ahora, en cambio, se les decía que eran protagonistas poderosos en un drama cósmico, pues cuanto más graves eran las catástrofes que afectaban a los judíos, más seguro era que el drama estaba llegando al momento culminante. Gracias a su piedad misma, podrían acelerar y resolver la crisis, creando una gran ola de plegarias y devociones, sobre la cual el Mesías llegaría triunfal.

De todos modos, la difusión del mesianismo cabalístico entre las masas judías llevó más de un siglo. Una de las razones por las cuales Maimónides se oponía tanto a la especulación activa acerca del Mesías e intentaba presentar la propia Era Mesiánica en términos racionales, casi pedestres, como un periodo en que todos los judíos se consagrarían al estudio intenso, era que temía que lo que él mismo denominaba «la chusma»[52] se viera arrastrada por una oleada de excitación a exaltar a un falso Mesías, y después a caer en la desilusión. Sus aprensiones resultaron justificadas. Las expulsiones de 1492 fueron interpretadas como los dolorosos presagios del Mesías. En 1500-1502, en el norte de Italia, el rabino Aser Lemlein predicó un Advenimiento inminente. Aparecieron individuos más o menos mesiánicos. En 1523 un joven al parecer convincente, probablemente un judío falasha de Etiopía, llegó a Venecia. Una de sus afirmaciones era que descendía del rey David. Otra que su padre era cierto rey Salomón, y su hermano el rey José, gobernante de las Tribus Perdidas de Rubén, Gad y medio Manasés. Por eso se lo llamó David Reubení. Atrajo a muchos judíos y, durante un tiempo, a algunos príncipes cristianos. Pero acabó en una cárcel española. Sus relatos inspiraron a otro pretendiente, Salomón Moljo, que se proclamó el Mesías en Roma, en el año 1530. Fue quemado vivo dos años más tarde.[53]

Estos fiascos —y hubo otros— desalentaron a los hombres educados de la posibilidad de utilizar el método cabalístico para discernir los signos de la Redención. Yosef Caro, que fue a Safed, intencionadamente rehusó la Cábala tanto en la versión académica como en la popular de su código, y nada hizo para promover la especulación mesiánica. Pero también escribió un diario místico, donde aparece un mentor milagroso o *maguid*, la Mishná personificada.[54] La mayoría de los rabinos tenía una actitud fría frente al mesianismo, pues no estaba del todo claro qué parte, si alguna le tocaba, representaría el rabino en la Era Mesiánica. Hayyim Vital (1542-1620), el alumno más notable de Luria, ciertamente no hizo nada para llevar a las masas la teoría de su maestro. Pasó la última parte de su prolongada vida ocultando la mayoría de las lecciones que Luria le enseñó. Sin embargo, en su *Libro de las visiones*, que compuso entre 1610 y 1612, y que es una obra autobiográfica que registra casi medio siglo de sueños, aclara que a su juicio Luria merecía haberse convertido en el Mesías, y que él mismo podía ser llamado así. Un sueño dice: «Oí una voz que afirmaba con fuerza: "El Mesías llega y el Mesías se alza ante mí." Tocó el cuerno y miles y decenas de miles de Israel fueron a él. Nos dijo: "Venid conmigo y veréis la venganza por la destrucción del Templo."»[55] Hacia la década de 1630 la mayor parte de las enseñanzas de Luria, revisadas por Vital y por Yosef ibn Tabul, otro alumno importante del maestro, habían sido publicadas y difundidas ampliamente.

De Safed, la Cábala de Luria se extendió gradualmente a las comunidades judías de Turquía, los Balcanes y Europa oriental. En Polonia, que tenía imprentas judías en Lublin y otras ciudades, ejerció una influencia intensa y amplia. Hacia fines del siglo XVI se la consideraba una parte normativa del judaísmo. El rabino Yoel Sirkes dictaminó en un *responsum* que «quien oponga objeciones a la ciencia de la Cábala» era «susceptible de ser excomulgado». Durante la primera mitad del siglo XVII, en los activos *shtetlaj* judíos y los barrios-gueto de Polonia, Lituania y Ucrania, esta forma de judaísmo, que abarcaba desde el encumbrado misticismo y la piedad ascética, en un extremo del espectro, a la superstición estúpida, en el otro, se convirtió en la religión esencial de la comunidad.

Gran parte de la superstición del gueto era muy antigua. Aunque la Biblia misma en general estaba notablemente a salvo del material acerca de ángeles y demonios, éste comenzó a penetrar en el judaísmo durante el periodo rabínico temprano y conquistó categoría oficial en el *aggadá*. Los relatos milagrosos acerca de Luria habían circulado también en el caso de los sabios tempranos. Hillel, como Luria, podía entender lo que las aves se decían unas a otras, y lo que decían los animales, e incluso los árboles y las nubes. Los sabios se ocupaban de fábulas morales de todos los géneros. Se decía que Yohanán ben Zakkai, alumno de Hillel, «conocía las parábolas de los lavanderos y las fábulas de los zorros». Se decía que el rabino Meir conocía trescientas fábulas de zorros. Los sabios fueron quienes permitieron la entrada de los demonios en el judaísmo. Naturalmente, la dificultad consistía en que, pese a la condenación de la brujería en la Biblia (por ejemplo: «A la hechicera no la dejarás con vida», Éxodo 22:18), y no obstante la creencia judaica de que todos los actos eran consecuencia exclusiva de la voluntad de Dios, lo cual excluía cualquier género de dualismo, algunas reliquias de la antigua magia negra y blanca perduraron en los textos y recibieron así una suerte de aprobación por inferencia. Así, las campanillas agregadas a las túnicas del sumo sacerdote estaban destinadas a combatir a los demonios. Lo mismo sucedía, podía argüirse, con las filacterias, uno de los más respetados recursos de la devoción judía responsable. No había muchos demonios en la Biblia, pero en efecto existían: Mevet, el dios de la muerte; Lilit, la ladrona de niños (a veces un búho); Reshev, el dios de la peste; Dever, otro dios de la enfermedad; Belial, una especie de jefe de los demonios; Satán, líder de las fuerzas contrarias a Dios; Azazel, el dios-chivo expiatorio del desierto.[56] Por lo tanto, la invasión del judaísmo por demonios durante el periodo de 150 a. C. a 300 d. C. tenía algunos precedentes. No necesitamos aclarar que Hillel también podía entender el lenguaje de los demonios. Los demonios variaban mucho, aunque de acuerdo con Isaac de Acre a todos les faltaban los pulgares. Algunos, como Satán y Belial, eran formidables y graves. Algunos eran espíritus perversos o sucios, llamados *ruá tezazit* en el Talmud. Penetraban en un individuo, lo poseían, hablaban por su boca. La literatura cabalística escrita por los discípulos de Luria abundaba en relatos acerca de estas repugnantes criaturas, a las que en los guetos de la judería asquenazí, especialmente en Polonia, llegó a llamárselas *dibbukim*. La literatura también enseñaba cómo podía exorcizarlas un hombre sabio y santo, o *ba'al shem*, que redimía al alma poseída usando algunas de las «chispas» de Luria. También había demonios-duendes, llamados *kesilim* o *lezim*, que arrojaban cosas y, por ejemplo, golpeaban a las personas que dejaban abiertos los libros sagrados. Asimismo, había demonios hembra, además de Lilit, y uno de ellos era la reina de Saba. Los judíos del gueto creían que era peligroso beber agua cuando cambiaban las estaciones, porque ése era el momento en que las mujeres-demonios arrojaban la perversa sangre menstrual a los pozos y los arroyos.

Para combatir esos demonios, surgió un ejército de ángeles. También éstos tenían en ciertos casos la aprobación bíblica. Los ángeles como Miguel, Gabriel, Rafael y Metatrón tenían alfabetos especiales, derivados de la antigua escritura cuneiforme o bien de escrituras hebraicas obsoletas, y las letras a menudo contenían pequeños círculos que parecían ojos. Se aplicaban estas letras a los amuletos y a otros encantamientos para expulsar con la magia a los demonios. O era posible rechazarlos pronunciando combinaciones especiales de letras. Una de ellas era el nombre del demonio en arameo, que, según se afirmaba, era *abracadabra*; otro era *shabriri*, por el demonio de la ceguera.[57] La magia de la combinación de letras, ejecutada mediante el uso de los nombres secretos de Dios y los ángeles en fórmulas especiales, recibía el nombre de «Cábala práctica». En teoría, sólo los hombres muy santos podían practicar esta magia blanca. En la práctica, los encantamientos protectores se producían en masa y circulaban libremente en el gueto. Existía también la magia negra, practicada mediante la manipulación de «los nombres impíos». De acuerdo con el *Zóhar*, las fuentes de esta magia prohibida eran las hojas del Árbol del Conocimiento, del Libro del Génesis. Los ángeles caídos Azael y Aza la enseñaban a los brujos que viajaban para estudiar en las montañas de las Sombras. Los cabalistas virtuosos tenían el derecho de conocer tales artes, pero sólo con fines teóricos. En la práctica, en el gueto también se recurría a los encantamientos dañinos.

El más formidable ejemplo de magia era la creación de un

golem, un hombre artificial al que un *ba'al shem*, o maestro del Nombre, podía insuflar vida pronunciando uno de los nombres divinos secretos, de acuerdo con una fórmula especial. La idea deriva del relato de la creación de Adán, pero la palabra misma aparece una sola vez en la Biblia, en un misterioso pasaje de los Salmos.[58] Sin embargo, las leyendas talmúdicas se acumularon alrededor del *golem*. Se decía que Jeremías había creado uno. Otro había sido hecho por Ben Sira. Entre los siglos XV y XVII la idea cobró fuerza, de modo que la capacidad de fabricar un *golem* fue atribuida a todos los hombres de santidad destacada y saber cabalístico. Se infundía vida al *golem* con el fin de que ejecutase diferentes tareas, entre ellas defender a los judíos de sus enemigos gentiles. En teoría, un *golem* cobraba vida cuando se le ponía en la boca el nombre secreto de Dios, con las letras dispuestas en el orden apropiado; se lo desactivaba invirtiendo el nombre. Pero a veces un *golem* se descarriaba y descontrolaba totalmente, lo cual originaba una nueva colección de relatos de terror.

Los demonios, los ángeles, los *golem* y otras figuras misteriosas formaban la población básica del folclore del gueto, y conducía a innumerables prácticas supersticiosas. Conferían a la vida del gueto una densidad extraordinaria, que era simultáneamente temible y reconfortante, y siempre vívida, fecunda y sugestiva. Algunas de las costumbres de los siglos XVI y XVII salieron a la luz en una obra publicada en Londres en 1738 y titulada *El libro de la religión, ceremonias y oraciones de los judíos*, supuestamente escrito por Gamaliel ben Pedahzur, y en realidad compuesto por un apóstata, llamado Abraham Mears. Afirmaba que los malos espíritus podían aparecer en los remolinos de polvo y los montones de desechos. Los malos fantasmas podían perjudicar a una persona en la oscuridad, pero únicamente si estaba sola. Si había dos personas, el fantasma podía aparecer, pero no dañar; si tres, no podía hacer nada. Una antorcha producía el mismo efecto. Las brujas podían dañar si encontraban vajilla no utilizada o cáscaras de huevo que no habían sido bien pulverizadas; u hojas de verduras unidas en un ramillete. Gran parte de la tradición se relacionaba con los funerales y las bodas. Así, si uno deseaba solicitar el perdón de un muerto a quien había ofendido, se ponía a los pies del ataúd y aferraba con la mano el dedo gordo del pie del difunto, mientras rezaba pidiéndole perdón; si la nariz sangraba violentamente, significaba que se negaba el perdón. Para rechazar la mala suerte, podía romperse una copa en un festín de bodas. «Los solteros —escribió el autor— generalmente tratan de llevarse un fragmento de la copa rota, pues creen probable que de ese modo llegarán a casarse poco después.» La superstición se fundía imperceptiblemente con la medicina popular:

Entre ellos hay algunas mujeres que afirman curar todos los Malestares, que, según creen, proceden del mal de ojo, mediante la Compasión de la Fumigación: una parte de la Ropa usada por el Paciente se envía a la mencionada Doctora, y ella la sostiene sobre cierta sustancia humeante que ella misma ha preparado, y entretanto murmura unas palabras sobre la Prenda, mientras ejecuta la Operación, y esa Prenda que se devuelve pocos minutos más tarde al Paciente para que la use inmediatamente, nunca deja de Aliviar, salvo que la Dolencia date de mucho tiempo antes de que la Anciana lo ahúme. El Precio acostumbrado para ahumar la Gorra de un Niño es un chelín. La Enagua de una mujer, dos chelines. Unos Pantalones de Hombre, media corona. N. B.: los *judíos españoles* pagan más, porque los *Ahumadores* son Alemanes.[59]

El folclore del gueto se centraba en los demonios y el pecado, sobre todo el pecado original, en la transmigración de las almas y, no menos importante, en el Mesías. La creencia en el Mesías era el resumen y la culminación de toda la confianza del gueto en lo sobrenatural, porque el tema tenía la aprobación suprema de la religión judía ortodoxa. El rabino más erudito y racional y el mercader más mundano confiaban en la llegada del Mesías tan fervorosamente como la esposa semianalfabeta de un humilde lechero. El Mesías estaba relacionado con narraciones de las Tribus Perdidas, porque en general se suponía que, para alcanzar la restauración de un reino divino sobre la Tierra, el Mesías convocaría a las tribus trayéndolas de su remoto exilio, y ellas marcharían, como un ejército poderoso, para instalarlo en el trono del rey David. No fue un cuentista del gueto, sino Obadías ben Abraham Yare de Bertinoro, el gran comentarista de la Mishná, quien describió en 1489, basándose en la autoridad de «mercaderes musulmanes dignos de confianza», cómo un «viaje de cincuenta días a través del desierto» llevó a uno de ellos al «gran río Sambatyon». Allí, «los hijos de Israel viven sin mancha [...] santos y puros como ángeles: entre ellos no hay pecadores. Del lado opuesto del río Sambatyon hay hijos de Israel tan numerosos como las arenas del mar, y reyes y señores, pero no son tan santos o puros como los que viven de este lado».[60] Esos antiguos millones formarían las legiones de la hueste conquistadora del Mesías.

La historia muestra en repetidas ocasiones que lo que ayuda a difundir más rápidamente una idea religiosa es una descripción clara y práctica de la mecánica de la salvación. Eso es precisamente lo que aportaba la Cábala de Luria: una descripción del modo en que los judíos comunes, con sus rezos y su devoción, podían desencadenar la Era Mesiánica. Las ideas de Luria se difundieron más amplia y rápidamente, tanto en la forma refinada como en la vulgar, entre los miembros de la generación nacida en la década de 1630. El gran historiador Gershom Scholem, que consagró su vida a estudiar la influencia del misticismo cabalístico sobre la sociedad judía, destacó la universalidad de la creencia en las comunidades judías, alrededor de mediados del siglo XVII, de que el mundo estaba al borde de grandes acontecimientos.[61] La serie de catástrofes que se abatieron sobre la comunidad asquenazí en Europa oriental desde 1648 en adelante, y que culminó en la guerra Sueca de fines de la década de 1650, fue un poderoso factor en el surgimiento de las esperanzas mesiánicas. Cuanto mayor era la angustia, con más urgencia se esperaba la liberación. En las décadas de 1650 y 1660 había que recibir a muchos millares de refugiados que llegaban a las comunidades judías de todos los países, y las actividades de recaudación de fondos para auxiliar a esta gente contribuyeron a originar el fermento de la expectativa. Pero gracias a la doctrina de Luria, las esperanzas mesiánicas eran muy intensas incluso en comunidades remotas, como Marruecos, donde poco se sabía de los desastres polacos. La oleada de excitación creció, sobre todo en Salónica y los Balcanes, en Constantinopla y Turquía, en Palestina y Egipto; pero fue sentida también en los centros comerciales gravemente afectados, como Liorna, Amsterdam y Hamburgo. Arrastró a ricos y a pobres, a individuos cultos y a ignorantes, a las comunidades que corrían peligro y a las que se sentían seguras. Hacia la década de 1660 el sentimiento de que el proceso descrito por Luria prácticamente estaba completado, y de que el Mesías esperaba entre bambalinas, unificó a centenares de comunidades judías dispersas en dos continentes. En esta cuestión, la superstición popular y el misticismo erudito eran una sola cosa.

El 31 de mayo de 1665, como respondiendo a una señal, apareció el Mesías y fue proclamado como tal en Gaza. Se llamaba Shabbetái Zeví (1626-1676). Pero el hombre que estaba detrás de su aparición, el cerebro del asunto, el principal teórico y empresario de todo el episodio, era un residente local llamado Abraham Natán ben Elisha Hayyim Ashkenazi, conocido como Natán de Gaza (hacia 1643-1680). Este joven era un individuo culto, brillante, dotado de inventiva y listo. Había nacido en Jerusalén y era hijo de un respetado erudito rabínico y cabalista, que se había casado con la hija de un acaudalado mercader de Gaza y vivía en esta ciudad. En 1664 había comenzado el estudio profundo de la Cábala de Luria. No tardó en dominar las técnicas de meditación y provocación del éxtasis de Luria y hacia principios de 1665 tenía visiones prolongadas. Es significativo que ya estuviera modificando los conceptos de Luria para adaptarlos a la proyección particular del Mesías que él mismo había comenzado a concebir. Natán fue un ejemplo destacado de un peligroso arquetipo judío dotado de mucha imaginación, que habría de adquirir importancia mundial con la secularización del intelecto judío. Podía idear un sistema de explicaciones y predicciones de fenómenos que era al mismo tiempo muy plausible y lo bastante impreciso y flexible para englobar hechos nuevos —y a menudo inconvenientes— cuando sucedían. Y tenía el don de exponer su teoría de tipo proteico, con su capacidad intrínseca de asimilar fenómenos mediante un proceso de ósmosis, y hacerlo con convicción y aplomo tremendos. Marx y Freud aprovecharían capacidad similar.

Cuando aún residía en Jerusalén, Natán se había cruzado con Shabbetái Zeví, que tenía unos dieciocho años más que él y era un conocido excéntrico. Entonces Natán prestó escasa atención a Zeví, pero después de asimilar la Cábala de Luria y desarrollar —en todo caso a su propia satisfacción— cualidades visionarias y proféticas, Natán recordó la argumentación de Zeví y la incorporó a su sistema. Zeví era inferior a Natán en todos los sentidos: menos culto, menos inteligente, con menor capacidad inventiva; pero tenía la característica necesaria para convertirse en un sujeto mesiánico: la concentración en su propia persona. Nació en Esmirna, que entonces era un centro comercial dinámico, donde su padre era agente de sociedades holandesas e inglesas. Sus dos hermanos fueron prósperos mercaderes. Shabbetái tenía afición a los libros, asistió a una escuela rabínica, se diplomó a los dieciocho años y después estudió la Cábala. Tenía las características de lo que después se denominaría un maníaco depresivo. Los accesos de exaltación e hiperactividad de pronto dejaban lugar a periodos de intensa cavilación. Estos periodos son bastante usuales en los místicos de todas las religiones, y se afirma que son obra de Dios: Dios «ilumina», y después «oculta su rostro». Por lo tanto, las bruscas transformaciones no menoscababan necesariamente la reputación de santidad del sujeto. Por desgracia para Zeví, durante sus fases maníacas tendía a infringir la Ley y blasfemar. Pronunciaba el nombre prohibido de Dios. Reunía tres festividades y las celebraba al mismo tiempo. Realizó un matrimonio místico con la Torá en un palio nupcial. Las masacres de 1648 lo indujeron a proclamarse Mesías. Como muchos místicos, deseaba hacer y legitimar cosas prohibidas. Así, elevó una bendición a «aquél que permite lo prohibido». Durante la década de 1650 fue expulsado sucesivamente de Esmirna, Salónica y Constantinopla. A veces su estado espiritual era plácido y normal, e incluso buscó tratamiento para lo que, según él mismo entendía, eran fantasías diabólicas. Pero después los malos impulsos retornaban. Se había casado y divorciado dos veces, sin consumar ninguna de las dos uniones. En 1664, mientras pasaba por un periodo maníaco en El Cairo, contrajo un tercer matrimonio con una muchacha llamada Sara, refugiada de las masacres, cuya reputación era dudosa. Pero también para esto había un precedente profético: ¿acaso Oseas no había desposado a una prostituta? Sin embargo, el invierno siguiente de nuevo decidió pedir ayuda para exorcizar sus demonios. Oyó decir que un joven cabalista llamado Natán estaba teniendo notables visiones, y fue a verlo en la primavera de 1665.

Por la época en que los dos hombres se juntaron, en abril, Natán ya había tenido su visión, en la cual ocupaba un lugar destacado el aspirante a Mesías que él recordaba de Jerusalén. De modo que cuando Zeví en efecto apareció en casa de Natán, pidiendo ayuda, éste consideró que el hecho era providencial. Lejos de exorcizar los demonios de Zeví, Natán concentró sus formidables cualidades de argumentación e invención en persuadir a Zeví de que sus pretensiones mesiánicas eran auténticas, de modo que era necesario realizarlas. Entonces, como haría más tarde, Natán se mostró extraordinariamente aficionado a encajar la biografía y las características de Zeví en los esquemas de los textos canónicos y apócrifos y la teoría de Luria, especialmente la versión corregida por él. De modo que exaltó a Zeví como al Mesías, y éste, de nuevo convencido, entró en otra fase maníaca. Con el entusiasta Natán a su lado, hizo pública su pretensión, y esta vez fue aceptado. Pronto estaba cabalgando por todo el territorio de Gaza, en condición de rey, y designando embajadores que debían convocar a todas las tribus de Israel.

La diferencia entre Zeví y los precedentes Mesías del siglo XVI era que su candidatura fue concebida y presentada no sólo sobre un fondo de saber ortodoxo, que tanto él como su promotor poseían, sino también en los términos concretos de la ciencia de Luria, con la cual toda la comunidad judía se había familiarizado. El momento era oportuno; la disposición intelectual, la apropiada. Natán el Profeta, la «lámpara sagrada», ardía con convicción e irradiaba un conocimiento exacto. Zeví el Mesías derramaba encanto y superioridad regia. La combinación produjo resultados brillantes en Gaza, donde los rabinos se unieron a las aclamaciones. En cambio, tuvo menos éxito en Jerusalén, donde muchos rabinos (incluso el viejo maestro de Natán) rechazaron las pretensiones y finalmente consiguieron la expulsión del nuevo Mesías. De todos modos, las autoridades de Jerusalén se mostraron cautelosas. No enviaron cartas a las comunidades judías advirtiéndoles que se trataba de una impostura. Allí y en otros lugares los rabinos escépticos generalmente consideraron más conveniente adoptar una actitud pasiva. La mayoría de los rabinos de diferentes lugares se dejaron convencer. Más tarde, después que estallara la burbuja, muchos insistieron en que se habían opuesto a las pretensiones de Zeví. Pero como ha demostrado Scholem, los documentos atestiguan otra cosa.

En 1665 y durante la mayor parte de 1666 no hubo una declaración de peso contra el nuevo Mesías. Las cartas hábilmente redactadas que anunciaban los hechos, escritas o esbozadas por Natán y despachadas a las comunidades judías de todo el mundo, no tuvieron respuesta. Por supuesto, la mayoría de los judíos esperaban que la llegada del Mesías estuviese acompañada por milagros; aunque había autoridades sólidas —nada menos que Maimónides— que afirmaban que tal cosa no sucedería. Natán, por su parte, anticipó la ausencia de milagros adaptando sagazmente la teoría de Luria. Arguyó que, como el Mesías había sido convocado por las plegarias y la devoción judías, de ello se deducía lógicamente que la fe pura y confiada era el único requisito para sostener su misión. De modo que ni él ni su profeta necesitaban realizar milagros. A decir verdad, la precaución de Natán era innecesaria. Hubo los correspondientes milagros, aunque siempre en otro lugar. Se desprendían espontáneamente de la costumbre judía de difundir las noticias de los desastres y los triunfos en extensas y animadas cartas, a menudo basadas en rumores. Así, desde Constantinopla se escribió a Liorna relatando maravillas ocurridas en El Cairo. Las noticias de los milagros en Salónica pasaron de Roma a Hamburgo, y después a Polonia. El primer anuncio que la mayoría de los judíos occidentales recibió no tuvo que ver en absoluto con Zeví, sino con las Diez Tribus Perdidas, de las que unos dijeron que estaban reuniéndose en Persia, y otros en el Sahara, para marchar sobre La Meca, o Constantinopla.

En septiembre de 1665 Natán envió una extensa misiva en la cual esbozaba el programa del Mesías. Su obra, decía Natán, había superado el sistema de Luria e inaugurado una nueva fase histórica. Disponía del poder necesario para justificar personalmente a todos los pecadores. En primer lugar, se apoderaría de la corona de Turquía, y el sultán sería su servidor. Después, iría al río Sambatyon para reunir a las tribus y desposar a Rebeca, la hija de trece años de Moisés, que había resucitado. En su ausencia, quizá los turcos se rebelaran y provocaran tribulaciones a los judíos. Por lo tanto, era necesario que todos los judíos hicieran penitencia inmediatamente. Entretanto, el propio Zeví había iniciado un avance triunfal hacia el norte, primero sobre Alepo, después sobre Esmirna y más tarde sobre Constantinopla, y en este momento la histeria masiva comenzó a manifestarse. Zeví agravó las cosas volviendo a sus antiguas costumbres maníacas. «Pronunció el Nombre Inefable, comió grasas [prohibidas] e hizo otras cosas contra el Señor y su Ley, e incluso obligó a otros a hacer lo mismo», de acuerdo con una versión de la época.[62] Si un rabino protestaba, la gran multitud que acompañaba a Zeví atacaba a veces la casa del crítico. En Esmirna, el propio Zeví llegó con un hacha a la puerta de la sinagoga sefardí, que rehusó reconocerlo, y se abrió paso por la fuerza. Una vez dentro, denunció a los rabinos incrédulos como animales sucios, se abrazó a un rollo santo y entonó una canción de amor española, anunció la fecha de la Redención para el 18 de junio de 1666, proclamó el derrocamiento inminente del sultán turco y distribuyó los reinos del mundo entre sus partidarios inmediatos. Uno de los rabinos que lo criticaban y que estaba allí le pidió pruebas, y Zeví lo excomulgó sin más trámites, e indujo a la multitud a pronunciar el nombre prohibido como prueba de su fe en él. Después, «liberó» a las mujeres judías, exculpándolas de la maldición de Eva, y despachó mensajeros con orden de preparar su llegada a Constantinopla, ciudad hacia la que zarpó el 30 de diciembre de 1665.

Durante el invierno de 1665-1666 y durante la mayor parte del año siguiente, el mundo judío estuvo agitado. Respondiendo a los llamamientos de Natán a la penitencia —sus exhortaciones fueron impresas en elevado número de ejemplares en Fráncfort, Praga, Mantua, Constantinopla y Amsterdam—, los judíos oraban, ayunaban y tomaban repetidamente baños rituales. Yacían desnudos en la nieve. Se azotaban. Muchos vendieron todas sus posesiones y fueron en peregrinación a Tierra Santa, con la esperanza de ver allí al Mesías. Algunos creyeron que se los transportaría sobre nubes. Otros compraron pasajes. Abraham Pereira, supuestamente el judío más rico de Amsterdam, zarpó con su familia para Palestina, si bien su nave no pasó de Liorna. Se compusieron poemas, se imprimieron libros y se los fechó en el «primer año de la renovación de la profecía y el reino». Se organizaron procesiones públicas. Parte de la excitación provenía de los milenaristas cristianos, que también creían que 1666 era un año mágico. Hubo disturbios en diferentes ciudades polacas, y en mayo la corona prohibió que se organizaran nuevas manifestaciones judías. El fervor judío también desencadenó reacciones, algunas de simpatía y otras hostiles, en el mundo islámico, y las autoridades turcas se alarmaron.

De modo que cuando la nave que llevaba a Zeví llegó a aguas turcas, en febrero de 1666, se le cerró el paso y el Mesías fue llevado a tierra encadenado. No obstante, se le mantuvo en honrosa cautividad y se le permitió recibir visitantes. En la primera de sus racionalizaciones de los hechos para acomodarlos a su teoría, Natán explicó que el encarcelamiento del Mesías era meramente simbólico y externo, y reflejaba la lucha interior con las fuerzas del mal que impedían que se manifestasen las chispas divinas. Zeví mantuvo sus pretensiones en la fortaleza de Gallípoli, donde se le retuvo, y parece que las delegaciones de judíos que lo visitaron se retiraban muy felices. Las preguntas de la comunidad de Venecia obtuvieron una respuesta tranquilizadora de los judíos de Constantinopla, disimulada cuidadosamente como un informe comercial: «Hemos considerado el asunto y examinado la mercancía del rabino Israel, pues sus artículos se exhiben aquí bajo nuestros propios ojos. Hemos llegado a la conclusión de que son muy valiosas [...], pero debemos esperar la llegada del día de la gran feria.»[63] Y el día, fijado para el verano de 1666, pasó. A principios de septiembre Zeví fue visitado por el cabalista polaco Nehemías ha-Cohen, quien tal vez fuera un agente turco o un Mesías rival. Ha-Cohen interrogó a Zeví acerca de sus pretensiones, consideró insatisfactorias sus respuestas y lo denunció como impostor a los turcos. El 15 de septiembre Zeví fue llevado ante el diván, o consejo, de Constantinopla, en presencia del sultán, que escuchaba oculto tras una celosía. Zeví negó haber formulado jamás pretensiones mesiánicas y se le ofreció elegir entre convertirse al islam o morir. Apremiado por el médico del sultán, que era un judío apóstata, tomó el turbante, adoptó el nombre de Aziz Mehmed Effendi y el título de «guardián de las Puertas del Palacio», y aceptó una pensión oficial de 150 piastras diarias.

Lo que sucedió después de la apostasía del Mesías fue casi tan instructivo como la misión misma. La euforia en el mundo judío se derrumbó bruscamente cuando se difundió la noticia, aunque al principio muchos se resistieron a creerla. Los rabinos y los jefes comunitarios, tanto los que habían aceptado las pretensiones como los pocos que las habían rechazado, cerraron filas para cubrir el asunto con un silencio total. Se argumentó que cualquier análisis posterior implicaba cuestionar la sabiduría divina inescrutable que había permitido que se produjera el fiasco. También había mucha inquietud ante la posibilidad de que los turcos iniciaran una caza de brujas contra los jefes judíos que habían aceptado lo que, al fin y al cabo, había sido una rebelión contra el dominio otomano. De modo que se hicieron todos los esfuerzos oficiales posibles para reescribir, o borrar, la historia y fingir que no había sucedido nada. Los registros comunales alusivos al asunto fueron destruidos.

En cambio, Natán de Gaza se limitó a ampliar nuevamente su teoría para englobar los nuevos hechos. Se transformó la apostasía en una paradoja necesaria o una contradicción dialéctica. Lejos de ser una traición, en realidad era el principio de una nueva misión destinada a liberar las chispas del sistema de Luria que estaban distribuidas entre los gentiles y sobre todo en el islam. Mientras los judíos restauraban las chispas distribuidas entre ellos mismos —ésa era la parte fácil del asunto—, el Mesías asumía la tarea mucho más difícil de reunir las chispas del mundo extranjero. Sólo él podía hacerlo, y ello significaba descender al dominio del mal. En apariencia se sometía a él, pero en realidad era un caballo de Troya en el campo enemigo. Entusiasmándose poco a poco, Natán señaló que Zeví siempre había hecho cosas extrañas. Ésta era sencillamente la más extraña: aceptar la vergüenza de la apostasía como sacrificio definitivo antes de revelar la gloria entera de su triunfo mesiánico. El concepto de los significados ocultos era conocido por los estudiosos de la Cábala. Una vez aceptada la idea de la apostasía ficticia, todo lo demás —incluso los actos posteriores de Zeví bajo la supervisión turca— confirmaba la nueva teoría, para la cual Natán se apresuró a facilitar una gran documentación extraída de los textos bíblicos, talmúdicos y cabalísticos. Natán visitó varias veces a Zeví y ambos hombres pudieron coordinar las explicaciones de Natán con el comportamiento de Zeví. Las fases maníacas de Zeví se repetían ocasionalmente, y en esos momentos a veces él ratificaba sus aspiraciones mesiánicas. También se dedicaba a extrañas travesuras sexuales, al extremo de que sus enemigos de Constantinopla, tanto judíos como musulmanes, unieron fuerzas para persuadir o sobornar al sultán —que más bien simpatizaba con Zeví— para que lo desterrara a Albania, donde falleció en 1676. Pero ni siquiera su muerte desconcertó a Natán, que declaró que se trataba de un mero «ocultamiento»: Zeví había ascendido al cielo y estaba absorbido en las «luces celestiales».

El propio Natán falleció cuatro años más tarde, en 1680. En esa fecha ya había elaborado una teoría flexible que explicaba no sólo todos los actos de Zeví, sino otros hechos desconcertantes que podían suceder en el futuro. No había, arguyó, un conjunto de luces, como habían creído Luria y otros cabalistas, sino dos: un conjunto meditativo (bueno) y un conjunto irreflexivo (indiferente, pero que tendía a ser malo). La creación se desarrolla por medio de una dialéctica entre los dos conjuntos de luces, en los que la figura del Mesías representa un papel original, muy distinto del que corresponde a las almas comunes, y ese papel con frecuencia le exige sacrificios heroicos, incluso la adopción de la apariencia del mal para purificar a otros. La teoría tenía su lógica, al margen de que Zeví reapareciese, enviase un sustituto o permaneciese silencioso e invisible. En este sistema alternativo o herético de la Cábala, Natán elaboró su dialéctica con muchísimo detalle y una copiosa imaginería.

Como consecuencia, el movimiento shabetaísta, a veces pública y otras secretamente, no sólo sobrevivió a la debacle de la apostasía, sino que perduró más de un siglo. La mayoría de los rabinos llegaron a odiarlo, no sólo porque la teoría de Natán en su forma definitiva sin duda era herética, sino también porque cuando las reapariciones anunciadas de Zeví no se materializaron —como en 1700 y 1706—, muchos shabetaístas se convirtieron al cristianismo o al islam. Pero también algunos rabinos eran en secreto shabetaístas, y hubo pocas personas en la corriente no racionalista del judaísmo sobre las cuales las elásticas ideas de Natán no ejercieran cierta atracción. El movimiento sobrevivió a las divisiones y a las desviaciones inconformistas engendradas por él mismo, y con el tiempo originó una religión separada de la corriente principal y fundada por Jacob Frank (1726-1791), una reencarnación de Zeví.

Frank nació con el nombre de Jacob ben Judá Leib, hijo de un mercader polaco y rabino a ratos. Era comerciante de telas. Tenía escaso saber y afirmaba que era un *prostak*, es decir, un hombre sencillo. De todos modos, mientras comerciaba en los Balcanes, fue iniciado en los ritos shabetaístas secretos por partidarios de la ala más extremista del movimiento. Se convirtió en profeta y más tarde afirmó su condición casi divina, como el poseedor del alma de Zeví. Cuando regresó a Polonia, al tiempo que se presentaba como un judío sefardí ortodoxo —de ahí su nombre Frank, el término yiddish asquenazí aplicable a un sefardí— dirigió en secreto servicios shabetaístas como jefe de un movimiento clandestino en el ámbito del judaísmo. Él y sus partidarios también se entregaban a prácticas sexuales prohibidas por la Torá. Además, ateniéndose a la cómoda dialéctica establecida por Natán de Gaza, distinguían entre la Torá común y el *halajá*, a la cual ignoraban, y afirmaban el derecho de seguir únicamente las formas de la Torá «superior» o «espiritual», es decir, la «Torá de la Emanación».

En 1756 un tribunal rabínico de Brody excomulgó a Frank, quien huyó a Turquía para evitar la detención y abrazó el islam. Entonces, los judíos ortodoxos apelaron a las autoridades católicas polacas y pidieron que los ayudasen a dispersar la secta. Pero los frankistas también buscaron el apoyo de los católicos, con el argumento de que rechazaban el Talmud y, por lo tanto, tenían más en común con Roma. Los obispos, encantados, organizaron un debate público y obligaron a asistir a rabinos y frankistas. La contienda se celebró en junio de 1757 y el prelado que la presidía, el obispo

Dembowski, falló en favor de los frankistas y ordenó que fuesen quemados ejemplares del Talmud en la plaza pública de Kamieniec. El obispo falleció súbitamente durante la quema. Los rabinos entendieron que la muerte del obispo era un signo divino de aprobación y reanudaron con renovado fervor su persecución de los frankistas. Como represalia, Frank se incorporó con sus feligreses al catolicismo y fue bautizado en 1759. Incluso ayudó a los católicos a investigar los libelos de sangre. También reunió doce «hermanas», que le servían como concubinas, practicó diferentes monstruosidades y fue a parar a la cárcel. Entonces se volvió hacia la Iglesia ortodoxa rusa.

Mientras abrazaba el judaísmo, el islam, el catolicismo y la ortodoxia, Frank continuó ajustándose a las teorías religiosas ampliadas de Natán. Creó una nueva Trinidad, del «Buen Dios», el «Hermano Mayor» y «Ella», esta última una amalgama de la Shekiná y la Virgen María, y más tarde propuso el concepto de que la idea mesiánica podía desarrollarse con igual eficacia en todas las religiones principales o en el ámbito de la iluminación secular o francmasonería. Por lo tanto, la Cábala, que comenzó con un gnosticismo impreciso e informe hacia el fin de la Antigüedad, retornó al gnosticismo impreciso e informe a fines del siglo XVIII.

Es significativo que Frank, para obtener cierta forma de cobertura legal en beneficio de su secta, tuviese que fingir adhesión tanto al cristianismo como al islam. El contraste con las actividades de su contemporáneo Samuel Jacob Hayyim Falk (hacia 1710-1782) es instructivo. Falk, nacido en Galitzia, era otro cabalista y aventurero, aunque mucho más culto que Frank. También él chocó con la ley. En Westfalia fue acusado de brujo y escapó por poco de la hoguera. El arzobispo de Colonia lo expulsó de sus territorios. En 1742 llegó a Inglaterra, y parece que allí siguió su destino religioso sin obstáculos. Dirigió una sinagoga privada desde una casa de Wellclose Square. En el antiguo puente de Londres mantenía un laboratorio cabalístico, donde practicaba la alquimia. Se decía que salvó del incendio a la Gran Sinagoga trazando inscripciones mágicas en las puertas. En su tiempo se lo llamaba «el Ba'al Shem de Londres».[64]

Que un judío como Falk pudiese vivir en libertad bajo la ley inglesa fue un hecho de inmensa importancia en la historia judía. Significó que, por primera vez desde los tiempos del Imperio romano liberal, había un país donde los judíos podían gozar de algo que se parecía a la ciudadanía normal. ¿Cómo se llegó a esto? Para comprender este gran cambio, debemos volver nuevamente al fatídico año de 1648. La gran masacre de judíos que sucedió entonces, y que fue el principio de ocho años de desesperadas dificultades para los judíos de Europa oriental, representó, con mucho, el peor estallido de antisemitismo desde la primera cruzada. La tendencia migratoria judía, que había mirado hacia el este durante siglos, se invirtió. Aunque la activa comunidad asquenazí de Europa oriental continuó creciendo, y de un modo limitado aumentó su prosperidad, en realidad nunca volvió a sentirse segura. En busca de seguridad, los judíos más emprendedores comenzaron a volver los ojos hacia el oeste. Así, 1648 fue un hito sombrío en el largo camino que con el tiempo condujo al Holocausto. Pero 1648, con su masacre y su angustia, fue también —gracias a una serie de coincidencias que algunos podrían denominar providenciales— el primer eslabón de una notable cadena de hechos que condujo a la creación de un estado judío independiente.

El promotor de este nuevo proceso fue un distinguido erudito judío de Amsterdam, Manasés ben Israel (1604-1657). Había nacido marrano en Madeira, donde fue bautizado con los nombres de Manoel Dias Soeiro, pero después que su padre escapara de un auto de fe en Lisboa y llegara a los Países Bajos, la familia recobró su identidad judía y Manasés se convirtió en un prodigio talmúdico; escribió su primer libro a los diecisiete años.[65] Durante toda su vida se interesó por ofrecer una imagen favorable del judaísmo al mundo gentil y ganar aceptación. Muchos de sus libros fueron escritos para los lectores cristianos. Trató de demostrar que el cristianismo y el judaísmo tenían en común más de lo que la mayoría de la gente suponía y conquistó una elevada reputación entre los fundamentalistas cristianos. Cuando los primeros refugiados de la matanza de 1648 comenzaron a llegar a Europa occidental, Manasés y otros judíos de Amsterdam temieron las consecuencias que podría acarrear a la comunidad una nutrida afluencia de asquenazíes angustiados. La posición que ellos mismos ocupaban en Holanda era ambigua. Carecían de derechos de ciudadanía. No se los aceptaba en las corporaciones. El gobierno neerlandés no interfería en la práctica de su fe, con la condición de que procedieran discretamente, y de hecho la comunidad, sobre todo en Amsterdam, estaba prosperando. Pero todo esto podía verse amenazado por los refugiados. Además, la llegada de un elevado número de refugiados provocó en Hamburgo una expulsión provisional de todos los judíos en 1649. Por eso Manasés propuso una solución radical: ¿por qué Inglaterra no podía abrir sus puertas y convertirse en el refugio de los inmigrantes judíos?

Desde que Eduardo I había expulsado a los judíos ingleses en 1290, se entendía generalmente que una prohibición legal absoluta impedía que los judíos se estableciesen en ese país. En realidad, unos pocos judíos continuaron viviendo durante esos siglos de supuesta expulsión, especialmente en la condición de médicos y comerciantes.[66] Un judío, sir Edward Brampton, alias Duarte Brandão, fue gobernador de Guernsey con Ricardo III. Otro, el doctor Roderigo Lopes, había sido médico de Isabel I y víctima de un célebre proceso antisemita por traición y brujería en 1593-1594.[67] En el periodo en que sucedieron las masacres ucranianas, uno de los cinco mercaderes contratados para suministrar trigo al ejército inglés era un judío, Antonio Fernández Carvajal, que había llegado a Londres en 1630 y de quien se afirmaba que importaba anualmente plata por valor de cien mil libras esterlinas. De todos modos, no se aceptaba oficialmente a los judíos.

Manasés percibió que la derrota de los monárquicos ingleses y la ejecución del rey en 1649 creaban una oportunidad única que permitiría la entrada de los judíos en Inglaterra. Los enemigos puritanos del rey, es decir, los hombres que en la práctica gobernaban el país, siempre habían representado la tradición filosemítica. La Biblia era su guía en la vida cotidiana. Invocaban al profeta Amós para condenar la Cámara de la Estrella. Esgrimieron el caso del viñedo de Nabot como una prefiguración del Dinero para Barcos. El abogado puritano sir Henry Finch había publicado en 1621 [La gran restauración del mundo, o la convocatoria de los judíos], una obra condenada por la corona como acto de lesa majestad.[68] Muchos creían que el Segundo Advenimiento era inminente. Pero tanto Deuteronomio 28:64 como Daniel 12:7 sugerían que tal cosa no podía suceder hasta que se completase la dispersión de los judíos, «de un extremo de la Tierra al otro». Por lo tanto, hasta que los judíos llegaran también a Inglaterra, el milenio se postergaría. Era un concepto que Manasés compartía con los fundamentalistas ingleses, pues Kezé ha-Arets, el «confín de la Tierra», era el término hebreo medieval que designaba a Inglaterra, y él creía que la aceptación de los judíos en Inglaterra apresuraría la llegada del Mesías. Inauguró su campaña en el invierno de 1648-1649 con un libro titulado *Apología de la honorable nación de los judíos*, y lo firmó «Edward Nicholas». Continuó en 1650 con una obra mucho más importante, *Spes Israelis* [La esperanza de Israel], y aquí propuso el argumento milenarista. La primera guerra angloholandesa postergó la adopción de medidas más prácticas, pero en septiembre de 1655 Manasés viajó a Londres. Presentó una petición a Oliver Cromwell, el lord protector, y en ella pedía la anulación de las leyes que prohibían la entrada de los judíos, y que se concediese la admisión en condiciones que serían establecidas por el gobierno.[69]

Lo que siguió fue un característico embrollo inglés, que merece un examen detallado porque tuvo una importancia fundamental en toda la historia judía. Cromwell acogió favorablemente la petición de Manasés y la remitió al Consejo. El 12 de noviembre de 1655 el Consejo designó una subcomisión para examinar el asunto y prestar asesoramiento legal experto. El 4 de diciembre se celebró en Whitehall una conferencia a la que asistieron veinticinco letrados, incluso el magistrado principal, sir John Glynne, y el barón jefe del Tesoro, William Steele. Con gran sorpresa de los políticos, se anunció que no existía ninguna ley que impidiese la entrada de los judíos en Inglaterra. La expulsión ordenada por Eduardo en 1290 era un acto de la prerrogativa real que afectaba sólo a los individuos en cuestión. De un modo un tanto ilógico, la subcomisión se dedicó entonces a analizar las condiciones en que debía aceptarse a los judíos. Pero no pudo llegar a un acuerdo. Los judíos no sólo tenían amigos, sino también enemigos entre los hombres de la Commonwealth. El 18 de diciembre, después de cuatro sesiones, Cromwell renunció a su propósito. Manasés, amargamente decepcionado, regresó al año siguiente a Amsterdam, convencido de que había fracasado.

En realidad, Manasés había entendido mal el modo en que los ingleses hacían las cosas. Los británicos preferían una solución pragmática antes que ideológica y claramente definida. Si se hubiese llegado a un acuerdo que otorgara una situación legal concreta a los inmigrantes judíos, inevitablemente se los habría convertido en ciudadanos de segunda clase. Con el restablecimiento de la monarquía en 1660, Carlos II muy posiblemente habría rechazado el acuerdo o lo habría renegociado en condiciones más duras. En cualquiera de ambos casos el problema judío se habría convertido en un tema público y provocado reacciones antisemitas. Según se dieron las cosas, la cuestión se resolvió pragmáticamente, sin un acuerdo concreto. Mientras Manasés permanecía todavía en Londres, un hombre llamado Antonio Rodríguez Robles, legalmente marrano, aunque en realidad judío, fue llevado ante el tribunal por su condición de extranjero español, pues Inglaterra y España estaban en guerra. En marzo de 1656 alrededor de veinte familias marranas decidieron resolver la cuestión confesando abiertamente su judaísmo, declarándose refugiadas de la Inquisición española y solicitando al Consejo el derecho de practicar en privado su religión. El 16 de mayo, el Consejo ordenó anular el proceso contra Robles, y en una reunión siguiente, el 25 de junio, al parecer accedió a la petición, aunque las actas correspondientes a ese día desaparecieron misteriosamente después. Sea como fuere, el 4 de agosto llegó de Amsterdam «un rollo de la Ley en fino pergamino, con el envoltorio y la cubierta de terciopelo amarillo, una tela de damasco rojo para cubrir el púlpito y un especiero forrado de tafetán rojo», y los judíos londinenses continuaron su trabajo y arrendaron una casa en Creechurch Lane para instalar la primera sinagoga.

En consecuencia, mediante una especie de conspiración tácita, se desechó el tema de la condición especial de los judíos. Y como ya no existía una norma que les impidiese llegar, en efecto llegaron. Como el Consejo afirmó que podían practicar su religión, la practicaron. Cuando en 1664 se aprobó la Ley de Congregaciones, dirigida a los inconformistas, los judíos, encabezados por su nuevo rabino, Jacob Sasportas, explicaron sus sentimientos de ansiedad a Carlos II, que les recomendó que no se inquietasen; y después el Consejo Privado declaró por escrito que los judíos podían «prometerse los efectos del mismo favor del cual antes han gozado, mientras se comporten pacífica y discretamente, con la debida obediencia a las leyes de Su Majestad y sin escándalo para su gobierno».

De manera que los judíos ingleses, gracias a un acto de omisión, por así decirlo, se convirtieron en ciudadanos de pleno derecho, sometidos únicamente a los impedimentos inherentes a su propia reticencia, semejante a la de los católicos y los inconformistas, a incorporarse a la Iglesia anglicana o, en su caso particular, a pronunciar los juramentos cristianos. En el curso de la generación siguiente varios dictámenes judiciales afirmaron el derecho de los judíos a alegar y atestiguar en los tribunales, y a reclamar que en este sentido se considerasen sus actividades religiosas. Es cierto que, lo mismo que otros no anglicanos, se los excluyó de muchos cargos y del Parlamento. Pero no había restricciones legales propiamente dichas aplicadas a sus actividades económicas. De hecho, la discriminación se manifestó principalmente en el seno de la comunidad judía. El sector sefardí dominante todavía se sentía inseguro y veía con malos ojos la llegada de judíos asquenazíes pobres, sobre todo si la comunidad tenía que sostenerlos. En 1678-1679 dictaminó que no podía permitirse que los judíos alemanes ocupasen cargos, votasen en las reuniones o leyesen los rollos. Más adelante se llegó a la conclusión de que esta actitud contrariaba la ley judía, y hubo que modificarla. Por lo que se refiere a los tribunales ingleses, parece que los judíos recibieron justicia y protección desde el principio, pues en general los jueces ingleses se mostraban bien dispuestos hacia ciudadanos laboriosos y respetuosos de la ley que no turbaban la paz real. De hecho, en 1732 un fallo otorgó a los judíos protección legal contra los libelos genéricos que podían amenazar su vida. Así, casi por casualidad, Inglaterra se convirtió en el primer lugar en que pudo formarse una comunidad judía moderna.

Las consecuencias en América fueron todavía más importantes. En 1654 el buque francés St. *Catherine* llevó veintitrés refugiados judíos de Recife, Brasil, a la ciudad colonial holandesa de Nueva Amsterdam. Como en la propia Amsterdam, la posición de los judíos bajo el dominio colonial holandés era insegura: los calvinistas estaban mejor dispuestos que los luteranos, pero también podían oprimir y adoptar actitudes antisemitas. El gobernador de Nueva Amsterdam, Peter Stuyvesant, protestó ante la Compañía de las Indias Occidentales Holandesas contra este asentamiento de lo que él denominó «una raza engañadora», cuya «abominable religión» adoraba «los pies de Mammón». A los judíos se les permitió permanecer, pero no se les otorgaron derechos, y la compañía y el gobernador unieron fuerzas para prohibirles la construcción de una sinagoga. Pero las ambigüedades se resolvieron en 1664, cuando la ciudad cayó en manos de los ingleses y se convirtió en Nueva York. Después, los judíos gozaron no sólo de las ventajas de la ciudadanía inglesa, sino de las ventajas religiosas adicionales que los colonos del Nuevo Mundo habían conquistado para su propio beneficio.

Richard Nicholls, primer gobernador inglés de Nueva York, subrayó el derecho a la libertad de culto cuando proclamó en 1665: «Ninguna persona que profese el cristianismo será molestada, multada o encarcelada por discrepar en asuntos de religión.» La omisión de cualquier referencia al judaísmo parece haber sido un descuido. Los ingleses deseaban atraer colonos, y sobre todo a los que poseían habilidades mercantiles y buenos contactos comerciales. El gobernador siguiente, Edmund Andros, no aludió al cristianismo cuando prometió igualdad de tratamiento y protección a las personas respetuosas de la ley, «fuera la que fuese su religión». Como en Inglaterra, no se tocó el tema del judaísmo. Los judíos sencillamente acudieron, construyeron casas, gozaron de derechos iguales y, según parece, votaron a partir de las primeras elecciones; también ocuparon cargos.[70]

Comenzaron a instalarse en otras regiones, sobre todo el valle del Delaware y Rhode Island, fundada por Roger Williams como colonia en la que no existían prohibiciones de carácter religioso. Se suscitaron ciertas dificultades cuando los judíos quisieron tener su propio cementerio en Nueva York. Pero en 1677 se inauguró uno en Newport, Rhode Island —después fue el tema de uno de los más hermosos poemas de Longfellow—, y Nueva York tuvo el suyo cinco años más tarde. En 1730 la Congregación Shearith Israel de Nueva York consagró su primera sinagoga, y otra especialmente hermosa fue erigida en Newport en 1763; hoy es un santuario nacional. De acuerdo con las leyes de navegación inglesas, el comercio entre las colonias y la madre patria se limitaba a los ciudadanos ingleses. Y cuando el Parlamento imperial aprobó la Ley de Nacionalización para las colonias norteamericanas, se permitió a los judíos adquirir la ciudadanía con los mismos derechos que los colonos cristianos; se eliminaron dos cláusulas en consideración a los escrúpulos judíos. De ahí que el sueco Peter Kalm, que visitó Nueva York en 1740, escribiese que los judíos «gozan de todos los privilegios comunes a los restantes habitantes de esta ciudad y esta provincia».[71] Sucedió lo mismo en Filadelfia, donde a partir de la década de 1730 comenzó a desarrollarse una importante colonia judía.

Así nació la comunidad judía norteamericana. Desde el principio fue distinta de las comunidades de otros países. En Europa, África y Asia, donde las barreras religiosas eran universales en mayor o menor medida, los judíos siempre tuvieron que negociar o se vieron obligados a soportar condiciones especiales. Esto los obligó a constituir comunidades delimitadas, en general definidas legalmente, allí donde se instalaban. En grado mayor o menor, todas estas comunidades judías se autogobernaban, incluso en los casos en que la condición real de los judíos podía ser miserable y peligrosa. En Polonia, bajo la monarquía, los judíos gozaban de cierto tipo de régimen propio y se gobernaban por medio de los Consejos de las Regiones, elegidos por sus miembros más acomodados. Soportaban impuestos más elevados que los polacos que los rodeaban, y no tenían derecho de defensa propia, pero por lo demás dirigían sus propios asuntos. En menor medida, esto fue aplicable a todos los asentamientos judíos de Europa continental. Los judíos siempre dirigían sus propias escuelas, sus tribunales, sus hospitales y servicios sociales. Designaban y pagaban a sus propios funcionarios, a los rabinos, a los jueces, los matarifes, los circuncidadores, los maestros de escuela, los panaderos y los encargados de las tareas de limpieza. Tenían sus propias tiendas. Dondequiera que estuviesen, los judíos fundaron minúsculos estados en el seno de otros estados. Éste fue el sistema del gueto, y se aplicó incluso en lugares como Amsterdam, donde no existía un gueto legal.

En América del Norte la situación era muy distinta, incluso antes de que Estados Unidos conquistara la independencia. En vista de la casi total ausencia de una ley determinada por razones religiosas, no había motivos que indujesen a los judíos a aplicar un sistema legal distinto, excepto en las cuestiones que podían interpretarse como mera disciplina religiosa de carácter interno. Como todos los grupos religiosos tenían prácticamente los mismos derechos, carecía de propósito la organización en una comunidad distinta. Todos podían participar en una sociedad común. De modo que desde el principio, los judíos no se organizaron en América de acuerdo con criterios comunales, sino congregacionales, a semejanza de las restantes iglesias. En Europa, la sinagoga era meramente un órgano de la comunidad judía global. En América del Norte fue el único cuerpo rector de la vida judía. Los judíos norteamericanos no pertenecían a «la comunidad judía», como era el caso en Europa. Pertenecían a determinada sinagoga, la cual podía ser sefardí o asquenazí, y en este último caso, podía ser alemana, inglesa, holandesa, polaca, y todas discrepaban en pequeños aspectos rituales. Los grupos protestantes se dividían según criterios similares. Por lo tanto, un judío iba a «su» sinagoga, del mismo modo que un protestante iba a «su» iglesia. En otros aspectos, tanto los judíos como los protestantes eran parte de la ciudadanía general, en la cual se fusionaban como unidades seculares. De modo que, por primera vez, los judíos, sin renunciar en absoluto a su religión, comenzaron a alcanzar la integración.

Este fenómeno tuvo enormes consecuencias a largo plazo, cuando la población judía de América del Norte comenzó a ampliarse rápidamente,[72] pues supuso el fin del dualismo de la comunidad judía entre Erets Yisrael y la diáspora. La presencia judía en el mundo formaba más bien un trío de fuerzas: Israel, la diáspora y la judería norteamericana, que era de un género muy distinto al de cualquier otro asentamiento de la diáspora y fue, en definitiva, la tercera fuerza que permitió el nacimiento del estado sionista.

Eso estaba reservado al futuro, pero incluso a principios de la Edad Moderna la aceptación de los judíos en el área anglosajona de poder comenzó a ejercer creciente influencia sobre el papel que los judíos representaban en la economía, pues le dio una permanencia y una estabilidad que antes nunca había poseído. En distintos periodos de la Antigüedad, la Alta Edad Media y durante el siglo XVII, los judíos habían sido comerciantes y empresarios brillantes, y con frecuencia habían alcanzado mucho éxito. Sin embargo, el poder económico judío era sumamente vulnerable y tenía escasa seguridad legal. Tanto en la cristiandad como en el islam, la suerte de los judíos estaba sujeta al peligro de la confiscación arbitraria. Cabría decir que el ataque nazi a los comercios judíos en 1933-1939 o las confiscaciones de propiedad judía por los estados árabes en 1948-1950 fueron sencillamente las últimas y más amplias de las agresiones económicas. En consecuencia, durante el periodo que se extiende hasta mediados del siglo XVII, la suerte de los judíos tuvo un carácter provisional o, en el mejor de los casos, dependió de la emigración, y la contribución judía al crecimiento de la economía internacional y empresarial se vio limitada en consecuencia. Los judíos siempre habían sido hábiles para manejar y transferir capital. Pero una vez que arraigaron en la sociedad anglosajona, la seguridad legal que ésta les aportaba les permitió también acumular fondos. La confianza en sus propios derechos condujo a los judíos a ampliar el alcance de sus actividades. El comercio —sobre todo en artículos de pequeño volumen y alto valor, como las joyas, disimuladas y trasladadas fácilmente de un lugar a otro— dejó de ser la casi única ocupación en la que los judíos se sentían seguros.

Puede percibirse el cambio del esquema en la América del siglo XVIII. A principios de siglo, los judíos residentes allí se consagraban casi por completo al comercio con ultramar y negociaban en joyas, coral, textiles, esclavos, cacao y jengibre. En 1701 y en Nueva York, aunque eran sólo el 1 % de la población, formaban el 12 % de la comunidad que comerciaba con el extranjero. Hacia 1776 esa proporción había descendido a sólo el 1 %, pues los judíos, al sentirse cada vez más seguros y aceptados en su instalación, volvían la espalda al mar —la tradicional ruta de fuga— y comenzaban a mirar hacia el interior, es decir, hacia el desarrollo del continente. También ellos se convirtieron en colonos y vendieron armas, ron, vino, utensilios de cocina, vidrio, pieles y provisiones.

En Europa, los medios financieros que mantuvieron unidos a los miembros de la gran coalición contra Luis XIV, y que con el tiempo quebraron su dominio militar en Europa —como harían con el de Napoleón— fueron reunidos principalmente por judíos. Guillermo de Orange, más tarde Guillermo III de Inglaterra, que dirigió la coalición de 1672 a 1702, fue financiado y aprovisionado por un grupo de judíos sefardíes holandeses que operaban principalmente desde La Haya. Los dos principales *providiteurs general*, como Guillermo los llamaba, eran Antonio Álvarez Machado y Jacob Pereira. Como hemos visto, estos hombres, por útiles que pudieran ser a los príncipes continentales, tenían que trabajar en una atmósfera de inseguridad financiera y personal. Por ejemplo, fue necesario que Guillermo y el emperador austriaco ejercieran intensa presión para garantizar a Machado o a sus agentes la entrada en una ciudad como Colonia. Inglaterra, en cambio, era una base mucho más segura como centro de operaciones. En 1688 la familia López Suasso adelantó a Guillermo dos millones de florines para financiar su invasión de Inglaterra, y Suasso le dijo: «Si sois afortunado, sé que me reembolsaréis. Si no lo sois, acepto perder este dinero.»[73] Cuando Guillermo aseguró su dominio, muchos financieros judíos se trasladaron a Londres, encabezados por Isaac, hijo de Pereira, que se convirtió allí en comisario general y recibió la enorme suma de 95.000 libras esterlinas en concepto de fletes y suministros durante el año transcurrido entre septiembre de 1690 y agosto de 1691.[74]

En Londres, los judíos se convirtieron en un elemento fundacional del mercado financiero de la City que floreció en tiempos de Guillermo. El factor de la extorsión antijudía, que dominaba las relaciones entre los judíos y el Estado en el continente, no estuvo del todo ausente al principio. El conde de Shrewsbury, que era ministro, escribió al lord mayor en febrero de 1690: «Teniendo en cuenta que los judíos residentes en Londres practican, amparados por el favor del gobierno, un tráfico tan ventajoso», su «oferta de sólo 12.000 libras esterlinas» podía considerarse «inferior a lo que Su Majestad esperaba de ellos»; agregaba que esa cifra debía duplicarse a 20.000 libras esterlinas o incluso elevarse a 30.000; y «Su Majestad cree que, si lo piensan bien, adoptarán nuevas decisiones».[75] Pero el gobierno inglés no confiscó las fortunas judías ni despojó a los judíos mediante juicios injustos. Salomón de Medina, principal agente en Londres del consorcio de La Haya, nunca tuvo que responder por sus muchas fechorías: reconoció que sobornaba al duque de Marlborough, el capitán general aliado, con la cifra de 6.000 libras anuales, y que lo había hecho entre 1707 y 1711. Guillermo III había cenado con él en Richmond en 1699 y al año siguiente le otorgó el título de caballero; y si Salomón concluyó de hecho en la bancarrota, ello respondió a sus propios errores de cálculo, y no a la furia antisemita.[76]

Mientras en Europa central el saqueo en perjuicio de un Oppenheimer podía provocar la crisis financiera, los judíos londinenses, seguros en la posesión de sus bienes, estaban en condiciones de ayudar al Estado a evitar las dificultades económicas. La familia de Manasseh López en el reinado de Ana y los Gideon y los Salvador durante el mandato de los tres primeros Jorge, representaron papeles notables en el mantenimiento de la estabilidad de los mercados londinenses y lograron evitar el desastre financiero de la Compañía de los Mares del Sur. Cuando el alzamiento jacobita de 1745 sembró el pánico en la City, Samson Gideon (1699-1762) reunió 1.700.000 libras esterlinas para ayudar al gobierno a restablecer la calma. A su muerte dejó más de 500.000 libras, que fueron a manos de sus herederos, no del gobierno; aunque cabe destacar que los Gideon ingresaron en la Cámara de los Lores y se apartaron del judaísmo.[77]

El instinto colectivo inconsciente de los judíos los movió a despersonalizar las finanzas y a racionalizar el proceso económico general. Las propiedades reconocidas como judías, o que podían ser claramente identificadas como tales, siempre corrían peligro en los tiempos medievales y principios de la Edad Moderna, sobre todo en el Mediterráneo, que era entonces la principal área del comercio internacional. En el papeleo de las transacciones comerciales internacionales, e incluso en los seguros marítimos, se utilizaban nombres cristianos ficticios, porque la marina española y los caballeros de Malta dispensaban a los barcos fletados por judíos y a las mercaderías propiedad de judíos el tratamiento que corresponde al botín legítimo. Después, se pasó a las fórmulas impersonales. Además de crear las letras de cambio, los judíos inventaron los títulos al portador, otro modo impersonal de desplazar el dinero. Para una comunidad carente de privilegios, cuya propiedad siempre estaba amenazada, y que podía verse forzada a trasladarse sin previo aviso, la aparición de un papel moneda fidedigno e impersonal, ya fueran letras de cambio o, sobre todo, billetes de banco válidos fue una enorme bendición.

Por lo tanto, la actividad judía a principios del periodo moderno se centró en el perfeccionamiento de estos recursos y su aplicación universal. Apoyaron enérgicamente la aparición de instituciones que promovían los valores papel: los bancos centrales, encabezados por el Banco de Inglaterra (1694), con su derecho legal a emitir billetes, y las bolsas de valores. Los judíos dominaban la bolsa de valores de Amsterdam, donde retenían grandes cantidades de acciones de las Compañías de las Indias Occidentales y Orientales, y fueron los primeros en realizar un negocio en gran escala con valores. En Londres aplicaron el mismo esquema una generación después, durante la década de 1690. Yosef de la Vega, judío de Amsterdam (aunque nominalmente protestante), escribió en 1688 el primer informe de las actividades bursátiles, y los judíos fueron probablemente los primeros agentes de bolsa profesionales en Inglaterra: en 1697, de un centenar de agentes de la Bolsa de Londres, veinte eran judíos o extranjeros. Posteriormente, los judíos ayudaron a crear la Bolsa de Nueva York, en 1792.

Además del desarrollo del crédito mismo, la invención y la popularización de los valores papel fue probablemente la contribución individual más importante de los judíos al proceso de creación de riqueza. Los judíos aceleraron el empleo de valores tanto en las áreas en que se sentían seguros como en aquellas en que eran vulnerables, pues percibieron al mundo entero como un solo mercado. También aquí, la perspectiva global aportada por la diáspora los convirtió en precursores. El mundo era el hogar de este pueblo sin patria. Cuanto más se amplió el mercado, mayores fueron las oportunidades. Para un pueblo que había comerciado regularmente desde El Cairo a China en el siglo X, la apertura al comercio de los océanos Atlántico, Índico y Pacífico en el siglo XVIII no supuso un gran desafío. El primer comerciante mayorista de Australia fue un Montefiore. Los Sassoon construyeron las primeras empresas y fábricas textiles en Bombay. Benjamin Norden y Samuel Marks pusieron en marcha la industria en El Cabo. Los judíos intervenían en el comercio ballenero en ambos polos. Más importante que estos esfuerzos precursores concretos fue la ofensiva judía destinada a crear mercados mundiales para los artículos corrientes del comercio moderno: el trigo, la lana, el lino, los textiles, los alcoholes, el azúcar y el tabaco. Los judíos se incorporaron a nuevas áreas, afrontaron grandes riesgos y se ocuparon de una amplia diversidad de artículos, de los cuales disponían de grandes existencias.

Las actividades financieras y comerciales judías durante el siglo XVIII llegaron a extenderse tanto que los historiadores de la economía a veces se han sentido tentados de considerarlas como la fuerza principal que creó el sistema capitalista moderno. En 1911 el sociólogo alemán Werner Sombart publicó una obra notable, *Die Juden und das Wirtschaftsleben* [Los judíos y la vida económica], donde sostenía que los comerciantes y fabricantes judíos, excluidos de los gremios, desarrollaron una antipatía destructiva hacia los fundamentos primitivos y antiprogresistas del comercio medieval, es decir: el deseo de salarios y precios «justos» (y fijos), de un sistema equitativo en que las participaciones en el mercado estuviesen convenidas y fuesen invariables, de que se contara con utilidades y medios de vida modestos pero garantizados, y se impusieran límites a la producción. Excluidos del sistema, arguyó Sombart, los judíos lo destruyeron y lo remplazaron por el capitalismo moderno, donde la competencia era ilimitada y la única ley consistía en complacer al cliente.[78] La obra de Sombart se vio desacreditada después porque los nazis la utilizaron para justificar su distinción entre el cosmopolitismo comercial judío y la cultura nacional alemana; y el propio Sombart en *Deutscher Sozialismus* [Socialismo alemán] (1934) apoyó la política nazi consistente en excluir a los judíos de la vida económica alemana. La tesis de Sombart contenía un elemento de verdad, pero las conclusiones que él alcanzó eran exageradas. Como el intento de Max Weber de atribuir el espíritu del capitalismo a la ética calvinista, el razonamiento de Sombart omitía los hechos incómodos. Sombart obvió el poderoso componente místico del judaísmo. Se negó a reconocer, como hizo Weber, que allí donde estos sistemas religiosos, incluido el judaísmo, mostraron una fuerza y un autoritarismo especiales, el comercio no floreció. Los hombres de negocios judíos, como los calvinistas, tendieron a operar más eficazmente cuando se apartaban de su ambiente religioso tradicional y se trasladaban a terrenos nuevos.

De todos modos, si bien los judíos eran sólo uno de los elementos que crearon el sistema comercial moderno, sin duda constituyeron un elemento influyente. Racionalizaron lo que antes había sido un proceso cómodo, tradicional y a menudo oscurantista. Su influencia se ejerció en cinco vías principales. En primer lugar, apoyaron la innovación. El mercado de valores fue un ejemplo oportuno. Era un modo eficiente y racional de reunir capital y asignarlo a los propósitos más productivos. Los intereses mercantiles tradicionales, incapaces de distinguir entre los excesos habituales del mercado y su validez fundamental, se opusieron. En 1733, sir John Barnard, miembro del Parlamento, presentó, con apoyo de todos los partidos, un proyecto de ley destinado a ilegalizar «la infame práctica de la especulación». La obra *Postlethwayt's Universal Dictionary of Trade and Commerce* [Diccionario universal de industria y comercio de Postlethwayt] (1757) condena a «esos embaucadores a quienes llamamos corredores de bolsa». La Bolsa era «una ofensa pública», «escandalosa para la nación». Muchas de estas acusaciones fueron consideradas por el judío portugués José de Pinto en su *Traité du crédit et de la circulation* [Tratado del crédito y de la circulación] (1771). En general, las innovaciones financieras promovidas por los judíos durante el siglo XVIII, y que provocaron tantas críticas en ese momento, se hicieron aceptables durante el siglo XIX.

En segundo lugar, los judíos subrayaron antes que nadie la importancia de la función de venta. También aquí hubo mucha oposición tradicional. Por ejemplo, el libro de Daniel Defoe *Complete English Tradesman* [Guía completa del comerciante] (quinta edición de 1745) calificaba de inmoral el exceso de cuidado en los escaparates. El mencionado diccionario de Postlethwayt comentó acerca de la «reciente innovación» de la publicidad (1751): «Por bajo y vergonzoso que fuese considerado hasta hace pocos años por las personas prestigiosas dentro del comercio apelar al público mediante anuncios en los periódicos, parece que ahora la cuestión se juzga de manera muy distinta, y hay personas muy acreditadas dentro del comercio que consideran que es el mejor [...] método de dar a conocer al reino entero lo que ellas pueden ofrecer.» Una ordenanza de París fechada en 1761 prohibía expresamente a los comerciantes «correr uno detrás de otro tratando de hallar clientes» o «distribuir volantes llamando la atención sobre sus mercancías». Los judíos estuvieron entre los precursores en el área de la exhibición, la publicidad y la promoción.

En tercer lugar, los judíos buscaron el mercado más amplio posible. Apreciaron la importancia de las economías de escala. Como en la banca y el préstamo de dinero durante la Edad Media, estaban dispuestos a aceptar ganancias mucho más pequeñas a cambio de un volumen mayor. Por lo tanto —y ésta fue su cuarta contribución importante—, se esforzaban todo lo posible por reducir los precios. Estaban mucho más dispuestos que los comerciantes normales a elaborar un producto inferior y más barato y venderlo en un mercado popular. En esto no eran los únicos. Sir Josiah Child, en su *Discourse on Trade* [Sobre el comercio] (cuarta edición de 1752) señaló: «Si nos proponemos tener el comercio del mundo, debemos imitar a los holandeses, que fabrican tanto las peores como las mejores manufacturas, pues de ese modo podremos servir a todos los mercados y a todas las inclinaciones.» La capacidad de los judíos para rebajar los precios provocó muchos comentarios, ataques de furia y acusaciones en el sentido de que trampeaban o comerciaban con artículos de contrabando o confiscados. En realidad, se trataba generalmente de otro ejemplo de racionalización. Los judíos estaban dispuestos a comerciar con restos. Hallaban aplicaciones a los productos de desecho. Aceptaban materias primas más baratas o ideaban sucedáneos y productos artificiales. Vendían artículos inferiores a los pobres porque era lo que los pobres podían pagar. Obtenían mayores economías de escala mediante tiendas generales que vendían una amplia diversidad de productos bajo el mismo techo. Esta actitud irritaba a los comerciantes tradicionales, que se especializaban, sobre todo cuando los judíos atraían clientes mediante lo que ahora denominaríamos «saldos». Sobre todo, los judíos estaban más dispuestos que otros comerciantes a aceptar que el consumidor era el árbitro definitivo del comercio, y que las empresas prosperaban sirviendo los intereses del consumidor más que los intereses de la corporación. El cliente siempre tenía razón. El mercado era el juez definitivo. Estos axiomas no siempre fueron acuñados por judíos o respetados exclusivamente por judíos, pero éstos demostraron más agilidad que la mayoría cuando llegó el momento de aplicarlos.

Finalmente, los judíos se mostraron excepcionalmente dispuestos a reunir y utilizar la información comercial. A medida que el mercado se convirtió en el factor dominante de todos los tipos de tráfico comercial, y que se expandió en una serie de sistemas globales, la noticia cobró una importancia fundamental. Fue quizás el factor individual más importante del éxito comercial y financiero judío. En la época de la revolución industrial, los judíos ya habían estado dirigiendo redes comerciales de familias sobre un área cada vez más dilatada durante la mayor parte de dos milenios. Siempre habían sido apasionados redactores de cartas. Desde Liorna, Praga, Viena, Fráncfort, Hamburgo, Amsterdam, y más tarde desde Burdeos, Londres, Nueva York y Filadelfia —y entre todos estos centros—, dirigían sistemas de información sensibles y veloces que les permitían responder con rapidez a los hechos políticos y militares y a las cambiantes exigencias de los mercados nacionales, regionales y mundiales. Familias como los López o los Mendes de Burdeos, los Cárceres de Hamburgo, los Sassoon de Bagdad, los Pereira, los D'Acosta, los Conegliano y los Alhadib —que actuaban mediante filiales en muchas ciudades— estaban entre las personas mejor informadas del mundo, mucho antes de que los Rothschild organizaran su propia diáspora comercial. El comercio tradicional, de estilo medieval, comenzó a padecer lo que se ha denominado la «falacia física», es decir, la idea de que los artículos y las mercancías tienen un valor fijo y absoluto. De hecho, el valor varía en el espacio y el tiempo. Cuanto más amplio es el mercado, más largas son las distancias y mayores son las variaciones. Llevar las mercancías apropiadas al lugar conveniente y en el momento oportuno es la esencia del éxito comercial. Siempre lo fue. No obstante, durante el siglo XVIII, la magnitud y la escala cada vez mayores del mercado determinaron la capital importancia de este aspecto y de la adopción de decisiones estratégicas en los negocios. Por supuesto, las decisiones reflejan la calidad de la información que ha sido su base y en este punto las redes judías funcionaron.

Por todas estas razones, los judíos realizaron una contribución a la creación del capitalismo moderno que no guarda relación con su número. Todo eso habría sucedido sin ellos. En ciertas áreas los judíos eran débiles o no estaban presentes. Por ejemplo, desempeñaron un papel muy secundario en las primeras etapas de la revolución industrial en Gran Bretaña. En ciertos aspectos —la acumulación masiva de capital— se mostraron muy fuertes. En general, aportaron al sistema económico del siglo XVIII un enérgico espíritu de racionalización, la creencia de que los modos vigentes de hacer las cosas nunca eran bastante buenos, y que podían y debían hallarse modos mejores, más fáciles, más baratos y más rápidos. No había nada misterioso en el comercio judío; tampoco nada deshonesto; simplemente la razón.

El proceso de racionalización también actuaba en el seno de la sociedad judía, aunque al principio de un modo más desconfiado y temeroso. Nos hallamos ante la paradoja de que, simultáneamente, el gueto engendró la innovación mercantil y el conservadurismo religioso. Los judíos del siglo XVIII fueron extrañamente dualistas. Veían el mundo exterior con mirada lúcida, pero cuando los judíos miraban hacia dentro, hacia ellos mismos, se les nublaba la visión. Durante el siglo XII Maimónides se había esforzado en alinear el judaísmo con la razón natural. Ese esfuerzo fracasó y quedó sepultado en el siglo XIV. El gueto contribuyó a mantenerlo así, reforzó la autoridad tradicional y desalentó la especulación. También confirió mayor severidad a los castigos de la desaprobación comunitaria, porque un judío no podía abandonar el gueto sin sacrificar por completo su fe. Pero por supuesto, no pudo liquidar del todo el espíritu racionalizador, porque éste era inherente al judaísmo y al método halájico. Incluso en el gueto, el judaísmo continuó siendo una catedrocracia, es decir, una sociedad gobernada por hombres cultos. Donde existen eruditos, estallan las controversias y circulan las ideas.

Los guetos fueron también depositarios de libros. Los judíos fundaron imprentas por doquier y, a pesar de las frecuentes incursiones de las autoridades religiosas hostiles, formaron impresionantes bibliotecas. David, un miembro de la familia Oppenheimer, que fue rabino principal de Praga en 1702-1736, se propuso adquirir todos los libros hebreos impresos en el curso de la historia. David había heredado una gran fortuna de su tío Samuel y, ciertamente, no era un extremista. Los cristianos lo acusaron de utilizar su autoridad de excomunión para obtener tesoros selectos. En realidad, tuvo que guardar su biblioteca en Hamburgo para escapar de la Inquisición de la Bohemia católica. Su colección, que ahora es la base de la biblioteca bodeleiana hebraica de Oxford, llegó a tener siete mil volúmenes y mil manuscritos. El rabino Oppenheimer consiguió que en 1722 el emperador Carlos VI le concediera el control exclusivo sobre los estudios judíos en Praga. Sin embargo, la biblioteca que él reunió a lo largo de toda su vida era en sí misma un semillero inevitable de subversión intelectual.[79]

De todos modos, el espíritu racionalista en el mundo judaico se desarrolló lentamente, en parte porque los judíos que concebían ideas nuevas vacilaban ante la idea de oponerse a la tradición, en parte porque era probable que esos desafíos obtuviesen una desaprobación aplastante. La experiencia parece indicar que el modo más eficaz de modificar las formas religiosas conservadoras es adoptar el enfoque histórico. Maimónides, si bien esbozó técnicas modernas de crítica bíblica, nunca utilizó los criterios históricos propiamente dichos. Uno de sus escasos defectos intelectuales fue que consideró que la historia no mesiánica carecía de «utilidad práctica y no era más que una pérdida de tiempo».[80] Esta desaprobación fue sin duda una de las razones concomitantes por las cuales los judíos retornaron tan lentamente a la creación de obras de historia, si bien finalmente volvieron a ellas en la segunda mitad del siglo XVI. Después del libro precursor aunque ingenuo de Ibn Verga, Azarías dei Rossi (hacia 1511-1578), natural de Mantua, produjo por fin una auténtica obra de historia judía, el *Me'or Eynayim* [Luz de los Ojos] en 1573. Utilizando las fuentes y técnicas críticas gentiles, que los cristianos desarrollaron durante el Renacimiento, Azarías dei Rossi sometió los escritos de los sabios al análisis racional. Su estilo era apologético y cauteloso, y es evidente que no le agradaba destacar los errores de los viejos sabios, pero su obra acerca del calendario hebreo destruyó la base tradicional de los cálculos mesiánicos y proyectó dudas sobre muchas otras cosas.[81]

La obra de Rossi provocó intenso resentimiento en los judíos cultos ortodoxos. El gran codificador Yosef Caro, el estudioso más influyente de su época, falleció poco antes de firmar un decreto que ordenaba la quema del libro. El rabino Yehudá Loew, el famoso maharal de Praga, la figura dominante de la generación siguiente, tenía una actitud igualmente crítica frente al libro de Rossi. Creía que las investigaciones escépticas de las leyendas talmúdicas y la historia judía realizadas por Rossi debilitarían la autoridad y destruirían las creencias. A su juicio, Rossi no había atinado a distinguir entre dos formas completamente distintas de proceso intelectual, el divino y el natural. Era absurdo utilizar métodos aplicables a la investigación del mundo natural para tratar de comprender los actos de la divina providencia. En cierto sentido, esta actitud implicaba rechazar por completo a Maimónides. Sin embargo, la postura del maharal no era la de un oscurantista, sino que abarcaba muchas tendencias del judaísmo.[82] Su oposición a Rossi, cuya obra fue prohibida a los estudiantes judíos que no contaran con una dispensa rabínica, indica la fuerza de la oposición a la que debía enfrentarse un innovador intelectual.

Este poder de la ortodoxia se vio demostrado de manera dramática en el trágico caso de Baruj Spinoza (1632-1677), de Amsterdam. En general, se trata a Spinoza como a una figura fundamental de la historia de la filosofía, y en efecto lo es. Pero su importancia en la historia judía (y cristiana) es aún más esencial, y en ciertos aspectos nefasta, pues desencadenó una sucesión de hechos que todavía hoy nos influyen. Por la cuna, Spinoza era hijo de un refugiado sefardí que se convirtió en un exitoso mercader holandés. Por oficio, era un erudito (probablemente estudió con Manasés ben Israel) y pulidor de lentes. Por temperamento, era un melancólico y un asceta. Era un individuo delgado, moreno, de cabellos largos y ensortijados, y ojos grandes, oscuros y brillantes. Apenas comía nada, salvo gachas con un poco de mantequilla y pasas: «Es increíble —escribió uno de sus primeros biógrafos, el pastor luterano Colerus, que vivió en la misma casa— con cuán poca carne o cuán escasa bebida parece satisfecho.»[83]

Desde el punto de vista de la estirpe intelectual, Spinoza era un seguidor de Maimónides, aunque alguna de sus opiniones acerca de los orígenes del Pentateuco parecen derivar de veladas sugerencias que aparecen en los escritos de un racionalista anterior, Abraham ibn Ezra (1089-1164). Spinoza fue un joven precoz en lo que entonces (la década de 1650) era quizá la ciudad de actividad intelectual más radical del mundo, y a edad temprana se convirtió en parte de un círculo de librepensadores de diferentes religiones: el ex jesuita Franciscus van den Enden, que era un ex marrano; Juan de Prado, conocido maestro de escuela; Daniel de Ribera y varios socinianos, antitrinitarios y anticlericales. Una generación antes, el judío Uriel da Costa había sido expulsado de la comunidad de Amsterdam, no una sino dos veces, por haber negado la inmortalidad del alma.

En 1655, cuando Spinoza tenía veintitrés años, se publicó en Amsterdam *Praedamnitiae*, una obra sensacional de un ex calvinista, Isaac La Peyrère, que había sido prohibida en otros lugares, y no cabe duda de que Spinoza la leyó. La Peyrère ciertamente no era ateo; era más bien un mesianista marrano, un cabalista entusiasta, parte de la oleada que habría de llevar a la fama una década más tarde a Shabbetái Zeví. Pero su obra tendía a abordar la Biblia no como revelación, sino como una historia secular que debía examinarse críticamente. Parece que su texto reforzó en la mente de Spinoza las dudas que Ibn Ezra y Maimónides ya habían despertado. Sea como fuere, un año después de la publicación de este libro Spinoza y De Prado fueron obligados a comparecer ante las autoridades judías. De Prado se retractó; Spinoza fue excomulgado públicamente.

El pronunciamiento rabínico, fechado el 27 de julio de 1656 y firmado por el rabino Saúl Leví Morteira y otros, ha llegado hasta nosotros. Dice así:

Los jefes del consejo os comunican que, habiendo conocido desde hace mucho tiempo los perversos actos y opiniones de Baruj de Spinoza, se han esforzado, apelando a diferentes medios y promesas, por apartarlo del mal camino. Como no han podido hallar ningún remedio, y por el contrario han recibido a diario más información acerca de las abominables herejías practicadas y enseñadas por él y acerca de los actos monstruosos que ha cometido, y sabiendo esto por boca de muchos testigos dignos de confianza que han declarado y testimoniado todo esto en presencia del mencionado Spinoza, que ha sido condenado; y habiendo sido examinado todo esto en la presencia de los rabinos, el consejo ha decidido, por recomendación de los rabinos, que el citado Spinoza sea excomulgado y apartado de la Nación de Israel.

Después, seguían el anatema y la maldición:

Con el juicio de los ángeles y la sentencia de los santos, anatematizamos, execramos, maldecimos y expulsamos a Baruj de Spinoza [...], pronunciando contra él el anatema con que Josué anatematizó a Jericó, la maldición de Elías contra los hijos y todas las maldiciones escritas en el libro de la Ley. Sea maldito de día y maldito de noche; maldito al acostarse y al levantarse, al salir y al entrar. ¡Que el Señor jamás lo perdone o reconozca! Que la cólera y el disgusto del Señor ardan contra este hombre de aquí en adelante y descarguen sobre él todas las maldiciones escritas en el libro de la Ley y borren su nombre bajo el cielo [...]. Por lo tanto, se advierte a todos que nadie debe dirigirse a él de palabra o comunicarse por escrito, que nadie llegue a prestarle ningún servicio, morar bajo el mismo techo que él, acercársele a menos de cuatro codos de distancia o leer ningún documento dictado por él o escrito por su mano.[84]

Durante la lectura de esta maldición, «el gemido y la nota prolongada de un gran cuerno se escuchaba de tanto en tanto; las luces, que ardían intensamente al comienzo de la ceremonia, se extinguieron una por una a medida que ésta prosiguió, hasta que al fin se apagó la última, simbolizando la extinción de la vida espiritual del excomulgado, y así la congregación quedó en total oscuridad».[85]

Spinoza, que tenía veinticuatro años, fue expulsado de la casa de su padre, y poco después también de Amsterdam. Afirmó que intentaron matarlo cierta noche, cuando regresaba del teatro; después solía mostrar la chaqueta con el agujero de la daga. Cuando su padre murió, las codiciosas hermanas de Spinoza intentaron privarlo de su herencia. Éste acudió a la ley para defender sus derechos, pero después retiró todas sus reclamaciones excepto la de una cama con sus colgaduras. Finalmente se estableció en La Haya, donde vivió gracias a su trabajo con las lentes. Tenía una pequeña pensión oficial y una anualidad dejada por un amigo. Rechazó otras ofertas de ayuda y se negó a aceptar una cátedra en Heidelberg. Vivió la vida austera de un estudioso pobre, como probablemente habría sido el caso si se hubiese mantenido en la ortodoxia; pero no se casó. Fue todo lo contrario de un bohemio, se vestía con mucha sobriedad y decía: «El desorden y el desaliño no nos hacen sabios; la indiferencia afectada hacia la apariencia personal es más bien la prueba de un espíritu mediocre en el cual la auténtica sabiduría no encuentra una morada apropiada y la ciencia sólo descubre desorden y desconcierto.»[86] Falleció a los cuarenta y cuatro años, afectado por una forma de tuberculosis, y su propiedad era tan pequeña que su hermana Rebeca se negó a administrarla.

El origen y el contenido de la disputa de Spinoza con las autoridades judías no están del todo claros. Se lo acusó de negar la existencia de los ángeles, la inmortalidad del alma y la inspiración divina de la Torá. Spinoza escribió una apología en castellano en favor de sus opiniones poco después del *herem*, pero no ha llegado a nosotros. Sin embargo, en 1670 publicó, sin firma, su *Tractatus Theologico-Politicus*, donde formuló sus principios de crítica de la Biblia. Allí está su heterodoxia esencial. Sostuvo que debía abordarse la Biblia con espíritu científico, y que era necesario investigarla como cualquier otro fenómeno natural. En el caso de la Biblia, el enfoque debía ser histórico. Se comenzaba analizando la lengua hebrea, después se pasaba al análisis y la clasificación de la expresión de cada uno de los libros de la Biblia. La etapa siguiente era examinar el contexto histórico:

> la vida, la conducta y los propósitos del autor de cada libro, quién era, cuáles habían sido la ocasión y la época en que escribió, para quién escribió y en qué idioma [...], la historia de cada libro: cómo se lo acogió inicialmente, en qué manos cayó, cuántas versiones diferentes hubo de la obra, por consejo de quiénes fue incorporado al canon, y finalmente de qué modo todos los libros ahora aceptados universalmente como sagrados se unieron en un solo corpus.

Spinoza procedió a aplicar su análisis, y examinó qué partes del Pentateuco habían sido escritas realmente por Moisés, así como el rollo de Esdras, la compilación del canon, el origen de libros como los de Job y Daniel, la datación de las obras en su conjunto y de las partes individuales. De hecho, rechazó casi totalmente la visión tradicional del origen y la autenticidad de la Biblia, y dio explicaciones alternativas a partir de los datos internos. De este modo, Spinoza inició el proceso de crítica de la Biblia que en el curso de los doscientos cincuenta años siguientes habría de demoler la confianza de las personas cultas en la verdad literal de la Biblia, para reducir ésta a la condición de una crónica histórica imperfecta.[87] Su obra y su influencia infligirían un daño irreparable a la confianza y la cohesión interna de la cristiandad y, como veremos, también plantearon nuevos y letales problemas a la comunidad judía.

Spinoza fue el primer ejemplo importante del poder destructivo del racionalismo judío cuando escapaba de las restricciones de la comunidad tradicional. Mientras vivió, y después durante mucho tiempo, fue considerado ateo por la totalidad de los principales organismos religiosos. Sus obras fueron prohibidas por doquier, y por doquier sobrevivieron y fueron reimpresas constantemente. En 1671 envió una carta al líder judío Orobio de Castro negando que él fuese ateo y refutando la acusación de que el *Tractatus* era una obra antirreligiosa. Pero su *Etica*, publicada después de su muerte, demostró que era un panteísta de un tipo peculiarmente integral. Por extraño que pueda parecernos, algunas formas de panteísmo evidentemente fueron consideradas compatibles con el judaísmo durante el siglo XVII. La Cábala, entonces considerada aceptable por muchos judíos, tendía al panteísmo; el *Zóhar* tiene muchos pasajes que sugieren que Dios es todo y todo es Dios. Veinte años después de la muerte de Spinoza, el rabino sefardí de Londres David Nieto (1654-1728) tuvo graves problemas porque escribió en castellano una obra titulada *Acerca de la divina providencia* que identificaba a la naturaleza con Dios. La disputa fue remitida al gran erudito talmúdico Zeví Ashkenazi, de Amsterdam, que dictaminó que el argumento de Nieto no sólo era aceptablemente judaico, sino casi usual en algunos pensadores judíos.[88]

El problema con el panteísmo de Spinoza era que llevaba su concepción hasta un extremo en que parecía imposible establecer distinciones válidas entre éste y el ateísmo. El propio Spinoza insistió en que no había dicho que el mundo material, según lo vemos y lo tratamos, es Dios. En su *Ética* afirma que «fácilmente concebimos el conjunto de la naturaleza como un individuo», porque un individuo puede ser parte de uno mayor, *ad infinitum*. Pero Spinoza no ve a Dios como una persona. Sostiene que asignar a Dios atributos como «voluntad» o «intelecto» sería como pedir a Sirio que ladre sólo porque la denominamos la estrella del Perro. De hecho, Spinoza conserva la palabra *Dios* sólo por razones históricas y sentimentales. Al identificar a Dios con la realidad total, tiene que coincidir con el ateo cuando este último insiste en que la realidad no puede dividirse en una parte que es Dios y otra que no es Dios; ambas rechazan un contraste efectivo.[89] Pero si no es posible aislar a Dios de todo el resto, es imposible decir Él «existe» en un sentido que la persona pueda entender. Spinoza decía: «No hay Dios en el sentido que siempre hemos atribuido a la palabra.» Para la mayoría de la gente, eso es ateísmo. El filósofo y matemático alemán Gottfried Wilhelm von Leibniz (1646-1716) conocía bien a Spinoza y ciertamente estaba en condiciones de entender su opinión en esta cuestión. Leibniz era un arribista, y a menudo se lo ha acusado de cobardía porque trató de distanciarse de la obra de Spinoza cuando ésta provocó rechazo. No obstante, resumió con acierto la posición de Spinoza en el espectro religioso cuando dijo: «Era verdaderamente ateo en cuanto no aceptaba la existencia de una Providencia que distribuye la buena y la mala suerte de acuerdo con lo que es justo.»[90]

La obra de Spinoza representa la hipertrofia de un aspecto del espíritu judío: su tendencia no sólo a racionalizar, sino a intelectualizar. Spinoza fue uno de los que creyó que era posible resolver todas las disputas y todos los conflictos de opinión y alcanzar la perfección humana mediante un proceso lógico. Creía que los problemas éticos podían resolverse mediante pruebas de tipo geométrico. Por consiguiente, se inscribió en la tradición de Maimónides, que argumentaba que la paz mundial perfecta podía obtenerse mediante la razón y pensaba que de ese modo llegaría la Era Mesiánica. Pero Maimónides imaginaba que se alcanzaría ese estado cuando se observara plenamente la Ley en toda su noble racionalidad. A eso se llegaría sobre la base de la Revelación, a través de la Torá. Pero Spinoza no creía en la Revelación y deseaba desechar la Torá. Entendía que la meta podía alcanzarse mediante el intelecto puro.

Esta actitud lo condujo a una postura antihumanista. Trataba de aportar al hombre lo que él denominó «los remedios contra las pasiones». Hasta cierto punto, se trata de un objetivo atractivo. Spinoza deseaba superar la pasión. Y ciertamente practicaba lo que proponía. En el curso de su vida jamás se encolerizó, pese a las muchas provocaciones, ni perdió los estribos. Era un individuo autodisciplinado, que se sacrificaba hasta el extremo del heroísmo. Afirmaba que todo lo que fuera pecado respondía a la ignorancia; es necesario entender los sufrimientos, verlos en relación con sus causas y como parte del orden total de la naturaleza. Una vez que se aprehende esta idea, uno no necesita ceder al dolor, al odio y al deseo de venganza. «El odio se acrecienta al corresponderlo; en cambio, es posible destruirlo con el amor. El odio vencido completamente por el amor se transforma en amor; y por lo tanto, el amor es más grande si el odio no lo precede.» Pero el «amor» de Spinoza es un fenómeno peculiar. Todo está predeterminado. No cree en el libre albedrío. Por lo tanto, la esperanza y el miedo son negativos, y también la humildad y el arrepentimiento. «Quien se arrepiente de un acto se ve doblemente afectado.» Lo que sucede es la voluntad de Dios. El sabio trata de ver el mundo como Dios lo ve. Sólo la ignorancia nos lleva a pensar que podemos modificar el futuro. Una vez que entendemos eso, podemos liberarnos del temor; liberados de ese modo, meditamos, no acerca de la muerte, sino de la vida. Cuando nos comprendemos nosotros mismos y entendemos nuestros sentimientos, de los cuales hemos apartado la pasión, podemos amar a Dios. Pero por supuesto, esto no es amor de persona a persona, pues Dios no es una persona, sino el todo; y el amor no es pasión, sino comprensión. Dios carece de pasiones, de placeres o sufrimientos; no ama ni odia a nadie. Por lo tanto, «quien ama a Dios no puede aspirar a que Dios lo ame a su vez». O también: «El amor intelectual de la mente hacia Dios es parte del infinito amor con que Dios se ama a sí mismo.»[91]

No es difícil comprender por qué Spinoza atrae a cierto tipo de filósofo, cerebral pero sin corazón, como Bertrand Russell; o por qué otras personas lo consideran una figura sin vida, incluso repulsiva. Entre sus contemporáneos, Spinoza, como Hobbes —de quien adoptó cierto rigor gélido—, inspiraba auténtico temor. Habría sido preferible que Spinoza hubiera sentido la suficiente libertad para abandonar por completo el empleo de palabras codificadas como *Dios*, y hubiese escrito más llanamente. Su influencia sobre otros importantes autores europeos fue incalculable. Fascinó a los intelectuales franceses, empezando por Voltaire, y a los alemanes, como Lessing, que comentó: «No hay más filosofía que la de Spinoza.» Pero por lo que se refiere a los propios judíos, Spinoza utilizó sólo una línea de indagación: llevó la tradición racionalista de Maimónides, no tanto a su conclusión lógica, sino a un terreno que se extendía completamente al margen del judaísmo.

Paralelamente, la tradición irracionalista se mantenía. Había triunfado durante el siglo XIV y la Cábala se había incorporado al judaísmo normativo, pero recibió un golpe demoledor con la apostasía de Shabbetái Zeví. El shabetaísmo había pasado a la clandestinidad. Las piruetas de Jacob Frank demostraron que también esta tradición podía llevar a los entusiastas y los obstinados fuera del judaísmo. La enorme energía emocional y el fervor que habían sido los motores del movimiento mesiánico durante la década de 1660 perduraron. ¿No había modo de que esta forma se expresara pero al mismo tiempo permaneciese unida, aunque fuese de un modo laxo, al carro judaico?

En el siglo XVIII el problema no se limitaba al judaísmo. La revolución científica que precedió a la industrial ya estaba en marcha en 1700. Había triunfado la teoría newtoniana de un cosmos mecánico, gobernado por férreas leyes matemáticas. En la cumbre de la sociedad, el escepticismo se extendía. Los jefes religiosos conocidos eran individuos fríos, corteses y mundanos, inclinados a la tolerancia porque no se preocupaban mucho de los puntos doctrinarios más delicados, que habían inducido a sus predecesores a matar y a afrontar la muerte. Pero las masas, que llevaban una vida difícil, necesitaban más y aparecieron hombres dispuestos a llenar el vacío. En Alemania surgió el movimiento pietista. En Inglaterra actuaron los hermanos Wesley y su metodismo. En América se produjo el primer Gran Despertar. En Europa oriental, donde a la sazón vivían más de la mitad de los judíos, nació el jasidismo.

El fervor piadoso en las masas judías de Polonia no sólo fue una fuerza religiosa, sino que tuvo matices extremistas. La sociedad judía era autoritaria y frecuentemente mostraba ribetes opresores. Estaba dirigida por una oligarquía de mercaderes ricos y abogados-rabinos unidos por lazos conyugales. El sistema de los consejos confería formidable poder a esta elite, y el electorado que la designaba era reducido. No era una oligarquía cerrada, pues la educación permitía conquistar posiciones en ese marco. En teoría, incluso los pobres tenían pleno acceso a ella. La catedrocracia era necesariamente también una meritocracia. La mayoría de los pobres continuaban sumidos en la impotencia y sentían que ésa era su situación. En la sinagoga no eran nada. Podían demandar a un rabino, pero no se prestaba atención a las demandas si los antecedentes de familia del acusado eran apropiados. Al contrario, muchas ordenanzas locales castigaban a todos los «que murmuran y se burlan de los hechos de los notables de la ciudad». Se sentía el espíritu opresor no sólo en la comunidad, sino también en el seno de las familias. El gueto era también un patriarcado. El padre tenía derecho a recurrir a la fuerza para enseñar la Torá al hijo una vez que éste cumplía los doce años. Después de cumplir los trece, era aplicable la ley deuteronómica del hijo rebelde. En teoría, el hijo díscolo podía ser llevado a la presencia de los ancianos, condenado y lapidado; podía ser azotado en la primera transgresión. El Talmud afirmaba que jamás se había llegado a eso, pero la sombra de la Ley se cernía sobre el hijo. La hija podía ser dada en matrimonio por su padre cuando aún era menor. En teoría podía rechazar al esposo cuando se convertía en *bogeret*, a los doce años y medio, pero esto rara vez sucedía. Se enseñaba a los niños que honrar a los padres era equivalente a honrar a Dios.[92] En resumen, en el gueto el grado de subordinación era excesivo.

Pero una de las glorias de los judíos es que no se someten sumisamente a sus propias autoridades designadas. El judío es el protestón eterno. Y aunque sea de mala gana, la tradición judía asigna un lugar al que protesta. También permite que un santo actúe fuera de la estructura religiosa normal. Ya hemos hablado del *ba'al shem*, el maestro del Divino Nombre. Este tipo de figura se remontaba a los tiempos de los *gaonim* babilonios. Desde el siglo XVI hubo muchos en la comunidad judía asquenazí, y aplicaban la Cábala práctica. Unos pocos eran auténticos estudiosos. La mayoría hacían amuletos o se dedicaban a la curación por medio de la medicina popular o de las plegarias especiales, los encantamientos, las hierbas y los fragmentos de animales. Se especializaban en los desórdenes mentales y en la expulsión de los *dibbukim*.

Alrededor de 1736 uno de estos hombres, Israel ben Eliezer, más tarde conocido como el Ba'al Shem Tov (hacia 1700-1760), o Besht, por las iniciales, consideró que había recibido la llamada. Era huérfano y había nacido en Okop, en la atrasada Podolia. En diferentes ocasiones había ayudado al matarife ritual, trabajado en los yacimientos de arcilla de los Cárpatos, había sido guardián y sacristán de una sinagoga y regentado una posada. Los retratos generalmente lo muestran con una pipa en la mano o en la boca. Era un hombre del pueblo. Estaba completamente al margen de la línea de sucesión apostólica de los rabinos, que en teoría podía remontarse a Moisés. Poseía escasa cultura. No ha sobrevivido ninguna obra auténtica escrita por él mismo. Las cartas que exhiben su firma pueden ser falsificaciones. Los discípulos se encargaban de transcribir sus homilías. Trabajó al margen del sistema de las sinagogas, y al parecer nunca predicó en ellas. Pero a semejanza de John Wesley, recorrió el país. Fabricó amuletos. Curó y liberó de malos espíritus a los hombres, y de hecho ejecutó todos los actos que estaban al alcance de un santo común. Pero, además, poseía auténtico carisma: los hombres y las mujeres que comparecían ante él se sentían capaces de perseguir metas más altas o manifestar una conducta más pura. Esta impresión de santidad intensa, aunque popular, se veía reforzada por sus curaciones, que a menudo eran espectaculares, y por sus sueños, en los cuales anticipaba con acierto los hechos, y por sus estados místicos y los milagros que se le atribuían.[93]

Todo esto determinó que fuese un individuo influyente. Cuando cobró fama, tuvo su propia corte, como un rabino famoso, y la gente acudía a verlo desde lugares lejanos. Pero lo que lo convirtió en fundador de un movimiento fue su capacidad creadora. Fue el responsable de la aparición de dos instituciones nuevas. La primera fue la reactivación del antiguo concepto de *tsaddiq*, o ser humano superior por su capacidad especial para adherirse a Dios. La idea era tan antigua como Noé. Pero el Ba'al Shem Tov le asignó un papel especial. A causa de la apostasía de Shabbetái Zeví, el mesianismo se había desacreditado. El Besht no tenía tiempo para el frankismo ni para ninguna otra secta mesiánica que se apartara del monoteísmo judío. Según él mismo dijo: «La *shekiná* gime y dice que mientras un miembro esté unido al cuerpo, hay esperanza de curación. Pero una vez cortado, no es posible restituirlo, y cada judío es un miembro de la *shekiná*.» De modo que él no se proponía recorrer todo el camino que llevaba a la ruptura, pero aceptaba que el desaparecido Mesías había dejado un vacío en los corazones judíos. El Besht lo llenó reviviendo el *tsaddiq*, que (según enseñó) desciende de las alturas, más o menos como la gracia y la piedad de Dios. El *tsaddiq*, en las enseñanzas del Ba'al Shem Tov, no era un mesías, ni tampoco un ser humano común, sino algo que estaba a medio camino entre los dos. Además, como el *tsaddiq* no aspiraba a representar un papel mesiánico, esa función podía estar a cargo de muchas personas. Así, apareció un nuevo tipo de personalidad religiosa, destinada a perpetuar y difundir el movimiento.

En segundo lugar, el Ba'al Shem Tov inventó una forma revolucionaria de plegaria popular. Se trataba de una cuestión importante, porque permitía que los judíos humildes ofrecieran su contribución. La gran fuerza de la Cábala de Luria había sido convencer a las masas de que podían acelerar con sus rezos y su piedad la llegada del Mesías. El Ba'al

Shem Tov logró un elemento análogo de participación popular mediante la nueva teoría de la plegaria que él y sus sucesores enseñaron. Destacó que la plegaria no era tanto una actividad humana como un acto sobrenatural, en el que el hombre derriba las barreras de su existencia natural y se eleva al mundo divino. La forma de conseguirlo consiste en tomar el libro de oraciones y concentrar todo el poder mental en las letras. No se lee, se desea. Las formas reales de las letras se disuelven y —aquí tenemos una típica idea cabalística— los atributos divinos ocultos en las letras se hacen espiritualmente visibles. Es como ver a través de un objeto transparente. El Besht lo denominó «entrar en las letras de las oraciones» o en las «cámaras celestiales»; un hombre sabía que era digno cuando «pasaba a las cámaras de las oraciones».[94]

El Besht enseñó que, para entrar en esos lugares, el hombre tiene que aniquilar su personalidad y llegar a la nada. De ese modo crea un vacío, llenado por una suerte de ser sobrenatural, que actúa y habla por él. Cuando las palabras del libro de oraciones se desdibujan y unen para concentrarse en un solo punto, sobreviene la transformación, el hombre interrumpe la actividad humana y, en lugar de enviar sus palabras hacia lo alto, éstas descienden hacia su boca. La boca continúa hablando, pero el espíritu aporta los pensamientos. El Besht dijo: «Dejo que la boca diga lo que desea decir.»[95] Dov Baer, su sucesor y líder de la segunda generación del jasidismo, explicó que el poder espiritual que posibilitaba esta posesión divina provenía del hecho de que la Torá y Dios en realidad eran uno, y la energía divina, por así decirlo, estaba almacenada en las letras del libro. Un acto eficaz de plegaria contemplativa liberaba este poder. Dov Baer utilizó otra analogía: «Cuando un hombre estudia o reza, la palabra debe pronunciarse con toda la fuerza, como la eyaculación de una gota de semen que brota de su cuerpo entero, cuando [toda] su fuerza se manifiesta en esa gota.»[96]

Por consiguiente, las ceremonias jasídicas llegaron a ser episodios muy ruidosos. Despreciaban la sinagoga. Tenían sus propias *shtiblej*, o casas de oración, donde se reunían vestidos con sus prendas rústicas y tocados con anchos sombreros de piel. Algunos fumaban o bebían, si así lo deseaban. Cuando rezaban, con frecuencia gritando a pleno pulmón, se balanceaban y golpeaban las manos. Entonaban una melodía llamada *niggun* y bailaban al compás. Tenían sus propias plegarias especiales en una mezcla de asquenazí polaco y sefardí de Luria. Eran gentes pobres y toscas, que provocaron el rechazo del régimen oficial judío, sobre todo cuando sus prácticas se extendieron a Polonia entera y pasaron a Lituania. Muy pronto se los acusó de shabetaísmo secreto. Hubo furiosos llamamientos a la represión de esta corriente.

Los primeros *jasidim* encontraron un enemigo inflexible en Elías ben Salomón Zalman (1720-1797), *gaón* de Vilna. Incluso juzgado según los patrones de los niños prodigio judíos, el *gaón* rompía moldes. Había pronunciado una homilía en la sinagoga de Vilna a los seis años. Tanto su conocimiento secular como el religioso eran abrumadores. Cuando se casó, a los dieciocho años, y de ese modo adquirió medios independientes, compró una casita en las afueras de Vilna y se consagró totalmente al estudio. Sus hijos decían que nunca dormía más de dos horas diarias, ni más de media hora seguida. Para eliminar las distracciones, cerraba las persianas incluso durante el día y estudiaba a la luz de una vela. Con el fin de combatir el sueño, suspendía la calefacción y metía los pies en un recipiente de agua fría. Cuando su poder y su influencia en Vilna aumentaron, también acentuó su consagración al estudio. No menospreciaba la Cábala, pero todo tenía que subordinarse a las exigencias del *halajá*. Consideraba que el jasidismo era una ofensa. Sus pretensiones con relación al éxtasis, los milagros y las visiones a su entender eran mentiras y autoengaños. La idea del *tsaddiq* era idolatría, culto a los seres humanos. Y lo más importante, la teoría de la plegaria era un sustituto del saber y una afrenta al mismo (la esencia y la meta general del judaísmo). Zalman era la personificación de la catedrocracia, y cuando se le pidió opinión acerca de lo que debería hacerse con los *jasidim* contestó que había que perseguirlos.[97] Felizmente para los orto-doxos, los *jasidim* habían comenzado a usar cuchillos hete-rodoxos en la *shehitá*, o matanza ritual. El primer *herem* contra ellos fue proclamado en 1772. Los libros de la secta fueron quemados públicamente. Hubo otro *herem* en 1781, que decía: «Deben salir de nuestras comunidades con sus esposas y sus hijos... y no se les concederá alojamiento ni una noche. Se prohíbe su *shehitah*. Se prohíbe negociar con ellos, casarse con ellos o asistir a su entierro.» El *gaón* escribió: «El deber de todo judío creyente es repudiarlos, perseguirlos con toda suerte de aflicciones y someterlos, porque tienen el pe-cado en sus corazones y son una llaga en el cuerpo de Is-rael.»[98]

Los *jasidim* contestaron con sus propias excomuniones. Publicaron panfletos para defenderse. En Lituania, y sobre todo en Vilna, el *gaón* creó un enclave de ortodoxia y erudi-ción halájicas, antes de ir a terminar sus días en Erets Yisrael. En cambio, en otros lugares el jasidismo arraigó de manera permanente como una parte importante y al parecer necesa-ria del judaísmo. Se extendió hacia el oeste, en dirección a Alemania, y de allí se difundió por el mundo. El intento or-todoxo de destruirlo no sólo fracasó, sino que no tardó en ser abandonado, pues tanto los eruditos como los entusiastas se unieron en presencia de un nuevo enemigo que los amena-zaba a ambos: la ilustración judía o *Haskalá*.

Aunque la *Haskalá* fue un episodio específico de la his-toria judía, y el *maskil* o judío ilustrado un tipo especial pe-culiar del judaísmo, la ilustración judía no deja de formar parte de la Ilustración europea. El movimiento estuvo espe-cialmente vinculado con la Ilustración en Alemania, y esto por una razón muy sólida. Tanto en Francia como en Ale-mania los ilustrados se interesaron en el examen y la modifi-cación de la actitud del hombre frente a Dios, pero mientras que en Francia su tendencia fue rechazar o degradar a Dios y domesticar la religión, en Alemania buscaron sinceramen-te alcanzar una nueva comprensión del espíritu religioso del hombre y una forma de adaptación al mismo. La Ilustración francesa fue brillante, pero esencialmente frívola; la alemana fue seria, sincera y creadora. Por lo tanto, los *maskilim* se sintieron atraídos por la versión alemana, que influyó especialmente sobre ellos, y a la que a su vez realizaron una contribución importante.[99] Quizá por primera vez los judíos de Alemania comenzaron a sentir una particular afinidad con la cultura germana, y así sembraron en sus propios corazones las simientes de un monstruoso delirio.

Para los intelectuales de la sociedad cristiana, el interrogante planteado por la Ilustración fue en realidad éste: ¿qué papel, si alguno le cabe, debería representar Dios en una cultura cada vez más secular? A los ojos de los judíos el problema era más bien: ¿qué papel, si alguno le cabe, debe representar el conocimiento secular en la cultura de Dios? Los judíos seguían aferrados a la visión medieval de una sociedad completamente religiosa. Es cierto que Maimónides había propugnado enérgicamente la incorporación de la ciencia secular y había demostrado de qué modo podía reconciliársela con la Torá, pero sus argumentos no habían logrado convencer a la mayoría de los judíos. Incluso un hombre relativamente moderado como el maharal de Praga había atacado a Rossi precisamente porque incorporaba criterios seculares a la consideración de los asuntos religiosos.[100] Por ejemplo, unos pocos judíos asistían a la facultad de medicina de Padua, pero daban la espalda al mundo que estaba fuera de la Torá en cuanto volvían al gueto por la noche; como hacían los hombres de negocios judíos. Por supuesto, muchos salían al mundo para no regresar nunca; pero eso había sucedido siempre. Lo que el sobrecogedor ejemplo de Spinoza había demostrado, para satisfacción de la mayoría de los judíos, era que un hombre no podía beber del pozo del saber gentil sin riesgo mortal de envenenar su vida judaica. Por lo tanto, el gueto continuaba siendo por derecho propio un universo no sólo social, sino también intelectual.

Hacia mediados del siglo XVIII los resultados eran lamentablemente visibles para todos. En un periodo tan antiguo como el de la disputa de Tortosa, a principios del siglo XV, se había logrado demostrar que la intelectualidad judía era un grupo atrasado y oscurantista. Más de trescientos años después, a ojos de los cristianos educados —o incluso a los incultos— los judíos eran figuras que merecían el desprecio y la burla, que vestían con ropas extrañas y se aferraban a supersticiones antiguas y ridículas, tan distantes y aisladas de la sociedad moderna como una de las tribus perdidas. Los gentiles nada sabían de la erudición judía, y tampoco les importaba. Como los antiguos griegos antes, ni siquiera tenían conciencia de que existía. La Europa cristiana siempre había percibido la presencia de un «problema judío». En la Edad Media había sido cómo impedir que esa minoría subversiva contaminara la verdad religiosa y el orden social. Ya no había que temer nada por el estilo, el problema, por lo menos para los intelectuales gentiles, era establecer de qué modo, por razones de mera humanidad, salvar de la ignorancia y la oscuridad a ese pueblo patético.

En 1749 el joven dramaturgo protestante Gotthold Lessing presentó *Die Juden* [Los judíos], una pieza teatral en un acto que casi por primera vez en la literatura europea mostraba al judío como un ser humano racional y refinado. Fue un gesto de tolerancia, cálidamente correspondido por Moses Mendelssohn (1729-1786), un judío de Dessau que había nacido el mismo año que Lessing. Los dos hombres se conocieron y trabaron amistad, y el brillante dramaturgo presentó al judío en los ambientes literarios. Mendelssohn padecía una deformación de la columna vertebral, y ese defecto lo convertía en un hombre retraído, paciente y modesto. Sin embargo, poseía una formidable energía. Había recibido una buena educación del rabino local, tenía conocimientos de contabilidad y fue comerciante la vida entera. Su capacidad de lectura era impresionante, y así adquirió una amplia gama de conocimientos seculares. Con la ayuda de Lessing comenzó a publicar sus escritos filosóficos. Federico el Grande le otorgó «derecho de residencia» en Berlín. Su conversación era muy admirada, y Mendelssohn se convirtió en una figura destacada en los salones.[101] Tenía diez años menos que el *gaón*, treinta años menos que el Besht, pero parecía separado de ambos por varios siglos. El exaltado erudito del Talmud, el místico-entusiasta y el racionalista cortés: ¡toda la comunidad judía moderna se desarrollaría alrededor de estos tres arquetipos!

Al principio, Mendelssohn no formuló la pretensión de una participación judía concreta en la Ilustración, sencillamente deseaba disfrutarla. No obstante, se sintió movido a publicar sus convicciones judías por la ignorancia y el menosprecio del judaísmo que encontraba en todos los sectores del mundo gentil. El mundo gentil tradicional decía: hay que mantener sometidos a los judíos o expulsarlos. El mundo gentil ilustrado decía: ¿cuál es el mejor modo de ayudar a estos pobres judíos para que dejen de ser judíos? Mendelssohn replicó: compartamos una cultura común, pero permítase a los judíos continuar siendo judíos. En 1767 publicó *Phaedon*, una indagación en el tema de la inmortalidad del alma según el modelo del diálogo platónico. En momentos en que los alemanes cultos aún solían escribir en latín o francés, y los judíos en hebreo o yiddish, Mendelssohn siguió los pasos de Lessing y trató de convertir al alemán en el idioma del discurso intelectual, y de aprovechar sus amplísimos recursos. Escribía con mucha elegancia y adornaba el texto con alusiones clásicas más que bíblicas: éste era el rasgo distintivo del *maskil*. El libro fue bien recibido en el mundo gentil, pero de un modo que inquietó a Mendelssohn. Incluso su propio traductor francés afirmó con condescendencia en 1772 que era una obra notable, en vista de que la había escrito una persona «nacida y criada en un pueblo paralizado por la ignorancia vulgar».[102] Un inteligente y joven pastor suizo, Johann Kaspar Lavater, elogió las virtudes de la obra y escribió que el autor sin duda estaba pronto para afrontar la conversión, y retó a Mendelssohn a defender en público su judaísmo.

De este modo, Mendelssohn se vio empujado a su pesar a realizar una defensa racionalista del judaísmo, o más exactamente, una demostración del modo en que los judíos, aunque permaneciendo adheridos a los elementos esenciales de su fe, podían convertirse en parte de una cultura europea general. Su obra adoptó muchas formas. Tradujo el Pentateuco al alemán. Trató de promover el estudio del hebreo en los judíos alemanes, en contraposición al yiddish, cuya existencia lamentó, por entender que era un dialecto de vulgar inmoralidad. A medida que su prestigio aumentó, se encontró librando las batallas de las comunidades judías locales contra la autoridad gentil. Se opuso a la expulsión de los judíos de Dresde y a las nuevas leyes antisemitas en Suiza. Refutó detalladamente la acusación usual de que las plegarias judías eran anticristianas. En beneficio de la autoridad secular, explicó las leyes judías del matrimonio y los juramentos. Pero mientras por una parte presentaba el judaísmo al mundo exterior bajo la mejor luz posible, por otra trataba de promover los cambios que permitieran desembarazarlo de su faz inaceptable. Detestaba la existencia del *herem*, sobre todo a la luz de la caza de brujas contra los shabetaístas que se llevó a cabo en Altona durante la década de 1750. Adoptó el criterio de que mientras el Estado era una sociedad obligatoria, basada en el contrato social, todas las iglesias eran voluntarias y se fundaban en la convicción. No podía obligarse a un hombre a pertenecer a una cualquiera de ellas, ni expulsarlo de una cualquiera contra su voluntad.[103] Evitó poner fin a la jurisdicción judía especial y se opuso a los liberales gentiles que deseaban que el Estado apoyase a los tribunales judíos. Pidió que terminasen todas las formas de persecución y discriminación contra los judíos y dijo que creía que se llegaría a este resultado cuando triunfara la razón. Pero Mendelssohn también creía que los judíos debían abandonar los hábitos y las prácticas que limitaban la libertad humana razonable y sobre todo la libertad de pensamiento.

Mendelssohn caminaba sobre una cuerda floja. Lo aterrorizaba la perspectiva de seguir el camino de Spinoza, y se ofendía cuando se realizaban comparaciones. Le asustaba la idea de atraer la cólera cristiana si, en sus polémicas públicas, la defensa que hacía del judaísmo implicaba una crítica inaceptable a la cristiandad. En su disputa con Lavater señaló que era peligroso cuestionar el credo de la mayoría abrumadora, y agregó: «Soy miembro de un pueblo oprimido.» De hecho, creía que el cristianismo era mucho más irracional que el judaísmo. Siempre se mostró deseoso de defender el puente de comunicación con la Ilustración, al mismo tiempo que se mantenía en contacto con la masa principal de judíos creyentes. Así, a veces intentó serlo todo para todos los hombres. Es difícil ofrecer un resumen de sus opiniones sin que éstas parezcan confusas. Siguió los pasos de Maimónides al argüir que las verdades religiosas podían ser demostradas mediante la razón. En cambio, mientras que Maimónides deseaba reforzar la verdad racional con la Revelación, Mendelssohn quería prescindir de la Revelación. El judaísmo no era religión revelada, sino ley revelada: era un hecho histórico que Moisés había recibido la Ley en el Sinaí, y que la Ley era el medio en virtud del cual el pueblo judío alcanzaba la felicidad espiritual. La verdad no necesitaba milagros que la confirmaran. «El hombre sabio —escribió—, a quien los argumentos de la auténtica filosofía han convencido de la existencia de una deidad suprema, se siente mucho más impresionado por un hecho natural, cuyas relaciones con el todo puede discernir parcialmente, que por un milagro» (anotación de un cuaderno, 16 de marzo de 1753).[104] Sin embargo, para demostrar la existencia de Dios, Mendelssohn se basaba en la antigua metafísica: la prueba ontológica a *priori* y la prueba a *posteriori* o cosmológica. Ambas fueron demolidas, según la opinión general, por la *Crítica de la razón pura* de Kant, publicada en 1871, en la última década de la vida de Mendelssohn.

Por lo tanto, como apologista de la religión judía Mendelssohn no tuvo mucho éxito. En realidad, en esta religión había muchas cosas en las que él sencillamente no creía: la idea del pueblo elegido, la misión en el seno de la humanidad, la Tierra Prometida. Al parecer, consideró que el judaísmo era un credo adecuado para determinados pueblos y debía practicarse en tranquilidad y del modo más racional posible. La idea de que la totalidad de una cultura podía estar contenida en la Torá le parecía absurda. El judío debía practicar su culto en el hogar y después, cuando salía al mundo, participar en la cultura europea general. La lógica de este criterio era que cada judío pertenecería a la cultura del pueblo en cuyo seno estaba viviendo. Así, la comunidad judía, que había mantenido su unidad global durante mil quinientos años, y eso pese a un abrumador maltrato, gradualmente se disolvería, excepto en la condición de una fe íntima y confesional. Por eso el gran apologista moderno del judaísmo, Yejezkel Kaufman (1889-1963), denominó a Mendelssohn «el Lutero judío»: dividió la fe y al pueblo.[105]

Mendelssohn no captó la lógica de su rechazo de la cultura de la Torá. La idea de que los judíos, asimilados a «la cultura de las naciones» perderían gradualmente también la fe en un Dios judío lo habría consternado. Es cierto que sostenía que el judaísmo y el cristianismo debían confluir, si el segundo se despojaba de sus aspectos irracionales, pero detestaba la idea de que los judíos se convirtiesen al cristianismo con el fin de emanciparse. Alentó al funcionario prusiano Christian Wilhelm von Dohm a publicar su alegato, bien intencionado aunque condescendiente, en favor de las libertades judías titulado *Über die bürgerliche Verbesserung der Juden* [*Acerca de la mejora de los judíos como ciudadanos*] (1781), pero el tono le pareció insatisfactorio. De hecho, Dohm estaba diciendo: los judíos son gente muy criticable, pero intrínsecamente no son malos; en todo caso, no son peores de lo que los ha hecho el maltrato cristiano y su propia religión supersticiosa. Los judíos exhibían «una tendencia exagerada [a buscar] ganancias de todas las formas y sentían afición por la usura». Estos «defectos» estaban agravados «por su segregación autoimpuesta, imputable a sus preceptos religiosos así como a la sofistería rabínica». De esto se deducía «el incumplimiento de las leyes oficiales que limitan el comercio, la importación y la exportación de mercancías prohibidas, la falsificación de dinero y los metales preciosos». Dohm proponía reformas oficiales «mediante las cuales puedan curarse de esta corrupción y convertirse en personas mejores y ciudadanos más útiles».[106] Pero por supuesto, la consecuencia era que la religión judía debía sufrir también cambios radicales.

De ahí que Mendelssohn creyese necesario aclarar su actitud frente al papel de los judíos en la sociedad en su obra *Jerusalem o acerca del poder religioso y el judaísmo* (1783). Defendió el judaísmo como una religión no dogmática, que aportaba al hombre preceptos y un código de vida, pero no intentaba controlar sus pensamientos. «La fe no acepta mandamientos —escribió—, acepta únicamente lo que le llega por vía de la convicción razonada.» Para ser felices, los hombres necesitaban buscar y hallar la verdad. Por consiguiente, la verdad tenía que ser accesible a personas de todas las razas y todos los credos. El judaísmo no era el único agente que Dios utilizaba para revelar la verdad. A todos los hombres, incluidos los judíos, debe permitírseles buscarla: «Que a cada hombre que no perturbe el bienestar público, que se someta a la ley, que actúe virtuosamente frente al prójimo y a su semejante, se le permita hablar como piensa, rezar a Dios a su propio modo o al modo de sus padres y buscar la salvación eterna donde crea que puede hallarla.» Ésta era una fórmula para conquistar un tratamiento civilizado para los judíos, pero no era judaísmo. De hecho, en términos religiosos era una fórmula de la religión natural y la ética natural, a la cual, por supuesto, los judíos podían aportar algo, pero nada más. Había desaparecido irremediablemente el trueno de Moisés.

Más aún, si los judíos, al aceptar la Ilustración, debían renunciar a las pretensiones particulares del judaísmo, de ningún modo alcanzarían la certeza de que a cambio se les otorgaría una vida tranquila. El país que se acercaba más al ideal de Mendelssohn era Estados Unidos, donde las ideas ilustradas descansaban en una sólida base del parlamentarismo inglés y tolerancia religiosa. El mismo año en que Mendelssohn estaba escribiendo *Jerusalem*, Thomas Jefferson, en sus *Notes on Virginia* [Notas sobre Virginia] (1782), defendía que la existencia de una diversidad de religiones razonables y éticas era la mejor garantía del progreso material y espiritual, así como de la libertad humana. La solución dualista de Mendelssohn aplicada al «problema judío», más tarde descrita brevemente por el poeta Yehudá Leib Gordon como «judío en su tienda y un hombre fuera de ella», concordaba muy bien con las ideas norteamericanas acerca de la religión. Como la población general, una mayoría de judíos norteamericanos apoyó el movimiento por la independencia, aunque algunos fueron monárquicos y otros se mantuvieron neutrales. Otros judíos se destacaron en la lucha. En la fiesta celebrada en Filadelfia en 1789 para celebrar la nueva Constitución, había una mesa especial donde los alimentos servidos se ajustaban a las leyes dietéticas judías.[107]

Los judíos tenían algo que celebrar. A la luz de su historia, era probable que con la nueva Constitución norteamericana se beneficiaran más que ningún otro grupo de la separación de la Iglesia y el Estado, la libertad general de conciencia y, no menos importante, la eliminación de todos los exámenes religiosos para designar funcionarios. La Constitución apuntaba también a conceder libertades a los judíos, aunque en algunos estados hubo retrasos. En el estado protestante de Carolina del Norte, los últimos impedimentos a los judíos, aunque sin duda secundarios, no desaparecieron hasta 1868. Pero el judío se sentía libre en Estados Unidos; lo que es incluso mejor, se sentía apreciado. El hecho de que practicase asiduamente sus rezos y fuese un firme miembro de la sinagoga, lejos de ser un impedimento, como en Europa, era un signo de respetabilidad en Estados Unidos, donde se entendía que todas las formas convencionales de devoción eran pilares de la sociedad. Los judíos no hallaron en Estados Unidos una nueva Sión, pero al fin encontraron un asentamiento permanente y un hogar.

En Europa, la Ilustración les dio esperanzas que en definitiva fueron ilusorias, y oportunidades que se convirtieron en una nueva serie de problemas. En algunas regiones la norma de la razón no funcionaba en absoluto. En las tres particiones de Polonia (1772, 1793, 1795) el Imperio ruso, que hasta ese momento había rehusado aceptar a los judíos, incorporó un millón como consecuencia de su codicia territorial. En ese momento les otorgó derechos de residencia, pero sólo en los límites de un asentamiento acotado, donde el número, la pobreza y los impedimentos se agravaron rápidamente. También en Italia, por lo menos en los Estados Pontificios, la posición de los judíos se deterioró durante el régimen del papa antisemita Pío VI (1775-1799), cuyo edicto sobre los judíos, publicado al principio mismo de su prolongado mandato, condujo directamente a bautismos forzosos. La ley obligaba a los judíos a escuchar sermones despectivos e insultantes, y si se había llevado a cabo alguna forma de ceremonia bautismal con un niño judío —quizás en secreto por una criada católica—, la Iglesia podía reclamar después la posesión. En ese caso, la persona era llevada a la Casa de Catecúmenos, donde se requería su consentimiento (si era adulta), y era posible que lo otorgase con el único fin de salir libre. Ferrara, que en otros tiempos se había mostrado liberal con los judíos, era peor que Roma. Todavía en 1817 la hijita de Angelo Ancona fue arrancada de brazos de sus padres por hombres armados enviados por el tribunal del arzobispo, con el argumento de que cinco años antes, cuando tenía dos meses, había sido bautizada en privado por su niñera, despedida después por deshonestidad. El caso originó un reinado del terror en el gueto de Ferrara.[108]

Algunos estados que se consideraban más ilustrados a lo sumo eran marginalmente mejores. En efecto, la emperatriz María Teresa de Austria expulsó a los judíos de Praga en 1744-1745, aunque se les permitió volver tres años más tarde. Pese a su supuesto apoyo personal a la Ilustración, Federico el Grande sancionó en 1750 una ley aplicable a los judíos que distinguía entre los judíos «ordinarios» y los «extraordinarios». El segundo grupo carecía de derechos hereditarios de residencia e incluso en el caso de los primeros alcanzaban a un solo hijo. Los judíos tenían que pagar impuestos de «protección» y multas en lugar del servicio militar, y debían realizar compras obligatorias de productos oficiales. Estaban confinados a una gama limitada de oficios y profesiones. Las primeras reformas auténticas en Europa central fueron promovidas por José II, hijo de María Teresa, a partir de 1781, e incluso éstas tuvieron cierto carácter contradictorio. Se abolieron la capitación especial y el distintivo amarillo, la prohibición de la asistencia de judíos a las universidades y algunas restricciones comerciales. En cambio, se prohibieron el yiddish y el hebreo en los negocios y los registros públicos, se anularon las jurisdicciones rabínicas y se incorporó el servicio militar para los judíos. Los judíos aún continuaban sometidos a restricciones de residencia en Viena y otros lugares, y sus nuevos derechos a menudo se veían negados por los burócratas hostiles.

Ciertamente, la influencia de estas reformas, *Judenreformen*, y de los Edictos de Tolerancia, *Toleranzpatent*, se vio en ocasiones estropeada por el espíritu con que las aplicaban los burócratas menores, agriamente hostiles, que temían que los judíos les arrebataran sus cargos. Por ejemplo, una ley austríaca de 1787 obligaba a los judíos a adoptar nombres de pila y apellidos de estilo alemán. Si bien los judíos sefardíes habían adoptado desde hacía mucho tiempo la práctica española de los apellidos, los asquenazíes se habían mostrado muy conservadores y aún se atenían a la antigua costumbre de utilizar el nombre propio más el nombre del padre (patronímico), en la forma hebrea-yiddish: por ejemplo, Ya'akov ben Yitsjak. Se prohibieron entonces los nombres que sonaban a hebreo, y los burócratas redactaron listas de nombres «aceptables». Había que pagar sobornos para obtener apellidos «bonitos», derivados de flores o piedras preciosas: Lilienthal, Edelstein, Diamant, Saphir, Rosenthal. Dos apellidos caros eran Kluger (sabio) y Fröhlich (feliz). La mayoría de los judíos fueron brutalmente divididos por los aburridos funcionarios en cuatro categorías, y designados en concordancia: Weiss (blanco), Schwartz (negro), Gross (grande) y Klein (pequeño). Muchos judíos más pobres tenían nombres ingratos que les habían aplicado los perversos funcionarios: Glagenstrick (cuerda de patíbulo), Eselkopf (cabeza de burro), Taschengregger (carterista), Schmalz (grasa), Borgenicht (sin crédito), entre otros. Los judíos de origen sacerdotal o levítico, que podían presentar nombres como Cohen, Katz, Levi o Kahn, fueron obligados a germanizarlos: Cohnstein, Katzman, Levinthal, Aronstein, etcétera. A un nutrido grupo se les asignaron nombres referidos a los lugares de origen: Brody, Epstein, Ginzberg, Landau, Shapiro (Speyer), Dreyfus (Tréveris), Horowitz y Posner.[109] El dolor provocado por este procedimiento humillante no se atenuaba con el conocimiento de que el principal objeto del gobierno al imponerlo era facilitar la aplicación de impuestos a los judíos y su conscripción.

Las contradicciones internas de los llamados déspotas ilustrados se ejemplificaron perfectamente en su política judía durante los últimos años del *ancien régime* francés. En enero de 1784, Luis XVI abolió la capitación aplicada a los judíos. Seis meses después los judíos alsacianos se vieron sometidos a una «reforma» que limitó sus derechos a prestar dinero y comerciar con el ganado y los cereales, los forzó a solicitar la autorización de la corona antes de casarse y ordenó un censo, para que los que carecieran de derechos de residencia pudieran ser expulsados.[110] Estas medidas reflejaron directamente el sentimiento antijudío en Francia oriental, donde los judíos asquenazíes eran muy numerosos y muy odiados en los medios populares.

La ambivalencia de ningún modo se resolvió totalmente con el estallido de la Revolución francesa. En teoría, la Revolución debía equiparar a todos los hombres, incluso a los judíos. A su vez, los judíos debían abandonar su separatismo. El tono fue establecido por Stanislas, conde de Clermont-Tonnerre, que en el primer debate acerca de la «cuestión judía», el 28 de septiembre de 1789, defendió que «no puede haber una nación en el seno de una nación». Por lo tanto: «Debe negarse todo a los judíos como nación, pero concedérseles todo como individuos.» Todo eso estaba muy bien, pero era la voz de la elite ilustrada. La voz del pueblo podía ser bastante diferente. Jean-François Rewbell, el diputado de izquierdas por Alsacia, luchó agriamente contra la igualdad de derechos para los judíos en esa región, en nombre de «una clase numerosa, trabajadora y honesta formada por mis infortunados compatriotas», que estaban siendo «oprimidos y aplastados por estas crueles hordas de africanos que han infestado mi región». Sólo después de vencer una enorme resistencia, la Asamblea Nacional votó un decreto de emancipación total de los judíos (27 de septiembre de 1791), al que se agregó la siniestra cláusula de que el gobierno debía supervisar las deudas contraídas con los judíos en Francia oriental.[111]

De todos modos, se había dado el paso. Los judíos franceses eran libres y el reloj nunca podría volver por completo a la posición anterior. Además, hubo diferentes formas de emancipación dondequiera que los franceses pudieron llevar con sus armas el espíritu revolucionario. Los guetos y los barrios judíos exclusivos fueron eliminados en la Aviñón papal (1791), en Niza (1792) y la Renania (1792-1793). La extensión del movimiento revolucionario a los Países Bajos y la fundación de la República Bátava determinaron que los judíos obtuviesen derechos plenos y formales por vía legal (1796). En 1796-1798, Napoleón Bonaparte eliminó muchos de los guetos italianos, y los soldados franceses, los jóvenes judíos y los entusiastas locales demolieron con las manos desnudas los agrietados y viejos muros.

Por primera vez un nuevo arquetipo, que siempre había existido embrionariamente, comenzó a surgir de las sombras: el judío revolucionario. Los clericales italianos juraron enemistad a «los galos, los jacobinos y los judíos». En 1793-1794, algunos judíos-jacobinos instalaron un régimen revolucionario en Saint-Esprit, el suburbio judío de Bayona. De nuevo, como durante la Reforma, los tradicionalistas vieron un nexo siniestro entre la Torá y la subversión. El judío subversivo apareció revestido de muchas formas, a menudo como caricatura brutal, y en ocasiones como farsa. En Inglaterra lo personificó la figura excéntrica de lord George Gordon, el ex fanático protestante cuya turba había aterrorizado a Londres en 1780. Tres años después se convirtió al judaísmo. El rabino David

Schiff, de la gran sinagoga de Duke's Place, lo rechazó, de manera que fue a la sinagoga de Hambro, donde fue aceptado. Los judíos más pobres, señaló el doctor Watson (que aparece con el nombre de Gashford en *Barnaby Rudge*, la novela de Dickens acerca de los disturbios), «lo vieron como un segundo Moisés, y emotivamente abrigaban la esperanza de que la Providencia lo hubiese señalado para llevarlos de regreso al país de sus antepasados».[112] En enero de 1788 Gordon fue sentenciado a dos años en Newgate, por haber publicado un libelo acerca de la reina de Francia. Se le asignaron habitaciones cómodas, a nombre del honorable Israel bar Abraham Gordon, y colgó de los muros los Diez Mandamientos en hebreo; además, en su bolsa tenía las filacterias y el taled. «Se parecía más al estudio de un recluso en un domicilio privado que a una cárcel», dijo John Wesley, uno de sus innumerables visitantes ilustres, entre los cuales estuvieron los duques de York y Clarence. Tenía una criada y amante judía, Polly Levi, mantenía una mesa lujosa, nunca cenaba con menos de seis invitados y a veces la música de una banda acompañaba el servicio. Como se negó a ofrecer garantías de buen comportamiento, la corte lo mantuvo en prisión durante las etapas iniciales de la Revolución francesa, a la que saludó de un modo estridente, tocando coplas extremistas con sus gaitas y recibiendo a subversivos como Horne Tooke. En su obra *Reflections on the Revolution in France*, Edmund Burke propuso un canje al nuevo régimen de París: «Enviadnos a vuestro arzobispo papista de París y os remitiremos a nuestro rabino protestante.» Pocas horas después de que María Antonieta fuera guillotinada en París, Gordon falleció en su calabozo, entonando la canción revolucionaria, *Ça Ira; les aristocrates à la lanterne!*[113]

Una de las primeras iniciativas de Bonaparte como primer cónsul fue prohibir esta canción. Como parte del mismo intento de unir la era de la razón con los requerimientos del orden, hizo todo lo posible para incorporar a los judíos a la sociedad, no como subversivos posibles o reales, sino como ciudadanos serios. Durante los años triunfales de Bonaparte lo imitaron otros monarcas, el más importante de los cuales fue el de Prusia, que el 11 de marzo de 1812 reconoció a los judíos que ya eran residentes como ciudadanos de pleno derecho y abolió todos los impedimentos y los impuestos especiales. Había consenso, por lo menos en la mayoría de los judíos educados, en el sentido de que Francia había hecho por ellos más que otra nación cualquiera, y este sentimiento persistió durante un siglo, hasta que el caso Dreyfus vino a destruirlo.

Pero, en una actitud juiciosa, los judíos se negaron a identificar sus intereses con el imperialismo francés. Los judíos ingleses estaban preocupados, y con razón, por la oleada de xenofobia que el Terror revolucionario inspiró y que originó la Ley de Extranjeros de 1793. La junta directiva de la Sinagoga Portuguesa de Londres ordenó al rabino que pronunciara un sermón insistiendo en que los judíos estaban obligados a demostrar su devoción al rey y la Constitución. El sermón de acción de gracias del rabino Solomon Hirschell con motivo de la victoria de Trafalgar fue el primero publicado de los que se pronunciaron en la Gran Sinagoga. Según dijo el *Gentleman's Magazine*, trasuntaba «una veta de auténtica devoción, una gran fidelidad y un sentimiento de benevolencia universal».[114] Los judíos acudieron en tropel a las filas de los voluntarios londinenses. Al pasarles revista en Hyde Park, es normal que Jorge III comentara lo que él denominó «el elevado número de nombres de animales, por ejemplo Wolf (Lobo), Bear (Oso), Lion (León)... ¡caramba, caramba!». En el extremo opuesto de Europa, en Rusia, los *jasidim* no deseaban la Ilustrración de estilo francés y las riquezas. Como dijo un rabino: «Si Bonaparte triunfa, aumentará el número de acaudalados en Israel y se acentuará la grandeza de Israel, pero ellos se marcharán y el corazón de Israel se alejará del Padre Celestial.»[115]

Los judíos tenían sobrada justificación para considerar con mucha sospecha las actitudes radicales. En la manzana que la diosa de la revolución les ofrecía había un gusano. Los acontecimientos de 1789 eran producto de la Ilustración francesa, con su perfil enérgicamente anticlerical y, en el fondo, hostil a la religión propiamente dicha. Esta actitud representaba un problema. En la Francia del siglo XVIII se permitían muchas cosas a los escritores inteligentes, pero los ataques directos a la Iglesia católica eran peligrosos. Precisamente en este punto la obra de Spinoza fue harto útil. Preocupado por la idea de aplicar un enfoque racionalista de la verdad bíblica, era inevitable que Spinoza revelara las supersticiones y el oscurantismo de la religión rabínica. También había señalado el camino que llevaba a una crítica radical del cristianismo, pero al proceder así, había reunido los materiales que permitían enjuiciar al judaísmo. Los *philosophes* franceses deseaban seguirlo por el primero de estos caminos, pero les pareció más seguro concentrar los esfuerzos en el segundo. Así, adoptaron el antiguo argumento agustiniano de que el judaísmo atestiguaba la verdad del cristianismo. Pero era más bien el testigo de sus invenciones, supersticiones y mentiras directas. Veían el judaísmo como el cristianismo llevado hasta la caricatura, y concentraron la atención en esta ingrata deformación. Insistieron en que se estaba ante un ejemplo de las deformaciones que el sometimiento religioso podía originar en el pueblo.

En su *Dictionnaire philosophique* (1756), Voltaire sostuvo que era absurdo que la moderna sociedad europea recibiese de los judíos sus leyes y creencias fundamentales: «Su estancia en Babilonia y Alejandría, que permitió a los judíos adquirir sabiduría y conocimiento, sólo inculcó en todo ese pueblo el arte de la usura [...] son una nación totalmente ignorante que durante muchos años ha combinado una despreciable avaricia y la superstición más repulsiva con el odio violento a todas las naciones que la han tolerado.» «De todos modos —agregaba con cierta benignidad condescendiente—, no hay que quemarlos en la hoguera.»[116] Diderot, director de la *Encyclopédie*, se mostraba menos ofensivo, pero en su artículo *Juifs (philosophie des)* llegaba a la conclusión de que los judíos mostraban «todos los defectos peculiares de una nación ignorante y supersticiosa». El barón d'Holbach llegó mucho más lejos. En distintos libros, y sobre todo en *L'Esprit du Judaïsme* (1770), retrató a Moisés como el autor de un sistema cruel y sanguinario que había corrompido también a la sociedad cristiana, pero convertido a los judíos en «los enemigos de la raza humana [...]. Los judíos siempre despreciaron las normas más claras de la moral y el derecho de las naciones [...]. Se les ordenó ser crueles, inhumanos, intolerantes, ladrones, traidores y falsarios. Se cree que todos éstos son actos gratos a los ojos de Dios».[117] Sobre la base de este análisis antirreligioso, D'Holbach acumulaba contra los judíos todas las quejas usuales en la sociedad y el mundo del comercio.

De modo que la Ilustración francesa, si bien promovió a corto plazo las aspiraciones judías, dejó a los judíos una sombría herencia, porque estos autores franceses, y sobre todo Voltaire, eran muy leídos e imitados en Europa entera. No pasó mucho tiempo antes de que los primeros idealistas alemanes, entre ellos Fichte, abordasen el mismo tema. Las obras de Voltaire y sus colegas constituían los títulos y los documentos fundacionales de la moderna intelectualidad europea, y para los judíos fue una tragedia que incluyesen una cláusula agriamente antisemita. Así, se agregó otro estrato a la acumulación histórica de la polémica antijudía. Sobre la columna pagana y el piso principal cristiano se levantó una superestructura secular. En cierto sentido, este legado fue el más grave, pues garantizó que el odio a los judíos, mantenido vivo durante tanto tiempo por el fanatismo cristiano, pudiera sobrevivir a la decadencia del espíritu religioso.

Asimismo, el nuevo antisemitismo secular desarrolló casi de inmediato dos temas diferenciados, que en teoría se excluían mutuamente pero en la práctica formaban un contrapunto diabólico. Por una parte, siguiendo en esto a Voltaire, la naciente izquierda europea comenzó a ver a los judíos como enemigos oscurantistas de todo el progreso humano. Por otra, las fuerzas del conservadurismo y la tradición, irritadas por los beneficios que los judíos extraían del derrumbe del antiguo régimen, comenzaron a retratar a los judíos como los aliados y los inspiradores de la anarquía. Las dos cosas no podían ser ciertas. Ninguna era cierta. Pero ambas fueron creídas. El segundo mito fue una consecuencia involuntaria de la noble intención de Napoleón de resolver personalmente el «problema judío». En mayo de 1806 dictó un decreto que convocaba a una asamblea de notables judíos de todo el Imperio francés (lo que incluía Renania) y el reino de Italia. La idea era crear una relación permanente entre el nuevo Estado y los judíos sobre las mismas líneas que Napoleón ya había establecido con los católicos y los protestantes. El organismo, formado por ciento once personas y elegido por los mandatarios de la comunidad judía, se reunió de julio de 1806 a abril de 1807 y respondió a doce preguntas que le formularon las autoridades, y que se relacionaban con las leyes del matrimonio, las actitudes judías frente al Estado, la organización interna y la usura. Sobre la base de estas respuestas, Napoleón reemplazó la antigua organización comunitaria por los llamados consistorios, como parte de una normativa judía general que reglamentaba la conducta de las personas denominadas «ciudadanos franceses de la fe mosaica».[118]

De acuerdo con las normas contemporáneas, esto representaba cierta forma de progreso. Por desgracia, Napoleón complementó este organismo secular con una asamblea paralela de rabinos y legos cultos, que debía asesorar a la Asamblea en aspectos técnicos de la Torá y el *halajá*. La respuesta de los elementos más tradicionales del judaísmo fue muy poco favorable. No aceptaron el derecho de Napoleón de crear dicho tribunal, y mucho menos el de citarlo. De todos modos, los rabinos y los eruditos se reunieron entre febrero y marzo de 1807, con considerable esplendor y apropiada ceremonia. Se denominó Sanedrín a este cuerpo.[119] Atrajo muchísima más atención que la asamblea seria y secular, y perduró en la memoria europea mucho después de olvidada la política judía de Napoleón. En la derecha del espectro político, que ya alimentaba violentas sospechas en relación con las actividades judías, a causa de su real o presunto propósito radical, la reunión del falso Sanedrín —un organismo que no había existido durante un milenio y medio— desencadenó una poderosa actividad conspirativa. ¿No era esto simplemente la convocatoria pública y santificada de un cónclave que siempre se había reunido en secreto? Se evocaron recuerdos de las asambleas internacionales secretas de los judíos, que presuntamente se reunían año tras año para elegir a los habitantes de la ciudad destinados al asesinato ritual. Apareció de este modo una nueva teoría de la conspiración, inspirada por el libro *Mémoire pour servir à l'histoire du jacobinisme* [Memoria de la historia del jacobinismo], del abate Barruel. Así nacieron la mayoría de las fantasías que después se expresaron en los mitos acerca de los «sabios de Sión» y sus planes secretos. El Sanedrín también concitó la atención de las nuevas organizaciones policiales secretas que las autoridades de Europa central y oriental estaban fundando para oponerse a la amenaza radical, entonces percibida como un reto permanente al orden tradicional. Y precisamente en el ambiente de la policía secreta nacieron más tarde los *Protocolos de los sabios de Sión*.

De modo que cuando se derrumbaron los muros del gueto y los judíos salieron a la libertad, descubrieron que entraban en un gueto de sospecha, menos tangible pero igualmente hostil. Habían canjeado los antiguos impedimentos por el antisemitismo moderno.

5

La emancipación

El 31 de julio de 1817 un precoz jovencito de doce años llamado Benjamin Disraeli fue bautizado en la iglesia anglicana de Saint Andrew, Holborn, por el reverendo Thimbleby. Fue la culminación de una disputa entre el padre del niño, Isaac d'Israeli, y la sinagoga Bevis Marks acerca de una importante cuestión de fundamentos judíos. Como hemos señalado, en el judaísmo el servicio a la comunidad no era una opción o un privilegio, sino una obligación. En 1813 el acaudalado señor D'Israeli había sido elegido alguacil o parnas, en riguroso cumplimiento de las normas de la congregación Bevis Marks. Y él estaba indignado. Siempre había pagado sus contribuciones y se consideraba judío. Asimismo, en la condición de escritor de temas antiguos había escrito un ensayo titulado *The Genius of Judaism* [El genio del judaísmo]. Sin embargo, su obra principal era una biografía en cinco volúmenes del rey Carlos el Mártir. Tenía mediocre opinión tanto del judaísmo como de los judíos. En su libro *Curiosities of Literature* [Curiosidades literarias] (1791), había descrito el Talmud como un «sistema integral del saber bárbaro de los judíos». Creía que los judíos no tenían «hombres geniales o de talento que perder. Puedo contar a todos sus hombres geniales con los dedos de mis manos. Diez siglos no han producido diez grandes hombres».[1] De modo que escribió a la Cámara de los Ancianos que él era un hombre «de hábitos recoletos», que había «vivido siempre fuera de la esfera de vuestra observación», y que por eso mismo una persona de su carácter de ningún modo podía desempeñar «obligaciones permanentes siempre repulsivas a sus sentimientos».[2] Se lo multó con 40 libras esterlinas, pero se dejó pasar el asunto. Tres años después volvió a abordarse la cuestión, y esta vez D'Israeli abjuró del judaísmo y bautizó a sus hijos. La ruptura fue importante para su hijo, para Gran Bretaña y para muchas otras cosas. Los judíos no fueron aceptados legalmente en el Parlamento hasta 1858, y de no haber sido bautizado, Disraeli jamás habría llegado al cargo de primer ministro.

Siete años después del bautismo de Disraeli, el 26 de agosto de 1824, se produjo un hecho análogo en la ciudad alemana de Tréveris, y en este caso afectó a un niño de seis años, Karl Heinrich Marx, como lo rebautizó. Esta apostasía familiar era más grave. El abuelo de Marx fue rabino en Tréveris hasta su fallecimiento, en 1789; su tío aún era el rabino. Su madre provenía de una antigua estirpe de rabinos y eruditos famosos, que se remontaba a Meier Katzellenbogen, quien fue rector del colegio talmúdico de Padua en el siglo XVI.[3] Pero Heinrich, padre de Marx, era hijo de la Ilustración y estudió a Voltaire y Rousseau. Era también un abogado ambicioso. Tréveris a la sazón pertenecía a Prusia, donde los judíos se habían emancipado por el edicto del 11 de marzo de 1812. En teoría éste continuaba en vigor, pese a la derrota de Napoleón, pero en la práctica se esquivaba. Los judíos podían estudiar derecho, pero no ejercer la profesión. Por lo tanto, Heinrich Marx se convirtió al cristianismo, y posteriormente llegó a ser decano del foro de Tréveris. En lugar de asistir a la *yeshivá*, Karl Marx fue al liceo de Tréveris, que entonces estaba a cargo de un director despedido después por su liberalismo. Su bautismo fue aún más significativo para el mundo que el de Disraeli.

La conversión al cristianismo era un modo de reacción de los judíos frente a la era de la emancipación. Tradicionalmente el bautismo había sido un modo de escapar de la persecución, y la emancipación tendría que haberlo convertirlo en un paso innecesario. De hecho, a partir de fines del siglo XVIII dejó de ser un dramático acto de traición que suponía el paso de un mundo a otro para convertirse en una actitud más usual. Con la reducción del papel que la religión representaba en la sociedad, la conversión llegó a ser menos un acto de carácter secular más que religioso y en ocasiones bastante cínico. Heinrich Heine (1797-1856), que había aceptado el bautismo un año después que Karl Marx, aludió despectivamente a ese gesto como al «billete de admisión en la sociedad europea». Durante el siglo XIX, en Europa centrooriental, por lo menos doscientos cincuenta mil judíos compraron sus billetes.[4] El historiador alemán Theodor Mommsen, que fue gran amigo de los judíos, señaló que el cristianismo no era tanto el nombre de una religión como «la única palabra que expresa el carácter de la civilización internacional moderna en la cual muchos millones de las numerosas naciones del planeta se sienten unidos».[5] Un hombre sentía la necesidad de convertirse en cristiano durante el siglo XIX, del mismo modo que sentía que tenía que aprender inglés en el siglo XX. La fórmula se aplicaba tanto a los judíos como a innumerables nativos que no eran blancos.

Para un judío, en todas partes excepto en Estados Unidos, conservar la condición de tal representaba un sacrificio material. El novelista y director de periódico austriaco Karl Emil Franzos (1848-1904) señaló que los judíos abordaron de diferentes modos el asunto: «Un judío no se decide a realizar el sacrificio y recibir el bautismo. Otro da el paso, pero en el fondo de su corazón considera que su judaísmo es una desgracia y llega a odiarlo. Un tercero, debido precisamente a que el sacrificio ha sido tan duro, comienza a acercarse más a su judaísmo.»[6] Las recompensas del bautismo podían ser considerables. En Inglaterra, a partir de mediados del siglo XVIII, eliminaron los últimos obstáculos que impedían que un judío llegara a las más altas posiciones. El millonario Samson Gideon estaba dispuesto a realizar personalmente el sacrificio, pero no a imponérselo a su hijo. Logró que se diese el título de baronet a Samson Gideon hijo, cuando el joven aún estaba en Eton, y con el tiempo el muchacho se convirtió en miembro del Parlamento y en par irlandés. Sir Manasseh Lopez aceptó el bautismo y se convirtió en miembro del Parlamento; otro tanto hizo David Ricardo; Ralph Bernal, un tercer miembro del Parlamento que era ex judío, llegó a ser vicepresidente de la Cámara.

En el continente, el judaísmo continuó siendo un obstáculo no tanto para hacer carrera política, como para emprender muchas formas de actividad económica. Incluso Napoleón había impuesto (1806) ciertas restricciones legales a los judíos. Fueron anuladas en 1815, y los Borbones restablecidos en el trono tuvieron el mérito de abstenerse de renovarlas; pero tuvo que llegar el año 1831, en que se concedió a los judíos la igualdad de derechos con los cristianos, para que se sintieran legalmente seguros; y el antiguo juramento judío perduró quince años más. Los artículos de la Confederación Germánica (1815) privaron a los judíos de muchos de los derechos que habían conquistado en tiempos de Napoleón, sobre todo en Bremen y Lübeck, donde se los excluyó por completo durante cierto tiempo, y en Hamburgo, Fráncfort y Mecklemburgo. En Prusia, los judíos continuaron sometidos a la capitación, el impuesto anual judío, una leva reglamentaria y un «incremento residencial». No podían poseer tierras ni ejercer un oficio o una profesión. Estaban confinados a los «negocios de emergencia autorizados», aquellos en los que no se implicaban los gremios, o al préstamo de dinero. Hubo otra reforma prusiana en 1847, y al año siguiente, en la revolución, se redactó una lista de «Derechos Fundamentales del Pueblo Alemán», formulando los derechos civiles sobre una base no religiosa; estas normas fueron incluidas en la mayoría de las constituciones de los estados alemanes. De todos modos, las limitaciones impuestas al derecho de residencia de los judíos perduraron en la mayoría de esos estados hasta la década de 1860. En Austria, la emancipación legal plena no llegó hasta 1867. En Italia, la caída de Napoleón atrasó el reloj de los judíos casi en todas partes, y se necesitó otra generación para restaurar los derechos conquistados inicialmente en la década de 1790. La emancipación permanente no llegó antes de 1848 a Toscana y Cerdeña, seguidas por Módena, Lombardía y Romaña (1859), Umbría (1860), Sicilia y Nápoles (1861), Venecia (1866) y Roma (1870). Éste es un resumen escueto de un proceso prolongado y complejo, que tuvo muchos retrocesos y excepciones, de tal forma que incluso en Europa occidental el proceso iniciado en 1789-1791 en Francia necesitó ochenta años para completarse aunque fuese en un sentido meramente nominal. Más hacia el este, especialmente en Rusia y Rumania, los impedimentos impuestos a los judíos continuaron siendo severos.

Estas demoras e incertidumbres explican por qué tantos judíos compraron sus billetes de admisión en la sociedad mediante el bautismo. Pero el «problema» de ser judío en el siglo XIX tenía otras soluciones. A los ojos de muchos judíos, los Rothschild habían hallado la ideal. Se convirtieron en los exponentes más ilustres del nuevo fenómeno de las finanzas en el siglo XVIII: la banca privada. Estas casas financieras privadas fueron fundadas por muchos judíos, principalmente descendientes de los judíos de la corte. Pero sólo los Rothschild evitaron tanto el bautismo como el fracaso. Fueron una familia notable porque consiguieron simultáneamente cuatro cosas difíciles y a menudo incompatibles: adquirir deprisa y honestamente una riqueza inmensa; distribuirla ampliamente al mismo tiempo que conservaban la confianza de muchos gobiernos; continuar amasando enormes ganancias y gastarlas sin excitar el antagonismo popular, y continuar siendo judíos en la letra, y en general también en el espíritu. Jamás hubo judíos que acumularan más beneficios, los gastaran con más prodigalidad o conservaran mayor popularidad.

Pero los Rothschild son esquivos. Ninguna de las obras escritas acerca de ellos es al mismo tiempo reveladora y exacta.[7] Acerca de esta familia se han escrito libros plagados de tonterías para llenar bibliotecas. La culpa principal de esta situación corresponde a la propia familia. Una mujer que proyectó escribir un libro titulado *Mentiras acerca de los Rothschild* abandonó la tarea y dijo: «Era relativamente fácil identificar las mentiras, pero imposible descubrir la verdad.»[8] La familia se envolvía en un espeso manto de secreto. Era una actitud comprensible. Eran banqueros privados. Mantenían relaciones confidenciales con varios gobiernos y también con muchísimos individuos poderosos. Eran judíos, y por lo tanto particularmente vulnerables a litigios destructivos. No mantenían más documentación que la indispensable. Sistemáticamente destruían sus papeles, por razones tanto personales como comerciales. Les interesaba especialmente que no se utilizaran los detalles de la vida privada de los miembros de la familia para promover el antisemitismo. Así, al fallecimiento de un miembro seguía la quema de papeles privados, en una proporción más amplia y de un modo más exhaustivo que en el caso de la familia de la reina Victoria. La más reciente historiadora de la familia, Miriam Rothschild, cree que había otra razón. No llevaban archivo. No les interesaba su propia historia. Aunque demostraban respeto por los antepasados, como cuestión de forma, y se mostraban prudentes acerca del futuro, vivían para el presente.[9]

De todos modos, los hechos más destacados referidos a los Rothschild son bastante claros. Fueron un producto de las guerras napoleónicas, del mismo modo que la primera fase de las finanzas judías en gran escala fue un producto de la guerra de los Treinta Años, y por la misma razón: en tiempo de guerra la capacidad creadora judía pasa a primer plano y el prejuicio gentil retrocede. En todos los aspectos esenciales, la fortuna de la familia fue obra de Nathan Mayer Rothschild, de Londres. Sucedió lo siguiente. Hasta los comienzos de las guerras revolucionarias en Francia, a mediados de la década de 1790, la banca comercial europea estuvo dominada por individuos que no eran judíos: los Baring, de Londres; los Hope de Amsterdam y los hermanos Bethmann de Fráncfort. La guerra no tardó en ampliar el mercado de formación de capitales, y así dio espacio a nuevas figuras.[10] Entre ellas estaba un grupo judeoalemán: los Oppenheim, los Rothschild, los Heine, los Mendelssohn. El nombre de Rothschild derivaba del escudo rojo que durante el siglo XVI tenían en su casa del gueto de Fráncfort. El patriarca de la familia, Mayer Amschel (1744-1812), era cambista y comerciaba en antigüedades y monedas antiguas. Extendió sus negocios a los textiles, lo que lo obligó a relacionarse con Gran Bretaña, y después de vender monedas antiguas a Guillermo IX, elector de Hesse-Kassel, se convirtió en su principal agente financiero. El elector a su vez se había enriquecido suministrando mercenarios al ejército británico. De modo que ése era otro vínculo con los ingleses.

En 1797 Mayer Amschel envió a su hijo Nathan a Inglaterra para que atendiera los negocios que tenía allí. Nathan viajó a Manchester, centro de la primera fase de la revolución industrial y de lo que rápidamente estaba convirtiéndose en el comercio mundial de manufacturas de algodón. Él mismo no producía tejidos de algodón, sino que se los compraba a los pequeños tejedores, ordenaba estamparlos y después vendía directamente el producto terminado a los compradores continentales, evitando la intermediación de las ferias. De ese modo inauguró una vía recorrida después por otras familias judías de la industria textil: por ejemplo, los Behrens en Leeds, y los Rothenstein en Bradford.[11] El método de venta directa de Nathan implicaba conceder tres meses de crédito, y eso a su vez imponía el acceso al mercado dinerario londinense. Nathan ya había «estudiado» allí bajo la dirección de un contacto de su padre, Levi Barent Cohen, y había desposado a Hannah, hija de Cohen. En 1803 trasladó sus operaciones a Londres, a tiempo para participar en el negocio de los préstamos al gobierno durante el transcurso de la guerra. El gobierno británico necesitaba obtener anualmente empréstitos por valor de 20 millones de libras esterlinas. El mercado no podía absorber directamente este monto, de modo que partes del mismo fueron vendidas a contratistas que hallaron clientes. Nathan Rothschild, que ya tenía buena reputación por sus letras de cambio en la industria textil, participó en estos sindicatos de contratistas y al mismo tiempo asumió la función de una casa de aceptación de las letras de cambio internacionales.[12] Tenía una ventaja envidiable cuando se trataba de conseguir capital circulante. Después de la desastrosa batalla de Jena en 1806, el elector de Hesse-Kassel envió su fortuna a Londres para que Nathan la invirtiera en valores británicos, y Nathan acumuló recursos para sí al mismo tiempo que servía los intereses de Guillermo IX. De este modo se forjó la reputación de Nathan en la City. Pero Nathan también destacó en el tradicional oficio judío de trasladar lingotes con rapidez y seguridad en condiciones difíciles. Durante los seis años que van de 1811 a 1815, Rothschild y el ministro de finanzas británico John Herries consiguieron enviar sin tropiezos 42,5 millones de libras esterlinas en oro al ejército británico en España, y más de la mitad de ese monto fue manejado por el propio Nathan o por su hermano menor James, que operaba desde Francia.[13] Por la época de Waterloo, el capital de Rothschild se elevaba a 136.000 libras esterlinas, y de ese total Nathan tenía 90.000 en Londres.[14]

Las operaciones de James en París desde 1811 señalaron la expansión de la red de la familia. Un tercer hermano, Salomon Mayer, fundó la filial de Viena en 1816, y un cuarto, Karl Mayer, organizó una filial en Nápoles en 1821. El hijo mayor Amschel Mayer dirigió la filial de Fráncfort desde el fallecimiento del anciano patriarca en 1812. Esta red se adaptaba a la perfección a la nueva era de las finanzas de los tiempos de paz que se inauguró en 1815. La reunión de las grandes sumas necesarias para pagar a los ejércitos había determinado el nacimiento de un sistema financiero internacional basado en el papel y el crédito, y los gobiernos comprobaron que podían aprovecharlo para toda clase de propósitos. Durante la década de 1815-1825 se emitieron más valores que en todo el siglo precedente, y Nathan Rothschild ocupó gradualmente el lugar de Baring como la casa principal y también como suprema autoridad financiera de Londres. No trató con los inestables regímenes latinoamericanos, sino principalmente con las sólidas autocracias europeas: Austria, Rusia, Prusia, es decir, la Santa Alianza; recaudó para ellas una suma enorme en 1822. Fue responsable de siete de los veintiséis préstamos a gobiernos extranjeros otorgados en Londres entre 1818 y 1832, y en uno participó conjuntamente con terceros, lo que supuso un total de 21 millones de libras esterlinas, es decir, el 39 % del conjunto.[15]

En Viena, los Rothschild vendieron bonos a los Habsburgos, aconsejaron a Metternich y construyeron el primer ferrocarril austriaco. Los primeros ferrocarriles franceses fueron construidos por Rothschild Frères en París, y allí también reunieron capitales, sucesivamente para los Borbones, los orleanistas y los Bonaparte, y financiaron al nuevo rey de Bélgica. En Fráncfort representaron a una docena de tronos alemanes. En Nápoles recaudaron dinero para el gobierno local, para Cerdeña, Sicilia y los Estados Pontificios. El capital combinado de los Rothschild aumentó constantemente, a 1,77 millones de libras esterlinas en 1818, a 4,3 millones en 1828, a 34,35 millones en 1875, de los cuales la casa londinense controlaba 6,9 millones.[16] La amplia extensión de los contactos de la red hacía que el poder financiero que la firma podía desplegar fuera realmente mucho mayor. Aprovecharon hasta el límite el tradicional talento judío para recoger y difundir noticias. Hacia mediados del siglo los judíos ya estaban apartándose de los bancos y orientándose hacia los servicios telegráficos. Paul Julius Reuter (1816-1899), cuyo nombre fue originalmente Israel Beer Josaphat, abandonó el banco de su tío en Gotinga para organizar la agencia de noticias más grande del mundo en 1848. Adolf Opper o, como él mismo se llamaba, Adolphe Opper de Blowitz (1825-1903), se convirtió, en su condición de corresponsal en París de *The Times*, en el centro de la mejor red personal de noticias de Europa, con líneas telegráficas privadas cuando tal cosa era necesaria. Pero ningún diario dispuso nunca de información financiera esencial como el que tenían los Rothschild. Aún en la década de 1930, reclutaban sus correos en la región de Folkestone, entre los descendientes de los marinos que con sus embarcaciones cruzaban el canal de la Mancha para llevar despachos en la época de Waterloo.[17]

A diferencia de los antiguos judíos de la corte, el nuevo

tipo de firma internacional creada por los Rothschild era impermeable a los ataques locales. En 1819, como para demostrar que los derechos judíos recientemente adquiridos en efecto eran ilusorios, estalló la violencia antisemita en muchas regiones de Alemania. Estos disturbios «Hep Hep», como se los llamó (quizá en recuerdo de un grito de guerra de los cruzados, o más probablemente imitando la llamada de un pastor de cabras de Franconia), incluyeron un asalto a la casa de los Rothschild en Fráncfort. La situación no varió. Tampoco tuvo resultado otro ataque durante la revolución de 1848. El dinero ya no estaba allí. Era papel, y circulaba por todo el mundo. Los Rothschild completaron un proceso que los judíos habían estado desarrollando durante siglos: cómo inmunizar su propiedad legal de la violencia saqueadora. En adelante, su verdadera riqueza quedó fuera del alcance de la turba, y casi fuera del alcance de los monarcas codiciosos.

Nathan Mayer Rothschild, el genio financiero que acaparó la fortuna de la firma, falleció en 1836 en Fráncfort, mientras asistía al matrimonio de su hijo mayor Lionel con Charlotte, hija de su hermano Karl, jefe de la filial de Nápoles. Los Rothschild casi siempre se casaban entre ellos: cuando hablaban de «casarse fuera del círculo» no querían decir fuera de la comunidad judía, sino fuera de la familia. El propósito de los matrimonios internos era mantener las dotes en el ámbito de la firma; aunque se decía que las aportaciones de las esposas eran generalmente acciones que los hombres deseaban eliminar, por ejemplo las que correspondían a los ferrocarriles suramericanos.[18] La boda de Lionel y Charlotte se celebró en las antiguas casas familiares de la Judengasse, donde aún vivía la matriarca de ochenta y cuatro años, de soltera Gudule Schnappers, que había dado a luz diecinueve hijos; Gudule sobreviviría aún otra década. La muerte de Nathan fue un asunto de considerable importancia: la paloma mensajera despachada a Londres con noticias del suceso fue derribada sobre Brighton y, según se afirma, llevaba el mensaje críptico «Il est mort».[19] Pero su filial, N. M. Rothschild, el corazón del poder de la firma, continuó fortaleciéndose, como era natural que sucediese: Londres era el centro financiero del mundo, y los Rothschild, su pilar más seguro. Así, durante los dieciséis años de 1860 a 1875, los gobiernos extranjeros reunieron más de 700 millones de libras esterlinas en Londres. De los cincuenta bancos participantes, diez eran judíos, y entre ellos había nombres importantes, como Hambro, Samuel Montagu y Helbert Wagg.[20] Los Rothschild, no obstante, representaron los papeles más importantes y variados en ese grupo de cincuenta entidades.

Como era inevitable que sucediera, esta fuerza financiera también conllevó influencia política. El joven Disraeli fue el primero que defendió que los judíos y los *tories* eran aliados naturales, y destacó que las fundamentales elecciones de junio de 1841 y octubre de 1843 en la ciudad de Londres habían sido decididas por los votos judíos: en la segunda, señaló, ¡los Rothschild consiguieron que los judíos acudieran a votar en sábado para asegurar el triunfo del liberal que se oponía a las leyes de los cereales![21] Lionel, jefe de la familia, conquistó la banca de la City en 1847 (aunque no pudo ocupar su lugar en el Parlamento hasta que en 1858 finalmente desaparecieron los impedimentos). Y el líder *tory*, lord George Bentinck, destacó en una carta a J. W. Croker el significado del voto: «Ahora que la ciudad de Londres ha elegido representante a Lionel Rothschild, estamos ante una declaración de la opinión pública tal que no creo que el partido, como tal, se beneficiara si volviera a la cuestión contra los judíos. Se parece al caso del condado de Clare cuando eligió a O'Connell, o a Wilberforce en Yorkshire. Clare resolvió el problema católico, Yorkshire el problema del tráfico esclavista, y ahora la ciudad de Londres ha resuelto el problema judío.»[22]

Sin embargo, en una prueba de su prudencia, los Rothschild no intentaron forzar este tema, ni ningún otro. Sabían que el tiempo jugaría a su favor y estaban dispuestos a esperar. Detestaban usar impropiamente su poder financiero o que se los sorprendiera ejerciendo ese poder. Como entidad colectiva, los Rothschild siempre favorecieron la paz, como cabría esperar; individualmente, las filiales tendieron a apoyar los objetivos políticos de sus respectivos países, lo cual también era natural.[23] En Gran Bretaña, donde habían acumulado más poder, rara vez o nunca lo usaron para presionar al gobierno, según aseguran estudios recientes.[24] En momentos de duda sobre los asuntos extranjeros, su costumbre fue preguntar al gobierno lo que los ministros esperaban de la firma, como sucedió por ejemplo durante la crisis egipcia de 1884.

De hecho, adoptaron una actitud muy inglesa de menosprecio al dinero como tal —siempre lo llamaban *hojalata*— y lo usaron para crearse una posición social. Organizaron dos guetos palaciegos, uno urbano y otro rural. El urbano estaba en el extremo de Piccadilly, donde confluye con Park Lane. El viejo Nathan inició el proceso en 1825, cuando dejó de residir «encima de la tienda» en el 2 de New Court, de Saint Swithin's Lane, en la City, y compró Piccadilly 107 a la señora Coutts, viuda del banquero. Otros miembros de la familia, ingleses y continentales, lo imitaron. Su hijo Lionel construyó la casa de Piccadilly 148, junto a Apsley House, en la década de 1860, y tuvo allí el más hermoso salón de baile de Londres: se combinó la fiesta de inauguración con el matrimonio de su hija Evelina con el primo Ferdinand de Viena; Disraeli ofreció el brindis a la salud de la esposa. El propio Ferdinand compró Piccadilly 143, y allí también tuvo un famoso salón de baile, todo de color de blanco. La puerta contigua, el 142, pertenecía a su hermana Alice. En la parte de atrás, Leopold de Rothschild adquirió Hamilton Place 5. A la vuelta de la esquina, en Seamore Place 1, estaba el famoso dandy Alfred de Rothschild. Hannah Rothschild, la heredera que contrajo matrimonio con lord Rosebery, ocupó la casa que originalmente llevaba el número 107.[25]

El viejo Nathan pagó 20.000 libras por una casa de campo en Gunnersbury, cerca de Acton, en 1835, pero el gueto rural comenzó cuando su viuda adquirió una casa cerca de Mentmore, en el valle de Aylesbury, Buckinghamshire. Poco a poco todos se instalaron en este sector de Buckinghamshire y se extendieron hacia la cercana Herfordshire. El barón Mayer Rothschild construyó Mentmore Towers, según el modelo de Wollaton. Sir Anthony de Rothschild se trasladó a Aston Clinton. En 1873 Lionel compró Tring, en Herfordshire, por 250.000 libras esterlinas. También tenía una propiedad de 700 hectáreas en Halton, más tarde propiedad de Alfred de Rothschild. Después, estaba Ascott, la casa de Leopold de Rothschild en Wing, cerca de Leighton Buzzard. Durante la década de 1870 el barón Ferdinand construyó Waddesdon, y tenía otras casas en Leighton Buzzard y Upper Winchendon. Su hermana Alice tenía Eythrop Priory. De modo que el valle de Aylesbury se convirtió en la zona rural de los Rothschild. Tenían allí 15.000 hectáreas y representaron al condado en el Parlamento de 1865 a 1923.

El cuartel general rural era Tring, que Nathan, hijo y heredero de Lionel, amplió hasta convertirlo en una propiedad de seis mil hectáreas. Nathan llegó a ser el primer lord Rothschild, y el teniente lord de Buckinghamshire. Siguiendo la auténtica tradición judía, Nathan convirtió Tring en un estado de bienestar social en miniatura. Suministraba agua y electricidad a los habitantes locales, un servicio de bomberos, una sala de lecturas, les conseguía asignaciones, organizó un servicio de salud e incluso un cementerio para perros; había campamentos de vacaciones para los empleados, un plan de jubilaciones, becas de aprendizaje, un plan de desocupación, canastas de alimentos y celebraciones. La propiedad se dedicaba a la cría de ganado, la silvicultura, la selección de ovejas y los experimentos de conservación.[26]

Lionel, padre de lord Rothschild, se había hecho cargo de muchos préstamos oficiales, destinados a financiar el auxilio a los hambrientos de Irlanda, librar la guerra de Crimea, comprar las acciones del jedive en el canal de Suez; estaba muy cerca de Disraeli, mucho más cerca de lo que ninguno de los dos estaba dispuesto a reconocer, tanto en la City como en la vida pública. Se lo consideraba una persona desinteresada, porque se sabía que había renunciado a una ganancia de dos millones de libras esterlinas antes que conceder un préstamo de cien millones al gobierno antisemita de Rusia.[27] Mantenía excelentes relaciones con Gladstone y su secretario del Foreign Office, lord Granville. No obstante, mantenía vínculos igualmente cordiales con los *tories*. Transformó a lord Randolph Churchill de la condición de crítico convencional de los «intereses creados» judíos a la de notable filosemita. Modificó también la actitud de A. J. Balfour y lo transformó en el que quizá fue el más eficaz amigo británico que los judíos tuvieron jamás. Fue el portavoz oficioso de la City desde la muerte de su padre en 1879 hasta la suya propia en 1915. En la descripción de su persona, su sobrina nieta Miriam Rothschild señala que en términos mundiales probablemente Lionel ejerció mayor influencia que ningún otro judío desde la Antigüedad.[28] «Me gustaría saber —preguntó retóricamente Lloyd George en un discurso pronunciado en Limehouse, en 1909— si lord Rothschild es el dictador de este país.» No era nada por el estilo: sencillamente ocupaba una posición de benéfico poder. En 1915, en su lecho de muerte de Piccadilly 148, fue visitado por lord Haldane (provisionalmente a cargo del Foreign Office), que le pidió que impidiese que un barco neutral llevase oro a Alemania. Lionel dijo: «Eso es muy sencillo», y garabateó una orden al dorso de un sobre.[29]

Rothschild era popular porque sus principescos actos de caridad no sólo eran sensatos y sistemáticos, sino excéntricos. Los niños que saludaban el carruaje de Rothschild podían recibir una lluvia de relucientes monedas de medio soberano. Su esposa Emma decía que esta actitud era «insensible e insultante», pero él replicaba que los niños lo veían de otro modo, y tenía razón: una anciana de Tring dijo a Miriam Rothschild que después de ese incidente lo había recordado por el resto de su vida. Los Rothschild gozaban de general simpatía en Inglaterra no sólo porque tenían establos de caballos de carrera muy exitosos, sino porque «nunca refrenaban a sus caballos». A la gente común no le molestaba que el chef de lady Rothschild, Grosstephen padre, probablemente el mejor del mundo, gastara cinco mil libras esterlinas anuales sólo en la pescadería. Rothschild regalaba a los cocheros del East End que él solía utilizar un par de faisanes a cada uno en Navidad, y cuando murió, los vendedores ambulantes de fruta pusieron luto en sus carretillas. La *Pall Mall Gazette* escribió: «Gracias a lord Rothschild Gran Bretaña ha evitado esas oleadas de sentimientos racistas [...] que han avergonzado a tantos otros países durante la última generación. Fue simultáneamente un príncipe de Israel y un inglés de quien Inglaterra entera podía sentirse orgullosa.»

Disraeli fue el primero que percibió que el enfoque de Rothschild, con su desafectada complacencia en la capacidad judía, incluida la habilidad para hacer dinero —y para gastarlo con igual placer— tenía muchos méritos. Al principio de su carrera, mientras gozaba de la hospitalidad de Gunnersbury, escribió a su hermana Hannah (1843): «Me atendió muy bien nuestra antigua amiga Amy, y me trajo una excelente tortuga, que de otro modo no habría saboreado.»[30] Disraeli opinaba que los Rothschild eran un factor inmensamente favorable para la raza judía, y que había que exaltarlos en todas las oportunidades posibles. Publicó su novela *Coningsby* en 1844, el mismo año en que, como veremos, Marx adoptó un enfoque malignamente destructivo del «problema judío». El mentor omnisciente del relato es Sidonia, el superhombre judío, un personaje que, como dio a entender Disraeli, estaba basado en Lionel Rothschild. Era un retrato muy halagador, pero por otra parte, Disraeli siempre tendía a exagerar el saber y la previsión de Rothschild, del mismo modo que convertía las actividades de la familia en situaciones misteriosas y dramáticas. Él mismo confirió un carácter sensacional a la compra de las acciones del jedive en 1876 y fue responsable de gran parte de la mitología absurda, pero, a los ojos de Disraeli, valiosa y creadora, que se formó alrededor de la familia.

Por supuesto, Disraeli habría reconocido sin vacilar que presentar el éxito de Rothschild como una suerte de cuento de hadas podía ser eficaz sólo en un país del estilo de Inglaterra, donde la atmósfera política y social era hospitalaria. A partir de 1826, el año en que se anularon todas las limitaciones, los judíos pudieron entrar en Gran Bretaña, cualquiera que fuese su lugar de origen, sin que se les opusieran obstáculos. Una vez que se hubieron naturalizado, su posición podía resumirse en las palabras que el lord canciller Brougham pronunció en 1833: «Los súbditos de Su Majestad que profesan la religión judía tienen acceso a todos los derechos, inmunidades y privilegios de los restantes súbditos de Su Majestad, excepto en la medida en que otras normas legales concretas los priven de esos derechos, inmunidades y privilegios.»[31] Estas restricciones, en efecto, existían, y los judíos solían descubrirlas en las diferentes situaciones. Sin embargo, una vez descubierta una dificultad y después de protestar, el Parlamento o el organismo correspondiente generalmente procedían a conceder la igualdad a los judíos. Así, en 1833, el año de la declaración de Brougham, se otorgó a los judíos el derecho de ejercer la profesión legal. Trece años más tarde, otra norma resolvió favorablemente el irritante problema de la posesión de tierras por parte de judíos.

Además, desde fecha temprana Gran Bretaña se había mostrado dispuesta no sólo a recibir bien y a aceptar a los judíos, sino a ayudarlos en el extranjero. La primera vez fue en 1745, cuando María Teresa expulsó a los judíos de Praga y su aliado Jorge II protestó por las vías diplomáticas. En 1814 lord Castlereagh, secretario del Foreign Office, ordenó a su enviado, el conde de Clancarty, que «alentase la adopción general de un sistema de tolerancia con respecto a los individuos de confesión judía en Alemania». Sin duda teniendo en mente a los Rothschild, realizó esfuerzos especiales en defensa de la comunidad de Fráncfort. Gran Bretaña también ayudó a los judíos en el Congreso de Aquisgrán.[32]

Lord Palmerston se mostró muy activo en defensa de los judíos tanto por razones de política general como porque el padrastro de su mujer, lord Saftesbury, creía firmemente que el retorno de los judíos a Jerusalén apresuraría el Segundo Advenimiento.[33] Entre 1827 y 1839, sobre todo gracias a los esfuerzos británicos, la población de Jerusalén pasó de quinientos cincuenta a cinco mil quinientos habitantes, y en

Palestina entera alcanzó la cifra de diez mil: fue el auténtico comienzo del retorno judío a la Tierra Prometida. En 1838 Palmerston designó al primer vicecónsul occidental en Jerusalén, W. T. Young, y le ordenó que «dispensara protección a los judíos en general».[34] Dos años después escribió a lord Ponsonby, embajador británico en Constantinopla y le encomendó presionar a los turcos con el fin de que los judíos europeos pudiesen retornar a Palestina. Arguyó que los laboriosos colonos judíos respaldados por el dinero de Rothschild «contribuirían mucho a incrementar los recursos del Imperio turco y a promover allí el progreso de la civilización». «Palmerston —observó Shaftesbury— ya había sido elegido por Dios para ser instrumento del bien frente a Su antiguo pueblo»; la carta a Ponsonby fue «un preludio al Prototipo del Decreto de Ciro».

Palmerston también contribuyó efectivamente a ayudar a los judíos occidentales acaudalados que acudieron al rescate de sus perseguidos correligionarios. En febrero de 1840 el asesinato de un fraile capuchino (y su criado) en Damasco revivió de un modo brusco y horroroso el libelo de sangre medieval. Los capuchinos locales se apresuraron a afirmar que los dos hombres habían sido asesinados por los judíos, que deseaban la sangre de las víctimas como preparación para la Pascua judía. Tanto el gobernador turco como el cónsul francés, encargado oficialmente de proteger a la comunidad cristiana, creyeron en la acusación y sobre esa base promovieron una investigación brutal. El barbero judío Salomón Negrin confesó bajo tortura y acusó a otros judíos. Dos de ellos murieron durante el tormento, uno se convirtió al islam para evitarlo, y otros aportaron información, lo que provocó más arrestos de judíos. Las atrocidades culminaron con la detención de sesenta y tres niños judíos, mantenidos como rehenes hasta que sus padres revelaran el escondite de la sangre.[35]

Uno de los judíos detenidos era ciudadano austríaco, y este hecho hizo que las grandes potencias se interesaran directamente en el asunto. En Londres, la ayuda de Palmerston fue invocada por sir Moses Montefiore (1784-1885), presidente de la Junta de Diputados, que representaba a los judíos británicos. Montefiore, que había nacido en Liorna, había sido uno de los doce «corredores de bolsa judíos» de la City, y gracias a su matrimonio con Judith Cohen era cuñado de Nathan Rothschild, a quien representaba en la Bolsa. Se retiró de los negocios en 1824 con el fin de consagrar su vida a los judíos oprimidos del mundo entero. Fue tal vez el último de los *shtadtlanim*, judíos eminentes cuya posición social les permitía interceder ante los gobiernos que practicaban persecuciones. Era amigo de la reina Victoria, que en la adolescencia se había alojado en la residencia de Montefiore en el puerto de Ramsgate y después le había concedido el título de caballero; probablemente era el responsable de la notable judeofilia de la reina. Con la ayuda de Palmerston, Montefiore organizó una delegación de judíos occidentales, que incluyó al famoso abogado francés Adolphe Crémieux (1796-1880), y que fue a ver en Alejandría a Mohamed Alí, gobernante de Siria. Montefiore y sus colegas no sólo obtuvieron la libertad de los cautivos judíos, en agosto de 1840, sino que persuadieron al sultán de Turquía de que dictase un firmán que prohibiera la circulación de libelos de sangre o la detención de judíos por esa causa. El éxito de esta misión originó muchas otras, en las que Montefiore, que vivió más de cien años, colaboró con el Foreign Office para ayudar a las víctimas judías de la injusticia.[36] Pero el gobierno británico también intervino por propia iniciativa: en 1854, en favor de los judíos suizos; en 1856, en defensa de los judíos de los Balcanes, el Foreign Office comunicó al enviado británico en Bucarest: «La posición especial de los judíos los pone bajo la protección del mundo civilizado»; y en el Congreso de Berlín, en 1876, donde Disraeli luchó por la igualdad de los derechos religiosos.[37]

A pesar de todo, Disraeli nunca se había sentido satisfecho con la mera pretensión de que se hiciera justicia a los judíos. Creía que, a causa de sus virtudes y su glorioso pasado, los judíos tenían derecho a un aprecio especial y consagró su audacia y su imaginación tremendas a conquistar ese trato. Educado en el cristianismo, el interés por su propio pueblo se avivó gracias a una amplia gira por el Mediterráneo y Tierra Santa en 1830-1831. Se sintió fascinado por el ascenso de los judíos de éxito en Siria, pese a todos los impedimentos que soportaban; los denominó los Rothschild de Oriente. Más tarde usó en sus novelas gran parte del material recopilado. Advirtió que los bajás preferían usar expertos financieros judíos, pues si era necesario podían perseguirlos fácilmente: «Llevaban sus cuentas en hebreo, escrito con una caligrafía tan confusa que apenas era posible descifrarla», y más tarde, en *Tancred*, retrató a una de estas figuras con el nombre de Adam Besso.[38] Lo sedujo especialmente la visión de Jerusalén, y en la misma novela, publicada en 1847, reprodujo las vívidas impresiones recogidas quince años antes. Era la favorita de sus novelas, y ha sido denominada con razón «una versión novelada de la autobiografía espiritual victoriana».[39]

Disraeli nunca adoptó el criterio defensivo de que los judíos no eran peores que otros hombres. Creía que eran mejores. Afirmó que despreciaba «esa perniciosa doctrina de los tiempos modernos, la igualdad natural del hombre». Un historiador moderno ha dicho que Disraeli era esencialmente un marrano, y este análisis puede esgrimir muchos elementos favorables.[40] Exaltó en su literatura la arrogancia, el orgullo y romanticismo incipientes de los sefardíes, y atribuyó estos rasgos a todos los judíos. La autodestructiva tendencia asquenazí a percibir los sufrimientos judíos en un estilo bíblico, como la consecuencia merecida de los pecados judíos, nada significaba para él. Disraeli adoptó la idea sefardí de que Israel, puesto que era el corazón del cuerpo humano, había sido obligada injustamente a soportar la carga de la perversidad de la humanidad.[41] Una vez liberados, los talentos judíos resplandecerían para asombrar al mundo. Y eran esencialmente rasgos raciales. «Todo es raza —dice su superhombre Sidonia—, no hay otra verdad.»

Disraeli predicó así la superioridad innata de ciertas razas mucho antes de que los darwinistas sociales pusieran de moda el concepto, o de que Hitler lo hiciese célebre. Descendía, dice en *Contarini Fleming*, «en línea directa de una de las razas más antiguas del mundo, de esa raza beduina rígidamente aislada y sin mezcla que había desarrollado una elevada civilización en tiempos en que los habitantes de Inglaterra vivían semidesnudos y comían bellotas en los bosques».[42] «Sidonia —escribió en *Coningsby*— y sus hermanos podían aspirar a una distinción que el sajón y el griego, y el resto de las naciones caucásicas, han perdido. El hebreo es una raza incontaminada.» Éste era un privilegio que los hebreos compartían con los árabes del desierto, que eran «solamente judíos a caballo». Disraeli creía que Moisés era «desde todo punto de vista un hombre del modelo caucásico integral, y casi tan perfecto como Adán en el momento de ser creado y puesto en el Edén» *(Tancred)*. Creía que «la decadencia de una raza es una necesidad inevitable, a menos que viva en los desiertos y nunca mezcle su sangre», como los beduinos. La pureza judía se había visto preservada por la persecución, por el movimiento y la emigración constantes:

¡Los árabes mosaicos [es decir, los judíos] tienen la sangre más antigua y quizá la única incontaminada que mora en las ciudades! Una raza sin mezcla con una organización de primera calidad es la aristocracia natural [...] A la corriente incontaminada de su estructura caucásica y al genio segregador de su gran legislador, atribuía Sidonia el hecho de que no hubieran sido asimilados mucho tiempo atrás por esas razas mezcladas, que se atreven a perseguirlos, pero periódicamente se desintegran y desaparecen, mientras sus víctimas todavía florecen en todo el vigor primigenio del linaje asiático puro. *(Coningsby.)*

Reitera la idea en la misma novela: «Ni las leyes penales ni las torturas físicas sirven. Donde las razas mezcladas y perseguidoras desaparecen, la raza perseguida pura perdura.»

¿Qué decir, entonces, del cristianismo de Disraeli? Su brillante talento para la paradoja aportaba también la respuesta a este interrogante. «Yo soy —le gustaba observar— la página que falta entre el Antiguo Testamento y el Nuevo.» Le satisfacía mucho acusar a los cristianos porque no reconocían las virtudes del judaísmo, y a los judíos porque no veían que el cristianismo era «el judaísmo integrado». En su prefacio de 1849 a *Coningsby* afirmó: «Al reivindicar el derecho soberano de la Iglesia de Cristo a ser la regeneradora perpetua del hombre, el autor consideró que había llegado el momento en que se realizara un intento de hacer justicia a la raza que ha fundado la cristiandad.» Los judíos habían producido a Moisés, Salomón y Cristo, «los legisladores más grandes, los administradores más grandes y los reformadores más grandes; ¿qué raza, extinguida o actual, puede producir tres hombres como éstos?». Pero también le parecía absurdo que los judíos aceptaran «sólo la primera parte de la religión judía». Una nota, escrita alrededor de 1863, sobrevive en sus documentos de Hughenden:

> Creo que la Iglesia es la única institución judía que perdura; no conozco otra [...]. Si no fuera por la Iglesia, no veo cómo serían conocidos los judíos. La Iglesia fue fundada por judíos, y ha sido fiel a su origen. Garantiza que la historia y la literatura de los judíos sean conocidas por todos [...] lee en público su historia y mantiene viva la memoria de sus personajes públicos, y ha difundido su poesía a través del mundo. Los judíos deben todo a la Iglesia [...]. La historia de los judíos es desarrollo o no es nada.[43]

Disraeli consideraba ilógico que los *tories* se opusieran a la ley que permitía la incorporación al Parlamento de los judíos que profesaban su religión, pues las creencias sefardíes relacionadas con la tradición, la autoridad jerárquica y la necesidad de que el espíritu religioso impregnase toda la vida secular, eran esencialmente conceptos *tories*. En su *Life of*

Lord George Bentinck [Vida de lord George Bentinck] observó que cuando el proyecto de ley sobre los judíos fue presentado en 1847, sólo votaron a favor cuatro *tories* —el propio Disraeli, Bentinck, Thomas Baring y Milnes Gaskell—, y que estos hombres «casi monopolizaban el talento oratorio en su sector de la Cámara». El discurso de Bentinck en esta ocasión, en favor de los derechos judíos, le valió la destitución de su cargo de líder de los *tories* en los Comunes. De modo que, gracias a una de esas paradojas que tanto complacían a Disraeli, al castigar a Bentinck por su discurso en defensa de los judíos, los *tories* terminaron con Disraeli de líder. Pero eso, a juicio de Disraeli, era justo: él creía en la combinación de la aristocracia y la meritocracia, y los judíos eran supremos meritócratas. Disraeli no sólo señalaba con orgullo las realizaciones de los judíos reconocidos, sino que percibía por doquier el genio judío. Los primeros jesuitas habían sido judíos. También eran judíos los mejores mariscales de Napoleón, es decir, Soult y Massena (él lo llamaba Manasseh). Y Mozart era judío.

La propaganda filosemita de Disraeli no habría sido eficaz en el continente. En todo caso, los judíos europeos no lo habrían seguido en la marcha por los senderos más extraviados de su imaginación. De todos modos, a principios del siglo XIX hubo un intento decidido de los judíos cultos de oponerse a la presentación del judaísmo como una supervivencia del oscurantismo medieval, y de reemplazar la imagen repulsiva del judío profesante, plasmada por Voltaire tomando como base a Spinoza, por otra intelectualmente atractiva. La primera condición era construir cierta forma de puente entre lo mejor de la erudición rabínica y el mundo del saber secular. La premisa de Spinoza, y de los que habían sufrido su influencia, era que cuanto más de cerca estudiaba uno el judaísmo, más objetable parecía. Mendelssohn nunca había podido refutar esa impresión general: sucedía sencillamente que no sabía lo bastante acerca de la cultura judía tradicional. Algunos de sus partidarios más radicales no deseaban alcanzar ese objetivo. Hombres como Napthali Herz

Homberg y Hartwig Wessely, aunque apoyaban firmemente el estudio del hebreo, deseaban renunciar a la educación religiosa del judaísmo tradicional, abandonar la Torá y el Talmud y abrazar una forma de religión natural.

En cambio, algunos individuos de la segunda generación de los *maskilim* eran al mismo tiempo hombres ilustrados y conocían el judaísmo, se mostraban fieles a su credo pero también conocían la metodología secular. Isaac Marcus Jost (1793-1860), maestro de escuela de Alemania central, escribió una historia de los israelitas en nueve volúmenes, y su obra se situó a medio camino entre el enfoque judío tradicional y el secular moderno. En ese sentido, fue la primera obra de ese estilo que impresionó al público gentil. Más importante aún fue Leopold Zunz (1794-1886), un hombre tenaz, laborioso y muy prolífico, que consagró su vida sumamente larga a reorganizar el saber judío de antiguo estilo y su presentación de acuerdo con un espíritu moderno y «científico».

Zunz y sus amigos del periodo posnapoleónico dieron a su obra el nombre de *Wissenschaft des Judentums* [Ciencia del Judaísmo]. Comenzaron con ambiciosa brillantez en 1819, inmediatamente después de que los disturbios Hep Hep hubieran demostrado lo frágil que era la tolerancia hacia los judíos en la Alemania de espíritu moderno. Fundaron una Sociedad de la Cultura y la Ciencia Judías, cuyo propósito era investigar la naturaleza del judaísmo aplicando métodos científicos modernos y demostrar el valor universal del saber judío. Tenían un instituto, que impartía clases acerca del pensamiento y la historia de los judíos y publicaba una revista. Partieron del supuesto de que los judíos habían realizado antaño formidables contribuciones a la cultura general, pero después habían caído en una estrecha postura propia de anticuarios religiosos. Con ellos el saber judío recobraría vida. «Los judíos deben demostrar nuevamente su fibra de trabajadores valerosos que contribuyen a la tarea común de la humanidad», escribió uno de los fundadores, Immanuel Wolf, en el primer número de su *Zeitschrift*. «Deben elevarse ellos mismos y sus principios al nivel de la ciencia [...] si algún día hay un vínculo que los una a la humanidad toda, será el vínculo de la ciencia, el vínculo de la razón pura.»[44] Todo esto estaba muy bien, pero se hallaba expuesto a una serie de objeciones graves. La primera tenía carácter práctico. En 1819 los judíos alemanes estaban emancipados sólo a medias. ¿Hasta qué punto era posible consagrar la vida al estudio secular y conservar la condición de judío? Uno de los más entusiastas fundadores de la sociedad fue Eduard Gans (1798-1839), brillante y joven profesor de jurisprudencia histórica. Ganó una cátedra en la Universidad de Berlín y sus cursos alcanzaron un éxito espectacular. Pero su progreso en la carrera académica estaba firmemente bloqueado por su judaísmo. Otros se vieron en el mismo aprieto. El «vínculo de la razón pura» aún no existía, y para la mayoría, el sacrificio exigido por el judaísmo era excesivo. La sociedad se disolvió en mayo de 1824. Al año siguiente Gans se bautizó y avanzó hacia la cátedra titular y la fama. Varios miembros destacados adoptaron la misma actitud. Muchos judíos ortodoxos, que desde el comienzo habían mirado con recelo el proyecto, menearon sabiamente la cabeza: a eso conducía siempre la secularización, es decir, a la extinción de la fe.

Por su parte, Zunz continuó trabajando con denuedo. Tradujo una enorme proporción de literatura judía, especialmente los *midrashim* y poesía litúrgica. Concibió una filosofía de la historia judía. Contribuyó a varias enciclopedias. Visitó todas las grandes bibliotecas en busca de material, pero se le impidió entrar en la Biblioteca Vaticana. Sin embargo, su trabajo originó una segunda objeción a la «ciencia judía»; ¿acaso no se oponía ésta al auténtico espíritu del judaísmo? Lo que él contemplaba realmente era una enciclopedia de la historia intelectual judía. En ésta, por ejemplo, la literatura judía aparecería junto a las restantes grandes literaturas del mundo, y sería un gigante entre iguales. Zunz afirmó que deseaba emancipar a la literatura judía de los teólogos y «elevarse al punto de vista histórico».[45] Pero ¿qué implicaba este criterio histórico? En la práctica significaba aceptar, como en efecto lo aceptaba Zunz, que la historia de los judíos, el tema principal de la literatura que ellos habían creado, era sólo un elemento de la historia del mundo. Zunz, como todos en Alemania, estaba influido por las ideas hegelianas de progreso de las formas inferiores a las superiores, y fue inevitable que aplicase esta dialéctica al judaísmo. Según afirmó, en la historia judía había existido un solo periodo en que el espíritu interior y la forma externa se habían conjugado para convertirse en el centro de la historia del mundo, y eso había sucedido en la comunidad antigua. Después, todo había pasado a manos de otras naciones. La historia interna de los judíos se convirtió en una historia de las ideas, y la historia externa en un extenso relato de padecimientos. Zunz creía que al final sobrevendría una especie de culminación hegeliana de la historia del mundo, y que en ella todos los procesos históricos confluirían; así interpretaba el significado de la Era Mesiánica. Cuando sucediera tal cosa, el Talmud y todo lo que él representaba carecerían de importancia. Entretanto, los judíos tenían que demostrar, con su nueva ciencia de la historia, que habían contribuido a esa forma de realización; su tarea consistía en asegurar que la herencia condensada de las ideas judías se convirtiese en parte de la propiedad común de la humanidad ilustrada.[46]

En ciertos aspectos se trataba de una perspectiva muy interesante. Pero no era judaísmo. El judío piadoso —y no podía haber otro— no reconocía la existencia de dos formas de saber, el saber sacro y el secular. Había una sola. Más aún, había un solo propósito que legitimaba su adquisición: descubrir cuál era precisamente la voluntad de Dios, con el fin de obedecerla. De ahí que la «ciencia del judaísmo», como una disciplina académica separada del resto, fuese contraria a la convicción judía. Lo que era peor, constituía la inversión exacta de la auténtica actitud judía frente al estudio. Como dijo el rabino Hiyya en el siglo IV d. C.: «Si un hombre aprende la Ley sin la intención de cumplirla, más le valiera no haber nacido.»[47] Un judío auténtico no concebía la historia judía como un fragmento de la historia del mundo, paralelo a la historia de otros pueblos. Para ellos, la historia judía era la historia. Creían que, sin la presencia de Israel, no habría existido el mundo, y por consiguiente la historia. Dios había creado muchos mundos y los había destruido por insatisfactorios. Formó el actual para la Torá, y eso lo complació. Pero si Israel hubiese rechazado la Torá —y algunos estudiosos del Talmud creían que había estado a un paso de adoptar esa actitud— el mundo sencillamente habría vuelto a su estado informe precedente. De ahí que la destrucción del Segundo Templo y el fin de la rebelión de Bar Kojba fueran episodios no de la historia judía, sino de la general, en la cual (según los *tannaím*) Dios decía: «Ay de los hijos por cuyos pecados he destruido mi casa, incendiado mi templo y a los cuales he exiliado entre los pueblos del mundo.»[48]

Desde ese momento los judíos habían dejado de escribir historia, porque, según la concebían, no había historia que escribir. Se había interrumpido. Se reanudaría la historia con el advenimiento del Mesías. Todo lo que había sucedido entretanto se olvidaría deprisa, más o menos como, según decía el rabino Nathan, una princesa prometida en matrimonio olvida las tormentas de su viaje por mar en cuanto llega al país del rey que la ha de desposar.

Por lo tanto, aunque la exposición «científica» que hacía Zunz de la historia y el saber judíos como contribución al acervo mundial podía suscitar cierta impresión en la sociedad gentil, casi por definición implicaba separarse de gran parte del judaísmo. Zunz tuvo que soportar la crítica devastadora, e irrefutable desde el punto de vista religioso, del rabino Samson Raphael Hirsch (1808-1888), brillante portavoz de la ortodoxia del siglo XIX. Este judío hamburgués que fue rabino en Fráncfort durante treinta y siete años no era un oscurantista. En primer lugar, escribía en un elegante alemán. Su exposición de la fe judía, destinada a los jóvenes y publicada bajo el título de *Neunzehn Briefe uber den Judentum* [Diecinueve cartas acerca del judaísmo] (1836), fue inmensamente eficaz. No se oponía a la educación secular; todo lo contrario. Solía citar al rabino Gamaliel, que afirmaba que tanto el conocimiento de la Torá como el conocimiento mundano eran temas dignos de estudio. Según decía, el «hombre [ideal] de Israel», era «un judío ilustrado que respeta los preceptos».[49] De todos modos, sostenía que se trataba de dos situaciones muy distintas: una cosa era que los judíos usaran el conocimiento secular, y otra que el conocimiento secular absorbiera al judaísmo. Israel no era una comunidad secular, sino divina. De modo que una ciencia que se ocupaba de los judíos como comunidad era una forma de teología, e inevitablemente debía serlo. La historia de lo que hacen los judíos, y de lo que les sucede, no puede ser parte de la historia secular propiamente dicha, porque es el desarrollo de la voluntad de Dios, y por lo tanto constituye con razón parte de la Revelación. La cultura general y la cultura judía no chocan: son absolutamente distintas. Al confundir las dos, el resultado es inevitablemente el daño infligido al judaísmo. Si se fusiona la historia judía con la secular, se la desacraliza y se destruye la idea viva que es su tema.

En un amargo y vigoroso pasaje, Hirsch explicaba lo que esto significaría:

> Moisés y Hesíodo, David y Safo, Débora y Tirteo, Isaías y Homero, Delfos y Jerusalén, el Oráculo de Delfos y el santuario de los querubines, los profetas y los oráculos, los salmos y la elegía; para nosotros, todos yacen pacíficamente en una caja, todos descansan pacíficamente en una tumba, todos tienen uno y el mismo significado: humano, transitorio, perteneciente al pasado. Todas las nubes se han dispersado. Las lágrimas y los suspiros de nuestros padres ya no colman nuestros corazones sino nuestras bibliotecas. Los corazones cálidamente latientes de nuestros padres se han convertido en la literatura nacional, su ferviente aliento de vida se ha convertido en el polvo de nuestros estantes de libros [...] ¿Estos espíritus de los difuntos se regocijan con la gratitud literaria de la generación actual? ¿A quién reconocen como auténticos herederos? ¿A los que repiten las plegarias que ellos concibieron pero olvidan sus nombres, o a los que olvidan sus plegarias pero recuerdan sus nombres?[50]

Más avanzado el siglo, la idea fue formulada de un modo aun más decisivo por Nietzsche: una vez que es posible estudiar científicamente la historia de una religión, afirmó, ya está muerta.

Sin embargo, si se seguía la lógica de la crítica de Hirsch, los judíos volverían de hecho al punto en que habían estado antes de la Ilustración. Se verían constantemente obligados a distinguir entre dos tipos de saber. No sería tanto la dicotomía de Gordon, a saber, «un hombre en su ciudad y un judío en su tienda», como «el saber secular en los negocios (o el placer) y el saber judío para alcanzar la auténtica comprensión». Esa situación sería un obstáculo fatal que impediría que los judíos llegasen a ser aceptados como parte legítima de la comunidad general. ¿No era posible alcanzar alguna forma de camino medio?

El esfuerzo fue realizado por un judío de Galitzia, Nahman Krochmal (1785-1840), que era parte del movimiento *Wissenschaft* original, pero no compartía la opinión de que la integración intelectual de los judíos pudiera alcanzarse fácilmente. Era también una especie de hegeliano, pero estaba influido sobre todo por el racionalismo de Maimónides. En efecto, trató de actualizar la *Guía de los perplejos*, aunque mostró mucha cautela en el momento de publicar los resultados. Al final, su manuscrito fue modificado por el propio Zunz e impreso póstumamente en 1851. Krochmal creía que los ilustrados judíos y los ortodoxos inmodificados eran igualmente inaceptables. Los primeros despojaban de vida al judaísmo, los segundos le conferían una fisonomía repulsiva; en las condiciones del siglo XIX, ambos llevaban a la apostasía. El inconveniente residía en que ninguno de los dos tipos de judío tenía sentido de la historia judía. Los ilustrados creían que era algo que uno sencillamente aprendía en la infancia, para después pasar a la historia secular, «adulta», leída cuando uno era mayor. Los judíos ortodoxos ignoraban por completo la historia; según decía Krochmal, «en la Torá no hay temprano ni tarde». Lo que Krochmal proponía era crear una filosofía judía de la historia. Adoptó la teoría hegeliana del crecimiento, como poco después haría Marx, pero en lugar de ponerla del revés, la judaizó. Dividió la historia judía en tres ciclos: el crecimiento, la madurez y después la decadencia y la caída. Este esquema debía demostrar cómo «cuando llegó el tiempo de la desintegración y la destrucción, siempre se renovó en nosotros un nuevo espíritu y una nueva vida; y si caímos, cómo nos levantamos y fuimos reanimados y el Señor Nuestro Dios no nos abandonó». Esta actitud sin duda distaba de ser solamente historia secular. No era completamente distinta del antiguo estilo medieval de historia que aludía a la «rueda de la fortuna» o a los ciclos de crecimiento y decadencia, una fórmula popularizada por Arnold Toynbee a mediados del siglo XX. Pero Krochmal incorporó un ingrediente hegeliano al agregar una progresión ascendente a través de todos estos ciclos: el proceso de la conciencia humana, desde las raíces en la naturaleza pura a la identificación definitiva con el espíritu puro. Todas las historias nacionales mostraban el mismo proceso en grado mayor o menor, pero mientras otros pueblos tenían carácter transitorio, los judíos eran eternos porque mantenían una relación especial con el Espíritu Absoluto (es decir, Dios). Por lo tanto, «la historia del judaísmo es propiamente la historia de la educación de la conciencia», con un principio, una parte media y un fin.[51]

Por desgracia, Krochmal no podía satisfacer a los judíos ortodoxos con su filosofía de la historia, pues no podía incluir (o no lo hizo) la Era Mesiánica en este plan, a menos que la considerase en cierto impreciso sentido metafórico. Su trabajo atraía todavía menos a los gentiles. En cambio, con Heinrich Graetz (1817-1891), los judíos al fin produjeron un historiador, y también de gran magnitud, que no sólo podía ser leído y creído por los judíos cultos, sino leído —y hasta cierto punto aceptado— también por los gentiles. Entre 1856 y 1876 Graetz publicó una historia de los judíos en once volúmenes, y esta obra es uno de los grandes monumentos de la literatura histórica del siglo XIX. En diferentes resúmenes y en muchas traducciones fue publicada en el mundo entero, y todavía hoy posee considerable valor.[52] Pero por su estructura la obra es más judaica que secular: relata la historia judía principalmente en función de la Torá y del estudio de ésta. Más aún, su dinámica histórica es también religiosa. A juicio del autor, los judíos no eran un pueblo como los restantes. Eran parte de una entidad orgánica, política y religiosa original, «cuya alma es la Torá y cuyo cuerpo es la Tierra Santa». El arquetipo judío tenía que representar un papel fundamental y dramático en la historia del mundo. En un brillante pasaje de introducción al cuarto volumen de su obra, Graetz presentó al judío marcado por un destino histórico-divino: «Por una parte, Judá esclavizada con su bastón de trotamundos en la mano, el saco del peregrino a la espalda, los rasgos sombríos vueltos hacia el cielo, rodeada por los muros de las mazmorras, instrumentos de tortura y el resplandor de los hierros de marcar; por otra, la misma figura con una expresión inquisitiva en los rasgos transfigurados, en un estudio adornado por una nutrida biblioteca que reúne todos los idiomas humanos: un esclavo con el orgullo de un pensador.»[53] Graetz utilizó un gran número de fuentes en muchos idiomas, pero su visión del judío arraigaba en el Deutero-Isaías, y sobre todo en el «Doliente Servidor». Sostuvo que los judíos siempre se habían mostrado «poderosos y fecundos en verdades religiosas y morales destinadas a promover la salvación de la humanidad». El judaísmo era (por providencia divina) una entidad autocreada. En este sentido se distinguía de todas las restantes religiones importantes. Sus «chispas» habían encendido a la cristiandad. Sus «simientes» habían producido los frutos del islam. Partiendo de sus conceptos, podían rastrearse los orígenes tanto de la filosofía escolástica como del protestantismo.[54] Más aún, el destino de los judíos era permanente. Graetz no entendía al Mesías como una persona, sino como un ente colectivo. Los judíos eran un pueblo mesiánico. Como Hegel, Graetz creía en el concepto del estado perfecto y entendía que la tarea judía definitiva era preparar una constitución religiosa, que en cierto modo vendría a inaugurar una edad de oro.

Este resumen no hace justicia a Graetz; por otra parte, no es fácil hacerle justicia, porque sus opiniones acerca de lo que los judíos realizarían exactamente cambiaron mucho, según se incrementara o se atenuara su entusiasmo ante la perspectiva de una «solución judía» de los problemas del mundo. A veces, parecía creer que los judíos se encargarían de la dirección mundial efectiva. En otras, debían ser nada más que un ejemplo ético. Pero en cualquiera de ambos casos presentaba a los judíos como un pueblo superior. No era sionista. Pero ciertamente representaba un tipo de nacionalista judío, que formuló las pretensiones de su pueblo no, como Disraeli, con un atractivo espíritu de paradoja romántica, sino en un tono de voz que parecía agresivo incluso a otros judíos, y que iba a provocar el rechazo de los gentiles, sobre todo de los alemanes. De modo que la obra de Graetz, pese a su permanente importancia en el campo de los estudios históricos judíos, tampoco aportó respuesta al problema de la relación del judaísmo con el mundo secular. Como historia era útil; como filosofía, en definitiva, no fue aceptable para ningún grupo. Y en efecto, los nacionalistas alemanes no fueron los únicos ofendidos. Parece que Graetz sabía poco del misticismo judío. La Cábala y los *jasidim* a lo sumo le inspiraban desprecio. Desechó a los estudiosos contemporáneos de la Haskalá como «talmudistas polacos fosilizados». Tildó el yiddish de ridículo. Por lo tanto, no podía proponer un auténtico mensaje a las grandes masas de la comunidad judía oriental. Pero tampoco satisfizo a los ortodoxos cultos. Comenzó como discípulo de Hirsch. Durante su juventud, en 1836, salvó la fe gracias a la lectura de las diecinueve cartas del rabino. Entendía que sus creencias eran esencialmente judías. En cambio, Hirsch rechazó la obra de Graetz afirmando que era «superficial y fantástica». ¿No lograba satisfacer a nadie? En todo caso, así lo parecía.

Si no podía hallarse una solución satisfactoria al problema de la relación de la cultura judía con la secular, ¿cabía armonizar la práctica de la religión judía con el mundo moderno? También eso se intentó. El judaísmo reformado, como se denominó, fue un producto de la segunda década del siglo XIX, cuando las comunidades judías sintieron de lleno los primeros efectos de la emancipación y las ideas ilustradas. Como casi todos los restantes esfuerzos dirigidos a establecer una nueva relación del judaísmo con el mundo, fue básicamente una iniciativa alemana. Los primeros experimentos se realizaron en Seesen en 1810, en Berlín en 1815 y después en Hamburgo, donde en 1818 se inauguró un Templo Reformado. Estas iniciativas se desarrollaron sobre el trasfondo de lo que los contemporáneos percibieron como un momento de triunfalismo protestante. Parecía que las naciones protestantes prosperaban. La Prusia protestante estaba convirtiéndose en el estado más poderoso y eficiente de Alemania. La Gran Bretaña protestante era la primera potencia industrial, la vencedora de Napoleón, el centro del imperio comercial más rico que el mundo había conocido jamás. Estados Unidos, también protestante, era el poder ascendente de Occidente. ¿Acaso no podía suponerse que este nexo entre la fe cristiana reformada y la prosperidad era la prueba del favor divino, o por lo menos una lección valiosa de sociología religiosa? Muchos escritores políticos de los países católicos, y sobre todo de Francia, manifestaron el temor de que el protestantismo estuviese apoderándose del mundo, así como su angustia ante el hecho de que el catolicismo tuviera que adoptar las características protestantes, más útiles desde el punto de vista social. Pero ¿cuáles? La atención se concentró en los signos externos y visibles de una religión: sus servicios. La mayoría de los servicios protestantes eran solemnes pero decorosos, impresionantes en su sencillez, caracterizados por las lecturas en el idioma vernáculo, y por los sermones bien razonados. En cambio, el catolicismo conservaba la embarazosa religiosidad del mundo medieval, e incluso de la Antigüedad: el incienso, las lámparas y los cirios, las vestimentas fantásticas, las reliquias y las estatuas, un lenguaje litúrgico que pocos entendían. Se dijo que era necesario modificar todo esto. Pero tales llamamientos en favor de la reforma no merecían atención en el seno de la Iglesia católica, que respondía a una autoridad centralizada e impuesta con severidad. Además, el modo tradicional católico tenía sus propios y poderosos defensores, por ejemplo Chateaubriand, cuyo libro *El genio del cristianismo* (1802) sentó los cimientos de un nuevo populismo católico. En Inglaterra, el baluarte protestante, es decir, el Movimiento de Oxford, pronto buscaría la guía de Roma, y no a la inversa. En realidad, en general el catolicismo no padecía el más mínimo complejo de inferioridad, por lo menos en los países que importaban, donde era la religión de la abrumadora mayoría. De modo que los cambios se demoraron ciento cincuenta años, hasta que en la década de 1960 el desconcierto se manifestó también en Roma.

La situación de los judíos era distinta, sobre todo en Alemania y otros países «avanzados». Los judíos cultos se sentían avergonzados de sus servicios tradicionales: el peso muerto del pasado, la falta de contenido intelectual, el modo ruidoso e impropio en que oraban los judíos ortodoxos. En los países protestantes, cuando los cristianos visitaban una sinagoga sentían desprecio y compasión. De ahí que el judaísmo reformado fuese en primer lugar un intento de eliminar de las formas judías del culto la mácula del ridículo. El propósito fue crear una decorosa disposición mental de carácter religioso. Los lemas fueron *Erbaüung* (edificación) y *Andacht* (devoción). Se utilizaron los sermones de estilo cristiano. El reformador Joseph Wolf (1762-1826), maestro y secretario comunitario en Desau y devoto admirador de Mendelssohn, utilizó como modelo a los mejores oradores del protestantismo alemán. Los judíos aprendieron a predicar en este estilo con mucha rapidez, del mismo modo que asimilaban deprisa todas las novedades. Los sermones en el templo de Berlín pronto fueron tan eficaces que a su vez los pastores protestantes venían a escuchar y aprender. Se intercambiaban sugerencias.[55] La música de órgano, otro rasgo influyente del protestantismo alemán, fue incorporada al rito, y también se recurrió al canto coral de estilo europeo.

Después, en 1819, el mismo año en que se fundó la Sociedad de la Ciencia Judía, el templo de Hamburgo incorporó un nuevo libro de oraciones y los cambios estéticos se extendieron a asuntos más fundamentales. Si podían desecharse los hábitos litúrgicos porque eran embarazosos, ¿por qué no hacer lo mismo con las doctrinas absurdas e incómodas? Se eliminó la mención del Mesías, y también el retorno a Tierra Santa. La idea fue purificar y revitalizar el judaísmo en el mismo espíritu que había presidido la Reforma de Lutero.[56] Pero por desgracia había una diferencia importante. Lutero no estaba mirando constantemente por encima del hombro lo que hacía otra gente, ni copiándola. Para bien o para mal, dominaba su propio impulso íntimo, tosco y poderoso: «No puedo ser de otro modo», según él mismo dijo. Él era *sui generis* y su nueva forma de cristianismo, con sus doctrinas particulares y sus propios modos litúrgicos, constituía una creación auténtica y original. El judaísmo reformado estaba animado no tanto por una convicción abrumadora como por una necesidad de pulcritud social y por el deseo de acercarse más a los gentiles. Su espíritu no era religioso, sino secular. Tenía buenas intenciones, pero era un concepto artificial, como tantos esquemas idealistas del siglo XIX, desde el positivismo de Comte al esperanto.

La situación podría haber sido distinta si el movimiento hubiese engendrado una de las personalidades religiosas exóticas que la comunidad judía jasídica de Europa oriental producía con tanta abundancia. Sin embargo, la Reforma esperó en vano a su Lutero. A lo sumo, pudo producir al rabino Abraham Geiger (1810-1874), que en efecto dirigió el movimiento sucesivamente en Breslau, Fráncfort y Berlín.[57] Geiger era un individuo enérgico, piadoso, culto y razonable. Quizá demasiado razonable. Carecía de la audacia egocéntrica y la voluntad de destruir que precisa el revolucionario religioso. En una carta personal escrita en 1836, se refirió a la necesidad de abolir todas las instituciones del judaísmo y reconstruirlas sobre una nueva base. Pero no se creía capaz de hacerlo en la práctica. Se opuso a los rezos en hebreo, pero no quiso eliminarlos de los servicios. Opinó que la circuncisión era un «acto bárbaro de derramamiento de sangre», pero se opuso a su abolición. Aprobó algunos incumplimientos de las prohibiciones del *shabbat*, pero no quiso desechar por completo el principio del *shabbat* para adoptar el domingo cristiano. Suprimió pasajes del retorno a Sión y otras referencias, que a su entender respondían a condiciones históricas trasnochadas, pero no se decidió a renunciar al principio de la ley mosaica. Trató de extraer de la amplia serie de creencias judaicas acumuladas lo que él denominaba el ingrediente religioso-universal. Esto, a su juicio, implicaba renunciar al supuesto de la solidaridad automática con los judíos del resto del mundo; así, rehusó intervenir activamente en la protesta por las atrocidades de Damasco. Pero a medida que envejeció, semejante en esto a tantos judíos educados antes y después de su tiempo, comenzó a sentir cada vez más la atracción del judaísmo tradicional, de modo que su entusiasmo por el cambio se debilitó.

Los reformadores podrían haber influido más si hubiesen sido capaces de crear una plataforma claramente definida de conceptos y prácticas, y de aferrarse a ella. Pero Geiger no fue el único que no atinó a hallar un puerto definitivo en el mar de la fe. Los principales reformadores discrepaban unos de otros. El rabino Samuel Holdheim (1806-1860), que provenía de Poznań pero terminó como cabeza de una nueva congregación reformada en Berlín, comenzó como reformador moderado: sólo deseaba terminar con la lectura canturreada de la Torá. Poco a poco se convirtió en extremista. Geiger creía en la «revelación progresiva», en virtud de la cual la práctica del judaísmo debía variar periódicamente, según se manifestara la voluntad de Dios. Holdheim deseaba abolir por completo e inmediatamente el Templo y el judaísmo ceremonial. También debía desaparecer la mayor parte del Talmud: «En la era talmúdica, el Talmud tenía razón. En mis tiempos, yo tengo razón.» Consideraba que el judaísmo tradicional era un obstáculo a la transformación de los judíos en parte de una fraternidad universal del hombre, la cual representaba para él la Era Mesiánica. Afirmó que los que no estaban circuncidados también podían ser judíos. Opinaba que las obligaciones profesionales de un hombre tenían precedencia sobre la observancia rigurosa del *shabbat*. Ciertamente, en Berlín no sólo transformó de forma radical los servicios, sino que más tarde los celebró en domingo. Cuando falleció, incluso hubo una disputa acerca de si podía ser sepultado en el sector del cementerio destinado a los rabinos.

La versión de la reforma propuesta por Holdheim no fue la única alternativa a la de Geiger. En Fráncfort apareció un grupo que se oponía a la circuncisión. En Londres, un movimiento reformado aceptó la Biblia, en cuanto era obra de Dios, y rechazó el Talmud, producto del hombre. A medida que la Reforma se difundía en otros países, adquiría cada vez más formas diferentes. Algunos grupos conservaron sus vínculos con los judíos ortodoxos, otros se separaron completamente. Se celebraron conferencias de rabinos, sin mucho resultado. Se publicaron nuevos libros de oraciones que provocaron renovadas controversias. En una versión o en otra, el judaísmo reformado sin duda aportaba una expresión satisfactoria del espíritu religioso a muchos miles de judíos educados. Por ejemplo, en Inglaterra se afirmaron sólidamente tanto un judaísmo reformado de tendencia más bien tradicional como más tarde un subgrupo de carácter más extremo, el judaísmo liberal. En Estados Unidos, la Reforma, tanto en sus versiones conservadoras como en las liberales, se convirtió en un elemento importante de lo que llegaría a ser la tercera pata del trípode mundial judío. Lo que la Reforma no consiguió, como tampoco estuvo al alcance de la «Ciencia del Judaísmo», fue resolver el problema judío. No resolvió la situación de los judíos porque nunca representó más que a una minoría. En esencia, era una alternativa al bautismo y la asimilación total para los judíos, cuya fe, o en todo caso cuya devoción, tenía fuerza suficiente para mantenerlos unidos a una forma u otra de su religión, pero no era tan intensa como para permitirles que desafiasen al mundo. Hacia fines de la década de 1840 era evidente que el movimiento no se generalizaría en el judaísmo, ni siquiera en la Alemania culta. Hacia finales de siglo había conquistado apoyos institucionales suficientes para mantenerse, por lo menos en algunos países, pero su fuerza creadora se había agotado. El escritor tradicionalista John Lehmann observó en 1905: «Hoy, que una apatía total se ha adueñado de los círculos neólogos, apenas es posible imaginar que otrora hubo personas que consideraron que este asunto era la tarea de su vida, y que estaban decididas, con todo su corazón y toda su alma, a reformar el judaísmo, de modo que cada una creía ser un Lutero, un Zwinglio o un Calvino en miniatura.»[58]

Una razón por la cual los judíos que deseaban participar de lleno en el mundo moderno sin perder su judaísmo no consiguieron proponer una forma viable fue que no lograron coincidir en una lengua que fuese vehículo de su expresión. En esta etapa, había tres alternativas posibles. Una era el antiguo y hierático lenguaje del judaísmo, es decir, el hebreo. Otra, el lenguaje del país de cada uno, fuera éste cual fuese. La tercera era el lenguaje popular que la mayoría de los judíos hablaban en realidad, es decir, el yiddish. O quizá podía darse una combinación de los tres elementos. Los hombres de la Ilustración judía deseaban revivir el hebreo. Ciertamente, la misma palabra *Haskalá*, con la cual preferían identificarse, era el término hebreo que significaba «comprensión» o «razón»: la usaban para señalar su compromiso con la razón, contrapuesta a la revelación, como la fuente de la verdad. Escribieron obras educativas en hebreo, dirigieron una publicación en hebreo. Pero había varias razones por las cuales el proyecto que abrazaban carecía de dinamismo. Pocos de ellos escribían con fluidez en hebreo; su líder, Mendelssohn, lo conocía muy poco. Eligieron el hebreo no porque desearan expresarse en esa lengua: con tal fin, preferían con mucho el alemán. Tampoco lo veneraban por razones religiosas. Más bien lo veían como una forma intelectualmente respetable, el equivalente judío del latín y el griego, que eran la antigua herencia cultural de la Europa cristiana. La época asistía al nacimiento de los modernos estudios filológicos. En todos los rincones de Europa los expertos compilaban gramáticas, daban forma escrita a las lenguas locales y creaban reglas: el finlandés, el húngaro, el rumano, el gaélico, el vasco, el catalán estaban siendo promovidos de la condición de jergas locales a la categoría de «idioma moderno». Los *maskilim* deseaban imponer este proceso al hebreo. Por supuesto, en rigor hubieran debido elegir el yiddish, una lengua que los judíos hablaban en realidad. Pero los *maskilim* lo aborrecían. Lo desechaban como una forma corrupta del alemán. Representaba todo lo que ellos deploraban más en el gueto y el judaísmo irredento: la pobreza, la ignorancia, la superstición y el vicio. Argüían que las únicas personas que estudiaban científicamente el yiddish eran los policías, que lo necesitaban para conocer la germanía de los ladrones.

Así, los *maskilim* revivieron el hebreo. Pero no sabían qué escribir con esta lengua. El proyecto más importante fue una presentación híbrida de la Biblia, en la que se utilizaron palabras alemanas en caracteres hebreos. Tuvo bastante éxito. Muchos miles de judíos, sobre todo de la generación más antigua, que no habían tenido acceso a las escuelas seculares, emplearon la obra para asimilar el alemán literario. Sin embargo, esta iniciativa redujo aún más el uso del hebreo. En cuanto los judíos leían en alemán y adquirían una cultura secular, su interés por el hebreo se debilitaba o desaparecía; muchos incluso se apartaron de su judaísmo. Y aun los que conservaban su fe vieron disminuir la utilidad del hebreo cuando los servicios y los libros de oraciones comenzaron a utilizar el idioma vernáculo.

Sin duda, había una tradición hebrea viva aunque tenue en literatura. Los *maskilim* consideraron que esta veta también era desagradable, por razones ideológicas. Los grandes eruditos medievales como Maimónides habían escrito en árabe. Pero la práctica de escribir en hebreo también sobrevivió en la España musulmana, y después reapareció en la Italia renacentista. Algunos judíos italianos continuaron escribiendo en un hebreo elegante durante el siglo XVII. Después, la tradición tuvo un genio: Moshé Hayyim Luzzatto (1707-1746). Este hombre notable provenía de una de las familias más antiguas y distinguidas de la comunidad judía de Padua. Era un prodigio y tuvo los mejores maestros, además de acceso a la gran universidad. Aprendió la ciencia secular, los clásicos, el italiano moderno y también el abanico entero de los estudios judaicos. Luzzatto tenía la desusada capacidad de escribir acerca de temas abstrusos en un elevado estilo académico, y también de exponer cuestiones complejas con un estilo sencillo ante un público popular. También podía expresarse en varios idiomas, antiguos y modernos. Una de sus obras está escrita en arameo, la lengua en que se escribió originariamente el *Zóhar*. Pero su modo usual de expresión era el hebreo. Produjo un caudal considerable de poesía en esta lengua, algunos poemas religiosos que no han sobrevivido y otros seculares, en honor de sus amigos. Escribió tres dramas en verso en hebreo. Sobre todo, compuso una obra ética, *Mesillat yesharim* [El camino de los virtuosos], que a fines del siglo XVIII y durante la mayor parte del XIX fue el libro hebreo más influyente y el más leído en las comunidades judías de Europa oriental.[59] ¿Acaso no era el progenitor ideal de un renacimiento hebreo? Para los judíos alemanes ilustrados no. Al contrario, simbolizaba lo que ellos deseaban repudiar y eliminar, porque Luzzatto era cabalista y místico. Peor aún: es muy posible que hubiera sido un shabetaísta secreto o algo semejante. Había adquirido, como él mismo reconoció, cierta afición a los escritos fatalmente insinuantes de Natán de Gaza, capaces de explicarlo todo una vez que se daba el primer salto hacia el irracionalismo. En Padua, parece que formó en torno a su persona un grupo de jóvenes inteligentes que andaban metidos en ideas peligrosas. Los rabinos venecianos ordenaron allanar su casa y hallaron pruebas de que practicaba la magia. Para evitar la controversia, Luzzatto viajó a Amsterdam. También allí se le prohibió practicar la Cábala. De modo que finalmente viajó a Tierra Santa, y la peste lo alcanzó en Acre.[60] Como se llamaba Moisés, y estaba casado con una joven llamada Séfora, parece que llegó a la conclusión de que eran la reencarnación de Moisés y su esposa. Muchos judíos de Oriente aceptaron esta idea, o por lo menos lo trataron como un santo. Un judío alemán culto no podía aceptar este tipo de cosas. E incluso si se desechaban sus pretensiones personales, el contenido de su ética también era inaceptable para los *maskilim*. En *Mesillat yesharim* y en una obra ulterior, *Da'at Tevunot* [El saber que discierne], realizó una brillante recapitulación del propósito de Dios en el mundo y el papel de los judíos, la alianza y la diáspora. Demostró exactamente por qué los judíos estaban en el mundo, y qué tenían que hacer para autojustificarse. Su sumario del propósito de la vida era inflexible:

La esencia de la existencia de un ser humano en este mundo consiste en que debe cumplir los mandamientos, practicar el culto y resistir la tentación. Es impropio que la felicidad mundana signifique para él más que una mera ayuda o apoyo, en el sentido de que la satisfacción y la serenidad le permitan consagrar su corazón a este servicio que recae sobre él; y es propio que la totalidad de su atención esté consagrada sólo al Creador —bendito sea— y que no tenga otro propósito en ninguno de sus actos, sea pequeño o grande, que acercarse a Él —bendito sea— y anular todas las divisiones que lo separan de su Creador.[61]

Luzzatto fue un hombre que escribía en hebreo y que propuso una filosofía coherente y rigurosa, que inspiró a millones de judíos y aún hoy continúa siendo una tradición viva en el judaísmo. Pero era anatema para los ilustrados. Lejos de utilizar el hebreo para inducir a los judíos del ex gueto a entrar en el mundo moderno y proponerles que ocupasen allí un lugar decente y honroso, hizo exactamente lo contrario. Dijo al judío que diese media vuelta y clavase la mirada en Dios, como los judíos piadosos habían hecho siempre. Por lo tanto, la tradición hebrea viva, tal como existía, no podía armonizar con el plan maestro del iluminismo.

Así, el programa consistente en desarrollar el hebreo junto con el alemán no progresó. Los judíos se limitaron a aprender alemán y se asimilaron. Los *maskilim* no podían prever que el hebreo, en efecto, tendría una formidable reaparición en la vida judía; pero como instrumento del sionismo, una forma de judaísmo que les parecía aborrecible porque la veían como mesianismo místico.

Por irónico que parezca, el idioma judío que más progresó en el siglo XIX fue el yiddish. Es una lástima que los *maskilim*, cuya capacidad para hablar y escribir alemán era el certificado de su condición ilustrada, conocieran tan poco de esta lengua. No era una simple germanía criminal. Era mucho más que una forma corrupta del alemán. Para los judíos piadosos, era una lengua «provisional», en cuanto se trataba de un instrumento que no era divino ni histórico (en términos judíos). En cuanto la historia reanudase su marcha, al aproximarse la Era Mesiánica, los judíos presumiblemente retornarían al hebreo, el idioma de la Torá, el cual en todo caso seguía utilizándose en cuestiones importantes, como el rito, el saber y en ocasiones la administración comunitaria. El yiddish, pese a tratarse de una lengua provisional, era antiguo, tan antiguo como algunas lenguas europeas. Los judíos comenzaron a crearlo a partir de los dialectos alemanes hablados en las ciudades cuando pasaron de Francia e Italia a la Lotaringia de habla alemana. El antiguo yiddish (1250-1500) señaló el primer contacto de los judíos de habla alemana con los judíos eslavos, que usaban un dialecto denominado knaanico. Durante los doscientos años que van de 1500 a 1700, apareció el yiddish medio, que poco a poco adquirió un carácter más eslavo y dialectal. Finalmente, el yiddish moderno se formó durante el siglo XVIII. Su forma literaria se transformó completamente en el medio siglo que va de 1810 a 1860, en las ciudades de la diáspora de Europa oriental, donde proliferaron los diarios y las revistas en yiddish y prosperó el comercio de libros en esta lengua. Los filólogos y los gramáticos lo ordenaron. Hacia 1908 había alcanzado un nivel que permitió a sus defensores celebrar una conferencia mundial del yiddish en Czernowitz. Cuando la población judía de Europa oriental creció, también aumentó el número de personas que hablaban, leían y escribían esta lengua. Hacia fines de la década de 1930 era el idioma principal de unos once millones de personas. El yiddish era un idioma fecundo y vivo, la lengua coloquial de una tribu urbana. Tenía las limitaciones propias de sus orígenes. Había muy pocas palabras yiddish para designar animales y prácticamente carecía de vocabulario militar. Tales defectos fueron compensados con préstamos del alemán, el polaco y el ruso. El yiddish demostró especial eficacia para tomar prestado: del árabe, del hebreo-arameo, de todo lo que se le cruzara en el camino. A su vez, también realizó aportaciones al hebreo y al inglés norteamericano. Pero su virtud principal estaba en su sutileza interna, y sobre todo en su caracterización de los sentimientos humanos.[62] Era la lengua de la sabiduría de la calle, la lengua del oprimido inteligente; del patetismo, la resignación y el sufrimiento, aliviados por el humor, la ironía intensa y la superstición. Isaac Bashevis Singer, el más grande de los hombres que utilizó este idioma, señaló que es la única lengua que jamás ha sido hablada por los hombres que ostentaban el poder.

El yiddish era la lengua natural de una nación judía renacida, porque se lo hablaba y se lo vivía ampliamente; y en la segunda mitad del siglo XIX comenzó a producir con bastante rapidez una literatura importante formada por relatos, poemas, obras de teatro y novelas. Pero había muchas razones que le impedían realizar su destino señalado. Soportaba la carga de muchas paradojas. A juicio de gran número de rabinos era el idioma de las mujeres, que no tenían inteligencia o educación suficientes para estudiar en hebreo. En cambio, los *maskilim* alemanes lo relacionaban con la ortodoxia, porque su uso alentaba el atraso, la superstición y la irracionalidad. Por ejemplo, en la numerosa comunidad judía de Hungría el húngaro se usaba en la vida cotidiana y el yiddish era el idioma de la instrucción religiosa. Los niños judíos tenían que traducir al yiddish los textos hebreos y arameos, de modo que se asociaba con la ortodoxia incorrupta. En cambio, en los distritos judíos de Rusia y en la Galitzia austríaca, a menudo era el idioma de la secularización. Durante la segunda mitad del siglo XIX casi todas las comunidades judías importantes de Europa oriental tenían un grupo de ateos y radicales, que expresaban su discrepancia en yiddish y leían libros y periódicos yiddish que reflejaban las mismas opiniones. Pero ni siquiera en el este, donde el yiddish era la lengua mayoritaria entre los judíos, podía afirmarse que tuviese el monopolio de la vida secular, pues los extremistas políticos se orientaron cada vez más hacia el alemán, y después hacia el ruso. En general, los secularizadores ajenos a la política, en un estilo genuinamente *maskil*, asignaban una categoría superior al hebreo. La idea fue formulada por Nahum Slouschz, que tradujo al hebreo obras de Zola, Flaubert y Maupassant:

> Mientras el judío emancipado de Occidente sustituyó el hebreo por el idioma vernáculo de su país de adopción; mientras los rabinos desconfiaban de todo lo que no era religión y los protectores ricos se negaban a apoyar una literatura que no tenía su propio lugar en la buena sociedad; mientras todos estos elementos mantenían la distancia, el *maskil*, el «intelectual» de la pequeña ciudad de provincias, el *mehabber* [autor] polaco, despreciado y desconocido, con frecuencia mártir de sus convicciones, que consagraba el corazón, el alma y el poder al mantenimiento honroso de las tradiciones literarias del hebreo... sólo él se mantuvo fiel a lo que había sido la auténtica misión del lenguaje de la Biblia desde sus comienzos.[63]

No le faltaba razón. Pero había muchos escritores en yiddish que podían esgrimir en su propia defensa argumentos igualmente heroicos y conmovedores, y que tenían al menos el mismo derecho a declarar su condición de sostenedores del espíritu judío.

En resumen, durante las primeras décadas del siglo XIX el enfoque y el futuro lingüísticos judíos eran confusos, por razones que arraigaban profundamente en la historia y la fe. Esta confusión lingüística fue sólo una parte de la confusión cultural mucho más amplia. Y esta confusión cultural provino a su vez de la confusión religiosa cada vez más notoria de los propios judíos, una situación que puede resumirse en una frase: ¿El judaísmo era parte de la vida o el todo? Si era sólo una parte, cabía concebir un compromiso con la modernidad. En ese caso, era posible que los judíos sencillamente se disolvieran en las sociedades mayoritarias que los rodeaban. Si era el todo, lo único que habían conseguido era reemplazar el gueto de piedra por el gueto intelectual. De modo que también en ese caso la mayoría de los judíos trataría de fugarse de la prisión y se perdería definitivamente para la Ley. Todos los compromisos que hemos examinado se derrumbaron ante la lógica imponente de esta sombría alternativa.

Por lo tanto, el eje del problema judío durante la primera mitad del siglo XIX fue la falta de un programa acordado o un liderazgo unido. Mientras otros pueblos oprimidos e insurgentes podían concentrar su energía y marchar tras las banderas del nacionalismo y la independencia, los judíos eran rebeldes sin causa. O más bien, sabían contra qué se rebelaban —tanto la sociedad hostil en la cual se habían instalado, y que les concedía la ciudadanía plena de mala gana, cuando se la concedía, como el asfixiante abrazo del judaísmo del gueto—, pero no sabían en persecución de qué metas se rebelaban. De todos modos, y pese a su carácter informe, la rebelión judía era auténtica, y los rebeldes considerados individualmente, aunque carecieran de un objetivo común, eran formidables. En conjunto, formaban una fuerza enorme orientada hacia el bien y el mal. Hasta aquí hemos examinado un único aspecto del problema de la emancipación: ¿cómo podían los judíos liberados del gueto adaptarse a la sociedad? El otro aspecto tenía la misma importancia: ¿cómo podía la sociedad adaptarse a los judíos liberados?

El problema tenía proporciones gigantescas, porque durante mil quinientos años la sociedad judía se había orientado hacia la producción de intelectuales. Es cierto que eran intelectuales de carácter sacerdotal, al servicio de la Torá. Pero tenían todas las características del intelectual: la tendencia a seguir el desarrollo de las ideas a expensas de la gente; las facultades críticas cada vez más afinadas; la capacidad destructiva tanto como la creadora. La sociedad judía se orientaba hacia el sostén de estas figuras. En el documento que lo designaba, el rabino de la comunidad recibía el nombre de «señor del lugar». Se le dispensaban los honores principales, como descendiente espiritual del propio Moisés. Era el modelo local del judío ideal. Era el sabio carismático. Dedicaba su vida a asimilar un material abstruso y a regurgitarlo después en concordancia con sus propias opiniones. Esperaba contar con el apoyo de la riqueza de los oligarcas locales, y lo conseguía. Los judíos financiaron su cultura muchos siglos antes de que esta costumbre se convirtiese en función del estado de bienestar occidental. Los mercaderes ricos desposaban a las hijas de los sabios; al alumno brillante de la *yeshivá* se le buscaba una esposa adinerada, con el fin de que pudiese estudiar más. Por lo tanto, el sistema que determinaba que los sabios y los comerciantes dirigiesen unidos la comunidad redistribuía la riqueza más que la concentraba. También garantizaba la producción de un elevado número de personas muy inteligentes a quienes se les ofrecían todas las oportunidades para desarrollar las ideas. Y de pronto, alrededor del año 1800, este antiguo y muy eficaz mecanismo social para la producción de intelectuales comenzó a modificar su orientación. En lugar de volcar todos sus productos en el circuito cerrado de los estudios rabínicos, donde permanecían completamente aislados de la sociedad general, inclinó una proporción importante y cada vez más elevada de este grupo hacia la vida secular. Fue un hecho de importancia decisiva en la historia del mundo.

Heinrich Heine (1797-1856) fue el arquetipo del nuevo fenómeno. Nació en Düsseldorf, en el seno de una familia de comerciantes. Cincuenta años antes se habría convertido, sin ninguna duda, en rabino y estudioso del Talmud, y también seguramente en una figura distinguida en esas áreas. En cambio, fue un producto del torbellino revolucionario. Alrededor de los dieciséis años, sin haberse apartado del lugar en que nació, había sufrido seis cambios de nacionalidad. Su familia estaba emancipada a medias. Su madre, Piera van Geldern, alentaba ambiciones seculares en relación con su hijo. Cuando los ejércitos de Napoleón avanzaban, lo veía en el papel de cortesano, de mariscal, de político o gobernante; cuando los franceses se retiraban, se transformaba en un hombre de negocios millonario.[64] Se ocupó de que Heine recibiera muy escasa educación judía y lo envió al liceo católico. Heine carecía de identidad personal, religiosa, racial y nacional. Su nombre judío era Hayyim. En la niñez lo llamaban Harry. Después adoptó el nombre de Heinrich, pero firmaba sus obras «H. Heine» y detestaba que se reemplazara la hache por el nombre completo.[65] Pasó su infancia en la creación napoleónica que fue el Gran Ducado de Berg, de modo que afirmaba que su espíritu era francés. En cambio, el libro más importante de su niñez fue la gran Biblia luterana, el más alemán de todos los libros. Se trasladó a París en 1831 y no regresó a Alemania (salvo para dos breves visitas). Pero nunca solicitó la ciudadanía francesa, pese a que reunía las condiciones necesarias. Escribió todas sus obras en alemán. Creía que los alemanes, aunque a menudo perversos, eran más profundos; los franceses vivían en la superficie. La poesía francesa era «requesón perfumado».[66]

Las ambigüedades de Heine respecto de su judaísmo podrían ocupar, y en efecto han ocupado, muchos libros.[67] No aprendió a leer con fluidez en hebreo. Detestaba ser judío. Escribió acerca de «las tres enfermedades malignas: la pobreza, el dolor y la condición judía». En 1822 se relacionó por poco tiempo con la Sociedad para la Ciencia Judía, pero no aportó nada. No creía en el judaísmo propiamente dicho, y lo veía como una fuerza antihumana. Escribió al año siguiente: «Reconozco que exhibiré entusiasmo por los derechos de los judíos y su igualdad civil; y en los malos tiempos, que son inevitables, la turba germana escuchará mi voz, de modo que resuene en las cervecerías y los palacios alemanes. Pero el enemigo nato de todo lo que sea una religión positiva jamás defenderá esa religión que fue la primera en promover en los seres humanos esa conciencia culpable que ahora nos provoca tantos sufrimientos.»[68] Pero si rechazaba el judaísmo talmúdico, despreciaba la nueva versión de la Reforma. Los reformadores eran «podólogos» que habían «intentado curar con sangrías la desagradable excrecencia de la piel que afectaba al judaísmo, y con sus vendajes torpes y tenues de racionalismo, Israel se desangrará [...] ya no tenemos la fuerza necesaria para llevar barba, ayunar, odiar y soportar el odio; ése es el motivo de nuestra Reforma». Todo se reducía, afirmó desdeñosamente, a convertir a «una pequeña cristiandad protestante en un grupo judío. Confeccionan un echarpe con la lana del Cordero de Dios, y un chaleco con las plumas del Espíritu Santo, el calzoncillo con el amor cristiano, y quebrarán, y sus sucesores serán llamados: Dios, Cristo & Co».[69]

Pero si Heine profesaba antipatía tanto a los judíos ortodoxos como a los reformados, los *maskilim* le desagradaban todavía más. Los veía como trepadores que buscaban el bautismo. Observó que cuatro de los seis hijos de Mendelssohn se convirtieron. El segundo marido de su hija Dorotea fue Friedrich Schlegel y ella se convirtió en una católica reaccionaria. El nieto de Mendelssohn, Felix, llegó a ser el principal compositor de música cristiana. Tal vez no fue Heine quien dijo: «El acto más judío que jamás realizó Mendelssohn fue convertirse en cristiano.» Pero ciertamente observó: «Si yo tuviera la suerte de ser el nieto de Moses Mendelssohn, seguramente no utilizaría mi talento para poner en música la orina del Cordero.»[70] Cuando Eduard Gans se convirtió, Heine lo tildó de «canalla», culpable de «felonía», de «traición», peor que Burke (a juicio de Heine el architraidor que había traicionado la causa de la revolución). Señaló el bautismo de Gans con un agrio poema, *An einen Abtrünnigen* [A un apóstata].

Sin embargo, el propio Heine se había convertido al protestantismo apenas unos meses antes, tres días después de obtener su doctorado. Los motivos que lo indujeron a dar ese paso fueron completamente mundanos. Por una ley de agosto de 1822, los judíos habían sido excluidos de los cargos académicos oficiales, en una medida que apuntaba concretamente contra Gans. Diez años después Heine defendió su protestantismo diciendo que era su «protesta contra la injusticia», su «entusiasmo bélico, que me llevó a intervenir en las luchas de esta Iglesia militante». Esto era una necedad, pues Heine también sostuvo que el espíritu del protestantismo no era en absoluto religioso. «La carne exuberante de los cuadros de Tiziano, eso es todo el protestantismo. Las nalgas de su Venus son tesis mucho más fundamentales que las que el monje alemán clavó en la puerta de la iglesia de Wittenberg.» Y por la época en que recibió el bautismo, escribió a su amigo Moses Moser: «No me gustaría que vieras mi bautismo desde una perspectiva utilitaria. Puedo asegurarte que si nuestras leyes permitieran el robo de los cubiertos de plata, yo no lo habría hecho.»[71] Su afirmación en el sentido de que el bautismo era «el billete de admisión en la cultura europea» llegó a ser célebre.[72]

Entonces, ¿por qué Heine atacó a Gans precisamente por lo mismo que él hacía? No hay una explicación satisfactoria. Heine tenía un sentimiento de destrucción que pronto sería usual en los judíos emancipados y apóstatas: una forma peculiar de odio de sí mismo. En la persona de Gans estaba atacándose a sí mismo. En un periodo posterior de su vida solía decir que lamentaba haberse bautizado. Según decía, no le había aportado ninguna ventaja material. En cambio, no permitía que lo presentasen públicamente como judío. En 1835, faltando a la verdad, dijo que nunca había pisado una sinagoga. Deseaba repudiar su propia condición judía, así como su odio judío de sí mismo, que lo llevó a hacer muchas observaciones antisemitas. Uno de sus blancos preferidos fue la familia Rothschild, a la que acusó de conceder préstamos a las grandes potencias reaccionarias. En todo caso, ésa era su razón respetable para atacarla. Pero sus comentarios más ponzoñosos estaban reservados para el barón James de Rothschild y su esposa, quienes lo habían tratado muy amablemente en París. Dijo que había visto a un corredor de bolsa inclinándose con reverencia ante el orinal del barón. Llamaba a éste «Herr von Shylock de París». Y decía: «Hay un solo Dios: Mammón. Y Rothschild es su profeta.» Declaró que el Talmud, otrora la defensa de los judíos frente a Roma, ya no era necesario, pues cada principio de trimestre el nuncio papal debía pagar al barón James el interés por su préstamo. Nada de todo esto le impidió obtener mucho dinero de los Rothschild o vanagloriarse de que sus relaciones con ellos eran (como dijo el propio Heine) «familionarias».[73]

De hecho, Heine esperaba que los judíos acaudalados lo mantuviesen, pese a que no era un estudioso rabínico, sino un intelectual secular. Su padre había sido un fracaso irremediable en los negocios y sus propios esfuerzos apenas lo beneficiaron. De modo que siempre vivió dependiendo de su tío, Solomon Heine, un banquero de Hamburgo que se convirtió en uno de los hombres más ricos de Europa. Por mucho que recibiera, Heine siempre necesitaba dinero. Incluso se rebajó a aceptar una pensión anual secreta de 4.800 francos otorgada por el gobierno de Luis Felipe. Pero en general presionaba al tío Solomon y nunca con excesiva cortesía: «Tu mejor cualidad —le escribió en 1836— es que llevas mi apellido.» El tío tenía una actitud escéptica acerca de los méritos de Heine, y cierta vez comentó: «Si hubiese aprendido algo, no necesitaría escribir libros.» Opinaba que su sobrino era hasta cierto punto un *schnorrer*, un sablista. Pero fiel a la antigua tradición, el tió Solomon pagaba. En 1844, al fallecer, dejó a Heine una herencia, pero con la condición de que el poeta no lo atacase ni criticase a su familia. La suma fue menor de lo esperado por Heine, de modo que el escritor se enredó con el hijo de Solomon en una prolongada disputa acerca del testamento.[74]

Éste era el marco personal del sorprendente genio de

Heine. En la década de 1820 desplazó a Byron en la condición del poeta europeo más ampliamente aclamado. El momento decisivo llegó con su *Buch der Lieder* [Libro de canciones] (1827), que contenía piezas tan famosas como «Lorelei» y «Auf Flügeln des Gesanges» («En alas del canto»). Los alemanes lo reconocieron como el literato más grande después de Goethe. Cuando se instaló en París, se lo saludó como un héroe de la cultura europea. Su prosa era tan brillante y popular como su poesía. Escribió deslumbrantes libros de viajes. De hecho creó un nuevo género de la literatura francesa, el ensayo breve o *feuilleton*. Dispersó gran parte de su energía en furiosas disputas y en la destrucción de reputaciones ajenas, una vertiente en que el odio de sí mismo (o lo que fuese) encontró expresión, y que era tan extravagante que generalmente provocaba simpatía hacia la víctima. Pero su fama continuó extendiéndose. Contrajo una enfermedad venérea que le afectó la columna vertebral, que lo confinó a un sofá durante su última década de vida. Pero sus últimos poemas fueron aún mejores que los anteriores. Es más, su lírica se adaptaba perfectamente a la nueva canción artística alemana, que entonces se difundía por Europa y América del Norte, de modo que todos los compositores importantes, desde Schubert y Schumann en adelante, pusieron música a estas piezas. No había modo de evitar a Heine, ni entonces ni a partir de su aparición, sobre todo en el caso de los alemanes, en quienes evocaba reacciones irresistibles. Sus obras fueron utilizadas como textos escolares alemanes incluso cuando el escritor aún vivía.

A muchos alemanes les costaba reconocer que este judío tuviese un oído alemán tan perfecto. Trataron de acusarlo de «superficialidad judía», contrapuesta a la auténtica profundidad alemana. La acusación no se sostenía, pues era evidentemente falsa. Todo sucedía como si un talento muy refinado hubiese estado incubándose secretamente en el gueto a lo largo de muchas generaciones, adquiriendo un código genético cada vez más poderoso para surgir después súbitamente y descubrir su instrumento perfecto en el idioma alemán de principios del siglo XIX. Se había dilucidado la cuestión: el judío y el alemán mantenían una relación intelectual de carácter especial. El judío alemán era un fenómeno nuevo de la cultura europea. En el caso de los antisemitas alemanes, esta situación originaba un problema emocional casi insoportable, que se condensaba y resumía en Heine. No podían negar su genio; pero su expresión en alemán les parecía intolerable. Su presencia fantasmagórica en el centro mismo de la literatura alemana condujo a los nazis a una cólera incoherente y un vandalismo infantil. Destruyeron todos sus libros, y como no podían borrar sus poemas de las antologías se vieron forzados a reimprimirlos con lo que todos los escolares sabían que era una mentira: «De autor anónimo.» Se apoderaron de una estatua de Heine, antes propiedad de la emperatriz Isabel de Austria, y la usaron para hacer prácticas de tiro. En 1941, por orden personal de Hitler, se procedió a profanar su tumba en el cementerio de Montmartre. Nada cambió. Durante los últimos cincuenta años, la obra de Heine ha suscitado, especialmente entre los alemanes, debates más encendidos que ninguna otra figura de su literatura.

Por insistencia de Metternich habían prohibido también a Heine en vida, no por judío, sino por subversivo. Ahí había otra paradoja, además típicamente judía. Desde el momento de la emancipación se acusó a los judíos tanto del intento de congraciarse con el régimen establecido, de incorporarse al mismo y dominarlo, como, simultáneamente, del esfuerzo encaminado a destruirlo por completo. Ambas acusaciones tenían un elemento de verdad. La familia Heine era un ejemplo apropiado. Después de los propios Rothschild, que acumularon títulos de media docena de reinos e imperios, los Heine eran la familia europea que exhibía mayor impulso ascendente. Gustav, hermano de Heinrich, recibió el título de caballero y se convirtió en el barón von Heine-Geldern. Su hermano Maximilian contrajo matrimonio con una joven de la aristocracia zarista y solía usar el apellido Von Heine. El hijo de su hermana se convirtió en el barón Von Embden. La hija de su hermana contrajo matrimonio con un príncipe italiano. Una de las parientes cercanas de Heine se convirtió en la princesa Murat, y otra se unió con el príncipe reinante de Mónaco.[75] El propio Heine fue el prototipo y al mismo tiempo el arquetipo de una nueva figura de la literatura europea: el escritor radical judío, que usaba su habilidad, su reputación y su popularidad para debilitar la confianza intelectual del orden establecido.

Ante la imagen de Heine como un radical de toda la vida se impone hacer una importante salvedad. Por lo menos en privado siempre distinguió entre los adustos progresistas políticos y los de carácter literario como él mismo. Detestaba el puritanismo de aquéllos. Escribió a uno de esos personajes políticos: «Vosotros exigís un atuendo sencillo, costumbres abstemias y placeres intempestivos; en cambio, nosotros reclamamos néctar y ambrosía, capas púrpuras, aromas suntuosos, voluptuosidad y lujuria, danzas de alegres ninfas, música y comedias.»[76] También en la esfera privada su conservadurismo se exacerbó con la edad. En 1841 escribió a Gustav Kolb: «Temo mucho el carácter atroz del dominio proletario, y os confieso que por temor me he convertido en conservador.» Cuando su larga y última enfermedad lo confinó a lo que él mismo llamó «mi colchón-tumba», regresó a cierta forma de judaísmo. En efecto, insistió entonces, no del todo verazmente: «No he hecho secreto de mi judaísmo, al que no he vuelto porque nunca lo abandoné» (1850). Sus últimos libros de poemas, que fueron también los más grandes, *Romanzero* (1851) y *Vermischte Schriften* [Escritos escogidos] (1854), señalan un retorno a los temas religiosos, a veces con un sesgo intelectual judaico. Como miles de judíos brillantes antes y después, llegó a relacionar el espíritu helénico de aventura intelectual con la salud y la fuerza, en momentos en que la edad y el sufrimiento lo reorientaban hacia las formas sencillas de la fe. «Ya no soy —escribió a un amigo— un heleno brioso y bien alimentado que sonríe con superioridad a los sombríos nazarenos. Ahora soy sólo un judío mortalmente enfermo, una demacrada imagen del sufrimiento, un ser desgraciado.» O también: «Afectado por la filosofía atea, he retornado a la fe humilde del hombre común.»[77]

De todos modos, la personalidad pública de Heine tenía un perfil abrumadoramente radical, y en medida considerable lo conservó. A los ojos de varias generaciones de intelectuales europeos, su vida y su obra fueron un poema a la libertad. A los judíos en particular, les presentó la tradición progresista francesa como la historia auténtica del progreso humano, el progreso que todos los jóvenes inteligentes, hombres y mujeres, debían promover, cada uno en su momento, para avanzar una legua o dos más. Estuvo cerca de una declaración pública de fe cuando escribió:

La libertad es la nueva religión, la religión de nuestro tiempo. Si Cristo no es el dios de esta nueva religión, en todo caso es un sumo sacerdote de la misma, y su nombre refulge beatífico en los corazones de los apóstoles. Pero los franceses son el pueblo elegido de la nueva religión, y su idioma registra los primeros evangelios y dogmas. París es la Nueva Jerusalén, el Rin es el Jordán que separa la tierra consagrada de la libertad del país de los filisteos.

Durante un tiempo Heine incluso se convirtió, o imaginó convertirse, en discípulo de Saint-Simon. En Heine había una veta de hippy, de «niño de las flores». «El papel de las flores y los ruiseñores está estrechamente unido con la revolución», escribió, y citó la frase de Saint-Simon: «El futuro es nuestro.» Heine nunca se comprometió con determinada teoría del socialismo revolucionario. No obstante, en París se asoció con muchas personas que intentaban desarrollar algo por el estilo. Y esos individuos a menudo eran de origen judío:

Uno fue el joven Karl Marx, que llegó a París en 1843. Había sido director del *Rheinische Zeitung*, el periódico radical de Colonia que el socialista judío Moses Hess (1812-1875) había contribuido a fundar en 1843. Duró sólo quince meses, hasta que el gobierno prusiano lo cerró, y Marx se unió a Hess en el exilio parisiense. Sin embargo, los dos socialistas tenían pocas cosas en común. Hess era un auténtico judío, cuyo radicalismo asumió la forma del nacionalismo judío y, con el tiempo, la del sionismo. En cambio, Marx carecía por completo de educación judía y nunca intentó adquirirla. En París, él y Heine trabaron amistad. Juntos compusieron poesía. Heine salvó la vida de la hija de Marx, la pequeña Jennie, cuando ésta sufrió convulsiones. Han sobrevivido unas pocas cartas cruzadas entre ellos, y seguramente hubo más.[78] La ironía de Heine acerca de la religión como un «opio espiritual» fue la fuente de la frase de Marx acerca del «opio del pueblo». No obstante, la idea de que Heine fue el Juan Bautista de Marx, concebido como Cristo, que estuvo de moda en la erudición alemana de la década de 1960, es absurda. Había una enorme diferencia de temperamentos entre ellos. Según el testimonio de Arnold Ruge, Marx decía a Heine: «Renuncia a esos eternos lamentos acerca del amor y muestra a los poetas líricos cómo debe hacerse: con el látigo.»[79] Pero lo que Heine temía era precisamente el látigo: «El futuro [socialista] —escribió— huele a *knut*, a sangre, a ateísmo y a muchos, muchísimos castigos»; «pienso con miedo y horror en el momento en que esos sombríos iconoclastas asuman el poder». Repudió a «mi obstinado amigo Marx», uno de los «dioses ateos autodesignados».

Lo que los dos hombres tenían en común era sobre todo su extraordinaria capacidad de odio, expresada en envenenados ataques no sólo a los enemigos, sino también (especialmente) a los amigos y los benefactores. Era parte del odio de sí mismo que compartían como judíos apóstatas. Marx padecía este mal en medida todavía mayor que Heine. Trató de excluir de su vida el judaísmo. Mientras Heine se sentía profundamente turbado por las atrocidades de Damasco en 1840, Marx se abstuvo intencionadamente de demostrar la más mínima inquietud por las injusticias infligidas a los judíos en el curso de su vida.[80] Pese a que Marx desconocía el judaísmo como tal, no cabe duda acerca de su condición judía. Como en el caso de Heine y de los demás, su concepto del progreso estuvo profundamente influido por Hegel, si bien su sentido de la historia como una fuerza positiva y dinámica en la sociedad humana, regida por leyes de hierro, una especie de Torá del ateo, es profundamente judía. Su milenarismo comunista arraiga profundamente en la apocalíptica y el mesianismo judíos. Su concepto del gobierno era el concepto del catedrócrata. El control de la revolución estaría en manos de una intelectualidad selecta, que había estudiado los textos y comprendido las leyes de la historia. Estos individuos formarían la cúpula dirigente. El proletariado, «los hombres sin sustancia», eran nada más que los medios, y su deber consistía en obedecer; a semejanza de Ezra el Escriba, los juzgaba personas ignorantes de la Ley, nada más que la «gente de la tierra».

La metodología de Marx también era completamente rabínica. Todas sus conclusiones derivaban exclusivamente de los libros. Jamás puso el pie en una fábrica, y rechazó el ofrecimiento de Engels de llevarlo a visitar una de ellas. Como el *gaón* de Vilna, se encerraba con sus textos y resolvía los misterios del universo en su estudio. Según él mismo dijo, «soy una máquina condenada a devorar libros».[81] Afirmó que su obra era «científica», pero no era más científica que la teología. Su temperamento era religioso, y Marx demostró que era incapaz de realizar una demostración objetiva y empírica. Sencillamente reunía el material que tenía probabilidades de aportar la «prueba» de las conclusiones a las que ya había llegado en su cabeza, y que eran tan dogmáticas como las de un rabino o un cabalista. Sus métodos fueron bien resumidos por Karl Jaspers:

> El estilo de los escritos de Marx no es el del investigador [...] no cita ejemplos ni aduce hechos que se opongan a su propia teoría, y menciona sólo los que apoyan o confirman claramente lo que él cree que es la verdad definitiva. El enfoque general es el de la apología, no el de la investigación, pero se trata de la apología de algo proclamado como la verdad perfecta con la convicción no del científico, sino del creyente.[82]

Despojada de su documentación espuria, la teoría de Marx acerca del modo en que se desenvuelven la historia, la clase y la producción, y en que se desarrollarán, no es en esencia distinta de la teoría cabalística de Luria acerca de la Era Mesiánica, sobre todo en la forma corregida por Natán de Gaza, al extremo de que puede englobar todos los hechos, por embarazosos que sean. En resumen, no es en absoluto una teoría científica, sino un fragmento de astuta superstición judía.

Finalmente, Marx fue el eterno estudioso rabínico en su actitud frente al dinero. Aspiraba a obtenerlo con el fin de financiar sus estudios, recibiéndolo primero de su familia, después del comerciante Engels, como lo atestiguan sus interminables y prepotentes cartas en el estilo de un *schnorrer*. Pero sus estudios, como sucedió con los de tantos rabinos eruditos, nunca concluían. Después de la publicación del primer volumen de *El capital*, nunca pudo organizar el resto, y dejó sus papeles en total confusión; con ese material, Engels publicó los volúmenes segundo y tercero. Así, el gran comentario acerca de la ley de la historia terminó en la confusión y la duda. ¿Qué sucedía cuando llegaba el Mesías, cuando «los expropiadores son expropiados»? Marx no podía afirmarlo; no lo sabía. De todos modos profetizó la revolución del Mesías: en 1849, en agosto de 1850, en 1851, en 1852, «entre noviembre de 1852 y febrero de 1853», en 1854, en 1857, en 1858 y en 1859.[83] Su obra posterior, como la de Natán de Gaza, fue en buena medida una explicación de la ausencia de este acontecimiento.

Marx no fue simplemente un pensador judío, fue también un pensador antijudío. Allí reside la paradoja, que ejerce una influencia de trágica importancia tanto sobre la historia del desarrollo marxista como sobre su realización en la Unión Soviética y la progenie de ésta. Las raíces del antisemitismo de Marx eran profundas. Ya hemos visto el papel que la polémica antijudía representó en las obras de escritores ilustrados como Voltaire. Esta tradición se prolongó en dos corrientes. Una era la corriente «idealista» alemana, que pasaba por Goethe, Fichte, Hegel y Bauer, en cada uno de los cuales los elementos antijudíos se acentuaban cada vez más. La otra era la corriente «socialista» francesa. Ésta unía a los judíos con la revolución industrial y el enorme incremento del comercio y el materialismo que señaló el comienzo del siglo XIX. En un libro publicado en 1808, François Fourier afirmó que el comercio era «la fuente de todo mal», y los judíos, «la encarnación del comercio».[84] Pierre-Joseph Proudhon llegó incluso más lejos y acusó a los judíos de «haber convertido a la burguesía, alta y baja, en entes similares a ellos mismos, en todo el territorio europeo». Los judíos eran una «raza insociable, obstinada e infernal [...] el enemigo de la humanidad. Debemos devolver esta raza a Asia, o exterminarla».[85] Alphonse Toussenel, partidario de Fourier, editó el periódico antisemita *Phalange*, y en 1845 publicó el primer ataque en gran escala contra los judíos, a los que consideró una red de conspiradores comerciales contra la humanidad: *Les Juifs: rois de l'époque: histoire de la féodalité financière* [Los judíos: reyes de la época, historia de la feudalidad financiera]. Esta obra se convirtió en una fuente fundamental de la literatura antisemita publicada en muchos idiomas durante las cuatro décadas siguientes.

Marx absorbió ambas corrientes y agregó a las turbias aguas el flujo de su propia angustia. En su análisis de los judíos revolucionarios, el historiador Robert Wistrich considera que el odio de sí mismos que experimentaban algunos de ellos reflejaba la cólera de algunos individuos muy inteligentes que eran miembros de una minoría oprimida y a quienes se negaba la posición y el reconocimiento sociales que sus talentos justificaban. Los pensadores ilustrados, tanto franceses como alemanes, argüían que los rasgos objetables del judaísmo debían eliminarse antes de que el judío pudiese ser libre: los judíos que soportaban la discriminación aceptaban esta actitud, y así a menudo dirigían su cólera más contra el judío irredento que contra quienes los perseguían a ambos.[86] El odio de sí mismo se concentraba en el judío del gueto, que era, por supuesto, el arquetipo antisemita. Heine, que en realidad sabía muy poco acerca del modo en que vivía realmente la mayoría de los judíos, usaba todos los clisés antisemitas cuando este odio de sí mismo lo dominaba. Marx, que sabía incluso menos, tomaba prestadas sus ofensas directamente del café de los estudiantes gentiles. Y ambos utilizaban la caricatura del gueto para zaherir a judíos educados y bautizados como ellos mismos, y sobre todo a otros progresistas semejantes a ellos. Uno de los ataques más perversos y casi incomprensibles de Heine tuvo como blanco a Ludwig Börne (1786-1837), que había nacido con el nombre de Lob Baruch y era un escritor judío radical y bautizado, cuyos antecedentes y opiniones eran análogos a los del propio Heine.[87] Parece que Marx adoptó esta costumbre imitando a Heine.[88] Así, mientras él mismo intentaba, siempre que era posible, disimular sus orígenes judíos, a cada momento atacaba a sus antagonistas judíos por este mismo defecto. Y preguntaba: ¿Por qué Joseph Moses Levi, propietario del *Daily Telegraph* de Londres y judío bautizado, intenta que «se lo incluya en la raza anglosajona [...] si la Madre Naturaleza ha escrito su linaje con absurdas mayúsculas justo en el centro de su cara?»[89]

Pero el más flagrante ejemplo de autodesprecio en Marx se orientó hacia su colega socialista Ferdinand Lassalle (1825-1864), un judío de Breslau que cambió su nombre original, que era Lasal, en honor del héroe revolucionario francés y que se convertiría en el fundador del socialismo alemán como movimiento de masas. Sus resultados prácticos en favor de la causa fueron mucho más considerables que los de Marx. Pese a esto, o quizá por eso mismo, se convirtió en blanco de una extraordinaria serie de vituperios en la correspondencia de Marx con Engels. Marx lo llamaba «Barón Itzig» o el «Negro Judío». Lo veía como un judío polaco, y (según decía) «los judíos de Polonia son la más sucia de todas las razas».[90] Engels escribió a Marx el 7 de marzo de 1856: «[Lassalle] es un auténtico judío de la frontera eslava, y siempre se ha mostrado dispuesto a aprovechar los asuntos de partido con fines privados. Es repugnante ver cómo siempre trata de abrirse paso en el mundo aristocrático. Es un judío grasiento disfrazado con brillantina y joyas relucientes.»[91] Al atacar la condición judía de Lassalle y burlarse de su sífilis, Marx no tuvo escrúpulos en utilizar la más antigua de todas las calumnias antisemitas. Así, escribió a Engels el 10 de mayo de 1861: «A propósito de Lassalle-Lázaro. En su gran obra sobre Egipto, Lepsius ha demostrado que el éxodo de los judíos de Egipto es la misma historia que narra Manetón de la expulsión de Egipto del "pueblo leproso". A la cabeza de estos leprosos estaba un sacerdote egipcio, Moisés. Por lo tanto, el leproso Lázaro es el arquetipo del judío, y Lassalle es el leproso típico.»[92] O también, el 30 de julio de 1862: «Ahora me parece muy claro, como lo indica la forma de su cabeza y el crecimiento de sus cabellos, que desciende de los negros que se unieron a Moisés en la huida de Egipto (salvo que la madre o la abuela por el lado paterno se cruzaran con un negro). Esta unión del judío y el alemán sobre una base negra tenía que producir un híbrido extraordinario.»[93]

El antisemitismo personal de Marx, por desagradable que fuese en sí mismo, tal vez no habría representado en la obra de su vida más de lo que representó en el caso de la de Heine, de no haber sido parte de un antisemitismo sistemático y teórico en el que Marx, adoptando en esto una actitud completamente distinta a la de Heine, creía profundamente. En realidad, puede afirmarse que la teoría del comunismo fue el producto final del antisemitismo teórico de Marx. Spinoza había sido el primero en demostrar el modo en que una crítica del judaísmo podía utilizarse para alcanzar conclusiones radicales acerca del mundo. Su ejemplo había sido seguido por la Ilustración francesa, aunque el trato que éstos dispensaron al judaísmo tuvo un tono mucho más hostil y racista. Entre los escritores alemanes radicales, la idea de que la resolución del «problema judío» podía aportar una clave para la resolución de los problemas de la humanidad era un tema de intenso análisis. Durante las décadas de 1820 y 1830, éste fue el camino que Ludwig Börne, blanco de tantas ofensas, había seguido para marchar hacia el socialismo.[94] En 1843 Bruno Bauer, líder antisemita de la izquierda hegeliana, publicó un ensayo que exigía que los judíos abandonasen por completo el judaísmo y transformasen su demanda de igualdad de derechos en una campaña general por la liberación humana tanto de la religión como de la tiranía estatal.[95]

Marx replicó a la obra de Bauer en dos ensayos sobre «la cuestión judía» publicados en los *Deutsch-Französische Jahrbücher*, en 1844, el mismo año en que Disraeli publicó *Tancred*.[96] Marx aceptó por completo el marco salvajemente antisemita de la argumentación de Bauer, de la cual dijo que estaba escrita «con audacia, percepción, ingenio y minuciosidad, en un lenguaje que es tan preciso como vigoroso y significativo». Citó con aprobación la afirmación maliciosamente exagerada de Bauer según la cual «el judío determina el destino de todo el imperio [austríaco] con su poder monetario [...] [y] decide el destino de Europa». En cambio, rechazaba la creencia de Bauer de que la naturaleza antisocial del judío tenía origen religioso y podía corregirse apartando al judío de su religión. En opinión de Marx, el mal era social y económico. «Consideremos —escribió— al judío real. No el judío del *shabbat* [...] sino el judío cotidiano.» ¿Cuál era, preguntaba, «la base profana del judaísmo? La necesidad práctica, el interés propio. ¿Cuál es el culto mundano del judío? Traficar. ¿Cuál es su dios mundano? El dinero».[97] Los judíos habían transmitido gradualmente esta religión «práctica» a toda la sociedad:

El dinero es el celoso dios de Israel, y a su lado no puede existir otro dios. El dinero degrada a todos los dioses de la humanidad y los convierte en mercancías. El dinero es el valor autosuficiente de todas las cosas. Por lo tanto, ha privado al mundo entero, tanto al mundo humano como al natural, de su propio y justo valor. El dinero es la esencia alienada del trabajo y la existencia del hombre: esta esencia lo domina y él le rinde culto. El dios de los judíos ha sido secularizado y se ha convertido en el dios de este mundo.[98]

Los judíos, continuaba Marx, estaban convirtiendo a los cristianos en réplicas de ellos mismos, de modo que, por ejemplo, los que antes eran firmes cristianos de Nueva Inglaterra, se habían transformado en los esclavos de Mammón. Utilizando su poder monetario, el judío se había emancipado y había pasado a esclavizar a la cristiandad. El cristiano corrompido por el judío «está convencido de que no tiene otro destino en este mundo que llegar a ser más rico que sus vecinos», y de que «el mundo es una bolsa de valores». Marx sostenía que la contradicción entre la falta teórica de derechos políticos del judío y su «poder político real» es la misma contradicción que existe entre la política y «el poder del dinero en general». El poder político supuestamente domina al dinero, pero en realidad «se ha convertido en su siervo». Por lo tanto: «La sociedad civil engendra incesantemente al judío de sus propias entrañas.»[99]

Por consiguiente, la solución de Marx no es religiosa, como la de Bauer, sino económica. El judío-dinero se había convertido en el «elemento antisocial del universo contemporáneo». Para «imposibilitar la existencia del judío» era necesario abolir las «condiciones previas» y la «posibilidad misma» del tipo de actividades monetarias que lo hacían famoso. Una vez modificado el marco económico, la «conciencia religiosa [judía] se evaporaría como un vapor insípido en la atmósfera real y vitalizadora de la sociedad». Si se abolía la actitud judía frente al dinero, lo mismo que al judío y su religión, la versión corrupta de la cristiandad que él había impuesto al mundo sencillamente desaparecería: «En último análisis, la emancipación de los judíos es la emancipación de la humanidad respecto del judaísmo.» O también: «Al emanciparse de los mercachifles y el dinero, y por lo tanto del judaísmo real y práctico, nuestra era se emancipará.»[100]

Así pues, los dos ensayos de Marx acerca de los judíos contienen en embrión la esencia de su teoría de la regeneración humana: mediante los cambios económicos, y sobre todo aboliendo la propiedad privada y la aspiración personal a ganar dinero, es posible transformar no sólo la relación entre el judío y la sociedad, sino todas las relaciones humanas y la propia personalidad humana. Su forma de antisemitismo se convirtió en un ensayo general del marxismo propiamente dicho. Más avanzado el siglo, el socialdemócrata alemán August Bebel acuñaría la frase muy usada por Lenin: «El antisemitismo es el socialismo de los necios.» Detrás de este epigrama revelador estaba el tosco argumento: sabemos todos que los financieros judíos, que nunca se ensucian las manos en el trabajo, explotan a los obreros y los campesinos pobres, pero sólo un imbécil culpa únicamente a los judíos. El hombre maduro, el socialista, se ha percatado de que los judíos son sólo síntomas de la enfermedad, no la enfermedad misma. La enfermedad es la religión del dinero, y su forma moderna es el capitalismo. Los trabajadores y los campesinos sufren la explotación no sólo de los judíos, sino de toda la clase capitalista burguesa, y lo que se debe destruir es la clase en general, y no sólo su sector judío.

Por lo tanto, el socialismo militante que Marx adoptó a fines de la década de 1840 fue una forma ampliada y transmutada de su anterior antisemitismo. Su teoría madura era una superstición, y del tipo más peligroso: la creencia en la conspiración del mal. Pero mientras que inicialmente se basaba en el antisemitismo, la más antigua forma de la teoría de la conspiración, a fines de las décadas de 1840 y 1850 este concepto no fue tanto abandonado como ampliado para abarcar una teoría de la conspiración mundial por parte de toda la clase burguesa. Marx retuvo la superstición original de que ganar dinero mediante el comercio y las finanzas es esencialmente una actividad parasitaria y antisocial, pero la apoyó sobre una base que no era racial y religiosa, sino de clase. Por supuesto, la ampliación no mejora la validez de la teoría. Simplemente la hace más peligrosa si se la lleva a la práctica, porque amplía su alcance y multiplica el número de los que serán tratados como conspiradores y, por lo tanto, se convertirán en víctimas. A Marx ya no le preocupaba la caza de brujas judías, sino hacer lo mismo con las brujas humanas a escala general. La teoría continuaba siendo irracional, pero adquiría una apariencia más refinada, y de ese modo era sumamente atractiva para los radicales cultos. Invirtiendo la fórmula de Bebel de que el antisemitismo es el socialismo de los necios, el socialismo se convirtió en el antisemitismo de los intelectuales. Un intelectual como Lenin, que percibía claramente la irracionalidad del pogromo antisemita ruso y se habría sentido avergonzado de dirigirlo, aceptaba plenamente su espíritu una vez que se ampliaba el blanco para incluir a toda la clase capitalista, y así dirigió pogromos en escala infinitamente mayor, matando a centenares de miles de personas, no sobre la base de la culpa individual, sino de la mera pertenencia a un grupo condenado.

En cuanto Marx generalizó su antisemitismo y lo convirtió en su teoría del capital, el interés que sentía por los judíos pasó a segundo plano. A veces, como en un palimpsesto, reaparece en las páginas de *El capital*. Así: «El capitalista sabe que todas las mercancías, por zaparrastrosas que parezcan o por mal que huelan, en la fe y la verdad son dinero, judíos circuncidados interiormente.»[101] Más importante incluso fue la conservación del tono emocional agresivo tan característico del antisemitismo. El judío arquetípico fue sustituido por el capitalista arquetípico, pero los rasgos de la caricatura eran esencialmente los mismos. Véase, por ejemplo, la presentación que ofrece Marx del propio monstruo capitalista:

> Sólo en la medida en que el capitalista es capital personificado posee un valor histórico [...] Inclinado fanáticamente a la explotación del valor, impulsa implacable a los seres humanos hacia la producción por la producción misma [...] comparte con el avaro la pasión de la riqueza por la riqueza. Pero lo que en el avaro adopta el aspecto de la manía, en el capitalista es el efecto del mecanismo social en el cual él es nada más que una rueda motriz [...] sus actos son mera función del capital que, al utilizarlo como instrumento, adquiere voluntad y conciencia, de modo que su propio consumo privado debe ser considerado por él como un robo perpetrado contra la acumulación.[102]

¿Es posible que haya habido jamás una personificación tan atroz de la humanidad? Pero por otra parte, ¿cuándo existió concretamente en la vida real el judío arquetípico del antisemitismo? Que Marx, impulsado por sus sentimientos, confundía al judío con el capitalista lo sugiere la nota a pie de página que agregó al pasaje que acabamos de citar. Aludió al usurero y afirmó que era «la forma anticuada pero constantemente renovada del capitalista». Marx sabía que en la mente de la mayoría de sus lectores el usurero era el judío; como dice Toussenel, los términos *usurero* y *judío* eran intercambiables. La mayor parte de la nota está constituida por elementos de la violenta polémica de Lutero contra el usurero, que ya hemos reproducido en la página 356. Que Marx citara esta brutal exhortación a asesinar de un autor antisemita, y en una obra que pretendía ser científica, evidencia tanto la violencia del propio Marx como la irracionalidad emocional que la expresaba, primero en la forma de antisemitismo, y después como teoría económica.

Sin embargo, la paradójica combinación de judaísmo y antisemitismo de Marx no impidió que sus obras atrajesen a la cada vez más numerosa intelectualidad judía. Todo lo contrario. Para muchos judíos emancipados, sobre todo en Europa oriental, *El capital* se convirtió en una nueva Torá. Dado el impulso inicial de la fe en ambos casos, el marxismo tenía la fuerza lógica del *halajá*, y la importancia que atribuía a la interpretación abstracta de los hechos era muy grata para los judíos inteligentes, cuyos antepasados habían consagrado la vida entera a los estudios talmúdicos, o que habían comenzado ellos mismos en la *yeshivá*, y después huido de ella. A lo largo del siglo, el número de judíos del tipo rabínico, salidos de las familias de estudiosos o de comerciantes, que volvían la espalda a la religión aumentó sin cesar. Hacia finales de siglo, y pese al gran aumento de la población judía, la comunidad judía ortodoxa fue cobrando conciencia de la hemorragia. Las antiguas comunidades judías de Bohemia y Moravia, famosas por su saber y sus líderes espirituales, comprobaron que tenían que importar rabinos de regiones más atrasadas.

Al parecer, la mayoría de los «rabinos faltantes» se habían convertido en radicales y volvían la espalda al judaísmo y a la condición judía con desprecio y cólera. Se volvían también contra la clase de sus padres, pues una elevada proporción provenía de hogares acomodados. El padre de Marx había sido abogado, el de Lassalle, comerciante en sedas; Victor Adler, pionero de la socialdemocracia austríaca, era hijo de un especulador inmobiliario; Otto Bauer, el líder socialista austríaco, hijo de un magnate textil; Adolf Braun, el líder socialista alemán, hijo de un industrial; Paul Singer, otro importante socialista alemán, hijo de un fabricante de ropa; Karl Hochbert, de un banquero de Francfort. Había muchos otros ejemplos. La ruptura de estos hombres con el pasado, con la familia y la comunidad, que a menudo se combinaba con el autodesprecio, promovía entre ellos un espíritu de negación y destrucción, de iconoclasia, a veces casi de nihilismo —el ansia de derrocar las instituciones y todos los tipos de valores—, una actitud que los conservadores gentiles comenzaban a identificar, hacia fines del siglo XIX, como una enfermedad social y cultural peculiarmente judía.

Había cuatro razones principales por las cuales los judíos, apenas comenzaban a intervenir en la política general, se inclinaban abrumadoramente primero hacia el sector liberal, y después hacia el extremo izquierdo del espectro. En primer lugar, la tradición bíblica de crítica social, lo que podría denominarse el síndrome de Amós. Desde los tiempos más primitivos siempre habían existido judíos cultos decididos a denunciar las injusticias de la sociedad, a expresar la amargura y las necesidades de los pobres y a pedir reparación a la autoridad. Además, estaba también la tradición talmúdica de la aportación comunitaria, que en sí misma tenía orígenes bíblicos, y que anunciaba las formas modernas del colectivismo estatal. Los judíos que se adhirieron al socialismo en el siglo XIX y atacaron la distribución desigual de la riqueza determinada por el capitalismo liberal, de *laissez-faire*, estaban manifestando en lenguaje contemporáneo principios judíos que tenían tres mil años de antigüedad y que habían llegado a ser parte de los instintos del pueblo.

¿Acaso no era cierto, como afirmaba Disraeli, que los judíos también tenían una elevada consideración hacia la autoridad, la jerarquía y el orden tradicional? Era cierto, pero con importantes salvedades. Como hemos visto, los judíos nunca habían otorgado poder absoluto a ninguna entidad humana. El gobierno residía en la Torá, y la autoridad sustitutiva concedida al hombre era limitada, provisional y revocable. El judaísmo nunca podría haber desarrollado, como hizo la cristiandad latina, la teoría del derecho divino de los monarcas. Los judíos sentían el más profundo respeto por el imperio de la ley, mientras respondiese a una base ética, y podían ser, y en efecto eran, devotos partidarios de los sistemas con base constitucional, como los de Estados Unidos y Gran Bretaña. En esa medida, Disraeli acertaba al afirmar que los judíos eran *tories* naturales. Sin embargo, también eran enemigos naturales de la autoridad que se mostraba arbitraria y tiránica, ilógica o anticuada. Cuando Marx escribió: «Así, vemos a cada tirano respaldado por un judío, como cada papa está respaldado por un jesuita. Hay que reconocer que los anhelos de los opresores no tendrían esperanzas y la posibilidad de la guerra sería nula si no hubiese un ejército de jesuitas dispuestos a sofocar el pensamiento y un puñado de judíos dispuestos a saquear los bolsillos»,[103] estaba equivocado. Los préstamos de Rothschild a las monarquías absolutas estaban destinados, no a reforzar la tiranía, sino a derrocarla, sobre todo porque aseguraban un trato mejor para los judíos (en quienes, por supuesto, Marx no estaba interesado). En la medida en que respondió a un criterio político general, el poder financiero judío en el siglo XIX tendió a ser irenista y constitucionalista. El famoso lema liberal de Gladstone —«Paz, economía y reforma»— era también el axioma de los Rothschild.

Tampoco hay que olvidar un aspecto importante en el que Disraeli interpretó mal el influjo de los judíos. Tendió a ver el arquetipo judío con los rasgos del sefardí. En efecto, los sefardíes profesaban un profundo respeto a las antiguas instituciones históricas, y en este sentido se ajustaban a la imagen que Disraeli tenía del judío. Pero los asquenazíes, a quienes prefirió no tener en cuenta en su argumentación, eran mucho más inquietos, tenían una actitud más innovadora, crítica e incluso subversiva. También estaban convirtiéndose en un sector mucho más numeroso.

Aquí llegamos a la segunda fuerza que impulsó hacia la izquierda a los judíos emancipados: la demografía. En el periodo 1800-1880, más o menos los años de la vida de Disraeli, el porcentaje sefardí del conjunto de la comunidad judía descendió del 20 al 10 %. La mayoría de los miembros de este grupo estaban concentrados en la región afroasiática del Mediterráneo, donde los niveles de higiene continuaron siendo primitivos durante el siglo XIX. Por ejemplo, en Argel, Maurice Eisenbeth realizó un análisis detallado de la población judía y comprobó que se había elevado desde no más de cinco mil individuos en el siglo XVI a un máximo de entre diez mil y veinte mil personas en 1700, para descender de nuevo a cinco mil hacia 1818.[104] En el conjunto de África y Asia el número de judíos en efecto aumentó entre 1800 y 1880, pero sólo de quinientos mil a setecientos cincuenta mil. En Europa, durante el mismo periodo, el total pasó de dos millones a siete millones. Los judíos, y sobre todo los asquenazíes, se beneficiaron con el factor principal de los tiempos modernos, la revolución demográfica, que se manifestó primero en Europa. Crecieron mucho más que el promedio europeo. Se casaban más jóvenes. Los matrimonios entre varones de quince a dieciocho años con muchachas de catorce a dieciséis eran bastante usuales. Casi todas las jóvenes judías se casaban y tendían a concebir hijos poco después de la pubertad. Solían cuidar bien de los hijos y, con la ayuda de los elementos comunitarios de bienestar, las tasas judías de mortalidad infantil descendieron con más rapidez que el promedio europeo. Los matrimonios judíos eran más estables. Los judíos vivían más tiempo. Por ejemplo, una encuesta realizada en Fráncfort en 1855 demuestra que la esperanza de vida de los judíos era de cuarenta y ocho años y nueve meses, y el de la población gentil, de treinta y seis años y once meses.[105] La diferencia era todavía más acentuada en Europa oriental. En la Rusia europea, la tasa de mortalidad judía, el 14,2 por 1.000 anual, era aún más baja que la tasa de la minoría protestante acomodada, y menos de la mitad de la cifra correspondiente a la mayoría ortodoxa (31,8%). En consecuencia, durante el periodo de más rápido crecimiento, de 1880 a 1914, el número de judíos aumentó según un promedio del 2 % anual, bastante superior a la media europea, y este fenómeno elevó el número total de judíos de 7,5 millones a más de 13 millones.

Estos «nuevos» judíos eran abrumadoramente asquenazíes y estaban concentrados en las grandes ciudades. En 1800 era desusado hallar una comunidad urbana judía que contase con más de diez mil personas; había sólo tres o cuatro en el mundo. Hacia 1880 Varsovia tenía ciento veinticinco mil judíos, y había más de cincuenta mil en Viena, Budapest, Odesa y Berlín. También se alcanzaba una cifra similar a esta última en Nueva York, y a partir de esta época América del Norte absorbió una enorme proporción del incremento demográfico de la comunidad judía europea. De todos modos, el número continuó elevándose. Hacia 1914 había ocho millones de judíos en los dos grandes imperios de Europa centrooriental, Rusia y Austria, y casi todos residían en las ciudades. En resumen, la demografía judía reflejaba, aunque de manera exagerada, tanto la revolución demográfica europea como su urbanización. Del mismo modo que el antiguo gueto alimentó en su tiempo la religión popular judía, los atestados distritos industriales de las ciudades nuevas o en proceso de crecimiento, donde la vida judía tradicional luchaba por la supervivencia, originó un intenso radicalismo judío secular.

La tercera razón fue que el sentimiento judío de injusticia nunca se adormeció. Así como durante los siglos XVI y XVII las antenas judías estaban siempre alerta en todas partes para recoger los murmullos referidos a un mesías, en el siglo XIX un acto de injusticia en perjuicio de los judíos, no importaba dónde, movilizaba los sentimientos de los centros urbanos judíos cada vez más populosos. Había centenares de periódicos judíos que relataban estas ofensas, y prácticamente todos los judíos sabían leer. En la intelectualidad secularizada, ya no había la más mínima inclinación a atribuir los sufrimientos de la raza a los pecados, antiguos o modernos. En 1840 el libelo de sangre de Damasco fue un hito importante en la radicalización de los judíos. Lassalle, que entonces tenía quince años, escribió en su diario el 21 de mayo de 1840: «Incluso los cristianos se maravillan de nuestra sangre perezosa, de que no nos levantemos, de que prefiramos perecer por la tortura antes que en el campo de batalla [...]. ¿Cabe una revolución más justa que un alzamiento de los judíos que incendiara todos los rincones de Damasco, volara el arsenal y diera muerte a los perseguidores? Pueblo cobarde, no mereces mejor destino.»[106] Estos hechos alimentaron la decisión de los judíos jóvenes y secularizados de combatir la injusticia, no sólo la que afligía a los judíos, sino también la que afectaba a la humanidad, y de aprovechar las oportunidades políticas cada vez más numerosas de acabar con ellas para siempre. Lassalle crearía más tarde la primera gran federación de sindicatos alemanes y fundaría la socialdemocracia alemana. Muchísimos judíos jóvenes siguieron el mismo camino.

No faltaba el estímulo. Por ejemplo, la noche del 23 al 24 de junio de 1858, un niño judío de seis años llamado Edgardo Mortara, que vivía con su familia en Bolonia, fue apresado por la policía papal y llevado a la Casa de Catecúmenos de Roma. Una criada cristiana atestiguó que cinco años antes, creyendo que el niño se moría, lo había bautizado. De acuerdo con la ley de los Estados Pontificios, la policía y la Iglesia estaban en su derecho, y los padres nada podían hacer. Hubo un coro mundial de protestas, no sólo de los judíos, sino de los clérigos y los estadistas cristianos, pero el papa Pío IX rehusó ceder y el niño permaneció en manos católicas.[107] Este ultraje sin reparación condujo directamente a la fundación, en 1860, de la organización francesa denominada Alliance israélite universelle, que nacía con el objetivo de «defender los derechos civiles y la libertad religiosa de los judíos», así como de otras organizaciones específicamente judías en distintos lugares. Lo que es más, el episodio avivó el odio secular judío al absolutismo en todos los países.

Sin embargo, el maltrato dispensado a los judíos era más sistemático y acerbo en la Rusia zarista. En efecto, el régimen zarista resumía, a los ojos de los radicales del mundo entero, los aspectos más perversos y arraigados de la autocracia. Para los judíos, que veían el asunto con particular repulsión, era el cuarto y probablemente el más importante de los factores que los empujaban hacia la izquierda. De ahí que el trato ruso dispensado a los judíos, horrible en sí mismo, constituya uno de los hechos importantes de la historia mundial moderna y merezca un examen más o menos detallado. En primer lugar, corresponde señalar que el régimen zarista, desde el comienzo mismo, miró a los judíos con hostilidad implacable. Mientras otras autocracias —en Austria, Prusia, incluso en Roma— habían conservado una actitud ambivalente y protegían, utilizaban, se aprovechaban y expoliaban a los judíos, además de perseguirlos ocasionalmente, los rusos siempre trataron a los judíos como extranjeros inaceptables. Hasta las particiones de Polonia, de 1772 a 1795, habían conseguido hasta cierto punto mantener a los judíos fuera de su territorio. Pero en cuanto la codicia por las regiones polacas les trajo una nutrida población judía, el régimen comenzó a hablar del «problema judío», que debía «resolverse», fuese mediante la asimilación o recurriendo a la expulsión.

Lo que hicieron los rusos fue embarcarse en el primer ejercicio moderno de ingeniería social, tratando a seres humanos (en este caso a los judíos) como si fueran una carga de tierra o de cemento que había que mover con una pala. Primero, confinaron a los judíos a lo que se denominó el Asentamiento Acotado, que adoptó su forma definitiva en 1812, y que estaba formado por veinticinco provincias occidentales, desde el Báltico hasta el mar Negro. Los judíos no podían viajar, y menos todavía vivir, fuera de su asentamiento, excepto cuando contaban con una autorización legal de carácter especial. Después, a partir de 1804, una serie de reglamentos determinaron en qué lugares del asentamiento podían vivir los judíos, y lo que podían hacer allí. La norma más perjudicial fue que los judíos no podían vivir o trabajar en aldeas o vender alcohol a los campesinos. Esta medida destruyó los medios de vida de un tercio de la población judía, que tenía arriendos en las aldeas o regentaba posadas aldeanas (otro tercio se dedicaba al comercio, y la mayor parte del resto estaba formada por artesanos). En teoría, el propósito era impulsar a los judíos al «trabajo productivo» en la tierra. Pero la tierra disponible era escasa o inexistente, y el propósito real era que los judíos aceptaran el bautismo o se marcharan definitivamente. En la práctica, la medida condujo al empobrecimiento de los judíos y a la formación de una corriente constante de judíos pobres que marchó hacia los pueblos del asentamiento.

La siguiente vuelta de tuerca sobrevino en 1827, cuando Nicolás I, uno de los autócratas más bárbaros, dictó los Decretos de los Cantones, que reclutaban a todos los judíos varones de doce a veinticinco años y agrupaban a los más jóvenes en escuelas cantonales instaladas en los cuarteles militares, donde podía suceder que se los obligase a aceptar el bautismo, a veces por unidades enteras. El gobierno también ansiaba destruir las escuelas judías. Las autoridades a menudo intentaban obligar a los niños judíos a asistir a las escuelas oficiales, donde se enseñaba únicamente en ruso, polaco y alemán; también en este caso la meta era promover el bautismo. En 1840 se formó una Comisión para los Judíos con el propósito de impulsar la «educación moral» de una comunidad a la que se tachaba públicamente de indeseable y semicriminal. Se procedió a censurar o destruir los libros religiosos judíos. Se permitieron únicamente dos imprentas judías, en Vilna y Kíev, y tres años después los judíos fueron expulsados completamente de esta última ciudad. El gobierno demostró bastante astucia en sus intentos de dividir a las comunidades judías y oponer los *maskilim* a los ortodoxos.

Por ejemplo, en 1841 pusieron al *maskil* Max Lilienthal (1815-1882) al frente de las nuevas escuelas judías oficiales, que de hecho eran establecimientos contrarios al Talmud, concebidos, según afirmaban los ortodoxos, para sacrificar a los niños al «Moloc de la Haskalá». Pero Lilienthal llegó a la conclusión de que la agria lucha que fue consecuencia de todo esto era excesiva para sus fuerzas, y cuatro años después salió del país y emigró a Estados Unidos. El gobierno también prohibió que los judíos usaran las vestiduras tradicionales, por ejemplo el *yármulke* y la capote. Los dividió en «judíos útiles» y «judíos inútiles», y el segundo grupo se vio sometido a triples cuotas de conscripción.

Poco a poco, en el curso del siglo, se acumuló una enorme masa de leyes que discriminaban a los judíos y regulaban sus actividades. Parte de las mismas nunca se aplicó rigurosamente. Una proporción considerable se vio frustrada por el soborno. Los padres adinerados podían pagar a niños judíos para que ocupasen el lugar de sus propios hijos en las escuelas oficiales o el ejército. Podían pagar para adquirir certificados que los autorizaban a viajar, o a vivir en las ciudades y dedicarse a ocupaciones prohibidas. El intento de «resolver» el problema judío creó, o más bien agravó, otro problema: la corrupción de la burocracia zarista, que llegó a ser incorregible y contaminó el corazón del Estado.[108] Además, la política oficial nunca fue consecuente durante mucho tiempo. Osciló entre el liberalismo y la represión. En 1856 el nuevo zar Alejandro II, inició una fase liberal y otorgó ciertos derechos a los judíos cuando éstos eran soldados con muchos años de servicio, licenciados universitarios o comerciantes «útiles». Esta fase concluyó con la rebelión polaca de 1863 y el intento de asesinato del monarca. Hubo otra fase liberal en la década de 1870, interrumpida de nuevo por un atentado contra su vida, que esta vez tuvo éxito. Después, la posición de los judíos en Rusia se deterioró bruscamente.

Durante el último medio siglo de la Rusia imperial, las normas oficiales aplicadas a los judíos constituyeron un monumento a la crueldad, a la estupidez y la inutilidad humanas. Los *Reglamentos acerca de los judíos de Gimpelson (1914-1915)*, la última recopilación comentada, llenó casi mil páginas.[109] Un resumen de la situación, compilado por el historiador inglés Lucien Wolf, definió los siguientes hechos.[110] Los judíos formaban la venticuatroava parte de la población rusa. Alrededor del 95 % estaban confinados en el Asentamiento Acotado, que representaba la veintitresava parte del imperio, y de este sector la gran mayoría estaba encerrada en las ciudades y los *shtetlaj* del asentamiento, que era la dosmilésima parte del territorio. El pasaporte de un judío indicaba que él era judío y dónde podía residir. Incluso en el asentamiento, la mayoría de las áreas estaban vetadas a los judíos, pero los lugares «legales» se veían reducidos constantemente. Los judíos no podían entrar en Sebastopol ni en Kíev. El territorio del Don fue excluido súbitamente del asentamiento, y después sucedió lo mismo con el Kubán caucasiano y Terek; más tarde, el balneario de Yalta, donde un estudiante judío tuberculoso fue expulsado en mitad de su tratamiento cuando entró en vigor el decreto. Los judíos que deseaban usar las fuentes minerales del Cáucaso tenían que aprobar un examen realizado por un oficial militar. Algunos lugares de descanso estaban «abiertos», pero se imponían cuotas: así, en cada temporada se permitía la entrada de sólo veinte familias judías en Darnitza. Otros lugares de veraneo del asentamiento estaban prohibidos a los judíos en todas las circunstancias.

Había categorías privilegiadas de judíos a las que se les permitía viajar o incluso residir fuera del asentamiento: soldados fuera de servicio, licenciados, «comerciantes útiles» y «mecánicos, destiladores, fabricantes de cerveza y artesanos en el ejercicio de su oficio». Pero necesitaban documentos especiales, era muy difícil obtenerlos y había que renovarlos constantemente. Todas estas categorías tendieron a reducirse, sobre todo después de 1881. Así, el grupo de los ex soldados quedó de pronto limitado a los que habían servido antes de 1874. Se prohibió bruscamente a los comerciantes llevar con ellos empleados o criados. Fueron excluidos de la categoría de los artesanos privilegiados los trabajadores del tabaco, los afinadores de pianos, los carniceros, los zapateros, los albañiles, los carpinteros, los yeseros y los jardineros. Se imponían restricciones especialmente severas a las trabajadoras, excepto en el caso de las prostitutas. (Una prostituta que dejaba de trabajar era rápidamente identificada por la policía y enviada de regreso al gueto.)[111] Una partera judía que gozaba del privilegio de ejercer su profesión fuera del asentamiento no podía tener con ella a sus hijos, salvo que el marido también fuese una «persona privilegiada».

Los alumnos que se licenciaban en el exterior, a causa de las cuotas antijudías que restringían el acceso a las universidades rusas, no tenían derecho a la condición privilegiada. En el Cáucaso, los llamados «judíos montañeses», que afirmaban que sus antepasados habían sido deportados a ese lugar por Nabucodonosor en 597 a. C., tenían derechos de residencia; pero no podían trasladarse a ningún otro sitio. Los judíos que gozaban del privilegio de vivir fuera del asentamiento no estaban autorizados a permitir que en sus casas durmiese ni siquiera un hijo o una hija, salvo que también ellos fuesen personas privilegiadas. De hecho, los judíos privilegiados afrontaban un conjunto suplementario de restricciones fuera del asentamiento, y si infringían las normas, se los multaba la primera vez, y se los desterraba la segunda. En todos estos puntos la ley era excepcionalmente compleja y estaba sujeta a infinitos cambios a causa de las votaciones del Senado, las circulares ministeriales, los dictámenes de las autoridades locales o las decisiones arbitrarias de los altos y bajos funcionarios.

La aplicación de estos códigos que cambiaban constantemente era una pesadilla para todos los afectados, excepto el policía o el burócrata corrupto. Los visitantes que llegaban de Occidente se quedaban asombrados cuando veían a grupos de judíos atemorizados empujados en las calles por las patrullas policiales durante las primeras horas de la mañana, como resultado de las *oblavi* o redadas. La policía tenía derecho a entrar en una casa durante la noche, usando la fuerza que fuese necesaria, y a reclamar la prueba documental de los derechos de residencia de todos los presentes, al margen de la edad o el sexo. Los que no podían presentarla instantáneamente eran llevados a la comisaría. Se humillaba constantemente a los judíos en presencia de los vecinos gentiles, y de ese modo se mantenía viva la idea de que eran distintos e infrahumanos, y se perpetuaba el instinto del pogromo. Incluso en los hoteles de primera clase, la policía detenía e interrogaba a las personas sospechosas de tener una «fisonomía judía». La policía era perfectamente capaz de prohibir el paso de extranjeros distinguidos, y Oscar Straus, embajador estadounidense en Constantinopla, fue una de las víctimas. Se permitió que los pianistas judíos compitiesen por el Premio Internacional Rubinstein en San Petersburgo, pero sólo con la condición de que no pasaran la noche en la ciudad.

En ocasiones la policía organizaba grandes «cacerías de judíos». En Bakú, las fuerzas de seguridad rodearon la bolsa, detuvieron a todos los judíos y los llevaron a comisaría, donde los obligaron a demostrar su derecho de residencia. En Pochinok, distrito de Smolensk, en 1909 la policía montada rodeó toda la ciudad pero consiguió identificar a sólo diez «ilegales»; organizaron una gran cacería en los bosques y detuvieron a setenta y cuatro más.[112] La Ley de Residencia corrompió a toda la fuerza policial, que explotaba a los judíos. Cuando la actividad era escasa, los jefes de policía inducían a los cristianos a presentar peticiones que reclamaban que se organizaran expulsiones, con el argumento de que los judíos estaban «provocando el descontento local». Entonces, se desterraba a los judíos pobres y se «sangraba» a los ricos. Los pobres, que volvían al asentamiento, se convirtieron en un problema social cada vez más grave. Por ejemplo, en Odesa más del 30 % dependía de la beneficencia judía.

Sin embargo, las leyes de residencia fueron sólo el punto de partida de las dificultades de los judíos. El gobierno exigía a las comunidades locales cuotas fijas de reclutas judíos. Pero estas cuotas no tenían en cuenta la emigración. Los judíos deberían haber proporcionado a lo sumo el 4,13 % de los reclutas. El gobierno exigía el 6,2 %. De hecho, sólo fue posible proporcionar el 5,7 %, lo cual originó quejas oficiales acerca del «déficit judío», que a su vez provocaron el clamor antisemita de que los judíos eludían la conscripción. En realidad, proporcionaban del 20 al 35 % más de lo que les correspondía.[113] A partir de 1886 se asignó a las familias la responsabilidad legal de la incomparecencia de los reclutas al servicio, y se les aplicaron elevadas multas; no había posibilidad de evadir esta carga sin recurrir al pago de grandes sobornos. Pero si el Estado obligaba a los judíos a prestar el servicio militar, circunscribía severamente el modo de hacerlo. Los judíos no podían alistarse en las guardias, la marina, el servicio de fronteras o el de cuarentena, la gendarmería, el comisariado y los grados administrativos. En 1887 fueron excluidos de todas las escuelas militares y todos los exámenes del ejército, de modo que en la práctica se vieron privados de la posibilidad de ascender a oficiales. En 1888 se les prohibió trabajar en los dispensarios militares, y en 1889 en las bandas de música castrenses.

Todos los judíos estaban excluidos completamente de la administración en Moscú y San Petersburgo. En teoría, el judío que tenía el título de licenciado o el doctorado podía ser elegido en ciertos cargos de otras ciudades, pero, como señaló Wolf, «sin someterse al rito del bautismo es casi imposible que un judío reúna todas las condiciones exigidas para ocupar cargos en el Estado».[114] No había un solo docente judío en el sistema oficial. Tampoco había profesores universitarios judíos; a lo sumo un puñado de ayudantes. No había judíos en el Departamento de Justicia, ni magistrados examinadores, a lo sumo un juez (designado durante el último periodo «liberal»). Las circulares ministeriales prohibían la designación de judíos como inspectores de policía: podía usárselos sólo como espías o informantes. Los judíos formaban la mayoría de la población urbana en seis regiones principales, y en muchas ciudades constituían una holgada mayoría, si bien no se les permitía votar en las elecciones municipales o presentarse como candidatos a los cargos; en el Asentamiento Acotado el gobierno podía «designarlos», hasta formar una décima parte del total. Los judíos estaban excluidos de los jurados, de las juntas de los asilos o los orfanatos. Desde 1880 se les prohibió ejercer el notariado, y desde 1890 no pudieron trabajar como abogados o procuradores sin una autorización especial; Wolf informaba que no se había concedido ninguna autorización durante quince años. Se les prohibía comprar, alquilar o administrar tierras fuera del área inmediata de las ciudades y los *shtetlaj* del Asentamiento. Ni siquiera podían comprar tierras para hacer cementerios. Como en el caso del servicio militar, se acusaba a los judíos de su falta de voluntad para trabajar la tierra, pero en la práctica los reglamentos imposibilitaban este tipo de labor, y arruinaron a las pocas colonias agrícolas judías que llegaron a crearse. Más aún, el temor de que los judíos esquivaran las leyes acerca de la propiedad mediante transacciones con utilización de terceros provocó el surgimiento de un sinfín de normas adicionales referidas a las sociedades con accionariado. De ahí que muchas compañías excluyeran a los judíos incluso en la condición de accionistas, y este hecho aparecía aclarado en los certificados de las acciones. Los judíos estaban excluidos por la ley de las industrias mineras, y otro conjunto de normas intentaba evitar que comerciaran con oro, petróleo, carbón y otros minerales.

Después de las condiciones que regían la residencia, las leyes antisemitas más odiadas por los judíos eran las que regulaban la educación. Los judíos estaban completamente excluidos de instituciones de altos estudios como el Instituto de Ingenieros Civiles de San Petersburgo, el Colegio Médico Militar, el Instituto de Electricidad de San Petersburgo, el Colegio Agrícola de Moscú, la Escuela Teatral de San Petersburgo, el Instituto Veterinario de Jarkov y los diferentes colegios de minas. La asistencia a los colegios secundarios estaba regida por el sistema de cuotas o numerus clausus. Podían ocupar hasta el 10 % de esos lugares en el Asentamiento, sólo el 5 % fuera del mismo y solamente el 3 % en

Moscú y San Petersburgo. Las 25.000 escuelas *jedarim*, con 300.000 alumnos, no podían enseñar ruso, con el propósito de evitar que los niños obtuviesen una educación secundaria. Como consecuencia de estas medidas, el número de judíos que asistían a los colegios secundarios descendió de manera espectacular, y los padres lucharon desesperadamente para lograr el ingreso de sus hijos, a menudo sobornando a los directores gentiles, que tenían una escala fija de tarifas.

La legislación antijudía de la Rusia zarista, por lo tanto, consiguió sobre todo corromper a todos los elementos de la administración. Eran una amalgama extraordinaria del pasado y el futuro: volvían los ojos hacia el gueto medieval y anticipaban el Estado esclavista soviético. Lo que no hacían era «resolver» el problema judío. Ciertamente, al radicalizar a los judíos, podía decirse que acabaron resolviendo el problema zarista. Pese a todas las restricciones, algunos judíos continuaron prosperando. La discriminación era meramente religiosa y, al bautizarse, los judíos podían evitarla por completo, por lo menos en teoría. Por ejemplo, en la música rusa Anton Rubinstein (1829-1894) y su hermano Nikolái (1835-1881), cuyos parientes se habían convertido, dirigieron durante muchos años los conservatorios de San Petersburgo y Moscú y dominaron la escena musical durante la gran era de la sinfonía y la ópera rusas. Incluso los judíos que no eran cristianos conseguían progresar en una economía muy dinámica, y estaban sólidamente representados en la industria cervecera, el tabaco, el cuero, los textiles, los granos, los bancos, la navegación, los ferrocarriles y —pese a las prohibiciones— el petróleo y la minería.[115]

Así pues, las leyes oficiales nada hicieron para limitar el antisemitismo. Todo lo contrario. Mientras los judíos bautizados inteligentes progresaban, el código empobrecía o castigaba a otros, de modo que los rusos autóctonos acabaron por envidiar y despreciar a la raza, acusando a los judíos de ser simultáneamente presumidos y sucios, aprovechados y mendigos, codiciosos y miserables, inescrupulosos y estúpidos, inútiles y demasiado «útiles». El antisemitismo ruso concentró toda clase de ingredientes. El régimen zarista persiguió a otras minorías además de los judíos, pero se mostró hábil en la tarea de enfrentar a unos grupos contra otros, y en particular incitando a los polacos, los letones, los ucranianos y los cosacos a desencadenar ataques contra los judíos. De hecho, Rusia fue el único país europeo que en esta época tenía el antisemitismo como política oficial del gobierno. Ésta adoptó muchísimas formas, desde la organización de pogromos hasta la invención y la publicación de los *Protocolos de los sabios de Sión*. El propósito del gobierno era reducir la población judía del modo más rápido y expeditivo posible. Podemos hallar una imagen de la mentalidad del régimen zarista en los diarios de Theodor Herzl, que en 1903 entrevistó a varios ministros en San Petersburgo con el fin de solicitar ayuda para su programa sionista. El ministro de Finanzas, conde Serguéi Witte, un liberal de acuerdo con los parámetros zaristas, le dijo:

> Uno tiene que reconocer que los judíos dan razones suficientes que justifican la hostilidad. Tienen una arrogancia característica. Sin embargo, la mayoría de los judíos son pobres, y como son pobres, también son sucios y suscitan repugnancia. También se dedican a toda clase de actividades desagradables, como la prostitución o la usura. Por lo tanto, como usted puede ver, es difícil que los amigos de los judíos los defiendan. Y sin embargo, yo soy amigo de los judíos.

(Herzl comentó: «Si es así, ciertamente no necesitamos enemigos.») Witte se quejó del gran número de judíos que militaban en el movimiento revolucionario.

Herzl. ¿A qué circunstancias atribuye eso?
Witte. Creo que es culpa de nuestro gobierno. Se oprime excesivamente a los judíos. Yo solía decirle al difunto zar Alejandro III: «Majestad, si fuera posible aho-

gar a los seis o siete millones de judíos en el mar Negro, yo apoyaría absolutamente la medida, pero como no es posible, hay que dejarlos vivir.» Y bien, ¿qué deseáis del gobierno ruso? Herzl. Que se los anime. Witte. Pero sí se anima a los judíos: se los anima a emigrar. Por ejemplo, con puntapiés en el trasero.[116]

El primer pogromo ruso moderno se produjo en 1871 en Odesa. Fue instigado principalmente por los comerciantes griegos. Había un factor étnico en la mayoría de las perturbaciones de la década de 1870, y los nacionalistas eslavos profesaban un antisemitismo especialmente violento. Pero después del asesinato de Alejandro II en 1881, el Estado asumió la dirección, y los «puntapiés en el trasero» se sucedieron rápidamente. Los principales pogromos, que comenzaron el 29 de abril de 1881, fueron incitados, permitidos u organizados por el ministro del Interior, Ignátiev, que era un entusiasta eslavófilo. Se extendieron a un centenar de centros, duraron casi un año y en ciertos casos movilizaron a enormes turbas. Estuvieron comprometidos no sólo el gobierno, sino también la policía e innumerables grupos étnicos. La extrema izquierda se unió a este episodio. El partido revolucionario Narodnaya Volya incitó a los ucranianos a matar a los judíos en agosto de 1881, con el lema: «Levantémonos contra el zar de los *pani* [nobles] y los *zhidi* [judíos].»[117] Grandes escritores liberales como Turguéniev y Tolstói guardaron silencio. A los pogromos siguió una multitud de leyes antisemitas, denominadas «leyes de mayo». Ciertamente, se utilizaron los pogromos para justificar la legislación, con este argumento: los ataques de la turba a los judíos, aunque deplorables en sí mismos, indican la medida de la indignación popular contra esta minoría antisocial; por consiguiente, es necesario restringir sus actividades. Por supuesto, el gobierno inspiraba y permitía la acción de la multitud, y el propósito general del régimen fue apuntalar su decaída popularidad atacando un blanco fácil. Los nazis utilizarían exactamente la misma técnica de legislación que incitaba la violencia. De ahí que los treinta años que van de 1881 a 1911 fueran un largo calendario de actos antijudíos: 1882, leyes de mayo; 1886-1889, restricciones al ingreso de judíos en las profesiones y recorte del área del Asentamiento; 1891, más de diez mil judíos expulsados de Moscú; 1893-1895, grandes expulsiones de las regiones exteriores al Asentamiento; 1894-1896, establecimiento del monopolio de los alcoholes, una catástrofe económica para los judíos; a partir de 1903, una serie de perversos pogromos, en los que no sólo se robó, sino que se asesinó a judíos. En Kishiniov, en 1905, cincuenta judíos fueron asesinados y quinientos heridos. En Odesa, un pogromo de cuatro días, en 1905, terminó con más de cuatrocientos judíos muertos. En Bialistok, la policía y el ejército se unieron a los pogromos de 1906. De 1908 a 1911 hubo otras expulsiones en gran escala.

De modo que a partir de 1881, esta presión cruel, creciente y cada vez más sofocante que se ejerció sobre la comunidad judía rusa desembocó en la consecuencia inevitable: la fuga de judíos, que, dominados por el pánico, salieron de Rusia en dirección a Occidente. Así, 1881 fue el año más importante de la historia judía desde 1648, e incluso desde la expulsión de los judíos de España en 1492. Sus consecuencias fueron tan amplias y fundamentales que cabe afirmar que fue un año decisivo también en la historia del mundo. La primera gran oleada de la emigración llegó en 1881-1882. Después, los judíos emigraron a razón de cincuenta mil o sesenta mil por año. Con las expulsiones de Moscú, ciento diez mil judíos rusos salieron en 1891 y ciento treinta y siete mil en 1892. En el año del pogromo de 1905-1906, salieron más de doscientos mil judíos. El éxodo de ningún modo se limitó a Rusia. Entre 1881 y 1914 más de trescientos mil judíos abandonaron la Galitzia austriaca. Otros judíos emigraron de Rumania, donde también se los presionaba. El resultado neto no fue reducir la población judía de Europa oriental. En 1914 había aún cinco millones y medio de judíos en Rusia y dos millones en el Imperio austríaco. Lo que el movimiento consiguió fue absorber el incremento demográfico natural, alrededor de dos millones y medio de personas, y trasladarlo a otros lugares. Este proceso causó efectos trascendentales, tanto para los judíos como para el mundo.

De estos emigrantes, más de tres millones fueron a Estados Unidos, y la consecuencia más obvia y visible fue, por lo tanto, la creación de una gran comunidad judía urbana norteamericana. Fue un fenómeno completamente nuevo, que a su tiempo modificó todo el equilibrio del poder y la influencia de los judíos en el mundo, y ocurrió de un modo bastante súbito. El asentamiento judío original de Estados Unidos era pequeño y se expandió lentamente. En 1820 había sólo unos cuatro mil judíos en Estados Unidos, y sólo siete de los trece estados originales les concedían el reconocimiento político. Es difícil comprender la causa del lento crecimiento de la comunidad. Como hemos visto, pocos obstáculos legales se oponían al progreso de los judíos. Carolina del Norte impedía el acceso a los cargos públicos de todos los que no eran protestantes, y en 1809 un judío, Jacob Henry, pronunció un discurso que llegó a ser famoso, y que afirmaba su derecho inalienable a ocupar un escaño en la Cámara estatal; y la Cámara aceptó esta opinión. Maryland tenía una ley que impedía que quienes no eran cristianos ocupasen cargos o ejerciesen la abogacía. A partir de 1797 otro judío, Solomon Etting, realizó una tenaz campaña con el propósito de eliminar este obstáculo. Lo consiguió finalmente en 1826 y fue elegido de inmediato miembro del Consejo Municipal de Baltimore. Hubo algunas dificultades en relación con el conflicto entre el *shabbat* y el domingo. En 1816 Abraham Wolf fue condenado en Pensilvania por «haber ordenado y realizado actividades mundanas el Día del Señor, llamado generalmente domingo». Apeló la sentencia y perdió. Pero todo esto tenía una importancia menor comparado con las cuestiones fundamentales y las terribles injusticias que agobiaban a los judíos del Viejo Mundo. Al consagrar una nueva sinagoga en Savannah, Georgia, en 1820, el médico Jacob de la Motta pronunció un agradecido sermón:

«¿En qué lugar de este globo habitable goza un israelita de más bendiciones o más privilegios, o se destaca más en el área del progreso, y se lo dignifica de modo más manifiesto en la escala de la respetabilidad? [...] ¿Acaso no tenemos motivos sobrados para regocijarnos?»[118]

Había seis mil judíos en Estados Unidos cuando Etting impuso su tesis en 1826; quince mil por la época del episodio de Damasco, en 1840; ciento cincuenta mil en vísperas de la guerra de Secesión. Algunos asentamientos antiguos, como los de Newport o Norfolk, no crecieron. Los emigrantes judíos, la inmensa mayoría de habla alemana —provenientes de Baviera, Alemania septentrional y las regiones judeoalemanas de Polonia, Bohemia y Hungría—, eran pobres, disciplinados y laboriosos; muchos comenzaron como vendedores ambulantes y después pasaron a abrir tiendas o a fundar pequeñas empresas. Se instalaron en Albany, Syracuse, Buffalo y Rochester, del estado de Nueva York; en Chicago y Detroit, Cleveland y Milwaukee. Durante un tiempo Cincinnati fue el segundo centro judío, por orden de importancia, después de Nueva York. San Luis, Minneapolis, Louisville y Nueva Orleans también se convirtieron en centros judíos. Alrededor de diez mil judíos fueron a California durante las fiebres del oro de la década de 1840. En la época de la guerra de Secesión, Nueva York tenía una comunidad judía de cuarenta mil individuos, y Filadelfia la seguía en orden de importancia. Un signo evidente de la seguridad de la cual gozaban los judíos en Estados Unidos era que sus comunidades en ese país exhortaban a unírseles a otros judíos. Los emigrantes se sentían acicateados por las cartas entusiastas de los parientes, los relatos orales, las historias de éxitos publicadas por los judíos en los periódicos alemanes locales. Así, *Das Füllhorn* de Bamberg decía en 1836:

Un oficial panadero judío de Baviera que podía y quería trabajar, y que recorrió Alemania y los países vecinos durante diez años y conseguía trabajo sólo muy de vez en cuando, de modo que ni siquiera podía ganarse el sustento, emigró a América del Norte el último verano. Ahora ha escrito a sus padres que viven aquí que ha encontrado empleo como oficial en la casa de un panadero de Petersburg nada más llegar, y que recibe un salario de 40 florines mensuales, además de casa y comida, y le lavan la ropa gratis. ¡Bendita tierra de la libertad y la prosperidad![119]

En Estados Unidos los judíos comprobaron que podían adaptarse sin dificultad al esquema de la nueva vida. A semejanza de los protestantes norteamericanos, tendieron a formar congregaciones, e inauguraron multitud de sinagogas, de acuerdo con las diferentes inclinaciones religiosas. Cobraron conciencia de sí mismos durante la protesta por el episodio de Damasco, que los agrupó por primera vez como un cuerpo nacional. Pero sobre todo continuaron avanzando por su propio camino. Como otros grupos étnicos o religiosos, fundaron unas pocas colonias utopistas o agrarias. Lo mismo que otros grupos, tuvieron precursores y excéntricos. Un capitán norteamericano de la marina mercante se quejó a Washington de la conducta del vicecónsul en St. Thomas, y terminaba: «Posdata: Este N. Levy es judío y vive con una negra, y a menudo camina por las calles tomado del brazo con ella, para mortificación de todos los norteamericanos que se ven en la dolorosa necesidad de presenciar eso»; pero Levy no fue destituido.[120]

Un caso muy interesante fue el de Mordecai Noah, el primer judío que tuvo categoría diplomática, a quien James Monroe depuso como cónsul de Estados Unidos en Túnez en el año 1815, con el argumento de que «la religión que usted profesa [es] un obstáculo para el ejercicio de sus funciones consulares». Noah no aceptó la medida y escribió un panfleto al respecto. Fue el primer judío norteamericano cuya figura alcanzó notable magnitud. Cien años más tarde sin duda se habría convertido en magnate de la industria cinematográfica. Noah nació en Filadelfia en 1785, y fue hijo de un vendedor ambulante arruinado. Fue sucesivamente dorador, tallista, empleado del Tesoro norteamericano, político, director de la *City Gazette* de Charleston y, después del periodo de Túnez (donde se lo acusó de malversar fondos), director del *National Advocate* de Nueva York, oficial superior de justicia de Nueva York y, en 1824, gran líder del partido demócrata.

Un año más tarde anunció el ambicioso plan de fundar «una Ciudad de Refugio para los judíos» en una isla del río Niágara, frente a Buffalo. Con el fin de financiar el proyecto, escribió a los Rothschild y a otros banqueros judíos, a los rabinos y jefes de rabinos del mundo entero, y propuso establecer «un impuesto de capitación de tres siclos de plata, por año, o un dólar español», cobrado a cada judío vivo y «recaudado por los tesoreros de las diferentes congregaciones». En una declaración pública anunció que el nuevo asentamiento, «una Ciudad Comercial», daría a los judíos de todo el mundo «esa paz, la comodidad y la felicidad que les han sido negadas a causa de la intolerancia y el desgobierno de épocas anteriores». Entre los beneficiarios incluía a «los caraítas y los judíos samaritanos, así como a los judíos negros de la India y África, y también a los de Cochin, los de China y a la secta de la costa de Malabar»; y agregaba: «Los indios del continente americano [...] como muy probablemente son descendientes de las Tribus Perdidas de Israel, que fueron arrastradas al cautiverio por el rey de Asiria, tendrán que ser llevadas a la conciencia de su condición, para reunirse finalmente con sus hermanos del pueblo elegido.» Noah vestía una «túnica de fina seda», con una cadena de oro alrededor del cuello, y se presentaba como «ciudadano de Estados Unidos, ex cónsul de dicho país ante la Ciudad y el Reino de Túnez, oficial superior de justicia de Nueva York, abogado y, por la gracia de Dios, gobernador y juez de Israel». Fue objeto de las burlas de los directores de periódicos rivales y la prensa judía de Europa, y su plan no tuvo muchos resultados. Pero después pasó a crear el Native American Party (precursor de los Know Nothing), organizó la protesta judía contra las atrocidades de Damasco, apoyó la revuelta de Tejas en 1836 y terminó sus días en el cargo de juez.[121]

Que los colonos judíos se dividiesen con relación a todos los problemas era parte de su condición de norteamericanos. Por ejemplo, Noah fue un norteño antiabolicionista. En el Sur, los judíos norteamericanos eran confederados propietarios de esclavos. Jacob Jacobs, subastador de Charleston, decía en su testamento: «Ítem doy y lego a mi citada querida y bienamada esposa Katey Jacobs, durante su viudez y no más, a todos mis negros y otros esclavos, llamados Toby, Scipio, Jack, Jenny, con sus tres hijos: Peter, John y Eve, y Flora, con sus dos hijas: Rachel y Lucy, y todos los restantes esclavos que yo pueda poseer en el momento de mi muerte.» Un judío sureño, insultado en su religión y su honor, reaccionaba como sureño. En 1832 Philip Minis, miembro de una importante familia judía de Savannah, fue insultado en la cantina de Luddington por James J. Stark, miembro de la legislatura de Georgia, que le dijo que era «un maldito judío», un «condenado israelita», y que «había que orinarle encima». Hubo negociaciones para obtener una disculpa, y después sobre la posibilidad de un duelo, y finalmente Minis mató a balazos a Stark en el bar público del City Hotel, cuando Stark desenfundó su pistola. Fue juzgado por homicidio, pero absuelto, para satisfacción de los duelistas sureños.[122]

Dada la identificación de los judíos norteamericanos con la región del país en la cual habitaban, no es sorprendente que durante la guerra de Secesión se dividieran del mismo modo que la nación, de acuerdo con los respectivos estados. Unos siete judíos apoyaron al norte, y tres mil al Sur. Cuando reaccionaban comunitariamente, cosa desusada, lo hacían respondiendo a cuestionamientos concretos de sus derechos. Hubo un caso famoso durante la guerra, el 17 de diciembre de 1862, cuando el general Ulysses S. Grant impartió en Tennessee una orden que decía: «Los judíos como clase, puesto que violan todas las normas sobre la actividad comercial establecidas por el Departamento del Tesoro, y también los decretos departamentales, son por la presente expulsados del Departamento.» La reacción hostil y no sólo de judíos, fue inmediata y abrumadora. Por instrucciones de Lincoln, Grant revocó la orden el 6 de enero de 1863.

Durante estos años, la comunidad judía norteamericana imitó el tono ilustrado judeoalemán. Era liberal, optimista, sobria, racional, patriótica, discreta y muy respetable. Los inmigrantes judíos tendían a hablar inglés con acento alemán, pero sus hijos asistían a las escuelas públicas (y a las judías el domingo) y se integraban en la sociedad local. A partir de la década de 1840 el judaísmo reformado se difundió rápidamente en Estados Unidos, impulsado por rabinos tan progresistas como David Einhorn, Samuel Hirsch, Isaac Mayer Wise y Samuel Adler. Los judíos norteamericanos importantes no tenían interés en el Mesías o en Sión; a su juicio, el camino que llevaba a la redención consistía en difundir en todo el mundo el mensaje del monoteísmo ético. Esa actitud coincidía exactamente con el tono general de la religión norteamericana. Había una tendencia más conservadora, sobre todo en Filadelfia, ciudad que se convirtió quizás en el centro principal de la religión judía. Allí, el rabino Isaac Leeser (1806-1868), de Westfalia, un hombre de prodigiosa energía, realizó la primera traducción judía de la Biblia al inglés, completó las traducciones al inglés de los libros de oraciones asquenazíes y sefardíes, fundó el primer periódico judío que alcanzó éxito, *The Occident* (1843), y después la primera Sociedad de Publicaciones Judía de Estados Unidos y produjo una gran cantidad de textos judeonorteamericanos destinados a las escuelas.[123] Pero durante la fase «alemana» de la comunidad judía norteamericana, el judaísmo reformado ocupó una posición dominante.

La reforma era el estilo del judaísmo que tenía más probabilidades de atraer a los hombres de negocios de mucho éxito que comenzaban a perfilarse como las principales figuras de la escena norteamericana. Entre éstas, se contaban el banquero Joseph Seligman (1820-1880), a quien el presidente Grant ofreció la presidencia del Tesoro, y Jacob Henry Schiff (1847-1920), que llegó a la presidencia de Kuhn, Loeb & Co. en 1885. Como en el caso de la guerra de los Treinta Años y las guerras napoleónicas, la guerra de Secesión destacó las cualidades organizativas y financieras de muchos banqueros, contratistas y proveedores de ropa judíos, y desde la década de 1860 en adelante, los judíos constituyeron un poder en los negocios norteamericanos, y sobre todo en Nueva York. La amplia filantropía practicada en el ámbito de la comunidad proporcionó al judaísmo un marco institucional bien fundamentado, y fue inevitable que esta actividad manifestase una notable orientación liberal. En 1873 se fundó la Unión de Congregaciones Hebreoamericanas; dos años más tarde, el Colegio de la Unión Hebrea, y en 1889, la Conferencia Central de Rabinos Americanos. La Plataforma de Pittsburgh (1885), redactada por el rabino Kaufmann Kohler, y que rechazaba todas las leyes de la Torá «que no se adaptan a las opiniones y las costumbres de la civilización moderna», se convirtió en el credo canónico del judaísmo reformado hasta 1937. Rechazaba las antiguas normas acerca de la dieta, la pureza y el atuendo, afirmaba que los judíos «ya no son una nación, sino una comunidad religiosa», negaba la resurrección, el cielo y el infierno, desechaba el retorno a Sión y exponía el mesianismo como la lucha por la verdad, la justicia y la virtud en la sociedad moderna, en la cual el judaísmo participaría junto a otras religiones y pueblos de buena voluntad.[124]

De modo que en la época de la gran emigración, la comunidad judía norteamericana parecía destinada a continuar siendo un elemento más de la encomiable trama de la religiosidad del Nuevo Mundo, decolorándose y fusionándose imperceptiblemente con el todo. El pánico desencadenado por el desastre de 1881 modificó irrevocablemente esa perspectiva. Durante la década de 1881 a 1892 los judíos llegaron a Estados Unidos a razón de diecinueve mil individuos anuales; en la década de 1892 a 1903 la cifra se elevó a treinta y siete mil, y durante los doce años de 1903 a 1914 fue de setenta y seis mil. Estos dos millones de refugiados judíos tenían muy poco en común con el cuarto de millón de judíos cultos, reformistas, acomodados, de espíritu norteamericano, y así se mostraron cada vez más aprensivos frente a los judíos arraigados que los acogían. En su inmensa mayoría hablaban yiddish, eran ortodoxos o jasídicos, individuos inquietos y asustados, supersticiosos y desesperadamente pobres. Por primera vez, la comunidad judía norteamericana llegó a temer la llegada de los nuevos contingentes, sobre todo en número tan abrumador. Opinaban, y con razón, que era inevitable una reacción antisemita.

Hasta entonces, la corriente principal del Estados Unidos protestante, como antes la de Inglaterra, había mostrado mayor hostilidad hacia los papistas que hacia los judíos. Pero a partir de la guerra de Secesión, el periodo en que se percibió a los judíos como aprovechadores del conflicto, había sido visible el antisemitismo. En 1876 un hotel de la costa de Nueva Jersey anunció públicamente en los diarios que no aceptaría a los judíos. Al año siguiente, al propio Joseph Seligman se le negó la entrada al hotel principal del centro de veraneo de Saratoga. Entonces, los hombres de negocios judíos compraron varios hoteles de Saratoga y, como consecuencia, en toda el área neoyorquina los hoteles de veraneo se dividieron entre los que aceptaban y los que no aceptaban a los judíos. La costumbre se extendió a las logias masónicas y los clubes de campo, y algunos colegios y universidades comenzaron a adoptar el *numerus clausus*, de acuerdo con el criterio ruso.

La llegada a Nueva York de grandes contingentes de judíos asquenazíes pobres impulsó, naturalmente, el desarrollo de esta nueva subcultura antisemita. Pero lo que es infinitamente más importante, los inmigrantes infundieron vida a la comunidad judía norteamericana. Ésta, que antes era un ejercicio de buenos modales, condenada a la mortificación, se convirtió en una vibrante criatura de un estilo completamente nuevo: un pueblo libre, alojado en una república tolerante, pero que proclamaba su fe y su naturaleza desde los tejados de una ciudad a la que ellos convirtieron en la metrópoli judía más grande del mundo. Ésta era una auténtica Ciudad de Refugio, y más que eso: el núcleo de un poder que con el tiempo se manifestaría eficazmente en defensa de los judíos del mundo entero.

Los judíos acaudalados de Nueva York aún no advertían las oportunidades que esa fuga de judíos europeos crearía. Si como había sucedido con tantos episodios de la historia judía —por ejemplo, las masacres de 1648— podía interpretársela en última instancia como parte de un plan providencial que transformase la tragedia en triunfo, no fue así como la percibieron entonces. Para ser justos, diremos que acallaron sus aprensiones e hicieron todo lo que estaba a su alcance para dar la bienvenida y acoger a las masas que venían del este. Pero algunos demostraron más sagacidad. Entre los que trabajaron para el organismo de auxilio a los inmigrantes judíos creado en la isla de Ward, estaba la joven poetisa Emma Lazarus (1849-1887). Su talento había sido descubierto y cultivado por Emerson. Ardía de romántico entusiasmo por la cultura judía antigua y moderna. Tradujo al gran poeta medieval Yehudá ha-Leví. Tradujo a Heine. Celebró el conmovedor poema de Longfellow acerca del cementerio de Newport, pero lamentó su final negativo: «Y las naciones muertas jamás resucitan.» ¡No era cierto! ¡Los judíos resucitarían! Ella provenía de una antigua y adinerada familia sefardí, pero veía en los judíos asquenazíes pobres que atravesaban con sus bultos las barreras de los funcionarios norteamericanos de inmigración los componentes de un ejército futuro que reconstruiría Jerusalén en Estados Unidos o en Israel, o quizás en ambos países. Los defendió de las calumnias antisemitas en la revista *New Century* (1882). Advirtió, quizás mejor que nadie en Estados Unidos en esa época, el verdadero significado de la idea norteamericana y la realidad norteamericana frente a los pobres y perseguidos de Europa. Cuando se erigió la estatua de la Libertad a la entrada del puerto de Nueva York, su soneto *El nuevo coloso* dio una voz inmortal a la Libertad:

Dadme a los que están fatigados, a los que son pobres,
a vuestras masas encogidas que anhelan el aire de la
libertad,
a los desdichados desechos de vuestra inmensa costa.
Enviad aquí a los que no tienen hogar, a los que me
llegan empujados por la tempestad.
Enciendo mi lámpara junto a la puerta de oro.

Emma Lazarus comprendió más que nadie el significado de Estados Unidos para la comunidad judía mundial. ¿No era posible que a su tiempo las masas encogidas se irguiesen, se fortalecieran y tendieran una mano poderosa desde el Nuevo Mundo hacia el Viejo? Su poema *The Banner of a Jew* [El estandarte de un judío] es sionista. Su *Epistle to the Hebrews* [Epístola a los hebreos] (1882-1883) pronostica un renacimiento de la civilización judía gracias a la acción común de Estados Unidos y Tierra Santa. En el desdichado desecho de la comunidad judía asquenazí que se apiñaba en los barrios bajos de Nueva York vio no sólo vida, sino esperanza.[125]

Ciertamente había vida, en asombrosa abundancia. Cuando los recién llegados inundaron Nueva York, las sinagogas elegantes de tipo alemán se trasladaron hacia Manhattan. Los refugiados atestaron el Lower East Side, en un área de cuatro kilómetros cuadrados limitada por el Bowery, la Tercera Avenida, la calle Catherine, la calle Catorce y el East River. Hacia 1910, más de medio millón de judíos se apiñaban en las casas de vecindad de Dumbbell, cuya forma estaba regida por una ordenanza municipal de 1879 que imponía la instalación de respiraderos. Tenían de cinco a ocho pisos de altura, unos 8 metros de ancho, y 33 metros de fondo. En cada piso había catorce habitaciones, de las que sólo una recibía luz. El corazón de la comunidad judía neoyorquina fue el Distrito Décimo, superpoblado, donde 74.401 personas vivían en 1.196 casas de vecindad que se extendían a lo largo de cuarenta y seis manzanas (1893). Es decir, una densidad de 1.733 personas por hectárea. Ahí estaba también la fuente de los «oficios de la aguja», en los que trabajaban la mayoría de los inmigrantes, cortando y cosiendo prendas de confección, con una jornada semanal de setenta horas y con doce personas en un cuarto minúsculo. Ya en 1888, 234 de las 241 firmas neoyorquinas productoras de ropa eran judías; en 1913 era la industria principal de Nueva York, con 16.552 fábricas, casi todas judías, que empleaban a 312.245 personas.

¿Implicaba este sistema la explotación de la mano de obra? En efecto. Era también el gran motor de la movilidad ascendente. Los refugiados llegaban temerosos y sumisos. Un diario en yiddish observó (1884): «En las instituciones filantrópicas de nuestros aristocráticos judíos alemanes uno ve bellas oficinas, escritorios, todo decorado, pero caras rigurosas y severas. Se interroga a cada individuo pobre como si fuese un criminal, se lo mira de arriba abajo; los infortunados soportan su propia degradación y se estremecen como hojas, exactamente como si se encontraran frente a un funcionario ruso.»[126] Veinte años más tarde, el espíritu sumiso había desaparecido. Se había organizado un movimiento obrero completo dirigido por judíos y éste había afirmado su poder en cuatro importantes huelgas. Asimismo, los judíos orientales se abrieron paso con sus agujas hacia la independencia y el respeto. El periodo de permanencia media de los inmigrantes judíos en el Lower East Side era de sólo quince años. Después se mudaban, primero a Harlem (antes un acaudalado barrio judeoalemán), después al Bronx y a Washington Heights, y más tarde a Coney Island, Flatbush, Boro Park y el Eastern Parkway. Sus hijos asistían a los colegios y las universidades. Muchos eran doctores y abogados. Otros se convertían en pequeños empresarios; y después, en grandes empresarios. En todo el territorio de Estados Unidos los antiguos vendedores ambulantes judíos habían creado firmas de venta por correspondencia, cuyo símbolo fue Sears, Roebuck, de Julius Rosenwald. En Nueva York, los judíos pasaron de las pequeñas tiendas y los talleres a las grandes tiendas. La familia de Benjamin Bloomingdale, de Baviera, que fundó una lencería en 1872, hacia 1888 tenía mil empleados en su tienda del East Side. Los hermanos Altman tenían mil seiscientos empleados en su tienda. Isidor y Nathan Straus se adueñaron de R. H. Macy. Otros grupos de familias crearon Gimbles, Sterns y, en Brooklyn, Abraham & Straus. Hacia la década de 1900, con un millón de personas de habla yiddish, Nueva York tenía la prensa más importante del mundo en esta lengua, con una venta diaria de seiscientos mil ejemplares y cuatro títulos importantes: *Warheit* (radical y nacionalista), *Jewish Morning Journal* (ortodoxo y conservador), *Forward* (socialista), *Tageblat* (ortodoxo y sionista). Pero los judíos pronto dominaron en Nueva York también las publicaciones en inglés. Arthur Hays Sulzberger y Arthur Ochs dirigían el *New York Times*, Dorothy Schiff y J. David Stern el *New York Post*, y con el tiempo aparecieron las grandes editoriales judías: Horace Liveright creó Liveright & Boni; George Oppenheim y Harold Guinzburg fundaron Viking Press; Richard Leo Simon y Lincoln Schuster crearon Simon & Schuster, y Bennett Cerf impulsó el progreso de Random House, mientras Alfred Knopf fundaba Alfred A. Knopf. Por esta época, Manhattan y Brooklyn tenían cada una poblaciones judías de más de seiscientos mil individuos. En el Bronx los judíos eran el 38 % de la población total; en el conjunto de Nueva York los judíos formaban el 29 % de los habitantes, el grupo étnico más numeroso con diferencia. Con 1.640.000 judíos (1920), Nueva York era sin duda la ciudad judía (y yiddish) más importante de la tierra. En 1880 la comunidad judía norteamericana representaba poco más de un cuarto de millón en una nación de 50 millones de personas; cuarenta años después, en una nación de 115 millones había pasado a 4,5 millones, es decir, se había multiplicado por dieciocho.

No era posible que esta inmensa comunidad judía se fusionara sencillamente con su entorno norteamericano. Era la personificación y el resumen de toda la comunidad judía, y en sus filas estaban algunos de los exponentes más apasionados de la forma más rigurosa del judaísmo. En 1880 alrededor del 90 % del total de más de 200 sinagogas de Estados Unidos eran instituciones reformadas. Pero su dominio fue insostenible cuando los recién llegados hicieron oír su voz y demostraron su fuerza. En 1883 hubo un episodio célebre con motivo de la primera cena de graduación en el Colegio de la Unión Hebrea, el principal seminario norteamericano controlado por rabinos reformados. Se sirvieron gambas y otros alimentos que no eran *kosher*. Estalló el escándalo, y muchos rabinos distinguidos se retiraron ofendidos y disgustados. Después, se produjo un rápido cambio de postura de los judíos norteamericanos. En 1886 los conservadores fundaron su propio Seminario Teológico Judío. Los ortodoxos también crearon un marco institucional. Incluso en 1890, 316 de las 533 congregaciones norteamericanas eran ortodoxas. Con el tiempo, se perfiló una triple estructura, encabezada por los conservadores, con los ortodoxos en segundo lugar y los reformados detrás. En 1910 la variedad de formas del judaísmo norteamericano era enorme. Las sinagogas reformadas más ricas tenían predicadores que vestían prendas de estilo anglicano, ofrecían servicios en inglés, no separaban los sexos y cantaban con coros y órganos. El rabino Judah Magnes, del elegante templo Emanu-El, ese año dijo orgullosamente a su congregación neoyorquina: «Un destacado abogado cristiano de otra ciudad me dijo que un domingo por la mañana entró en este edificio al principio de un servicio y no descubrió que era una sinagoga hasta que una observación casual del predicador se lo indicó.»[127] Pero en un radio de ocho kilómetros podían hallarse congregaciones judías donde el maharal de Praga, el Ba'al Shem Tov o el *gaón* de Vilna también se habrían sentido igualmente cómodos. Además, por esa época la comunidad judía norteamericana representaba todas las corrientes del judaísmo secular. Todavía no estaba en condiciones de señalar el camino por abrumadora mayoría, y mucho menos de dar un liderazgo a la comunidad judía mundial. Pero estaba organizándose: en 1906 se creó el Comité Judío Norteamericano. Se estaba forjando un poder numérico, financiero, económico y sobre todo político para constituir una enorme fuerza de apoyo en cuanto los judíos del mundo entero alcanzaran cierto consenso acerca de su futuro. Todo esto fue consecuencia directa de la tragedia de 1881.

Pero hubo otras consecuencias. Todo sucedió como si la historia ya estuviese resolviendo un gran rompecabezas y poniendo en su lugar cada uno de los fragmentos. La numerosa comunidad judía norteamericana era una de esas piezas. La siguiente fue la idea sionista. Los hechos de 1881 también la impulsaron. Antes de los pogromos rusos, la gran mayoría de los judíos percibían que su futuro era una forma u otra de asimilación. Después de dicho episodio, algunos judíos comenzaron a contemplar posibles alternativas. El eje de la especulación judía se desplazó. Se mostró menos optimista y segura de sí misma, más inquieta, y por lo tanto más imaginativa y creadora. Los horrores rusos indujeron a pensar a los judíos: ¿no era posible crear una comunidad ideal en la cual los judíos no sólo se sintieran seguros, no sólo fuesen soportados o incluso tolerados, sino bienvenidos, en su propia casa: donde ellos y no otros fuesen los dueños? Por supuesto, el sionismo no era cosa nueva. Era tan antiguo como el exilio en Babilonia. ¿Acaso el salmista no había cantado: «A orillas de los ríos de Babilonia, allí nos echamos, sí, y lloramos, mientras recordábamos a Sión»?[128] Durante más de un milenio y medio, cada generación judía, cada comunidad judía había incluido a una o dos personas que soñaban con Sión. Algunos habían realizado personalmente el sueño yendo al lugar: a Tiberíades, a Safed, a la propia Sión. Otros habían concebido la idea de fundar pequeñas congregaciones o colonias. Pero todos los que procedían así eran sionistas religiosos. De un modo u otro abrigaban la esperanza de desencadenar la acción mesiánica. Ésa fue la idea del rabino alemán Zevi Hirsch Kalischer (1795-1874), que en 1836 pidió a los Rothschild de Fráncfort los fondos necesarios para comprar Erets Yisrael —o por lo menos Jerusalén— a Mohamed Alí, con el fin de iniciar el proceso de reagrupamiento. En 1840, después que sir Moses Montefiore y Adolphe Crémieux hubieran conseguido rescatar a la comunidad de Damasco, el rabino Yehudá Alkalai (1798-1878), de Semlin, cerca de Belgrado, concibió la idea de que esta misma operación podía ser el modelo de un reagrupamiento más general de la comunidad judía mundial como fuerza nacional, utilizando como idioma el hebreo modernizado, y a Palestina como un reino futuro del Mesías al que él esperaba casi de un momento al otro. Difundió este plan en muchos folletos y, para demostrar su sinceridad, se fue a vivir él mismo a Erets Yisrael.

A partir de la década de 1840 hubo secularizadores que también soñaron con Sión. Moses Hess (1812-1875) pasó del socialismo al hegelianismo, como Marx, pero pronto se apartó de lo que (a sus ojos) era un internacionalismo colectivista desalmado, tanto en la versión teórica de Marx como en los esfuerzos prácticos de Lassalle en Alemania. Como muchos judíos, comenzó a regresar a sus raíces en la edad madura, pero su recuperación del judaísmo adoptó la forma del nacionalismo más que la religiosa. Comenzó a darse cuenta de que el estado-nación era la unidad natural del desarrollo histórico. Por eso mismo, los judíos cultos que consagraban sus esfuerzos a la asimilación total traicionaban su naturaleza misma. En 1859 contempló gozoso el modo en que Italia, otra antigua nación fragmentada durante mucho tiempo, recuperaba su identidad nacional. ¿Por qué los judíos no podían protagonizar su propio *risorgimento*? En su importante obra *Roma y Jerusalén*, Hess formuló sus argumentos en defensa del estado-nación judío.[129] Al crearlo, se evitarían, por una parte, los excesos de los *maskilim*, que deseaban asimilarse hasta desaparecer, y por otra, también los de los ortodoxos, que en realidad deseaban ignorar por completo el mundo. El estado así creado permitiría que los judíos —al repudiar tanto las supersticiones de la cristiandad como el orientalismo del islam— realizaran en la práctica la idea judía y se convirtiesen así en un faro político para los gentiles. Simultáneamente, les permitiría alcanzar su propia redención, no mediante la propuesta negativa de Marx, que llevaba a destruir sus funciones económicas tradicionales, sino mediante el acto positivo de la creación de un estado ideal.[130]

Pero todas estas ideas sionistas —y había muchas otras— concebían de distintos modos alguna forma de asentamiento en Jerusalén o en sus alrededores. Incluso Mordecai Noah con el tiempo llegó a la conclusión de que su comunidad judía idealizada debía instalarse más cerca de las orillas del Jordán que del Niágara. Los judíos habían llegado periódicamente a Palestina en reducido número. Pero ni siquiera Alkalai había organizado efectivamente una colonia. Sin embargo, sin un proceso inicial de colonización, ¿cómo podía surgir una nueva Sión, religiosa o secular o con ambos caracteres? Cuando los judíos pensaban en la colonización, tendían a volver los ojos hacia Gran Bretaña. Era la gran potencia colonizadora del siglo XIX. Había avanzado bastante por el camino que la llevaba a dominar un cuarto de la superficie terrestre. Además, Gran Bretaña se mostraba peculiarmente sensible al idealismo judío, y sobre todo a la variedad sionista. Como hemos visto, lord Palmerston, su gran secretario del Foreign Office, había apoyado activamente un modesto proceso de reasentamiento en Palestina. Su gran primer ministro, Benjamin Disraeli, había contemplado posibilidades incluso más amplias. Su novela *Alroy* describe los intentos de su héroe de devolver Jerusalén a los judíos. El tema se repite en *Tancred*, su novela judía de más contenido. Por supuesto, podía desecharse a Disraeli considerándolo un sefardí romántico y dotado de mucha imaginación, que en la práctica desarrollaba una carrera pragmática en la política británica. Pero Disraeli era perfectamente capaz de infundir realidad a sus visiones más audaces. En la India convirtió a una compañía comercial en un deslumbrante imperio. Generalmente mantenía en reserva sus planes sionistas prácticos, pero allí estaban. En 1851 dio un paseo por el parque de lord Carrington en High Wycombe con su colega lord Stanley. Stanley anotó en su diario:

Hacía frío, pero aunque generalmente se mostraba muy sensible a la influencia del tiempo, pareció olvidar el termómetro en el fervor con que, deteniéndose para destacar mejor sus opiniones y de pie al lado de unas plantas, explicó los detalles de su plan. [Palestina], dijo, tenía amplias posibilidades naturales: solamente necesitaba fuerza de trabajo y protección al trabajador: podía comprarse a Turquía la propiedad del suelo, habría dinero, los Rothschild y los principales capitalistas hebreos colaborarían, el Imperio turco estaba desplomándose, el gobierno turco haría lo que fuese por dinero, todo lo que se necesitaba era fundar colonias, con derechos sobre el suelo y seguridad ante la posibilidad del maltrato. El problema de la nacionalidad podría esperar hasta que esas colonias se hubiesen afirmado. Agregó que ideas semejantes estaban muy difundidas en la nación [judía]. El hombre que las llevase a la práctica sería el nuevo Mesías, un verdadero Salvador de su pueblo.

Stanley agregaba: «Aunque muchas veces lo vi influido por la irritación o el placer, éste fue el único caso en que me pareció que mostraba signos de un sentimiento muy elevado.»[131] Es posible que Disraeli volviese a esta idea en su lecho de muerte. Hay una tradición según la cual murió murmurando para sus adentros en hebreo.[132]

En sus simpatías hacia los judíos y el sionismo, Disraeli no se limitaba a reflejar sus orígenes raciales; era también parte de la tradición filosemita inglesa. Sobre todo los escritores ingleses, educados en la Biblia del rey Jacobo, sentían un profundo interés por el pasado judío, un sentimiento acompañado a menudo de una intensa simpatía a causa de las dificultades que afrontaba la comunidad. Las *Hebrew Melodies* de Byron eran un ejemplo. Por supuesto, estaba la permanente tentación de presentar a los judíos en la novelística como arquetipos desagradables o antisociales. Charles Dickens sucumbió a esta tentación en *Oliver Twist* (publicado en folletín en 1837-1838), donde se tacha groseramente de «judío» al perverso Fagin, pese a que sus características judías no son evidentes. Había una proporción considerable de delitos judíos en Londres, sobre todo en la comunidad asquenazí pobre. Los judíos estuvieron entre los primeros desterrados a Australia; cuando en 1852 se suspendió el sistema, por lo menos mil judíos habían soportado sus consecuencias. Entre ellos estaba Isaac («Ikey») Solomons, llamado «el Príncipe de las Empalizadas».[133] Supuestamente, Dickens modeló sobre él la figura de Fagin. Pero Dickens reaccionaba irritado ante la afirmación de que *Oliver Twist* era antisemita. Casi como para refutar a los que afirmaban tal cosa, en *Nuestro común amigo* (publicado en folletín en 1864-1865), dibujó uno de sus personajes más virtuosos, el señor Riah, «el amable judío en cuya raza la gratitud es profunda».

A veces no se percibe claramente si lo que se pretende es conferir a un judío el carácter de un personaje de la novelística. En los tiempos victorianos, solía asociarse a los judíos con los cabellos rojos desgreñados, y algunos de los personajes más repulsivos muestran este rasgo: por ejemplo, Uriah Heep en *David Copperfield*, o el reverendo Obadiah Slope en *Barchester Towers*, de Anthony Trollope. A veces se ha criticado a Trollope por su representación de los judíos perversos. Ciertamente, profesaba antipatía a Disraeli (que aparecía con el nombre de señor Daubeney en sus novelas políticas). Pero también adoptaban esa actitud muchas otras personas, entre ellas Dickens y Thackeray, y no siempre por razones raciales; y Disraeli devolvió el cumplido caricaturizando tanto a Dickens como a Thackeray en su última novela, titulada *Endymion* (1881). Trollope escribió gran número de novelas y retrató a muchísimos extranjeros (de los novelistas del siglo XIX fue quien viajó más extensamente), pero la lectura atenta no sugiere la existencia de un esquema de prejuicio antijudío. Madame Max Goesler, que figura en varias de sus novelas políticas, es una mujer sumamente honorable. Anton Trendellsohn, en *Nina Balataka* (1865), es otro de los judíos simpáticos de Trollope. Incluso Auguste Melmotte, el malvado financiero de acentuados rasgos de la obra *The Way We Live Now* [Como vivimos ahora] (1875) en realidad no aparece descrito como judío. La idea de Trollope era que los orígenes de este personaje estaban sumidos en la oscuridad. Pero evidentemente se basó en las características de Albert Grant, nacido con el nombre de Abraham Gotheimer en Dublín en 1831 e hijo de un vendedor ambulante. Este hombre se convirtió en miembro del Parlamento por Kidderminster, promovió el progreso de Leicester Square, fue gerente general del Crédit Foncier y el Crédit Mobilier de Londres y montó compañías fraudulentas, para morir en la miseria en 1899.[134]

Pero el caso Melmotte fue importante, porque coincidió con un cambio en las actitudes frente a los judíos. Hasta la década de 1870, las personas cultas de Gran Bretaña tendían al filosemitismo. Sin embargo, durante la década, que se caracterizó por un decaimiento económico general y por muchos desastres financieros individuales, sobrevino un cambio sutil. A partir de mediados de la década de 1870, los judíos aparecieron asociados en muchas mentes con la manipulación en gran escala de la City. El mismo cambio de actitud pudo observarse en el continente, y sobre todo en Francia, Alemania y Austria. Pero en estos países no era más que la exacerbación de los sentimientos antisemitas existentes. En Gran Bretaña era un fenómeno nuevo. Inquietó a los filosemitas e indujo a algunos de ellos a idear modos que permitieran resolver lo que también ellos identificaban como el «problema judío». A este grupo pertenecía el arqueólogo sir Charles Warren, uno de los primeros que excavó el muro del Templo de Jerusalén. En 1875, el mismo año en que apareció Melmotte, Warren publicó *The Land of Promise: or Turkey's Guarantee* [La Tierra Prometida o la garantía turca]. Sobre todo gracias a la ayuda británica, el número de judíos en Tierra Santa había aumentado lentamente hasta sobrepasar la cifra de 10.000 personas en la década de 1840. Warren propuso entonces, ajustándose más o menos a los criterios de Disraeli, la creación de una compañía británica autorizada, con el propósito de colonizar Palestina (a cambio de la asunción de parte de la deuda nacional turca), «con la intención explícita de introducir gradualmente al judío, puro y simple, que a su tiempo ocupará y gobernará este país». En opinión de Warren, la financiación en gran escala y el desarrollo sistemático y científico permitirían con el tiempo que el país albergase a quince millones de personas.

En la primavera del mismo año, se unió a la voz de Warren otra mucho más influyente en *Blackwood's*, que inició la publicación en folletín de *Daniel Deronda*, la novela de George Eliot. Este libro se lee poco ahora, y se lo juzgó como un fracaso artístico incluso en su tiempo. Pero en cuanto a sus efectos prácticos fue probablemente la novela más influyente del siglo XIX. Fue otra pieza importante del rompecabezas sionista que ocupó su lugar. George Eliot había sentido un interés apasionado por los judíos desde que, a los diecisiete años, había leído a Josefo. Poseía una inmensa erudición en el comentario y la crítica de la Biblia. Tradujo *Das Leben Jesu*, de Straus, y a Spinoza. Los chistes antisemitas le repugnaban. No podía saber si la hostilidad cristiana frente a los judíos era «más impía o más estúpida». En 1866 conoció a un judío culto, Emmanuel Deutsch, catalogador de libros en el Museo Británico, que acababa de publicar un artículo famoso en la *Quarterly Review*, para presentar el Talmud a los lectores cristianos y tratar de tender un puente entre las dos religiones. Deutsch dio lecciones de hebreo a George Eliot. En 1869 visitó Palestina y se convirtió en ferviente sionista. «¡Oriente! —escribió desde Jerusalén—. ¡Todos mis absurdos anhelos al fin satisfechos!»[135] Deutsch falleció de cáncer, pero George Eliot lo visitó con frecuencia durante su enfermedad y se sintió seducida por el entusiasmo de su amigo. A principios de la década de 1870 ella inició un enorme curso de lecturas y visitas a sinagogas con la idea de escribir una novela judía. Escribió que sentía «el ansia de tratar a los judíos con tanta simpatía y comprensión como sean capaces mi naturaleza y mi saber [...] nosotros los occidentales que hemos sido educados en el cristianismo tenemos una deuda especial con los hebreos, y lo reconozcamos o no, una peculiar y perfecta camaradería en el sentimiento religioso o moral».[136]

La creación y la publicación en folletín de la novela, terminada en 1876, fueron una enorme experiencia emocional para ella. Terminó la obra «con lágrimas en los ojos». El mentor del libro, el ideólogo sionista, es Mordecai, el erudito moribundo, basado en la figura de Deutsch, «un hombre sumido en la pobreza y la oscuridad, debilitado por la enfermedad, que sabía que sobre él se proyectaba la sombra de la muerte cercana, pero vivía una vida intensa en un pasado y un futuro invisibles». Por boca de Deutsch-Mordecai, George Eliot manifestaba sus propias esperanzas sionistas: «El mundo se beneficiará cuando Israel se beneficie. Pues a la caravana de Oriente se incorporará una comunidad que lleva en su seno la cultura y la simpatía de todas las grandes naciones; habrá una región donde se suspenderán las enemistades, un terreno que en Oriente será tan neutral como Bélgica lo es en Occidente.» Este famoso pasaje después encerró ironías trágicas para la generación de 1914 y todavía más para la nuestra; pero en aquel momento expresó un sentimiento universal de los intelectuales filosemitas, en el sentido de que la reconstrucción de Sión pacificaría y civilizaría una región bárbara. Este sentimiento también exigía una figura mesiánica, como en *Tancred*. George Eliot la procuró en la forma del héroe de la novela, Daniel Deronda, retratado según el perfil de Mordecai. Al final del relato, Daniel se casa con Mirah y se prepara para marchar a Oriente con el fin de devolver «una existencia política a mi pueblo, convirtiéndolo de nuevo en nación, dándole un centro nacional, como tienen los ingleses, pese a que están demasiado dispersos sobre la faz del planeta».

Los libros de George Eliot cosecharon inmensas ventas en todo el mundo. De todos los novelistas del siglo XIX fue la autora más respetada por los intelectuales, en el continente y América del Norte así como en Gran Bretaña. A los ojos de todos ellos, y especialmente de los centenares de miles de judíos asimilados, la historia proponía por primera vez la posibilidad de un regreso a Sión. Uno de los muy pocos que no leyó la obra fue Disraeli. Cuando se le preguntó si la conocía, respondió: «Cuando quiero leer una novela, la escribo.» Pero aparte de él, todos la conocieron. En Nueva York provocó la gozosa exaltación de la joven Emma Lazarus. En su artículo «Sionismo», en la famosa undécima edición de la *Enciclopedia británica* (1911), Lucien Wolf escribía que la novela «aportaba al espíritu nacional judío el estímulo más vigoroso que hubiese recibido desde la aparición de Shabbetái Zeví».[137] El libro fue muy leído sobre todo en los círculos políticos. Para la generación de Arthur Balfour, que conoció a George Eliot en 1877, un año después de la publicación, fue la introducción a la cuestión judía.[138] Pero lo que todos deseaban saber era: ¿Quién sería el auténtico Daniel Deronda? ¿Cuándo aparecería? De hecho, formularse tales interrogantes equivalía a esperar la llegada del Mesías.

El Daniel Deronda real apareció el 5 de enero de 1895, en el patio inhóspito y frío de la École militaire de París. La ocasión fue la degradación pública del capitán Alfred Dreyfus, el único judío que servía en el Estado Mayor general del ejército francés, y que había sido acusado, juzgado y condenado —sobre la base, como se vio después, de pruebas falsas— por haber entregado secretos a los alemanes. Theodor Herzl (1860-1904), corresponsal en París de la *Neue Freie Presse*, el diario liberal de Viena, y uno de los pocos periodistas a quienes se permitió asistir, estaba observando la ceremonia. Dos semanas antes había acudido a la sala del tribunal, y había estado presente cuando se anunció el veredicto de culpabilidad de Dreyfus. Ahora estaba allí, mientras llevaban a Dreyfus en presencia del general Darras, que gritó: «Alfred Dreyfus, sois indigno de portar armas. ¡En nombre del pueblo francés os degradamos!» Inmediatamente, y en alta voz, Dreyfus gritó: «¡Soldados! ¡Estáis degradando a un inocente! ¡Soldados! ¡Se deshonra a un inocente! ¡Viva Francia! ¡Viva el ejército!» Un suboficial veterano arrancó los galones y los botones de Dreyfus. Le quitó la espada y la quebró contra la rodilla. El prisionero fue obligado a atravesar el patio, gritando siempre que era inocente. Una multitud inmensa y nerviosa, que esperaba fuera, oyó sus gritos y comenzó a silbar y a entonar lemas. Cuando Herzl salió del edificio, la multitud comenzaba a gritar: «¡Muerte a Dreyfus! ¡Muerte a los judíos!»[139] Menos de seis meses después, Herzl había terminado el borrador del libro que pondría en marcha el sionismo moderno: *Der Judenstaat*.

El caso Dreyfus y la conversión de Herzl al sionismo son ambos testimonios de procesos significativos de la historia judía. Son dos piezas más del rompecabezas, y es necesario examinarlas detalladamente. En primer lugar, el caso Dreyfus y las sombrías emociones que reveló liquidaron decisivamente una época de ilusiones en que los judíos occidentales asimilados habían supuesto con optimismo que el proceso de su aceptación en la sociedad europea estaba bien encaminado y pronto alcanzaría su meta. En 1871 Graetz había terminado el undécimo y último volumen de su *Historia del pueblo judío* casi con una nota triunfal: «Más feliz que cualquiera de nuestros predecesores, puedo terminar mi historia con el gozoso sentimiento de que en el mundo civilizado la tribu judía al fin ha encontrado no sólo justicia y libertad, sino también cierto reconocimiento. Ahora, al fin goza de ilimitada libertad para desarrollar sus cualidades, no como consecuencia de la compasión, sino como un derecho adquirido por medio de ingentes sufrimientos.»

En Francia este sentimiento de seguridad cada vez más firme era más intenso que en otros países. Allí, los judíos gozaban de la herencia libertaria de la Revolución de 1789. Su número era reducido. Por irónico que parezca, la derrota de Francia en 1870, que le costó la posesión de Alsacia y Lorena, había eliminado a su principal y menos popular colonia de alsacianos, los judíos asquenazíes de habla alemana. En la época del caso Dreyfus, los judíos residentes en Francia no pasaban de ochenta y seil mil, en una población total de cuarenta millones.[140] Administraba la comunidad el Consistorio Central, patrocinado por el gobierno y sometido al Ministerio de Cultos, y este organismo fijaba las normas aplicadas en la elección de los rabinos, estipulaba los sueldos que debían recibir y los engrosaba con su propia aportación. De modo que el judaísmo francés tenía algunas de las características propias de una iglesia oficial, y se comportaba como tal. La «Plegaria por Francia» del libro de oraciones decía: «Todopoderoso protector de Israel y la humanidad, si de todas las religiones la nuestra te es la más querida, porque es tu propia obra, Francia es de todos los países aquel que tú pareces preferir, porque es el más digno de ti.» Y concluía: «Que [Francia] no conserve este monopolio de la tolerancia y la justicia para todos, un monopolio tan humillante para otros estados como glorioso para ella. Que encuentre a muchos imitadores, y que a medida que imponga al mundo sus gustos y su idioma, los productos de su literatura y su arte, que les imponga también sus principios, que por supuesto son más importantes y más necesarios.»[141]

Cuando J. H. Dreyfus fue designado gran rabino de París, en 1891, su tema fue el de los vínculos entre «el genio francés» y «el espíritu fundamental del judaísmo», especialmente «las afinidades morales entre las dos razas», puesto que los franceses eran «el pueblo elegido de los tiempos modernos». El rabino Kahn, de Nimes, afirmó que la Revolución francesa era «nuestra huida de Egipto [...] nuestra Pascua moderna». El rabino Herrmann de Reims señaló que Francia estaba «designada por Él para dirigir los destinos de la humanidad [...] para difundir por el mundo las ideas grandes y bellas de justicia, igualdad y fraternidad, que antes habían sido patrimonio exclusivo de Israel». Más o menos como el judaísmo reformado de Estados Unidos, el judaísmo francés hizo todo lo que estaba a su alcance para fundirse con el paisaje religioso local. Los rabinos vestían casi como sacerdotes católicos. Incluso contemplaban la posibilidad de celebrar los servicios del *shabbat* en domingo. Tenían ceremonias para los niños, muy semejantes a los bautismos y la primera comunión. Las flores sobre los ataúdes, las bandejas de las colectas, las visitas a los moribundos, el canto, los órganos, los sermones, todo se ajustaba a la práctica cristiana. Se calculaba que había sólo quinientos judíos verdaderamente ortodoxos en todo el país.

El laicado judío combinaba una actitud discreta con un

pegajoso patriotismo. Competían enérgicamente por los más importantes premios del Estado francés: el ingreso en las *grandes écoles*, los concursos, la Academia, la Legión de Honor. «Franceses por el país y las instituciones —escribió Léon Halévy— es necesario que todos [los judíos franceses] lleguen a serlo por las costumbres y el idioma [...], que para ellos el nombre de judío sea secundario, y principal el nombre de francés.»[142] «¡Que no haya judíos y cristianos —escribió Ernest Crémieu-Foa— excepto en el momento de la plegaria para quienes rezan!» James Darmesteter, que había ascendido al cargo de director de la École des Hautes Études, sostuvo agradecido que las culturas israelita y francesa eran esencialmente iguales. La Revolución francesa había expresado la ideología del judaísmo, y esos dos pueblos elegidos, con su profunda fe en el progreso, traerían la Era Mesiánica, que adoptaría la forma del «triunfo terrenal de la justicia en la humanidad». Estos hombres sostenían que el antisemitismo era un producto alemán extraño, que nunca merecería en Francia más que cierta atención superficial.

Por desgracia, tal cosa estaba lejos de la verdad. El siglo XIX fue la gran época de las teorías raciales seudocientíficas, y los franceses representaron de lleno su papel en el asunto. Es cierto que los filólogos alemanes, al investigar los orígenes del lenguaje, distinguieron por primera vez entre los pueblos arios o indoeuropeos, con sus raíces en el sánscrito, y los pueblos semitas, con sus raíces en el grupo de lenguas hebraicas. No obstante, fueron los franceses quienes popularizaron estos conceptos, y en el proceso confundieron el idioma con la raza. En 1853 el diplomático francés conde Joseph de Gobineau (1816-1882) publicó su famoso *Essai sur l'inégalité des races humaines* [Ensayo sobre la desigualdad de las razas humanas], que distinguió entre la virtud aria y la degeneración semita (y latina). Este libro se convirtió en el manual de los antisemitas alemanes y ejerció enorme influencia, por ejemplo, sobre Richard Wagner. El dogmático de saber enciclopédico Ernest Renan (1823-1892) hacía lo mismo por los franceses, con su *Histoire générale et système comparé des langues sémitiques* [Historia general y sistema comparado de lenguas semíticas], que obtuvo el Premio Volnay en 1847, y todavía más con su *Vida de Jesús* (1863), el libro de más éxito publicado en Francia durante todo el siglo, y leído con satisfecha complacencia por los anticlericales y con tembloroso sentimiento de culpa por los católicos. Creía que «la raza semita, comparada con la indoeuropea, representa un plano inferior de la naturaleza humana»; y su retrato de Jesús, el héroe humanista, era dramático precisamente porque lo mostraba «inmune a casi todos los defectos de su raza». Edouard Drumont unió hábilmente la teoría de Renan acerca de la inferioridad racial judía con la teoría de Toussenel acerca de la deshonestidad financiera judía, y así escribió *La France juive* [La Francia judía] (1886), una gran obra en dos volúmenes que es el estudio antisemita redactado más brillante y convincente. La obra no tardó en alcanzar un centenar de ediciones y permitió a Drumont fundar la Liga Antisemita y su despiadado diario, *La Libre Parole* (1889).

De modo que el primer estrato del antisemitismo francés fue seudocientífico. La envidia aportó el segundo. Si los judíos eran inferiores desde el punto de vista racial, ¿por qué tenían tanto éxito? Porque engañaban y conspiraban. Los hijos judíos de la *haute bourgeoisie* tendían a llevarse todos los premios. Años más tarde, Julien Benda escribiría: «El triunfo de los hermanos Benda en el *concours général* me pareció una de las fuentes esenciales del antisemitismo que tuvimos que afrontar quince años más tarde. Tanto si los judíos lo advertían como si no, otros franceses veían este éxito como un acto de violencia.»[143] Los hermanos Reinach, de enorme inteligencia —el abogado y político Joseph (1856-1921), el arqueólogo Salomon (1856-1932) y el latinista y helenista Théodore (1860-1928)—, formaron otro terceto de prodigios que conquistaron premios. Derrotaban constantemente a los franceses en su propio juego académico-cultural. Entonces, en 1892, estalló el escándalo de Panamá, un inmenso laberinto de manipulación y fraude financieros en cuyo centro estaba el tío de estos hombres, el barón Jacques de Reinach. Su muerte misteriosa o su suicidio simplemente agravaron el escándalo y provocaron la irritada satisfacción de los antijudíos: ¡era evidente que siempre estafaban! El escándalo de la Union Générale en 1882, el escándalo del Comptoire d'Escompte en 1889 —ambos casos comprometieron a judíos— eran simplemente el primer acto en la representación de este complejo crimen, que parecía confirmar las teorías de la conspiración financiera delineadas en el libro de Drumont y ofrecía a los «periodistas investigadores» de *La Libre Parole* la oportunidad de publicar casi diariamente un nuevo artículo antijudío. Después de Londres, París era el centro de las finanzas europeas, y la nómina de sus banqueros estaba salpicada de apellidos judíos: Deutsch, Bamberger, Heine, Lippmann, Pereire, Ephrussi, Stern, Bischoffsheim, Hirsch y por supuesto Reinach; ¡para empezar era suficiente![144]

Había un tercer estrato, de carácter clerical, en el antisemitismo francés. La jerarquía oficial de la Iglesia católica romana se hallaba en un estado de confusión durante el último cuarto del siglo XIX, enredada en interminables luchas con el Estado francés. Ejercía escaso control sobre su propio clero, y menos aún sobre las órdenes religiosas, sobre todo los asuncionistas, elegidos y apoyados por el papado para «recristianizar Francia» mediante la organización de nutridas peregrinaciones a Roma y a los nuevos centros de milagros, por ejemplo Lourdes. La orden de los asuncionistas, fundada en 1847, fue la primera que aplicó al evangelismo los métodos de las grandes empresas. Contrataban trenes especiales para reunir vastas multitudes. Fundaron una editorial inmensamente exitosa, *La Bonne Presse*, y un diario de circulación masiva, *La Croix* (1883).[145] Como antes los frailes dominicos y franciscanos, a quienes se parecían en ciertos aspectos, necesitaban un enemigo. Consiguieron tres, todos interrelacionados: los protestantes, los francmasones y los judíos. En relación con la teoría ultracatólica de la conspiración, las tramas de los francmasones se anticiparon en mucho al antisemitismo «científico», pues en Francia se remontaban por lo menos a 1789. Gran parte del saber y el rito masónicos podían relacionarse, y en efecto se relacionaban, con la Cábala judía, según la versión de decenas de panfletos y libros católicos. Y como los asuncionistas creían que muchos protestantes habían sido en secreto judíos y marranos desde el siglo XVI, no era difícil reunirlos a todos en una terna satánica. Cuando en 1882 quebró la Unión Générale, la organización bancaria católica, los asuncionistas afirmaron que el desastre fue resultado de esta conspiración. Al año siguiente fundaron su diario para combatirla, y un año más tarde León XIII, protector de la orden, condenó formalmente a la francmasonería como obra del demonio. *La Croix* se comprometió a combatir «la terna del odio [...] que incluye, primero, al protestantismo, que quiere destruir el catolicismo, es decir, el *alma de Francia*; al judaísmo, que quiere despojarla de su riqueza natural, es decir, el *cuerpo de Francia*; a la francmasonería, la combinación natural de los dos primeros, que desea *simultáneamente* destruir el *cuerpo y el alma de Francia*!».[146]

Sobre este fondo de calumnia y odio orquestado, los hechos de 1881 en Rusia y sus consecuencias asestaron un golpe mortal a la comunidad judía francesa, pues proporcionaron a los franceses gentiles, y sobre todo a los parisienses, la prueba vívida y ocular de la existencia de un «problema judío». En el curso de una generación, Francia recibió 120.000 refugiados judíos, con lo cual se duplicó holgadamente la magnitud de la comunidad judía francesa. Eran judíos asquenazíes, pobres y distinguibles, y al parecer coincidían con la caricatura que Drumont y *La Croix* estaban vendiendo. Además, a ellos se unió una corriente constante de judíos de la comunidad alsaciana, que no podían soportar la ocupación alemana. Entre ellos estaba la familia Dreyfus, que había llegado a París en 1871, aunque conservaba sus relaciones comerciales con Mulhouse. Eran patriotas franceses orgullosos, casi fanáticos. Alcanzar un grado en el ejército francés había sido la ambición infantil de Alfred Dreyfus. Después de que el Estado Mayor general fuera tardíamente reorganizado para darle una base social más amplia, Alfred Dreyfus se convirtió en el primer judío elegido para ese organismo, lo cual fue para él motivo de inmenso orgullo. Pero por supuesto, el patriotismo de los judíos alsacianos tenía sus ironías. Todos los que mantenían incluso la más tenue relación alemana, eran personas sospechosas en la Francia de la década de 1890, pues se trataba de un país paranoico, todavía dolorido por la derrota y el despojo territorial, ansioso por vengarse y recobrar las provincias perdidas, y al mismo tiempo temeroso de otro ataque alemán. En enero de 1894 Francia firmó la primera convención militar secreta con su nuevo aliado contra Alemania, la Rusia zarista. Así, los judíos llegaron a ser aún más sospechosos para los franceses, pues era sabido que odiaban el régimen zarista más que ningún otro. Los judíos franceses hicieron todo lo posible. En todas las sinagogas parisienses se elevaron plegarias especiales en el cumpleaños de Alejandro III, el más antisemita de todos los zares, pero eso no modificó la situación. Los antisemitas acogían con implacable cinismo cada uno de los gestos patrióticos realizados por los judíos: «Es muy propio de esa gente, ¿verdad?»

En julio de 1894, un jugador derrochador, el conde Walsin-Esterházy, por entonces comandante del LXXIV Batallón de Infantería, ofreció sus servicios a la embajada alemana. Al mes siguiente entregó al portero de la embajada una carta (el *bordereau*) que enumeraba ciertos documentos que él se proponía entregar a cambio de dinero en efectivo. El 26 de septiembre la lista llegó a manos del mayor Hubert Henry de la «Sección de Estadísticas» del Estado Mayor general (una pantalla del contraespionaje). A pesar de su reorganización, el Estado Mayor general era el reino de la incompetencia, y la Sección de Estadísticas era la peor de todas las áreas. En la práctica no tenía registros ni archivos. Constantemente inventaba documentos con fines de engaño, pero no los registraba, y solía confundir lo falso con lo real. En cierta ocasión vendió una vieja caja fuerte en la que el comprador encontró documentos secretos. Eso era habitual. Si la sección hubiese poseído un mínimo de competencia profesional, jamás habría existido el caso Dreyfus, porque Esterházy era un espía de fenomenal ineptitud. Toda la prueba interna del *bordereau* lo señalaba. Poco o nada indicaba que el culpable fuese miembro del Estado Mayor. Parte de las anotaciones excluían específicamente al capitán Dreyfus. Sin embargo, el jefe de la sección era el coronel Jean-Conrad Sandherr, también alsaciano, pero al mismo tiempo un hombre que odiaba a los alemanes, un converso al catolicismo y además antisemita. Cuando el mayor Henry, otro antisemita, mencionó el nombre de Dreyfus, el coronel Sandherr se dio un golpe en la frente y exclamó: «¡Cómo no lo había pensado antes!»[147]

De todos modos, no hubo una conspiración militar antisemita contra Dreyfus. Todos los participantes procedieron de buena fe. La única excepción fue Henry, que de hecho falsificó pruebas contra Dreyfus. El problema comenzó con Drumont y los asuncionistas. La *Libre Parole* fue el primer órgano que publicó la noticia de que un oficial judío había sido arrestado secretamente por traición. El 9 de noviembre de 1894, varias semanas antes del juicio, este periódico proclamó que *«toute la Juiverie»* estaba detrás de *«le traître»*. La Croix se unió a la caza de brujas. Desconcertados, los líderes de la comunidad judía, en la cual había cinco generales del ejército, trató de suavizar las cosas. Cuando Dreyfus fue condenado y enviado a la isla del Diablo, aceptaron su culpabilidad. Estaban profundamente avergonzados y deseaban echar tierra a todo el asunto. La familia de Dreyfus estaba convencida de su inocencia. Pero emplearon los servicios de abogados discretos, que trabajaron silenciosamente entre bambalinas reuniendo pruebas, con la esperanza de obtener el perdón. Era la reacción típica y tradicional de los judíos frente a la injusticia.

Pero Herzl no fue el único judío que alentó sentimientos de cólera y decidió actuar. Otro fue Bernard Lazare (1865-1903), nacido con el nombre de Baruch Hagani, que era un joven escritor simbolista de Nîmes. Creía en la asimilación total y, de ser algo, era anarquista. Por primera vez, se sintió conmovido en relación con un tema judío. Comenzó a hacer indagaciones, pero fue rechazado fríamente por la familia Dreyfus. A Lazare le repugnaba la incapacidad de los judíos para ofenderse. Según escribió, era «una deplorable costumbre originada en las antiguas persecuciones: recibir golpes sin protestar, inclinarse, esperar a que pase la tormenta y permanecer inmóvil para no atraer al rayo». Sus propias investigaciones lo convencieron de que Dreyfus era inocente y había sido víctima de una conjura. A fines de 1896 publicó en Bruselas un opúsculo titulado *Une erreur judiciaire: la vérité sur l'affaire Dreyfus* [Un error judicial: la verdad sobre el caso Dreyfus]. Por primera vez se abordó el tema del antisemitismo desde el lado judío: «Fue arrestado porque era judío, y condenado porque era judío, y porque era judío no se elevaron en favor de su persona las voces de la justicia y la verdad.» A juicio de Lazare, Dreyfus era el mártir judío arquetípico:

En sí mismo encarna no sólo los seculares sufrimientos del pueblo de mártires, sino sus padecimientos actuales. En su persona veo a los judíos languideciendo en las cárceles rusas [...] la negación de los derechos humanos a los judíos rumanos, a los judíos de Galitzia condenados al hambre por los *trusts* financieros y atacados por campesinos a quienes sus sacerdotes han llevado al fanatismo [...]. A los judíos argelinos, golpeados y víctimas de los saqueos, a los infelices emigrantes que mueren de hambre en los guetos de Nueva York y Londres, a todos aquellos cuya desesperación impulsa a buscar refugio en los confines del mundo habitado, donde al fin hallarán la justicia que los mejores entre ellos han reclamado para la humanidad entera.[148]

Lazare no se detuvo en este opúsculo. Rogó a destacados judíos que se ocupasen del caso y trabajasen en defensa de una revisión. Se ganó a un converso inicial y decisivo: Joseph Reinach, el gran abogado judío. Este éxito inclinó la balanza en el ámbito de la comunidad judía, donde el tema se convirtió en un asunto trascendental. Muchos jóvenes judíos asumieron la causa, y entre ellos estaba Marcel Proust: «Yo fui el primer *dreyfusard* —escribió—, pues yo fui a pedir su firma a Anatole France.»[149] Se trataba de la «petición de los intelectuales», y por lo tanto había que enrolar en la causa a escritores destacados. La petición tuvo éxito, en el sentido de que consiguió que se interesaran los radicales no judíos. Entre ellos estaba Émile Zola, por entonces el escritor más popular de Francia. Investigó el caso, escribió un extenso artículo en defensa de Dreyfus y se lo entregó a George Clemenceau, un político en ascenso que dirigía el periódico liberal *L'Aurore*. Clemenceau tuvo la idea de imprimirlo en la primera página (13 de enero de 1898) bajo el título de «J'accuse!». Éste fue el auténtico comienzo del caso Dreyfus. Cuatro días después estallaron disturbios antisemitas en Nantes, y se extendieron a Nancy, Rennes, Burdeos, Tournon, Montpellier, Marsella, Toulouse, Angers, El Havre, Orleans y muchas otras ciudades. En Francia el problema se ciñó a grupos de estudiantes y chusma que destruyó los escaparates de las tiendas judías, pero en Argel los disturbios duraron cuatro días e incluyeron el saqueo de todo el distrito judío. Ninguno de los cabecillas fue detenido.

Era precisamente lo que la comunidad judía había temido si el caso Dreyfus se convertía en un problema importante. Pero ya nada podía impedir la polarización. El ejército se negó a reconocer que había cometido un error, y cerró filas. El mayor Picquart obtuvo pruebas que señalaban a Esterházy, pero fue arrestado y encarcelado. Zola fue enjuiciado y tuvo que huir del país. En febrero de 1898 los *dreyfusards* formaron una organización nacional, la Liga por los Derechos del Hombre, para conseguir la libertad de Dreyfus. Los *antidreyfusards*, encabezados por el escritor Charles Maurras, contestaron con la Liga de la Patria Francesa, para «defender el honor del ejército y de Francia». Lazare se batió en duelo con Drumont (ninguno de los dos salió herido); hubo por lo menos otros treinta y dos duelos relacionados con el asunto, y un judío fue muerto. En la Cámara de Diputados, en enero de 1898, hubo una asombrosa pelea colectiva a puñetazos, mientras Jean Jaurès ocupaba la tribuna y la turba se agitaba fuera. El diplomático Paul Cambon, que regresaba a París desde Constantinopla, se quejó: «No importa lo que uno diga o haga, se lo clasifica en la categoría de amigo o enemigo de los judíos o del ejército.»[150]

El caso Dreyfus convulsionó Francia durante una década entera. Se convirtió en un hecho importante no sólo de la historia judía, sino de la francesa, e incluso de la europea. Por primera vez surgió una clase diferenciada de intelectuales que llegó a formar un poder importante de la sociedad europea, y en el seno de los judíos emancipados fueron un factor importante, y a veces dominante. Se suscitó una nueva cuestión, y no sólo con relación a Francia: ¿Quién controla nuestra cultura? El proletariado francés se quedó observando al margen. Las turbas estaban formadas por estudiantes y pequeñoburgueses. «Debo reconocer —confesó Clemenceau— que al parecer la clase trabajadora no se interesa por el problema.»[151] Pero en el caso de las clases educadas, se convirtió en el único asunto importante de la vida. Una caricatura de Caran d'Ache mostraba un salón comedor con todos los muebles destrozados y los invitados peleando en el piso: «Alguien mencionó el asunto.» La sociedad parisiense, tanto aristocrática como burguesa, se dividió en dos bandos. La batalla fue descrita varias veces, en *Jean Santeuil* de Proust, en *La Vérité* [La verdad] de Zola, en *La isla de los pingüinos* y *El señor Bergèret en París* de Anatole France, en obras teatrales de Lavedan y Donnay, de Charles Maurras, Roger Martin du Gard, Charles Péguy y Jean Barois.[152] El Faubourg, distrito aristocrático, encabezado por los duques de Brissac, La Rochefoucauld y Luynes y por la duquesa D'Uzès, se adhirió abrumadoramente a la causa *antidreyfusard*; a estos aristócratas se unieron muchos escritores, entre ellos Paul Valéry y Maurice Barrès; el gran pintor Edgar Degas se distanció de todos sus amigos judíos. Un análisis de la composición de los que se adherían a la Liga de la Patria Francesa (1899) demostró que más del 70 % estaba constituido por individuos muy cultos, pertenecientes a las categorías (en orden) de los estudiantes, los abogados, los médicos, los profesores universitarios, los artistas y los hombres de letras; la lista de apellidos incluía a ochenta y siete miembros del Colegio de Francia y el Instituto, y a veintiséis de un total de cuarenta miembros de la Academia Francesa.[153] El centro social de los *antidreyfusards* era el salón de la condesa de Martel, el modelo del salón de Madame Swann en la obra *En busca del tiempo perdido*, de Proust.[154] Todos los participantes creían firmemente en una organización secreta (mítica) de los judíos, los francmasones y los ateos, lo que ellos denominaban «el Sindicato». El príncipe de Polignac solía preguntar a Proust: «Y bien, ¿qué hace ahora ese excelente y viejo sindicato?, ¿eh?»

Del lado de Dreyfus estaba el salón dirigido por Madame Geneviève Strauss, el modelo de la duquesa de Guermantes en la novela de Proust. Nacida Halévy, la más grande de todas las familias judeoprotestantes de la alta burguesía, vinculada con el mundo del arte, la música y las letras,[155] Madame Strauss usaba su salón para organizar las grandes peticiones de los intelectuales. Su héroe era Reinach, que estaba al frente de la campaña por Dreyfus. Reinach tenía, escribió Léon Daudet, «una voz de madera y cuero y solía saltar de silla en silla, en persecución de las invitadas que iban más escotadas, con la galantería de un gorila satisfecho de sí mismo». Pero Daudet era una fuente llena de prejuicios. Proust lo dijo de forma más benigna: «Era cómico pero simpático, aunque teníamos que fingir que lo creíamos una reencarnación de Cicerón.» Otra anfitriona *dreyfusard*, Madame de Saint-Victor, era conocida como «Nuestra Señora de la Revisión». Una tercera, Madame Ménard-Dorien (el original de Madame Verdurin, de Proust), dirigía un salón violentamente izquierdista en la Rue de la Faisanderie, un lugar conocido como «la Fortaleza del Dreyfusismo»; allí se originó la teoría filosemita de una conspiración (igualmente mítica) clerical-militar. Pero algunas dueñas de casa, como Madame Audernon, se complacían en recibir a ambas facciones y en presenciar sus riñas. Cuando una rival que había desterrado a sus invitados favorables a Dreyfus le preguntó: «¿Qué hace usted con sus judíos?», la dama replicó: «Los conservo.»[156]

Pero bajo el barniz social, estaban cobrando forma ciertas cuestiones reales, y en última instancia trágicas para los judíos. El caso Dreyfus fue un ejemplo clásico de un asunto esencialmente sencillo de injusticia del cual se adueñaron los extremistas de ambos bandos. Drumont y los asuncionistas esgrimieron la condena de Dreyfus y la usaron para desencadenar una campaña contra los judíos. Los jóvenes intelectuales judíos, y su grupo cada vez más numeroso de aliados radicales, comenzaron pidiendo justicia y acabaron persiguiendo la victoria total y la venganza. Al proceder así, ofrecieron a sus enemigos una sobrecogedora demostración del poder intelectual judío y filosemita. Al principio del caso Dreyfus los antisemitas, como había sucedido siempre anteriormente, tenían todos los triunfos, sobre todo en el mundo de la imprenta. En una situación de significativa ironía, precisamente la ley de prensa liberal de 1881, que anuló la norma anterior que prohibía la crítica a los grupos religiosos y que estaba destinada a someter a la Iglesia católica al escrutinio periodístico, fue el factor que legalizó el perverso tipo de antisemitismo de Drumont. Por lo menos inicialmente, la libertad de prensa perjudicó a los intereses judíos (como sucedería más tarde en la República de Weimar). Hasta el caso Dreyfus, el único intento judío de responder a *La Libre Parole* fue la creación de un periódico llamado *La Vraie Parole* (1893), que terminó en un vergonzoso fracaso. Al comienzo del caso, la prensa era abrumadoramente *antidreyfusard*, pues además de los periódicos antisemitas, que contaban con una circulación de 200.000 a 300.000 ejemplares, los órganos populares, *Le Petit Journal* (1.100.000), *Le Petit Parisien* (750.000) y *Le Journal* (500.000), apoyaban el orden establecido.[157]

Desde 1897, con la fundación de órganos como *L'Aurore*

y el periódico *La Fronde*, los judíos y sus aliados comenzaron a devolver los golpes. Tenían, por supuesto, el beneficio inestimable de pruebas abrumadoras. Pero la hostilidad con que defendieron su causa aumentó paulatinamente. Era la primera vez que los judíos seculares cooperaban, como grupo, para exponer su criterio. Utilizaron los nuevos medios que representaban la fotografía y el cine. Hubo instantáneas de situaciones del pogromo de Argel.[158] Ya en 1899 el precursor del cine Georges Méliès rodó once cortos que reflejaban escenas del episodio; estos filmes provocaron riñas en el público dondequiera que se los exhibió.[159] Poco a poco los *dreyfusards* comenzaron a inclinar en su favor el equilibrio de los medios de difusión, a medida que los periódicos y las revistas no comprometidos se alineaban con ellos. Fuera de Francia, conquistaron la opinión pública de manera decisiva en todos los países. En Francia misma, a medida que aumentó su poder en los medios de difusión, también se acentuó su influencia política. A lo largo del proceso, algunos incidentes extraños propulsaron el movimiento ascendente. El más importante, y para los *dreyfusards* la verdadera oportunidad, fue la súbita muerte de Félix Faure, el presidente de la República, agriamente contrario a Dreyfus, el 16 de febrero de 1899. Sufrió una hemorragia cerebral mientras estaba con su concubina, Madame Steinheil, y se desplomó aferrando los cabellos de la mujer desnuda con una presa de acero; los gritos de terror de la Steinheil hicieron que el personal acudiese a toda prisa al estudio cerrado con llave, donde pudieron entrar después de forzar la puerta.

Después de este episodio, el frente *antidreyfusard* comenzó a ceder. Dreyfus fue traído de la isla del Diablo, encanecido, enfermo de malaria, apenas capaz de hablar. Fue juzgado otra vez, y condenado de nuevo; se le ofreció el perdón, y presionado por su familia y el antiguo orden judío, aceptó la propuesta. Los hombres que estaban impulsando la campaña de Dreyfus, los políticos radicales como Clemenceau y los nuevos intelectuales, tanto judíos como gentiles, se irritaron. «Estábamos dispuestos a morir por Dreyfus

—escribió colérico Charles Péguy—, pero el propio Dreyfus no está dispuesto.»[160] ¿Por qué debía estarlo? Parecía haber comprendido, lo mismo que muchos judíos de más edad, que la defensa del caso *a l'outrance* aumentaba, consolidaba y terminaría institucionalizando el antisemitismo en Francia. Según Léon Daudet, Dreyfus siempre decía a los fanáticos que se le acercaban: «Nunca he tenido un momento de paz desde que salí de la isla del Diablo» o «Callaos todos, o confesaré».[161] Incluso comentaba, con la ironía judía: «Ya saben, no hay humo sin fuego.» Pero el nuevo poder de la palabra escrita aliada con la izquierda radical ya no respondía al control. Pugnaba por la venganza y la victoria total. Consiguió ambas cosas. Los asuncionistas fueron expulsados de Francia. La izquierda conquistó un abrumador éxito electoral en 1906. Dreyfus fue rehabilitado y ascendido a general. Picquart terminó siendo ministro de la Guerra. El Estado, ahora en manos de los *dreyfusards*, libró una campaña destructiva contra la Iglesia. De modo que los extremistas vencieron tanto porque crearon el caso como porque se impusieron.[162]

Pero hubo que pagar un precio, y a la postre los judíos fueron quienes lo pagaron. Se institucionalizó el antisemitismo. La Liga de Charles Maurras perduró para convertirse, después de la guerra de 1914-1918, en un movimiento profascista y antisemita que fue el elemento más perverso del régimen de Vichy entre 1941 y 1944 y, como veremos, ayudó a enviar a la muerte a centenares de miles de judíos franceses, autóctonos y refugiados. La victoria de los *dreyfusards* consolidó en la mente de muchos franceses la idea de que la conspiración judía era un hecho indudable. No es necesario decir que no hubo tal conspiración, y en todo caso no hubo una conspiración judía. Joseph Reinach, que no sólo vindicó a su cliente, sino que escribió la primera historia completa del caso, demostró en su sexto y último volumen cuánto deploraba y temía los excesos de sus propios partidarios.[163] No había un cerebro. Lo que más se pareció a eso fue Lucien Herr, bibliotecario de la ultraelitista École normale supérieure, y él fue el centro de un círculo protestante, no judío.[164] Sin embargo, la demostración de la capacidad intelectual judía, aportada por el caso, la desenvoltura con que los escritores judíos pisaban ahora la escena intelectual francesa, el hecho de que nueve décimas partes de la amplia bibliografía acumulada alrededor del caso fuese partidaria de Dreyfus, todo esto turbó a los franceses, que en general simpatizaban con el punto de vista judío. Hay un pasaje significativo en los diarios del novelista protestante André Gide, en la entrada correspondiente al 24 de enero de 1914, donde habla de su amigo Léon Blum, líder de los *dreyfusards* judíos más jóvenes y más tarde primer ministro francés:

su aparente decisión de demostrar siempre cierta preferencia por el judío e interesarse siempre en él [...] proviene sobre todo del hecho de que Blum considera superior a la raza judía, como si estuviese destinada a dominar después de haber sido dominada durante mucho tiempo, y como si creyera que su deber es facilitar ese triunfo con todas sus fuerzas [...] cree que llegará un momento que será la época del judío, y que ahora mismo es importante reconocer y afirmar su superioridad en todas las categorías, en todos los dominios, en todas las divisiones del arte, el saber y la industria.

Después, Gide expresaba sus objeciones ante lo que veía como una apropiación judía de la cultura francesa; ¿por qué los judíos no podían escribir en otro idioma?, ¿por qué tenían que escribir en francés?

tenemos en Francia hoy una literatura judía que no es literatura francesa [...] ¿Qué me importa que la literatura de mi país se enriquezca si lo hace a expensas de su significado? Sería mucho mejor, allí donde el francés carece de fuerza suficiente, que desaparezca y no que permita que una persona zafia represente el papel que a aquél le corresponde en su lugar y en su nombre.[165]

Ésta era precisamente la línea argumental que Herzl comenzaba a temer. De hecho, la inquietud ante la resistencia que los judíos estaban provocando contra ellos mismos a causa de su entrada masiva y triunfante en la cultura europea era la fuerza que empujaba a Herzl hacia el sionismo, incluso antes de ver degradado a Dreyfus esa fría mañana de enero de 1895. En Viena, su ciudad natal, la «invasión» judía de la cultura local era incluso más impresionante que en Francia y provocaba una hostilidad aún más cruel, de la cual él mismo era víctima.

Herzl es uno de los personajes más complejos de la historia judía. Como en el caso de Disraeli, su ostentoso estilo teatral ocultaba honduras trágicas. La documentación acerca de su persona es enorme, pues conservó todos y cada uno de los fragmentos de papel sobre los cuales escribió, incluidas las facturas y los vales.[166] Nació en Budapest en 1860: su padre, banquero casi millonario, perdió todo en el gran desastre de 1873; su madre, humanista y racionalista alemana, era la persona de carácter fuerte: «la Madre de los Gracos», como se la llamaba. La familia afirmaba que era sefardí, en un país en que el término *östjuden* era el peor insulto; pero, por supuesto, eran asquenazíes (de Silesia), como casi todo el resto. Su educación judía fue fragmentaria. Nunca supo hebreo ni yiddish. Su bar-mitsvá fue denominado «confirmación». Herzl creció ansiando la asimilación total. Su meta en la vida era ser un dramaturgo de éxito. Su matrimonio con Julie Naschauer, la hija de un magnate del petróleo que le aportó una enorme dote, le permitió vivir como un hombre consagrado al ocio y las letras. Siempre estaba soberbiamente vestido. Lucía una barba abundante y negrísima de tipo asirio; sus ojos negros relucían románticamente. Al pasar frente al Burgtheatre de Viena con el joven Arthur Schnitzler, cierta vez se vanaglorió: «Un día entraré allí.» Pero no parecía un dramaturgo austríaco; parecía un *nasí*, un príncipe de Judá. Su fisonomía, escribió Martin Buber, «estaba iluminada por la mirada del Mesías». Era, dijo el ateo Max Nordau, «obra de la Providencia». Franz Rosenzweig dijo que «esa cara demostraba que Moisés era una persona real»; Freud afirmaba que había soñado con este hombre notable antes incluso de conocerlo.[167] Otros expresaron opiniones menos lisonjeras. Su primo Raoul Auernheimer dijo que parecía «un jeque árabe ofendido».

Herzl intentaba compensar su apariencia haciendo chistes antisemitas. Desde Ostende escribió a sus padres: «Muchos judíos vieneses y de Budapest en la playa. El resto de los veraneantes muy agradables.» «Ayer, gran velada en casa de los Treitel», escribió desde Berlín. «Treinta o cuarenta judíos y judías feos y pequeños. Ningún espectáculo que me consuele.» Los judíos vieneses se especializaban en el humor negro y las burlas antisemitas. Cuando el primer ministro austriaco Eduard Taafe preguntó al diputado galitziano Joseph Bloch si el doctor Theodor Cohen, príncipe-arzobispo de Olmutz, se había convertido, Bloch contestó: «No se preocupe, primer ministro, si aún fuera judío, ya no se llamaría Cohen.» Y bromeaban: «El antisemitismo no comenzó a tener éxito hasta que lo promovieron los judíos.»[168] Algunos judíos se abstenían conscientemente de tener hijos, porque no deseaban «transmitir el problema». Otros, como el propio Herzl, se consideraban a sí mismos bautizados. «Yo jamás me convertiría», escribió,

pero apoyo la conversión. En mi caso el asunto está resuelto, pero me molesta mucho cuando pienso en mi hijo Hans. Me pregunto si tengo derecho de agriar y ensombrecer su vida como se ha visto agriada y ensombrecida la mía [...]. Por lo tanto, es necesario bautizar a los niños judíos antes de que puedan oponerse y antes de que la conversión sea interpretada como debilidad por su parte. Deben desaparecer entre la multitud.[169]

Pero ¿podía un judío desaparecer en la multitud? En el mundo germánico, el antisemitismo aún tenía una base religiosa feroz, sobre todo en el sur; en el ámbito popular, aún estaba simbolizado por la *Judensau*. En cambio, a medida que se ascendía en la escala social, el antisemitismo cobraba un carácter más secular, cultural y racial; de modo que el bautismo no era eficaz. En el siglo XIX el odio alemán a los judíos adquirió una base *völkisch*. Comenzó con el alzamiento nacionalista contra Napoleón. Su primer episodio importante fue un mitin de masas del *Burschenschaft* (movimiento de estudiantes) alemán, en el castillo de Wartburg, el año 1817, con el propósito de quemar los libros «extranjeros», que, según decían, estaban «envenenando la cultura *Volk*».[170] Esta ideología, que poco a poco llegó a predominar en Alemania y Austria durante el siglo XIX, trazó una frontera fundamental entre la «cultura» (benigna, orgánica y natural) y la «civilización» (corrupta, artificial y estéril). Cada cultura tenía un alma, y el alma estaba determinada por el paisaje local. Por lo tanto, la cultura alemana profesaba una enemistad perpetua a la civilización, que era cosmopolita y extranjera. ¿Quién representaba el principio de la civilización? Bueno, la única raza que carecía de país, de paisaje, de cultura propia: ¡los judíos! El argumento era la expresión típica de los que atacaban a los judíos, sin importar lo que hicieran. Si se aferraban al judaísmo del gueto, eran extranjeros por esa razón; si se secularizaban por sí mismos, se convertían en parte de la civilización extranjera. Este rechazo *völkisch* de los judíos adoptó muchas formas. Originó un Movimiento Juvenil, que recorría el paisaje alemán, rasgaba las guitarras, entonaba canciones alrededor del fuego del campamento y rechazaba a los judíos, que tuvieron que formar un movimiento juvenil propio. Este antisemitismo se impuso entre los estudiantes, un sector cada vez más importante en la sociedad alemana; los estudiantes expulsaron a los judíos de sus clubes —Herzl fue «expulsado» del suyo antes de que pudiera renunciar— y se negaron incluso a batirse en duelo con ellos, con el argumento de que los judíos no tenían «honor» que perder. Esta corriente formó un movimiento conservacionista, antecesor de los Verdes, que rechazó la industria y las altas finanzas (los Rothschild) y sobre todo la expansión permanente de las grandes ciudades, campos de cultivo de los judíos cosmopolitas: Berlín y Viena eran especialmente detestadas en el *Volk*, por su condición de «ciudades judías». Su biblia era el libro *Land und Leute* [Tierra y Pueblo] de Wilhelm Heinrich Riehl, un profesor universitario de Múnich y conservador de museo, que deseaba recuperar la pequeña ciudad de tipo medieval y desembarazarse del proletariado «desarraigado» (su insulto favorito), y especialmente de los trabajadores emigrantes, y sobre todo de los judíos, que habían creado las grandes ciudades, «la tumba del germanismo».

El antisemitismo de estilo *Volk* era la cabeza de la hidra, contradictorio, sin coordinación y omnipresente. Incluyó muchas novelas referidas a la vida campesina, por ejemplo *Der Büttnerbauer* (1895) de Wilhelm von Polenz, y *Der Werwolf* [El ogro] (1910) de Hermann Lons, en que se describía a los judíos como intermediarios y traficantes inescrupulosos, que estafaban a los campesinos y les robaban la tierra; la Unión de Campesinos Alemanes era fuertemente antisemita. Incluía una escuela entera de historiadores, encabezada por Heinrich von Treitschke, que acusaba a los judíos de llevar a cabo una intromisión extranjera y destructiva en el desarrollo histórico «natural» de Alemania, y que por primera vez convirtió el antisemitismo en una doctrina respetable en los círculos académicos. Incluía también a los científicos y los seudocientíficos que aplicaban erróneamente la obra de Charles Darwin y crearon el «darwinismo social», un concepto que muestra a las razas luchando unas contra otras para determinar la «supervivencia de la más apta»; Alfred Krupp patrocinó un concurso de ensayos acerca de la aplicación del darwinismo social a la política oficial, y los trabajos premiados preconizaron la adopción de medidas severas para preservar el *Volk*, por ejemplo enviar al frente como carne de cañón a los judíos y otros tipos «degenerados». Esta tendencia recogía un ingrediente nuevo de neopaganismo alemán. Así, Paul de Lagarde rechazó el cristianismo, que había sido inventado corruptamente por el judío san Pablo, y propuso reemplazarlo por una religión específicamente alemana del

Volk, que organizaría una cruzada para expulsar a los judíos, con su conspiración materialista internacional, del sagrado suelo alemán: así, pronosticó un apocalipsis germano-judío. También cabe mencionar al círculo que se reunía en torno a Richard Wagner, que dominó gran parte de la escena musical alemana desde la década de 1870, asimiló las enseñanzas racistas de Gobineau y, después, de Houston Stewart Chamberlain, y estableció un intenso contraste artístico entre la «pureza» de la cultura popular paganogermana y la corrupción infectada de judaísmo de la idea cosmopolita.

La violencia con que se exponían estas opiniones era terrible. De Lagarde, cuyo nombre original era Bötticher, exigía una campaña física contra las «sabandijas» judías: «Uno no negocia con la triquina y los bacilos, y la triquina y los bacilos no admiten educación. Se los extermina con la mayor rapidez y del modo más completo posible.» Wagner también preconizó la *Untergang* (caída) de los judíos. «Considero a la raza judía el enemigo nato de la humanidad y de todo lo que ella tiene de noble; nosotros los alemanes caeremos ante ellos sin remedio, y quizá yo sea el último alemán que sabe cómo alzarse, en su condición de individuo amante del arte, contra el judaísmo que ya está adueñándose de todo.» Escribió estas líneas en *Religión y arte* (1881), libro publicado el mismo año en que los grandes pogromos rusos estaban desplazando hacia Europa central una nueva oleada de refugiados *östjuden*. Wagner se mostró sumamente influyente en este proceso de exacerbamiento del antisemitismo, especialmente en las clases medias y altas, no sólo a causa de su categoría personal, sino porque en repetidas ocasiones desarrolló el argumento —con ejemplos innumerables— de que los judíos poco a poco se «adueñaban» del baluarte de la cultura alemana, y especialmente de su música. Insistía en que incluso sus presuntos «genios» —hombres como Giacomo Meyerbeer, Mendelssohn o el mismo Heine— no eran realmente creadores, y en que mientras tanto una horda de intermediarios judíos estaba apoderándose de la prensa consagrada a la crítica, las ediciones, los teatros y las óperas, las galerías y los organismos dedicados al arte. Los escritos de Wagner provocaron las furiosas andanadas de Eugen Dühring, quien a lo largo de la década de 1880 publicó una sucesión de ataques raciales muy leídos acerca de los judíos: según declaró, el «problema judío» debía «resolverse» mediante la «muerte y la extirpación».

El ataque llegaba de todos los ángulos: de la izquierda y de la derecha; de los aristócratas y los populistas; de la industria y los campos; de la academia y el arroyo; de la música y la literatura, y lo que no es menos importante, de la ciencia. ¿Qué podían hacer los judíos? ¿Acaso el judaísmo, como había observado amargamente Heine, era una enfermedad incurable resistente al tratamiento? Se atacaba a los judíos, al margen de que se mostrasen activos o pasivos. «Uno puede elegir —escribió Arthur Schnitzler— entre mostrarse insensible, obtuso o descarado, o mostrarse hipersensible, tímido y afectado por un complejo de persecución.»[171] A la luz de los grandes pogromos rusos de 1881-1882, un judío ruso, Liev Pinsker, escribió un libro titulado *Autoemancipación* (1882), donde se desechaba la asimilación por entender que era imposible, ya que podía atacarse al judío y se lo atacaba desde todos los puntos de vista: «para el vivo, el judío es hombre muerto; para los autóctonos, un extranjero y un vagabundo; para los propietarios, un mendigo; para los pobres, un explotador y millonario; para el patriota, un hombre sin patria; para todas las clases, un rival odiado».[172] Los judíos vieneses lo sabían mejor que nadie. Como Jakob Wassermann diría con tanta elocuencia, los judíos carecían de una respuesta real que oponer a la forma proteica del antisemitismo:

Inútil buscar la oscuridad. Dicen: qué cobarde, se arrastra hacia su escondrijo, empujado por su mala conciencia. Inútil acercarse a ellos y ofrecerles la mano. Dicen: ¿por qué se toma semejantes libertades con su atrevimiento judío? Inútil cumplir la palabra empeñada con ellos como camarada de armas o conciudadano. Dicen:

es Proteo, puede adoptar todas las formas concebibles. Inútil ayudarlos a destruir las cadenas de la esclavitud. Dicen: sin duda lo ha considerado provechoso. Inútil contrarrestar los efectos del veneno.[173]

La desesperación cada vez más intensa de los judíos asimilados se intensificó a causa de la penetración del antisemitismo en la política. Durante la década de 1870 el antisemitismo se alimentó de la crisis y los escándalos financieros; en la década de 1880, a causa de la llegada de masas de *östjuden*, que huían de los territorios rusos; hacia la década de 1890 era una presencia parlamentaria, que amenazaba a las leyes antijudías. En 1879 el panfletista ácrata hamburgués Wilhelm Marr introdujo el término *antisemitismo* en el vocabulario político al fundar la Liga Antisemita. El mismo año el predicador cortesano berlinés Adolf Stoeker convenció a su pequeño Partido Obrero Socialista Cristiano de la conveniencia de adoptar una plataforma antisemita. El primer Congreso Internacional Antijudío se reunió en Dresde en 1882; hubo otros encuentros semejantes en Kassel (1886) y Bochum (1889). Al mismo tiempo el socialista cristiano y radical Karl Lueger estaba organizando un formidable movimiento antisemita en Viena y sus alrededores. En 1886 Alemania eligió a su primer diputado declarado antisemita; en 1890 había cuatro; en 1893, dieciséis. En 1895 los antisemitas prácticamente eran mayoría en la cámara baja y, en Viena, Lueger tenía cincuenta y seis escaños contra setenta y uno de los liberales. De muchas ciudades de habla alemana llegaban informes de agresiones a judíos y de la actitud de estudiantes antisemitas que impedían que los eruditos judíos diesen clase.

Sobre este trasfondo amenazador Herzl comenzó a abandonar su postura favorable a la asimilación. Antes había sopesado toda clase de ideas absurdas que llevasen a la aceptación de los judíos. Una era un enorme programa de reeducación social de los judíos, para inculcarles lo que él denominó «un sentimiento delicado y sumamente sensible del honor y otras cosas semejantes». Otra era un pacto con el

Papa, que llevaría a una campaña contra el antisemitismo, a cambio de «un gran movimiento de masas en favor de la conversión libre y honorable de todos los judíos al cristianismo».[174] Pero todos estos planes pronto parecieron inútiles en presencia del crecimiento implacable del odio antisemita. Herzl comenzó a escribir una pieza teatral, *Das Neue Ghetto* [El nuevo gueto], que demostraba que los nuevos muros del prejuicio habían reemplazado a los antiguos de piedra. Su estancia en Francia coronó el proceso de desilusión. Como otros judíos alemanes cultos, Herzl siempre había creído que Francia era el baluarte de la tolerancia. Al visitar el país comprobó que estaba saturado de antisemitismo, y sus mensajes desde París reflejaron su creciente ansiedad.[175] Y entonces sobrevino esa terrible escena en la École militaire. Herzl siempre percibía las cosas, buenas o malas, en términos muy dramáticos: el horrible drama de la degradación de Dreyfus, y su voz solitaria que proclamaba sin esperanza su inocencia, fueron el factor que finalmente decidió a Herzl. ¿Acaso Dreyfus no era el doliente arquetípico del nuevo gueto? Si incluso Francia se volvía contra los judíos, ¿hacia qué país de Europa podían volver los ojos buscando que los aceptaran? Como deseosa de consolidar la idea, la Chambre des deputés francesa rechazó por escaso margen (268 contra 208) un proyecto antisemita que excluía a los judíos del funcionariado.

En 1895 Herzl no podía prever la victoria de los *dreyfusards*. Al mirar hacia atrás con la perspectiva que da un siglo, podemos señalar que la década de 1890 fue el punto culminante de una oleada de antisemitismo europeo, provocada por la afluencia de refugiados que huían de los horrores rusos, y que esa actitud antisemita era menos irresistible de lo que entonces parecía. Sin embargo, Herzl carecía de esa ventaja. En aquel momento podía suponerse que los antisemitas estaban imponiéndose. En mayo de 1895 Lueger ocupó el cargo de alcalde de Viena. Hallar otro refugio para los judíos, que quizá pronto se vieran expulsados de Europa entera, parecía una necesidad urgente. ¡Los judíos debían tener su propio país!

Herzl terminó el texto de su libro, *Der Judenstaat* [El Estado judío], donde delineaba sus objetivos, durante el invierno de 1895-1896. Los primeros extractos fueron publicados en el *Jewish Chronicle*, de Londres, el 17 de enero de 1896. El libro no era extenso, tenía sólo ochenta y seis páginas, y su llamamiento era sencillo.

Somos un *pueblo, un* pueblo. Por doquier hemos tratado honestamente de integrarnos en las comunidades nacionales que nos rodean y conservar sólo nuestra fe. No se nos permite esa actitud [...]. En vano nos esforzamos por aumentar la gloria de nuestras patrias mediante hitos en el arte y la ciencia, y su riqueza con nuestras contribuciones al comercio [...]. Se nos acusa de ser extranjeros [...]. Si al menos pudieran dejarnos en paz [...]. Pero no creo que lo hagan.

Así, Herzl propuso que se concediera a los judíos la soberanía sobre una faja de tierra que tuviese amplitud suficiente para acomodar a su pueblo. No importaba dónde. Podía ser en Argentina, donde el millonario barón Maurice de Hirsch (1831-1896) había instalado a seis mil judíos en una serie de colonias agrícolas. O podía elegirse Palestina, donde ya existían colonias análogas financiadas por Rothschild. Lo que importaba era la aprobación de la opinión pública judía, y ésta tomaría lo que se le ofreciera. La obra fue publicada por primera vez en forma de libro en Viena, en febrero de 1896. Después, mereció ochenta ediciones en dieciocho idiomas.[176]

Con *Der Judenstaat*, Daniel Deronda abandonó las páginas de la ficción y entró en el escenario de la historia. La palabra *escenario* es apropiada. Herzl no podía representar el papel del estadista judío prudente y equilibrado, al estilo de Maimónides, el hombre capaz de modificar los acontecimientos utilizando palabras serenas y sabias. Llevó a la política mundial judía el arte del espectáculo, el único que le interesaba realmente. Era el actor-director de una próxima producción, el retorno de Israel a la Tierra Prometida, y aunque su plan básico era directo y sencillo, toda clase de detalles gloriosos ocupaban su mente y se trasladaban a sus notas. Habría una gigantesca «expedición» para «posesionarse de la tierra». Se redactaría una constitución aristocrática, basada en la de Venecia. El primer dogo elegido sería un Rothschild, y Hirsch quizás ocupase el cargo de vicepresidente. Habría suntuosas plazas, como la Piazza San Marco o el Palais Royal. Imaginó la ceremonia de la coronación, incluyendo detalles como un regimiento de guardias que llevaría su propio nombre, los Coraceros de Herzl. Se procedería a transportar y reconstruir distritos judíos enteros que poseían cierto valor histórico. Habría teatros internacionales, circos, *café-concerts*, una avenida deslumbrante como los Campos Elíseos, y sobre todo una ópera oficial: «Los caballeros de frac, las damas vestidas con el mayor lujo posible [...] también introduciré los desfiles majestuosos en las grandes ocasiones festivas.» Gran parte de esta inspiración provenía nada menos que de Wagner, a cuyas creaciones Herzl asistía constantemente por esta época. «Sólo las noches en que no se representaban obras de Wagner alimentaba yo dudas acerca de la validez de mi idea.» Herzl se vanagloriaba de que el éxodo siguiente a la Tierra Prometida «¡puede compararse con el de Moisés como una pieza del martes de Carnaval se compara con una ópera de Wagner!».[177] Había un toque de la fantasía de Disraeli en todo esto, e incluso momentos en que Herzl exhibía parte del espíritu del espectáculo promocional propio de un Mordecai Noah.

Ciertos rasgos histriónicos de Herzl lo acompañaron hasta el fin. Por ejemplo, insistía en que todas las asambleas públicas sionistas fuesen ceremoniosas y formales, con la presencia de delegados vestidos de etiqueta, aunque se celebraran a las once de la mañana. Se vestía puntillosamente, con un sombrero de copa cuidadosamente cepillado, guantes blancos y levita impecable cada vez que realizaba una visita oficial como representante sionista. Insistía en que todos los judíos que lo acompañaban debían proceder del mismo modo. Era parte de su esfuerzo destinado a destruir la antigua imagen del judío del gueto: patético, arrastrando los pies y cubiertos con gabardinas. Siempre organizaba sus asambleas y conferencias con seguridad y precisión. Pero su exuberancia teatral se agotó cuando las inmensas dificultades de la tarea que debía afrontar se hicieron patentes. La veta trágica en su vida y su apariencia fue entonces más evidente.

Herzl comenzó presuponiendo que un estado judío se crearía del modo en que siempre se habían hecho las cosas en la Diáspora: gracias a la acción de los judíos encumbrados que decidían cuál era la mejor solución para el resto de la comunidad judía y la imponían. Pero descubrió que este método era imposible. En todos los rincones de la Europa civilizada el orden establecido judío se oponía a su idea. Los rabinos ortodoxos lo criticaban o lo obviaban. A los ojos de los judíos reformados, que Herzl abandonase la idea de la asimilación por considerarla desesperada representaba la negación de todo lo que ellos defendían. Los ricos se mostraban indiferentes o activamente hostiles. Lord Rothschild, el personaje más importante de la comunidad judía mundial, se negó terminantemente a recibirlos y, lo que fue peor, dio carácter público a su rechazo. En París, Edmund de Rothschild, que dirigía las nueve pequeñas colonias existentes en Palestina, lo recibió (19 de junio de 1896), pero aclaró bien que, a su juicio, los grandiosos planes de Herzl no sólo eran totalmente irrealizables, sino que amenazarían los progresos firmes que ya se habían obtenido. Insistía en repetir: «No hay que comer más con los ojos que con el estómago.» El barón Hirsch también lo recibió, pero lo rechazó como a un teórico ignorante. Dijo a Herzl que lo que los planes judíos de colonización necesitaban eran buenos trabajadores agrícolas: «Todos nuestros sufrimientos se originan en los judíos que quieren trepar demasiado. ¡Tenemos excesivo número de intelectuales!» Pero los intelectuales también rechazaron a Herzl, sobre todo en Viena, la ciudad natal del profeta. La broma era: «Nosotros los judíos hemos esperado dos mil años la creación del estado judío, ¿y tenía que sucederme a mí?» La *Neue Freie Presse*, órgano del propio Herzl, se mostraba especialmente hostil. Moritz Benedikt (1849-1920), el poder financiero que respaldaba a este periódico, advirtió irritado: «Ningún individuo tiene derecho a asumir la tremenda responsabilidad moral de desencadenar esta avalancha. Todos perderemos nuestra patria actual antes de conseguir un estado judío.»[178]

Había excepciones: por ejemplo, Nathan Birnbaum, jefe de los estudiantes judíos vieneses, que era quien había acuñado la palabra *sionismo* en 1893. También el principal rabino asquenazí del Imperio británico, Hermann Adler, que comparó a Herzl con Deronda (por entonces Herzl aún no había leído el libro), o el principal rabino de Viena, Moritz Gudemann, que miraba con escepticismo la idea, pero dijo a Herzl: «Quizás usted sea el hombre llamado por Dios.» Más importante que los anteriores era el filósofo Max Nordau (1849-1923), que había alcanzado un éxito sensacional en 1892 con su libro *Degeneración*, donde diagnosticó la enfermedad de la época. Percibió el antisemitismo como uno de sus síntomas, y dijo a Herzl: «Si usted está loco, ambos estamos locos; ¡cuente conmigo!»[179] Nordau fue quien señaló que, para evitar la irritación de los turcos, el término *Judenstaat* debía ser sustituido por *Heimstätte* (hogar). Nordau fue quien trazó gran parte del programa práctico del sionismo temprano.

De todos modos, lo que Herzl descubrió muy pronto fue que la dinámica del judaísmo no provendría de las elites occidentalizadas, sino de las masas pobres y amedrentadas de los *östjuden*, un pueblo del que nada sabía cuando inició su campaña. Lo descubrió por primera vez cuando dirigió la palabra a un público de judíos pobres, pertenecientes a la corriente de refugiados, en el East End de Londres. Sus oyentes llamaron a Herzl «el hombre de los humildes», y «mientras estaba sentado sobre la plataforma [...] experimenté extrañas sensaciones. Vi y oí el nacimiento de mi leyenda». En Europa oriental pronto se convirtió en una figura mítica para los pobres. David Ben Gurión (1886-1973) recordaba que, cuando era un niño de diez años en la Polonia rusa, oyó un rumor: «El Mesías ha llegado, es un hombre alto y apuesto, un hombre culto de Viena, un doctor nada menos.» A diferencia de los judíos cultos de la clase media de Occidente, los judíos orientales no podían contemplar las alternativas de verse a ellos mismos como rusos o polacos. Sabían que eran judíos y nada más que judíos —sus amos rusos jamás les permitían olvidarlo—, y lo que Herzl parecía ofrecerles era su única oportunidad de convertirse en verdaderos ciudadanos en algún lugar del mundo. Para Jaím Weizmann (1874-1952), que por entonces era un estudiante de segundo año en Berlín, las propuestas de Herzl «cayeron como un rayo en cielo sereno». En Sofía, el rabino principal lo proclamó de hecho el Mesías. A medida que se difundieron las noticias, Herzl comprobó que lo visitaban los judíos miserables y nerviosos de lugares lejanos, con gran desaliento de su elegante esposa, que llegó a detestar la palabra misma de *sionismo*. Y sin embargo, éstos fueron los hombres que se convirtieron en los soldados rasos e incluso en los suboficiales y los oficiales de la legión sionista; Herzl los llamó su «ejército de *Schnorreren*».

El «ejército» se reunió públicamente por primera vez el 29 de agosto de 1897 en el gran salón del Casino Municipal de Basilea.[180] Se autodenominó Primer Congreso Sionista e incluía delegados de dieciséis países. En su mayoría eran pobres. Herzl tuvo que financiar el congreso con dinero de su propio bolsillo. Pero obligó a los delegados a vestirse: «Prendas formales oscuras y corbatas blancas son de rigor en la sesión de apertura.» Ataviados de este modo, lo saludaron con el antiguo grito judío: *«Yeji ha-melej!»* («¡Viva el rey!») Muchos judíos influyentes habían intentado restar importancia al encuentro; la *Neue Freie Presse* se negó a informar siquiera de su existencia, y en su lugar asignó un lugar destacado a la noticia de una convención de sastres judíos de Oxford que deliberaron acerca del vestido apropiado para las damas ciclistas. Pero Herzl sabía lo que estaba haciendo y su primer congreso atrajo a corresponsales de veintiséis periódicos. Cuando se reunió el segundo, en 1898, inaugurado a los vibrantes acordes de la obertura de *Tannhäuser* de Wagner, ya era una institución sólida. Herzl estaba atrayendo a lugartenientes capaces y su puntal seguía siendo Nordau, el hombre que redactó los documentos políticos. Había un comerciante en maderas proveniente de Colonia, Daniel Wolffsohn, que lo sucedería en la jefatura de la organización. A partir del congreso de 1898, también estuvo Weizmann. A diferencia de Herzl, estos hombres conocían bien la comunidad judía oriental. Wolffsohn eligió los colores azul y blanco para la bandera sionista, «el color de nuestros taleds». Comprendía el carácter de las corrientes religiosas y políticas que se manifestaban en el seno de las masas judías. Weizmann ya estaba rechazando los furiosos ataques de sus antagonistas socialistas en el marco del movimiento estudiantil judío, y señalaba: «Señor Plejánov, usted no es el zar.»[181] La idea de estos hombres era mantener a Herzl a bastante altura sobre las inquietas aguas de las facciones judías internas: «No sabe una palabra acerca de los judíos», escribió el sionista ruso Menájem Ussishkin. «Por lo tanto, cree que sólo hay obstáculos externos opuestos al sionismo, y no de carácter interno. No debemos abrir sus ojos a los hechos de la vida real, porque necesitamos que conserve fuerte su fe.»[182]

Los políticos y organizadores profesionales, que inevitablemente se adueñaron del movimiento, se reían del estilo de Herzl, al que denominaban «sionismo de levita». Pero este aspecto era una pieza fundamental del rompecabezas. Como lo advirtió Herzl, el sionismo podía convertirse fácilmente en otra raída causa internacional, de la que había millares a principios de siglo. La diplomacia de alto nivel en un plano personal era esencial para conferir respetabilidad y conseguir que se tomase en serio la idea, y Herzl era muy eficaz en este aspecto. Poco a poco consiguió ser recibido por todos los personajes europeos que importaban. Cultivó la relación con los grandes de Turquía, Austria, Alemania y Rusia. Sus meticulosos diarios registran con fascinante detalle esos encuentros.[183] Incluso los antisemitas podían ser útiles, porque ayudarían a realizar un proyecto sionista con tal de desembarazarse de «sus» judíos. Wenzel von Plehve, el ministro del Interior ruso perversamente hostil y responsable de la organización de los pogromos, le dijo: «Está usted predicando a un converso [...] nos agradaría mucho presenciar la creación de un estado judío independiente que pudiera absorber a varios millones de judíos. Por supuesto, no desearíamos perder a todos nuestros judíos. Quisiéramos conservar a los muy inteligentes, de los cuales usted, doctor Herzl, es el mejor ejemplo. Pero preferiríamos desembarazarnos de los débiles mentales y de los que poseen escasa propiedad.»[184] También el káiser apoyaba otro éxodo: «Apoyo completamente la idea de que los judíos vayan a Palestina. Cuanto antes se marchen, mejor.» Guillermo II defendió la postura de Herzl en Constantinopla, ante el sultán, y después lo sancionó recibiéndolo oficialmente en la propia Jerusalén. Fue una ocasión importante para Herzl: insistió en que su delegación llevase traje de etiqueta en el calor del mediodía e inspeccionó con cuidado los zapatos, las corbatas, las camisas, los guantes, los trajes y los sombreros; uno tuvo que cambiar su sombrero de copa por otro mejor, y Wolffsohn se vio obligado a reemplazar los puños de su camisa, que estaban sucios. Pero si bien el káiser realzó la posición internacional de Herzl, no fue posible persuadir a los turcos de que concediesen un hogar nacional a Sión, y los alemanes, que ansiaban obtener la alianza activa de los turcos, abandonaron la idea.

Quedaba Gran Bretaña. Herzl afirmó con razón que era «el punto de apoyo de Arquímedes» sobre el cual debía descansar la palanca del sionismo. Había considerable buena voluntad en la elite política. Muchos habían leído *Tancred*; y era aún mayor el número de los que conocían *Daniel Deronda*. Además, a Gran Bretaña había llegado una inmensa corriente de refugiados judíos rusos, provocando el temor de que se exacerbara el antisemitismo y la amenaza de la imposición de cuotas de inmigrantes. En 1902 se designó una Comisión Real para la Inmigración de Extranjeros, de la cual formaba parte lord Rothschild. Se pidió a Herzl que atestiguara, y Rothschild al fin aceptó verlo en privado, pocos días antes, para garantizar que aquél no dijese nada que reforzara el clamor de los que pedían la prohibición de la entrada de los refugiados judíos. El paso de Rothschild de la hostilidad activa a la neutralidad amistosa fue una victoria importante para Herzl, y a cambio éste se mostró muy dispuesto a explicar a la comisión (7 de julio de 1902) que había que aceptar la emigración judía que fuese llegando a Gran Bretaña, pero que la solución definitiva del problema de los refugiados estaba en «el reconocimiento de los judíos como pueblo y la creación por ellos de un hogar reconocido legalmente».[185]

Esta presentación puso a Herzl en contacto con altos miembros del gobierno, y especialmente con Joe Chamberlain, secretario de las Colonias, y con el marqués de Lansdowne, secretario del Foreign Office. En principio ambos apoyaban la creación de un hogar judío. Pero ¿dónde? Se mencionó Chipre, y después El Arish, en la frontera egipcia. Herzl pensó que podía ser «un punto de reagrupamiento del pueblo judío en la vecindad de Palestina» y escribió un memorando para el gabinete británico, expresando por primera vez un argumento de peso aunque peligroso: «De golpe, Inglaterra tendrá diez millones de súbditos secretos pero fieles, activos en todas las áreas de la vida y en todos los rincones del mundo.» Sin embargo, los egipcios se opusieron, y el examen de la situación arrojó resultados insatisfactorios. Después Chamberlain, que había regresado de África oriental, concibió una idea nueva: Uganda. «Cuando la vi —dijo— pensé: "Ésta es una región para el doctor Herzl. Pero por supuesto, él es un sentimental y desea ir a Palestina o a un lugar próximo."» En realidad, Herzl estaba tan alarmado por los nuevos pogromos, mucho más sangrientos, que acababan de estallar en Rusia, que habría aceptado Uganda. De modo que Lansdowne escribió una carta: «Si puede hallarse un asentamiento que el Consejo [Colonial Judío] y la Comisión de Su Majestad consideren apropiado y que merezca el elogio del gobierno de Su Majestad, lord Lansdowne estará dispuesto a presentar propuestas favorables para la creación de una colonia judía, en condiciones que permitan a sus miembros conservar sus costumbres nacionales.» Era una situación nueva. Equivalía al reconocimiento diplomático de un estado protosionista. En una maniobra astuta, Herzl avivó el interés del joven político liberal en ascenso David Lloyd George, pues encomendó a la firma de abogados en la que trabajaba que redactase un proyecto de carta con destino a la colonia. Leyó la carta de Lansdowne ante el Sexto Congreso Sionista, donde provocó «asombro [...] [ante] la magnanimidad del ofrecimiento británico». Sin embargo, muchos delegados lo vieron como una traición al sionismo y los rusos se retiraron del congreso. Herzl llegó a la siguiente conclusión: «Palestina es el único país donde nuestro pueblo puede descansar.»[186] En el Séptimo Congreso (1905), Uganda fue rechazada formalmente.

Por entonces, Herzl había fallecido, a la edad de cuarenta y cuatro años. La suya fue una historia de sacrificio excepcional. Sus heroicos esfuerzos a lo largo de diez años sumamente activos destruyeron su cuerpo y arruinaron su matrimonio. El legado que dejó a su propia familia fue lamentable. Su esposa Julia le sobrevivió sólo tres años. Su hija Paulina se convirtió en adicta a la heroína y falleció en 1930 como consecuencia de una sobredosis. Su hijo Hans, tratado por Freud, se suicidó poco más tarde. Otra hija, Trude, murió de inanición en un campo nazi, y el hijo de ésta, Stephan, también se suicidó en 1946, con lo cual la familia desapareció. Pero el sionismo fue la progenie de Herzl. Dijo a Stefan Zweig en sus últimos meses: «Mi error fue comenzar demasiado tarde [...] Si supierais cuánto sufro al pensar en los años perdidos.»[187] En realidad, cuando Herzl murió, el sionismo era un movimiento sólidamente establecido, con un amigo poderoso en Gran Bretaña. Al iniciarlo en 1895, Herzl dio al sionismo una delantera de casi veinte años sobre su equivalente nacionalista árabe, y este hecho sería absolutamente decisivo en este caso. Así, la condena de Dreyfus, que movilizó al sionismo entonces y no más tarde, puede interpretarse también como la mano de la providencia, como los terribles hechos de 1648 y 1881.

De todos modos, cuando Herzl falleció, el sionismo todavía era sólo una tendencia minoritaria dentro de las grandes corrientes religiosas y seculares de la evolución judía. Su principal antagonista era la indiferencia lisa y llana. Pero también tenía enemigos activos. Hasta la Primera Guerra Mundial, la gran mayoría de los rabinos del mundo entero, reformados, conservadores u ortodoxos, se oponían enérgicamente al sionismo secular. En Occidente, los rabinos coincidían con los judíos seculares y asimilados, que lo veían como una amenaza a su posición establecida, porque suscitaba dudas acerca de su fidelidad como ciudadanos. En cambio en Oriente, y por supuesto en Rusia, de donde vendrían la mayoría de los partidarios del sionismo, la oposición religiosa era enérgica e incluso fanática. Este hecho tendría consecuencias importantes para el futuro estado israelí. En general, los fundadores del sionismo fueron no sólo occidentales, sino (a los ojos de los ortodoxos) también ateos. Cuando Herzl y Nordau asistieron juntos al servicio del *shabbat*, en vísperas del Primer Congreso Sionista, era la primera vez que volvían a esa práctica desde la niñez, y fue necesario que se les instruyera acerca de las bendiciones.[188] Los ortodoxos conocían todo esto. La mayoría de ellos entendieron que el sionismo secular merecía todas las objeciones formuladas contra la Ilustración, además de otra, y muy importante: la de que era una perversión blasfema de una de las creencias judaicas fundamentales y más sagradas. La idea de que el sionismo religioso y el secular eran dos caras de la misma moneda es absolutamente falsa. Para los judíos religiosos, el retorno a Sión era una etapa en el plan divino de usar a los judíos como precursores de la humanidad entera. Nada tenía que ver con el sionismo, que era la solución de un problema humano (que no se aceptaba a los judíos y que éstos carecían de hogar) con medios humanos (la creación de un estado secular).

Hacia fines del siglo XIX había tres tradiciones diferenciadas en los judíos religiosos de Europa central y oriental.

Estaba la corriente jasídica del Ba'al Shem Tov. En segundo lugar, la corriente del *musar* o moralismo, basada en los escritos de los sabios ortodoxos lituanos, reforzados por Israel Salanter (1810-1883) y difundida por las *yeshivot*. Además, la tendencia de Samson Hirsch, «la Torá con Civilización», que atacaba la secularización con sus propias armas del saber moderno y (de acuerdo con las palabras de Hirsch) promovía el tipo de reforma que «elevaba la época al nivel de la Torá, y no degradaba la Torá al nivel de la época». Los hijos y los nietos de Hirsch demostraron que podía adquirirse la educación secular sin pérdida de la fe y ayudaron a organizar el movimiento Agudat Yisrael. Este núcleo intentaba crear una organización universal de la Torá para coordinar las fuerzas religiosas judaicas contra la secularización y se inspiraba en el modo en que los fondos de auxilio a las víctimas de los pogromos rusos habían caído en manos seculares y se utilizaban para discriminar a los judíos piadosos. Pero las tres corrientes se oponían enérgicamente al sionismo, y sobre todo a su afirmación cada vez más fuerte de que representaba a toda la comunidad judía.[189]

Los sabios de Europa oriental se oponían apasionadamente a todos los gestos que pudiesen beneficiar a los sionistas e incluso a las visitas a Erets Yisrael. Uno de ellos, Zadoq de Lublin (1823-1900), escribió estas líneas características:

> Jerusalén es la más excelsa de las cumbres y hacia ella se dirigen los corazones de Israel [...]. Pero temo que mi viaje y ascenso a Jerusalén puedan parecer un gesto de aprobación de la actividad sionista. Ansío la presencia del Señor, mi alma ansía Su palabra, y que llegue el Día de la Redención. Espero y me mantengo atento a la aparición de Sus pies ungidos. Pero aunque trescientos azotes de hierro me aflijan, no me apartaré de mi lugar. No ascenderé para beneficio de los sionistas.[190]

Los ortodoxos argüían que Satán, habiendo desistido de seducir a Israel mediante la persecución, había obtenido el permiso de intentarlo con métodos más sutiles, que involucraba Tierra Santa en su plan perverso e idólatra, además de utilizar todas las perversiones de la Ilustración. Por lo tanto, el sionismo era infinitamente peor que un falso mesías, era una religión satánica completamente falsa. Otros agregaban que el estado secular invocaría al espíritu ateo del *demos*, que era contrario al mandamiento señalado a Moisés por Dios, que imponía seguir el camino de la oligarquía: «Ve y reúne a los ancianos de Israel» (Génesis 3); «El Cielo no permita —escribieron dos sabios de Kovno— que las masas y las mujeres charlen sobre reuniones u opiniones acerca de las necesidades generales del pueblo».[191] En Katowice, el 11 de mayo de 1912, los sabios ortodoxos fundaron el movimiento agudista para coordinar la oposición a las pretensiones sionistas. Es cierto que algún judío ortodoxo creía que podía aprovecharse el sionismo con propósitos religiosos. El rabino Abraham Isaac Kook (1865-1935) sostuvo que el nuevo «espíritu nacional de Israel» podía utilizarse para apelar con argumentos patrióticos a que los judíos observaran y predicaran la Torá. Con apoyo sionista, Abraham Isaac Kook fue designado más tarde rabino principal de Jerusalén. Pero la mayoría de los judíos religiosos que ya estaban en Erets Yisrael oían hablar con horror del sionismo. «Hay gran desaliento en Tierra Santa —escribió el rabino Joseph Hayyim Sonnenfeld (1848-1932)—, porque estos hombres perversos que niegan al Único del mundo y su Sagrada Torá han proclamado con mucha publicidad que está a su alcance apresurar la redención del pueblo de Israel y reunir a los que están dispersos en todos los rincones de la Tierra.» Cuando Herzl entró en Tierra Santa, agregaba, «el mal entró con él, y aún no sabemos lo que tenemos que hacer contra los destructores de la totalidad de Israel, el Señor nos asista».[192] Esta oposición amplia, aunque de ningún modo universal, de los judíos piadosos al programa sionista tendió de manera inevitable a ponerlo aún más firmemente en manos de los radicales seculares.

Pero tampoco para la gran mayoría de los judíos seculares el sionismo era atractivo, y para algunos representaba un enemigo. En Rusia la persecución continuó, e incluso se exacerbó su salvajismo; el deseo de huir de los judíos se incrementó, y fuesen ortodoxos o seculares, sionistas o antisionistas, Palestina era un lugar adonde podían huir. Pero en la comunidad judía europea culta, el pánico provocado por la oleada antisemita de la década de 1890 comenzó a calmarse. La victoria decisiva de los *dreyfusards* en Francia reafirmó la opinión de que por lo menos allí los judíos podían hallar no sólo seguridad, sino oportunidades y un grado cada vez más elevado de poder político y cultural. También en Alemania el fermento antisemita se extinguió, por lo menos en apariencia, y de nuevo la opinión generalizada entre los judíos cultos fue que podía alcanzarse un proceso de aceleración. Ciertamente, en este último periodo antes de la Primera Guerra Mundial[193] los judíos alemanes insistieron más que nunca en afirmar su fidelidad a «la patria», y las afinidades culturales entre alemanes y judíos se destacaron más.

La verdad es que, pese a la antigua tradición alemana de maligno sentimiento antijudío —por así decirlo, la *Judensau*—, los judíos se sentían cómodos en Alemania. Era una sociedad que honraba y reverenciaba a su profesorado, y en ciertos aspectos sus valores eran los mismos que afirmaba la catedrocracia judía. Un judío podía pasar naturalmente de una *yeshivá* a una de las universidades alemanas, que entonces vivían su periodo dorado de esfuerzos y realizaciones. A los judíos les complacían las oportunidades que poco a poco se les ofrecían en un país donde se apreciaban con justicia los logros intelectuales y se los trataba con impresionante respeto. Los judíos alemanes mostraban una laboriosidad fanática. Pronto comenzaron a conquistar los nuevos premios Nobel: dos en fisiología y medicina, cuatro en química y otros dos en física, todos por trabajos realizados antes de la Primera Guerra Mundial. Ferdinand Julius Cohn fundó la bacteriología. Paul Ehrlich creó la primera forma práctica de quimioterapia. Franz Boas fundó la ciencia de la antropología cultural. Los judíos alemanes eran adictos al trabajo.

Eduard Devrient escribió de su amigo Felix Mendelssohn: «El hábito de la actividad permanente, inculcado por su madre, hacía que el descanso le pareciese intolerable»; a cada momento consultaba su reloj.[194] Gustav Mahler iba corriendo de su apartamento al despacho de la Ópera de Viena; al regreso, para ahorrar tiempo, anunciaba su llegada silbando los compases iniciales de la Octava Sinfonía de Beethoven, como señal de que debía servirse el almuerzo.

Pero los judíos no sólo compartían con los alemanes las costumbres intelectuales, sino también cierto contenido intelectual. Muchos judíos alemanes suscribían la posición del político Gabriel Riesser (1806-1863), que decía: «Si no somos alemanes, no tenemos patria.» Los judíos que se incorporaban a la vida pública, fuesen socialistas como Lassalle o líderes liberales como Eduard Lasker (1829-1884) y Ludwig Bamberger (1823-1899), se daban cuenta de la existencia de un fuerte vínculo entre el espíritu racionalizador judío y los objetivos liberalizadores de la Alemania moderna, que intentaba pacientemente idear y aplicar soluciones racionales a todos los problemas sociales. Había pocos judíos alemanes que no se complacieran con las ideas de Kant y Hegel.

Y esta afirmación se aplicaba, ciertamente, a los pensadores religiosos judíos. La Alemania de Guillermo estaba en vísperas de un gran renacimiento de la teología cristiana, y los escritores judíos se vieron afectados por los mismos impulsos profundos. Hermann Cohen (1842-1918), profesor de filosofía de Marburgo, a quien podía considerarse el último adepto de Maimónides, defendió vigorosamente que el judaísmo era la primera religión en la que se descubrieron los conceptos esenciales de lo que él denominó «la religión de la razón», si bien añadió que no tenía el monopolio de la fórmula. En cuanto una nación alcanzaba cierto nivel de desarrollo intelectual, estaba lista para recibir «la religión de la razón». Sostuvo que entre todas las naciones modernas, Alemania era aquella en que la razón y el sentimiento religioso podían reconciliarse con más facilidad, precisamente porque Alemania, con su idealismo filosófico, su reverencia por la religión pura y su humanismo ético, por así decirlo había tenido su precursora en la historia judía. Rechazaba el supuesto conflicto entre la cultura alemana y el cosmopolitismo judío, por entender que era un absurdo nacido de la ignorancia. Refutó los argumentos del profesor Treitschke comparando punto por punto al judío y al alemán, y desechó el conocido lema de este autor: «Los judíos son nuestra desgracia», como la antítesis de la verdad. De hecho, el espíritu alemán estaba preñado de ideales judíos. A éstos se debía en parte la victoria de la Reforma protestante. El nuevo tipo de hombre religioso moderno, fuese protestante cristiano o judío liberal, tenía en definitiva su origen en la energía y los ideales religiosos de la Biblia judía. De modo que, contrariamente a las opiniones de los racionalistas anticlericales —el detestable espíritu francés ilustrado y secular—, la interpretación ética germano-judía de la Biblia hacía que ésta fuese un instrumento del progreso humano, y no un obstáculo que se le oponía.[195]

En efecto, las conferencias de Cohen contribuyeron a reavivar el judaísmo de Franz Rosenzweig (1886-1929), que antes ya había estado cerca de la conversión, y lo transformaron en uno de los más destacados teólogos judíos modernos. Rosenzweig dirigió un apasionado debate literario, acerca del tema de la conversión, con su primo y contemporáneo Eugen Rosenstock-Huessy, que se convirtió al protestantismo. Sus «cartas sobre el judaísmo y la cristiandad», escritas durante los años inmediatamente anteriores a la Primera Guerra Mundial, indicaron cuánto podían acercarse una corriente judía y una corriente de pensamiento protestante, y cuán fácilmente los judíos podían actuar en el marco creado por las premisas de la filosofía alemana.[196] Incluso los pensadores germano-judíos que atacaban al cristianismo y destacaban su diferencia con el judaísmo, como Leo Baeck (1873-1956), lo hacían ajustándose al marco de referencia alemán. En 1905 Baeck publicó una brillante réplica, *Das Wesen des Judentums* [La esencia del judaísmo], a *Das Wesen des Christentums* [La esencia del cristianismo] (1900) del teólogo protestante Adolf von Harnack, en la que sostenía que el judaísmo era la religión de la razón, y el cristianismo, la del irracionalismo romántico. San Pablo había sido el malvado original; pero, ¿acaso el propio Lutero no había escrito: «En todos los que creen en Cristo, habrá que destruir la razón; de lo contrario, la fe no los gobierna; pues la razón lucha contra la fe»? No obstante, esta crítica del cristianismo tenía raíces y aliados distinguidos en el escepticismo alemán, y Nietzsche ya había aportado criterios aplicables al ataque a san Pablo (digamos de pasada que éste fue el blanco favorito de varias generaciones de antisemitas alemanes). El debate teológico ilustraba con cuánta comodidad y libertad podían moverse los judíos en el universo intelectual alemán, y el amplio campo de pensamiento que encontraban allí.

Durante una o dos generaciones antes de la Primera Guerra Mundial —esa catástrofe universal del cuerpo y el espíritu que agravó las dificultades y los peligros de todos los problemas humanos—, los judíos capaces estaban incorporándose en número sorprendente a la competitividad general de la vida. Su contribución fue más variada e impresionante en las regiones de habla alemana que en otros países cualesquiera. Cuando se examinan sus realizaciones, uno se siente tentado de llegar a la conclusión de que muchos de esos judíos brillantes sentían en el fondo del corazón que Alemania era la sede ideal de los talentos judíos. ¿Acaso Alemania no estaba aspirando ahora, y sobre bases sólidas, a la dirección de la cultura mundial? ¿Y los judíos no podían representar un papel notable, quizás incluso supremo, ayudando a los alemanes a triunfar en este reto al resto del mundo? ¿No era éste el significado verdadero, moderno y secular de la antigua exhortación a los judíos en el sentido de que fuesen «una luz para los gentiles»?

Al parecer, los judíos podían ayudar de muchísimos modos a los alemanes a conquistar la dirección del mundo. Alemania era ya una gran potencia industrial además de una fuerza intelectual de primera clase en el mundo. ¿Había alguien mejor que los judíos —fuertes en ambas áreas, siempre conscientes, a lo largo de su larga y dolorosa historia, de que la sutileza mental podía crear y orientar la fuerza económica— si se trataba de unir estos dos atributos al servicio del progreso inspirado por los alemanes? Un hombre que tuvo conciencia de estas oportunidades fue Walther Rathenau (1867-1922), que sucedió a su padre como jefe del gran trust eléctrico AEG, y que fue después, durante un breve y trágico periodo, de ministro de Relaciones Exteriores de Alemania. Rathenau no sólo fue el principal industrial de Alemania, sino también uno de los autores más discutidos en temas como el Estado, la sociedad y la economía —sus ensayos ocupan cinco volúmenes—, y además, a su propio modo, un visionario. Sufrió tanto como cualquier otro a causa del antisemitismo alemán: «En la juventud de cada judío alemán —escribió— llega el momento doloroso que recordará por el resto de su vida, cuando por primera vez cobra total conciencia de que ha llegado al mundo como ciudadano de segunda clase, y de que ninguna cualidad ni ningún logro puede liberarlo de esta condición.»[197] Pero Rathenau no desesperó. Creía apasionadamente en la asimilación. Pensaba que el antisemitismo alemán era esencialmente una creación aristocrática, y que desaparecería con el fin del liderazgo aristocrático, condenado al eclipse por la aparición de la nueva clase gobernante industrial.[198] Después, se llegaría a la asimilación completa y definitiva, la cual, a su vez, permitiría que los judíos de las finanzas y la industria realizaran una aportación decisiva a una sociedad nueva y próspera, de acuerdo con los criterios norteamericanos u otros aún mejores, y en la cual el proletariado desaparecería y prevalecería la tolerancia liberal.

Por lo tanto, para hombres como Rathenau el bautismo y el sionismo no eran soluciones, sino huidas cobardes frente a la tarea real. El judío debía afirmar su germanismo tanto como su humanidad, debía ajustarse al criterio alemán en todas las esferas. ¿Acaso el valor físico no era un rasgo judío? ¡En tal caso, que lo adquiriesen! Los estudiantes judíos se impusieron demostrar un carácter más bravo como duelistas que el de los propios Junkers gentiles. Llegaron a ser temidos hasta el extremo de que los clubes de gentiles tuvieron que inventar razones ideológicorraciales para rechazar sus retos. Se entrenaban. Competían. Durante las dos primeras décadas de las Olimpíadas restauradas, los judíos alemanes conquistaron trece medallas de oro y tres de plata en florete y sable. La campeona de esgrima de las mujeres alemanas, Helene Mayer, ganadora de dos medallas de oro, era conocida como *die blonde He*. En efecto, podía excluirse a los judíos del cuerpo de oficiales, pero hacían todo lo que estaba a su alcance. Los hombres cuyos abuelos habían hablado yiddish, una lengua que carecía de términos referidos a la guerra, participaron en el conflicto de 1914-1918 y atesoraron más de 31.500 Cruces de Hierro.[199]

Esta identificación judía con los alemanes se produjo durante la última generación antes del apocalipsis, en el marco de una revolución cultural y científica que seguía una dirección distinta, y en la cual se percibía la presencia de los judíos en posiciones decisivas. La carrera armamentística militar y naval que dividió y electrizó cada vez más a Europa, tenía su análogo en la carrera de las armas intelectuales, que dividía a toda la sociedad. El movimiento moderno, que influía sobre todos los sectores de la vida artística e intelectual, estaba cobrando fuerza e impulso. Se convertía en una corriente irresistible. La tradición y el conservadurismo, aunque de ningún modo constituían un bloque inmutable, presentaban firme resistencia, y ésta adquirió perfiles cada vez más irritados y violentos cuando las exigencias totales del modernismo se manifestaron, durante la última década que precedió a 1914. Como todo el mundo, los judíos ocupaban lugares en los dos bandos enfrentados. Los judíos piadosos, fuesen ortodoxos o jasídicos, eran quizás el sector más conservador e incluso reaccionario de Europa, y deploraban la transformación artística y científica. Pero en el mundo gentil nadie les prestaba la más mínima atención o sabía siquiera de su existencia, excepto quizá como una reliquia humana tradicional. La gente veía a los judíos, y al judaísmo, como siempre y en todas partes, identificados con las formas más extremas del modernismo.

Lo que no podía negarse era que la emancipación de los judíos europeos y su salida del gueto para entrar en la corriente intelectual y artística principal, aceleraba en gran medida los cambios que de todos modos estaban produciéndose. Los judíos eran iconoclastas por naturaleza. A semejanza de los profetas, marchaban de aquí para allá destruyendo y derribando con destreza y regocijo feroz todos los ídolos de las formas tradicionales. Invadieron esferas que secularmente les eran ajenas o les estaban vetadas y pronto se convirtieron en los principales focos de dinamismo.

Por ejemplo, la tradición musical judía era mucho más antigua que ninguna otra de Europa. La música continuaba siendo un elemento de los servicios judíos, y el cantor era una figura casi tan fundamental como el rabino en la sociedad judía. En cambio los músicos judíos, salvo los conversos, no habían representado ningún papel en el desarrollo musical europeo. De ahí que la entrada en número considerable, de compositores e intérpretes judíos que aparecieron en la escena musical durante las décadas intermedias del siglo XIX fuese un verdadero fenómeno. El judaísmo no era la cuestión. Algunos, como Mendelssohn, eran conversos. Otros, como Jacques Offenbach (1819-1880), eran individuos asimilados e indiferentes. Unos pocos, por ejemplo, Jacques Halévy (1799-1862) y Giacomo Meyerbeer (1791-1864), eran fieles u observantes. Pero el mundo musical tenía conciencia de su judaísmo y de la influencia que ellos ejercían, no sólo como compositores, sino como directores de orquestas, de academias, de óperas, de teatros dedicados a la música. Asimismo, existía la creencia general de que muchos otros músicos famosos tenían origen judío. Rossini, que asistió a la famosa boda de Rothschild en Fráncfort en el año 1839, según la opinión de muchos era judío. Johann Strauss, fundador de la famosa familia de músicos vieneses, ciertamente era el hijo de un tabernero judío bautizado de Budapest. Incluso Wagner temía ser judío (una idea infundada).

También existía la sospecha de que la innovación radical en la esfera de la música era esencialmente responsabilidad de los judíos.

Entre 1860 y 1914 la resistencia pública a la innovación se exacerbó, sobre todo en centros como Viena, donde en efecto se tomaban muy en serio la música. Como manifestó un historiador musical, la aceleración de los cambios estilísticos y la evolución del público musical se unieron de modo que «la relación normalmente difícil entre el artista y el público llegó a ser patológica».[200] Los músicos adoptaron una actitud intencionadamente provocadora; a veces, el público reaccionó enérgicamente. Los judíos iconoclastas llevaron al extremo tanto la provocación como la reacción. En Viena causó estupor la designación de Mahler al frente de la ópera de la corte en 1897; probablemente era el cargo más importante en el mundo de la música alemana. Lo obtuvo por sus méritos: era uno de los principales directores de Alemania, y la designación estaba sobradamente justificada por la diversidad y el esplendor de las creaciones que caracterizaron su desempeño del cargo durante diez años. Pero para ser elegible, tuvo que convertirse al catolicismo. Esta actitud, a los ojos de los que odiaban sus innovaciones, lejos de eliminar el estigma judío, atrajo la atención sobre él. «No era un hombre que se engañara a sí mismo —escribió su esposa—, y sabía que la gente no olvidaría que era judío [...]. Tampoco deseaba que lo olvidasen [...]. Jamás negó su origen judío. De hecho, lo subrayó.»[201]

La época de Mahler en Viena fue tormentosa, y las intrigas hostiles hicieron que con el tiempo se marchase a Nueva York. Todo esto sucedió sin que fuera necesaria la provocación de sus sinfonías, las cuales, mientras él vivió, rara vez o nunca fueron ejecutadas. Fue distinta la situación de Arnold Schönberg (1874-1951), que nació judío en Viena, pero fue educado en el catolicismo. A los dieciocho años provocó un escándalo al convertirse al protestantismo (retornó al judaísmo en 1933). En 1909 su Opus 11, n.º 1 para piano prescindió por completo de la tonalidad tradicional. Dos años después, sobre todo por recomendación de Mahler, se le asignó un cargo secundario en la Academia Real Vienesa de Música, y esta medida provocó una tormentosa protesta en el Parlamento austríaco. Se arguyó que se trataba de Viena, capital de la música europea, custodia de una de las joyas de la corona de la cultura mundial, ¿y se la ponía en manos de este judío, o ex judío, o ex católico, o lo que fuese, que le manifestaba tan evidente menosprecio? El sentimiento de ofensa cultural era más importante que el antisemitismo propiamente dicho; o más bien convirtió en antisemitas, por lo menos momentáneamente, a personas que en condiciones normales jamás habrían expresado tales sentimientos. El «judío como iconoclasta» era el factor que provocaba la cólera realmente profunda. Cuando en febrero de 1913 Schönberg presentó en Viena su enorme y tradicional cantata *Gurrelieder*, mereció una ovación que duró quince minutos. Al mes siguiente, en la misma ciudad, su Sinfonía de cámara n.º 1, Opus 9, seguida por el *Altenberglieder* de su alumno gentil Alban Berg, suscitó un terrible disturbio y provocó la intervención policial. Mahler había comenzado el proceso; Schönberg lo continuó; ambos eran judíos y habían corrompido a jóvenes compositores arios como Berg: así se argumentaba.

Cuando la innovación aparecía acompañada por el erotismo, se le daba otra vuelta a la tuerca. Ése fue precisamente el ingrediente que Léon Bakst (1866-1924) inyectó en los Ballets Rusos, que fueron esencialmente una creación judía. Bakst, hijo de un vendedor ambulante que recorrió caminando toda la distancia de Grodno a San Petersburgo con sus pertenencias a la espalda, prosperó como sastre militar durante la guerra de Crimea. Bakst era pelirrojo; hombre apasionadamente judío a su propio modo, creía que la mayoría de los artistas famosos —por ejemplo, Rembrandt y Ruisdael— tenían origen judío, y él, por su parte, exhibía la estrella de David en su papel de carta con monograma. Consiguió que lo expulsaran de la Academia de Arte de San Petersburgo cuando pintó el tema del concurso, «La Madona llorando sobre Cristo», con una multitud de judíos del gueto lituano, con el propósito de destacar el judaísmo de Cristo y su madre: los jueces, ofendidos, se limitaron a cruzar la tela con dos furiosas marcas rojas.[202]

Bakst, diseñador del vestuario de Pavlova y Nijinski, fue quien presentó a este último a Diaghilev. Cuando se formó la compañía, un judío, Gabriel Astruc, proporcionó el dinero, y posteriormente lo sucedió en esa función el barón Gunzberg, un judío de la corte zarista. Bakst creó los propios ballets, así como los escenarios y el vestuario. Aportó a la iniciativa su abrumador erotismo heterosexual, que cobró más intensidad gracias a la habilidad que Bakst demostró utilizando velos que disimulaban u ocultaban. En su ballet *Cléopâtre*, que inauguró el programa histórico del Teatro Châtelet en París el 19 de mayo de 1909, anunció: «Un enorme templo a orillas del Nilo. Columnas. Un día sofocante. El perfume de Oriente y muchas mujeres hermosas con bellos cuerpos.» Descubrió a Ida Rubinstein, una típica belleza judía, para representar el papel, y la aparición espectacular de Rubinstein, sin velos en escena, con el vestuario y los decorados de Bakst, iniciaron el movimiento. Como dijo Serge Lifar: «La pintura fue lo que primero determinó la atracción de los Ballets Rusos sobre París.»[203] Rubinstein, con sus largas piernas, el perfil semita y la imagen oriental, era, como expresó Arnold Haskell, «la viva imagen de Bakst».[204] Al año siguiente creó *Schéhérazade*, el más grande de todos los éxitos de los Ballets Rusos, con un harén de bellezas que se entregaban a una orgía de sexo con negros musculosos, para terminar en una sangrienta venganza. Fue la más tremenda conmoción cultural de todo el periodo.

Si la voluptuosidad de Bakst era judía, otro tanto podía afirmarse de su sentido del color y aún más de su teoría moral del color, que, como él dijo, utilizaba rasgos religiosos en ciertos colores («Hay un azul del color de una Magdalena y el azul de una Mesalina») para suscitar en los espectadores los sentimientos exactos que él necesitaba.[205] Transmitió esta concepción, en la escuela que dirigió durante un tiempo en

San Petersburgo, a su alumno favorito, Marc Chagall (1887-1985), nieto de un matarife ritual judío. Asimismo, la llegada del artista judío fue un fenómeno extraño. Es cierto que, en el curso de los siglos, han existido muchos animales (aunque pocos humanos) en el arte judío: leones en las cortinas de la Torá, búhos en las monedas judaicas, aves sobre el borde de las fuentes en la sinagoga de Naro del siglo V, en Túnez. Hubo animales tallados en las sinagogas de madera de Europa oriental; ciertamente, el tallista judío era el prototipo del moderno artista plástico judío. Un libro de ornamentos populares yiddish, impreso en Vitebsk en 1920, era análogo al bestiario del propio Chagall. En cambio, la resistencia de los judíos piadosos a representar la imagen de un hombre aún era intensa a principios del siglo XX. Cuando el joven Chaïm Soutine (1893-1943), hijo de un sastre jasídico pobre, pintó de memoria un retrato del rabino de Smilovich, su padre lo flageló. El padre de Chagall, que para ganarse la vida cargaba barricas de arenques, no llegó a ese extremo cuando su hijo comenzó a estudiar con el retratista Yehuda Pen, pero arrojó colérico al suelo los honorarios de cinco rublos como gesto de desaprobación.[206] De modo que el ansia de alejarse del ambiente religioso era intensa. Lo mismo puede decirse de la necesidad de salir de Rusia. Chagall pasó varias semanas en la cárcel por su intento de entrar en San Petersburgo sin permiso; a Bakst se le negó la entrada (aunque su padre era un «judío privilegiado») en 1912, cuando ya era mundialmente famoso.

De manera que los pintores judíos fueron a París, y el espíritu iconoclasta se afirmó inmediatamente y se convirtieron en la vanguardia de la aventura artística. Chagall llegó en 1910 y vivió en la colonia organizada en La Ruche, cerca de la Rue de Vaugirard, el lugar que antes había albergado a Léger, Archipenko y Lenin, entre otros. Allí conoció a los escultores judíos Ossip Zadkine (1890-1967) y Jacques Lipchitz (1891-1973). Moïse Kisling (1891-1953) estaba también en París. Estos artistas eran asquenazíes polacos o rusos, pero también había sefardíes: el rumano Jules Pascin (1885-

1930) y el italiano de Liorna Amedeo Modigliani (1884-1920), con quien a su llegada Soutine compartió un solo catre, de modo que se turnaban para dormir. Algunos judíos ya habían sido miembros de la vanguardia artística: Camille Pissarro (1830-1903) y su hijo Lucien (1863-1944), y Max Liebermann (1847-1935), que llevó el impresionismo a Alemania. Pero estos nuevos y jóvenes judíos eran hombres desorbitados, *fauves*. Excepto Chagall, que vivió para adornar la nueva Sión, tenían escaso respeto por su herencia religiosa. Soutine más tarde negó que fuese judío o hubiera nacido en Vilna, y en su testamento dejó 100 francos a los hijos del rabino, para que compraran golosinas y bailaran sobre su tumba. Sin embargo, todos ellos tenían lo que ahora se había convertido en el característico impulso judío de avanzar implacables hacia nuevos territorios culturales.

No era que los judíos manifestasen una tendencia general a abrazar el modernismo propiamente dicho. No existía una cosmovisión judía, y mucho menos el plan de imponer el modernismo al mundo. Un historiador cultural ha llegado al extremo de escribir que atribuir el modernismo a los judíos es «mera tendenciosidad antisemita o provincianismo filosemita».[207] Los judíos que fueron innovadores decisivos en sus propios campos a menudo eran sumamente conservadores en los restantes aspectos de la vida. Así, Max Liebermann, cuyos cuadros habían aturdido y alarmado a los alemanes —su obra *Cristo de niño enseñando en el Templo* (1879) mostraba a Jesús como un niño judío—, se vanaglorió de ser «el burgués total». Vivía en la misma casa en la que habían vivido sus padres, y «como, bebo, duermo, me paseo y trabajo con la regularidad de un reloj de iglesia».[208] Sigmund Freud (1856-1939), quizás el más grande de todos los innovadores judíos, detestaba casi todas las formas del «modernismo». Manifestaba un desprecio particular por el arte moderno y acusaba a quienes lo producían de padecer «defectos congénitos de la visión».[209] Le encantaban las imágenes grabadas de su colección, piezas del Antiguo Egipto, China, Grecia y Roma, y se sentaba a su escritorio rodeado por ellas, más o menos como Abraham con sus dioses hogareños, aunque ninguna de esas obras era anterior al Renacimiento. Como Liebermann, Freud se ajustaba a una rutina rígida en sus actividades diarias, semanales, mensuales y anuales. Así: de ocho a una, pacientes. Almuerzo de una a dos, y había que servir pronto esa comida, la principal. Paseo, de dos a tres (con mal tiempo y en la ancianidad lo reemplazaba por un recorrido a través del amplio apartamento de la familia). Después, de tres a cuatro, consulta, y a continuación pacientes hasta la hora de la cena tardía, y otro paseo seguido por la escritura hasta la una de la madrugada. El programa semanal era igualmente rígido: un martes cada quincena, reunión del B'nai B'rith; el miércoles, encuentro con su grupo profesional; los jueves y los sábados por la noche, clases en la universidad, seguidas el sábado por su único entretenimiento, una partida de tarok; el domingo por la mañana, la visita a su madre.[210] Los discípulos que deseaban verlo tenían que concertar cita o esperar en ciertos lugares cuando realizaba sus paseos habituales. Como Marx, que no permitía que sus hijas se formasen o trabajaran y las mantenía amablemente en casa cosiendo, pintando acuarelas o tocando el piano, Freud dirigía su poblado hogar en un estilo patriarcal. Ni Marx ni Freud aplicaban sus teorías al hogar y la familia. Freud era el hijo mayor de una madre enérgica, y los dos dominaban a las cinco hermanas menores. Posteriormente, la esposa de Freud representó también un papel subordinado. Lo hacía todo por él, e incluso extendía la pasta dentífrica sobre el cepillo, como un sirviente a la vieja usanza. Freud jamás comentó sus ideas con su esposa, y ésta tendía a desecharlas en privado: «Las mujeres siempre han tenido estas dificultades, pero no necesitan psicoanálisis para resolverlas. Después de la menopausia, se convierten en personas más tranquilas y resignadas.» Tampoco aplicaba sus ideas a sus hijos. Los envió al médico de la familia, con el fin de que éste les explicase las cuestiones relacionadas con el sexo. El propio comportamiento de Freud siempre era ultrarrespetable.[211]

Merece la pena examinar el caso de Freud, no sólo a causa de su enorme importancia intrínseca, sino por el modo en que su obra se hace eco constantemente de muchos de los grandes temas del espíritu y la historia judíos. Ciertamente, Freud tiene cierto derecho a que lo consideremos el judío más representativo. No queremos decir con esto que Freud fuese creyente, y menos aún creyente en la Torá. Creía que todas las religiones son formas de engaño colectivo, y toda su obra tendía a demostrar que las creencias religiosas (y también otros tipos de creencias) son absolutamente creación humana. Hay cierta contradicción en los datos relacionados con su conocimiento del hebreo y el yiddish,[212] y su educación, más que judaica, fue europea, clásica y científica; escribía un alemán soberbio, y su estilo le hizo merecedor del Premio Goethe. Pero sus dos padres provenían de la Galitzia jasídica, y su madre era originaria de la ciudad ultrajasídica de Brody. Ninguno de sus hijos se convirtió o contrajo matrimonio con gentiles (su hijo Ernest se adhirió al sionismo). El propio Freud siempre se identificó con los judíos, y en su última década de vida anunció que no era austríaco ni alemán, sino judío. Conoció a Herzl y lo respetaba, y nunca aceptó el pago de derechos por las traducciones de sus obras al hebreo o el yiddish. Su biógrafo Ernest Jones escribió que «se sentía judío hasta la médula... tuvo muy pocos amigos que no fuesen judíos».[213] Cuando sus descubrimientos le acarrearon la impopularidad, se volvió hacia la B'nai B'rith, como él mismo explicó después: «En mi aislamiento sentí el ansia de un círculo de hombres selectos y superiores, que al margen de la audacia de lo que yo había hecho, me recibieran con amistad [...]. Que vosotros fuerais judíos me vino todavía mejor, pues yo mismo era judío, y siempre me pareció no sólo vergonzoso sino definitivamente insensato negarlo.»[214]

Sin embargo, Freud volvió a su pasado buscando algo más que consuelo. Atribuía grandes cualidades al espíritu judío. «Si usted no permite que su hijo crezca como judío —dijo a Max Graf—, lo privará de esas fuentes de energía que no pueden ser reemplazadas por otra cosa.» Pero los judíos no sólo poseían inmensa energía, una cualidad muy admirada por Freud, sino que atribuían poder supremo a las ideas, lo que a su juicio era incluso más fundamental: «Hemos conservado nuestra unidad gracias a las ideas —escribió— y por ellas hemos sobrevivido hasta hoy.» Creía en la catedrocracia judía, en la función suprema de la mente, y decía que la fundación de la academia de Yabné fue «siempre para mí una de las manifestaciones más importantes de nuestra historia».[215]

El repentino descubrimiento del psicoanálisis por Freud, su paso de la posición de médico a la de sanador, se pareció un poco a una conversión, y una conversión de tipo judío. Hasta mediada la treintena, fue un científico médico. Después, de pronto se desinteresó de la medicina clásica. Una tradición judía afirmaba que los misterios debían reservarse para la edad madura. Pese a su racionalismo, Maimónides aceptaba este concepto: no accedió a tratar casos mentales hasta haber avanzado bastante en la vida. Se atribuía especial significado al trigésimo sexto año. Por ejemplo, el Ba'al Shem Tov reveló su propio carácter cuando tenía treinta y seis años. De hecho, Ernest Jones afirma que el «periodo de latencia» de Freud comenzó en 1887, cuando tenía treinta y un años, y culminó en la publicación de *Un caso de curación hipnótica*, en 1892, cuando en efecto había cumplido treinta y seis años. Pero el propio Freud, aunque creía en la teoría del descubrimiento científico como milagro súbito, lo situaba tres años más tarde. Afirmó que debía fijarse una placa de mármol sobre la casa donde había tenido un sueño fundamental. Según sus palabras, debía decir: «En esta casa, el 24 de julio de 1895, se le reveló al doctor Sigmund Freud el secreto de los sueños.» Jones sostuvo que el verdadero descubrimiento estuvo precedido por un cambio de personalidad. En todo caso, es evidente que a partir de este momento Freud comenzó a concebir un método completamente nuevo mediante el cual podían verse a sí mismos los seres humanos. Como dijo Jones, estaba buscando la respuesta al «gran problema del modo en que el hombre vino a ser lo que es», la meta definitiva de «los secretos de la naturaleza íntima del hombre».[216]

Se trata esencialmente de una búsqueda religiosa y, como todos los fundadores de religiones nuevas, Freud se separó rápidamente de sus antiguos colaboradores. «Con cada paso que daba en su nuevo propósito, se hacía más extraño para sus colegas. Éstos no atinaban a ver ninguna relación entre [sus] años de sólidas y fecundas investigaciones médicas y sus nuevos intereses y métodos.»[217] La chispa de la percepción prendió para convertirse en una fe completamente nueva. «Lo que era al principio una pequeña pista en el campo de la psicopatología —escribió su colega Hans Sachs— se ensanchó a causa de la infatigable concentración de su mente original, hasta que con el tiempo se convirtió en un concepto fundamental de la psicología, la civilización humana y finalmente de todo el desarrollo orgánico.»[218]

Es indudable que Freud poseía el dinamismo propio del fundador religioso o de un gran heresiarca. «Por ser judío —dijo— me hallé libre de muchos prejuicios que coartan a otros en el ejercicio de su intelecto.» O también: «A menudo sentía que había heredado toda la capacidad de desafío y todas las pasiones con que nuestros antepasados defendían su Templo, y de buena gana habría sacrificado mi vida por un gran momento histórico.» Según confió a su amigo Wilhelm Fliess, no era tanto un científico, un experimentador o incluso un observador, como un hombre de acción: «Por temperamento no soy sino un conquistador, un aventurero [...] con la curiosidad, la audacia y la tenacidad que pertenecen a un ser de este carácter.»[219] A su juicio, Moisés, y no Abraham, había fundado el judaísmo, y Freud estaba fascinado por el gran legislador, y sobre todo por su estatua en Roma, creación de Miguel Ángel: «Durante tres solitarias semanas de septiembre de 1913 me detuve día tras día en la iglesia, frente a la estatua. la estudié, la medí, realicé bocetos, hasta que aprehendí su sentido.»[220] También se identificaba con José, el soñador y vidente, y le agradaba destacar que los expertos que interpretaban sueños estaban entre los miembros más importantes del consejo de Alejandro Magno.

Freud tomó muchos elementos del judaísmo. Su técnica

de interpretación de los sueños en ciertos aspectos es análoga al método aplicado en el *Zóhar*.[221] De su amigo Fliess extrajo lo que él denominó (en una carta a Jung) «la naturaleza específicamente mística de mi misticismo», y sobre todo la fascinación por el significado y la capacidad de pronóstico de los números.[222] Creía, hasta el extremo del temor, en conceptos como el *Doppelgänger*: «Creo que le he evitado a usted —escribió al sorprendido Arthur Schnitzler— a causa de cierta renuencia a conocer a mi doble.» Padecía una abrumadora *Todesangst* (angustia de la muerte).[223] Si el freudismo, como el marxismo, en ciertos aspectos es un sistema de superstición, si adolece de la misma cualidad osmótica que la Cábala mesiánica de Natán de Gaza —la capacidad de encajar los hechos incómodos a medida que aparecen—,no es algo sorprendente, porque proviene del mismo marco general: la ciencia occidental es más un barniz que sustancia. Pero el elemento judío en el freudismo no es esencialmente jasídico, sino mosaico. Freud deseaba hallar un nuevo sistema de ley casi religiosa, con toda la fuerza y la permanencia que eso implicaba. Como él mismo dijo: «Poseemos la verdad»; un libro religioso no habría podido afirmarlo de manera más dogmática.[224]

El nuevo credo era judío en dos aspectos más importantes. Su Torá, sus documentos esenciales, eran los escritos y los casos del propio Freud, y éstos, a semejanza de la Biblia, eran la apoteosis del relato breve. La habilidad para ilustrar una tesis mediante un relato había sido una de las características de los sabios que reapareció en el jasidismo. Freud le confirió categoría científica y secular. Era, y hasta cierto punto es, la clave de su tremenda influencia sobre la gente. En una referencia a su *Análisis fragmentario de una histeria* (el caso Dora), de 1901, observó con satisfacción de autor: «es lo más sutil que he escrito hasta ahora, y provocará un efecto aún más horroroso que de costumbre».[225] Como ha señalado Steven Marcus, Freud nunca es tan escasamente convincente como cuando niega sus intenciones literarias: «Ahora debo abordar —escribió insinceramente— una complicación a la cual ciertamente no concedería espacio si fuese un hombre de letras consagrado a la creación de un estado mental como éste para un relato breve, en lugar de ser un médico interesado en su disección.» O también: «Me parece extraño que las historias clínicas que yo redacto suenen como relatos breves y que, como alguien podría decir, carecen del sello serio de la ciencia.»[226] De hecho, se tomaba tanto trabajo con la forma y el estilo de los casos que preparaba para la publicación como otros médicos coétaneos que también eran autores de cuentos, por ejemplo Arthur Conan Doyle y Somerset Maugham; pero además les aportaba la convicción de la verdad, el perfil portentoso y la fe fundamental del autor del Primer Libro de los Reyes. Casos como los de Dora, el hombre de las ratas, Juanito, Schreber y el hombre de los lobos son el corazón y la esencia de su revelación.

En segundo lugar, el freudismo era un credo difundido y practicado esencialmente por judíos. No es cierto, como se ha afirmado con frecuencia, que tuviera su origen en el tratamiento de judías ricas de Viena. Pero Josef Breuer, el Juan Bautista de Freud —en la medida en que tuvo uno—,[227] era judío, y lo mismo puede decirse de todos los psicoanalistas de la primera época. El significado de Jung para Freud fue que se trató del primer partidario gentil importante a quien logró atraer. Por eso en el Segundo Congreso Psicoanalítico, celebrado en Núremberg en 1910, desechó las objeciones y propuso que Jung fuese el presidente permanente:

La mayoría de vosotros sois judíos, y por lo tanto incompetentes cuando se trata de conquistar amigos para la nueva doctrina. Los judíos deben contentarse con la función moderna de preparar el terreno. Es absolutamente esencial que yo establezca vínculos en el mundo de la ciencia en general. Estoy haciéndome viejo y me fatigan los ataques constantes. Todos estamos en peligro [...]. El suizo [Jung] nos salvará; me salvará, y también a vosotros os salvará.[228]

Freud era mosaico también en el convencimiento en su propia virtud. La otra tradición judía, representada por la tolerancia, el liderazgo y las opiniones de carácter policéntrico, no lo atraía. Max Graf, padre del pequeño Hans (Juanito), dijo que la atmósfera en el estudio de Freud era la «de fundación de una religión». Los pacientes eran los «apóstoles», y Freud mismo, «aunque un hombre de buen corazón y considerado en la vida íntima», era «duro e implacable en la exposición de sus ideas».[229] Como un sabio jasídico, Freud tenía su pequeña corte, formada inicialmente en 1902, y nunca toleró en su seno una oposición seria a su persona. cuando Alfred Adler (1870-1937), uno de sus primeros y más brillantes miembros, se atrevió a discrepar fue tratado no como un colega crítico, sino como un heresiarca o, por decirlo con un término que los marxistas popularizarían, como un desertor. Como dijo Graf: «Fue un juicio, y la acusación fue de herejía [...]. Freud, en su condición de cabeza de una Iglesia, expulsó a Adler; lo apartó de la Iglesia oficial. En el curso de pocos años, presencié el desarrollo integral de una historia eclesiástica.» Más tarde, se utilizó a menudo el *herem*, sobre todo en el caso de Jung, el más grande de todos los heresiarcas. La ruptura con Jung fue especialmente agria, porque, como dijo Jones, estaba llamado a ser «el Josué del Moisés que era Freud». Su «cara resplandecía cuando hablaba de Jung: "Es mi hijo bienamado, en quien me he complacido."». «Cuando el imperio que he fundado quede huérfano —escribió Freud— sólo Jung debe heredarlo todo.»[230]

El descubrimiento y la expulsión de los herejes estaban acompañados por el *odium theologicum*. Como decía Sachs, Freud era «duro y cortante como el acero, un hombre ducho en odiar». Tildó a Albert Moll, autor de *Das Sexualleben des Kindes* [La vida sexual del niño], de «bruto» con «la estructura intelectual y moral de un abogado pedante», y (después de expulsarlo de su estudio) dijo que «ha infectado el lugar con su hedor como si hubiera sido el propio demonio». Adler era «basura», un hombre «lleno de veneno y mezquindad»; «he hecho crecer a un pigmeo». Wilhelm Stekel, otro «apóstol», era «un piojo en la cabeza de un astrónomo», un insulto que Freud tomó de Heine, otro hombre con gran capacidad de odiar. Jung se convirtió en «el hereje», «el místico», y *junguiano*, en la peor palabra del vocabulario freudiano. Se desairaba en la calle a los ex adeptos y se suprimían las referencias a ellos en las nuevas ediciones de las obras de Freud, o se las modificaba y en su lugar se escribía «un ex analista». Las cartas de Jung a Freud se «perdieron» durante muchos años.[231] En relación con estas agrias polémicas, Freud citó de nuevo a Heine: «Uno debe perdonar a sus enemigos, pero no antes de haberlos ahorcado.» Hay muchos indicios de ahorcamientos, ninguno de perdón. Cuando Adler falleció en 1937, durante un viaje a Aberdeen, Freud —que entonces tenía más de ochenta años— escribió a Arnold Zweig: «No entiendo su compasión por Adler. Para tratarse de un muchacho judío que salió de un suburbio vienés, morir en Aberdeen es un progreso inaudito.»[232]

Si Freud adolecía de la intolerancia de un Esdras y de los defectos característicos de la catedrocracia, también tenía algunas de sus virtudes heroicas: un coraje sin desmayo en la defensa de lo que él consideraba la verdad; la apasionada laboriosidad para buscarla, hasta el fin mismo de una vida señalada por el trabajo sin descanso; una muerte santa, después de un cáncer lento que no quiso aliviar con morfina: «Prefiero pensar atormentado que ser incapaz de pensar con claridad.»[233] Arthur Koestler, que lo vio al final de su vida, halló a un sabio «pequeño y frágil», dotado de la «indestructible vitalidad de un patriarca hebreo».[234] Freud perteneció a la tradición judía irracionalista, y se parecía más a Nahmánides o al Ba'al Shem Tov que a Maimónides. Pero quizá por eso mismo se convirtió en pilar de la estructura intelectual del siglo XX, que en sí misma es un edificio en gran medida irracional. Para modificar la metáfora, ofreció a la humanidad un espejo nuevo, y nadie jamás cambió de manera tan radical e irreversible el modo en que la gente se ve a sí misma o incluso en que la gente habla de sí misma, pues también modificó el vocabulario de la introspección.

Si Freud modificó el modo en que nosotros mismos nos vemos, Albert Einstein (1879-1955) modificó nuestra imagen del universo. Por eso se convirtió en uno de los pilares fundamentales del siglo XX, y quizá también del XXI, pues la historia demuestra que las grandes reformulaciones de las leyes científicas, por ejemplo, las de Galileo, Newton o Darwin, continúan imponiendo sus consecuencias sobre la sociedad durante largos periodos. Einstein era un judío de Ulm, donde su padre dirigía una pequeña empresa electroquímica. Trabajó en la oficina de patentes de Berna, donde formuló la Teoría Especial de la Relatividad (1905) y la Teoría General (1915). Sus descubrimientos esenciales, como los de Freud, fueron realizados antes de la Primera Guerra Mundial; después, buscó tenaz pero inútilmente una teoría de campo que incluyese la física cuántica, en cuya formulación también representó un papel esencial.[235]

Parece que Einstein nunca fue un judío practicante en el sentido usual de la palabra. En esto se pareció a Freud. Pero a diferencia de Freud, no desechó como una ilusión la creencia en Dios; más bien intentó redefinirla. Desde el punto de vista intelectual se inscribió plenamente en la tradición judía racionalista de Maimónides y Spinoza. Fue un científico empírico de los más rigurosos, formuló sus teorías específicamente para que fuese posible su demostración e insistió en que ésta se realizara antes de conceder la más mínima validez a sus opiniones; casi la antítesis de la dogmática de Freud. Pero estaba dispuesto a admitir la existencia de la verdad inverificable. También en este sentido fue más honesto que Freud. Freud negó la verdad mística, aunque en esencia continuó siendo él mismo un místico; Einstein conservó su carácter de racionalista, pero reconoció la existencia de una esfera mística. Creía que «lo misterioso», un área a la que consideraba emocional más que concreta, «está en el centro del verdadero arte y la verdadera ciencia». Más allá de «la razón más profunda y la belleza más radiante» había verdades impenetrables «que sólo en sus formas más primitivas son accesibles a nuestras mentes». La conciencia de esto, sostenía, era lo que constituía el auténtico sentimiento religioso, y «en este sentido, y sólo en este sentido, soy un hombre profundamente religioso».[236]

Este último aserto era una reformulación de la creencia de Maimónides de que hay dos modos complementarios de percibir la verdad: la razón y la Revelación. Pero Einstein estaba mucho más cerca de Spinoza, a quien admiraba profundamente, en su actitud que lo llevaba a desechar la Revelación como tal. Lo que él dijo en realidad fue que el pensamiento intuitivo era esencial para la formulación de un gran concepto científico; se requería una especie de salto a ciegas hacia una enorme generalización teórica.[237] En esto tenía mucho en común con el filósofo judeofrancés Henri Bergson (1859-1941), que compartió la tendencia de Einstein a destacar el factor místico e intuitivo en la ciencia (y la interacción del tiempo y la materia).[238] Pero en la concepción y el trabajo de Einstein, una vez que la intuición creaba los elementos de una idea, la ciencia y la razón tomaban el control. «Quiero saber cómo creó Dios este mundo», dijo; un propósito casi místico. Pero el saber debía adquirirse mediante la formulación matemática, verificada por la astronomía. En cierto sentido, Einstein estaba haciendo lo que habían intentado los cabalistas, es decir describir la creación mediante números. Pero mientras los números de los cabalistas eran intuitivos, mágicos e inverificables, los de Einstein estaban concebidos racionalmente y confirmados por el telescopio. Eso era magia, en el sentido de que a Einstein le sorprendía la posibilidad de descubrir que el universo, en lugar de ser caótico, como habría supuesto *a priori*, de hecho era un ente ordenado, regido por las leyes espaciotemporales, que ocasionalmente tendrían que modificarse, como él había modificado las leyes de Newton, pero que en esencia eran accesibles al intelecto humano. Aquí, dijo Einstein, «reside el "milagro", que cobra cada vez más profundidad al compás del desarrollo de nuestro saber».[239]

Einstein creía que el macrocosmos y el microcosmos debían sujetarse a las mismas leyes, y que su teoría General de la Relatividad en definitiva sería simplemente parte de una teoría unificada que regiría todos los campos electromagnéticos. Así, todas las relaciones físicas del mundo material podrían describirse exactamente con unas pocas páginas de ecuaciones. Sentía profunda afinidad con Spinoza, que también estaba «absolutamente convencido de la dependencia causal de todos los fenómenos, en una época en que el éxito que acompañaba los esfuerzos para obtener el conocimiento de la relación causal en los fenómenos naturales todavía era muy modesto». Einstein, que vivió trescientos años después de Spinoza, tal vez lo lograra. La búsqueda era peculiarmente judía, en cuanto estaba impulsada por la abrumadora necesidad de hallar una ley-verdad global acerca del universo, una Torá científica. La alternativa a una teoría general era la indeterminación, un concepto especialmente desagradable para la mente judía, porque parece imposibilitar todo lo que sea ética o certidumbre en historia, política o derecho.[240] De ahí la búsqueda de cuarenta años realizada por Einstein, y finalmente inconclusa. Como Maimónides, que en su código, su comentario y su *Guía* estaba tratando de reducir la inmensa herencia judaica a un cuerpo de conocimiento claro y racional, de proporciones modestas —una *summa* judaica—, Einstein estaba persiguiendo una desnuda y monumental sencillez, una *summa* científica que confiriese un sentido claro al universo.[241]

En realidad, el logro de Einstein se detuvo en la formulación de la teoría de la Relatividad. La verdad del concepto ha sido demostrada muchas veces, y durante los últimos sesenta años o más ha sido una parte fundamental del cuerpo del saber científico. Pero en la mente general introdujo, no una nueva y gran sencillez, sino una nueva y gran complejidad, pues se confundió la relatividad con el relativismo, y sobre todo con el relativismo moral. La confluencia de Einstein y Freud, por lo menos en la percepción popular, asestó un golpe devastador a las certidumbres absolutas de la ética judeocristiana, en la cual por lo menos Einstein creía profundamente.[242] Era otra pesada deuda que se agregaba a la cuenta judía en muchas mentes sombrías. La llegada de la teoría de la Relatividad marcó el momento en que muchos hombres educados e inteligentes renunciaron al intento de mantenerse a la altura de los descubrimientos científicos. Un judío, el filósofo de la literatura Lionel Trilling (1905-1975), señaló las consecuencias:

> Esta exclusión de la mayoría de nosotros, apartados del modo de pensamiento que según se afirma habitualmente es el resultado característico de la edad moderna, probablemente será vivida como una herida que se ha infligido a nuestra dignidad intelectual. Todos coincidimos en guardar silencio frente a esta humillación; pero, ¿podemos dudar de que ella [...] ha incorporado a la vida intelectual un elemento importante de duda y alienación, que debe tenerse en cuenta en todos los cálculos que hagamos acerca de los destinos actuales de la mente?[243]

De ahí que el resultado de esta furiosa actividad intelectual y de la innovación cultural de principios de siglo, una actividad en que se percibió a los judíos como protagonistas principales, fuese en definitiva producir no sólo una carrera de armamentos entre los progresistas y los conservadores, sino un difundido sentimiento de desconcierto y ansiedad. Los nuevos intelectuales judíos seculares sintieron este proceso con tanta intensidad como todos, y eso a pesar de que contribuyeron a él con su labor. El anhelo de las certidumbres recordadas es uno de los grandes ejes de *En busca del tiempo perdido*, la obra maestra de Proust. En la obra de Franz Kafka (1883-1924) parece que la totalidad del principio rector es el desplazamiento incomprensible. «Estoy aquí —concluye uno de sus relatos—, más que esto no sé, más lejos que esto no puedo ir. Mi barco no tiene timón, y lo empuja el viento que sopla en las regiones más lejanas de la muerte.»[244] Schönberg sintió lo mismo y resumió su vida en una extraña metáfora: «Tuve la sensación de que había caído en un océano de agua hirviendo y no sabía nadar [...] me esforcé con mis brazos y piernas [...] nunca renuncié al esfuerzo. Pero ¿cómo podía renunciar en medio de un océano?»[245] El poeta expresionista Jacob von Hoddis, antes Hans Davidsohn, condensó y agravó el desconcierto cuando en 1910 escribió un poema, *Weltende* («El fin del mundo»), que durante un tiempo fue el más famoso y conocido de Alemania. Lo leyó en el cabaret poético montado por el líder expresionista Kurt Hiller, que aseguraba descender del rabino Hillel. Comenzaba: «El sombrero sale volando de la cabeza puntiaguda del burgués», y por razones que ahora son oscuras, la poesía pareció resumir inmediatamente el modernismo, tanto a los ojos de sus defensores como a los de sus enemigos, al mismo tiempo que provocaba la rabia incoherente de los últimos.[246] En 1914 el joven poeta perdió la razón, y por ese camino lo siguió inmediatamente casi toda Europa, en una gigantesca danza de destrucción, de la cual tanto las perspectivas como la problemática de los judíos emergieron completamente transformadas.

6

El Holocausto

El 9 de noviembre de 1914, en un discurso pronunciado en el Ayuntamiento de Londres, el primer ministro británico Herbert Asquith anunció con entonación grandilocuente: «El Imperio turco se ha suicidado.» Los esfuerzos alemanes por atraer a Turquía, un propósito que indujo al káiser a abandonar su apoyo activo al sionismo, finalmente habían tenido éxito. El sultán se había comprometido con la victoria alemana y se disponía a desencadenar una *yihad* contra el Reino Unido. Asquith trataba de impedir que los cien millones de musulmanes que eran súbditos del Imperio británico se incorporasen a esa campaña. De ahí su discurso, que comprometía al Reino Unido a destruir finalmente el Imperio otomano y dar la libertad a sus gentes.[1] Al proceder de este modo estaba añadiendo sin quererlo otra pieza fundamental al rompecabezas sionista, porque si se eliminaba el dominio turco en Palestina, entre otros lugares, nada impediría que un hogar nacional judío ocupase el vacío.

La idea de que los judíos se beneficiarían con una derrota alemana en el terrible conflicto que entonces se iniciaba habría parecido en ese momento absurda a la mayoría de ellos. El enemigo mortal de los judíos era la Rusia zarista, a la que el ejército alemán estaba tratando de destruir. Por esta misma razón, los judíos del East End de Londres se resistían a presentarse voluntarios para luchar contra los alemanes. Todos relacionaban el liderazgo cultural judío con Alemania.

Excepto los pacifistas de izquierda, los principales intelectuales judíos de habla alemana, encabezados por Max Liebermann, firmaron una petición que apoyaba los objetivos de guerra de Alemania. Einstein fue de los pocos que se negó a firmar.

Cuando las tropas alemanas, después de derrotar al ejército ruso en Tannenberg, entraron en la Polonia rusa, los judíos las saludaron como a salvadores. Uno de los que tuvo ese gesto fue Ze'ev Dov Beguin, padre de un futuro primer ministro de Israel. Además de hebreo y yiddish, hablaba alemán, que prefería al polaco, al que consideraba «la lengua del antisemitismo». Dijo al joven Beguin y a su hermana (más tarde la señora Halperin): «Ya lo veis, vendrán los alemanes, es una cultura distinta, no es Rusia.» En su retirada, el ejército ruso rodeó comunidades judías enteras y las obligó, a fuerza de latigazos, a trasladarse a Siberia: un siniestro presagio de la política de Stalin respecto a las minorías. Los Beguin vieron a los cosacos quemando aldeas judías. Cuando llegaron los alemanes, recordaría más tarde la señora Halperin, «trataron maravillosamente a los judíos [...] Regalaron golosinas y galletas a los niños. Eran alemanes distintos, de un periodo diferente».[2]

Incluso en los asentamientos judíos de Palestina, el alemán tendía a ser la *lingua franca*. Muchos colonos deseaban que el alemán, más que el hebreo, fuese el idioma utilizado para enseñar en las escuelas judías. Se lo aceptaba, sin discusión, como el idioma oficial de los congresos sionistas. La oficina sionista de Berlín se atribuía el papel de cuartel general del movimiento a escala mundial, y sus miembros reclamaban un protectorado alemán sobre los judíos, así como sobre el islam. Muchos creían que la gran comunidad judía de Salónica había contribuido a la entrada de Turquía en la guerra del lado de Alemania.[3]

De todos modos, los más sagaces percibieron el inmenso significado de la decisión británica de fragmentar el Imperio otomano. Uno de los que así pensaban fue Jaím Weizmann, que tras la muerte de Herzl se había convertido en el defensor más eficaz del sionismo en Occidente. «Ha llegado el momento —escribió satisfecho después del discurso de Asquith— de hablar con claridad, de señalar al mundo la actitud de los judíos frente a Palestina.» Weizmann fue una de las figuras más nobles e importantes de la historia judía. En su condición de líder sionista, fue tan hábil como Herzl en el momento de enfrentarse con los estadistas mundiales, pero además podía hablar en nombre de los sencillos *östjuden*; era uno de ellos. La atmósfera de su hogar, en el pueblo de Motol, en los pantanos del Prípiat, era completamente tradicional. Su padre, que talaba madera y la enviaba por el río al Báltico, conocía de memoria el Código de Caro, y su libro favorito era la *Guía de los perplejos*. Es cierto que, colgado de las paredes de su casa, junto al de Maimónides, estaba el retrato del barón Hirsch, pero se atribuía al «Retorno» un carácter religioso: el rabino local dijo a Weizmann: «Uno tiene que hacer mucho, aprender mucho, saber mucho y sufrir mucho antes de ser digno de eso.»[4]

Ciertamente, Weizmann tuvo que padecer para obtener una educación moderna. En su hogar no había diarios. Su maestro, que en secreto era *maskil*, tuvo que introducir subrepticiamente un texto hebreo de ciencias naturales bajo la apariencia de enseñar a los profetas. Además, había que contar con el estado zarista, cuya regla del *numerus clausus* asignaba a los judíos un máximo del 10 % de las vacantes en las escuelas secundarias, incluso en las ciudades donde constituían más del 50 % de la población. Se hacía todo lo posible para impedir que los judíos asistieran a la universidad. Más tarde, Weizmann escribió: «Cuando uno leía, año tras año, los complicados ucases que llegaban de San Petersburgo, tenía la impresión de que la totalidad de la engorrosa maquinaria del vasto Imperio ruso había sido creada con el único propósito de inventar y ampliar las normas y los reglamentos destinados a limitar la existencia de sus súbditos judíos.» Así, la educación implicaba «argucias, engaños y humillaciones incesantes».[5] Weizmann se armó de paciencia y, con persistencia y laboriosidad, consiguió llegar a la Politécnica de

Berlín, uno de los tres mejores centros de ciencias de Europa, desde donde más tarde pasó a Suiza, y allí, en Friburgo, obtuvo su doctorado en química en 1899.

Sin embargo, fue en Inglaterra, en cuya Universidad de Manchester enseñó bioquímica, donde Weizmann descubrió la vocación de su vida: aprovechar la existencia del Imperio británico y la buena voluntad de su clase gobernante para promover el nacimiento del hogar nacional judío. Weizmann, que adoptó la ciudadanía británica en 1910, siempre consideró a sus nuevos compatriotas como individuos tolerantes y ecuánimes, amantes de la libertad y la justicia. Apostó todo su caudal emotivo al corazón de los británicos, y obtuvo razonables dividendos. Durante los años que precedieron a 1914 se dedicó a ganárselos. Conoció a C. P. Scott, el poderoso director de un rotativo liberal, el *Manchester Guardian*, y, por su intermedio, a miembros del Parlamento por Lancashire, como Arthur Balfour, jefe de los conservadores, y Winston Churchill. Scott también le presentó a su amigo político más íntimo, Lloyd George. Todos estos hombres se convirtieron en firmes partidarios del sionismo.

Weizmann descubrió un aliado imprevisto en Herbert Samuel, parlamentario del partido liberal. Fue miembro del *establishment* judío, en un momento en que éste tenía una actitud abrumadora y a veces envenenadamente antisionista. Su padre había fundado la firma bancaria de inmenso éxito de Samuel Montagu, y su primo hermano que trabajaba en ella, Edwin Montagu, también estaba metido en política y era un antisionista notorio. Samuel había asistido a Balliol, ese foco de ateísmo, y se sintió obligado a confesar a su madre que allí había perdido la fe. Sin embargo, continuaba pagando las cotizaciones de la sinagoga, y se declaraba orgullosamente judío. De modo que cuando en 1909 se incorporó al gabinete, fue el primer judío que ocupó allí un lugar. También había realizado tareas políticas en la Whitechapel judía, y las impresionantes escenas de pobreza y degradación que presenció allí lo convirtieron en sionista. Este cambio se vio confirmado por su compromiso marginal en el caso Marconi de 1911, con ocasión del cual experimentó personalmente la crueldad del antisemitismo, incluso en la tolerante Gran Bretaña.

Samuel era un individuo frío, silencioso y reservado, que no manifestaba sus opiniones. Ni siquiera Weizmann sabía que era sionista. En cambio, había urdido por su cuenta un plan destinado a aprovechar la intervención turca, y el día en que Asquith pronunció su discurso, Samuel visitó a sir Edward Grey, del Foreign Office, y allí sostuvo una conversación fundamental acerca de la posibilidad de crear un hogar nacional para los judíos. Grey dijo que «la idea siempre había ejercido sobre él una intensa atracción sentimental [y que él] estaría dispuesto a trabajar por eso si se ofrecía la oportunidad». Analizaron los detalles. Samuel advirtió que la región ocupada por el hogar nacional no podía incluir «Beirut y Damasco, pues allí habitaba una numerosa población no judía que no podría ser asimilada». Por lo tanto, agregó, «sería muy ventajoso que el resto de Siria fuese anexionado por Francia, pues para el estado era mucho mejor tener por vecino a una potencia europea y no a los turcos». Cobró forma la idea de una repartición entre ingleses y franceses, de modo que los británicos se apoderasen de Palestina, y los franceses de Siria y el Líbano, de acuerdo con los criterios aplicados más tarde en el pacto secreto Sykes-Picot, concertado en Versalles. Pero eso no significaba todavía que los judíos fueran a tener su hogar. Ese mismo día, Samuel caminó hasta el Tesoro para conseguir la ayuda de Lloyd George, a la sazón ministro de Economía. «Me dijo que veía con muy buenos ojos la creación allí de un estado judío.»[6]

De modo que Weizmann y Samuel iniciaron la campaña. El periódico fabiano *New Statesman*, en un alegato favorable al establecimiento de un protectorado británico que permitiese crear un hogar nacional judío, publicó: «Las esperanzas de los sionistas han pasado súbitamente de un ideal a una cuestión de política práctica.»[7] En realidad, aún quedaba mucho camino por recorrer. Asquith, un antisemita de salón, miró con desdeñoso regocijo cuando Samuel expuso su plan al gabinete y suscitó la enérgica resistencia de su primo Montagu, que era antisionista. El primer ministro relató estos encuentros en sus cartas diarias a su amiga Venetia Stanley.

[Samuel] cree —escribió el 28 de enero de 1915— que podemos instalar en este territorio no muy prometedor a unos tres o cuatro millones de judíos, y que eso produciría un efecto beneficioso en los que (imagino que esto lo incluye a él también) quedaran atrás [...]. Casi parece una edición actualizada de *Tancred*. Confieso que no me atrae este proyectado aumento de nuestras responsabilidades. Pero veo una extraña ilustración de la fórmula favorita de Dizzie, según la cual «la raza es todo», cuando escucho esta explosión casi lírica procedente del ordenado y metódico cerebro de H. S.[8]

El 13 de marzo de 1915 se refirió nuevamente al «memorando casi ditirámbico» de Samuel acerca de Palestina, «adonde con el tiempo los judíos dispersos retornarán desde todos los rincones del globo, y después conseguirán un gobierno propio (¡qué comunidad tan atractiva!). Aunque parezca extraño, aparte de Samuel el único partidario de esta propuesta es Lloyd George, a quien, no necesito decírselo, le importan un comino los judíos»; lo único que deseaba era mantener a «los franceses agnósticos y ateos» fuera de los «Santos Lugares». Cuatro días después, el primer ministro dijo a la señorita Stanley que «el primo Montagu», o «el Asirio», como él lo llamaba, había contraatacado con un «enérgico memorando» en el que acusaba al «primo Herbert» de ser incapaz de traducir al hebreo una sola frase de su plan, que era «un intento bastante presuntuoso y casi blasfemo (!) de desplazar a la divina providencia en el reagrupamiento de los judíos». Asquith confesó que el lenguaje utilizado por sus disputadores colegas judíos «más bien me sorprende».[9] Sus dudas se vieron confirmadas cuando lord Kitchener, ministro de la Guerra, y el único ministro que jamás había estado allí, declaró: «Palestina no tendría absolutamente ningún valor para nosotros.»

Sin embargo, los hechos se desarrollaban ininterrumpidamente en favor de los sionistas. Kitchener tuvo que ceder la cartera de municiones a Lloyd George, y eso puso a éste en contacto profesional directo con Weizmann, que estaba colaborando con el esfuerzo bélico. Después, Kitchener se ahogó durante un viaje a Rusia, y Lloyd George asumió totalmente el ministerio de la Guerra. Este episodio señaló el comienzo de una transferencia de recursos al Mediterráneo oriental, lo cual a su vez aproximó la posibilidad de una conquista británica de Palestina. Weizmann comprobó que contaba con mayores facilidades para ver a los altos cargos del gobierno. En el Foreign Office, el 18 de agosto de 1916, logró ganarse a lord Robert Cecil, que escribió:

Dijo en honor a la verdad que incluso en este país un judío siempre tenía que dar explicaciones acerca de su vida, y no era del todo inglés ni del todo judío, y que lo mismo sucedía, con resultados mucho más graves, en otros países [...]. Quizás una frase que él utilizó pueda expresar parte de la impresión que suscitó en mí. Dijo: «No soy romántico, aunque los judíos siempre deben mostrarse románticos, porque para ellos la realidad es demasiado terrible.»

Cecil declaró que se sentía conmovido por «la extraordinaria impresión que suscitaba su actitud, y que lograba que uno olvidase su apariencia más bien repulsiva e incluso sórdida».[10] Cuatro meses después, Asquith tuvo que abandonar su cargo. Lloyd George se convirtió en primer ministro y designó a Balfour secretario de Exteriores.

Este paso fue decisivo. Asquith se equivocaba por completo respecto de Lloyd George, pues éste era tanto filosemita como sionista. Después de denunciar a los Rothschild en sus años más turbulentos, Lloyd George se sintió impresionado por el primer lord Rothschild, a quien convocó, lo mismo que a otros financieros, a una reunión en el Tesoro al principio de la guerra. «Lord Rothschild —comenzó—, hemos tenido algunas disputas políticas ingratas.» «Señor Lloyd George, éste no es el momento de recordar esas cosas. ¿Qué puedo hacer para ayudar?» Después, Lloyd George dijo: «Sólo el viejo judío habló con sensatez.»[11] Weizmann descubrió que él y Lloyd George «simpatizaban en el terreno común de la nacionalidad pequeña». El nuevo premier era un apasionado patriota galés, y cuando hablaba en favor de su plan, Samuel siempre destacaba que Palestina era «un país de la extensión de Gales». Lloyd George era también un asiduo lector de la Biblia, otro aspecto en favor de los sionistas. Observó: «Cuando el doctor Weizmann hablaba de Palestina, a cada momento mencionaba nombres de lugares que yo conocía mejor que los del frente occidental.»[12]

Balfour era un aliado igualmente importante, porque detrás de una actitud tímida se ocultaba una férrea voluntad, muy necesaria para superar las vacilaciones de los funcionarios y los colegas del Foreign Office. Una vez que Balfour estaba convencido de algo, resultaba difícil desviarlo, y fue el más importante converso de Weizmann. Los dos hombres conversaron extensamente por primera vez durante las elecciones de 1906, cuando Balfour recriminó a Weizmann que se rechazara la posibilidad de que los sionistas se establecieran en Uganda. «Señor Balfour, suponiendo que yo le ofreciese París en lugar de Londres, ¿aceptaría?» «Pero doctor Weizmann, nosotros tenemos Londres.» «Es cierto, pero nosotros teníamos Jerusalén cuando Londres era un pantano.»[13] Mantuvieron otra conversación decisiva el 12 de diciembre de 1914, un episodio que merece la pena recordar porque ilustra la capacidad de persuasión de Weizmann. Después de que Weizmann expusiera la argumentación sionista favorable a la acción, Balfour le dijo que, a su juicio, el problema judío «continuaría siendo insoluble hasta que los judíos se asimilasen por completo o existiese una comunidad judía normal en Palestina». Agregó, en broma, que había discutido el asunto con la conocida antisemita Cosima Wagner en 1912, ¡y ella había coincidido! «Sí —replicó Weizmann—, y permítame repetirle exactamente lo que ella dijo: que los judíos estaban apoderándose de la cultura, la industria y la ciencia alemanas.» Pero agregó:

> La cuestión esencial que la mayoría de los que no son judíos omiten y que constituye el núcleo mismo de la tragedia judía, es que esos judíos que están consagrando sus energías y sus inteligencias a los alemanes lo hacen en su condición de alemanes, y están enriqueciendo a Alemania y no a la comunidad judía, a la que abandonan [...]. Deben ocultar su judaísmo con el fin de que se les permita poner sus cerebros y sus cualidades a disposición de los alemanes. Son en no poca medida responsables de la grandeza alemana. La tragedia de todo el asunto es que mientras nosotros no los reconocemos como judíos, Madame Wagner no los reconoce como alemanes, y así estamos allí como el más explotado e incomprendido de los pueblos.

Balfour se sintió conmovido hasta las lágrimas, estrechó la mano de Weizmann y dijo que se le «había aclarado el camino seguido por una nación grande y maltratada».[14]

Así, Balfour se convirtió en un incondicional aliado sionista y avanzó desde el Foreign Office hacia un compromiso británico definido y público. Los hechos lo favorecieron. En enero de 1917 las tropas británicas comenzaron la conquista de Palestina. El mismo mes se derrumbó el régimen zarista, y así desapareció el principal obstáculo a un apoyo judío total y mundial a la causa de los aliados. Kerenski, el primer ministro provisional, anuló las leyes antisemitas de Rusia. Y a finales de mes Alemania comenzó la guerra submarina ilimitada, lo cual hizo inevitable la intervención norteamericana en favor de los aliados. Casi de manera automática el gobierno de Washington se convirtió en firme partidario del hogar nacional judío en Palestina. Había obstáculos. Los franceses detestaban la idea de que los judíos, y aún más los británicos protestantes

—y no la católica (y atea) Francia— estuviesen en Jerusalén. De acuerdo con sir Mark Sykes, que estaba negociando el tratado secreto sobre el protectorado, su colega Georges Picot, «aludió a pogromos en París» —el recuerdo de Dreyfus aún estaba vivo— y parecía «casi normal en relación con este tema». También hubo atisbos de oposición de los intereses árabes o de los departamentos oficiales que los representaban. Pero los árabes habían tardado en moverse, no habían contribuido en nada importante al esfuerzo bélico y su «rebelión árabe» había sido poco impresionante. Además, el encargado del asunto, el coronel T. E. Lawrence, apoyaba el protectorado británico y el plan judío de un hogar nacional. La oposición más formidable provino de los judíos antisionistas, y sobre todo de Montagu, que a la sazón ocupaba el importante cargo de ministro para la India. Esta cuestión habría de tener consecuencias importantes.

La forma adoptada por el compromiso debía ser una carta de Balfour, en su carácter de secretario del Foreign Office, a lord Rothschild, como jefe de la comunidad judeoinglesa, y las dos partes convinieron de antemano en el texto. Walter, segundo lord Rothschild, a diferencia de su excelso padre, que había fallecido a principios de 1915, era un candidato extraño para intervenir en uno de los hechos más decisivos de la historia judía. Es cierto que, a diferencia de su padre, hasta cierto punto había llegado a ser sionista. No obstante, padecía un defecto del habla y muchas otras inhibiciones, y había consagrado todas sus energías no a los asuntos públicos y comunitarios, sino al trabajo silencioso de reunir la más grande colección organizada jamás por el hombre. En su casa de Tring, regalo de Carlos II a Nell Gwynn, había acumulado 2.250.000 mariposas, 300.000 aves disecadas, 200.000 huevos de aves y —entre muchas otras especies— 144 tortugas gigantes vivas, entre ellas la más grande del mundo, que tenía ciento cincuenta años. Había publicado más de 1.200 trabajos científicos (y libros), descubierto 5.000 especies nuevas, 250 de ellas bautizadas con su nombre, incluso una jirafa, un elefante, un puercoespín, un ualabí, un ave del paraíso, un grajo, una mosca de ojos saltones y una lombriz intestinal. Sin que lo supiera nadie, ni siquiera sus propios íntimos, estaba siendo despojado paulatinamente de su fortuna por una inescrupulosa noble inglesa y su esposo, que lo extorsionaron durante más de cuarenta años.[15]

De todos modos, Rothschild fue bien aconsejado por Weizmann y otros, y su borrador original de la promesa británica, entregado a Balfour el 18 de julio de 1917, contenía tres elementos fundamentales. El primero era la reconstitución de Palestina con el carácter de hogar nacional de los judíos. El segundo era el derecho sin restricciones a la inmigración judía. El tercero, la autonomía interna judía. Estos tres puntos otorgaban a los sionistas todo lo que podrían haber deseado razonablemente. Weizmann creyó hasta el día de su muerte que, sin la oposición de Montagu, habrían obtenido los tres derechos: «No puede haber la más mínima duda de que, sin la interferencia externa —¡debida exclusivamente a judíos!—, el borrador habría sido aceptado [por el gabinete de guerra] a principios de agosto, esencialmente como nosotros lo presentamos.»[16] Pero la declaración no fue aprobada por el gabinete hasta el 31 de octubre, y entonces ya había sufrido cambios importantes.[17] Ya no equiparaba a Palestina con el hogar nacional, no aludía a la inmigración judía sin restricciones ni al gobierno interior, y salvaguardaba los derechos de los árabes. Estaba fechada el 2 de noviembre de 1917 y el párrafo esencial decía: «El gobierno de Su Majestad ve con buenos ojos la creación en Palestina de un hogar nacional para el pueblo judío y utilizará sus mejores oficios para facilitar la consecución de esta meta, entendiéndose claramente que no se hará nada que pueda perjudicar los derechos civiles y religiosos de las comunidades no judías existentes en Palestina, o los derechos y la situación política de los cuales gozan los judíos en otro país cualquiera.» Sykes salió de la reunión decisiva del gabinete con el texto y dijo: «Doctor Weizmann, es un varón.» Al examinarlo, Weizmann comentó: «Al principio no me gustó el niño. No era el que yo esperaba.»[18]

De todos modos, la Declaración Balfour fue la pieza fundamental del rompecabezas, porque sin ella el estado judío jamás habría nacido. Gracias a Herzl y a Weizmann los judíos actuaron justo a tiempo. En el mundo entero el nacionalismo y el irredentismo estaban imponiéndose. Los aliados se verían asediados por pueblos sometidos que exigían que la victoria y la paz inminentes les garantizaran derechos territoriales basados en un riguroso censo de habitantes, considerados como tales bien por razones de nacimiento, lingüísticas o raciales. Los judíos tenían una pretensión romántica e histórica en relación con Palestina, pero era muy antigua, y según los criterios aplicados en el acuerdo de Versalles, prácticamente carecían de derechos. Cuando se publicó la Declaración, vivían en Palestina de ochenta y cinco mil a cien mil judíos, en una población total de seiscientas mil almas. Casi todo el resto estaba formado por árabes. Si el conjunto de los árabes hubiese contado con una buena organización diplomática durante la guerra —si los árabes de Palestina hubiesen tenido alguna organización—, no cabe la más mínima duda de que jamás se habría hecho pública la Declaración. Ni siquiera habría sido posible doce meses más tarde. En la realidad, Weizmann introdujo a los sionistas por una puerta que nunca más volvería a abrirse. Gracias a *Tancred* y a *Daniel Deronda* apeló con éxito a los instintos románticos de la clase gobernante británica, y así recibió lo que fue quizás el último don *ex gratia* de una gran potencia, un obsequio que adoptó una actitud claramente contrapuesta al espíritu aritmético contemporáneo.

En Londres, Lloyd George y Balfour consideraron que habían aprovechado la guerra más abominable de la historia humana para producir por lo menos algún beneficio: dar un hogar a los judíos. Cuando Weizmann almorzó con el primer ministro el día del Armisticio, lo halló leyendo los Salmos, con los ojos llenos de lágrimas. Después, Lloyd George diría a menudo que, para él, Palestina era «la única parte interesante de la guerra».[19] Pero una cosa era que los déspotas ilustrados de Londres hicieran promesas; muy distinta era la situación de los que estaban en el escenario de los hechos, en Palestina, y tenían que cumplirlas. El general Allenby se había apoderado de Jerusalén apenas un mes después de la publicación de la Declaración, y en un gesto de noble humildad había entrado a pie en la Ciudad Santa. Cuando Weizmann acudió a verlo en 1918, el general lo recibió amistosamente, aunque estaba abrumado por los problemas militares y administrativos. «Pero nada puede hacerse por ahora. Debemos poner sumo cuidado en evitar que se hieran las susceptibilidades de la población.» La mayoría de los altos oficiales británicos no sabían nada de la Declaración. Uno o dos eran projudíos. Algunos eran antisemitas. Otros eran proárabes y esperaban que a su debido tiempo los árabes se levantaran y masacraran a los judíos. Creían que la población judía local estaba formada por miserables venidos de Rusia, probablemente bolcheviques. El general sir Wyndham Deedes entregó a Weizmann algunas hojas mecanografiadas: «Será mejor que lea todo esto con cuidado. Le provocará muchas dificultades en el futuro.» Era una copia de *Los protocolos de los sabios de Sión*. El documento lo había traído la Misión Militar Británica que colaboraba en el Cáucaso con el gran duque zarista Nicolás. Al parecer, todos los oficiales británicos en Palestina lo tenían.[20]

De todos modos, Gran Bretaña siguió adelante y consolidó el mandato en Palestina durante las negociaciones de paz.[21] El trabajo de creación del hogar nacional judío continuó. Cuando los británicos ocuparon Palestina, los judíos pertenecían a dos tipos principales. Estaban las comunidades religiosas de estudiosos y sabios, que siempre habían existido, si bien su número había aumentado constantemente durante el siglo XIX. En Jerusalén habitaban el distrito del gueto judío. Vivían de los fondos de beneficencia recolectados entre los judíos del mundo entero. Esta gente no entendía la Declaración Balfour, pero siempre presentaba muchas reclamaciones y quejas. Cuando Weizmann fue a verlos, le pidieron que convenciera a Allenby de la conveniencia de enviar un barco a Trieste, donde podían hallarse los mejores mirtos, porque de ese modo podrían celebrar apropiadamente la Festividad de los Tabernáculos.[22] Weizmann estaba exasperado, pero los judíos de Jerusalén tenían sus prioridades así como él tenía las suyas, y la Torá —sin la cual un hogar nacional carecía de sentido— se refería esencialmente a la observancia exacta; se ha dicho con razón que la palabra *ritualismo* nunca es un término insultante en el judaísmo.

Después, estaban los colonos agrícolas, establecidos con la ayuda de filántropos como Montefiore. Algunos asentamientos, como los que fueron fundados y financiados por Edmund de Rothschild, eran casi colonias en propiedad. Cuando los pogromos de 1881 provocaron la primera migración importante de judíos rusos a Palestina, episodio conocido como la primera *aliá*, Rothschild protegió a los recién llegados. Dotó de administración, escuelas y médicos a los nuevos asentamientos y aldeas, llamados *moshavot*. Entre ellos estaban Ekron, Guederá, Rishon le-Zion y Petá Tiqva (una reconstrucción) en Judea, Rosh Pinha y Yesud ha-Ma'ala en Galilea, y Zijron Ya'akov en Samaria. En 1896 Rothschild agregó Metulá, y los sionistas rusos, Be'er Toviyyá. A estas alturas, del millón setecientas mil libras esterlinas dadas hasta ese momento para financiar los asentamientos, el total salvo cien mil libras había salido del bolsillo del propio Rothschild. Éste no disponía de tiempo para atender a Herzl, a quien consideraba un agitador político, o a los rusos como Weizmann, que a su juicio eran *shlumiels* (tontos). Dijo a una delegación de sionistas de la que formaba parte Nordau: «Éstas son mis colonias y haré lo que me plazca con ellas.»[23] De todos modos, en 1900 traspasó el conjunto a la nueva Asociación Judía de Colonización, aunque continuó aportando fondos. De la década de 1890 datan aldeas-asentamientos como Rehovot y Hadera, y poco después de comenzar el siglo, Kefar Tavor, Yavne'el, Menajemya y Kinneret. No todas las colonias eran agrícolas. Se procedió a crear fábricas. Se formaron nuevos distritos judíos en Jaffa, Haifa y en la propia Jerusalén.

Después, a partir de 1904, a consecuencia de pogromos

aún peores en Rusia, llegó la segunda *aliá*, mucho más numerosa. Trajo más de cuarenta mil inmigrantes, algunos de los cuales crearon (1909) la nueva zona residencial ajardinada de Jaffa, que habría de convertirse en la gran ciudad de Tel-Aviv. El mismo año, los nuevos colonos, la mayoría jóvenes, fundaron el primer *kibbuts* («colectivo») en Deganya, para terminar con lo que ellos consideraban que era el escándalo de las fincas administradas por supervisores judíos con fuerza de trabajo árabe contratada que ejecutaba las tareas reales. Bajo la dirección de Arthur Ruppin (1876-1943), designado por Wolffsohn para dirigir la oficina del movimiento sionista en Palestina, los sionistas comenzaron una labor sistemática de colonización. Los *kibbutsim*, que eran granjas colectivas voluntarias, fueron el tipo principal patrocinado y financiado por los sionistas, y con el tiempo sumaron más de doscientas. Pero estaban también las *moshav ovedim*, aldeas agrícolas cuyos miembros tenían posesiones individuales en propiedad, pero cooperaban para comprar equipos, y las *moshav shittifi*, donde los miembros eran dueños sólo de sus propias casas y trabajaban la tierra colectivamente. Ruppin era un judío prusiano, sociólogo, economista y estadístico, y aportó esta gris aunque necesaria combinación de cualidades —además de una enorme laboriosidad, firmeza y una severa comprensión de los defectos judíos— a la tarea de convertir la idea sionista en realidad. Más que nadie, fue el responsable de los innumerables detalles prácticos del nuevo hogar.

Estaba también el problema de proteger las nuevas colonias de los maleantes. Los jóvenes de la segunda *aliá*, que habían participado en los grupos judíos de autodefensa para resistir contra los pogromos en Rusia, crearon en 1909 la sociedad de los Shomerín, o Centinelas. Las fotografías tomadas en esa época los muestran con bandoleras y carabinas, calzando botas rusas y con tocados árabes, como si hubieran sido jeques cosacos educados en la universidad. Se necesitaba algo más que eso, y apareció un hombre dispuesto a llenar el vacío: Vladímir Jabotinski (1880-1940). Como Herzl, era escritor y amante del teatro, y provenía de Odesa, la más romántica de las ciudades judías. Este acaudalado puerto del mar Negro, desde donde se exportaba el grano, ocupa un lugar especial en la historia judía. Formaba parte de Rusia, no cabe duda, pero tenía una atmósfera marcadamente cosmopolita, casi mediterránea, un hálito del cálido sur. Era normal que Jabotinski hablase ruso, alemán, inglés, francés y yiddish, además de hebreo. Como la mayoría de los judíos de Odesa —Trotski era otro ejemplo—, era un impresionante orador. Hacia la década de 1900 había alrededor de ciento setenta mil judíos en Odesa, un tercio de la población urbana, y por lo tanto era simultáneamente un centro del tipo más brutal de antisemitismo y un centro de la cultura judía. Pero la cultura era secular. Odesa fue la primera comunidad judía gobernada por los *maskilim*. Los rabinos ortodoxos la odiaban y advertían a los judíos piadosos que no pisaran el lugar, pues, según se afirmaba, atraía a la escoria del Asentamiento Acotado y se había convertido en otra Sodoma. Se decía: «El fuego del Infierno arde alrededor de Odesa hasta una distancia de diez parasangas.» Allí aparecieron muchos de los primeros sionistas, por ejemplo Liev Pinsker, autor de *Autoemancipation!* [Autoemancipación], y Ajad Haam, el principal filósofo del movimiento sionista temprano. La ciudad tenía una prensa judía influyente y ruidosa, en la cual Jabotinski pronto se distinguió como un sionista militante y agresivo. También era miembro activo de la fuerza de autodefensa de Odesa.

Cuando estalló la Primera Guerra Mundial, Jabotinski fue designado corresponsal itinerante de un periódico moscovita y se dirigió a Oriente Próximo. Los turcos trataban a los judíos palestinos como presuntos traidores, y su terrorismo había reducido la población de más de ochenta y cinco mil individuos a menos de sesenta mil. En Alejandría había diez mil refugiados judíos, que vivían en la miseria y estaban desgarrados por disputas internas. Los asquenazíes y los sefardíes insistían en utilizar comedores de caridad separados. Los estudiantes del nuevo Instituto Herzl de Tel-

Aviv no cooperaban en absoluto si no se dirigían a ellos en hebreo. Jabotinski, cuya mejor descripción sería afirmar que fue un activista de perfiles poéticos —más o menos como D'Annunzio—, llegó a la conclusión de que se necesitaba un ejército tanto para unir a los judíos como para arrancarlos de su servil aceptación de los malos tratos. Halló un espíritu afín en Joseph Trumpeldor (1880-1920), un soldado heroico que había perdido un brazo en la guerra ruso-japonesa. Unidos, estos dos hombres decididos, enfrentados con un grado considerable de resistencia británica oficial, consiguieron hacer una contribución militar específicamente judía a la guerra: primero el Cuerpo de Mulas de Sión, y después tres batallones de los Fusileros Reales, el 38.º (del East End de Londres), el 39.º (voluntarios norteamericanos) y el 40.º, reclutado en el propio *yishuv*.[24] Jabotinski sirvió en el 38.º batallón y encabezó el cruce del Jordán. Pero comprobó con desaliento y alarma que las autoridades sionistas de Palestina no demostraban interés especial en mantener lo que había llegado a ser una Legión Judía efectiva, y por su parte los británicos se apresuraron a disolverla. De modo que Jabotinski creó una organización clandestina de autodefensa, que habría de convertirse en la Hagganá, el embrión de un ejército poderoso.[25]

La inquietud de Jabotinski se acrecentó a causa de la hostilidad evidente y cada vez más intensa de los árabes locales al proyecto de hogar nacional judío. Los sionistas, encabezados por el propio Herzl, siempre habían tendido a subestimar a los árabes. En su primera visita a Londres, Herzl había creído en la afirmación de Holman Hunt, que conocía bien Palestina, y que profetizó: «Los árabes no son más que leñadores y poceros. Ni siquiera es necesario desposeerlos, pues prestarán servicios muy útiles a los judíos.»[26] En realidad, los árabes estaban adquiriendo un espíritu nacionalista, exactamente como los judíos. La principal diferencia fue que comenzaron a organizarse dos décadas más tarde. El nacionalismo judío, o sionismo, fue parte del movimiento nacionalista europeo, es decir, de un fenómeno del siglo XIX. En cambio, los árabes fueron parte del nacionalismo afroasiático del siglo XX. Su movimiento nacionalista comenzó realmente en 1911, cuando se fundó en París un organismo secreto llamado al-Fatá. El movimiento se ajustó al modelo de los Jóvenes Turcos y adoptó desde el principio una postura enérgicamente antisionista. Después de la guerra, los franceses, que —como hemos visto— se opusieron desde el principio al mandato británico y entre bambalinas le disputaron tenazmente el terreno durante las negociaciones de Versalles, permitieron que al-Fatá instalara su base en Damasco, como centro de actividad antibritánica y antisionista.[27]

Unos pocos sionistas habían previsto que la utilización de Palestina para resolver «el problema judío» podía originar a su vez «el problema árabe». Ajad Haam, que había visitado Erets Yisrael, escribió un artículo, en 1891, «La verdad acerca de Palestina», seis años antes de que Herzl lanzara su movimiento. Hizo una advertencia. Afirmó que era un grave error que los sionistas desecharan a los árabes como salvajes estúpidos que no entendían lo que estaba sucediendo. En realidad,

el árabe, como todos los semitas, posee una inteligencia aguda y mucha astucia [...] [Los árabes] perciben el propósito de nuestra actividad en el país y su meta, pero guardan silencio, porque por el momento no temen que su futuro corra peligro. Pero cuando la vida de nuestro pueblo en Palestina se desarrolle hasta el extremo de que los habitantes indígenas se sientan amenazados, los árabes ya no cederán tan fácilmente. ¡Debemos mostrarnos muy cuidadosos en los tratos con un pueblo extranjero en cuyo seno deseamos instalarnos! ¡Es esencial demostrar bondad y aprecio frente a esa gente! [...]. Si en cierto momento el árabe juzga que el propósito de sus rivales es oprimirlo o despojarlo de su derecho, por más que guarde silencio o espere su oportunidad, la cólera será intensa en su corazón.[28]

En general, no se hizo caso de esta advertencia. La escala de la colonización elevó el precio de la tierra, y los colonos y los organismos judíos comprobaron que los árabes eran negociadores duros: «Cada *dunam* de tierra necesaria para nuestra labor de colonización [tuvo] que comprarse en el mercado libre —se quejó Weizmann— a precios fantásticos que se elevaron cada vez más a medida que se desarrolló nuestra labor. Cada una de las mejoras que nosotros incorporamos elevó el valor de la tierra restante en la zona en cuestión, y los propietarios árabes no dudaron en aprovechar la situación. Descubrimos que teníamos que cubrir con oro judío el suelo de Palestina.»[29] De ahí que los judíos tendiesen a ver a los árabes como propietarios codiciosos, o bien como meros peones. Aliviaron su conciencia con la idea de que en esto, y en muchos otros aspectos, los árabes se beneficiaban con el sionismo. Pero por regla general los vieron como una pieza más del paisaje. Ajad Haam observó todavía en 1920: «Desde el comienzo de la colonización palestina siempre consideramos a los árabes como seres inexistentes.»

Durante la guerra, el nacionalismo árabe cobró al fin un carácter dinámico. Hubo soldados árabes en los dos bandos, y su ayuda fue solicitada por ambos. Por su parte, los aliados firmaron durante la guerra un montón de cheques posfechados, entregados a innumerables nacionalidades cuyo apoyo necesitaban. Cuando llegó la paz algunos de los cheques fueron rechazados, y sobre todo los árabes descubrieron que les habían entregado documentos sin valor. En lugar del gran estado árabe, se establecieron protectorados franceses en Siria y el Líbano, y protectorados británicos en Palestina, Transjordania e Irak. En la manipulación y las disputas que marcaron la «paz», el único clan árabe que salió beneficiado fue el de los saudíes en Arabia. El emir Faisal, jefe de los hachemitas, respaldado por Gran Bretaña, tuvo que contentarse con Transjordania. Éste se mostró abierto a la colonización judía, pues creía que elevaría el nivel de vida de los árabes. «Nosotros los árabes —escribió a Felix Frankfurter el 3 de marzo de 1919—, y especialmente aquellos que poseemos educación, miramos con la más profunda simpatía al movimiento sionista [...] ofreceremos a los judíos una calidísima bienvenida al hogar.»[30] Pero Faisal sobrestimó tanto el número como el coraje de los árabes dispuestos a trabajar con los judíos. De hecho, durante la guerra se había advertido a los británicos que si los rumores acerca del hogar judío se confirmaban, debían esperar dificultades: «Desde el punto de vista político —escribió uno de los mejores informantes árabes de Sykes— un estado judío en Palestina significará un peligro permanente para una paz duradera en Oriente Próximo.»[31] El grupo británico encargado de la situación, es decir Allenby, el general Bols, jefe del Estado Mayor, y sir Ronald Storrs, gobernador de Jerusalén, lo sabían muy bien, y trataron de relegar a un segundo plano la idea del hogar nacional. La consigna era que la Declaración Balfour «ha de ser tratada como un documento sumamente confidencial, y de ningún modo se permitirá ningún género de publicación». En cierto momento incluso propusieron que se declarase a Faisal rey de Palestina.[32] Pero el hecho de que las autoridades británicas se esforzaran en calmar a los árabes —y fueran acusadas inmediatamente de antisemitismo por algunos judíos— no modificó la situación. El regreso en la posguerra de refugiados judíos de Egipto a Palestina, y la llegada de otros, que huían de los pogromos desencadenados por los rusos en Ucrania, señaló el punto en que los árabes, para decirlo con las palabras de Haam, comenzaron a sentirse amenazados. En marzo de 1920 hubo una serie de ataques árabes a los asentamientos judíos en Galilea, en uno de los cuales perdió la vida Trumpeldor; y siguieron disturbios árabes en Jerusalén. Jabotinski, que por primera vez entró en acción con su fuerza de autodefensa, fue arrestado —lo mismo que otros miembros de la Hagganá— juzgado por un tribunal militar y condenado a quince años de trabajos forzados. También se condenó y encarceló a los participantes árabes en los disturbios. Entre ellos estaba Hach Amín al-Husaini, que huyó del país y fue sentenciado a diez años *in absentia*.

En la agitación que siguió a los disturbios, Lloyd George cometió un error fatal. Deseoso de apaciguar a los judíos, que afirmaban que las tropas británicas habían hecho poco por proteger la vida y la propiedad judías, envió a Samuel como alto comisario. Los judíos se regocijaron, hablaron de victoria, y en cuanto llegó Samuel, lo abrumaron con quejas y reclamaciones. Weizmann estaba furioso. «El señor Samuel se sentirá profundamente disgustado —escribió al doctor Edu, de la oficina sionista de Palestina— y volverá la espalda a la comunidad judía, exactamente como hicieron los otros, y se esfumará nuestra mejor oportunidad.»[33] En realidad, ése no era el verdadero problema. A Samuel no le importaba que los judíos le importunasen. Lo que le importaba era que los árabes lo acusaran de injusticia porque él era judío. A Samuel no le gustaba perderse nada. Deseaba ser judío sin creer en Dios. Quería ser sionista sin incorporarse a ninguna organización sionista. Deseaba fundar un hogar nacional judío sin ofender a los árabes. Eso era imposible. Era inherente a todo el concepto sionista que los árabes de Palestina no pudieran esperar plenos derechos en el sector principal de la colonización judía. Pero la Declaración Balfour salvaguardaba explícitamente los derechos civiles y religiosos de las «comunidades no judías existentes», y Samuel interpretó este texto en el sentido de que los árabes debían tener iguales derechos y oportunidades. Más aún, entendió que esta frase condensaba el axioma de su misión. «El sionismo práctico —escribió— es el sionismo que cumple esta condición esencial.»[34] Samuel creía que podía llegar a la cuadratura de este círculo particular. Como no creía en Yahvé, su Biblia era *On Compromise* [Sobre el compromiso], la desastrosa obra de lord Morley.

De modo que, como los judíos pronto comprobaron, fue no para apaciguar, sino para sermonear. Incluso antes de llegar con el cargo de alto comisario, definió «el problema árabe» como la «cuestión principal». Criticó a los sionistas por no haber reconocido «la fuerza y el valor del movimiento nacionalista árabe», que era «muy real, y no ficticio». Si había que apaciguar a alguien, era a los árabes: «La única alternativa es una política coercitiva, errónea en principio y que probablemente será ineficaz en la práctica.» Los judíos debían hacer «considerables sacrificios». «A menos que sigamos un rumbo muy cuidadoso —escribió a Weizmann el 10 de agosto de 1921— la nave sionista puede naufragar al chocar contra la roca árabe.» Dijo a los líderes judíos de Palestina: «Vosotros mismos estáis provocando una masacre que llegará si seguís despreciando a los árabes. No los tenéis en cuenta [...] no habéis hecho nada para obtener un acuerdo. Solamente sabéis protestar contra el gobierno [...]. El sionismo todavía no ha hecho nada para conseguir el consentimiento de los habitantes, y sin este consentimiento, la inmigración no será posible.»[35]

En cierto sentido, se trataba de un excelente consejo. La dificultad en el caso de los sionistas era que, en los días turbulentos de principios de la década de 1920, se veían en graves dificultades para mantener el esfuerzo de la colonización y disponían de energía y recursos escasos para adoptar iniciativas en relación con los árabes. Sea como fuere, mientras les daba este consejo, Samuel adoptó otras medidas que excluyeron la posibilidad de aplicarlo. Samuel creía en la igualdad, en la ecuanimidad. No percibía que, así como no había lugar para la igualdad entre un judío y un antisemita, tampoco era posible ser ecuánime con los colonos judíos y los árabes que no los aceptaban en absoluto. Su primer acto fue amnistiar a los participantes en los disturbios de 1920. El propósito fue liberar a Jabotinski. Pero la igualdad supuso conceder el perdón a los extremistas árabes que habían provocado inicialmente los disturbios.

Después, Samuel cometió un error fatal. Una de las dificultades de los británicos en sus relaciones con los árabes era que éstos carecían de un líder oficial, pues el mandato del rey Faisal no se extendía más allá del Jordán. De modo que los ingleses inventaron el título de gran muftí de Jerusalén. En marzo de 1921 falleció el titular del cargo, jefe de una importante familia local. Su hermano menor era el famoso agitador Hach Amín al-Husaini, que había regresado a la escena política tras ser indultado. El procedimiento de designación de un nuevo muftí consistía en que un colegio electoral local de musulmanes árabes piadosos eligiese tres candidatos, y el gobierno confirmaba a uno de ellos. Hach Amín, que a la sazón contaba veintiocho años, no estaba cualificado para el cargo ni por edad ni por conocimiento. Amín se había mostrado apasionadamente antibritánico desde la Declaración Balfour y profesaba a los judíos un odio violento y permanente. Además de su sentencia de diez años, aparecía en los archivos policiales como un agitador peligroso. El colegio electoral estaba formado sobre todo por moderados, y, lo que no era sorprendente, Hach Amín ocupó el último lugar en la elección, con sólo ocho votos. Se eligió a un hombre moderado y culto, el jeque Hisam al-Din, y Samuel lo confirmó de buena gana. Entonces, la familia al-Husaini y el ala extrema de los nacionalistas —los mismos que habían encabezado los disturbios de 1920— comenzaron una feroz campaña de descalificaciones. Inundaron Jerusalén con carteles que criticaban al colegio electoral: «Los malditos traidores, a quienes todos conocemos, se han unido a los judíos para conseguir que se designe muftí a un miembro de su grupo.»[36]

Por desgracia, entre el personal británico estaba un ex arquitecto y ayudante de sir Ronald Storrs, un funcionario llamado Ernest T. Richmond, que trabajaba como asesor del alto comisario en asuntos musulmanes. Richmond era un apasionado antisionista, y el primer secretario, sir Gilbert Claydon, lo denominaba «la contrapartida de la organización sionista». «Es un enemigo declarado de la política sionista, y un enemigo casi tan declarado de la política judía del gobierno de Su Majestad», decía un acta secreta de la Oficina de Colonias; «el gobierno [...] se beneficiará mucho si excluye de su secretariado a una figura tan comprometida como el señor Richmond».[37] Richmond persuadió al jeque moderado de la conveniencia de retirarse, y después convenció a Samuel de que, a la luz de la situación, sería un gesto cordial hacia los árabes permitir que Hach Amín se convirtiese en gran muftí. Samuel habló con el joven el 11 de abril de 1921 y aceptó «sus garantías de que la influencia de su familia y la de él mismo se consagrarían a la tranquilidad». Tres semanas más tarde hubo disturbios en Jaffa y otros lugares, y cuarenta y tres judíos fueron asesinados.[38]

Esta designación para ocupar lo que se consideraba un cargo secundario en un protectorado británico sin importancia se convirtió en uno de los errores más trágicos y decisivos del siglo. No está claro que un acuerdo entre árabes y judíos para cooperar en Palestina hubiese sido viable incluso con un liderazgo árabe razonable. Pero se convirtió en algo absolutamente imposible en cuanto Hach Amín asumió el cargo de gran muftí. Samuel agravó su error inicial impulsando la formación de un Consejo Supremo Musulmán, del cual pronto se adueñaron el muftí y sus colaboradores para convertirlo en un tiránico instrumento de terror. Lo que es todavía peor, indujo a los árabes palestinos a relacionarse con sus vecinos y a promover el panarabismo. Así, el muftí contagió su violento antisionismo al movimiento panárabe. Amín era un asesino de palabras suaves y un organizador de asesinos. La gran mayoría de sus víctimas fueron árabes. Su principal meta era silenciar la moderación en la Palestina árabe, y lo consiguió por completo. Se convirtió en el principal antagonista de Gran Bretaña en Oriente Próximo, y posteriormente hizo causa común con los nazis y apoyó enérgicamente la «solución final» de Hitler. Pero las víctimas principales de su personalidad desequilibrada fueron los habitantes comunes de la Palestina árabe. Como ha observado bien el historiador Elie Kedourie, «los Husaini fueron quienes dirigieron la estrategia política de los palestinos hasta 1947, y quienes los condujeron a la ruina total».[39]

El sombrío logro del gran muftí fue abrir entre los dirigentes judíos y árabes un abismo que nunca ha sido salvado por completo. En la Conferencia de San Remo, celebrada en 1920, un año antes de que este hombre ocupase su cargo, el mandato británico y la Declaración Balfour habían sido confirmados oficialmente como parte del Tratado de Versalles, y las delegaciones árabe y judía compartieron una mesa en el Royal Hotel para celebrar el acontecimiento. En febrero de 1939, cuando la Conferencia Tripartita se reunió en Londres para tratar de resolver las diferencias entre árabes y judíos, los árabes rehusaron sentarse con los judíos, fueran cuales fuesen las circunstancias.[40] Ése fue el resultado de la influencia del muftí; y a la larga, la negativa a negociar directamente con los judíos, que obligó a éstos a emprender el camino de la acción unilateral, fue el factor que determinó que los árabes perdiesen Palestina.

De todos modos, había un conflicto intrínseco de intereses entre los judíos y los árabes, que apuntaba no a un estado unitario, en el cual ambos pueblos gozaran de derechos, sino a alguna forma de partición. Si desde el principio se hubiese reconocido este hecho, las posibilidades de una solución racional habrían sido mucho mayores. Por desgracia, el mandato nació en la era de Versalles, en momentos en que se suponía generalmente que los ideales universales y los vínculos de la fraternidad humana podían imponerse a las fuentes más antiguas y primitivas de la discordia. ¿Por qué los árabes y los judíos no podían desarrollarse armoniosamente, bajo la mirada benigna de Gran Bretaña y la supervisión final de la Sociedad de Naciones? Pero los árabes y los judíos no estaban en un plano de igualdad. Los árabes ya tenían varios estados y no tardarían en tener más. Los judíos carecían de estado. Un axioma del sionismo era que debía nacer un estado donde los judíos pudieran sentirse seguros. ¿Y cómo iban a sentirse seguros si no lo controlaban? El control implicaba un sistema unitario, no binario; no el poder dividido, sino el dominio judío.

Este aspecto estaba implícito en la Declaración Balfour, según lo explicó Winston Churchill, secretario de Colonias, en la reunión del gabinete imperial celebrada el 22 de junio de 1921.

Arthur Meighen [primer ministro canadiense]: ¿Cómo se definen nuestras responsabilidades frente a Palestina según el compromiso del señor Balfour?

Churchill: Hemos de realizar el esfuerzo más honesto para ofrecer a los judíos la posibilidad de tener su propio hogar nacional.

Meighen: ¿Y cederles el control del gobierno?

Churchill: Si en el curso de muchos años se convierten en la mayoría del país, naturalmente lo gobernarán.

Meighen: ¿Pro rata con los árabes?

Churchill: Pro rata con los árabes. También nos hemos comprometido a evitar que se expulsen de sus tierras a los árabes o se menoscaben sus derechos políticos y sociales.[41]

En estas condiciones, el futuro entero de Palestina se centraba en la cuestión de la inmigración judía. Otro axioma del sionismo era que todos los judíos debían gozar de la libertad de volver al hogar nacional. Al principio, el gobierno británico aceptó esta fórmula, o más bien la dio por sobrentendida. En todas las discusiones iniciales sobre el establecimiento en Palestina de un hogar nacional, la hipótesis de trabajo era que no se contaría con suficientes judíos que desearan ir allí, y no que habría un número excesivo. Como dijo Lloyd George: «La idea de que debía restringirse artificialmente la inmigración judía para que los judíos fuesen una minoría permanente nunca entró en la cabeza de ninguno de los que se ocuparon de delinear la política. Esa actitud habría sido injusta y habría representado un engaño a las personas a quienes estábamos convocando.»[42]

De todos modos, la inmigración no tardó en convertirse en el eje del problema y en el punto que concentró la resistencia árabe. Este hecho no es sorprendente, pues los judíos se opusieron al deseo británico de crear instituciones representativas mientras se encontraran en minoría. Como dijo Jabotinski: «Tenemos miedo y no deseamos contar aquí con una constitución normal, pues la situación de Palestina no es normal. La mayoría de los "electores" aún no han regresado al país.»[43] En la práctica, no se puso a prueba este vulnerable argumento pues, por sus propias razones, los árabes decidieron (agosto de 1922) que tampoco cooperarían con la política británica. Sin embargo, sabían desde el principio que la inmigración judía era la clave del poder político, y la agitación que promovieron estaba destinada a interrumpirla. Samuel cayó en las redes de esta táctica. Uno de sus gestos hacia los árabes, cuando ocupó el cargo, había sido permitir la reaparición de *Falastin*, un periódico árabe extremista clausurado por los turcos en 1914 por «incitación al odio racial». Este gesto, la designación del gran muftí y actos análogos desembocaron directamente en el pogromo de mayo de 1921, que fue incitado por el temor de que los judíos «se impusieran». La respuesta de Samuel a los disturbios fue suspender por completo la inmigración judía. Tres barcos cargados de judíos que huían de las masacres en Polonia y Ucrania fueron devueltos a Estambul. Samuel insistió en que debía «admitirse definitivamente la imposibilidad de la inmigración en masa». Dijo a David Edu que no toleraría «una segunda Irlanda» y que «no podía imponerse la política sionista».[44] Esta actitud provocó muchas y agrias reacciones judías. Edu llamó «Judas» a Samuel. Ruppin dijo que para ellos era «un traidor a la causa judía». «El hogar nacional judío de las promesas de la guerra —se quejó Weizmann a Churchill en julio de 1921— se ha transformado ahora en un hogar nacional árabe.»[45]

Esta afirmación era exagerada. El hogar nacional judío creció lentamente durante la década de 1920, pero las limitaciones a la inmigración impuestas por los británicos no fueron el principal factor inhibidor. Después de las dificultades de su primer año, Samuel demostró que era un eficaz administrador. Su sucesor, lord Plumer (1925-1928), tuvo una actuación todavía mejor. Se organizaron servicios modernos, se impusieron la ley y el orden, y por primera vez en muchos siglos Palestina comenzó a gozar de una modesta prosperidad. Pero los judíos no consiguieron aprovechar este marco para impulsar el rápido desarrollo del *yishuv* que la Declaración de 1917 había hecho posible. ¿Por qué?

Uno de los motivos era que los líderes judíos estaban divididos en lo referente a los propósitos y los métodos. Weizmann era un hombre paciente. Siempre había creído que la creación del estado sionista sería un proceso largo, y que cuanto mayor fuese la solidez de la infraestructura y los cimientos, más probabilidades habría de que la entidad sobreviviera y floreciese. Aceptaba trabajar con arreglo al amplio marco temporal de Gran Bretaña. Lo que ante todo deseaba ver en Palestina era un conjunto de instituciones sociales, culturales, educativas y económicas que fueran excelentes en sí mismas y perdurasen. En palabras suyas: «Nahalal, Deganías, la Universidad, las centrales eléctricas de Rutenberg, la concesión del mar Muerto, para mí significaban mucho más políticamente que todas las promesas de grandes gobiernos y grandes partidos políticos.»[46]

Otros dirigentes judíos tenían diferentes prioridades. Durante la década de 1920, la gran fuerza política que surgió en Israel fue David Ben Gurión. A sus ojos, lo que más importaba era el carácter político y económico de la sociedad sionista y el estado que ella crearía. Provenía de Plonsk, en la Polonia rusa, y como muchos miles de inteligentes y jóvenes *östjuden* creía que la «cuestión judía» nunca podría resolverse en el marco del capitalismo. Los judíos debían retornar a sus raíces colectivistas. La mayoría de los socialistas judíos de Rusia seguían una orientación marxista-internacionalista, mantenían que la condición judía era una consecuencia obsoleta de una religión moribunda y una sociedad burguesa capitalista, y que desaparecería junto con ellas. Nahmán Syrkin (1868-1924), un sionista socialista de los primeros tiempos, insistía en que los judíos eran un pueblo distinto, con su propio destino, pero sostenía que éste sólo podría alcanzarse en un estado cooperativo y colectivista: por consiguiente, el hogar nacional debía ser socialista desde el principio. Ben Gurión se adhirió a esta posición. Su padre, Avigdor Gruen, era un enérgico sionista que había educado a su hijo en una escuela hebrea modernizada y con profesores privados que le enseñaban las disciplinas seculares. Ben Gurión afirmó en varias ocasiones que era marxista, pero a su entender, y como resultado de su educación, el libro esencial no era *El capital* sino la Biblia, aunque trataba a ésta como una historia y una guía seculares. También él fue un niño prodigio judío: pero un ser que volcó su voluntad, su pasión y su energía tremendas en el activismo, y no en el estudio. A los catorce años ya dirigía un grupo juvenil sionista. A los diecisiete era miembro activo de la organización de los obreros sionistas, la Po'ale Zión. A los veinte años fue colono en Erets Yisrael, miembro del comité central del partido y creador de su primera plataforma política, en octubre de 1906.

En su juventud, Ben Gurión intervino en la escena internacional. Vivió en la comunidad judía de Salónica, en Estambul y en Egipto. Pasó gran parte de la Primera Guerra Mundial en Nueva York, donde organizó la oficina He-Haluts, que orientaba hacia Palestina a los posibles colonos, y también sirvió en la Legión Judía. Pero en toda esta actividad hubo tres principios destacados que fueron constantes. En primer lugar, los judíos debían asignar carácter prioritario al retorno a la tierra; «la colonización de la tierra es el único sionismo verdadero, y todo lo demás es autoengaño, verborrea vana y un simple pasatiempo».[47] En segundo lugar, era necesario delinear la estructura de la nueva comunidad con el fin de ayudar a este proceso en un marco socialista. En tercer lugar, el factor unificador de la sociedad sionista debía ser la lengua hebrea.

Aunque Ben Gurión nunca se apartó de estos tres principios, los instrumentos políticos con los cuales intentó llevarlos a cabo variaron. Ésta sería una característica sionista. Durante el último siglo, los partidos políticos sionistas han sufrido mutaciones constantes, y aquí no intentaremos reseñarlas detalladamente. En particular Ben Gurión fue famoso por su capacidad para crear y dividir partidos. En 1919 inauguró la conferencia fundacional del Ahdut ha-Avudá.

Diez años más tarde (1930) fusionó esta organización con el ala política de la Po'ale Zión y formó el Mapai, el partido laborista sionista. Más sólido y permanente fue el Histadrut, el movimiento sindical sionista, del cual llegó a ser secretario general en 1921. Ben Gurión lo convirtió en algo mucho más importante que una federación de sindicatos. En concordancia con sus principios, lo transformó en un factor de la colonización, un promotor activo de los proyectos agrícolas e industriales, en los cuales la organización representó el papel de financiadora y propietaria, de modo que con el tiempo se convirtió en dueña de tierras y fincas, y en un pilar fundamental del régimen socialista sionista. En efecto, Ben Gurión creó durante la década de 1920 el carácter institucional básico de lo que habría de ser el estado sionista. Pero este proceso le restó tiempo y energías, y aunque la meta de todos sus esfuerzos, en definitiva, era acelerar la inmigración, ésta no fue la consecuencia inmediata. La infraestructura cobraba forma, pero las personas que debían habitarla tardaban en llegar.

Ésa era la preocupación suprema de Jabotinski. Su prioridad absoluta consistía en conseguir que el mayor número posible de judíos entraran en Palestina y lo hicieran cuanto antes, de manera que fuese posible organizarlos política y militarmente para adueñarse del estado. Por supuesto, era positivo que, como reclamaba Weizmann, se promoviesen proyectos específicos de carácter educativo y económico. Pero el número era lo primero. También era acertado, como insistía Ben Gurión, colonizar la tierra. Pero el número era lo primero. Jabotinski desdeñaba la idea, defendida enérgicamente por Weizmann y Ben Gurión, de que debía distinguir entre los diferentes tipos de colonos. Ben Gurión quería que los *jalutsim*, los pioneros, los que estaban dispuestos a realizar el esforzado trabajo manual, eliminasen todo lo que significara dependencia de la fuerza de trabajo árabe. Tanto él como Weizmann eran hostiles al ala religiosa de los sionistas, que fundaron el partido Mizraji («centro espiritual») en 1902, y que trasladaron sus actividades a Palestina en 1920. El Mizraji comenzó a crear su propia red de escuelas e instituciones, paralelas a las sionistas seculares, y a organizar sus propias campañas de inmigración. A juicio de Weizmann, el Mizraji estaba atrayendo al tipo equivocado de inmigrantes judíos: judíos de los guetos, sobre todo de Polonia, que no deseaban trabajar la tierra, sino instalarse en Tel-Aviv, crear empresas capitalistas y —si eran hábiles— dedicarse a la especulación de tierras.

En 1922 Churchill, que siempre fue prosionista, anuló el decreto que ponía trabas a la inmigración. Pero su Libro Blanco, publicado ese año, insistía por primera vez en que si bien no debían ponerse restricciones a la inmigración, era preciso tener en cuenta «la capacidad económica del país en el momento dado para asimilar nuevos pobladores». En la práctica, esto significaba que los judíos podían conseguir visados si poseían 2.500 dólares; y Weizmann afirmó que como consecuencia de esta actitud, estaba predominando el tipo de inmigrante capitalista, del estilo del Mizraji. A los ojos de Jabotinski, esta cuestión tenía importancia secundaria. El número era lo principal. No le satisfacía que Weizmann y el gobierno británico organizaran el proceso de acuerdo con su propio ritmo, para garantizar que la Palestina judía fuese una nación de *jalutsim* aunque eso llevara varios siglos. Jabotinski deseaba un crecimiento rápido, y en retrospectiva hay que reconocerle su instinto para las realidades ingratas.

Jabotinski no estaba dispuesto a aceptar en absoluto el control británico de la inmigración. Deseaba que esta cuestión fuese competencia exclusiva de los dirigentes judíos, quienes a su entender debían avanzar urgentemente hacia la creación de instituciones oficiales. Por esta causa se retiró del ejecutivo sionista en 1923, y dos años más tarde fundó la Unión de Revisionistas Sionistas, con el fin de utilizar todos los recursos del capitalismo judío para llevar a Palestina «el más elevado número de judíos en el más breve período». Atrajo a muchísimos partidarios en Europa oriental, y especialmente en Polonia, donde el ala juvenil militante y revisionista llamada Betar —cuyo organizador fue el joven Menájem Beguin— vestía uniformes, se entrenaba y aprendía a disparar. El propósito era lograr el estado judío con un súbito e irresistible acto de voluntad.

En realidad, los tres jefes dirigentes sobrestimaban la disposición real de los judíos a emigrar a Palestina durante la década de 1920. Después del torbellino de los primeros años de la posguerra, y sobre todo de los pogromos de Polonia y Ucrania, los judíos, como todos, participaron de la prosperidad de la década. Se atenuó la urgencia de embarcar para Haifa. Los disturbios de 1920 y 1921 no alentaban la inmigración. Durante la década de 1920 la población judía de Palestina en efecto se duplicó, y llegó a 160.000 personas. Lo mismo sucedió con el número de colonias agrícolas. Hacia fines de la década había 110, y en ellas trabajaban 37.000 judíos en una extensión de 70.000 hectáreas. Pero el número total de inmigrantes fue sólo de 100.000, y el 25 % no permaneció en el país. De modo que el índice neto de inmigración se limitó a 8.000 anuales. De hecho, en 1927, el año culminante de la prosperidad de los años veinte, llegaron sólo 2.713 y partieron más de 5.000. En 1929, el año del brusco cambio de la economía mundial, las llegadas y las partidas más o menos se equilibraron.

En esto reside una gran oportunidad desaprovechada, y también los ingredientes de la tragedia. Durante los años tranquilos, cuando Palestina estaba relativamente abierta, los judíos no llegaban. A partir de 1929 su posición económica y política, y todavía más su seguridad, comenzaron a deteriorarse en Europa entera. Pero a medida que se incrementó el ansia de ir a Palestina, también aumentaron los obstáculos para quienes deseaban entrar. En 1929 hubo otro pogromo árabe, y más de 150 judíos resultaron muertos. Como antes, la reacción británica consistió en restringir la inmigración. Lord Passfield, secretario de Colonias del laborismo, tenía una posición caracterizada por la antipatía: su Libro Blanco de 1930 fue el primer signo inequívoco de antisionismo en una publicación oficial británica. Su esposa, Beatrice Webb, dijo a Weizmann: «No entiendo por qué los judíos arman tanto escándalo cuando matan en Palestina a unas pocas decenas de miembros de su pueblo. Una cifra igual muere todas las semanas en Londres en accidentes de tráfico, y nadie presta la más mínima atención.»[48] El primer ministro británico, Ramsay MacDonald, era un individuo más sensible. Gracias a él, se reanudó la inmigración.

Había centenares de miles de judíos cada vez más atemorizados que intentaban entrar. Pero con cada oleada de la inmigración judía, el movimiento de la reacción árabe era más violento. Jabotinski consideraba que 30.000 inmigrantes anuales era una cifra satisfactoria. Esa meta fue superada en 1934, cuando llegaron 40.000. Al año siguiente la cifra aumentó en más del 50 %, a 62.000. Después, en abril de 1936, hubo un importante alzamiento árabe, y por primera vez los británicos comenzaron a afrontar la desagradable realidad de que el mandato estaba resquebrajándose. Una comisión dirigida por lord Peel presentó un informe el 7 de julio de 1937 en el que recomendaba que la inmigración judía se redujese a 12.000 personas anuales y que se impusieran limitaciones a las compras de tierra. Pero además propuso la división en tres sectores. La faja costera, Galilea y el valle de Jezrael debían formar un estado judío. Las colinas de Judea, el Néguev y Efraím formarían un estado árabe. Los británicos administrarían por mandato un enclave que iba de Jerusalén a Jaffa, y de Lod y Ramle. Los árabes rechazaron encolerizados esta propuesta y protagonizaron otra rebelión en 1937. Al año siguiente, la conferencia panárabe de El Cairo adoptó una política en virtud de la cual todos los estados y las comunidades árabes se comprometían a adoptar medidas internacionales para impedir el posterior desarrollo del estado sionista. Los británicos abandonaron la idea de la partición y, después del fracaso de la Conferencia Tripartita en Londres, torpedeada por los árabes a principios de 1939, la Declaración Balfour también fue enterrada discretamente. Un nuevo Libro Blanco, publicado en mayo, establecía que debían aceptarse 75.000 judíos más en cinco años, y después ninguno, excepto con el acuerdo de los árabes. Al mismo tiempo, Palestina avanzaría gradualmente hacia la independencia. Entonces había 500.000 judíos en Palestina, pero los árabes continuaban constituyendo una gran mayoría. De modo que si se aplicaba el plan británico, los árabes controlarían el estado que se formara, y los judíos residentes serían expulsados.

Esta trágica serie de episodios provocó las correspondientes tensiones en el seno del movimiento sionista, pues sus diferentes facciones adoptaron distintas posturas acerca del modo de reaccionar. En 1931 Weizmann fue apartado de la presidencia del Congreso Sionista Mundial, por imposición del Mizraji. El mismo año, en Palestina, las elecciones para la Asamblea Sionista de Delegados mostraron una triple división; el Mapai ganó 31 de 71 escaños, los revisionistas 16 y el Mizraji 5. La división se extendió al brazo militar: los revisionistas y el Mizraji, así como otros sionistas no socialistas, se separaron de la Hagganá para formar una fuerza rival, el Irgún.

La ruptura fundamental, entre el Mapai por una parte y los revisionistas por la otra, que habría de dominar la política del estado sionista desde su nacimiento, se emponzoñó a causa de los insultos. Los revisionistas acusaban al Mapai de complicidad con los británicos y de traición a la causa judía. Los revisionistas fueron acusados de «fascistas». Ben Gurión dijo que Jabotinski era «Vladímir Hitler». El 16 de junio de 1933 Jaím Arlosoroff, jefe del Departamento Político de la Agencia Judía, formada en 1929 para coordinar todos los esfuerzos judíos a escala mundial, fue asesinado en el puerto de Tel-Aviv. Era un apasionado sionista del Mapai, e inmediatamente se sospechó de los extremistas revisionistas. Dos de ellos, Abraham Stavski y Zeví Rosenblatt, miembros del Brit Habirionim, un grupo revisionista ultra, fueron detenidos y acusados del crimen. Abba Ahimeir, ideólogo del grupo, fue acusado de complicidad, Stavski fue condenado sobre la prueba de la declaración de un testigo, y sentenciado a la horca, pero se lo absolvió en la apelación, con arreglo a una antigua ley turca que decía que un testigo no era suficiente en un caso que implicaba la pena capital. El crimen nunca pudo resolverse, y continuó envenenando las mentes en ambos lados durante medio siglo. A juicio del Mapai, los revisionistas no se detenían ni ante el asesinato. A juicio de los revisionistas, el Mapai había descendido al secular recurso de la persecución gentil, el libelo de sangre.

Detrás de la división había un auténtico y doloroso dilema en la conducta judía. Algunos habían creído que la Declaración Balfour era el comienzo del fin de los problemas judíos. En realidad, a lo sumo originó toda una nueva serie de alternativas imposibles. En el mundo entero los idealistas judíos rogaron a sus líderes que llegaran a un arreglo con los árabes. Todavía en 1938, Albert Einstein, el más grande de los judíos vivos, veía el hogar nacional en términos utópicos: «Preferiría un acuerdo razonable con los árabes sobre la base de la convivencia en paz, que la creación de un estado judío [...]. Mi conocimiento de la naturaleza esencial del judaísmo se resiste a la idea del estado judío con fronteras, un ejército y cierto grado de poder temporal, por modesto que éste sea. Temo el daño interior que pueda padecer el judaísmo, sobre todo a la vista del desarrollo de un estrecho nacionalismo en nuestras propias filas.»[49] Otros también temían este daño. Pero temían aún más que los judíos se viesen sorprendidos sin un estado-refugio adonde huir. ¿Cómo podía crearse ese estado con el consentimiento de los árabes? Jabotinski mantenía que los judíos debían suponer que los sentimientos nacionalistas árabes eran tan fuertes y obstinados como los de los propios judíos. Por lo tanto:

Es imposible soñar con un acuerdo voluntario entre nosotros y los árabes [...]. Ahora no, y tampoco en un futuro previsible [...]. Cada nación, civilizada o primitiva, ve su tierra como su hogar nacional, donde desea permanecer y ser siempre el único dueño. Esa nación jamás consentirá de buena gana nuevos propietarios ni tampoco la asociación. Cada nación autóctona combatirá a los colonos mientras tenga la esperanza de eliminarlos. Así se comportan, y así se comportarán los árabes [de Palestina], mientras haya en sus corazones la chispa de una esperanza en el sentido de que pueden impedir la transformación de Palestina en Erets Yisrael.

Y llegaba a la conclusión de que sólo «un muro de hierro formado por bayonetas judías» podía obligar a los árabes a aceptar lo inevitable.[50] Jabotinski hizo en 1923 esta dura declaración. Las dos décadas siguientes infundirían una fuerza cada vez mayor a la lógica de su argumento, en el sentido de que los judíos no podían darse el lujo del idealismo. No era sólo cuestión de darle a la Palestina judía su muro de hierro formado por bayonetas, para garantizar su seguridad. Se trataba de determinar si la comunidad judía europea podría sobrevivir en un mundo cada vez más hostil.

No sólo en Palestina la paz de Versalles decepcionó amargamente a los judíos. La guerra de 1914-1918 fue la «guerra para terminar con las guerras», la contienda destinada a abolir la anticuada *realpolitik* e inaugurar una era de justicia, eliminando los viejos imperios hereditarios y concediendo a todos los pueblos la cuota que merecían de autogobierno. El hogar nacional de los judíos en Palestina era parte de este esquema idealista. De igual o mayor importancia para la mayoría de los judíos europeos, era la garantía ofrecida por el tratado de paz en el sentido de que recibirían plenos derechos de ciudadanía en toda la diáspora europea. Las grandes potencias, respondiendo al impulso de Disraeli, habían intentado por primera vez garantizar los derechos fundamentales a los judíos en el Congreso de Berlín de 1878. Pero las cláusulas del tratado habían quedado incumplidas, sobre todo en Rumania. En Versalles se realizó un segundo intento, mucho más concienzudo. El gobierno provisional de Kerenski había concedido derechos plenos a los judíos rusos. En Versalles, se incorporaron al tratado algunas cláusulas que concedían derechos a determinadas minorías, entre ellas los judíos, en todos los estados creados, ampliados o delimitados por el acuerdo de paz: Polonia, Rumania, Hungría, Austria, Checoslovaquia, Yugoslavia, Turquía, Grecia, Lituania, Letonia y Estonia. De modo que en teoría —y ciertamente en el espíritu de aquellos que dieron forma al tratado, como el presidente Woodrow Wilson y Lloyd George— los judíos eran sus principales beneficiarios: habían conseguido su hogar nacional en Palestina, y si decidían continuar en sus patrias adoptivas, obtenían derechos de ciudadanía plenos y garantizados.

Según se dieron las cosas, el tratado de Versalles fue un elemento importante de la peor de todas las tragedias judías, porque se trató de un pacto sin espada. Dibujó nuevamente el mapa europeo e impuso nuevas soluciones a antiguas disputas, sin proporcionar los medios físicos para aplicarlas. Así, inició veinte años de inestabilidad cada vez más exacerbada, dominados por los odios feroces que las propias cláusulas del tratado habían engendrado. En esta atmósfera de descontento, de violencia intermitente e incertidumbre, la posición de los judíos, lejos de mejorar, se tornó más insegura. Ya no se trataba de que las comunidades judías, como había sucedido siempre en momentos difíciles, tendieran a convertirse en el foco de todos los sentimientos de ansiedad y todos los antagonismos que podían derivar de los objetos concretos y locales de odio. Los judíos estaban acostumbrados a eso. Pero de pronto había una causa suplementaria de hostilidad: la identificación judía con el bolchevismo.

Los judíos tenían cierta responsabilidad en esto; o mejor dicho el tipo de judío político que había aparecido en la política extremista durante la segunda mitad del siglo XIX: el judío antijudío, el judío que negaba la existencia del judío como tal. Este grupo estaba formado íntegramente por socialistas, y durante un breve periodo sus miembros tuvieron suprema importancia en la historia europea y judía. La persona más representativa de este grupo fue Rosa Luxemburg (1871-1919). Provenía de Zamosc, en la Polonia rusa, y su árbol genealógico era impecablemente judío. Descendía de rabinos, un linaje que se remontaba por lo menos al siglo XII, y su madre, hija y hermana de rabinos, le citaba constantemente la Biblia. Como Marx, y con mucha menos disculpa, nunca demostró el más mínimo interés por el judaísmo o la cultura yiddish (aunque le gustaban los chistes judíos). Como ha destacado Robert Wistrich, historiador del socialismo judío, su extraordinaria pasión por la justicia social y su fascinación por la argumentación dialéctica tuvieron su origen, al parecer, en generaciones de eruditos rabínicos.[51] Pero en todos los restantes aspectos, era una *maskil* recalcitrante. No sabía nada de las masas judías. Su padre era un rico comerciante maderero que la envió a un colegio exclusivo de Varsovia, adonde asistían principalmente los hijos de funcionarios rusos. A los dieciocho años pasó clandestinamente la frontera y viajó a Zúrich para completar su educación. En 1898 concertó un matrimonio con un impresor alemán para adquirir la ciudadanía alemana. Después, consagró toda su vida a la política revolucionaria.

Las analogías con Marx son estrechas en ciertos aspectos. Como Marx, tenía antecedentes privilegiados, que continuaron beneficiándola económicamente. Como él, nada sabía de la clase obrera, ni siquiera de la clase trabajadora judía, y como él nunca trató de paliar su ignorancia. Como él, llevó una vida de conspiración política en la clase media, escribiendo, practicando la oratoria y discutiendo en los cafés. Pero mientras el autodesprecio del judío Marx adoptó la forma de un burdo antisemitismo, ella sostuvo que el problema judío no existía en absoluto. Aseguraba que el antisemitismo era una función del capitalismo, aprovechada en Alemania por los Junkers y en Rusia por los zaristas. Marx había resuelto la cuestión; había «apartado el problema judío de la esfera religiosa y racial y le había asignado un fundamento social, demostrando que lo que generalmente se describe y se persigue como "judaísmo" no es nada más que el espíritu del negocio y la estafa, que aparece en *todas* las sociedades donde reina la explotación».[52] En realidad, eso no era lo que Marx decía, y la interpretación de Rosa Luxemburg implicaba una intencionada deformación del texto de Marx. Más aún, la afirmación de Rosa Luxemburg era manifiestamente falsa. Como señaló otro socialista judío, Eduard Bernstein

(1850-1932), el antisemitismo tenía profundas raíces populares y no podía ser eliminado por el marxismo simplemente mediante un acto de magia. Bernstein admiraba mucho a Eleanor, hija de Marx, que orgullosamente decía en las asambleas públicas del East End de Londres: «Soy judía.»

En cambio, si podía evitarlo, Rosa Luxemburg nunca aludía a su condición de judía. Intentaba hacer oídos sordos a los ataques antisemitas contra ella misma; una actitud difícil, pues en la prensa alemana se publicaban las caricaturas más odiosas de su persona. Asimismo, había un marcado matiz antisemita en los ataques que le dirigían los sindicalistas y socialistas alemanes de origen obrero. Les desagradaba el tono de superioridad intelectual de Rosa Luxemburg y sus confiadas afirmaciones acerca de lo que «los trabajadores» necesitaban. Ella desechó todo esto. «Para los seguidores de Marx —escribió— como para la clase trabajadora, la cuestión judía como tal no existe.» A su modo de ver, los ataques contra los judíos estaban limitados a «las aldeas remotas de Rusia meridional y Besarabia, es decir, a los lugares donde el movimiento revolucionario es débil o no existe». Se hizo fuerte frente a los que reclamaban su compasión por las atrocidades cometidas contra los judíos. «¿Por qué venís con vuestras penas judías especiales? —escribió—. Siento la misma compasión por las desdichadas víctimas indias del Putumayo, los negros africanos [...] no puedo hallar en mi corazón un rincón especial para el gueto.»[53]

Las deformaciones morales y emocionales de Rosa Luxemburg eran características del intelectual que intenta encerrar a la gente en una estructura de ideas, en lugar de permitir que las ideas se desarrollen a partir del modo en que la gente se comporta realmente. Los judíos de Europa oriental no eran una creación artificial del sistema capitalista. Eran un pueblo real, con su propio idioma, su religión y su cultura. Sus sufrimientos también eran bastante reales, y se los perseguía porque eran judíos, y no por otras razones. Incluso tenían su propio partido socialista, el Bund (la Unión General de Trabajadores Judíos en Lituania, Polonia y Rusia), fundado en 1897. El Bund realizaba campañas vigorosas en favor de los plenos derechos civiles para los judíos. Pero los bundistas estaban divididos cuando se trataba de determinar si debía concederse a los judíos un estado autónomo en cuanto se crease la «República de los Trabajadores». También tenían una actitud confusa con respecto al sionismo, y la emigración debilitaba constantemente sus filas. De ahí que tendieran a cerrar filas alrededor de la defensa de la cultura nacional yiddish.

Esta insistencia en la originalidad de la cultura judía hacía que los bundistas fuesen particularmente detestables para los socialistas judíos que, como Rosa Luxemburg, negaban la particularidad social o cultural de los judíos y rechazaban con vehemencia las pretensiones del Bund. La hostilidad a las organizaciones políticas especiales de judíos se convirtió en la ortodoxia de la izquierda revolucionaria. Lenin, sobre todo, se opuso ferozmente a la existencia de derechos específicamente judíos. «La idea de una "nacionalidad" judía es definitivamente reaccionaria —escribió (1903)— no sólo cuando la exponen sus defensores consecuentes (los sionistas), sino también en labios de quienes intentan combinarla con las ideas de la socialdemocracia (los bundistas). La idea de una nacionalidad judía contradice los intereses del proletariado judío, pues promueve en ellos, directa o indirectamente, un espíritu hostil a la asimilación, el espíritu del gueto.» Y de nuevo en 1913 escribió: «Quienquiera que directa o indirectamente proponga el lema de una "cultura nacional" judía es (al margen de sus posibles buenas intenciones) un enemigo del proletariado, un partidario de lo antiguo y de la posición de casta de los judíos, un cómplice de los rabinos y la burguesía.»[54]

Por lo tanto, la filosofía entera de la revolución proletaria se basaba en la premisa de que el judío propiamente dicho no existía salvo como una fantasía fomentada por un sistema socioeconómico deformado. Si se destruía ese sistema, el judío caricaturesco desaparecería de la historia como una ingrata pesadilla, y el judío se convertiría en ex judío, en un hombre normal y corriente. Aunque ahora nos parece difícil retornar al espíritu de los judíos muy inteligentes y educados que creían en esta teoría, fueron muchos miles los que creyeron en ella. Odiaban su condición judía, y la lucha en favor de la revolución era el medio moralmente más aceptable de escapar de ella. Esta renuncia a la identidad confería a su lucha revolucionaria una vehemencia emotiva peculiar, porque creían que su éxito implicaría una liberación personal de la carga judía, así como una liberación humana general respecto de la autocracia.

Sea como fuere, estos judíos antijudíos destacaban en todos los partidos revolucionarios, y prácticamente en todos los países europeos, poco antes de la Primera Guerra Mundial, en el transcurso de la misma e inmediatamente después. Representaron papeles importantes en las insurrecciones que siguieron a la derrota de Alemania y Austria. Bela Kun (1886-1939) fue el dictador del régimen comunista que ejerció el poder en Hungría entre marzo y agosto de 1919. Kurt Eisner (1867-1919) dirigió el alzamiento revolucionario de Baviera en noviembre de 1918 y encabezó la república hasta que fue asesinado cuatro meses más tarde. Rosa Luxemburg, el cerebro que estaba detrás del grupo revolucionario «espartaquista» de Berlín, fue asesinada pocas semanas antes que Eisner.

Sobre todo en Rusia los judíos se identificaron del modo más visible y espectacular con la violencia revolucionaria. Allí, el artífice del *putsch* que llevó al gobierno bolchevique a ejercer el poder dictatorial en octubre de 1917 fue Lenin, que no era judío. Pero el agente ejecutivo fue Trotski (1879-1940), nacido con el nombre de Liev Davídovich Bronstein. Su padre era lo que después él aprendió a denominar un *kulak* ucraniano, es decir, un campesino; pero Trotski mismo fue un producto del cosmopolitismo de Odesa (su escuela era luterana). Trotski afirmó que ni el judaísmo ni el antisemitismo influyeron de ningún modo en su desarrollo. Es evidente que influyeron: había algo antinatural, semejante al odio, en su ataque a los bundistas judíos en el congreso que los socialdemócratas judíos celebraron en Londres en 1903, y que provocó que esos delegados salieran de la asamblea, lo cual allanó el camino a la victoria bolchevique. Trotski calificó a Herzl de «desvergonzado aventurero» y «figura repulsiva». A semejanza de Rosa Luxemburg, apartó la mirada de los sufrimientos específicamente judíos, por abrumadores que fuesen. En el poder, siempre se negó a recibir a las delegaciones judías. Como en el caso de otros judíos antijudíos, la represión de los sentimientos impuesta por su postura política se extendió a su propio círculo familiar: no le interesaron los padecimientos de su padre, que perdió todo en la revolución y murió de tifus.

Trotski compensó su indiferencia como judío con su energía volcánica y su implacabilidad como revolucionario. Es muy improbable que la Revolución bolchevique hubiera tenido éxito o se hubiese sostenido sin él. Trotski fue quien enseñó a Lenin la importancia de los sóviets de trabajadores y el modo de aprovecharlos. Trotski organizó personalmente y encabezó el alzamiento armado que derrocó al gobierno provisional y puso en el poder a los bolcheviques. Trotski creó y hasta 1925 controló el ejército rojo, y aseguró la supervivencia física del nuevo régimen comunista durante la guerra civil que estuvo a un paso de destruirlo.[55] Más que nadie, Trotski simbolizó la violencia y el poder demoníaco del bolchevismo y su decisión de incendiar el mundo. Más que nadie fue el responsable de la identificación popular de la revolución con los judíos.

Las consecuencias para los judíos, tanto inmediatas como a largo plazo, tanto localmente como a escala mundial, fueron abrumadoras. Los ejércitos de rusos blancos, que intentaban destruir al régimen soviético, trataban como enemigos a todos los judíos. En Ucrania, la guerra civil derivó en el más amplio pogromo de la historia judía. Hubo más de mil incidentes distintos que implicaron el asesinato de judíos. Otras setecientas comunidades de Ucrania se vieron afectadas, y lo mismo sucedió con varios centenares más en Rusia. Entre sesenta mil y setenta mil judíos fueron asesinados.[56] En otras regiones de

Europa oriental, la identificación análoga de los judíos con el bolchevismo llevó directamente a los ataques criminales contra comunidades judías inofensivas. Estos episodios fueron especialmente sangrientos en Polonia después del fracaso de la invasión bolchevique, y en Hungría después de la caída del régimen de Bela Kun. Se repitieron de manera intermitente en Rumania durante la década de 1920. En los tres países los partidos comunistas locales habían sido creados y dirigidos sobre todo por judíos antijudíos, y en todos los casos los judíos apolíticos, tradicionales y religiosos de los guetos y las aldeas pagaron el correspondiente precio.

Para colmo de la trágica ironía del asunto, los judíos comunes de Rusia no se beneficiaron con la revolución. Al contrario. Habían podido beneficiarse mucho con el gobierno provisional de Kerenski, que les concedió derechos electorales y civiles plenos, incluso el derecho de organizar sus propios partidos políticos y sus instituciones culturales. En Ucrania participaron en el gobierno provisional; un judío encabezó un Ministerio Especial de Asuntos Judíos; habrían contado con la protección de las cláusulas del Tratado de Versalles referidas a las minorías. En Lituania, que los sóviets no se atrevieron a anexionarse hasta 1939, estas garantías otorgadas a las minorías fueron muy eficaces, y la gran comunidad judía que había allí fue quizá la más satisfecha de Europa oriental entre las dos guerras.

De modo que para los judíos, el *putsch* de Lenin atrasó el reloj, y en definitiva el régimen comunista fue un desastre para ellos. Es cierto que, durante un tiempo, los leninistas equipararon el antisemitismo con la contrarrevolución. En un decreto del 27 de julio de 1918 el Consejo de Comisarios del Pueblo ordenó a los delegados de «todos los sóviets de obreros, campesinos y soldados» que adoptaran las medidas necesarias para destruir efectivamente y de raíz el movimiento antisemita. El gobierno promovió la circulación de un disco con un discurso en el que Lenin denunciaba el antisemitismo.[57] Pero este esfuerzo un tanto débil se vio completamente anulado por los crueles ataques de Lenin contra la categoría de los «explotadores y los aprovechados», a los que denominó «mercaderes», una palabra cuya intención era aludir a los judíos, y que fue interpretada en ese sentido. Un régimen basado en el marxismo, que a su vez se fundaba (como hemos visto) en la teoría antisemita de la conspiración, un régimen que consideraba que su meta era identificar a categorías enteras de personas como «enemigos de clase» para después perseguirlas, ciertamente tenía que crear una atmósfera hostil a los judíos. De hecho, los comerciantes judíos estuvieron entre las principales víctimas de la política de terrorismo de Lenin contra los «grupos antisociales». Muchos fueron «liquidados»; otros, quizás un total de trescientos mil, atravesaron las fronteras para dirigirse a Polonia, los estados bálticos, Turquía y los Balcanes.

Es cierto que los judíos ocupaban lugares destacados en el partido bolchevique, en los niveles más altos tanto como en la base: en los congresos del partido, del 15 al 20 % de los delegados eran judíos. Pero eran judíos antijudíos; el propio partido bolchevique fue el único partido del periodo que siguió al zarismo que se mostró activamente hostil a los objetivos y los intereses judíos. Ciertamente, los judíos comunes padecían como consecuencia del compromiso judío con el régimen. Los bolcheviques judíos eran numerosos en la Cheká (policía secreta), en el papel de comisarios, inspectores fiscales y burócratas, y cumplieron una función destacada en los grupos organizados por Lenin y Trotski para confiscar el grano a los campesinos que lo ocultaban. Todas estas actividades hicieron que se los odiase. Así, como sucedió a menudo en la historia judía, se atacó a los judíos por razones contradictorias. Eran, por una parte, «mercaderes antisociales», y por otra, «bolcheviques». El único archivo soviético que llegó a Occidente, y que se refiere a la situación de Smoliensk en el periodo 1917-1938, revela que, a los ojos de los campesinos, el régimen soviético y los intermediarios judíos eran la misma cosa. En 1922 hubo amenazas en el sentido de que si los comisarios se apoderaban de los ornamentos de oro de las iglesias, «no sobrevivirá un judío: los mataremos a todos durante la noche». Las turbas asolaban las calles: «Castigad a los judíos, salvad a Rusia.» En 1926 hubo incluso un renacimiento de las acusaciones por asesinato ritual. Sin embargo, el archivo demuestra que los judíos también temían al régimen: «Se teme a la milicia como se temía al gendarme zarista.»[58]

El temor judío a los sóviets estaba bien fundado. En agosto de 1919 se disolvieron todas las comunidades religiosas judías, se confiscaron sus propiedades y la gran mayoría de las sinagogas fueron clausuradas definitivamente. Se prohibió el estudio del hebreo y la publicación de obras seculares en este idioma. Se permitió la impresión en yiddish, pero sin utilizar caracteres hebreos, y la cultura yiddish, aunque tolerada durante un tiempo, fue sometida a una cuidadosa supervisión. El organismo supervisor estaba formado por secciones judías especiales, *yevsektsiya*, formadas en las delegaciones del partido comunista y dirigidas por judíos antijudíos, cuya tarea específica era eliminar todo signo de la «particularidad cultural judía». Destruyeron el Bund, y después acometieron la tarea de destruir el sionismo ruso. En 1917 el sionismo era claramente el rasgo político más firme de la comunidad judía rusa, con 300.000 miembros y 1.200 filiales. Numéricamente era mucho más fuerte que los propios bolcheviques. A partir de 1919 las *yevsektsii* atacaron frontalmente a los sionistas, utilizando unidades de la Cheká mandadas por judíos antijudíos. En Leningrado se apoderaron del cuartel general sionista, detuvieron al personal y cerraron el periódico. Hicieron lo mismo en Moscú. En abril de 1920 el Congreso Sionista Panruso fue disuelto por una brigada de la Cheká dirigida por una joven judía, que ordenó detener a setenta y cinco delegados. A partir de 1920 muchos miles de sionistas rusos fueron recluidos en los campos, de donde pocos salían. El partido sionista, dijo el régimen (26 de agosto de 1922), «bajo la máscara de la democracia, trata de corromper a la juventud judía y de arrojarla a los brazos de la burguesía contrarrevolucionaria en beneficio del capitalismo anglofrancés. Para restablecer el estado palestino, estos representantes de la burguesía judía se apoyan en las fuerzas reaccionarias, que incluyen a imperialistas tan voraces como Poincaré, Lloyd George y el Papa».[59]

En cuanto Stalin, que era profundamente antisemita, asumió el poder, se acentuó la presión sobre los judíos, y hacia el fin de la década de 1920 todas las formas de actividad específicamente judías habían sido destruidas o mutiladas. Entonces, Stalin disolvió las *yevsektsii* y dejó la supervisión de los judíos en manos de la policía secreta. Por esta época, los judíos habían sido excluidos de casi todos los altos cargos del régimen, y el antisemitismo era nuevamente una fuerza importante en el partido. «¿Es verdad —escribió Trotski, colérico y asombrado, a Bujarin, el 4 de marzo de 1926—, es posible que en nuestro partido, en Moscú, en las células obreras se realice impunemente agitación antisemita?»[60] No sólo se realizaba impunemente, sino que se fomentaba. Los judíos, sobre todo en el seno del partido comunista, constituirían un porcentaje completamente desproporcionado de las víctimas de Stalin.

Uno de ellos fue Isaak Bábel (1894-1940?), quizás el único gran escritor judío que produjo la Revolución rusa, y cuya tragedia personal es una especie de parábola de los judíos bajo los sóviets. Como Trotski, era un producto de Odesa, donde su padre tenía una tienda. En uno de sus cuentos describe cómo, a los nueve años, vio a su padre, humilde y sumiso, el arquetípico judío del gueto a lo largo de los siglos, arrodillarse a los pies de un oficial cosaco durante un pogromo. El oficial, dice Bábel, usaba guantes de gamuza amarillo limón y «miraba al frente, con expresión distante». Odesa produjo niños prodigio judíos, sobre todo instrumentistas, y Bábel, que era inteligente, temía que su padre lo convirtiese en un «enano musical», uno de los «niños de cabeza grande y cara pecosa con el cuello delgado como el pedúnculo de una flor y un rubor epiléptico en las mejillas». En cambio, a semejanza de Trotski deseaba convertirse en un judío antijudío, un hombre violento, como los famosos pistoleros judíos de Moldavanka, el gueto de Odesa, o mejor aún como los propios cosacos. De modo que combatió en el ejército del zar, y cuando llegó la revolución, sirvió en la Cheká y fue uno de los matones bolcheviques que hacían incursiones en las granjas buscando comida. Finalmente realizó su deseo, que era luchar junto a los cosacos a las órdenes del general Budienny. De sus experiencias extrajo una obra maestra, *Caballería roja* (1926), un volumen de cuentos que describe con detalles brillantes y a menudo desalentadores los esfuerzos que realizó para adquirir, como él mismo dijo, «la más sencilla de las artes, la capacidad para matar a mis semejantes».

Los cuentos tuvieron éxito, pero el esfuerzo propiamente dicho falló. Bábel no pudo convertirse en un hombre para quien la violencia era natural. Continuó siendo el típico intelectual judío, «un hombre —como él mismo dijo en una frase memorable— con gafas sobre la nariz y otoño en su corazón». La dificultad con la cual un judío tropieza cuando quiere escapar de su medio cultural, sobre todo infligiendo la muerte, es un tema recurrente y acerbo de sus relatos. Un joven muere porque no puede decidirse a rematar a un camarada herido. Un viejo tendero judío no aceptará que el fin revolucionario justifica los medios y pide una «Internacional de los Hombres Buenos». Matan a un joven soldado judío, y entre las escasas pertenencias del muerto hallan retratos de Lenin y Maimónides. Los dos hombres no armonizaban, como lo comprobó Bábel con su amarga experiencia personal. El concepto de judío antijudío no funcionaba. Para Stalin, era un judío como otro cualquiera; y en la Rusia de Stalin, Bábel perdió el favor y pasó al olvido. Se presentó en el Congreso de Escritores de 1934 y pronunció un discurso misterioso e irónico, en el cual afirmó que el partido, en su infinita benevolencia, privaba a los escritores de una sola libertad: la libertad de escribir mal. Él mismo, según dijo, estaba practicando un nuevo género literario y convirtiéndose en «maestro del silencio». «Tengo tanto respeto por el lector —agregó—, que he enmudecido.»[61] A su debido tiempo fue detenido y desapareció definitivamente; es probable que fuese fusilado en 1940. Su supuesto delito fue intervenir en una «conspiración literaria», pero la verdadera razón fue que en el pasado había conocido a la esposa de Nikolái Yezhov, el jefe caído en desgracia de la NKVD. En la Rusia de Stalin eso era suficiente, sobre todo para un judío.[62]

Pero en el mundo exterior poco se sabía acerca de la supervivencia del antisemitismo, con nuevas formas, en la Rusia soviética, de la destrucción de las instituciones judías y la amenaza física cada vez más grave a los judíos bajo el estalinismo. Se suponía sencillamente que, como los judíos eran algunos de los principales instigadores del bolchevismo, debían de ser también sus principales beneficiarios. La distinción muy importante entre la gran masa de judíos, que eran religiosos, asimilacionistas o sionistas, y el grupo concreto de judíos antijudíos, que en efecto habían contribuido a promover la revolución, no se entendía en absoluto.

Por otra parte, siempre fue un axioma de la teoría de la conspiración antisemita que los conflictos aparentes de intereses entre los judíos eran nada más que la cobertura de una identidad de objetivos subyacente. La más usual de todas las calumnias antisemitas era que los judíos «cooperaban» entre bambalinas. El concepto de una conspiración judía general, que incluía reuniones secretas de los sabios judíos, era un aspecto intrínseco del libelo de sangre medieval y había alcanzado forma escrita en muchas ocasiones. La convocatoria del Sanedrín por Napoleón I le imprimió un lamentable ímpetu. Después, se convirtió en una de las especialidades de la policía secreta zarista, es decir, la Ojranka. Una de las preocupaciones de este cuerpo era que los zares no se mostraban lo bastante severos en la represión de las conspiraciones extremistas, sobre todo las judías. En cierto momento de la década de 1890 se pidió a uno de los agentes de la Ojranka en París que elaborase un documento que sirviera para demostrar a Nicolás II la realidad de la amenaza judía. El falsificador, quienquiera que haya sido, utilizó un panfleto de Maurice Joly, escrito en 1864, que atribuía a Napoleón III la ambición de dominar el mundo. El original no contenía ninguna referencia a los judíos, pero fue reemplazado por otro que hablaba de una conferencia secreta de líderes judíos que había afirmado que aprovechándose de la democracia moderna los judíos estaban aproximándose a la realización de sus objetivos. Éste fue el origen de los *Protocolos de los sabios de Sión*. La falsificación no alcanzó la meta deseada. El zar no se dejó engañar, y escribió sobre el documento: «No se defiende una causa meritoria con medios perversos.» Después, la policía depositó el documento en distintos lugares, y en 1905 se publicó por primera vez como un capítulo añadido al libro *Lo grande en pequeño*, de Serge Nilus. Pero suscitó escaso interés. El triunfo bolchevique en 1917 determinó el segundo y mucho más exitoso nacimiento de los *Protocolos*. La asociación de los judíos con el *putsch* de Lenin fue un dato muy difundido en la época, sobre todo en Francia y Gran Bretaña, que estaban en la fase más desesperada de una guerra prolongada que había agotado sus recursos humanos y materiales. El gobierno provisional de Kerenski había hecho todo lo posible por mantener a Rusia en la guerra activa contra Alemania. Lenin modificó esa política y buscó una paz inmediata en las condiciones que fueran. Este temible golpe a la causa de los aliados, que provocó casi inmediatamente el traslado de divisiones alemanas de Rusia al frente occidental, revivió en la mente de algunas personas la identificación de los judíos con Alemania. Por ejemplo, en Gran Bretaña hubo un grupo pequeño pero belicoso de escritores, encabezados por Hilaire Belloc y los hermanos Cecil y G. K. Chesterton, que habían desarrollado una campaña feroz, con matices antisemitas, contra Lloyd George y su fiscal general, sir Rufus Isaacs, en relación con el caso Marconi (1911). En este momento aprovecharon los acontecimientos de Rusia para asociar a los judíos con el pacifismo británico. A principios de 1917, en un discurso G. K. Chesterton lanzó una amenaza: «Desearía dirigir unas palabras a los judíos [...]. Si continúan complaciéndose en una charla estúpida acerca del pacifismo e incitando a la gente contra los soldados y sus esposas y viudas, aprenderán por primera vez lo que significa realmente la palabra *antisemitismo*.»[63]

La rápida difusión de los *Protocolos* a la luz de la Revolución de Octubre causó durante un tiempo un efecto devastador incluso en Gran Bretaña, donde el antisemitismo era un fenómeno de salón, no de la calle. Tanto Robert Wilton, corresponsal en Rusia de *The Times*, como Victor Marsden, del *Morning Post*, eran fieramente antibolcheviques y tendían también al antisemitismo. Ambos aceptaron como auténticas las versiones de los *Protocolos* que llegaron a sus manos. *The Times* publicó una correspondencia bajo el título «Los judíos y el bolchevismo», que incluía una contribución de Verax, el 27 de noviembre de 1919: «[La esencia del judaísmo] es sobre todo el orgullo racial, la creencia en su propia superioridad, la confianza en su victoria definitiva, la convicción de que el cerebro judío es superior al cerebro cristiano, en resumen, una actitud que coincide con la convicción innata de que los judíos son el pueblo elegido, que están destinados a convertirse un día en los gobernantes y legisladores de la humanidad.» El *Jewish World* comentó: «La carta de Verax señala el comienzo de una época nueva y perversa [...]. Ya no podemos decir que no hay antisemitismo en este país que ha amado la Biblia por encima de todo.»[64] A principios del año siguiente, H. A. Gwynne, director del *Morning Post*, redactó una introducción a un libro sin firma llamado *The Causes of World Unrest* [Las causas de la inquietud mundial], basado en los *Protocolos*. Escribió allí que éstos podían ser o no auténticos. «Su interés principal reside en el hecho de que, aunque el libro que los incluye fue publicado en 1905, los judíos bolcheviques están ejecutando hoy casi al pie de la letra el programa delineado en los *Protocolos*.» Señaló que «más del 95 % del actual gobierno bolchevique está formado por judíos». La publicación incluía una lista de cincuenta de sus miembros, con los «seudónimos» y los «nombres reales», y afirmaba que de ellos sólo seis eran rusos, uno era alemán, y todo el resto judíos.[65] *The Times* publicó un artículo, el 8 de mayo de 1920, titulado *The Jewish Peril* [El peligro judío] y basado en el supuesto de que los *Protocolos* eran auténticos. Y se preguntaba: ¿Acaso Gran

Bretaña había «evitado una *pax germanica* para caer en una *pax judaica*»?

La agitación se renovaba constantemente gracias a los informes acerca de las atrocidades bolcheviques. Churchill, amigo de toda la vida de los judíos, se había sentido muy conmovido por el asesinato del agregado naval británico en la capital rusa. Escribió que los judíos eran el pueblo más notable de la Tierra, y que su contribución religiosa «vale más que todo el saber restante y todas las restantes doctrinas». Pero entonces dijo: «esta raza sorprendente ha creado un sistema diferente de moral y filosofía, impregnado de tanto odio como llena de amor estaba la cristiandad».[66] Victor Marsden, que había estado en una cárcel bolchevique, regresó con versiones tremendas. «Cuando asediamos con preguntas al señor Marsden —informó el *Morning Post*— le preguntamos quién era el responsable de la persecución que había sufrido [...] contestó con dos palabras: "los judíos".»[67] Wilton, el hombre del *Times*, publicó un libro en el que afirmaba que los bolcheviques habían levantado una estatua a Judas Iscariote en Moscú.[68] Pero al final fue el propio *Times*, en una serie de artículos publicados en agosto de 1921, el primero que demostró que los *Protocolos* eran una falsificación. Después, la ola de antisemitismo británico se deshizo tan rápidamente como se había formado. Belloc había aprovechado la alarma para presentar un libro, *The Jews* [Los judíos], donde afirmaba que las ofensas bolcheviques habían creado por primera vez auténtico antisemitismo en Gran Bretaña. Pero cuando se publicó, en febrero de 1922, el momento había pasado y fue recibido con frialdad.

En cambio, en Francia la situación era distinta, pues allí el antisemitismo tenía raíces profundas, y su propia cultura nacional, y habría de producir frutos amargos. La gran victoria alcanzada en el caso Dreyfus había infundido en los judíos franceses un sentimiento falso de aceptación final, reflejado en el número extraordinariamente reducido de solicitudes legales de los judíos franceses que deseaban cambiar sus apellidos. Apenas 377 en todo el periodo 1803-1942.[69]

Los líderes de la opinión judía en Francia sostenían enérgicamente que el odio a los judíos era un producto extranjero, importado de Alemania: «El racismo y el antisemitismo son actitudes traidoras —sostenía un opúsculo publicado por ex soldados judíos—. Vienen del extranjero. Los importan aquellos que desean la guerra civil y abrigan la esperanza de que se repita la guerra extranjera.»[70] En 1906, en la cumbre del triunfo de Dreyfus, la Union Israélite declaró «muerto» el antisemitismo. Pero apenas dos años después nacieron la Action Française de Maurras, y Les Camelots du Roi, un grupo igualmente antisemita. En 1911 los Camelots organizaron una violenta manifestación contra la obra *Après Moi*, representada en la Comédie Française; había sido escrita por Henri Bernstein, desertor del ejército en su juventud, y fue necesario retirarla como resultado del disturbio.[71] En Francia, a diferencia de Gran Bretaña, parece haber existido un público natural para los agitadores antisemitas. Se apoderaron con entusiasmo de la alarma ante los bolcheviques y de la mitología promovida por los *Protocolos*, que tuvieron muchas ediciones francesas. El eje del antisemitismo francés pasó de los judíos como «poder económico» a los judíos como subversivos sociales.

Los socialistas judíos, por ejemplo Léon Blum, no intentaron refutar el concepto. Blum se regocijaba con el papel mesiánico de los judíos como revolucionarios sociales. Escribió que el «impulso colectivo» de los judíos «los lleva a la revolución; sus cualidades críticas (y uso las palabras en su sentido más elevado), los inducen a destruir todas las ideas, todas las formas tradicionales que no coinciden con los hechos o no pueden justificarse mediante la razón». Afirmó que en la dilatada y dolorosa historia de los judíos «la idea de la justicia inevitable» los había sostenido, la creencia de que un día el mundo llegaría a «ordenarse de acuerdo con la razón, y una norma regiría a todos los hombres, de modo que cada uno reciba lo que merece. ¿No es ése el espíritu del socialismo? Es el antiguo espíritu de la raza».[72] Blum escribió esas palabras en 1901. En la coyuntura de la posguerra llegaron a ser más peligrosas. Pero Blum, la figura más notable con mucho de la comunidad judía francesa de entreguerras, continuó insistiendo en que a los judíos les tocaba encabezar la marcha del socialismo. Al parecer, incluso creyó que los judíos ricos debían incorporarse. De hecho, mientras la derecha antisemita veía en Blum a la personificación del extremismo judío, en la izquierda había muchos que lo insultaban y decían que era el agente encubierto de la burguesía judía. Un tercio de los banqueros parisienses estaba formado por judíos, y en la izquierda solía escucharse la idea de que los judíos controlaban las finanzas oficiales, con independencia de quién ejerciese el poder. «Su prolongada relación con la banca y el comercio —dijo Jean Jaurès— ha hecho que se muestren particularmente inclinados a las formas de la delincuencia capitalista.»[73] Cuando durante los años de la posguerra la izquierda socialista se convirtió en el Partido Comunista Francés, cierto componente antisemita, aunque disfrazado, se convirtió en parte de su erizado arsenal de insultos, gran parte de éstos dirigidos personalmente contra Blum. El hecho de que Blum, lo mismo que la mayoría de los judíos franceses importantes, subestimase sistemáticamente el antisemitismo francés, de derecha o de izquierda, no facilitó las cosas.

Pero el triunfo bolchevique y su relación con los judíos radicales tuvo las consecuencias más graves en Estados Unidos. En Francia los judíos hubieron de soportar ataques de la derecha y la izquierda, pero el país continuó mostrándose generoso y recibiendo refugiados judíos durante la década de 1920 e incluso durante la de 1930. En cambio, en Estados Unidos la alarma ante los bolcheviques acabó en la práctica con la política de inmigración sin restricciones que había sido la tabla de salvación de la comunidad judía europea oriental durante el periodo de 1881-1914, y que había permitido la formación de la gran comunidad judía norteamericana. Ya antes de la guerra se habían realizado esfuerzos con el fin de imponer cuotas de inmigración, pero tropezaron con la eficaz resistencia del Comité Judío Norteamericano, fundado en 1906 para combatir éstas y otras amenazas. Pero la guerra liquidó la fase ultraliberal de la expansión democrática norteamericana e inició una fase de xenofobia que duraría una década. En 1915 volvió a fundarse el Ku Klux Klan, con el propósito de controlar a los grupos minoritarios, incluidos los judíos, que (según la acusación) cuestionaban las normas sociales y morales norteamericanas. El mismo año un libro titulado *The Passing of the Great Race* [La desaparición de la gran raza], de Madison Grant, alcanzó celebridad instantánea a causa de sus afirmaciones en el sentido de que la estirpe racial superior de Estados Unidos estaba siendo destruida por la inmigración sin restricciones, nada menos que de judíos de Europa oriental. A la intervención de Estados Unidos en la guerra siguieron la Ley de Espionaje (1917) y la Ley de Sedición (1918), que llevaron a relacionar a los extranjeros con la traición.

La bolchevización de Rusia remató esta nueva estructura del miedo. El resultado fue la «alarma roja» de 1919-1920, dirigida por el fiscal general demócrata Mitchell Palmer, contra lo que él denominó «los subversivos y los agitadores de origen extranjero». Afirmó que había «sesenta mil agitadores organizados de la doctrina de Trotski en Estados Unidos», y que «el propio Trotski es un extranjero indigno [...] el más bajo de todos los tipos conocidos en la ciudad de Nueva York». Gran parte del material difundido por Mitchell y sus aliados era antisemita. Una lista mostraba que de 31 altos dirigentes soviéticos todos menos Lenin eran judíos; otra analizaba los miembros del sóviet de Petrogrado, y demostraba que sólo 16 de 388 eran rusos, y que el resto estaba formado por judíos, de los cuales 265 provenían del East Side de Nueva York. Un tercer documento demostró que la decisión de derrocar al gobierno zarista de hecho fue adoptada el 14 de febrero de 1916 por un grupo de judíos neoyorquinos entre los que estaba el millonario Jacob Schiff.[74]

El resultado fue la Ley de Cuota de 1921, que estableció que el número de inmigrantes aceptados en el periodo de un año no debía superar el 3 % de la cifra de miembros del grupo étnico que residía en Estados Unidos en 1910. La Ley Johnson-Reed de 1924 redujo la cifra al 2 % y retrasó la fecha de comparación hasta 1890. En definitiva, la consecuencia fue la reducción de la inmigración total a 154.000 personas anuales, y rebajar las cuotas polaca, rusa y rumana, formadas casi totalmente por judíos, a un total de 8.879 individuos. Fue el fin de la emigración masiva de judíos a Estados Unidos. Después, las organizaciones judías tuvieron que luchar mucho para impedir que se eliminasen por completo estas cuotas. Consideraron un triunfo que a lo largo de nueve años difíciles, de 1933 a 1941, consiguieran introducir en Estados Unidos 157.000 judíos alemanes, más o menos el mismo número que había entrado durante un solo año, el de 1906.

Esto no significa que la comunidad judía residente en Estados Unidos en el periodo de entreguerras debiera considerarse amenazada. Con un total de cuatro millones y medio de personas en 1925, estaba convirtiéndose rápidamente en la comunidad judía más numerosa, rica e influyente del mundo. El judaísmo era la tercera religión de Estados Unidos. No sólo se aceptaba a los judíos, sino que éstos se estaban convirtiendo en parte del núcleo de Estados Unidos y ya realizaban aportaciones decisivas a la formación de la matriz norteamericana. Nunca alcanzaron la fuerza financiera que habían logrado conquistar en algunos países europeos, porque hacia la década de 1920 la economía norteamericana era tan enorme que ningún grupo, por numeroso que fuera, podía ocupar una posición dominante. Pero en la banca, la bolsa, la propiedad inmobiliaria, el comercio minorista, la distribución y el espectáculo, los judíos ocupaban posiciones sólidas. Lo que es quizá más importante, se asistía a un éxito judío cada vez más considerable en las profesiones, y eso fue posible gracias al entusiasmo con que las familias judías aprovechaban las oportunidades que Estados Unidos les ofrecía para dar a sus hijos una educación superior. Algunas universidades, sobre todo las tradicionales, aplicaban cuotas que limitaban el ingreso de judíos. Pero en la práctica no había restricciones numéricas a la expansión de la educación superior judía. A principios de la década de 1930, casi el 50 % de todos los alumnos universitarios de Nueva York estaba constituido por judíos, y su total nacional, de 105.000, representaba más del 9 % del total de las matrículas universitarias.

De modo que, por primera vez desde la Antigüedad, los judíos pudieron desplegar, para beneficio de la sociedad general, la capacidad legisladora creativa que habían afinado durante tanto tiempo en el marco de la tradición rabínica. En 1916, después de una lucha que duró cuatro meses, Louis Brandeis (1856-1941) se convirtió en el primer miembro judío de la Corte Suprema. Era otro niño prodigio, el vástago más joven de una familia de judíos liberales de Praga. En la facultad de derecho de Harvard alcanzó las calificaciones más elevadas jamás concedidas allí, y a la edad de cuarenta años su ejercicio de la profesión le había reportado una fortuna de más de dos millones de dólares. Una característica de la comunidad judía norteamericana fue que sus figuras más respetables siempre se sintieron lo bastante seguras como para abrazar el sionismo, en cuanto lo creyeron viable, y Brandeis se convirtió en el principal sionista norteamericano. Pero tuvo mayor importancia su esfuerzo para modificar la orientación de la jurisprudencia norteamericana. Incluso antes de incorporarse a la Corte, escribió el «informe Brandeis» en el caso *Muller contra Oregón* (1908), donde defendió una ley del Estado que limitaba las horas de trabajo de las mujeres. Para llegar a este fallo se basó principalmente, no en los precedentes legales, sino en los argumentos morales y sociales de carácter general acerca de la conveniencia de la ley, que incluía más de mil páginas de estadísticas. Este dictamen reflejó tanto la filosofía interpretativa y creadora de los catedrócratas liberales como la laboriosidad con que la respaldaban.

En su condición de miembro de la Corte Suprema de Justicia, Brandeis pudo promover la doctrina de la «jurisprudencia sociológica», que se convirtió en centro de la filosofía del derecho federal norteamericano, con lo cual la Corte, de acuerdo con la Constitución, se transformó en un cuerpo de producción jurídica con sentido creador. En su condición de judío liberal que poseía una educación clásica, y que veía el espíritu público norteamericano como una combinación de Atenas con Jerusalén —¡en realidad, era un moderno Filón!—, creía que la Corte debía afirmar la pluralidad no sólo de las religiones, sino de los sistemas económicos, y todavía más de la opinión. En su dictamen en el caso *Whitney contra California* (1927) sostuvo que «es arriesgado desalentar el pensamiento, la esperanza o la imaginación; el miedo engendra la represión; la represión provoca odio; el odio amenaza la estabilidad del gobierno; el camino de la seguridad reside en la oportunidad de discutir libremente los presuntos agravios y los remedios propuestos; y el remedio apropiado para las ideas negativas está en las ideas positivas».[75]

En 1939 se le unió en la Corte un adepto importante, Felix Frankfurter (1882-1965), que había inmigrado al Lower East Side a los doce años, y después de pasar por la Universidad de Nueva York había llegado a Harvard, donde dedicó la mayor parte de su vida profesional a debatir, en un contexto secular moderno, uno de los problemas esenciales de la ley judaica: cómo equilibrar las necesidades de la libertad individual con las necesidades comunitarias. Una expresión reconfortante de la madurez de la comunidad judía norteamericana, como parte de la comunidad general, la constituye el hecho de que Frankfurter hiciera causa común con el Estado contra una minoría discrepante (los testigos de Jehová) en el tema del saludo a la bandera: «Quien pertenece a la más humillada y perseguida minoría de la historia probablemente no se mostrará insensible a la libertad garantizada por nuestra constitución [...]. Pero como jueces no somos judíos ni gentiles, católicos ni agnósticos [...]. Como miembro de esta Corte no se justifica que incorpore mis conceptos políticos personales a la Constitución, por muy profundamente que los sostenga.»[76]

Sin embargo, los judíos en Estados Unidos se dedicaron no sólo a modificar las instituciones vigentes, como la jurisprudencia, sino a introducir y trasladar otras. En París y Viena los músicos judíos, desde Halévy a los Strauss pasando por Offenbach, habían creado nuevas variedades de espectáculos musicales para la escena, y los teatros, las óperas y las orquestas que los posibilitaban. La misma combinación de talentos pronto se consolidó en Nueva York. Oscar Hammerstein I (1847-1919) llegó a esa ciudad en 1863 y trabajó primero (como muchísimos otros judíos) en una fábrica de cigarros. Veinte años más tarde su hijo Oscar Hammerstein II (1895-1960) pasó a representar un papel importante, como libretista, en la creación de la «comedia musical» norteamericana, una nueva forma de drama integrado. A partir de *Rose Marie* (1924) y la *Desert Song* (1926), se unió con otro neoyorquino, Jerome Kern (1885-1945), para crear la quintaesencia de la comedia musical norteamericana, *Show Boat* (1927), y después, a partir de los primeros años de la década de los cuarenta, unió fuerzas con Richard Rodgers (1902-1979) para elevar el género, quizá la más típica de todas las formas artísticas norteamericanas, a nuevas cotas, con *Oklahoma* (1943), *Carousel* (1945), *South Pacific* (1949), *The King and I* (1951) y *The Sound of Music* (1959). Estos autores musicales norteamericanos llegaron a la composición siguiendo diferentes caminos. Rodgers estudió en Columbia y en el Instituto de Arte Musical. Irving Berlin (nacido en 1888), hijo de un cantor ruso, llegó a Nueva York en 1893 y consiguió empleo como camarero cantante; carecía de formación musical y jamás aprendió a leer música. George Gershwin (1898-1937) empezó como pianista del montón en una discográfica. Lo que todos tenían en común era una tremenda laboriosidad e ideas completamente nuevas. Kern compuso más de mil canciones, incluidas *Ol' Man River* y *Smoke Gets in Your Eyes*, para 104 espectáculos y filmes. Berlin creó también más de mil canciones, y partituras que iban desde *Top Hat* a *Annie Get Your Gun*. De hecho, su *Alexander's Ragtime Band* (1911) inauguró la era del jazz. Trece años más tarde, la *Rhapsody in Blue* de Gershwin, ejecutada por la orquesta de Paul Whiteman, confirió respetabilidad al jazz. *My Fair Lady* de Frederick Loewe, *Guys and Dolls* de Frank

Loesser, *The Wizard of Oz* de Harold Arlen y *West Side Story* de Leonard Bernstein pertenecieron a la misma tradición de innovación perpetua en el marco de las rigurosas convenciones taquilleras.[77]

Los judíos norteamericanos aportaron el mismo talento para las ideas y la organización del espectáculo a las nuevas tecnologías a medida que éstas aparecían. En 1926 David Sarnoff (1891-1971) creó la primera cadena de radio, el National Broadcasting System, como filial de servicio de la Radio Corporation of America, de la cual llegó a ser presidente en 1930. Al mismo tiempo William Paley (nacido en 1901) estaba organizando una entidad rival, el Columbia Broadcasting System. Con el tiempo estas dos empresas introdujeron la televisión en blanco y negro, y después en color. Los judíos también proporcionaron gran parte de la primera generación de talentos de la escena para estos medios innovadores: Sid Caesar y Eddie Cantor, Milton Berle, Al Jolson y Jack Benny, Walter Winchell y David Susskind.[78] La comedia musical de Broadway, la radio y la televisión fueron todos ejemplos de un principio fundamental de la historia de la diáspora judía: los judíos que inauguraban un campo completamente nuevo en los negocios y la cultura, una *tabula rasa* sobre la cual dejaban su sello, antes de que otros intereses tuviesen la oportunidad de adueñarse del campo, levantar fortificaciones corporativas o profesionales y negarles la entrada.

Pero el ejemplo más destacado fue la industria cinematográfica, creada casi exclusivamente por judíos. Sin duda, es discutible si fue o no su principal contribución a la modernidad. Si Einstein creó la cosmología del siglo XX y Freud sus premisas mentales características, el cine fue el que le dio su cultura popular universal. Pero en todo esto se encerraban algunas ironías. Los judíos no inventaron el cine. Thomas A. Edison, que creó la primera cámara de cine eficaz, el kinetoscopio, en 1888, no diseñó el aparato con fines de entretenimiento. Según dijo, debía ser «el principal instrumento de la razón», concebido para impulsar una democracia ilustrada, para mostrar el mundo como es y exhibir la fuerza moral del realismo contrapuesta al «saber oculto de Oriente».[79] Es posible que ese ejercicio racionalista haya atraído a los pioneros judíos, pero al final lo convirtieron en algo muy distinto. La idea que Edison tenía del cine no funcionó, porque la clase media educada no le prestó atención. Durante la primera década el cine realizó escasos progresos.

A finales de la década de 1890, algunos judíos inmigrantes pobres unieron el cine con otra institución que ellos estaban creando para personas como ellos mismos, la sala de juegos. En 1890 no había una sola sala en Nueva York. En 1900 había más de mil, y en cincuenta de ellas ya había máquinas de proyección. Ocho años más tarde había cuatrocientas de estas máquinas solamente en Nueva York, y estaban extendiéndose a todas las ciudades del norte. El espectáculo costaba cinco centavos y atraía a los pobres urbanos de menos recursos. Los centenares de filmes cortos que se rodaban para esas máquinas eran mudos, lo cual constituía una ventaja porque la mayoría de los clientes sabía poco o nada de inglés. Era exclusivamente una forma artística para los inmigrantes. Por lo tanto, constituía el marco ideal de la actividad judía.

Al principio, los judíos no participaron en la parte inventiva y creadora. Eran dueños de las máquinas, las salas y los teatros. La mayoría de los procesos y los cortometrajes los realizaban los protestantes naturales de Estados Unidos. Una excepción fue Sigmund Lublin, que operó desde el gran centro judío de Filadelfia, un lugar que podría haberse convertido en la capital de la industria. Pero cuando los dueños de las salas comenzaron a incorporarse a la producción para rodar los filmes cortos que sus clientes inmigrantes deseaban, Lublin se unió a los restantes dueños de patentes para formar la gigantesca Patent Company y cobrar derechos a todos los que rodaban filmes. Fue entonces cuando los judíos llevaron a la industria, en un nuevo Éxodo, del «Egipto» del noreste dominado por los anglosajones y protestantes a la tierra prometida de California. Los Ángeles tenía sol, leyes benignas y la posibilidad de huir rápidamente a México ante el asedio de los abogados de la Patent Company.[80] Una vez en California, comenzó a manifestarse la habilidad judía en el proceso de racionalización. En 1912 había más de un centenar de pequeñas productoras. Pronto se fusionaron en ocho importantes. De éstas, la Universal, la Twentieth-Century Fox, la Paramount, la Warner Brothers, la Metro-Goldwyn-Mayer y la Columbia fueron esencialmente creaciones judías, y los judíos representaron un papel importante en las dos restantes, United Artists y la RKO Radio Pictures.[81]

Casi todos estos judíos de la industria cinematográfica se ajustaban a un modelo. Eran inmigrantes o descendientes inmediatos de inmigrantes. Eran pobres, algunos hasta la desesperación. Muchos provenían de familias de doce o más hijos. Carl Laemmle (1867-1939), el primero de ellos, era un inmigrante de Laupheim, y el décimo de trece hijos. Trabajó en empleos administrativos, como tenedor de libros y gerente de una tienda de ropa, antes de inaugurar una sala de máquinas cinematográficas (convertida después en una cadena), crear una empresa de distribución de filmes y, finalmente, fundar la Universal, el primer estudio importante, en el año 1912. Marcus Loew (1872-1927) nació en el Lower East Side y era hijo de un camarero inmigrante. A los seis años vendía diarios, abandonó a los doce la escuela para trabajar en una imprenta, después en una peletería, fue revendedor independiente de pieles a los dieciocho, a los treinta había quebrado dos veces, fundó una cadena de cines y organizó la Metro-Goldwyn-Mayer. William Fox (1879-1952) nació en Hungría, en una familia de doce hermanos, y cuando era niño pasó por la oficina de inmigrantes de Castle Garden, en Nueva York. Abandonó la escuela a los once para trabajar en la industria del vestido, fundó su propia empresa y después progresó por medio de las salas de entretenimientos de Brooklyn hasta llegar a poseer una cadena de salas. Louis B. Mayer (1885-1957) nació en Rusia, era hijo de un erudito hebreo, y también pasó por Castle Garden en la infancia. Entró en el negocio de la chatarra a los ocho años, a los diecinueve tenía su propia chatarrería, una cadena de salas a los veintidós, y en 1905 realizó el primer gran filme para adultos, *El nacimiento de una nación*. Los Warner Brothers eran algunos de los nueve hijos de un zapatero pobre de Polonia. Trabajaban vendiendo carne y helados, reparando bicicletas, como anunciadores en las ferias de diversiones y como actores de compañías itinerantes. En 1904 compraron un proyector de filmes y montaron su propio espectáculo, en el cual Rose, hermana de ambos, tocaba el piano y Jack, de doce años, ponía su voz de tiple. En Hollywood se incorporaron al mundo del sonido. Joseph Schenck, cofundador de United Artists, administraba un parque de atracciones. Sam Goldwyn fue ayudante de herrero y vendedor de guantes. Harry Cohn, otro natural del Lower East Side, era conductor de trolebuses, y después pasó al vodevil. Jesse Lasky fue trompetista. Sam Katz, recadero; pero aún estaba en la adolescencia, cuando ya tenía tres proyectores. Dore Schary trabajó de camarero en un campamento de vacaciones judío. Adolph Zukor, procedente de una familia de rabinos, fue vendedor de pieles. También Darryl Zanuck, que ganó su primer dinero con un nuevo cierre para peletería. No todos estos precursores conservaron las fortunas y los estudios que ellos mismos crearon. Algunos quebraron; Fox y Schenck incluso fueron a parar a la cárcel. Pero Zukor resumió el destino de todos en estas palabras: «Llegué de Hungría y era un huérfano de dieciséis años con unos pocos dólares cosidos bajo el forro de mi chaleco. Me conmovió respirar el aire fresco de la libertad, y Estados Unidos ha sido bueno conmigo.»[82]

Estos hombres eran unos desvalidos, y creaban para otros como ellos. Pasó mucho tiempo antes de que los bancos neoyorquinos les prestasen atención. El primer gran apoyo fue otro inmigrante a California, A. P. Giannini, cuyo Bank of Italy con el tiempo se convirtió en el Bank of America, el más grande del mundo. Tenían detrás siglos de privaciones, y su apariencia lo demostraba. Tenían escasa estatura. Como dice Philip French, historiador del cine: «Uno podía haber barrido el aire con una guadaña a un metro setenta del suelo durante una reunión de grandes personajes del cine sin amenazar muchas vidas: y varios apenas habrían oído el zumbido.»[83] Los impulsaba el intenso deseo de elevar con ellos, tanto material como culturalmente, a los pobres. Zukor se vanagloriaba de haber convertido las salas de juego de los proletarios en palacios de la clase media: «¿Quién acabó con vuestras sucias salas de proyección? ¿Quién las adornó con asientos de felpa?» Goldwyn decía que su propósito cultural era crear «películas estructuradas sobre el firme cimiento del arte y el refinamiento». Esta nueva cultura cinematográfica no carecía de ciertas características judías tradicionales, sobre todo por el humor crítico. Los Hermanos Marx aportaron una imagen del mundo convencional vista por los ojos de los oprimidos, más que el modo en que los judíos siempre habían visto a la sociedad mayoritaria. Cuando examinaban a la sociedad blanca, anglosajona y protestante en *El conflicto de los Marx*, la cultura en *Una noche en la Ópera*, el claustro universitario en *Plumas de caballo*, el comercio en *Tienda de locos* o la política en *Sopa de ganso* mostraban una desconcertante intromisión en las instituciones vigentes, turbaban la paz y confundían a la gente «normal».[84]

Pero en general las figuras que mandaban en Hollywood no deseaban perturbar. Cuando en la década de 1930 ofrecieron refugio a la diáspora judía de la industria cinematográfica alemana, trataron de imponerle un espíritu conformista. Era su propia forma de asimilacionismo. Como los judíos que racionalizaron el comercio minorista en el siglo XVIII y crearon los primeros grandes almacenes en el XIX, servían al cliente. «Si al público no le gusta un filme —decía Goldwyn— tiene sus buenos motivos. El público nunca se equivoca.»[85] De ahí que maximizaran el mercado. En esto también había una ironía. El cine era, desde los tiempos de la Grecia clásica, la primera forma cultural que se ofrecía a la población entera. Del mismo modo que todos los que vivían en la *polis* podían entrar en el estadio, el teatro o el liceo, todos los norteamericanos podían ver filmes más o menos simultáneamente. Un estudio realizado en Muncie, Indiana, en 1929, comprobó que la asistencia semanal a los nueve cines triplicaba la población total.[86] El cine, que se convirtió después en la pauta de la televisión, era por lo tanto un paso gigantesco hacia la sociedad de consumo de finales del siglo XX. Con más rapidez que otra institución cualquiera, proporcionaba a los trabajadores comunes la visión de una existencia mejor. Por lo tanto, contrariamente a lo que habían imaginado el fiscal general Palmer y Madison Grant, fueron judíos de Hollywood los que refinaron, pulieron y popularizaron el concepto del *american way of life*.

Naturalmente, ese modo de vida norteamericano tenía sus facetas más sombrías. Entre las dos guerras, los judíos de Estados Unidos comenzaron a aproximarse al perfil nacional y entraron a formar parte de sus rasgos más repulsivos. Como en la comedia musical de Broadway y el cine de Hollywood, el delito y sobre todo las nuevas y dinámicas formas del crimen eran áreas en que los judíos emprendedores podían meterse al principio sin tropezar con la existencia de obstáculos formales levantados por los gentiles. En Europa, los judíos a menudo se habían asociado con ciertos tipos de delitos relacionados con la pobreza, por ejemplo el comercio de artículos robados, el carterismo y la estafa en pequeña escala. También crearon modalidades de delincuencia que exigían un alto grado de organización y redes a gran distancia, por ejemplo la trata de blancas. A fines del siglo XIX este tipo de actividad se extendió de Europa oriental, con su colosal tasa de natalidad judía, a Latinoamérica y recogió la impronta de algunos rasgos característicos. Un número sorprendente de prostitutas judías respetaban el *shabbat*, las festividades y las leyes dietéticas judías. En Argentina incluso tenían su propia sinagoga. Además, precisamente porque los judíos se destacaban en este negocio, las instituciones judías legítimas se esforzaron por destruirlo, en el mundo entero, y fundaron organismos especiales con ese propósito.[87] En Nueva York, los delincuentes judíos, además de en los tipos de delitos habituales entre los judíos, concentraron la atención en las bandas que vendían protección, provocaban incendios y envenenaban caballos. También en este caso la sociedad judía reaccionó con campañas de prevención del delito, que incluyeron la creación de reformatorios.[88] Tales esfuerzos fueron notablemente eficaces con el delito judío de escasa entidad. Más aún, es posible que, de no haber mediado la ley seca, la comunidad de delincuentes judíos se hubiera limitado a un minúsculo grupo hacia fines de la década de 1920.

Pero el tráfico ilegal de licores proporcionaba a los judíos inteligentes oportunidades irresistibles de racionalizarlo y organizarlo. Los delincuentes judíos rara vez usaban la violencia. Como dijo Arthur Ruppin, la principal autoridad en temas de la sociología judía: «Los cristianos cometen delitos con las manos, los judíos usan su razón.» Un típico delincuente judío importante fue Jacob *Greasy Thumb* Guzik (1887-1956), que fue el contable y tesorero de Al Capone. Otro fue Arnold Rothstein (1882-1928), precursor del delito como gran empresa, y que aparece como «el Cerebro» en los cuentos de Damon Runyon, y como Meyer Wolfsheim en *El gran Gatsby*, de Scott Fitzgerald. También hay que citar a Meyer Lansky, que fundó y perdió un imperio del juego, y cuya solicitud de la ciudadanía israelí fue rechazada en 1971.

Pero en la medida en que ascendían estos delincuentes judíos también practicaban la violencia. Louis Lepke Buchalter (1897-1944), conocido como «el Juez» y considerado por el FBI «el criminal más peligroso de Estados Unidos», ayudó a organizar el Sindicato en 1944, y fue ejecutado el mismo año en Sing Sing por asesinato. Por orden de Buchalter, los verdugos del Sindicato mataron a Arthur *Dutch Schultz* Flegenheimer (1900-1935), el gángster de los juegos de azar que intentó, contrariando órdenes de la organización, matar a Thomas E. Dewey; y el Sindicato también fue responsable de la muerte de Benjamin *Bugsy* Siegel (1905-1947), que organizó Las Vegas para este grupo, y después rompió con él. Finalmente los judíos, encabezados por Samuel *Sammie Purple* Cohen, organizaron la famosa Banda Púrpura de Detroit, que controló el East Side de la ciudad hasta que la Mafia tomó el relevo. Pero los intentos de comparar el delito judío y el italiano en Estados Unidos fracasan. Un número sorprendente de conocidos delincuentes judíos tuvo funerales ortodoxos, pero a diferencia de la Mafia en Sicilia, el delito judío organizado no fue la respuesta a determinadas condiciones sociales y nunca tuvo la más mínima aprobación de la comunidad. Por eso mismo fue un fenómeno temporal.[89]

Si la comunidad judía reaccionó frente al delito judío, y sobre todo a la trata de blancas, avergonzada y horrorizada, e hizo todo lo que estaba a su alcance para reeducar a los delincuentes que había en su medio, también hubo muchos judíos norteamericanos a quienes desagradaba la idea de todo lo que fuese una inclinación al judaísmo, bueno o malo, y que hicieron cuanto estaba a su alcance para rechazar por completo el particularismo judío. No fue simplemente cuestión de interrumpir la asistencia a la sinagoga y la observancia de la Ley; fue también un esfuerzo consciente para dejar de pensarse uno mismo como judío. Incluso Brandeis, ya en 1910, atacó «los hábitos de vida o de pensamiento que tienden a mantener vivas las diferencias de origen», por entender que eran indeseables y «contradictorios con el ideal norteamericano de fraternidad». Subrayar el judaísmo era «desleal».[90] Pero tales esfuerzos, como en el caso de Brandeis, tendieron a derrumbarse ante el súbito influjo de una experiencia antisemita. Acabó pasándose al extremo contrario: «Para ser buenos norteamericanos —dijo— debemos ser mejores judíos, y para ser mejores judíos, debemos convertirnos en sionistas.»[91] Algunos judíos oscilaron inquietos entre los dos extremos. Un ejemplo notable fue Bernard Baruch (1870-1965), una figura ajustada al modelo de José. Aconsejó a sucesivos presidentes, y se afirmó falsamente, como ahora sabemos, que había amasado una fortuna en la catástrofe de 1929 al vender sus valores un instante antes de que el mercado se derrumbase.[92] El padre Charles Coughlin, el sacerdote que realizó campañas contra los judíos por la radio de Detroit, solía llamarlo: «El presidente en ejercicio de Estados Unidos, el rey sin corona de Wall Stret.» Baruch hizo todo lo posible para apartarse de la imagen judía. Gracias a la influencia protestante de su esposa, su nombre fue incluido en el *Social Register*, en momentos en que esa publicación aún excluía a los Schiff, los Guggenheim, los Seligman y los Warburg. Pasaba sus vacaciones en una colonia gentil de los Adirondacks. Pero en un momento cualquiera podía llegar el aviso que dijera: hasta aquí, y no más. En 1912 se sintió mortificado cuando le fue negada misteriosamente la admisión a su hija Belle en la escuela Brearley de Manhattan, pese a que había aprobado el examen de ingreso: «Realmente, ése fue el golpe más amargo de mi vida —escribió— porque hirió a mi hija y me amargó durante muchos años.» El propio Baruch tuvo que sostener una lucha tremenda para conseguir que lo aceptaran en el elegante Oakland Golf Club y, aunque era un destacado criador de caballos, para conseguir la entrada en la pista de Belmont Park. Nunca consiguió que lo aceptaran en el University Club o en el Metropolitan.[93] Incluso en Estados Unidos, un judío, por rico e influyente que fuese, y por bien relacionado que estuviera, podía ser obligado a retroceder; y este factor más que ningún otro fue lo que mantuvo unida a la comunidad.

Sin embargo, algunos asimilacionistas a ultranza consiguieron desprenderse realmente de su judaísmo, por lo menos para su propia satisfacción. Walter Lippmann (1889-1974), el profeta del periodismo, tan influyente como Baruch en su época, consagró toda su vida a integrarse. Sus padres, acaudalados fabricantes de ropa originarios de Alemania, lo enviaron a la exclusiva escuela Sachs para varones. La familia asistía a la sinagoga Emanu-El. Negaban que sabían yiddish. Su propósito era evitar la condición de «orientales», como ellos mismos decían. Las hordas de inmigrantes *östjuden* los aterrorizaban. El *American Hebrew*, que expresaba estos mismos temores, escribió: «Todos nosotros necesitamos comprender lo que debemos no sólo a esos [...] correligionarios, sino a nosotros mismos, que seremos mirados por nuestros vecinos gentiles como los patrocinadores naturales de esos hermanos nuestros.» En Harvard, Lippmann fue excluido de los famosos clubes Gold Coast, y eso lo convirtió por breve tiempo en socialista. Pero pronto llegó a la conclusión de que el antisemitismo era en medida considerable un castigo provocado por los judíos, que adoptaban actitudes «ostentosas» —su crítica favorita—. «Mi actitud personal —escribió— es mostrarme mucho más severo ante los defectos de los judíos que ante los de otra gente.»[94] Atacó a los sionistas por su «doble fidelidad», y a los «judíos ricos, vulgares y pretenciosos de nuestras grandes ciudades norteamericanas», a los que consideró «quizá la peor desgracia que ha caído sobre el pueblo judío».[95]

Lippmann era un hombre liberal y civilizado que sencillamente (según él veía las cosas) deseaba evitar que se lo incluyese en la categoría de los judíos. No podía aceptar las cuotas antijudías de Harvard, porque no debía existir «una prueba de admisión basada en la raza, el credo, el color o la clase». Por otra parte, convenía en que el hecho de que los judíos superasen el 15 % del total sería «desastroso». Creía que la solución consistía en que los judíos de Massachusetts tuviesen su propia universidad, y en que Harvard reclutase sus alumnos en un área más amplia, con lo cual se conseguiría diluir el contenido judío. «No considero que los judíos sean víctimas inocentes», escribió. Tenían «muchos hábitos personales y sociales inquietantes, determinados por una historia amarga y exacerbados por una teología farisaica». Los «modales personales y los hábitos físicos» de los gentiles eran «visiblemente superiores a los modales y los hábitos que prevalecían en los judíos».[96] Este autodesprecio judío se realzaba por el hecho de que Lippmann no podía conquistar todas las recompensas sociales que él apreciaba. Pudo incorporarse al River en Nueva York y al Metropolitan en Washington, pero no logró entrar en el Links o el Knickerbocker.

Quizás el aspecto más trágico de los judíos que negaban su identidad o reprimían los sentimientos que se desprendían naturalmente de ella era la ceguera casi intencionada que de ese modo se autoinfligían. Durante medio siglo Lippmann fue quizás el más avisado de todos los comentaristas norteamericanos; en todos los temas, excepto los que afectaban a los judíos. Como Blum en Francia, desechó la faceta antisemita de Hitler como algo secundario y le asignó la categoría de nacionalista alemán. Después de la quema nazi de libros judíos en mayo de 1933, dijo que la persecución a los judíos, «al satisfacer el ansia de poder de los nazis, que creen que necesitan conquistar a alguien [...] es una especie de pararrayos que protege a Europa». No podía juzgarse a Alemania por el antisemitismo nazi, del mismo modo que no podía juzgarse a Francia por el Terror, al protestantismo por el Ku Klux Klan o, para el caso, a «los judíos por sus advenedizos». Dijo de un discurso de Hitler que era «propio de un estadista», la «auténtica voz de un pueblo realmente civilizado».[97] Pero después de estos dos comentarios acerca de los nazis y los judíos, guardó silencio acerca del tema durante los doce calamitosos años que siguieron y nunca mencionó en absoluto los campos de la muerte. Otra forma de ceguera fue la solución de estilo Rosa Luxemburg adoptada por la brillante dramaturga Lillian Hellman (1905-1984), cuyas piezas *The Children's Hour* (1934) y *The Little Foxes* (1939) fueron los grandes y escandalosos éxitos de la década en Broadway. Hellman deformó su humanitarismo judío para adaptarlo al estilo estalinista dominante (como hicieron muchos miles de intelectuales judíos), de modo que su pieza antinazi, *Watch on the Rhine* (1941), ofrece una extraña visión de las dificultades de los judíos a la luz de los hechos posteriores. No estaba dispuesta a admitir que su amor a la justicia se expresara naturalmente en una protesta indignada ante el destino de su raza. De modo que la pervirtió para convertirla en una ortodoxia ideológica áspera defendida con tenacidad rabínica. La necesidad de desviar la mirada de la realidad judía la llevó a mezclar la verdad con la ficción. Todavía en 1955 se asoció con una puesta en escena del *Diario de Anna Frank* que prácticamente eliminó el elemento judío de la tragedia.

Estas confusiones, divisiones y sombras de la comunidad

judía norteamericana, que se manifestaron en sus intelectuales con fuerza no menor que en otros sectores, contribuyen a explicar por qué los judíos norteamericanos, a pesar del poder enorme que comenzaban a acumular, se mostraron tan extrañamente incapaces de influir sobre la realidad europea de entreguerras, o incluso de orientar a la opinión en Estados Unidos. El antisemitismo norteamericano, según los datos de las encuestas de opinión, se elevó constantemente durante la década de 1930 y alcanzó su máximo nivel en 1944; las encuestas también demostraron (por ejemplo en 1938), que del 70 al 85 % de la nación se oponía a elevar el nivel de las cuotas para ayudar a los refugiados judíos. El encuestador Elmo Roper advirtió: «El antisemitismo se ha extendido a toda la nación y es particularmente virulento en los centros urbanos.»[98]

Es sobre este trasfondo europeo y norteamericano que debemos examinar los sucesos de Alemania. Alemania era la potencia europea más fuerte desde el punto de vista económico, militar y cultural, y su ataque a los judíos, de 1933 a 1945, es el acontecimiento fundamental de la historia judía moderna. En muchos aspectos es todavía un episodio misterioso: no en lo que se refiere a los hechos, que han sido documentados en desconcertante cantidad, sino en lo relativo a las causas. Alemania era con mucho la nación mejor educada del mundo. Fue el primer país que alcanzó la alfabetización universal. Entre 1870 y 1933 sus universidades fueron las mejores del mundo prácticamente en todas las disciplinas. ¿Por qué esta nación tan civilizada se volvió contra los judíos en una exhibición de brutalidad colosal, organizada y al mismo tiempo insensata? La identidad de las víctimas realza el misterio. En el siglo XIX el destino de Alemania y los judíos estuvo estrechamente entrelazado. Como ha señalado Fritz Stern, entre 1870 y 1914 los alemanes se alzaron como una nación activamente poderosa, casi tan súbitamente como los judíos surgieron con el carácter de un pueblo activamente poderoso.[99] Los dos pueblos se ayudaron enormemente el uno al otro. Entre las muchas cosas que compartían cabe mencionar una consagración casi fanática al saber. Los judíos más capaces amaban a Alemania porque era el mejor lugar del mundo para trabajar. La cultura judía moderna tenía un marco esencialmente germánico. Pero a su vez, como Weizmann destacó en su famosa conversación con Balfour, los judíos consagraban sus mejores esfuerzos a Alemania y contribuían a su grandeza. Por ejemplo, desde su creación hasta 1933 Alemania ganó más premios Nobel que ningún otro país, alrededor del 30 % del total. Pero de la parte de Alemania, los judíos fueron responsables de casi un tercio y en medicina de la mitad.[100] Para Alemania, volverse contra los judíos no era sólo practicar el asesinato en masa; era, en un sentido real, el parricidio en masa. ¿Cómo sucedió?

Los intentos de ofrecer una explicación ya llenan bibliotecas enteras, pero en última instancia siempre parecen inapropiados. Puede afirmarse que el crimen más grande de la historia hasta cierto punto continúa siendo desconcertante. Sea como fuere, cabe resumir los principales componentes. Es probable que el más importante haya sido la Primera Guerra Mundial. Su efecto fue desconcertar a la nación alemana, que la inició confiadamente, en el momento mismo en que su ascenso a la grandeza estaba llegando al apogeo. Después de terribles sacrificios, Alemania perdió la guerra de manera concluyente. El pesar y la furia fueron impresionantes; y la necesidad de una víctima propiciatoria pareció imperativa.

La guerra tuvo otro efecto. Transformó el modo en que Alemania desarrollaba sus actividades. La Alemania de la preguerra fue el país europeo más respetuoso de la ley. La violencia civil era inaudita, antialemana. Había antisemitismo por doquier, pero la violencia física contra los judíos, y con mayor razón un disturbio antisemita, era algo que no sucedía ni podía suceder en Alemania. La guerra cambió todo eso. Acostumbró a los hombres a la violencia general, pero en Alemania provocó la violencia de la desesperación. El Armisticio de 1918 no trajo la paz a Europa central y oriental. Inició un intervalo de veinte años entre dos conflictos gigantescos y abiertos, pero durante esos veinte años la violencia, en diferentes grados, fue el árbitro principal de la política. Tanto la izquierda como la derecha recurrieron a la violencia. Lenin y Trotski establecieron la pauta con su *putsch* en 1917. Los aliados e imitadores comunistas siguieron el ejemplo en Alemania, entre 1918-1920. Los judíos representaron papeles destacados en todos estos intentos de derrocar por la fuerza el orden vigente. El régimen comunista de Baviera incluía no sólo a políticos judíos como Eisner, sino a escritores e intelectuales judíos como Gustav Landauer, Ernst Toller y Erich Mühsam. La derecha replicó organizando ejércitos privados de veteranos, los Freikorps.

En Rusia, el recurso a la violencia favoreció a la izquierda, en Alemania a la derecha. Los extremistas judíos como Rosa Luxemburg y Eisner sencillamente fueron asesinados. Dejó de ser desusado que se «liquidase» a los antagonistas judíos. Entre 1919 y 1922 hubo 376 asesinatos políticos en Alemania, y todos salvo 22 afectaron a figuras de izquierda, muchas de ellas judíos. Uno fue Walter Rathenau, secretario de Asuntos Exteriores. Los tribunales trataban benignamente a los matones que habían pertenecido al ejército. Pocos eran llevados siquiera a juicio; menos aún los que recibían sentencias superiores a cuatro meses.[101] Cuando el anciano y distinguido escritor judío Maximilian Harden casi fue muerto a golpes por dos antisemitas en 1922, el tribunal sostuvo que los «artículos antipatrióticos» de la víctima constituían «circunstancias atenuantes».

Adolf Hitler ascendió sobre este fondo creado por la violencia de los ex veteranos extremistas. Era austríaco y había nacido en 1889 en la frontera austro-bávara. Hijo de un funcionario de poca categoría, vivió en Linz y después en la Viena de Karl Lueger. Tenía una distinguida hoja de servicios en la guerra y fue gravemente afectado por los gases. Hitler declaró después en *Mein Kampf* (escrito en 1924) que sólo en su juventud cobró conciencia del «problema judío», pero hay pruebas claras en el sentido de que su padre era un antisemita, y de que el propio Hitler sufrió la influencia de las ideas antisemitas a lo largo de su niñez y su juventud. Los judíos devinieron, y continuaron siendo durante el resto de su vida, su obsesión. Su pasión personal, y aún más su colosal voluntad, fueron factores fundamentales en la guerra de Alemania contra los judíos. No habría sido posible llevarla a cabo sin él. Por otra parte, Hitler habría infligido escaso daño si no hubiese contado con los elementos destructivos que estaban al alcance de la mano en Alemania. Tenía una habilidad fuera de lo común para la creación de formas políticas dinámicas derivadas de la fusión de dos fuentes de poder, de la cual obtenía un resultado mayor que la suma de las partes. Así, unió un pequeño grupo socialista, el Partido Obrero Alemán, con una brigada de matones que habían servido en el ejército, le asignó una plataforma antisemita y lo convirtió en un partido de masas, el Partido Obrero Nacional Socialista, con su ala militar de tropas de asalto, las Sturmabtei-lung o SA. Las SA protegían sus propias asambleas y disolvían las de sus enemigos. Después, reunió las dos consecuencias de la guerra, la necesidad de una víctima propiciatoria y el culto de la violencia, y concentró el resultado en los judíos: «Si al principio de la guerra, y durante la contienda, doce mil o quince mil de estos corruptores hebreos hubiesen sido envenenados con gas, lo mismo que centenares de miles de nuestros mejores trabajadores en todos los sectores de la vida tuvieron que soportar en el frente, el sacrificio de millones no habría sido en vano.»[102]

El antisemitismo de Hitler estaba compuesto por todos los ingredientes tradicionales, desde la *Judensau* cristiana a la teoría racista seudocientífica. Pero era peculiar en dos aspectos. En primer lugar, para Hitler era una explicación integral del mundo, una *Weltanschauung*, una concepción del universo. Otros grupos políticos alemanes jugaron con el antisemitismo o incluso lo destacaron, pero los nazis lo convirtieron en el centro y el objetivo de su programa (aunque modificaban la importancia que le asignaban de acuerdo con el público). Segundo, Hitler era austríaco de nacimiento, pero pangermano por inclinación, y en 1914 se incorporó al ejército alemán, no al austríaco; y su antisemitismo fue una unión de los modelos alemán y austríaco. De Alemania tomó el gigantesco y creciente temor a la «Rusia judeobolchevique» y la mitología proliferante de los *Protocolos de Sión*. La Alemania de posguerra hervía de refugiados rusos de origen alemán, alemanes del Báltico y ex miembros de los antiguos grupos antisemitas zaristas, como las Centurias Negras, los Camisas Amarillas y la Unión del Pueblo Ruso. Todos subrayaban la relación entre judíos y bolcheviques, un tema que se convirtió en parte fundamental de la ideología hitleriana. Alfred Rosenberg, alemán del Báltico, se convirtió en el principal teórico de los nazis. La rusa Gertrude von Seidlitz dio a Hitler los medios de adquirir (en 1920) el *Völkischer Beobachter* y convertirlo en un diario antisemita.[103] En los tiempos modernos, Alemania, y sobre todo Prusia, había temido la amenaza rusa más que ninguna otra. Ahora, Hitler estaba en condiciones de poner la amenaza en un contexto antisemita plausible. Pero la combinó con el tipo de antisemitismo que había asimilado en Viena. Este estilo concentraba la atención en el temor a los *östjuden*, una raza morena e inferior que corrompía la sangre germánica. Hitler estaba sumamente interesado en dos temas, ambos vinculados con los *östjuden*: la trata de blancas, centrada en Viena y dirigida por judíos —o eso afirmaban los reformadores morales—, y la difusión de la sífilis, para la cual aún no había curación con antibióticos. Hitler creía y enseñaba que existía no sólo una amenaza política y militar directa a Alemania procedente del bolchevismo judío, sino una amenaza biológica más profunda derivada del contacto, y sobre todo de la relación sexual, con miembros de la raza judía.[104]

El aspecto médico-sexual del antisemitismo de Hitler probablemente fue el más importante, sobre todo entre sus propios partidarios. Convirtió a los que meramente tenían prejuicios en fanáticos, capaces de desarrollar cualquier tipo de acción, por irracional y cruel que fuese. Más o menos como el antisemita medieval veía al judío como un ente inhumano, un demonio o una especie de animal (de ahí la *Judensau*), el extremista nazi asimiló la fraseología subcientífica de Hitler y llegó a considerar a los judíos como bacilos o como un tipo particularmente peligroso de alimaña. Con independencia de todo lo demás, este enfoque permitió que todos los judíos fuesen agrupados, al margen de sus circunstancias o sus opiniones. Un judío que ocupaba una cátedra, que escribía un alemán impecable, que había servido durante la guerra y recibido la Cruz de Hierro, era un contaminador racial tan peligroso como un comisario judeobolchevique. Un judío asimilado era portador del bacilo tan ciertamente como un viejo rabino con caftán, y constituía una amenaza más peligrosa, pues era más probable que infectara, o «profanara», como decía Hitler, a una mujer aria. El grado en que adoctrinó a sus partidarios se refleja en una carta que le escribió, en abril de 1943, su ministro de Justicia, Thierack:

> Una judía completa, después del nacimiento de su hijo, vendió su leche materna a una doctora y disimuló el hecho de que era judía. Con esta leche, los hijos de sangre alemana fueron alimentados en una clínica. Se acusa de fraude a la imputada. Los compradores de la leche han sufrido un perjuicio, porque la leche de una judía no puede ser alimento para los niños alemanes [...]. Sin embargo, no hubo una acusación formal para evitar preocupaciones innecesarias a los padres, que no conocen los hechos. Examinaré los aspectos raciales e higiénicos del caso con el jefe de Sanidad del Reich.[105]

Si se preguntara cómo era posible que semejantes tonterías fuesen creídas de manera general en una nación muy educada como Alemania, la respuesta es que Hitler nunca tuvo dificultades para obtener respaldo intelectual a sus opiniones. El «escándalo» de Freud y sus enseñanzas fue una importante prueba colateral de la argumentación nazi, pues (se argüía) esas enseñanzas eliminaban la culpabilidad moral de la promiscuidad sexual, y por lo tanto agravaban ésta. Así, Freud permitía que los judíos tuviesen más fácil acceso a las mujeres arias. Aquí, Jung pudo acudir en ayuda de Hitler, estableciendo una diferencia entre la psiquiatría judeofreudiana y el resto:

Por supuesto, no es posible aceptar que Freud o Adler sean representativos de la humanidad europea [...]. En su condición de relativo nómada, el judío nunca creó y presumiblemente nunca creará una forma cultural propia, pues todos sus instintos y su talento dependen de la existencia de un pueblo anfitrión más o menos civilizado [...]. A mi juicio, ha sido un grave error de la psicología médica aplicar categorías judías, que ni siquiera son válidas para todos los judíos, a los alemanes y los eslavos cristianos. De este modo, el secreto más precioso del hombre teutónico, la conciencia arraigada y creadora de su alma, ha sido desechado como un vertedero trivial e infantil, y mi palabra de advertencia, a lo largo de décadas, fue sospechosa de antisemitismo [...] ¿Quizás el poderoso fenómeno del nacionalsocialismo, contemplado con asombro por el mundo entero, les enseñe la verdad?[106]

Del mismo modo, fue posible hallar científicos que negaron la obra de Einstein tachándola de «física judía». En efecto, la esfera académica alemana en su conjunto, lejos de ser un obstáculo opuesto al hitlerismo, colaboró en su avance hacia el poder. Un elemento fundamental del triunfo nazi fue la generación de profesores que alcanzaron la edad adulta en la última década del siglo XIX, se contagiaron con el antisemitismo *völkisch* y eran profesores veteranos en la década de 1920.[107] Los textos que utilizaban reflejaban las mismas influencias. Los académicos universitarios también contribuyeron al ascenso de la influencia nazi predicando la salvación nacional mediante panaceas y «renacimientos espirituales», en lugar de un empirismo escéptico.[108] Sobre todo, Hitler alcanzó su éxito principal en el ambiente de los estudiantes universitarios. Fueron su vanguardia. En cada etapa del crecimiento de los nazis, el apoyo estudiantil precedió al apoyo electoral más general. Los nazis trabajaron en primer lugar a través de las fraternidades estudiantiles, las cuales adoptaron en 1919 la «resolución de Eisenach», que excluía a los judíos por razones raciales tanto como religiosas.[109] Cuando conquistaron más influencia, actuaron a través de la unión de estudiantes, el movimiento Hochschulring, que dominó la vida estudiantil en la década de 1920. Finalmente, hacia el término de la década, crearon su propio partido estudiantil. El éxito de los nazis respondió a la disposición de un número suficiente de jóvenes fanáticos que se consagraron totalmente al esfuerzo, al igualitarismo y al programa radical del partido.[110] Pero un importante nexo entre los estudiantes y los nazis fue el empleo de manifestaciones violentas contra los judíos. Los estudiantes estuvieron entre los primeros que organizaron boicots y peticiones masivas para obligar a los judíos a abandonar los cargos oficiales y las profesiones, y sobre todo la enseñanza; y estas formas de acción pronto derivaron hacia la violencia real. En 1922 la amenaza de un disturbio estudiantil indujo a la Universidad de Berlín a suspender un servicio conmemorativo en homenaje a Walter Rathenau, que había sido asesinado. Una actitud semejante habría sido inconcebible antes de la guerra, y lo más siniestro no estuvo tanto en la amenaza de la violencia como en la pusilanimidad de las autoridades universitarias que se inclinaron ante ella. Los ataques a los estudiantes y los profesores judíos, que se vieron obligados a suspender sus clases, se agravaron hasta el extremo de que en 1927 el gobierno retiró su reconocimiento a la Deutsche Studentenschaft, a causa de su apoyo a la violencia. Pero esto modificó muy poco la situación, y las propias autoridades jamás adoptaron medidas decididas para frenar la prepotencia estudiantil. No era que los profesores fuesen pronazis, pero eran enemigos de Weimar y la democracia, y sobre todo se mostraban cobardes frente a actos estudiantiles que ellos sabían que eran condenables, un presagio de la cobardía más general que la nación demostraría después. En consecuencia, los nazis controlaron de modo efectivo los claustros dos o tres años antes de apoderarse del país.

La atmósfera de violencia real que alimentó al nazismo estaba a su vez sostenida por la creciente violencia verbal y gráfica en los medios de difusión. A veces se sostiene que la sátira, incluso la más cruel, es un signo de salud en una sociedad libre, y que no deben imponérsele restricciones. La historia judía no confirma este criterio. Los judíos han sido blanco de estos ataques con más frecuencia que otro grupo cualquiera y saben por larga y amarga experiencia que la violencia impresa es sólo el preludio de la violencia sangrienta. De acuerdo con las normas alemanas, Weimar era una sociedad ultraliberal, y uno de los efectos de su liberalismo fue destruir la mayoría de las limitaciones en la esfera del periodismo. Así como los periódicos árabes extremistas aprovecharon el liberalismo de Samuel en Palestina, los nazis se regodearon con la licencia para el insulto que otorgaba Weimar. Durante mucho tiempo el antisemitismo había tenido una faceta pornográfica, sobre todo en Alemania y Austria; el tema mismo de la *Judensau* era un síntoma del asunto. Pero la insistencia de Hitler en el tema de la corrupción sexual de la raza se combinó con la tolerancia de Weimar para producir una forma peculiarmente maligna de propaganda antisemita, condensada en el semanario *Der Stürmer*, dirigido por Julius Streicher, el dirigente nazi de Franconia central. Este órgano contribuyó a difundir y exacerbar una de las principales y permanentes fuentes de la violencia antisemita: el concepto de que los judíos no son parte de la humanidad, y que por lo tanto no tienen derecho a la protección que instintivamente concedemos a un ser humano. Ciertamente, no era la única publicación de este género. Pero determinó el tono cada vez más desenfrenado del ataque visual a los judíos. Bajo las leyes de Weimar, era muy difícil llevar a alguien a juicio, pues Streicher gozaba de inmunidad como diputado al Landtag y más tarde al Reichstag. Parece ser que vendió sólo 13.000 ejemplares en 1927 (la única cifra fidedigna de circulación), pero durante las últimas fases del ascenso nazi al poder conquistó un público nacional.[111] Lamentablemente, la violencia en los medios de difusión no era unilateral. Así como los grupos callejeros comunistas, tanto como los nazis, llevaron sistemáticamente la violencia a las calles, cooperando así en la preparación de la violencia nacional, hubo mucho salvajismo verbal del lado liberal, y gran parte del mismo estuvo a cargo de judíos. La sátira era un don natural en los judíos, y en Alemania, Heine había forjado un molde poderoso y a menudo perverso, que fue la inspiración de muchos escritores judíos posteriores. Entre 1899 y 1936 el escritor vienés Karl Kraus (1874-1936), bautizado como Heine, dirigió un periódico llamado *Die Fackel* que fijó nuevas formas de sátira agresiva, gran parte de la misma dirigida contra los judíos, por ejemplo Herzl y Freud. «El psicoanálisis —escribió— es la más moderna enfermedad judía» y «el inconsciente es un gueto para los pensamientos de la gente». Su habilidad maligna para hallar el punto más sensible fue muy admirada e imitada en la Alemania de Weimar, y utilizada en un estilo sumamente provocativo, especialmente por Kurt Tucholsky (1890-1935) y el periódico *Weltbühne*. Éste también tenía una tirada reducida, 16.000 ejemplares (1931), pero provocó enormes polémicas a causa de sus ataques intencionados a todo lo que los alemanes bienpensantes apreciaban. El libro publicado por Tucholsky en 1929, *Deutschland, Deutschland über Alles*, criticaba al poder judicial, las iglesias, la policía, Hindenburg, los socialdemócratas y los líderes sindicales, e incluía un brillante fotomontaje de los generales alemanes titulado: «Los animales os miran.»[112]

Desde el principio esta violencia de la izquierda en los medios de difusión hizo el juego a los antisemitas. Karl Gerecke utilizó diestramente el material de *Weltbühne* en su opúsculo *Biblischer Antisemitismus* [Antisemitismo bíblico] (1920), que era pronazi. Los ataques judíos al ejército eran sobremanera peligrosos. La asociación de veteranos judíos pudo demostrar, basándose en cifras oficiales, que el número de judíos que habían luchado en la guerra, y perdido la vida, o que habían sido heridos y condecorados, concordaba rigurosamente con la proporción judía en el conjunto de la población. Pero existía la creencia popular, compartida y difundida por Hitler y los nazis con implacable tenacidad, de que los judíos habían evitado el servicio, e incluso habían apuñalado por la espalda al ejército. El satírico que se ensañó con más violencia en la clase militar y Junker fue en realidad George Grosz, que no era judío; pero estaba estrechamente asociado con artistas y escritores judíos, y por eso se dijo que «le habían encomendado la tarea». Tucholsky era la versión en prosa de Grosz. Muchas de sus declaraciones estaban concebidas intencionadamente para enfurecer a la gente: «No hay un solo secreto del ejército alemán —escribió— que yo no esté dispuesto a entregar sin vacilación a una potencia extranjera.»[113] Pero la gente irritada, sobre todo si carece de cultura y no puede replicar debidamente, puede tomar represalias físicas o votar por los que tomarán esas represalias; y Tucholsky y sus colegas en la sátira encolerizaron no sólo a los oficiales del ejército profesional, sino también a las familias de innumerables reclutas muertos en la guerra. La prensa antisemita y nacionalista se ocupó de que los ataques más hirientes de Tucholsky tuvieran la más amplia circulación.

Algunos judíos se esforzaron mucho para contrarrestar la imagen antipatriótica y bolchevique que se les endilgaba. Se educó a los niños judíos con el fin de que fuesen artesanos y agricultores.[114] A principios de la década de 1920, el abogado berlinés doctor Max Naumann, ex capitán del ejército, formó la Liga de Judíos Nacionalistas Alemanes. Estaban también las organizaciones juveniles judías de derecha, los Kameraden, y la Liga Nacional de Veteranos Judíos del Frente. Pero Naumann cometió el error de minimizar el odio de Hitler a los judíos elogiándolo como un genio político que podía restablecer la prosperidad alemana, y todos compartieron la ilusión de que podían negociar con los nazis.[115] No hay pruebas de que nada de lo que hicieron aumentase la popularidad de los judíos.

La dificultad insuperable con la cual tenía que lidiar un judío alemán patriota era la propia República de Weimar.

Nació en la derrota, vinculada indisolublemente con la derrota, y en la mente de la mayoría de los alemanes asociada con judíos, la *Judenrepublik*. Del principio al fin fue una piedra de molino colgada al cuello judío. Sin embargo, los judíos representaron escaso papel en la política de Weimar, excepto al comienzo mismo. Rathenau y Rudolf Hilferding, ministro de Finanzas en 1923 y 1928, fueron los primeros y últimos políticos judíos de Weimar que tuvieron cierta importancia. Es cierto que los judíos representaron un papel importante en la creación del Partido Comunista Alemán. Pero con el ascenso del estalinismo pronto fueron eliminados de los altos cargos, exactamente como en Rusia. En 1932, cuando el partido presentó quinientos candidatos y logró que cien fueran elegidos, ni uno solo era judío.[116] El partido socialdemócrata estaba dirigido por sindicalistas obreros gentiles, la mayoría de los cuales experimentaban verdadera antipatía por los izquierdistas judíos, a quienes catalogaban de indeseables intelectuales de la clase media. La Constitución de Weimar, con su sistema de representación proporcional, favorecía mucho a los partidos extremistas como los nazis, que nunca habrían podido alcanzar legalmente el poder, por ejemplo, bajo el sistema británico. Y los satíricos judíos como Tucholsky criticaban a Weimar tan fieramente como los propios nazis.

Pero ahí estaba la identificación, y las raíces eran culturales. Los enemigos de los judíos los acusaban de expropiar la cultura alemana, de transformarla en una cosa nueva y extraña, a la que denominaban *Kulturbolschewismus*. La idea del expolio cultural era fuerte y sumamente peligrosa. Algunos escritores judíos habían prevenido contra eso. Según dijo Kafka, el uso judío del idioma alemán constituía una «usurpación de la propiedad ajena, que no había sido adquirida, sino robada, adquirida (relativamente) deprisa y que continúa siendo propiedad ajena aunque no sea posible señalar un solo error verbal». Incluso antes de la guerra, Moritz Goldstein había advertido en un artículo de *Kunstwart*, «El Parnaso germanojudío», que en efecto los judíos estaban comenzando a hacerse cargo de la cultura de un pueblo que les negaba el derecho de proceder así.[117] Con la creación de la República de Weimar, los judíos se destacaron más en la vida cultural alemana, principalmente porque las ideas avanzadas con las cuales se habían asociado comenzaban ahora a lograr aceptación. Así, en 1920 el impresionista Max Liebermann fue elegido primer presidente judío en la historia de la Academia Prusiana.

Pero el concepto de que la República de Weimar estaba presenciando cómo los judíos se adueñaban de la cultura alemana es falso. En realidad, durante la década de 1920 Alemania contó con mayor número de talentos que en otro periodo cualquiera, antes o después. Siempre se había destacado en música y poseía una sólida literatura, pero ahora tomó la delantera también en las artes visuales. Durante un tiempo Berlín se convirtió en la capital cultural del mundo. Berlín era muy odiada por los antisemitas. Wolfgang Kapp, un protohitleriano que encabezó un fracasado *putsch* en Berlín en el año 1920, tenía como lema: «¿Qué se ha hecho de Berlín? Un campo de juegos para los judíos.»[118] Los judíos eran importantes en la cultura de Weimar. El fenómeno no podía haber existido sin ellos. Pero no dominaban. En algunas áreas, especialmente en pintura y arquitectura, su contribución era relativamente reducida. Había muchos novelistas judíos, por ejemplo Alfred Döblin, Franz Werfel, Arnold Zweig, Vicki Baum, Leon Feuchtwanger, Alfred Neuman y Bruno Frank, pero las figuras principales, como Thomas Mann, no eran judías. Los judíos sin duda realizaron una enorme contribución a la escena musical, tanto internacional como alemana. Hubo espectaculares niños prodigios en el campo de la interpretación, por ejemplo Jascha Heifetz y Vladimir Horowitz, así como maestros reconocidos, entre ellos Arthur Schnabel y Arthur Rubinstein. Dos de los principales directores de Berlín, Otto Klemperer y Bruno Walter, eran judíos. Kurt Weill compuso la música de *La ópera de cuatro cuartos* (1928) de Brecht, representada más de cuatro mil veces en Europa el primer año. Cabe mencionar a Arnold Schönberg y su escuela, aunque sus dos alumnos más famosos, Berg y Webern, no eran judíos. Sin embargo, la música alemana era tan fecunda en esta época que los músicos judíos, pese a su número y su talento, eran sólo uno de sus elementos. El Festival de Berlín de 1929 incluyó a figuras como Richard Strauss, Toscanini, Casals, George Szell, Cortot, Thibaud, Furtwängler, Bruno Walter, Klemperer y Gigli. ¿Qué demostraba eso? Sólo que la música era internacional y que los berlineses eran personas afortunadas.

Los judíos fueron ciertamente una de las razones principales del enorme éxito del cine alemán durante la década de 1920. Durante la guerra se prohibió la importación de filmes británicos, franceses y después norteamericanos. Para abastecer a las dos mil salas alemanas y el millar de salas austríacas, las compañías productoras alemanas pasaron de 30 en 1913 a 250 seis años más tarde, y después de la guerra el cine alemán ocupó una posición dominante en Europa. En 1921 produjo 246 películas, más o menos el mismo número que Estados Unidos; en 1925 su producción (228) fue el doble que la de Gran Bretaña y Francia unidas.[119] Los judíos representaron un papel importante tanto en la cantidad como en la calidad de los filmes alemanes. *El gabinete del doctor Caligari* se basó en un guión de Hans Janowitz y Carl Meyer, y fue producido por Erich Pommer. *Metrópolis* fue dirigido por Fritz Lang. Éstos eran sólo dos de los filmes más influyentes. Directores como Ernst Lubitsch, Billy Wilder, Max Ophüls y Alexander Korda, y actores como Peter Lorre, Elizabeth Bergner, Pola Negri y Conrad Veidt eran miembros de una galaxia de talentos judíos que crearon la edad de oro del cine alemán y después, tras el ascenso de Hitler, encabezaron una diáspora que se dirigió a Hollywood, Londres y París. Había un ingrediente judío sin duda muy fuerte en el cine alemán, y tanto Lang como G. W. Pabst se sintieron fascinados por el concepto del *golem*.[120] Pero en general el cine alemán de la década de 1920 fue brillante y atrevido más que comprometido política y culturalmente, y en este momento es difícil determinar cuál fue su aportación a la paranoia cultural alemana acerca de los judíos.

El sector en el que la influencia judía fue más intensa correspondió al teatro, sobre todo en Berlín. Dramaturgos como Carl Sternheim, Arthur Schnitzler, Ernst Toller, Erwin Piscator, Walter Hasenclever, Ferenc Mol-nar y Carl Zuckmayer, y productores influyentes como Max Reinhardt, dominaron la escena, que tendía a exhibir un elegante izquierdismo, prorrepublicano, experimental y sexualmente atrevido. Pero ciertamente no era un teatro revolucionario, y podía considerárselo cosmopolita más que judío.

La única manifestación de la República de Weimar que hasta cierto punto respondió al estereotipo del *Kulturbolschewismus* fue la Institución de Investigación Social (1923) de Fráncfort. Sus teóricos, encabezados por Theodor Adorno, Max Horkheimer, Herbert Marcuse, Erich Fromm y Franz Neuman, proponían una versión humanista del marxismo en que la cultura tenía más importancia que la política práctica. Las actitudes y los conceptos judíos sin duda representaron un papel en la obra de estos hombres. Estaban fascinados por la teoría marxista de la alienación. Tenían alguna conciencia de la importancia del psicoanálisis y trataron, de distintos modos, de imprimir un sello freudiano al marxismo. También intentaron, mediante el empleo de métodos marxistas, demostrar cómo las premisas socioeconómicas determinaban lo que la mayoría de la gente concebía como absolutos culturales. Esta postura era sumamente subversiva, y a partir de la década de 1950 también ejercería influencia. Pero en aquel momento pocos alemanes habían oído hablar de la Escuela de Fráncfort. Esta afirmación es especialmente aplicable al más famoso discípulo de la escuela, Walter Benjamin (1892-1940), que se vio en dificultades para expresar sus pensamientos en una forma que fuese aceptable y en vida publicó relativamente poco: unos cuantos artículos y sus ensayos, su tesis doctoral, un libro de aforismos y algunas cartas anotadas acerca del ascenso de la cultura alemana. Su obra esencial fue compilada y publicada por Adorno en 1955.

Benjamin fue uno de los pensadores alemanes modernos

de más marcado carácter judío, pese a que no profesaba ninguna religión. Pero como señaló su gran amigo el historiador Gershom Scholem, su pensamiento se centraba en dos conceptos judíos centrales: la Revelación —la verdad revelada a través de los textos sagrados— y la Redención.[121] Benjamin siempre estaba buscando una fuerza mesiánica. Antes de 1914 fue la juventud: fue dirigente del movimiento juvenil extremista principalmente judío creado por Gustav Wyneken. Pero cuando en 1914 Wyneken viró al patriotismo, Benjamin lo denunció, y después de la guerra, se volvió hacia la literatura, a la que atribuyó la condición de Mesías. Sostuvo que ciertos textos destacados, por ejemplo la Torá, debían examinarse a fondo en una búsqueda exegética para hallar la clave de la redención moral. Aplicó a la literatura uno de los principios fundamentales de la Cábala: las palabras son sagradas del mismo modo que las palabras de la Torá están unidas físicamente con Dios. Como resultado de la relación entre el lenguaje divino y el humano, se ha encomendado al hombre el proceso de completar la Creación, y lo hace sobre todo mediante palabras (designaciones) y formulando ideas. Acuñó la expresión «la omnipotencia creadora del idioma» y demostró que era necesario explorar los textos para descubrir no sólo su significado superficial, sino su mensaje y su estructura subyacentes.[122] Por lo tanto, Benjamin perteneció a la tradición judía irracional y gnóstica, como el propio Marx y como Freud, la tradición de los que descubrían significados profundos, secretos y esenciales de la vida bajo el barniz de la existencia. Lo que él por primera vez comenzó a aplicar a la literatura, y después a la historia, con el tiempo habría de convertirse en una técnica más general, utilizada, por ejemplo, por Claude Lévi-Strauss en antropología y Noam Chomsky en lingüística. El gnosticismo es la forma más insidiosa de irracionalismo, especialmente para los intelectuales, y la variedad peculiar del gnosticismo desarrollada provisionalmente por Benjamin se expandió para convertirse en el estructuralismo y fue una fuerza importante en la intelectualidad a partir de la década de 1950.

Benjamin ejerció especial influencia en sus esfuerzos por demostrar que una clase gobernante manipulaba la historia con el propósito de perpetuar sus propias necesidades, sus ilusiones y engaños. A medida que la escena se ensombreció, durante la década de 1930, Benjamin se orientó hacia su propia versión del marxismo como tercer Mesías. Lo que él denominaba el «tiempo marxista», o milenio marxista, era su alternativa al proceso prolongado, insatisfactorio e histórico de reforma. Sostuvo que era importante «hacer saltar» del continuo de la historia «el pasado cargado con el tiempo-ahora» y reemplazar los objetivos de la Ilustración y la socialdemocracia por los de la revolución: el tiempo se detiene, se llega al *Stillstand* y entonces sobreviene el hecho revolucionario, es decir, el acontecimiento mesiánico. En sus *Tesis acerca de la filosofía de la historia*, Benjamin arguyó que la política no era sólo una fiera lucha física para controlar el presente, y por lo tanto el futuro, sino una batalla intelectual para controlar el registro del pasado. En una frase sorprendente, insistió en que «ni siquiera los muertos estarán a salvo del enemigo [fascista] cuando él triunfe».[123] La mayoría de las formas del saber eran relativistas, creaciones burguesas, y debían reformularse para garantizar la verdad proletaria o sin clases. La ironía de estos conceptos brillantes pero destructivos era que, mientras Benjamin los interpretaba como materialismo histórico científico, eran en realidad producto de la irracionalidad judía; la suya era la antigua historia del modo en que las personas intensamente espirituales que ya no pueden creer en Dios encuentran sustitutos ingeniosos para los dogmas religiosos.

Más aún, en el caso de Benjamin, el rechazo de la religión de ningún modo era total. Su obra abunda en extraños conceptos del tiempo y del destino, incluso del mal y los demonios. Sin un marco religioso estaba perdido, y se sentía perdido. Cuando Hitler ascendió al poder, Benjamin huyó a París. Allí, en el Café des Deux Magots, dibujó lo que él mismo llamó diagrama de su vida, un laberinto sin salida, y también eso perdió.[124] A fines de 1939 trató de pasar a España, pero no pudo cruzar la frontera franco-española. Uno de sus mejores amigos ya se había suicidado, como habían hecho Tucholsky y muchos otros intelectuales judíos, y parece que en su última frase Benjamin vio en el suicidio una forma de «Redención a través de la muerte», el Mesías-Cristo. Sea como fuere, se suicidó y fue enterrado en el cementerio de Port-Bou, frente al mar. Pero nadie asistió a la inhumación efectiva, y cuando Hannah Arendt fue a buscar su tumba, más avanzado el año 1940, había desaparecido, y después nunca pudo ser identificada: un gesto definitivo e inconsciente de alienación y confusión, un recordatorio simbólico de que los intelectuales judíos de la nueva era (como ya hemos observado) se sentían tan abandonados y perdidos como todos los demás. Pero aunque a la larga Benjamin fue el más influyente de todos los innovadores culturales de la República de Weimar, en Alemania pocas personas por entonces habían oído hablar de él.

Entonces, ¿la acusación nacionalista alemana de que los judíos dominaban por completo la cultura de Weimar era nada más que la conocida teoría de la conspiración? No del todo. Los judíos dirigían importantes periódicos y editoriales. Si bien es cierto que la parte principal de las ediciones alemanas y los periódicos de mayor circulación de Berlín, Múnich, Hamburgo y otras grandes ciudades estaban en manos no judías, algunos periódicos liberales judíos como el *Berliner Tageblatt*, el *Vossische Zeitung* y el *Frankfurter Zeitung* tenían los críticos más brillantes y la influencia cultural más amplia. Ciertas editoriales judías como Kurt Wolff, Carriers y S. Fischer merecían la más elevada consideración. Una elevada proporción de los críticos teatrales, de la música, el arte y los libros eran judíos, y los judíos controlaban importantes galerías de arte y otros centros del movimiento cultural. Parecía que estaban al mando de la situación, que marcaban las tendencias y creaban las reputaciones. En este caso, su poder se confundía con el poder de la intelectualidad izquierdista general, y esa situación provocaba envidia, frustración y enojo. La acusación de que había una dictadura cultural judía fue un arma importante en la campaña de Hitler para crear una auténtica dictadura.

De todos modos, los nazis jamás habrían podido alcanzar el poder sin la Gran Depresión, que afectó a Alemania más que a ningún otro país a excepción de Estados Unidos. En ambas naciones, el punto más difícil de la crisis se situó en el verano de 1932, pero en ambas el primer destello de la reacción no fue visible hasta bien entrado el año 1933. En los dos países la responsabilidad del nivel fenomenalmente elevado de desocupación fue atribuido por los electores al régimen político: el partido republicano en Estados Unidos, la República de Weimar en Alemania. Los dos países fueron a las urnas con dos días de diferencia en noviembre de 1932, y en ambos casos los resultados determinaron en efecto un cambio de régimen. Hubo un elemento de azar ciego y cruel en lo que sucedió. El día 6 el electorado alemán dio el 33,1 % de sus votos a los nazis (un descenso del porcentaje obtenido en el mes de julio precedente). Dos días después, F. D. Roosevelt ganó con una avalancha de votos en Estados Unidos, en una elección en que el voto judío cambió su tradicional fidelidad a los republicanos (y los socialistas) y se volcó en una proporción del 85 al 90 % en favor de los demócratas. El mismo irritado deseo de cambio, que en Estados Unidos dio el poder a un hombre a quien Hitler se apresuró a identificar con los judíos, provocó en Alemania una situación electoral sin salida que se resolvió el 30 de enero de 1933 con la designación de Hitler para la cancillería.

Por lo tanto, no había nada inevitable en la conquista del poder en Alemania por parte de un régimen antisemita. Pero en cuanto Hitler consolidó su dictadura personal y de partido, lo que le costó apenas ocho semanas en febrero-marzo de 1933, era indudable que comenzaría un ataque sistemático a los judíos. Sobre todo los escritores, los artistas y los intelectuales judíos sabían que iría a por ellos y se apresuraron a abandonar el país. La consecuencia fue que en la práctica Hitler mató a menos miembros de la intelectualidad judía que Stalin en Rusia. En rigor, la política nazi en relación con los judíos no fue más que un retorno al tradicional antisemitismo oficial. La política del partido en 1920 establecía que los judíos serían privados de la ciudadanía alemana e incluso del derecho a ocupar cargos y votar; los judíos se convertirían en «huéspedes», y los que habían entrado a partir de 1914 serían expulsados; también se incluía la imprecisa amenaza de confiscar la propiedad judía.[125] Pero en muchos de sus discursos, así como en *Mein Kampf*, Hitler había amenazado y prometido violencia contra los judíos. En una conversación privada con el comandante Josef Hell en 1922, llegó más lejos. Dijo que si conquistaba el poder, «la aniquilación de los judíos será mi primera y principal tarea [...] una vez que el odio y la lucha contra los judíos se movilicen realmente, es inevitable que su resistencia se derrumbe en poco tiempo. No pueden protegerse, y nadie vendrá a defenderlos». Explicó al comandante Hell su creencia de que todas las revoluciones, como la del propio Hitler, necesitaban un centro de hostilidad, para concentrar «los sentimientos de odio de las grandes masas». Había elegido al judío no sólo por convicción personal, sino también por un cálculo político racional: «la batalla contra los judíos será tan popular como exitosa». La conversación con Hell es sumamente esclarecedora porque ilustra el dualismo del impulso antisemita de Hitler, su mezcla de odio emocional y frío razonamiento. Mostró a Hell no sólo su racionalismo, sino también su cólera:

> Ordenaré levantar patíbulos, por ejemplo en la Marienplatz de Múnich, tantos como el tránsito permita. Después, ahorcarán a los judíos, uno tras otro, y permanecerán colgados hasta que hiedan [...] apenas desaten uno, el siguiente ocupará su lugar, y eso continuará hasta que desaparezca el último judío de Múnich. Exactamente lo mismo sucederá en las restantes ciudades, hasta que Alemania se libere del último judío.[126]

El dualismo de Hitler se expresaba en dos formas de violencia que serían utilizadas contra el judío: la violencia espontánea, sumamente emocional e incontrolada del pogromo y la violencia fría, sistemática, legal y reglamentada del Estado, expresada por medio de la ley y el poder policial. A medida que Hitler se acercó al poder y se aficionó más a las tácticas necesarias para mantenerlo, relegó a un segundo plano el factor emocional y subrayó el legal. Una de las quejas principales contra la República de Weimar era la atmósfera de ilegalidad política en las calles. Uno de los principales atractivos de Hitler, a los ojos de muchos alemanes, era su promesa de terminar con esa situación. Pero mucho antes de acceder al poder, Hitler había movilizado instrumentos que le permitían expresar los dos aspectos de su personalidad antisemita. Por una parte, estaban los hombres del partido que actuaban en las calles, y sobre todo los camisas pardas (SA), que contaban con más de medio millón de hombres hacia fines de 1932 y solían apalear a los judíos en las calles y de tanto en tanto incluso los asesinaban. Por otra parte, estaba la SS de elite, que dirigía el poder policial y los campos, donde se aplicaba el complicado sistema de la violencia oficial contra los judíos.

Durante los doce años de Hitler en el poder, se conservó el dualismo. Hasta el fin mismo, los judíos fueron víctimas tanto de súbitos actos individuales de violencia irreflexiva como de la sistemática crueldad oficial de tipo masivo e industrial. Durante los primeros seis años, en tiempos de paz, hubo una oscilación constante entre las dos formas. Cuando la guerra impuso sus propios perfiles sombríos y su silencio, el segundo método llegó poco a poco a prevalecer, y en enorme escala. Es cierto que Hitler era un improvisador, un estratega de carácter, que a menudo reaccionaba en función de los hechos. También es cierto que el alcance de su persecución llegó a ser tan grande y variado que se movió por su propio impulso. De todos modos, siempre hubo un grado decisivo de estrategia y control generales, que procedía exclusivamente de él y manifestaba su carácter antisemita. El Holocausto fue planeado, y Hitler lo planeó. Es la única conclusión que tiene sentido en relación con todo ese horroroso proceso.

Cuando Hitler asumió el poder, su política antijudía se vio limitada por dos factores. Necesitaba reconstruir rápidamente la economía alemana, y ello implicaba evitar la desorganización propia de la expropiación y expulsión inmediatas de la acaudalada comunidad judía. Deseaba rearmarse con la mayor rapidez posible, y ello implicaba tranquilizar a la opinión internacional evitando escenas de crueldad masiva. De ahí que Hitler adoptase los métodos usados contra los judíos en la España de los siglos XIV y XV. Se promovieron y alentaron actos individuales de violencia, y después se los utilizó como pretexto para sancionar medidas formales y legales en perjuicio de los judíos. Hitler tenía agentes para este doble propósito. Josef Goebbels, su jefe de propaganda, era el Vicente Ferrer que agitaba a la chusma. Heinrich Himmler, jefe de las SS, era su Torquemada frío e implacable. Impulsados por la oratoria y los medios de difusión de Goebbels, tras la toma del poder por parte de Hitler, no tardaron en desencadenarse las agresiones de los camisas pardas y los miembros del partido, los boicots y el terrorismo contra las empresas judías. Hitler dio a entender que desaprobaba estos «actos individuales», como se los denominó. Pero los dejó impunes y permitió que llegasen a su culminación en el verano de 1935. Entonces, en un importante discurso, los utilizó para justificar la sanción de los Decretos de Nuremberg, el 15 de septiembre. Estas medidas aplicaron de hecho el programa nazi original de 1920, pues despojaron a los judíos de sus derechos fundamentales e iniciaron el proceso de separarlos del resto de la población. Era un retorno a los peores rasgos del sistema medieval. Pero como un retorno a un pasado odioso pero conocido, engañó a la mayoría de los judíos (y al resto del mundo), induciéndolos a creer que el sistema de Nuremberg otorgaría a los judíos alguna forma de estatus legal y permanente, aunque inferior, en la Alemania nazi. Lo que nadie percibió fue la advertencia complementaria de Hitler, expresada en el mismo discurso, en el sentido de que si estas medidas que buscaban una «solución distinta y secular» fracasaban, podría ser necesario aprobar una ley que «traspasara el problema al partido nacionalsocialista, que buscaría una solución final».[127] De hecho, ya estaba organizándose el instrumento de esta alternativa. Himmler había inaugurado su primer campo de concentración en Dachau sólo siete semanas después del ascenso de Hitler al poder, y desde ese momento había asumido el control de un aparato policial represivo que no tenía igual salvo en la Rusia de Stalin.

Sobre los cimientos de las leyes de Nuremberg, se levantó paulatinamente una superestructura cada vez más compleja de normas que restringían la actividad judía. En otoño de 1938 el poder económico de los judíos estaba destruido. La economía alemana era fuerte de nuevo. Alemania se había rearmado. Más de doscientos mil judíos habían huido del país. Pero el Anschluss (la anexión de Austria) había agregado al total un número igual de judíos austríacos. De modo que el «problema judío» continuaba sin resolverse, y Hitler estaba dispuesto a pasar a la etapa siguiente: su internacionalización. Si el poder judío en Alemania había sido destruido, el poder de los judíos extranjeros, y sobre todo su poder de hacerle la guerra, llegó a ser un tema cada vez más repetido en sus discursos. La nueva dimensión cobró un perfil dramáticamente personal el 9 de noviembre de 1938 cuando un judío, Herschel Grynszpan, asesinó a un diplomático nazi en París. Este episodio ofreció a Hitler el pretexto que necesitaba para pasar a la etapa siguiente, utilizando su técnica dual y a sus dos agentes. La misma noche Goebbels dijo a una asamblea de líderes nazis de Múnich que ya habían comenzado los disturbios antijudíos de venganza. Respondiendo a una sugerencia del propio Goebbels, Hitler había decidido que, si los disturbios se extendían, no había que desalentarlos. Se entendieron estas palabras en el sentido de que el partido debía organizar los desórdenes. Siguió la Kristallnacht, la noche de los cristales rotos. Los miembros del partido destruyeron y saquearon las tiendas judías. Las SA enviaron grupos que quemaron todas las sinagogas. Las SS recibieron la noticia a las once y cinco. Himmler escribió: «La orden fue impartida por la dirección de propaganda, y sospecho que

Goebbels, en su ansia de poder, un rasgo que advertí hace mucho tiempo, y también con su vaciedad mental, inició esta acción en el momento mismo en que la situación política internacional es muy grave [...]. Cuando pregunté al Führer acerca de este asunto, obtuve la impresión de que no sabía nada de estos hechos.»[128] En el plazo de dos horas ordenó a toda su policía y fuerzas de las SS que impidiesen el saqueo en gran escala y llevasen a veinte mil judíos a los campos de concentración.

Poca duda cabe de que Hitler, cuyas órdenes en las cuestiones importantes eran siempre orales, dio mandatos contradictorios a Goebbels y a Himmler. Se trata de un hecho muy característico. Pero en este episodio hubo un elemento de confusión tanto como de planificación. Se lo utilizó, como era el propósito de Hitler, para aplicar nuevas medidas contra los judíos. Se los consideró responsables del disturbio y se los multó con mil millones de marcos (alrededor de cuatrocientos millones de dólares). Pero la mayor parte del costo de los daños lo tuvieron que pagar las compañías de seguros. Hubo muchas consecuencias legales. Las reclamaciones judías por daños ante los tribunales tuvieron que ser invalidadas por un decreto especial del Ministerio de Justicia. También fue necesario anular los procesos contra veintiséis miembros del partido acusados de asesinar a judíos. Hubo que expulsar a cuatro miembros más, que habían violado a mujeres judías, y establecer cierta diferencia entre los delitos «idealistas» y los «egoístas».[129] Lo que pareció más inquietante, desde el punto de vista de Hitler, fue la impopularidad del pogromo, no sólo en el exterior, sino sobre todo en Alemania.

De modo que modificó su táctica. Goebbels continuó desarrollando su propaganda antisemita, pero en adelante se le negó un papel ejecutivo en la violencia antijudía. El asunto fue confiado casi totalmente a Himmler. Como antes, la «ofensa» se utilizó como pretexto para una campaña de medidas legales antijudías. Pero esta vez el proceso cobró un carácter sumamente burocrático. Cada movimiento fue estudiado cuidadosamente y de antemano por funcionarios experimentados, no por teóricos del partido, y se le confirió un carácter legal y sistemático. Como demuestra Raul Hilberg, el principal historiador del Holocausto, precisamente esta burocratización de la política posibilitó su escala colosal y transformó un pogromo en genocidio.

Ese cambio de actitud también garantizó que, en diferentes momentos, casi todos los departamentos del gobierno alemán, y un elevado número de civiles, se viesen envueltos en actividades antijudías. La guerra de Hitler contra los judíos se convirtió en esfuerzo nacional. Para ejecutar esta política, era necesario ante todo identificar a los judíos, después expropiarlos y más tarde concentrarlos. La identificación comprometió tanto a la profesión médica como a las iglesias. Los nazis comprobaron que en la práctica era demasiado difícil definir a un judío por la raza. Había que volver a los criterios religiosos. El decreto fundamental del 11 de abril de 1933, necesario para expulsar a los judíos de la administración pública, definía a la «persona de ascendencia no aria» como aquella que tenía un padre o un abuelo de religión judía. Pero este criterio provocó discrepancias. En 1935 una conferencia médica entre el doctor Wagner, principal funcionario médico del partido; el doctor Blome, secretario de la Asociación Médica Alemana, y el doctor Gross, jefe de la Oficina de Política Racial, decidió que los que eran un cuarto judíos serían considerados alemanes, pero que los medio judíos eran judíos. Pues (dijo Blome), en los medio judíos los genes judíos son visiblemente dominantes. La administración no quiso aceptar esta definición. Eran judíos los medio judíos religiosos o los que estaban casados con judíos. Los funcionarios civiles se salieron con la suya, porque fueron los que en efecto redactaron la legislación detallada, incluida la Ley de Ciudadanía del Reich de 14 de noviembre de 1935. Un ex funcionario de aduanas, el doctor Bernhard Losener, cuya especialidad era establecer delicadas distinciones entre las mercancías que podían gravarse, redactó unos veintisiete decretos raciales en el Ministerio del Interior. Los candidatos a una amplia gama de empleos tenían que presentar pruebas positivas de su ascendencia aria. Un oficial de las SS debía presentar pruebas de su estirpe que se remontaban hasta 1750, pero incluso un empleado poco importante de una oficina del gobierno tenía que obtener siete documentos autentificados. Las iglesias, que tenían los únicos registros de nacimientos antes de 1875-1876, tuvieron que participar en el asunto. Se creó una nueva profesión, la de *Sippenforscher* o investigador genealógico. Nació una tercera raza de individuos que eran en parte judíos, los *Mischling*, subdivididos en dos grupos: el primero y el segundo grado. Se multiplicaron las peticiones de reclasificación o «liberación», y como en la Rusia zarista, el sistema condujo rápidamente a todas las formas de nepotismo y de corrupción. Un funcionario de la Cancillería de Hitler, con quien éste simpatizaba pero que era un *Mischling* de segundo grado, obtuvo una «liberación» del Führer, como regalo personal de Navidad, mientras él y su familia estaban sentados alrededor del árbol, en la Nochebuena de 1938.[130]

Nuevamente la confiscación en perjuicio de los judíos o, como se la llamó entonces, la arificación, incorporó al sistema a un amplio sector de la comunidad empresarial. Desde agosto de 1935, un Comité de Boicot, en el que estaban Himmler y Streicher y estaba apoyado por todos los recursos del Estado, presionó a los judíos para que vendiesen y rebajasen el precio de venta, de modo que pudiera inducirse a los alemanes a comprar deprisa. Los bancos representaron un papel destacado en este asunto, pues obtuvieron beneficios en cada etapa del proceso y a menudo acabaron adueñándose de las propias empresas. Esto fue parte del mecanismo gracias al cual se corrompió al mundo de los negocios alemanes para que participara en la solución final. No era sólo cuestión de aprovechar la vigencia de leyes perversas. El enfoque dual de Hitler fue aplicado en cada una de las etapas. Se despojó de su propiedad a los judíos mediante la prepotencia tanto como legalmente. La IG Farben y el Deutscher Bank absorbieron al Österreichischer Kreditanstalt y a sus filiales industriales, después de que las SA sacaran de paseo a uno de los principales dirigentes de esta entidad y lo arrojaran desde un automóvil en marcha, y a otro lo mataran a puntapiés durante un registro de su casa. Al barón Louis Rothschild lo detuvo la policía y lo mantuvo como rehén hasta que la familia aceptó que la despojaran de su propiedad por un precio irrisorio. Después, el Dresdner Bank escribió al jefe del Estado Mayor de Himmler para agradecer la actuación de la policía, que había ayudado a rebajar el precio.[131]

El proceso de concentrar a los judíos, separarlos del resto de la población y someterlos a un régimen completamente distinto, también comprometió al conjunto de la nación. Fue un proceso muy complicado y difícil, y exigió de parte de decenas de miles de burócratas un nivel de fría crueldad que era casi tan implacable como el proceso mismo de la masacre. Además, todos los alemanes estaban al tanto del asunto. Algunas normas antijudías no aparecían en la prensa, pero todos podían ver que los judíos recibían un tratamiento distinto e inferior en todos los aspectos de la vida. Después de la Kristallnacht las leyes acerca de las relaciones sexuales y el matrimonio fueron cada vez más severas y se aplicaron con ferocidad. Un judío sorprendido «fraternizando» con un ario era enviado automáticamente a un campo de concentración. También era posible que se enviase allí al ario, para someterlo a una «reeducación» de tres meses. Simultáneamente, en noviembre de 1938 los judíos fueron expulsados de todas las escuelas, y se procedió a la segregación en los trenes, las salas de espera y los restaurantes. También comenzó el traslado de judíos a bloques de viviendas segregadas. Algunos de estos actos respondían a decretos detallados. Otros carecían por completo de base legal. Del principio al fin, la guerra de Hitler contra los judíos fue una desconcertante mezcla de legalidad e ilegalidad, de sistema y de violencia lisa y llana. Por ejemplo, a partir de diciembre de 1938 Himmler limitó la movilidad de los judíos, para contribuir al proceso de concentración, sencillamente anulándoles los permisos de conducir. A medida que éstos se vieron despojados de su propiedad, afluyeron a las grandes ciudades. Los organismos judíos de beneficencia, igualmente empobrecidos, no pudieron afrontar la situación. De modo que, por un decreto de marzo de 1939, los judíos desocupados se incorporaron al trabajo forzado.

Así, cuando la guerra comenzó en septiembre de 1939, muchos de los posibles horrores ya habían sido anticipados, y el sistema destinado a llevarlos a cabo ya tenía una existencia embrionaria. De todos modos, la guerra originó una situación distinta en dos aspectos esenciales. En primer lugar, modificó el eje de la justificación moral utilizada por Hitler para perseguir a los judíos. Este razonamiento moral, por burdo que pueda parecer, fue un elemento importante del Holocausto, porque Goebbels lo empleó públicamente para obtener la aquiescencia o la indiferencia del pueblo alemán, y Himmler para acrecentar el entusiasmo de los que formaban el mecanismo represivo. Hasta el estallido de la guerra, decía el argumento, como los judíos se habían dedicado durante generaciones a defraudar al pueblo alemán, carecían de derecho moral sobre su propiedad, y las medidas destinadas a arrebatársela eran nada más que un acto de reparación moral, gracias a lo cual la riqueza regresaba al lugar de origen: el Reich. Con la guerra, se añadió un nuevo argumento. Hitler siempre había insistido en que, si estallaba la guerra, sería obra de los judíos que actuaban en la escena internacional; y cuando en efecto estalló, Hitler aseguró que los judíos eran responsables de todas las muertes provocadas por la contienda. La conclusión implícita en este argumento era que los judíos tampoco tenían derecho moral a su propia vida. Además, Hitler dijo en varias ocasiones que la guerra precipitaría una «solución final» del «problema judío».

Lo cual nos lleva a la segunda consecuencia de la guerra. La experiencia de gobierno durante el periodo 1933-1939 había llevado a Hitler a modificar sus opiniones acerca de la popularidad del antisemitismo. Era útil para concentrar el odio en abstracto, pero él aprendió que la violencia franca, general y física contra el conjunto de los judíos no era aceptable para el pueblo alemán, por lo menos en tiempos de paz. Sin embargo, la guerra impuso sus propias exigencias y echó un velo sobre muchas actividades. Era la coyuntura necesaria para cometer el genocidio. No era que los judíos hubieran provocado la guerra, sino que Hitler la deseaba para destruir a los judíos. Y no sólo a los judíos alemanes, sino a todos los judíos europeos, lo cual permitiría dar una solución internacional y definitiva a lo que él siempre había afirmado que era un problema internacional. No se trataba únicamente de que la guerra fuera necesaria para proporcionar el pretexto y el disimulo que el asunto requería, tenía que incluir la guerra contra Polonia y Rusia, para permitir a Hitler el acceso a la fuente principal de la comunidad judía europea.

De modo que al comenzar la primera fase de la guerra, se acentuó rápidamente la presión sobre los judíos. Desde septiembre de 1939 tuvieron que abandonar las calles a las ocho de la tarde. Después se limitaron sus movimientos en todas las áreas a ciertas horas, y en algunas áreas a todas horas. Fueron excluidos de muchas formas de transporte público excepto a ciertas horas incómodas, o a veces sin excepción ninguna. Se los privó de teléfono, y después se les prohibió usarlo: las cabinas telefónicas exhibían la leyenda «Prohibido el uso a los judíos». El empleo de documentos de identidad especiales para judíos se remontaba a agosto de 1938, y con la llegada de la guerra se convirtieron en la base de nuevos sistemas restrictivos. Las tarjetas de racionamiento mostraban el sello J, e implicaban limitaciones de todo tipo. Desde diciembre de 1939 se redujeron las raciones judías y simultáneamente los judíos fueron obligados a comprar sólo a determinadas horas. Una de las obsesiones de Hitler era que la Primera Guerra Mundial había sido perdida en el frente interno a causa de la escasez de alimentos provocada por las bandas judías. Había decidido que esta vez ningún judío comería más de lo rigurosamente necesario, y el Ministerio de Alimentación representó un papel importante en la política antijudía de Hitler. Ciertamente, los burócratas de este organismo adoptaron medidas cada vez más severas destinadas a matar de hambre a los judíos.

Al mismo tiempo, se los mataba mediante el trabajo. Se los excluyó de las cláusulas protectoras de las leyes alemanas relacionadas con el trabajo. Los empresarios alemanes aprovecharon esta situación y abolieron el pago de los días de descanso a los judíos. A principios de 1940 se abolieron por ley todas las concesiones a los judíos. En octubre de 1941 un código especial de trabajo aplicado a los judíos permitió, por ejemplo, que los empresarios obligasen a trabajar sin límite de horario a jóvenes judíos de catorce años. Se privó a los judíos de ropas protectoras; a los soldadores, de gafas y guantes. Desde septiembre de 1941 todos los judíos a partir de la edad de seis años tuvieron que llevar una estrella de David, negra sobre fondo amarillo, del tamaño de la palma de la mano, con la palabra *Jude* en el centro. Fue un sistema de identificación que facilitó mucho el descubrimiento de los judíos que infringían los innumerables reglamentos, y que convirtió a toda la nación alemana en una fuerza policial que participó en la persecución, además de desmoralizar a los propios judíos.

El comienzo de la guerra también dio a Hitler media Polonia y más de dos millones de judíos polacos. Polonia se convirtió en un país ocupado, donde Hitler podía hacer lo que le placiera. De nuevo se aplicó el dualismo hitleriano. Primero hubo ataques individuales «espontáneos», aunque en escala mucho más amplia y brutal que en Alemania. Así, más de cincuenta judíos fueron muertos a balazos en una sinagoga polaca. Las SS celebraban orgías de flagelación: en Nasielski, a principios de 1940, 1.600 judíos fueron flagelados la noche entera. El ejército alemán, que profesaba antipatía a las SS, llevó registros de estos incidentes, y algunos han sobrevivido.[132] Estos violentos episodios dieron pie a la exigencia de «soluciones ordenadas», y éstas, a su vez, derivaron hacia la persecución sistemática.

De ahí que el 19 de septiembre de 1939 Hitler decidiera incorporar oficialmente gran parte de Polonia a Alemania, trasladar a seiscientos mil judíos que estaban en esa zona a un resto de territorio polaco denominado «Gobierno General» y encerrar a todos los judíos que residían allí en lugares apropiados a lo largo de las líneas ferroviarias. Para concretar el asunto, dio la orden de enviar a esos lugares a todos los judíos de Alemania. Esta orden movilizó el sistema ferroviario alemán, el Reichsbahn, con sus quinientos mil administrativos y sus novecientos mil obreros. Sin el ferrocarril, el Holocausto no habría sido posible. Con sus trenes de deportación llamados *Sonderzüge*, y su personal especial, los *Sonderzuggruppe*, que coordinaban los programas de deportación con el resto de los calendarios bélicos, los ferrocarriles realizaron prodigiosos esfuerzos para llevar a los judíos exactamente donde las SS los querían. Estos trenes que transportaban judíos tenían prioridad sobre todo el resto. Cuando en julio de 1942, durante la ofensiva de 266 divisiones contra Rusia, se prohibieron todos los restantes usos de los ferrocarriles, la SS continuó despachando un tren diario que llevaba cinco mil judíos a Treblinka, y dos veces por semana un tren de cinco mil personas a Belzec. Incluso en el momento culminante del pánico de Stalingrado, Himmler escribió al ministro de Transportes: «Si he de resolver rápidamente las cosas, necesito más trenes para los transportes [...] ¡Necesito más trenes!» El ministro lo complació. El estudio del factor ferroviario indica, quizá mejor que ninguna otra cosa, la importancia de la política judía en el plan general de Hitler y la medida en que los alemanes comunes ayudaron a llevarla a su desenlace.[133]

En cuanto los judíos fueron separados, movilizados y concentrados en el Gobierno General, al que Hitler llamó (2 de octubre de 1940) *ein grosses polnisches Arbeitslager*, «un enorme campo de trabajo polaco», pudo comenzar en serio el programa de trabajos forzados. Ésta fue la primera parte de la solución final, del propio Holocausto, porque trabajar hasta morir era la base de todo el sistema. Fritz Saukel, jefe de la Oficina de Distribución de Fuerza de Trabajo, ordenó que se aprovechase a los judíos «en la más elevada medida posible con el nivel de gastos más bajo que se pueda concebir».[134] Los trabajadores debían producir desde el alba hasta el anochecer, siete días por semana, vestidos con harapos y alimentados con pan, sopa aguada, patatas y a veces restos de carne. La primera operación importante con mano de obra esclavizada se realizó en febrero de 1940, y fue la construcción de una gran trinchera antitanque a lo largo de la nueva frontera oriental.[135] Después, el sistema se extendió a todos los sectores de la industria. Podían «encargarse» los trabajadores por teléfono, y se los despachaba en vagones de carga, exactamente igual que se hacía con las materias primas. Así, la IG Farben recibió a doscientas cincuenta judías holandesas llevadas de Ravensbrück a Dachau, y los mismos vagones de carga volvieron a Dachau con doscientas polacas.[136] A los trabajadores esclavos generalmente se los obligaba a marchar deprisa, con el «trote de Auschwitz», incluso cuando llevaban, por ejemplo, sacos de cemento que pesaban cuarenta kilos. En Mauthausen, cerca de Linz, la ciudad natal de Hitler, donde Himmler construyó un campo de trabajo junto a la cantera municipal, los trabajadores tenían sólo picos y hachas y tenían que transportar pesados bloques de granito subiendo 186 peldaños altos y estrechos, desde la cantera hasta el campo. Se les calculaba una expectativa de vida de seis semanas a tres meses, y este promedio no incluía las muertes por accidente, suicidio o castigo.[137]

No cabe la más mínima duda de que todo el trabajo forzado fue una forma de asesinato, y de que las autoridades nazis lo veían de ese modo. Las palabras *Vernichtung durch Arbeit*, «destrucción mediante el trabajo», fueron usadas con frecuencia en las conversaciones que el doctor Georg Thierack, ministro de Justicia, sostuvo con Goebbels y Himmler los días 14 y 18 de septiembre de 1942.[138] Rudolf Höss, comandante de Auschwitz entre mayo de 1940 y diciembre de 1943, y después jefe del Cuartel General de Seguridad, desde donde se dirigía todo el programa antijudío, atestiguó que hacia finales de 1944, cuatrocientos mil esclavos trabajaban en la industria alemana de armamentos. «En las empresas donde las condiciones de trabajo eran especialmente severas —dijo— cada mes una quinta parte morían o, a causa de la imposibilidad de trabajar, eran devueltos por las empresas a los campos, con el fin de que se los exterminase.» De modo que la industria alemana fue un participante dispuesto en este aspecto de la solución final. Los trabajadores no tenían nombre, sólo números, tatuados sobre el cuerpo. Si uno moría, el gerente de la fábrica no estaba obligado a indicar la causa de la muerte: se limitaba a pedir el reemplazo. Höss declaró que la iniciativa de obtener mano de obra judía siempre correspondía a la empresa: «Los campos de concentración nunca ofrecieron fuerza de trabajo a la industria. Por el contrario, los prisioneros fueron enviados a las empresas sólo después que éstas los solicitaron.»[139] Todas las compañías implicadas en el asunto sabían exactamente lo que estaba sucediendo. Y ese conocimiento no se limitaba a los gerentes de muy alto rango y a los que participaban en las operaciones concretas con los judíos no esclavizados. Había innumerables visitas a los campos. En unos pocos casos se han conservado las reacciones vertidas sobre el papel. Así, un empleado de la IG Farben, que observó el funcionamiento del trabajo forzado en Auschwitz, el 30 de julio de 1942, escribió a un colega de Fráncfort, utilizando el tono de ironía chistosa que muchos alemanes adoptaban: «Bien puedes imaginar que la raza judía está representando aquí un papel especial. La dieta y el trato dispensados a este género de personas armoniza con nuestro propósito. Sin duda, es difícil que se observe en esta gente aumento de peso. Las balas comienzan a silbar al más mínimo intento de un "cambio de aire", y también es indudable que muchos ya han desaparecido como resultado de una "insolación".»[140]

Pero matar a los judíos por el recurso del hambre y el trabajo no era un proceso lo bastante rápido para Hitler. Decidió apelar también a la masacre masiva, de acuerdo con el espíritu que ya había manifestado en su conversación con el comandante Hell. Las órdenes firmadas por Hitler, del tipo que sean, no son frecuentes, y menos las que se relacionan con los judíos. La carta más extensa que Hitler escribió acerca de la política judía se remonta a la primavera de 1933, como respuesta a una petición de Hindenburg de eximir de los decretos antijudíos a los veteranos de guerra.[141] La ausencia de órdenes escritas llevó a la afirmación de que la solución final fue obra de Himmler, y de que Hitler no sólo no impartió la orden, sino que ni siquiera sabía lo que estaba sucediendo.[142] Pero este argumento es insostenible.[143] La administración del Tercer Reich a menudo era caótica, pero su principio fundamental era bastante claro: todas las decisiones fundamentales provenían de Hitler, y esto era especialmente aplicable a la política referida a los judíos, que fue el centro de sus preocupaciones y la fuerza dinámica de toda su carrera. Era con mucho el más obsesivo y fundamentalmente antisemita de todos los jefes nazis. A juicio de Hitler, incluso Streicher había sido atraído por los judíos: «Idealizaba al judío», insistía Hitler en diciembre de 1941. «El judío es más bajo, más cruel, más diabólico que todo lo que ha dicho Streicher.»[144] Hitler aceptaba la forma más extrema de la teoría antisemita de la conspiración: creía que el judío era perverso por naturaleza, y que incluso era la encarnación del mal y el símbolo mismo.[145] En el curso de su carrera concibió el «problema judío» en términos apocalípticos, y el Holocausto fue el resultado lógico de sus opiniones. Las órdenes que dio para desencadenarlo tuvieron carácter oral, pero fueron invocadas invariablemente por Himmler y otros como la autoridad obligada, de acuerdo con las fórmulas acostumbradas: «el deseo del Führer», «la voluntad del Führer», «con la aprobación del Führer», «ésta es mi orden, y también el deseo del Führer».

La fecha decisiva de la solución final fue casi con seguridad el 1 de septiembre de 1939, el día en que comenzaron las hostilidades. El 30 de enero de ese año Hitler había afirmado claramente cuál sería su propia reacción frente a la guerra: «Si la comunidad financiera judía internacional de Europa y de fuera de ella lograse de nuevo arrojar a las naciones a otra guerra mundial, la consecuencia no sería la bolchevización de la tierra, y por lo tanto la victoria de los judíos, sino la aniquilación *(Vernichtung)* de la raza judía en Europa.» Hitler entendió que la guerra era la autorización que le permitía el genocidio y puso en movimiento el proceso científico el mismo día que comenzó el conflicto. El primer programa, que previó el asesinato experimental, fue ideado en la Cancillería de Hitler, y la orden original fue comunicada en el papel de cartas del propio Hitler el 1 de septiembre de 1939: autorizaba el sacrificio de los locos incurables. El programa recibió la designación en código de T-4, por la dirección de la Cancillería, que era Tiergartenstrasse 4, y desde el principio tuvo las características del programa del genocidio: la participación de las SS, el eufemismo, el engaño. Es significativo que el primer hombre designado para encabezar el programa de eutanasia, el Obergruppenführer de las SS doctor Leonard Contin, fuera depuesto cuando pidió órdenes escritas de Hitler. Fue reemplazado por otro médico de las SS, Philip Boyhaler, que aceptó las órdenes de palabra.[146]

Las SS experimentaron con varios gases, incluso con monóxido de carbono y el pesticida con base de cianuro que tenía el nombre comercial de Zyklon-B. La primera cámara de gas fue dispuesta en un centro de ejecución de Brandeburgo a fines de 1939, y Karl Brandt, médico de Hitler, presenció una prueba que consistió en matar a cuatro dementes. Informó a Hitler, que ordenó que se utilizara solamente monóxido de carbono. Después, se procedió a equipar cinco centros más. Se denominó «sala de duchas» a la cámara de gas y se dijo a las víctimas, llevadas en grupos de veinte o treinta personas, que iban a tomar una ducha. Se cerraban las entradas, y el médico de guardia las gaseaba. Fue el mismo procedimiento básico utilizado después en los campos de exterminio masivo. El programa llevó a la matanza de entre ochenta mil y cien mil personas, pero se interrumpió en agosto de 1941 a causa de las protestas de las iglesias; fue la única ocasión en que impidieron que Hitler matase gente. Pero a estas alturas, el sistema ya se usaba para matar judíos de los campos de concentración que estaban demasiado enfermos para trabajar. De modo que el programa de eutanasia se fundió en la solución final y hubo continuidad en los métodos, el equipo y el personal experto.[147]

Debe destacarse que la liquidación de un elevado número de judíos continuó en Polonia a lo largo de 1940 y la primavera de 1941, pero la fase de exterminio masivo no comenzó realmente hasta la invasión hitleriana de Rusia, el 22 de junio de 1941. Esta operación militar fue concebida para destruir el centro de la conspiración judeobolchevique y dar acceso a Hitler a los cinco millones de judíos que entonces estaban bajo control soviético. Se exterminaba con dos métodos: las unidades móviles de ejecución y los centros fijos o campos de la muerte. El sistema de las instalaciones móviles se remonta al 22 de julio de 1940, cuando la idea hitleriana de la guerra total, que implicaba el exterminio masivo, fue expuesta por primera vez al ejército. Ciertamente, el ejército estuvo muy implicado en la solución final, pues las unidades de ejecución de las SS estaban bajo su mando para fines tácticos. Una entrada escrita el 3 de marzo de 1941 en el diario de guerra del general Jodl registra la decisión de Hitler de que, en la inminente campaña rusa, las unidades de policía de las SS se acercaran a las zonas militares de la línea del frente con el fin de «eliminar» a la «intelectualidad judeobolchevique».[148]

Éste fue el origen de los Einsatzgruppen, los batallones móviles de ejecución. Se los dirigía desde la Oficina Principal de Seguridad del Reich, encabezada por Reinhard Heydrich, y la cadena de mandos era Hitler-Himmler-Heydrich. Había cuatro batallones de este tipo, A, B, C y D, cada uno formado por quinientos a novecientos hombres, asignados a cada uno de los cuatro grupos de ejército que invadieron Rusia. Contaban con una elevada proporción de oficiales de alto rango, reclutados en las SS, la Gestapo y la policía, y también con muchos intelectuales y abogados. Otto Ohlendorf, que mandaba el grupo D, tenía licenciaturas por tres universidades y un doctorado en jurisprudencia. Ernst Biberstein, uno de los comandantes del grupo C, era pastor protestante, teólogo y funcionario eclesiástico.

De los judíos residentes en territorio soviético, cuatro millones vivían en áreas ocupadas por el ejército alemán entre 1941-1942. De ese total, dos millones y medio huyeron antes de la llegada de los alemanes. Del resto, el 90 % estaba concentrado en las ciudades, y este hecho facilitó las masacres cometidas por los Einsatzgruppen. Los batallones de ejecución actuaban directamente detrás de las unidades militares y rodeaban a los judíos antes de que las poblaciones urbanas supieran lo que les esperaba. En la batida inicial, los cuatro grupos informaron en diferentes fechas, entre mediados de octubre y principios de diciembre de 1941, de que habían exterminado a 125.000, 45.000, 75.000 y 55.000 personas respectivamente. Pero muchos judíos quedaron atrás, en las zonas de retaguardia, de modo que se enviaron equipos de ejecución para atraparlos y exterminarlos. El ejército cooperó entregándolos y se lavó la conciencia diciendo que los judíos eran «guerrilleros» o «consumidores superfluos». A veces el ejército se ocupaba también de matar judíos. Tanto los militares como las SS incitaron al pogromo, para ahorrarse trabajo. Hubo escasa resistencia de los judíos. Los civiles rusos cooperaron, aunque se registró el caso de un alcalde local fusilado porque intentó «ayudar a los judíos».[149] Grupos bastante pequeños de asesinos eliminaron a un enorme número de personas. En Riga, un oficial y 21 hombres mataron a 10.600 judíos. En Kíev, dos pequeños destacamentos del grupo C mataron a más de 30.000 personas. A fines de 1941 comenzó una segunda batida y duró todo el año de 1942. En este proceso se procedió a la eliminación de más de 900.000 personas. La mayoría de los judíos fueron fusilados fuera de las ciudades y echados en zanjas que se convertían en tumbas. Durante la segunda operación, se cavaban primero las tumbas colectivas. Los asesinos disparaban sobre los judíos apuntando a la nuca, el método empleado por la policía secreta soviética, o aplicaban el «método de la sardina». Según éste, los judíos se tendían en el fondo de la tumba formando una primera capa y los alemanes que estaban arriba los liquidaban. Los que formaban la capa siguiente se acostaban sobre los primeros cuerpos, con la cabeza mirando los pies de la víctima anterior. Había cinco o seis capas, y después se llenaba la tumba.

Algunos judíos se ocultaban bajo los pisos o en los sótanos. Se los obligaba a salir mediante granadas o se los quemaba vivos. Algunas muchachas judías ofrecían su cuerpo para salvar la vida; se las utilizaba durante la noche, pero de todos modos las mataban a la mañana siguiente. Algunos judíos sólo resultaron heridos y vivieron horas, e incluso días. Hubo muchos actos de sadismo. También se observó resistencia, incluso en esos asesinos seleccionados, a masacrar a tanta gente que no ofrecía resistencia: ni un solo miembro de ninguno de los grupos murió durante las operaciones. Himmler realizó una sola visita para presenciar el trabajo y vio fusilar a cien judíos a mediados de agosto de 1941. Ha quedado constancia del episodio. Himmler no pudo resistir el espectáculo de las sucesivas andanadas. El comandante se lo reprochó: «Reichsführer, son sólo cien.» Himmler: «¿Qué quiere decir con eso? Mire los ojos de los hombres de este *Kommando*. ¡Qué conmovidos están! Estos hombres están acabados para el resto de su vida. ¿Qué clase de partidarios estamos formando aquí? ¿O neuróticos o salvajes?» Después, Himmler pronunció un discurso ante los hombres, exhortándolos a obedecer «la Suprema Ley Moral del Partido».[150]

Para evitar el contacto personal entre asesinos y víctimas implícito en la muerte a tiros, los grupos ensayaron otros métodos. El empleo de dinamita dio resultados desastrosos. Luego, se pasó a la utilización de los camiones con gases y poco después se enviaron dos a cada batallón. Entretanto, estas operaciones móviles de exterminio se complementaban con el empleo de centros fijos, los campos de la muerte. Se procedió a construir y equipar seis: en Chelmno y Auschwitz, es decir, en los territorios polacos incorporados al Reich; y en Treblinka, Sobibor, Maidanek y Belzec, en el Gobierno General polaco. En cierto sentido, la expresión *campo de la muerte* como categoría especial es engañosa. Había 1.634 campos de concentración y satélites, y más de 900 campos de trabajo.[151] Todos eran campos de la muerte, en el sentido de que allí murieron un número enorme de judíos, por hambre o exceso de trabajo, o ejecutados por delitos triviales, o en ocasiones sin motivo alguno. Pero estos seis campos fueron proyectados intencionadamente o se los amplió para llevar a cabo la masacre en escala industrial.

Parece que Hitler dio la orden de iniciar el exterminio masivo en los centros fijos en junio de 1941, precisamente cuando las unidades móviles de ejecución entraron en acción. Pero como hemos visto, ya se practicaba la eliminación en gran escala mediante el gas, y en marzo de 1941 Himmler ya había ordenado a Höss, comandante de Auschwitz, que ampliase el campo con ese fin. Se lo había elegido, según le dijo Himmler, a causa del cómodo acceso ferroviario y su aislamiento respecto de los centros poblados. Poco después, Himmler ordenó a Odilo Globocnik, jefe de la policía de las SS en Lublin, que construyese Maidanek, y este oficial se convirtió en el jefe de una red de exterminio que incluyó otros dos campos de la muerte, es decir Belzec y Sobibor. La cadena de mandos era ésta: las órdenes de Hitler pasaban por Himmler, y de éste se transmitían a los comandantes de cada campo. Pero en su condición de administrador del Plan Cuatrienal, Hermann Göring estaba comprometido administrativamente en la tarea de obtener la cooperación de diferentes burocracias oficiales. Se trata de un aspecto importante que demuestra que, si bien las SS fueron el agente ejecutivo del Holocausto, el crimen total fue un esfuerzo nacional que englobó a todos los estamentos del gobierno alemán, a sus fuerzas armadas, a su industria y su partido. Como dijo Hilberg: «La cooperación entre estos estamentos era tan absoluta que bien podemos hablar de su fusión en un mecanismo destructivo.»[152]

Göring delegó la función coordinadora en Heydrich, que, como jefe de la RSHA y de la Policía de Seguridad, representaba la confluencia del Estado y el partido, y le envió una orden escrita, el 31 de julio de 1941:

Como complemento de la tarea que se le confió a usted en el decreto de fecha 24 de enero de 1939, a saber, la resolución del problema judío mediante la emigración y la evacuación del modo más favorable posible, dadas las actuales condiciones, con esta orden le encargo realizar todos los preparativos necesarios en relación con los aspectos organizativos, jurídicos y financieros, para llegar a una solución total del problema judío en la esfera de influencia alemana en Europa. En la medida en que este asunto afecte a las áreas de competencia de otras organizaciones centrales, será necesario que éstas colaboren.[153]

A su vez, Heydrich impartió órdenes a Adolf Eichmann, su funcionario de la RSHA responsable de los «Asuntos Judíos y Asuntos de Evacuación». Eichmann asumió la responsabilidad administrativa del conjunto del Holocausto, aunque Himmler tenía la responsabilidad operativa a través de sus comandantes de los campos. Eichmann fue quien redactó la orden del 31 de julio de 1941 firmada por Göring. Pero al mismo tiempo Hitler impartió a Heydrich otra orden verbal, y éste se la transmitió a Eichmann: «Acabo de hablar con el Reichsführer: el Führer ha ordenado ahora la destrucción física de los judíos.»[154]

La construcción de la máquina de asesinato masivo continuó durante el verano y el otoño de 1941. Dos civiles de Hamburgo llegaron a Auschwitz para enseñar al personal el modo de manipular el Zyklon-B, que allí era el modo preferido de exterminio. En septiembre se procedió a la primera administración de gas, en el Bloque II de Auschwitz, utilizando a doscientos cincuenta pacientes judíos del hospital y a seiscientos prisioneros rusos. Después, comenzó el trabajo en Birkenau, el principal centro de exterminio de Auschwitz. El primer campo de la muerte completado estaba en Chelmno, cerca de Lodz, y comenzó a funcionar el 8 de diciembre de 1941, utilizando gases del tubo de escape de los camiones. Se había proyectado para el día siguiente una conferencia de la RSHA acerca del exterminio y debía realizarse en una villa de la zona residencial berlinesa de Wannsee. La conferencia se postergó a causa de Pearl Harbor y no se realizó hasta el 20 de enero de 1942. En ese momento ya se manifestaba cierta ansiedad en los altos dirigentes nazis. La resistencia de Rusia y la entrada de Estados Unidos en la guerra sin duda convenció a muchos de ellos de que era improbable que Alemania venciera. La conferencia debía reafirmar el propósito de la solución final y coordinar medios para su ejecución. Se ofreció el almuerzo, y mientras los camareros servían el brandy, varios de los presentes destacaron la necesidad de actuar con rapidez. A partir de ese momento las exigencias del Holocausto tuvieron prioridad incluso sobre el propio esfuerzo bélico, y esa actitud reflejó la decisión de Hitler de que, fuera cual fuese el desenlace de la guerra, los judíos europeos no podrían sobrevivir.

A lo de Wannsee le siguió una acción rápida. Belzec cobró carácter operativo el mes siguiente. La construcción de Sobibor comenzó en marzo. Al mismo tiempo, Maidanek y Treblinka se transformaron en centros de muerte. Después de un informe de Globocnik, que estaba al cargo de los campos del Gobierno General, Goebbels escribió (27 de marzo de 1942): «Está aplicándose a los judíos un castigo bárbaro [...]. La profecía que el Führer hizo acerca de ellos por haber provocado una nueva guerra mundial está comenzando a cobrar realidad del modo más terrible.»[155]

Goebbels escribió estas líneas en su diario. En las órdenes efectivas, incluso en las que tenían circulación muy limitada, invariablemente se describía el genocidio en un código eufemístico. Incluso en la conferencia de Wannsee, Heydrich usó el código. Dijo que todos los judíos serían «evacuados al este» y formarían columnas de trabajo. La mayoría «moriría por debilitamiento natural», pero el núcleo duro, capaz de reconstruir la comunidad judía, sería «tratado en concordancia». Esta última expresión, que significaba «asesinado», ya era conocida gracias a los informes de los Einsatzgruppen. Había muchos eufemismos oficiales para encubrir el asesinato, y los utilizaban los que actuaban en las operaciones y los entendían muy bien innumerables millares de individuos que no participaban en el asunto: medidas de la Policía de Seguridad, tratado al estilo de la Policía de Seguridad, acciones, acciones especiales, trato especial, trasladado al este, reasentamiento, trato adecuado, limpieza, importantes operaciones de limpieza, sometido a medidas especiales, desplazado al este, reubicado, tratamiento apropiado, limpieza, operaciones de limpieza mayores, eliminación, solución, depuración, liberación, acabado, emigración, dispersión, expulsión, desaparición. Los eufemismos se consideraban necesarios, incluso en el ambiente de los profesionales del asesinato en masa, para reducir todo lo posible las reflexiones ante la tremenda enormidad de lo que estaban haciendo. Había alrededor de 8.861.800 judíos en los países europeos que se encontraban directa o indirectamente bajo el control nazi. Se calcula que de este total los nazis mataron a 5.933.900, es decir, el 67 %. En Polonia, que tenía con mucho el número más elevado de judíos, 3.300.000, mataron a más del 90 %. Se llegó al mismo porcentaje en los estados bálticos, Alemania y Austria, y se eliminó a más del 70 % en el protectorado de Bohemia, Eslovaquia, Grecia y los Países Bajos. Más del 50 % de los judíos fueron exterminados en Bielorrusia, Ucrania, Bélgica, Yugoslavia, Rumania y Noruega.[156] Los seis grandes campos de la muerte fueron las zonas principales de destrucción, y así se masacró a más de 2.000.000 en Auschwitz, 1.380.000 en Maidanek, 800.000 en Treblinka, 600.000 en Belzec, 340.000 en Chelmno y 250.000 en Sobibor. La velocidad con que trabajaban las cámaras de gas era sobrecogedora. Treblinka tenía diez, y en cada una cabían simultáneamente 200 personas. Höss se vanagloriaba de que cada una de las cámaras de gas de Auschwitz podía admitir 2.000 personas. Utilizando cristales de gas Zyklon-B, las cinco cámaras de Auschwitz podían liquidar a 60.000 hombres, mujeres y niños en veinticuatro horas. Höss dijo que había asesinado a 400.000 judíos húngaros (además de otros grupos) durante el verano de 1944, y que en total «por lo menos»

2.500.000 de seres humanos (judíos y no judíos) fueron gaseados e incinerados en Auschwitz, además de otro medio millón que murieron de hambre y enfermedad. Durante muchos meses de 1942, 1943 y 1944 los nazis mataban semanalmente y a sangre fría a más de 100.000 personas, principalmente judíos.[157]

Que en la Europa civilizada pudieran cometerse atrocidades en esta escala, aunque fuese en tiempo de guerra y tras la pantalla protectora del ejército alemán, suscita una serie de interrogantes acerca del comportamiento del pueblo alemán, sus aliados, sus colaboradores y conquistas, acerca de los británicos y de los norteamericanos y, lo que no es menos importante, acerca de los propios judíos. Examinemos sucesivamente cada uno de ellos.

El pueblo alemán estaba al tanto del genocidio y lo aceptaba. Había 900.000 hombres solamente en las SS, además de 1.200.000 que trabajaban en los ferrocarriles. Los trenes eran un elemento delator. La mayoría de los alemanes sabían el significado de los trenes enormes y atestados que circulaban por la noche, como lo sugiere una observación registrada: «¡Esos malditos judíos, ni siquiera nos dejan dormir de noche!»[158] Los alemanes fueron beneficiarios del crimen. Decenas de miles de relojes de hombre y de mujer, de plumas estilográficas y portaminas robados a las víctimas fueron distribuidos en las fuerzas armadas; en un solo periodo de seis semanas, 222.269 trajes de hombre y mudas de ropa interior, 192.652 conjuntos de prendas femeninas y 99.922 conjuntos de ropas infantiles tomados de los que fueron gaseados en Auschwitz se distribuyeron en la retaguardia alemana.[159] Los beneficiarios sabían en general de dónde venían. Los alemanes hicieron muy poco para protestar por lo que estaba haciéndose a los judíos o para ayudarlos a huir. Pero hubo excepciones. En Berlín, en el corazón mismo del imperio hitleriano, varios millares de los 160.000 judíos de la ciudad consiguieron escapar pasando a la clandestinidad, convirtiéndose en «submarinos», como se los llamaba. En todos los casos, tuvieron la complicidad y la ayuda de alemanes no judíos.[160] Uno de aquéllos fue el estudioso Hans Hirschel, que se convirtió en submarino en febrero de 1942. Se trasladó al piso de su amante, la condesa Maria von Maltzan, cuñada del mariscal de campo Walter von Reichenau, que era un ardiente nazi. Ella le preparó una cama parecida a una caja a la cual él podía trepar, con orificios para respirar. Todos los días ella le acercaba un vaso de agua y un antitusígeno. Cierto día, la señora llegó a su piso y oyó a Hirschel y a otro submarino, Willy Buschoff, que cantaban a voz en cuello: «Escucha, oh Israel, al Señor nuestro Dios, el Señor es uno.»[161]

Los austríacos eran peores que los alemanes. En el Holocausto, representaron un papel que de ningún modo guardó proporción con su número. No sólo Hitler, sino Eichmann y Ernst Kaltenbrunner, jefe de la Gestapo, eran austríacos. En los Países Bajos dos austríacos, Arthur Seyss-Inquart y Hanns Rauter, dirigieron la matanza de los judíos. En Yugoslavia, dé un total de 5.090 criminales de guerra, 2.499 eran austríacos. Los austríacos se destacaron en los batallones móviles de ejecución. Proporcionaron un tercio del personal de las unidades de exterminio de las SS. Había austríacos al frente de cuatro de los seis principales campos de la muerte, y allí perdieron la vida casi la mitad de los seis millones de víctimas judías.[162] Los austríacos eran antisemitas mucho más apasionados que los alemanes. Menashe Mautner, un veterano inválido de la Primera Guerra Mundial que tenía una pierna de madera, cayó sobre el pavimento helado de las calles de Viena y permaneció allí tres horas, solicitando inútilmente la ayuda de los transeúntes. Veían su estrella y se negaban a ayudarlo.[163]

Los rumanos no fueron mejores que los austríacos; en ciertos aspectos fueron incluso peores. Había 757.000 judíos en la Rumania de preguerra y estaban entre los peor tratados del mundo. El Gobierno rumano siguió paso a paso la política antijudía de Hitler, con mucha menos eficiencia pero más animosidad. A partir de agosto de 1940 los judíos fueron despojados por ley de sus posesiones y empleos y sometidos al trabajo forzado sin remuneración. También hubo pogromos: en enero de 1941 asesinaron a 170 judíos en Bucarest. Los rumanos representaron un papel importante en la invasión de Rusia, que para ellos era también una guerra contra los judíos. Mataron a 200.000 judíos en Besarabia. Se los amontonaba en vagones para ganado, sin alimento ni agua, y se los trasladaba de un lado a otro sin un destino concreto. O se los desnudaba y obligaba a realizar marchas forzadas, algunos completamente desnudos, otros cubiertos sólo con periódicos. Los soldados rumanos que estaban en el Einsatzgruppe D, en el sur de Rusia, ofendían incluso a los alemanes por su crueldad y porque no enterraban los cadáveres de los judíos a quienes asesinaban. El 23 de octubre de 1941 los rumanos realizaron una matanza generalizada de judíos en Odesa, después de que una mina terrestre destruyera su cuartel general del ejército. Al día siguiente confinaron a multitud de judíos en cuatro grandes depósitos, rociaron los lugares con gasolina y los incendiaron: de ese modo murieron quemadas de 20.000 a 30.000 personas. Con la aquiescencia alemana, impusieron su régimen en la provincia ucraniana de Transniestria, y ésa fue su propia contribución a la solución final. En este área de caza, mataron a 217.757 judíos (se calcula que 130.000 rusos y 87.757 rumanos), y los propios rumanos exterminaron a 138.957.[164] Después de los alemanes y los austríacos, los rumanos fueron los peores asesinos de judíos. Tendían más a castigar físicamente y a torturar o violar, y los oficiales eran peores que los soldados, pues elegían a las jóvenes judías más bonitas para incluirlas en sus orgías. También eran más codiciosos. Después de fusilar a los judíos, vendían los cadáveres a los campesinos locales, que los despojaban de sus ropas. También estaban dispuestos a vender judíos vivos si de ese modo podían arrancarles dinero suficiente. Pero a partir de 1944 su actitud fue menos belicosa, pues comprendieron que los aliados ganarían la guerra.[165]

También en Francia hubo un importante sector de la opinión pública dispuesto a intervenir activamente en la solución final de Hitler. Era la parte de la población que nunca había perdonado la victoria *dreyfusard* en 1906, y su odio a los judíos se intensificó a causa del gobierno del Frente Popular de 1936, encabezado por Blum. Como en Alemania, entre los antisemitas había un gran número de intelectuales, sobre todo escritores. Había un médico, F. L. Destouches, que escribía bajo el seudónimo literario de Céline. Su diatriba antisemita, *Bagatelles pour un massacre* [Bagatelas para una masacre] (1937), firmada con su verdadero nombre, influyó mucho poco antes de la guerra y durante ésta, y en ese trabajo sostenía que Francia ya era un país ocupado (y en su condición femenina, violado) por los judíos, y que una invasión hitleriana sería una liberación. Esta obra extraordinaria revivió el concepto profundamente arraigado de que los ingleses mantenían una alianza impía con los judíos, con el propósito de destruir a Francia. Durante el caso Dreyfus la frase «*Oh, Yes*», pronunciada con exagerado acento inglés, era un grito de guerra antisemita, y en *Bagatelles* Céline enumera los lemas de la conspiración mundial anglojudía: «Taratboum! Di! Yie! By gosh! Vive le Roi! Vivent les Lloyds! Vive Tahure! Vive la Cité! Vive Madame Simpson! Vive la Bible! Bordel de Dieu! Le monde est un lupanar juif!»[166] Había por lo menos diez organizaciones políticas antisemitas en Francia, algunas financiadas por el gobierno nazi, que reclamaban el exterminio de los judíos. Por fortuna no acordaron una política común. Pero su oportunidad llegó cuando el Gobierno de Vichy adoptó una posición antisemita. Darquier de Pellepoix, que había fundado el Rassemblement Anti-Juif de France en 1938, se convirtió en comisario general de asuntos judíos de Vichy en mayo de 1942.[167] La mayoría de los franceses rehusaron colaborar con la política de la solución final, pero los que cooperaron se mostraron más entusiastas que los alemanes. Así, Hitler consiguió matar a 90.000 (26 %) judíos franceses, y de los 75.000 deportados de Francia con la ayuda de las autoridades francesas, sólo sobrevivieron 2.500.[168] Había un importante ingrediente de odio personal en el antisemitismo francés del tiempo de guerra. En 1940, las autoridades de Vichy y las alemanas recibieron de tres a cinco millones de cartas calumniosas que denunciaban a determinados individuos (no todos judíos).[169]

Hitler comprobó que su aliado italiano estaba mucho menos dispuesto a cooperar. Desde el fin de los Estados Pontificios, la comunidad judía italiana se había convertido en una de las mejor integradas de Europa. Como dijo a Herzl el rey Víctor Manuel III (1904): «Los judíos pueden ocupar cualquier cargo, y lo hacen [...]. Para nosotros los judíos son italianos de pleno derecho.»[170] Era también una de las comunidades más antiguas del mundo. Benito Mussolini solía bromear diciendo que los judíos «proporcionaron las ropas después del rapto de las Sabinas». Los judíos habían aportado dos primeros ministros italianos y un ministro de la Guerra; suministraban un número desproporcionadamente elevado de profesores universitarios, pero también de generales y almirantes.[171] El propio Mussolini osciló toda su vida entre el filosemitismo y el antisemitismo. Un grupo de judíos contribuyó a persuadirlo de la conveniencia de participar en la Primera Guerra Mundial, en el momento decisivo de su vida en que rompió con el internacionalismo marxista y se convirtió en nacionalsocialista. Cinco judíos estuvieron entre los fundadores originales de los *fasci di combattimento* en 1919, y los judíos se mostraron activos en todas las ramas del movimiento fascista. El artículo acerca del antisemitismo publicado en la *Enciclopedia Fascista* fue escrito por un estudioso judío. Tanto Margherita Sarfatti, biógrafa de Mussolini, como su ministro de Finanzas, Guido Jung, eran judíos. Cuando Hitler asumió el poder, Mussolini se presentó como el protector europeo de los judíos, y fue saludado por Stefan Zweig como el «*wunderbar* Mussolini».[172]

Cuando el Duce cayó bajo la influencia de Hitler, su faceta antisemita prevaleció, pero ésta carecía de profundas raíces emotivas. Había una franja definidamente antisemita en el partido fascista y el Gobierno, pero era mucho menos poderosa que en el régimen de Vichy y parece que careció por completo de apoyo popular. Respondiendo a la presión alemana, Italia dictó leyes raciales en 1938, y cuando entró en guerra, internó en campos a algunos judíos. Pero sólo cuando la rendición italiana de 1943 entregó la mitad de Italia al control militar alemán, Himmler pudo incorporar el país a la solución final. El 24 de septiembre impartió instrucciones a Herbert Kappler, su jefe de las SS en Roma, en el sentido de que debía detener y enviar a Alemania a todos los judíos, al margen de la edad o el sexo. Pero el embajador alemán en Roma, cuya amante italiana estaba ocultando a una familia de judíos en su propio hogar y con la aprobación del diplomático, no colaboró, y el comandante militar, el mariscal de campo Kesselring, dijo que necesitaba a los judíos para construir fortificaciones. Kappler utilizó su orden para extorsionar a la comunidad judía. Hubo una repugnante escena medieval en la embajada alemana, donde recibió a los dos líderes judíos, Dante Almansi y Ugo Foa, y les exigió 50 kilos de oro en el plazo de treinta y seis horas; de lo contrario, ordenaría ejecutar a 200 judíos. Los dos hombres pidieron que se les permitiese pagar en liras, pero Kappler se burló: «Puedo imprimir tantas liras como desee.» El oro fue entregado a la Gestapo en el plazo de cuatro días. El papa Pío XII se ofreció a suministrar todo lo que se necesitara, pero cuando llegó esta propuesta ya se había reunido suficiente, y muchos que no eran judíos, y especialmente los párrocos, habían contribuido. Una pérdida más grave fue la de los valiosísimos volúmenes de temas judíos existentes en la biblioteca de la comunidad, que fueron a engrosar la colección privada de Alfred Rosenberg.

Himmler, que deseaba matar judíos, y no recibir tesoros, se enfureció con Kappler y le envió a su experto en redadas, Theodor Dannecker, con un equipo de cuarenta y cuatro asesinos de las SS, para dirigir una *Judenaktion*. Dannecker había encabezado acciones análogas en París y Sofía. El embajador alemán ante la Santa Sede previno al Papa, que ordenó al clero romano que abriese santuarios. El Vaticano acogió a 477 judíos, y 4.238 más pudieron refugiarse en conventos y monasterios. La incursión fue un fracaso. Kappler informó: «El sector antisemita del pueblo no se manifestó en absoluto durante la acción, y sólo vimos una gran masa de personas que en algunos casos intentaron separar a la policía de los judíos.»

De todos modos, se detuvo a 1.007 judíos, que fueron enviados directamente a Auschwitz, donde todos salvo 16 fueron ejecutados.[173] Hubo incursiones en otras ciudades italianas, y en general también fueron frustradas por los italianos. Un superviviente notable fue Bernard Berenson, el vástago profundamente intelectual de una familia rabínica lituana que, en una era secular, se había convertido en la principal autoridad mundial en pintura renacentista italiana. La policía local le avisó de un modo indirecto: «*Dottore*, los alemanes quieren ir a su villa, pero nosotros no sabemos dónde está exactamente. ¿Puede darnos instrucciones para la visita de mañana por la mañana?» Los italianos lo ocultaron durante el resto de la ocupación alemana.[174]

En otros estados europeos, las SS recibieron escasa ayuda, y a veces ninguna en absoluto. Pero esto no siempre implicó el fracaso de las campañas de detención de judíos. En la Grecia ocupada, sin ayuda local, asesinaron prácticamente a la totalidad de la antigua comunidad judía de Salónica, que tenía 60.000 personas; se salvaron sólo 2.000. En Bélgica, a pesar de la resistencia local, mataron a 40.000 de un total de 65.000 judíos, y casi barrieron del mapa el famoso distrito del comercio de diamantes de Amberes. El esfuerzo de las SS en los Países Bajos fue particularmente intenso e implacable, y aunque los holandeses llegaron al extremo de declarar una huelga general para proteger a los judíos, la pérdida total fue de 105.000 personas en una comunidad de 140.000. Los finlandeses, aliados de Alemania, se negaron a entregar a sus 2.000 judíos. Los daneses consiguieron trasladar a Suecia a la casi totalidad de su comunidad judía de 5.000 personas. En cambio, la gran comunidad judía húngara, la última que fue sacrificada, sufrió elevadas pérdidas: 21.747 fueron asesinados en Hungría, 596.260 fueron deportados, y de éstos sobrevivieron sólo 116.500.[175]

La masacre masiva de los húngaros se llevó a cabo en momentos en que los aliados tenían superioridad aérea total y avanzaban deprisa. Esto planteó de manera aguda y práctica el interrogante: ¿podrían los aliados haber hecho algo eficaz para salvar a la comunidad judía europea? Los rusos estaban más cerca del Holocausto, pero nunca manifestaron el más mínimo deseo de ayudar de un modo o de otro a los judíos. Por el contrario, Raoul Wallenberg, el diplomático y humanista sueco, que trató de salvar vidas judías en Budapest, desapareció al llegar el ejército rojo, y se explicó a los suecos: «Las autoridades militares soviéticas han adoptado medidas para proteger al señor Raoul Wallenberg y sus pertenencias.» Jamás volvió a ser visto.[176]

En teoría, los gobiernos británico y norteamericano simpatizaban con los judíos, pero en la práctica los aterrorizaba la posibilidad de que una política agresivamente favorable a los judíos indujese a Hitler a ordenar una expulsión masiva de judíos, a quienes aquellas potencias se veían obligadas, por razones morales, a absorber. Para los nazis, la emigración era siempre un factor de la solución final, y aunque el conjunto de las pruebas parece demostrar que Hitler estaba decidido a asesinar a los judíos antes que a exportarlos, era perfectamente capaz de modificar su política para poner en un compromiso a los aliados si éstos le ofrecían la oportunidad. Goebbels escribió en su diario el 13 de diciembre de 1942: «Creo que tanto los británicos como los norteamericanos se sentirán complacidos de que estemos exterminando a la chusma judía.» Eso no era cierto. Pero ninguna de las dos potencias estaba dispuesta a salvar vidas judías aceptando un elevado número de refugiados. En el conjunto de las principales potencias europeas, Gran Bretaña era el país menos antisemita en la década de 1930. El movimiento de los camisas negras de sir Oswald Mosley, fundado en 1932, fracasó, y uno de los factores que no hay que desdeñar fue el hecho de que atacara a los judíos. Pero el Gobierno temía que la difusión del antisemitismo fuera el resultado inevitable de una inmigración masiva de judíos. Tampoco estaba dispuesto a atenuar las restricciones a la emigración incluidas en el Libro Blanco de 1939 sobre Palestina. Winston Churchill, siempre sionista, apoyaba una entrada mayor de judíos. Pero Anthony Eden, secretario de Relaciones Exteriores, argüía que la apertura de Palestina distanciaría a todos los aliados árabes de Gran Bretaña y destruiría su posición militar en Oriente Próximo. Cuando uno de los líderes judíos neoyorquinos, el rabino Stephen Wise, le pidió en Washington (27 de marzo de 1943) que apoyase una solicitud angloestadounidense a Alemania para que se permitiera a los judíos salir de la Europa ocupada, Eden le dijo que la idea era «fantásticamente imposible». Pero en privado confesó: «Hitler podría enredarnos con un ofrecimiento de esta clase.»[177] El Foreign Office se oponía a aceptar judíos y miraba con hostilidad incluso las peticiones judías en ese sentido: «Una cantidad desproporcionada del tiempo de esta oficina —escribió un alto funcionario— se malgasta tratando la situación de estos judíos llorones.»[178]

Es cierto que Estados Unidos podría haber recibido a gran número de refugiados judíos. De hecho, durante el periodo bélico sólo se aceptó a 21.000, el 10 % del número permitido por la ley de cuotas. La razón de esta actitud fue la hostilidad pública. Todos los grupos patrióticos, desde la Legión Norteamericana a los Veteranos de las Guerras en el Exterior, exigieron que se impidiese totalmente la inmigración. Hubo más antisemitismo durante la guerra que en cualquier otro periodo de la historia norteamericana. Las encuestas demostraron, durante el periodo 1938-1945, que del 35 al 40 % de la población habría apoyado la sanción de leyes antijudías. Según las encuestas, en 1942 se veía a los judíos como una amenaza más grave para Estados Unidos que la que podía provenir de otro grupo cualquiera, después de los japoneses y los alemanes. Por ejemplo, entre 1942 y 1944 todas las sinagogas del distrito de Washington Heights, en Nueva York, fueron profanadas.[179] La noticia del programa de exterminio era conocida desde mayo de 1942, cuando el Bund Obrero Judeopolaco recibió informes verificados de dos miembros judíos del Comité Nacional Polaco de Londres. Estos informes incluían descripciones de los camiones de gas de Chelmno, y la cifra de 700.000 judíos que ya habían sido asesinados. El *Boston Globe* lo publicó bajo el titular «Asesinatos masivos de judíos en Polonia superan la cifra de 700.000 personas», pero sepultó la noticia en la página 12. El *New York Times* afirmó que era «probablemente la más grande matanza masiva de la historia», pero le concedió sólo cinco centímetros.[180] En general, las noticias acerca del Holocausto merecían escasa atención y tendían a perderse en el estrépito general de los relatos de horror del tiempo de guerra. Pero además, en Estados Unidos se tropezaba con mucha resistencia para aceptar el hecho mismo del Holocausto, y se mantuvo esa actitud incluso cuando el ejército norteamericano entró en los campos. En un artículo publicado en *Nation*, James Agee reveló que se había negado a ver los filmes acerca de las atrocidades y los denunció como propaganda. Los soldados norteamericanos se enfurecían cuando la gente de su propia patria rehusaba creer lo que ellos habían visto o se negaban incluso a contemplar las fotos que traían a casa.[181]

Un obstáculo importante que se opuso a la acción fue el propio F. D. Roosevelt. Además de su moderado antisemitismo, era un hombre mal informado. Cuando se abordó el tema en la Conferencia de Casablanca, aludió a «las quejas comprensibles de los alemanes respecto de los judíos en Alemania, porque si bien representaban una parte reducida de la población, más del 50 % de los abogados, los médicos, los maestros de escuela y los profesores universitarios de Alemania eran judíos» (las proporciones reales eran 16,3, 10,9, 2,6 y 0,5 %).[182] Parece que Roosevelt se atuvo exclusivamente a los aspectos políticos internos. De todos modos, ya contaba con casi el 90 % del voto judío, y no consideró necesario actuar. Incluso una vez conocidos los detalles completos del exterminio sistemático, el presidente no hizo nada durante catorce meses.

En abril de 1943 se celebró en Bermudas una tardía conferencia anglonorteamericana acerca de la cuestión, pero el hecho no interesó a Roosevelt, y la conferencia decidió que no podía hacerse nada importante. De hecho, advirtió de manera explícita que no debía «haber ninguna gestión ante

Hitler para reclamar la liberación de posibles refugiados».[183] Por fin, se creó una Junta de Refugiados de Guerra. Ésta recibió escasa ayuda del gobierno, y el 90 % de sus fondos provino de fuentes judías. Pero sí consiguió salvar a 200.000 judíos, además de a 20.000 no judíos.

Se suscitó la cuestión del bombardeo de las cámaras de gas a principios del verano de 1944, cuando se inició el exterminio de los judíos húngaros. Churchill, sobre todo, estaba horrorizado y deseaba actuar. La matanza, escribe Churchill, «es probablemente el crimen más grande y más horrible jamás cometido en la historia del mundo». Ordenó a Eden el 7 de julio de 1944: «Consiga el máximo de efectivos aéreos posibles y recurra a mí si es necesario.»[184] La operación era viable. Una refinería de petróleo situada a 75 kilómetros de Auschwitz fue bombardeada por lo menos diez veces entre el 7 de julio y el 20 de noviembre de 1944 (en esta última fecha se había completado el Holocausto, y Himmler ordenó la destrucción de la máquina letal). El 20 de agosto, 127 B-17 bombardearon el área fabril de Auschwitz a menos de 8 kilómetros al este de las cámaras de gas.[185] No es posible demostrar si el bombardeo habría salvado vidas judías. Las SS mostraron una tenacidad fanática en el asesinato de judíos, al margen de los obstáculos físicos y militares. En todo caso, valía la pena intentarlo. Sin embargo, Churchill fue el único partidario real en los gobiernos de Gran Bretaña y Estados Unidos. Las dos fuerzas aéreas detestaban las operaciones militares que estuvieran orientadas a la destrucción de fuerzas enemigas o del potencial bélico. El Departamento de Guerra norteamericano rechazó el plan sin examinar siquiera su viabilidad.

Aquí llegamos a un punto difícil e importante. La negativa a distraer fuerzas para acometer una operación especial de rescate de judíos concordaba con la política bélica general. Ambos gobiernos habían decidido, con el acuerdo de sus respectivas comunidades judías, que la derrota rápida y total de Hitler era el mejor modo de ayudar a los judíos. Ésta fue una de las razones por las cuales la nutrida y poderosa comunidad judía de Estados Unidos concedió escasa prioridad al tema del bombardeo. Pero una vez aceptado que ganar la guerra era el objetivo supremo, la solución final debía ponerse en esta perspectiva, y para el esfuerzo bélico nazi, la política antijudía fue del principio al fin una herida autoinfligida. Del lado alemán se oponían todos los que, siendo jefes militares o industriales, adoptaban un enfoque racional de la guerra. El asunto ocupaba a decenas de miles de miembros del personal militar. A menudo paralizaba el sistema ferroviario, incluso mientras se libraban batallas esenciales. También supuso la muerte de más de tres millones de trabajadores productivos, muchos de ellos altamente especializados. Además, los judíos que trabajaban en la industria bélica, conscientes de su probable destino, se esforzaban fanáticamente por hacerse indispensables para el esfuerzo de guerra. Hay muchas pruebas que demuestran que todos los alemanes comprometidos en la producción se esforzaron mucho por mantener a su personal judío. Para citar sólo uno de muchos ejemplos, el organizador de fábricas de material bélico en la Rusia ocupada informaba:

Era casi insoluble el problema de hallar administradores expertos. Casi todos los ex propietarios eran judíos. Todas las empresas habían sido confiscadas por el Estado soviético. Los comisarios bolcheviques han desaparecido. Los administradores ucranianos [eran] incompetentes, poco dignos de confianza y completamente pasivos [...]. Los auténticos expertos y los verdaderos cerebros son judíos, sobre todo los ex propietarios o los ingenieros [...]. Hacen todo lo que pueden y extraen hasta el último gramo de producción, hasta ahora casi sin paga, pero naturalmente con la esperanza de hacerse indispensables.[186]

Pero por supuesto, todos estos judíos fueron asesinados. Por lo tanto, el Holocausto fue uno de los factores que estaban haciendo que Hitler perdiese la guerra. Los gobiernos británico y norteamericano lo sabían. Lo que no calibraron suficientemente era que el principal beneficiario del Holocausto era el ejército rojo, y el beneficiario político definitivo sería el Imperio soviético.[187]

El cálculo de los aliados podría haber sido distinto si los judíos hubiesen creado un movimiento de resistencia. No lo hubo. Muchas razones explican esta situación. Los judíos habían sido perseguidos durante un milenio y medio y habían aprendido por una larga experiencia que la resistencia costaba vidas en lugar de salvarlas. Su historia, su teología, su folclore, su estructura social e incluso su vocabulario los preparaban para negociar, pagar, alegar, protestar, pero no para luchar. Además, las comunidades judías, sobre todo en Europa oriental, se habían visto mutiladas por muchas generaciones de migración masiva. Los más ambiciosos habían viajado a América. Los más enérgicos y atrevidos, y sobre todo los más militantes, habían ido a Palestina. Esta pérdida de los individuos mejores y más inteligentes había continuado hasta la guerra misma, e incluso se prolongó en el curso de la misma. Jabotinski había pronosticado el Holocausto. Pero los grupos judíos de Polonia, uniformados, adiestrados e incluso armados, no estaban concebidos para resistir a Hitler, sino para llevar judíos a Palestina. Por ejemplo, cuando estalló la guerra Menájem Beguin estaba acompañando a un grupo de mil emigrantes ilegales que cruzaban la frontera rumana de camino a Oriente Próximo. De modo que también él se marchó.[188] Eso tenía su lógica. Los judíos combativos deseaban resistir en Erets Yisrael, donde se les ofrecía una oportunidad, y no en Europa, donde la lucha carecía de esperanza.

La gran masa de judíos que permaneció en sus respectivos países, individuos abrumadoramente religiosos, fueron engañados y se autoengañaron. Su historia les decía que todas las persecuciones, por crueles que fuesen, finalmente acababan; que todos los opresores, por exigentes que fuesen, planteaban exigencias que en definitiva eran limitadas y podían satisfacerse. Su estrategia siempre se orientaba hacia la salvación del «resto». En el curso de cuatro mil años los judíos nunca habían afrontado y jamás habían imaginado un antagonista que reclamase no una parte o lo principal de su propiedad, sino todo; no sólo unas pocas vidas, o incluso muchas, sino todas, hasta el último niño. ¿Quién podía concebir un monstruo así? A diferencia de los cristianos, los judíos no creían que el demonio cobrase forma humana.

Precisamente para reducir al mínimo la posibilidad de resistencia, los nazis usaron implacablemente la sociología y la psicología judías. En Alemania utilizaron a la *Gemeinde* judía en cada ciudad, a la *Landesverbände* en cada región y a la *Reichsvereinigung* en todo el país, para conseguir que el trabajo preparatorio de la solución final estuviese a cargo de los propios judíos. La redacción de listas de nombres, el informe de los fallecimientos y los nacimientos, la difusión de las nuevas normas, la creación de cuentas bancarias especiales abiertas a la Gestapo, la concentración de judíos en determinados bloques de viviendas y la preparación de diagramas y mapas para la deportación. En los países ocupados éste fue el modelo de los Consejos Judíos, que involuntariamente ayudaron a los nazis a llegar a la Solución Final. Se procedió a organizar alrededor de mil de estas *Judenrate* con la participación de diez mil personas. Se formaron principalmente a partir de los *qehilot* (organismos congregacionales) religiosos de la preguerra. En las regiones ocupadas por los soviéticos, la totalidad de los jefes comunitarios más valerosos ya habían sido fusilados antes de la llegada de los alemanes. Éstos utilizaron las *Judenrate* para identificar a los perturbadores potenciales o reales y liquidarlos instantáneamente. Así, los líderes judíos tendieron a mostrarse sumisos, temerosos y aduladores. Los nazis los utilizaron primero para despojar a los judíos de todos sus objetos de valor, y después para organizar grupos de judíos destinados al trabajo forzado y a la deportación a los centros de exterminio. A cambio, se otorgó a esta gente privilegios y poder sobre sus correligionarios.[189]

El sistema mostró sus perfiles más odiosos y tremendos en los principales guetos polacos, y sobre todo en Lodz y

Varsovia. El gueto de Lodz reunía a 200.000 judíos, y la densidad era de 5,8 personas por habitación. Era en sí mismo un centro de exterminio y allí murieron 45.000 personas por enfermedad y hambre. El gueto de Varsovia tenía por lo menos 445.000 judíos, con una densidad por habitación de 7,2 personas; allí, 83.000 individuos murieron de hambre y enfermedad en menos de veinte meses. Se concentraba a los judíos en los guetos y después se los llevaba a los trenes de la muerte. Internamente, los guetos eran sórdidas tiranías, encabezadas por hombres como Jaím Mordejái Rumkowski, el vanidoso dictador del gueto de Lodz, que incluso ordenó imprimir su efigie en sellos de correo. Su poder se apoyaba en la policía judía desarmada (había dos mil hombres en el gueto de Varsovia), controlada por la policía polaca, y la Sip (policía de seguridad) armada y las SS vigilaban a todo el mundo. Los guetos no carecían de rasgos civilizados. Los servicios sociales judíos aprovechaban lo mejor posible sus escasos recursos. Se organizaron *yeshivot* secretas. Varsovia, Lodz, Vilna y Kovno incluso tenían orquestas, aunque oficialmente se les permitía tocar únicamente música de compositores judíos. Se imprimían y circulaban periódicos clandestinos. Como correspondía a una institución de tipo medieval, el gueto de Lodz tuvo una crónica.[190] Pero en la mente de los alemanes nunca cupo la más mínima duda acerca de la función del gueto y sus autoridades judías. Debía contribuir todo lo posible al esfuerzo bélico (Lodz tenía 117 pequeñas fábricas de material bélico, y Bialystok 20) y después, cuando llegase la orden de deportación a los campos, debían garantizar un procedimiento ordenado.

Para reducir al mínimo la resistencia, los alemanes mintieron en todas las etapas del proceso y utilizaron complicados engaños. Siempre insistían en que se deportaba a lugares de trabajo. Imprimieron tarjetas postales con el sello de Waldsee y se obligaba a los reclusos de los campos a enviarlas a casa, con leyendas como ésta: «Estoy bien. Trabajo y gozo de buena salud.» En el camino a Treblinka construyeron una falsa estación con una taquilla, el reloj pintado a mano y un cartel que decía: «Dirección Bialystok». Las cámaras de la muerte, disfrazadas de cuartos de duchas, tenían el signo de la Cruz Roja en las puertas. A veces, las SS ordenaban tocar música a orquestas formadas exclusivamente por prisioneros, mientras los judíos marchaban a los «cuartos de duchas». Se mantenía la ficción hasta el fin. Una nota hallada en las ropas de una víctima dice: «Llegamos al lugar después de un largo viaje y en la entrada principal hay un cartel que dice "Casa de baños". Fuera, la gente recibe jabón y una toalla. ¿Quién sabe lo que harán con nosotros?»[191] En Belzec, el 18 de agosto de 1942, Kurt Gerstein, experto en desinfección de las SS, oyó canturrear a un oficial de dicho cuerpo mientras los hombres, las mujeres y los niños desnudos entraban en la cámara de la muerte: «No teman, respiren hondo, que así fortalecerán los pulmones. Es un modo de impedir las enfermedades contagiosas. Es un buen desinfectante.»[192]

El engaño a menudo era eficaz porque los judíos querían que los engañaran. Necesitaban tener esperanza. Las SS difundían hábilmente en el gueto rumores de que sólo una parte de los judíos estaban destinados a la deportación. Y también consiguió convencer a los dirigentes judíos de que la cooperación máxima era la mejor posibilidad de supervivencia. Los judíos del gueto se resistían a creer en la existencia de los campos de exterminio. Cuando a principios de 1942 dos judíos jóvenes huyeron de Chelmno y explicaron lo que habían visto allí, se dijo que estaban trastornados por sus experiencias y se evitó trasladar el informe a la prensa clandestina. Sólo a partir de abril, cuando los informes de Belzec confirmaron la historia de Chelmno, los judíos de Varsovia creyeron en la existencia de la maquinaria de la muerte. En julio el jefe del gueto de Varsovia, Adam Czerniakow, al comprender que no podía salvar ni siquiera a los niños, tomó cianuro y dejó una nota: «Me siento impotente. Mi corazón se estremece de dolor y compasión. No puedo soportar todo esto. Mi actitud demostrará a todos qué es lo que debe hacerse.»[193] Pero incluso en esta etapa, muchos judíos se aferraban a la esperanza de que sólo algunos morirían. Ya'akov Gens, jefe del gueto de Vilna, dijo en una asamblea pública: «Cuando me piden mil judíos, los entrego. Pues si los judíos no los entregamos de grado, vendrán los alemanes y se los llevarán por la fuerza. Y entonces se apoderarán no de un millar, sino de muchos miles. Al entregar a centenares, salvo a un millar, al entregar a mil, salvo a diez mil.»[194]

La educación religiosa judía tendía a fomentar la pasividad. Los judíos jasídicos eran los que estaban más dispuestos a aceptar su destino como expresión de la voluntad de Dios. Citaban la Escritura: «Y tu vida será dudosa ante ti, y temerás día y noche, y no tendrás ninguna certeza sobre tu vida.»[195] Entraban en los trenes de la muerte envueltos en sus chales de plegaria, recitando los salmos. Creían en el martirio por la gloria de Dios. Si por azar o por compasión de Dios salvaban la vida, estaban ante un milagro. Durante el Holocausto se creó una colección completa de relatos jasídicos acerca de la salvación maravillosa de vidas individuales.[196] Un jefe comunitario observó: «Los verdaderamente piadosos ahora son más piadosos, pues ven en todo la mano de Dios.» Un miembro del Sonderskommando judío, que limpiaba las cámaras de la muerte de Auschwitz después de la administración del gas, atestiguó que vio a un grupo de judíos piadosos de Hungría y Polonia, que habían conseguido un poco de brandy, bailar y cantar antes de entrar en las cámaras de gas, porque sabían que poco después se reunirían con el Mesías. Otros judíos más seculares también hallaban alegría y aceptación de la voluntad de Dios en el horror. Los admirables diarios que la judía holandesa Ettie Hillesum llevó a Auschwitz demuestran que la tradición de Job se prolongó en el Holocausto: «A veces, cuando me detengo en un rincón del campo, los pies afirmados sobre tu tierra, mi mirada elevada hacia tu cielo, las lágrimas me bañan el rostro, lágrimas [...] de gratitud.»[197]

A medida que se vaciaron los guetos, algunos judíos decidieron combatir, aunque las divisiones políticas retrasaron la concertación de un plan. En Varsovia, con el pretexto de construir refugios antiaéreos, los judíos excavaron túneles conectados con el sistema de cloacas. Los dirigió Mordejái Anielewicz, un joven de veinticuatro años, que reclutó a 750 combatientes y consiguió apoderarse de 9 rifles, 59 pistolas y unas pocas granadas. Los nazis decidieron destruir el gueto el 19 de abril de 1943, utilizando las Waffen-SS. Por entonces sólo quedaban en él 60.000 judíos. En la lucha desesperada que siguió, la mayor parte bajo tierra, mataron a 16 alemanes e hirieron a 85. Anielewicz fue muerto el 8 de mayo, pero el resto resistió ocho días más, y al llegar el fin había varios millares de judíos muertos entre los escombros. Algunos países europeos, que tenían ejércitos bien equipados, no habían resistido tanto contra los nazis.[198]

Incluso hubo una revuelta en el propio Auschwitz, el 7 de octubre de 1944. Los judíos que trabajaban en una fábrica de Krupp consiguieron pasar de contrabando explosivos; algunos prisioneros de guerra soviéticos expertos los convirtieron en granadas y bombas. La revuelta misma estuvo a cargo del Sonderskommando de los Crematorios III y IV. Consiguieron volar el Crematorio III y matar a tres miembros de las SS. Los guardias mataron a 250 judíos, pero 27 escaparon. Cuatro jóvenes judías que consiguieron los explosivos fueron torturadas durante semanas, pero no dieron información. Roza Robota, que murió bajo la tortura, dejó su último mensaje: «Sed fuertes y valerosos.» Dos de ellas sobrevivieron a la tortura y fueron ahorcadas frente a todas las mujeres de Auschwitz, y una de ellas gritó al morir: «¡Venganza!»[199]

Pero en general no hubo resistencia en ninguna de las etapas del proceso de exterminio. Los alemanes siempre atacaban súbitamente, con fuerza abrumadora. Los judíos enmudecían de terror y desesperanza. Un testigo ocular de Dubno (Ucrania), escribió:

El gueto estaba rodeado por un importante destacamento de las SS y un número que era aproximadamente el triple de milicianos ucranianos. De pronto, se encendían las luces del gueto y alrededores [...] Se expulsaba de las casas a la gente con tal prisa que los niños pequeños que estaban acostados se quedaban atrás. En las calles las mujeres clamaban por sus hijos y los hijos por sus padres. Eso no impedía que las SS obligasen a la gente a avanzar por el camino a paso de carrera mientras la golpeaban hasta que llegaban al tren de carga que estaba esperando. Llenaban un vagón tras otro, y los gritos de las mujeres y los niños, y el ruido de los latigazos y los disparos resonaba sin cesar.[200]

Muchos judíos morían en los trenes y a los supervivientes, los enviaban directamente a las cámaras de la muerte. Kurt Gerstein vio, por la mañana temprano, la llegada de un tren de 6.700 judíos a Auschwitz, en agosto de 1942. Al llegar, había 1.450 muertos. Vio que 200 ucranianos, armados con látigos de cuero, abrían las puertas de los vagones de carga, ordenaban salir a los vivos y los castigaban en el suelo. Los altavoces aullaban la orden de desnudarse. Cortaban brutalmente los cabellos a todas las mujeres. Después, los llevaron a todos, completamente desnudos, a las cámaras de gas, que, según se les dijo, eran «baños desinfectantes».[201] Nadie tuvo la más mínima posibilidad de resistir. A lo sumo, podían destruir los miserables y arrugados dólares que habían ocultado en su cuerpo, de modo que los nazis no pudieran usarlos: el último y único gesto de protesta.[202]

No se ahorró a ningún judío el apocalipsis hitleriano. Se mantuvo el campo de Theresienstadt en Checoslovaquia, un lugar repleto de ancianos, para preservar la ficción de que sólo se estaba «reasentando» a los judíos. Allí se enviaba a los judíos supuestamente privilegiados, poseedores de la Cruz de Hierro de primera clase, o de otras condecoraciones aún más altas, y a los veteranos de guerra con disminuciones físicas del 50 %. Pero de los 141.184 individuos enviados allí, sólo sobrevivían 16.832 cuando el campo cayó en manos de los aliados, el 9 de mayo de 1945: habían gaseado a más de 88.000 ancianos y valientes.[203] Un judío nunca era demasiado viejo para salvarse del asesinato. Después del Anschluss, los amigos de Freud, anciano y canceroso, pagaron rescate a los nazis y lo llevaron a Inglaterra. Ni él ni nadie creyó que sus cuatro hermanas ancianas, que quedaban en Viena, corriesen peligro. Pero también ellas fueron atrapadas en la red nazi: Adolfine, de ochenta y un años, fue asesinada en Theresienstadt; Pauline, de ochenta, y Marie, de ochenta y dos, en Treblinka; y Rose, de ochenta y cuatro, en Auschwitz.

Ningún judío era demasiado joven para morir. A todas las mujeres que llegaban a los campos de la muerte las afeitaban totalmente, y se empaquetaban y enviaban a Alemania los cabellos. Si un niño de pecho era una molestia durante el afeitado, el guardia sencillamente le reventaba la cabeza contra la pared. Un testigo que declaró en los juicios de Nuremberg dijo: «Sólo los que vieron estas cosas con sus propios ojos creerán que los alemanes ejecutaban estas operaciones con sumo placer; cuánto les alegraba cuando conseguían matar a un niño con sólo tres o cuatro golpes; con qué satisfacción depositaban el cadáver en brazos de la madre.»[204] En Treblinka, a la mayoría de los niños los arrancaban de los brazos de sus madres al llegar, los mataban y los arrojaban a una zanja, junto a los inválidos y los tullidos. A veces, brotaban débiles gemidos de la zanja, donde los guardias tenían brazaletes de la Cruz Roja y se denominaba al lugar la Enfermería.

Que se aplastara la cabeza de los niños refleja la medida en que persistió el dualismo de la violencia antisemita, de modo que se procedía a una matanza secreta y científica al mismo tiempo que se cometían actos súbitos y espontáneos de inenarrable crueldad. Los judíos murieron en todas las formas conocidas por la humanidad depravada. En la cantera de Mauthausen, se obligó a un judío italiano que tenía buena voz a subir a un promontorio que ya tenía colocada la dinamita, y después se provocó la explosión y la muerte del cantor mientras éste entonaba el *Ave María*. Centenares de judíos holandeses tuvieron que saltar desde el risco que dominaba la cantera, denominado el muro del Paracaidista, y así hallaron la muerte.[205] Muchos miles de judíos fueron flagelados hasta morir por infracciones triviales en los campos: conservar una moneda o un anillo de boda, abstenerse de retirar la insignia judía de las ropas de los asesinados, llevarse un pedazo de pan de una panadería exterior al campo, beber agua sin permiso, fumar, saludar mal. Incluso hubo casos de decapitación. Kurt Franz, subcomandante de Treblinka, tenía una jauría de feroces perros acostumbrados a despedazar judíos. A veces los guardias mataban con lo que tenían a mano. Un testigo ocular de Belzec declaró acerca «de un jovencito» que acababa de llegar al campo:

> Era un hermoso ejemplo de salud, fuerza y juventud. Nos sorprendió su actitud animosa. Miró alrededor y dijo bastante complacido: «¿Ha escapado alguien de aquí alguna vez?» Fue suficiente. Uno de los guardias lo oyó y el muchacho fue torturado hasta morir. Lo desnudaron y colgaron boca abajo del patíbulo. Estuvo colgado allí tres horas. Era fuerte, y aún tenía mucha vida. Lo bajaron y lo depositaron en el suelo y con palos le metieron arena por la garganta hasta que murió.[206]

Al final de la guerra, cuando el Reich se desintegró y primero Himmler y después sus comandantes de campo perdieron el control, la faceta científica de la solución final se resquebrajó o fue abandonada y el dualismo se convirtió en una fuerza insensata: el deseo, hasta el último momento posible, de matar a los judíos supervivientes. Los Sonderskommandos, los jefes de los guetos, incluso Rumkowski, la policía judía y los espías de las SS, todos fueron muertos. Cuando se derrumbó el frente, las SS realizaron decididos esfuerzos para alejar de aquél a las columnas de judíos, con el fin de poderlos matar a placer. El fanatismo con que se aferraron a sus deberes de asesinos masivos, mucho después de que el Tercer Reich estuviera irreparablemente condenado, es una de las curiosidades atroces de la historia humana. Hubo una rebelión de los asesinos. En Ebensee, campamento satélite de Mauthausen, y el último que quedaba en manos alemanas, las SS se negaron a asesinar a 30.000 judíos que se resistían a entrar en un túnel para que los volaran. Pero algunos asesinatos continuaron incluso después de la liberación de los campos. Los tanques británicos se apoderaron de Belsen el 15 de abril de 1945, pero continuaron avanzando, y durante cuarenta y ocho horas dejaron a guardias húngaros de las SS «al mando parcial» del lugar. Durante ese periodo los húngaros fusilaron a 72 judíos por infracciones como robar peladuras de patata de la cocina.[207]

De modo que murieron casi seis millones de judíos. Dos milenios de odio antisemita de todas las variedades, paganas, cristianas y seculares, supersticiosas y cerebrales, populares y académicas, fueron unidas por Hitler en un monstruo demoledor e impulsadas por su energía y su voluntad extraordinarias para aplastar el cuerpo impotente de la comunidad judía europea. Aún quedaban 250.000 judíos en campos de personas trasladadas, y supervivientes dispersos por doquier. Pero en el fondo la gran comunidad judía asquenazí de Europa oriental había quedado destruida. En efecto, se había ejecutado un acto genocida. Cuando se abrieron los campos y se conoció la medida real del desastre, algunos judíos esperaron con candidez que una humanidad ofendida reconociera la magnitud del crimen y dijese con voz poderosa: «Ya basta. El antisemitismo debe terminar. Debemos acabar con él de una vez por todas, trazar una línea divisoria a partir de este enorme ultraje y volver a comenzar la historia.»

Pero las sociedades humanas no funcionan de este modo. Y sobre todo el impulso antisemita no actúa de ese modo. Es proteico y asume nuevas formas a medida que agota las anteriores. El efecto del Holocausto fue principalmente desplazar el foco principal del odio antijudío de Europa centrooriental a Oriente Próximo. Lo que inquietaba a algunos líderes árabes era que la solución de Hitler en realidad no había sido final. Por ejemplo, el 6 de mayo de 1942 el gran muftí había protestado ante el gobierno búlgaro porque algunos judíos salían de ese país en dirección a Palestina. Según dijo, debía devolvérselos a Polonia «bajo custodia sólida y enérgica».[208]

Incluso en Europa los desconcertados supervivientes a menudo provocaron irritación más que compasión. Su propia desnudez, las costumbres originadas por el trato atroz que se les había dispensado, originaron nuevas oleadas de antisemitismo. Entre los que sintieron repugnancia estuvo el general Patton, que tuvo que lidiar con más desplazados judíos que cualquier otro comandante. Afirmó que «el tipo judío de desplazado» era una «especie infrahumana desprovista de los refinamientos culturales o sociales de nuestra época». La gente común, dijo, «no podría haber descendido al nivel de degradación que estos seres han alcanzado en el breve lapso de cuatro años».[209] Se demostró hostilidad más activa frente a los lamentables supervivientes en los países de los cuales los habían arrancado, y sobre todo en Polonia. Los desplazados judíos sabían lo que les esperaba. Se opusieron a la repatriación con todas sus fuerzas. Un soldado judeonorteamericano de Chicago, que tuvo que cargar supervivientes en los vagones ferroviarios destinados a Polonia, relató: «Los hombres se arrodillaban frente a mí, se abrían la camisa y gritaban: "¡Mátame ahora!" Y agregaban: "Lo mismo da que me mates ahora; si regreso a Polonia, soy hombre muerto."»[210] En algunos casos tenían razón. En Polonia hubo disturbios antisemitas en Cracovia en agosto de 1945, y estos desórdenes se extendieron a Sosnowiec y Lublin. Luba Zindel, que regresó a Cracovia después de salir de un campo nazi, describió un ataque a su sinagoga el primer *shabbat* de agosto: «Gritaban que habíamos cometido asesinatos rituales. Comenzaron a golpearnos y a dispararnos. Mi marido estaba sentado junto a mí. Cayó acribillado a balazos.» Ella trató de huir al oeste, pero se lo impidieron los soldados de Patton. El embajador británico en Varsovia informó que en Polonia todo el que tenía aspecto judío corría peligro. Durante los primeros siete meses después de terminada la guerra, hubo 350 asesinatos antisemitas en Polonia.[211]

De todos modos, en dos aspectos importantes el Holocausto, por su misma enormidad, ocasionó un cambio cualitativo en el modo en que la sociedad internacional reaccionó frente a la violencia infligida a los judíos. Se convino universalmente en que eran necesarios tanto el castigo como la reparación, y en cierta medida se procedió a alcanzar ambas metas. Los procesos por crímenes de guerra comenzaron en Nuremberg el 20 de noviembre de 1945, y la solución final fue el elemento principal de la acusación. El primer proceso a los jefes nazis concluyó el 1 de octubre de 1946, que coincidió con el Día del Perdón, en que doce acusados fueron sentenciados a muerte, tres a prisión perpetua, cuatro a periodos de cárcel y tres fueron absueltos. Siguieron doce juicios importantes de criminales nazis, denominados los procedimientos posteriores de Nuremberg, y en cuatro de ellos la planificación y la ejecución de la solución final fueron un elemento importante. En esos doce juicios, 177 nazis fueron condenados: doce a muerte, veinticinco a cadena perpetua y el resto a largos periodos de cárcel. Hubo muchos otros juicios en las tres zonas de ocupación occidentales, y casi todos tuvieron que ver con las atrocidades cometidas contra los judíos. Entre 1945 y 1951 se condenó a un total de 5.025 nazis, y 806 fueron sentenciados a muerte. Pero sólo en 486 casos se cumplió la sentencia capital. Más aún, una Ley de Clemencia aprobada en enero de 1951 por el alto comisario norteamericano en Alemania supuso la liberación temprana de muchos importantes criminales de guerra que estaban en manos norteamericanas. La Comisión de Crímenes de Guerra de las Naciones Unidas preparó listas de 36.529 «criminales de guerra» (incluso japoneses), la mayoría de ellos comprometidos en atrocidades antijudías. Durante los primeros tres años que siguieron a la guerra, ocho países aliados celebraron juicios ulteriores contra 3.470 nombres incluidos en la lista, y de éstos, 952 fueron sentenciados a muerte y a 1.905 les impusieron penas de cárcel.

En casi todos los estados que participaron en el conflicto se celebraron un gran número de juicios nacionales por crímenes de guerra, con un total de 150.000 acusados aproximadamente y más de 100.000 condenas, muchas de ellas como castigo a los crímenes antijudíos. Muchos miles de nazis y de aliados de éstos que participaron en la solución final fueron a parar al archipiélago Gulag. Cuando en 1945 los tribunales alemanes comenzaron a funcionar otra vez, también ellos juzgaron a los criminales de guerra, y durante los primeros veinticinco años sentenciaron a muerte a 12 personas, a prisión perpetua a 18 y a penas de cárcel a 6.000.[212] Con la creación de Israel en 1948, también este país (como veremos) pudo participar en el proceso de castigo. La persecución y detención de los criminales de guerra nazis continúa actualmente, más de cuarenta años después de terminado el Holocausto, y es probable que dure otra década, al fin de la cual todos los que participaron en la realización de la carnicería estarán muertos o habrán alcanzado la ancianidad avanzada. Nadie puede afirmar que se haya hecho justicia. Algunos de los principales ejecutores de la solución final desaparecieron y continuaron viviendo en paz o por lo menos ocultos. Otros cumplieron sentencias que carecían de proporción con sus delitos. Pero, por otra parte, no es posible dudar de la magnitud del esfuerzo realizado para castigar a los que cometieron el crimen más grave de la historia, o de la tenacidad con que se ha mantenido el intento.

La lucha para asegurar que se indemnizara a las víctimas también arrojó resultados contradictorios. En nombre de la Agencia Judía, Jaím Weizmann presentó el 20 de noviembre de 1945 una petición de reparación a las cuatro potencias ocupantes. De ello no resultó nada, sobre todo porque jamás se negoció o firmó un tratado general de paz. Las tres potencias occidentales reservaron ingresos de la venta de la propiedad nazi confiscada para indemnizar a las víctimas judías. Pero éstas tenían que presentar reclamaciones individuales, y un proyecto bien intencionado terminó en un embrollo burocrático. En 1953 se habían procesado sólo 11.000 reclamaciones, con unas indemnizaciones de 83 millones de dólares. Entretanto, en enero de 1951, el primer ministro israelí David Ben Gurión había presentado al gobierno federal alemán una reclamación colectiva por valor de 1.500 millones de dólares, basada en la acogida por parte de Israel de 500.000 refugiados de Alemania, con un costo de capital de 3.000 dólares cada uno. Esta reclamación implicaba negociar directamente con los alemanes, una actitud que a juicio de muchos supervivientes de los campos era inaceptable. Pero Ben Gurión consiguió la aprobación de la mayoría con su lema: «¡Que los asesinos de nuestro pueblo no sean también sus herederos!» Se concertó un acuerdo sobre una cifra de 845 millones de dólares, pagaderos en catorce años; y a pesar de los intentos de los estados árabes de impedir la ratificación, el pacto entró en vigor en marzo de 1953 y fue completado debidamente en 1965. También incluyó la aprobación de una Ley Federal de Indemnización, que indemnizaba a las víctimas individuales o a sus dependientes por la pérdida de vidas o miembros, daño a la salud y pérdida de carreras, profesiones, pensiones y seguros. Además, indemnizaba por la pérdida de la libertad a razón de un dólar por cada día que las víctimas se hubiesen visto encarceladas, obligadas a vivir en un gueto o a usar una estrella. Los que habían perdido al sostén de la familia recibieron una pensión, los ex funcionarios civiles obtuvieron ascensos nominales y también se compensó la pérdida de educación. Asimismo, las víctimas pudieron reclamar por la pérdida de propiedad. Este acuerdo global fue aplicado por un total de casi 5.000 jueces, funcionarios civiles y empleados, quienes hacia 1973 habían procesado alrededor del 95 % de 4.276.000 reclamaciones. Durante un cuarto de siglo acaparó alrededor del 5 % del presupuesto federal. A la hora de escribir esto, se han pagado alrededor de 25.000 millones de dólares, y hacia finales del siglo XX la cifra superará los 30.000 millones de dólares.[213] No puede afirmarse que estos pagos sean precisamente generosos o siquiera apropiados. Pero son mucho más de lo que Weizmann o Ben Gurión esperaron jamás y representan el deseo auténtico del gobierno federal de pagar por el delito de Alemania.

El resto de la historia de las reparaciones es mucho menos satisfactorio. Ninguno de los industriales alemanes comprometidos en el programa de trabajos forzados reconoció siquiera responsabilidad moral alguna por sus atroces consecuencias. Al defenderse frente a las acusaciones penales y las reclamaciones civiles arguyeron que en las circunstancias de la guerra total el procedimiento del trabajo forzado no era ilegal. Se opusieron a la indemnización con todos los recursos legales y se comportaron siempre con una sorprendente mezcla de mezquindad y arrogancia. Friedrich Flick declaró: «Ninguno de los miembros del amplio círculo de personas que conocen a mis coacusados y que me conocen estará dispuesto a creer que cometimos crímenes contra la humanidad, y nada nos convencerá de que somos criminales de guerra.»[214] Flick jamás pagó un solo marco, y cuando falleció, a los noventa años, en 1972, su fortuna se cifraba en más de 1.000 millones de dólares. En conjunto, las empresas alemanas pagaron un total de sólo 13 millones de dólares y menos de 15.000 judíos recibieron una parte de esa suma. Los trabajadores forzados de la IG Farben en Auschwitz cobraron 1.700 dólares cada uno, y los esclavos de la AEG-Telefunken, 500 dólares o menos. Las familias de los que habían muerto por exceso de trabajo no recibieron nada.[215] Pero el comportamiento de los capitalistas alemanes no fue peor que el de los estados comunistas que los sucedieron. El gobierno de la República Democrática Alemana jamás se molestó siquiera en contestar las solicitudes de compensación. Tampoco hubo respuesta de Rumania. La totalidad de la amplia área de opresión controlada por las autoridades comunistas desde 1945 no concedió nada a los judíos.

La conducta de Austria fue peor que la de todos los países restantes. A pesar de que la gran mayoría de los austríacos habían apoyado el Anschluss, y aunque casi 550.000 del total de siete millones de austríacos eran miembros del partido nazi, y por más que los austríacos habían luchado junto a Alemania durante todo el proceso y (como hemos observado) habían matado a casi la mitad de las víctimas judías, la declaración de los aliados de noviembre de 1943, desde Moscú, caracterizó a Austria como «la primera nación libre que cayó víctima de la agresión hitleriana». Por lo tanto, Austria se vio eximida de las reparaciones en la Conferencia de Potsdam, celebrada en la posguerra. De modo que, una vez obtenida la absolución legal, todos los partidos políticos austríacos fueron partes de un acuerdo destinado a eludir también la responsabilidad moral y a reclamar la condición de víctima. Como dijo en 1946 el partido socialista austríaco: «Austria no debe dar una compensación, sino que debe ser compensada.» Los aliados obligaron a Austria a aprobar una ley sobre los criminales de guerra, pero hasta 1963 ni siquiera creó un organismo acusador que la pusiese en vigor. Incluso así, muchos criminales fueron amnistiados por decreto, y los juicios que se realizaron generalmente terminaron en absoluciones. A los judíos que reclamaban una indemnización se les dijo que la solicitaran a Alemania, salvo en los casos en que efectivamente podían identificar su anterior propiedad en Austria misma; y muy pocos recibieron por lo menos 1.000 dólares.

Hubo un intento tardío pero de todos modos bienvenido, por parte de las iglesias cristianas, de ofrecer una reparación moral. El antisemitismo católico y luterano había contribuido a lo largo de muchos siglos al odio antijudío que culminó en el hitlerismo. Ninguna de las dos iglesias se había comportado bien durante la guerra. El papa Pío XII se había abstenido de condenar la solución final, aunque estaba al tanto del asunto. Una o dos voces aisladas se habían elevado en defensa de los judíos. Fray Bernhard Lichtenberg, de la iglesia católica de Santa Eduvigis de Berlín, había orado públicamente por los judíos en 1941. Allanaron su apartamento y se encontraron anotaciones para un sermón que no fue pronunciado, en que se proponía decir a su congregación que no debía creer en una conspiración judía para matar a todos los alemanes. Por estos escritos cumplió una condena de dos años, y una vez liberado, lo enviaron a Dachau. Parece que fue el único caso semejante. Entre los testigos oculares de la *Judenrazzia* practicada en Roma el 16 de octubre de 1943 estaba el sacerdote jesuita Augustin Bea, que provenía de Baden, en Alemania, y era el confesor de Pío XII. Veinte años después, durante el Concilio Vaticano II, tuvo la oportunidad, como jefe del secretariado para la unión de los cristianos, de destruir, de una vez para siempre, la antigua acusación de deicidio contra los judíos. Se hizo cargo de la comisión conciliar que trató la cuestión de los judíos, amplió su campo de acción para convertirlo en una «Declaración de las relaciones de la Iglesia con las religiones no cristianas» que englobaba al hinduismo, al budismo y al islam, así como al judaísmo, y logró llevarlo adelante a lo largo del Concilio, que lo aprobó en noviembre de 1965. Fue un documento renuente, menos franco de lo que Bea había esperado, que no se disculpaba por la persecución a que la Iglesia había sometido a los judíos, y que reconocía defectuosamente la aportación del judaísmo al cristianismo. El pasaje fundamental decía: «Es cierto que las autoridades judías y quienes respondían a ellas influyeron en favor de la muerte de Cristo. De todos modos, lo que sucedió en su pasión no puede imputarse a todos los judíos sin distinción que vivían entonces, ni a los judíos actuales. Aunque la Iglesia es el nuevo pueblo de Dios, no debe representarse a los judíos como seres rechazados por Dios o malditos, como si esto se desprendiese de las Sagradas Escrituras.»[216] No era mucho. Pero era algo. En vista de la áspera oposición que provocó, incluso podía considerarse que era un gran paso adelante. Además, era parte de un proceso mucho más general en virtud del cual el mundo civilizado intentaba sacudir los apoyos institucionales del antisemitismo.

Fue un gesto bien acogido. Pero los judíos habían comprendido que no era posible confiar en el mundo civilizado, fuera cual fuese la definición del mismo. La abrumadora lección que los judíos aprendieron del Holocausto fue la necesidad imperativa de asegurarse un refugio permanente, autónomo y sobre todo soberano, donde en caso de necesidad toda la comunidad judía mundial pudiera hallar refugio para escapar de sus enemigos. La Primera Guerra Mundial posibilitó el estado sionista. La Segunda Guerra Mundial lo convirtió en algo esencial. Convenció a la abrumadora mayoría de los judíos de que era necesario crear ese estado y protegerlo costara lo que costara, a ellos mismos o a otro cualquiera.

7

Sión

El Holocausto y la nueva Sión estuvieron orgánicamente relacionados. El asesinato de seis millones de judíos fue un factor causal básico en la creación del estado de Israel. Y esto armonizaba con una antigua y poderosa fuerza motriz de la historia judía: la redención por medio del sufrimiento. Miles de judíos piadosos entonaron su profesión de fe mientras se los empujaba hacia las cámaras de gas, porque creían que el castigo infligido a los judíos, un proceso en el que Hitler y las SS eran meros agentes, era obra de Dios y constituía en sí mismo la prueba de que Él los había elegido. Según el profeta Amós, Dios había dicho: «Sólo a vosotros he reconocido entre todas las familias de la tierra, y por lo tanto os castigaré por todas vuestras iniquidades.»[1] Los sufrimientos de Auschwitz no eran meros sucesos. Eran sanciones morales, formaban parte de un plan. Confirmaban la gloria futura. Además, Dios no sólo estaba irritado con los judíos. Estaba dolorido. Lloraba con ellos. Los acompañaba a las cámaras de gas, como los había acompañado al Exilio.[2]

Ello implica expresar la causa y el efecto en términos religiosos y metafísicos. Pero también es posible expresarla en términos históricos. La creación de Israel fue la consecuencia de los sufrimientos judíos. Hemos utilizado la imagen del rompecabezas para demostrar cómo cada pieza necesaria vino a ocupar su lugar. Como hemos visto, las grandes masacres orientales de 1648 condujeron al retorno de una comunidad judía a Inglaterra, y por lo tanto a Estados Unidos, y eso a su vez fue el punto de partida de la comunidad judía más influyente del mundo, parte indispensable del ámbito geopolítico en que era posible crear Israel. Asimismo, las masacres de 1881 desencadenaron toda una serie de acontecimientos orientados hacia el mismo fin. La inmigración que provocaron fue el trasfondo del caso Dreyfus, que condujo directamente a la creación del moderno sionismo de Herzl. El movimiento de judíos desencadenado por la opresión rusa creó la pauta de tensión de la que, en el año 1917, surgió la Declaración Balfour, y para aplicarla la Sociedad de Naciones estableció el mandato de Palestina. La persecución hitleriana a los judíos fue la última de la serie de catástrofes que contribuyeron a la creación del estado sionista.

Incluso antes de la Segunda Guerra Mundial, la política antijudía produjo el efecto involuntario de fortalecer a la comunidad judía de Palestina. Con el tiempo Hitler llegó a ver el estado judío como un posible enemigo, un «segundo Vaticano», un «Komintern judío», una «nueva base de poder de la comunidad judía mundial».[3] Pero durante cierto tiempo, en la década de 1930, los nazis colaboraron activamente en la emigración de judíos alemanes a Palestina. De ese modo, no sólo sesenta mil judíos alemanes llegaron al hogar nacional, sino que los bienes de este grupo representaron un papel importante en la creación allí de una infraestructura industrial y comercial. La guerra no sólo conllevó el ataque físico de Hitler a los judíos, a quienes veía como principal enemigo, sino también la posibilidad que tuvieron los judíos de replicarle a través de los aliados, activando la última fase del programa sionista. Desde el comienzo de la guerra en 1939, la creación del estado israelí, lo antes posible, se convirtió en el propósito supremo de los sionistas y se extendió gradualmente a la mayoría de la comunidad judía mundial. Los obstáculos que se oponían a la realización del sionismo todavía eran considerables. No era suficiente derrotar a Hitler. Era necesario eliminar las objeciones que provenían de los tres aliados victoriosos, es decir, Estados Unidos, el Reino Unido y la Unión Soviética. Consideremos sucesivamente cada uno de los casos.

Inicialmente, el Reino Unido fue el país más importante, porque era la potencia que ocupaba el territorio. Además, la política del Libro Blanco de 1939 de hecho había rechazado la Declaración Balfour y proyectado un futuro en cuyo marco no podía surgir una Palestina con predominio judío. Los judíos fueron los aliados del Reino Unido en la guerra, pero al mismo tiempo tenían que derrotar la política británica en Palestina. Ben Gurión consideró que las dos metas eran compatibles: «Debemos luchar contra Hitler como si no existiera un Libro Blanco, y luchar contra el Libro Blanco como si no existiera Hitler.»[4] Tenía razón, siempre que los británicos permitieran que los judíos hiciesen la guerra como una unidad coherente, que pudiera usarse después para decidir la situación de Palestina. Las autoridades británicas militares, diplomáticas y coloniales se mostraban hostiles a la idea precisamente por esa razón. De hecho, después de que la victoria de El Alamein, entrado el año 1942, eliminó la amenaza alemana de Oriente Próximo, el cuartel general británico consideró con sospecha todo lo que fuese actividad militar judía. Pero los judíos tenían un defensor poderoso: Churchill. Éste apoyó la propuesta de Weizmann de formar una fuerza de choque judía a partir de las unidades en pequeña escala que ya existían. El ejército británico bloqueó repetidas veces el plan, pero al final Churchill se salió con la suya. «Me agrada la idea —escribió al secretario de Estado para la Guerra el 12 de julio de 1944— de que los judíos traten de atacar a los asesinos de sus compatriotas en Europa central. Es con los alemanes con quienes tienen que vérselas [...]. No puedo imaginar por qué este pueblo martirizado, disperso por todo el mundo y que sufre como no ha sufrido otro pueblo en esta coyuntura debe verse privado de la satisfacción de tener una bandera.»[5] Dos meses después se formó la brigada judía, que contó con veinticinco mil hombres. Sin Churchill los judíos jamás lo habrían logrado, y la experiencia de la cooperación en esta etapa de formación fue fundamental para el éxito israelí cuatro años más tarde.

Al mismo tiempo, los británicos no tenían ninguna intención de modificar su política en Palestina. El esfuerzo para derrocar a Hitler los empobreció e hizo que sus yacimientos petrolíferos en Oriente Próximo fuesen más importantes para ellos; no tenían el propósito de permitir un nivel de inmigración judía que provocase la implacable hostilidad del mundo árabe. Tampoco estaban dispuestos a salir de Palestina hasta que pudieran hacerlo de modo que preservaran sus amistades árabes. Así pues, impedían el desembarco de los inmigrantes judíos ilegales, y si éstos lograban llegar, se esforzaban por capturarlos y deportarlos. En noviembre de 1940 el buque *Patria*, que se disponía a partir para Mauricio con 1.700 deportados a bordo, fue saboteado por la Hagganá. Se hundió en la bahía de Haifa y se ahogaron 250 refugiados. En febrero de 1942 el *Struma*, un barco con refugiados procedentes de Rumania, no obtuvo permiso para desembarcar, fue devuelto por los turcos y se hundió en el mar Negro, causando 770 muertos.

Estos trágicos acontecimientos no afectaron a la decisión de Gran Bretaña de mantener los límites impuestos a la emigración durante la guerra e incluso después, cuando había 250.000 judíos en campos de desplazados. Tampoco el ascenso al poder del partido laborista británico en 1945, pese a su prosionismo teórico, modificó la situación. Ernest Bevin, el nuevo secretario del Foreign Office, se inclinaba ante los argumentos de los diplomáticos y los generales. En ese momento Gran Bretaña todavía gobernaba un cuarto de la superficie terrestre. Tenía cien mil hombres en Palestina, donde los judíos eran sólo seiscientos mil. No había razones materiales por las cuales los sionistas pudieran salirse con la suya. Sin embargo, dieciocho meses más tarde Bevin renunció al intento. Como Evelyn Waugh observó amargamente, en su libro acerca de Jerusalén, al referirse a la conducta británica: «Renunciamos a nuestro mandato de gobernar Tierra Santa por motivos bajos: cobardía, pereza y cicatería. La visión de Allenby marchando a pie donde el káiser había cabalgado arrogante se desdibuja ahora ante el lamentable espectáculo de una fuerza numerosa y bien organizada, apenas rozada por el combate, retirándose ante una pequeña banda de pistoleros.»[6] ¿Cómo sucedió esto? La respuesta reside en otra de las contribuciones judías al mundo moderno: el uso científico del terror para quebrar la voluntad de gobernantes liberales. Esta forma habría de convertirse en lugar común en el curso de los cuarenta años siguientes, pero en 1945 era nueva. Podría decirse que fue un subproducto del Holocausto, pues un fenómeno menos grave no podría haber llevado a emplearla ni siquiera a judíos desesperados. Su profesional más cabal fue Menájem Beguin, ex presidente de Betar, el movimiento juvenil polaco. Era un hombre en quien se había encarnado la amargura provocada por el Holocausto. Los judíos formaban el 70 % de su ciudad natal, Brest-Litovsk. Había más de treinta mil judíos en 1939. En 1944 sólo quedaban vivos diez. La mayor parte de la familia de Beguin fue asesinada. Se prohibió a los judíos incluso enterrar a sus muertos. Así murió su padre, liquidado a balazos en el lugar mismo del cementerio judío en que estaba cavando una tumba para un amigo.[7] Pero Beguin era un superviviente nato, y un vengador. Detenido en Lituania, fue uno de los pocos que sobrevivió, sin doblegarse, a un interrogatorio de la NKVD de Stalin. Al término de éste, su interrogador dijo enfurecido: «No quiero volver a verlo.» Beguin comentó más tarde: «Era mi fe contra la suya. Yo tenía algo por lo cual luchar, incluso en la sala de interrogatorios.»[8] Beguin fue enviado a un campo de esclavos soviéticos en el Círculo Ártico, cerca del mar de Barents, y trabajó en la construcción del ferrocarril Kotlas-Varkuta. También a eso sobrevivió, aprovechó una amnistía concedida a los polacos, atravesó caminando Asia central y viajó a Jerusalén como soldado del ejército polaco. En diciembre de 1943 asumió el control de la rama militar de los revisionistas, es decir, el Irgún. Dos meses después declaró la guerra a la administración británica.

Entre los judíos había tres corrientes ideológicas en relación con los británicos. Weizmann aún creía en la buena fe británica. Ben Gurión se mostraba escéptico, pero deseaba ante todo ganar la guerra. Incluso después trazó una divisoria absoluta entre resistencia y terrorismo, y esta actitud se reflejó en la política de la Hagganá. En el extremo opuesto hubo una escisión extremista del Irgún, denominada la banda de Stern, por su jefe Abraham Stern. Stern desobedeció las órdenes de Jabotinski de establecer una tregua con los británicos al comienzo de la guerra y resultó muerto en febrero de 1942. Pero sus colegas, encabezados por Yitsjak Shamir y Nathan Yellin-Mor, desarrollaron una campaña sin restricciones contra Gran Bretaña. Beguin siguió una tercera vía. Creía que la Hagganá era excesivamente pasiva, y que la banda de Stern era tosca, perversa y poco inteligente. Consideraba que el enemigo no era Gran Bretaña, sino la administración británica en Palestina. Deseaba humillarla; conseguir que fuera inviable, cara e ineficaz, y para ello contaba con seiscientos agentes activos. Rechazaba el asesinato, pero voló las oficinas la división de investigación criminal británica, el edificio de la inmigración, los centros de recaudación de impuestos y otros objetivos similares.

Las relaciones entre los tres grupos de activistas fueron siempre tensas y a menudo hostiles. Esta situación tuvo después graves consecuencias políticas. El 6 de noviembre de 1944, la banda de Stern asesinó a lord Moyne, ministro británico para Asuntos de Oriente Próximo. La Hagganá, consternada y enfurecida, desencadenó una campaña tanto contra los esternistas como contra el Irgún. Capturó a algunos y los retuvo en cárceles clandestinas. Lo que es peor, entregó a la división criminal británica los nombres de setecientas personas e instituciones. Por lo menos trescientas y posiblemente hasta mil personas fueron detenidas como resultado de la información suministrada por el oficialismo sionista. Beguin, que consiguió salvarse, acusó también a la Hagganá de torturas e hizo una declaración desafiante: «Nos las pagarás, Caín.» Pero era demasiado inteligente para enredarse en una guerra contra la Hagganá. Durante estos meses, cuando estaba luchando tanto contra los británicos como contra sus hermanos judíos, creó una fuerza clandestina casi impermeable al ataque. Creía que la Hagganá tendría que unirse con él para librarse de Gran Bretaña. Tuvo razón. El 1 de octubre de 1945 Ben Gurión, sin consultar a Weizmann, envió un mensaje cifrado a Moshé Sné, comandante de la Hagganá, ordenándole que iniciara operaciones contra las fuerzas británicas.[9] Se formó un Movimiento Unido de Resistencia Judía, que comenzó sus ataques la noche del 31 de octubre, con la voladura de unas vías férreas.

Pese a la unión, continuaron las discrepancias acerca de los objetivos. La Hagganá no estaba dispuesta a utilizar ninguna forma de terrorismo. Deseaba usar la fuerza sólo en lo que podía denominarse con propiedad una operación militar. Beguin siempre rechazó el asesinato, por ejemplo la masacre a sangre fría, cometida por los esternistas, de seis paracaidistas británicos en sus camas, el 26 de abril de 1946. Repudió, entonces y después, el calificativo de «terrorista». Sin embargo, estaba dispuesto a afrontar riesgos tanto morales como físicos. ¿Cómo hubiera podido obtenerse la Tierra Prometida sin la presencia de Josué? ¿Y el Libro de Josué no es un inquietante documento de lo que los israelitas estaban dispuestos a hacer para conquistar la tierra que les pertenecía por mandato divino?

Beguin fue una figura importante en dos acontecimientos que influyeron decisivamente en la retirada de Gran Bretaña. El 29 de junio de 1946 los británicos lanzaron una gran ofensiva sobre la Agencia Judía. Se procedió a detener a unos 2.718 judíos. El propósito era crear una cúpula dirigente judía más moderada. Fracasó. De hecho, puesto que el Irgún salió indemne, fortaleció la posición de Beguin. Éste consiguió que la Hagganá aceptara el atentado contra el Hotel Rey David, donde se alojaba parte de la administración británica. La meta acordada era humillar, no matar. Pero el riesgo de provocar un asesinato en masa era enorme. Weizmann se enteró del plan y amenazó con renunciar y explicar al mundo por qué lo hacía.[10] La Hagganá pidió a Beguin que suspendiera la operación, pero él se negó. A la hora del almuerzo, el 22 de julio de 1946, seis minutos antes del momento fijado, más de trescientos kilos de explosivos de alta potencia demolieron un ala del hotel, matando a 28 británicos, 41 árabes y 17 judíos, además de 5 personas de otros orígenes. Una jovencita de dieciséis años dio un aviso de advertencia, como parte del plan. Los datos acerca de lo que sucedió después son contradictorios. Beguin siempre insistió en que se dio adecuada advertencia e imputó la responsabilidad de las muertes a las autoridades británicas. Guardó luto sólo por las víctimas judías.[11] En tales actos de terror quienes colocan los explosivos deben asumir la responsabilidad de todas las muertes que sobrevengan. Ésta fue la actitud adoptada por el régimen judío. Moshé Sné, comandante de la Hagganá, se vio obligado a dimitir. Él movimiento de resistencia se dividió en sus partes componentes. De todos modos, el atentado, combinado con otros, alcanzó el efecto deseado. El gobierno británico propuso una división tripartita del país. Tanto los judíos como los árabes rechazaron el plan. De modo que el 14 de febrero de 1947, Bevin anunció que traspasaba el problema de Palestina a las Naciones Unidas.

Sin embargo, la medida no implicaba necesariamente una rápida retirada británica. De modo que la campaña terrorista continuó. Otro suceso, cuya responsabilidad también corresponde a Beguin, fue decisivo. Beguin se oponía a los asesinatos de tipo esternista, pero insistía en el derecho moral del Irgún a castigar a los miembros de las fuerzas armadas británicas del mismo modo que Gran Bretaña castigaba a los miembros del Irgún. Los británicos ahorcaban y flagelaban. El Irgún haría lo mismo. En abril de 1947 tres hombres del Irgún fueron sometidos a juicio por un ataque a la prisión-fortaleza de Acre que permitió la liberación de 251 detenidos. Beguin amenazó con represalias si se condenaba y ahorcaba a los tres. Se los ejecutó el 29 de julio. Pocas horas después dos sargentos británicos, Clifford Martin y Mervyn Paice, a quienes habían capturado con ese propósito, fueron ahorcados, obedeciendo órdenes de Beguin, por Guidi Paglin, jefe de operaciones del Irgún. Paglin también hizo explotar los cuerpos. Este brutal asesinato de Martin y Paice, que no habían cometido ningún delito, horrorizó a muchos judíos. La Agencia Judía afirmó que era «el canallesco asesinato de dos hombres inocentes por un conjunto de criminales».[12] (El asunto fue aún peor de lo que pareció entonces, pues treinta y cinco años después se reveló que la madre de Martin era judía.) El hecho provocó una furia desorbitada en Gran Bretaña. En Derby quemaron una sinagoga. Hubo disturbios antijudíos en Londres, Liverpool, Glasgow y Manchester; los primeros en Inglaterra desde el siglo XIII. A su vez, estos disturbios provocaron modificaciones fundamentales en la política británica. Los británicos habían supuesto que cualquier partición debía ser supervisada y ejecutada por ellos; de lo contrario, los ejércitos de los estados árabes sencillamente penetrarían en el país para exterminar a los judíos. Tras estos sucesos, decidieron retirarse con la mayor rapidez posible y dejar que árabes y judíos se arreglasen entre ellos.[13] De modo que la política de Beguin tuvo éxito, pero implicó riesgos abrumadores.

La gravedad de los riesgos dependía hasta cierto punto de las dos superpotencias, Estados Unidos y Rusia. En ambos casos los sionistas se beneficiaron de lo que podría denominarse suerte o divina providencia, según el gusto. El primer episodio fue la muerte de Roosevelt el 12 de abril de 1945. Durante sus últimas semanas Roosevelt había adoptado una postura antisionista, después de una reunión con el rey Ibn Saud, una vez concluida la Conferencia de Yalta. Más tarde, David Niles, asesor presidencial prosionista, afirmó: «Dudo mucho de que Israel hubiera nacido de haber vivido Roosevelt.»[14] Harry S. Truman, sucesor de Roosevelt, tenía un compromiso mucho más directo con el sionismo, en parte por razones sentimentales y en parte por cálculo. Compadecía a los refugiados judíos. Consideraba que los judíos de Palestina eran seres oprimidos. Se sentía mucho menos seguro que Roosevelt en relación con el voto judío. Para la inminente elección de 1948, necesitaba el respaldo de las organizaciones judías en estados inseguros como Nueva York, Pensilvania e Illinois. En cuanto los británicos renunciaron a su mandato, Truman impulsó la creación de un estado judío. En mayo de 1947 las Naciones Unidas abordaron el problema de Palestina. Se pidió a una comisión especial que presentara un plan. Elaboró dos. Una minoría recomendó un estado binacional federado. La mayoría propuso un nuevo plan de partición: habría un estado árabe y otro judío, más una zona internacional en Jerusalén. El 29 de noviembre de 1947, gracias al decidido apoyo de Truman, la Asamblea General aprobó la propuesta por 33 votos a favor, 13 en contra y 10 abstenciones.

La Unión Soviética y los estados árabes, seguidos por la izquierda internacional en general, llegaron más tarde a la conclusión de que la creación de Israel era resultado de una conspiración capitalista e imperialista. Pero los hechos demuestran lo contrario. Ni el Departamento de Estado norteamericano ni el Foreign Office británico deseaban un estado judío. De hecho, preveían un desastre para Occidente en la región si se creaba. La War Office británica manifestaba una oposición igualmente enérgica. Ésa era también la actitud del Departamento de Defensa norteamericano. Su secretario, James Forrestal, denunció con acritud al grupo de presión judío: «En este país no debe permitirse que un grupo influya sobre nuestra política hasta el extremo de que pueda amenazar nuestra seguridad nacional.»[15] Las compañías petroleras británicas y norteamericanas se opusieron con vehemencia al nuevo estado. En representación de los intereses petroleros, Max Thornburg, de la Cal-Tex, afirmó que Truman había «destruido el prestigio moral de Estados Unidos» y la «fe árabe en los ideales de este país».[16] Es imposible señalar la existencia de un interés económico importante, en Gran Bretaña o Estados Unidos, que presionase en favor de la creación de Israel. En ambos países la abrumadora mayoría de los amigos de Israel pertenecían a la izquierda.

Ciertamente, si hubo una conspiración para crear el estado de Israel, la Unión Soviética representó en ella un papel destacado. Durante la guerra, por razones tácticas, Stalin suspendió ciertos aspectos de su política antisemita. Incluso creó un Comité Judío Antifascista.[17] A partir de 1944, y durante un breve periodo, adoptó una postura prosionista en política exterior (aunque no en la propia Rusia). La razón que lo impulsó parece haber sido la idea de que la creación de Israel, que según su información sería un estado socialista, debía acelerar la decadencia de la influencia británica en Oriente Próximo.[18] Cuando el problema de Palestina se trató por primera vez en las Naciones Unidas, en mayo de 1947, Andréi Gromiko, viceministro soviético de Asuntos Exteriores, sorprendió con el anuncio de que su gobierno apoyaba la creación de un estado judío, y con su voto en ese sentido. El 13 de octubre Semión Tsarapkin, jefe de la delegación soviética ante las Naciones Unidas, ofreció a los miembros de la Agencia Judía el brindis: «Por el futuro estado judío», antes de votar a favor del plan de partición. En la decisiva votación de la Asamblea General del 29 de noviembre, todo el bloque soviético votó en favor de los intereses israelíes, y después las delegaciones soviética y norteamericana cooperaron estrechamente en la programación de la retirada británica. Esto no fue todo. Cuando Israel declaró su independencia, el 14 de mayo de 1948, y el presidente Truman le concedió inmediatamente el reconocimiento de *facto*, Stalin se adelantó un paso y menos de tres días después le concedió el reconocimiento de *jure*. Tal vez el hecho más significativo fue la decisión del gobierno checo, que respondió a instrucciones de Stalin, de vender armas al nuevo estado. Se asignó un aeródromo entero a la tarea de cargar armas enviadas por avión a Tel-Aviv.[19]

El sentido de la oportunidad fue absolutamente fundamental para el nacimiento y la supervivencia de Israel. Stalin ordenó ejecutar al actor judío ruso Salomón Mijoels en enero de 1948, y parece que este episodio señaló el comienzo de una etapa intensamente antisemita de su política. El paso al antisionismo en el exterior tardó más tiempo en producirse, pero se manifestó decisivamente durante el otoño de 1948. No obstante, a esas alturas Israel tenía asegurada su existencia. La política norteamericana también estaba cambiando, pues las presiones cada vez más acentuadas de la guerra fría anularon su actitud de idealismo de posguerra y obligaron a Truman a prestar más atención a los consejos del Pentágono y el Departamento de Estado. Si la evacuación británica se hubiese postergado un año más, Estados Unidos se habría mostrado mucho menos ansioso de asistir a la creación de Israel, y Rusia ciertamente habría adoptado una actitud hostil. Por lo tanto, el efecto de la campaña terrorista sobre la política británica quizá fue decisivo para toda la iniciativa. Israel nació deslizándose por una brecha histórica fortuita, que se abrió brevemente durante unos pocos meses de 1947-1948. Eso también fue suerte; o la providencia.

Sin embargo, si la implacabilidad de Beguin fue la responsable de la temprana retirada británica, fue Ben Gurión quien determinó el nacimiento del estado. Tuvo que adoptar una serie de decisiones, cada una de las cuales podía provocar la catástrofe para los habitantes judíos de Palestina. En cuanto las Naciones Unidas votaron por la partición, los árabes se mostraron decididos a destruir todos los asentamientos judíos y comenzaron a atacarlos inmediatamente. Azzam bajá, secretario general de la Liga Árabe, dijo por radio: «Ésta será una guerra de exterminio y una masacre impetuosa.»[20] Los comandantes judíos se mostraban confiados, pero sus recursos eran reducidos. Hacia finales de 1947 la Hag-ganá tenía 17.600 rifles, 2.700 armas metralletas Sten, unas 1.000 ametralladoras y de 20.000 a 43.000 hombres en distintas etapas de instrucción. Carecía prácticamente de fuerzas blindadas, cañones pesados o aviones.[21] Los árabes habían formado un ejército de liberación de magnitud considerable, pero con una dirección dividida. También contaban con las fuerzas regulares de los estados árabes: 10.000 egipcios, 7.000 sirios, 3.000 iraquíes y 3.000 libaneses, más la Legión Árabe de Transjordania, con 4.500 hombres, una fuerza formidable que contaba con oficiales británicos. En marzo de 1948 habían muerto más de 1.200 judíos, la mitad de ellos civiles, en ataques árabes. Las armas checas comenzaron a llegar y se utilizaron a lo largo del mes siguiente. El mandato británico no terminaría hasta el 15 de mayo, pero a principios de abril Ben Gurión adoptó la que fue probablemente la decisión más difícil de su vida. Ordenó a la Hagganá que pasara a la ofensiva para unir los diferentes enclaves judíos y consolidar en la medida de lo posible el territorio asignado a Israel de acuerdo con el plan de las Naciones Unidas. La jugada tuvo un éxito casi total. Los judíos ocuparon Haifa. Abrieron el camino a Tiberíades y Galilea oriental. Se apoderaron de Safed, Jaffa y Acre. Afirmaron el núcleo del estado de Israel y de hecho ganaron la guerra antes de que ésta comenzara.[22]

Ben Gurión leyó la Declaración de Independencia el viernes 14 de mayo en el Museo de Tel-Aviv. «En virtud de nuestro derecho nacional e intrínseco —dijo—, y apoyados en la fuerza de la resolución de la Asamblea General de las Naciones Unidas, declaramos en este acto la creación de un estado judío en Palestina, que se denominará estado de Israel.» Se formó inmediatamente un gobierno provisional. Las incursiones aéreas egipcias comenzaron esa noche. Al día siguiente, se marcharon los últimos británicos y al mismo tiempo los ejércitos árabes iniciaron la invasión. La situación no cambió mucho, excepto en un aspecto, la legión árabe del rey Abdulá ocupó la Ciudad Vieja de Jerusalén, y los judíos la entregaron el 28 de mayo. Ello implicó la necesidad de evacuar los asentamientos judíos que se encontraron al este de la Ciudad Santa. Por lo demás, los israelíes realizaron nuevos avances.

El 11 de junio se concertó una tregua de un mes. Mientras duró ésta, los estados árabes reforzaron intensamente sus ejércitos. Pero los israelíes obtuvieron gran cantidad de equipo pesado, no sólo de los checos, sino también de los franceses, que lo suministraron sobre todo para irritar a los británicos. Cuando el 9 de julio se reanudaron los combates, pronto fue evidente que los israelíes controlaban la situación. Se apoderaron de Lod, Ramle y Nazaret, y ocuparon grandes extensiones de territorio más allá de las fronteras fijadas por la partición. Los árabes aceptaron una segunda tregua en el lapso de diez días, pero hubo ocasionales estallidos de violencia, y a mediados de octubre los israelíes lanzaron una ofensiva para abrir el camino que llevaba a los asentamientos del Néguev y que concluyó con la conquista de Beer-Sheva. A finales de año el ejército israelí tenía unos cien mil hombres y estaba bien equipado. Había afirmado en el área una supremacía militar que después nunca ha perdido. Las conversaciones del armisticio se iniciaron en Rodas el 12 de enero de 1949 y se firmaron acuerdos con Egipto (14 de febrero), el Líbano (23 de marzo), Jordania (3 de abril) y Siria (20 de julio). Irak no firmó ningún acuerdo.

Los hechos de 1947-1948, que señalaron el nacimiento de Israel, también originaron el problema árabe-israelí, que todavía se prolonga. Éste tiene dos aspectos principales, los refugiados y las fronteras, y más vale considerarlos por separado. Según las cifras de las Naciones Unidas, 656.000 habitantes árabes de la Palestina del mandato huyeron del territorio ocupado por los israelíes: 280.000 pasaron a Cisjordania, 70.000 a Transjordania, 100.000 al Líbano, 4.000 a Irak, 75.000 a Siria, 7.000 a Egipto y 190.000 a la Franja de Gaza (los israelíes dieron una cifra total inferior, de 550.000 a 600.000). Se fueron por cuatro razones: para evitar los combates; porque la administración se había desintegrado; porque las emisiones de las radios árabes impartieron la orden o indujeron a error o provocaron el pánico, y porque huyeron atemorizados por la masacre del Irgún y la banda de Stern en la aldea de Deir Yassin, el 9 de abril de 1948.

Este último episodio merece un examen atento, porque afecta a las credenciales morales del estado israelí. Desde 1920 hasta esa fecha los judíos se habían abstenido de desencadenar ataques terroristas contra los asentamientos árabes, aunque las innumerables agresiones de los árabes a veces habían provocado duras represalias. Cuando comenzaron los combates, en el invierno de 1947-1948, Deir Yassin, una aldea árabe de menos de mil habitantes, dedicada al trabajo en las canteras, concertó un pacto de no agresión con el cercano barrio jerosolimitano de Guivat Shaul. Pero dos asentamientos judíos próximos fueron atacados y destruidos, y el deseo judío de venganza era intenso. La banda de Stern propuso destruir Deir Yassin para dar una lección a los árabes. Yehudá Lapidot, alto oficial del Irgún, atestiguó: «El objetivo evidente era quebrar la moral árabe y elevar la moral de la comunidad judía de Jerusalén, que había recibido duros golpes una y otra vez, y sobre todo recientemente por la profanación de los cadáveres judíos que caían en manos de los árabes.»[23] Beguin aceptó la operación, pero dijo que debía usarse un camión con altavoz para dar a los aldeanos la oportunidad de rendirse sin derramamiento de sangre. El comandante local de la Hagganá concedió de mala gana su aprobación, pero impuso otras condiciones. Había ochenta miembros del Irgún y cuarenta de la Banda Stern en la incursión. El altavoz acabó en una zanja y nunca se usó. Los árabes decidieron luchar y, según se comprobó, eran más fuertes y estaban mejor armados de lo previsto. El Irgún y la banda de Stern tuvieron que pedir un destacamento regular con una ametralladora pesada y un mortero de cincuenta milímetros, y de este modo destruyeron la resistencia árabe.

Después, la fuerza incursora entró en la aldea y se perdió todo control. Un espía de la Hagganá que estaba con estos hombres describió la escena siguiente como «una masacre desorganizada». Los atacantes llevaron a la cantera a 23 hombres y los mataron a tiros. Un testigo ocular árabe dijo que 93 más fueron asesinados en la aldea, pero otros relatos elevan a 250 la cifra de los muertos. Antes de conocer los detalles del combate, Beguin publicó un informe acorde con el espíritu del Libro de Josué: «Aceptad mis felicitaciones por esta espléndida conquista [...]. En Deir Yassin, como en todas partes, atacaremos y aplastaremos al enemigo. Dios, Dios, nos has elegido para conquistar.»[24] La noticia de esta atrocidad, en forma exagerada, se difundió pronto y, en el curso de los dos meses siguientes, sin duda convenció a muchos árabes de la necesidad de huir. No hay pruebas de que el plan estuviera concebido para provocar este efecto, pero en unión con otros factores redujo la población árabe del nuevo estado a sólo 160.000 individuos, lo cual resultó muy provechoso.

Por otra parte, estaban los judíos a quienes se inducía u obligaba a huir de los estados árabes, en algunos de los cuales las comunidades judías habían existido durante dos mil quinientos años. En 1945 había más de medio millón de judíos en el mundo árabe. Entre el comienzo de la guerra, el 15 de mayo de 1948, y finales de 1967, la gran mayoría tuvo que refugiarse en Israel: 252.642 de Marruecos, 13.118 de Argelia, 46.255 de Túnez, 34.265 de Libia, 37.867 de Egipto, 4.000 del Líbano, 4.500 de Siria, 3.912 de Adén, 124.647 de Irak y 46.447 del Yemen. Con un total de 567.654 personas, los refugiados judíos de los países árabes no formaban, por lo tanto, un grupo sustancialmente menor que los refugiados árabes expulsados de Israel.[25] La diferencia que se manifestó en su acogida y tratamiento fue enteramente una cuestión de criterio. El gobierno israelí reasentó sistemáticamente a todos sus refugiados como parte de su política de hogar nacional. Los gobiernos árabes, con la ayuda de las Naciones Unidas, mantuvieron a los refugiados árabes en campamentos, en espera de una reconquista de Palestina que nunca llegó. Por lo tanto, como consecuencia del incremento demográfico, a finales de la década de 1980 había más refugiados árabes que cuarenta años antes.

Esta actitud tan diferente frente a los refugiados provino a su vez de un enfoque esencialmente distinto de las negociaciones. Los judíos habían sido durante dos milenios una minoría oprimida que nunca contó con la opción de la fuerza. Por lo tanto, generalmente se habían visto obligados a negociar, a menudo para salvar la vida, y casi siempre desde una posición de mucha debilidad. En el curso de los siglos habían desarrollado no sólo habilidades negociadoras, sino también cierta filosofía de la negociación. Estaban dispuestos a negociar frente a obstáculos imposibles y habían aprendido a aceptar una condición negociada, por mucho que ésta implicase retrocesos y pérdida de privilegios, pues sabían que más tarde podían mejorarla mediante otras negociaciones y mediante sus propios esfuerzos. El predominio del acuerdo, en contraposición a la fuerza, era algo que llevaban en la sangre. Ésta es una de las razones por las cuales les resultó tan difícil, incluso cuando la prueba llegó a ser abrumadora, aceptar la magnitud de la perversidad de Hitler: para ellos era difícil entender a un hombre que no deseaba ningún acuerdo con los judíos, que simplemente les exigía la vida.

En cambio, los árabes eran una raza conquistadora cuyos escritos sagrados inspiraban y al mismo tiempo reflejaban una posición maximalista frente a otros pueblos, los despreciados *dimmi*. El concepto mismo de la negociación para llegar a un acuerdo definitivo representaba para ellos una traición a los principios. Una tregua o un armisticio podían ser necesarios, y eran aceptables porque preservaban la opción de la fuerza, que sería utilizada después. En cambio, un tratado les parecía una forma de rendición. De ahí que no desearan reasentar a los refugiados, porque ello hubiese supuesto la eliminación definitiva de una ventaja moral. Como dijo Radio El Cairo: «Los refugiados son la piedra angular de la lucha árabe contra Israel. Los refugiados son las armas de los árabes y el nacionalismo árabe.»[26] Por lo tanto, rechazaron sin discusión el plan de reasentamiento de las Naciones Unidas en 1950. Durante el cuarto de siglo que siguió incluso se negaron a recibir repetidas propuestas de compensación por parte de los israelíes. El resultado fue desastroso para los propios refugiados y su progenie. También fue causa de inestabilidad de los estados árabes. Estuvo al borde de destruir Jordania en la década de 1960. Y destruyó la estructura delicadamente equilibrada del Líbano durante las décadas de 1970 y 1980.

El diferente enfoque de la negociación representó un papel todavía más importante en la determinación de las fronteras de Israel. Para los judíos, había tres modos posibles de ver su propio país recreado: como hogar nacional, como la Tierra Prometida y como el estado sionista. Podemos desechar rápidamente el primero. Si todo lo que los judíos deseaban era un lugar donde pudieran sentirse seguros, ese territorio podía encontrarse en una región cualquiera: Argentina, Uganda o Madagascar fueron todas ellas propuestas en diferentes ocasiones. Pero pronto se vio que pocos judíos demostraban interés por tales planes. El único que ejerció una mínima atracción práctica fue la propuesta de El Arish, precisamente porque estaba cerca de Palestina.

Así, pasamos al segundo concepto: la Tierra Prometida. De un modo u otro, este concepto atraía teóricamente a todos los judíos, laicos y religiosos, con excepción de los judíos piadosos que insistían en que el retorno a Sión debía ser parte de un acontecimiento mesiánico, y de los judíos asimilados, que no tenían la más mínima intención de volver a ninguna parte. Pero ¿cuál era exactamente esta tierra? Como ya hemos observado, cuando Dios se la entregó a Abraham, no la definió con precisión.[27] ¿Debía consistir, pues, en los territorios que los israelitas habían ocupado realmente? Si era así, ¿en qué periodo? De hecho, habían existido dos comunidades así como dos templos, el davídico y el asmoneo. Algunos sionistas veían (y ven) al estado como la tercera comunidad. Sin embargo, ¿de qué estado era el sucesor? El reino de David (pero no el de Salomón) había englobado Siria. Los Asmoneos también habían gobernado otrora sobre un dilatado territorio. Pero las comunidades antiguas habían sido imperios en miniatura en sus periodos culminantes y habían incluido a pueblos sometidos que eran sólo semijudíos o que no tenían sangre judía. Mal podían ser los modelos de un estado sionista cuyo propósito principal era dar un hogar nacional a los judíos. Por otra parte, había una intensa convicción emotiva en relación con el derecho de los judíos a reclamar las partes de Palestina en que habían predominado antiguamente. Esta actitud se expresó en el plan presentado por los sionistas en la Conferencia de Paz de París de 1919. Ésta concedió a los judíos toda la costa de Rafá a Sayda y las dos orillas del Jordán, de modo que la frontera oriental discurría justo al oeste del ferrocarril Damasco-Ammán-Hiyaz.[28] Como era previsible, el plan fue rechazado, pero sus aspiraciones perduraron en el programa de los revisionistas de Jabotinski.

Consideremos ahora el estado sionista propiamente dicho, el territorio que en la práctica los judíos podían adquirir, colonizar, desarrollar y defender. Este criterio pragmático fue el que adoptaron los principales organismos sionistas, y en la práctica se convirtió en la política del propio Estado. Era un criterio razonable, porque ofrecía el ámbito más amplio posible a las cualidades negociadoras judías. Permitía decir a los dirigentes judíos que aceptarían las fronteras que abarcaran las áreas ocupadas por judíos y que fueran en sí mismas compactas y defendibles. De ahí que en cada etapa, durante el mandato y después, los judíos se mostraron flexibles y dispuestos a aceptar cualquier propuesta razonable de partición. En julio de 1937 el Plan de Partición de la Comisión Peel les ofreció únicamente Galilea, de Metulá a Afula, y la franja costera, desde un punto situado treinta kilómetros al norte de Gaza hasta Acre, este último sector interrumpido por un corredor que llevaba a un enclave británico que rodeaba Jerusalén.[29] Los judíos se resistieron, pero lo aceptaron. Los árabes, que habían recibido tres cuartas partes de Palestina, lo rechazaron sin discutirlo.

En la época de la siguiente propuesta de partición, presentada por las Naciones Unidas en 1947, la colonización había avanzado y el plan reflejó este proceso. No se dio a los judíos Acre y Galilea occidental, que entonces eran principalmente árabes, pero se agregó a la porción judía casi la totalidad del Néguev y parte de la región del mar Muerto. Mientras Peel había dado a los judíos sólo el 20 % de Palestina, las Naciones Unidas les otorgaron el 50 %. No era la Tierra Prometida, cualquiera que fuese la definición aplicada, porque excluía Judea y Samaria, toda Cisjordania y sobre todo la propia Jerusalén. Pero aunque fuese de mala gana, los judíos aceptaron. Su pragmatismo lo explicó claramente Abba Eban, ex académico de Oxford, que durante muchos años sería ministro de Asuntos Exteriores y principal negociador del nuevo estado. Dijo Eban que los judíos aceptaban perder áreas de importancia religiosa e histórica para ellos, porque había «una implicación de partición inherente al desarrollo del estado judío» desde el momento mismo en que éste se había convertido en «una perspectiva política concreta», es decir, desde el mandato de la Sociedad de Naciones. La política sionista de asentamientos se «basaba en la idea de evitar conflictos con las realidades demográficas existentes. La idea era instalar judíos allí donde los árabes adolecían de una posición firme». Como los asentamientos árabes repetían los antiguos asentamientos israelitas, los judíos modernos se dirigieron a la antigua llanura costera de los filisteos y al valle de Jezrael, evitado por los árabes a causa de la malaria. «El principio del asentamiento judío —dijo Eban— fue siempre pragmático y contemporáneo, nunca religioso e histórico.» De ahí que, en las negociaciones con las Naciones Unidas:

> Nos apoyamos en la base general de una relación histórica, pero no presentamos ninguna reclamación relativa a la inclusión de determinadas áreas en nuestro lado de la partición con el argumento de los antiguos vínculos. Como Hebrón estaba completamente poblado por árabes, no lo reclamamos. Como Beer-Sheva estaba prácticamente vacía, la reclamamos, y tuvimos éxito. La tesis sionista fundamental fue que en Erets Yisrael había espacio suficiente para establecer una sociedad judía densamente poblada sin desplazar a las poblaciones árabes, e incluso sin perturbar su cohesión social profundamente arraigada.[30]

Esta concepción llevó a los judíos a aceptar el plan de partición de las Naciones Unidas incluso a pesar de que sería extremadamente difícil administrar y defender el estado delimitado de ese modo. Pero los árabes, sin ninguna discusión, rechazaron nuevamente el plan, que les habría dado un estado palestino, e inmediatamente apelaron al uso de la fuerza. Como resultado de la guerra que siguió, y de las conquistas israelíes entre julio y noviembre de 1948, el estado israelí concluyó con el 80 % de Palestina y fronteras que, aunque todavía eran difíciles, delimitaban un estado viable y que podía ser defendido. Los árabes de Palestina terminaron sin estado: sólo la Franja de Gaza y Cisjordania, gobernada por Jordania.

A pesar de su experiencia anterior de la renuencia árabe a negociar, los israelíes intentaron, sobre la base de las líneas del armisticio de 1949, concertar un acuerdo de fronteras permanentes. Ello habría significado entregar cierta parte de territorio, lo cual habría sido aceptable si, a cambio, Israel hubiera podido asegurarse un acuerdo definitivo. Pero nunca se ofreció un trueque semejante. Los árabes se negaron a mantener conversaciones directas con los israelíes. Varias conversaciones realizadas por intermedio de la Comisión de Conciliación de las Naciones Unidas acerca de Palestina demostraron que los árabes insistían en que Israel se retirase tras las líneas de partición fijadas por las Naciones Unidas en 1947 (las cuales nunca se habían aceptado o reconocido), pero sin ofrecer siquiera a cambio el reconocimiento del nuevo estado. Si para Israel el armisticio era un preludio de la paz, para los árabes no era más que una tregua, y el preludio de la guerra que librarían cuando les resultase conveniente. Asimismo, los estados árabes se mostraron reacios a respetar los términos de los distintos acuerdos de armisticio. Se utilizaron éstos como una pantalla protectora detrás de la cual podían desencadenarse las incursiones y el terrorismo de los *fedayin* contra los ciudadanos israelíes, y los boicots y los bloqueos organizados contra su economía. Para los árabes, el armisticio era la continuación de la guerra por otros medios. De modo que en un sentido real Israel ha estado en guerra con la mayoría de sus vecinos árabes desde noviembre de 1947 hasta hoy.

Esta situación produjo un cambio de criterio fundamental del carácter del estado sionista. Los pioneros laicos lo habían concebido como una utopía pacifista y colectivista. Para los precursores religiosos, había sido una teocracia sagrada. En ese momento tanto unos como otros se vieron obligados a consagrar sus energías a un estado de máxima seguridad. En cierto sentido, el proceso era natural. Los colonos modernos siempre habían tenido que levantar vallas defendidas contra los merodeadores árabes. En el periodo de entreguerras estas defensas habían llegado poco a poco a ser más complejas y estaban más perfeccionadas. Pero lo que desde 1949 en adelante tuvo que aceptarse, aunque lentamente y de mala gana, era que la seguridad necesitaba convertirse en la prioridad suprema y permanente de todo el estado. Los israelíes no sólo tuvieron que adoptar medidas de seguridad interna cada vez más complicadas para afrontar el perfeccionamiento creciente del terrorismo árabe, sino que también se vieron obligados a adoptar un criterio de defensa exterior frente a varios países: sus fuerzas armadas tenían que poseer la capacidad necesaria para afrontar un ataque simultáneo de todos los estados árabes. Estas consideraciones condicionaron el presupuesto del nuevo Estado y dominaron sus relaciones exteriores.

De hecho, durante los primeros treinta años de su existencia, de 1948 a 1978, Israel sostuvo una lucha constante y a veces vertiginosa por su existencia. Se comprobó que el armisticio no valía nada. En el curso de sus primeros siete años, más de 1.300 israelíes murieron durante las incursiones árabes, y los ataques israelíes de represalia contra las bases terroristas fueron cada vez más severos. El 20 de julio de 1951 fue asesinado el rey Abdulá de Jordania, el último de los moderados árabes. El 23 de julio de 1952 una junta militar derrocó a la monarquía egipcia, lo cual a su vez condujo (25 de febrero de 1954) a la dictadura populista de Gamal Abdel Nasser, consagrada a la destrucción de Israel. Stalin había roto relaciones con Israel en febrero de 1953, un mes antes de su muerte. A partir de septiembre de 1955, con la firma del acuerdo de armas egipcio-checo, el bloque soviético comenzó a suministrar una cantidad cada vez más elevada de armas modernas a las fuerzas árabes. Con la seguridad que le aportaba este nuevo aliado, el presidente Nasser trazó un plan que apuntaba a estrangular y destruir Israel. Aunque esa práctica fue condenada por el Consejo de Seguridad de las Naciones Unidas en septiembre de 1951, Egipto siempre había negado a los barcos israelíes el derecho de utilizar el canal de Suez. Desde 1956 Nasser les negó también el acceso al golfo de Aqaba. En abril firmó un pacto militar con Arabia Saudí y Yemen, en julio se apoderó del canal de Suez y el 25 de octubre creó un mando militar unificado con Jordania y Siria. Como sintió que el lazo se cerraba alrededor de su cuello, Israel lanzó un ataque preventivo el 29 de octubre y envió paracaidistas que se apoderaron del paso de Mitla, en el Sinaí. Durante la breve guerra que siguió, y con la alianza de las fuerzas anglofrancesas que desembarcaron en la zona del Canal, Israel conquistó la totalidad del Sinaí, se apoderó de Gaza, acabó con las actividades de los *fedayin* y abrió la ruta marina a Aqaba.[31]

La guerra del Sinaí demostró la capacidad de Israel para defender su seguridad incluso contra las nuevas armas soviéticas, aunque su significado militar se vio menoscabado por la participación anglofrancesa. El acuerdo que siguió a la suspensión de los combates tampoco fue concluyente. Israel aceptó retirarse del Sinaí, con la condición de que Egipto no volviese a militarizar la región, y las fuerzas de las Naciones Unidas formaron un *cordon sanitaire*. Aunque insatisfactorio, este acuerdo duró una década. Pero las incursiones y el terrorismo continuaron. También Siria fue armada por el bloque soviético. En 1967 Nasser, que había reorganizado y equipado nuevamente a sus fuerzas, decidió volver a intentarlo. El 15 de mayo militarizó otra vez el Sinaí y trasladó allí cien mil hombres y fuerzas blindadas, al mismo tiempo que ordenaba la salida de las tropas de las Naciones Unidas (que acataron la orden). El 22 de mayo bloqueó de nuevo Aqaba, cerrando los estrechos de Tirán a la navegación israelí. Ocho días después se ajustó el dogal, pues el rey Hussein de Jordania firmó un acuerdo militar en El Cairo. El mismo día, las fuerzas iraquíes ocuparon posiciones en Jordania. De modo que el 5 de junio los israelíes volvieron a sentirse obligados a lanzar un ataque preventivo. Esa mañana destruyeron prácticamente en tierra toda la fuerza aérea egipcia. Jordania y Siria menospreciaron el éxito de Israel y entraron en la guerra del lado de Egipto. Como respuesta, Israel se sintió en libertad de eliminar lo que (a su juicio) eran las peores anomalías dejadas por la guerra de la Independencia. El 7 de junio los israelíes se apoderaron de la Ciudad Vieja, y de ese modo consiguieron que Jerusalén entera fuese su capital. Al acabar el día siguiente Israel había ocupado toda Cisjordania. Durante los dos días posteriores tomó por asalto los Altos del Golán, en Siria, y tomó posiciones a menos de cincuenta kilómetros de Damasco. Al mismo tiempo, volvió a ocupar todo el Sinaí. Como resultado de la guerra de los Seis Días, por primera vez Israel había conseguido fronteras defendibles, así como la capital y una porción destacada de su herencia histórica.[32]

Pero esta celebrada victoria no aportó seguridad. Todo lo contrario. Originó una actitud de confianza ilusoria y una dependencia falsa respecto de las defensas fijas, por ejemplo la llamada Línea Bar Lev, al este del canal de Suez. Nasser, que había ganado todas las batallas de relaciones públicas y perdido todas las militares, falleció y ocupó su lugar Anwar al-Sadat, un colega más formidable. En julio de 1972 Sadat expulsó de Egipto a los asesores militares soviéticos, aunque de ningún modo privó a Egipto del equipo soviético. Prescindió de las espectaculares alianzas politicomilitares de Nasser con otras potencias árabes y se contentó con llevar a cabo la coordinación secreta de los planes. Hasta entonces, las fuerzas israelíes habían sido teóricamente inferiores. Israel se había sentido obligada, en abril de 1948, en octubre de 1956 y en julio de 1967, a realizar ataques preventivos, con toda la ventaja táctica de la sorpresa. Ahora se sentía superior, y Sadat fue quien, de acuerdo con los sirios, atacó sin advertencia previa el Día del Perdón o Yom Kippur, el 6 de octubre de 1973, con lo cual consiguió una sorpresa total.

Tanto los egipcios como los sirios rompieron las líneas israelíes. El factor de sorpresa tecnológica, representado por la eficacia de los misiles antitanque y antiaéreos de los árabes les permitió infligir tremendas pérdidas a los aviones y a las fuerzas blindadas israelíes. Por primera vez en el cuarto de siglo de existencia del estado, Israel afrontaba la posibilidad de una gran derrota, e incluso de un segundo Holocausto. Pero el 9 de octubre el avance sirio había sido detenido; al día siguiente, en respuesta a los desesperados ruegos israelíes, Richard Nixon, presidente de Estados Unidos, puso en marcha un transporte aéreo urgente de armamento moderno. Dos días después, las fuerzas israelíes iniciaron un audaz contraataque en Egipto, cruzaron a la margen occidental del canal, y amenazaron con aislar a las fuerzas egipcias que avanzaban en el Sinaí. Ése fue el momento decisivo, e Israel estaba avanzando con rapidez hacia una victoria tan decisiva como la de 1967, cuando el 24 de octubre se impuso el alto el fuego.[33]

La inclinación de Israel a aceptar el alto el fuego fue dictada más por factores políticos y psicológicos que por los militares. En cada una de las cuatro guerras hubo una total falta de simetría. Los países árabes podían permitirse perder muchas guerras. Israel no podía permitirse perder una sola. Una victoria israelí no podía conquistar la paz, pero una derrota israelí significaba la catástrofe. Israel siempre había considerado a Egipto su enemigo más peligroso, el que tenía más probabilidades de asestar el golpe definitivo. Pero Egipto era también el más artificial de los antagonistas de Israel. Su pueblo no estaba formado por verdaderos árabes. Luchaba por convalidar sus pretensiones al liderazgo en Oriente Próximo y por adquirir prestigio, más que como consecuencia de un profundo compromiso emocional. El territorio egipcio ocupado por Israel, por útil que fuese (allí se estableció un importante yacimiento petrolífero en 1967-1973), no era parte de la herencia histórica de los judíos. Por todas estas razones, la paz con Egipto era posible. Lo que la impedía era el honor militar ultrajado de los egipcios y esto se solucionó con su éxito inicial de 1973, que gracias al tiempo y la propaganda pudo parecer más importante de lo que había sido.

Había otro obstáculo. Desde su nacimiento Israel había sido gobernada por una coalición dominada por los laboristas, cuya flexibilidad en relación con las fronteras se reflejaba en la filosofía pragmática que ya hemos resumido con las palabras de Abba Eban. En cambio, la oposición mantenía la tradición de Jabotinski, es decir, una actitud maximalista en relación con las fronteras. La paz con Egipto implicaba graves sacrificios territoriales israelíes, tanto reales como potenciales. A su vez, este paso exigía un consenso nacional. La oposición lo rechazaría. De modo que cuando la coalición laborista perdió las elecciones de mayo de 1977 y por primera vez entregó el poder a los revisionistas, representados por el Likud de Beguin, el cambio, por una paradoja conocida en las sociedades democráticas, favoreció la posibilidad de la paz. Beguin, precisamente a causa de su actitud maximalista, estaba en condiciones de canjear territorios por seguridad, de un modo que ningún líder laborista desde Ben Gurión se habría atrevido a considerar.

Sadat, el primer realista árabe desde Abdulá, supo reconocer este momento decisivo. Menos de seis meses después de la victoria del Likud, el 9 de noviembre de 1977, propuso negociar las condiciones de la paz. El proceso de paz fue largo, complejo y difícil. Fue encabezado por el presidente Jimmy Carter y garantizado económicamente por la generosidad del contribuyente norteamericano, un elemento indispensable. La culminación se produjo en una sesión maratoniana de trece días, que comenzó el 5 de septiembre de 1978, en Camp David, la residencia de verano presidencial, a la que Beguin denominó, en una frase característica, «un campo de concentración de lujo». Se necesitaron seis meses más para convertir el acuerdo alcanzado allí en un tratado detallado.

El compromiso fue auténtico; por lo tanto, duró. Egipto reconoció el derecho de Israel a la existencia, dio garantías totales en la frontera meridional de Israel, abandonó la competencia militar y, así, por primera vez, ofreció a Israel cierto grado de seguridad real. A cambio, Israel entregó el Sinaí, incluso sus yacimientos petrolíferos, las bases aéreas y los asentamientos, todos elementos de profundo significado emotivo para el país. También aceptó entregar en una negociación gran parte de Cisjordania, e incluso realizar concesiones en Jerusalén, a cambio de un tratado complementario con los palestinos y los restantes estados árabes. Pero estos últimos sacrificios no llegaron a cristalizar. Camp David ofreció a los árabes palestinos su mejor oportunidad desde el plan de partición de las Naciones Unidas de 1947. Nuevamente rechazaron la oportunidad sin intentar siquiera la negociación. Así, Israel retuvo Judea y Samaria, aunque como «territorios ocupados», más que como posesiones libres reconocidas internacionalmente. El tratado, como es el caso en este tipo de compromisos históricos, exigió importantes sacrificios también a sus signatarios. A Beguin le costó el aprecio de algunos de sus más antiguos amigos políticos. A Sadat, el más peligroso y traicionero de los enemigos de Israel, y también el más valiente y generoso, le costó la vida.[34]

Desde un punto de vista histórico, el tratado de paz egipcio-israelí tuvo una importancia incalculable, no sólo en sí mismo, sino por el momento en que se concertó. Desde la década de 1920 la fuente del poder árabe, tanto económico como diplomático, había estado siempre en los yacimientos petrolíferos del golfo Pérsico e Irak. En la segunda mitad de la década de 1970, este poder petrolero aumentó de manera espectacular. Durante la década de 1960 la demanda de petróleo había aumentado con más rapidez que la oferta. En 1973 esta tendencia se vio radicalmente reforzada por los actos políticos de los estados petroleros de Oriente Próximo como respuesta a la guerra del Yom Kippur. El precio del barril pasó de 3 a 10 dólares. Hacia finales de 1977 el precio se había elevado a 12,68 dólares. En 1979-1980 se triplicó otra vez y alcanzó el precio de 38,63 dólares el barril a finales de 1980. Al aumentar los ingresos árabes por el petróleo más de diez veces, la revolución de los precios del crudo permitió que los árabes dispusieran de enormes sumas para adquirir armas, así como para financiar el terrorismo antiisraelí. También incrementó la presión diplomática árabe sobre las naciones occidentales y del tercer mundo. Francia, por ejemplo, construyó un reactor nuclear para Irak, cuyo potencial bélico, que estaba aumentando rápidamente, obligó a Israel a destruirlo con un ataque aéreo el 7 de junio de 1981. Respondiendo a la presión árabe, algunos estados del tercer mundo rompieron relaciones con Israel. En las Naciones Unidas la influencia árabe experimentó un crecimiento extraordinario. Así, en 1975 la Asamblea General aprobó una resolución que equiparaba el sionismo con el racismo. A Yassir Arafat, sucesor del muftí y jefe del principal grupo terrorista árabe, la Organización para la Liberación de Palestina, se le otorgó la categoría de jefe de gobierno en las Naciones Unidas y en numerosos estados que antes se mostraban amistosos con Israel. Existía el peligro real de que Israel se viese empujada a un gueto internacional ocupado exclusivamente por Suráfrica.

Sobre este trasfondo, el tratado de paz con Egipto y el hecho de que se lo aplicase plenamente por ambas partes fue la gran fuerza que sostuvo la posición de Israel en la escena mundial. Si los palestinos hubiesen negociado seriamente en ese momento, poca duda cabe de que Israel se habría visto obligado a ceder la mayor parte de Cisjordania. Pero se desechó la oportunidad en favor del terrorismo estéril, y se perdió la oportunidad. De 1981 a 1985 el precio del petróleo descendió lentamente, a medida que la oferta se equilibró con la demanda. En enero de 1986 era de 25 dólares el barril, y en abril de ese año descendió por debajo de la marca de los 10 dólares, menos —teniendo en cuenta la inflación— de lo que había costado antes de la guerra del Yom Kippur. La balanza del poder económico y diplomático comenzó de nuevo a inclinarse en favor de Israel. A finales de la década de 1980, Israel llevaba veinte años ocupando Cisjordania, y sus fronteras, aunque «provisionales» en algunos lugares, habían comenzado a adquirir cierto aire de permanencia.

La hipótesis implícita en la negativa árabe a negociar, es decir, que el tiempo jugaba a su favor, y la engañosa analogía con los estados de las cruzadas medievales, que solían mencionar, se vieron desmentidas por los primeros cuarenta años de existencia de Israel. Éste se había convertido en un eficaz estado de máxima seguridad sin sacrificar su propósito básico o sus libertades, y conservando la flexibilidad negociadora y el pragmatismo de sus padres fundadores. El tiempo había demostrado que estaba del lado de los israelíes. Además, el hecho mismo de que los árabes continuaran prefiriendo la opción de la guerra alentaba el hábito de pensar, que se manifestaba incluso en los pragmáticos israelíes, en función de las fronteras históricas de Israel. El anuario oficial 1951-1952 había señalado: «Se ha creado el estado sólo en parte de la Tierra de Israel.» Había muchos judíos que veían en las repetidas victorias de Israel el imperativo moral que exigía unos límites más amplios. En el caso de los judíos piadosos se trataba de la mano de la providencia, y en el de los judíos laicos era una forma del destino manifiesto. En 1968 el principal rabino sefardí aseguró que era una obligación religiosa no devolver los territorios recientemente conquistados. El mismo año el *kibbuts* Dati, en representación de los colectivos religiosos, elevó una plegaria por el Día de la Independencia: «Extiende los límites de nuestro país, tal como has prometido a nuestros antepasados, desde el río Éufrates hasta el río de Egipto. Construye nuestra ciudad santa, Jerusalén, capital de Israel; y que tu templo pueda levantarse como en tiempos de Salomón.» El doctor Harold Fisch, rector de la Universidad de Bar-Ilan, insistía: «Hay una sola nación a la cual la tierra le pertenece en fideicomiso y por promesa pactada, y es el pueblo judío. Ningún cambio demográfico provisional puede modificar este hecho básico que es la piedra angular de la fe judía; del mismo modo que una esposa no tiene dos maridos, así una tierra no puede tener dos naciones soberanas que la posean.»[35] La victoria de 1967 también produjo un movimiento multipartidista denominado de la Tierra de Israel, que sostuvo que no estaba dentro de la autoridad moral del estado israelí, que representaba sólo a los ciudadanos israelíes, renunciar a zonas conquistadas de la Tierra Prometida, pues ésta era propiedad de todo el pueblo judío y debía preservarse para el reagrupamiento final o *aliá*. Esta forma de nuevo sionismo, que podía citar en apoyo de sus posiciones tanto a Herzl como a Ben Gurión y a Jabotinski, decía que sólo una quinta parte de la comunidad judía mundial se había establecido en Israel. El propósito definitivo del sionismo era el regreso de toda la nación; y para albergar a este pueblo, se necesitaba todo el país.[36]

Por supuesto, se trataba de una exageración, de una política ideológica del tipo que Israel siempre rechazó en la práctica. Por otro lado, en ciertos aspectos el Estado israelí era orgánicamente idealista. Aceptaba el deber irrenunciable de recibir como inmigrantes a todos los judíos que desearan convertirse en *olé* definido como «el judío que emigra a Israel para asentarse». Ése fue el propósito principal de su creación. Así se estableció en el Programa de Basilea de 1897, en el artículo 6 del mandato de 1922, en la Declaración de Independencia del 14 de mayo de 1948, y así se sancionó formalmente en la Ley de Retorno de 1950.[37] La sección 4B de la ley definía al judío como «una persona nacida de madre judía o convertida al judaísmo, y que no es miembro de otra religión». Pero no era fácil determinar en la práctica a quién podía considerarse judío. Era uno de los problemas más irritantes de la historia judía, desde los tiempos de los samaritanos en adelante. Con el auge del secularismo, el problema llegó a ser incluso más difícil. En la Europa moderna no eran los propios judíos quienes definían la condición judía, sino los antisemitas. Karl Lueger solía decir: «Es judío todo aquel de quien yo digo que es judío.» La mayoría de los judíos modernos coincidían en que un judío era quien se sentía tal, pero eso no bastaba para los tribunales. La ley halájica insistía en el factor religioso. Es decir, que en Israel el hijo de un matrimonio mixto en que la madre no era judía, aunque fuese ciudadano israelí, hablase hebreo, se educase en el espíritu de la historia judía y sirviese en el ejército israelí, legalmente no podía ser llamado judío sin pasar por un proceso explícito de conversión. Por otra parte, la ley halájica había decretado que incluso un judío convertido a otra fe continuaba siendo judío. La imposibilidad de alcanzar una definición totalmente secular del judío provocó varias crisis de gabinete y litigios. Cuando Oswald Rufeisen, nacido judío, que se había convertido e ingresado en la orden de los carmelitas con el nombre de hermano Daniel, intentó entrar al amparo de la Ley de Retorno, el caso fue a parar al Tribunal Supremo (*Rufeisen contra el Ministro del Interior*, 1962). El juez Silberg (por mayoría) dictaminó que la Ley de Retorno era un instrumento secular. Para los fines que interesaban a la ley, se definía a los judíos no de acuerdo con el *halajá*, sino como los judíos en general entendían el término: «La respuesta a esta pregunta a mi juicio es clara y nítida: no se considera judío al judío que se ha convertido en cristiano.»[38]

Pero en la gran mayoría de los casos no había problemas de definición. Desde su aparición Israel abrió las puertas a los *olim*. Tenía que recibir no sólo a los refugiados de los países árabes, sino a todos los desplazados judíos de Europa que deseaban trasladarse. En los tres años y medio iniciales del estado de Israel, una oleada de 685.000 inmigrantes, de los cuales 304.000 llegaron de Europa, duplicaron la población. Hubo una segunda gran oleada de inmigrantes (160.000) entre 1955-1957, una tercera (215.000) entre 1961-1964. La guerra de los Seis Días estimuló nuevamente las cifras de inmigración. Los judíos de los países árabes se equilibraron con los judíos europeos, y casi 600.000 judíos europeos llegaron a Israel en veintidós años, entre 1948 y 1970. El grupo más nutrido provino de Rumania (229.779), seguido por el de Polonia (156.011), pero hubo grandes contingentes húngaros (24.255), checoslovacos (20.572), búlgaros (48.642), franceses (26.295), británicos (14.006) y alemanes (11.522). También llegaron 58.288 judíos de Turquía, más de 60.000 de Persia y alrededor de 20.000 de la India. Rusia continuó siendo la gran reserva de posibles inmigrantes, pero el número de judíos que llegó de ese país dependió de las fluctuaciones de la política soviética. Durante el periodo 1948-1970 llegaron sólo 21.391 judíos de Rusia, pero durante los cuatro años de 1971 a 1974 fueron liberados más de 100.000.[39]

En sus primeros veinticinco años, sobre todo gracias a la inmigración, la población israelí pasó de los 650.000 habitantes iniciales a bastante más de tres millones. Recibir, albergar, educar y dar empleo a los recién llegados se convirtió en una prioridad casi tan importante como la seguridad básica, y se convirtió en el capítulo más importante del presupuesto de Israel después del asignado a la defensa. Para retirar a los judíos de los países denominados «tensos», a veces fue necesario realizar esfuerzos especiales, por ejemplo el puente marítimo y aéreo que en un solo año sacó del Yemen a 43.000 judíos, de junio de 1949 a junio de 1950, o el puente aéreo secreto para 20.000 judíos *falasha* de Etiopía, a mediados de la década de 1980.

En la unificación de esta nueva comunidad nacional los dos instrumentos más importantes fueron el ejército y el hebreo. Gracias a la intransigencia árabe, el ejército ocupó el lugar del *kibbuts* como producto más característico del estado sionista e influyó mucho en la transformación de la visión del mundo de los judíos. También se convirtió en el medio que permitió a los hijos de los inmigrantes alcanzar cierta igualdad emocional en el seno de la comunidad. La aceptación del hebreo fue un logro todavía más extraordinario. Hasta finales del siglo XIX nadie hablaba hebreo como idioma natal. Más aún, en cuanto lengua hablada había sido reemplazada por el arameo (excepto con fines litúrgicos) en los tiempos bíblicos tardíos. Por supuesto, continuaba siendo el principal lenguaje escrito del judaísmo. Los eruditos judíos que se reunían en Jerusalén comprobaban que podían hablar unos con otros, aunque la diferencia de pronunciación de los asquenazíes y los sefardíes dificultaba la comprensión. El estado sionista podría haber hablado fácilmente en alemán o en yiddish, pero ambos idiomas habrían acarreado resultados desastrosos. Eliezer ben Yehudá (1858-1922), que fue a Palestina en 1881, posibilitó la adopción del hebreo gracias a su vigorosa campaña. Cuando él y su esposa, nacida con el nombre de Deborah Jonas, llegaron a Jaffa, Yehudá insistió en que en adelante hablasen entre ellos sólo en hebreo. Fue el primer hogar de habla hebrea en el país (de hecho, el primero en el mundo), y Ben Zion, primer hijo de Ben Yehudá, fue el primer niño de habla hebrea desde la Antigüedad. El hebreo tuvo éxito como lengua moderna, allí donde fracasaron muchos otros renacimientos idiomáticos, por ejemplo, el irlandés, y esto fue así en parte porque el judaísmo, al utilizar el hebreo, había abordado siempre los temas prácticos con infinitos detalles: el trabajo, la vivienda, la cocina, la iluminación y la calefacción, los viajes y la vida. Por supuesto, su fuerza principal la tenía como idioma de la oración, pero era también un idioma de la conducta. En cuanto la gente se obligaba a hablarlo, descubría que satisfacía con notable rapidez las necesidades de la vida cotidiana y pronto mostraba una capacidad dinámica de crecimiento. Su desarrollo como idioma oficial del gobierno se vio facilitado inmensamente por la decisión británica (1919) de concederle bajo su mandato la misma categoría que al inglés y al árabe. Las pretensiones rivales del alemán fueron destruidas por Hitler, y las del yiddish, que contaba con más de diez millones de hablantes a finales de la década de 1930, por la inmigración masiva de judíos sefardíes provenientes de los países árabes después de 1945. El hebreo fue eficaz porque el nuevo ejército lo habló. El ejército funcionó porque hablaba hebreo. Así, Israel contrarió todas las leyes de la sociología lingüística moderna y convirtió este renacimiento en un proceso autosostenido.

Se manifestó cierta prepotencia, especialmente en relación con los nombres. Por supuesto, desde los tiempos de Abraham, los judíos estaban acostumbrados a los cambios de nombre, practicados con el propósito de destacar ciertas cuestiones religiosas, patrióticas o culturales. Ben Yehudá inició la nueva práctica hebrea, y cambió su propio apellido, que era Perelman. Muchos de los colonos de las tres primeras *aliot* imitaron el ejemplo al mismo tiempo que comenzaban a aprender hebreo. Así, David Gruen, o Green, se convirtió en David Ben Gurión. Después, el cambio adquirió carácter obligatorio. En esto había acerbas ironías. Durante el siglo XIX los judíos gobernados por alemanes y austríacos se habían visto forzados a germanizar sus nombres. Hitler invirtió el proceso. En 1938 se prohibió a los judíos alemanes modificar sus apellidos y se los obligó a volver a los de carácter judío. Con respecto a los nombres de pila, los judíos estaban limitados a los «nombres judíos oficiales», 185 para los hombres, 91 para las mujeres. Esta nómina excluía ciertos nombres bíblicos preferidos por los alemanes no judíos, por ejemplo Ruth, Miriam, Joseph y David. Los judíos que tenían nombres prohibidos debían agregar el de Israel, si eran varones, y el de Sarah si eran mujeres. El régimen de Vichy en Francia y el de Quisling en Noruega aprobaron normas análogas. Pero nada de todo esto disuadió a Ben Gurión, cuyo apoyo vigoroso, incluso beligerante, al hebreo fue uno de los factores que aseguraron su éxito. Al enterarse de que un barco israelí mandado por cierto capitán Vishnievski había realizado una visita a Suráfrica, Ben Gurión ordenó que en adelante «ningún oficial sea enviado al exterior en carácter de representante a menos que tenga un apellido hebreo».[40]

La clase gobernante israelí siguió la orientación de Ben Gurión. Moshé Sharett cambió su apellido, que era Shertok, Eliahu Elat dejó de ser Epstein, Leví Eshkol ya no fue Shkolnic. Se creó una Comisión de Nomenclatura Hebrea que redactó listas de nombres hebreos, así como normas para regir el cambio, por ejemplo Portnoy en Porat, Teitelbaum en Agosi, Jung en Elem, Novick en Hadash y Wolfson en Ben Zev. Las iniquidades de los malévolos burócratas austríacos fueron compensadas al convertir Inkdiger (cojo) en Adir (fuerte) y Lügner (mentiroso) en Amiti (veraz). Los nombres de pila también se hebraizaron. Por ejemplo, Pearl se convirtió en Margalit. Los judíos se mostraron menos dispuestos a cambiar sus nombres de pila que sus apellidos.

En concordancia con la práctica del Ministerio de Asuntos Exteriores israelí, Goldie Myerson cambió su apellido por el de Meir cuando asumió la cartera de Asuntos Exteriores en 1959, pero se negó a adoptar el nombre de Zehavá, y sencillamente convirtió Goldie en Golda. La necesidad de nombres de pila hebreos llevó a revisar la Biblia en busca de novedades.

Así Yigal, Yariv, Yael, Avner, Avital y Haguit se pusieron de moda, e incluso sucedió lo mismo con Omri y Zorobabel. Incluso se inventaron nombres: Balfura por Balfour, Herzlia por Herzl. De acuerdo con el rabino Benziob Kaganoff, principal experto en nombres judíos, el renacimiento bíblico condujo a desafiar intencionadamente muchos tabúes judaicos, sobre todo la prohibición de usar nombres bíblicos anteriores a Abraham. Los israelíes infringieron esta prohibición llamando a sus hijos Yuval, Ada, Peleg y, sobre todo, Nimrod, mencionado en el Talmud como uno de los cinco hombres más perversos de toda la historia de la humanidad. Otros nombres «perversos» que llegaron a estar de moda fueron Reuma, Delia, Atalía y Tsipor. El propio Beguin recibió su nombre de pila en recuerdo de Menájem, de quien la Biblia dijo: «Y él hizo lo que era malo a los ojos del Señor.»

El hebreo no fue sólo una fuerza unificadora. Impidió que Israel tuviese un problema idiomático, la maldición de tantas naciones, sobre todo de las nuevas. Fue un hecho afortunado, pues Israel tenía muchas otras grietas. El hecho de que, en el gueto de Varsovia, a finales de 1942, los partidos políticos judíos pudiesen discutir agriamente acerca del modo de resistir a los nazis era un indicio de la profundidad de las divisiones ideológicas, todas las cuales (y otras más) eran endémicas también en Israel. La división básica entre el partido laborista (a veces llamado Mapai), con su ala sindical del Histadrut y su brazo militar de la Hagganá, y los revisionistas, a quienes entre otras expresiones se denominó Herut, Gahal y finalmente Likud, estaba envenenada por el asesinato de Arlosoroff y sus consecuencias. La situación se agravó todavía más como resultado de un impresionante suceso ocurrido durante la guerra de la Independencia. Ben Gurión había temido siempre que Beguin, que rechazaba las fronteras creadas por la partición de las Naciones Unidas, combatiría para ampliarlas si se permitía que el Irgún actuase como fuerza autónoma. Beguin aceptó fusionar el Irgún con el ejército nacional el 1 de junio de 1948, pero conservó sus propios suministros de armas. Durante la primera tregua el buque *Altalena*, cargado de armas para el Irgún, llegó frente a Tel-Aviv, y el gobierno rehusó entregar el contenido a Beguin. Ben Gurión dijo al gabinete: «No habrá dos estados y no habrá dos ejércitos [...]. Debemos decidir si entregamos el poder a Beguin o le decimos que cese en sus actividades separatistas. Si no cede, abriremos fuego.»[41] El gabinete ordenó al ministro de Defensa que aplicase la ley. Estalló la lucha en la playa y Beguin subió a bordo para proteger sus armas. Yigal Allon, comandante en jefe de la fuerza regular de la Hagganá, el Palmaj, y su delegado Yitsjak Rabin, que dirigía las operaciones desde el Hotel Ritz, decidieron bombardear la nave y hundirla. Beguin se vio obligado a nadar hasta la costa, catorce hombres del Irgún murieron, y ése fue el fin efectivo de la organización. Beguin afirmó que la coalición laborista era «un gobierno de criminales, tiranos, traidores y fratricidas».[42] Ben Gurión sencillamente se limitó a llamar «Hitler» a Beguin.

El partido laborista y sus aliados gobernaron Israel hasta 1977. Con los *kibbutsim*, el Histadrut, la Hagganá y su predominio en la Agencia Judía, habían formado el *establishment* durante el mandato. Después de la independencia, continuaron controlando las fuerzas armadas, el servicio civil y, a través de las propiedades sindicales, la industria israelí. Israel heredó del mandato muchas instituciones políticas, constitucionales y legales británicas. Pero en un aspecto era muy diferente de Gran Bretaña. Extrajo de los partidos socialistas de Europa oriental el concepto del partido que se convierte en Estado. En este sentido se parecía más a la Unión Soviética. La distinción entre los políticos profesionales y los funcionarios civiles profesionales, tan destacada en el estilo británico de democracia parlamentaria, apenas existía en Israel. Allon pasó del mando del Palmaj al cargo de ministro y de viceprimer ministro. Rabin fue jefe de Estado Mayor de las Fuerzas de Defensa israelíes, y después primer ministro. Otros dos jefes de la Fuerza de Defensa, Jaím Bar-Lev y David Elazar, también escalaron posiciones en el marco del movimiento laborista. Moshé Dayán, el más celebrado de todos los comandantes de la Fuerza de Defensa, ascendió dentro del movimiento juvenil Mapai, o Zeirim, lo mismo que Shimón Peres, que encabezó la burocracia del Ministerio de Defensa con Ben Gurión y más tarde ocupó el cargo de primer ministro. Un hombre podía ser sucesivamente miembro de la Knésset, general, ministro del gabinete, embajador y director de la radio oficial. Israel fue un estado de partido, aunque nunca un estado de un solo partido. Las decisiones más importantes no siempre procedían del gabinete. En general, las designaciones en la administración pública se basaban en el sistema de división del botín del partido, que distribuía los cargos de acuerdo con la fuerza electoral. Cada partido tendía a decidir quiénes servían, quiénes hacían qué y quiénes ascendían en los ministerios que el partido controlaba. En general, el movimiento laborista formó un complejo de asentamientos agroindustriales que abarcó gran parte de la industria de armamentos, la vivienda, el seguro de salud y la distribución. Mediante su propio mecanismo dominó enormes áreas de lo que normalmente podrían considerarse funciones oficiales: las relaciones laborales, la educación, la salud pública y la inmigración. Gran parte de todo esto tuvo su origen en el modo de colonización del país bajo el mandato.[43] En la estructura que siguió a la independencia, Israel tuvo algunos de los defectos de una típica ex colonia del tercer mundo, de las que nacen por medio de la resistencia, de un movimiento nacionalista dominante, incluso con expresiones terroristas, y después se transforman en un régimen político.

La estructura multipartidista preservó la democracia. Pero los partidos sufrían un proceso constante de ósmosis y se dividían, se reagrupaban, adoptaban nuevos nombres, formaban coaliciones ad hoc. Entre 1947 y 1977 el Mapai-laborismo nunca descendió del 32,5 % de los votos, pero nunca sobrepasó el 40 %. La consecuencia fue un alto grado de inestabilidad en la estructura general del dominio ejercido por el movimiento laborista, con difíciles negociaciones entre los miembros de la coalición después de cada elección y a menudo entre dos elecciones. Ben Gurión fue primer ministro de 1948 a 1963, excepto un breve periodo de 1953 a 1955, cuando cedió el lugar a Moshé Sharett. Muchas de sus destituciones o sus designaciones más arbitrarias —por ejemplo, de generales— fueron formas de reacción frente a las maniobras políticas internas. Su prolongada venganza contra Pinjás Lavon, un ministro de Defensa a quien Ben Gurión consideró responsable de un costoso fracaso de inteligencia en Egipto, fue inducida tanto por factores internos de partido como por razones públicas. Los partidos representaban intereses tanto como ideologías. Reclutaban miembros con arreglo a estos rasgos, sobre todo entre los inmigrantes. Esta situación se remontaba al periodo de entreguerras, cuando la ocupación de tierras era sobre todo una función de partido. A principios de la década de 1930 hubo un acuerdo entre los partidos sobre la división de la escasa tierra. Después de la independencia había tierra suficiente para todos los que desearan trabajarla, de modo que los funcionarios de los partidos recorrían los campamentos de tránsito para conseguir ocupantes. Hubo reparticiones oficiosas sobre una base etnicorreligiosa. Por ejemplo, los rumanos, los búlgaros y los yugoslavos se aproximaron a los partidos seculares (principalmente el Mapai) y los norteafricanos, al grupo religioso Mizraji, que formaba parte de la coalición. Gracias a la habilidad de los agentes yemenitas del Mapai, este partido impuso casi un monopolio sobre los inmigrantes yemenitas, aunque después de la protesta del Mizraji su participación se redujo al 60-65 %. El Mapai y el Mizraji también sellaron un acuerdo respecto de 100.000 inmigrantes marroquíes, y así el primero organizó la emigración desde la región meridional del Atlas y el segundo desde el Atlas septentrional. Una revuelta de algunos de los marroquíes, que estaban irritados porque se los manipulaba como si fueran una propiedad y se los adoctrinaba, hizo público este pacto en 1955.[44]

Weizmann detestaba la totalidad de este aspecto de la política sionista. Cuando se formó el Estado, fue su primer presidente, pero no consiguió obtener atribuciones presidenciales de acuerdo con los criterios norteamericanos. Por lo tanto, no pudo lograr que prevaleciera el Estado como factor de interés público contra el partido. La tarea quedó a cargo de Ben Gurión, y para hacerle justicia debe reconocerse que intentó combatir el sistema de partidos. Había sido un activista profesional de partido la vida entera, y continuó siendo hasta el fin un contrincante político agresivo. Pero como primer ministro hizo todo lo posible para promover la separación del partido y el Estado, salvar al Estado del dominio partidista, combatir a la máquina del movimiento laborista (en su mayor parte creada por él mismo), que influía sobre la política, las designaciones y, no menos importante, sobre la investigación de los abusos. Apartó la oficina del primer ministro, el Ministerio de Defensa, el ejército y las escuelas del dominio del partido. Pero no consiguió hacer lo mismo con el sistema sanitario, de hecho retenido por el Histadrut. En definitiva, se distanció de sus colegas políticos, creó un nuevo partido propio (1965) y, cuando éste fracasó, se retiró a un irritado exilio interno en su *kibbuts* de Sedé Bóker.[45]

A diferencia de Herzl, Weizmann e incluso Jabotinski, Ben Gurión no se veía en la figura de un europeo, sino en la de un judío de Oriente Próximo. Depositó su confianza en los *sabrot*, los israelíes nativos descendientes de los pioneros, gracias a los cuales Israel dejaría de ser una colonia europea para convertirse en un auténtico estado asiático, aunque con características originales. Era un Moisés con un mensaje sombrío, que ofrecía a su pueblo sangre y lágrimas, trabajo y sudor. «Esto no es una nación, todavía no lo es», dijo en 1969, hacia el final de su vida.

Es un pueblo exiliado que aún está en el desierto y anhela los manjares de Egipto. No puede considerárselo una nación antes de que se colonicen el Néguev y Galilea, hasta que millones de judíos emigren a Israel y mientras no se mantengan las normas morales necesarias para la práctica ética de la política y los altos valores del sionismo. Esto no es una turba ni una nación. Es un pueblo todavía encadenado a su pasado en el Exilio: redimido pero no realizado.[46]

De todos modos, el espíritu que animó al movimiento laborista continuó siendo el del socialismo europeo. Era un partido de intelectuales urbanos cuyos *kibbutsim* eran chalés de fin de semana. Era gente educada en la universidad, con el punto de vista cultural de la clase media. Frente a los trabajadores, y sobre todo frente a los inmigrantes sefardíes afroasiáticos, mostraban una actitud de condescendencia bienintencionada, les explicaban pacientemente lo que les convenía, más o menos como Rosa Luxemburg había intentado otrora enseñar al proletariado alemán. Eran los aristócratas naturales del nuevo estado, o quizá sería mejor denominarlos una catedrocracia secular. Poco a poco, comenzó a manifestarse una llamativa diferencia de atuendo entre el gobierno y la oposición. Los estadistas del laborismo afectaban cierto informalismo rústico de camisas de cuello abierto. El Likud de Beguin usaba trajes y corbatas elegantes. Era la diferencia entre una intelectualidad socialista y los populistas por instinto.

Después de la retirada de Ben Gurión, se incrementó la dependencia del movimiento laborista respecto del apoyo de los judíos de origen europeo. En cambio, los recién llegados de los territorios árabes se orientaban hacia la oposición. Este proceso se remontaba al periodo de entreguerras. Jabotinski siempre había reclutado partidarios entre los sefardíes del Levante. Aprendió a hablar ladino. Se apegó a la pronunciación sefardí del hebreo. Beguin se acopló sin esfuerzo a esta tradición. En su condición de judío polaco, uno de los pocos supervivientes, sentía una afinidad natural de circunstancias con los judíos que habían sido expulsados brutalmente de los países árabes. Como ellos, no sentía la necesidad de disculparse por su estancia en Israel y compartía el odio por los árabes. También él anteponía los intereses judíos a cualquiera otra consideración, apoyándose en el derecho moral del sufrimiento. Como los judíos orientales, creía que el concepto de que los árabes podían conceder o negar el derecho de Israel a la existencia era un insulto a los muertos. «El Dios de nuestros padres nos concedió el derecho a la existencia —insistía— en el alba de la civilización humana, hace casi cuatro mil años. Por ese derecho, que ha sido santificado con la sangre judía de generación en generación, hemos pagado un precio que no tiene igual en los anales de las naciones.»[47] En riguroso contraste con el régimen laborista, los judíos orientales y él tenían una característica común y muy valiosa: una falta absoluta de sentimientos de culpa.

El dominio laborista del régimen era inmensamente fuerte, y se atenuó con mucha lentitud. Beguin seguramente fue el único líder de un partido en la historia que perdió ocho elecciones sucesivas y conservó su cargo. Pero bajo sucesivos primeros ministros, Leví Eshkol en 1963-1969, Golda Meir en 1969-1974, Yitsjak Rabin en 1974-1977, el apoyo electoral a los laboristas se debilitó gradualmente. Hacia el final de su prolongado dominio hubo varios escándalos graves, algo que no debe sorprender considerando la negativa de los laboristas a escuchar la advertencia de Ben Gurión y separar el partido del Estado. Así, en las elecciones de mayo de 1977 el laborismo perdió al fin su supremacía. Su porcentaje de votos se redujo en un 15 %, de modo que obtuvo sólo 32 escaños. El Likud de Beguin conquistó 43 y no tuvo dificultades importantes para formar un gobierno de coalición. Ganó también las siguientes elecciones, en junio de 1981. Después de la retirada de Beguin, el Likud combatió al movimiento laborista y alcanzó el empate en 1984, lo cual condujo a un acuerdo en virtud del cual una coalición entre los laboristas y el Likud gobernó el país, alternando primeros ministros. Así, Israel llegó a un sistema más o menos bipartidista y se evitó el peligro de un régimen de un solo partido permanente.

Pero en el fondo, las diferencias entre los partidos políticos de Israel, aunque profundas y emponzoñadas por episodios históricos violentos, se relacionaban con cuestiones seculares, y por lo tanto, en definitiva siempre admitían compromisos pragmáticos. Más grave era la división entre la secularidad del Estado sionista y la religiosidad del judaísmo propiamente dicho. El problema no era nuevo. Las exigencias de la Ley y las exigencias del mundo provocaron tensiones en todas las sociedades judías y se manifestaban abiertamente en cuanto los judíos asumían la dirección de sus propios asuntos. De ahí que muchos judíos piadosos creyesen que era preferible vivir bajo la soberanía de los gentiles. Pero esta solución los dejaba a merced de la buena voluntad gentil. La experiencia de los tiempos modernos demostraba que no podía confiarse en ella. El nuevo Sión se había concebido como respuesta al antisemitismo del siglo XIX y había nacido inmediatamente después del Holocausto. No era el plan de una teocracia judía, sino el instrumento político y militar de la supervivencia judía. En resumen, la situación era esencialmente la misma que en tiempos del profeta Samuel. Después, los israelitas corrieron peligro de ser exterminados por los filisteos y apelaron a la monarquía para conservar la vida. Samuel había aceptado el cambio con dolor y aprensión, porque percibía claramente que la monarquía, o más bien deberíamos decir el estado, mantenía un conflicto irreconciliable con el dominio de la Ley. Al final se demostró que tenía razón. Se desafió a la Ley, Dios se encolerizó y llegó el Exilio en Babilonia. La segunda comunidad tropezó exactamente con las mismas dificultades, y también pereció. De modo que los judíos comenzaron la diáspora. Correspondía a la esencia del judaísmo que el Exilio terminara con un acontecimiento metafísico, cuando así le placiera a Dios, no con una solución política ideada por el hombre. El estado sionista era sencillamente un nuevo Saúl. Sugerir que era una forma moderna del Mesías no sólo implicaba un error, sino que era también una blasfemia. Como advirtió el gran estudioso judío Gershom Scholem, el resultado sería inevitablemente producir otro falso Mesías: «El ideal sionista es una cosa, y el ideal mesiánico, otra; y los dos no se tocan, excepto en la fraseología pomposa de las grandes asambleas, que a menu-

do infunden en nuestra juventud el espíritu de un nuevo shabetaísmo que necesariamente fracasará.»[48] Es cierto que los
sionistas, que en su mayoría no eran religiosos, e incluso eran
contrarios a la religión, invocaban la ayuda del judaísmo. No
tenían alternativa. Sin el judaísmo, sin el concepto de los judíos como un pueblo unido por la fe, el sionismo era apenas
una secta de chiflados. Invocaban también la Biblia. Extraían
de ella toda clase de llamamientos políticos, morales, retóricos e idealistas. Ben Gurión la utilizaba como guía de estrategia militar. Pero eso era una mera forma europea oriental
de la Ilustración judía. El sionismo nada tenía que ver con
Dios propiamente dicho. Para los sionistas, el judaísmo era
poco más que una fuente de energía útil y cultura nacional,
y la Biblia, a lo sumo un libro oficial. De ahí que desde el
principio la mayoría de los judíos religiosos mirasen suspi-
caces al sionismo o le profesaran hostilidad lisa y llana, y que
algunos (como ya hemos observado) creyesen que era obra
de Satán.

Pero así como Samuel aceptó ungir a Saúl, también los
judíos religiosos tuvieron que admitir la existencia del sionismo y adoptar actitudes frente a él. Hubo varias corrientes
de pensamiento, y todas variaron en el curso del tiempo.
Todas eran ortodoxas. El judaísmo reformado no representó
ningún papel en la colonización de Palestina y en la creación
de Israel. Hasta 1958 no se construyó la primera sinagoga reformada de Jerusalén. Pero la ortodoxia mostró diferentes
formas de reconocimiento del sionismo. Así como los sionistas utilizaron el judaísmo para crear su estado, algunos judíos
piadosos consideraron que el espíritu nacional sionista podía aprovecharse para reincorporar judíos al judaísmo.
Abraham Yitsjak Kook (1865-1935), designado gran rabino
europeo con el apoyo sionista, adoptó la posición de que la
observancia de la Torá podía fortalecerse gracias al nuevo
espíritu patriótico de los judíos, con la condición de que los
judíos observantes se organizaran. Así, después de que el
X Congreso sionista (1911) se inclinara a favor de las escuelas
laicas y no de las escuelas de la Torá, nació el primer partido

religioso, el Mizraji, con el propósito de luchar por la Torá en el seno del sionismo. De ahí que este grupo colaborase con los sionistas mientras duró el mandato y fuese miembro del gobierno desde el nacimiento del estado. Representó un papel importante en cuanto evitó una ruptura total entre los judíos seculares y los religiosos de Israel, pero tendió a ser más un intermediario entre los dos campos que una fuerza religiosa por derecho propio.

Como respuesta a la «traición» del Mizraji, los sabios ortodoxos fundaron en 1912 el movimiento agudista. Éste no se organizó ni se mostró activo hasta que los británicos se apoderaron de Palestina. Bajo el dominio turco, el antiguo sistema de delegar el poder en las minorías a través de sus jefes religiosos se había mantenido, y, como es natural, este método favoreció a los ortodoxos. Pero de acuerdo con el artículo 4 del mandato de 1922, los británicos entregaron a los sionistas la representación política de todos los judíos. El Consejo Nacional judío estaba en manos laicas, y sencillamente desviaba al Mizraji los aspectos religiosos de su tarea. Respondiendo a esta situación, los agudistas formaron en 1923 un movimiento de masas, dirigido por un «Concilio de Grandes Hombres de la Torá», cuyas filiales preparaban a los judíos observantes con el fin de que depositasen los votos en favor de los candidatos de la entidad. Así, se formó un segundo partido religioso. En Europa oriental era muy poderoso y tenía su propia prensa y sus grupos de presión, y continuó siendo firmemente antisionista. Pero en Palestina se vio forzado a concertar un compromiso después de que el ascenso de Hitler desencadenó la demanda temerosa de visados de inmigrante. Éstos pasaban sin excepción por la Agencia Judía Sionista, que también controlaba los fondos centrales destinados a financiar nuevos asentamientos. La verdad es que, como los israelitas enfrentados con los filisteos, la Agudá no sabía cómo mantener sus principios en presencia del hitlerismo. ¿No era posible que la Declaración Balfour fuese un modo de fuga ordenado por la divinidad? En 1937 uno de sus líderes, Isaac Breuer, nieto del famoso rabino Hirsch, formuló una pregunta formal al Consejo de Grandes Hombres: ¿La Declaración Balfour imponía a los judíos la tarea ordenada por Dios de construir un estado, o era un «ardid satánico»? Los miembros del Consejo no pudieron coincidir en la respuesta, de modo que Breuer elaboró una por sí mismo, en el marco del Holocausto, y su actitud dio razones aún más apremiantes para llegar a una conciliación con el sionismo. La argumentación formulada después por Breuer en el sentido de que el estado era un don del cielo al martirizado Israel y podía ser «el comienzo de la Redención», con la condición de que se creara bajo la guía de la Torá, se convirtió en la base de la ideología de la Agudá.[49]

De modo que cuando se aproximó el momento de la fundación del Estado, la Agudá exigió que aquél tuviese una base legal en la Torá. Se rechazó esta pretensión. La Agencia Judía escribió a la Agudá el 29 de abril de 1947: «La creación del Estado necesita la confirmación de las Naciones Unidas, y eso será imposible si no se incluye la garantía de la libertad de conciencia de todos los ciudadanos del estado y si no se aclara que no es nuestra intención fundar un estado teocrático.» El Estado tenía que ser laico. Por otra parte, la Agencia aceptó la aplicación del criterio religioso acerca del *shabbat*, las normas dietéticas y el matrimonio, y también autorizó la total libertad religiosa en las escuelas. Este compromiso permitió que la Agudá perteneciese al Consejo Provisional de Gobierno en el comienzo del estado y que, como miembro del Frente Religioso Unido, formase parte de coaliciones gobernantes durante el periodo 1949-1952. El punto de vista de la Agudá fue expresado así (10 de octubre de 1952):

El mundo fue creado por el bien de Israel. Es deber y mérito de Israel mantener y cumplir la Torá. El lugar donde Israel está destinado a vivir, y por consiguiente a mantener la Torá, es Israel. Esto significa que la razón de ser del mundo es la creación del régimen de la Torá en Israel. Se han sentado los cimientos de este ideal. Ahora hay judíos que viven en su patria y cumplen la Torá. Pero todavía no se ha alcanzado el objetivo total, pues no todo Israel vive ya en este país y [ni siquiera] todo Israel está cumpliendo la Torá.[50]

En resumen, la Agudá se comprometía a usar el sionismo para completar el reagrupamiento y transformar el resultado en una teocracia.

Así como los compromisos del Mizraji originaron la Agudá, a su vez ésta engendró un grupo rigorista autodenominado Neturéi Karta (Guardianes de la Ciudad). Este núcleo se escindió de la Agudá en 1935, se opuso con uñas y dientes a la fundación del estado, boicoteó las elecciones y todas las restantes actividades oficiales y declaró que prefería la internacionalización de Jerusalén antes que el gobierno de los apóstatas judíos. El grupo era relativamente pequeño, y extremista a los ojos de los individuos de mente secular. Pero la historia entera de los judíos sugiere que las minorías rigurosas tienden a convertirse en mayorías triunfantes. Además, como el propio judaísmo, sus miembros exhibían (aceptada su premisa inicial) una sólida consecuencia lógica. Los judíos eran «un pueblo cuya vida está regulada por un orden divino sobrenatural [...] que no depende de los éxitos o los fracasos políticos, económicos y materiales de carácter normal». Los judíos no eran «una nación como otra cualquiera», sometida a los factores «que provocan el ascenso y la caída de todas las restantes naciones».[51] Por lo tanto, la creación del estado sionista no era otra entrada judía en la historia, una tercera comunidad, sino el principio de un Exilio diferente y mucho más peligroso, pues «ahora hay licencia total para tentar por medio del éxito de los malvados». Estos religiosos a menudo citaban la declaración de un grupo de rabinos húngaros que, al llegar a Auschwitz, admitieron la justicia del castigo que Dios les dispensaba porque se habían opuesto débilmente al sionismo. Los defraudadores sionistas, que afirmaban representar al pueblo de Israel, estaban incinerando almas judías, mientras que los hornos crematorios de Hitler sólo quemaban los cuerpos y liberaban las almas, destinadas a la vida eterna. Este grupo rigorista deploraba tanto la guerra del Sinaí como la de los Seis Días, destinadas, gracias a su esplendoroso éxito, a inducir a los judíos a abrazar el sionismo, y por lo tanto a llevarlos a la destrucción eterna. De hecho, consideraban que tales victorias eran obra de Satán y conducirían a una derrota colosal. Los guardianes rechazaban la «liberación y la protección» del sionismo, al mismo tiempo que sus guerras y sus conquistas:

> No aprobamos el odio o la hostilidad y sobre todo el combate o la guerra, sea cual fuere su forma, contra ningún pueblo, nación o lengua, pues nuestra Sagrada Torá no nos ordenó eso en nuestro Exilio, sino lo contrario. Si como consecuencia de nuestros muchos pecados, aparentemente compartimos el destino de esos rebeldes [contra Dios] ¡el Cielo no lo permita! Todo lo que podemos hacer es orar por el Santo, bendito sea, de modo que Él pueda liberarnos del destino de aquéllos y salvarnos.

Los guardianes se veían ellos mismos como un «resto» que «rehusaba doblar la rodilla ante Baal», como en «tiempo de Elías», o «cenar a la mesa de Jezabel». El sionismo era «una rebelión contra el Rey de Reyes», y en la teología de estos creyentes estaba implícito que el estado acabaría en una catástrofe peor que el Holocausto.

Por lo tanto, desde su nacimiento el Estado sionista laico afrontó una triple oposición religiosa: desde el seno de la coalición gubernamental, desde fuera de la coalición pero en el marco del consenso sionista, y desde fuera del consenso pero en los límites del país. La oposición adoptó una infinita diversidad de formas, desde las infantiles a las violentas: pegar los sellos al revés en las cartas y omitir la palabra *Israel* en la dirección; desgarrar los carnés de identidad; boicotear las elecciones; manifestaciones; disturbios en gran escala. El estado israelí, como sus predecesores helenísticos y romanos, tuvo que lidiar con un sector de la población, especialmente en Jerusalén, que se ofendía fácilmente, y a menudo de modo imprevisto, por decisiones oficiales secundarias e imprudentes. Pero en general, la fuerza religiosa se reflejó en las ásperas negociaciones realizadas en la propia Knésset, y sobre todo en el gabinete. En los primeros cuatro gobiernos de Israel, por lo menos cinco crisis de gabinete fueron consecuencia de problemas religiosos: en 1949 por la importación de alimentos prohibidos, en febrero de 1950 por la educación religiosa de los niños yemeníes en los campamentos de tránsito, en octubre de 1951 y de nuevo en septiembre de 1952 por el servicio militar obligatorio de muchachas provenientes de hogares ortodoxos, y en mayo de 1953 por las escuelas. Esta pauta se prolongó durante los primeros cuarenta años de existencia de Israel, y la religión fue una fuente mucho más grave de desarmonía entre los miembros de la coalición que las diferencias en cuanto a ideología, defensa o relaciones exteriores.

Como la religión judía abunda en elementos de una teología moral rigurosa, la esfera del conflicto era muy amplia. Así, durante el *shabbat*, al que se dio jerarquía legal y constitucional, hay treinta y nueve categorías principales y muchas secundarias de trabajos prohibidos, incluso cabalgar o viajar en vehículos, escribir, tocar un instrumento, encender una luz o tocar dinero. El más común de los códigos judaicos afirma que «aquel que profana manifiestamente el *shabbat* es como un gentil en todos los aspectos, y su contacto hace que el vino sea prohibido, el pan que él cuece es como el pan de un gentil, y su cocina es como la de un gentil».[52] Por lo tanto, la ley del *shabbat*, con su efecto paralizador, suscitó graves problemas en las fuerzas armadas, la administración y el enorme sector público y colectivo de la industria y la agricultura. Se dirimieron duras batallas en los *kibbutsim* y en los programas de televisión acerca del ordeño de las vacas en el *shabbat*, hubo decisiones legislativas de gran alcance y se suscitaron conflictos de normas. Así, había autobuses en Haifa, pero no en Tel-Aviv; los cafés estaban abiertos en Tel-Aviv, pero no en Haifa; Jerusalén prohibió el funcionamiento de autobuses y los cafés. Hubo otra crisis en relación con El-Al, la línea aérea oficial, y sus vuelos en *shabbat*. Se produjo incluso una lucha más larga en el seno del gobierno acerca del suministro de alimentos que no eran *kosher* en la línea de navegación oficial, y así las leyes acerca de los alimentos se convirtieron en campo abonado para las disputas políticas. Los hoteles y restaurantes necesitaban un «certificado de corrección» del rabinato. De acuerdo con una ley de 1962 se prohibió la cría de cerdos excepto en las regiones árabes cristianas próximas a Nazaret o con fines científicos; y en 1985 comenzó una campaña legislativa para prohibir también la venta y distribución de productos derivados del cerdo. El gobierno y los rabinos examinaron el caso de la babirusa de las Celebes, que según sus criadores es un mamífero, tiene cascos y rumia. Hubo disputas en el gabinete en relación con las autopsias y los entierros en suelo consagrado.

La educación originó problemas de inmensa complejidad. Durante el mandato había cuatro clases de escuelas judías: la sionista general (laica), la del Histadrut (laica-colectiva), la del Mizraji (Torá-secular) y la de la Agudá (únicamente la Torá). La Ley de Educación Unificada de 1953 reunió estas escuelas en dos tipos: las escuelas oficiales seculares y las oficiales religiosas. La Agudá retiró sus escuelas del sistema, pero comprobó que perdía los subsidios oficiales si no dedicaba tiempo suficiente a los temas seculares. Los laicos se quejaron de que las escuelas de la Agudá dedicaban a la Biblia, el Talmud y el hebreo (las niñas más Biblia y menos Talmud que los niños) dieciocho clases de un total de treinta y dos semanales, a expensas de la ciencia, la geografía y la historia. Los judíos religiosos se quejaban de que las escuelas oficiales consagraban únicamente ocho de un total de treinta y dos a la religión, y de estas ocho, tres correspondían al hebreo; además, se enseñaba la Biblia con un criterio secular, como mito, excepto ciertos fragmentos expuestos como historia sionista temprana.[53] A fines de la década de 1950, un confuso plan de compromiso del gabinete, destinado a promover «la conciencia judía» en las escuelas seculares y «la conciencia nacional de Israel» en las escuelas religiosas, provocó más dificultades.[54] En 1959 hubo disturbios en tres lugares contra la propaganda secular dirigida a los hijos de judíos orientales ortodoxos, uno de cuyos rabinos se quejó amargamente:

> [Ellos] educaron a una juventud que carecía del saber de las alturas, y la revistieron de orgullo, mientras arrojaban al polvo a los ancianos que habían adquirido sabiduría. Enseñaron al niño de la escuela que aquí —¡en la tierra de Israel!— no era necesario observar los mandamientos de la Torá. Cuando el niño volvía de la escuela a casa y los padres le decían que rezara, él contestaba que el maestro afirmaba que era innecesario o que el instructor había afirmado que era una tontería. Cuando venía el rabino y decía a los niños que observaran el *shabbat*, no lo escuchaban, porque el club estaba organizando un encuentro de fútbol o el automóvil esperaba para llevarlos a la playa [...] si el rabino rogaba y gemía, se le reían en la cara, porque eso era lo que el instructor había ordenado [...]. Los sabios de la Torá eran arrojados a un rincón mientras los niños se elevaban a la grandeza porque tenían el carné del partido.[55]

Los ortodoxos también estaban ofendidos a causa del modo en que muchas instituciones infringían las antiguas normas acerca de la segregación de los sexos. Cerca de los centros de la ortodoxia hubo coléricas escenas en relación con los salones de baile y el baño mixto. Acerca de la incorporación de las muchachas al ejército, el Consejo de los Grandes Hombres afirmó que debía desafiarse la ley aún a riesgo de muerte. Fue una de las muchas batallas que los religiosos ganaron.

También se impusieron en el tema fundamental del matrimonio. El estado laico de Israel se vio obligado a desechar la institución del matrimonio civil. Impuso la ley ortodoxa incluso a las uniones seculares, de acuerdo con las cláusulas de las secciones 1 y 2 de la Ley de Jurisdicción de los Tribunales Rabínicos (Matrimonio y Divorcio) de 1953. Los miembros secularistas de la Knésset votaron por la aprobación de la ley porque de lo contrario Israel se habría dividido gradualmente en dos comunidades que no podrían celebrar matrimonios mixtos. Pero la ley provocó casos difíciles y litigios prolongados, que afectaron no sólo a los no judíos y a los judíos secularizados, sino también a los rabinos reformados y a sus conversos, pues los rabinatos ortodoxos eran los únicos que tenían el derecho de reconocer las conversiones, y no aceptaban las reformadas. Los expertos ortodoxos en el matrimonio y el divorcio, con todo derecho por lo menos desde su punto de vista, impusieron a categorías enteras de inmigrantes judíos las pruebas más rigurosas. Así, en 1952 las prácticas de divorcio de 6.000 *bene israel* (judíos de Bombay) fueron examinadas en busca de irregularidades (aunque finalmente se las convalidó), y en 1984 se inspeccionaron los matrimonios de los judíos *falasha* de Etiopía.

Hubo agrias disputas acerca del nuevo matrimonio y el divorcio. Deuteronomio 25:5 impone el levirato a una viuda sin hijos, que debe unirse con el hermano del esposo fallecido. La obligación termina con la *halizá*, o la dispensa del cuñado. Pero si el cuñado es menor, la viuda debe esperar. Si él es sordomudo y no puede decir: «No deseo tomarla», ella no podrá volverse a casar. El caso se presentó en 1967 en Ashdod; de hecho, el sordomudo ya estaba casado. De modo que el rabinato acordó un matrimonio bígamo y autorizó el divorcio al día siguiente.[56] También hubo casos difíciles allí donde uno de los cónyuges se negaba a conceder el divorcio. Si la negativa provenía de la mujer, el divorcio era difícil; pero si provenía del hombre, era imposible. Por ejemplo, en un caso de 1969 el marido fue sentenciado a catorce años de cárcel por seis ataques obscenos y tres violaciones. La esposa solicitó el divorcio, el hombre se negó y la pareja continuó casada de acuerdo con la ley rabínica, pues el caso de la esposa carece de solución civil en Israel. En tales ocasiones, el rabino Zerhá Warhaftig, ex ministro de Religión, adoptaba una actitud sosegada: «Tenemos un sistema legal que siempre ha sostenido al pueblo. Es posible que incluya alguna espina que a veces lastima al individuo. No nos interesa este o aquel individuo, sino la totalidad del pueblo.»[57]

Quizás habría sido posible explicar mejor la idea, pero expresaba la verdad de que el judaísmo es una religión perfeccionista, una verdad a la que las dificultades del nuevo estado atrajo la atención. La religión tiene la fuerza de sus defectos. Supone que quienes la practican son una elite, pues intentan crear una sociedad modelo. Esto determinó que en muchos aspectos fuese una religión ideal para un estado nuevo como Israel, pese a que su ley ya estaba en proceso de formación unos tres mil doscientos años antes de que se fundara el estado. A causa de los originales elementos de continuidad del judaísmo, muchas de sus cláusulas más antiguas seguían siendo válidas y los individuos más piadosos las observaban. A menudo reflejaban la forma más que el contenido de la verdad religiosa, pero debe subrayarse nuevamente que *ritual* no es un término oprobioso para los judíos. Como dijo el doctor Harold Fisch, rector de la Universidad Bar-Ilan:

La palabra *ritual* en inglés tiene un tono peyorativo derivado de la tradición protestante. En hebreo la palabra es *Mitsva* (mandato religioso), y ésta tiene la misma fuerza moral tanto si implica relaciones entre un hombre y otro como entre el hombre y Dios. La última parte del código engloba los llamados mandamientos rituales, y de acuerdo con cualquier criterio correcto éstos son tan indispensables como los mandamientos éticos.[58]

La esencia del espíritu ritual es la observancia escrupulosa, y también ésta es una cualidad judaica extraordinariamente bien adaptada a un estado nuevo. Todos los estados necesitan rodearse de la dignidad del pasado. Muchos del centenar o más de países que conquistaron la independencia después de 1945 tuvieron que tomar prestadas instituciones y tradiciones de sus ex gobernantes coloniales, o inventarlas a partir de un pasado que en buena medida no estaba registrado. Israel pudo considerarse afortunado, porque su pasado era el más largo y rico de todos, se había conservado en extensas crónicas y renovado mediante elementos de absoluta continuidad. Hemos observado que el genio judío aplicado a la composición histórica decayó entre la época de Josefo y el siglo XIX. En cuanto se fundó el estado sionista, ese espíritu se expresó no sólo en la historia, sino sobre todo en la arqueología. Los estadistas y los generales, por ejemplo Ben Gurión, Moshé Dayán y Yigael Yadín, y millares de personas comunes, se convirtieron en apasionados arqueólogos, tanto aficionados como profesionales. El estudio de la antigüedad primitiva se convirtió en una obsesión israelí.

Éste fue un factor importante en la creación de una nación orgánica. Pero podemos considerarlo insignificante comparado con la fuerza viva de una religión que había formado a la propia raza judía, y cuyos custodios actuales podían remontar su sucesión rabínica hasta Moisés. Los judíos habían sobrevivido precisamente porque eran puntillosos en sus ritos y estaban dispuestos a morir por ellos. Era justo y sano que el respeto por la observancia rigurosa fuese un rasgo esencial de la comunidad sionista.

El ejemplo destacado fue la actitud de los judíos hacia el monte del Templo, cuando el coraje y la providencia al fin se los devolvieron, con el resto de la Ciudad Vieja, durante la guerra de los Seis Días en 1967. Restaurar el antiguo gueto, de donde los judíos de Jerusalén habían sido expulsados en 1948, fue una decisión sencilla. Pero el Templo suscitaba dificultades. Había sido destruido por completo en la Antigüedad. Pero una autoridad como Maimónides había dictaminado que, pese a la destrucción, el lugar del Templo conservaba eternamente su santidad. La *shekiná* nunca desaparecía, y por eso los judíos siempre acudían a orar cerca del sitio, especialmente junto al muro occidental, que, según se creía tradicionalmente, estaba próximo al extremo oeste del sanctasanctórum. Pero como el lugar del Templo conservaba su santidad, también exigía que los judíos tuviesen pureza ritual antes de entrar efectivamente en él. Las normas de pureza relacionadas con el Templo eran las más rigurosas de todas. El sanctasanctórum está prohibido a todos salvo el sumo sacerdote, e incluso él entraba allí una sola vez al año, el Día del Perdón. Como se equiparaba el área del Templo al mosaico «campo de Israel», que rodeaba al santuario en el desierto, le eran aplicables las normas de pureza del Libro de Números.[59] En este libro, Dios definía a Moisés tanto las causas de la impureza como su remedio. Una persona se mancillaba tocando un cadáver, una tumba o un hueso humano, o permaneciendo bajo el mismo techo que cualquiera de esas cosas. Y después agrega: «Y para el inmundo tomarán un poco de ceniza de la quema de la ofrenda por el pecado, y le echarán encima agua corriente en una vasija: y un hombre limpio tomará el hisopo y lo hundirá en el agua, y salpicará con él la tienda y todas las vasijas y las almas que estaban allí, y a aquel que tocó un hueso o a uno que fue muerto, o un cadáver, o una sepultura.»[60]

La ternera que se ofrendaba tenía que ser roja y «sin mancha ni mancilla, y nunca haber sentido el yugo». Lo que era más importante, la parte crítica de la operación debía ser ejecutada, para evitar la contaminación, por Eleazar, el heredero visible de Aarón. Cuando éste había elaborado la preparación, se la guardaba «en un lugar limpio» para el momento en que fuese necesaria. Las autoridades insistían en que las terneras eran raras y costosas: si sólo dos pelos del animal no eran rojos, las cenizas carecían de valor. Discrepaban acerca del número de terneras que era necesario quemar. Algunos decían siete. Otros nueve. Después de la destrucción del Templo fue imposible preparar nuevas cenizas. Quedó un remanente, y al parecer se utilizó para purificar a quienes habían estado en contacto con los muertos todavía en el periodo amorreo. Después las cenizas se agotaron y la purificación ya no fue posible, hasta que llegó el Mesías para quemar la décima y hacer una nueva preparación. Como las normas de pureza, sobre todo en relación con los muertos, eran y son sumamente rigurosas, la opinión rabínica coincide en que todos los judíos son ahora ritualmente impuros. Y como no existen cenizas para purificarlos, ningún judío puede entrar en el monte del Templo.[61]

La Ley de la Ternera Roja ha sido citada como un ejemplo destacado de *hukká*, una norma judaica que no tiene explicación racional, pero que debe ser observada con todo rigor porque es un mandato divino absolutamente claro. Es precisamente el tipo de norma que indujo siempre a los gentiles a burlarse de los judíos. Es también la clase de norma que los judíos insistieron en observar, al margen de las desventajas, y que les permitió conservar su identidad judía. De modo que, por lo menos desde 1520, los judíos oraron ante el muro occidental, pero no más allá. Después que el distrito judío de Jerusalén cayó, en 1948, los árabes impidieron a los judíos utilizar el muro occidental o incluso mirarlo desde lejos. Este impedimento duró diecinueve años. Con la reconquista de la Ciudad Vieja en 1967, el muro pudo ser usado de nuevo, y el primer día del Shavuot de aquel año, un cuarto de millón de judíos ortodoxos intentaron orar allí todos al mismo tiempo. Todo el sector que está enfrente se despejó y se creó un hermoso espacio abierto pavimentado. En cambio, nada pudo hacerse en relación con la entrada de los judíos en el propio monte del Templo. Se apeló a toda clase de ingeniosos argumentos rabínicos para permitir que los judíos entraran por lo menos en una parte del sector. Pero en definitiva, el consenso de la opinión rabínica fue que todo el lugar debía quedar fuera de los límites, en el caso de los judíos que creían realmente en su fe.[62] De modo que el Gran Rabinato y el Ministerio de Religiones fijaron anuncios que prohibían a los judíos acercarse al monte so pena de *karet* («extirpación» o pérdida de la vida eterna). El hecho de que miles de judíos no hicieran caso de esta advertencia fue citado como prueba de la impotencia de los rabinos. Su observancia por elevado número de judíos piadosos, pese al intenso deseo de entrar en el área, fue igualmente significativa, o quizá tuvo incluso más importancia.

Los rabinos de Jerusalén tenían otra razón que los inducía a adoptar una línea rigurosa en esta cuestión. Deseaban desalentar, en la mente de los judíos comunes, cualquier equiparación de los triunfos militares sionistas, por ejemplo la reconquista de la Ciudad Vieja, con el cumplimiento mesiánico. El mismo argumento se aplicó también a las propuestas relacionadas con la reconstrucción del Templo mismo. Por supuesto, un plan de este género habría tropezado con la oposición violenta de todo el mundo musulmán, pues la explanada del Templo estaba ocupada por dos construcciones islámicas de inmensa importancia histórica y artística. De todos modos, la idea fue analizada con la característica minuciosidad rabínica. ¿Acaso los judíos, por mandato divino, no habían reconstruido el Templo al regreso de su primer Exilio en Babilonia, y no era éste un precedente que debía seguirse una vez concluido el Gran Exilio? No. El precedente era aplicable sólo cuando la mayoría de los judíos «vivan en la tierra», y eso aún no había sucedido. Pero, en la época de Esdras, ¿no se había reconstruido el Templo a pesar de que el número de judíos que habían retornado de Babilonia era más reducido que en el presente? Sí, pero no se ha recibido un mandato divino; el Tercer Templo será erigido de un modo sobrenatural por la intervención directa de Dios. Pero ¿acaso este argumento no fue usado otrora contra el propio sionismo y no había sido desmentido por los acontecimientos? Y el Primer Templo, sin duda construido por Salomón, también era atribuido a Dios. Por otra parte, el Templo no pudo ser construido en tiempos de David porque él era un guerrero, hubo que esperar hasta el periodo de paz de Salomón. Lo mismo sucede hoy: no se construirá un Tercer Templo mientras no se llegue a una paz definitiva. Incluso entonces, será necesario un auténtico profeta que inspire la acción, aunque sólo sea porque los detalles, entregados por Dios a David con Su propia mano, se han perdido.[63] Sí, así fue, pero los detalles del Tercer Templo están en el Libro de Ezequiel. Quizá, pero al margen de los argumentos técnicos, la generación presente no estaba preparada para restaurar el Templo y su modo de culto, ni dispuesta a hacerlo: para llegar a eso, se necesitaría un despertar religioso. Exactamente, ¿y qué mejor modo de lograrlo que comenzar a construir de nuevo el Templo?[64] Así continuaban los argumentos, que condujeron a la conclusión mayoritaria de que aún no podía hacerse nada. Incluso la propuesta de ofrecer un sacrificio ritual del cordero pascual fue rechazada, porque no podía descubrirse cuál había sido el lugar exacto en el que estaba el altar, había dudas sobre las credenciales de la estirpe sacerdotal de los actuales cohen o *qohanim*, y (no menos importante) se sabía muy poco de las vestiduras sacerdotales para recrearlas exactamente.[65]

El Templo, y los argumentos relacionados con él, simbolizaban un pasado religioso que constituía una fuerza viva y unificadora en la nueva comunidad israelí. Sin embargo, había también un pasado laico, y para escapar de él se había creado el estado sionista. A este respecto el símbolo era el Holocausto: en realidad más que un símbolo, una terrible realidad que se había cernido sobre la creación del estado y que, con razón, continuaba siendo el acontecimiento más destacado en la memoria colectiva de la nación. El judaísmo siempre se había interesado no sólo en la Ley, sino también (en términos humanos) en los objetivos de la Ley, es decir, la justicia. Un rasgo siempre recurrente y lamentable de la historia judía en el Exilio era el de los agravios infligidos a los judíos en cuanto judíos, y la incapacidad de la sociedad gentil para llevar ante la justicia a los responsables. El estado judío era, por lo menos en parte, una respuesta a la más grave de todas las injusticias. Una de sus funciones era actuar como instrumento de castigo y demostrar al mundo que los judíos al fin podían replicar y aplicar su Ley a los que los habían ofendido. El crimen del Holocausto era tan gigantesco que los juicios de Nuremberg y otros instrumentos de la justicia usados por determinados países europeos, que ya hemos descrito, ciertamente no bastaban. Ya en 1944 el departamento de investigación de la Oficina Política de la Agencia Judía, entonces dirigida por el futuro primer ministro Moshé Sharett, había comenzado a recopilar material acerca de los criminales de guerra nazis. Después de la fundación del estado, descubrir a los culpables y llevarlos ante la justicia fue parte de las obligaciones de varios organismos israelíes, algunos secretos. El esfuerzo no se limitó a Israel. Muchas organizaciones judías, nacionales e internacionales, entre ellas el Congreso Mundial Judío, aportaron su contribución. Otro tanto hicieron los propios supervivientes. En 1946 Simon Wiesenthal, un judío checo de treinta y ocho años que había sobrevivido cinco años en distintos campos, entre ellos Buchenwald y Mauthausen, fundó con la colaboración de treinta internos de los campos el Centro Judío de Documentación Histórica, que al final halló una sede permanente en Viena. Concentró los esfuerzos en la identificación de los criminales nazis que aún no habían sido juzgados y sentenciados. El Holocausto se estudió intensamente con fines académicos y educativos, así como punitivos. En la década de 1980 había noventa y tres cursos de estudios acerca del Holocausto en universidades norteamericanas y canadienses, y seis centros de investigación consagrados por completo al tema. Por ejemplo, en el Centro Wiesenthal de Estudios del Holocausto de Los Ángeles, se utilizó la tecnología más moderna para crear lo que se denominó una «experiencia audiovisual de múltiples pantallas y múltiples canales de sonido acerca del Holocausto», por medio de una pantalla de trece metros de alto y siete de largo en forma de arco, tres proyectores de filmes y una lente de Cinemascope especial, dieciocho proyectores de diapositivas y sonido pentafónico, todo controlado por una computadora central. Esta recreación dramática quizá no parezca excesiva en momentos en que los antisemitas comenzaban a realizar intentos decididos de demostrar que el Holocausto nunca había existido o que se había exagerado de forma grotesca.[66]

El propósito principal de la documentación relacionada con el Holocausto continuó siendo la justicia. El propio Wiesenthal logró llevar ante la justicia más de 1.100 nazis. Suministró gran parte del material que permitió al gobierno israelí identificar, detener, juzgar y sentenciar al hombre que, después del propio Himmler, fue el principal administrador y ejecutor del Holocausto, es decir, Adolf Eichmann. Eichmann fue detenido por agentes israelíes en Argentina en mayo de 1960, llevado en secreto a Israel y acusado de quince delitos de acuerdo con la ley de 1950.[67] Por una serie de razones, el proceso de Eichmann fue un episodio importante, real y simbólico, para los israelíes y para todo el pueblo judío. Demostró del modo más impresionante que la era de la impunidad para los que asesinaban judíos había terminado, y que no existía para ellos escondite en ningún rincón del mundo. El asunto fue cubierto por 976 corresponsales extranjeros y 166 israelíes, y a causa de la naturaleza de la acusación, que abarcó la totalidad del Holocausto, así como los sucesos que desembocaron en el mismo, fue un proceso que enseñó a millones de personas los hechos del asesinato masivo. Pero fue también una meticulosa demostración de la justicia israelí en un área sumamente emotiva.

La primera reacción de Eichmann cuando lo capturaron fue reconocer su identidad y su culpa, y aceptar el derecho de los judíos a castigarlo. Dijo el 3 de junio de 1960: «Si eso refuerza el significado del acto de expiación, estoy dispuesto a ahorcarme yo mismo en público.»[68] Más tarde demostró menos espíritu de cooperación, y recurrió a la defensa, que ya era muy conocida desde Nuremberg, de que él sólo había sido un engranaje de la máquina que ejecutaba las órdenes de otros. De modo que cuando llegó el momento, la acusación estuvo ante una defensa activa, astuta y obstinada, aunque innoble. La Knésset aprobó una ley que permitía que un extranjero (el abogado alemán doctor Robert Servatius) defendiese a Eichmann, y el gobierno israelí pagó los honorarios (30.000 dólares). El juicio fue un asunto largo y exhaustivo, y el fallo, dictado el 11 de diciembre de 1961, realizó grandes esfuerzos para establecer y defender la competencia del tribunal para juzgar al acusado pese a las circunstancias de su detención. Las pruebas abrumadoras determinaron que el veredicto fuese inevitable. Eichmann fue sentenciado a muerte el 15 de diciembre, y su apelación rechazada el 29 de mayo de 1962. El presidente Yitsjak ben Zví recibió una petición de clemencia y dedicó un día de soledad a considerarla. Israel nunca había ejecutado a nadie (tampoco lo hizo después), y muchos judíos, en Israel y el extranjero, deseaban evitar el patíbulo. Pero la gran mayoría consideró que la sentencia era justa, y el presidente no pudo hallar circunstancias atenuantes en el caso. Una habitación de la cárcel de Ramla se convirtió especialmente en cámara de ejecución, con una trampilla en el suelo y una horca arriba. Eichmann fue ejecutado cerca de la medianoche del 31 de mayo de 1962, su cuerpo fue incinerado y las cenizas arrojadas al mar.[69]

El caso Eichmann demostró la eficacia, la justicia y la firmeza israelíes, y contribuyó en cierta medida a exorcizar los espectros de la solución final. Fue un episodio necesario en la historia de Israel. Pero el Holocausto continuó siendo un factor determinante de la conciencia nacional de este país. En mayo de 1983 la empresa de encuestas israelí Smith Research Center realizó una investigación exhaustiva de las actitudes de sus compatriotas frente al Holocausto. Ese trabajo reveló que la abrumadora mayoría de los israelíes (83 %) lo consideraba un factor importante del modo en que concebían el mundo. Hanoch Smith, director del centro, informó: «El trauma del Holocausto pesa mucho en la mente de los israelíes, incluso en los de las generaciones segunda y tercera.» En efecto, la imagen de esta tragedia afectó directamente a los objetivos de Israel. Una mayoría abrumadora (91 %) creía que los líderes occidentales estaban al tanto de las masacres masivas e hicieron poco para salvar a los judíos; una proporción apenas menor (el 87 %) coincidió con la afirmación: «El Holocausto nos enseñó que los judíos no pueden confiar en los que no son judíos.» Alrededor del 61 % opinó que el Holocausto era el factor principal de la creación de Israel, y el 62 %, que la existencia de ese país imposibilitaba la repetición de la masacre.[70]

Por lo tanto, así como la memoria colectiva de la servidumbre faraónica dominó a la sociedad israelita primitiva, el Holocausto delineó los perfiles del nuevo estado. Como era inevitable que sucediera, ese estado estaba impregnado de un sentimiento de pérdida. Hitler había exterminado a un tercio de los judíos, y en particular a los piadosos y a los pobres, de quienes el judaísmo extraía su fuerza especial. La pérdida podía expresarse en términos seculares. Durante el siglo XIX y principios del XX el mundo se había enriquecido inconmensurablemente con el talento liberado de los antiguos guetos, que había demostrado ser una fuerza creadora excepcional en la moderna civilización europea y norteamericana. La aportación continuó hasta que Hitler destruyó definitivamente la fuente. Nadie sabrá jamás lo que el mundo sacrificó de ese modo. Para Israel la pérdida fue devastadora. Se sintió en el plano personal, porque muchos de sus ciudadanos habían perdido prácticamente a toda su familia y a los amigos de la infancia, y también se sintió colectivamente: una de cada tres personas que deberían haber construido el estado no se hallaban allí. Quizá se sintió sobre todo espiritualmente. El valor supremo que el judaísmo asignaba a la vida humana, hasta el extremo de que la nación israelí discutió extensa y preocupadamente antes de privar de la suya incluso a Eichmann, hizo que el asesinato de tantos, y sobre todo de los pobres y los piadosos, a quienes Dios amaba especialmente, fuese un acontecimiento de difícil comprensión. Simplemente formular el problema exigía otro Libro de Job. El tema fue abordado por el gran teólogo judaico Abraham Joshua Herschel (1907-1973), que había tenido la suerte de salir de Polonia apenas seis semanas antes del desastre. «Soy —escribió— una rama retirada del fuego de un altar de Satán donde se exterminaron millones de vidas humanas para mayor gloria del mal, y sobre el cual muchas otras cosas se consumieron: las imágenes divinas de muchos seres humanos, la fe de muchas personas en la justicia y la compasión de Dios, y gran parte del secreto y la intensidad de la adhesión a la Biblia nacida y alimentada en los corazones de los hombres durante casi dos mil años.»[71] ¿Por qué había sucedido esto? La nueva Sión comenzó con un interrogante sin respuesta, quizás insoluble.

Sin embargo, en ciertos aspectos la posición mundial de los judíos había mejorado notablemente en relación con el periodo que precedió al Holocausto. Se había creado el estado nacional judío. Por supuesto, de este modo no terminaba el Exilio. ¿Cómo hubiera podido suceder tal cosa? Según observó Arthur Cohen, el Exilio no fue un accidente histórico corregido por la creación de un estado secular y nacional; era más bien un concepto metafísico, «el coeficiente histórico de la irredención».[72] La mayoría de la comunidad judía permaneció fuera del estado. Se habían encontrado en esa condición desde el Exilio babilónico. Lo mismo que la segunda, la tercera comunidad contenía sólo alrededor de una cuarta parte de todos los judíos. No había indicios, en el momento en que Israel completaba su cuarta década, de que fuera a producirse un cambio fundamental en esta proporción. De todos modos, la realización de una Sión secular dio a la comunidad judía mundial un corazón vivo y palpitante que no había tenido durante dos milenios. Se convirtió en un foco de toda la comunidad, algo que no habían aportado los antiguos asentamientos piadosos y la idea del Retorno, por mucho que se apreciara ésta. La construcción de Israel fue el equivalente de la Reconstrucción del Templo en el siglo XX. Como el Templo en tiempos de Herodes el Grande, el nuevo estado tenía aspectos insatisfactorios. Pero allí estaba. El hecho mismo de que existiera, y de que fuera posible visitarlo y compartirlo, confería una dimensión completamente nueva a la diáspora. Era una fuente constante de inquietud, a veces de ansiedad, a menudo de orgullo. En cuanto se estableció el estado de Israel y se demostró que era posible defenderlo y justificarlo, ningún miembro de la diáspora necesitó jamás volver a sentirse avergonzado de su condición de judío. Se trata de un hecho importante, porque incluso cerca de finales del siglo XX la diáspora continuó mostrando sus características de extremos de riqueza y pobreza, y desconcertante diversidad. La población judía total se había aproximado a 18 millones a finales de la década de 1930. A mediados de la de 1980, no se había recuperado de las pérdidas del Holocausto. De un total de 13,5 millones de judíos, alrededor de 3,5 millones vivían en Israel. La comunidad judía más grande con mucho se hallaba en Estados Unidos (5.750.000), y si se añadían las importantes comunidades judías en Canadá (310.000), Argentina (250.000), Brasil (130.000) y México (40.000), así como una docena de grupos más pequeños, significaba que casi la mitad de la comunidad judía mundial (6,6 millones) estaba ahora en las Américas. Después de las que vivían en Estados Unidos e Israel, la comunidad más numerosa era la de la Rusia soviética, con aproximadamente 1.750.000 personas. Aún había comunidades considerables en Hungría (75.000) y Rumania (30.000), y un total de 130.000 personas en la Europa oriental marxista. En Europa occidental había poco más de 1.250.000 judíos, y las principales comunidades estaban en Francia (670.000), Gran Bretaña (360.000), Alemania occidental (42.000), Bélgica (41.000), Italia (35.000), los Países Bajos (28.000) y Suiza (21.000). En África, fuera de la República Surafricana (105.000), había ahora pocos judíos, salvo en las debilitadas comunidades de Marruecos (17.000) y Etiopía (quizá 5.000). En Asia aún había unos 35.000 judíos en Persia y 21.000 en Turquía. Las comunidades australiana y neozelandesa reunidas sumaban otros 75.000 judíos.[73]

La historia, la composición y el origen de algunas de estas comunidades eran sumamente complejos. Por ejemplo, en la India había alrededor de 26.000 judíos a finales de la década de 1940, y en ese grupo confluían tres tipos principales. Unos 13.000 formaban los *bene israel*, que vivían en Bombay y sus alrededores, en la costa occidental. Estos judíos habían perdido sus registros y libros, pero conservaban una tenaz historia oral de su migración, y la habían puesto por escrito en 1937, es decir, en un momento bastante reciente.[74] Su historia afirmaba que habían huido de Galilea durante la persecución de Antíoco Epífanes (175-163 a. C.). Su nave había naufragado en la costa a unas treinta millas al sur de Bombay, y habían sobrevivido sólo siete familias. Aunque carecían de textos religiosos y pronto olvidaron el hebreo, continuaron honrando el *shabbat* y algunas festividades judías, practicaban la circuncisión y la dieta judía, y recordaban la *Shemá*. Hablaban marati y adoptaron las prácticas de las castas indias, de modo que se dividieron en los *goa* (blancos) y los *kala* (negros), lo que sugiere que quizás hubo dos oleadas de colonización. Después estaban los judíos de Cochin, en cierto momento unos 2.500 individuos, que vivían más de mil kilómetros hacia el sur, por la costa occidental. Tenían algo parecido a un documento fundacional, dos láminas de cobre grabadas en tamil antiguo, que registraba los privilegios; ahora se lo fecha en un periodo entre 974 y 1020 d. C. Ciertamente, en este caso hubo varios estratos de colonización, y los judíos negros de Cochin fueron el más antiguo; después se les unieron judíos de piel blanca de España, Portugal y quizás otras regiones de Europa (además de Oriente Próximo), a principios del siglo XVI. Tanto los judíos negros como los blancos de Cochin tenían subdivisiones, y había un tercer grupo principal, los *meshuararim*, que eran descendientes de casta inferior de uniones con esclavas concubinas. Ninguno de los tres grupos principales de Cochin practicaban juntos el culto. Además, había unos 2.000 judíos sefardíes de Bagdad, llevados a la India durante la década de 1820, y una última oleada de judíos europeos refugiados que llegaron en la de 1930. Estas dos últimas categorías establecieron relaciones mutuas con fines religiosos (no sociales), pero ninguno de sus miembros aceptaba asistir a las mismas sinagogas de los *bene israel* o los judíos de Cochin. Todos los judíos de piel blanca y muchos de los negros hablaban inglés, y prosperaron bajo el dominio británico, sirviendo con distinción en el ejército o convirtiéndose en funcionarios civiles, comerciantes, tenderos y artesanos, además de asistir a la Universidad de Bombay, estudiar hebreo, traducir los clásicos judíos al marati y licenciarse como ingenieros, abogados, docentes y científicos. Uno de ellos llegó a ser alcalde de Bombay, es decir, del centro de todos los grupos judíos de la India, cuando corría el año 1937. Pero la India independiente se mostró menos benigna con ellos, y cuando se creó el estado de Israel, la mayoría decidieron emigrar, de modo que hacia la década de 1980 no había mucho más de 15.000 miembros del grupo *bene israel*, y sólo 250 judíos en la costa de Cochin.[75]

Que estos grupos sobrevivieran no demostraba la capacidad del judaísmo para conquistar prosélitos, sino su tenaz adaptabilidad incluso en las circunstancias más adversas. Pero no puede negarse que los cataclismos del siglo XX destruyeron prácticamente docenas de comunidades judías, muchas de ellas antiguas; por ejemplo, en China, el régimen comunista de la posguerra impuso su propia solución final a la población judía de este país, gran parte de ella formada por refugiados provenientes de la Unión Soviética y la Europa hitleriana, pero también por descendientes de judíos que habían residido en China a partir del siglo VIII. Todos huyeron o fueron expulsados, y sólo Hong Kong, con unos 1.000 judíos, y Singapur, con 400, fueron puestos avanzados solitarios en Lejano Oriente.

En todo el mundo árabe, a finales de la década de 1940 y durante la de 1950 las históricas comunidades sefardíes fueron reducidas a una fracción de la extensión que tenían antes de la guerra, o completamente eliminadas. En amplias regiones europeas, los judíos que sobrevivieron o que regresaron después de verse diezmados por el Holocausto, disminuyeron todavía más a causa de la emigración, especialmente a Israel. La población de lengua ladina de Salónica, que tenía 60.000 individuos en 1939, apenas llegaba a 1.500 en la década de 1980. La amplia y fecunda comunidad judía de Viena, quizá la de mayor talento de todas, descendió de 200.000 a menos de 8.000, e incluso los restos mortales del propio Herzl, sepultados en el cementerio vienés de Doebling, partieron para ser inhumados nuevamente en Jerusalén en 1949. La comunidad judía de Amsterdam, de casi 70.000 personas en la década de 1930, tenía apenas 12.000 cuarenta años más tarde. Los judíos de Amberes, que habían convertido la ciudad en el centro de los diamantes en Occidente, continuaban trabajando en este sector, pero su número había descendido de 55.000 a unos 13.500 en la década de 1980. La antigua comunidad de Fráncfort, otrora famosa en el campo de las finanzas, descendió de 26.158 en 1933 a 4.350 en la década de 1970. En Berlín, convertida en capital cultural del mundo en los años veinte gracias a la actividad de 175.000 judíos, en los setenta había sólo alrededor de 5.500 (más otros 850 en Berlín oriental). El vacío más desolador era el de Polonia, donde en la década de 1980 una población judía que durante la preguerra era de 3.300.000 personas, había descendido a alrededor de 5.000. Allí, decenas de ciudades y pueblos, en los que otrora abundaban las sinagogas y las bibliotecas, ya no conocían a los judíos.

Sin embargo, también hubo continuidad e incluso crecimiento. La comunidad italiana sobrevivió a la era nazi con notable tenacidad. Las 29.000 personas que quedaban al término de la ocupación alemana aumentaron lentamente durante la posguerra a 32.000; pero este incremento respondió a la presencia de emigrantes que llegaban a Italia desde el norte y el este. Un estudio realizado por la Universidad Hebrea de Jerusalén en 1965 demostró que la comunidad italiana, como muchas otras en los países avanzados, mostraba un perfil demográfico vulnerable. La tasa de natalidad de los judíos italianos era de sólo un 11,4 ‰ comparada con el 18,3 del conjunto de la población. Los índices de fertilidad y matrimonio también eran mucho más bajos; sólo la tasa de mortalidad y la edad media (cuarenta y uno contra treinta y tres) eran más elevadas.[76] En Roma, el núcleo de la comunidad judía aún vivía en lo que, hasta 1880, había sido el sector del viejo gueto en Trastevere, donde los judíos habían llevado una existencia precaria, como traperos y buhoneros, desde los tiempos de los antiguos reyes de Roma. Aquí, los judíos ricos vivían prácticamente al lado de los muy pobres, como habían hecho siempre. Las treinta familias principales, la *Scuola Tempio*, podían remontar su linaje a los tiempos del emperador Tito, mil novecientos años atrás, cuando los habían llevado a Roma encadenados después de la destrucción del Templo. Los judíos romanos habían vivido a la sombra de la majestuosa Iglesia, que sucesivamente los había explotado, perseguido y protegido. Habían intentado desafiarla y también mezclarse con ella, de modo que su principal sinagoga, en el Lungotevere Cenci, justo frente a la entrada del antiguo gueto, era un ejemplo espectacular del barroco eclesiástico italiano. Allí, en abril de 1986, el papa Juan Pablo II fue el primer pontífice que asistió a un servicio de la sinagoga, turnándose con el rabino principal de Roma para leer los salmos. Dijo a la congregación judía: «Sois nuestros hermanos bienamados, y en cierto modo sois nuestros hermanos mayores.»

En Francia, el periodo de posguerra presenció un crecimiento indudable, tanto en el número como en la intensidad. Los nazis y sus aliados de Vichy habían matado a 90.000 miembros de la población judía de Francia de la preguerra, que se elevaba a 340.000, y la tragedia fue aún más terrible a causa de la conciencia de que la comunidad autóctona de judíos franceses, arraigados y muy asimilados, en ciertos aspectos había colaborado en la deportación de los refugiados. Pero esta pérdida se compensó con holgura gracias a un enorme flujo de inmigrantes sefardíes del mundo musulmán durante las tres décadas que siguieron a la guerra: 25.000 de Egipto, 65.000 de Marruecos, 80.000 de Túnez y 120.000 de Argelia, así como grupos más pequeños pero importantes de Siria, el Líbano y Turquía. El resultado fue que la comunidad francesa se duplicó holgadamente y sobrepasó la cifra de 670.000 individuos, convirtiéndose en la cuarta comunidad del mundo por el número.

Esta enorme expansión demográfica estuvo acompañada de un profundo cambio cultural. La comunidad francesa había sido siempre la más propensa a la asimilación, sobre todo desde que la Revolución francesa le había permitido identificarse casi totalmente con las instituciones republicanas. La cruel conducta de muchos franceses durante el régimen de Vichy había originado cierta pérdida de confianza, y un reflejo de este hecho fue que el número de judíos franceses que modificaron sus nombres durante los doce años de

1945 a 1957 sextuplicó el número de los que adoptaron la misma actitud en el periodo de 1803 a 1942.[77] Incluso así, el número fue reducido, y la asimilación a ultranza continuó siendo la característica distintiva de los judíos franceses incluso en el periodo de posguerra. Los escritores como Raymond Aron ocuparon un lugar en el centro mismo de la cultura francesa contemporánea, y los judíos de la alta clase media, moderados, discretos y muy cultos, dieron notables primeros ministros; por ejemplo, René Mayer y Pierre Mendès-France en la Cuarta República, y Michel Debré y Laurent Fabius en la Quinta. De todos modos, el número de sefardíes provenientes de África exacerbó el judaísmo de la comunidad francesa. Es posible que la mayoría estuviese formada por francófonos, pero una elevada proporción de este sector leía el hebreo. Los judíos franceses del siglo XIX tenían una «teoría de las tres generaciones»: «El abuelo cree, el padre duda, el hijo niega. El abuelo reza en hebreo, el padre lee las plegarias en francés, el hijo no reza en absoluto. El abuelo respeta todas las festividades; el padre, el Yom Kippur; el hijo no respeta ninguna festividad. El abuelo ha continuado siendo judío, el padre se asimiló, y el hijo es a lo sumo deísta [...] si no se ha convertido en ateo, fourierista o saint-simoniano.»[78] En la Francia de la posguerra, esta teoría ya no era válida. Era igualmente probable que el hijo retornase a la religión de su abuelo, dejando al padre aislado en su agnosticismo. En el sur, la afluencia de judíos argelinos hizo revivir a las comunidades muertas o moribundas de la Edad Media. Por ejemplo, en 1970 el celebrado compositor Darius Milhaud puso la primera piedra de una nueva sinagoga en Aix-en-Provence; la anterior la habían vendido durante la guerra y convertido en iglesia protestante.[79] Tampoco puede afirmarse que las nuevas sinagogas fueran el único signo de un judaísmo resucitado simultáneamente religioso y secular. Durante las décadas de 1960 y 1970 los jefes de la Antigua Alliance Israélite Universelle tendían a ser judíos practicantes con actitudes militantes frente a las causas judías nacionales y extranjeras. Un porcentaje mucho más elevado de judíos observaban la Ley y aprendían hebreo. La existencia permanente de un movimiento antisemita residual en Francia, aunque más débil que durante la década de 1930, tendía a reforzar la militancia judía. Cuando ese antisemitismo cobraba forma parlamentaria, como sucedió con los *poujadistes* en la década de 1950 o con el Frente Nacional en la de 1980, las organizaciones judías reaccionaban vigorosamente y afirmaban sus convicciones judías. El atentado con bomba en la sinagoga liberal de la Rue Copernic, el 3 de octubre de 1980, uno de varios cometidos entonces, sirvió para estimular *Le Renouveau Juif*, como se lo denominó. La judería francesa, incluso engrosada por la emigración proveniente de África, reveló una sorprendente resistencia al sionismo propiamente dicho: los judíos franceses no se mostraron dispuestos a viajar a Israel para residir allí en número significativo. Pero se identificaron con la supervivencia de Israel en 1956, 1967, 1973 y nuevamente a principios de la década de 1980. Reaccionaron enérgicamente contra las medidas oficiales francesas contrarias a los intereses judíos e israelíes según ellos los entendían. Formaron por primera vez un grupo de presión judío en Francia, y en las elecciones de 1981 el voto judío fue un elemento importante en la sustitución del régimen gaullista de derecha que había gobernado Francia durante veintitrés años. En Francia estaba surgiendo un *establishment* judío nuevo y mucho más vigoroso y visible, consciente de su fuerza numérica y de su juventud, y que probablemente representaría en la década de 1990 un papel más importante en la formación de la opinión pública a lo largo y ancho de la diáspora.

Podía darse la bienvenida a una enérgica voz francesa en la diáspora, sobre todo desde el momento en que la voz alemana prácticamente había callado como resultado de la era hitleriana. Por necesidad en las décadas más recientes, y sobre todo en vista del declive del yiddish, el inglés había sido la voz de la diáspora. Hasta cierto punto, el hecho de que ahora más de la mitad de los judíos del mundo hablen inglés, es decir, 850.000 en los países de la Commonwealth (más

Suráfrica) y casi 6 millones en Estados Unidos, refleja la importancia del retorno de los judíos a Inglaterra en 1646. El verdadero momento británico en la historia de los judíos llegó y terminó con el nacimiento del sionismo moderno, la Declaración Balfour y el mandato. Los judíos británicos se convirtieron en la más estable y satisfecha, así como la menos amenazada, de las principales comunidades, y conservaron ese carácter. Recibieron a 90.000 refugiados en la década de 1930, lo que los enriqueció mucho e incrementó su número de unos 300.000 individuos poco antes de la Primera Guerra Mundial a bastante más de 400.000 al final de la Segunda. Pero, a semejanza de la comunidad italiana, tenían debilidades demográficas que se hicieron paulatinamente más notables durante las décadas de 1960 y 1970. Por ejemplo, durante los años 1961-1965, el índice de matrimonios en las sinagogas inglesas arrojó un promedio de 4 ‰, comparado con el promedio nacional del 7,5. El número total de judíos descendió de 410.000 en 1967 a menos de 400.000 en la década de 1970, y probablemente a menos de 350.000 en la segunda mitad de la de 1980. En la comunidad británica moderna no faltaba la energía. La iniciativa judía se mostraba activa como siempre en las finanzas y tenía importancia fundamental en el campo de los entretenimientos, la propiedad, el vestido, el calzado y el comercio minorista. Creó instituciones nacionales como Granada TV. La dinastía Sieff convirtió la exitosa empresa Marks & Spencer en el triunfo más duradero (y popular) del mundo de los negocios británicos de posguerra, y lord Weinstock transformó la General Electric en la más importante de todas las empresas británicas. Los judíos mostraron una enérgica actividad en la edición de libros y diarios. Crearon el mejor de todos los periódicos de la diáspora, el *Jewish Chronicle*. En número cada vez más elevado ocuparon (aunque sólo ocasionalmente) los escaños de la Cámara de los Lores. En cierto periodo, a mediados de la década de 1980, había por lo menos cinco judíos en el gabinete británico. Pero esta impresionante energía no revistió formas de apoyo al judaísmo. Tampoco se manifestó colectivamente para formar una influencia rectora en el seno de la diáspora o sobre el estado sionista. En este aspecto, la comunidad se comportó y quizá se vio obligada a comportarse como la propia Gran Bretaña: pasó la antorcha a Estados Unidos.

La expansión y consolidación de la comunidad norteamericana a finales del siglo XIX y durante el XX fueron tan importantes en la historia judía como la creación del propio Israel, pues si la organización del sionismo proporcionó a la maltratada diáspora un refugio siempre abierto, dotado de derechos soberanos para determinar y defender su destino, el crecimiento de la comunidad norteamericana implicó un acceso al poder de un orden completamente distinto, que dio a los judíos un papel importante, legítimo y permanente en la fijación de la política del principal estado de la Tierra. No se trataba de la frágil influencia de los *hofjuden*, sino de la consecuencia de la persuasión democrática y los hechos demográficos. A fines de la década de 1970 la población judía de Estados Unidos se elevaba a 5.780.960. Era sólo el 2,7 % de la población norteamericana total, pero estaba concentrada desproporcionadamente en las áreas urbanas, y sobre todo en las grandes ciudades, que, como se sabe, ejercen mayor influencia cultural, social, económica e incluso política que los pequeños pueblos, las aldeas y los distritos rurales. Hacia finales del siglo XX los judíos aún eran residentes de grandes ciudades. Había 394.000 en Tel-Aviv-Jaffa, más de 300.000 en París, 285.000 en Moscú, 280.000 en el Gran Londres, 272.000 en Jerusalén, 210.000 en Kíev, 165.000 en Leningrado, 115.000 en Montreal y 115.000 en Toronto. Pero la concentración urbana más importante correspondía a Estados Unidos. La Nueva York metropolitana, con 1.998.000 judíos, era con diferencia la principal ciudad judía del mundo. En segundo lugar estaba Los Ángeles, con 455.000. A continuación se situaban Filadelfia (295.000), Chicago (253.000), Miami (225.000), Boston (170.000) y Washington D. F. (160.000). En conjunto, había 69 ciudades norteamericanas con una población judía superior a las 10.000 almas.

También había cierta concentración demográfica en los estados decisivos. En el estado de Nueva York, 2.143.485 judíos constituían el 12 % de la población. Eran el 6 % en Nueva Jersey, el 4,6 % en Florida, el 4,5 % en Maryland, el 4,4 % en Massachusetts, el 3,6 % en Pensilvania, el 3,1 % en California y el 2,4 % en Illinois. De todos los grandes bloques electorales de carácter étnico en Estados Unidos, el judío era el mejor organizado, el más sensible a la orientación dada por sus líderes y el que tenía más probabilidades de manifestarse en la práctica.

Sin embargo, cabía exagerar la influencia política directa de los votantes judíos, por bien instruidos que estuviesen. Desde 1932, la abrumadora mayoría de los judíos habían votado a los demócratas, a veces en una proporción de entre el 85 y el 90 %. No había pruebas claras de que la influencia judía sobre los presidentes demócratas o la política de este partido fuese proporcionalmente decisiva. De hecho, durante las décadas de 1960 y 1970 la permanente fidelidad del votante judío al partido demócrata pareció basarse cada vez más en argumentos emotivos e históricos antes que en una comunidad de intereses.

En la década de 1980 la mayoría de los judíos, a veces para sorpresa de los especialistas en cuestiones electorales, continuaban votando a los demócratas, aunque el porcentaje descendió a alrededor del 60 %. En las elecciones de 1984 fueron el único grupo religioso (además de los ateos) que apoyó mayoritariamente al candidato demócrata, y el único grupo étnico (aparte de los negros) que adoptó esa actitud. Los judíos votaron así no por razones comunitarias de carácter económico o por motivos de política exterior, sino a causa de una simpatía residual por los pobres y los oprimidos.[80] Hacia el último cuarto del siglo XX, el concepto del «lobby judío» en la política norteamericana se había convertido hasta cierto punto en mito.

Lo que había sucedido, en la relación de los ciudadanos judíos con Estados Unidos concebido como un todo, era algo muy distinto y mucho más importante: la transformación de la minoría judía en un elemento esencial de la sociedad norteamericana. A lo largo del siglo XX los judíos norteamericanos continuaron aprovechando a fondo las oportunidades que les ofrecía Estados Unidos, y asistieron a las universidades, se convirtieron en médicos, abogados, docentes, profesionales de todas las clases, políticos y funcionarios, además de prosperar en las finanzas y los negocios, como siempre habían hecho. Tenían fuerza sobre todo en el sector de la empresa privada, en la prensa, las editoriales, las emisoras radiofónicas y cadenas televisivas, los entretenimientos y, en general, en la vida intelectual. En ciertos campos, por ejemplo el de la novela, ocupaban un lugar dominante. Pero eran numerosos y tenían éxito en todas las esferas. De modo que lentamente, durante la segunda mitad del siglo, esta aristocracia del éxito llegó a tener una influencia cultural tan omnipresente y general como la elite anterior, la que formaban los blancos protestantes y anglosajones. Los judíos dejaron de ser un grupo de presión en la sociedad norteamericana. Se convirtieron en parte del propio organismo natural, un miembro, y poderoso. Comenzaron a actuar, no desde el exterior del cuerpo norteamericano, sino desde su interior hacia fuera. Con sus tradiciones históricas de democracia, tolerancia y liberalismo, hasta cierto punto asumieron en Estados Unidos el mismo papel que los whigs habían representado otrora en Inglaterra: una elite que buscaba la justificación moral de sus privilegios prestando un servicio inteligente a los menos afortunados. En resumen, ya no eran una minoría deseosa de obtener derechos, sino parte de la mayoría que los otorgaba; su actividad política pasó imperceptiblemente de la influencia sobre los líderes al ejercicio del liderazgo.

Por lo tanto, al convertirse en parte integrante y armoniosa de la cultura norteamericana, se hizo difícil distinguir los ingredientes específicamente judíos de la misma. Era todavía más difícil identificar las actitudes norteamericanas que respondían a supuestos intereses judíos. Estos intereses tendían a ser cada vez más coincidentes con los de Estados Unidos. Este principio se manifestó con fuerza en el caso de Israel. Ya no era necesario convencer a los dirigentes norteamericanos de la necesidad de garantizar el derecho de Israel a la supervivencia. Eso se sobreentendía. Israel era un puesto avanzado y solitario de la democracia liberal, que afirmaba el imperio del derecho y las normas civilizadas de comportamiento en un área donde tales valores generalmente se menospreciaban. Era natural e inevitable que Israel recibiese el apoyo de Estados Unidos, y la única discusión era acerca del modo en que ese apoyo podía darse más sensatamente. En la década de 1980, la situación mundial habría hecho que Israel continuara siendo el aliado más fiel de Estados Unidos en el Oriente Próximo, y Estados Unidos el amigo más de fiar de Israel, aunque la comunidad judeonorteamericana no hubiera existido.

Pero esa comunidad sí existía, y había conquistado una posición única en la diáspora no sólo por su tamaño, sino también por su carácter. Era una comunidad completamente asimilada que aún conservaba su conciencia judía. Sus miembros se veían como individuos totalmente estadounidenses, pero también como judíos. Un fenómeno semejante nunca se había dado en la historia judía. Lo posibilitaban las circunstancias peculiares del crecimiento y la composición de Estados Unidos. Los judíos, los eternos «forasteros y viajeros» habían hallado al fin el descanso permanente en un país al que todos llegaban como forasteros. Como todos eran extranjeros, todos tenían derechos de residencia semejantes, hasta que se llegó al punto en que todos, con la misma justicia, podían afirmar que ese país era su hogar. Además, Estados Unidos era el primer lugar en el que al instalarse los judíos habían descubierto que su religión y su observancia religiosa constituían una ventaja, porque se honraba a todas las religiones que inculcaban la virtud cívica. Además, Estados Unidos honraba su propia religión protectora, lo que podría denominarse la Ley de la Democracia, una Torá laica que los judíos podían respetar. Por todas estas razones se tornó engañoso ver a la comunidad judía norteamericana como parte de la diáspora. Los judíos de Estados Unidos se sentían más estadounidenses que israelíes los judíos de Israel. Era necesario acuñar una palabra nueva para definir su condición, pues los judíos norteamericanos llegaron a formar, junto a los de Israel y a los de la diáspora propiamente dicha, la tercera pata de un nuevo trípode judío, del que la seguridad y el futuro del pueblo entero dependían igualmente. Estaban el judío de la diáspora, el judío recuperado y, en Estados Unidos, el judío poseedor.

La comunidad norteamericana fue el reflejo invertido de la rusa. En Estados Unidos un judío contribuía a la posesión de su país; en Rusia su país lo poseía. El judío soviético era propiedad del Estado, como había sucedido en la Edad Media. Una de las lecciones que se desprenden del estudio de la historia judía es que el antisemitismo corrompe al pueblo y a las sociedades a las que domina. Corrompía a un fraile dominico tan eficazmente como a un rey codicioso. Convirtió al estado nazi en un caldero de corrupción. Pero sus efectos corrosivos fueron evidentes en Rusia más que en ningún otro lugar. Ya se ha señalado la generalizada y mezquina corrupción engendrada por las leyes zaristas contra los judíos. A la larga, fue más importante su corrupción moral de la autoridad oficial. Pues al perseguir a los judíos, el Estado zarista se acostumbró a un sistema de control cerrado, represivo y muy burocrático. Controlaba los movimientos internos y la residencia de los judíos, su derecho a asistir a la escuela o a la universidad y lo que allí estudiaban, su derecho a ingresar en las profesiones o los institutos, a vender su fuerza de trabajo, a crear empresas, a rendir culto, a pertenecer a organizaciones y participar en una lista interminable de actividades. Este sistema implicó el control monstruoso y total de la vida de una minoría impopular y desposeída, y una cruel invasión de sus hogares y sus familias. Por eso mismo se convirtió en modelo burocrático, y cuando los zares fueron reemplazados, primero por Lenin, y después por Stalin, el control de los judíos se extendió al control de la población entera, y el modelo se convirtió en el todo. En este sistema en el que todos se veían acosados y oprimidos, los judíos soportaron una degradación aún mayor y formaron un estrato o subclase donde el grado de control oficial era intencionadamente intenso.

El uso del antisemitismo por Stalin en las luchas por el liderazgo de la década de 1920 y en las purgas de la de 1930 fue característico de su persona. Su creación, durante la guerra, del Comité Judío Antifascista y la publicación de la revista yiddish *Aynikayt* [Unidad] no fueron más que movimientos tácticos. Svetlana, hija de Stalin, ha descrito las relaciones personales de su padre con los judíos. Tenía algunos en su entorno, entre ellos Solomon Lozovski, ministro de Relaciones Exteriores. Cuando Svetlana, que entonces tenía diecisiete años, se enamoró de un guionista judío, Stalin ordenó deportarlo. Después, ella consiguió casarse con el judío Grigori Morózov. Su padre acusó al hombre de eludir el servicio militar: «Están fusilando a la gente, y míralo [...] se pasa el tiempo sentado en casa.» Yakov, el hijo mayor, también contrajo matrimonio con una judía, y cuando cayó prisionero, Stalin afirmó que ella lo había traicionado. «Nunca simpatizó con los judíos —escribió Svetlana—, aunque en esos tiempos no expresaba su odio por ellos de un modo tan estridente como lo hizo después de la guerra.»[81]

En realidad, no hubo pausa en el antisemitismo soviético, ni siquiera durante la guerra. Era muy acentuado en el ejército rojo. «El antisemitismo en la Unión Soviética —afirmó un ex capitán del ejército— está tan difundido que es imposible imaginarlo para quien nunca haya vivido en ese maldito país.»[82] Hacia el final de la guerra, en algunos departamentos del gobierno, sobre todo el Ministerio de Asuntos Exteriores, se eliminó a la mayoría de los judíos y no se aceptó a más en los cursos de instrucción. Las agresiones de la posguerra, del cual el asesinato de Mijoels en enero de 1948 fue un presagio, comenzaron ese mismo año en septiembre. La señal fue un artículo de Ilia Ehrenburg en *Pravda* —Stalin a menudo utilizaba a los judíos antijudíos como agentes de su antisemitismo, más o menos como las SS utilizaron los

Sonderskommandos—, en el que denunció a Israel como instrumento burgués del capitalismo norteamericano. Se disolvió el Comité Judío Antifascista, se procedió a cerrar *Aynikayt* y también las escuelas en las que se enseñaba en yiddish. Después comenzó un ataque sistemático contra los judíos, especialmente los escritores, los pintores, los músicos y los intelectuales de todas las especialidades, utilizando términos insultantes («cosmopolitismo desarraigado») idénticos a los términos de la demonología nazi. Miles de intelectuales judíos, entre ellos los escritores en yiddish Perets Markish, Itzik Féfer y David Berguelson, fueron asesinados, y la misma suerte corrieron todos los judíos que atraían la atención de Stalin, por ejemplo Lozovski. La campaña se extendió a Checoslovaquia, donde el 20 de noviembre de 1952 Rudolf Slánski, secretario general del partido checo, y otros trece jefes comunistas importantes, once de ellos judíos, fueron acusados de tramar una conspiración trotskista-titoísta-sionista, condenados y ejecutados. El suministro de armas a Israel en 1948 (en realidad, por órdenes del propio Stalin) fue un elemento importante de la «prueba».[83] La culminación sobrevino a principios de 1953 cuando nueve médicos, seis de ellos judíos, fueron acusados de intentar el envenenamiento de Stalin en complicidad con agentes británicos, norteamericanos y sionistas. Este juicio destinado al consumo público debía haber sido el preludio de la deportación en masa de los judíos a Siberia, como parte de la «solución final» estalinista.[84]

Stalin falleció antes de que se iniciara el juicio a los médicos, y los procedimientos fueron anulados por sus sucesores. El plan de deportación masiva quedó en nada. Pero es significativo que el antisemitismo no fuera uno de los aspectos de la conducta de Stalin denunciado por Nikita Jruschov en su famoso discurso de la sesión secreta. Como primer secretario en Ucrania, Jruschov compartía el antisemitismo endémico en esa región e inmediatamente después de la guerra se había opuesto a que los refugiados judíos que regresaban reclamasen sus antiguos hogares. «No nos interesa —afirmó— que los ucranianos asocien el retorno del poder soviético con el retorno de los judíos.»[85] En efecto, durante el régimen de Jruschov hubo varios pogromos ucranianos de posguerra. Cuando asumió el poder, Jruschov desplazó el eje de la propaganda antijudía del espionaje a la «delincuencia económica», y un elevado número de judíos, cuyos nombres fueron objeto de gran publicidad, fueron declarados culpables y sentenciados a muerte en nueve juicios amañados. El nuevo líder soviético cerró muchas sinagogas, y el total de éstas descendió durante su gobierno de 450 a 60. Permitió que la Academia de Ciencias de la República Soviética de Ucrania publicase el famoso folleto antisemita *Iudaism bez prikrás* [El judaísmo sin barniz], de Trofim Kichko, el Rosenberg comunista. La era de Jruschov presenció una irrupción de libelos de sangre, de disturbios antisemitas y de incendios de sinagogas.

Después de su caída en 1964, la comunidad judía soviética gozó de un breve respiro. Pero después de la guerra de los Seis Días de 1967 se reanudó de forma abierta y se intensificó la campaña. En ciertos aspectos, el antisemitismo soviético era muy tradicional. Los gobernantes soviéticos, como las sociedades medievales tempranas, y como los españoles hasta fines del siglo XIV, utilizaron a los judíos en la economía hasta que un número suficiente de gentiles habían adquirido los conocimientos necesarios para reemplazarlos. Casi todos los altos cargos bolcheviques judíos fueron asesinados durante las décadas de 1920 y 1930. Después, los judíos continuaron teniendo una representación desproporcionada en las elites burocráticas, pero nunca en las altas esferas políticas: como los judíos cortesanos, pudieron ayudar, pero nunca gobernar. En la década de 1970 algún judío llegó al Congreso del Partido —hubo cuatro en 1971 y cinco en 1976— e incluso al Comité Central. Pero estos hombres tenían que hacer méritos para el cargo mediante el antisionismo violento. En 1966 los judíos representaban el 7,8 % de los académicos, el 14,7 % de los médicos, el 8,5 % de los escritores y los periodistas, el 10,4 % de los jueces y los abogados, y el 7,7 % de los actores, los músicos y los artistas. Sin embargo, en todos los casos la acción de partido y burocrática reducía el porcentaje. Así, los judíos suministraron el 18 % de los científicos soviéticos en 1947, y sólo el 7 % en 1970. Como bajo los zares, la presión se aplicaba especialmente en el plano universitario. El número de estudiantes judíos descendió en términos absolutos, de 111.900 en 1968-1969 a 66.900 en 1975-1976, y aún más por lo que respecta al conjunto de la población. En 1977-1978 ni un solo judío fue aceptado en la Universidad de Moscú.[86]

La política antijudía soviética, como la zarista —e incluso la política nazi en la década de 1930— mostró algunas confusiones y contradicciones. Había deseos contradictorios, como usar y aprovechar a los judíos, retenerlos prisioneros y también expulsarlos; el factor común en todos los casos era el ansia de humillar. Así, en 1971 Brezhnev decidió abrir las puertas, y durante la década siguiente se permitió la huida de 250.000 judíos. Pero con cada aumento de la emigración hubo un brusco incremento de los juicios a los judíos, y el procedimiento concreto para obtener el visado de salida era tan complejo, difícil y vergonzoso como pueda concebirse. La necesidad de una referencia sobre el carácter, emitida por el centro de trabajo del solicitante, a menudo conducía a una especie de juicio-espectáculo en que se analizaba, condenaba y después despedía públicamente al judío. De modo que a menudo estaba sin trabajo y sin dinero, y podía ser encarcelado por «parasitismo» mucho antes de la concesión del visado.[87]

Los procedimientos de salida llegaron a ser más onerosos en la década de 1980, y recordaban los rasgos complejos y laberínticos de la legislación zarista. Se otorgó menor número de visados y fue usual que una familia tuviese que esperar cinco o incluso diez años antes de recibir la autorización de salida. El procedimiento podría resumirse así: el solicitante debía obtener primero una invitación verificada legalmente de un pariente cercano residente en Israel, acompañado por la garantía del gobierno israelí de expedir un visado de ingreso. Este documento lo autorizaba a acudir a la Oficina de Emigración, donde se le entregaban dos cuestionarios para cada miembro adulto de la familia. El solicitante llenaba estos cuestionarios y después adjuntaba lo siguiente: una autobiografía; seis fotografías; copias de los títulos universitarios o de otro carácter; una partida de nacimiento para cada miembro de la familia; un certificado de matrimonio si estaba casado, y cuando los padres, la esposa o el marido habían fallecido, las correspondientes partidas de defunción; un certificado que demostrara la posesión de una residencia legal; una carta certificada oficialmente de un miembro cualquiera de la familia que permaneciera en la Unión Soviética; un certificado del centro de trabajo o, si no estaba trabajando, de la Oficina de Administración de la Vivienda de su lugar de residencia, y una tarifa de 40 rublos. Una vez entregadas todas estas cosas, la decisión acerca de la concesión del visado tardaba varios meses. Si se otorgaba un visado (pero todavía no se expedía), el solicitante tenía que renunciar al empleo (si aún no lo habían despedido), obtener un cálculo oficial del costo de reparación del apartamento, pagarlo, pagar 500 rublos por cabeza como castigo por renunciar a la ciudadanía soviética, entregar su pasaporte, la cartilla militar, la cartilla de trabajo y el certificado de desempleo del departamento; y pagar otros 200 rublos por el propio visado. Los solicitantes a quienes se rehusaba el visado tenían el derecho de pedirlo nuevamente con intervalos de seis meses.[88]

La campaña soviética contra los judíos, después de 1967 un rasgo permanente del sistema, se realizó con el nombre en clave de antisionismo, que fue una cobertura para todas las variedades del antisemitismo. El antisionismo soviético, producto de las divisiones internas en el seno de la izquierda judía de Europa oriental, se injertó a su vez en el antiimperialismo leninista. En este punto necesitamos retroceder un poco, con el fin de demostrar que la teoría leninista del imperialismo, como la teoría marxista del capitalismo, tuvo sus raíces en la teoría antisemita de la conspiración.

La teoría tuvo su origen en el desarrollo de Suráfrica a partir de la década de 1860, es decir, en este ejemplo destacado de la aplicación del capital en gran escala a la transformación de una economía primitiva en otra moderna. Suráfrica había sido un remanso rural hasta que el descubrimiento de los yacimientos de diamantes en Kimberley en la década de 1860, seguidos por los yacimientos auríferos del Rand veinte años después, abrió su interior y reveló su riqueza mineral. Lo que distinguió a este país fue el empleo de una nueva institución financiera para concentrar las explotaciones y reunir y destinar enormes sumas de capital a la minería de profundidad de alta tecnología. La institución misma fue inventada por el inglés Cecil Rhodes, pero los judíos siempre habían participado en el comercio de las piedras preciosas (especialmente los diamantes) y el oro en lingotes, y también se destacaron en las minas de Suráfrica y en el sistema financiero que acumuló el capital necesario para explotarlas.[89] Hombres como Alfred Beit, Barney Barnato, Louis Cohen, Lionel Phillips, Julius Wehrner, Solly Joel, Adolf Goertz, George Albu y Abe Bailey convirtieron Suráfrica en la economía minera más amplia y rica del mundo. Una segunda generación de financieros de la minería, encabezada por Ernest Oppenheimer, consolidó y amplió esta labor.[90]

Las rápidas fortunas amasadas (y a veces perdidas) en el Rand por algunos judíos provocaron mucha envidia y resentimiento. Entre sus críticos estaba J. A. Hobson, polemista de izquierda que fue a Suráfrica para cubrir el estallido de la guerra de los Bóers en 1899 en representación del *Manchester Guardian*. Hobson consideraba al judío un ser «casi desprovisto de moral social», poseedor de un «intelecto superior para el cálculo, que es una herencia nacional», lo que le permitía «aprovechar todas las debilidades, las locuras y los vicios de la sociedad en que vive».[91] En Suráfrica le impresionó y encolerizó el espectáculo de la omnipresente actividad de los judíos. Señaló que, según las cifras oficiales, había sólo 7.000 judíos en Johannesburgo, pero «los escaparates de las tiendas, el mercado, los bares, las "escalinatas" de las elegantes casas urbanas bastan para convencer de la importante presencia del pueblo elegido». Lo irritó especialmente comprobar que la Bolsa estaba cerrada el Día del Perdón. En 1900 publicó un libro, *The War in South Africa: Its Causes and Effects* [La guerra en Suráfrica: sus causas y efectos], que atribuía la responsabilidad de la guerra a «un pequeño grupo de financieros internacionales, principalmente de origen alemán y raza judía». Las tropas británicas estaban luchando y muriendo «con el fin de elevar al poder en Pretoria a una pequeña oligarquía internacional de propietarios de minas y especuladores». «Ni Hamburgo —escribió disgustado—, ni Viena, ni Fráncfort: Johannesburgo es la nueva Jerusalén.»[92]

La explicación de Hobson acerca del origen de la guerra era falsa. Como podía preverse, la lucha fue desastrosa para los propietarios de las minas. Con respecto a los judíos, toda la historia moderna demostraba que eran muy pacifistas por inclinación y por interés, sobre todo en su condición de financieros. Pero Hobson, como otros teóricos de la conspiración, no estaba interesado en los hechos, sino en la belleza del concepto. Dos años después amplió su teoría y escribió un libro famoso, *Estudio del imperialismo*, que reveló que el capital financiero internacional era la fuerza principal que estaba detrás de las colonias y de la guerra. El capítulo «Parásitos económicos del imperialismo», que es el centro de su teoría, contenía este pasaje fundamental:

> Estos grandes negocios —la banca, la compraventa de acciones, el descuento de letras, la emisión de préstamos, la promoción de empresas— son el núcleo del capitalismo internacional. Unidos por los más sólidos vínculos de organización, siempre en estrecho contacto unos con otros, instalados en el corazón mismo del capital comercial de cada estado, controlados, por lo que se refiere a Europa, principalmente por hombres de una sola y peculiar raza, que tienen detrás muchos siglos de experiencia financiera, están en condiciones excepcionales de controlar la política de las naciones. No es posible

realizar movimientos rápidos del capital si no es con su consentimiento y por su intermedio. ¿Acaso alguien supone seriamente que es posible que un estado europeo libre emprenda una gran guerra o que emita un gran empréstito estatal si la casa Rothschild y sus relaciones se oponen?[93]

Cuando durante la primavera de 1916 Lenin acometió en Zúrich la tarea de escribir sus propias tesis acerca del tema, se quejó de la escasez de libros. «Pero —escribió— utilicé la principal obra inglesa acerca del imperialismo, el libro de J. A. Hobson, con todo el cuidado que, a mi juicio, esta obra merece.»[94] En realidad, la teoría de Hobson se convirtió en la esencia de la teoría del propio Lenin. El resultado fue *El imperialismo, fase superior del capitalismo* (1916), y allí se formuló la doctrina clásica acerca del tema, adoptada por todos los estados de régimen comunista desde 1917 hasta el momento actual. En una forma u otra, la teoría leninista también plasmó las actitudes de muchos estados del tercer mundo frente al imperialismo y el colonialismo, a medida que se independizaron en las décadas de 1950 y 1960.

Considerando las raíces antisemitas de la teoría, no era difícil incluir en ella el concepto del sionismo como forma del colonialismo y del estado sionista como puesto avanzado del imperialismo. Es cierto que había que considerar los embarazosos sucesos históricos del nacimiento de Israel, un acontecimiento del que Stalin fue uno de los principales valedores. A su vez, estos hechos demolieron por completo la teoría soviética del sionismo. Pero como muchos otros hechos de la historia soviética, fueron sepultados y olvidados por los propagandistas oficiales. En todo caso, la historia entera del antisemitismo demuestra que éste es impermeable a los hechos embarazosos. Que en la práctica el sionismo se refería a los judíos fue pronto evidente. El juicio a Slánski en 1952 fue la primera ocasión en la historia del comunismo en que la acusación antisemita tradicional de una conspiración judía mundial, con el Comité Conjunto de Distribución judeonorteamericano y el gobierno israelí en el papel de los modernos sabios de Sión, fue formulada oficialmente por un gobierno comunista; y eso fue un hito siniestro. La realidad entre bambalinas era incluso peor. Artur London, viceministro judío de Asuntos Exteriores, sentenciado a cadena perpetua pero liberado durante la Primavera de Praga de 1968, pudo entonces revelar la furia antisemita de su principal acusador, el mayor Smole: «[Él] me agarró del cuello y con la voz temblándole de odio gritó: "Usted y su sucia raza, los exterminaremos. No todo lo que Hitler hizo estaba bien. Pero exterminó judíos, y eso fue bueno. Hubo demasiados que se salvaron de la cámara de gas, pero terminaremos la tarea que él interrumpió".»[95]

A partir de principios de la década de 1950, la propaganda soviética antisionista, que cobró paulatinamente más intensidad y amplitud, destacó los nexos entre el sionismo, los judíos en general y el judaísmo. «Los sermones judaicos son los sermones de los sionistas burgueses», dijo una emisión en ucraniano realizada desde Korovograd, el 9 de diciembre de 1959. «El carácter de la religión judía —dijo el 30 de septiembre de 1961 *Volzhskaya Kommuna*, periódico de Kuibishev— sirve los propósitos políticos de los sionistas.» «El sionismo —escribió *Kommunist Moldavia* en 1963— está inseparablemente unido al judaísmo [...] arraiga en el concepto del carácter exclusivo del pueblo judío.»[96] Centenares de artículos, en revistas de la Unión Soviética, representaron a los sionistas (es decir, a los judíos) y a los líderes israelíes comprometidos en una conspiración mundial, según los perfiles de los antiguos *Protocolos de Sión*. El 5 de agosto de 1967, *Sovietskaya Latvia* escribió que es una «Cosa Nostra internacional», con «un centro común, un programa común y fondos comunes». Los «círculos gobernantes israelíes» eran sólo socios menores de las conspiraciones globales.[97]

Durante los veinte años que siguieron a la guerra de los Seis Días de 1967, la maquinaria de propaganda soviética se convirtió en la fuente principal de material antisemita del mundo. En esa actitud, reunió materiales prácticamente de todos los estratos arqueológicos de la historia antisemita, de la antigüedad clásica al hitlerismo. Nada más que el volumen del material, que va desde los artículos y las emisiones radiofónicas interminablemente repetitivos a los libros propiamente dichos, comenzó a rivalizar con la producción nazi. El libro de Trofim Kichko *Iudaism i Zionism* [Judaísmo y sionismo] (1968), habló de la «idea chovinista del pueblo judío elegido por Dios, la propaganda del mesianismo y la idea de gobernar sobre los pueblos del mundo». En *La infiltración contrarrevolucionaria*, Vladímir Begun (1974) afirmó que la Biblia «es un texto sin rival en la crueldad, la hipocresía, la traición, la perfidia y la degeneración moral»; no podía extrañar que los sionistas fuesen pistoleros, pues «sus ideas provenían de los rollos de la "sagrada" Torá y los preceptos del Talmud».[98] En 1972 el periódico de la embajada soviética en París reprodujo de hecho fragmentos de un panfleto zarista antisemita publicado en 1906 por las Centurias Negras, que organizaron los pogromos anteriores a 1914. En este caso pudo iniciarse juicio ante los tribunales franceses, que en efecto descubrieron que el director (miembro destacado del Partido Comunista Francés) era culpable de incitación a la violencia racial.[99] Parte del material soviético antisemita, que circulaba en niveles muy elevados, era casi increíble. En un memorando del Comité Central del 10 de enero de 1977, Valeri Emeliánov, experto soviético en antisemitismo, afirmó que Estados Unidos estaba controlado por una conspiración sionista-masónica, encabezada en apariencia por el presidente Carter, pero en realidad dirigida por lo que él denominó la «Gestapo de Bnai Brit». De acuerdo con la versión de Emeliánov, los sionistas se infiltraban en la sociedad *goy* a través de los masones, cada uno de los cuales era un activo informante sionista; el propio sionismo estaba basado en «la pirámide judeomasónica».[100]

La piedra angular de la nueva estructura antisemita creada por la fantasía soviética apareció en la década de 1970, cuando se «demostró» la acusación de que los sionistas eran los sucesores racistas de los nazis con la «prueba» de que el

Holocausto de Hitler era una conspiración judeonazi para desembarazarse de los judíos pobres que no podían utilizarse en los planes sionistas. Se afirmó que, en realidad, el propio Hitler había tomado sus ideas de Herzl. Los jefes judeosionistas, que actuaban por orden de los millonarios judíos que controlaban el capital financiero internacional, habían ayudado a las SS y la Gestapo a empujar a los judíos indeseados hacia las cámaras de gas o hacia los *kibbutsim* de la tierra de Canaán. Se utilizó esta conspiración judeonazi como telón de fondo de la maquinaria soviética de propaganda que lanzó acusaciones de atrocidades cometidas por el gobierno israelí, sobre todo durante las operaciones de 1982 en el Líbano y después. Como los sionistas se unieron de buena gana a Hitler en el exterminio de su propia gente desechada, escribió *Pravda* el 17 de enero de 1984, no era sorprendente que estuviesen masacrando a los árabes libaneses, a quienes de todos modos consideraban infrahumanos.[101]

Esta evolución siniestra de la política antisemita del gobierno soviético era algo más que el retorno a la práctica zarista tradicional, si bien incluía la mayoría de los elementos conocidos de su mitología acerca de los judíos. Por una parte, los gobiernos zaristas siempre permitieron que los judíos escapasen mediante la emigración masiva. Por otra, el régimen soviético tenía antecedentes que cedían el primer lugar sólo a los de Hitler en el exterminio de categorías enteras de personas por razones ideológicas. La equiparación de los judíos con el sionismo, un delito capital en la doctrina soviética, haría sumamente fácil para los líderes soviéticos justificar en términos ideológicos medidas extremas contra 1.750.000 judíos rusos; por ejemplo, renovar el plan de Stalin de 1952-1953, que era deportarlos en masa a Siberia, o apelar a recursos incluso peores.

Otro factor inquietante fue la estrecha semejanza entre la propaganda soviética antijudía y el material semejante producido por los aliados rusos en el mundo árabe. La diferencia era más de forma que de contenido. Los árabes siempre se mostraron menos puntillosos en el empleo de la jerga ideológica y a veces usaron francamente la palabra *judío* allí donde los rusos solían tener cuidado con el empleo del término *sionista*. Si los rusos tomaban elementos de los *Protocolos de los sabios de Sión* sin reconocerlo, los árabes lo publicaban abiertamente. Este opúsculo había circulado mucho en el mundo árabe, publicado en innumerables ediciones diferentes, desde principios de la década de 1920. Fue leído por jefes árabes tan distintos como el rey Faisal de Arabia Saudí y el presidente Nasser de Egipto. Es evidente que este último creía en su autenticidad, pues en 1957 dijo a un periodista indio: «Es muy importante que usted lo lea. Le entregaré un ejemplar. Demuestra sin la más mínima duda que trescientos sionistas, cada uno de los cuales conoce a todos los demás, rigen el destino del continente europeo, y que eligen a sus sucesores dentro de su propio entorno.»[102] Nasser se sintió tan impresionado por el libro que en 1967 su hermano publicó otra edición árabe. Se utilizaron extractos y resúmenes en los libros de texto de las escuelas árabes y en el material de enseñanza destinado a las fuerzas armadas árabes.[103] En 1972 apareció otra edición de la obra al frente de la lista de éxitos de ventas en Beirut.

Corresponde agregar que todas estas ediciones estaban preparadas especialmente para los lectores árabes, y que se presentaba a los sabios en el contexto del problema palestino. Los *Protocolos* no fueron el único clásico antisemita que perduró en el mundo árabe de la posguerra. Materiales correspondientes al campo de los libelos de sangre, publicados en El Cairo en 1890 con el título de *El grito del inocente en el Cuerno de la Libertad*, reaparecieron en 1962 como una publicación oficial del gobierno de la República Árabe Unida, con el nombre de *Sacrificios humanos talmúdicos*.[104] Ciertamente, el libelo de sangre reaparecía de forma periódica en los diarios árabes.[105] Pero los *Protocolos* continuaron siendo la obra favorita, y no sólo en los países islámicos árabes. En Pakistán se publicó en 1967, y fue utilizado ampliamente por el gobierno iraní y sus embajadas después de que el ayatolá Jomeini, fervoroso creyente en la teoría antijudía de la conspiración, asumió el poder en 1979. En mayo de 1984 su publicación titulada *Imam*, que ya había impreso extractos de los *Protocolos*, acusó al destacamento de operaciones especiales británico en las Malvinas de cometer atrocidades por consejo de los sabios de Sión.[106] La propaganda de Jomeini generalmente presentaba al sionismo (esto es, a los judíos), que había operado «por doquier durante siglos y perpetrado crímenes de increíble magnitud contra las sociedades y los valores humanos», como un engendro de Satán. Jomeini se ajustaba al criterio medieval de que los judíos eran infrahumanos o inhumanos, o incluso antihumanos, y de que por lo tanto formaban una categoría de criaturas a las que podía exterminarse. Pero su antisemitismo vacilaba confuso entre el mero antijudaísmo, el sectarismo islámico (los musulmanes sunníes que gobernaban a su enemigo Irak eran títeres sionistas así como demonios por derecho propio) y el odio a Estados Unidos, «el gran Satán». El ayatolá se vio en dificultades para decidir si Satán manipulaba a Washington por intermedio de los judíos, o viceversa.

El antisemitismo árabe era también una combinación inestable de motivos religiosos y seculares. Además, tenía una actitud ambivalente acerca del papel de Hitler y los nazis. El gran muftí de Jerusalén había conocido la solución final y le había dado la bienvenida. Hitler le dijo que cuando sus tropas llegasen a Oriente Próximo, eliminarían los asentamientos judíos de Palestina.[107] Después de la guerra, muchos árabes continuaron considerando a Hitler como una figura heroica. Cuando Eichmann fue juzgado, en 1961-1962, el *Jerusalem Times*, periódico jordano en inglés, publicó una carta que lo felicitaba por haber «concedido una auténtica bendición a la humanidad». El juicio culminaría «un día con la liquidación de los seis millones restantes, para vengar tu sangre».[108] Por otra parte, los propagandistas árabes antisemitas a menudo seguían el criterio soviético de que los judíos y los nazis habían trabajado en estrecha unión, y de que los sionistas eran los sucesores naturales de los nazis. Sobre todo en su propaganda dirigida a Occidente, los gobiernos árabes comparaban a la fuerza aérea israelí con la Luftwaffe, y a la Fuerza de Defensa con las SS y la Gestapo. En distintos momentos (a veces simultáneamente) se informó a la opinión pública árabe de que el Holocausto había sido un hecho afortunado, una conspiración diabólica entre judíos y nazis, o bien que nunca había existido, de modo que se trataba de una mera invención de los sionistas. Pero ¿cuándo se han inquietado los teóricos antisemitas ante las contradicciones internas de sus propios asertos?

La cantidad de material antisionista que se difundió por el mundo, procedente tanto del bloque soviético como de los estados árabes, se vio acrecentada primero por la guerra de los Seis Días de 1967, que fue un poderoso estimulante de la propaganda soviética contra Israel, y después por la revolución del precio del petróleo que siguió a la guerra del Yom Kippur de 1973, y que acrecentó mucho los fondos árabes utilizados en la propaganda antisionista. Era inevitable que la amplitud y la tenacidad de los ataques contra Israel provocasen cierto efecto, sobre todo en las Naciones Unidas. La antigua Sociedad de Naciones había demostrado una singular ineficacia en el intento de proteger a los judíos durante el periodo de entreguerras. Pero por lo menos no había apoyado activamente la persecución. La sesión de la Asamblea General de las Naciones Unidas en 1975 estuvo a un paso de legitimar el antisemitismo. El 1 de octubre recibió en ceremonia oficial al presidente Idi Amin de Uganda, que llegó como presidente de la Organización para la Unidad Africana. Amin ya era conocido por sus grandes matanzas de población ugandesa, en algunas de las cuales había intervenido él personalmente. También era conocido por la violencia de sus declaraciones antisemitas. El 12 de septiembre de 1972 había enviado un telegrama al secretario general de las Naciones Unidas para aplaudir el Holocausto, y además anunció que, como en Alemania no se había erigido una estatua de Hitler, proponía erigir una en Uganda. Pese a esto, o quizá precisamente por esto, fue bien recibido por la Asamblea General. Muchos delegados de las Naciones Unidas, incluso todos los miembros de los bloques soviético y árabe, le tributaron una gran ovación antes de que iniciara su discurso, en el que denunció la «conspiración americanosionista» contra el mundo y exigió la expulsión de Israel de las Naciones Unidas y su «extinción». Hubo frecuentes aplausos durante su grotesca filípica, y una gran ovación cuando se sentó. Al día siguiente, el secretario general de las Naciones Unidas y el presidente de la Asamblea General ofrecieron un almuerzo en su honor. Dos semanas después, el 17 de octubre, los antisemitas profesionales de las maquinarias de propaganda soviética y árabe alcanzaron sus triunfos más grandes, cuando el Tercer Comité de la Asamblea General, por 70 votos contra 29, 27 abstenciones y 16 ausencias, aprobó una moción que condenaba el sionismo como una forma de racismo. El 10 de noviembre, la Asamblea General ratificó la resolución por 67 contra 55, con 15 abstenciones. El delegado israelí, Jaím Herzog, señaló que la votación se realizó en el trigésimo séptimo aniversario de la *Kristallnacht* contra los judíos. El delegado norteamericano Daniel P. Moynihan declaró con gélido desdén: «Estados Unidos se alza para declarar ante la Asamblea General de las Naciones Unidas y ante el mundo que no reconoce, no acatará ni aceptará nunca este acto infame.»[109]

Una de las principales lecciones de la historia judía ha sido que los repetidos agravios verbales tarde o temprano aparecen seguidos por actos de violencia física. En el curso de los siglos, con frecuencia los escritos antisemitas crearon su propio y terrible impulso, que culminó en un gran derramamiento de sangre judía. La solución final hitleriana fue única por el nivel de sus atrocidades, pero de todos modos estuvo prefigurada por la teoría antisemita del siglo XIX. El torrente antisemita procedente del bloque soviético y los estados árabes durante el periodo de la posguerra creó su propia y característica forma de violencia: el terrorismo patrocinado por el Estado. Resulta irónico que se usara esta arma contra el sionismo, pues podía argumentarse que algunos militantes sionistas, por ejemplo Abraham Stern y Menájem Beguin, eran quienes habían inventado el terror en su forma moderna, muy organizada y científica. Que éste fuera dirigido, en escala mucho más amplia, contra el estado por cuya creación habían vivido y muerto podía interpretarse como un acto de castigo providencial, o en todo caso como una demostración más de que los idealistas que justificaban los medios por los fines lo hacían por su propio riesgo. La era del terrorismo internacional, creada por el antisemitismo árabe-soviético de la posguerra, comenzó de hecho en 1968, cuando la Organización para la Liberación de Palestina adoptó formalmente el terror y el asesinato masivo como política principal. La OLP y sus diferentes competidores e imitadores dirigieron sus ataques ante todo contra objetivos israelíes, pero no intentaron distinguir entre los ciudadanos israelíes, o sionistas, y los judíos, del mismo modo que los asesinos antisemitas tradicionales no distinguían entre judíos religiosos y judíos por nacimiento. Cuando algunos miembros de la banda Baader-Meinhof, una organización alemana de izquierda fascista inspirada por la propaganda antisemita soviética, atacaron un avión de Air France que volaba de París a Tel-Aviv, el 27 de junio de 1976, y lo obligaron a aterrizar en la Uganda de Idi Amin, los terroristas separaron cuidadosamente a los gentiles de los judíos, a quienes llevaron aparte para asesinarlos. Uno de los que ellos pensaban matar aún tenía tatuado en el brazo el número que le habían dado las SS en el campo de concentración.[110]

El terrorismo, en la escala y con el perfeccionamiento utilizados por la OLP, era una novedad amenazadora. Pero para los judíos no había nada nuevo en el principio del terrorismo, porque el terror se había utilizado contra ellos durante mil quinientos años o más. El pogromo era un instrumento típico del terrorismo antijudío y estaba destinado, no principalmente a matar judíos, sino a inculcar una actitud de temor sumiso y resignación frente al maltrato, a promover la docilidad habitual que condujo a los judíos a someterse casi sin lucha a la solución final. Pero esos tiempos habían terminado. Se continuaba utilizando el terrorismo contra los judíos, pero ya no impunemente. El plan de matar a los que estaban en el avión de Air France fue un ejemplo esclarecedor. El ataque sorpresa israelí a Entebbe que los salvó (excepto a una anciana, muerta por Amin) demostró la capacidad del estado sionista para ayudar a los judíos que corrían peligro a miles de kilómetros de sus fronteras. Israel podía actuar y en efecto actuaba directamente contra las bases terroristas. La principal de ellas estaba en el Líbano meridional, ocupada por la OLP durante los años 1970-1982. A partir del 6 de junio de 1982 las Fuerzas de Defensa de Israel demolieron las bases y desalojaron de toda el área a la OLP, que se vio obligada a retirarse a Túnez, que la recibió de mala gana; e incluso allí, en 1985, se demostró que el cuartel general de la OLP no estaba fuera del alcance de la venganza israelí. Estas demostraciones israelíes del derecho de autodefensa fueron a veces mal apreciadas o mal ejecutadas. Provocaron críticas, en ocasiones de los propios amigos de Israel. La ocupación del sur del Líbano en 1982, que implicó intensos bombardeos israelíes y muchas bajas árabes y destrucción de hogares, fue un amargo motivo de discordia entre Israel y sus aliados, e incluso en la propia Israel. Fue también el telón de fondo de una masacre de refugiados musulmanes, cometida por árabes falangistas cristianos en los campamentos Sabra y Chatila, el 16 de septiembre. Este episodio fue bien explotado por los propagandistas árabes y soviéticos, y presentado a los medios de difusión occidentales como una responsabilidad israelí. Beguin, que entonces aún era primer ministro de Israel, comentó amargamente durante una reunión de gabinete, tres días después: «Unos *goyim* matan a otros *goyim*, y echan la culpa a los judíos.»[111] Los israelíes ordenaron hábilmente una investigación judicial independiente que aclaró los hechos y atribuyó cierta culpa a Ariel Sharón, ministro de Defensa israelí, por no haber previsto e impedido la masacre.[112]

El espectáculo de los judíos matando, y sobre todo matando injustamente, les parecía profundamente perturbador. Esa posibilidad había sido prevista en el *Kuzari*, de Yehudá ha-Leví, obra escrita alrededor de 1140, en forma de diálogo entre un rabino y el sabio rey de los jázaros. Así: «*Rabino*: Nuestra relación con Dios es más estrecha que la que tendríamos si ya hubiésemos alcanzado la grandeza en la Tierra. *Rey*: Eso sería cierto si vuestra humildad fuese voluntaria. Pero es involuntaria, y si tuvieseis poder, mataríais. *Rabino*: Has tocado nuestro punto débil, oh rey de los jázaros.» Pero el derecho de matar en defensa propia era inherente a la condición humana. Todos los hombres lo tenían. El Estado se limitaba a ejercerlo por delegación, en nombre de una comunidad, y en mayor escala. Los judíos, siempre preocupados, casi obsesionados, por la santidad de la vida, consideraban difícil aceptar el papel del Estado en la privación de la vida. Para ellos era la maldición de Saúl. Había proyectado una sombra sobre la vida del más grande de sus reyes, y así David, siendo un hombre que derramaba sangre, no pudo construir el Templo. Pero entre la maldición de Saúl y la realidad de Auschwitz no podía haber alternativa real. Los judíos debían tener su Estado, con todas sus consecuencias morales, para sobrevivir.

La necesidad de una Sión secular no se atenuó durante los primeros cuarenta años de su historia. Aumentó. Se había creado para recibir a las víctimas del antisemitismo europeo, y después del Holocausto, para albergar a sus maltratados supervivientes. Había servido para recibir a los que llegaban expulsados de las comunidades judías árabes. La realización de estos propósitos justificaba su existencia. Sin embargo, se perfilaban nuevas tareas. Durante las décadas que siguieron a la guerra, se percibió claramente que el régimen soviético no tenía más probabilidades que su predecesor zarista de concertar una convivencia pacífica con sus ciudadanos judíos. Los datos sugerían que ellos podían correr un peligro colectivo más grave que en su historia anterior. De modo que un propósito principal de los israelíes fue librar a sus 1.750.000 hermanos rusos del poder del sistema soviético. Tenían que estar preparados para aceptar, casi sin aviso previo, una emigración masiva del tipo que habían provocado las crueldades zaristas. Tenían que estar igualmente preparados para mover cielo y tierra si el odio del régimen soviético a los judíos adoptaba otras formas.

El estado de Israel adoptó un propósito aún más sombrío. Era el refugio soberano de los judíos en peligro de todos los rincones del mundo. Era el guardián de los judíos reunidos ya al abrigo de sus fronteras. Era la única garantía física de que no habría otro Holocausto. La implacable campaña de violento antisemitismo desarrollada por sus enemigos soviéticos y árabes apunta que, por separado o conjuntamente, éstos pueden tratar de imponer otra solución final si se les ofrece la oportunidad. Israel tiene que suponer dicha posibilidad, y armarse contra ella. Contaba con promesas de protección de Estados Unidos, pero en último término un estado soberano debe atender a su propia defensa. Por lo tanto, Israel tenía que poseer los medios necesarios para infligir daños a un presunto agresor, por poderoso que éste fuera. Si David tenía que enfrentarse con Goliat, necesitaba contar con una honda. Durante la Segunda Guerra Mundial los científicos judíos habían representado un papel fundamental en la fabricación de las primeras armas nucleares. Habían actuado de ese modo porque temían que Hitler desarrollara primero una bomba atómica. Durante las décadas de 1950 y 1960, a medida que se intensificó la hostilidad soviética y árabe, los científicos israelíes trabajaron para dotar al estado de un medio de disuasión. A fines de la década de 1970 y en la de 1980 crearon cierta capacidad nuclear, cuya existencia era secreta pero conocida en los sectores en que podía tener más efecto. Así, Israel estaba en condiciones de cumplir la segunda de las dos nuevas tareas que las circunstancias le habían asignado.

Pero sería errado terminar una historia de los judíos con esta observación sombría. Puede presentarse la historia judía como una sucesión de culminaciones y catástrofes. También puede vérsela como un continuo interminable de estudio paciente, laboriosidad fecunda y rutina comunitaria, gran parte de todo lo cual no ha quedado registrado. El dolor tiene voz, y en cambio la felicidad es muda. El historiador debe tenerlo en cuenta. A lo largo de más de cuatro mil años los judíos han demostrado que no sólo son muy eficaces para sobrevivir, sino también extraordinariamente hábiles para adaptarse a las sociedades en cuyo seno los ha colocado el destino, y para aprovechar las comodidades humanas que éstas podían ofrecer. Ningún pueblo ha demostrado más fecundidad en la tarea de enriquecer la pobreza o humanizar la riqueza, o en convertir la desgracia en un factor creador. Esta capacidad proviene de una filosofía moral al mismo tiempo sólida y sutil, que ha variado muy poco en el curso de los milenios, precisamente porque se ha percibido que sirve para los fines de quienes la comparten. Innumerables judíos de toda edad han gemido bajo la carga del judaísmo, pero han continuado soportándola porque, en su fuero interno, sabían que el judaísmo los soportaba a ellos. Los judíos han sido supervivientes porque poseían la ley de la supervivencia.

Por lo tanto, el historiador debe tener en cuenta que el judaísmo ha sido siempre mayor que la suma de sus seguidores. El judaísmo creó a los judíos, no a la inversa. Como dijo el filósofo Leon Roth: «El judaísmo viene primero. No es un producto, sino un programa, y los judíos son los instrumentos de su realización.»[113] La historia judía es un registro, no sólo de hechos físicos sino de conceptos metafísicos. Los judíos se consideraban creados y destinados a ser una luz para los gentiles, y han obedecido este mandato hasta el límite permitido por sus considerables cualidades. Los resultados, tanto desde el punto de vista religioso como en términos seculares, han sido notables. Los judíos dieron al mundo el monoteísmo ético, que podría describirse como la aplicación de la razón a la divinidad. En una era más secular, aplicaron los principios de la racionalidad a toda la gama de las actividades humanas, a menudo adelantándose al resto de la humanidad. La luz que de ese modo proyectaron inquietó al mismo tiempo que iluminó, pues reveló verdades dolorosas acerca del espíritu humano así como los medios para elevar éste. Los judíos han sido grandes reveladores de la verdad, y ésa es una de las razones por las cuales se los ha odiado tanto. Un profeta será temido y a veces honrado, pero ¿cuándo se lo ha amado? Sin embargo, un profeta debe profetizar, y los judíos persistirán en buscar la verdad, según la ven, no importa adónde conduzca. En todo caso, la historia judía enseña que sí hay un propósito en la existencia humana, y que no nacemos sólo para vivir y morir como bestias. Al persistir en su intento de conferir sentido a la creación, los judíos se sentirán reconfortados por la exhortación, repetida tres veces, en el noble capítulo primero del Libro de Josué: «Sé fuerte y ten valor; no temas, ni te desalientes; pues el Señor Tu Dios está contigo dondequiera que vayas.»[114]

Epílogo

En su obra *Antigüedades judaicas* Josefo describe a Abraham como «un hombre muy sagaz» que tenía «unas ideas sobre la virtud superior a las de otros de sus contemporáneos». Por consiguiente, «decidió modificar completamente las opiniones que todos ellos tenían acerca de Dios». Un modo de resumir cuatro mil años de historia judía consiste en preguntarnos cuál habría sido la suerte de la raza humana si Abraham no hubiese sido un hombre muy sagaz, o si hubiese permanecido en Ur y reservado para sí sus ideas superiores, y no hubiese existido un pueblo específicamente judío. Ciertamente, sin los judíos el mundo habría sido un lugar radicalmente distinto. La humanidad tarde o temprano podría haber llegado a descubrir todas las ideas judías, pero no podemos tener la certeza de que hubiera sido así. Todos los grandes descubrimientos conceptuales del intelecto parecen obvios e inevitables una vez revelados, pero se necesita un genio especial para formularlos la primera vez. Los judíos tienen este don. Les debemos la idea de la igualdad ante la ley, tanto divina como humana; de la santidad de la vida y la dignidad de la persona humana; de la conciencia individual y, por lo tanto, de la redención personal; de la conciencia colectiva y, por lo tanto, de la responsabilidad social; de la paz como ideal abstracto y del amor como fundamento de la justicia, así como muchos otros aspectos que constituyen la dotación moral básica de la mente humana. Sin los judíos, ésta habría podido ser un lugar mucho más vacío.

Sobre todo, los judíos nos enseñaron el modo de racionalizar lo desconocido. El resultado fue el monoteísmo y las tres grandes religiones que lo profesan. Casi sobrepasa nuestra capacidad imaginar cuál habría sido el destino del mundo si ellos nunca hubiesen existido. Tampoco puede decirse que la penetración intelectual en lo desconocido se detiene en la idea de un Dios. En efecto, el propio monoteísmo puede interpretarse como un hito en el camino que conduce a la gente a prescindir por completo de Dios. Los judíos, primero, racionalizaron el panteón de ídolos y lo convirtieron en un Ser Supremo; después, iniciaron el proceso de suprimir a Dios racionalizándolo. En la perspectiva final de la historia, Abraham y Moisés pueden llegar a parecer menos importantes que Spinoza, pues el influjo de los judíos sobre la humanidad ha sido proteico. En la Antigüedad fueron los grandes innovadores de la religión y la moral. En la Alta Edad Media europea eran todavía un pueblo avanzado que transmitía el conocimiento y la tecnología. Gradualmente fueron apartados de la vanguardia y se rezagaron, hasta que a fines del siglo XVIII se los vio como una retaguardia harapienta y oscurantista en la marcha de la humanidad civilizada. Pero entonces sobrevino una asombrosa y segunda explosión de capacidad creadora. Salieron de sus guetos, y de nuevo transformaron el pensamiento humano, esta vez en la esfera secular. Gran parte de la dotación mental del mundo moderno pertenece también a los judíos.

Los judíos no fueron sólo innovadores. También fueron ejemplos y paradigmas de la condición humana. Parecía que presentaban con claridad y sin ambages todos los dilemas inexorables del hombre. Fueron los «forasteros y viajeros» por antonomasia. Pero ¿no compartimos todos esa condición en este planeta, donde a cada uno se nos concede apenas una estancia de setenta años? Los judíos han sido el emblema de la humanidad desarraigada y vulnerable. Pero ¿acaso la Tierra entera es algo más que un lugar de tránsito provisional? Los judíos han sido fieros idealistas que buscaron la perfección, y al mismo tiempo hombres y mujeres frágiles que ansiaban la abundancia y la seguridad. Querían obedecer la ley imposible de Dios, y también buscaban conservar la vida. Ahí está el dilema de las comunidades judías de la Antigüedad, que trataban de combinar la excelencia moral de una teocracia con las exigencias prácticas de un estado capaz de defenderse. El dilema se ha repetido en nuestro propio tiempo en la forma de Israel, fundado para realizar un ideal humanitario, y que ha descubierto en la práctica que necesita mostrarse implacable si quiere sobrevivir en un mundo hostil. Pero ¿acaso éste no es un problema recurrente que afecta a todas las sociedades humanas? Todos queremos construir Jerusalén. Parece que el papel de los judíos es concentrar y dramatizar estas experiencias comunes de la humanidad, y convertir su destino particular en una moral universal. Pero si los judíos asumen este papel, ¿quién se lo asignó?

Los historiadores deben evitar la búsqueda de esquemas providenciales en los hechos. Es demasiado fácil encontrarlos, pues somos criaturas crédulas, nacidas para creer y dotadas de una imaginación poderosa que fácilmente reúne y reorganiza los datos para adaptarlos a un plan trascendente cualquiera. Sin embargo, el escepticismo excesivo puede originar una deformación tan grave como la credulidad. El historiador debe tener en cuenta todas las formas de la prueba, incluso las que son o parecen ser metafísicas. Si los primitivos judíos fueran capaces de analizar, con nosotros, la historia de su progenie, no hallarían en ella nada sorprendente. Siempre supieron que la sociedad judía estaba destinada a ser el proyecto piloto de toda la raza humana. A ellos les parecía muy natural que los dilemas, los dramas y las catástrofes judíos fueran ejemplares, de proporciones exageradas. En el curso de los milenios, que los judíos provocasen un odio sin igual, incluso inexplicable, era lamentable pero de esperar. Sobre todo, que los judíos sobreviviesen, cuando todos los restantes pueblos antiguos se habían transformado o desaparecido en los entresijos de la historia, era completamente previsible. ¿Cómo podía ser de otro modo? La providencia lo decretaba, y los judíos obedecían. El historiador puede decir: no hay nada a lo que pueda denominarse providencia. Quizá no. Pero la confianza humana en esa dinámica histórica, si es intensa y lo bastante tenaz, constituye en sí misma una fuerza que presiona sobre el curso de los hechos y los impulsa. Los judíos han creído que eran un pueblo especial, y lo han creído con tanta unanimidad y tal pasión, y durante un periodo tan prolongado, que han llegado a ser precisamente eso. En efecto, han tenido un papel porque lo crearon para ellos mismos. Quizás ahí está la clave de su historia.

Glosario

aggadá. La parte no legal del Talmud y el *midrash*, los relatos, el folclore, las leyendas, etcétera, en contraposición a la Ley misma *(halajá).*

aliá. «Ascender»; emigración a Israel; convocatoria para leer la Ley en la sinagoga.

am ha-arets. Literalmente, «gente de la tierra»; puede referirse a los «nativos», y en ocasiones se utiliza en sentido peyorativo, para indicar ignorancia; el pueblo común; el conjunto de la población.

amoraím. Eruditos judíos que, entre los siglos III y VI d. C., produjeron la Guemará.

asentamiento acotado. Las veinticinco provincias zaristas donde se concedía residencia permanente a los judíos rusos.

asquenazíes. Judíos alemanes; judíos del centro y el este de Europa, en contraste con los judíos sefardíes.

Ba'al shem. «Maestro del Santo Nombre»; un cabalista erudito que sabía usar el poder del Santo Nombre; un hombre culto, generalmente jasídico.

bar. «Hijo de» (arameo) en los nombres personales. *Ben* (en hebreo) significa lo mismo.

bar-mitsvá. Iniciación del niño judío de trece años en la comunidad.

caraíta. Miembro de una secta judía del siglo VIII que rechazaba la Ley Oral, o enseñanza rabínica posbíblica, y se adhería exclusivamente a la Biblia.

cohen. Judío de ascendencia sacerdotal o aarónica.

converso. Término español con el que se designaba a los judíos que se convertían al cristianismo y a sus descendientes.

diáspora. Término colectivo aplicado a la dispersión y a los judíos que la padecen, fuera de Erets Yisrael.

Erets Yisrael. Tierra de Israel; la Tierra Prometida; Palestina.

exilarca. Máximo dirigente laico de los judíos en Babilonia.

galut. El Exilio; la comunidad exiliada.

gaón. Jefe de una academia babilónica.

Guemará. Comentarios de los *amoraím*, que complementan la Mishná y forman parte del Talmud.

gueniza. Depósito de escritos sagrados; generalmente se refiere al que está en Fustat (la ciudad vieja de El Cairo).

golem. Un hombre artificial al que la magia ha infundido vida.

Hagganá. Fuerza de defensa judía durante el mandato británico, que se convirtió en la base del ejército israelí.

halajá. Una norma generalmente aceptada de la ley rabínica, y la parte del Talmud que se refiere a las cuestiones legales, contrapuesta al *aggadá*.

Janukká. Festín que conmemora la victoria de los Macabeos sobre los griegos paganos.

jasidim. Partidarios de la forma devota del judaísmo con un fuerte ingrediente místico, generalmente en Europa oriental.

Haskalá. Forma judía de la Ilustración europea del siglo XVIII. Quien creía en esta forma era un *maskil*.

jeder. Escuela primaria judaica.

herem. Excomunión.

Histadrut. Federación de sindicatos israelí.

Irgún. Ala militar clandestina del movimiento revisionista en Israel, 1931-1949.

Cábala. Misticismo judío. La «Cábala práctica» es una forma de magia.

ketubbá. Contrato matrimonial judío.

kibbuts. Asentamiento judío, generalmente agrícola, donde la propiedad es común.

kiddush. Bendición del vino, que precede al *shabbat*.

Knésset. Parlamento de Israel.

kosher. Alimento que se ajusta a las leyes dietéticas judías o *kashrut*.

Ley Oral. Contrapuesta a la escrita, es decir la Torá; adopta la primera forma escrita en la Mishná.

maguid. Predicador jasídico popular.

marrano. Judío que practicaba su religión en secreto. Los marranos eran descendientes de conversos forzosos españoles y portugueses.

maskil. Perteneciente a la Ilustración judía o Haskalá.

masorético. Palabra usada para designar lo relativo a la tradición generalmente aceptada para escribir y pronunciar el texto bíblico.

levirato. Matrimonio obligatorio de la viuda sin hijos con el hermano del fallecido (Deuteronomio 25:5).

menorá. La lámpara de siete brazos usada en el Templo; el candelabro de ocho brazos usado en Janukká.

mezuzá. Versículos de la Torá fijados en las puertas de las casas judías.

midrash. Una exposición de las Escrituras o una recopilación de éstas.

minián. Quórum (diez adultos judíos) en los rezos comunitarios.

Mishná. Versión codificada de la Ley Oral judía.

moshav. Cooperativa de pequeños propietarios en Israel.

naguid. Líder de la comunidad judía medieval.

nasí. Presidente del Sanedrín; un príncipe judío; descendiente de Hillel el Viejo, reconocido como patriarca judío.

Palmaj. La sección de dedicación plena de la Hagganá.

parnas. El funcionario principal de la sinagoga o jefe electo del laicado.

piyyut. Poesía litúrgica en hebreo.

Purim. Festival que conmemora la liberación por Ester de los judíos persas.

rabino. Literalmente «maestro»; maestro religioso.

responsum. Opinión escrita en respuesta a una pregunta acerca de la Ley.

revisionista. Partidario de la escisión del movimiento sionista encabezada por Jabotinski.

shabbat. Jornada de descanso y devoción que dura desde el anochecer del viernes hasta el anochecer del sábado.

Sanedrín. Tribunal Supremo de eruditos religiosos en la Segunda Comunidad.

schnorrer. Mendigo.

shabetaísta. Partidario del falso Mesías, Shabbetái Zeví.

shekiná. Literalmente «morada»; la presencia numinosa de Dios en el mundo.

shemá. Declaración de fe judía (Deuteronomio 6:4).

shiksa. Una muchacha gentil.

shofar. Cuerno de carnero usado en la liturgia.

shojet. Matarife ritual.

shtetl. Pequeño poblado judío en Europa oriental.

Shulján Aruj. Código de la ley judía recopilado por Yosef Caro.

Sukkot. Festival de los Tabernáculos.

taled. Chal de oraciones.

tannaím. Eruditos rabínicos del periodo de la Mishná.

Torá. El Pentateuco, o los rollos que lo contienen; todo el cuerpo de la Ley y el saber judíos.

Tosefta. Colección de enseñanzas tanaicas relacionadas con la Mishná.

yeshivá. Academia rabínica. El *rosh yeshivá* es su director.

yishuv. Un asentamiento; la comunidad judía en Erets Yisrael antes de la creación del estado.

Yom Kippur. Día del Perdón.

tsaddiq. Un líder jasídico u hombre santo.

Zóhar. Comentario místico del Pentateuco que constituye la obra principal de la Cábala.

Notas

1. LOS ISRAELITAS

1. El lector hallará una descripción y el plano de las tumbas en L. H. Vincent y otros: *Hebron: Le Haram El-Khalil. Sépulture des Patriarches*, París, 1923; *Encyclopaedia Judaica*, vol. 11, p. 671.

2. G. L. Strange: *Palestine Under the Moslems*, Londres, 1890, pp. 309 y ss.

3. E. Sarna: *Understanding Genesis*, Londres, 1967, pp. 168 y ss.

4. Herbert Han (actualizado por H. D. Hummel): *The Old Testament in Modern Research*, Londres, 1970; R. Grant: *A Short History of the Interpretation of the Bible*, Nueva York, 1963.

5. Traducción al inglés publicada en Edimburgo, 1885; Nueva York, 1957. Original en alemán: *Prolegomena zur Geschichte Israels.*

6. M. Noth: *The History of Israel*, Londres, 1960[2]; A. Alt: *Essays on Old Testament History and Religion*, Nueva York, 1968.

7. G. Mendenhall y M. Greenberg: «Method in the Study of Early Hebrew History», en J. Ph. Hyatt (ed.): *The Bible in Modern Scholarship*, Nashville (Nueva York), 1964, pp. 15-43.

8. Véanse W. F. Albright: *Archaeology and the Religion of Israel*, Baltimore, 1953[3], y *Yahweh and the Gods of Canaan*, Londres, 1968; Kathleen Kenyon: *Archaeology in the Holy Land*, Londres, 1979[4] [versión en castellano: *Arqueología en Tierra Santa*, Garriga, Barcelona, 1963], y *The Bible and Recent Archaeology*, Londres, 1978.

9. Deuteronomio 4:19.

10. R. D. Barnett: *Illustrations of Old Testament History*, Londres, 1966, cap. 1, «The Babylonian Legend of the Flood».

11. Génesis 11:31.

12. L. Woolley y otros: *Ur Excavations*, Museo Británico, Londres, 1954; L. Woolley: *The Sumerians*, Londres, 1954.

13. M. E. L. Mallowan: «Noahs Flood Reconsidered», *Iraq*, 26 (1964).

14. W. G. Lambert y A. R. Millard: *Atrahasis: The Babylonian Story of the Flood*, Londres, 1970; E. Sollberger: *The Babylonian Legend of the Flood*, Londres, 1971³.

15. *Cambridge Ancient History*: vol. 1, parte 1, pp. 353 y ss, Cambridge, 1970³.

16. Génesis 9:18.

17. *Encyclopaedia Judaica*, vol. 5, p. 330; Michael Grant: *A History of Ancient Israel*, Londres, 1984, p. 32.

18. Se hallará un resumen de los cálculos en R. K. Harrison: *Introduction to the New Testament*, Londres, 1970.

19. Véase Kenyon: *Archaeology of the Holy Land*, op. cit., acerca de la concordancia entre las tumbas de la Edad del Bronce Medio fuera de Jericó y la cueva de Macpelá; Nelson Glueck: «The Age of Abraham in the Negev», *Biblical Archaeologist*, 18 (1955).

20. A. Parrot: *Mari, une ville perdue*, París, 1935.

21. D. H. Gordon: «Biblical Customs and the Nuzi Tablets», *Biblical Archaeologist*, 3 (1940).

22. P. Matthiae: «Ebla à l'Époque d'Akkad», *Académie des inscriptions et belles-lettres, compte-rendu*, París, 1976.

23. A. Malamat: «King Lists of the Old Babylonian Period and Biblical Genealogies», *Journal of the American Oriental Society*, 88 (1968); «Northern Canaan and the Mari Texts», en J. A. Sanders (ed.): *Near Eastern Archaeology in the Twentieth Century*, Garden City, Nueva York, 1970, pp. 167-177; y «Mari», *Biblical Archaeologist*, 34 (1971).

24. Génesis 25:29-34.

25. Citado en R. K. Harrison: *Introduction to the Old Testament*, Londres, 1970.

26. C. H. Gordon: «Abraham of Ur», en D. Winton Thomas (ed.): *Hebrew and Semitic Studies Presented to G. R. Driver*, Oxford, 1962, pp. 77-84; E. A. Speiser: *Genesis, Anchor Bible*, Garden City (Nueva York), 1964. Véase también M. Grunberg: «Another Look at Rachels Theft of the Terraphin», *Journal of Biblical Literature*, 81 (1962).

27. Kenyon: *The Bible and Recent Archaeology*, 7-24.

28. J. R. Kupper: *Les Nomades de Mésopotamie au temps des*

rois de Mari, París, 1957; I. J. Gelb: «The Early History of the West Semitic Peoples», *Journal of Cuneiform Studies*, 15 (1961).

29. E. A. Speiser: «The Biblical Idea of History in its Common Near East-ern Setting», en Judah Goldin (ed.): *The Jewish Experience*, Yale, 1976.

30. Génesis 26:16.

31. Génesis 16:12.

32. J. L. Myers: *The Linguistic and Literary Form of the Book of Ruth*, Londres, 1955; Albright: *Yahweh and the Gods of Canaan*, op. cit., pp. 1-25; S. Daiches: *The Song of Deborah*, Londres, 1926.

33. S. W. Baron: *Social and Religious History of the Jews*, Nueva York, 1952², vol. 1, parte 1, p. 44; Grant: *A History of Ancient Israel*, pp. 32 y ss.

34. Josué 24:2.

35. Isaías 29:22.

36. Speiser, op. cit.

37. G. E. Wright: «How Did Early Israel Differ from Her Neighbours?», *Biblical Archaeology*, 6 (1943); Baron, op. cit., vol. 1, parte 1, p. 48.

38. Génesis 22:2 dice «tu único hijo Isaac»; quiere decir, por supuesto, con Sara.

39. *Encyclopaedia Judaica*, vol. 2, pp. 480-486; Filón: *De Abrahamo*, 177-199, 200-207; Maimónides, *Guide of the Perplexed*, 3:24 [versión en castellano: Guía de perplejos, Trotta, Madrid, 1994]; Nahmanides [Nahmánides]: *Works* (comp. C. B. Chavel), Londres, 1959, vol. 1, pp. 125-126.

40. *Fear and Trembling* (trad. al inglés), Penguin Classics Harmondsworth, 1985. [Versión en castellano: *Temor y temblor*, Editora Nacional, Madrid, 1981.]

41. Ernst Simon en *Conservative Judaism*, 12 (primavera de 1958).

42. Génesis 22:14.

43. Génesis 22:18.

44. Este tema está ingeniosamente analizado en Dan Jacobson: *The Story of the Stories: The Chosen People and its God*, Londres, 1982.

45. Abot 6:10 (baraíta, Kinyan Torá); citado en Samuel Belkin: *In His Image: The Jewish Philosophy of Man as Expressed in the Rabbinical Tradition*, Londres, 1961.

46. Midrash Tehillim 24:3.

47. Levítico 25:23; 1 Crónicas 29:15; Salmos 39:13.

48. Génesis 15:18-21.

49. Génesis 17:8.

50. W. D. Davies: *The Territorial Dimensions of Judaism*, Berkeley, 1982, pp. 9-17.

51. Gerhard von Rad: *The Problem of the Hexateuch and Other Essays* (trad. al inglés), Edimburgo, 1966 [original en alemán: *Das formgeschichtliche Problem des Hexateuch*, Múnich, 1938]; J. A. Sanders: *Torah and Canon*, Filadelfia, 1972.

52. Génesis 32:28 y 35:10.

53. Génesis 37:1.

54. Génesis 29:30; 35:16-18; 48:5-6.

55. Génesis 25:13-16; 22:20-24; 10:16-30; 36:10-13.

56. W. F. Albright: «The Song of Deborah in the Light of Archaeology», *Bulletin of the American School of Oriental Research*, 62 (1936); H. M. Orlinsky: «The Tribal System of Israel and Related Groups in the Period of Judges», *Oriens Antiquus*, 1 (1962).

57. O. Eissfeldt: «The Hebrew Kingdom», en *Cambridge Ancient History*, vol. 2, parte 2, cap. 34, pp. 537 y ss.

58. Génesis 14:18-20; 17:1 y 21:33.

59. Acerca de Siquem, véase W. Harrelson, B. W. Anderson y G. E. Wright: «Shechem, "Navel of the Land"», *Biblical Archaeologist*, 20 (1957).

60. Génesis 48:22.

61. Josué 8:30-35.

62. *Cambridge Ancient History*, vol. 2, parte 2, pp. 314-317.

63. Baron, op. cit., vol. 1, parte 1, p. 22.

64. Génesis 41:39.

65. *Encyclopaedia Judaica*, vol. 10, p. 205.

66. Éxodo 1:11.

67. *Cambridge Ancient History*, vol. 2, parte 2, pp. 321-322.

68. H. H. Ben Sasson (comp.): *A History of the Jewish People*, op. cit., pp. 42 y ss. [Versión en castellano: *Historia del pueblo judío*, 3 vols., Alianza, Madrid, 1999.]

69. 1 Reyes 6:1 se refiere a «el año 480 después de que los hijos de Israel salieron de la tierra de Egipto, en el cuarto año del reinado de Salomón sobre Israel...». El reinado de Salomón es el primero en la historia de Israel acerca del cual tenemos fechas absolutas.

70. B. Couroyer: «La résidence Ramesside du Delta et la Rames Biblique», *Revue biblique*, 53 (1946).

71. Ben Sasson: *A History of the Jewish People*, op. cit., p. 44; *Cambridge Ancient History*, vol. 2, parte 2, pp. 322-323.

72. Deuteronomio 4:34; Éxodo 19:4-6.

73. Éxodo 4:10 y ss.

74. Éxodo 18:14-24.

75. Sifra 45 d; *Encyclopaedia Judaica*, vol. 12, p. 568.

76. Eusebio (muerto hacia 359 d. C.) resumió gran parte de esta tradición en su *Praeparatio Evangelica*, 9:26-27, etcétera.

77. Josefo: *Contra Apión*, 2:154. [Versión en castellano: *Contra Apión*, Aguilar, Madrid, 1967.]

78. Filón: *Questiones et Solutiones in Gesesin*, 4:152; *De Providentia*, 111.

79. Numenio (comp. E. A. Leemans): *Fragments*, 1937, pp. 19, 32. [Versión en castellano: *Oráculos caldeos: fragmentos y testimonios*, Gredos, Madrid, 2001.]

80. Reproducido en Josefo: *Contra Apión*, 1:228 y ss.; Theodore Reinach: *Textes d'auteurs grecs et romains rélatifs au Judaïsme*, París, 1895.

81. Marx a Engels, 10 de mayo de 1861; 30 de julio de 1862: *Marx-Engels Works*, vol. 30, pp. 165, 259.

82. *Moses and Monotheism*, Londres, 1939 [versión en castellano: *Moisés y la religión monoteísta*, Obras Completas, Biblioteca Nueva, Madrid, 1992].

83. Éxodo 1:9-10.

84. C. J. Gadd: *Ideas of Divine Rule in the Ancient Near East*, Londres, 1948.

85. Speiser, op. cit.

86. Enid B. Mellor (ed.): *The Making of the Old Testament*, Cambridge, 1972.

87. Se hallarán ejemplos de códigos en James B. Pritchard (ed.): *Ancient Near Eastern Texts Relating to the Old Testament*, Princeton, 1969[3].

88. Moshe Greenberg: «Some Postulates of Biblical Criminal Law», en Goldin, op. cit.

89. Deuteronomio 22:22-23; Levítico 20:10.

90. Éxodo 22:22 y ss.

91. Éxodo 21:29; véase A. van Selms: «The Goring Ox in Babylonian and Biblical Law», *Archiv Orientali*, 18 (1950).

92. Deuteronomio 24:16, 5:9; Éxodo 20:5. En las narraciones bíblicas hay, sin embargo, ejemplos de la aplicación de la ley del talión, como a los hijos de Samuel. Josué 7; 2 Samuel 21.

93. Deuteronomio 25:3; E. A. Hoebel: *The Law of Primitive Man*, Harvard, 1954; G. R. Driver y J. C. Miles: *The Babylonian Laws*, 2 vols., Oxford, 1952; W. Kornfeld: «L'Adultère dans l'Orient antique», *Revue biblique*, 57 (1950).

94. J. J. Stamm y M. E. Andrew: *The Ten Commandments in Recent Research*, Nueva York, 1967.

95. Pritchard: *Ancient Near Eastern Texts*, 35.

96. G. Mendenhall: *Biblical Archaeology*, 17 (1954).

97. Convenientemente señalado, con referencias a los textos bíblicos, en *Encyclopaedia Judaica*, vol. 5, pp. 763-782.

98. Éxodo 21:1-22:16; O. Eissfeldt, *Cambridge Ancient History*, vol. 2, parte 2, cap. XXXIV, p. 563; véase J. P. M. Smith: *The Origin and History of Hebrew Law*, Chicago, 1960.

99. A. van Selms: *Marriage and Family Life in Ugaritic Literature*, Nueva York, 1954.

100. D. R. Mace: *Hebrew Marriage*, Nueva York, 1953.

101. Roland de Vaux: *Ancient Israel: Its Life and Institutions* (trad. al inglés), Nueva York, 1961, pp. 46-47.

102. J. M. Sasson: «Circumcision in the Ancient Near East», *Journal of Biblical Literature*, 85 (1966).

103. Éxodo 4:25; Josué 5:2-3.

104. Baron, op. cit., vol. 1, parte 1, pp. 6-7.

105. Ezequiel 20:12.

106. Levítico 17:14; Génesis 9:4; Génesis 38:24. Véase I. M. Price: «Swine in Old Testament Taboos», *Journal of Biblical Literature*, 44 (1925).

107. 1 Reyes 22:11.

108. 2 Reyes 2:23.

109. A. H. Godbey: «Incense and Poison Ordeals in the Ancient Orient», *American Journal of Semitic Languages*, 46 (1929-1930).

110. Véanse ejemplos con referencias en George Fohrer: *History of Israelite Religion* (trad. al inglés), Londres, 1973, p. 233.

111. Von Rad, op. cit., «Some Aspects of the Old Testament World View».

112. Éxodo 34:13-16.

113. Éste era el punto de vista del sabio mishraico Simeón ben Assai; Sifra sobre Levítico 19:18.

114. *Contra Apión*, 2:165.

115. Berakot 2:2.

116. *De Specialibus legibus*, Loeb Classics, 1950, IV, 237.

117. Belkin, op. cit., pp. 15-18.

118. 1 Corintios 1:19-20.

119. Acerca de la discusión en torno al lugar del monte Sinaí, véase *Cambridge Ancient History*, vol. 2, part. 2, 324 y ss.

120. Baron, op. cit., vol. 1, parte 1, pp. 48-49.

121. Ibídem, vol. 1, parte 1, p. 23.

122. Cf. W. F. Albright, «Exploring in Sinai with the University of California Expedition», *Bulletin of the American School of Oriental Research*, 109 (1948).

123. *Cambridge Ancient History*, vol. 2, parte 2, p. 327.

124. Éxodo 17:8-13.

125. Números 27:15-21; Deuteronomio 34:9.

126. Josué 6:16-20.

127. Josué 6:21 y 26; Kathleen Kenyon: *Diggin Up Jericho*, Londres, 1957.

128. Josué 9:27.

129. James B. Pritchard: *Gibeon, Where the Sun Stood Still: The Discovery of a Biblical City*, Princeton, 1962.

130. Josué 10:9-13.

131. Josué 11:4-11.

132. Yigael Yadín: *Hazor: The Rediscovery of a Great City of the Bible*, Londres, 1975.

133. Josué 24:13.

134. W. F. Albright: *From the Stone Age to Christianity*, Baltimore, 1946, pp. 194, 212, y *Archaeology and the Religion of Israel*, Baltimore, 1953[3], pp. 3, 102.

135. Baron, op. cit., vol. 2, p. 55.

136. Jueces 4:8.

137. Jueces 3:15-30.

138. Jueces 4:17-21.

139. Jueces 11:1-3.

140. Jueces 11:37.

141. Jueces 16:28.

142. Véase A. van Selms en *Journal of Near Eastern Studies*, 9 (1950).

143. Jueces 12:5-6.

144. 1 Samuel 21:13-14.

145. 2 Samuel 23:20-21.

146. Jueces 9.

147. Josué 24:8 y 13; Jueces 11:17 y ss.; 2 Samuel 7:23; Números 33:50 y ss.

148. Deuteronomio 9, 4 y ss.; véase también 18, 9-14; 29, 22 y ss y Salmos 44:3.

149. T. Dothan: «Archaeological Reflections on the Philistine Problem», *Antiquity and Survival*, vol. 2, núm. 2-3 (1957).

150. J. A. Montgomery: «Archival Data in the Book of Kings», *Journal of Biblical Literature*, 53 (1934).

151. 1 Samuel 10:5.

152. 2 Reyes 3:15.

153. Isaías 28:7.

154. 1 Samuel 2:19.

155. 1 Samuel 15:22.

156. Grant: *A History of Ancient Israel*, op. cit., p. 118.

157. 1 Samuel 7:16-17.

158. 1 Samuel 10:17; 12,1-25.

159. 1 Samuel 10:25.

160. S. Mowinckel: «General Oriental and Specific Israelite Elements in the Israelite Conception of the Sacral Kingdom», *Numen*, 4 (1959).

161. 1 Samuel 8:22.

162. 1 Samuel 15:32.

163. 1 Samuel 14:52.

164. 1 Samuel 17:39.

165. 1 Samuel 16:18.

166. *Cambridge Ancient History*, vol. 2, parte 2, pp. 579-580.

167. 2 Samuel 20:1.

168. Albright, *Archaeology and the Religion of Israel*, pp. 158 y ss.

169. 2 Samuel 5:8.

170. Kathleen Kenyon: *Royal Cities of the Old Testament*, Londres, 1971, y *Digging Up Jerusalem*, Londres, 1974; *Encyclopaedia Judaica*, vol. 9, pp. 1379-1382.

171. Belkin, op. cit., p. 117.

172. 1 Reyes 5:3.

173. De Vaux, op. cit., 253-265.

174. 1 Reyes 2:3-4.

175. 2 Samuel 18:7.

176. 1 Reyes 5:13-16.

177. 1 Reyes 9:15.

178. Kenyon: *The Bible and Recent Archaeology*, cap. 4, «Palestine in the Time of David and Solomon», 44-66.

179. *Cambridge Ancient History*, vol. 2, parte 2, p. 589.

180. Kenyon: *Royal Cities...*, op. cit.

181. 1 Reyes 4:7-19.

182. 1 Reyes 11:1.

183. Véanse los hallazgos de Nelson Glueck en el *Bulletin of the American School of Oriental Research* (1938-1940); 1 Reyes 9:26.

184. 2 Crónicas 8:11.

185. Kenyon: *Royal Cities...*, op. cit.

186. Joan Comay, *The Temple of Jerusalem, with the History of the Temple Mount*, Londres, 1975.

187. Haran: *Temples and Temple Service*, pp. 28 y ss.

188. Números 10:35-36.

189. De Vaux, op. cit., pp. 305 y ss.

190. 1 Reyes 12:4.

191. 1 Reyes 12:14.

192. 1 Reyes 22:34-37.

193. Deuteronomio 27:17.

194. 2 Reyes 1:8.

195. 1 Reyes 21:25-26.

196. 2 Reyes 2:23-24.

197. Grant, *A History of Ancient Israel*, op. cit., cap. 11, «Northern Prophets and History», 122-134.

198. 2 Reyes 10.

199. 1 Reyes 21:19-20.

200. Amós 5:21-24.

201. Amós 7:10-13.

202. Baba Batra 9a; Shalom Spiegel, «Amos v. Amaziah», en Goldin, op. cit.

203. 2 Reyes 17:23-24.

204. Se hallará un análisis textual de Oseas en *Encyclopaedia Judaica*, vol. 8, pp. 1010-1025.

205. Oseas 8:7; 10:13.

206. Oseas 4:11.

207. Oseas 6:9; 4:5; 9:7. Véase Grant: *A History of Ancient Israel*, op. cit., pp. 129 y ss.

208. Oseas 6:1-2.

209. 2 Reyes 11:15-17.

210. 2 Crónicas 32:3-5.

211. Kenyon: *Royal Cities...*, op. cit.

212. 2 Reyes 19:35; Heródoto: *Historias*, libro 2, 141 [versión en castellano: *Historias*, 2 vols., Akal, Madrid, 1999].

213. 2 Reyes 18:21.

214. 2 Reyes 23:21-23.

215. *Encyclopaedia Judaica*, vol. 9, pp. 44-71; O. Eissfeldt: *The Old Testament, an Introduction*, Londres, 1965, pp. 301-330.

216. Grant: *A History of Ancient Israel*, op. cit., pp. 148-149.

217. Isaías 21:11; 22:13; 38:1; 5:8; 3:15.

218. Isaías 1:18; 6:3; 2:4; 35:1.

219. Isaías 7:14; 11:6; 9:6.

220. H. H. Rowley: *The Faith of Israel*, Londres, 1953, p. 122; Isaías 42:1-4; 49:1-6, etcétera.

221. 2 Reyes 3:27; Salmos 89:6-9; Génesis 20:1 y ss.; 12:10 y ss.; Éxodo 7:8 y ss.

222. Isaías 44:6.

223. Fohrer, op. cit., 172 y ss., 290, 324-325; véase también N. W. Snaith: «The Advent of Monotheism in Israel», *Annual of Leeds University Oriental Society*, 5 (1963-1965).

224. J. P. Hyatt: *Jeremiah, Prophet of Courage and Hope*, Nueva York, 1958.

225. Jeremías 5:23; 5:31.

226. Jeremías 20:14; 15:18; 11:19.

227. 2 Reyes 24:14 y ss.

228. 2 Reyes 25:18 y ss.

229. Jeremías 44:28.

2. EL JUDAÍSMO

1. Sobre Ezequiel, véase G. von Rad: *Old Testament Theology*, vol. 2 (1965), pp. 220-237 [original en alemán: *Theologie des Alten Testaments*, Múnich, 1957-1960]; *Encyclopaedia Judaica*, vol. 6, pp. 1078-1098.

2. Ezequiel 1:3.

3. Ezequiel 37:1-10.

4. Ezequiel 18:1 y ss.

5. Deuteronomio 6:6-8.

6. Isaías 40:4; véanse también 10:33; 14:12; 26:5-6; 29:18; 47:8-9.

7. 1 Samuel 2:1-10.

8. S. W. Baron: *Social and Religious History of the Jews*, Nueva York, 1952², vol. 1, parte 1, p. 22.

9. B. Porten: *Archives from Elephantine: The Life of an Ancient Jewish Military Colony*, Nueva York, 1968.

10. W. D. Davies: *The Territorial Dimensions of Judaism*, Berkeley, 1982, p. 70.

11. Sobre las creencias religiosas de Ciro y sus consecuencias, véase W. D. Davies y Louis Finkelstein (eds.): *Cambridge History of Judaism*, Cambridge, 1984, vol. 1, pp. 281 y ss.

12. Citado en ibídem, p. 287.

13. Isaías 45:1.

14. Esdras 1:2-3.

15. Esdras 4:1 y ss.

16. *Cambridge History of Judaism*, pp. 70-74, 135-136.

17. Nehemías 4:17.

18. *Cambridge History of Judaism*, 344.

19. Ibídem, 398-400.

20. Nehemías 10:28.

21. Jueces 8:14.

22. Baron, op. cit., vol. 1, parte 1, p. 323, n. 8.

23. *Contra Apión*, 1:37.

24. R. K. Harrison: *Introduction to the Old Testament*, Londres, 1970.

25. Deuteronomio 4:2; también 12:32.

26. 1 Crónicas 2:55.

27. Sanedrín 12:10.

28. C. D. Ginsburg: *Introduction to the Maseretico-Critical Edition of the Hebrew Bible*, Londres, 1966; H. B. Swete: *An Introduction to the Old Testament in Greek*, Londres, 1968; F. G. Kenyon: *Our Bible and the Ancient Manuscripts*, Londres, 1965; M. Gaster: *The Samaritans: Their History, Doctrine and Literature*, Londres, 1925; Harrison, op. cit.; *Encyclopaedia Judaica*, vol. 4, pp. 814-836; vol. 5, pp. 1396 y ss.

29. Josué 8:29, 4, 20.

30. Salmos 3, 5, 6, 7, 9-10, 13, 17, 22, 25-28, 31, 35, 36, 38, 39, 41, 42, 43, 51, 52, 54-57, 59, 61, 63, 64, 69, 71, 77, 86, 88, 102, 120, 123, 130, 140-143.

31. Proverbios 22:17-23, 11.

32. Acerca de Job, véase particularmente H. H. Rowley: «The Book of Job and its Meaning», en *From Moses to Qumran: Studies in the Old Testament*, Londres, 1963, y su *Submission in Suffering and Other Essays*, Londres, 1951; Harrison, op. cit.; E. F. Sutcliffe: *Providence and Suffering in the Old and New Testaments*, Londres, 1955; acerca de la literatura en el Libro de Job, véase C. Kuhl, en *Theological Review*, 21 (1953).

33. Eclesiástico 24:3-10.

34. 1 Corintios 1:19-27; véase Gerhard von Rad: *Problems of the Hexateuch and Other Essays*, op. cit.

35. 1 Macabeos 9:27.

36. Zacarías 13:3 y ss.

37. Eclesiástico 24:33; Enid B. Mellor (ed.): *The Making of the Old Testament*, Cambridge, 1972.

38. Roland de Vaux: *Ancient Israel: Its Life and Institutions* (trad. al inglés, Nueva York, 1961), 343-344; se hallarán referencias más antiguas en la *Encyclopaedia Judaica*, vol. 15, pp. 579-581.

39. Esdras 2: 64-65; población de Jerusalén en Seudo-Hecateo, citado por Josefo: *Contra Apión*, 1:197; *Encyclopaedia Judaica*, vol. 13, p. 870.

40. Daniel 7:7.

41. Eclesiastés 5:8 y ss.; 6; véase Martin Hengel: *Judaism and Hellenism* (trad. al inglés), 2 vols., Londres, 1974, vol. 1, pp. 14-31. [Original en alemán: *Judentum und Hellenismus*, Tubinga, 1969.]

42. Davies, op. cit., p. 61; Harrison, op. cit.

43. Jon 4, 11. Véase Michael Grant: *A History of Ancient Israel*, op. cit., pp. 194-195.

44. Hengel, op. cit., vol. 1, pp. 65-69; vol. 2, p. 46, notas 59-61.

45. Ibídem, vol. 1, pp. 55-57.

46. E. Bickermann: *From Ezra to the Last of the Maccabees: The Foundations of Post-Biblical Judaism* (Nueva York, 1962); Hengel, op. cit., vol. 1, p. 270.

47. Yadayim 4:6 (siglo I d. C.).

48. Isócrates: *Discursos*, 4:50; H. C. Baldry, *The Unity of Mankind in Greek Thought*, Cambridge, 1966, pp. 69 y ss.

49. Sotá 49b; citado por Hengel, op. cit., vol. 1, p. 76; véase también ibídem, pp. 300 y ss.

50. 2 Macabeos 4:12-14.

51. H. H. Ben Sasson (ed.): *A History of the Jewish People*, op. cit., 202 y ss.

52. Sukká 56b.

53. Esdras 7:26.

54. 2 Macabeos 13:3 y ss.; Josefo, *Antigüedades judaicas*, 12:384.

55. 1 Macabeos 13:42.

56. 1 Macabeos 13:51. Se hallarán detalles de la crisis en Ben Sasson: *A History of the Jewish People,* op. cit., pp. 202-216.

57. Hengel, op. cit., pp. 291 y ss.

58. E. Ebner: *Elementary Education in Ancient Israel during the Tannaitic Period,* Nueva York, 1956.

59. Deuteronomio 31:19.

60. Josefo, *Antigüedades judaicas,* 13:280.

61. Ibídem, 13:300.

62. Sanedrín 19a; Sotá 47a; Kiddushuin 66a.

63. Josefo: *Antigüedades judaicas,* 14:380.

64. Acerca de Herodes, véase Stewart Perowne: *The Life and Times of Herod the Great,* Londres, 1956; F. O. Busch: *The Five Herods,* Nueva York, 1958.

65. *Encyclopaedia Judaica,* vol. 13, p. 871.

66. Deuteronomio 16:16; Éxodo 23:17.

67. Acerca del Templo de Herodes, véase Joan Comay: *The Temple of Jerusalem, with the History of the Temple Mount,* Londres, 1975; Kathleen Kenyon, *Diggin Up Jerusalem,* op. cit. *Encyclopaedia Judaica,* vol. 8, pp. 383-385; vol. 15, p. 961 y ss.

68. *Antigüedades judaicas,* 15:380-425; *Las guerras de los judíos,* 5: 184-247.

69. Josefo, *Las guerras de los judíos,* 4:262; 5:17; *Antigüedades judaicas,* 16:14.

70. Josefo, *Las guerras de los judíos,* 6:282.

71. Acerca de los griegos y los judíos, véase Hengel, op. cit., especialmente pp. 310 y ss.; W. W. Tarn y G. T. Griffith: *Hellenist Civilization,* Londres, 1952³.

72. Salmo de Acción de Gracias de la Primera Cueva de Qumrán; cf. *Encyclopaedia Judaica,* vol. 3, pp. 179 y ss.

73. Daniel 12:1-2.

74. Enoc 1-5; 37-71. Véase H. H. Rowley: *The Relevance of Apocalyptic,* Londres, 1947.

75. Números 25:7-15.

76. Josefo, *Las guerras de los judíos*, 2:118.

77. Por ejemplo, véase S. G. F. Brandon: *Jesus and the Zealots*, Londres, 1967, y *The Trial of Jesus of Nazareth*, Londres, 1968; W. R. Farmer: *Maccabees, Zealots and Josephus*, Londres, 1956.

78. A. Dupont-Sommer: *The Jewish Sect of Qumran and the Essenes*, Nueva York, 1954; H. A. Butler: *Man and Society in the Qumran Community*, Londres, 1959.

79. Ben Sasson: *A History of the Jewish People*, op. cit., pp. 253-254; C. F. Kraeling: *John the Baptist*, Londres, 1951.

80. Isaías 40:3.

81. 2 Samuel 7; 23:1-5; 22:44-51.

82. Por ejemplo, Salmos 18; Amós 9:11-12; Oseas 11:10; Esdras 37:15 y ss.

83. Hechos 5:34-40.

84. M. Hooker: *Jesus and the Servant*, Londres, 1959.

85. John Bowker: *Jesus and the Pharisees*, Cambridge, 1983, esp. pp. 1-20.

86. G. F. Moore: *Judaism in the First Centuries of the Christian Era*, Londres, 1927, vol. 1, pp. 72-82; Bowker, op. cit., pp. 32-33.

87. Pesahim 66a; Suká 20a; véase *Encyclopaedia Judaica*, vol. 8, pp. 282-285.

88. Shabbat 31a.

89. Marcos 7:14-15; Bowker, op. cit., pp. 44 y ss.

90. E. Bammel (ed.): *The Trial of Jesus*, Londres, 1970, especialmente «The Problem of the Historicity of the Sanhedrin Trial».

91. J. Blinzner: «The Jewish Punishment of Stoning in the New Testament Period», y E. Bammel: «Crucifixion as a punishment in Palestine», en E. Bammel, op. cit., pp. 147-161 y 162-165.

92. *Encyclopaedia Judaica*, vol. 10, 12-13, y bibliografía; H. Cohn: *The Death of Jesus*, Nueva York, 1971; S. G. F. Brandon, *The Trial of Jesus of Nazareth*, op. cit..

93. Por ejemplo, en E. R. Goodenough: «Paul and the Hellenization of Christianity», en J. Neusner (ed.): *Religions in Antiquity* (Leiden, 1968), 22-68.

94. Samuel Sandmel: *Judaism and Christian Beginnings*, Oxford, 1978, pp. 308-336.

95. E. P. Sanders: *Paul and Palestinian Judaism*, Londres, 1977, pp. 555-556.

96. Marcos 14:24-28.

97. Gálatas 3:29; Romanos 4:12-25.

98. Colosenses 3:9-11.

99. Hechos 7:48-60.

100. Hechos 15:5 y ss.; Gálatas 2:6-9.

101. J. N. Sevenster: *The Roots of Pagan Anti-Semitism in the Ancient World*, Leiden, 1975, pp. 89 y ss.

102. Citado en ibídem, p. 90.

103. Contra Apión, 1:71.

104. Diodoro: *Bibliotheca*, 34:1, 1 y ss. [versión en castellano: *Biblioteca histórica*, Clásicas, Madrid, 1995]; citado en *Encyclopaedia Judaica*, vol. 3, pp. 87 y ss.

105. Sabiduría de Salomón 12:3-11.

106. Sevenster, op. cit., 8-11.

107. Josefo: *Antigüedades judaicas* 14:187, pp. 190 y ss.

108. Ibídem, 19:286 y ss.

109. Citado en *Encyclopaedia Judaica*, vol. 3, 90.

110. Tácito, *Historias*, 5:13. [Versión en castellano: *Historias*, Clásicas, Madrid, 1996.]

111. Ben Sasson: *A History of the Jewish People,* op. cit., pp. 296 y ss.

112. Shaye J. D. Cohen: *Josephus in Galilee and Rome: His Vita and Development as a Historian*, Leiden, 1979, apénd. 1, pp. 243 y ss.; pp. 253 y ss.

113. Registrado en ibídem, pp. 3-23.

114. Ibídem, pp. 238-241.

115. Ibídem, pp. 181.

116. Se hallará un análisis del relato de Josefo en ibídem, pp. 230 y ss.

117. Josefo, *Las guerras de los judíos*, 2:408, p. 433.

118. Yigael Yadín, *Masada: Herods Fortress and the Zealots Last Stand*, Londres, 1966. [Versión en castellano: *Masada*, Destino, Barcelona, 1969.]

119. Acerca del antisemitismo de Tácito, véase *Historias*, 5:1-13; *Anales*, 15:44 [versión en castellano: *Anales*, Alianza, Madrid, 1993]; véase también el poema de Juvenal, *Saturae*, 14:96 y ss.

120. Dión Casio: *Historia romana*, libro 69.

121. Eusebio, *Ecclesiastical History*, 4:6, 2; Números 24:17.

122. Talmud de Jerusalén, Taanit 4:7, 68d; citado en *Encyclopaedia Judaica*, vol. 2, pp. 488-492.

123. Acerca de Akivá, véase L. Finkelstein: *Akiva, Scholar,*

Saint and Martyr, Nueva York, edición de 1962. Acerca de su incorporación a la rebelión, véase Chaim Raphael: *A Coat of Many Colours*, Londres, 1979, pp. 190-198.

124. Taanit 4:68d; *Encyclopaedia Judaica*, vol. 6, p. 603.

125. Yigael Yadín: *Finds from the Bar Kokhba Period in the Cave of Letters*, Nueva York, 1963.

126. Dión Casio, *Historia romana*, libro 69.

127. Citado en Comay, op. cit.; Kenyon, *Diggin Up Jerusalem*, op. cit.

128. S. G. Wilson: *Luke and the Law*, Cambridge, 1983, pp. 103-106.

129. S. G. F. Brandon: *The Fall of Jerusalem and the Christian Church*, Londres, 1957².

130. Barnabas Lindars: *Jesus Son of Man: A Fresh Examination of the Son of Man Sayings in the Gospels in the Light of Recent Research*, Londres, 1983.

131. Véase, por ejemplo, Geza Vermes: *Jesus and the World of Judaism*, Londres, 1984.

132. Franz Mussner: *Tractate on the Jews: The Significance of Judaism for Christian Faith* (trad. al inglés), Filadelfia, 1984, pp. 180 y ss. [Versión en castellano: *Tratado sobre los judíos*, Sígueme, Salamanca, 1983.]

133. Citado en Mussner, ibídem, p. 185; Juan 8:37-44.

134. Mateo 27:24 y ss.

135. E. Hennecke y W. Schneemelcher: *New Testament Apocrypha*, Filadelfia, 1965, 1:179 y ss.

136. Eclesiástico 36:7.

137. Wayne A. Meeks: *The First Urban Christians*, Yale, 1984.

138. Philo [Filón]: *Complete Works* (comp. y trad. al inglés: F. H. Colson y G. H. Whitaker), 12 vols., Cambridge, 1953-1963; E. R. Goodenough: *Introduction to Philo Judaeus*, Londres, 1962².

139. Aboth Derabbi Nathan B, 31.

140. G. Bader: *Jewish Spiritual Heroes,* Nueva York, 1940, vol. 1, pp. 411-436.

141. Rachel Wischnitzen: *The Messianic Theme in the Paintings of the Dura Synagogue*, Chicago, 1948.

142. C. Hollis y Ronald Brownrigg: *Holy Places*, Londres, 1969; Moshe Perelman y Yaacov Yanni: *Historical Sites in Israel*, Londres, 1964.

143. Se hallará una lista completa de los temas tratados en *Encyclopaedia Judaica*, vol. 15, p. 751.

144. Ibídem, pp. 1283-1285.

145. Levítico Rabbah 34, 3; Filón, Leg. All. 3:69; De Pot. 19-20; Taanit 11a; Yer. Nedarim 9, 1 (41b); citado en Samuel Belkin, *In His Image: The Jewish Philosophy of Man as Expressed in the Rabbinical Tradition*, Londres, 1961.

146. Sanedrín 4:5.

147. Hilkot Rozeah 1, 4.

148. Sifra acerca de Levítico 22:6; Mekilta acerca de Éxodo 22:6; citado en Belkin, op. cit.

149. Deuteronomio 17:15; Filón, *Spec. Leg.*, 4:147, citado en Belkin, op. cit.

150. Abot 4:8.

151. Berakot 55a.

152. Yer. Shabbat 3d.

153. Horayot 3: 7-8, citado en Belkin, op. cit.

154. Baba Kamma 8, 1.

155. Baba Batra 2b; Baba Metziá 108b; Baba Batra 6b, 21a. Citado en Belkin, op. cit.

156. Belkin op. cit., pp. 134 y ss.

157. Philo [Filón de Alejandría]: *On the Sacrificies of Abel and Cain*, pp. 121-125.

158. Proverbios 3:17.

159. Salmos 29, 11; Tractatus Uksin 3:12; citado en Meyer Waxman, *Judaism, Religion and Ethics* (Nueva York, 1958).

160. Isaías 52:7.

161. Citado en Waxman, op. cit., pp. 187-190.

162. Contra Apión, 2:177-178.

163. Kiddushin 71a.

164. Ben Sasson: *A History of the Jewish People*, op. cit., pp. 373-382.

165. F. Holmes Duddon: *The Life and Times of St Ambrose*, 2 vols., Oxford, 1935.

166. Charles C. Torrey: *The Jewish Foundation of Islam*, Yale, nueva edición de 1967.

3. LA CATEDROCRACIA

1. A. Adler (ed.): *The Itinerary of Benjamin of Tudela*, Londres, 1840-1841, reimpr., Nueva York, 1927.

2. Andrew Sharf: *Byzantine Jewry from Justinian to the Fourth Crusade*, Londres, 1971, p. 21.

3. Ibídem, pp. 25-26.

4. Citado en ibídem, pp. 136.

5. Cecil Roth: *Personalities and Events in Jewish History*, Filadelfia, 1961, «The Jew as European».

6. Ibídem, pp. 40-44.

7. Irving A. Agus: *Urban Civilization in Pre-Crusade Europe*, 2 vols., Leiden, 1965, vol. 1, p. 9.

8. Fritz M. Heichelheim: *An Ancient Economic History* (trad. al inglés), 2 vols., vol. 1, pp. 104-156. [Original en alemán: *Wirtschaftgeschichte des Altertums*, Leiden, 1958.]

9. Por ejemplo, 1 Samuel 22:2; 2 Reyes 4:1; Isaías 50:1; Ezequiel 22:12; Nehemías 5:7; 12:13.

10. Bava Metsiá 5:11, 75b; Yadayim, Malvé 4:2; Bava Metsiá 5:2; Bava Metsiá 64b; Bava Metsiá 5:10, 75b; Tosefta, Bava Metsiá 6:17.

11. Bava Metsiá 65a, 68b, 104b, 61b; Tosefta, Baba Mezía 5:22, 5:23; Sanedrín 3; Bava Metsiá 61b, 71a, etcétera, *Encyclopaedia Judaica*, vol 12, pp. 244-256; vol. 16, pp. 27-33.

12. Filón, *De Virtutibus*, 82.

13. *Mejilta* del rabí Ishmael sobre Éxodo 22:25; Makkot 24a; Bava Metsiá 70b.

14. Tosef a Bava Metsiá 70b.

15. Responsa Maharik 118, 132.

16. Bat Yeor, *The Dhimmi: Jews and Christians Under Islam*, Londres, 1985, pp. 45-55.

17. S. Katz: *The Jews in the Visigothic Kingdoms of Spain and Gaul*, Cambridge, 1937.

18. Proverbios 8:22 y ss.; Eclesiastés 1:1-5; 26; 15:1; 24:1 y ss.; 34:8.

19. Avot 3:14; Levítico R. 19:1; Avot de Rabenu Natán 31:91; 2 Moisés 2; 14, 51.

20. Proverbios 8:14.

21. Sifre, Deuteronomio 41; Éxodo Rabbá 30, 10; Tanjumá, Mishpatim 2; Filón, *Spec. Leg.*, iii, 1-7. Citado en Samuel Belkin: *In His Image: The Jewish Philosophy of Man As Expressed in the*

Rabbinical Tradition, Londres, 1961; E. R. Goodenough: *The Politics of Philo Judaeus*, Yale, 1938, pp. 16 y ss.

22. S. D. Goitein: *A Mediterranean Society*, California, 1971, vol. 2, The Community, pp. 205-206.

23. Ibídem, pp. 198-199.

24. Citado en Mark R. Cohen: *Jewish Self-Government in Medieval Egypt*, Princeton, 1980, pp. 7-9.

25. Ibídem, pp. 94 y ss.

26. Goitein, op. cit., vol. 3, The Family, pp. 3-5.

27. Ibídem, vol. 1, pp. 1-28, y S. D. Goitein, *Studies in Islamic History*, Leiden, 1966, pp. 279-295; *Encyclopaedia Judaica*, vol. 7, pp. 404-407; vol. 14, pp. 948-949.

28. S. D. Goitein: *Letters of Medieval Jewish Traders*, Princeton, 1973, pp. 227-229.

29. Génesis 37:35; carta citada en Goitein: *Letters of Medieval Jewish Traders*, op. cit., p. 207.

30. «Moses Maimonides», en Alexander Marx: *Studies in Jewish History and Booklore*, Nueva York, 1969, p. 42.

31. Citado en Marx, ibídem, p. 38.

32. Ibídem, p. 31.

33. Ibídem, pp. 32-33.

34. Goodenough, op. cit., pp. 8-19.

35. Marx, op. cit., pp. 29-30.

36. «Maimonides and the Scholars of Southern France», en ibídem, pp. 48-62.

37. Arthur Hyman: «Maimonides Thirteen Principles», en Alexander Alt-mann (ed.): *Jewish Medieval and Renaissance Studies*, Harvard, 1967, pp. 119-144.

38. Erwin I. J. Rosenthal: «Maimonides Conception of State and Society», en *Studia Semitica*, 2 vols., Cambridge, 1971, vol. 1, pp. 275 y ss.

39. *Guía de perplejos*, 3:27; Hyman, op. cit.

40. Cecil Roth: «The People and the Book», en *Personalities and Events in Jewish History*, pp. 172 y ss.

41. Isadore Twersky: «Some Non-Halakhic Aspects of the Mishneh Torah», en Altmann, op. cit., pp. 95-118.

42. Marx, op. cit., pp. 38-41.

43. *Guía de perplejos*, 2:45; Alexander Altmann: «Maimonides and Thomas Aquinas: Natural of Divine Prophecy», en *Essays in Jewish Intellectual History*, Brandeis, 1981.

44. Eclesiastés 7:24.

45. «Free Will and Predestination in Saadia, Bahya and Maimonides», en Altmann, op. cit.

46. Citado en H. H. Ben Sasson (ed.): *A History of the Jewish People*, op. cit., p. 545.

47. Shir Hasherim Rabbá 2:14; citado en ibídem.

48. Citado en Beryl Smalley: *The Study of the Bible in the Middle Ages*, Oxford, 1952, p. 78.

49. Norman Golb: «Aspects of the Historical Background of Jewish Life in Medieval Egypt», en Altmann, op. cit., pp. 1-18.

50. Samuel Rosenblatt (ed.): *The Highways to Perfection of Abraham Maimonides*, Nueva York, 1927, vol. 1, introducción.

51. S. D. Goitein: «Abraham Maimonides and his Pietist Circle», en Altmann, op. cit., pp. 145-164.

52. Algunos eruditos creen que el propio Filón fue un místico y un manipulador de símbolos. Véase E. R. Goodenough: *Jewish Symbols in the Graeco-Roman Period*, 12 vols., Nueva York, 1953-1968.

53. Acerca de la Cábala, véase el artículo de G. Scholem en la *Encyclopaedia Judaica*, vol. 10, pp. 489-653, y su *Major Trends in Jewish Mysticism*, Nueva York, 1965.

54. «Moses Narbonis «Epistle on Shiur Qoma», en Altmann, op. cit., pp. 228-231; G. Scholem: *Jewish Gnosticism, Merkabah Mysticism and Talmudic Tradition*, Nueva York, 1965², pp. 36-42.

55. R. Kaiser: *Life and Times of Jehudah Halevi*, Nueva York, 1949.

56. Goitein: *A Mediterranean Society*, vol. 2, The Community, pp. 241-245; 255-264.

57. Ibídem, vol. 3, The Family, pp. 17-35.

58. Ibídem, p. 46.

59. Meyer Waxman: *Judaism: Religion and Ethics*, Nueva York, 1958, «Marriage», pp. 113 y ss.

60. Goitein: *A Mediterranean Society*, op. cit., vol. 3, pp. 209-211.

61. Waxman, op. cit., p. 118 n.

62. Goitein, *A Mediterranean Society*, op. cit., vol. 3, p. 50.

63. Malaquías 2:16.

64. Goitein: *A Mediterranean Society*, op. cit., vol. 3, pp. 260 y ss.

65. Yevamot 14:1.

66. Goitein, *A Mediterranean Society*, op. cit., vol. 3, p. 352.

67. Ibídem, vol. 2, p. 211.

68. Ibídem, pp. 148-160.

69. Waxman, op. cit., pp. 32-36.

70. Ibídem, pp. 108 y ss.; Goitein: *A Mediterranean Society*, vol. 2, p. 225.

71. Waxman, op. cit., p. 112.

72. Mattenot Aniyim 9:3, citado en Israel S. Chipkin: «Judaism and Social Welfare», en Louis Finkelstein (ed.): *The Jews*, 2 vols., Londres, 1961, vol. 1, pp. 1043-1076.

73. Baba Batra 8a.

74. Citado en Goitein: *A Mediterranean Society*, op. cit., vol. 2, p. 142.

75. Baba Batra 110a; Pesahim 113a; citado en Chipkin, op. cit., p. 1067.

76. Goitein, *A Mediterranean Society*, op. cit., vol. 2, pp. 138-142, y apénd. A, B y C.

77. Ibídem, vol. 2, p. 287.

78. Ibídem, vol. 2, p. 279.

79. B. Blumenkranz: *Juifs et Chrétiens dans le monde occidental 430-1096*, París, 1960.

80. Citado en Cecil Roth: «The Medieval Conception of "The Unbelieving Jew"», en *Personalities and Events*.

81. A. M. Haberman (ed.): *Massacres of Germany and France*, Jerusalén, 1946.

82. Ibídem, p. 94; citado en Ben Sasson: *A History of the Jewish People*, op. cit.

83. Cecil Roth: *The Jews of Medieval Oxford*, Oxford, 1951, p. 83.

84. Nikolaus Pevsner y John Harris: *The Buildings of England: Lincolnshire*, Harmondsworth, 1964, pp. 158-159.

85. V. D. Lipman: *The Jews of Medieval Norwich*, Londres, 1967.

86. Cecil Roth: *Intellectual Activities of Medieval English Jewry*, British Academy, Londres, 1949, p. 65; ofrece una lista de médicos.

87. Lipman, op. cit., cap. 6, pp. 95-112.

88. Augustus Jessop y M. R. James (eds.): *The Life and Miracles of St William of Norwich by Thomas of Monmouth*, Cambridge, 1896.

89. Lipman, op. cit., p. 54.

90. Roth: *Personalities and Events*, op. cit., pp. 62-66, y su *The*

Ritual Murder Libel and the Jews, Londres, 1935; véase también G. I. Langmuir, en *Speculum* (1972), pp. 459-482.

91. Ralph de Diceto: *Imagines Historiarum*, vol. 2, p. 78, citado en Lipman, op. cit.

92. Roth: *Personalities and Events*, op. cit., pp. 61-62.

93. Lipman, op. cit., pp. 59-64.

94. El libro de Roth acerca del asesinato ritual incluye la refutación realizada por el papa Clemente XIV en 1759.

95. Richard W. Emery: *The Jews of Perpignan*, Nueva York, 1959, cap. 4.

96. M. D. Davis: *Shetaroth: Hebrew Deeds of English Jews Before 1290*, Londres, 1888, pp. 298 y ss.; citado en Lipman, op. cit., p. 88; Lipman incluye una serie de comprobantes de deuda y títulos de cesión, pp. 187 y ss.

97. Citado en Lipman, op. cit.

98. Ibídem, p. 68.

99. H. G. Richardson: *English Jewry under the Angevin Kings*, Londres, 1960, pp. 247-253, 127-173.

100. J. W. F. Hill: *Medieval Lincoln*, Londres, 1948, pp. 217-222.

101. Richardson, op. cit., 184-186; M. Adler: *Jews of Medieval England*, Londres, 1939.

102. Ibídem, pp. 313-333.

103. Solomon Grayzel: *The Church and the Jews in the Thirteenth Century*, Nueva York, edición de 1966, p. 108.

104. «The People and the Book», en Cecil Roth: *Personalities and Events*, op. cit., pp. 174-175.

105. «The Medieval University and the Jew», en ibídem, pp. 91 y ss.

106. Traducción al inglés, 1933, *My Life as German and Jew*.

107. Jeremy Cohen: *The Friars and the Jews: The Evolution of Medieval Anti-Semitism*, Cornell, 1982, p. 14.

108. Ibídem, p. 242.

109. Pierre Mandonnet: *St Dominic and His Work* (trad. al inglés), San Luis, 1944, p. 61. [Original en francés: *St. Dominique, l'idée, l'homme, et l'oeuvre*.]

110. Cohen, op. cit., p. 13.

111. A. G. Little, «Friar Henry of Wadstone and the Jews», *Collectanea franciscana*, 11 (Manchester, 1922), pp. 150-157; citado en Cohen, op. cit.

112. Citado en Ben Sasson: *A History of the Jewish People*, op. cit.

113. *Encyclopaedia Judaica*, vol. 4, pp. 1063-1608; P. Ziegler: *The Black Death*, Londres, 1969.

114. Véase mapa en *Encyclopaedia Judaica*, vol. 4, p. 1066, donde aparecen las ciudades en que se cometieron atrocidades.

115. Hyam Maccoby (comp. y trad. al inglés): *Judaism on Trial: Jewish-Christian Disputations in the Middle Ages*, Nueva Jersey, 1982.

116. Citado en Grayzel, op. cit., p. 241, n. 96.

117. Citado en Maccoby, op. cit., p. 32.

118. Ibídem, pp. 25 y ss.

119. Citado en Ben Sasson: *A History of the Jewish People*, op. cit., pp. 557-558.

120. Maccoby, op. cit., p. 54.

121. Cecil Roth: «The Disputation at Barcelona», *Harvard Theological Review*, 43 (1950).

122. Martin A. Cohen: «Reflections on the Text and Context of the Disputation at Barcelona», *Hebrew Union College Annual* (1964); Y. Baer: *A History of the Jews in Christian Spain* (trad. al inglés), 2 vols., , Filadelfia, 1961-1966, vol. 1, pp. 150-162.

123. Maccoby, op. cit., p. 50.

124. Citado en Gershom Scholem, *Sabbatai Sevi: The Mystical Messiah 1626-76* (trad. al inglés), Londres, 1973, p. 12.

125. Peter Lineham: *Spanish Church and Society*, Londres, 1983.

126. M. M. Gorce: *St Vincent Ferrer*, París, 1935.

127. Acerca de Tortosa, véase Maccoby, op. cit.; A. Pacios López: *La Disputa de Tortosa*, 2 vols., Madrid, 1957.

128. Citado en Maccoby, op. cit., p. 84.

129. Ibídem, p. 86.

130. A. Farinelli: *Marrano: storia di un vituperio*, Milán, 1925, p. 36.

131. Citado en Jaím Beinart: *Conversos on Trial: The Inquisition in Ciudad Real*, Jerusalén, 1981, p. 3.

132. Citado en ibídem, p. 3, n. 4.

133. Citado en ibídem, p. 6.

134. Baer, op. cit., vol. 2, p. 292.

135. Citado en Beinart, op. cit., p. 66.

136. Ibídem, pp. 10-19.

137. Ibídem, p. 34, n. 40; H. C. Lea: *A History of the Inquisition in Spain*, 4 vols., Nueva York, 1906-1907, vol. 1 acerca de los orígenes.

138. Se hallarán cifras detalladas en Elkan Nathan Adler: *Auto da Fé and Jew*, Oxford, 1908, esp. cap. 8, pp. 39 y ss.

139. Beinart, op. cit., pp. 36-42.

140. Lea, op. cit., vol. 1, p. 178.

141. G. A. Bergenroth (ed.): *Calendar of Letters... from Simancas*, Londres, 1861; citado en Beinart, op. cit., p. 28.

142. Citado en Baer, op. cit., vol. 2, p. 382.

143. Beinart, op. cit., pp. 130-135, 204-231. Véase también su obra *Records of the Trials of the Spanish Inquisition in Ciudad Real*, 3 vols., Jerusalén, 1974-1980.

144. Lea, op. cit., vol. 3, pp. 83 y ss.

145. Beinart, op. cit., p. 194.

146. El lector hallará diferenciaciones en H. J. Zimmels: *Askenazim and Sephardim*, Nueva York, 1958.

147. M. Kaiserling: *Christopher Columbus and the Participation of the Jews in the Portuguese and Spanish Discoveries*, Londres, 1907; Cecil Roth: «Who Was Columbus?», en *Personalities and Events*, op. cit., pp. 192 y ss.

148. Cecil Roth: «The Jewish Ancestry of Michel de Montaigne», en *Personalities and Events*, pp. 212 y ss.; reproduce su árbol genealógico en p. 324. Véase también Chaim Raphael: «The Sephardi Diaspora», en *The Road from Babylon: The Story of Sephardi and Oriental Jews*, Londres, 1985, pp. 127-158.

149. Léon Poliakov: *Les Banquiers juifs et le Saint Siège du XIII au XVII siècles*, París, 1965, pp. 80-84, 146-156.

150. Isaiah Shacar: *The Judensau: A Medieval Anti-Jewish Motif and its History*, Londres, 1974.

151. H. C. J. Duijker y N. H. Fridja: *National Character and National Stereotypes*, Amsterdam, 1960; véase también H. Fiscg: *The Dual Image*, Nueva York, 1971.

4. EL GUETO

1. G. K. Anderson: *The Legend of the Wandering Jew*, Londres, 1965; S. W. Baron: *Social and Religious History of the Jews*, Nueva York, 1952², pp. 177-182; *Encyclopaedia Judaica*, vol. 16, pp. 259-263.

2. Citado en Lionel Kochan: *The Jew and his History*, Londres, 1977, p. 39; véase también Arthur A. Cohen: *The Natural and Supernatural Jew*, Londres, 1967, pp. 12 y ss.

3. *Encyclopaedia Judaica*, vol. 8, pp. 1203-1205.

4. Cecil Roth: *Jewish Communities: Venice*, Filadelfia, 1930, pp. 49 y ss.

5. Cecil Roth: «The Origin of the Ghetto», en *Personalities and Events in Jewish History*, Filadelfia, 1961, pp. 226 y ss.

6. Roth: *Venice*, pp. 106-107.

7. Ibídem, p. 46.

8. Simhah Luzzatto: *Essay on the Jews of Venice* (trad. al inglés), Jerusalén, 1950, pp. 122-123.

9. Ester 3:3.

10. Citado en H. H. Ben Sasson (ed.): *A History of the Jewish People*, op. cit., p. 691.

11. J. Bloch: *Venetian Printers of Hebrew Books*, Londres, 1932, pp. 5-16; *Encyclopaedia Judaica*, vol. 5, p. 197; vol. 16, p. 101; vol. 4, pp. 1195-1197.

12. Citado en Cecil Roth: «The Background of Shylock», en *Personalities and Events*, op. cit., pp. 237 y ss.

13. Citado en ibídem, p. 250.

14. Ibídem, pp. 288-289.

15. Israel Adler: «The Rise of Art Music in the Italian Ghetto», en Alexander Altmann (ed.): *Jewish Medieval and Renaissance Studies*, op. cit., pp. 321-364.

16. Roth: *Personalities and Events*, pp. 1-3.

17. Alexander Marx: «A Jewish Cause Célèbre in Sixteenth Century Italy», *Studies in Jewish History and Booklore*, Nueva York, 1969, pp. 107-154.

18. Cecil Roth: «The Amazing Abraham Colorni», en *Personalities and Events*, op. cit., pp. 296 y ss.

19. Cecil Roth: «A Community of Slaves», en *Personalities and Events*, op. cit., pp. 112 y ss.

20. Citado en ibídem, pp. 114-115.

21. W. L. Gundersheimer: «Erasmus, Humanism and the Christian Kab-balah», *Journal of the Warburg and Courtauld Institute*, 26 (1963), 38-52.

22. Citado en Jonathan I. Israel: *European Jewry in the Age of Mercantilism*, Oxford, 1985, p. 15.

23. CF. W. Linden (ed.): *Luthers Kampfschriften gegen das Judentum*, Berlín, 1936.

24. Baron, op. cit., vol. 12, pp. 281-290.

25. Israel, op. cit., p. 13.

26. Ibídem, p. 16.

27. K. R. Stow: *Catholic Thought and Papal Jewry Policy 1555-1593*, Nueva York, 1977.

28. Brian Pulhan, *The Jews of Europe and the Inquisition of Venice 1550-1670*, Oxford, 1983, cap. 2.

29. Ibídem, p. 21.

30. Véase por ejemplo, H. R. Trevor-Roper: *Religion, the Reformation and Social Change*, Londres, 1967.

31. Manasés ben Israel: «The Hope of Israel», Londres, 1652, incluido en Lucien Wolf (ed.): *Manasseh ben Israels Mission to Oliver Cromwell*, Londres, 1901, pp. 50-51.

32. Citado en Ben Sasson: *A History of the Jewish People*, op. cit., p. 391.

33. Citado en *Encyclopaedia Judaica*, vol. 12, pp. 244-256.

34. Deuteronomio 7:13.

35. Deuteronomio 15:6.

36. Salmos 34:10.

37. Citado en Werner Sombart: *The Jews and Modern Capitalism* (trad. al inglés), Londres, 1913, p. 36.

38. Ben Sasson: *A History of the Jewish People*, op. cit., pp. 670-679.

39. Israel, op. cit., pp. 27-30.

40. Erhard Oestreich: *Neostoicism and the Early Modern State*, Cambridge, 1982, pp. 45-56; Israel, op. cit., p. 38.

41. Roth: *Venice*, op. cit., pp. 305-306; Benjamin Ravid: *Economics and Toleration in Seventeenth Century Venice*, Jerusalén, 1978, pp. 30-33; Israel, op. cit., pp. 47-48.

42. H. I. Bloom, *The Economic Activities of the Jews of Amsterdam in the Seventeenth and Eighteenth Centuries* (Londres, 1937).

43. O. Muneles, *The Prague Ghetto in the Renaissance Period* (Londres, 1965).

44. Israel, op. cit., pp. 96, 88-90, 102 y ss., 117.

45. S. Stern: *Court Jew*, Londres, 1950.

46. Acerca de Oppenheimer, véase Israel, op. cit., pp. 123 y ss.; Stern, op. cit.; M. Grunwald: *Samuel Oppenheimer und sein Kreis*, Fráncfort, 1913; *Encyclopaedia Judaica*, vol. 12, pp. 1431-1433.

47. Citado en *Encyclopaedia Judaica*, vol. 3, pp. 402-405.

48. Israel, op. cit., p. 121.

49. B. D. Weinryb: *The Jews of Poland: A Social and Econo-*

mic History of the Jewish Community in Poland from 1100 to 1880, Filadelfia, 1972, pp. 192-199; *Encyclopaedia Judaica*, vol. 5, pp. 480-484.

50. Véase Gershom Scholem: «Zohar: Manuscripts and Editions», *Encyclopaedia Judaica*, vol. 16, pp. 211-212.

51. Acerca de Luria, véase Gershom Scholem: *Major Trends in Jewish Mysticism*, Nueva York, 1965, pp. 244-286, 405-415; y *Sabbatai Sevi: The Mystical Messiah* (trad. al inglés), Londres, 1973, pp. 28-44.

52. Citado en Scholem, *Sabbatai Sevi*, p. 18.

53. Acerca de Reubení y Moljo, véase Roth: *Venice*, op. cit., pp. 72 y ss.

54. R. J. Z. Werblowski: *Joseph Caro, Lawyer and Mystic*, Oxford, 1962.

55. Citado en H. H. Ben Sasson: «Messianic Movements», *Encyclopaedia Judaica*, vol. 11, p. 1426.

56. Isaías 28:15-18, 34:14; Habacuc 3:5; 1 Crónicas 21:1; Levítico 16:8. J. Trachtenberg: *The Devil and the Jews*, Filadelfia, 1943.

57. J. Trachtenberg: *Jewish Magic and Superstition*, Nueva York, 1939.

58. Salmos 139:14-16.

59. Roth: *Personalities and Events*, op. cit., pp. 78 y ss.

60. Citado en Ben Sasson: *Encyclopaedia Judaica*, vol. 11, pp. 1425-1426.

61. Scholem: *Sabbatai Sevi*, op. cit., pp. 3 y ss.

62. Citado en ibídem.

63. Citado en *Encyclopaedia Judaica*, vol. 14, p. 1235.

64. Cecil Roth: *Essays and Portraits in Anglo-Jewish History*, Londres, 1962, pp. 139-164; *Encyclopaedia Judaica*, vol. 6, pp. 1159-1160.

65. Acerca de su vida, véase Cecil Roth: *Life of Manasseh ben Israel*, Londres, 1934.

66. «Jewish Physicians in Medieval England», en Roth: *Essays and Portraits*, pp. 46-51; Lucien Wolf: *The Middle Ages of Anglo-Jewish History 1290-1656*, Londres, 1888.

67. P. M. Handover: *The Second Cecil*, Londres, 1952, cap. 13, «The Vile Jew».

68. Cecil Roth: «Philosemitism in England», en *Essays and Portraits...*, op. cit., pp. 10-21.

69. Con respecto a este episodio, véase Cecil Roth: «The Mystery of the Resettlement», en *Essays and Portraits...*, op. cit., pp. 86-107.

70. Joseph J. Blau y S. W. Baron: *The Jews in the United States 1790-1840: A Documentary History*, 3 vols., Nueva York, 1963, vol. 1, Introducción, pp. xviii y ss.

71. Citado en ibídem, pp. xxi.

72. Ibídem, pp. xxix y ss.

73. Citado en Israel, op. cit., p. 134.

74. Ibídem, p. 129.

75. Citado en ibídem.

76. Ibídem, p. 130; O. K. Rabinowicz, *Sir Solomon de Medina*, Londres, 1974.

77. Acerca de los Salvador, J. Picciotto, *Sketches of Anglo-Jewish History*, Londres, 1956, pp. 109-115, 153-156; acerca de Gideon, A. M. Hyamson: *Sephardim of England*, Londres, 1951, pp. 128-133.

78. Se ha traducido el libro al inglés con el título *The Jews and Modern Capitalism*, Londres, 1913.

79. Alexander Marx: *Studies in Jewish History and Booklore*, Nueva York, 1969, «Some Jewish Book Collectors», pp. 198-237.

80. Comentario de Mishná Sanedrín, x, 1; citado en Kochan, op. cit., p. 20.

81. Ibídem, pp. 55-57; M. A. Meyer (ed.): *Ideas of Jewish History*, Nueva York, 1974, pp. 117 y ss.; S. W. Baron: «Azariah dei Rossis Historical Method», *History and Jewish Historians* (Filadelfia, 1964), pp. 205-239.

82. Byron L. Sherwin: *Mystical Theology and Social Dissent: The Life and Works of Judah Loew of Prague*, Nueva York, 1983.

83. Se hallará la biografía en R. Kayser: *Spinoza: Portrait of a Spiritual Hero*, Nueva York, 1968; R. Willies (ed.): *Benedict de Spinoza: Life, Correspondence and Ethics*, Londres, 1870.

84. Texto extraído de Willies op. cit., pp. 34-35, y *Encyclopaedia Judaica*, vol. 15, pp. 275-284.

85. Willies, op. cit., p. 35.

86. Citado en ibídem, p. 72.

87. L. Strauss: *Spinozas Critique of Religion* (trad. al inglés), Nueva York, 1965. [Original en alemán: *Die Religionskritik Spinozas als Grundlage seiner Bibelwissenschaft*, Darmstadt, 1930.]

88. El lector encontrará documentos en *Chronicon Spinozanum*, 3 vols., Leiden, 1921-1923, vol. 1, pp. 278-282.

89. Jonathan Bennett: *A Study of Spinozas Ethics*, Cambridge, 1984, pp. 32 y ss.

90. Citado en ibídem, p. 34.

91. Acerca de un juicio respecto del pensamiento de Spinoza, véase Bertrand Russell: *History of Western Philosophy*, Londres, 1946, cap. 10.

92. Deuteronomio 21:18-20; Sanedrín 8, 5; 71a; Yebamot 12, 1-2; citado por Samuel Belkin: *In His Image: The Jewish Philosophy of Man as Expressed in the Rabbinical Tradition*, Londres, 1961.

93. J. R. Mintz: *In Praise of Baal Shem Tov*, Nueva York, 1970; *Encyclopaedia Judaica*, vol. 9, pp. 1049 y ss.; Martin Buber: *Origins and Meaning of Hasidism*, Londres, 1960.

94. R. Schatz: «Contemplative Prayers in Hasidism», en *Studies in Mysticism and Religion Presented to Gershom G. Scholem*, Jerusalén, 1967, pp. 209 y ss.

95. Citado en ibídem, p. 213.

96. Ibídem, p. 216.

97. L. Ginzburg: *The Gaon, Rabbi Elijah*, Londres, 1920.

98. Citado en *Encyclopaedia Judaica*, vol. 6, p. 653.

99. Arthur A. Cohen: *The Natural and Supernatural Jew*, op. cit., pp. 20 y ss.

100. Citado en ibídem, p. 24.

101. Isaac Eisenstein Barzilay: «The Background of the Berlin Haskalah», en Joseph L. Blaud y otros (eds.): *Essays on Jewish Life and Thought*, Nueva York, 1959.

102. Citado en Cohen, op. cit.

103. Alexander Altmann: *Essays in Jewish Intellectual History* Brandeis, 1981, y *Moses Mendelssohn: A Biographical Study*, Universidad de Alabama, 1973.

104. Citado en Altmann, *Essays...*, op. cit.

105. Cohen, op. cit., pp. 27-29.

106. Citado en *Encyclopaedia Judaica*, vol. 6, p. 153.

107. Blau y Baron, op. cit., pp. xxii-xxiii.

108. Roth, *Personalities and Events*, op. cit., pp. 256-270.

109. Véase B. C. Kaganoff: *A Dictionary of Jewish Names and their History*, Londres, 1977.

110. A. Herzberg: *The French Enlightenment and the Jews*, Nueva York, 1968.

111. Z. Sjakowlski: *Jews and the French Revolutions of 1789, 1830 and 1848*, Nueva York, 1970.

112. Citado en Cecil Roth: «Lord George Gordons Conversion to Judaism», en *Essays and Portraits*, op. cit., pp. 193-194.

113. Citado en ibídem, p. 205.

114. Cecil Roth: *A History of the Great Synagogue*, Londres, 1950, pp. 214 y ss.

115. Citado en *Encyclopaedia Judaica*, vol. 8, pp. 1390-1432.

116. Citado en Ben Sasson: *A History of the Jewish People*, op. cit., p. 745; véase Herzberg, op. cit.

117. Citado en Ben Sasson: *A History of the Jewish People*, op. cit.

118. Véase R. Anchel: *Napoléon et les Juifs*, París, 1928.

119. F. Pietri: *Napoléon et les Israélites*, París, 1965, pp. 84-115.

5. LA EMANCIPACIÓN

1. Citado en M. C. N. Salbstein: *The Emancipation of the Jews in Britain*, Nueva Jersey, 1982, p. 98.

2. Citado en W. F. Moneypenny: *Life of Benjamin Disraeli*, 6 vols., Londres, 1910, vol. 1, p. 22.

3. Fritz J. Raddatz: *Karl Marx: A Political Biography*, Londres, 1979, cap. 1; con respecto a los antecedentes de familia de Marx, véase Heinz Monz: *Karl Marx: Grundlagen der Entwicklung zu Leben und Werk*, Tréveris, 1973.

4. Emile Marmorstein: *Heaven at Bay: The Jewish Kulturkampf in the Holy Land*, Oxford, 1969, p. 32.

5. Citado en H. H. Ben Sasson (ed.): *A History of the Jewish People*, op. cit., p. 826.

6. Citado en Marmorstein, op. cit.

7. El mejor trabajo pertenece a Bertrand Gille: *Histoire de la Maison Rothschild*, 2 vols., Ginebra, 1965-1967.

8. Citado en Miriam Rothschild: *Dear Lord Rothschild: Birds, Butterflies and History*, Londres y Filadelfia, 1983, pp. 295-296.

9. Ibídem, p. 301.

10. David Landes: *Bankers and Pashas*, Londres, 1958, cap. 1.

11. Harold Pollins: *Economic History of the Jews in England*, East Brunswick, 1982, pp. 95-96.

12. S. D. Chapman: *The Foundation of the English Rothschilds, 1793-1811*, Londres, 1977, pp. 20 y ss.

13. Véase Edward Herries: *Memoirs of the Public Life of John S. Herries*, Londres, 1880; Gille, op. cit., vol. 1, pp. 45 y ss.; F. Crouzet: *L'Economie Britannique et le blocus continental 1806-13*, París, 1958, p. 842.

14. Gille, op. cit., vol. 1, p. 458.

15. Pollins, op. cit.; K. Helleiner, *The Imperial Loans*, Oxford, 1965.

16. Gille, op. cit., vol. 2, p. 571; véase Pollins, op. cit., p. 245, cuadro 5.

17. G. Storey: *Reuters*, Londres, 1951; F. Giles: *Prince of Journalists*, Londres, 1962; Ronald Palin: *Rothschild Relish*, Londres, 1970, citado en Pollins, op. cit.

18. Miriam Rothschild, op. cit., p. 9.

19. Cecil Roth: *The Magnificent Rothschilds*, Londres, 1939, p. 21.

20. L. H. Jenks: *The Migration of British Capital to 1875*, Londres, 1963.

21. Salbstein, op. cit.

22. Citado en ibídem, p. 165.

23. Gille, op. cit., vol. 2, pp. 591-616.

24. Richard Davis: *The English Rothschilds*, Londres, 1983.

25. Acerca de los detalles, véase Roth, op. cit.

26. Miriam Rothschild, op. cit., p. 298.

27. Ibídem, p. 33.

28. Se hallará una reseña del primer lord Rothschild en ibídem, pp. 30-50.

29. Ibídem, p. 40.

30. Citado en Roth, op. cit.

31. Citado en Salbstein, op. cit., p. 44.

32. Cecil Roth: *Essays and Portraits in Anglo-Jewish History*, Londres, 1962, pp. 18-20.

33. Geoffrey Finlayson: *The Seventh Earl of Shaftesbury*, Londres, 1981, pp. 112-116, 154-159, etcétera.

34. Citado en Ronald Sanders, op. cit., p. 5.

35. L. Loewe: *The Damascus Affair*, Nueva York, 1940.

36. Acerca de Montefiore, véase Lucien Wolf: *Sir Moses Montefiore*, Londres, 1885.

37. Roth: *Essays and Portraits*, op. cit., pp. 19-20.

38. Robert Blake: *Disraelis Grand Tour: Benjamin Disraeli and the Holy Land, 1830-1*, Londres, 1982, pp. 107 y ss.

39. Daien Schwarz: *Disraelis Fiction*, Londres, 1979, pp. 99-100.

40. «Benjamin Disraeli, Marrano Englishman», en Salbstein, op. cit., pp. 97-114.

41. Éste era el punto de vista de Yehudá ha-Leví; véase H. J. Zimmels: *Ashkenazim and Sephardim*, Nueva York, 1959.

42. Citado en Blake, op. cit., p. 126.

43. Citado en Salbstein, op. cit.

44. M. A. Meyer: *The Origins of the Modern Jew*, Nueva York, 1968; el artículo de Wolf «On the Concept of a Science of Judaism» (1822) está en *Leo Baeck Institute Yearbook II*, Londres, 1957.

45. Citado en Lionel Kochan: *The Jew and his History*, Londres, 1977, p. 66.

46. Arthur A. Cohen: *The Natural and Supernatural Jew*, op. cit., p. 46.

47. Citado en Kochan, op. cit.

48. Talmud Babilónico, Berajot 3ª, citado en ibídem.

49. Con relación a los escritos de Hirsch, véase I. Grunfeld (ed.): *Judaism Eternal*, 2 vols., Londres, 1956.

50. Ibídem, vol. 1, pp. 133-135, citado en Kochan, op. cit.

51. Kochan, op. cit., pp. 79-80; Cohen, op. cit., p. 34; N. Rotenstreich: *Jewish Philosophy in Modern Times*, Nueva York, 1968, pp. 136-148.

52. Hay una traducción al inglés de P. Bloch en 6 vols. (Londres, 1892-1898) y en 5 vols. (Londres, 1919).

53. Citado en Kochan, op. cit.

54. H. Graetz: *Historic Parallels in Jewish History*, Londres, 1887.

55. Alexander Altmann: «The New Style of Preaching in Nineteenth Century German Jewry», en *Essays in Jewish Intellectual History*, op. cit.

56. W. D. Plaut: *Rise of Reform Judaism*, Londres, 1963; D. Philipson: *Reform Movement in Judaism*, Nueva York, 1967.

57. M. Weiner (ed.): *Abraham Geiger and Liberal Judaism*, Nueva York, 1962.

58. Citado en Marmorstein, op. cit., p. 36.

59. Traducción al inglés de M. M. Kaplan, Londres, 1964².

60. S. Ginzburg: *The Life and Works of M. H. Luzzatto*, Londres, 1931.

61. Citado en Marmorstein, op. cit., que aporta un resumen de las enseñanzas de Luzzatto, pp. 5-11.

62. Véase Leo Rosen: *The Joys of Yiddish*, Harmondsworth, 1971, pp. xvi y ss.

63. *The Renaissance of Hebrew Literature, 1743-1885*, Nueva York, 1909, citado en Marmorstein, op. cit.

64. Laura Hofrichter: *Heinrich Heine* (trad. al inglés), Oxford, 1963, pp. 1-2.

65. Jeffrey L. Sammons, *Heinrich Heine: A modern Biography*, Princeton, 1979, p. 40.

66. Ibídem, p. 171.

67. El más importante está en S. S. Prawer: *Heines Jewish Comedy: A Study of his Portraits of Jews and Judaism*, Oxford, 1983.

68. Heine a Moses Moser, 23 de agosto de 1823; citado en Sammons, op. cit.

69. Heine a Immanuel Wohlwill, 1 de abril de 1823; citado en ibídem.

70. Heine a Ferdinand Lassalle, 11 de febrero de 1846, citado en ibídem.

71. Heine a Moser, 14 de diciembre de 1825, citado en Hofrichter, op. cit., 44.

72. Ernst Elster (ed.): *Heines samtliche Werke*, 7 vols., Leipzig y Viena, 1887-1890, vol. 7, p. 407.

73. Sammons, op. cit., pp. 249-250.

74. Ibídem, p. 288.

75. Ibídem, pp. 25-26.

76. Ibídem, p. 166.

77. Ibídem, p. 308.

78. Acerca de sus relaciones, véase Raddatz, op. cit., pp. 42-43; Sammons, op. cit., pp. 260 y ss.

79. Paul Nerrlich (ed.): *Arnold Ruges Briefwechsel und Tagebuchblatter aus der Jahren 1825-1880*, Berlín, 1886, vol. 2, p. 346.

80. Robert S. Wistrich: *Revolutionary Jews from Marx to Trotsky*, Londres, 1976, p. 40, prueba que un artículo de Marx acerca de Jerusalén, publicado en el *New York Daily Tribune* en abril de 1854, a veces citado para refutar esta afirmación, en realidad la confirma.

81. A Engels, 11 de abril de 1868, *Karl Marx-Friedrich Engels Werke*, Berlín oriental, 1956-1968, pp. xxxii, 58.

82. Karl Jaspers, «Marx und Freud», *Der Monat*, 26 (1950), citado en Raddatz, op. cit.

83. Véase Raddatz, op. cit., p. 143, para las referencias.

84. François Marie Charles Fourier: *Théorie des quatre mouvements*, París, 1808; acerca de Fourier, véase L. Poliakov: *History of Anti-semitism* (trad. al inglés), Londres, 1970 [Versión en castellano: Historia del antisemitismo, Muchnik, Barcelona, 1980-1986].

85. *Carnets*, París, 1961.

86. Wistrich, op. cit., pp. 6 y ss.

87. Acerca de Börne, véase Orlando Figes: «Ludwig Börne and the Formation of a Radical Critique of Judaism», *Leo Baeck Institute Year Book*, Londres, 1984.

88. Véase Prawer, op. cit.; Nigel Reeves: «Heine and the young Marx», *Oxford German Studies*, 8 (1972-1973).

89. *Herr Vogt*, Londres, 1860, pp. 143-144; citado en Wistrich, op. cit.

90. Karl Marx, *Neue Rheinische Zeitung* (29-4-1849).

91. *Marx-Engels Werke*, Berlín, 1930, vol 2, parte 3, p. 122.

92. *Marx-Engels Werke*, op. cit., vol. 30, p. 165.

93. Ibídem, p. 259.

94. Véase Figes, op. cit.

95. Bruno Bauer: *Die Judenfrage*, Brunswick, 1843.

96. He utilizado a T. B. Bottomore (comp. y trad.): *Karl Marx: Early Writings*, Londres, 1963. También en *Karl Marx-Engels Collected Works*, Londres, 1975 y ss., vol. 3, pp. 146-174.

97. Bottomore, op. cit., p. 34.

98. Ibídem, p. 37.

99. Ibídem, pp. 35-36.

100. Ibídem, pp. 34-35.

101. *Das Kapital*, Viena, 1933, vol. 1, parte 2, cap. 4. [Versión en castellano: El capital, Akal, Madrid, 2000.]

102. *Das Kapital*, op. cit., vol. 2, parte 7, cap. 22.

103. Karl Marx, «The Russian Loan», *New York Daily Tribune* (4-1-1856).

104. Citado por S. W. Baron: «Population», *Encyclopaedia Judaica*, vol. 13, pp. 866-903.

105. Citado en Ben Sasson: *A History of the Jewish People*, op. cit.

106. Paul Lindau (ed.): *Ferdinand Lassalles Tagebuch*, Breslau, 1891, pp. 160-161; citado en Winstrich, op. cit.

107. A. F. Day: *The Mortara Mystery*, Londres, 1930.

108. Acerca de los judíos bajo los zares, véase J. Frumkin y otros (eds.): *Russian Jewry 1860-1917*, Londres, 1966; S. W. Baron: *The Russian Jew under Tsars and Soviets*, Nueva York, 1964.

109. Véase Alexis Goldenweiser: «Legal Status of Jews in Russia», en Frumkin, op. cit.

110. Lucien Wolf (ed.): *Legal Sufferings of the Jews in Russia*, Londres, 1912.

111. Ibídem, p. 41.

112. Ibídem, pp. 44-46, 71-76.

113. Ibídem, pp. 2-6.

114. Ibídem, p. 9.

115. I. M. Dijur: «Jews in the Russian Economy», en Frumkin, op. cit., pp. 120-143.

116. Citado en Amos Elon: *Herzl*, Londres, 1976.

117. Citado en Ben Sasson: *A History of the Jewish People*, op. cit.

118. Joseph L. Blau y S. W. Baron: *The Jews in the United States 1790-1840, op. cit.*, vol. 2, p. 576.

119. Ibídem, vol. 3, p. 809.

120. Ibídem, vol. 2, p. 327.

121. A. B. Makover: *Mordecai M. Noah*, Nueva York, 1917; I. Goldberg: *Major Noah: American Jewish Pioneer*, Nueva York, 1937; el texto de su proclama está en Blau y Baron, op. cit., vol. 3, pp. 898-899.

122. Ibídem, pp. 176-181.

123. Acerca de Leeser, véase Murray Friedman: *Jewish Life in Philadelphia 1830-1940*, Filadelfia, 1984.

124. Texto completo en *Encyclopaedia Judaica*, vol. 13, pp. 570-571.

125. H. E. Jacobs: *The World of Emma Lazarus*, Nueva York, 1949; E. Merriam: *Emma Lazarus: Woman with a Torch*, Nueva York, 1956.

126. *Encyclopaedia Judaica*, vol. 12, p. 1092.

127. Richard Siegel y Carl Rheins (eds.): *The Jewish Almanack*, Nueva York, 1980, p. 509.

128. Salmos 137:1.

129. Moses Hess: *Rome and Jerusalem* (trad. al inglés), Nueva York, 1918. [Original en alemán: *Rom und Jerusalem*, Berlín, 1862.]

130. Cohen, op. cit., pp. 57-59; acerca de Hess, véase también Isaiah Berlin: *The Life and Opinions of Moses Hess*, Cambridge, 1959.

131. J. R. Vincent, (ed.): *Disraeli, Derby and the Conservative Party: The Political Journals of Lord Stanley*, Londres, 1978, pp. 32-33.

132. J. A. Gere y John Sparrow (eds.): *Geoffrey Madans Notebooks*, Oxford, 1984.

133. J. J. Tobias: *The Prince of Fences: The Life and Crimes of Ikey Solomons*, Londres, 1974.

134. L. Hyman: *The Jews of Ireland, London and Jerusalem*, Londres, 1972, pp. 103-104.

135. Emily Strangford: *Literary Remains of the Late Emanuel Deutsch*, Nueva York, 1974.

136. Gordon S. Haight: *George Eliot*, Oxford, 1968, p. 487.

137. *Encyclopaedia Britannica*, Londres, 1911, vol. 28, p. 987.

138. Con relación a la influencia de George Eliot, véase Ronald Sanders: *The High Walls of Jerusalem: A History of the Balfour Declaration and the Birth of the British Mandate for Palestine*, Nueva York, 1984, pp. 14 y ss.

139. Guy Chapman: *The Dreyfus Case*, Londres, 1955, p. 99.

140. Acerca de la comunidad judía francesa durante el caso Dreyfus, véase Michael R. Marrus: *The Politics of Assimilation: The French Jewish Community at the Time of the Dreyfus Affair*, Oxford, 1971.

141. Citado en ibídem, p. 118.

142. Léon Halévy: *Résumé de l'histoire des juifs modernes*, París, 1828, pp. 325-326; citado en Marrus, op. cit., 90.

143. Julien Benda: *La Jeuneusse d'un clerc*, París, 1936, p. 43; citado en Marrus, op. cit.

144. Herbert Feis: *Europe the Worlds Banker 1870-1914*, Nueva York, 1965, pp. 33 y ss.

145. Acerca de la Iglesia, véase R. P. Lecanuet: *L'Église de la France sur la troisième république*, París, 1930, pp. 231-233; Robert L. Hoffman: *More than a Trial: The Struggle over Captain Dreyfus*, Nueva York, 1980, pp. 82 y ss.

146. *La Croix* (13-11-1896), citado en Pierre Sorin: *La Croix et les Juifs 1880-1899*, París, 1967, p. 117.

147. Chapman, op. cit., p. 59.

148. *L'Aurore* (7-6-1899), citado en Marrus, op. cit., que tie-

ne un capítulo acerca de Lazare, pp. 164-195; B. Hagani: *Bernard Lazare*, París, 1919.

149. George D. Painter: *Marcel Proust*, 2 vols., Londres, 1977, vol. 1, p. 210.

150. Paul Cambon: *Correspondence*, 2 vols., París, 1945, vol. 1, p. 436.

151. Citado en Chapman, op. cit., p. 199.

152. Christophe Charles: «Champ littéraire et champ du pouvoir: les écrivains et laffaire Dreyfus», *Annales*, 32 (1977).

153. Jean-Pierre Rioux, *Nationalisme et conservatisme: la Ligue de la Patrie française 1899-1904* (París, 1977), 20-30; citado en Marrus, op. cit., pp. 148-149.

154. Painter, op. cit., vol. 1, p. 220.

155. Alain Silvera: *Daniel Halévy and his Times*, Cornell, 1966.

156. Painter, op. cit., vol. 1, p. 214 y ss.

157. Janine Ponty: «La Presse quotidienne et l'Affaire Dreyfus en 1898-99», *Revue d'histoire moderne et contemporaine*, 21 (1974).

158. Basado en un fragmento compilado por Drumont y que ahora se encuentra (junto con otros materiales del caso Dreyfus) en la Biblioteca Houghton de Harvard.

159. Frederick Busi: «The Dreyfus Affair and the French Cinema», *Weiner Library Bulletin*, 39-40 (1976).

160. Painter, op. cit., vol. 1, p. 226.

161. Ibídem, p. 233.

162. R. D. Mandell: «The Affair and the Fair: Some Observations on the Closing Stages of the Dreyfus Case», *Journal of Modern History* (septiembre de 1967); Douglas Johnson: *France and the Dreyfus Affair*, Londres, 1966.

163. Joseph Reinach: *Histoire de l'Affaire Dreyfus*, 6 vols. más índice, París, 1901-1908.

164. Chapman, op. cit., p. 359; Charles Andler: *La Vie de Lucien Herr*, París, 1932.

165. André Gide: *Journals 1889-1949* (trad. al inglés), Harmondsworth, 1978, pp. 194 y ss. [Versión en castellano: *Diario*, Alba, Madrid, 1999.]

166. De las muchas obras acerca de Herzl, he seguido principalmente a Elon, op. cit.

167. Ibídem, p. 9.

168. Citado en ibídem, p. 66.

169. Ibídem, p. 115.

170. Acerca del crecimiento del antisemitismo *völkisch*, véase George L. Mosse: *The Crisis in German Ideology*, Londres, 1966.

171. Citado en Elon, op. cit., p. 64.

172. Primera traducción al inglés, *Autoemancipation: An Admonition to his Brethren by a Russian Jew*, Nueva York, 1906.

173. Citado en Walter Laqueur: *Weimar: A Cultural History 1918-1933*, Londres, 1974.

174. Elon, op. cit., p. 114.

175. Pierre van Passen: «Paris 1891-5: A Study of the Transition in Theodor Herzls Life», en Meyer W. Weisgal (ed.): *Theodor Herzl, Memorial*, Nueva York, 1929.

176. Der Judenstaat: *Versuch einer modernen Loesung der juedischen Frage*, Viena, 1896; H. Abrahami y A. Bein: *The Editions of the Jewish State by Theodor Herzl*, Nueva York, 1970.

177. Elon, op. cit., pp. 142-147.

178. Ibídem, pp. 175 y ss.

179. Acerca de Nordau, véase A. y M. Nordau: *Max Nordau* (trad. al inglés), Londres, 1943.

180. Tuve el privilegio de dirigir la palabra a un congreso internacional de sionistas y cristianos en este mismo lugar en agosto de 1985.

181. Chaim [Jaím] Weizmann: *Trial and Error*, Londres, 1949, p. 71.

182. Elon, op. cit., p. 186.

183. Sus *Tagebücher*, traducidos al inglés por Harry Zohn y compilados por R. Patai, se publicaron en Nueva York en 1960.

184. Elon, op. cit., pp. 379-380.

185. Sanders, op. cit., pp. 29-30.

186. Ibídem, pp. 37-38.

187. Elon, op. cit., pp. 405-406, 397.

188. Ibídem, p. 237.

189. Marmorstein, op. cit., pp. 60-70.

190. Citado en I. Domb: *Transformations*, Londres, 1958, pp. 192-195.

191. Citado en Marmorstein, op. cit., pp. 71-72.

192. Citado en ibídem, pp. 79-80.

193. T. Levitan, *The Laureates: Jewish Winners of the Nobel*

Prize, Nueva York, 1906; véase la lista de los judíos premiados con el Nobel en *Encyclopaedia Judaica*, vol. 12, pp. 1201-1202.

194. Frederick V. Grunfeld: *Prophets Without Honour*, Londres, 1979, p. 10.

195. Acerca de Cohen, véase Cohen, op. cit., pp. 70 y ss.; Alexander Altmann: «Theology in Twentieth-century Jewry», en *Essays in Jewish Intellectual History*, op. cit.

196. Acerca de Rosenzweig y Rosenstock-Huessy, véase Altmann, op. cit., y N. N. Glatzer (ed.): *Franz Rosenzweig: His Life and Thought*, Nueva York, 1961².

197. Citado en Grunfeld, op. cit., p. 17.

198. Hartmut Pogge von Strandmann (ed.): *Walter Rathenau: Notes and Diaries 1907-22*, Oxford, 1985, pp. 98-99.

199. Citado en Grunfeld, op. cit.

200. Charles Rosen: *Schoenberg*, Londres, 1976, pp. 16-17.

201. Alma Mahler: *Gustav Mahler: Memories and Letters* (trad. al inglés), Nueva York, 1946, p. 90.

202. Charles Spencer: *Léon Bakst*, Londres, 1973.

203. Serge Lifar: *A History of the Russian Ballet*, Londres, 1954.

204. Citado en Spencer, op. cit., p. 127.

205. Acerca de la teoría moral del color de Bakst, véase Mary Fránton Roberts: *The New Russian Stage*, Nueva York, 1915.

206. Sidney Alexander: *Marc Chagall*, Londres, 1978.

207. Peter Gay: *Freud, Jews and Other Germans*, Oxford, 1978, p. 21.

208. Ibídem, pp. 101 y ss.

209. Carta a Karl Abraham, citada en Jack J. Spector: *The Aesthetics of Freud*, Londres, 1977, p. 22.

210. Paul Roazen: *Freud and his Followers*, Londres, 1976, pp. 192-193. [Versión en castellano: *Freud y sus discípulos*, Alianza, Madrid, 1986.]

211. Ibídem, pp. 75 y ss.; acerca de Freud y su mujer, véase la carta de su hermana Matilda Freud Hollitscher a Ernest Jones de 30 de marzo de 1952, en los archivos Jones, y Theodor Reik: «Years of Maturity», *Psychoanalysis*, 4, núm. 1 (1955).

212. David Bakan: *Sigmund Freud and the Jewish Mystical Tradition*, Princeton, 1958, pp. 51-52; Sigmund Freud, prefacio a *Totem y Tabú* (1913).

213. Ernest Jones: *Life and Work of Sigmund Freud*, 3 vols.,

Nueva York, 1953-1957, vol. 1, p. 22, 184. [Versión en castellano: Vida y obra de Sigmund Freud, Anagrama, Barcelona, 2003.]

214. «On Being of the Bnai Brith», *Commentary* (marzo de 1946).

215. Max Graf: «Reminiscences of Sigmund Freud», *Psychoanalytic Quarterly*, 11 (1942); Jacob Meotliz: «The Last Days of Sigmund Freud», *Jewish Frontier* (septiembre de 1951); citado en Bakan, op. cit.

216. Jones, op. cit., vol. 1, pp. 25, 35. Acerca de una reseña del propio Freud, véase M. Bonaparte, A. Freud y E. Kris (comps. y trads.): *Freud, Origins of Psychoanalysis: Letters to Wilhelm Fliess, Drafts and Notes 1887-1902*, Nueva York, 1954, p. 322; Bakan, op. cit.

217. E. Stengel: «A Revaluation of Freuds Book "On Aphasia"», *International Journal of Psychoanalisis* (1954).

218. H. Sachs: *Freud, Master and Friend*, Harvard, 1944, pp. 99-100; citado en Bakan, op. cit.

219. Jones, op. cit., vol. 1, p. 348.

220. Ibídem, vol. 2, p. 367; Sigmund Freud: «The Moses of Michelangelo», *Collected Papers*, vol. IV, pp. 251-287 [versión en castellano: *El Moisés de Miguel Ángel*, Obras Completas, Biblioteca Nueva, Madrid, 1990].

221. Bakan, op. cit., pp. 246-270.

222. Robert S. Steele: *Freud and Jung: Conflicts of Interpretation*, Londres, 1982; W. McGuire (ed.): *Freud-Jung Letters*, Princeton, 1974, p. 220.

223. Max Schur: *Freud Living and Dying*, Londres, 1972, p. 337. [Versión en castellano: *Sigmund Freud: enfermedad y muerte en su vida y en su obra*, Paidós, Barcelona, 1980.]

224. Jones, op. cit., vol. 2, p. 148.

225. Steven Marcus: *Freud and the Culture of Psychoanalysis*, Londres, 1984, pp. 50-53.

226. Citado en ibídem, p. 83.

227. Acerca de Breuer, véase Sigmund Freud: «Origins and Development of Psychoanalysis», *American Journal of Psychology*, 21 (1910), 181; Roazen, op. cit., pp. 93-99.

228. Fritz Wittels: *Sigmund Freud* (Nueva York, 1924), 140; citado en Bakan, op. cit.

229. Citado en Roazen, op. cit., p. 197.

230. Jones, op. cit., vol. 2, p. 33.

231. Acerca de las riñas de Freud, véase Roazen, op. cit., pp. 194 y ss., 204 y ss., 220 y ss., 234 y ss., etcétera.

232. Jones, op. cit., vol. 3, p. 208.

233. Ibídem, vol. 3, p. 245.

234. Arthur Koestler: *The Invisible Writing*, Londres, 1955.

235. Acerca de la contribución de Einstein a la teoría cuántica, véase Max Jammer: «Einstein and Quantum Physics», en Gerald Holton y Yehuda Elkana (eds.): *Albert Einstein: Historical and Cultural Perspectives*, Princeton, 1982, pp. 59-76.

236. «What I Believe», *Forum and Century*, 84 (1930); citado en Uriel Tal: «Ethics in Einsteins Life and Thought», en Holton y Elkana, op. cit., pp. 297-318.

237. Einstein, *Physics and Reality*, Nueva York, 1936.

238. Henri Bergson: *Two Sources of Morality and Religion* (trad. al inglés), Londres, 1935. [Versión en castellano: *Las dos fuentes de la moral y de la religión*, Altaya, Barcelona, 1999.]

239. Einstein a Solovine, 30 de marzo de 1952, citado en Yehuda Elkana: «The Myth of Simplicity», en Holton y Elkana, op. cit., p. 242.

240. Milic Capek: *The Philosophical Impact of Contemporary Physics*, Princeton, 1961, pp. 335 y ss. [versión en castellano: *El impacto filosófico de la física contemporánea*, Tecnos, Madrid, 1965]; véase también William James: «The Dilemma of Determinism», en *The Will to Believe*, Londres, 1917 [versión en castellano: La voluntad de creer, Tecnos, Madrid, 2003].

241. Yehudá Elkana, op. cit.

242. Acerca de esto, véase mi *Modern Times: The World from the Twenties to the Eighties*, Nueva York, 1983, cap. 1, «A Relativistic World». [Versión en castellano: *Tiempos Modernos*, Ediciones B, Barcelona, 2000, «Un mundo relativista».]

243. Lionel Trilling: *Mind in the Modern World*, Nueva York, 1973, pp. 13-14.

244. «The Hunter Graccus». *Graccus o graculus* es el término latino para grajo, en checo *kavka*, y el padre de Kafka, a quien él odiaba, tenía un letrero con un grajo sobre su tienda. Véase Lionel Trilling: *Prefaces to the Experience of Literature*, Oxford, 1981, pp. 118-122.

245. Citado en Rosen, op. cit., p. 10.

246. Grunfeld, op. cit., pp. 23-24.

6. EL HOLOCAUSTO

1. Discurso de Asquit en *The Times* (10-11-1914).

2. Entrevista con la señora Halperin en Eric Silver, *Begin*, Londres, 1984, pp. 5, 9.

3. Ronald Sanders: *The High Walls of Jerusalem: A History of the Balfour Declaration and the Birth of the British Mandate for Palestine*, Nueva York, 1984, pp. 315 y ss.

4. Chaim [Jaím] Weizmann: *Trial and Error*, op. cit., pp. 15-25.

5. Ibídem, pp. 29, 44.

6. Sanders, op. cit., pp. 64-69.

7. *New Statesman* (21-11-1914), artículo firmado A. M. H. (Albert Montefiore Hyamson).

8. Michael y Eleanor Brock (eds.): *H. H. Asquith: Letters to Venetia Stanley*, Oxford, 1952, pp. 406-407.

9. Ibídem, pp. 477-485.

10. Citado en Sanders, op. cit., pp. 313-314.

11. Miriam Rothschild: *Dear Lord Rothschild: Birds, Butterflies and History*, Londres y Filadelfia, 1983, p. 45.

12. Sanders, op. cit., pp. 69, 133.

13. Weizmann, op. cit., p. 144; en este relato las dudas se han despejado; véase Sanders, op. cit., pp. 94-96.

14. Citado en Sanders, op. cit.

15. Acerca de las colecciones, véase Miriam Rothschild, op. cit.

16. Weizmann, op. cit., p. 257.

17. Montagu no estaba presente en el gabinete de guerra del 31 de octubre de 1917; véase Sanders, op. cit., pp. 594-596; que también aporta el texto de la última carta.

18. Weizmann, op. cit., p. 262.

19. Ibídem, p. 298; Sanders, op. cit., p. 481.

20. Weizmann, op. cit., pp. 273-274.

21. El texto del mandato está en David Lloyd George: *The Truth About the Peace Treaties*, 2 vols., Londres, 1938, vol. 2, pp. 1194-1201.

22. Weizmann, op. cit., p. 288.

23. Ibídem, p. 67.

24. Vladimir [Vladímir] Jabotinski, *The Story of the Jewish Legion* (trad. al inglés), Jerusalén, 1945; P. Lipovetski: *Joseph Trumpeldor* (trad. al inglés), Londres, 1953.

25. Yigal Allon: *The Making of Israels Army*, Nueva York, 1970; J. B. Schechtman, *The Vladimir Jabotinsky Story*, 2 vols., Nueva York, 1956-1961.

26. Amos Elon: *Herzl*, op. cit., p. 179.

27. Neil Caplan: *Palestine Jewry and the Arab Question 1917-25*, Londres, 1978, pp. 74, 169 y ss.

28. Citado en S. Clement Leslie: *The Rift in Israel: Religious Authority and Secular Democracy*, Londres, 1971, p. 32.

29. Weizmann, op. cit., p. 316.

30. Ibídem, pp. 307-308.

31. Sanders, op. cit., pp. 569-570, ofrece el texto completo del mensaje.

32. Elie Kedourie: «Sir Herbert Samuel and the Government of Palestine», en *The Chatham House Version and Other Middle East Studies*, Londres, 1970, p. 57.

33. Ocho de junio de 1920; *Letters and Papers of Chaim Weizmann*, New Brunswick, 1977, vol. 11, p. 355.

34. Citado en Kedourie, op. cit., pp. 55-56.

35. Citado en Neil Caplan: «The Yishuv, Sir Herbert Samuel and the Arab Question in Palestine 1921-5», en Elie Kedourie y Sylvia G. Haim (eds.), *Zionism and Arabism in Palestine and Israel*, Londres, 1982, pp. 19-20.

36. Kedourie, op. cit., pp. 60-62.

37. Citado en ibídem, p. 65.

38. Bernard Wasserstein. «Herbert Samuel and the Palestine Problem», *English Historical Review*, 91 (1976).

39. Kedourie, op. cit., p. 69.

40. Weizmann, op. cit., pp. 325, 494.

41. Lloyd George: *Peace Treaties*, op. cit., pp. 1123 y ss.

42. Ibídem, p. 1139.

43. Caplan, «The Yishuv», op. cit., p. 31.

44. Citado en Wasserstein, op. cit., p. 767.

45. Citado en R. H. S. Crossman: *A Nation Reborn*, Londres, 1960, p. 127.

46. Weizmann, op. cit., p. 418.

47. Citado en *Encyclopaedia Judaica*, vol. 4, p. 506.

48. Weizmann, op. cit., p. 411.

49. Citado en Leslie, op. cit. (entrevista de 1938).

50. «On the Iron Wall», 1923; citado en Silver, op. cit., p. 12.

51. Robert S. Wistrich: *Revolutionary Jews from Marx to*

Trotsky, Londres, 1976, pp. 77 y ss.; véase también J. P. Nettl: *Rosa Luxemburg*, 2 vols., Londres, 1966.

52. Citado en Wistrich, op. cit., p. 83.

53. Carta a Mathilee Wurm, 16 de febrero de 1917, citada en ibídem.

54. *Collected Works*, Londres, 1961, vol. 7, pp. 100 y ss.; «Critical Remarks on the National Question», 1913; citado en Wistrich, op. cit.

55. Isaac Deutscher: *The Prophet Armed: Trotsky, 1879-1921*, Oxford, 1965.

56. Véase K. Pindson (ed.): *Essays in Anti-Semitism*, Nueva York, 1946², pp. 121-144. La *Encyclopaedia Judaica*, vol. 14, p. 459, aporta la cifra de 60.000; H. H. Ben Sasson (ed.): *A History of the Jewish People*, op. cit., da la de 75.000; la cifra soviética es de 180.000-200.000.

57. Bernard D. Weinryb: «Anti-Semitism in Soviet Russia», en Lionel Kochan (ed.), *The Jews in Soviet Russia*, Oxford, 1972.

58. J. B. Schechtman: «The USSR, Zionism and Israel», en Kochan, op. cit., p. 101.

59. Ibídem, 107; Guido D. Goldman: *Zionism Under Soviet Rule 1917-28*, Nueva York, 1960.

60. Isaac Deutscher: *The Prophet Unarmed: Trotsky 1921-29*, op. cit, p. 258.

61. Citado en Lionel Trilling: «Isaac Babel», en *Beyond Culture*, Oxford, 1980, pp. 103-125; véase también la edición de Trilling de las *Collected Stories* de Babel, Nueva York, 1955, y R. Rosenthal en Commentary, 3 (1947).

62. Robert Conquest: *Inside Stalins Secret Police: NKVD Politics 1936-39*, Londres, 1985, p. 99. [Versión en castellano: *El gran terror: las purgas stalinianas de los años treinta*, Luis de Caralt, Barcelona, 1974.]

63. *Jewish Chronicle* (2-11-1917).

64. Citado en L. Poliakov, *History of Anti-Semitism*, vol. 4, Suicidal Europe, 1870-1933, op. cit., p. 209.

65. *The Cause of World Unrest*, pp. 10, 13, 131-132.

66. *Illustrated Sunday Herald* (8-2-1920), citado en Poliakov, op. cit.

67. *Morning Post* (6-10-1921), citado en Poliakov, op. cit.

68. Robert Wilson: *The Last Days of the Romanovs*, Londres, 1920, p. 148.

69. P. Lévy: *Les Noms des Israélites en France*, París, 1960, pp. 75-76.

70. Citado en Paul J. Kingston: *Anti-Semitism in France during de 1930s: Organization, Personalities and Propaganda*, Hull, 1983, p. 4.

71. Paul Hyman: *From Dreyfus to Vichy: The Remaking of French Jewry*, Columbia, 1979, p. 35.

72. Léon Blum: *Nouvelles Conversations de Goethe avec Eckermann*, París, 1901, citado en Wistrich, op. cit.

73. Harvey Goldberg: «Jean Jaurès on the Jewish Question», *Jewish Social Studies* (abril de 1958).

74. A. Mitchell Palmer: «The Case Against the Reds», *Forum* (febrero de 1920); Poliakov, op. cit., pp. 231-232.

75. Acerca de la filosofía jurídica de Brandeis, véase Philippa Strum: *Louis D. Brandeis: Justice for the People*, Harvard, 1985.

76. *West Virginia State Board of Education* v. *Barnette* (1943).

77. G. Saleski: *Famous Musicians of Jewish Origin*, Nueva York, 1949.

78. T. Levitan: *Jews in American Life*, Nueva York, 1969, pp. 96-99, 199-203, 245-246.

79. Citado en Lary May: *Screening Out the Past: The Birth of Mass Culture and the Motion-Picture Industry*, Oxford, 1980.

80. Véase Philip French: *The Movie Moguls*, Londres, 1967.

81. Ibídem, p. 21.

82. Se hallarán los detalles biográficos en French, op. cit.; May, op. cit., p. 253, tabla IIIa., «Founders of the Big Eight», y tabla IIIb para las biografías.

83. French, op. cit., p. 28.

84. Raymond Durgnat: *The Crazy Mirror: Hollywood Comedy and the American Image*, Londres, 1969, pp. 150-161, 78-83.

85. May, op. cit., p. 171.

86. Helen y Robert Lynd: *Middletown*, Nueva York, 1929.

87. Edward J. Bristow: *Prostitution and Prejudice: The Jewish Fight Against White Slavery 1870-1939*, Nueva York, 1984.

88. Jenna Weissman Joselit: *Our Gang: Jewish Crime and the New York Jewish Community 1900-1940*, Nueva York, 1983.

89. Acerca de los mafiosos judíos, véase Albert Fried: *The Rise and Fall of the Jewish Gangster in America*, Nueva York, 1980.

90. Melvin Urofsky: *American Zionism: From Herzl to the Holocaust*, Nueva York, 1975, p. 127.

91. Citado en Ronald Steel: *Walter Lippmann and the American Century*, Londres, 1980, p. 187.

92. James Grant: *Bernard Baruch: The Adventures of a Wall Street Legend*, Nueva York, 1983, pp. 223 y ss., demuestra que Baruch simplemente rescató su fortuna después de la caída de la Bolsa; su valor a lo sumo osciló entre los 10 y los 15 millones de dólares.

93. Ibídem, pp. 107-109.

94. Steel, op. cit., p. 189.

95. «Public Opinion and the American Jew», *American Hebrew* (14-4-1922).

96. Citado en Steel, op. cit., p. 194.

97. Citado en ibídem, pp. 330-331.

98. *New York Times* (11-4-1945); acerca de las elecciones, véase Davis S. Wyman: *The Abandonment of the Jews: America and the Holocaust 1941-45*, Nueva York, 1984, pp. 8-9.

99. Fritz Stern: «Einsteins Germany», en Holton y Elkana, op. cit., pp. 322 y ss.

100. Ibídem, pp. 324-325.

101. E. J. Gumple realizó un informe estadístico acerca de estas muertes y las sentencias, *Vier Jahre politisches Mord*, Berlín, 1922, citado en Grunfeld, op. cit.

102. *Mein Kampf* (ed. 1962), p. 772. [Versión en castellano: *Mi lucha*, s. d,]

103. Walter Laqueur: *Russia and Germany: A Century of Conflict*, Londres, 1962, pp. 109 y ss.; Poliakov, op. cit., vol. 4, p. 174.

104. Robert Wistrich: *Hitlers Apocalypse: Jews and the Nazi Legacy*, Londres, 1986, pp. 14-19.

105. Citado en Raul Hilberg: *The Destruction of the European Jews*, ed. rev., Nueva York, 1985, vol. 1, pp. 20-21.

106. *Zentralblatt für Psychotherapie*, 7 (1934); citado en Grunfeld, op. cit.

107. Fritz Stern: *The Politics of Cultural Despair*, Berkeley, 1961, p. 291.

108. Fritz K. Ringer: *The Decline of the German Mandarins: The German Academic Community 1890-1933*, Harvard, 1969, p. 446.

109. George L. Mosse: *The Crisis in German Ideology*, Londres, 1966, p. 196.

110. Michael S. Steinberg: *Sabres and Brownshirts: The German Students Path to National Socialism, 1918-35*, Chicago, 1977, pp. 6-7; P. G. J. Pulzer: *The Rise of Political Anti-Semitism in Germany and Austria*, Nueva York, 1964, pp. 285 y ss.

111. Dennis E. Showalter: *Little Man, What Now? Der Stürmer in the Weimar Republic*, Hamden, Connecticut, 1983.

112. Istvan Deak: *Weimar Germanys Left-wing Intellectuals: A Political History of the Weltbühne and its Circle*, Berkeley, 1968; Harold L. Poor: *Kurt Tucholsky and the Ordeal of Germany 1914-35*, Nueva York, 1968.

113. Citado en Walter Laqueur: *Weimar: A Cultural History 1918-1933*, *Londres*, 1974, p. 45.

114. Mosse, op. cit., p. 144.

115. Donald L. Niewyk: *The Jews in Weimar Germany*, Manchester, 1981, dedica un capítulo a este tema, «The Jew as German Chauvinist», pp. 165-177.

116. Laqueur, *Weimar*, p. 72.

117. Ibídem, pp. 75 y ss.

118. Mosse, op. cit., p. 242.

119. Roger Manvell y Heinrich Fraenkel: *The German Cinema*, Londres, 1971, pp. 7 y ss.

120. Laqueur, op. cit., pp. 234 y ss.

121. Gershom Scholem: *Walter Benjamin: The Story of a Friendship*, Londres, 1982; *Jews and Judaism in Crisis*, Nueva York, 1976, p. 193.

122. Richard Wolin: *Walter Benjamin: An Aesthetic of Redemption*, Nueva York, 1982, pp. 40-43.

123. Walter Benjamin: *Illuminations* (trad. al inglés), Nueva York, 1969, p. 255: Wolin, op. cit., pp. 50 y ss.

124. Terry Eagleton: *Walter Benjamin, or Towards a Revolutionary Criticism*, Londres, 1981.

125. Hilberg, op. cit., vol. 1, pp. 30 y ss.

126. *Institut für Zeitgeschichte*, Múnich; citado en Wistrich: *Hitlers Apocalypse*, pp. 31-32.

127. Max Domarus (ed.): *Hitler: Reden und Proklamationen 1932-45*, Würzburg, 1962, vol. 1, p. 537.

128. Hilberg, op. cit., vol. 1, p. 39.

129. Ibídem, p. 46 n. 1.

130. Ibídem, pp. 69-75.

131. Ibídem, pp. 96-107.

132. Ibídem, pp. 190-191.

133. Ibídem, vol. 2, p. 416; Lucy S. Davidowicz: *The War Against the Jews, 1933-45*, Londres, 1975, p. 141; Martin Gilbert: *The Holocaust*, Nueva York, 1986, p. 526.

134. Benjamin Ferencz: *Less than Slaves: Jewish Forced Labour and the Quest for Compensation*, Harvard, 1979, p. 25.

135. Hilberg, op. cit., vol. 1, p. 254.

136. Ferencz, op. cit., p. 28.

137. Robert H. Abzug: *Inside the Vicious Heart: Americans and the Liberation of Nazi Concentration Camps*, Oxford, 1985, p. 106.

138. Ferencz, op. cit., p. 22.

139. Ibídem, apénd. 3, pp. 202 y ss.; affidávit de Höss, 12 de marzo de 1947.

140. Ferencz, op. cit., p. 19.

141. Hilberg, op. cit., vol. 1, p. 87.

142. David Irving: *Hitlers War*, Londres, 1977.

143. Gerald Fleming: *Hitler and the Final Solution*, Berkeley, 1984, lo rechaza.

144. H. R. Trevor-Roper (ed.): *Hitlers Table Talk 1941-44*, Londres, 1973, p. 154.

145. Wistrich: *Hitlers Apocalypse*, p. 37; y véase el cap. 6, «Hitler and the Final Solution», pp. 108 y ss.

146. Davidowicz, op. cit., p. 132.

147. Ibídem, 134; Alexander Mitscherlich y Fred Mielke: *Doctors of Infamy: The Story of the Nazi Medical Crimes*, Nueva York, 1949, p. 114.

148. Hilberg, op. cit., vol. 1, p. 281.

149. Ibídem, p. 308.

150. Ibídem, pp. 332-333.

151. Los campos fueron enumerados por el gobierno alemán, *Bundesgesetzblatt* (24-9-1977), pp. 1787-1852; Höss dio la cifra de 900 campos de trabajo.

152. Hilberg, op. cit., vol. 1, p. 56.

153. Davidowicz, op. cit., p. 130.

154. Jochen von Lang: *Eichmann Interrogated*, Nueva York, 1973, pp. 74-75.

155. Louis P. Lochner (ed.): *The Goebbels Diaries 1942-43*, Nueva York, 1948.

156. Las cifras se han tomado de Davidowicz, op. cit., apénd. B, pp. 402 y ss.

157. La prueba fundamental de los crímenes nazis proviene de *Trials of Major War Criminals before the International Military Tribunal*, 44 vols., Nuremberg, 1947; *Nazi Conspiracy and Aggression*, 8 vols. más suplemento, Wash-ington, D. C., 1946, y *Trials of War Criminals before the Nuremberg Military Tribunals under Control Council Law N° 10*, 15 vols., Washington, D. C.

158. Luba Krugman Gurdus: *The Death Train*, Nueva York, 1979; Martin Gilbert: *Final Journey*, Londres, 1979, p. 70.

159. Hilberg, op. cit., vol. 1, p. 581; Gilbert: *Final Journey*, p. 78.

160. El lector hallará casos concretos en Leonard Gross: *The Last Jews in Berlin*, Londres, 1983.

161. Ibídem.

162. El expediente antijudío de Austria aparece resumido en Howard M. Sacher: *Diaspora*, Nueva York, 1985, pp. 30 y ss.

163. Hilberg, op. cit., vol. 2, pp. 457-458.

164. Las cifras se han tomado de Julius S. Fischer: *Transnistria, the Forgotten Cemetery*, South Brunswick, 1969, pp. 134-137.

165. Davidowicz, op. cit., pp. 383-386.

166. *Bagatelles pour un massacre*, París, 1937, p. 126; acerca de Céline, véase Paul J. Kingston: *Anti-Semitism in France during the 1930s*, Hull, 1983, pp. 131-132.

167. Jean Laloum: *La France Antisémite de Darquier de Pellepoix*, París, 1979.

168. M. R. Marrus y R. O. Paxton: *Vichy France and the Jews*, Nueva York, 1981, p. 343.

169. André Halimi: *La Délation sous l'occupation*, París, 1983.

170. Diario de Herzl, 23 de enero de 1904; Cecil Roth: *The History of the Jews of Italy*, Filadelfia, 1946, pp. 474-475.

171. Meir Michaelis: *Mussolini and the Jews*, Oxford, 1978, p. 52.

172. Ibídem, pp. 11 y ss., 408; Gaetano Salvemini: *Prelude to World War II*, Londres, 1953, p. 478.

173. Michaelis, op. cit., pp. 353-368.

174. Oral History Collection: *The Reminiscences of Walter Lippmann*, 248-250; Meryl Secrest: *Being Bernard Berenson*, Nueva York, 1979.

175. Las estadísticas del Holocausto varían. He extraído las cifras húngaras de Monty Noam Penkower: *The Jews Were Expendable: Free World Diplomacy and the Holocaust*, Chicago, 1983,

p. 214. Véase el conjunto de cifras y fuentes en *Encyclopaedia Judaica*, vol. 8, pp. 889-890.

176. F. E. Werbell y Thurston Clarke: *Lost Hero: The Mystery of Raoul Wallenberg*, Nueva York, 1982; Alvar Alsterdal: «The Wallenberg Mystery», *Soviet Jewish Affairs*, febrero de 1983.

177. David S. Wyman: *The Abandonment of the Jews: America and the Holocaust, 1941-5*, Nueva York, 1984, p. 97.

178. Penkower, op. cit., p. 193.

179. Charles Stember (ed.): *Jews in the Mind of America*, Nueva York, 1966, pp. 53-62; Wyman, op. cit., pp. 10-11.

180. *Boston Globe* (26-6-1942); *New York Times* (27-6-1942). Sin embargo, *The Times* publicó un amplio sumario del informe el 2 de julio.

181. *Nation* (19-5-1945); Abzug, op. cit., pp. 136-137.

182. Wyman, op. cit., p. 313 n.

183. Ibídem, pp. 112 y ss.

184. Penkower, op. cit., p. 193.

185. Wyman, op. cit., p. 299.

186. Hilberg, op. cit., vol. 1, p. 358.

187. Wyman, op. cit., pp. 4-5.

188. Acerca de Betar, véase Marcus: *Social and Political History of the Jews in Poland 1919-38*, pp. 271-273; Silver, op. cit., pp. 19 y ss.

189. Hilberg, op. cit., vol. 1, pp. 186-187.

190. Se ha publicado aproximadamente un tercio: Lucjan Dobroszynski (ed.): *The Chronicle of the Lodz Ghetto, 1941-44*, Yale, 1984.

191. Penkower, op. cit., pp. 292, 337-338 n. 10.

192. Gilbert: *The Holocaust*, op. cit., pp. 426-427.

193. Davidowicz, op. cit., p. 301.

194. Ibídem, p. 289.

195. Deuteronomio 28:66-67.

196. Yaffa Eliach (ed.): *Hasidic Tales of the Holocaust*, Oxford, 1983.

197. Arnold J. Pomerans: *Etty: A Diary, 1941-3* (trad. al inglés), Londres, 1983.

198. Acerca de Varsovia, véase Yisrael Gutman: *The Jews of Warsaw, 1939-43: Ghetto, Underground, Revolt* (trad. al inglés), Brighton, 1982; Hilberg, op. cit., vol. 2, pp. 511-512.

199. Véase «Rose Robota, Heroine of the Auschwitz Under-

ground», en Yuri Suhl (ed.): *They Fought Back*, Nueva York, 1975; Philip Muller: *Auschwitz Inferno: The Testimony of a Sonderskommando*, Londres, 1979, pp. 143-160.

200. Ferencz, op. cit., p. 21.

201. Ibídem, p. 20.

202. Gilbert, *The Holocaust*, op. cit., p. 461.

203. Hilberg, op. cit., vol. 2, p. 438.

204. Gilbert, *The Holocaust*, op. cit., p. 457.

205. Abzug, op. cit., p. 106.

206. Gilbert, *The Holocaust*, op. cit., p. 419.

207. Ibídem, pp. 808, 793.

208. Tribunal Militar Internacional de Nuremberg, Documento NG-2757, citado en Gilbert, *The Holocaust*, p. 578.

209. Abzug, op. cit., pp. 152 y ss.

210. Ibídem, p. 160.

211. Gilbert, *The Holocaust*, op. cit., pp. 816 y ss.

212. El lector hallará estadísticas de los juicios en la *Encyclopaedia Judaica*, vol. 16, pp. 288-302.

213. Hay un sumario útil en Howard Sachar, op. cit., pp. 7-13.

214. Citado en Ferencz, op. cit., Introducción, p. xi.

215. Ibídem, p. 189.

216. Se resumen los debates del Consejo en el libro del propio Bea, *The Church and the Jewish People*, Londres, 1966, que incluye el texto de la Declaración en el apéndice I, pp. 147-153.

7. Sión

1. Amós 3:2.

2. Arthur A. Cohen: *The Natural and Supernatural Jew*, op. cit., pp. 180-182.

3. Robert Wistrich: *Hitlers Apocalypse: Jews and the Nazi Legacy*, op. cit., pp. 162 y ss.

4. Citado en H. H. Ben Sasson (ed.): *A History of the Jewish People*, op. cit., p. 1040.

5. Churchill a sir Edward Grigg, 12 de julio de 1944; Monty Noam Penkower: *The Jews Were Expendable: Free World Diplomacy and the Holocaust*, op. cit., cap. 1, «The Struggle for an Allied Jewish Fighting Force», 3 y ss.

6. Evelyn Waugh: *The Holy Places*, Londres, 1952, p. 2.

7. Eric Silver: *Begin,* op. cit., p. 8.

8. Menachem Begin [Menájem Beguin]: *White Nights,* Nueva York, 1977.

9. Michael Bar-Zohar: *Ben Gurion: A Biography,* Londres, 1978, p. 129.

10. Thurston Clarke: *By Blood and Fire,* Londres, 1981, p. 116.

11. Silver, op. cit., pp. 67-72.

12. Nicholas Bethell: *The Palestine Triangle: The Struggle Between the British, the Jews and the Arabs,* Londres, 1979, pp. 261 y ss.

13. Michael J. Cohen: *Palestine and the Great Powers,* Princeton, 1982, pp. 270-276, acerca de la decisión de retirarse de los británicos.

14. Alfred Steinberg: *The Man from Missouri: The Life and Times of Harry S. Truman,* Nueva York, 1952, p. 301.

15. *The Forrestal Diaries,* Nueva York, 1951, pp. 324, 344, 348.

16. *Petroleum Times* (junio de 1948).

17. Leonard Schapiro: «The Jewish Anti-Fascist Committee...», en B. Vago y G. L. Mosse (eds.): *Jews and Non-Jews in Eastern Europe,* Nueva York, 1974, pp. 291 y ss.

18. Howard Sachar: «The Arab-Israel Issue in the Light of the Cold War», *Sino-Soviet Institute Studies* (Washington, D. C.) (1966), 2.

19. Howard Sachar: *Europe Leaves the Middle East 1936-54,* Londres, 1974, pp. 546-547; Netanel Lorch: *The Edge of the Sword: Israels War of Independence 1947-9,* Nueva York, 1961, p. 90; David Horowitz: *The State in the Making,* Nueva York, 1953, p. 27.

20. Rony E. Gabbay: *A Political Study of the Arab-Jewish Conflict,* Ginebra, 1959, pp. 92-93.

21. Edward Luttwak y Dan Horowitz: *The Israeli Army,* Nueva York, 1975, pp. 23 y ss.

22. Acerca del curso de la lucha, véase Edgar O'Ballance: *The Arab-Israeli War 1948,* Londres, 1956.

23. Archivos de Jabotinski; citado en Silver, op. cit., p. 90.

24. Se hallará una descripción del caso Deir Yassin en ibídem, pp. 88-95.

25. Véanse mapas y cifras acerca del origen y la distribución de los refugiados árabes y judíos en Martin Gilbert: *The Arab-Israel Conflict: Its History in Maps,* Londres, 1974, pp. 49, 50.

26. Radio El Cairo, 19 de julio de 1957.

27. Génesis 15:1-6; 12:1-3.

28. Gilbert, op. cit., p. 11, incluye el mapa de la propuesta de 1919. Véanse también mapas en *Encyclopaedia Judaica*, vol. 9, pp. 315-316.

29. Gilbert, op. cit., p. 24, incluye el mapa de la propuesta de Peel.

30. Citado en W. D. Davies: *The Territorial Dimension in Judaism*, Berkeley, 1982, pp. 114-115; véase también Ben Halpern: *The Idea of the Jewish State*, Harvard, 1969^2, pp. 41 y ss.

31. Acerca de la guerra del Sinaí, véase Chaim [Jaím] Herzog: *The Arab-Israeli Wars*, Londres, 1982.

32. Acerca de la guerra de los Seis Días, véase Terence Prittie: *Israel: Miracle in the Desert*, Londres, 1968^2.

33. Acerca de la guerra del Yom Kippur, véase Herzog, op. cit.

34. Respecto de las negociaciones de paz entre Israel y Egipto, véanse las versiones de dos testigos oculares, Moshe Dayan [Moshé Dayán]: *Breakthrough*, Londres, 1981; Ezer Weizman: *The Battle for Peace*, Nueva York, 1981.

35. Citado en S. Clement Leslie: *The Rift in Israel: Religious Authority and Secular Democracy*, Londres, 1971, pp. 63 y ss.

36. Amos Perlmutter: *Israel: the Partitioned State: A Political History since 1900*, Nueva York, 1985, cap. 7; R. J. Isaacs: *Israel Divided: Ideological Politics in the Jewish State*, Baltimore, 1976, pp. 66 y ss.

37. El texto de la Ley de Retorno (modificado en 1954, 1970) aparece en Philip S. Alexander: *Textual Sources for the Study of Judaism*, Manchester, 1984, pp. 166-167.

38. Acerca de esta regla, véase ibídem, pp. 168-171.

39. Acerca de los inmigrantes provenientes de Europa, véase mapa en Gilbert, op. cit., p. 51; hay cifras detalladas de la inmigración hasta 1970 en *Encyclopaedia Judaica*, vol. 9, pp. 534-546.

40. B. C. Kaganoff: *A Dictionary of Jewish Names and their History*, Londres, 1977.

41. Bar-Zohar, op. cit., pp. 171-172.

42. Silver, op. cit., pp. 99-108.

43. Dan Horowitz y Moshe Lissak: *Origins of the Israeli Polity: Palestine Under the Mandate*, Chicago, 1978.

44. Emile Marmorstein: *Heaven at Bay: The Jewish Kulturkampf in the Holy Land*, Oxford, 1969, pp. 142-143.

45. Acerca de las luchas de Ben Gurión, véase Perlmutter, op. cit., pp. 15-17, 131-135.

46. Citado en ibídem, p. 145.

47. Discurso en la Knésset, 20 de junio de 1977.

48. «With Gershom Scholem: An Interview», en W. J. Dannhauser (ed.): *Gershom Scholem: Jews and Judaism in Crisis*, Nueva York, 1976.

49. Marmorstein, op. cit., pp. 80-89.

50. Ibídem, pp. 108 y ss.

51. I. Domb: *Transformations*, Londres, 1958.

52. Solomon Ganzfried: *Kissor Shulkhan Arukh*, cap. 72, párrs. 1-2.

53. Leslie, op. cit., pp. 52 y ss.

54. Z. E. Kurzweil, *Modern Trends in Jewish Education*, Londres, 1964, pp. 257 y ss.

55. Citado en Marmorstein, op. cit., p. 144.

56. Caso citado en Chaim Bermant: *On the Other Hand*, Londres, 1982, p. 55.

57. Citado en ibídem, p. 56.

58. Citado en Leslie, op. cit., p. 62.

59. Números 5:2-3.

60. Números 19:17-18.

61. N. H. Snaith: *Leviticus and Numbers*, Londres, 1967, pp. 270-274.

62. Immanuel Jacobovits: *The Timely and the Timeless*, Londres, 1977, p. 291.

63. 1 Crónicas 28:19.

64. Acerca de las discusiones, véase Jacobovits, op. cit., pp. 292-294.

65. *Encyclopaedia Judaica*, vol. 15, p. 994.

66. Por ejemplo, Richard Harwood: *Did Six Million Really Die?*, Nueva York, 1974, y Arthur Butz: *The Hoax of the Twentieth Century*, Nueva York, 1977.

67. Con respecto a las acusaciones, véase Moshe Pearlman: *The Capture and Trial of Adolf Eichmann*, Londres, 1963, apénd., pp. 633-643.

68. Ibídem, p. 85.

69. Ibídem, p. 627.

70. Hanoch Smith: «Israeli Reflections on the Holocaust», *Public Opinion* (diciembre-enero de 1984).

71. Citado en John C. Merkle: *The Genesis of Faith: The Depth Theology of Abraham Joshua Herschel*, Nueva York, 1985, p. 11.

72. Cohen, op. cit., pp. 6-7.

73. Véase el útil mapa «World Jewish Population 1984», en Howard Sachar: *Diaspora*, Nueva York, 1985, pp. 485-486.

74. H. S. Kehimkan: *History of the Bene Israel of India*, Tel-Aviv, 1937.

75. Acerca de los judíos indios, véase Schifra Strizower: *The Children of Israel: The Bene Israel of Bombay*, Oxford 1971 y *Exotic Jewish Communities*, Londres, 1962.

76. Citado en *Encyclopaedia Judaica*, vol. 9, pp. 1138-1139.

77. P. Lévy: *Les Noms des Israélites en France*, París, 1960, pp. 75-76.

78. Citado en P. Girard: *Les Juifs de France de 1789 à 1860*, París, 1976, p. 172.

79. Dominique Schnapper: *Jewish Institutions in France* (trad. al inglés), Chicago, 1982, p. 167 n. 22.

80. Irving Kristol: «The Political Dilemma of American Jews», *Commentary* (julio de 1984); Milton Himmelfarb: «Another Look at the Jewish Vote», *Commentary* (diciembre de 1985).

81. Citado en Bernard D. Weinryb: «Anti-Semitism in Soviet Russia», en Lionel Kochan (ed.), *The Jews in Soviet Russia*, op. cit., p. 308; con respecto al antisemitismo de Stalin, véase Svetlana Alliluyeva, *Twenty Letters to a Friend* (trad. al inglés), Londres, 1967, pp. 76, 82, 171, 193, 206, 217.

82. Citado en Weinryb, op. cit., p. 307.

83. Véase Peter Brod: «Soviet-Israeli Relations 1948-56», y Arnold Krammer: «Prisoners in Prague: Israelis in the Slansky Trial», en Robert Wistrich (ed.): *The Left Against Zion: Communism, Israel and the Middle East*, Londres, 1979, pp. 57 y ss., 72 y ss.

84. Véase Benjamin Pinkus: «Soviet Campaigns against Jewish Nationalism and Cosmopolitanism», *Soviet Jewish Affairs*, 4, núm. 2 (1974); Leonard Schapiro: «The Jewish Anti-Fascist Committee and Phases of Soviet Anti-Semitic Policy during and After World War II», en B. Gao y G. L. Mosse (eds.): *Jews and Non-Jews in Eastern Europe*, Nueva York, 1974, pp. 291 y ss.; Wistrich: *Hitlers Apocalypse*, op. cit., cap. 10, «The Soviet Protocols», pp. 194 y ss.

85. Joseph B. Schechtman: *Star in Eclipse: Russian Jewry Revisited*, Nueva York, 1961, p. 80.

86. W. D. Rubinstein: *The Left, the Right and the Jews*, Londres, 1982, «The Soviet Union», pp. 180-199, incluye numerosas estadísticas.

87. Philippa Lewis: «The Jewish Question in the Open, 1968-71», en Kochan, op. cit., pp. 337-353; Ilya Zilberberg: «From Russia to Israel: A Personal Case-History», *Soviet Jewish Affairs* (mayo de 1972).

88. «A Short Guide to the Exit Visa», publicada por el Consejo Nacional de la Comunidad Judía Soviética (Londres, 1986).

89. D. M. Schreuder: *The Scramble for Southern Africa, 1877-1895*, Oxford, 1980, pp. 181 y ss.; Freda Troup: *South Africa: An Historical Introduction*, Londres, 1972, pp. 153 y ss.

90. Acerca de los pioneros judíos, véase Geoffrey Wheatcroft: *The Rand-lords: The Men Who Made South Africa*, Londres, 1985, pp. 51 y ss., 202 y ss. Con respecto a la segunda generación, véase Theodore Gregory: *Ernest Oppenheimer and the Economic Development of Southern Africa*, Nueva York, 1977.

91. Citado en Wheatcroft, op. cit., 205 n.

92. J. A. Hobson: *The War in South Africa: Its Cause and Effects*, Londres, 1900, esp. parte 2, cap. 1, «For Whom Are We Fighting?».

93. J. A. Hobson, *Imperialism: A Study*, Londres, 1902, p. 64. [Versión en castellano: *Estudio del imperialismo*, Alianza, Madrid, 1981.]

94. V. I. Lenin: prefacio a *Imperialism: The Highest Stage of Capitalism* (trad. rev.), Londres, 1934, p. 7. Véase también R. Koebner y H. D. Schmidt: *Imperialism: The Story and Significance of a Political Word, 1840-1960*, Cambridge, 1965, p. 262.

95. Artur London: *L'Aveu*, París, 1968, citado en W. Oschlies: «Neo-Stalinist Anti-Semitism in Czechoslovakia», en Wistrich: *The Left Against Zion*, 156-157.

96. Citado en J. B. Schechtman: «The USSR, Zionism and Israel», en Weinryb, op. cit., p. 119.

97. Ibídem, p. 124.

98. Citado en Wistrich: *Hitlers Apocalypse*, op. cit., p. 207.

99. Ibídem, pp. 207-208; Emmanuel Litvinov: *Soviet Anti-Semitism: The Paris Trial*, Londres, 1984.

100. Howard Spier: «Zionists and Freemasons in Soviet Propaganda», *Patterns of Prejudice* (enero-febrero de 1979).

101. Citado en Wistrich: *Hitlers Apocalypse*, op. cit., p. 219. Véase todo el capítulo «Inversions of History», pp. 216-235.

102. R. K. Karanjia, *Arab Dawn*, Bombay, 1958; citado en Wistrich, *Hitlers Apocalypse*, op. cit., p. 177. Véase la importante compilación de Y. Harkabi: *Arab Attitudes to Israel*, Jerusalén, 1976.

103. Por ejemplo, *The Palestine Problem* (1964), publicado por el Ministerio Jordano de Educación, y un manual con un título análogo presentado por el Consejo de Adoctrinamiento de las Fuerzas Armadas de la República Árabe Unida.

104. *Encyclopaedia Judaica*, vol. 3, pp. 138, 147.

105. D. F. Green (ed.): *Arab Theologians on Jews and Israel*, Ginebra, 1976³, pp. 92-93.

106. Wistrich, *Hitlers Apocalypse*, op. cit., p. 181.

107. Sobre las relaciones de Hitler con el gran muftí, véase Joseph Schechtman: *The Mufti and the Führer: The Rise and Fall of Haj Amin el Huseini*, Nueva York, 1965.

108. Citado en Harkabi, op. cit., p. 279.

109. Respecto de los episodios que condujeron a la resolución, véase Daniel Patrick Moynihan: *A Dangerous Place*, Boston, 1978, cap. 9, pp. 169-199.

110. Jillian Becker, *Hitlers Children: The Story of the Baader-Meinhof Gang*, Londres, 1977, pp. 17-18.

111. Silver, op. cit., p. 236.

112. *Final Report of the Commission of Inquiry into the Events at the Refugee Camps in Beirut* (Jerusalén, 8 de febrero de 1983, inglés/hebreo).

113. Leon Roth: *Judaism: A Portrait*, Londres, 1960.

114. Josué 1:9.

Índice onomástico

Dión Casio: 209-211, 219
Disraeli, Benjamin: 457-458, 467-471, 474-478, 487, 516, 522-523, 553-558, 576, 585, 656
Dniéper: 381
Doebling: 825
Dohm, Christian Wilhelm von: 444
Donín, Nicolás: 321
Dov Baer: 436
Doyle, Arhtur Conan: 613
Dresde: 442, 582
Dreyfus, Alfred: 559-560, 565-576, 583, 592, 630, 671-672, 735, 762
Dreyfus, J. H.: 561
Drumont, Edouard: 563-565, 567, 569, 572
Dublín: 556
Dühring, Eugen: 581
Dura Europos: 224
Düsseldorf: 501

East Anglia: 307
Eban, Abba: 779-780, 786
Ebla (Tell Mardij): 27-28
Ecrón: 81
Eden, Anthony: 739-740, 742
Edison, Thomas A.: 679-680
Edom: 16, 89, 122, 141
Edu, David: 641, 647
Eduardo I: 314, 405-407
Éfeso: 196
Efraím (región): 653
Efraím (tribu): 40, 71
Efraím Salomón ben Aarón: 372
Efrón el Hitita: 17-18
Egeo: 251, 352
Egipto: 25, 30-31, 38, 40, 42-48, 52-53, 55, 57, 62, 69, 71, 81, 83, 89, 97-98, 109, 111, 114, 122, 125, 128, 138, 141, 146, 152, 173, 178, 181, 184, 196, 260, 263, 267, 270-272, 294-296, 302,

383-384, 393, 515, 561, 607, 640, 649, 680, 774, 776, 782-786, 788-789, 798-799, 827, 844
Eglón: 75
Ehrenburg, Ilia: 836
Ehrlich, Paul: 596
Ehud: 75-76
Eichmann, Adolf: 729, 733, 819-821, 848
Einhorn, David: 543
Einstein, Albert: 616-618, 622, 655, 679, 696
Eisenach: 697
Eisenbeth, Maurice: 523
Eisner, Kurt: 661, 692
Ekron: 634
El Alamein: 763
El Arish: 591, 778
El Cabo: 417
El Cairo: 137, 251, 263, 268-269, 271-272, 275-276, 297, 302, 395, 397, 417, 653, 777, 783, 847
Elam: 56
Elat, Eliahu: 794
Elazar, David: 796
Eleazar: 28, 156, 814
Eleazar ben Yosé: 264
Elefantina: 128, 132, 255
Elena de Judea: 208
Elías (profeta): 65, 105-108, 118, 288, 426
Eliezer ben Yehudá: 792-793
Eliot, George: 557-559
Eliseo, profeta: 65, 83, 107
Emeliánov, Valeri: 845
Emerson, Ralph Waldo: 546
Emmerich: 375
Enden, Franciscus van den: 425
Engels, Friedrich: 52, 511-512, 514-515
Enoc: 181, 185-186, 191, 287-288
Enrique IV: 303, 316, 372

Holanda: 405
Holborn: 457
Holdheim, Samuel: 491-492
Hollywood: 682-684, 703
Holstein-Gottorp: 376
Homero: 51, 151, 180, 483
Hong Kong: 361, 825
Horacio: 208
Horkheimer, Max: 704
Hungría: 380, 498, 539, 656, 661, 663, 681-682, 738, 748, 823
Hunt, Holman: 637
Husaini, Hach Amín al-: 640, 643-644
Hussein (rey): 783
Hyde Park: 452

Ibas: 242
Ibn Saud: 769
Ibn Verga, Shlomó: 344-345, 347, 423
Ibn Yahya, Yosef: 347
Idumea: 161
Illinois: 770, 832
Imhotep: 62, 152
India: 178, 259, 272, 541, 553, 630, 791, 823-824
Indiana: 683
Inglaterra: 274, 302, 304, 307, 310, 312-316, 318, 349, 361, 403, 405-407, 409-410, 414, 416, 432, 450, 459, 463, 470-471, 476, 489, 492, 517, 545, 591, 624, 751, 762, 769, 830, 833
Inocencio III (papa): 310, 315
Irak: 27, 56, 224, 259, 639, 774, 776, 787, 848
Isaac (hijo de Abraham): 15, 29, 32, 35-36, 40, 44
Isaac ben Samuel: 270
Isaac de Acre: 388
Isaac el Ciego: 291
Isaacs, Rufus: 669

Isabel de Austria: 507
Isabel de Castilla: 334-335
Isabel I de Inglaterra: 405
Isacar (tribu): 40
Isaías: 34, 83, 115-119, 124-125, 135, 138, 142, 181, 183, 185, 187, 189, 191, 237, 483, 486
Ishbaal: 87
Ishtar: 56-57, 125
Ismael: 28, 32, 41
Israel (actual estado): 92, 364, 756, 761-762, 769-774, 776-777, 781-797, 799-801, 803-808, 810-814, 818-823, 825, 829, 831, 834-835, 837, 839, 843, 849-850, 852, 854, 859
Israel ben Eliezer: 434
Israeli, Isaac d': 457
Italia: 196, 252, 257, 318, 339-340, 344, 351-352, 358, 362, 386, 447, 455, 460, 494, 497, 552, 736, 823, 826
Iván el Terrible (Ivan IV Vasílievich): 368

Jabotinski, Vladímir: 635-637, 640, 642, 646, 650-651, 653-656, 744, 766, 778, 786, 790, 799-800
Jacob: 15, 28-29, 39-42, 44, 60, 100, 102, 210
Jacob ben Machir: 316
Jacob ben Yakar: 325
Jacobo de Inglaterra: 554
Jacobs, Jacob: 542
Jacobs, Katey: 542
Jaime I de Aragón: 322
Jamaica: 367
Jamat: 110
Janowitz, Hans: 703
Jarkov: 533
Jasón (sucesor de Onías III): 153-154, 162

Montreal: 831
Moravia: 340, 520
Moscú: 368, 532-534, 537, 665-666, 671, 758, 831, 839
Moser, Moses: 504
Moshé ben Shem Tov: 292
Motta, Jacob de la: 538
Moyne (lord): 766
Múnich: 343, 579, 707, 709, 712
Münster, Sebastián: 355
Mussolini, Benito: 736

Naamán: 347
Nablus: 42, 218
Nabot: 105-106, 108, 231, 406
Nabucodonosor: 120-122, 530
Naciones Unidas: 755, 768, 770-774, 776-777, 779-783, 787-788, 795, 805, 849-850
Nahmánides: 35, 291-292, 294, 322-324, 328, 366, 615
Nahrái ben Nissim: 269
Nahum, profeta menor: 135
Najor: 34, 41
Napoleón I: 354, 414, 450, 455, 458, 460, 478, 488, 502, 578, 668
Napoleón III: 668
Nápoles: 353, 357-358, 461, 464-465
Narbona: 291
Narol: 382
Naschauer, Julie: 576
Nasí, Yehudá ha-: 223-226
Nasser, Gamal Abdel: 782-784, 847
Natán de Gaza: 393-403, 495, 512, 612
Naumann, Max: 700
Navarra: 340, 355
Nazaret: 185, 187, 225, 773, 809
Neápolis: 42, 218
Neftalí (tribu): 40, 75
Néguev: 27, 653, 774, 779, 799
Nehemías (profeta): 130-132, 135, 304, 399

Nerón: 202
Nicholls, Richard: 410
Nicolás II (zar): 633, 668
Nieto, David: 429
Nietzsche, Friedrich W.: 484, 599
Nínive: 148
Nippur: 132
Nixon, Richard: 785
Niza: 371, 450
Noé: 23-25, 36, 287, 435
Noemí: 33
Nordau, Max: 576, 587, 589, 593, 634
Norsa, Emmanuel ben Noé Rafael da: 350-352
Noruega: 731, 794
Norwich: 307-311, 314
Noth, M: 19
Nueva Ámsterdam: 409
Nueva Gales del Sur: 361
Nueva Inglaterra: 517
Nueva Jersey: 545, 832
Nueva Orleans: 539
Nueva York: 361, 409-410, 413, 416, 421, 524, 539, 541, 544-549, 559, 568, 603, 649, 674, 676-678, 680-681, 684, 688, 740, 769, 831-832
Nueva Zelanda: 361
Numenio de Apamea: 52
Nuremberg: 711-712, 751, 755, 817, 819
Nuzi: 27-29

Odesa: 524, 531, 536-537, 636, 661, 666, 734
Offenbach, Jacques: 602, 678
omeya (dinastía): 261
Omri: 103-107
Onías III: 153
Ontario: 361
Oppenheim, George: 549
Oppenheimer, David: 422

Índice

«Para viajar lejos no hay mejor nave que un libro».

EMILY DICKINSON

Gracias por tu lectura de este libro.

En **penguinlibros.club** encontrarás las mejores
recomendaciones de lectura.

Únete a nuestra comunidad y viaja con nosotros.

penguinlibros.club